Anita Hattenhorst, Klaus Walter, Bernd Weidtmann

Prüfungswissen Industriekaufleute

6. Auflage

Bestellnummer 0139

Bildungsverlag EINS

Haben Sie Anregungen oder Kritikpunkte zu diesem Produkt?
Dann senden Sie eine E-Mail an 0139_006@bv-1.de.
Autoren und Verlag freuen sich auf Ihre Rückmeldung.

www.bildungsverlag1.de

Bildungsverlag EINS GmbH
Hansestraße 115, 51149 Köln

ISBN 978-3-8242-**0139**-6

Prüfungswissen: Die Idee

Das Problem	Auszubildende in den Ausbildungsberufen **Industriekaufmann/Industriekauffrau** müssen sich für Klassenarbeiten, innerbetriebliche Leistungsüberprüfungen und natürlich die Zwischen- und Abschlussprüfung eine Fülle von Lerninhalten aneignen und einprägen, um erfolgreich zu bestehen. Zwar sind oft eigene Aufzeichnungen aus der Berufsschule, aus Lehrbücher sowie Aufgabensammlungen in teilweise großem Umfang vorhanden. Diese verfügen aber in aller Regel nicht über den zur Vorbereitung auf eine Prüfung überzeugenden, lernwirksamen Aufbau.
Die Problemlösung	Prüfungswissen ist ein neuartiges Arbeitsbuch im Doppelseitenprinzip. Parallel zu programmierten Aufgaben und offenen Fragen gibt es einen systematischen Überblick über das für die Prüfungen wichtige Wissen. Abgestimmt mit den Lehrplänen und den Prüfungsverfahren der Länder, ermöglicht Prüfungswissen eine kompakte und zielgerichtete Wiederholung – vom einzelnen Thema bzw. Lerngebiet bis zum gesamten Prüfungsstoff. Aufgrund der Markierungen im Inhaltsverzeichnis ist es für den/die Auszubildende/n schnell und übersichtlich möglich, zu erkennen, welche Prüfungsinhalte bereits für die Zwischenprüfung relevant sind. **Prüfungswissen kann also sowohl prüfungsvorbereitend als auch ausbildungsbegleitend genutzt werden.**

Prüfungswissen: Möglichkeiten und Grenzen

Was Prüfungswissen leisten kann ...	... und was es nicht leisten will
▶ bereitet auf die schriftliche Zwischenprüfung vor ▶ bereitet auf die schriftliche (und mündliche) Abschlussprüfung vor ▶ dient der Vorbereitung auf Klassenarbeiten und zur regelmäßigen Wiederholung der Lerninhalte ▶ frischt vorhandenes Wissen auf ▶ deckt eventuelle Wissenslücken auf ▶ regt zur Auseinandersetzung mit den Lerninhalten an ▶ verringert Unsicherheiten über die Inhalte der Prüfung	▶ ersetzt nicht die gründliche Auseinandersetzung mit komplexen Lerninhalten ▶ ist kein Lehrbuch-Ersatz ▶ ermöglicht keine „Last-Minute"-Prüfungsvorbereitung ▶ will keinen unrealistischen, schnellen Prüfungserfolg vortäuschen

Prüfungswissen: Aufbau, Merkmale und Elemente

<table>
<tr><td>Grundlagen</td><td colspan="2">Auswahl, Aufbau und Aufbereitung der Lerninhalte berücksichtigen den Stoffkatalog der Aufgabenstelle für kaufmännische Abschluss- und Zwischenprüfungen (AkA) ebenso wie den entsprechenden Rahmenlehrplan und die Lehrpläne der einzelnen Bundesländer.</td></tr>
<tr><td rowspan="3">Doppelseite mit Ausgangsfall</td><td colspan="2">Den neuen Anforderungen entsprechend wird die geforderte Handlungskompetenz im Bereich der Großhandelsgeschäfte prozessorientiert abgefragt. Praxisbezogene komplexe Aufgaben sind in diesem Teil Ausgangspunkt für unterschiedliche Fragestellungen. Die ausführliche Lösung steht direkt neben der Fragestellung.</td></tr>
<tr><td colspan="2">Ausgangsfall</td></tr>
<tr><td>Fragen</td><td>Lösungen</td></tr>
<tr><td>Einzelseite mit Kernwissen</td><td colspan="2">Aufgrund der exemplarischen Aufgabenstellung können nicht alle Bereiche der Großhandelsgeschäfte in der Form komplexer Aufgaben behandelt werden. Aus diesem Grund folgt nach den Doppelseiten mit Aufgabenstellung eine systematische Darstellung des Kernwissens.</td></tr>
<tr><td rowspan="3">Doppelseite mit Kernwissen und Fragen</td><td>Kernwissen (linke Seite)</td><td>Aufgaben (rechte Seite)</td></tr>
<tr><td>▶ enthält über 800 offene Fragen und deren Beantwortung
▶ gibt eine Übersicht über die Inhalte eines einzelnen Themas
▶ enthält Übersichten, Tabellen, Definitionen und Beispiele – lerngerecht und kompakt aufbereitet
▶ hebt wichtige Begriffe und Aussagen besonders hervor</td><td>▶ bestehen aus mehr als 900 geschlossenen (programmierten) Fragen:
– Einfachauswahl-
– Mehrfachauswahl-
– Reihenfolge- und
– Zuordnungsaufgaben
▶ beziehen sich jeweils auf das Kernwissen, das auf der linken Seite abgebildet ist</td></tr>
<tr><td>Lösungen</td><td>Der Lösungsteil enthält in übersichtlicher Darstellung alle Ergebnisse der programmierten Aufgaben.</td></tr>
</table>

Für die Arbeit mit diesem Prüfungswissen wünschen Ihnen viel Erfolg:

Autoren und ...	... Verlag

Inhaltsverzeichnis

Alle Inhalte des Buches sind für die Abschlussprüfung wichtig. Die mit einem Ⓩ markierten Seitenzahlen geben an, welche Inhalte bereits in der Zwischenprüfung verlangt werden.

Einführung Seitenaufbau Typ III

Kaufmännische Steuerung und Kontrolle

Leistungsabrechnung

Information, Kommunikation, Arbeitsorganisation

Integrative Unternehmensprozesse

Wirtschafts- und Sozialkunde

Grundtatbestände industriellen Wirtschaftens

Rechtliche Rahmenbedingungen des Wirtschaftens

Das Unternehmen im gesamtwirtschaftlichen Zusammenhang

Der Einfluss mittelfristiger staatlicher Wirtschaftspolitik

wwh GmbH – Industrie und Handel

Sie sind Mitarbeiterin/Mitarbeiter der

wwh GmbH
Helene-Weber-Weg 9
33607 Bielefeld

Das Unternehmen ist eingetragen im Handelsregister B beim Amtsgericht in Bielefeld.

Der Betriebszweck ist die Herstellung von und der Handel mit Waren.

Das Unternehmen hat folgende Abteilungen:

Geschäftsführung
Einkauf
Lager
Fertigung
Vertrieb
Marketing
Rechnungswesen
Personalwesen
Organisation/EDV

Im Unternehmen sind beschäftigt: 25 Angestellte
30 Arbeiter
2 Auszubildende

Einführung

Auswahl, Aufbau und Aufbereitung der Lerninhalte berücksichtigen den Stoffkatalog der Aufgabenstelle für die kaufmännischen Abschluss- und Zwischenprüfungen (AkA/IHK).

Den neuen Anforderungen entsprechend ist die geforderte berufliche Handlungskompetenz durch das Bearbeiten von komplexen Aufgaben nachzuweisen.

In der Ausgangssituation werden praxisbezogene Fälle z. B. anhand von Belegen, Gesprächsnotizen oder besonderen betrieblichen Situationen dargestellt.

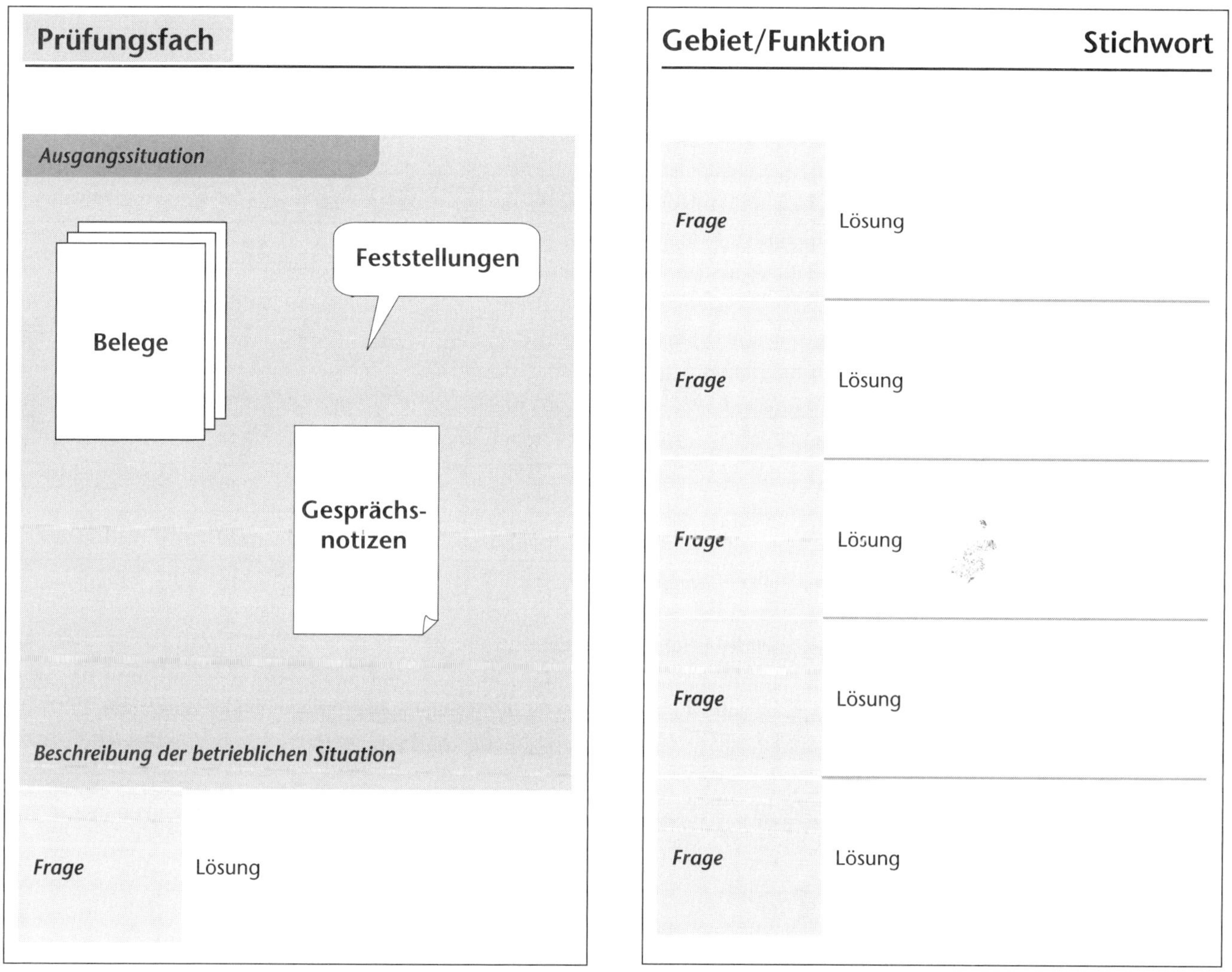

Seitenaufbau Typ I

Doppelseite mit Ausgangssituation

Ausgangssituation

Die Öffnungszeiten der wwh GmbH wurden geändert. Das Warenhaus ist durchgehend von 08:00 Uhr bis 20:00 Uhr geöffnet. In der Abteilung für Kleinartikel muss für samstags überprüft werden, wie hoch die Kundenfrequenz im Laufe des Tages ist, damit kein Engpass an den Kassen entsteht. Diese Untersuchung soll über drei Monate erfolgen.

Folgendes vorläufiges Ergebnis ergab sich aufgrund der Erhebungen an den letzten Samstagen:

Anzahl der Kunden							
Zeit	**02.02.**	**09.02.**	**16.02.**	**23.02.**	**02.03.**	**Summe**	**Mittelwert**
08:00 bis 09:00	25	28	15	33	27	128	25,6
09:00 bis 10:00	20	30	45	45	21	161	32,2
10:00 bis 11:00	15	78	80	81	16	270	54
11:00 bis 12:00	112	120	125	150	100	607	121,4
12:00 bis 13:00	125	130	140	160	160	715	143
13:00 bis 14:00	210	200	180	210	200	1 000	200
14:00 bis 15:00	100	98	160	98	102	558	111,6
15:00 bis 16:00	84	85	55	65	69	358	71,6
16:00 bis 17:00	23	45	54	55	26	203	40,6
17:00 bis 18:00	60	40	25	45	61	231	46,2
18:00 bis 19:00	68	55	45	15	66	249	49,8
19:00 bis 20:00	120	130	90	100	90	530	106
Summe	**962**	**1 039**	**1014**	**1 057**	**938**	**5010**	**1 002**

Beantworten Sie die folgenden Fragen aufgrund der erhobenen Daten.

In welcher Zeit war die Kundenfrequenz am höchsten?

In der Zeit von 13:00 Uhr bis 14:00 Uhr waren die meisten Kunden im Warenhaus. Der Mittelwert sagt 200 aus.

Der Leiter der Abteilung rechnet damit, dass bei mehr als 50 Kunden eine zusätzliche Kraft eingesetzt werden muss.

Auf welche Zeiträume trifft diese Entscheidung zu?

In der Zeit von 10:00 Uhr bis 16:00 Uhr und in der Zeit von 19:00 Uhr bis 20:00 Uhr ist eine zusätzliche Kraft einzusetzen.

In welchem Zeitraum ist die geringste Kundenfrequenz zu verzeichnen?

In der Zeit von 08:00 Uhr bis 09:00 Uhr sind die wenigsten Kunden im Warenhaus.

Pro Samstag wurde eine Auswertung der Kundenfrequenz erstellt (siehe Diagramm rechts). Leider wurde das Datum vergessen.

Um welchen Tag handelt es sich?

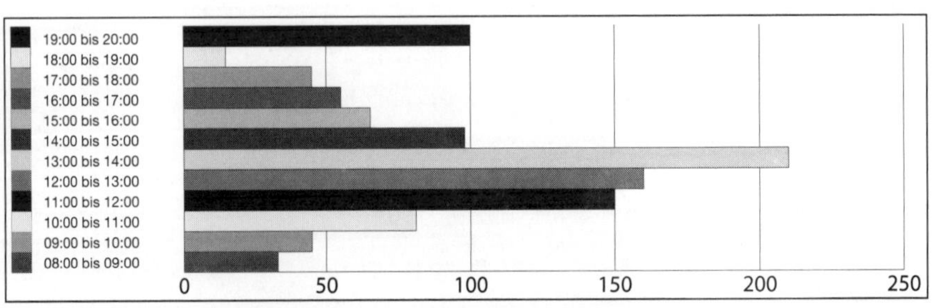

Es handelt sich um den 23.02.

Anzahl der Kunden

Stellen Sie den Mittelwert der Erhebung durch ein Säulendiagramm dar.

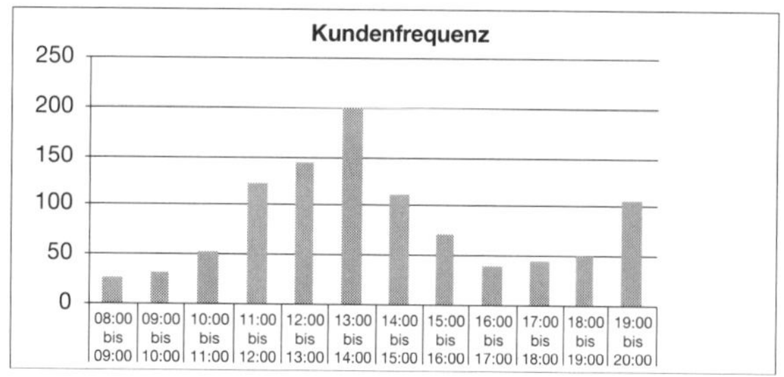

Für den Monat Februar wurde ein Kreisdiagramm erstellt.

Handelt es sich um eine richtige Abbildung? Begründen Sie Ihre Antwort.

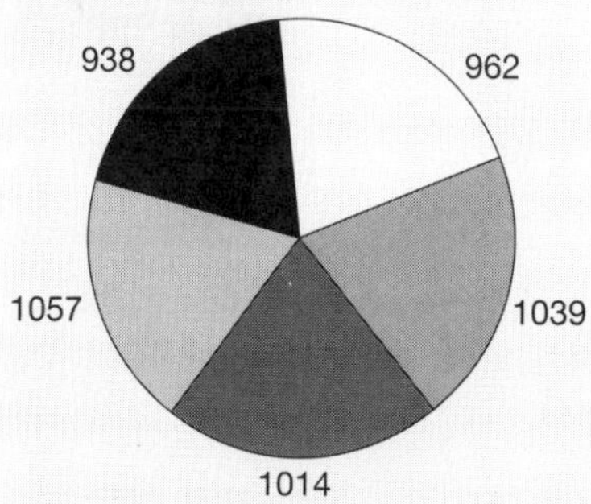

Die Abbildung ist falsch. Es handelt sich um die Darstellung aller bisher erfassten Daten, also auch den Daten für den Monat März. Die richtige Darstellung für den Monat Februar sieht wie folgt aus:

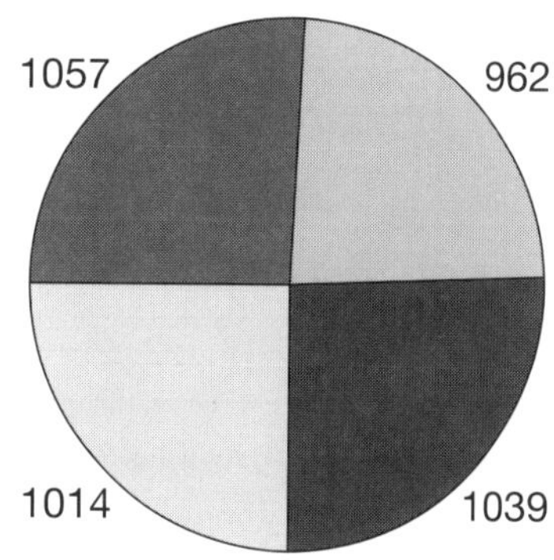

Bei einer solchen Erhebung ist es möglich, weitere Daten zu erfassen.

Welche Vorschläge haben Sie?

Sinnvoll ist z. B. die Erfassung

- des durchschnittlichen Umsatzes pro Kunde,
- der durchschnittlichen Anzahl der gekauften Artikel pro Kunde,
- der Umsätze eines bestimmten Artikels,
- der Anzahl der Barzahlungen,
- der Anzahl der Kartenzahlungen.

Um welches Instrument der Marktforschung handelt es sich bei der oben beschriebenen Beschaffung von Informationen?

Erklären Sie dieses Instrument und beschreiben Sie weitere Marktforschungsinstrumente anhand von Beispielen.

Bei der Befragung über mehrere Wochen handelt es sich um eine **Marktbeobachtung** (Zeitraumbetrachtung). Dabei wird die Entwicklung des Marktes über einen bestimmten Zeitraum untersucht.

Werden zu einem bestimmten Zeitpunkt Daten erfasst, so handelt es sich um eine **Marktanalyse** (Zeitpunktbetrachtung).

Beispiele:
Die wwh GmbH ermittelt zu einem bestimmten Zeitpunkt die Kundenstruktur mithilfe eines Fragebogens, um bei Werbemaßnahmen die Zielgruppe genau zu kennen. Umsatz- und Absatzstatistiken können zum Zwecke der Sortimentsoptimierung ausgewertet werden.

Ein weiteres Instrument ist die **Marktprognose**. Sie ist das Ergebnis der Marktanalyse und der Marktbeobachtung. Mithilfe dieser Daten werden Trends vorausgesagt.

Beispiel:
Aufgrund der Auswertung des Datenmaterials wird die Sortimentsgestaltung geändert.

Unterscheiden Sie Sekundär- und Primärerhebung.

Bei der **Sekundärerhebung** handelt es sich um die Aufbereitung und Auswertung von Daten, die bereits vorhanden sind. Es können betriebsinterne Quellen (Umsätze, Absätze, Anfragen, Reklamationen) oder betriebsexterne Quellen (statistische Jahrbücher, Veröffentlichungen) genutzt werden.

Bei der **Primärerhebung** werden durch Befragung, Beobachtung, Panel oder Experiment neue, bisher noch nicht vorhandene Daten ermittelt. Die Erhebung dieser Daten ist mit hohen Kosten verbunden.

Ausgangssituation

Die beiden Auszubildenden Paula und Nils erhalten die Aufgabe, einen Werbeplan zu erstellen. In der Weihnachtszeit möchte die wwh GmbH auf Sonderartikel für die Beleuchtung während der Weihnachtszeit aufmerksam machen.
Die beiden Auszubildenden sollen Lösungsvorschläge für die Fragestellungen einer Werbeplanung finden. Dafür stehen ihnen die folgenden „Bausteine" des Werbeplanes zur Verfügung, die behandelt werden sollen.

Werbeziel	Zielgruppe	Werbeetat
Werbezeitpunkt	Werbezeitraum	Werbeobjekt
Werbebotschaft	Werbeträger	Werbemittel

Erklären Sie die „Bausteine" und machen Sie Lösungsvorschläge.

„Baustein" Werbeziel

Das Werbeziel soll die Frage beantworten, was mit der Werbung erreicht werden soll.

Durch das Lampensortiment am Haus sollen zusätzliche Umsätze in Höhe von 30 000,00 EUR, durch das Lampensortiment im Haus zusätzliche Umsätze in Höhe von 25 000,00 EUR sowie durch Spontan- und Zusatzkäufe aus dem restlichen Sortiment zusätzliche Umsätze in Höhe von 3 % erzielt werden.

Durch diese Aktion sollen neue Kunden gewonnen und bisherige Kunden gebunden werden.

„Baustein" Zielgruppe

Die Zielgruppe beantwortet die Frage, wer umworben werden soll. Die Zielgruppe wird auch Streukreis genannt.

Vorschlag:

Großhandel, Hauseigentümer, Jugendliche

Der Vorschlag, sich auf öffentliche Träger zu konzentrieren, wird verworfen.

„Baustein" Werbeetat

Der Werbeetat beantwortet die Frage, wie viel finanzielle Mittel für die Werbeaktion eingeplant werden.

Vorschlag:

Es sollen 3 000,00 EUR für diese Sonderaktion zur Verfügung stehen.

„Baustein" Werbezeitpunkt

Der Werbezeitpunkt beantwortet die Frage, wann geworben werden soll.

Vorschlag:

Drei Wochen vor dem 1. Advent. Der genaue Zeitpunkt hängt vom Werbeträger und vom Werbemittel (z. B. wöchentliche Anzeigen in der Zeitung) ab.

„Baustein" Werbezeitraum	**Der Werbezeitraum beantwortet die Frage, wie lange geworben werden soll.** Vorschlag: Insgesamt fünf Wochen (Beginn: drei Wochen vor dem 1. Advent, Ende: 3. Advent) soll die Werbeaktion dauern.
„Baustein" Werbeobjekt	**Das Werbeobjekt beantwortet die Frage, wofür geworben werden soll.** Vorschlag: Es soll geworben werden für: ▶ „Outdoor-Lights" – Lichtervorhänge, Lichternetze, Lichterstäbe, Lichtfiguren, Lichterschläuche, weihnachtliche Lichtmotive – Standfackeln, Wandfackeln, Fensterfackeln – Baumleuchten, Astnetze ▶ „Indoor-Lights" – Lichtervorhänge – Lichternetze – festliche Lichtmotive – Tannenbaumbehang – Lichterketten ▶ „Hits for Kids" – Lichterschläuche mit programmierbaren Buchstaben – Buttons mit blinkenden Lichtmotiven Herz, Weihnachtsmann, Engel
„Baustein" Werbebotschaft	**Die Werbebotschaft beantwortet die Frage, was der Zielgruppe mitgeteilt wird.** Mit den Aktionswochen zur Weihnachtszeit soll den Kunden mitgeteilt werden, dass das Sortiment sowohl in der Außenbeleuchtung als auch in der Innenraumbeleuchtung sehr umfangreich und auf den speziellen Anlass Weihnachten vorbereitet ist. Die besondere Betonung der „Hits for Kids" zeigt die Vielfalt der Produkte und spricht den Spieltrieb der Jugendlichen an.
„Baustein" Werbeträger	**Der Werbeträger beantwortet die Frage, wie die Werbebotschaft an die Zielgruppe herangetragen wird.** Vorschlag: ▶ Nutzung des vorhandenen Werbeleuchtspiegels ▶ Buttons ▶ Schaufenster ▶ Internet
„Baustein" Werbemittel	**Das Werbemittel beantwortet die Frage, was als Werbebotschaft verkörpert werden soll.** Vorschlag: ▶ vier Leuchtfelder für den Werbeleuchtspiegel ▶ Flyer und Prospekte zum Mitnehmen für die Kunden ▶ Plakate ▶ Leuchtbuttons für die Verkäufer ▶ Leuchtreklame im Schaufenster ▶ Handzettel für die einzelnen Haushalte ▶ Anzeigen in den Regionalzeitschriften ▶ Sonderseite im Internet
Nennen und beschreiben Sie die wichtigsten Werbegrundsätze, die berücksichtigt werden sollen.	**Die wichtigsten Werbegrundsätze sind:** ▶ **Wirksamkeit** Die gesetzten Werbeziele wie Umsatzerhöhung, Kundengewinnung, Kundenbindung sollen erreicht werden. ▶ **Wirtschaftlichkeit** Das angestrebte Werbeziel soll mit möglichst geringen Mitteln erreicht werden. ▶ **Wahrheit** Die Werbung soll immer richtig informieren und keine irreführenden Angaben verkünden. ▶ **Klarheit** Die Werbebotschaft soll für den Kunden klar und leicht verständlich sein.

Ausgangssituation

Herr Jordan ist Vertreter der wwh GmbH. Er ist seit drei Jahren dafür zuständig, Beleuchtungen für Industrieanlagen, Supermärkte, Krankenhäuser und öffentliche Einrichtungen zu verkaufen. Aufgrund der fristgerechten Kündigung von Herrn Jordan, der aufgrund privater Bindungen nach Süddeutschland ziehen wird, überlegt die Marketingleiterin Frau Pollert, einen Reisenden einzusetzen.

Sie bittet die Auszubildende um eine Gegenüberstellung dieser beiden Absatzmittler. Das Ergebnis ist wie folgt:

Reisender	Vergleich	**Vertreter**

Der Reisende ist kaufmännischer Angestellter.	Der Vertreter ist selbstständiger Kaufmann.
Artvollmacht Vermittlungs- oder Abschlussvollmacht	Vermittlungs- oder Abschlussvollmacht
Fixum + Provision vom erzielten Umsatz + Ersatz von Auslagen (Spesen)	Vermittlungs- oder Abschlussprovision + evtl. Inkassoprovision + evtl. Delkredereprovision
Ein Reisender hat die Aufgabe, für die wwh GmbH Geschäfte zu vermitteln oder abzuschließen.	Ein Vertreter vermittelt für die wwh GmbH Geschäfte oder schließt sie im eigenen Namen, aber auf Rechnung der wwh GmbH ab.
bei hohen Umsätzen günstiger	bei niedrigeren Umsätzen günstiger

Überprüfen Sie den Vergleich der beiden Absatzmittler.

Begründen Sie falsche Aussagen.

Folgende Aussage zum Vertreter ist falsch: Er schließt nicht im eigenen Namen Geschäfte ab. Der Vertreter schließt immer im fremden Namen auf fremde Rechnung Geschäfte ab.

Der Kommissionär ist ein Absatzmittler, der im eigenen Namen für Rechnung eines anderen Geschäfte abschließt.

Gegenwärtig erzielt der Handelsvertreter Herr Jordan monatlich einen Umsatz in Höhe von 75 000,00 EUR. Er erhält eine Provision von 9 %.

Wie hoch ist seine Jahresprovision?

Seine Jahresprovision beträgt 81 000,00 EUR.

Rechnung:

75 000,00 EUR Umsatz · 9 % = 6 750,00 EUR monatlich

6 750,00 EUR monatlich · 12 Monate = 81 000,00 EUR Jahresprovision

---

Bei der Anstellung eines Reisenden geht die wwh GmbH davon aus, dass monatlich fixe Kosten von 5 600,00 EUR zu zahlen sind und eine Umsatzvergütung von 2 %.

Wie hoch wären die Kosten in Euro pro Jahr, wenn der Reisende den Umsatz von 75 000,00 EUR erzielen würde?

Die Kosten betragen für 12 Monate 85 200,00 EUR.

Rechnung:

75 000,00 EUR Umsatz · 2 % = 1 500,00 EUR monatlich · 12 Monate = 18 000,00 EUR Jahresprovison

5 600,00 EUR Fixum monatlich · 12 Monate = 67 200,00 EUR Jahresfixum

67 200,00 Jahresfixum + 18 000,00 EUR Provision = 85 200,00 EUR insgesamt

Die Marketingleiterin Frau Pollert möchte wissen, ab welchem Umsatz pro Monat es sich bei den genannten Bedingungen lohnt, einen Reisenden einzusetzen.

Begründen Sie Ihre Lösung rechnerisch.

Rechnerische Lösung:

der gesuchte Umsatz = x

Kosten Reisender		=	**Kosten Vertreter**	
5 600,00 EUR + 0,02 x		=	0,09 x	I – 0,02 x
5 600,00 EUR		=	0,07 x	I / 0,07
	x	=	80 000,00 EUR	

Bei einem Umsatz von 80 000,00 EUR sind die Kosten für den Reisenden und den Vertreter gleich hoch.

Probe:

Kosten Reisender

5 600,00 EUR Fixum
1 600,00 EUR Provision (2 % von 80 000,00 EUR)
7 200,00 EUR gesamt

Kosten Vertreter

7 200,00 EUR Provision (9 % von 80 000,00 EUR)

Antwort: Bei einem Umsatz von mehr als 80 000,00 EUR pro Monat lohnt es sich, eigene Vertriebsorgane einzusetzen. Der Reisende ist kostenmäßig günstiger.

Stellen Sie die gefundene Lösung grafisch dar.

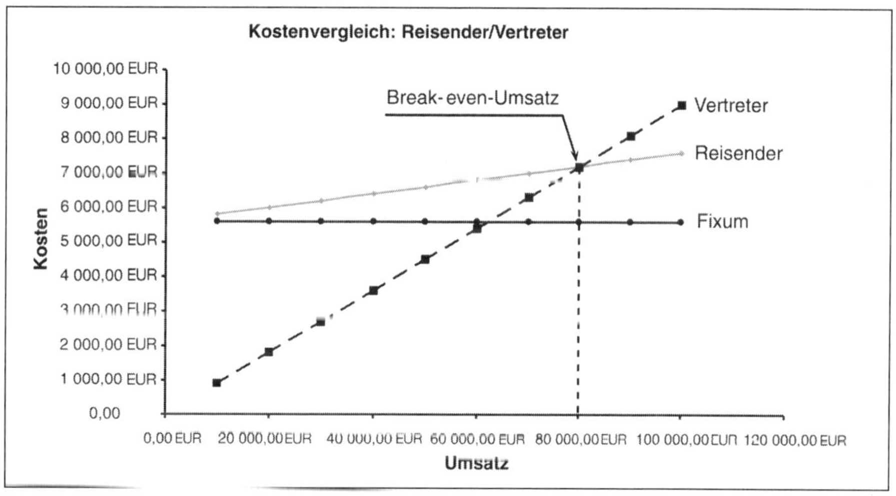

Die Auszubildenden haben in ihrem Vergleich der Absatzhelfer u. a. beim Vertreter verschiedene Provisionsarten aufgelistet.

Erläutern Sie diese.

Vermittlungs- oder Abschlussprovision
Der Vertreter erhält im Rahmen seines Vertrages das Recht, Verträge im Namen der wwh GmbH zu vermitteln oder abzuschließen. Im ersteren Fall wird z. B. ein Kaufvertrag erst rechtsgültig, wenn die wwh GmbH dem vom Vertreter vermittelten Kaufvertrag zustimmt. Hat der Vertreter die Abschlussvollmacht, so kann er im Namen der wwh GmbH Verträge rechtsgültig abschließen. Für seine Tätigkeiten erhält er die entsprechenden Provisionsarten.

Delkredereprovision
Der Vertreter erhält eine Delkredereprovision, wenn er sich vertraglich ausdrücklich verpflichtet, für die Leistungsfähigkeit seines Kunden einzustehen. Zahlt der Kunde nicht, so verliert der Vertreter seinen Provisionsanspruch und muss der wwh GmbH im vollen Umfang die nicht gezahlten Beträge des Vertragspartners ersetzen.

Inkassoprovision
Wurde eine Inkassoprovision vereinbart, so erhält der Vertreter für die in bar einkassierten Verkaufserlöse eine Provision. Die Inkassoprovision wird auf Basis des erzielten Verkaufspreises berechnet.

Ausgangssituation

Die wwh GmbH möchte ihre Produktpalette im Heizplattenbereich erweitern. Bisher bot sie ihren Kunden Heizplatten ohne Digitaltechnik an. Nun möchte sie die auf der letzten Messe vorgestellten Geräte mit einer Sonderaktion auf den Markt bringen.

Der Bezugspreis für die Präzisionsheizplatten in Digitaltechnik – 300° bis 350°C als Einbaugeräte – beträgt 1 783,81 EUR.

Ermitteln Sie den Listenverkaufspreis für die Präzisionsheizplatten XOX 100 unter Berücksichtigung von

① 5 % Handlungskosten,
② 10 % Gewinn,
③ 2 % Skonto,
④ 30 % Rabatt.

Berechnen Sie den Listenverkaufspreis auch mit Excel.

Der Listenverkaufspreis beträgt 3 003,36 EUR.

Ermittlung des Listenverkaufspreises mit Excel:

Kalkulationsschema	Berechnung	in Euro
Bezugspreis	1 783,8100	1 783,81 EUR
+ 5 % Handlungskosten	89,1905	89,19 EUR
Selbstkostenpreis	1 873,0005	1 873,00 EUR
+ 10 % Gewinn	187,3001	187,30 EUR
Barverkaufspreis	2 060,3006	2 060,30 EUR
+ 2 % Skonto	42,0470	42,05 EUR
Zielverkaufspreis	2 102,3475	2 102,35 EUR
+ 30 % Rabatt	901,0061	901,01 EUR
Listenverkaufspreis	3 003,3536	3 003,36 EUR

Vereinfachen Sie die Rechnung und ermitteln Sie den Kalkulationszuschlag.

Begründen Sie Ihre Vorgehensweise.

Die Differenz zwischen Listenverkaufspreis und Bezugspreis beträgt 1 219,55 EUR. Die einmalige Berechnung des Kalkulationszuschlagsatzes ist wie folgt:

1 783,81 EUR	Bezugspreis	=	100 %
1 219,55 EUR	Kalkulationszuschlag	=	x %

$$x = \frac{100 \cdot 1\,219{,}55}{1\,783{,}81} = 68{,}3677\ \%$$

Ermittlung des Listenverkaufspreises für die Ware:

	Bezugspreis	1 783,81 EUR
+	Kalkulationszuschlag (68,3677 %)	1 219,55 EUR
=	Listenverkaufspreis	3 003,36 EUR

Sinnvoll ist die Berechnung mit einem Bezugspreis von 100,00 EUR. In diesem Fall beträgt der Listenverkaufspreis:

Kalkulationsschema	Berechnung	in Euro
Bezugspreis	100,0000	100,00 EUR
+ 5 % Handlungskosten	5,0000	5,00 EUR
Selbstkostenpreis	105,0000	105,00 EUR
+ 10 % Gewinn	10,5000	10,50 EUR
Barverkaufspreis	115,5000	115,50 EUR
+ 2 % Skonto	2,3571	2,36 EUR
Zielverkaufspreis	117,8571	117,86 EUR
+ 30 % Rabatt	50,5102	50,51 EUR
Listenverkaufspreis	168,3673	168,37 EUR

Damit ist der Kalkulationszuschlag von 68,37 % sofort ablesbar.

sgangssituation

wwh GmbH plant ab dem kommenden Quartal die Produktion einer Lichterkette mit einer 4-Farb-Auswahl. Am Markt soll Preis in Höhe von 60,00 EUR erzielt werden. Die variablen Kosten pro Stück werden mit 40,00 EUR kalkuliert und die fixen amtkosten betragen 8 000,00 EUR.

hmen Sie die folgenden Berechnungen mit Excel vor.

ssen Sie die Daten in einer elle.

e hoch ist der Deckungsbeitrag pro ick?

e hoch sind die Erlöse, Fixkosten, riablen Kosten, Gesamtkosten bei er Absatzmenge von 0, 100, 200, 0, 400, 500, 600, 700, 800?

ellen Sie die Lösung grafisch dar.

Der Deckungsbeitrag pro Stück beträgt 20,00 EUR

	A	B	C	D	E	F
1						
2		Preis pro Stück	60,00			
3		variable Kosten pro Stück	40,00			
4		fixe Gesamtkosten	8 000,00			
5		Deckungsbeitrag pro Stück	20,00			
6						
7		**Absatzmenge**	**Erlöse**	**Fixkosten**	**variable Kosten**	**Gesamtkosten**
8		0	0,00	8 000,00	0,00	8 000,00
9		100	6 000,00	8 000,00	4 000,00	12 000,00
10		200	12 000,00	8 000,00	8 000,00	16 000,00
11		300	18 000,00	8 000,00	12 000,00	20 000,00
12		400	24 000,00	8 000,00	16 000,00	24 000,00
13		500	30 000,00	8 000,00	20 000,00	28 000,00
14		600	36 000,00	8 000,00	24 000,00	32 000,00
15		700	42 000,00	8 000,00	28 000,00	36 000,00
16		800	48 000,00	8 000,00	32 000,00	40 000,00
17						
18		**Break-even-Point**	**400**	Stück		
19						
20						
21		grafische Lösung: Break-even-Point				

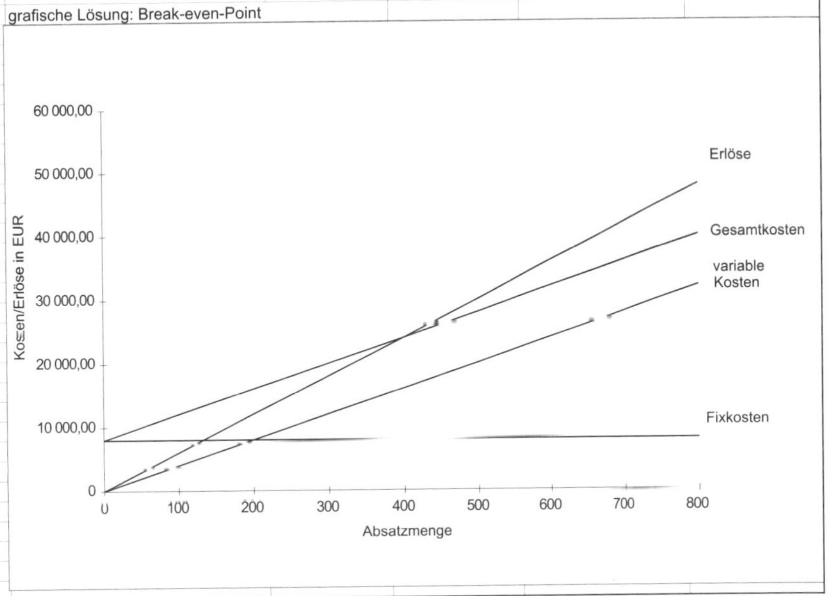

Formeln sichtbar:

	A	B	C	D	E	F
1						
2		Preis pro Stück	60,00			
3		variable Kosten pro Stück	40,00			
4		fixe Gesamtkosten	8 000,00			
5		Deckungsbeitrag pro Stück	=C2-C3			
6						
7		**Absatzmenge**	**Erlöse**	**Fixkosten**	**variable Kosten**	**Gesamtkosten**
8		0	=B8*$C$2	=$C$4	=B8*$C$3	=SUMME(D8:E8)
9		=B8+100	=B9*$C$2	=$C$4	=B9*$C$3	=SUMME(D9:E9)
10		=B9+100	=B10*$C$2	=$C$4	=B10*$C$3	=SUMME(D10:E10)
11		=B10+100	=B11*$C$2	=$C$4	=B11*$C$3	=SUMME(D11:E11)
12		=B11+100	=B12*$C$2	=$C$4	=B12*$C$3	=SUMME(D12:E12)
13		=B12+100	=B13*$C$2	=$C$4	=B13*$C$3	=SUMME(D13:E13)
14		=B13+100	=B14*$C$2	=$C$4	=B14*$C$3	=SUMME(D14:E14)
15		=B14+100	=B15*$C$2	=$C$4	=B15*$C$3	=SUMME(D15:E15)
16		=B15+100	=B16*$C$2	=$C$4	=B16*$C$3	=SUMME(D16:E16)
17						
18		**Break-even-Point**	**=C4/(C2-C3)**	Stück		

Nennen Sie die Formel für die Ermittlung des Kalkulationszuschlages.

$$\text{Kalkulationszuschlag} = \frac{(\text{Listenverkaufspreis} - \text{Bezugspreis}) \cdot 100}{\text{Bezugspreis}}$$

Erklären und berechnen Sie den Kalkulationsfaktor.

Der Kalkulationsfaktor ist die Zahl, mit der der Bezugspreis multipliziert w Listenverkaufspreis zu ermitteln. Der Kalkulationsfaktor ist gleichzusetzen verkaufspreis für 1,00 EUR Bezugspreis.

Der Kalkulationsfaktor beträgt 1,683677.

Nennen Sie die allgemeine Formel für den Kalkulationsfaktor.

$$\text{Kalkulationsfaktor} = \frac{\text{Listenverkaufspreis}}{\text{Bezugspreis}}$$

Der Verkaufsleiter Herr Wulff von der wwh GmbH hat Kontakt zu einem Großkunden, der bereit ist, für die neuen Präzisionsheizplatten 2 500,00 EUR zu zahlen.

Wie hoch darf der Bezugspreis höchstens sein, wenn die Bedingungen wie folgt sind:

5 % Handlungskosten
10 % Gewinn
2 % Skonto
15 % Rabatt

Der Bezugspreis darf höchstens 1 803,03 EUR betragen.

Berechnung mit Excel:

(Kalkulationsschema ↓ / Berechnung ↑)

	Kalkulationsschema	Berechnung	in Euro
	Bezugspreis	1 803,0303	1 803,03 EUR
+ 5 %	Handlungskosten	90,1515	90,15 EUR
	Selbstkostenpreis	1 893,1818	1 893,18 EUR
+10 %	Gewinn	189,3182	189,32 EUR
	Barverkaufspreis	2 082,5000	2 082,50 EUR
+ 2 %	Skonto	42,5000	42,50 EUR
	Zielverkaufspreis	2 125,0000	2 125,00 EUR
+15 %	Rabatt	375,0000	375,00 EUR
	Listenverkaufspreis	2 500,0000	2 500,00 EUR

Wie hoch ist die Handelsspanne für die Präzisionsheizplatten XOX 100, die Herr Wulff an den Großkunden verkaufen möchte?

Die Handelsspanne beträgt 27,8788 %.

Die Handelsspanne ist die Differenz (696,97 EUR) zwischen dem Listenverkaufspre (2 500,00 EUR) und dem Bezugspreis (1 803,03 EUR), ausgedrückt in Prozenten d Listenverkaufspreises (= 100 %).

Zwei Monate nach Lieferung der Präzisionsheizplatten XOX 100 erhält die wwh GmbH von dem Großkunden ein Fax mit folgendem Inhalt:

> **Wir bestellen:**
> **50 Präzisionsheizplatten XOX 100 zum Preis von 2 500,00 EUR, abzüglich 20 % Rabatt und 2 % Skonto.**

Herr Wulff ist mit dem veränderten Rabattsatz einverstanden.

Ermitteln Sie, wie hoch der Gewinn in Prozent nach Änderung des Rabattsatzes ist. Berücksichtigen Sie den Bezugspreis von 1 783,81 EUR.

Der Gewinn beträgt 4,64 %.

	Kalkulationsschema	Berechnung	in Euro
	Bezugspreis	1 783,8100	1 783,81 EUR
+ 5 %	Handlungskosten	89,1905	89,19 EUR
	Selbstkostenpreis	1 873,0005	1 873,00 EUR
+ 4,6449 %	Gewinn	86,9995	87,00 EUR
	Barverkaufspreis	1 960,0000	1 960,00 EUR
+ 2 %	Skonto	40,0000	40,00 EUR
	Zielverkaufspreis	2 000,0000	2 000,00 EUR
+ 20 %	Rabatt	500,0000	500,00 EUR
	Listenverkaufspreis	2 500,0000	2 500,00 EUR

Welche Bedeutung hat der Break-even-Point?

Der Break-even-Point oder die Gewinnschwelle ist der Punkt, an dem die Kosten und die Erlöse gleich hoch sind. Bei Erreichen dieses Umsatzes wird weder ein Gewinn noch ein Verlust erwirtschaftet. Der Deckungsbeitrag aller abgesetzten Produkte entspricht den Fixkosten. Wenn die wwh GmbH mehr als 400 Stück verkauft, erzielt sie einen Gewinn.

Ermitteln Sie rechnerisch den Break-even-Point.

k_v = variable Stückkosten — x = Absatzmenge

K_f = Fixkosten — x_G = Gewinnschwelle

p = Preis pro Produkteinheit — db = Deckungsbeitrag

Gleichung:

$K(x) = k_v \cdot x + K_f$ (Kostenfunktion)

$E(x) = p \cdot x$ (Erlösfunktion)

$$x_G = \frac{K_f}{p - k_v} = \frac{K_f}{db}$$

Berechnung:

$$x_G = \frac{8\,000}{60 - 40} = 400 \text{ Stück}$$

Erstellen Sie eine Berechnung für acht Lichterketten/4-Farb-Auswahl und berücksichtigen Sie dabei folgende Bedingungen/Angaben:

Text „Rechnung" erfassen
- ***fett formatieren***
- ***Schriftgröße 10***

Aktuelles Datum einfügen

Übersichtliche Tabelle erstellen:
- ***Menge***
- ***Einzelpreis wie geplant einsetzen***
- ***Gesamtpreis ermitteln***

Frachtanteil berechnen:
- ***bis 10 Lichterketten 30,00 EUR netto***
- ***mehr als 10 Lichterketten „frei Haus"***

19 % Umsatzsteuer berücksichtigen

Gesamtpreis ermitteln

	A	B	C	D	E
1		**Rechnung**			15.06.20..
2					
3		Menge	Produkt	Einzelpreis	Gesamtpreis
4		8	Lichterkette/4-Farb-Auswahl	60,00 EUR	480,00 EUR
5					
6		Frachtkosten			30,00 EUR
7		Nettopreis			510,00 EUR
8		+ 19 % USt.			96,90 EUR
9		Bruttopreis			606,90 EUR

Formeln sichtbar

	A	B	C	D	E
1		**Rechnung**			=HEUTE()
2					
3		Menge	Produkt	Einzelpreis	Gesamtpreis
4		8	Lichterkette/4-Farb-Auswahl	60	=D4*B4
5					
6		Frachtkosten			=WENN(B4<10;30;"0,00 EUR")
7		Nettopreis			=SUMME(E4:E6)
8		+ 19 % USt.			=E7*0,19
9		Bruttopreis			=SUMME(E7:E8)

Verändern Sie die Rechnung. Die bestellte Menge beträgt 14 Lichterketten/4-Farb-Auswahl.

	A	B	C	D	E
1		**Rechnung**			15.06.20..
2					
3		Menge	Produkt	Einzelpreis	Gesamtpreis
4		14	Lichterkette/4-Farb-Auswahl	60,00	840,00 EUR
5					
6		Frachtkosten			0,00 EUR
7		Nettopreis			840,00 EUR
8		+ 19 % USt.			159,60 EUR
9		Bruttopreis			999,60EUR

Ausgangssituation

Die Reisenden der wwh GmbH erzielten in der Abrechnungsperiode I folgende Umsätze:

Herr Reinköster = 120 000,00 EUR
Herr Schlacke = 145 000,00 EUR
Herr Schröder = 100 000,00 EUR

Die Reisenden werden leistungsbezogen bezahlt. Neben dem Fixum erhalten sie eine Provision, die abhängig ist vom erzielten Umsatz. Der Schlüssel ist wie folgt:

Provisionstabelle	
Umsatz ab ...	Provisionssatz
EUR	0 %
25 000,00 EUR	3 %
50 000,00 EUR	6 %
75 000,00 EUR	9 %
100 000,00 EUR	12 %
125 000,00 EUR	15 %
150 000,00 EUR	18 %

Erstellen Sie mit Excel eine Tabelle mit folgenden Spaltenüberschriften: Name, Umsatz, Provisionssatz, Provision.

Tragen Sie die Namen der Reisenden und deren Umsätze in die entsprechenden Spalten ein.

Erfassen Sie die in der Aufgabenstellung abgebildete Provisionstabelle. Das Wort „Provisionstabelle" steht in der mit B6 verbundenen Zelle A6.

Berechnen Sie den Provisionssatz und die Provision in EUR.

Nutzen Sie für die Lösung u. a. den Seitenverweis.

	A	B	C	D
1	Name	Umsatz	Provisionssatz	Provision
2	Reinköster	120 000,00 EUR	12%	14 400 EUR
3	Schlacke	140 000,00 EUR	15%	21 750 EUR
4	Schröder	100 000,00 EUR	12%	12 000 EUR
5				
6	Provisionstabelle			
7	Umsatz ab ...	Provisionssatz		
8	EUR	0%		
9	25 000,00 EUR	3%		
10	50 000,00 EUR	6%		
11	75 000,00 EUR	9%		
12	100 000,00 EUR	12%		
13	125 000,00 EUR	15%		
14	150 000,00 EUR	18%		

Formeln sichtbar:

	A	B	C	D
1	Name	Umsatz	Provisionssatz	Provision
2	Reinköster	120 000,00	=SVERWEIS(B2;$A$8:$B$18;2;WAHR)	=B2*C2
3	Schlacke	145 000,00	=SVERWEIS(B3;$A$8:$B$18;2;WAHR)	=B3*C3
4	Schröder	100 000,00	=SVERWEIS(B4;$A$8:$B$14;2;WAHR)	=B4*C4
5				
6	Provisionstabelle			
7	Umsatz - ab ...	Provisionssatz		
8	0	0		
9	=A8+25 000,00	0,03		
10	=A9+25 000,00	0,06		
11	=A10+25 000,00	0,09		
12	=A11+25 000,00	0,12		
13	=A12+25 000,00	0,15		
14	=A13+25 000,00	0,18		

Stellen Sie die erzielten Umsätze der drei Reisenden grafisch dar. Nutzen Sie dafür den Diagramm-Assistenten. Wählen Sie ein Säulendiagramm aus und ergänzen Sie die Titel „Umsatz" und „Namen der Reisenden".

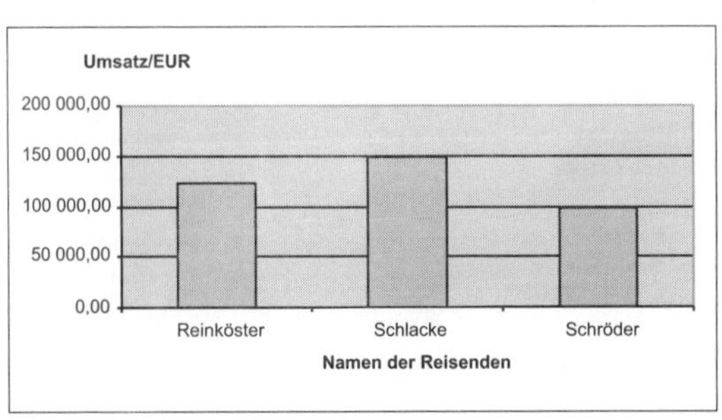

In der Abrechnungsperiode II wurden folgende Umsätze erzielt:

Herr Reinköster	=	*70 000,00 EUR*
Herr Schlacke	=	*90 000,00 EUR*
Herr Schröder	=	*125 000,00 EUR*

Herr Ruwe ist seit einigen Wochen als Reisender tätig und erreichte einen Umsatz von 40 000,00 EUR.

Ermitteln Sie mit Ihrer erstellten Excel-Tabelle die neuen Provisionssätze und die Höhe der jeweiligen Provision in Euro.

Fügen Sie vor der „Provisionstabelle" eine Zeile ein und ergänzen Sie die Tabelle um den Reisenden Herrn Ruwe.

	A	B	C	D
1	Name	Umsatz	Provisionssatz	Provision
2	Reinköster	70 000,00 EUR	6%	4 200,00 EUR
3	Schlacke	90 000,00 EUR	9%	8 100,00 EUR
4	Schröder	125 000,00 EUR	15%	18 750,00 EUR
5	Ruwe	40 000,00 EUR	3%	1 200,00 EUR
6				
7	Provisionstabelle			
8	Umsatz ab ...	Provisionssatz		
9	EUR	0%		
10	25 000,00 EUR	3%		
11	50 000,00 EUR	6%		
12	75 000,00 EUR	9%		
13	100 000,00 EUR	12%		
14	125 000,00 EUR	15%		
15	150 000,00 EUR	18%		

Formeln sichtbar:

	A	B	C	D
1	Name	Umsatz	Provisionssatz	Provision
2	Reinköster	70 000,00	=SVERWEIS(B2;$A$9:$B$19;2;WAHR)	=B2*C2
3	Schlacke	90 00,00	=SVERWEIS(B3;$A$9:$B$19;2;WAHR)	=B3*C3
4	Schröder	125 000,00	=SVERWEIS(B4;$A$9:$B$15;2;WAHR)	=B4*C4
5	Ruwe	40 000,00	=SVERWEIS(B5;$A$9:$B$15;2;WAHR)	=B5*C5
6				
7	Provisionstabelle			
8	Umsatz - ab ...	Provisionssatz		
9	0	0		
10	=A9+25000	0,03		
11	=A10+25000	0,06		
12	=A11+25000	0,09		
13	=A12+25000	0,12		
14	=A13+25000	0,15		
15	=A14+25000	0,18		

Ändern Sie Ihre Tabelle wie folgt:

Es gibt insgesamt vier Abrechnungsperioden. In den Abrechnungsperioden III und IV wurden folgende Umsätze erzielt:

Abrechnungsperiode III

Herr Reinköster	=	*50 000,00 EUR*
Herr Schlacke	=	*30 000,00 EUR*
Herr Schröder	=	*60 000,00 EUR*
Herr Ruwe	=	*70 000,00 EUR*

Abrechnungsperiode IV

Herr Reinköster	=	*125 000,00 EUR*
Herr Schlacke	=	*140 000,00 EUR*
Herr Schröder	=	*105 000,00 EUR*
Herr Ruwe	=	*120 000,00 EUR*

Ermitteln Sie in einer neu zu erstellenden Tabelle die Jahresprovision der vier Reisenden. Nutzen Sie folgende Spaltenüberschriften:

Name, Provision I, Provision II, Provision III, Provision IV, gesamt.

	A	B	C D	E	F	
1	Name	Umsatz I	Provisionssatz	Provision		
2	Reinköster	120 000,00 EUR	12%	14 400,00 EUR		
3	Schlacke	145 000,00 EUR	15%	21 750,00 EUR		
4	Schröder	100 000,00 EUR	12%	12 000,00 EUR		
5						
6	Name	Umsatz II	Provisionssatz	Provision		
7	Reinköster	70 000,00 EUR	6%	4 200,00 EUR		
8	Schlacke	90 000,00 EUR	9%	8 100,00 EUR		
9	Schröder	120 000,00 EUR	15%	18 750,00 EUR		
10	Ruwe	40 000,00 EUR	3%	1 200,00 EUR		
11						
12	Name	Umsatz III	Provisionssatz	Provision		
13	Reinköster	50 000,00 EUR	6%	3 000,00 EUR		
14	Schlacke	30 000,00 EUR	3%	900,00 EUR		
15	Schröder	70 000,00 EUR	6%	4 200,00 EUR		
16	Ruwe	70 000,00 EUR	6%	4 200,00 EUR		
17						
18	Name	Umsatz IV	Provisionssatz	Provision		
19	Reinköster	125 000,00 EUR	15%	18 750,00 EUR		
20	Schlacke	140 000,00 EUR	15%	21 000,00 EUR		
21	Schröder	105 000,00 EUR	12%	12 600,00 EUR		
22	Ruwe	120 000,00 EUR	12%	14 400,00 EUR		
23						
24	Provisionstabelle					
25	Umsatz ab ...	Provisionssatz				
26	EUR	0%				
27	25 000,00 EUR	3%				
28	50 000,00 EUR	6%				
29	75 000,00 EUR	9%				
30	100 000,00 EUR	12%				
31	125 000,00 EUR	15%				
32	150 000,00 EUR	18%				
33						
34	Name	Provision I	Provision II	Provision III	Provision IV	gesamt
35	Reinköster	14 400,00 EUR	4 200,00 EUR	3 000,00 EUR	18 750,00 EUR	40 350,00 EUR
36	Schlacke	21 750,00 EUR	8 100,00 EUR	900,00 EUR	21 000,00 EUR	51 750,00 EUR
37	Schröder	12 000,00 EUR	18 750,00 EUR	4 200,00 EUR	12 600,00 EUR	47 550,00 EUR
38	Ruwe	- EUR	1 200,00 EUR	4 200,00 EUR	14 400,00 EUR	19 800,00 EUR

Ausgangssituation

Der Marketingleiter Herr Vollrath hat festgestellt, dass der Absatz des von der wwh GmbH angebotenen Produktes: „Funk-Rauchmelder RM 104" zum Preis von 55,00 EUR im letzten Jahr erheblich zurückgegangen ist. Die Konkurrenz bietet ein ähnliches Produkt für 45,00 EUR an.

Ebenfalls bedenklich sind die Verkaufszahlen für das Produkt: „Video-Tür-Sprechanlage VTS 12". Die wwh GmbH bietet dieses Produkt für 150,00 EUR an und liegt mit 20,00 EUR über den Preisen der Mitanbieter.

Herr Vollrath bespricht mit der Einkaufsleiterin Frau Uhlmann diese Problemfälle. Während des Gespräches wird Folgendes vereinbart:

① Herr Vollrath: Wir sollten auf jeden Fall versuchen, für die beiden Produkte „Rauchmelder RM 104" und „Video-Tür-Sprechanlage VTS 12" die Preise zu senken. Optimal wäre es, wenn wir den „Rauchmelder RM 104" 5,00 EUR unter dem Konkurrenzpreis anbieten könnten.

② Frau Uhlmann: Ich werde überprüfen, ob wir bei einer größeren Bestellung einen Listeneinkaufspreis erhalten, der unseren Kalkulationsvorgaben entspricht. Sie wissen, dass bei allen Produkten ein Gewinnaufschlag von 10 % erzielt werden muss. 3 % Skonto und 15 % Rabatt müssen wir auch einkalkulieren.

③ Herr Vollrath: Ja, versuchen Sie es bitte und informieren Sie mich.

Bei der „Video-Tür-Sprechanlage VTS 12" sollte der Listenverkaufspreis bei 130,00 EUR liegen.

④ Frau Uhlmann: Bei diesem Produkt sehe ich keine Schwierigkeiten, weil wir in der letzten Woche noch mit dem Hersteller vereinbaren konnten, dass er „frei Haus" anliefert. Ich informiere Sie schnellstmöglich.

Ermitteln Sie den „aufwendbaren" Listeneinkaufspreis für das Produkt: „Rauchmelder RM 104". Der bisherige Hersteller bietet 20 % Rabatt, aber keinen Skontoabzug an.

Die Handlungskosten werden mit 15 % kalkuliert.

Bezugskosten werden mit 2,00 EUR pro Stück kalkuliert.

Rechnen Sie mit fünf Stellen hinter dem Komma.

Rückwärtskalkulation „Rauchmelder RM 104"

①		Listeneinkaufspreis	33,92292
	– 20 %	Rabatt	6,78458
	=	Zieleinkaufspreis	27,13834
	– 0 %	Skonto	0,00000
	=	Bareinkaufspreis	27,13834
	+ 2 EUR	Bezugskosten	2,00000
	=	Bezugspreis	29,13834
	+ 15 %	Handlungskosten	4,37075
	=	Selbstkosten	33,50909
	+ 10 %	Gewinn	3,35091
	=	Barverkaufspreis	36,86000
	+ 3 %	Skonto	1,14000
	=	Zielverkaufspreis	38,00000
	+ 5 %	Rabatt	2,00000
	=	Listenverkaufspreis	40,00000 ②

Der aufwendbare Listeneinkaufspreis beträgt 33,92 EUR.

Machen Sie mit der Tastenkombination „Strg-Taste und Raute-Taste" die Formeln in der Rückwärtskalkulation für den „Rauchmelder RM 104" in Excel sichtbar.

Vergleichen Sie die Ergebnisse mit der abgebildeten Darstellung.

Die Normalansicht erhalten Sie mit derselben Tastenkombination „Strg-Taste und Raute-Taste".

Sichtbare Formeln

	Listeneinkaufspreis	= E3+E2
– 20 %	Rabatt	= E3*B2/(100-B2)
=	Zieleinkaufspreis	= E5+E4
– 0 %	Skonto	= E5*B4/(100-B4)
=	Bareinkaufspreis	= E7-E6
+ 2 EUR	Bezugskosten	= B6
=	Bezugspreis	= E9-E8
+ 15 %	Handlungskosten	= E9*B8/(100+B8)
=	Selbstkosten	= E11-E10
+ 10 %	Gewinn	= B10*E11/(100+B10)
=	Barverkaufspreis	= E13-E12
+ 3 %	Skonto	= E13*B12/100
=	Zielverkaufspreis	= E15-E14
+ 5 %	Rabatt	= E15*B14/100
=	Listenverkaufspreis	40

Berechnen Sie mit Excel den Listeneinkaufspreis für die „Video-Tür-Sprechanlage VTS 12".

Schreiben Sie den Text „Listeneinkaufspreis in Zelle D1, die Rabatt-, Skontosätze ohne Prozent in die Spalte B.

Berücksichtigen Sie notwendige Daten zur Berechnung aus der Ausgangssituation.

Der Hersteller bietet auf Nachfrage der Einkaufsleiterin Frau Uhlmann 3 % Skonto und 10 % Rabatt.

Rückwärtskalkulation „Video-Tür-Sprechanlage VTS 12"

	A	B	C	D	E
1				Listeneinkaufspreis	108,47606
2	–	10	%	Rabatt	10,84761
3	=			Zieleinkaufspreis	97,62846
4	–	3	%	Skonto	2,92885
5	=			Bareinkaufspreis	94,69960
6	+	0	EUR	Bezugskosten	0,00000
7	=			Bezugspreis	94,69960
8	+	15	%	Handlungskosten	14,20494
9	=			Selbstkosten	108,90455
10	+	10	%	Gewinn	10,89045
11	=			Barverkaufspreis	119,79500
12	+	3	%	Skonto	3,70500
13	=			Zielverkaufspreis	123,50000
14	+	5	%	Rabatt	6,50000
15	=			Listenverkaufspreis	130,00000

Der Listeneinkaufspreis für die „Video-Tür-Sprechanlage VTS 12" beträgt 108,47 EUR.

Machen Sie mit der Tastenkombination „Strg-Taste und Raute-Taste" die Formeln in der Rückwärtskalkulation für die „Video-Tür-Sprechanlage VTS 12" in Excel sichtbar.

Vergleichen Sie die Ergebnisse mit der abgebildeten Darstellung.

Die Normalansicht erhalten Sie mit derselben Tastenkombination „Strg-Taste und Raute-Taste".

Sichtbare Formeln

	A	B	C	D	E
1				Listeneinkaufspreis	= E3+E2
2	–	10	%	Rabatt	= E3*B2/(100–B2)
3	=			Zieleinkaufspreis	= E5+E4
4	–	3	%	Skonto	= E5*B4/(100–B4)
5	=			Bareinkaufspreis	= E7–E6
6	+	0	EUR	Bezugskosten	= B6
7	=			Bezugspreis	= E9–E8
8	+	15	%	Handlungskosten	= E9*B8/(100+B8)
9	=			Selbstkosten	= E11–E10
10	+	10	%	Gewinn	= B10*E11/(100+B10)
11	=			Barverkaufspreis	= E13–E12
12	+	3	%	Skonto	= E13*B12/100
13	=			Zielverkaufspreis	= E15–E14
14	+	5	%	Rabatt	= E15*B14/100
15	=			Listenverkaufspreis	130

Frau Uhlmann erfährt aufgrund ihrer Nachfrage beim Hersteller, dass dieser für 110,00 EUR die „Video-Tür-Sprechanlage VTS 12" anbieten kann. Die Vorgabe von 10 % Gewinn kann demzufolge nicht eingehalten werden.

Ermitteln Sie anhand der bekannten Kalkulationsunterlagen und -vorgaben, wie hoch der Gewinn in % unter diesen Bedingungen ausfallen würde.

Rechnen Sie den Gewinn mit fünf Stellen hinter dem Komma aus.

Differenzkalkulation

①				Listeneinkaufspreis	③ 110,00000	⑤
–	④ 10	%		Rabatt	11,00000	↓
=				Zieleinkaufspreis	99,00000	↓
–	④ 3	%		Skonto	2,97000	↓
=				Bareinkaufspreis	96,03000	↓
+	④ 0	EUR		Bezugskosten	0,00000	↓
=				Bezugspreis	96,03000	↓
+	④ 15	%		Handlungskosten	14,40450	↓
=				Selbstkosten	110,43450	↓
+	8,47606	%		Gewinn ← ⑧ →	9,36050	⑦
=				Barverkaufspreis	119,79500	↑
+	④ 3	%		Skonto	3,70500	↑
=				Zielverkaufspreis	123,50000	↑
+	④ 5	%		Rabatt	6,50000	↑
↓ =				Listenverkaufspreis	② 130,00000	⑥

① Aufstellen des Kalkulationsschemas
② Eintragen des vorgegebenen Listenverkaufspreises
③ Eintragen des vorgegebenen Listeneinkaufspreises
④ Einsetzen der gegebenen Prozentsätze bzw. Eurobeträge
⑤ Vorwärtskalkulation bis zu den Selbstkosten
⑥ Rückwärtskalkulation bis zum Barverkaufspreis
⑦ Ermittlung der Differenz zwischen Selbstkosten und Barverkaufspreis
⑧ Ermittlung des Gewinnprozentsatzes (Selbstkosten = 100 %)

Der Gewinn beträgt unter diesen Bedingungen nur noch 8,47606 %.

Ausgangssituation

Zum Leineweberfest in Bielefeld beteiligt sich die wwh GmbH mit einer besonderen Aktion und verkauft Leselampen an Endverbraucher.

Am Montagmorgen nach der Sonderveranstaltung erhält die Auszubildende Aenna vom Verkaufsleiter folgende Artikel zur Preisangabenverordnung (PAngV) und zwei weitere Belege.

(1) Waren, die in Schaufenstern, Schaukästen innerhalb oder außerhalb des Verkaufsraumes auf den Verkaufsständen oder in sonstiger Weise sichtbar ausgestellt werden, und Waren, die vom Verbraucher unmittelbar entnommen werden können, sind durch Preisschilder oder Beschriftung der Ware auszuzeichnen.

(2) Waren, die nicht unter den Voraussetzungen des Absatzes 1 im Verkaufsraum zum Verkauf bereitgehalten werden, sind entweder nach Absatz 1 auszuzeichnen oder dadurch, dass die Behältnisse oder Regale, in denen sich die Waren befinden, beschriftet werden oder dass Preisverzeichnisse angebracht oder zur Einsichtnahme aufgelegt werden.

(3) Waren, die nach Musterbüchern angeboten werden, sind dadurch auszuzeichnen, dass die Preise für die Verkaufseinheit auf den Mustern oder damit verbundenen Preisschildern oder Preisverzeichnissen angegeben werden.

(4) Waren, die nach Katalogen oder Warenlisten oder auf Bildschirmen angeboten werden, sind dadurch auszuzeichnen, dass die Preise unmittelbar bei den Abbildungen oder Beschreibungen der Waren oder in mit den Katalogen oder Warenlisten im Zusammenhang stehenden Preisverzeichnissen angegeben werden.

(5) Auf Angebote von Waren, deren Preise üblicherweise aufgrund von Tarifen oder Gebührenregelungen bemessen werden, ist § 5 Abs. 1 und 2 entsprechend anzuwenden.

Wer Letztverbrauchern gewerbs- oder geschäftsmäßig oder regelmäßig in sonstiger Weise Waren oder Leistungen anbietet oder als Anbieter von Waren oder Leistungen gegenüber Letztverbrauchern unter Angabe von Preisen wirbt, hat die Preise anzugeben, die einschließlich der Umsatzsteuer und sonstiger Preisbestandteile unabhängig von einer Rabattgewährung zu zahlen sind (Endpreise). Soweit es der allgemeinen Verkehrsauffassung entspricht, sind auch die Verkaufs- oder Leistungseinheit und die Gütebezeichnung anzugeben, auf die sich die Preise beziehen. Auf die Bereitschaft, über den angegebenen Preis zu verhandeln, kann hingewiesen werden, soweit es der allgemeinen Verkehrsauffassung entspricht und Rechtsvorschriften nicht entgegenstehen.

Zum 01.01.2003 ist die vierte Verordnung zur Änderung der Preisangabenverordnung (nach einer EU-Richtlinie) in Kraft getreten. Diese verpflichtet den Handel, neben dem Endpreis einer Ware auch den Preis für eine bestimmte Menge, z. B. ein Kilogramm oder einen Liter, anzugeben. Dieser „Grundpreis" ermöglicht einen besseren Vergleich.

wwh GmbH
Industrie und Handel

Geldscheine	Anzahl	Hartgeld	Anzahl
500,00	0	2,00	18
200,00	2	1,00	23
100,00	10	0,50	25
50,00	19	0,20	12
20,00	120	0,10	15
10,00	29	0,05	36
5,00	12	0,02	12
		0,01	17

Helene-Weber-Weg 9
33607 Bielefeld

Tel.: 05207 801022
Fax: 05207 801013
Mobil: 0171 302560
E-Mail: wwh@t-online.de

wwh GmbH
Industrie und Handel

Helene-Weber-Weg 9
33607 Bielefeld

Finanzbericht

Barverkäufe	5 291,61 €
Artikel	520
Kunden	230

Tel.: 05207 801022
Fax: 05207 801013
Mobil: 0171 302560
E-Mail: wwh@t-online.de

Ermitteln Sie den Nettopreis der Klemmleselampe Blue-light.

119 % = 3,20 EUR

100 % = x EUR?

$$= \frac{3{,}20 \cdot 100}{119} = 2{,}69 \text{ EUR}$$

Der Nettopreis der Klemmleselampe Blue-light beträgt 2,69 EUR.

Überprüfen Sie, ob das rechts abgebildete Preisschild den gesetzlichen Vorschriften entspricht.

wwh GmbH
Industrie und Handel

Helene-Weber-Weg 9
33607 Bielefeld

Sonderaktion

Klemmleselampe Blue-light
3,20 €

Tel.: 05207 801022
Fax: 05207 801013
Mobil: 0171 302560
E-Mail: wwh@t-online.de

Bitte entsorgen Sie die leeren Batterien den gesetzlichen Vorschriften entsprechend bei den örtlichen Sammelstellen.

Das oben abgebildete Preisschild entspricht den gesetzlichen Vorschriften, wenn es sich bei dem angegebenen Preis um den Endpreis handelt. Der Preis ist einschließlich Umsatzsteuer anzugeben.

Eine besondere Warenkennzeichnung ist nicht notwendig.

Ermitteln Sie den Istbestand am Geschäftsschluss. Nutzen Sie für die Rechnung das abgebildete Formular auf der rechten Seite.

Kassenabrechnung – Bestand Hartgeld und Scheine

	x	0,01 EUR	=	
	x	0,02 EUR	=	
	x	0,05 EUR	=	
	x	0,10 EUR	=	
	x	0,50 EUR	=	
	x	1,00 EUR	=	
	x	2,00 EUR	=	
	x	5,00 EUR	=	
	x	10,00 EUR	–	
	x	20,00 EUR	=	
	x	100,00 EUR	=	
	x	200,00 EUR	=	
	x	500,00 EUR	=	
Bestand		Geschäftsschluss		

Berücksichtigen Sie folgende Informationen für die vollständige Kassenabrechnung:

- *Für Paketzustellungen wurden 54,00 EUR aus der Kasse entnommen.*
- *Der Einkaufsleiter hat eine Quittung über eine Bargeldentnahme von 300,00 EUR unterschrieben.*
- *Wechselgeld in Höhe von 250,00 EUR war vorhanden.*

Nutzen Sie für die Berechnung das abgebildete Formular auf der rechten Seite.

Kassen-Schlussbestand	
+ Ausgaben	
– Wechselgeld	
= Barverkäufe (Istbestand)	
– Barverkäufe (Soll-Bestand)	
Kassendifferenz	
– Fehlbetrag	
+ Überschuss	

Die Kassenabrechnung ergibt eine Kassendifferenz. Der Fehlbetrag beträgt 10,00 EUR.

Rechnung: Kassen-Schlussbestand: 5 177,61 EUR – Ausgaben für Paketzustellungen und Bargeldentnahmen in Höhe von 354,00 EUR. Das Wechselgeld wird addiert, daraus ergeben sich Barverkäufe in Höhe von 5 281,61 EUR. Die Differenz zu dem Sollbestand der Barverkäufe beträgt 10,00 EUR (Fehlbetrag).

Ausgangssituation

Sie sind Mitarbeiter/in in der Verkaufsabteilung der wwh GmbH, in der folgender Auftrag eingeht:

Heinz Blocher KG – Elektrofachhandel – Hamm

Heinz Blocher KG - Mozartstraße 21 – 59065 Hamm

wwh GmbH
Helene-Weber-Weg 9
33607 Bielefeld

Ihr Zeichen/Ihre Nachricht vom	Unser Zeichen	Telefon/Name	Datum
13.02. ..	pb-ho	02381 46874 Frau Blocher	18.02. ..

Bestellung Nr. 12-346

Sehr geehrte Damen und Herren,

hiermit bestellen wir aus Ihrem umfangreichen Prospekt zur Sonderaktion „Mit uns in den Umsatzfrühling“ wie folgt:

Artikel-Nr.	Bezeichnung	Menge	Einzelpreis
45-349	Protronic Popcornmaschine	25	24,80
23-467	Casio T33 Folienschweißgerät	30	45,18
13-487	Trifol BBQ Largo Komfort Elektrogrill	15	75,00

Wir würden die bezeichneten Produkte gerne am 01.04. .. für unsere Aktion zum verkaufsoffenen Sonntag in der Hammer City zur Verfügung haben. Bitte teilen Sie uns deshalb möglichst rasch mit, ob und wann Sie liefern können.
Auf die von Ihnen im Prospekt angegebenen Preise erwarten wir einen Neukundenrabatt von 10 %. Ferner bitten wir um Lieferung frei Haus. Üblicherweise zahlen wir innerhalb von 14 Tagen nach Lieferung unter Abzug von 3 % Skonto.

Mit freundlichen Grüßen

Heinz Blocher KG

i. V. S. Blocher

Sabine Blocher
Einkauf

Geben Sie einen Überblick über die ersten Schritte, die nun unternommen werden müssen, um den Auftrag zu bearbeiten.

Prüfung der Lieferwilligkeit
Handelt es sich um einen neuen Kunden, muss zunächst dessen Bonität geprüft werden (s. u.). Handelt es sich um einen bestehenden Kunden, muss geprüft werden, ob dieser seinen bisherigen Verpflichtungen nachgekommen ist oder ob es noch umfangreiche offen stehende Rechnungen gibt. Erst wenn die Bonität geprüft ist und das Rechnungswesen keine Bedenken hat, kann der Kunde beliefert werden, da sonst das Risiko eines Forderungsausfalles besteht.

Prüfen der Lieferfähigkeit
Der Auftrag muss nun geprüft werden in Bezug auf
- das Produkt: Befindet sich das gewünschte Produkt in unserem Sortiment?
- die Menge: Können wir die bestellten Mengen liefern?
- die Zeit: Können wir in der angegebenen Zeit liefern?
- den Preis: Können wir zu den anvisierten Preisen liefern?
- die Konditionen: Können wir uns auf die vom Kunden gewünschten Lieferungs- und Zahlungsbedingungen einlassen?

Welche Möglichkeiten haben Sie, die Bonität der Firma Blocher KG zu prüfen?

Die Bonität drückt die Kreditwürdigkeit eines Kunden aus. Je besser die Bonität von Dritten beurteilt wird, desto eher ist die Lieferwilligkeit gegenüber der Firma Blocher KG gegeben.

- Bei der **persönlichen Kreditwürdigkeit** wird die Zuverlässigkeit des Geschäftsinhabers bewertet. Hier sind die beruflichen und fachlichen Qualifikationen von Interesse. Auch die „Vergangenheit" des möglichen Kunden wird beachtet.
- Bei der **wirtschaftlichen Kreditwürdigkeit** geht es um die wirtschaftlichen Fähigkeiten, offene Rechnungen auszugleichen, also Liquidität, Verschuldungsgrad und Zahlungsmoral gegenüber anderen Lieferanten.

Um sich ein Bild über die Kreditwürdigkeit zu verschaffen, kann die wwh GmbH Auskünfte von einer Wirtschaftsauskunftei, über ihre Hausbank oder eine SCHUFA-Auskunft einholen.

Erläutern Sie am vorliegenden Fall, welche Kundendaten Sie generell für eine Auftragsbearbeitung zusammenstellen und prüfen müssen.

- **Auftragshöhe:** Der Auftrag hat einen Gesamtwert von 3 100,40 EUR. Darauf erwartet der Kunde einen Rabatt von 10 % = 310,04 EUR.
- **Bonität:** s. o.
- **Zahlungsmoral:** Kunden, die stets unter Abzug von Skonto zahlen, sind unproblematisch. Bei den anderen bestehenden Kunden ist darauf zu achten, dass die Außenstände nicht zu hoch werden. Kunden mit Außenständen, die bereits zweimal gemahnt wurden, sollten nur noch gegen Vorauskasse oder unter Eigentumsvorbehalt beliefert werden.
- **Marktstellung:** Hierunter fallen Informationen über den Ort (Hamm) des Kunden (z. B. hinsichtlich Kaufkraft und Bevölkerungsdichte), den Marktanteil der Firma Blocher KG, ihre Position und Lage in Hamm sowie das mögliche Marktpotenzial und die Konkurrenzsituation.
- **Unternehmensgröße:** Handelt es sich bei der Blocher KG um ein Unternehmen, das an mehreren Standorten vertreten ist oder mit anderen Unternehmen kooperiert oder ist es ein Elektrofachgeschäft, das u. U. von der Schließung bedroht ist?

Die von der Blocher KG bestellten Protronic Popcornmaschinen sind aufgrund hoher Nachfrage bereits komplett vordisponiert.

Wie konnen Sie reagieren, um den Auftrag und einen möglicherweise guten Neukunden nicht zu verlieren?

Der Kunde hat sich von der Lieferung der Protronic Popcornmaschine etwas versprochen: entweder einen guten Deckungsbeitrag und damit ein gutes Geschäft oder eine bestimmte Attraktion bei seiner Aktion, weil das Produkt im Moment vielleicht in Mode ist. Auf diese Bedürfnisse müssen wir eingehen. In einem Telefongespräch können dem Kunden folgende Angebote gemacht werden.

- Anfrage an die Produktion, ob und bis wann eine Nachproduktion erfolgen kann.
- Ein ähnliches Produkt wird geliefert.
- Ein anderes Produkt, das auch eine hohe Marktattraktivität hat, wird angeboten.
- Dem Kunden wird ein Sonderrabatt bei den anderen Artikeln als „Trostpflaster" eingeräumt.

Sie haben sich mit dem Kunden auf ein Ersatzprodukt geeinigt. Die Lieferfähigkeit und die Lieferwilligkeit ist damit gegeben.

Welche Schritte müssen Sie nun in die Wege leiten, um den Auftrag abzuwickeln?

- Die Bestellung wird mit dem Auftrag/Prospekt/Katalog inhaltlich abgeglichen, also in Bezug auf Preise, Lieferzeiten, Konditionen.
- Bei Neukunden wird ein neuer Datensatz mit den Stammdaten des Kunden angelegt.
- Der Auftrag wird erfasst und eine Auftragsnummer vergeben.
- Eine Auftragsbestätigung wird ausgestellt und dem Kunden übermittelt.
- Der Lieferschein wird erstellt (2-fach)
- Der Auftrag wird im Lager kommissioniert, d. h. die Ware wird aus dem Lager entnommen und zu einer Lieferung zusammengestellt.
- Der Lagerabgang wird erfasst und gebucht.
- Die Lieferung wird versandfertig gemacht (z. B. palettiert, verpackt) und zur Abholung/Auslieferung bereitgestellt.
- Die Auslieferung an den Kunden erfolgt.
- Auf Basis der Daten des Lieferscheins wird eine Ausgangsrechnung erstellt und dem Kunden übermittelt.
- Die Ausgangsrechnung wird per Schnittstelle an die Buchhaltung übergeben und dort als offener Posten in der Debitorenbuchhaltung gebucht.

Ausgangssituation

In der Warenannahme der wwh GmbH geht ein Paket mit vier Toastern von der Firma Elektro Schlottmann aus Hannover ein. Diesem Kunden wurden vor vier Wochen 10 Toaster dieses Typs ausgeliefert. Die Firma Schlottmann reklamiert, dass bei vier dieser Toaster die Zeitschaltautomatik defekt ist und erwartet eine Neulieferung einwandfreier Ware. Zur näheren Erläuterung legt die Firma Schlottmann den Versandunterlagen die schriftliche Reklamation eines ihrer Kunden bei.

Hannover, 23.04..

Firma
Elektro Schlottmann
Wunstorfer Allee 34
30856 Hannover

Reklamation eines Toasters – Profitoast 471 von der Firma wwh GmbH

Sehr geehrte Damen und Herren,

vor drei Wochen habe ich bei Ihnen einen Toaster (siehe oben) gekauft. Leider musste ich immer wieder feststellen, dass die Zeitschaltautomatik des Toasters es nicht zulässt, meinen Wünschen entsprechende, einwandfreie Toasts auf den Tisch zu bekommen. Das ist ärgerlich, zumal mir und meiner Familie ein gutes Frühstück für den Start in den Tag sehr wichtig ist.

Ich glaube, ich habe das Problem auch schon erkannt: Die eingestellte Zeit wird von dem Toaster nicht eingehalten, sondern es wird immer die gleiche Zeit getoastet. Ich habe die Zeiten gestoppt: Obwohl ich unterschiedliche Zeiten eingestellt habe, springt der Toast immer nach der gleichen Zeit (60 sec.) heraus.

Ich bitte um Umtausch des Gerätes.

Hochachtungsvoll

Manfred Breakfast

a. Stellen Sie die rechtlichen Aspekte dieses Vorgangs dar.

b. Wie ist diese Situation von der Verkaufsabteilung darüber hinaus sinnvoll zu lösen?

a. Der Verkäufer (wwh GmbH) ist verpflichtet, die gelieferte Sache frei von Sachmängeln zu übereignen. Wenn die Ware mangelhaft ist, stehen dem Käufer (Elektro Schlottmann) vorrangig Ansprüche auf Beseitigung des Mangels (Nachbesserung) oder Ersatzlieferung (Umtausch) zu. Sind die Kosten der Nachbesserung so niedrig, dass es sich für die wwh GmbH lohnen würde, ist eine Nachbesserung zulässig. Sollten jedoch die Nachbesserungskosten so teuer sein, dass es unwirtschaftlich würde, was hier vermutlich der Fall sein dürfte, kann die wwh GmbH eine Ersatzlieferung vornehmen.

b. Endverbraucher sind heutzutage sehr anspruchsvoll. Wie der Brief zeigt, verursachen fehlerhafte Produkte Ärger und es ist lästig für den Käufer eines Produktes, zur Nachbesserung oder zum Umtausch den Händler noch einmal aufzusuchen. Aus diesem Grunde sollte die wwh GmbH der Firma Elektro Schlottmann nicht nur die vier neuen Toaster schicken, sondern zusätzlich ein Schreiben für die jeweiligen Endverbraucher mit einer Entschuldigung und einem kleinen Präsent als „Trostpflaster". Der Kreativität sind hier keine Grenzen gesetzt, wichtig ist nur, dass es sich um etwas handelt, das den Endverbraucher erfreut, ihm damit den Ärger nimmt und ihm vermittelt, dass die wwh GmbH seine Beschwerden ernst nimmt.

Erläutern Sie allgemein die Bedeutung der Kundenzufriedenheit, indem Sie mögliche Reaktionen zufriedener und unzufriedener Kunden gegenüberstellen.

Zufriedene Kunden …	Unzufriedene Kunden …
… werden sehr wahrscheinlich wieder ein Produkt dieser Marke kaufen. … geben ihre Erfahrungen mit großer Sicherheit an potenzielle Kunden weiter. … bringen vermutlich neue Kunden. … werden bei einem späteren Kauf dem Preis nicht mehr einen so hohen Stellenwert einräumen. … werden eine persönliche Problemlösung durch ein Produkt oder eine Dienstleistung anderen Personen mitteilen.	… beschweren sich nicht in jedem Fall, sondern wenden sich vom Unternehmen oder der Marke ab. … werden ihre negativen Erfahrungen anderen Personen mitteilen. … wechseln bei einer besseren Alternative den Anbieter. … beanspruchen oft höhere Kosten, als manche Unternehmen für die gesamte Werbung ausgeben. … erwarten eine Wiedergutmachung, wenn sie vom Service oder Produkt enttäuscht sind.

Was verstehen Sie unter Kundenbindung und wie ist eine solche Kundenbindung herzustellen?

- Die Kundenbindung umfasst alle Maßnahmen, die dazu geeignet sind, die Beziehung zwischen dem Kunden und dem Unternehmen zu stabilisieren und zu festigen sowie zum gegenseitigen Nutzen auszubauen.
- Die einzelnen Maßnahmen zielen darauf ab, den Kunden vom Unternehmen abhängig zu machen, ihn vertraglich zu binden und letztlich darin, ihn zu überzeugen und besser zu sein als die Mitbewerber.

Nennen Sie je drei mögliche ökonomische, psychologische, rechtliche und technologische Instrumente zur Kundenbindung.

- **ökonomische Instrumente:** Bonus- und Rabattsysteme für treue Kunden, Kundenkarten mit Vergünstigungen, lange Vertragslaufzeiten
- **psychologische Instrumente:** Kundenkarten, Kundenzeitungen, Events, Neuproduktvorstellung, Werbegeschenke, zusätzliche Informationen, Newsletter
- **rechtliche Instrumente:** Mitgliedverträge, Lieferverträge, Abonnements, Mindestvertragslaufzeiten
- **technologische Instrumente:** Ersatz- und Ergänzungsteile für gekaufte Produkte, Zubehör, das nur mit der Originalware kompatibel ist, technischer Kundendienst

Stellen Sie die Schritte dar, mit denen ein Auftrag nach Auslieferung der Ware administrativ nachbearbeitet wird.

- Schreiben der Ausgangsrechnung und Versand der Rechnung
- Buchen der Ausgangsrechnung als offener Posten
- Terminüberwachung des Zahlungseingangs
- ggf. Einleitung des Mahnverfahrens bei Nichteingang der Zahlung
- bei Zahlungseingang Buchen der Zahlung und Löschen des offenen Postens
- ggf. Bearbeitung von Reklamationen oder Nachfragen des Kunden

Was versteht man unter einem Beschwerdemanagement und welche Aspekte sind dabei zu beachten?

Bei einem Beschwerdemanagement werden gezielt und systematisch Kundenbeschwerden und Reklamationen erfasst, analysiert und bewertet.
Dabei müssen folgende Punkte beachtet werden:

- Kundenbeschwerden müssen ernst genommen werden. Sie sind zumeist der Ausdruck von nicht erfüllten Bedürfnissen.
- Reaktionen auf Beschwerden müssen möglichst sofort erfolgen. Je früher der Kunde eine Reaktion spürt, desto mehr fühlt er sich beachtet.
- Die Reaktionen auf Beschwerden müssen einheitlich geregelt sein.
- Die Mitarbeiter – insbesondere diejenigen mit direktem Kontakt zum Kunden – müssen psychologisch geschult sein.
- Der Kunde muss die Reaktionen auf seine Beschwerde deutlich erkennen können.

Erläutern Sie die Bedeutung einer Reklamationsstatistik zur Aufdeckung von Schwachstellen im Betrieb.

Die Reklamationsstatistik ist ein wichtiges Instrument zum Aufspüren von Fehlerquellen im Betrieb. Je nach Aufbau und Inhalt der Statistik kann diese wesentliche Informationen liefern, z. B. über

- Fertigungsprobleme oder Beschaffungsprobleme, wenn es an der Qualität der Ware mangelte,
- Transportprobleme, wenn die Ware während des Transports beschädigt wurde,
- Probleme im Verkauf oder im Versand, wenn eine schleppende oder falsche Lieferung erfolgte.

Nennen Sie die wesentlichen Schritte, in denen eine Reklamation oder Beschwerde bearbeitet werden sollte.

- Annahme der Beschwerde
- Bearbeitung der Beschwerde
- Auswertung der Beschwerde
- Umsetzung der Erkenntnisse aus den Beschwerden

Ausgangssituation

Aufgrund der Urlaubszeit und dem damit begründeten Umsatzrückgang ist das Geschäftsbankkonto der wwh GmbH beim Bankhaus Witte überzogen worden. Der für die Zahlungen von Lieferantenrechnungen zuständige Mitarbeiter, Herr Windeck, muss eine Entscheidung treffen: Ist es günstiger, das Zahlungsziel von 30 Tagen abzuwarten oder die Rechnung der Brickmann AG innerhalb der Skontofrist unter Abzug von Skonto zu bezahlen? Dafür müsste allerdings der Kontokorrentkredit weiter ausgeschöpt werden.

Bankhaus Witte
Ihr zuverlässiger Partner in Finanzfragen

Bankhaus Witte · Am Rathaus 22 · 33605 Bielefeld

Am Rathaus 22
33607 Bielefeld

wwh GmbH
Helene-Weber-Weg 5
33607 Bielefeld

Tel.: 0521 6300-10
Fax: 0521 63600
E-Mail: info@bankhaus-witte.de

Bielefeld, 22.07.20..

Bestätigung über die Höhe des Kontokorrentzinssatzes

Sehr geehrte Damen und Herren,

wir bestätigen unser heutiges Telefonat mit dem Abteilungsleiter Geschäftskunden, Herr Westermann, dass der Zinssatz für kurzfristige Kredite auf Ihrem Geschäftsbankkonto Nr. 1240066754 auf

10,0 % p. a.

abgeändert wurde.

Wir freuen uns, dass unsere Geschäftsbeziehungen weiterhin so positiv verlaufen wie bisher.

Mit freundlichem Gruß

i. A.

Schmidt

Bankhaus Witte AG
Amtsgericht Bielefeld, HRB 2352

Bankleitzahl 480 501 30
Internet: www.bankhaus-witte.de

Brickmann AG

Brickmann AG · Ringstraße 22–30 · 32052 Herford

wwh GmbH
Helene-Weber-Weg 5
33607 Bielefeld

R E C H N U N G

Kunden-Nr.: **24021**
Rechnungs-Nr.: **2006083444**
Auftrags-Nr.: **1300-6659**
Datum: **01.06.20..**

Posten	Bezeichnung	Einheit	Menge	Preis	Gesamt
1	Küchenmaschine	St.	150	60,00 Euro	9000,00 Euro
2	Staubsauger	St.	80	160,00 Euro	12800,00 Euro

Nettopreis	21800,00 Euro
+ USt. 19 %	4142,00 Euro
Gesamtpreis	25942,00 Euro

Zahlbar innerhalb von 8 Tagen mit 2 % Skonto; 30 Tage netto Kasse
USt.-Id.: DE 17926501 · St.-Nr.: 257/601/7532

Es gelten unsere allgemeinen Geschäftsverbindungen.
· Tel.: 05221920000 · Fax: 05221920100 · E-Mail: info@brickmann.de
· Sparkasse Herford · BLZ 494 501 20 · Kto.-Nr. 90546454
· Deutsche Bank AG · BLZ 250 100 00 · Kto.-Nr. 858585

Für welchen Zeitraum müsste die wwh GmbH einen zusätzlichen Kredit aufnehmen?

Grundsätzlich wird der Zahlungsspielraum vollständig ausgenutzt, weil zwischenzeitlich mit den zur Verfügung stehenden finanziellen Mitteln weitergearbeitet werden kann. Das bedeutet, dass die wwh GmbH die Skontofrist bzw. das Zahlungsziel vollständig ausschöpfen wird und erst an dem letzten Tag der Skontofrist zahlt.

	Zahlungsziel	30 Tage
–	Skontozeitraum	8 Tage
=	**Kreditzeitraum**	**22 Tage**

Berechnen Sie den Überweisungsbetrag an die Brickmann AG unter Abzug von Skonto.

	Brutto-Rechnungsbetrag	25942,00 EUR
–	2 % Skonto	518,84 EUR
=	**Überweisungsbetrag**	**25423,16 EUR**

Wie hoch wären die Zinsen, die durch die Aufnahme des zusätzlichen Kredites anfallen würden?

Der zusätzliche Kreditbetrag wäre der zu überweisende Betrag (= 25423,16 EUR). Mithilfe der kaufmännischen Zinsformel ergeben sich folgende Zinsen:

$$z = \frac{K \cdot p \cdot t}{100 \cdot 360} = \frac{25423{,}16 \cdot 10 \cdot 22}{100 \cdot 360} = 155{,}36$$

Die Zinsen betragen 155,36 EUR.

Berechnen Sie den Finanzierungserfolg, der sich aus der Zahlung unter Abzug von Skonto und der Aufnahme des Kredites ergibt.

Die wwh GmbH erzielt durch die frühzeitige Zahlung einen Skontoertrag. Demgegenüber stehen die Zinsaufwendungen für den Kredit.

	Skontoertrag	518,84 EUR
–	Zinsaufwendungen	155,36 EUR
=	**Finanzierungserfolg**	**363,48 EUR**

Wenn die wwh GmbH für die Bezahlung der Rechnung einen zusätzlichen Kredit aufnehmen müsste, wäre in diesem Fall der Skontoertrag größer als der Zinsaufwand. Der zuständige Mitarbeiter, Herr Windeck, sollte demnach den Kontokorrentkredit in Anspruch nehmen.

Wie kann man auf schnellere Weise überprüfen, ob eine Rechnung trotz Aufnahme eines Kredites unter Abzug von Skonto gezahlt werden sollte?

Es wird eine Überschlagsrechnung durchgeführt:

- Der Jahreszinssatz für die Aufnahme des Kredites beträgt 10 %.
- Dieser Jahreszinssatz für den Kredit wird verglichen mit dem **Skontoertrag in Prozent**, der auch auf **ein Jahr umgerechnet wird**. Dabei gilt folgende Überschlagsrechnung mithilfe des Dreisatzes:

22 Tage (Kreditzeitraum) – 2 %
360 Tage (ganzes Jahr) – x %

x = **32,73 %** (gerundetes Ergebnis)

In den Fällen, in denen dieser Prozentsatz über dem Jahreszinssatz für Kredite (im Beispiel 10 %) liegt, lohnt es sich, für die Rechnung einen Kredit aufzunehmen, um damit die Rechnung unter Abzug von Skonto begleichen zu können.

Berechnen Sie den Effektivzinssatz für die Skontogewährung unter Berücksichtigung aller Faktoren (genauest mögliche Berechnung).

Bei der Überschlagsrechnung wird unterstellt, dass ein Kredit über den gesamten Rechnungsbetrag aufgenommen werden muss. Da der Überweisungsbetrag aber wegen des Skontoabzugs niedriger ausfällt, muss der um den Skontobetrag verringerte Betrag als Kredit angesetzt werden.

Für die Ermittlung des Effektivzinssatzes wird die kaufmännische Zinsformel nach p (Zinssatz) umgestellt:

$$p = \frac{z \cdot 100 \cdot 360}{k \cdot t}$$

Dabei werden für die Berechnung des Effektivzinssatzes der Skontogewährung folgende Begriffe eingesetzt:

$$\textbf{Effektivzinssatz (p)} = \frac{\textbf{Skontoertrag (z)} \cdot \textbf{100} \cdot \textbf{360}}{\textbf{Überweisungsbetrag (k)} \cdot \textbf{Kreditzeitraum (t)}}$$

im Beispiel:

$$p = \frac{518{,}84 \cdot 100 \cdot 360}{25\,423{,}16 \cdot 22} = \textbf{33,40 \%} \text{ (aufgerundet)}$$

alternative Berechnung mit Prozentsätzen
(Überweisungsbetrag = 100 % – 2 % Skonto):

$$p = \frac{2 \cdot 100 \cdot 360}{98 \cdot 22} = \textbf{33,40 \%} \text{ (aufgerundet)}$$

Ausgangssituation

Zwischen der wwh GmbH und der Brickmann AG findet folgender Briefwechsel statt:

wwh GmbH

Brickmann AG · Ringstraße 22-30 · 32052 Herford

Arbeto GmbH
Goebenstr. 1a
40477 Düsseldorf

RECHNUNG

Kunden-Nr.: **24021**
Rechnungs-Nr.: **2006031006**
Auftrags-Nr.: **1300-2399**
Datum: **23.04.20..**

Posten	Bezeichnung	Einheit	Menge	Preis	Gesamt
1	Elektromotor AF802	St.	80	96,00 EURo	7 680,00 Euro
2	Elektromotor AF901	St.	120	150,00 EURo	18 000,00 Euro

Nettopreis	25 680,00 Euro
+ USt. 19 %	4 879,20 Euro
Gesamtpreis	30 559,20 Euro

Zahlbar innerhalb von 8 Tagen mit 2 % Skonto; 30 Tage netto Kasse
USt.-Id.: DE 17926501 · St.-Nr.: 257/601/7532

Bankverbindung
Sparkasse Bielefeld BLZ 408 501 61 Kto.-Nr. 1324565445 Geschäftsführerin: Uta Box
Commerzbank Bielefeld BLZ 480 538 82 Kto.-Nr. 5666654511 Sitz und Registergericht: Bielefeld HR B 1590

Arbeto GmbH

wwh GmbH · Helene-Weber-Weg 9 · 33607 Bielefeld

wwh GmbH
Helene-Weber-Weg 5
33607 Bielefeld

Goebenstr. 1a
40477 Düsseldorf

Tel.: 0211 743210
Fax: 0211 743220
Mobil: 0171 302560
E-Mail: arbeto@t-online.de

26.05.20..

Bitte um Zahlungsaufschub

Kd.-Nr. 24021
Rg.-Nr. 2006031006

Sehr geehrte Damen und Herren,

wegen eines kleinen Zahlungsengpasses bitten wir um Verlängerung des Zahlungsziels der o. a. Rechnung um einen Monat. Der ursprüngliche Zahlungstermin war der 23.05.2006.

Wie bereits telefonisch mit Ihnen vereinbart, sind wir mit der Belastung von Verzugszinsen in Höhe von 12 % einverstanden.
Bitte schicken Sie uns hierüber eine gesonderte Rechnung.

Mit freundlichen Grüßen

i. A.

Schmidt

Es gelten unsere allgemeinen Geschäftsverbindungen.
· Tel.: 05221920000 · Fax: 05221920100 · E-Mail: info@brickmann.de
· Sparkasse Herford · BLZ 494 501 20 · Kto.-Nr. 90546454
· Deutsche Bank AG · BLZ 250 100 00 · Kto.-Nr. 858585

Welche Verzugszinsen werden der wwh GmbH für die Zeit vom 23.05.20.. bis zum 23.06.20.. in Rechnung gestellt?

Welche unterschiedlichen Berechnungen der Zinstage gibt es?

Für alle Berechnungsarten gilt einheitlich:
Der erste Tag des Zinszeitraumes wird nicht mitgerechnet, der letzte Tag des Zinszeitraumes wird mitgerechnet.

Methoden:

1. **30/360-Methode**
   - Jeder Monat wird mit 30 Tagen angesetzt (auch die mit 28, 29 oder 31 Tagen).
   - Das Zinsjahr hat 360 Tage.

   Im oben aufgeführten Beispiel wären es **30 Tage**.

2. **EU-Methode**
   - Jeder Monat wird taggenau ermittelt.
   - Das Zinsjahr hat 360 Tage.

Im oben aufgeführten Beispiel wären es:
23.05.–31.05. = 8 Tage
01.06.–23.06. = 23 Tage
Summe = **31 Tage**

3. **Taggenaue Berechnung der Zinstage und des Zinsjahres**
   - Jeder Monat wird taggenau ermittelt.
   - Das Zinsjahr hat 365 bzw. 366 Tage (Schaltjahr).
   - Diese Methode kommt dann zu unterschiedlichen Ergebnissen zur EU-Methode, wenn der Zinszeitraum über den Jahreswechsel hinausgeht.

Bestimmen Sie die Größen, die für die Zinsrechnung notwendig sind.

Die Zinsrechnung ist eine besondere Anwendungsform der Prozentrechnung. Die Zeit ist als zusätzliche Größe erforderlich:

Größen der Zinsrechnung		entspricht *Größen der Prozentrechnung*
Kapital (K):	100 %	Grundwert (G)
Zinssatz (p):	z. B. 12 %	Prozentsatz (p)
Zinsen (Z):	Wert in Euro	Prozentwert (W)
Zeit (t):	Angabe in Zinstagen	---

Ermitteln Sie die Höhe der Verzugszinsen.

1. Berechnung der Jahreszinsen:
Solange kein Zusatz zum Zinssatz angegeben ist, bezieht sich dieser immer auf **ein Jahr**. Ein Zinssatz von 12 % bedeutet, dass für je 100,00 EUR Kapital Zinsen in Höhe von 12,00 EUR pro Jahr anfallen. Daraus ergibt sich die Formel für die Jahreszinsen:

$$\text{Jahreszinsen: } z = \frac{K \cdot p}{100}$$

Im Beispiel der wwh GmbH ergeben sich demnach Jahreszinsen von:

$$\frac{30\,559{,}20 \cdot 12}{100} = 3\,667{,}10 \text{ EUR}$$

2. Berechnung der zeitanteiligen Zinsen vom 23.05.–23.06.:

$$\text{Kaufmännische Zinsformel: } z = \frac{K \cdot p \cdot t}{100 \cdot 360}$$

Im Beispiel der wwh GmbH ergeben sich Verzugszinsen (berechnet nach der 30/360-Methode) für die Zeit vom 23.05.–23.06. in Höhe von:

$$\frac{30\,559{,}20 \cdot 12 \cdot 30}{100 \cdot 360} = 305{,}59 \text{ EUR}$$

Berechnen Sie die Anzahl der Zinstage für folgende Zinszeiträume:

1. 06.06.–09.12.

2. 12.04.–31.05.

3. 28.11. dieses Jahres – 05.06. nächsten Jahres (kein Schaltjahr)

4. 12.02. bis Ende Februar (kein Schaltjahr)

5. 12.02. bis Ende Februar (Schaltjahr)

Berechnung mit 30/360-Methode:	Berechnung nach der EU-Methode:
1. 06.06.–06.12. = 6 Monate = 180 Tage 06.12.–09.12. = 3 Tage **Gesamt = 183 Tage**	1. 06.06.–30.06. = 24 Tage Juli, Aug., Okt. je 31 Tage = 93 Tage Sept., Nov. je 30 Tage = 60 Tage 01.12.–09.12. = 9 Tage **Gesamt = 186 Tage**
2. 12.04.–12.05. = 1 Monat = 30 Tage 12.05.–31.05. = 18 Tage **Gesamt = 48 Tage**	2. 12.04.–30.04. = 18 Tage 01.05.–31.05. = 31 Tage **Gesamt = 49 Tage**
3. 28.11.–28.05. = 6 Monate = 180 Tage 28.05.–05.06. = 7 Tage **Gesamt = 187 Tage**	3. 28.11.–30.11. = 2 Tage Dez., Jan., März, Mai je 31 Tage = 124 Tage Febr. 28 Tage; Apr. 30 Tage 01.06.–05.06. = 5 Tage **Gesamt = 189 Tage**
4. **18 Tage**	4. **16 Tage**
5. **18 Tage**	5. **17 Tage**

Ein Industriebetrieb begleicht eine Lieferantenrechnung, Rechnungsdatum 23.02., über 11 200,00 EUR erst am 31.05. einschließlich 10 % Verzugszinsen. Als Zahlungsbedingung wurde vereinbart: Zahlbar innerhalb von 8 Tagen unter Abzug von 3 % Skonto oder innerhalb von 30 Tagen netto Kasse.

1. Für wie viele Tage hatte der Einzelhändler Verzugszinsen zu zahlen (30/360-Methode)?
2. Wie hoch waren die Verzugszinsen?
3. Wie viel müsste er am 31.05. insgesamt überweisen?

1. Die Rechnung ist 30 Tage später fällig = 23.03.
Zinstage: 23.03.–23.05. = 60 Tage
23.05.–31.05. = 7 Tage
Gesamt = 67 Tage

2. $$z = \frac{K \cdot p \cdot t}{100 \cdot 360} = \frac{11\,200{,}00 \cdot 10 \cdot 67}{100 \cdot 360} = 208{,}44 \text{ EUR}$$

3. 11 200,00 EUR + 208,44 EUR = **11 408,44 EUR**

Ausgangssituation

Die Auszubildende Christa ist zur Zeit im Lager. Der Lagerleiter will 48 Kaffeemaschinen mit der Packungsgröße 400 x 300 x 200 versenden und fragt Christa, wie diese am besten auf eine international übliche Europool-Palette zu packen sind. Er überlässt ihr ein Merkblatt zur modularen Abstimmung von Verpackungsgrößen:

Flächenmodul: Das Flächenmodul in der Transportkette ist das Rechteck 600 mm x 400 mm.

Flächen-Multimodul: Als Flächen-Multimodul wird jedes Rechteck bezeichnet, das aus einem ganzzahligen Vielfachen des Flächenmoduls lückenlos gebildet werden kann. Hierzu gehört z. B. die international übliche Palettenabmessung von 800 mm x 1200 mm.

Teilflächen: Teilflächen erhält man, indem das Flächenmodul durch ganzzahlige Teilung in gleich große Flächen aufgeteilt wird. Je nach Größe des Packgutes sollte man die Verpackung so konzipieren, dass deren Außenmaße mit dem Flächenmodul oder einer Teilfläche identisch sind, damit z. B. die Stellfläche bei Paletten zu 100 % ausgenutzt wird. Bei Großteilen, wie z. B. Kühlschränken u. Ä., ist die Anpassung an das Modulsystem oft schwierig oder unmöglich. Einfacher ist es, Kleinteile modulgerecht zu verpacken.

Beschreiben Sie die verschiedenen Aufgaben, die die Verpackung im Rahmen der Logistik der wwh GmbH zu erfüllen hat.

Viele Produkte können ohne Verpackungen nicht gelagert, verteilt oder verkauft werden. Die Verpackung formt aus einer oder mehreren Produkteinheiten eine Logistische Einheit (engl. *Unit Load*) und unterstützt damit Prozesse der Logistik und des Handels. Dazu muss sie verschiedene Funktionen erfüllen:

Schutzfunktion
Die Verpackung soll die Ware selbst vor Beschädigungen, Verunreinigungen oder Feuchtigkeit schützen. Der Mensch, der mit den Waren hantiert, soll vor Verletzungen oder Emissionen geschützt werden. Daneben sollen das Transportmittel, die Umwelt und die anderen Waren vor Beschädigungen geschützt werden. Schließlich kann durch geeignete Verpackung (Verschlüsse, Versiegelung) ein verbesserter Schutz vor Diebstahl und Manipulation erreicht werden.

Lagerfunktion
Jede Ware wird vom Zeitpunkt der Herstellung bis zu dem Zeitpunkt des Gebrauches oder Verbrauches mehrmals ein- und umgelagert. So ist eine Lagerung beim Hersteller oder Importeur, im Groß- und Einzelhandel, beim Spediteur oder Lagerhalter sowie beim Verbraucher möglich. Mithilfe einer geeigneten Verpackung lässt sich Ware leichter, sicherer und schneller lagern.

Lade- und Transportfunktion
Während des Transportes soll die Verpackung verhindern, dass die Ware übermäßigen Beanspruchungen ausgesetzt ist. Dies kann durch einen mehrfachen Schutz (Karton + Palette) erfolgen. Außerdem führen genormte Verpackungen zu einem geringeren Raumbedarf auf den Transportmitteln.

Welche ökologischen Aspekte hat die wwh GmbH bei der Auswahl der Verpackungen zu beachten?

Gebrauchte Verpackungen, gleich ob für die einmalige oder die mehrmalige Verwendung bestimmt, gelten in Deutschland grundsätzlich nicht als Müll, sondern als Wertstoff, dessen Entsorgung, Verwertung und Wiederverwendung in der Verpackungsverordnung geregelt ist.

Einwegverpackungen aus privaten Haushalten, die mit dem Grünen Punkt gekennzeichnet sind, werden im Rahmen des Dualen Systems dem Wertstoffkreislauf zugeführt. Mehrwegverpackungen nehmen im Allgemeinen am Leih- und Rückgabeverkehr teil und werden zum Teil gegen Pfand abgegeben. Seit 2003 gilt in Deutschland eine Pfandpflicht auch bei Einwegverpackungen für Getränke.

Im Transportwesen werden die normierten Europool-Paletten (zum Teil auch „Colli" oder „Transportpalette" genannt) bei einer An- bzw. Auslieferung ausgetauscht.

Eine Alternative zu herkömmlichen Packstoffen sind Verpackungen aus kompostierbaren Materialien. Sie werden aus biologisch abbaubaren Kunststoffen hergestellt und bestehen teilweise oder komplett aus nachwachsenden Rohstoffen, wie Stärke, Cellulose oder Polymilchsäure.

Erläutern Sie an geeigneten Beispielen den Unterschied zwischen
- ***Verkaufsverpackungen,***
- ***Umverpackungen,***
- ***Transportverpackungen.***

Verkaufsverpackungen sind nach der Verpackungsverordnung (VO) geschlossene oder offene Behältnisse und Umhüllungen von Waren, die vom Endverbraucher zum Transport oder bis zum Verbrauch der Waren verwendet werden. Sie verlieren erst beim Endverbraucher ihre Funktion.
Beispiele:
- *Pappschachteln für Glühbirnen*
- *Verpackung einer Kaffeemaschine*
- *Blisterpackungen für Batterien*

Umverpackungen sind nach der VO solche Verpackungen, die dazu bestimmt sind, als zusätzliche Verpackung die Abgabe von Waren im Wege der Selbstbedienung zu ermöglichen oder die Möglichkeit des Diebstahls zu erschweren oder zu verhindern oder der Werbung zu dienen.
Beispiele:
- *Schachteln, in denen Reinigungsmittel in Tuben verpackt sind*
- *Schachteln, in denen mehrere Einzelgläser für Leuchten verpackt sind*

Transportverpackungen sind nach der VO solche Verpackungen, die dazu dienen, Waren auf dem Weg vom Hersteller oder Großhändler bis zum Wiederverkäufer vor Schäden zu bewahren oder die Sicherheit des Transports zu gewährleisten. Im Gegensatz zu den Verkaufsverpackungen werden die Transportverpackungen nach dem Transport entfernt und die Ware ohne diese Verpackung an die Verbraucher oder Dritte weitergegeben.
Beispiele:
- *Kisten für Investitionsgüter, wie z. B. Maschinen, Motoren u. Ä.*
- *Schachteln und Folien, die als Verpackungsmaterial für Leuchten dienen*
- *Schachteln, in denen eine größere Stückzahl einer Ware zusammengefasst wird, wie z. B. Sicherungen, Kabel*

Besonderheiten zur Absicherung von Paletten auf dem Transport
- Streckverpackung (Stretch-Verpackung): Eine Flachfolie wird mechanisch unter Spannung gebracht und wendelförmig um das Packgut gewickelt.
- Schrumpfverpackung: Das Packgut von einer Schrumpffolie (Flach- oder Schlauchfolie) umschlossen, an noch offenen Stellen verschweißt und von der Folienbahn getrennt oder mit einer Schrumpfhaube abgedeckt.

Geben Sie Beispiele für Einweg- und Mehrwegverpackungen und wägen Sie ab.

Beispiele für Einwegverpackungen
- Blister (Pappe + Plastik)
- Kunststoffbecher
- Weißblechbehälter
- Holzkisten
- Wellpappschachteln
- Einwegpaletten

Beispiele für Mehrwegverpackungen
- Kunststoffkisten
- Metallbehälter
- Mehrwegkisten aus Holz
- mit Klippverschlüssen zusammenlegbare Wellpappe/Holz-Verbundkonstruktionen

Einwegverpackungen belasten dann die Umwelt, wenn sie sich nicht recyceln lassen und zudem noch aus Stoffen bestehen, die nicht rückstandsfrei entsorgt werden können. Es wird sich nicht umgehen lassen, dass die meisten Verkaufsverpackungen Einwegverpackungen sein werden. Deshalb ist besonders dort darauf zu achten, dass diese leicht zu entsorgen oder wiederzuverwerten sind. Insbesondere bei Transportverpackungen sind Industrie und Handel gehalten, Konzepte zu entwickeln, die die Abfallquote auf ein erträgliches Maß herabschraubt.

Zurück zur Ausgangsfrage.

Welche Möglichkeiten zur Verpackung auf der Palette hat Christa?

Größe des Packstücks [mm]	Anzahl der Packstücke je Lage	Anordnung	Alternative
300 × 200	16	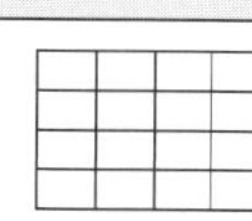	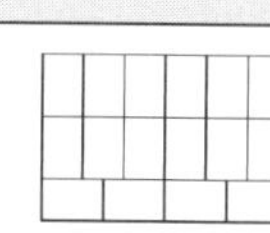
300 × 400	8	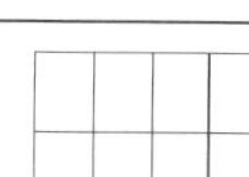	

Je nachdem, wie die Kaffemaschinen gepackt werden (liegend oder stehend) können drei Lagen à 16 Stück oder sechs Lagen à acht Stück gepackt werden.

Ausgangssituation

Der Ausbildungsleiter überträgt der Auszubildenden Anna die Aufgabe, sich mit dem folgenden Fall auseinanderzusetzen.

Bedingungen: Die wwh GmbH soll an den Kunden Hat-Seg Ltd in Boston Waren im Wert von 32 000,00 EUR liefern. Es handelt sich um eine Erstbestellung. Da die wwh mit der Hat-Seg Ltd bisher noch keinerlei Erfahrungen gemacht hat und die wwh GmbH auch keine Informationen über die Bonität des neuen Kunden besitzt, hat der Verkäufer Herr Dieter Pollert u. a. ein bestätigtes Dokumentenakkreditiv mit dem Kunden vereinbart.

Beantworten Sie dazu folgende Fragen.

Wie sind die Rechtsbeziehungen beim bestätigten Dokumentenakkreditiv?

Stellen Sie dies übersichtlich in einem Schaubild dar.

Bestätigtes Akkreditiv

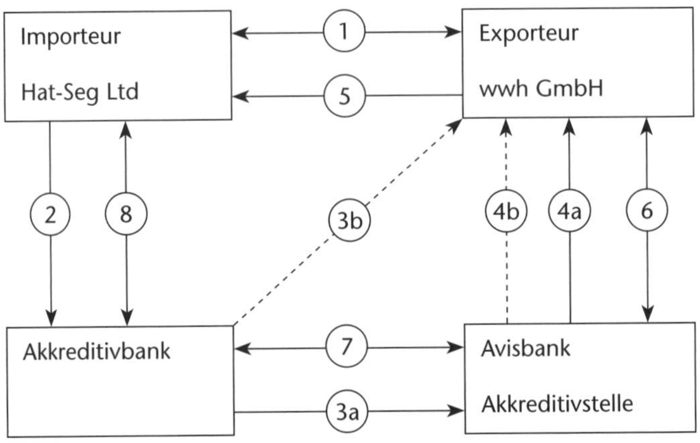

Lösung:

1) Kaufvertrag mit der Zahlungsbedingung Dokumentenakkreditiv (letter of credit L/C)

2) Auftrag zur Akkreditiveröffnung

3a) Akkreditiveröffnung
3b) abstraktes Zahlungsversprechen

4a) Avisierung
4b) Bestätigung des Zahlungsversprechens

5) Warenversand

6) Dokumenteneinreichung/Zahlung

7) Dokumentenweiterleitung/Verrechnung

8) Dokumentenaushändigung/Belastung

Nennen Sie wichtige Dokumente im Rahmen eines Dokumentenakkreditivs.

Ursprungszeugnis (Certivicate of Origin)
Versicherungszertifikat (insurance policy)
Handelsrechnung (commercial invoice)
Packliste (packing-list)
Gewichtsliste (weight-list)
Konnossement (Bill auf Lading)
Luftfrachtbrief
Bahn-Duplikatsfrachtbrief
CMR-Frachtbrief
Kurierempfangsbestätigung/Posteinlieferungs-/Postempfangsschein oder Postversandnachweis
Spediteurübernahmebescheinigung

Warum gilt das Dokumentenakkreditiv als Sicherungs- und Finanzierungsinstrument?

Klären Sie die Vorteile für die Beteiligten.

Das Akkreditiv ist ein abstraktes Zahlungsversprechen der eröffnenden Bank (Importbank) an den Exporteur. Ebenso ist die bestätigende Bank (Bank des Exporteurs) unabhängig von der ordnungsgemäßen Erfüllung des Kaufvertrages im Falle des bestätigten Akkreditivs zur Zahlung verpflichtet, wenn akkreditivkonforme Dokumente vorliegen. Die wwh GmbH erhält somit den vereinbarten Kaufpreis von der avisierenden Bank, sobald die vereinbarten Dokumente vorliegen.

Daraus ergeben sich die Vorteile, dass die wwh GmbH als Exporteur erst die Ware verschickt, wenn das Akkreditiv eröffnet worden ist und damit ein abstraktes Zahlungsversprechen vorliegt. Dadurch sichert die wwh GmbH ihre Forderung ab.

Die Hat-Seg Ltd hat als Importeur den Vorteil, dass sie sicher sein kann, dass die Zahlung nur erfolgt, wenn die Erfüllung aller Akkreditivbedingungen anhand von Dokumenten nachgewiesen wurde.

Beschreiben Sie die einzelnen Schritte 1 bis 8 (siehe linke Seite Schaubild).

zu 1)
Als Erstes schließen der Importeur (Hat-Seg Ltd) und der Exporteur (wwh GmbH) einen Kaufvertrag mit der Vereinbarung eines Dokumentenakkreditivs. Die Akkreditivklausel könnte lauten: „Zahlung der Kaufsumme aus einem bei der Bank des Importeurs zu eröffnenden unwiderruflichen, von der avisierenden Bank zu bestätigenden Akkreditivs zugunsten des Exporteurs gegen Vorlage folgender benannter Dokumente". Es wird sehr genau festgelegt, welche Dokumente vorgelegt werden müssen.

zu 2)
Der Importeur beantragt bei seiner Bank (Akkreditivbank), das Akkreditiv zu eröffnen. Dies setzt voraus, dass die Hat-Seg Ltd mit der Bank bereits geklärt hat, ob aus einem vorhandenen Guthaben bezahlt werden soll oder andere Finanzierungsformen Anwendung finden.

zu 3)
Die Akkreditivbank sendet eine Akkreditivöffnungsanzeige an die Akkreditivstelle oder Avisbank (Korrespondenzbank in Deutschland). Günstigerweise ist diese Bank die Hausbank der wwh GmbH, die den Akkreditivbetrag auszahlen wird.

zu 4)
Die Avisbank teilt dann der wwh GmbH die Akkreditiveröffnung mit. Die wwh GmbH sollte sehr genau überprüfen, ob die Akkreditivbedingungen korrekt sind.

zu 5)
Sind alle Bedingungen korrekt, wird die wwh GmbH die Waren an die Hat-Seg Ltd wie vereinbart verschicken und erhält die geforderten Versand- und Versicherungspapiere sowie sonstige Handels- und Zollpapiere.

Zu 6)
Die wwh GmbH reicht nun die Dokumente bei ihrer Bank ein. Die Bank überprüft die Unterlagen auf Form und Inhalt. Bei der Kontrolle werden strenge Maßstäbe an die Akkreditivkonformität gelegt. Selbst eine kleine Abweichung oder ein Tippfehler in der Warenbezeichnung können eine Zahlungsverweigerung verursachen. Sind alle Bedingungen erfüllt, zahlt die Avisbank die Akkreditivsumme aus.

Zu 7)
Die Avisbank leitet die überprüften Dokumente an die Akkreditivbank weiter und belastet diese mit dem an die wwh GmbH ausgezahlten Betrag.

Zu 8)
Die Akkreditivbank händigt der Hat-Seg Ltd in Boston die Dokumente nach Überprüfung aus und belastet den Importeur mit dem entsprechenden Betrag.
Hinsichtlich der Auszahlung und Einzahlung der fälligen Beträge sind andere Vorgehensweisen möglich.

Was verstehen Sie unter einem Konnossement?

Ein Konnossement (Bill of Lading) ist ein Versandpapier, das der Verfrachter dem Exporteur (wwh GmbH) direkt oder dem beauftragten Spediteur/Frachtführer ausstellt. Darin wird der Empfang der Ware dokumentiert und die Verpflichtung zur Beförderung an einen dazu berechtigten Empfänger (Hat-Seg Ltd oder an einen von der Hat-Seg Ltd legitimierten Empfänger der Ware).

Ausgangssituation

Die Auszubildende Christa hat als neue Ausbildungsstation den Einkauf erreicht. Ihr Ausbilder legt ihr zur Einstimmung eine Liste von Einkaufsartikeln des Sortiments elektronische Baugruppen auf den Tisch. Sie soll die Liste analysieren und dazu eine Reihe von Fragen beantworten, da sie nach eigener Aussage den Beschaffungsbereich in der Berufsschule schon besprochen haben.

Elektronische Baugruppen		
Bauteil Nr.	Stück	Bezugspreis
G020	6 000	4,00
G024	1 500	32,50
G028	500	20,00
G032	2 000	10,00
G036	3 000	5,00
G040	1 000	45,00
G044	200	5,00
G048	3 000	53,20
G052	1 000	2,00
G056	12 000	0,80
G060	400	40,00
G064	600	30,00
G068	4 000	3,00
G072	1 400	85,00

Erstellen Sie aus den Informationen der elektronischen Baugruppen des Vorjahres eine ABC-Analyse.

Art.-Nr.	Menge	% von gesamt	Einzel-preis	Wert gesamt	% von gesamt	Rang	ABC
G020	6 000	8,3	4,00	24 000	4,8	5	B
G024	1 500	2,1	32,50	48 750	9,8	3	A
G028	500	0,7	20,00	10 000	2,0	11	C
G032	2 000	2,8	10,00	20 000	4,0	6	B
G036	3 000	4,1	5,00	15 000	3,0	9	B
G040	1 000	1,4	45,00	45 000	9,0	4	A
G044	200	0,3	5,00	1 000	0,2	14	C
G048	3 000	4,1	53,20	159 600	31,9	1	A
G052	12 500	17,2	1,50	2 000	0,4	13	C
G056	20 600	28,3	0,80	9 600	1,9	12	C
G060	400	0,6	40,00	16 000	3,2	8	B
G064	600	0,8	37,50	18 000	3,6	7	B
G068	17 500	24,1	3,00	12 000	2,4	10	B
G072	3 925	5,4	85,00	119 000	23,8	2	A
Summe	**72 725**	**100,0**		**499 950**	**100,0**		

	A-Teile	B-Teile	C-Teile
Mengen in %	13,0	40,6	46,5
Wert in %	74,5	21,0	4,5

Interpretieren Sie die Ergebnisse.

- A-Teile: Die wwh GmbH macht mit 13 % der Menge der elektronischen Baugruppen 74,5 % ihres wertmäßigen Einkaufsvolumens. Sie sind in diesem Einkaufssegment die wichtigsten Teile und deshalb hinsichtlich Lieferantenauswahl, Preisplanung, Mengenplanung und Lagerbestandführung bevorzugt zu behandeln. So sollten für diese A-Teile zuverlässige Lieferer ausgesucht werden und es sollten langfristige Lieferverträge mit Abrufmöglichkeit abgeschlossen werden. Ferner sollte eine genaue Überwachung der Materialqualität erfolgen. Da der Wert dieser Teile besonders hoch ist, binden sie im Lager viel Kapital und sollten hinsichtlich der Lagerbestandhöhe genau kontrolliert werden.
- B-Teile: Mit den weiteren 40,6 % der Menge aller elektronischen Baugruppen werden hingegen nur noch 21,0 % des gesamten Umsatzes gemacht. Es handelt sich um eine normale Verteilung.
- C-Teile: Sie gelten als relativ unbedeutend hinsichtlich des Wertes, da mit diesen Artikeln zwar 46,5 % des Mengeneinkaufsvolumens gemacht wird, jedoch nur 4,5 % des Einkaufswertes. Diese C-Teile können mithilfe der verbrauchsorientierten Beschaffungsplanung disponiert werden.

Bei dem Bauteil G032 wird für das kommende Jahr eine Menge von 2 400 Stück als Jahresverbrauchsmenge geplant. Die Beschaffungskosten (Bestell- und Abwicklungskosten) werden bei diesem Artikel auf 25,00 EUR je Bestellung geschätzt. An Lagerkosten fallen pro Stück und Jahr 1,50 EUR.

Berechnen Sie tabellarisch die Bestell- und die Lagerkosten sowie die Gesamtkosten für 1, 2, 4, 6, 8, 12, 18 und 24 Bestellungen und ermitteln Sie auf diesem Wege die optimale Bestellmenge.

Anzahl Bestellungen	Bestell-menge je Bestellung	Bestell-kosten	Ø Lager-bestand	Lagerkosten	Gesamt-kosten
1	2 400	25,00	1 200	1 800,00	1 825,00
2	1 200	50,00	600	900,00	950,00
4	600	100,00	300	450,00	550,00
6	400	150,00	200	300,00	450,00
8	300	200,00	150	225,00	425,00
12	200	300,00	100	150,00	450,00
18	133	450,00	67	100,00	550,00
24	100	600,00	50	75,00	675,00

Es ist zu erkennen, dass bei acht Bestellungen pro Jahr die Summe aus Bestellkosten und Lagerkosten ein Minimum erreicht und anschließend wieder ansteigt.

Aus welchen Gründen kann von dieser errechneten optimalen Bestellmenge abgewichen werden?

- saisonale Schwankungen in Absatz und Produktion
- von der optimalen Bestellmenge abweichende Packungsgrößen
- Rabatt- und Bonusanreize für eine höhere Menge
- fehlende Lagerkapazitäten

Für das Bauteil G020 wurde die optimale Bestellmenge mit 480 Stück ermittelt.

Pro Arbeitstag werden ca. 30 Stück in der Produktion benötigt. Die Lieferzeit beträgt 5 Tage. Es soll ein Mindestbestand für 3 Tage vorgehalten werden.

1. *Berechnen Sie den Mindest-, Melde- und den Höchstbestand.*
2. *In welchem Zeitabstand wird bei normalem Verbrauch bestellt?*
3. *An dem Tag, an dem die neue Lieferung eintrifft, steigt der tägliche Verbrauch vorübergehend auf 40 Stück. Nach wie vielen Tagen ist jetzt der Bestellpunkt erreicht?*
4. *Um wie viele Einheiten müsste in diesem Fall der Mindestbestand angegriffen werden?*
5. *Wie reagieren Sie als Disponent, wenn sich der Absatz dauerhaft auf 40 Stück pro Tag einpendelt?*

1. Mindestbestand = 30 Stück * 3 Tage = 90 Stück
   Meldebestand/Bestellpunkt = (30 Stück * 5 Tage) + 90 Stück = 240 Stück
   Höchstbestand = 90 Stück + 480 Stück = 570 Stück
2. Zeitabstand, in dem bestellt wird = 480 : 30 Stück = 16 Arbeitstage
3. 570 Stück – 240 = 330 Stück, diese Menge ist nach 8 Arbeitstagen fast verbraucht. Am 9. Tag wird der Meldebestand unterschritten und somit eine Bestellung ausgelöst.
4. Nach dem 9. Tag sind nur noch 210 Stück vorhanden (570 – 360). Da die Lieferzeit fünf weitere Tage benötigt und täglich 40 Stück verbraucht werden, geht der Bestand bis zum Lieferdatum auf 10 Stück herunter.
5. Der Meldebestand muss in folgender Weise erhöht werden:
   (40 Stück * 5 Tage) + 120 Stück = 320 Stück

Bei der Baugruppe G072 vermutet der Einkäufer einen überhöhten Preis im Markt und erfragt in der Produktion, ob diese Baugruppe in der eigenen Fertigung hergestellt werden könnte.
Das Betriebsbüro teilt mit, dass die variablen Kosten für die Baugruppe 45,00 EUR betragen würden. Allerdings würden auch noch jährlich Fixkosten in Höhe von 60 000,00 EUR anfallen.

1. *Ab welcher Menge würde sich die Eigenfertigung dieser Baugruppe lohnen?*
2. *Welche zusätzlichen Überlegungen müssten angestellt werden?*

1. Berechnung nach der Differenzmethode:
   Bezugspreis – variable Stückkosten = 85 – 45 = 40 EUR (Kostenvorteil Kv)
   Fixkosten: Kostenvorteil = 60 000 : 40 = 1 500 Stück (kritische Menge)
   Anwort: Erst ab einer Menge von 1500 Stück jährlich würde es sich lohnen, die Baugruppe selbst herzustellen.
2. Im vergangenen Jahr wurden 1 400 Stück von dieser Baugruppe verbraucht. Selbst wenn der Jahresverbrauch über 1 500 Stück steigen sollte, müsste geprüft werden, ob diese Entwicklung nachhaltig ist und wie die Kosten sich entwickeln. Denn wenn der Verbrauch plötzlich wieder unter 1 500 Stück sinken sollte, ist es nicht so rasch möglich, die Fixkosten wieder abzubauen (Remanenzkosten).

Ausgangssituation

Überprüfen Sie folgende Anfrage und Gesprächsnotiz.

wwh GmbH
Industrie und Handel

wwh GmbH · Helene-Weber-Weg 9 · 33607 Bielefeld

Helene-Weber-Weg 9
33607 Bielefeld

Ellermann & Ellermann KG
Bruchwiesen 18
49143 Bissendorf

Tel.: 05207 801022
Fax: 05207 801013
Mobil: 0171 302560
E-Mail: wwh@t-online.de

Anfrage 24.08.20..

Sehr geehrte Damen und Herren,

für unsere diesjährige Herbstaktion planen wir den Verkauf von Laubsaugern.

Bitte senden Sie uns ein Angebot über

Laubsauger, Mindestleistung 1500 Watt.

Für diese Sonderveranstaltung benötigen wir 200 Stück.

Mit freundlichen Grüßen
wwh GmbH

A. Kagetöke
i. A.

Bankverbindung
Sparkasse Bielefeld BLZ 480 501 61 Kto.-Nr. 1324565445 Geschäftsführerin: Uta Box
Commerzbank Bielefeld BLZ 480 538 82 Kto.-Nr. 5666654511

Sitz und Registergericht: Bielefeld HR B 1590

Steuernummer: 458/457/6555

Gesprächsnotiz

Gespräch geführt am: 30.08.

Firma: Ellermann & Ellermann KG

Gesprächspartner: ~~Herr~~/Frau Peters Telefon: 05402 939393

Inhalt: Angebot
Laubsauger mit Häcksel- und Blasfunktion:
Saugleistung: max. 12,5 m³/min
Blasleistung: max. 260 km/h
Gewicht: ca. 4,5 kg
Preis: 45,- € – 2% Skonto
15% Rabatt – Fracht ./.
Mindestabnahme: 100 Stück
gültig bis Ende Oktober

Zur weiteren Bearbeitung: /

Handzeichen: HJ

Erläutern Sie den Zweck der Anfrage.

Eine Anfrage dient der Informationsbeschaffung auf den Beschaffungsmärkten. Die wwh GmbH will feststellen, zu welchen Bedingungen Lieferer Laubsauger anbieten können.

Klären Sie die rechtliche Bedeutung der Anfrage.

Die wwh GmbH ist bei einer Anfrage rechtlich nicht gebunden. Aus diesem Grund kann die wwh GmbH bei verschiedenen Herstellern Anfragen stellen und so Informationen einholen.

Welche Formen von Anfragen kennen Sie?

Um welche handelt es sich im Ausgangsfall?

Allgemeine Anfrage
Diese Anfrage enthält die Bitte um Zusendung von Preislisten, Katalogen oder Mustern. Möglich ist auch die Bitte um einen Vertreterbesuch.

Spezielle Anfrage
Hier werden genaue Angaben über die Art, Güte, Beschaffenheit und der gewünschten Ausführung der benötigten Güter oder Dienstleistungen gemacht. Wenn notwendig, werden bereits bei einer speziellen Anfrage gewünschte Liefertermine vorgegeben.

Im Ausgangsfall handelt es sich um eine spezielle Anfrage für einen Laubsauger mit einer Mindestsaugleistung.

Handelt es sich bei dem Telefongespräch am 30.08. um ein verbindliches Angebot?

Telefonische Angebote sind Angebote unter Anwesenden. Sie haben grundsätzlich Gültigkeit, bis die Unterredung beendet wird. Im Ausgangsfall wurde jedoch während des Telefongespräches vereinbart, dass das Angebot bis Ende Oktober verbindlich ist. Es handelt sich um eine verbindliche Willenserklärung mit Fristsetzung.

Aufgrund von Anfragen bei anderen Lieferanten erhält die wwh GmbH weitere Angebote mit vergleichbaren Produkten.

Ermitteln Sie die Einkaufspreise pro Stück bei Abnahme von 200 Laubsaugern.

Angebot Hutmacher e. K.

Laubsauger	ab 50 Stück = 50,00 EUR
	ab 100 Stück = 47,00 EUR
	ab 150 Stück = 45,00 EUR
Skonto:	3 %
Rabatt:	10 %

Frachtkostenpauschale: 50,00 EUR **Listeneinkaufspreis: 45,00 EUR**

Angebot Jasbinzcek mbH

Laubsauger	ab 100 Stück = 55,00 EUR
	ab 200 Stück = 50,00 EUR
	ab 300 Stück = 45,00 EUR
Skonto:	2 %
Rabatt:	ab 100 Stück = 20 %
	ab 200 Stück = 25 %
	ab 300 Stück = 30 %

Fracht: frei Haus **Listeneinkaufspreis: 50,00 EUR**

Erstellen Sie einen Angebotsvergleich für 200 Laubsauger der drei Anbieter.

Angebot Ellermann & Ellermann KG

	Listeneinkaufspreis	9 000,00 EUR
–	Rabatt	1 350,00 EUR
=	Zieleinkaufspreis	7 650,00 EUR
–	Skonto	153,00 EUR
=	Bareinkaufspreis	7 497,00 EUR
+	Bezugskosten	0,00 EUR
=	Bezugspreis (Einstandspreis)	7 497,00 EUR

Angebot Hutmacher e. K.

	Listeneinkaufspreis	9 000,00 EUR
–	Rabatt	900,00 EUR
=	Zieleinkaufspreis	8 100,00 EUR
–	Skonto	243,00 EUR
=	Bareinkaufspreis	7 857,00 EUR
+	Bezugskosten	50,00 EUR
=	Bezugspreis (Einstandspreis)	7 907,00 EUR

Angebot Jasbinzcek mbH

	Listeneinkaufspreis	10 000,00 EUR
–	Rabatt	2 500,00 EUR
=	Zieleinkaufspreis	7 500,00 EUR
–	Skonto	150,00 EUR
=	Bareinkaufspreis	7 350,00 EUR
+	Bezugskosten	0,00 EUR
=	Bezugspreis (Einstandspreis)	7 350,00 EUR

Das günstigste Angebot für 200 Laubsauger ist das Angebot von der Jasbinzcek mbH.

Welche Überlegungen können Ihrer Meinung nach neben dem Preis für den Angebotsvergleich bedeutsam sein?

Nennen Sie Beispiele.

- kurzfristige Lieferbereitschaft
- Qualität der Ware
- Abnahme von Mindestmengen
- großzügige Behandlung von Reklamationsfällen
- langjährige geschäftliche Zusammenarbeit

Wer trägt die Beförderungskosten, wenn keine Vereinbarung über die Fracht getroffen wurde?

Der Käufer trägt die Frachtkosten. Warenschulden sind Holschulden.

Nennen Sie Freizeichnungsklauseln.

Freizeichnungsklauseln:
- freibleibend
- ohne Obligo
- solange Vorrat reicht
- Preise unverbindlich
- Lieferung freibleibend

Ausgangssituation

Die wwh GmbH erhält eine Anfrage von der Stadt Bielefeld über 200 Pressglasreflektorlampen mit einem Ausstrahlungswinkel von 30 Grad und einer Wattleistung von 120. Für diesen Sonderauftrag hat der Einkauf folgende Angebote eingeholt:

Angebot A
Das Angebot A vom Hersteller aus Köln ist gültig bis Ende Mai.
Der Stückpreis beträgt 29,30 EUR, Rabatt 25 %, Skonto 2 % innerhalb von 14 Tagen, 30 Tage netto Kasse, Lieferung frei Haus.

Angebot B
Das Angebot B vom Hersteller aus Saarbrücken hat den Vermerk ohne Obligo. Der Preis staffelt sich wie folgt:
Der Rabatt beträgt 20 %, Skonto kann nicht gewährt werden.

bei Abnahme > 50	Stück	= 28,00 EUR/je Stück
bei Abnahme > 150	Stück	= 27,90 EUR/je Stück
bei Abnahme > 250	Stück	= 27,80 EUR/je Stück
bei Abnahme > 350	Stück	= 27,75 EUR/je Stück

Lieferung unfrei

Angebot C
Informationen zum Angebot C entnehmen Sie bitte den Unterlagen aus dem Elektro-Installations-Technik-Katalog (Preise ohne USt.). Der Hersteller hat seinen Sitz ebenfalls in Saarbrücken.

Die Mindestabnahmemenge beim Hersteller C beträgt 10 Stück, Skonto 3 % innerhalb von 14 Tagen, 30 Tage netto Kasse, Rabatt 30 %, Lieferung frachtfrei.

Informationen, die für alle Angebote Gültigkeit haben:

Rollgeld I	= 10,00 EUR bis 100 Stück
Rollgeld II	= 7,00 EUR bis 100 Stück
Frachtkosten	= 30,00 EUR bis 100 Stück
Rollgeld I	= 15,00 EUR bis 200 Stück
Rollgeld II	= 10,00 EUR bis 200 Stück
Frachtkosten	= 30,00 EUR bis 200 Stück

Katalogangebot des Herstellers C aus Saarbrücken

Artikel			Bestellnr.	Preis/EUR
Reflektorlampe DECOR COLOR SPOT				
Ausstrahlungswinkel	Leistung	Sockel		
35	40	E 14	55 667 13	27,20
35	40	E 14	55 667 14	28,30
35	40	E 14	55 667 15	28,50
30	120	E 27	55 667 16	29,00
80	120	E 27	55 667 17	29,20
Pressglasreflektorlampe CONCENTRA-PARLUX				
Ausstrahlungswinkel	Leistung	Sockel		
12	60	E 27	55 667 33	28,10
12	80	E 27	55 667 34	28,40
30	80	E 27	55 667 35	28,70
30	60	E 27	55 667 36	29,00
30	120	E 27	55 667 37	29,30
Pressglasreflektorlampe SUPERLUX KRYP				
Ausstrahlungswinkel	Leistung	Sockel		
12	60	E 14	55 700 33	30,00
12	80	E 14	55 700 34	31,00
12	80	E 14	55 700 35	32,00
30	60	E 14	55 700 36	33,00
12	120	E 27	55 700 37	34,00
Reflektorlampe CONCENTRA-SPOT				
Ausstrahlungswinkel	Leistung	Sockel		
40	30	E 14	12 667 13	19,50
30	80	E 14	12 667 14	21,50
80	80	E 14	12 667 15	23,50
35	60	E 14	12 667 16	25,50
35	120	E 27	12 667 17	27,50

Überprüfen Sie die Angebote.

Sind die Hersteller an die abgegebenen Angebote gebunden? Begründen Sie Ihre Meinung.

Angebot A
Das Angebot A des Herstellers aus Köln ist eine rechtsverbindliche Willenserklärung und stellt einen gültigen Antrag dar. An dieses Angebot ist der Hersteller bis zum angegebenen zeitlichen Termin gebunden.

Angebot B
An das Angebot B ist der Hersteller aus Saarbrücken nicht gebunden, da er eine Freizeichnungsklausel benutzte. „Ohne Obligo" bedeutet „ohne Verpflichtung".

Angebot C
An das Katalogangebot C ist der Hersteller aus Saarbrücken ebenfalls nicht gebunden. Bei Katalogen handelt es sich um eine Aufforderung zur Abgabe einer Willenserklärung.

Wie könnte bei Angebot A ein Kaufvertrag zustande kommen?

Nennen Sie unterschiedliche Möglichkeiten.

Möglichkeiten	1. Willenserklärung (= Antrag)	2. Willenserklärung (= Annahme)
Die wwh GmbH bestellt innerhalb der Frist.	Angebot (jedoch zeitlich begrenzt)	Bestellung bis Ende Mai
Die wwh GmbH bestellt nach Ablauf der Frist.	Bestellung (gilt als neuer Antrag)	Auftragsbestätigung des Herstellers
Die wwh GmbH bestellt nach Ablauf der Frist.	Bestellung (gilt als neuer Antrag)	Warenanlieferung des Herstellers (konkludentes Handeln)
Die wwh GmbH bestellt nach Ablauf der Frist. Der Hersteller macht ein neues Angebot und die wwh GmbH bestellt gemäß neuem Angebot.	Das neue Angebot ist der gültige Antrag.	Bestellung

Führen Sie aufgrund der Angaben der Hersteller A, B und C einen übersichtlichen Angebotsvergleich durch und ermitteln Sie den Einstandspreis für 200 Stück.

Angebotsvergleich	Angebot A/Euro	Angebot B/Euro	Angebot C/Euro
Listeneinkaufspreis	5 860,00	5 580,00	5 860,00
– Rabatt	1 465,00	1 116,00	1 758,00
= Zieleinkaufspreis	4 395,00	4 461,00	4 102,00
– Skonto	87,90	0,00	123,06
= Bareinkaufspreis	4 307,10	4 464,00	3 978,94
+ Bezugskosten	0,00	40,00	10,00
= Bezugspreis (Einstandspreis)	4 307,10	4 504,00	3 988,94

Nennen Sie vier Gründe, die zu einer Entscheidung für den nicht preisgünstigeren Hersteller führen könnten.

- bessere Qualität
- Zuverlässigkeit in der Lieferzeit
- Anpassung an besondere Wünsche
- langjährige Geschäftsbeziehung
- positive Zukunftserwartungen
- örtliche Nähe

Aufgrund der Angebote bestellt die wwh GmbH am 15. Mai beim Hersteller A in Saarbrücken per Telefon 200 Pressglasreflektorlampen. Als Liefertermin wird der 6. Juni festgelegt. Nach Beendigung des Telefongespräches mit dem Hersteller A fragt die Stadt Bielefeld an, ob die Ware bereits Ende Mai geliefert werden kann.

Kann die wwh GmbH die Bestellung beim Hersteller A noch widerrufen, um bei einem anderen Hersteller, der schneller liefern kann, zu bestellen?

Eine Willenserklärung wird nicht wirksam, wenn dem Empfänger vorher oder gleichzeitig ein Widerruf zugeht. Dies ist bei einem Telefongespräch, das bereits beendet wurde, nicht möglich. Also kann die wwh GmbH die Bestellung beim Hersteller A nicht mehr widerrufen.

Am 19. Mai erhält die wwh GmbH eine Auftragsbestätigung des Herstellers A mit dem Liefertermin 6. Juni. Welche rechtliche Bedeutung hat die Vereinbarung des Lieferdatums?

Begründen Sie Ihre Meinung.

Bei der Vereinbarung „Liefertermin 6. Juni" handelt es sich um ein kalendermäßig genau festgelegtes Datum. Bei diesem Terminkauf (nicht Fixhandelskauf) kommt der Lieferer im Falle der Nicht-Rechtzeitig-Lieferung ohne Mahnung in Verzug.

Am 8. Juni fragt der Verkaufsleiter der wwh GmbH in der Einkaufsabteilung an, ob die bestellten Lampen eingetroffen sind. Der Verkaufsleiter ist über die Nachricht der Nichtlieferung sehr aufgebracht, da er mit der Stadt Bielefeld einen Liefertermin vereinbart hat (10. Juni, fix). Der Verkaufsleiter schlägt vor, sofort bei einem anderen Lieferanten Ersatz zu besorgen.

Nennen Sie allgemein die Rechte im Falle der Nicht-Rechtzeitig-Lieferung.

Die Rechte bei der Nicht-Rechtzeitig-Lieferung (Lieferungsverzug) sind:

- ohne Nachfristsetzung:
  Erfüllung des Vertrages oder Erfüllung des Vertrages und die Berechnung eines Verzugsschadens
- mit Nachfristsetzung:
  Ablehnung der Lieferung und Rücktritt vom Kaufvertrag oder/und Ablehnung der Lieferung und Schadenersatz wegen Nichterfüllung

Was schlagen Sie konkret in dem oben beschriebenen Fall vor?

Berücksichtigen Sie dabei, dass es möglich ist, die Ware kurzfristig zu beziehen, sodass die Stadt Bielefeld noch rechtzeitig beliefert werden kann. Der Preis je Lampe beträgt jedoch 40,00 EUR.

Sinnvoll ist ein Anruf am 8. Juni beim Hersteller A. Wenn die Ware bereits unterwegs ist, kann die Stadt Bielefeld noch pünktlich beliefert werden, da der Fixtermin der 10. Juni ist.

Ist die Ware nicht unterwegs, so sollte auf die Dringlichkeit der pünktlichen Lieferung hingewiesen werden. Bei dem vereinbarten Liefertermin 8. Juni handelt es sich um einen kalendermäßig genau festgelegten Termin, bei dem die Mahnung entfällt, um den Hersteller in Verzug zu setzen. Ein Rücktritt vom Vertrag ist jedoch nur mit einer angemessenen Nachfristsetzung für die Lieferung möglich.

Um die Stadt Bielefeld als Kunden nicht zu verärgern, sollte kurzfristig Ersatz besorgt werden. Die Differenz zwischen dem Bezugspreis des Herstellers A (4 307,10 EUR : 200 = 21,54 EUR/Stück) und dem Preis von 40,00 EUR bei kurzfristiger Lieferung kann jedoch nicht dem Hersteller A in Rechnung gestellt werden. Dies wäre erst nach einer angemessenen Nachfrist mit Androhung des Rücktritts und Schadenersatzes wegen Nichterfüllung möglich. Die wwh GmbH hätte auch mit dem Hersteller einen Fixtermin aushandeln sollen.

Ausgangssituation

Für den Umbau in einer Bank müssen so schnell wie möglich Videokameras bestellt werden. Lesen Sie die Belege, beantworten Sie die unten stehenden Fragen und führen Sie die geforderten Berechnungen durch.

Gesprächsnotiz

Gespräch geführt am: 16.07.

Firma: Bredemeyer GmbH

Gesprächspartner: Herr/~~Frau~~ Bredemeyer Telefon:

Inhalt:

4 Videokameras sind auf Lager

Liefertermin: 23.07.

Preis: 740,– € je

14 Tg / 2% / 60 Tg

Fracht: frei Haus

Mengenrabatt: 10%

Zur weiteren Bearbeitung: Frau Herkenhoff

Handzeichen: HJ

---

wwh GmbH
Industrie und Handel

wwh GmbH · Helene-Weber-Weg 9 · 33607 Bielefeld

Helene-Weber-Weg 9
33607 Bielefeld

Bredemeyer GmbH
Otto-Hahn-Weg 53
65218 Wiesbaden

Tel.: 05207 801022
Fax: 05207 801013
Mobil: 0171 302560
E-Mail: wwh@t-online.de

Bestellung 16.07.20..

Sehr geehrter Herr Bredemeyer,

wie mit Ihnen heute Morgen telefonisch besprochen, bestelle ich folgende Artikel:

Anzahl	Bezeichnung der Ware	Einzelpreis	Gesamtpreis
4	Videokameras – Serie 777 in Weiß CCE-Bildaufnehmer CCIR-Standard Objektiv F 3,5/Brennweite 3,6 mm Lichtempfindlichkeit 1 Lux 90 x 90 x 45 mm	740,00 €	2 960,00 €

Der Rabatt beträgt 10 %. Die Rechnung ist zahlbar innerhalb von 14 Tagen unter Abzug von 2 % Skonto oder 60 Tagen netto Kasse.

Mit freundlichen Grüßen
wwh GmbH

A. Kagetöke
i. A.

Bankverbindung
Sparkasse Bielefeld BLZ 408 501 61 Kto.-Nr. 1324565445
Commerzbank Bielefeld BLZ 480 538 82 Kto.-Nr. 5666654511
Geschäftsführerin: Uta Box

Sitz und Registergericht: Bielefeld HR B 1590

Steuernummer: 458/457/6555

Ermitteln Sie den Einstandspreis für die bestellten Videokameras.

	Listeneinkaufspreis	2 960,00 EUR
–	Rabatt	296,00 EUR
=	Zieleinkaufspreis	2 664,00 EUR
–	Skonto	53,28 EUR
=	Bareinkaufspreis	2 610,72 EUR
+	Bezugskosten	0,00 EUR
=	**Bezugspreis (Einstandspreis)**	2 610,72 EUR

Ermitteln Sie den Überweisungsbetrag der vier Videokameras unter Ausnutzung von Skonto und unter Berücksichtigung von 19 % Umsatzsteuer.

	Listeneinkaufspreis	2 960,00 EUR
–	10 % Rabatt	296,00 EUR
=	Zieleinkaufspreis	2 664,00 EUR
+	19 % Umsatzsteuer	506,16 EUR
=	Rechnungspreis	3 170,16 EUR
–	2 % Skonto	63,40 EUR
=	**Überweisungsbetrag**	3 106,76 EUR

Welchen Zeitraum muss die wwh GmbH im Falle einer Zahlung mit Skonto vorfinanzieren?

Der kostenpflichtige Zielzeitraum wird wie folgt berechnet:

	Zahlungsziel	60 Tage
–	Skontozeitraum	14 Tage
=	**Kreditzeitraum**	46 Tage

Laut Auskunft des Sachbearbeiters bei der Hausbank der wwh GmbH beträgt der Zinssatz zurzeit 9,5 %.

Berechnen Sie die zu zahlenden Zinsen im Falle einer Kreditaufnahme, um unter Abzug von Skonto zu zahlen.

Der zu überweisende Betrag an die Bredemeyer GmbH beträgt: 3 106,76 EUR.

$$z = \frac{K \cdot p \cdot t}{100 \cdot 360} = \frac{3\,106{,}76 \cdot 9{,}5 \cdot 46}{100 \cdot 360} = 37{,}71$$

Die Zinsen betragen 37,71 EUR.

Wie hoch ist der Finanzierungserfolg, der sich aufgrund der Skontoziehung ergibt?

Die wwh GmbH erzielt durch die vorzeitige Zahlung einen Skontoertrag. Aufwendungen sind durch die Kreditaufnahme entstanden.

Skontoertrag	63,40 EUR
– Zinsaufwendungen	37,71 EUR
= **Kreditzeitraum**	25,69 EUR

Der Skontoertrag in Höhe von 63,40 EUR ist größer als die Zinsaufwendungen in Höhe von 37,71 EUR. Die wwh GmbH erzielt einen Finanzierungserfolg von 25,69 EUR, wenn sie unter Ausnutzung von Skonto die Rechnung bezahlt.

Wie kann auf schnellere Weise überprüft werden, ob eine Rechnung unter Abzug von Skonto gezahlt werden sollte?

Es wird der Jahreszinssatz ermittelt, der der Skontobedingung des Lieferers entspricht. Ist dieser ermittelte Jahreszinssatz größer als der Fremdkapitalzinssatz, lohnt es sich, die Rechnung vorzeitig unter Ausnutzung von Skonto zu zahlen.

Für die Berechnung des Jahreszinssatzes, der der Skontobedingung des Lieferers entspricht, gibt es eine Überschlagsrechnung und eine mathematisch genaue Berechnung.

Führen Sie die Berechnungen durch.

Kaufmännische Überschlagsrechung:

Der Jahreszinssatz für die Aufnahme des Kredites beträgt 9,5 %.
Die 2 % Skonto beziehen sich auf den kostenpflichtigen Zielzeitraum (60 Tage – 14 Tage = 46 Tage).

46 Tage (Kreditzeitraum) – 2 %
360 Tage (ganzes Jahr) – x %
x = 15,65 % (gerundetes Ergebnis)

Mathematisch genaue Berechnung:

Der Skontobetrag in Höhe von 63,40 EUR (2 %) wird auf die tatsächliche Zahlung in Höhe von 3 106,76 EUR bezogen. Die Berechnung erfolgt mit der nicht gerundeten Zahl 3 106,7568.

Zinsformel: $$z = \frac{K \cdot p \cdot t}{100 \cdot 360}$$

Zur Ermittlung des Effektivzinssatzes wird die kaufmännische Zinsformel umgestellt:

$$p = \frac{z \cdot 100 \cdot 360}{K \cdot t}$$

Daraus ergibt sich:

$$\text{Effektivzinssatz (p)} = \frac{\text{Skontoertrag (z)} \cdot 100 \cdot 360}{\text{Überweisungsbetrag (K)} \cdot \text{Kreditzeitraum (t)}}$$

$$= \frac{360 \cdot 100 \cdot 63{,}40}{3\,106{,}7568 \cdot 46} = 15{,}97\ \%\ \text{oder}$$

$$= \frac{360 \cdot 100 \cdot 2}{98 \cdot 46} = 15{,}97\ \%$$

Der Skontoabzug lohnt sich, wenn die Fremdkapitalzinsen nicht höher als 15,97 % sind. Die kaufmännische Überschlagsrechnung ergibt einen Prozentsatz von 15,65 %.

Ausgangssituation

Ein Mitarbeiter im Lager der wwh GmbH hat folgende Bildschirmmasken aus dem Warenwirtschaftsprogramm vor sich: Artikelstammblatt vom 29.03.20..

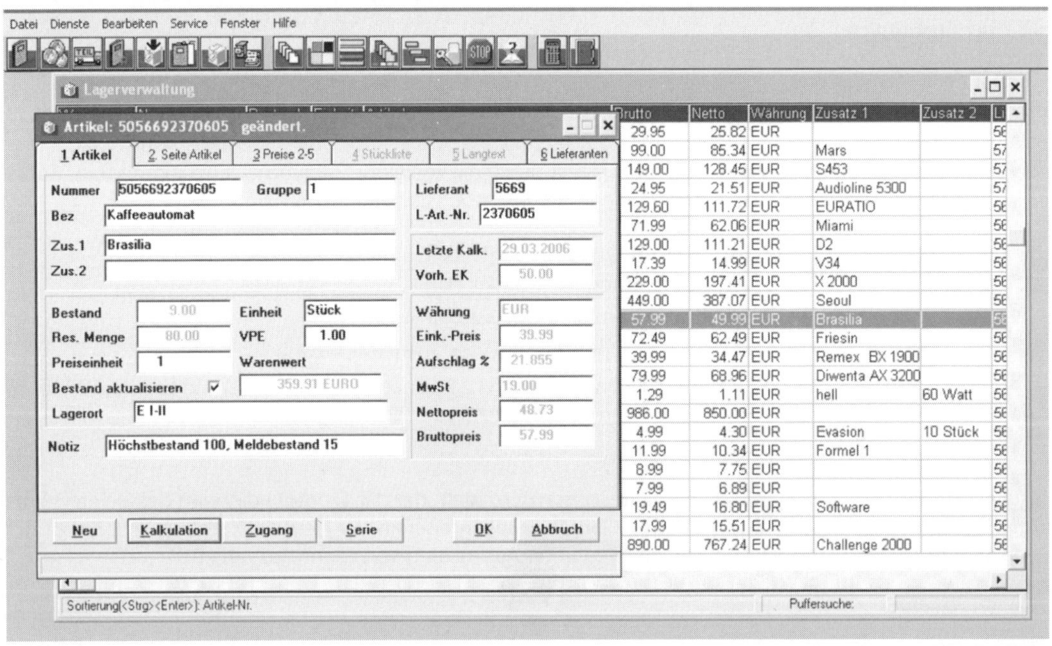

Bestellvorschlagsliste vom 29.03.20..					
Artikel-Nr. Warengruppe	**Bezeichnung Zusatz**	**Lieferanten-Nr. Lief.-Art.-Nr.**	**Bestand**	**Höchstbestand**	**Bestellvorschlag**
5056692370605 Gr. 1	Kaffeeautomat Brasilia	5569 2370605	9	100	91

Am 04.04. liefert die Elektro Bader KG die bestellten 91 Stück Kaffeeautomaten Brasilia. Nach der Annahme und Prüfung der Ware und dem Vergleich mit den Angaben des Lieferscheins gibt der Lagermitarbeiter Özcan Ferhan folgende Daten in das Warenwirtschaftssystem ein:

Wareneingangskontrolle				
Lieferdatum	04.04.20..		Frachtführer	Spedition Roller, Leipzig
Lieferant	5569	Elektro Bader KG, Leipzig		
Äußere Prüfung			Verpackungsmängel/fehlende Packstücke	
1. Anschrift		√		
2. Anzahl	85	Stück	Es fehlen 6 St. Kaffeemaschinen.	
3. Verpackung			3 Verkaufsverpackungen waren defekt.	
Prüfung des Inhalts				
Menge	Lief.-Art.-Nr.	Mängel		
1 St.	2370605	Zubehör fehlt		
3 St.	2370605	Wegen der defekten Verpackungen haben die Maschinen leichte Kratzer.		

Auszug aus der Lagerstatistik

Art.Nr.	**5056692370605**	**Kaffeeautomat Brasilia**	
Lieferant	**5569**	**Elektro Bader KG. Leipzig**	
	aktuelles Jahr	Vorjahr	Änderung in %
Mindestbestand (St.)	5	5	+/– 0,00 %
Meldebestand (St.)	15	20	– 25,00 %
Höchstbestand (St.)	100	60	+ 66,67 %
Durchschnittlicher Lagerbestand (St.)	78	50	+ 56,00 %
Durchschnittlicher Lagerbestand (EUR)	3 120,00 EUR	1 900,00 EUR	+ 64,21 %
Wareneinsatz (EUR)	14 400,00 EUR	14 000,00 EUR	2,86 %
Lagerumschlagshäufigkeit			
Durchschnittliche Lagerdauer (Tage)			

Zeigen Sie die Hauptprozesse auf, die im Lager eines Betriebes auftreten können.	▶ **Warenannahme und Prüfung** Annahme der gelieferten Waren und unverzügliche Prüfung ▶ **Einlagerung** Auszeichnung der Ware und Einsortierung in das Verkaufs- oder Reservelager ▶ **Warenpflege** Bei längerer Lagerzeit Überprüfung der fachgerechten Lagerung, um Qualitätseinbußen zu vermeiden ▶ **Lagerkontrolle** Überwachung der Lagerbestände
Erläutern Sie den Zusammenhang zwischen Meldebestand, aktuellem Bestand, Bestellvorschlag und Höchstbestand.	▶ **Meldebestand** Sobald dieser Bestand unterschritten wird, muss ein Bestellvorgang ausgelöst werden. ▶ **Höchstbestand** Da die Lagerkapazität begrenzt ist, muss für jeden Artikel ein Höchstbestand festgelegt werden, damit die maximale Lagerkapazität nicht überschritten wird. Außerdem soll die Kapitalbindung begrenzt werden. ▶ **Bestellvorschlag** Höchstbestand – aktueller Bestand = Bestellvorschlagsmenge
Welche Aufgaben ergeben sich aus den Daten des Artikelstammblattes und der Bestellvorschlagsliste für den Mitarbeiter im Lager?	▶ Feststellung, dass der Meldebestand des Artikels erreicht ist ▶ Eventuelle Überprüfung, ob der Sollbestand des Artikels mit dem tatsächlichen Bestand übereinstimmt. ▶ bei Abweichungen zum Sollbestand Korrektur des Bestandes im Warenwirtschaftssystem ▶ Information an die Abteilung Einkauf, um den Bestellvorgang einzuleiten
Erläutern Sie die Bedeutung der Wareneingangskontrolle.	▶ **Unverzügliche Prüfung** der eingehenden Ware auf – Anschrift des Absenders und Empfängers, – Übereinstimmung der gelieferten Waren mit den Daten des Lieferscheins und der Bestellung, – Beschädigung der Verpackung, – Anzahl der Versandstücke. ▶ **Dokumentation** der eventuellen Schäden ▶ **Bestätigung der Schäden** durch den Frachtführer ▶ mögliche **Klärung über den Verursacher** der Schäden im Beisein des Frachtführers ▶ **Weiterleitung** der Informationen an die Abteilung Einkauf
Ermitteln Sie die Lagerumschlagshäufigkeit und die durchschnittliche Lagerdauer in der oben aufgeführten Lagerstatistik.	▶ **Lagerumschlagshäufigkeit** (= Wareneinsatz/durchschnittlicher Lagerbestand) aktuelles Jahr: 4,62 – Vorjahr: 7,37 – Änderung in %: – 37,3 % ▶ **durchschnittliche Lagerdauer** (= 360/Lagerumschlagshäufigkeit) aktuelles Jahr: 77,9 Tage – Vorjahr: 48,8 Tage – Änderung in %: + 59,6 %
Werten Sie die Statistik aus, erläutern Sie mögliche Ursachen der Veränderungen und zeigen Sie Lösungsmöglichkeiten auf.	▶ Die **Umschlagshäufigkeit** des Kaffeeautomaten hat sich in einem beträchtlichen Maß **verringert.** Dadurch **erhöht** sich die **durchschnittliche Lagerdauer** einer Kaffeemaschine von knapp 50 Tagen auf 78 Tage. ▶ Das führt dazu, dass das **Kapital,** welches für den Kauf der Waren eingesetzt wurde, **länger im Lager gebunden ist.** ▶ Mögliche **Ursachen:** Geringerer Abverkauf trotz gleichbleibendem Lagerbestand, Heraufsetzung des Höchstbestandes auf 100 St. unnötig ▶ **Lösungsmöglichkeit:** Verringerung des Lagerbestandes durch häufigere Bestellungen, Herabsetzung des Höchstbestandes

Ausgangssituation

Lesen Sie die abgebildeten Seiten und beantworten Sie die folgenden Fragen:

Manuel Belau e. K.
Diplom-Ingenieur

Manuel Belau e. K. · Am Zentrum 2 · 49143 Bissendorf

wwh GmbH
Helene-Weber-Weg 5
33607 Bielefeld

A N G E B O T

Kunden-Nr.: **999-3-3**
Angebots-Nr.: **220**
Bearbeiter: **Duvendack**
Datum: **15.09.20..**

Posten	Bezeichnung	Einheit	Menge	Preis	Gesamt
1	PC 2010	St.	1	1 800,00 Euro	1 800,00 Euro
2	Screen	St.	1	800,00 Euro	800,00 Euro
3	Lautsprecher	Paar	1	30,50 Euro	30,50 Euro
4	Arbeitslohn	Std.	5	120,00 Euro	600,00 Euro

Nettopreis	3 230,50 Euro
+ USt. 19 %	613,80 Euro
Bruttopreis	3 844,30 Euro
+ Frachtkostenpauschale	30,00 Euro
Gesamtpreis	3 874,30 Euro

Dieses Angebot ist gültig bis 15.12.20..

Es gelten unsere Allgemeinen Geschäftsbedingungen.
· Tel.: 05402866952 · Fax: 05402920461 · Mobil: 01609983726 · E-Mail: M. Belau@t-online.de
· Volksbank Bissendorf · BLZ 440 900 00 · Kto.-Nr. 90546454
· Kreissparkasse Osnabrück · BLZ 944 900 00 · Kto.-Nr. 858585

wwh

Gesprächsnotiz

Gespräch geführt am: 20.09...

Firma: M. Belau

Gesprächspartner Herr/Frau Duvendack Telefon: 05402 9992

Inhalt: Bestellung:
1 PC 2010
1 Screen 706540 A
1 Lautsprecher
Arbeitslohn 120 €
Frachtkosten entfallen lt.
Absprache mit Herrn Duvendack.
Versand bereits morgen

Zur weiteren Bearbeitung: Vorlage Ende September

Handzeichen: H

Wie kommt ein Kaufvertrag zustande?

Ein Kaufvertrag kommt durch mindestens zwei übereinstimmende Willenserklärungen zustande. Die Willenserklärungen nennt man Antrag und Annahme.

Welche Äußerungsformen von Willenserklärungen kennen Sie?

Um welche handelt es sich in dem beschriebenen Fall?

Willenserklärungen können auf unterschiedliche Art und Weise abgegeben werden:

Ausdrückliches Handeln
Hier eignen sich als Mittel der Willensäußerung die Schrift und die Sprache.
Beispiele: Beim Angebot von Manuel Belau handelt es sich um eine ausdrückliche Willenserklärung. Auch das geführte Telefongespräch am 20.09. zählt zu diesem Punkt.

Konkludentes/schlüssiges Handeln
Bei dieser Form der Willensäußerung muss der Wille des Handelnden abzuleiten sein.
Beispiele: Der Käufer bestätigt das Angebot eines Verkäufers mit einem Handschlag. Der Verkäufer bestätigt die Bestellung des Kunden mit Kopfnicken. Der Verkäufer liefert die Ware aufgrund einer Bestellung.

Nichthandeln/Schweigen
Dies gilt nur dann als Willensäußerung, wenn Schweigen als Erklärungszeichen vereinbart wurde oder der abweichende Wille nach Treu und Glauben hätte geäußert werden müssen.
Beispiele: Verkäufer und Käufer vereinbaren beim Kaufgespräch einen Kauf auf Probe mit einer Frist von 14 Tagen. Der Kunde meldet sich nicht innerhalb der vereinbarten Frist.
Ein Kunde, der regelmäßig Lieferungen vom selben Lieferanten erhält, bekommt versehentlich eine zusätzliche Sendung des Lieferanten. Der Kunde meldet sich nicht. In diesem Fall gilt Schweigen als Willensäußerung und der Kaufvertrag kommt zustande.

Das Computerangebot vom 15.09.20.. enthält eine Frachtkostenpauschale in Höhe von 30,00 EUR. *Ist eine solche Vereinbarung möglich?*	Grundsätzlich trägt der Käufer die Frachtkosten, da Warenschulden Holschulden sind. Die Vereinbarung einer Pauschale widerspricht nicht gesetzlichen Vorschriften.
Wie lange ist Manuel Belau e. K. an das abgegebene Angebot gebunden?	Der Verkäufer ist bis zum 15.12.20.. an das Angebot gebunden. Bei einer Bestellung nach diesem Termin würde diese als neuer Antrag gelten und der Verkäufer müsste zustimmen, damit ein Kaufvertrag zustande käme.
Nennen Sie die Kaufmannseigenschaften der beteiligten Personen.	▶ Manuel Belau e. K. ist ein Istkaufmann, wenn er einen in kaufmännischer Weise eingerichteten Geschäftsbetrieb führt. Das Unternehmen ist ein Kannkaufmann, wenn es sich um ein Unternehmen handelt, das keinen in kaufmännischer Weise eingerichteten Geschäftsbetrieb benötigt (Kleingewerbe), sich jedoch aufgrund des Eintragungswahlrechts in das Handelsregister A hat eintragen lassen. Damit liegt eine Kaufmannseigenschaft vor. ▶ Die wwh GmbH ist ein Formkaufmann. Hier liegt eine Kaufmannseigenschaft allein schon aufgrund der Rechtsform vor.
Am 23.09.20.. liefert Manuel Belau den PC und den Screen. Der PC-Fuß hat erhebliche Kratzer. *Um welche Kaufvertragsstörungen handelt es sich? Beschreiben Sie die Störungen.*	Es liegt eine Schlechtleistung vor. Beim zerkratzen PC handelt es sich um einen Sachmangel (Qualitätsmangel). Da die Lautsprecher fehlen, liegt auch noch eine Zuwenig-Lieferung (Quantitätsmangel) vor.
Welche Mängel hinsichtlich der Erkennbarkeit kennen Sie? *Um welche handelt es sich hier?*	▶ Offene Mängel sind sofort erkennbar, wie beim zerkratzen PC und der Zuwenig-Lieferung. ▶ Versteckte Mängel sind nicht sofort erkennbar. ▶ Arglistig verschwiegene Mängel sind dem Verkäufer bekannt und wurden bewusst verschwiegen.
Welche Mängel kennen Sie?	**Sachmängel:** ▶ Mangel in der Beschaffenheit (Qualitätsmangel) ▶ Mangel in der Menge (Quantitätsmangel) ▶ Mangel in der Werbeaussage/Kennzeichnung ▶ Mangel in der Montage ▶ Mangel in der Montageanleitung ▶ Mangel in der Art (Gattungsmangel) Neben den Sachmängeln gibt es auch noch den **Rechtsmangel.**
Welche Rechte können Sie aufgrund der Mängel wahrnehmen?	Vorrangig kann die wwh GmbH das Recht der Nacherfüllung wahrnehmen. Dazu zählen die Nachbesserung oder die Ersatzlieferung. Eine Ersatzlieferung kann Manuel Belau ablehnen, wenn dies nur mit unverhältnismäßig hohen Kosten möglich ist. Erst wenn zwei Nachbesserungen fehlgeschlagen sind, kann auf Neulieferung im Falle dieses Gattungskaufes bestanden werden. Denkbar wäre jedoch auch, dass die wwh GmbH ein nachrangiges Recht wahrnimmt und mit dem Verkäufer eine Minderung des Kaufpreises aufgrund der Kratzer am PC vereinbart. Bei der Minderlieferung hat die wwh GmbH ein Recht auf Lieferung der fehlenden Menge.
Erläutern Sie die Verjährung der Mängelansprüche allgemein. *Welcher Verjährungszeitraum liegt in dem beschriebenen Fall vor?*	Die Verjährungsfristen sind wie folgt: ▶ Die Gewährleistungsansprüche des Kaufvertrages und des Werkvertrages verjähren nach zwei Jahren. ▶ Bei arglistigem Verschweigen und bei nicht körperlichen Werken gilt die Regelverjährungszeit von drei Jahren. ▶ Für Mängel bei Bauwerken gilt eine Frist von fünf Jahren. ▶ 30 Jahre beträgt die Verjährungsfrist bei Herausgabeansprüchen aus Eigentum und anderen dinglichen Rechten. ▶ Bei dem beschriebenen Fall handelt es sich um einen Kaufvertrag. Die Gewährleistungsansprüche verjähren nach zwei Jahren.
Wer muss im Falle einer Schlechtleistung beweisen, dass Mängel bestehen?	In den ersten sechs Monaten hat der Verkäufer Manuel Belau die Beweislast. Es wird davon ausgegangen, dass der Mangel bereits bei Gefahrübergang bestand. Nach Ablauf der sechs Monate muss der Käufer beweisen, dass der Sachmangel bereits bei Gefahrübergang bestand und nicht erst durch Nutzung oder falsche Behandlung entstanden ist.
Um welche Art von Kaufvertrag handelt es sich *1. aufgrund der beteiligten Personen,* *2. aufgrund der Kaufgegenstände?*	1. Verkäufer ist Manuel Belau e. K. und Käufer die wwh GmbH. Beide Vertragspartner sind Kaufleute. Aus diesem Grund handelt es sich um einen zweiseitigen Handelskauf. 2. Bei den Kaufgegenständen handelt es sich nicht um Spezieswaren, sondern um Gattungswaren. Es handelt sich um einen Gattungskauf.

Ausgangssituation

Die Abteilung Rechnungswesen erhält am 03.04.20.. folgende Eingangsrechnungen:

Rische GmbH
Pkw und Nutzfahrzeuge

Rische GmbH · Wellenkamp 17 · 33605 Bielefeld

wwh GmbH
Helene-Weber-Weg 5
33607 Bielefeld

RECHNUNG

Kunden-Nr.: **16122**
Auftrags-Nr. **998-99978**

Datum: **02.04.20..**

Posten	Bezeichnung	Einheit	Menge	Einzelpreis	Gesamtpreis
1	Transporter Magnat	St.	1		50 000,00 EUR
2	Service-Paket (Anmeldung Kennzeichen)	St.	1		120,00 EUR
3	Überführungskosten	St.	1		1 000,00 EUR
4	1. Tankfüllung	St.	1		90,00 EUR

Nettopreis	51 210,00 EUR
+ USt. 19 %	9 729,90 EUR
Bruttopreis	60 939,90 EUR

USt.-ID.: DE 70285133 St.-Nr.: 569/712/6319

Geschäftsführer: Jürgen Rische, Amtsgericht Bielefeld HRB 3345 · Tel.: 0521 556900 · Fax: 0521 556950
E-Mail: info@rische-gmbh.de · Sparkasse Bielefeld · BLZ 494 501 20 · Kto.-Nr. 1400046700

Manuel Belau e. K.
Diplom-Ingenieur

wwh GmbH
Helene-Weber-Weg 5
33607 Bielefeld

RECHNUNG

Kunden-Nr.: **999-3-3**
Angebots-Nr.: **5567**
Bearbeiter: **Duvendack**
Datum: **02.04.20..**

Posten	Bezeichnung	Einheit	Menge	Preis	Gesamt
1	ISDN-Telefon schnurlos für die Abteilung Rechnungswesen	Stck.	1	140,00 EUR	140,00 EUR
2	Versandkosten	Stck.	1	5,00 EUR	5,00 EUR

Nettopreis	145,00 EUR
+ USt. 19 %	27,55 EUR
Bruttopreis	172,55 EUR

USt.-ID.: DE 87101297 St.-Nr.: 031/136/4209

Es gelten unsere Allgemeinen Geschäftsbedingungen.
· Tel.: 05402866952 · Fax: 05402920461 · Mobil: 01609983726 · E-Mail: M.Belau@t-online.de
· Volksbank Bissendorf · BLZ 440 900 00 · Kto.-Nr. 90546454
· Kreissparkasse Osnabrück · BLZ 944 900 00 · Kto.-Nr. 858585

Welche Besonderheiten sind bei der Anschaffung von Gütern des Anlagevermögens zu beachten?

Aktivierungspflicht für Anschaffungsnebenkosten

Zu den Anschaffungskosten gehören neben dem eigentlichen Kaufpreis alle Aufwendungen, die mit dem Erwerb oder der Inbetriebnahme des Gegenstandes verbunden sind.

Beispiele:

- *bei Grundstücken und Gebäuden: Grunderwerbsteuer, Gerichts- und Notariatsgebühren, Schätzkosten*
- *bei Geschäftsausstattung: Transportkosten, Montagekosten*
- *bei Fahrzeugen: Überführungskosten, Zulassungsgebühren*

Finanzierungskosten (Kreditzinsen) sind keine Anschaffungsnebenkosten.

Die Anschaffungsnebenkosten erhöhen den Wert, mit dem das Anlagegut bilanziert wird (Aktivierungspflicht). Dementsprechend sind Minderungen des Kaufpreises (Rabatte, Skonti) von den Anschaffungskosten abzuziehen.

Umsatzsteuer

Die anteilige Umsatzsteuer gehört nicht zu den Anschaffungskosten.

Zu den Eingangsrechnungen der wwh GmbH:

Die Anschaffungskosten für den Transporter betragen:

Kaufpreis	50 000,00 EUR
+ Service-Paket	120,00 EUR
+ Überführung	1 000,00 EUR
Gesamt	51 120,00 EUR

(Die Tankfüllung gehört nicht zu den einmaligen Anschaffungskosten.)

Die Anschaffungskosten für das Telefon betragen 145,00 EUR.

Wodurch entstehen Wertminderungen des Anlagevermögens?

Gegenstände des Anlagevermögens verlieren ihren ursprünglichen Wert im Laufe der Zeit durch

- Abnutzung,
- Überalterung,
- technischen Fortschritt (Wertminderungen des alten Wirtschaftsgutes durch Neuentwicklungen, die kostengünstiger und wirtschaftlicher sind).

Die Wertminderungen werden im Rechnungswesen als Aufwand erfasst und als Abschreibungen bezeichnet. Der steuerliche Fachbegriff hierfür ist Absetzung für Abnutzung = **AfA.**

Welche betriebswirtschaftliche Bedeutung haben die Abschreibungen?

- Steuerliche Bewertung der Abschreibungen
  Die Abschreibungen werden im Rechnungswesen als Aufwand gebucht und vermindern dementsprechend den Unternehmensgewinn. Diese auf den ersten Blick negative Auswirkung der Abschreibungen kann unter bestimmten Voraussetzungen betriebswirtschaftlich von Vorteil sein:
  Durch den verringerten Unternehmensgewinn fallen auch die gewinnabhängigen Steuern geringer aus.
- Rückflussfinanzierung durch Abschreibungen
  Die Abschreibungen werden in den Verkaufspreis einkalkuliert. Wenn der kalkulierte Verkaufspreis von den Kunden akzeptiert wird, werden auch anteilig die finanziellen Mittel für den Ersatz der abgenutzten Anlagegüter über den Verkaufserlös bereitgestellt.

Was sind „geringwertige Wirtschaftsgüter" und wie werden Wirtschaftsgüter mit Anschaffungskosten zwischen 150,00 EUR und 1 000,00 EUR buchhalterisch behandelt?

Bei Anschaffungen von Vermögensgegenständen muss Folgendes berücksichtigt werden:

- **Wirtschaftsgüter mit Anschaffungskosten bis 150,00 EUR:**
  Güter, die einen Nettowert von 150,00 EUR nicht übersteigen, können **sofort als Aufwand** über ein geeignetes Aufwandskonto gebucht werden.
- **Wirtschaftsgüter mit Anschaffungskosten zwischen 150,00 und 410,00 EUR:**
  Wahlmöglichkeit:
  a) Sofortabschreibung im laufenden Jahr als geringwertiges Wirtschaftsgut
  b) Abschreibung im Pool (siehe nachfolgende Erläuterung)
- **Wirtschaftsgüter mit Anschaffungskosten über 410,00 EUR bis 1 000,00 EUR:**
  Diese Güter werden auf einem Sammelkonto in einem „Pool" zusammengefasst und gemeinsam über fünf Jahre mit **jeweils 20 % abgeschrieben.**

Wie sind die beiden Eingangsrechnungen der wwh GmbH hinsichtlich der Abschreibungen zu beurteilen?

- Die betriebsgewöhnliche Nutzungsdauer **des Transporters** wird in der AfA-Tabelle der Finanzverwaltung ermittelt. Der Transporter wird während der Nutzungsdauer mit gleich hohen Abschreibungsbeträgen (= lineare Abschreibung) in jedem Jahr abgeschrieben. Außerdem muss berücksichtigt werden, dass der Anschaffungszeitpunkt den Abschreibungsbetrag im 1. Jahr beeinflusst. Es dürfen nur anteilig die Monate der Nutzung abgeschrieben werden.

  Es ergibt sich folgende Berechnung für die Abschreibung (Nutzungsdauer des Transporters = 9 Jahre):

  jährlicher Abschreibungsbetrag:
  Anschaffungskosten : Nutzungsdauer
  51 150,00 EUR : 9 Jahre = **5 680,00 EUR**
  Abschreibungsbetrag im 1. Jahr: (Kauf im April: 9 von 12 Monaten)
  5 680,00 EUR : 12 x 9 = **4 260,00 EUR**

  Abschreibungsverlauf:

Anschaffungskosten	51 120,00 EUR
– Abschreibungen 1. Jahr	4 260,00 EUR
Restbuchwert	46 860,00 EUR
– Abschreibungen 2. Jahr	5 680,00 EUR
Restbuchwert	41 180,00 EUR

  ...

- Das **Telefon** kann sofort bei der Anschaffung (am 02.04.20..) als Aufwand über ein geeignetes Aufwandskonto „abgeschrieben" werden.

Ausgangssituation

Für das 25-jährige Jubiläum der wwh GmbH sollen einige Sonderaktionen durchgeführt werden. Für die Vorbereitung und Durchführung ist ein dafür gebildetes „Kreativ-Team 25" zuständig. Dieses Kreativ-Team 25 ist berechtigt, Material in Höhe von 5 000 EUR anzufordern.

Die Einkaufsabteilung erhält u. a. folgende Anforderungen zur Konkretisierung der genehmigten Aktionen:

Beleg 1

Kreativ-Team 25

Bitte bestellen Sie

bei der Tischlerei Wilke eine Sperrholzkiste – siehe folgende Zeichnung –

Datum: 14.04. .. Handzeichen: WS

Beleg 2

Kreativ-Team 25

Anlage zur Bestellung:

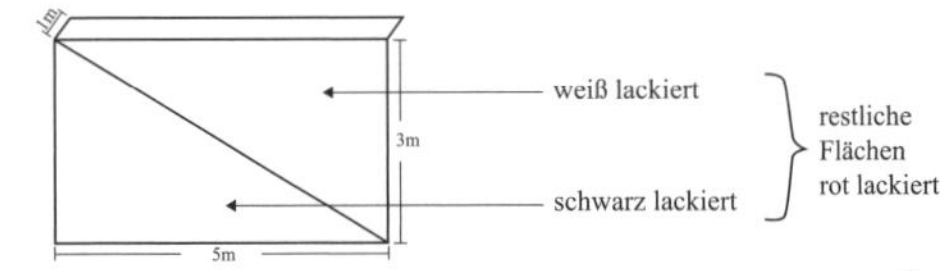

Datum: 14.04. .. Handzeichen: WS

Beleg 3

Kreativ-Team 25

Bitte bestellen Sie

beim Einrichtungshaus Pieper aufgrund des vorliegenden Gardinenmusters BL 304 30 m – 70 cm breit

Datum: 13.04. .. Handzeichen: WS

Beleg 4

Kreativ-Team 25

Bitte bestellen Sie

beim Gärtner Blattwerk zum 09.09. 100 Sonnenblumen im Keramiktopf weiß – Ø 15 cm (Bestellnr. KT-15).
Die Lieferung muss an dem Morgen erfolgen.

Datum: 14.04. .. Handzeichen: WS

Lesen Sie die Belege und beantworten Sie die folgenden Fragen.

Aufgrund der Anforderung des Kreativ-Teams 25 (siehe Beleg 1 und Beleg 2) bestellt die Einkaufsabteilung bei der Tischlerei Wilke e. K. in Bünde die farbige Sperrholzkiste am 18.04. .. schriftlich. Die Tischlerei Wilke e. K. bestätigt am 20.04. .. die Bestellung telefonisch. Am 24.04. .. erhält die wwh GmbH eine Auftragsbestätigung.

Ist ein Kaufvertrag zustande gekommen?

Begründen Sie Ihre Meinung.

Der Kaufvertrag ist aufgrund zwei übereinstimmender Willenserklärungen zustande gekommen. Die erste Willenserklärung (Antrag) erfolgte von der wwh GmbH durch die schriftliche Bestellung. Die zweite übereinstimmende Willenserklärung (Annahme) wurde durch die Tischlerei Wilke e. K. per Telefon am 20.04. .. ausgesprochen. Die schriftliche Auftragsbestätigung hat juristisch keine Bedeutung.

Bei der bestellten Sperrholzkiste handelt es sich um einen Stückkauf oder Spezieskauf. ***Erklären Sie diese Kaufvertragsart.***	Handelt es sich bei dem Kaufgegenstand um eine nicht vertretbare Sache, so spricht man von einem Stückkauf oder Spezieskauf. Nicht vertretbare Sachen können nicht durch andere ausgetauscht werden und sind auch nicht nach allgemeinen Gattungsmerkmalen bestimmbar wie die Gattungswaren. Nicht vertretbare Sachen sind einmalig, wie diese nach Sondermaßen angefertigte Sperrholzkiste in den Farben schwarz, weiß und rot.
Um welche Art von Kaufvertrag handelt es sich hinsichtlich der rechtlichen Stellung der Vertragspartner?	Es liegt ein zweiseitiger Handelskauf vor, da beide Vertragspartner (wwh GmbH und Wilke e. K.) Kaufleute sind und als solche handeln.
Die wwh GmbH bestellt beim Einrichtungshaus Pieper GmbH in Rahden 30 m Gardinen lt. vorliegendem Muster. Das Einrichtungshaus Pieper bestätigt die Bestellung eine Woche danach. ***Handelt es sich hierbei um einen Kauf*** ***a. auf Probe,*** ***b. zur Probe,*** ***c. nach Probe oder*** ***d. einen Spezifikationskauf?*** ***Begründen Sie Ihre Antwort und erklären Sie die nicht zutreffenden Kaufvertragsarten anhand eines von Ihnen gewählten Beispiels.***	**Kauf nach Probe** Bei den bestellten Gardinen handelt es sich um einen Kauf nach Probe (Kauf nach Muster). Die Probe oder auch das Muster sind häufig kostenlos. Folgt eine Bestellung, so muss der Kaufgegenstand der Probe bzw. dem Muster entsprechen, d. h. die Eigenschaften durch die Probe oder das Muster müssen als zugesichert gelten. **Kauf auf Probe** Beim Kauf auf Probe oder auf Besicht kann der Käufer die Ware innerhalb einer vorher vereinbarten Frist zurückgeben. Überschreitet der Käufer diese Frist, so ist der Kaufvertrag durch Schweigen des Käufers zustande gekommen. *Beispiel: Die wwh GmbH darf 14 Tage lang einen neuen Hochleistungskopierer ausprobieren. Bei Nichtgefallen kann die wwh GmbH den Kopierer zurückgeben.* **Kauf zur Probe** Beim Kauf zur Probe wird nur eine geringe Menge gekauft. Dabei handelt es sich um einen Kaufvertrag, der durch zwei übereinstimmende Willenserklärungen zustande gekommen ist. Der Käufer gibt bei Bestellung der kleinen Menge zu erkennen, weitere Bestellungen aufzugeben, wenn die Ware den Erwartungen entspricht. *Beispiel: Die wwh GmbH bestellt 10 unterschiedliche Verpackungseinheiten, um zu testen, ob die Größen für das kommende Weihnachtsgeschäft sinnvoll sind.* **Spezifikationskauf** Der Spezifikationskauf wird auch Bestimmungskauf genannt, weil bei Vertragsabschluss der Käufer und der Verkäufer nur die Menge und die Warenart der Gattungsware festlegen. Der Käufer kann dann innerhalb einer vorher vereinbarten Zeit die zu liefernden Waren näher bestimmen, z. B. nach Form, Farbe, Größe. Versäumt der Käufer die Spezifizierung der vertretbaren Sache innerhalb der Frist, so kann der Verkäufer dem Käufer eine Nachfrist setzen. Ist auch diese verstrichen, so kann der Verkäufer selbst die genaue Bestimmung der Ware vornehmen. *Beispiel: Die wwh GmbH bestellt 200 Gartenlampen mit Fuß, behält sich aber vor, die Farbe nachträglich zu bestimmen.*
Die Einkaufsabteilung setzt sich aufgrund der Anforderung des Kreativ-Teams 25 mit dem einheimischen Gärtner Blattwerk e. K. telefonisch in Verbindung. Die Gärtnerei schickt ein Angebot. **Was sollte die wwh GmbH bei der Bestellung beachten, damit die Blumen mit den Töpfen auch genau am 09.09. .. geliefert werden?**	Da die Sonnenblumen mit Keramiktopf genau am 09.09. .. geliefert werden sollen, ist es angebracht, einen Fixkauf zu vereinbaren. Da die Lieferung morgens erfolgen soll, ist z. B. folgende Vereinbarung sinnvoll: „Lieferung der 100 Sonnenblumen am 09.09. .. bis spätestens 11:00 Uhr.“

Ausgangssituation

In der Debitorenbuchhaltung wurden neue Rollcontainer benötigt. Lesen Sie die folgenden Belege und beantworten Sie die unten stehenden Fragen.

wwh GmbH
Industrie und Handel

wwh GmbH • Helene-Weber-Weg 9 • 33607 Bielefeld

Helene-Weber-Weg 9
33607 Bielefeld

Schrimpex GmbH
Büromöbel
Stiepenweg 54
34414 Warburg

Tel.: 05207 801022
Fax: 05207 801013
Mobil: 0171 302560
E-Mail: wwh@t-online.de

21. September 20..

Bestellung

Sehr geehrter Herr Wolf,

wir bestellen zum nächstmöglichen Liefertermin:

Anzahl	Bezeichnung der Ware	Einzelpreis	Gesamtpreis
2	Rollcontainer – 3er	157,20 €	314,40 €
2	Rollcontainer mit Hängeregister	186,40 €	372,80 €
Nettopreis		343,60 €	687,20 €
Umsatzsteuer			130,57 €
Bruttopreis			817,77 €

Mit freundlichen Grüßen
wwh GmbH
Hans Meyer
i. A. Hans Meyer

Bankverbindungen
Sparkasse Bielefeld BLZ 48050161 Kto.-Nr. 1324565445
Commerzbank Bielefeld BLZ 4805388 Kto.-Nr. 5666654511
Steuernummer: 458/4575/6555

Geschätsführerin: Uta Box
Sitz und Registergericht
Bielefeld HR B 1590

---

wwh

Gesprächsnotiz

Gespräch geführt am: 28.09.

Firma: Schrimpex

Gesprächspartner: Herr Wolf Telefon: 314270

Inhalt:

Anlieferung der Rollcontainer
erfolgt am 5.10.

Zur weiteren Bearbeitung: Busch

Handzeichen: KA

Um welche Art von Kaufvertrag handelt es sich

1. aufgrund der beteiligten Personen,
2. aufgrund des Kaufgegenstandes?

1. Verkäufer ist die Schrimpex GmbH und Käufer die wwh GmbH. Da es sich in beiden Fällen um eine GmbH handelt, sind beide Unternehmen Formkaufleute (Kaufleute kraft Rechtsform). Aus diesem Grund liegt ein zweiseitiger Handelskauf vor.
2. Bei dem Kaufgegenstand handelt es sich um Rollcontainer, die zu den vertretbaren Sachen zählen, da sie nach den allgemeinen Gattungsmerkmalen bestimmbar sind (z. B. Farbe, Gewicht, Zahl, Größe).

Es handelt sich demzufolge um einen Gattungskauf.

In den Allgemeinen Geschäftsbedingungen der Schrimpex GmbH steht u. a.: „Die Ware bleibt bis zur vollständigen Bezahlung unser Eigentum."

Erklären Sie diese Klausel.

Es handelt sich bei dieser Vereinbarung um den sogenannten „einfachen Eigentumsvorbehalt", d. h. die wwh GmbH wird erst mit Zahlung des Kaufpreises Eigentümer der Ware.

Welche Rechte hat die Schrimpex GmbH gegenüber der wwh GmbH, wenn die Zahlung des Kaufpreises nicht erfolgt?

Die Schrimpex GmbH hat bei nicht rechtzeitiger Bezahlung oder bei Nichtzahlung des Kaufpreises das Recht, vom Kaufvertrag zurückzutreten und die Herausgabe der Rollcontainer zu verlangen.

Welche Besonderheiten gelten im Fall
a. eines Insolvenzverfahrens,
b. einer Pfändung?

Zu a. Im Fall eines Insolvenzverfahrens können die Rollcontainer ausgesondert werden.
Zu b. Bei einer Pfändung durch den Gerichtsvollzieher kann die Schrimpex GmbH Freigabe durch eine Drittwiderspruchsklage verlangen.

Unter welchen Voraussetzungen erlischt der „einfache Eigentumsvorbehalt"?	Der „einfache Eigentumsvorbehalt" erlischt, ▶ wenn die wwh GmbH den Kaufpreis an die Schrimpex GmbH bezahlt, ▶ wenn die Ware an einen gutgläubigen Dritten weiterverkauft wurde, ▶ wenn die Ware vernichtet (verbraucht, verarbeitet) oder mit einer unbeweglichen Sache verbunden wurde.
Um welche Art von Eigentumsvorbehalt handelt es sich, wenn in den Allgemeinen Geschäftsbedingungen der folgende Satz steht: „Die aus dem Weiterverkauf entstehende Forderung wird an uns abgetreten."?	Hierbei handelt es sich um den sogenannten „erweiterten Eigentumsvorbehalt". Neben dem Eigentumsvorbehalt wird auch noch die Forderungsabtretung (Zession) vereinbart.
Die Überweisung für die vier Rollcontainer an den Lieferer wurde versehentlich nicht erledigt. Am 15.01. des folgenden Jahres mahnt der Lieferer den Rechnungsbetrag für die vier Rollcontainer an und bittet um sofortige Überweisung der Summe. Befindet sich die wwh GmbH in Verzug?	Aufgrund der Nicht-Rechtzeitig-Zahlung und der Mahnung am 15.01. befindet sich die wwh GmbH in Verzug.
Handelt es sich bei der Mahnung der Schrimpex GmbH um eine Unterbrechung der Verjährung?	Eine Mahnung führt nicht zu einer Unterbrechung der Verjährung.
Welche Möglichkeiten haben der Verkäufer und der Käufer, damit die Verjährung wieder von Neuem zu laufen beginnt?	Der **Verkäufer** hat folgende Möglichkeit: Antrag auf Vornahme einer gerichtlichen Vollstreckungshandlung Der **Käufer** erreicht den Neubeginn der Verjährung durch Schuldanerkenntnishandlungen: ▶ Abschlagszahlung ▶ Sicherheitsleistung ▶ Zinszahlung ▶ Stundungsgesuch
Wann ist die Forderung des Lieferanten an die wwh GmbH verjährt? Begründen Sie Ihre Antwort.	Die Forderung verjährt nach drei Jahren. Begründung: Es handelt sich um zwei Kaufleute (wwh GmbH und die Schrimpex GmbH), für die die verkürzte Verjährungsfrist von drei Jahren Gültigkeit hat. Die verkürzten Verjährungsfristen beginnen mit Ablauf des Jahres, in dem die Forderung entstanden ist. Die Forderung entstand am 16.05. – Beginn der Verjährung: 31.12./Ende der Verjährung: + drei Jahre.
Erklären Sie den Unterschied zwischen Neubeginn und Hemmung der Verjährung.	Neubeginn: Die Verjährung beginnt mit dem Datum der Handlung von Neuem. Hemmung: Die Verjährung wird um den Zeitraum der Hemmung verlängert.
Nennen Sie Möglichkeiten, die zu einer Hemmung führen.	Gründe für die Hemmung der Verjährung sind: ▶ schwebende Verhandlungen über den Anspruch ▶ Rechtsverfolgung/Erhebung der Klage/Zustellung des Mahnbescheids/Bekanntgabe des Güteantrags/Geltendmachung der Aufrechnung des Anspruchs ▶ Leistungsverweigerungsrecht ▶ höhere Gewalt ▶ familiäre Gründe
Unter welchen Bedingungen kann die wwh GmbH die „Einrede der Verjährung" geltend machen?	Nach Ablauf des gesetzlich definierten Zeitraumes verliert die Schrimpex GmbH die Möglichkeit, den Anspruch gerichtlich durchzusetzen. Die wwh GmbH kann dann die Zahlung verweigern mit der Begründung der „Einrede der Verjährung".
Überprüfen Sie, ob die Verjährung einer Forderung auch gleichzeitig den Untergang der Forderung bewirkt.	Die Verjährung bewirkt nicht den Untergang des Anspruchs, jedoch kann die wwh GmbH die Zahlung verweigern. Somit kann die Schrimpex GmbH nicht mehr gerichtlich gegen die wwh GmbH vorgehen, weil die sogenannte „Einrede der Verjährung" geltend gemacht werden kann.

Ausgangssituation

Lesen Sie die beiden Schriftstücke und bearbeiten Sie die folgenden Fragen.

Gesprächsnotiz

Gespräch geführt am: 01.06.

Firma: Knörk, Münster

Gesprächspartner: Herr Knörk   Telefon: -104

Inhalt: Gummisonderleitungen lieferbar -
gelb - 3adrig - siehe Katalog S. 15
Firmenaufdruck ab 10 Stück
Preis 87,50 EUR netto je Stück

Zur weiteren Bearbeitung: 10 Stück bestellen

Handzeichen: Hp

---

wwh GmbH
Industrie und Handel

wwh GmbH • Helene-Weber-Weg 9 • 33607 Bielefeld

Helene-Weber-Weg 9
33607 Bielefeld

Tel.: 05207 801022
Fax: 05207 801013
Mobil: 0171 302560
E-Mail: wwh@t-online.de

Peter Knörk Haustechnik GmbH
Landwehrstraße 22
58159 Münster

Bielefeld, 05.06.20..

Bestellung

Sehr geehrter Herr Knörk,

aufgrund unseres Gespräches vom 01.06.20.. bestellen wir:

10 Gummi-Sonderleitungen – Signalfarbe gelb   87,50 EUR pro Stück netto
Prüfkennfaden innenliegend
Verzinnte Innenadern
Länge: 10 m
Angespritzter Schutzkontaktstecker bei 3-adriger Leitung

Besonderheit:
Firmenaufdruck (Name – Straße – Ort – Telefonnummer – siehe Anlage)
Der Aufdruck ist wischfest, auch bei Kontakt mit Chemikalien.

Mit freundlichen Grüßen
wwh GmbH

Lutz Hoppe
Lutz Hoppe

Bankverbindungen
Sparkasse Bielefeld   BLZ 48050161   Kto.-Nr. 1324565445   Geschätsführerin: Uta Box
Commerzbank Bielefeld   BLZ 4805388   Kto.-Nr. 5666654511   Sitz und Registergericht
Steuernummer: 458/4575/6555   Bielefeld HR B 1590

Die Peter Knörk Haustechnik GmbH schickt am 12.6.20.. die Auftragsbestätigung zur Bestellung.

Wann ist der Kaufvertrag zustande gekommen?

Begründen Sie Ihre Entscheidung.

Nach der speziellen Anfrage vom 01.06.20.. bei der Peter Knörk Haustechnik GmbH erfolgte die erste verbindliche Willenserklärung der wwh GmbH mit der schriftlichen Bestellung vom 05.06.20.. .

Aufgrund der Auftragsbestätigung vom 12.06.20.. kommt der Kaufvertrag zustande, da eine übereinstimmende Willenserklärung von der Peter Knörk Haustechnik GmbH erfolgte.

Erläutern Sie die rechtliche Bedeutung und Form der Bestellungsannahme.

Rechtliche Bedeutung:
Die Bestellungsannahme, auch Auftragsbestätigung genannt, ist eine Willenserklärung des Verkäufers, Ware zu bestimmten Bedingungen zu liefern.

Erfolgte eine Bestellung ohne ein vorheriges verbindliches Angebot des Verkäufers (wie im Ausgangsfall), so ist die Bestellungsannahme notwendig, damit ein Kaufvertrag zustandekommt (1. Willenserklärung: Bestellung; 2. Willenserklärung: Bestellungsannahme).

Eine Bestellungsannahme ist rechtlich nicht erforderlich, wenn die Bestellung aufgrund eines gültigen Angebotes erfolgte (1. Willenserklärung: Angebot; 2. Willenserklärung: Bestellung).

Form:
Die Bestellungsannahme kann formlos erteilt werden. Um jedoch einen möglichen Irrtum auszuschließen, sollte die Bestellungsannahme schriftlich durch Brief, Fax, E-Mail, standardisierte Auftragsbestätigung oder durch konkludentes Handeln (Lieferung der Ware) erfolgen.

Am 26.6.20.. sind die zehn Gummi-Sonderleitungen mit Firmenaufdruck noch nicht geliefert worden.

Welche Maßnahmen schlagen Sie vor?

In der Bestellung wurde kein Liefertermin bestimmt, sodass die Peter Knörk Haustechnik GmbH erst mit Mahnung in Verzug kommt. Gleichzeitig mit der Mahnung sollte auf die Dringlichkeit der Lieferung hingewiesen werden und ein Termin, z. B. bis zum 04.07.20.. für die Lieferung der Ware gesetzt werden.

Welche Rechte hat die wwh GmbH, wenn die Peter Knörk Haustechnik GmbH nach Fälligkeit der Lieferung nicht rechtzeitig liefert?

Die wwh GmbH hat folgende Rechte:

- Erfüllung des Vertrages (Lieferung der Gummi-Sonderleitungen)
- Erfüllung und Berechnung eines Verzugsschadens (Verzögerungsschadens)
- Rücktritt und/oder Schadenersatz statt Leistung oder
- Ersatz vergeblicher Aufwendungen

Nennen Sie zwei betriebswirtschaftliche Gründe, warum die wwh GmbH nach Mahnung und einer angemessenen Nachfristsetzung weiterhin auf Erfüllung des Vertrages besteht.

Weiterhin auf Lieferung zu bestehen ist sinnvoll, wenn

1. die Gummi-Sonderleitungen mit Firmenaufdruck bei anderen Lieferern nicht zu erhalten sind,
2. die Ware bei anderen Anbietern teurer ist.

Nennen Sie zwei betriebswirtschaftliche Gründe, warum die wwh GmbH nach Mahnung und einer Fristsetzung Schadenersatz statt Leistung verlangt.

Schadenersatz statt Erfüllung zu verlangen ist dann sinnvoll, wenn die wwh GmbH

1. die Ware bei einem anderen Lieferanten zu einem höheren Preis einkaufen muss. Der durch diesen Deckungskauf entstandene Schaden ist ein konkreter Schaden.
2. ein lohnendes Geschäft nicht durchführen konnte. Dies ist ein abstrakter Schaden.

Nennen Sie zwei betriebswirtschaftliche Gründe, warum die wwh GmbH nach Mahnung und einer angemessenen Nachfristsetzung Rücktritt vom Kaufvertrag verlangt.

Das Bestehen auf Nichtlieferung der Ware ist sinnvoll, wenn

1. die Ware von Mitanbietern günstiger oder preiswerter geliefert werden kann,
2. die Ware nicht mehr benötigt wird.

Anfang Juli erfolgt die Lieferung der Peter Knörk Haustechnik GmbH an die wwh GmbH. Bei Eingangskontrolle wird Folgendes festgestellt: Geliefert wurden neun Gummi-Sonderleitungen, fünf mit Firmenaufdruck, der Rest ohne.

Welche Mängel liegen vor?

Welche Rechte nehmen Sie wahr?

Es handelt sich bei der Zuweniglieferung um einen Quantitätsmangel. Die wwh GmbH hat das Recht auf Lieferung einer weiteren Gummi-Sonderleitung mit Firmenaufdruck, da zehn bestellt und nur neun geliefert wurden.

Des Weiteren handelt es sich um einen Qualitätsmangel, da bei vier Gummi Sonderleitungen der vereinbarte Firmenaufdruck fehlt. Die wwh GmbH kann aufgrund der Schlechtleistung Nacherfüllung verlangen, d. h., der Firmenaufdruck wird nachträglich angebracht (Nachbesserung). Der Verkäufer kann jedoch die gewählte Form der Nacherfüllung verweigern, wenn diese nur mit unverhältnismäßig hohen Kosten verbunden ist. In diesem Fall kann die Knörk Haustechnik GmbH auch eine Ersatzlieferung schicken.

Die Knörk Haustechnik GmbH schickt aufgrund der Mängelrüge Ende Juli fünf neue Gummi-Sonderleitungen mit Firmenaufdruck. Nach dem ersten Gebrauch Ende August ist der Firmenaufdruck nicht mehr zu erkennen, weil teilweise die Schriftzüge verwischt sind.

Wer muss den Mangel beweisen?

Die gesetzlichen Gewährleistungsfristen sind einzelvertraglich nicht verkürzt worden.

Da der Mangel am Kaufgegenstand innerhalb von sechs Monaten auftrat, muss der Verkäufer beweisen, dass er den Mangel nicht zu vertreten hat. Die wwh GmbH ist von der Beweislast entbunden.

Nach Ablauf von sechs Monaten tritt die Beweislastumkehr ein und der Käufer muss beweisen, dass der Mangel bereits bei Gefahrübergang bestand.

Erläutern Sie die Verjährung der Mängelansprüche.

Die kauf- und werkvertraglichen Gewährleistungsansprüche verjähren nach zwei Jahren. Nur bei arglistigem Verschweigen des Mangels gilt die Regelverjährungszeit von drei Jahren.

Ausgangssituation

Der Ausbilder im Einkauf will Christa in das Warenwirtschaftssystem einarbeiten. Er legt ihr eine Grafik vor, in der die einzelnen Module des Systems dargestellt sind. Diese Grafik will er mit Christa besprechen und ihr auch schon ein paar Arbeitsaufträge dazu erteilen.

Modul Beschaffung

- Lieferantenstammdaten
- Warengruppenverwaltung
- Artikelrabatte
- Preisgruppen
- Wareneingangsrechnung
- Lieferantengutschrift
- Bestellvorschläge
- Projektverwaltung
- Lieferterminkontrolle

Allgemeine Funktionen

- Belegfunktionen
- elektronischer Rechnungsversand (Signatur)
- Artikel-, Positions- und Angebotskalkulation
- wiederkehrende Rechnungen/ Abo-Aufträge
- Datenimport und -export
- Online-Frankierung

Modul Lager

- Lagerbestandführung
- Inventur mit Bestandserfassung
- Lagerbewertung
- Artikelreservierung, Rückstandsverwaltung und Teillieferung

Warenwirtschaftssystem

Modul Vertrieb

- Kundenstammdaten
- Artikelstammdaten
- Angebotsverwaltung
- Kreditlimitverwaltung
- Mahnwesen
- Rechnungsausgangsbuch
- Anbindung an eShop

Modul Produktion

- Konstruktionszeichnungen
- Stücklistenstammdaten
- Betriebsmittelstammdaten
- Personaldaten
- Auftragsdaten
- Arbeitspläne
- Fertigungspläne

Modul Auswertungen

- Umsatzstatistik
- Schnell- und Langsamdreherstatistiken
- kurzfristige Erfolgsrechnungen
- Buchungslisten
- Offene-Posten-Liste

Welche Bedeutung haben die Pfeile zwischen den einzelnen Modulen und dem zentralen Begriff der Warenwirtschaft?

Rohstoffe, Halbteile, Vorprodukte oder Handelswaren werden von den Lieferanten zur wwh GmbH geschickt. Hier durchlaufen sie zunächst die Wareneingangskontrolle und gehen dann in die jeweiligen Lager oder direkt in die Produktion (bei Just-in-time-Lieferung). Vom Lager aus erreichen die Waren die Produktion und werden hier bearbeitet, ggf. zwischengelagert und gelangen über die Endmontage und Verpackung in das Fertigwarenlager oder direkt in den Versand. Von hier aus erfolgt die Kommissionierung und die Versendung der Ware an den Kunden.

An diesem Warenstrom entlang läuft nun ein Informationsstrom. Dieser setzt sich aus einzelnen Daten zusammen und muss erfasst, verwaltet, verarbeitet und kommuniziert werden. Im Prinzip löst jede Warenbewegung eine Information aus, die registriert werden muss. Darüber hinaus gibt es auch Informationen, die entstehen, ohne dass Waren bewegt werden, z. B. bei einer Anfrage eines Kunden und einer darauf folgenden Angebotserstellung

So muss stets eine enge Verbindung zwischen den einzelnen Funktionsbereichen der wwh GmbH bestehen, denn wenn z. B. ein Artikel nicht auf dem Lager vorhanden ist (Modul Lager), dann muss er von der Produktion möglichst rasch produziert werden. Dazu bedarf es zumeist der Beschaffung von Stoffen oder Halbteilen (Modul Beschaffung). In der Produktion werden die Endprodukte hergestellt (Modul Produktion), um dann für den Kunden ausgeliefert zu werden (Modul Vertrieb). Die zusammengefassten Informationen tauchen dann als Statistiken oder Übersichten im Modul Auswertungen auf.

Die Verwaltung der Daten erfolgt heute zumeist in Form einer Datenbank, die die Stammdaten und Bewegungsdaten mit folgender Datenbankstruktur verwaltet:

- Stammdaten sind die in Datensätzen verwalteten Objekte, vor allem Kunden, Lieferanten und Artikel.
- Bezogen auf diese Stammdaten werden die Bewegungsdaten, bei denen es sich um wirtschaftliche Transaktionen in Form von Werten (z. B. Eingangsrechnung, Angebot, Ausgangsrechnung usw.) und Waren (z. B. Lagereingang, Lagerbestand usw.) handelt, in eigenen Datensätzen erfasst.

Welche Vorteile bietet ein Warenwirtschaftssystem allgemein?

- Die Daten müssen nur einmal erfasst werden.
- Es gibt jederzeit aktuelle Informationen über Produkte, Kunden, Lieferanten.
- Jede Stelle innerhalb des Unternehmens kann auf diese Daten zugreifen.
- Belege werden automatisch erstellt.
- Die Informationsbasis für Entscheidungen wird verbessert.
- Zeit und Kosten werden eingespart.

Erläutern Sie anhand konkreter Beispiele, wie das WWS den Mitarbeitern der wwh GmbH bei ihrer Arbeit behilflich sein kann.

1. Der **Verkauf** bearbeitet mit dem WWS eingehende Anfragen und Aufträge der Kunden, indem Angebote, Aufträge, Auftragsbestätigungen, Lieferscheine und Rechnungen erstellt werden. Erweiterte Funktionen sind z. B. Kommissionierungslisten und Informationen zur Kundenpflege. Die Fakturierung sowie die Übergabe der Datensätze aller Rechnungen in die Buchhaltung schließt den Verkaufsprozess ab. Die Buchhaltung überwacht den Zahlungseingang.
2. Die **Produktion** benötigt alle Daten für die Bereitstellung von Materialien, Personal und Maschinen, um die benötigten Produkte zu fertigen.
3. Der **Einkauf** benötigt Funktionen für die Beschaffung von Rohstoffen, Halbteilen und Baugruppen. Anhand der Daten der Produktion und der Lagerhaltung kann ein WWS automatisiert optimale Bestellmengen ermitteln bzw. eine Bestellung auslösen. Dazu werden Angebotsvergleiche und Bestellvorschlagslisten ausgegeben. Der Einkauf kann die Bestellung auslösen, die hinsichtlich der Termineinhaltung automatisch überwacht wird.
4. Die **Lagerhaltung** überwacht im Warenwirtschaftssystem durch ein Modul für Lagerverwaltung die interne Bestandsführung von Rohwaren, Halbteilen und fertigen Produkten. Die Inventur der Waren wird mit unterstützt. Lagerkennzahlen, die ein WWS mit unterstützt, sind z. B. der Mindestbestand, der Meldebestand und der Höchstbestand.

Nebenstehend ist ein Teil eines Lieferantenstammdatensatzes abgebildet.

1. *Erläutern Sie die Notwendigkeit der einzelnen Datenfeldgruppen.*
2. *Welche Datenfelder könnten für einen Lieferantenstammsatz noch sinnvoll sein?*

Lieferanten-Stammdatensatz bearbeiten

Lieferanten-Nr	19459	Abstimmkonto	4800
Warengruppe	21		

Adressdaten

Postanschrift	Bromberg Electonic KG	
	Selscheder Weg 114	
	59846	Sundern
Werksanschrift	Postanschrift	

Kommunikation

Kurzbezeichnung	Bromberg - Sundern
Telefon	+49 (0 29 33) 74 71 - 0
Fax	+49 (0 29 33) 74 71 - 45
Website	www.bromberg.com
E-Mail	info@bromberg.com
Ansprechpartner	Frau Pecher
Land	Deutschland

Konditionen

Sofortrabatt	15%	Rollgeld I	ja
Bonus	4%	Rollgeld II	nein
Verpackung	ja	Versicherung	nein
Fracht	nein	Zoll	nein

Zahlungsziel	Frist	20
	Skonto	2 %
	Netto	30
Lieferzeit	Tage	8

Bankverbindung

Bank 1	Industriebank, Sundern	
	Konto-Nr.	12 587
	BLZ	594 320 20

Bemerkungen	gute Beratung
	termintreue Lieferung
USt.-ID-Nr.	489/365/1234

1.
Adressdaten: Anschrift von Bestellungen oder Abrufaufträge an das Werk
Kommunikationsdaten: ermöglichen alle Formen der Kommunikation
Konditionen: erforderlich bei Angebotsvergleichen und Preisplanung
Zahlungskonditionen/Bankverbindung: automatische Bezahlung
Bemerkungen: Hinweise für den qualitativen Lieferantenvergleich.

2.
- Hinweise auf dauerhaft gelistete Artikel, Aktionen
- Verkehrszahlen der vergangenen Jahre (Umsatzdaten)
- Hinweise auf Ersatzlieferanten und Partnerunternehmen
- Datensätze für ausländische Lieferanten, wie z. B. IBAN-Code, fakturierte Währung, Incoterms® 2010

Ausgangssituation

Die wwh GmbH plant für die elektronische Baugruppe G 23-12, die in großer Zahl benötigt wird, mit einem Lieferanten einen langfristigen Liefervertrag abzuschließen. Zu diesem Zweck soll eine gründliche Lieferantenbeurteilung erfolgen. Die infrage kommenden Lieferanten hat der betreffende Einkäufer bereits und deren relevante Informationen in Form einer Tabelle zusammengestellt.

Beurteilungskriterien	Lieferanten		
	Turner GmbH	Meißner e.K.	Spurt AG
Bezugspreis (für ein Jahr bestätigt)	54,80 EUR	52,20 EUR	53,40 EUR
Qualität	hervorragend, bisher keine Mängel	befriedigend, gelegentlich Überschreitung der Toleranzen	sehr gut, lediglich zwei Mängelrügen wegen Falschlieferung
Ø Lieferzeit	12 Tage	7 Tage	14 Tage
Liefertreue	noch keine Beanstandung	gelegentlich Lieferfristüberschreitung	nur einmal eine Lieferfristüberschreitung
Standort	München	Bielefeld	Bern
Kooperationsfähigkeit	gering aufgrund guter eigener Entwicklungen	geht nur gelegentlich auf unsere Probleme ein	sehr gut, liefert Problemlösungen
Menge (Lieferfähigkeit)	Marktführer, kann jede beliebige Menge liefern	kleines Unternehmen, geringe Kapazitäten	mittelgroßes Unt., ausreichende Kapazität

Erstellen Sie eine Lieferantenbeurteilung anhand einer Nutzwertanalyse.

Dabei soll der Erfüllungsgrad der einzelnen Kriterien mit den Ziffern 1 bis 3 bewertet werden: (3 = sehr gut, 2 = mittel, 1 = schlecht).

Die Einkaufsleitung bewertet die einzelnen Kriterien mit folgenden Gewichtungsfaktoren:
Bezugspreis = 5
Qualität = 4
Lieferzeit = 1
Liefertreue = 3
Standort = 2
Kooperationsfähigkeit = 3
Menge = 2

Beurteilungskriterien	Gewichtungsfaktor	Turner GmbH		Meißner e.K.		Spurt AG	
		Pkte.	gew.	Pkte.	gew.	Pkte.	gew.
Bezugspreis	**5**	**1**	**5**	**3**	**15**	**2**	**10**
Qualität	4	3	12	1	4	2	8
Lieferzeit	1	2	2	3	3	1	1
Liefertreue	3	3	9	1	3	2	6
Standort	2	2	4	3	6	1	2
Kooperationsfähigkeit	3	1	3	2	6	3	9
Menge	2	3	6	1	2	2	4
Summe			**41**		**39**		**40**

Interpretieren Sie die Ergebnisse der Nutzwertanalyse.

Die gewichteten Punktzahlen der einzelnen infrage kommenden Lieferanten liegen dicht beieinander. Das liegt daran, dass jeder in bestimmten Bereichen gewisse Stärken und Schwächen zeigt.
So ist zwar die Turner GmbH Marktführer, verfügt über eine hohe Qualität und kann jede gewünschte Menge liefern, jedoch liegt ihr Angebotspreis dafür auch immerhin 2,60 EUR über dem Preis von Meißner.
Meißner e. K. ist der günstigste Lieferant, ist vor Ort und hat eine rasche Lieferzeit, jedoch liefert er nicht die beste Qualität, ist gelegentlich unpünktlich und kann u. U. im Bedarfsfall nicht die Menge liefern, die die wwh GmbH benötigt.
Spurt AG hingegen liefert eine sehr gute Qualität zu einem moderaten Preis, ist kooperationsfähig und liefertreu.
Fazit: Wenn das Unternehmen auf Qualität und Liefertreue weiterhin viel Wert legt, dann sollte man mit der Turner GmbH einen langfristigen Vertrag abschließen, dabei allerdings versuchen, den Preis noch ein wenig zu drücken.

Wenn die wwh GmbH für das elektronische Bauteil G 23-12 weitere Lieferanten in Erfahrung bringen will, welche externen Informationsquellen kann sie dann nutzen?

- Suchmaschinen im Internet (z. B. Google, Fireball, Yahoo u. a.)
- Onlinedienste von Adressverlagen (z. B. ABC der deutschen Wirtschaft)
- Onlinedienst der Gelben Seiten
- Datenbanken der Industrie- und Handelskammern
- spezielle Anfragen an IHK oder Handwerkskammer
- Spezialforen im Internet
- Branchenverzeichnisse auf CD-ROM
- Anzeigen in Fachzeitschriften
- Besuche von Messen und Ausstellungen
- Kataloge/Prospekte/Mustersendungen

Wenn Sie einen neuen Lieferanten gefunden haben, welche Informationen müssen dann in den neu anzulegenden Lieferantenstammdatensatz aufgenommen werden?

Ein Lieferantenstammdatensatz enthält wesentliche Daten des Lieferanten. Außerdem können Sie dort auch Daten hinterlegen, die für bestimmte Organisationsebenen (z. B. Buchungskreis, Einkaufsorganisation, Werk) Ihres Unternehmens gelten.

Ein Lieferantenstammsatz besteht zumeist aus drei Datenbereichen:

- **Allgemeine Daten** sind Daten, die für jeden Buchungskreis innerhalb Ihres Unternehmens gleichermaßen gelten, z. B.
  - Anschrift
  - Kommunikationsdaten, wie Telefonverbindung und E-Mail-Adresse
  - Sprache, in der mit dem Lieferanten kommuniziert wird
- **Einkaufsdaten** sind Daten, die für den Einkauf wichtig sind und pro Lieferant geführt werden, z. B.
  - Ansprechpartner
  - Lieferungs- und Zahlungsbedingungen
  - Lieferprogramm
  - Besonderheiten
- **Buchungskreisdaten** sind Daten, die auf der Ebene des Buchungskreises geführt werden, z. B.
  - Zahlungsverkehrsdaten,
  - Kreditorennummer

Legen Sie in einer Checkliste für einen Auszubildenden fest, welche einzelnen Schritte bei der Bearbeitung einer Bestellung durchgeführt werden müssen und welche Fachabteilung dafür zuständig ist.

zu erledigender Vorgang	zuständig dafür
Bedarfsfeststellung	Lager/Fachabteilung
Bestellanforderung	Lager/Fachabteilung
Bestellanforderung prüfen und ggf. zusammenfassen	Einkauf
verfügbare Warenbestände prüfen	Einkauf
Bestellung erstellen und abschicken	Einkauf
Auftragsbestätigung prüfen, ggf. Rücksprache	Einkauf
Liefertermin überwachen	Einkauf
ggf. Liefertermin mahnen	Einkauf
ankommende Ware in Empfang nehmen	Warenannahme/Lager
eingegangene Ware prüfen	Lager
ggf. Mängel rügen	Einkauf
Ware einlagern	Lager
Lieferschein an Einkauf	Lager
Warenzugang buchen	Einkauf
Rechnung prüfen	Einkauf/Buchhaltung
Rechnung buchen	Buchhaltung
Rechnung bezahlen	Buchhaltung

Was ist bei der eingegangenen Rechnung zu prüfen, bevor sie zur Zahlung angewiesen werden kann?

- sachliche Prüfung auf Übereinstimmung der gelieferten Waren und der berechneten Preise anhand von Bestellung, Lieferschein und/oder Wareneingangspapieren
- rechnerische Prüfung auf Richtigkeit der Berechnungen (Multiplikationen und Additionen) sowie der USt.-Berechnung

Ausgangssituation

Es ist Montagvormittag, geschäftiges Treiben in der Warenannahme der wwh GmbH. Ein Spediteur liefert eine Reihe von Kartons und Paletten mit Handelswaren ab. Der Fahrer befördert mithilfe eines Hubwagens alle Packstücke auf die Rampe. Danach verlangt er von Ihnen als Mitarbeiter in der Warenannahme eine Unterschrift, mit der Sie den Empfang bestätigen sollen. Er habe es eilig, meint er und es sei doch wohl so alles in Ordnung.

wwh GmbH
Helene-Weber-Weg 9 · 33607 Bielefeld

Althoff Import KG
Am Elbhafen 21
20457 Hamburg

Telefon: 0 52 07 80 10 22
Fax: 0 52 07 80 10 13
E-Mail: wwh@t-online.de

Ihr Angebot 3364-05

Bestellung Nr. 12-658-06

Datum/Zeichen: 02.06.. . / ko

Sehr geehrter Herr Schweppe,

vielen Dank für Ihr Angebot vom 30.05...
Liefern Sie uns bitte:
20 Stück Durchlauferhitzer Energo Delta ED-435, weiß, LP 228,00 EUR
30 Stück Mini-Kühlschränke Exquisit SK 612, LP 18,45 EUR
60 Stück Hansen Akku-Ladegeräte inkl. 4 Akkus HA 431, LP 28,15 EUR
40 Sparta Power Mobile Charger mit LED-Anzeige, LP 14,95 EUR

Einkaufsrabatt: 10 %.
Zahlungsbedingungen: 14 Tage mit 2 % Skonto, 30 Tage netto
Lieferungsbedingungen: Lieferung erfolgt frei Haus per Spedition
Lieferzeit: 14 Tage

Mit freundlichen Grüßen
wwh GmbH

i.V. Kossiek

Absender:
Althoff Import KG
Am Elbhafen 21
20457 Hamburg

Empfänger:
wwh GmbH
Helene-Weber-Weg 9
33607 Bielefeld

Ihre Bestellung vom:	**02.06...**
Ihre Bestell-Nr.:	**12-658-06**
Versandart:	**Spedition**
Lieferungsbedingung:	**frei Haus**
Gepackt am/vom:	**14.06... gd**
Kontrolle:	**Pfeiffer**

Lieferschein Nr. 7895 Datum: **14.06...**

Menge	Transport-Verpackung	Inhalt	Stück
1	**Palette**	**Durchlauferhitzer Energo Delta, sensorgesteuert, silber, ED-536**	*20*
3	**Palette**	**Mini-Kühlschränke Exquisit, Temperaturvorwahl, SK-612**	*30*
2	**Karton**	**Hansen Akku-Ladegeräte inkl. 4 Akkus, HA-798**	*50*
1	**Karton**	**Sparta Power Mobile Charger mit LED-Anzeige, SP-594**	*60*

Lieferung erhalten:	Beanstandungen/Anmerkungen:
Datum / Unterschrift Empfänger	Unterschrift Frachtführer

Was müssen Sie als Mitarbeiter der wwh GmbH tun, wenn Waren angeliefert werden?

Die folgenden Kontrollen sind in Gegenwart der anliefernden Person sofort vorzunehmen:

- Zunächst müssen die vom Spediteur vorgelegten Papiere überprüft werden. Dazu gehört, zunächst die auf Lieferschein und/oder Frachtbrief angegebenen Absender- und Empfängeranschriften zu kontrollieren.
- Ggf. müssen die Anschriften auf Frachtbrief und Lieferschein miteinander verglichen werden.
- Die einzelnen Packstücke und Verpackungen müssen von allen Seiten auf Beschädigungen (z. B. Dellen, Risse, abgerissenes Packpapier, lose Verpackungsbänder) überprüft werden.
- Die Packstücke müssen nach Art (Palette/Karton/Colli), nach jeweiliger Anzahl und nach dem Gewicht kontrolliert werden. Die auf dem Lieferschein bzw. dem Frachtbrief notierten Daten müssen mit der Wirklichkeit übereinstimmen.

Sind alle Prüfungen ohne Beanstandungen beendet, kann der Empfang der Packstücke bestätigt werden. Allerdings sollte darauf geachtet werden, die Annahme mit dem Vermerk „Vorbehaltlich der noch nicht abgeschlossenen Wareneingangsprüfung" zu bestätigen.

Was ist zu tun, wenn es Beanstandungen gibt?	▶ Ist ein anderer Empfänger angegeben, muss der Frachtführer darauf hingewiesen werden. Die Lieferung ist abzulehnen. ▶ Auffällige Schäden an den Packstücken müssen auf dem Frachtbrief vermerkt, ggf. fotografiert, vom Spediteur gegengezeichnet werden. Eventuell ist ein Schadensprotokoll anzufertigen. Sind die Schäden besonders gravierend, ist nach Rücksprache mit dem Einkauf die gesamte Lieferung abzulehnen. ▶ Gleiches gilt für Abweichungen zwischen den auf dem Frachtbrief vermerkten Arten, Maßen, Gewichten und Mengen der Packstücke. Abweichungen müssen notiert und von der anliefernden Person quittiert werden.
Welche weiteren Kontrollen müssen Sie nun noch durchführen und wann haben diese zu erfolgen?	Die genaue Wareneingangskontrolle hat unverzüglich, d. h. ohne schuldhaftes Zögern zu erfolgen. Hierbei sind zu überprüfen: ▶ die Art der Ware (richtiger Artikel, richtige Artikelnummer, richtige Farbe und Größe) ▶ die gelieferte Menge ▶ die Qualität und Beschaffenheit der Ware (auf Funktionsfähigkeit, Lackschäden, Kratzer, Vollständigkeit der Teile in einer Verpackungseinheit)
Vergleichen Sie die abgebildete Bestellung und den Lieferschein. ***Was fällt Ihnen auf?***	▶ Bei den Durchlauferhitzern ist u. U. ein falscher Artikel geliefert worden. Darauf deutet die Angabe einer anderen Artikelnummer als auf der Bestellung hin. ▶ Von den 60 Hansen Akku-Ladegeräten sind nur 50 Stück geliefert worden, also 10 Stück zu wenig. ▶ Von den bestellten 40 Stück Sparta Power Mobile Chargern wurden hingegen 60 Stück geliefert, also 20 zu viel.
Was hat die wwh GmbH generell zu tun, wenn Sie bei der Prüfung der Waren Mängel feststellt?	Dem Lieferanten muss unverzüglich eine Mängelrüge geschickt werden, in der die wwh GmbH ihre Rechte geltend macht. Falsch gelieferte Waren und fehlerhafte Waren werden für den Rückversand oder zur Abholung bereitgestellt.
Welche Optionen hat die wwh GmbH in Bezug auf die oben festgestellten Mängel neben den ihr nach dem BGB zustehenden Rechten und wie sollten diese ausgeübt werden?	Durchlauferhitzer: Wenn es sich nur um eine andere Produktausführung handelt, kann bei der Althoff KG versucht werden, einen nachträglichen Rabatt zu bekommen und den Durchlauferhitzer als Aktionsware zu verkaufen. Hansen Akku-Ladegeräte: Die nächste Bestellung vorziehen und die 10 Stück dann nachliefern lassen. Sparta Power Mobile Charger: Auch hier sollte nach einer pragmatischen Lösung gesucht werden, z. B. einen zusätzlichen Rabatt gewähren, um unnötige Handlings- und Versandkosten für eine Rücksendung zu vermeiden.
Welche weiteren Tätigkeiten müssen im Rahmen der Warenannahme erledigt werden?	▶ Die Ware muss im Warenwirtschaftssystem erfasst werden (scannen oder erfassen über Tastatur). ▶ Die Ware muss aus der Transportverpackung ausgepackt und – entweder für einen aktuellen Verkauf kommissioniert werden oder – im Lager eingelagert werden.
Welche Einlagerungsarten stehen der wwh GmbH grundsätzlich zur Verfügung?	Die **systematische Einlagerung** nach Artikelgruppen (Festplatzsystem). Dabei werden zusammengehörende Artikel räumlich neben- oder übereinander gelagert. Die **chaotische Lagerhaltung:** Hierbei werden – zumeist in einem Hochregallager, in dem vertikal und horizontal Palettenplätze angeordnet sind – für neu ankommende Waren immer die Lagerplätze vergeben, die im System als frei gemeldet sind. Nur der Rechner hat die Information, wo sich die Ware befindet. Wenn diese benötigt wird, greift das System aufgrund der Information automatisch auf die Ware zu.

Ausgangssituation

Herr Kiene der Lagerleiter der wwh GmbH schreibt folgende interne Mitteilung an die Unternehmensleitung:

Interne Mitteilung

von:
Lagerleitung

an:
Geschäftsleitung
Vertriebsleitung
Controlling

Datum: 10.05.20..

Sehr geehrte Damen und Herren,

ich erinnere noch einmal an die ausstehende Entscheidung in Bezug auf unsere Lagersituation: Ich hatte bereits mehrmals angemerkt, dass die Verhältnisse im Lagerbereich zunehmend beengt sind. Dies ist auf das rasche Umsatzwachstum im vergangenen Jahr zurückzuführen. Das Lager „platzt" aus allen Nähten. Deshalb stelle ich noch einmal die zu klärenden Fragen zusammen:

1. Wir müssen unsere Lagerkapazitäten erhöhen. Sollen wir zu diesem Zweck unser Eigenlager – wie angedacht – umbauen und großzügig erweitern oder auf fremde Lagerkapazitäten ausweichen? Die Abteilung Controlling hat bereits die folgenden Zahlen zusammengestellt:

- Kosten pro Palette im Fremdlager: 33,00 EUR pro Monat
- feste Kosten bei Umbau und Erweiterung des eigenen Lagers: 126 000,00 EUR pro Jahr für eine Lagerkapazität von maximal 800 Palettenstellplätzen
- variable Kosten pro eingelagerter Palette im eigenen Lager: 18,00 EUR pro Monat
- gegenwärtig benötigte durchschnittliche Lagerkapazität: 650; im folgenden Jahr werden voraussichtlich 720 Plätze benötigt

2. Es ist allseitig bekannt, dass es gute Gründe dafür gibt, die gesamte Ein- und Auslagerung sowie die Kommissionierung und den Versand an einen externen Dienstleister zu übergeben. Hier sollte noch einmal die Diskussion angestoßen werden.

3. Sollte die Einrichtung von zwei Filialen in Osnabrück und Hamm weiter in Erwägung gezogen werden, müssen wir klären, wie wir zu der Frage eines zentralen oder dezentralen Lagers stehen.

Um diese Fragen zu klären, bitte ich um Rücksprache.

Mit freundlichen Grüßen

Franz Kiene
Lagerleiter

Berechnen Sie die Kosten für die Eigen- und die Fremdlagerung für die angegebenen Mengen für dieses und nächstes Jahr pro Jahr und kommentieren Sie das Ergebnis.

		lfd. Jahr		**Folgejahr**
Eigenlagerung				
Fixkosten		126 000,00		126 000,00
variable Kosten	18 · 650 · 12	140 400,00	18 · 720 · 12	155 520,00
Gesamtkosten		**266 400,00**		**281 520,00**
Fremdlagerung	33 · 650 · 12	**257 400,00**		**285 120,00**

Die Kosten der Fremdlagerung wären im laufenden Jahr noch niedriger als bei der Eigenlagerung. Das hängt mit der aktuell noch niedrigen Kapazitätsauslastung zusammen. Aber bereits im nächsten Jahr wird bei einem gestiegenen Bedarf an Lagerplätzen die Zahlensituation anders aussehen: Die Kosten der Eigenlagerung sind dann – unter sonst gleichen Bedingungen – um 3 600,00 EUR niedriger als bei Fremdlagerung.

Ab welcher Menge genau wird die Eigenlagerung günstiger als die Fremdlagerung?

Um dies auszurechnen, muss man den Unterschied in den variablen Kosten betrachten:

Kosten der Fremdlagerung pro Palette	33,00 EUR
– Kosten der Eigenlagerung pro Palette	18,00 EUR
= Kostendifferenz der variablen Kosten	15,00 EUR

Teilt man nun die fixen Kosten bei Eigenlagerung durch diesen Kostenvorteil, kommt man auf die „kritische Menge", also die Menge, ab der die Eigenlagerung günstiger ist:

126 000 : 15 = 8 400 (Palettenstellplätze für ein Jahr)
Dieser Wert geteilt durch 12 ergibt die kritische Menge pro Monat: 8 400 : 12 = 700

Dies bedeutet, dass ab einer Menge von 700 eingelagerten Paletten pro Monat die Kosten für das Eigenlager günstiger werden.

Stellen Sie den Zusammenhang grafisch dar.

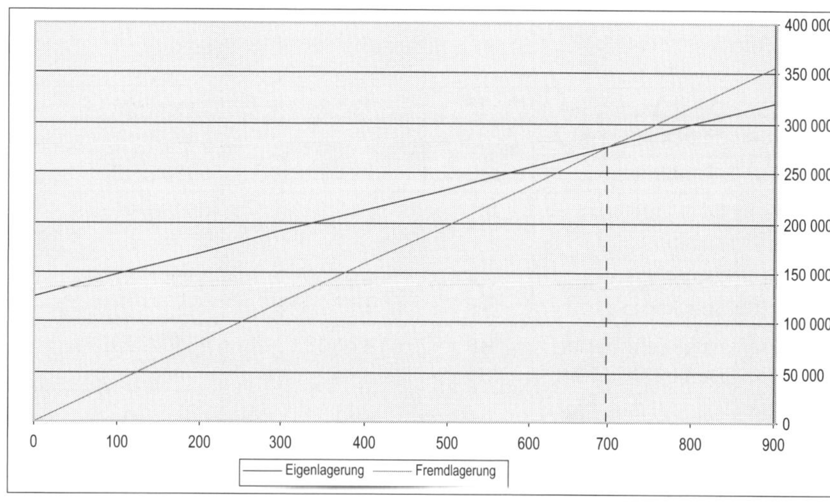

Herr Kiene spricht von einem neuen Lager, das gebaut werden soll bzw. von einer Erweiterung.

Welche Gesichtspunkte sollten generell bei der Neukonzeption eines Lagers berücksichtigt werden?

- **Warenart:** Kleinteile in Regalen und Behältern, Großteile gestapelt
- **Warenwert:** Sicherheitsgrad steigt mit dem Wert der Ware
- **Zugriffshäufigkeit:** bestimmt den Lagerort, häufig verkaufte Waren in Nähe der Kommissionierungszone, selten verlangte Waren entsprechend entfernt
- **Transporteigenschaften:** Zugangsmöglichkeiten für Transportmittel wie Gabelstapler/Hubwagen; leichte Waren oben, schwere Waren unten lagern
- **Reihenfolge der Warenausgabe:** Fifo-Prinzip (First in–first out) bedeutet, dass zuerst eingelagerte Ware zuerst entnommen wird (Regelfall); Lifo-Prinzip (Last in–first out) zuletzt eingelagerte Ware wird zuerst ausgelagert (Ausnahme)

Stellen Sie die Vorteile und die Nachteile einer Eigenlagerung außerhalb der Kostensituation gegenüber.

Vorteile der Eigenlagerung	Nachteile der Eigenlagerung
▶ direkter und eigener Zugriff ▶ bessere Kontrolle ▶ bessere Disposition	▶ hohe Kapitalbindung ▶ geringere Flexibilität ▶ Risiko der geringen Auslastung

Welche Gründe sprechen für ein zentrales Lager, welche dagegen?

Argumente für ein zentrales Lager	Argumente gegen ein zentrales Lager
▶ gute Übersicht, bessere Kontrolle ▶ einfache Verwaltung ▶ geringere Kosten (Raum/Personal)	▶ längere Transportwege ▶ höhere Beförderungskosten ▶ längere Lieferzeiten

Beschreiben Sie weitere Zielkonflikte, die im Zusammenhang mit einem neuen Lager unter Umständen gelöst werden müssen.

- Sicherheitsvorschriften, z. B. maximale Stapelhöhen stehen gegen optimale Lagerraumausnutzung
- Umweltschutzmaßnahmen, z. B. Sortierung von Abfällen stehen gegen das Ziel einer schnellen Umschlagshäufigkeit
- Sicherheitsauflagen stehen gegen das Ziel niedriger Personalkosten

Ausgangssituation

Nach der Inventur bei der wwh GmbH werden die Istbestände mit den Sollbeständen der Artikel verglichen:

Inventurliste vom 31.12.20..

Artikel-Nr. Warengr.	Bezeichnung Zusatz	Bestand in St.	Warenwert in EUR
50566923701	Kaffeeautomat Brasilia	29	1 159,71
50566923701	Kaffee-/Tee-automat Friesin	10	499,90
5056691831	Tischventilator V34	10	119,90
57567723701	Waschmaschine lean 400	27	18 360,00
50566925331	Dampfbügeleisen Remex BX 1900	28	772,24
50566942011	Glühbirne hell	330	293,70
60056701843	DVD-Rohlinge Evasion	981	1 746,18
87561237064	XBOX 1200 Spielkonsole	124	10 850,00
93502325331	Akku-Zahnbürste Demex OC Clean	48	1 817,28
93502334561	Akku-Zahnbürste Z5	17	268,43

Bestandsliste lt. Warenwirtschaftssystem

Artikel-Nr. Warengr.	Bezeichnung Zusatz	Bestand in St.
50566923701	Kaffeeautomat Brasilia	29
50566923701	Kaffee-/Tee-automat Friesin	10
50566918311	Tischventilator V34	9
57567723701	Waschmaschine Clean 400	27
50566925331	Dampfbügeleisen Remex BX 1900	30
50566942011	Glühbirne hell	350
60056701843	DVD-Rohlinge Evasion	1 020
87561237064	XBOX 1200 Spielkonsole	124
93502325331	Akku-Zahnbürste Demex OC Clean	46
93502334561	Akku-Zahnbürste Z5	17

Welche Auswirkungen haben Lagerkosten, Lagerrisiko und Umschlagshäufigkeit auf den Geschäftserfolg?

Die Lagerhaltung muss auf Wirtschaftlichkeit hin überprüft werden. Das bedeutet, dass folgende Maßnahmen berücksichtigt werden müssen:

- Einsparung von Lagerkosten
- Verringerung der Kapitalbindung im Lager
- Verminderung des Lagerrisikos durch
  - Veralterung der Waren
  - technische Weiterentwicklung der Produkte
  - Modewechsel
  - jahreszeitlich bedingte Verkaufszahlen

Welche Bedeutung hat die Inventur?

Jeder Betrieb ist dazu verpflichtet, mindestens einmal pro Jahr eine körperliche Inventur durchzuführen. Dabei wird überprüft, ob der tatsächliche Bestand (Istbestand) mit dem Bestand, der im Warenwirtschaftssystem vorhanden ist (Sollbestand) übereinstimmt. Die Inventurdifferenzen müssen durch Korrekturbuchungen im Warenwirtschaftssystem ausgeglichen werden.

Ermitteln Sie die Inventurdifferenzen in den Listen der wwh GmbH (siehe oben) und zeigen Sie auf, welche Gründe dafür vorgelegen haben können.

Sollbestand > Istbestand

- Dampfbügeleisen Remex
- Glühbirne
- DVD-Rohlinge

Gründe

- Diebstahl
- Bruch
- Schwund
- Eingabe- oder Buchungsfehler im Warenwirtschaftssystem

Sollbestand < Istbestand

- Tischventilator
- Akku-Zahnbürste Demex

Gründe

- Eingabe- oder Buchungsfehler im Warenwirtschaftssystem

Ausgangssituation

Das Warenwirtschaftssystem der wwh GmbH bietet unter anderem auch folgende Auswertungen für das Controlling:

Auszug aus der Rennerliste nach Absatz

Artikelnummer	Bezeichnung	Warengruppe	Verkaufspreis (netto)	Absatz in Stück	Wochenumsatz
5056692370612	Kaffee-/Teeautomat	1	62,49 EUR	15	937,35 EUR
5056692899229	Dampfbügeleisen	1	75,96 EUR	13	987,48 EUR
5756772370630	Waschmaschine Clean 400	1	850,00 EUR	4	3400,00 EUR
5056691849997	Ruby Fernsehgerät	2	320,66 EUR	4	1282,64 EUR
5056691846668	Sany HiFi-Kompaktanlage	2	197,41 EUR	2	394,82 EUR

Auszug aus der Rennerliste nach Umsatz

Artikelnummer	Bezeichnung	Warengruppe	Verkaufspreis (netto)	Absatz in Stück	Wochenumsatz
5756772370630	Waschmaschine Clean 400	1	850,00 EUR	4	3400,00 EUR
5056691849997	Ruby Fernsehgerät	2	320,66 EUR	4	1282,64 EUR
5056692899229	Dampfbügeleisen	1	75,96 EUR	13	987,48 EUR
5056692370612	Kaffee-/Teeautomat	1	62,49 EUR	15	937,35 EUR
5056691846668	Sany HiFi-Kompaktanlage	2	197,41 EUR	2	394,82 EUR

Auszug aus der Statistik „Umsatz im Verhältnis zur Verkaufsfläche"

Warengruppe	Verkaufsfläche in m²	Umsatz Monat Mai 20..	Umsatz pro m² Verkaufsfläche
1 Haushaltsgeräte	200	65000,00 EUR	325,00 EUR
2 Radio/TV/Computer	350	22000,00 EUR	62,86 EUR
3 Haushaltswaren	120	17000,00 EUR	141,67 EUR
4 Herren-Bekleidung	200	40000,00 EUR	200,00 EUR
5 Damen-Bekleidung	480	80000,00 EUR	166,67 EUR

Zeigen Sie die Bedeutung der Renner-Penner-Liste als Beispiel qualitätssichernder Maßnahmen auf.

Anhand dieser Auswertung können
- „Renner" = Artikel mit hoher Umschlagshäufigkeit (Artikel, die schnell verkauft werden) und
- „Penner" = Artikel mit geringer Umschlagshäufigkeit (Artikel, die lange Lagerzeiten haben)

ermittelt werden.

So lassen sich die Verkaufszahlen der einzelnen Artikel innerhalb eines ausgewählten Zeitraumes leichter überblicken, ggf. können marktpolitische Maßnahmen ergriffen werden, wie z. B. Sortimentsbereinigung (Herausnahme einzelner Artikel aus dem Verkaufsprogramm) oder besondere Werbeaktionen für Artikel mit geringer Umschlagshäufigkeit.

Erläutern Sie, welche Informationen zur Renner-Penner-Liste erforderlich sind.

- Die Renner-Penner-Liste nach der Höhe des Absatzes geordnet benötigt nur die verkaufte Stückzahl der einzelnen Artikel. Diese Auflistung ist nur aussagekräftig bei Artikeln, die vergleichbar sind.
- Eine Auflistung, die alle Artikel sämtlicher Warengruppen vergleichbar macht, ist die Renner-Penner-Liste nach Umsatz. In dieser wird nach der Höhe des Umsatzes gelistet. Hier können auch Artikel, die eine etwas geringere Umschlagshäufigkeit haben, wegen des höheren Preises durchaus zu einem großen Anteil am Gesamtumsatz beitragen.

Nennen Sie weitere Möglichkeiten der Steuerung und Kontrolle der Warenbewegungen im Lager.

- Statistik über Umsatz im Verhältnis zur Verkaufsfläche (siehe Beispiel oben)
- Umsatz im Verhältnis zum Wohnort des Käufers anhand der Postleitzahl
- Deckungsbeitragsrechnung und -analyse
- ABC-Analyse der Waren
- optimale Bestellmenge

Ausgangssituation

Die Auszubildende Christa hat ihren ersten Arbeitstag in ihrer neuen Ausbildungsstation, im Warenausgang. Um Sie mit der Problematik von Auslieferungen vertraut zu machen, stellt der Versandleiter ihr die folgende Aufgabe:
Ein Auslieferungsfahrzeug soll an einem Tag die Kunden wie unten stehend anfahren. Die Reihenfolge, in der die Kunden aufgesucht werden, ist beliebig. Die Angaben in der Matrix geben die Entfernungen zwischen der wwh GmbH und den einzelnen Kunden an. Ziel ist es, die gefahrenen Kilometer und damit die Kosten zu minimieren:

	wwh GmbH	Neumann	Fentler	Peters	Grohe	Harms
wwh GmbH	–	18	16	7	5	15
Neumann	18	–	14	8	12	13
Fentler	16	14	–	9	18	18
Peters	7	8	9	–	14	17
Grohe	5	12	18	14	–	21
Harms	15	13	18	17	21	–

Beschreiben Sie die Aufgabe der Tourenplanung.

Unter Tourenplanung versteht man das Problem, eine möglichst gute Zuordnung von Aufträgen zu Fahrzeugen und für jedes Fahrzeug eine optimale Reihenfolge der zu bedienenden Auftragsstandorte zu finden. Ein Auftrag besteht meist darin, eine bestimmte Anzahl Einheiten einer Sendung aus dem Lager der Großhandlung zum Lager bzw. Geschäft des Kunden zu bringen.
Die Lösung eines Tourenplanungsproblems muss deshalb immer die beiden folgenden Gesichtspunkte berücksichtigen:

- Die Clusterung gibt an, welche Aufträge zu einer Tour zusammengefasst werden.
- Das Routing definiert, in welcher Reihenfolge die Punkte innerhalb einer Tour bedient werden.

Welche Ziele verfolgt die Tourenplanung und wie löst sie das Problem?

Zielsetzung der Tourenplanung ist die Minimierung

- der Anzahl der eingesetzten Fahrzeuge,
- der zurückzulegenden Strecken,
- der benötigten Einsatzzeiten und
- der Kosten der Auslieferung.

Beim Standardproblem der Tourenplanung liegen alle Start- oder Zielpunkte in einem Depot und es stehen dort eine begrenzte oder unbegrenzte Zahl von nahezu identischen Fahrzeugen mit begrenzter Kapazität zur Verfügung.

Meistens wird die Aufgabenstellung jedoch durch viele Nebenbedingungen (Restriktionen) erweitert. So kann man z. B. mehrere Depots, einen Fuhrpark mit unterschiedlichen Fahrzeugen oder Vorrangbeziehungen zwischen Aufträgen betrachten. Eine andere mögliche Zusatzaufgabe ist die Betrachtung von Zeitfenstern, in deren Grenzen ein Fahrzeug beim Kunden eintreffen muss, sowie Rahmenbedingungen für Fahrzeuge, wie zulässiges Gesamtgewicht oder Durchfahrthöhe.

Welche Hilfe bietet eine Tourenplanungssoftware, die in das Warenwirtschaftssystem integriert ist?

Zur optimalen Tourenplanung wird i. d. R. eine Software eingesetzt, um die anfallenden Touren zusammenzustellen und anhand von Kriterien, wie z. B. der Einhaltung von Zeitvorgaben oder Gewichtsschranken sowie Transportkosten, zu optimieren. Die Software benötigt als Datenbasis vor allem

- ein digitales Straßennetz,
- die Daten der Kundenstammdatei,
- die Daten der Fahrzeuge,
- eine Fahrerliste,
- die aktuelle Auftragsliste mit allen Kunden-, Volumen- und Gewichtsangaben.

Entfernungen und Fahrzeiten können nun mithilfe von Koordinaten der Kundenadressen ermittelt oder aus einem Entfernungswerk entnommen werden.

Die Optimierung geschieht, indem der Transportbedarf einer Anzahl Kunden zu einer oder mehreren Touren derart zusammengefasst wird, dass zeitliche Vorgaben der Kunden, Lasten und Kapazitäten der Fahrzeuge, Pausen- und Arbeitszeiten der Fahrer und Wartungszyklen der Fahrzeuge eingehalten werden, während die anfallenden Transportkosten minimiert werden. Die Transportkosten bestehen aus den Kosten für Fahrer, Disponent und Fahrzeug sowie den variablen Fuhrparkkosten, bestehend aus Verbrauchskosten, Mautkosten, Wartung und Instandhaltung, Arbeitszeit und Überstunden.

Nennen Sie die Vor- und Nachteile eines werkseigenen bzw. unternehmenseigenen Güterverkehrs.

Vorteile eines eigenen Fuhrparks	Nachteile eines eigenen Fuhrparks
▶ variable Lieferfähigkeit ▶ Unabhängigkeit von Transportunternehmen und deren Kapazitätsauslastung ▶ Werbung auf eigenen Lkw möglich ▶ optimaler Kundenservice, da schnelle und flexible Reaktion möglich	▶ Unternehmen trägt das Auslastungsrisiko für den Fuhrpark ▶ hohe Personal- und Sachkosten ▶ hoher Fixkostenanteil ▶ u. U. hoher Anteil von Leerfahrten, da auf dem Rückweg keine Ware mehr an Bord

Welche Unterlagen müssen im Lager für den Warenausgang zusammengestellt werden?

- **Lieferschein:** Er enthält alle Positionen des Kundenauftrages nach Art und Menge sowie administrativen Daten, wie Kundendaten, Auftragsnummer etc.
- **Versandanzeige:** Die Versandanzeige ist insbesondere im Außenhandel erforderlich, wird aber u. U. auch von Unternehmen im Inland verlangt. Sie enthält die Bestellnummer/Auftragsnummer des Kunden, die Ablieferstelle, die Stückzahl sowie Einzel- und Gesamtgewichte der Liefergegenstände/Packstücke und wird dem Kunden zwecks Vorbereitung der Anlieferung vor der Auslieferung übermittelt.
- **Pickliste:** Die Pickliste ist eine nach bestimmten Sortierkriterien zusammengestellte Liste mit den Entnahmepositionen. Die Pickliste kann identisch sein mit dem Lieferschein. Im Allgemeinen ist aber die Pickliste eine nach speziellen Gesichtspunkten aufbereitete Liste (z. B. Sortierung nach Laufwegen, nach Kommissionierbereichen) einschließlich ergänzender Angaben, z. B. zu Lagerplatz oder Kunden.
- **Entnahmeschein:** Er wird benötigt, um die Warenentnahme zu dokumentieren und dient dem Lager für die Lagerbuchführung, sofern keine automatische Warenbestandsfortschreibung erfolgt.
- **Packzettel:** Der Packzettel wird am Packstück befestigt, er kann codiert sein und enthält Maße, Gewichte, Kundenangaben u. Ä.

Beschreiben Sie den Prozess des Warenausgangs mit seinen einzelnen Teilvorgängen.

- Der Disponent erhält vom Warenwirtschaftssystem die Meldung, dass die Waren für den Kundenauftrag komplett zur Verfügung stehen.
- Er leitet die Warenauslagerung ein, indem er die erforderlichen Papiere zum Druckauftrag gibt.
- In der Auftragsannahme werden die Papiere sortiert und die Mitarbeiter im Lager beauftragt, die Kommissionierung vorzunehmen.
- In der Bereitstellungszone wird ein Platz für das Packstück oder die Palette reserviert.
- Die Mitarbeiter im Lager kommissionieren anhand der Lieferscheine und der Warenentnahmescheine die Waren über Förderanlagen bzw. Flurfördermittel und bringen sie zum Bereitstellungsplatz.
- Die Ware wird gepackt/palettiert, mit den Lieferpapieren versehen und codiert.
- Der zuständige Lkw wird mit einem Flurfördermittel beladen. Dabei wird die Palette, das Packstück noch einmal gescannt, sodass gesichert ist, dass die Palette im richtigen Fahrzeug bzw. auf der richtigen Tour gelandet ist.
- Der Auftrag kann jetzt im WWS als ausgeliefert vermerkt werden.

Was versteht man im Rahmen der Kommissionierung unter den Begriffen „Person-zur-Ware-System" und „Ware-zum-Person-System"?

- **Person-zur-Ware-System:**
  Kommissionierungs-Strategie, bei welcher die kommissionierende Person zur Ware geht oder mit einem Kommissionierungsfahrzeug fährt, die Ware aus dem Lagerbehälter nimmt und diese dann zum Bereitstellungsplatz bringt.
- **Ware-zur-Person-System:**
  Kommissionierungs-Strategie, bei der ein Computer gestütztes System die Ware mithilfe der Regalbedienungsgeräte (RBG) in Lagerbehältern oder Paletten zur Bedienperson in der Bereitstellungszone heranführt. Die RBG werden automatisch gesteuert, wenn in der Vorzone kommissioniert wird.

Zurück zur Ausgangssituation: Welches ist der kürzeste Weg für eine Auslieferungstour zwischen der wwh GmbH und ihren Kunden?

Die Strecke wwh GmbH – Grohe – Neumann – Peters – Fentler – Harms – wwh GmbH ist die kürzeste. Sie beansprucht 67 km.

Man ermittelt dies, indem man in jeder Zeile jeweils die kürzeste Distanz sucht. Der erste Anlaufpunkt in der Zeile der wwh GmbH ist Grohe, danach kommt in der Zeile Grohe die kürzeste Verbindung zu Neumann usw.

Ausgangssituation

Die wwh GmbH arbeitet mit einem EDV-gestützten Warenwirtschaftssystem. Ihnen wird die folgende Monatsauswertung für die Sortimentsgruppe Handelsware Küchengeräte vorgelegt:

Art.-Nr.	Bezeichnung	Verkaufs-preis	Anfangs-bestand	Bestell-menge	Monats-absatz	End-bestand	Monats-umsatz	Roh-gewinn	Lager-umschlag
8456	Eismaschine	149,00	45	100	65	85	9 685,00	1 937,00	1,00
8459	Handrührgerät Z22	27,99	60	200	245	15	6 857,55	244,12	6,53
8462	Handrührgerät G-23	24,80	82	200	234	48	5 803,20	1 160,64	3,60
8465	Küchenwaage	14,30	63	90	98	55	1 401,40	280,28	1,66
8468	Allesschneider	19,75	47	50	20	77	395,00	59,00	0,32
8474	Friteuse	98,75	95	150	155	90	15 306,25	5 465,23	1,68
8477	Toaster	24,00	45	20	35	30	840,00	168,00	0,93
8480	Elektromesser	26,30	82	80	45	117	1 183,50	318,60	0,45
8483	Eierkocher	14,95	63	400	305	158	4 559,75	911,95	2,76
8486	Mixer	44,75	87	100	168	19	7 518,00	1 503,60	3,17
8489	Brötchenbacker	32,40	15	400	304	111	9 849,60	1 969,92	4,83
8492	Eierkocher	19,25	20	200	182	38	3 503,50	189,23	6,28
8495	Gemüseschneider	49,98	15	40	21	34	1 049,58	109,92	0,86

Nach welchem Gesichtspunkt müsste die Liste sortiert werden, wenn es eine Renner-Liste sein sollte?

Die Liste müsste nach dem Gesichtspunkt Lagerumschlag in absteigender Reihenfolge sortiert werden, weil dann daraus ersichtlich wäre, welche Produkte sich am schnellsten umschlagen.

Die „Schnelldreher" (= „Renner") stehen in dieser Liste am Anfang, die „Langsamdreher" (= „Penner") stehen dagegen am Ende der Liste.

Wie wird die letzte Spalte der Tabelle, der Lagerumschlag, berechnet?

Vollziehen Sie dies am Beispiel des Handrührgerätes Z 22 nach.

Der Lagerumschlag errechnet sich aus der Formel:
Absatz : Ø Lagerbestand

Der Ø Lagerbestand errechnet sich wie folgt:
(Anfangsbestand + Endbestand) : 2

Für das Beispiel Handrührgerät ergeben sich folgende Werte:
Ø Lagerbestand = (60 + 15) : 2 = 37,5

Lagerumschlag = 245 : 37,5 = 6,53

Das bedeutet, dass sich der Lagerbestand der Position Handrührgerät im abgebildeten Monat 6,53-mal umgeschlagen hat.

Welche Produkte sollten aus dem Sortiment herausgenommen werden? Begründen Sie Ihre Aussage.

Gemüseschneider (8495) und Allesschneider (8468), weil diese Produkte gleich mehrere negative Merkmale aufweisen:
- einen niedrigen Rohgewinn absolut und in Prozent
- einen niedrigen Abverkauf in Stück
- eine niedrige Lagerumschlagshäufigkeit

Insoweit man diese Produkte als „Exoten" bezeichnen kann, sollte eine Sortimentsbereinigung stattfinden und sie sollten aus dem Sortiment entfernt werden.

Finden Sie Argumente, die erklären, warum man die Eismaschine, das Elektromesser und den Toaster nicht aus dem Sortiment streichen sollte.

Alle drei Produkte weisen zwar eine geringe Lagerumschlagshäufigkeit auf, sie gehören jedoch im Sortiment von Haushaltsgeräten zum Kernsortiment. Diese Produkte werden von den Einzelhändlern also in der einen oder anderen Form erwartet.
Die Eismaschine weist zudem einen hohen Rohgewinn aus. Sie müsste also nur entsprechend gefördert werden.

***Was versteht man unter dem Begriff „Reichweite"?
Bei welchen Artikeln ist eine relativ hohe Reichweite gegeben?***

Als Reichweite bezeichnet man das Verhältnis von Monatsabsatz zu aktuellem Lagerbestand. Wenn damit zu rechnen ist, dass der letzte Monatsabsatz auch in den kommenden Monaten so sein wird, dann reichen die Bestände der Artikel Allesschneider und Elektromesser noch für zwei bis drei Monate aus.

Erläutern Sie drei Nachteile, die durch zu hohe Lagerbestände entstehen können.

- Die Artikel können überaltern, z. B. durch neue Trends aus der Mode kommen.
- Verfallgefährdete Waren (z. B. Lebensmittel) sind dem Verderb ausgesetzt.
- Es entstehen hohe Lagerkosten und -zinsen.
- In hohen Warenbeständen ist Kapital gebunden, das die Liquidität einschränkt.

***Wenn Sie hohe Bestände möglichst schnell verringern wollen:
Mit welchen Maßnahmen wäre dies möglich?***

Grundsätzlich sind folgende Maßnahmen denkbar:

- Preissenkungen, um das Preis-Leistungs-Verhältnis für den Konsumenten zu verbessern;
- Aktionen, in denen die Waren z. B. durch „Bundling", d. h. durch Bindung verschiedener Artikel besonders attraktiv gemacht werden.

Bei der Monatsinventur (Stichproben) wurde festgestellt, dass bei dem Artikel 8459 der Istbestand um fünf Stück niedriger als der Sollbestand war (negative Inventurdifferenz).

Welche Gründe können hierfür verantwortlich gemacht werden?

Wenn Istbestand < Sollbestand, so kann das folgende Ursachen haben:

- Diebstahl
- nicht erfasste Rücksendungen an den Lieferanten
- nicht erfasste Warenaussonderungen

Welche Gründe sind verantwortlich, wenn der Istbestand größer ist als der Sollbestand (positive Inventurdifferenz)?

Wenn Istbestand > Sollbestand, hat das u. U. folgende Ursachen:

- Zugänge aufgrund von Warenlieferungen des Lieferanten sind nicht erfasst
- Rücksendungen vom Kunden sind nicht erfasst.

***Weisen Sie am Beispiel der Eismaschine nach, dass durch eine Erhöhung der Umschlagshäufigkeit auf drei bei Beibehaltung des Jahresabsatzes von 780 Stück der Gewinn durch Senkung der Lagerkosten verbessert werden kann.
Weitere erforderliche Zahlen:
angenommener Marktzins: 8 % p. a.
Lagerkostensatz: 10 % p. a.***

Umschlagshäufigkeit	1	3
Umsatz	9 685,00	9 685,00
– Rohgewinn	1 937,00	1 937,00
= Wareneinsatz	7 748,00	7 748,00
Einstandspreis (WE : Absatz)	119,20	119,20
Ø Lagerbestand in Stück	65,00	21,70
Ø Lagerbestand in EUR	7 748,00	2 586,64
Zinsen + Lagerkosten in EUR (18 %)	1 394,64	465,60
Einsparung in EUR		929,04
Jahresabsatz in Stück		780
Erhöhung des Stückgewinns in EUR		1,19

Weisen Sie am Beispiel des Elektromessers nach, dass durch die Erhöhung der Umschlagshäufigkeit auf zwei bei gleichbleibendem Lagerbestand der Rohgewinn nennenswert erhöht wird.

Ø Lagerbestand in Stück	99,50	99,50
Ø Lagerbestand in EUR	1 912,39	1 912,39
Umschlagshäufigkeit	0,45	2,00
Wareneinsatz	864,90	3 824,78
Warenumsatz	1 183,50	5 233,70
Rohgewinn	318,60	1 408,92
Erhöhung des Gewinns pro Monat		1 090,32

Überlegen Sie, welche zwei weiteren Informationen noch in die dargestellte Liste des Warenwirtschaftssystems aufgenommen werden könnten und begründen Sie Ihre Auswahl.

- **Reichweite:** Die Reichweite gibt pro Position die Zeit (z. B. in Wochen) an, für die der derzeitige Lagerbestand noch reicht, wenn der bisherige Absatz zugrunde gelegt wird.
- **Ø Monatsabsatz** der vergangenen zwölf Monate: Mit dieser Kennzahl kann der aktuelle Monat verglichen werden und geprüft werden, ob der laufende Berichtsmonat über oder unter dem Durchschnitt lag.

Ausgangssituation

Die wwh GmbH hat eine Kundenbefragung zu den wichtigsten Kaufentscheidungsfaktoren durchgeführt. Dabei ist folgendes Ergebnis herausgekommen.

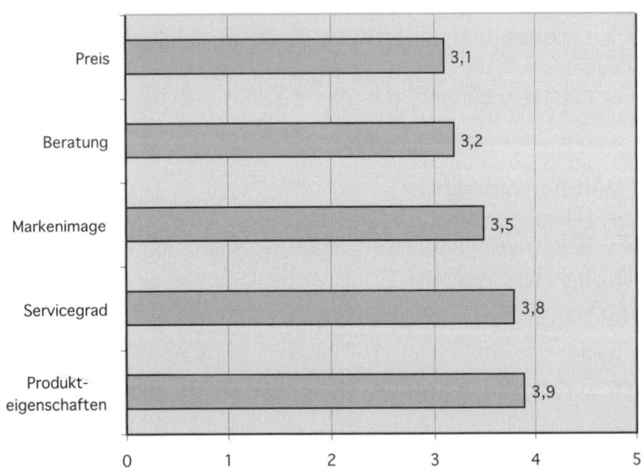

Servicegrad (Customerservice)

Aufgrund der immer kürzeren Innovationszyklen, der damit verbundenen zwangsläufigen Anpassung an neue Marktsituationen sowie der Auswirkungen der Globalisierung erhalten die Faktoren Zeit und Zuverlässigkeit entlang der **Wertschöpfungskette** eine immer größere Bedeutung. Kaufentscheidungen werden also immer stärker von folgenden Elementen beeinflusst:

- Flexibilität
- Lieferfähigkeit
- Lieferzeit
- Lieferqualität
- Liefertreue
- Informationsgrad

Aus diesem Grund wird dem **Supply Chain Management** und der konsequenten Nutzung der **Logistik** eine immer größere Bedeutung zukommen.

Erklären Sie den Begriff der Wertschöpfungskette am Beispiel eines Kühlschrankes.

Die Wertschöpfung ist die Summe aller in einem Unternehmen über eine gewisse Periode hin geschaffenen Werte. Als Wertschöpfungskette wird der Weg des gesamten Produktes oder der Dienstleistung vom Hersteller über den Großhändler und Einzelhändler bis zum Endverbraucher bezeichnet.

Früher galt es, nur die interne Wertschöpfungskette eines Unternehmens zu optimieren (von der Beschaffung bis zum Absatz). Mittlerweile ist man dazu übergegangen, ein Unternehmen über seine Grenzen hinweg zu betrachten und die Wertschöpfungskette vom Rohstofflieferanten bis zum Endkunden auszuweiten.
Aus diesem Grund verändert sich auch das Verhältnis zwischen Unternehmen:
Es konkurrieren nun kaum mehr einzelne Unternehmen, sondern ganze Netzwerke. Das Wettbewerbsmodell „Unternehmen gegen Unternehmen" verliert an Bedeutung.

Die Wertschöpfungskette eines Kühlschrankes lässt sich wie folgt darstellen:

- Die Entwicklung des Kühlschrankes erfolgt in einem deutschen Planungsbüro.
- Die Beschaffung des Materials erfolgt weltweit: Der Stahl kommt aus Indien, die Elektronik aus China, der Kunststoff aus Südkorea.
- Die Produktion erfolgt in einem Produktionswerk in Tschechien.
- Das tschechische Unternehmen liefert den Kühlschrank an die wwh GmbH.
- Die wwh GmbH beliefert einen deutschen Elektrofachmarkt.
- Im Elektrofachmarkt kauft der Endverbraucher den Kühlschrank und holt ihn ab.

In jedem Glied der Wertschöpfungskette wird ein Mehrwert erzielt. Alle Mehrwerte ergeben schließlich den Gesamtwert des Kühlschrankes.

Beschreiben Sie das Konzept des Supply Chain Management.

Die Supply Chain (engl. für Lieferkette, Versorgungskette) ist ein Netzwerk von Lieferanten, Händlern, Kunden und Dienstleistern, welche kurzfristig und anlassbezogen zusammenarbeiten.

Ein Ziel des SCM ist es, auf dem Weg von der Herstellung bis zum Endverbraucher möglichst wenig Reibungsverluste und Kosten zu verursachen. Jeder Partner in der Kette konzentriert sich auf das, was er am besten kann (Kernkompetenz), um dem Endkunden das gewünschte Produkt in der gewünschten Qualität zur gewünschten Zeit am richtigen Ort und zum richtigen Preis liefern zu können.

Durch die integrierten Material-, Informations- und Geldflüsse werden Schranken beseitigt, Doppelarbeiten vermieden und ein durchgängiger Prozess erarbeitet, welcher nach Realisierung von Verbesserungspotenzialen letztendlich mehr Gewinn für jeden Teilnehmer der Supply Chain ermöglicht. Es ergibt sich eine Win-Win-Situation für alle Beteiligten, einschließlich des Endverbrauchers.

Im obigen Beispiel würde dies bedeuten, dass der Kühlschrank nicht mehrere Male transportiert und gelagert wird. Vielmehr könnte er aus dem tschechischen Werk gleich zum deutschen Einzelhändler durchgeleitet, im günstigsten Fall sofort an den Endverbraucher ausgeliefert werden.

Erläutern Sie den Begriff Logistik.	Logistik bedeutet, dass die richtige Ware in der richtigen Menge und der richtigen Qualität zum richtigen Zeitpunkt am richtigen Ort zu den richtigen und optimalen Kosten zur Verfügung steht (als 6 „Rs" bezeichnet). Oft wird auch der Begriff der „integrierten Materialwirtschaft" verwendet. Der logistische Kanal oder auch die logistische Kette (der Weg vom Hersteller bis zum Endkunden) wird durch Schnittstellen miteinander verbunden, die Grenzen darstellen und den logistischen Fluss behindern. Das Ziel der logistischen Kette ist es, diese Schnittstellen in Nahtstellen zu transformieren, indem sie durchgängig abgestimmt und Prozessabläufe systemübergreifend gesteuert werden.
Welche Bereiche werden durch die Logistik untereinander verknüpft?	Logistik umfasst somit die Koordination der Bereiche: ▶ Einkauf ▶ Disposition ▶ Materialbevorratung ▶ Produktionsplanung (in Industriebetrieben) ▶ Fertigwarenbevorratung ▶ Entsorgung ▶ Versand
Beschreiben Sie die besonderen Merkmale der Logistik.	Logistik ist demnach eine Querschnittsfunktion über das Entwickeln, Beschaffen, Vertreiben und Entsorgen von Waren und Abfällen. Die besonderen Merkmale der Logistik sind: ▶ durchgängige Auftrags- und Materialplanungssysteme ▶ Flussorientierung statt Funktionsorientierung – Senkung der Kapitalbindungskosten – Verkürzung der Durchlaufzeiten – Behandlung von Teilen nach Prioritäten ▶ angepasste Produktionsstrategien (in Industriebetrieben) ▶ Erhöhung der Planungssicherheit durch kürzere Durchlaufzeiten ▶ Zusammenführung der Lager- und Transportfunktionen ▶ gesamtheitlicher Denkansatz
Welche Teilbereiche der Logistik werden unterschieden?	Die **Beschaffungslogistik** befasst sich mit der Reduzierung der Zulieferer, dem Aufbau von Systemlieferanten, der Reduktion der Fertigungstiefe sowie dem Konzept der Just-in-time-Belieferung. Die **Produktionslogistik** beinhaltet die Planung der Produktionsprozesse, die Koordination des Materialeinsatzes, das Lagermanagement, den innerbetrieblichen Transport und Outsourcing-Projekte als Aufgaben. Die **Lagerlogistik** befasst sich damit, eigene und fremde Waren in Lagern aufzubewahren und zu verwalten. Durch die Lagerlogistik wird beschrieben und festgelegt, wie der Wareneingang ins Lager, der Warentransport innerhalb des Lagers, die Art der Lagerung im Lager und der Warenausgang aus dem Lager zu erfolgen hat. Die **Distributionslogistik** ist gekennzeichnet durch Problemstellungen wie genaue Transportorganisation, hohe Lieferzuverlässigkeit und kurze Distributionszeiten. Unter **Entsorgungslogistik** (oder Reverselogistik) versteht man sämtliche logistischen Maßnahmen zur Vorbereitung und Durchführung der Entsorgung. Der Begriff beinhaltet alle planenden und ausführenden Tätigkeiten, die sich auf die Verwendung, Verwertung und geordnete Beseitigung der Entsorgungsobjekte (z. B. Verpackungen, Produktionsabfälle) beziehen.
Unterscheiden Sie die Begriffe Logistik und Supply Chain Management.	Die Begriffe Supply Chain Management und Logistik werden oft gleich verwendet. Gemeinsam ist ihnen die Gestaltung der Prozesskette (Güter, Informationen, Werte) zwischen Hersteller und Endverbraucher bei gleichzeitiger Effektivitätssteigerung (Kundennutzen) und Effizienzverbesserung (Kosten-Nutzen-Verhältnis). Das Supply Chain Management bezieht jedoch im Gegensatz zur Logistik die Institution, d. h. alle am Wertschöpfungsprozess beteiligten unternehmerischen Bereiche bei allen Fragestellungen mit ein.

Ausgangssituation

Die wwh GmbH bezieht große Mengen Handelswaren von Lieferanten, andererseits liefert sie verschiedenen Kunden die bestellte Ware „frei Haus". Aus diesem Grund sind ständig Entscheidungen über die Beförderung dieser Güter zu fällen.

Aktuell stehen Entscheidungen für folgende Beförderungsfälle an:

1. *Waren zu einem Kunden nach Dresden (480 km), Versandkarton mit Abmessungen: 120 x 60 x 80 cm, Gesamtgewicht 90 kg*
2. *dringende Warenlieferung von einem Lieferanten aus München (620 km), Versandkarton mit Abmessungen: 30 x 20 x 10 cm, Gewicht: 18 kg*
3. *15 000 l Heizöl von einem Lieferanten aus Hannover (100 km)*
4. *dringende Lieferung von Waren an einen Kunden in Karlsruhe (430 km) mit Abmessungen: Karton 60 x 60 x 40 cm, 40 kg*
5. *Maschine von einem Lieferanten aus Stuttgart (490 km), Spezialkiste mit Abmessungen: 150 x 80 x 100 cm, Gewicht: 500 kg*
6. *Warenprobe zu einem Kunden nach München, Versandtasche mit Abmessungen: 20 x 10 x 8 cm, Gewicht: 450 g*
7. *Warensendung an einen Kunden in Lübeck (280 km) (Inhalt: Leuchten aus Kristallglas), Versandkarton mit Abmessungen: 60 x 40 x 30 cm, Gewicht 19 kg, Lieferungsbedingung: Zahlung bei Warenübergabe*

Ihnen stehen folgende Informationen zur Verfügung:

Bahntarif Top-Trans
(Normaltarif: Zustellung innerhalb von 72 Std. innerhalb Deutschland und EU)

Gewicht bis/ Entfernung bis	50 kg	100 kg	150 kg	200 kg	250 kg	300 kg	400 kg	500 kg	600 kg	700 kg
200 km	30,10	45,20	60,30	75,40	90,50	105,60	120,70	135,80	150,90	166,00
300 km	36,05	54,20	72,35	90,50	108,65	126,80	144,95	163,10	181,25	199,40
400 km	42,00	63,20	84,40	105,60	126,80	148,00	169,20	190,40	211,60	232,80
500 km	47,95	72,20	96,45	120,70	144,95	169,20	193,45	217,70	241,95	266,20
600 km	53,90	81,20	108,50	135,80	163,10	193,45	217,70	245,00	272,30	299,60
700 km	59,85	90,20	120,55	150,90	181,25	211,60	241,95	272,30	302,65	333,00
800 km	65,80	99,20	132,60	166,00	199,40	232,80	266,20	299,60	333,00	366,40

TTP – Paketdienst von Haus zu Haus
(Inkassogebühr: 5,00 EUR – Höchstgewicht 100 kg)

Gewicht bis	Normal Deutschland (24–48 Std.)	Express Deutschland (24–48 Std.)	Express Europa (24–48 Std.)
10 kg	8,70	13,80	41,40
15 kg	11,25	16,35	49,05
20 kg	13,80	21,45	64,35
25 kg	16,35	26,60	79,80
30 kg	18,90	31,70	95,10
35 kg	22,50	37,85	113,55
40 kg	28,10	43,45	130,35
50 kg	33,20	53,70	161,10
60 kg	35,80	61,35	184,05
70 kg	40,90	71,60	214,80
80 kg	46,00	81,80	245,40
90 kg	51,10	92,00	276,00
100 kg	61,35	102,00	306,00

DHL/Deutsche Post Paketpreise (online-Service) Deutschland (Auslieferung zumeist innerhalb von 2 Tagen)

bis 10 kg	5,90
bis 20 kg	10,90
bis 31,5 kg	12,90

Sonstige

Päckchen Deutschland: (Abmessungen bis zu 60 x 30 x 15 cm)	3,90
Nachnahme Deutschland: zzgl. für die Geldübermittlung	5,00 2,00

Lkw-Versand Deutschland
Auslieferung innerhalb von 36 Stunden – Inkasso kostenfrei möglich

Grundlage für die Abrechnung ist das Volumen der (ggf. verpackten) Sendung in Kubikmetern oder das Gewicht. Die Kennzahl wird wie folgt berechnet:
Volumen: (Länge in cm x Breite in cm x Höhe in cm)/1 000 000
oder Gewicht: (angegebenes Gewicht)/150

Zur Preisberechnung wird das jeweils höhere Ergebnis zugrunde gelegt.

Kennzahl bis	Netto-preis
0,10	38,57
0,20	49,16
0,30	59,75
0,40	70,34
0,50	80,93
1,00	117,20
1,50	154,38
2,00	205,84
2,50	257,30
3,00	308,74
3,50	360,20
4,00	411,65

IC-Kurierdienst DB
von Bhf. zu Bhf.
in Deutschland

Gewicht	Tarif
bis 10 kg	95,00
bis 15 kg	108,00
bis 20 kg	125,00

Preise/Warensendung

	Standard	Kompakt	Maxi
Länge Breite Höhe	14–23,5 cm 9–12,5 cm bis 0,5 cm	10–35,3 cm 7–30 cm bis 15 cm	10–35,3 cm 7–30 cm bis 15 cm
Gewicht	bis 20 g	bis 50 g	bis 500 g
Preis	0,45 EUR	0,70 EUR	1,65 EUR

Von welchen Einflussfaktoren hängt die Wahl eines Transportmittels grundsätzlich ab? *Nennen Sie diese und verwenden Sie zur Veranschaulichung die genannten Beispiele.*	**Art des Gutes:** Die Warenprobe ist leicht und kann per Briefpost versandt werden, für die schwere Maschine kommt im Inland nur die Bahn oder der Lkw infrage. **Transportdauer/Dringlichkeit:** Die dringende Warensendung an den Kunden in Madrid kann wohl nur per Luftpost befördert werden, d. h. mit einem Flugzeug, auch wenn der Tarif dafür wohl höher sein dürfte als ein Versand mit dem Lkw oder der Bahn. **Verfügbarkeit des Transportmittels:** Die Warensendung nach Madrid kann jedoch nur dann per Flugzeug versandt werden, wenn aktuell eine Maschine startet. Der Lieferant von Heizöl kann nur dann einen Lkw zu uns schicken, wenn er Kapazitäten frei hat. **Kosten:** Wenn die Dringlichkeit nicht ausschlaggebend ist, muss in jedem Fall auf die Kosten geachtet werden. So ist z. B. ein Preisvergleich bei der zu liefernden Maschine oder bei ständigen normalen Warensendungen erforderlich. **Beförderungsrisiko:** Die Kristallgläser für den Kunden in Lübeck sollten heil ankommen. Eine Versandart, bei der der Karton häufig umgeladen wird, sollte deshalb vermieden werden. **Umweltverträglichkeit:** Schiffe und die Bahn haben die beste Umweltverträglichkeit, Lkws verursachen hingegen die höchsten Schadstoffkonzentrationen in der Luft. Soweit möglich, sollte das Unternehmen Frachtführer auswählen, die eine im Verhältnis zur Lieferung niedrige Schadstoffemission aufweisen. So ist zu fragen, ob die Lieferung von Heizöl aus Hannover nach Bielefeld gebracht werden muss oder nicht etwa einheimischer Lieferant beauftragt werden kann.
Nennen Sie für jede der genannten Sendungen unabhängig von Zeit und Kosten alle Möglichkeiten des Transports.	1. Stückgut per Bahn, Lkw, Paketdienst 2. IC-Kurierdienst, Pkw-Kurierdienst 3. nur eine Möglichkeit: Lkw des Mineralölhändlers 4. Luftfracht, Bahnexpress, Paketexpressdienst 5. Lkw, Bahnstückgut 6. Warensendung, Päckchen 7. Stückgut per Lkw, Bahn oder Paketdienst
Berechnen Sie – soweit dies möglich ist – nachvollziehbar die jeweils kostengünstigste Versandmöglichkeit.	1. Kennzahl Maße: 120 × 60 × 80/1 000 000 = 0,58 Kennzahl Gewicht: 90 : 150 = 0,6 Lkw-Tarif: bis Kennzahl 1,0 – 117,20 EUR TTP-Service: bis 90 kg = 51,10 EUR Bahntarif: bis 100 kg bis 500 km = 72,20 EUR
	2. Aufgrund der geforderten Schnelligkeit ist der IC-Kurierdienst vorzuziehen: Gewichtsklasse bis 20 kg = 125,00 EUR
	3. Der Transportpreis ist zumeist im Heizölpreis enthalten. Aus diesem Grund sollte die wwh GmbH recherchieren, ob in der unmittelbaren Region ein günstigerer Anbieter vorhanden ist.
	4. Kennzahl Maße: 60 × 60 × 40/1 000 000 = 0,144 Kennzahl Gewicht: 40 kg : 150 – 0,27 Lkw-Tarif: 0,27 ist als Kennzahl entscheidend für den Lkw-Tarif = 59,75 EUR Bahntarif: bis 50 kg; bis 500 km = 47,95 EUR TTP: in der Normalkategorie bis 40 kg = 28,10 EUR
	5. Kennzahl Maße: 150 × 80 × 100/1 000 000 = 1,2 Kennzahl Gewicht: 500 kg : 150 = 3,3 Lkw-Tarif: 3,3 ist als Kennzahl entscheidend für den Lkw-Tarif = 360,20 EUR TTP Paketservice transportiert nur bis maximal 100 kg. Bahntarif: bis 500 km; bis 500 kg = 217,70 EUR.
	6. Warenprobe mit den Maßen 20 × 10 × 8 mit einem Gewicht bis 500 Gramm ergibt den Maxi-Tarif zu 1,65 EUR.
	7. Kennzahl Maße: 60 × 40 × 30/1 000 000 = 0,072 Kennzahl Gewicht: 19 kg : 150 = 0,13 Lkw-Tarif: 0,13 ist als Kennzahl entscheidend für den Lkw-Tarif = 49,16 EUR Bahntarif: bis 50 kg; bis 300 km = 36,05 EUR TTP-Normal bis 20 kg = 13,80 + Inkassogebühr 5,00 EUR = 18,80 EUR DHL/Deutsche Post AG = bis 31,5 kg 12,90 + Nachnahme 7,00 EUR = 19,90 EUR
Vergleichen Sie die Tarife von Bahnstückgut, Lkw-Stückgut und Paketdienst.	Bei besonders schweren Sendungen (Metalle, Steine) liegt die Bahn im Vergleich vorne. Bei den leichteren Paketsendungen kann der Paketservice oder die DHL günstiger sein. Die Lkw-Stückgutfracht ist bei längeren Distanzen im Verhältnis zur Bahn günstiger, weil sie keine Distanzunterschiede innerhalb Deutschlands macht. Außerdem ist der Lkw-Stückgutverkehr schneller.

Ausgangssituation

Sabine Wortmann beginnt zum 01.08.20.. die Ausbildung zur Industriekauffrau. Sie ist unter einer Vielzahl von Bewerberinnen und Bewerbern unter anderem auch deshalb ausgewählt worden, weil sie sich im Vorfeld des Bewerbungsgespräches über das Ausbildungsunternehmen informiert hat.

Die Mitarbeiterin der Personalabteilung der wwh GmbH, Frau Schaper, ist zuständig für die neu eingestellten Auszubildenden. Der erste Tag der Ausbildung steht ganz im Zeichen des Kennenlernens der anderen Mitarbeiter und insbesondere des Betriebes.

Gleich am ersten Tag der Ausbildung zeigt sich Sabine Wortmann sehr interessiert: „Frau Schaper, ich weiß ja, was die wwh GmbH an Produkten verkauft. Aber wie das alles zusammenhängt und dass auch immer ausreichend Produkte auf Lager sind, ist schon bemerkenswert. Da muss doch eine ‚ordnende Hand' im Spiel sein." „Ja, Frau Wortmann, damit der Arbeitsablauf funktioniert, hat jeder Mitarbeiter seine Aufgabenstellung und Zuordnung im Betrieb. Ich werde Ihnen zunächst einmal erläutern, welche Aufgaben die wwh GmbH im Wirtschaftsprozess erfüllt, wie die wwh GmbH strukturiert ist, und danach werde ich Sie natürlich in den einzelnen Abteilungen vorstellen. Damit Sie sich einen Überblick verschaffen können, zeige ich Ihnen das Organigramm der wwh GmbH."

Verkürzte Darstellung des Organigramms der wwh GmbH:

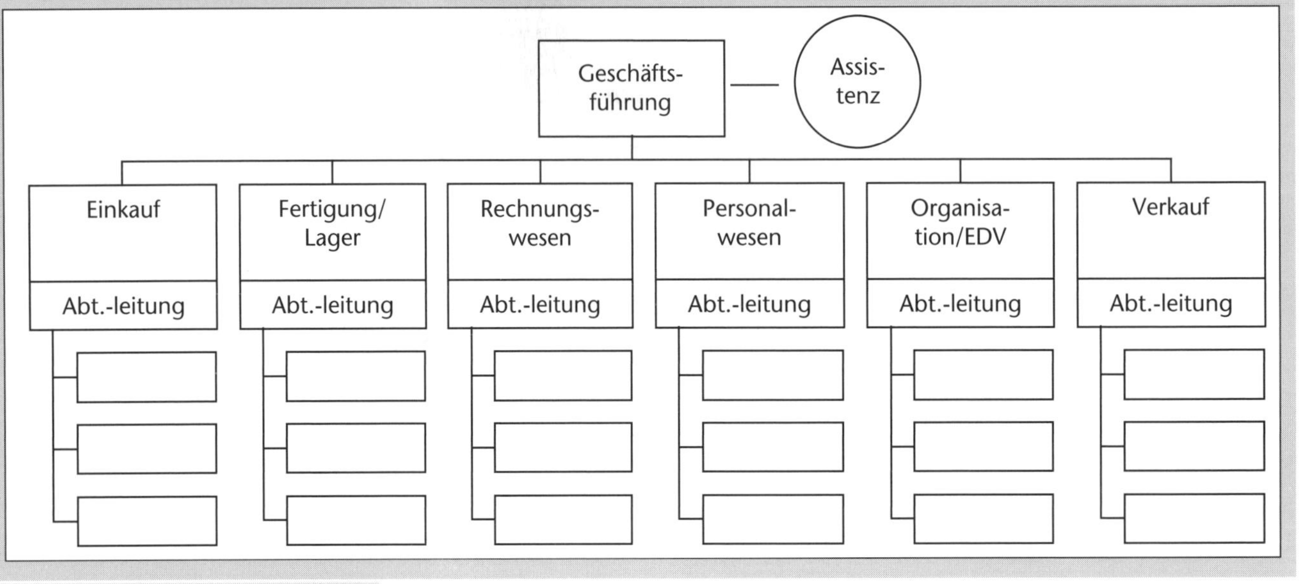

Nennen und beschreiben Sie die betrieblichen Grundfunktionen eines Industriebetriebes.

- **Fertigungsfunktion**
  Die wesentliche Aufgabe eines Industriebetriebes ist die Produktion von Gütern. Dabei ist zwischen kapitalintensiven Betrieben (z. B. chemische Industrie), material-intensiven Betrieben (z. B. Textilindustrie) und energieintensiven Betrieben (z. B. Aluminiumwerke) zu unterscheiden.
- **Beschaffungsfunktion**
  Der Kostendruck in der Wirtschaft zwingt die Betriebe dazu, die betriebswirtschaftlichen Produktionsfaktoren (Betriebsmittel, Werkstoffe, Arbeitskräfte) günstig zu beschaffen.
- **Lagerungsfunktion**
  Der zeitliche Unterschied zwischen der Beschaffung, der Fertigung und dem Verkauf der Güter soll durch möglichst kurze Lagerzeiten in den einzelnen Fertigungsstufen überbrückt werden.
- **Absatzfunktion**
  In Zeiten immer größer werdender Absatzmöglichkeiten durch die Globalisierung muss dem Verkauf der Güter besondere Aufmerksamkeit geschenkt werden.
- **Leitungsfunktion**
  Die Geschäftsleitung hat die Aufgabe, die Betriebsprozesse optimal zu steuern und in die Zukunft gerichtete Entscheidungen zu treffen.

Zeigen Sie die betriebswirtschaftlichen Produktionsfaktoren eines Industriebetriebes auf.

- **Betriebsmittel**
  Dazu gehören die Anlagegüter, wie z. B. Grundstücke, Gebäude, Maschinen, Fuhrpark, Geschäftsausstattung, Werkzeuge.
- **Werkstoffe**
  Roh-, Hilfs- und Betriebsstoffe sowie Fertigbauteile werden verarbeitet, bearbeitet oder eingebaut. Daraus entstehen die Erzeugnisse eines Industriebetriebes.
- **ausführende Arbeitskräfte**
  Auch maschinenintensive und computergestützte Produktionsstätten kommen nicht ohne Mitarbeiter aus. Die fachlichen Qualifikationen der Mitarbeiter sind dabei für einen prozessgesteuerten Produktionsablauf von großer Bedeutung.
- **Geschäftsleitung**
  (= dispositiver Produktionsfaktor) Die Geschäftsleitung hat die Aufgabe den Produktionsprozess zu planen und zu kontrollieren und entsprechend Entscheidungen zu treffen.

Beschreiben Sie die Notwendigkeit der Organisation eines Industriebetriebes.

- In **kleineren Betrieben** sind die Aufgabenbereiche, die jeder einzelne Mitarbeiter abdecken soll, leicht zu verteilen und zu kontrollieren.
- In **größeren Betrieben** setzen die vielfältigen Aufgaben und die Vielzahl der Mitarbeiter eine Organisation des gesamten Systems voraus, damit ein reibungsloser Ablauf des Verkaufsgeschäftes gesichert ist.

Unterscheiden Sie zwischen Aufbauorganisation und Ablauforganisation.

- **Aufbauorganisation**
  Die Aufbauorganisation ist die Ordnung von Zuständigkeiten für einzelne Teilbereiche, die sich aus der Gesamtaufgabe des Betriebes ergeben. Dazu gehören:
  - Leitung von Mitarbeitern
  - Darstellung der Instanzenwege
  - Bereichsgliederung
- **Ablauforganisation**
  Regelung des Ablaufes betrieblicher Prozesse
  Darstellung einzelner aufeinanderfolgender Arbeitsschritte

Was versteht man unter Betriebshierarchie in einem Betrieb? Wie wird sie dargestellt?

Durch Stellen- und Abteilungsbildung werden gleichzeitig auch Über- bzw. Unterordnungsverhältnisse in einem Betrieb vorgegeben. Die **Betriebshierarchie** zeigt die Einordnung von Stellen in das Weisungssystem eines Betriebes. Das **Organigramm** ist die grafische Darstellung des Aufbaus eines Betriebes und damit die Darstellung seiner Hierarchie. Es gibt einen Überblick über die Verteilung der Zuständigkeiten innerhalb dieses Betriebes.

Zeigen Sie mögliche Formen von Aufbauorganisationen eines Betriebes auf.

- **Einliniensystem**
  Jeder Mitarbeiter erhält nur Weisungen von einem Vorgesetzten, der ihm gegenüber weisungsbefugt ist.
- **Mehrliniensystem**
  Untergeordnete Stellen können Weisungen von mehreren übergeordneten Stellen erhalten.
- **Stabliniensystem**
  Einigen Stellen können Stabsstellen zugewiesen werden, die den Entscheidungsträgern wichtige Informationen liefern und sie bei Entscheidungen beraten.

Welches Leitungssystem ist anhand des Auszugs aus dem Organigramm in der wwh GmbH zu erkennen?

Welche Unterschiede ergeben sich zu den anderen Leitungssystemen?

Die Assistenzstelle der Geschäftsführung ist als Kreis dargestellt. Aus diesem Grund handelt es sich um eine Stabsstelle = **Stabliniensystem.** Klare und einheitliche Kompetenzbereiche bleiben erhalten. Die übergeordneten Stellen werden durch Stabsstellen entlastet, die nur für die zugewiesenen Stellen arbeiten, aber selbst keine Weisungsbefugnis haben.

Nennen Sie mögliche Untergliederungen der Abteilung Einkauf.

- Untergliederung nach Warengruppen **(Objektprinzip)**
  Beispiel: Warengruppe 1 – Haushaltsgeräte
  Warengruppe 2 – Hi-Fi/TV/Computer
  Warengruppe 3 – …
- Untergliederung nach der Art der zu verrichtenden Tätigkeiten (**Funktionsprinzip**)
  Beispiel: Abteilung Bezugsquellenermittlung/Angebotsvergleich
  Abteilung Terminüberwachung/Eingangskontrolle

Ausgangssituation

Der Personalleiter der wwh GmbH verschafft sich einen Überblick der im Unternehmen erteilten Vollmachten. Im HGB findet er die passenden Paragrafen und notiert sich die wichtigsten Gesetzesauszüge:

§ 48 HGB
(1) Die Prokura kann nur von dem Inhaber des Handelsgeschäfts oder seinem gesetzlichen Vertreter und nur mittels ausdrücklicher Erklärung erteilt werden.
(2) Die Erteilung kann an mehrere Personen gemeinschaftlich erfolgen (Gesamtprokura).

§ 49 HGB
(1) Die Prokura ermächtigt zu allen Arten von gerichtlichen und außergerichtlichen Geschäften und Rechtshandlungen, die der Betrieb eines Handelsgewerbes mit sich bringt.
(2) Zur Veräußerung und Belastung von Grundstücken ist der Prokurist nur ermächtigt, wenn ihm diese Befugnis besonders erteilt ist.

§ 50 HGB
(1) Eine Beschränkung des Umfangs der Prokura ist Dritten gegenüber unwirksam.
(2) …
(3) …

§ 51 HGB
Der Prokurist hat in der Weise zu zeichnen, dass er der Firma seinen Namen mit einem die Prokura andeutenden Zusatz beifügt.

§ 52 HGB
(1) Die Prokura ist ohne Rücksicht auf das der Erteilung zugrunde liegende Rechtsverhältnis jederzeit widerruflich, unbeschadet des Anspruchs auf die vertragsmäßige Vergütung.
(2) Die Prokura ist nicht übertragbar.
(3) Die Prokura erlischt nicht durch den Tod des Inhabers des Handelsgeschäfts.

§ 53 HGB …

§ 54 HGB
(1) Ist jemand ohne Erteilung der Prokura zum Betrieb eines Handelsgewerbes oder zur Vornahme einer bestimmten zu einem Handelsgewerbe gehörigen Art von Geschäften oder zur Vornahme einzelner zu einem Handelsgewerbe gehöriger Geschäfte ermächtigt, so erstreckt sich die Vollmacht (Handlungsvollmacht) auf alle Geschäfte und Rechtshandlungen, die der Betrieb eines derartigen Handelsgewerbes oder die Vornahme derartiger Geschäfte gewöhnlich mit sich bringt.
(2) Zur Veräußerung oder Belastung von Grundstücken, zur Eingehung von Wechselverbindlichkeiten, zur Aufnahme von Darlehen und zur Prozessführung ist der Handlungsbevollmächtigte nur ermächtigt, wenn ihm eine solche Befugnis besonders erteilt ist.
(3) Sonstige Beschränkungen der Handlungsvollmacht braucht ein Dritter nur dann gegen sich gelten zu lassen, wenn er sie kannte oder kennen musste.

§ 55 HGB
(1) Die Vorschriften des § 54 finden auch Anwendung auf Handlungsbevollmächtigte, die Handelsvertreter sind oder die als Handlungsgehilfen damit betraut sind, außerhalb des Betriebs des Prinzipals Geschäfte in dessen Namen abzuschließen.
(2) Die ihnen erteilte Vollmacht zum Abschluss von Geschäften bevollmächtigt sie nicht, abgeschlossene Verträge zu ändern, insbesondere Zahlungsfristen zu gewähren.
(3) Zur Annahme von Zahlungen sind sie nur berechtigt, wenn sie dazu bevollmächtigt sind.
(4) Sie gelten als ermächtigt, die Anzeige von Mängeln einer Ware, die Erklärung, dass eine Ware zur Verfügung gestellt werde, sowie ähnliche Erklärungen, durch die ein Dritter seine Rechte aus mangelhafter Leistung geltend macht oder sie vorbehält, entgegenzunehmen; sie können die dem Unternehmer (Prinzipal) zustehenden Rechte auf Sicherung des Beweises geltend machen.

§ 56 HGB
Wer in einem Laden oder in einem offenen Warenlager angestellt ist, gilt als ermächtigt zu Verkäufen und Empfangnahmen, die in einem derartigen Laden oder Warenlager gewöhnlich geschehen.

§ 57 HGB
Der Handlungsbevollmächtigte hat sich bei der Zeichnung jedes eine Prokura andeutenden Zusatzes zu enthalten; er hat mit einem das Vollmachtsverhältnis ausdrückenden Zusatz zu zeichnen.

§ 58 HGB
Der Handlungsbevollmächtigte kann ohne Zustimmung des Inhabers des Handelsgeschäfts seine Handlungsvollmacht auf einen anderen nicht übertragen.

Am 3. Januar erteilt der Geschäftsführer der GmbH seiner langjährigen Angestellten Elini Burokowski mündlich Prokura. Die Eintragung in das Handelsregister erfolgt am 20. Januar. In einem Schreiben vom 5. Januar werden die Geschäftspartner davon unterrichtet, dass Frau Burokowski Prokura erteilt wurde.

Wer kann die Prokura erteilen?	Da die wwh GmbH ein Formkaufmann ist, kann nur der gesetzliche Vertreter die Prokura erteilen. Das ist der Geschäftsführer.
Ab wann ist Frau Burokowski Prokuristin?	Frau Burokowski ist mit der ausdrücklichen Erteilung am 3. Januar Prokuristin. Die Eintragung in das Handelsregister hat deklaratorische Wirkung, d. h., das Recht bestand schon vor Eintragung.

Der Geschäftsführer der wwh GmbH ist erkrankt. Am 12. Januar findet Frau Burokowski folgende Mitteilungen von der Sekretärin des Geschäftsführers auf ihrem Schreibtisch:

1. *Bitte kaufen Sie das angebotene Grundstück der Fiesteler Str. 58 und klären Sie die Formalitäten.*
2. *Erteilen Sie Frau Rotkehl Handlungsvollmacht.*
3. *Entlassen Sie den Mitarbeiter Thorwesten.*
4. *Unterschreiben Sie die Steuererklärung.*

Ist Frau Burokowski als Prokuristin dazu ermächtigt, diese Handlungen durchzuführen?

Zu 1.:

Frau Burokowski ist zum Kauf des Grundstückes berechtigt. Nur für den Verkauf von Grundstücken besteht gemäß § 54 (2) HGB eine Einschränkung. Dazu bedarf es einer besonderen Vollmacht.

Zu 2.:

Handlungsvollmachten müssen nicht wie die Prokura vom Geschäftsinhaber oder gesetzlichen Vertreter erteilt werden. Frau Burokowski ist ermächtigt, Frau Rotkehl Handlungsvollmacht zu erteilen. Diese Vollmacht wird nicht in das Handelregister eingetragen.

Zu 3.:

Das Entlassen von Mitarbeitern gehört zu den Rechtshandlungen, die der Betrieb eines Handelsgewerbes mit sich bringt. Somit kann Frau Burokowski Herrn Thorwesten entlassen.

Zu 4.:

Die Steuererklärung darf Frau Burokowski als Prokuristin nicht unterschreiben.

Erstellen Sie eine Übersicht und unterteilen Sie

- *Prokura,*
- *allgemeine Handlungsvollmacht,*
- *Artvollmacht,*
- *Einzelvollmacht.*

Klären Sie dann in Abhängigkeit von der Bevollmächtigung,

- *welche Handlungen gesetzlich verboten sind,*
- *für welche Handlungen eine besondere Vollmacht erforderlich ist,*
- *für welche Handlungen keine besondere Vollmacht erforderlich ist.*

Tätigkeiten	*Prokura*	*allgemeine Handlungsvollmacht*	*Artvollmacht*	*Einzelvollmacht*
Eid leisten für den Unternehmer				
Steuererklärung/Bilanz unterschreiben				
Handelsregisteranmeldung				
Insolvenz anmelden				
Geschäft verkaufen				
Prokura erteilen				
Gesellschafter aufnehmen				
Grundstücke belasten/ verkaufen				
Grundstücke kaufen				
Prozesse führen				
Darlehen aufnehmen				
Wechsel akzeptieren				
Zahlungen leisten				
Verkaufen				
Mitarbeiter entlassen/ einstellen				
Einkaufen				
Unterschiftsformen	*ppa. Burokowski*	*i. V. Rothehl*	*i. A. Sievert*	

Eine Vollmacht ist gesetzlich verboten.

Eine besondere Vollmacht ist erforderlich.

Keine besondere Vollmacht erforderlich.

Ausgangssituation

Die Vertriebsabteilung der wwh GmbH sucht für den 1.4.20.. einen neuen Kundenbetreuer. Auf die Stellenanzeige sind zahlreiche Bewerbungen eingegangen. Die Auszubildende Christa soll eine erste Prüfung der Bewerbungsunterlagen vornehmen.

wwh GmbH - Bielefeld

Wir sind ein erfolgreicher, überregionaler Hersteller von Elektrogeräten.

Um unseren Vertrieb zu verstärken, suchen wir eine leistungsstarke Persönlichkeit für die

Kundenbetreuung (m/w)

Unser Sales-Office ist ein kleines junges Team mit anspruchsvollen Tätigkeiten. Nach Ihrer Einarbeitung übernehmen Sie vorwiegend die Betreuung einiger unserer nationalen Kunden sowie gelegentlich die Betreuung einiger internationaler Kunden und die damit verbundene komplette Auftragsbearbeitung vom Angebot bis zur Überwachung der Liefertermine.

Sie sind eine teamfähige und belastbare Persönlichkeit, die den Kundenanforderungen in jeder Hinsicht gerecht wird. Für Ihre Position setzen wir eine abgeschlossene kaufmännische Ausbildung sowie relevante Berufserfahrung voraus. Ihr Englisch ist verhandlungssicher, Spanischkenntnisse wären von Vorteil. Sie beherrschen die üblichen Anwendungen des MS-Office Paketes.

Sehen Sie sich in dieser Position? Dann erwarten wir Ihre aussagefähigen Bewerbungsunterlagen einschließlich Ihrer Gehaltsvorstellungen.

wwh GmbH – Personalabteilung – z. Hd. Frau Müller
Helene Weber Weg 9 - 33609 Bielefeld

Sophie Grote
02.03.20..
Auf dem grünen Felde 3
33818 Leopoldshöhe

wwh GmbH
Personalabteilung
Helene-Weber-Weg 9
33609 Bielefeld

Bewerbung als Kundenbetreuerin

Sehr geehrte Damen und Herren,

Ihrer Anzeige in der NW vom 15.02. entnehme ich, dass Sie für den 01.04.20.. eine Kundenbetreuerin in Ihrer Vertriebsabteilung suchen. Um diese Stelle bewerbe ich mich.

Als persönliche Stärken kann ich Einsatzfreude und Teamfähigkeit in Ihr Unternehmen einbringen. Ich glaube, dass ich verkaufsorientiert mit Kunden umgehen kann. Meine Kontaktfreudigkeit kommt den angeforderten Fähigkeiten sehr entgegen.

Bei Ihrem Unternehmen bewerbe ich mich, weil ich hier für mich bessere Entwicklungsmöglichkeiten sehe als in meinem jetzigen Arbeitsgebiet.

Über eine Einladung zu einem persönlichen Gespräch würde ich mich freuen.

Mit freundlichen Grüßen

Sophie Grote
Sophie Grote

Anlagen
Lebenslauf mit Lichtbild
Zeugniskopien

Sophie Grote

Lebenslauf

Persönliche Angaben

Anschrift:	Auf dem grünen Felde 3 33818 Leopoldshöhe
Telefon:	0 52 08/15 91 55
E-Mail:	s.grote@tele-web.de
Geburtdatum:	15.09.1985
Geburtsort:	Herford
Staatsangehörigkeit:	deutsch
Religion:	evangelisch

Schul- und Berufsausbildung

08. 92 – 07. 96	Grundschule Leopoldshöhe
08. 96 – 07. 02	Gymnasium Aspe (Fachoberschulreife)
08. 03 – 07. 05	Berufskolleg Widukindplatz, Herford
08. 06 – 06. 08	Ausbildung zur Industriekauffrau bei R. Stromberg Textilien KG, Enger

Berufserfahrung

06. 08. – heute	Sachbearbeiterin im Einkauf der Fa. R. Stromberg Textilien KG, Enger

Interessen und Neigungen

Hobbys	Sport (Schwimmen), Lesen, Freunde treffen
Sprachkenntnisse	Englisch (7 J.), Spanisch (4 J.)
Führerschein	Klasse B und BE

Leopoldshöhe, 02.03. ..

Sophie Grote

Die wwh GmbH will die neue Kundenbetreuung über eine Stellenanzeige in einer Tageszeitung anwerben. *Welche anderen Möglichkeiten der Personalbeschaffung kann die wwh GmbH bei der Beschaffung von Personal nutzen?*	**innerbetrieblich** ▶ Maßnahmen der Personalentwicklung (Ausbildung, Weiterbildung) ▶ Versetzung von Mitarbeitern aus anderen Abteilungen ▶ Umorganisation des Vertriebs mit neuem Stellenzuschnitt **außerbetrieblich** ▶ dem Arbeitsamt offene Stellen melden ▶ Zeitarbeitsunternehmen (Personalleasing) in Anspruch nehmen (kurzfristig) ▶ E-Recruiting (Stellenbörsen im Internet und eigene Website nutzen) ▶ Kontakte mit Berufsschulen/Akademien
Analysieren Sie die abgebildete Stellenanzeige. *Welche wesentlichen Bestandteile muss eine solche Anzeige enthalten?*	▶ Wir sind: Firmenname, Firmenlogo, Branche, Firmengröße, Standort ▶ Wir haben: Position, Ausschreibungsgrund, Aufgabenbeschreibung ▶ Wir suchen: Berufsbezeichnung oder Qualifikation, Anforderungen ▶ Wir bieten: Vergütung, Sozialleistungen (in dieser Anzeige nicht enthalten) ▶ Wir bitten um: Nennung von Art und Umfang der Bewerbungsunterlagen
Beurteilen Sie die vorgelegte Bewerbung und den Lebenslauf formal anhand einer selbst erstellten Liste von Kriterien.	▶ Rechtschreibung i. O.? – ja ▶ Anschrift und sonstige (Kommunikations-) Daten i.O.? – Lebenslauf ja, Anschreiben nein (Tel.-Nr. und E-Mail-Adresse fehlen) ▶ Klare Gliederung? – ja ▶ Lebenslauf lückenlos? – nein, Angaben für Jahr 05/06 fehlen ▶ Angaben im Lebenslauf sachdienlich? – im Wesentlichen ja, nicht hinein gehören Angaben, die nur privat wichtig sind (Treffen mit Freunden); Angaben zu EDV-Kenntnissen fehlen sowohl im Lebenslauf als auch im Anschreiben ▶ Unterlagen vollständig? – im Anschreiben sollte unter Anlagen konkret aufgeführt werden, wie viel Zeugniskopien mitgeliefert werden; die angeforderte Angabe zur Gehaltsvorstellung fehlt ▶ Bewerbung erfolgt recht spät: zwischen Anzeige und Bewerbung liegen gut zwei Wochen
Halten Sie bei einem Vergleich von Anschreiben und Lebenslauf mit der Stellenanzeige die Bewerberin für geeignet? *Begründen Sie Ihre Aussage.*	Die Bewerberin ist nicht geeignet, weil wesentliche Voraussetzungen fehlen: ▶ **Branchenzugehörigkeit:** Eine Kundenberaterin muss im Elektrobereich relativ genaue Kenntnisse über das Absatzprogramm und die einzelnen Produkte mitbringen bzw. genügend technisches Verständnis haben. Frau Grote hat aber in der Textilbranche gelernt und gearbeitet. ▶ **Fachkenntnisse:** Frau Grote hat zwar eine Ausbildung zur Industriekauffrau, jedoch bis zum Bewerbungsdatum nur im Einkauf gearbeitet. Damit fehlen ihr die Voraussetzungen für den Vertrieb von Waren (Auftragsbearbeitung, Verkaufsgespräche führen etc.) ▶ **Persönlichkeit:** Frau Grote führt zwar verschiedene persönliche Qualifikationen an (Teamfähigkeit, Einsatzfreude und Kontaktfähigkeit), sie gibt jedoch an keiner Stelle eine stichhaltige Begründung ab, die ihre Behauptung unterstützt und glaubhaft macht.
Aus den anderen Bewerbungsunterlagen werden 20 BewerberInnen eingeladen. Vorgesehen ist, diese in einem ersten Schritt einem Testverfahren zu unterziehen. *Was könnten die Inhalte solcher Leistungstests sein?*	▶ **allgemeine Leistungstests** überprüfen Reaktionsgeschwindigkeit, Aufmerksamkeit oder Konzentration. ▶ **Persönlichkeitstests** geben Auskunft über Charakter, Sozialverhalten, Grundeinstellungen zum Leben, Werthaltungen. ▶ **Intelligenztests** können Sprach- und Rechenfähigkeit, räumliches Denkvermögen oder Kombinationsfähigkeit feststellen. ▶ **fachliche Tests** können handwerkliche Fertigkeiten, Fachkentnisse, Organisationsfähigkeit, Urteils- und Denkvermögen überprüfen.
Nach den Tests bleiben noch acht BewerberInnen über, mit denen ein Einstellungsgespräch geführt werden soll. *Erstellen Sie eine Checkliste, die die einzelnen Phasen eines solchen Gesprächs umfasst.*	▶ Abteilungsleiter/Personalsachbearbeiter (AL/PA): Begrüßung und Schaffung einer angenehmen Gesprächsatmosphäre ▶ AL: kurze Vorstellung von Unternehmen und Position ▶ BewerberIn: Selbstdarstellung in freier Rede, anschließend Befragung durch AL/PA zu fachlichen/persönlichen Punkten, Analyse der Motive des Bewerbers ▶ AL: detaillierte Vorstellung der zu besetzenden Stelle und fachliche Diskussion ▶ BewerberIn: offene Fragen zu Unternehmen, Tätigkeit, soziale Leistungen ▶ AL/PA: Abschluss des Gespräches und Klärung des weiteren Vorgehens

Ausgangssituation

Bei der wwh GmbH wird von jeder Fachabteilung eine Fehlzeitenstatistik nach Mitarbeitern geführt. Die Ergebnisse werden der Personalverwaltung übermittelt und dort zusammengefasst und verdichtet.
Für die Abteilung Fertigung hat die Personalverwaltung folgende Daten für das vergangene Jahr zusammengestellt.

Anzahl Mitarbeiter	18	Personen
tägliche Sollarbeitszeit	8	Stunden
Anzahl Arbeitstage	250	Tage
betriebliche Arbeitszeit Soll	36 000	Std.
– Fehlzeiten durch Urlaubsstunden	4 320	Std.
= tarifliche Arbeitszeit Soll	31 680	Std.
– Fehlzeiten (Krankheit/Personalentwicklung)	1 197	Std.
= tarifliche Arbeitszeit Ist	30 483	Std.
+ Mehrarbeitszeit	1 350	Std.
= tatsächlich geleistete Arbeitszeit Ist	31 833	Std.
Ausfall durch Krankheit	1 077	Std.
Ausfall durch Personalentwicklung	120	Std.

Berechnen Sie:
- ***a. die tägliche Istarbeitszeit je Mitarbeiter***
- ***b. die Fehlzeitenquote gesamt***
- ***c. die Krankheitsquote***
- ***d. die Urlaubsquote***
- ***e. die durch PE-Maßnahmen bedingte Fehlzeitenquote***
- ***f. die Überstunden in %***
- ***g. die Anwesenheitsquote***

a. $\frac{\text{Gesamtarbeitszeit Ist}}{\text{Anzahl MA} \cdot \text{Anzahl Arbeitstage}} \qquad \frac{31\,833}{18 \cdot 250} = 7{,}07 \text{ Std.}$

b. $\frac{\text{Fehlzeiten gesamt} \cdot 100}{\text{betriebliche Arbeitzeit Soll}} \qquad \frac{(4\,320 + 1\,197) \cdot 100}{36\,000} = 15{,}3\,\%$

c. $\frac{\text{krankheitsbedingte Fehlstunden} \cdot 100}{\text{tarifliche Arbeitszeit Soll}} \qquad \frac{1\,077 \cdot 100}{31\,680} = 3{,}4\,\%$

d. $\frac{\text{urlaubsbedingte Fehlzeiten} \cdot 100}{\text{betriebliche Arbeitszeit Soll}} \qquad \frac{4\,320 \cdot 100}{36\,000} = 12\,\%$

e. $\frac{\text{Ausfallstunden durch PE-Maßnahmen} \cdot 100}{\text{tarifliche Arbeitzeit Soll}} \qquad \frac{120 \cdot 100}{31\,680} = 0{,}4\,\%$

f. $\frac{\text{geleistete Überstunden} \cdot 100}{\text{tarifliche Arbeitzeit Ist}} \qquad \frac{1\,350 \cdot 100}{30\,483} = 4{,}4\,\%$

g. $\frac{\text{tatsächlich geleistete Arbeitzeit Ist} \cdot 100}{\text{betriebliche Arbeitzeit Soll}} \qquad \frac{31\,833 \cdot 100}{36\,000} = 88{,}4\,\%$

Im Jahre 2007 betrug die von den Krankenkassen gemeldete Fehlzeitenquote aufgrund von Krankheit bundesweit ca. 5 %.

Beurteilen Sie vor diesem Hintergrund die krankheitsbedingte Fehlquote in der Fertigung.

Die krankheitsbedingte Fehlquote liegt in der Abteilung Fertigung der wwh GmbH bei 3,4 %. Das ist wesentlich niedriger als im Bundesdurchschnitt und kann verschiedene Ursachen haben:

- ▶ Die Mitarbeiter in der wwh GmbH sind mit ihren Arbeitsbedingungen zufrieden, was im Normalfall zu einer stabilen Gesundheit beiträgt.
- ▶ Eine andere Begründung könnte darin liegen, dass die Mitarbeiter Fehlzeiten vermeiden wollen, um nicht negativ aufzufallen. Würde diese Begründung zutreffen, wäre das bedenklich, denn ein gewisser Prozentsatz an Krankheit ist in jedem Unternehmen normal.

Neben der Personalstatistik hat die Personalverwaltung die Aufgabe der Führung der Personalakte.

Welche Inhalte kann die Personalakte aufnehmen?

Inhalte der Personalakte können sein:

- **Personalbezogene Unterlagen und Vertragsunterlagen:** Bewerbungsunterlagen, Kopien von Arbeits- und Schulzeugnissen, Amtliches Führungszeugnis, Aufenthaltserlaubnis oder Arbeitserlaubnis (soweit erforderlich), Arbeitsvertrag, Stellenbeschreibung
- **Sozialversicherungs- und Steuerunterlagen:** Anmeldung zur Krankenkasse, Nachweis der monatlichen Beiträge zur Sozialversicherung, Sozialversicherungsausweis, Unterlagen, Nachweis zur Anlage vermögenswirksamer Leistungen, Nachweis für Kinderlose (wegen Pflegeversicherung), Lohn- bzw. Gehaltsbescheinigungen, Unterlagen zur Lohnsteuer
- **Kopien amtlicher Urkunden:** Fahrerlaubnis, Schwerbehindertenausweis, Pfändungs- und Überweisungsbeschluss, Wehrdienstbescheinigung, Zivildienstbescheinigung
- **Angaben für die Gehaltshöhe oder sonstige arbeitsvertragliche Regelungen:** Antrag auf Orts-, Sozial- oder Familienzuschlag, Sterbeurkunden des Ehegatten, Heiratsurkunde, Geburtsurkunden von Kindern
- **Sonstige Unterlagen:** Personalbogen, Urlaubsliste, Fehlzeitenübersicht, Beurteilungen, Abmahnungen, Unterlagen zur Pesonalentwicklung, Protokolle von Mitarbeitgesprächen, Bescheinigungen über ärztliche Untersuchungen im Rahmen der Arbeitssicherheit, Weiterbildungsnachweise, Schriftverkehr mit dem Mitarbeiter

Was ist bei der Führung der Personalakten zu beachten?

Aufbewahrung:
Der Arbeitgeber muss das Persönlichkeitsrecht des Mitarbeiters wahren und auch für den Datenschutz sorgen. Personenbezogene Mitarbeiterdaten sind mit geeigneten Mitteln gegen unbefugte Einsichtnahme durch Dritte (Mitarbeiter, Kunden usw.) zu sichern. Personalakten sind vertraulich. Dritten ist die Einsichtnahme grundsätzlich verwehrt. Auch der Personal- oder Betriebsrat oder Behörden haben im Regelfall keinen Zugriff.

Einsichtnahme:
Der betroffene Mitarbeiter hat das Recht zur uneingeschränkten Einsicht in die ihn betreffenden Aufzeichnungen und kann diese Einsichtnahme auch in Begleitung einer betriebsfremden Person (z. B. Rechtsanwalt) bzw. gemeinsam mit dem Betriebsrat verlangen. Die Akte ist jeweils vollständig vorzulegen. Das vorherige Entfernen von Unterlagen und ihr Wiedereinfügen nach Einsichtnahme des Beschäftigten wäre ein falsches Verhalten auf Arbeitgeberseite.

Entfernen von Dokumenten:
Der Personalakte werden Unterlagen über wahre Tatsachen beigefügt. Ein Papier mit nachweisbar falschen oder ehrverletzenden Fakten ist hingegen herauszunehmen. Abmahnungen müssen auf Verlangen aus der Personalakte entfernt werden, wenn der Arbeitnehmer sich in einer bestimmten Zeitspanne untadelig verhalten hat.

Was ist ein Personalinformationssystem und welche Funktionen erfüllt es?

Ein Personalinformationssystem dient der Erfassung, Speicherung, Verarbeitung, Pflege, Analyse, Benutzung, Verbreitung, Disposition, Übertragung und Anzeige von Informationen, die die Personalverwaltung betreffen.

Zu den Funktionen eines Personalinformationssystems gehören vor allem:
- Stammdatenverwaltung
- Personalabrechnung
- Zeitermittlung
- Administration
- Personalberichterstattung
- Personalplanung

Welche Informationen werden in einem Personalinformationssystem eingepflegt und verwaltet?

- Personaldaten bei Neueinstellung
- Ausbildungsdaten
- bisherige Tätigkeiten
- Arbeitsvertragsdaten
- Beschäftigungsdaten im Unternehmen
- Beurteilungsdaten
- Änderungsdienst für Personalien
- Adressdaten und Familiendaten

Ausgangssituation

In der Lohn- und Gehaltsabteilung der wwh GmbH sind für den abgelaufenen Monat unter anderem die drei folgenden Fälle zu bearbeiten:

Mitarbeiter	**Manfred Meier**	**Fertigung**
Lohnform	Zeitakkord	
Mindestlohn je Stunde	Lohngruppe IV	
Akkordzuschlag	15 %	
geleistete Ist-Zeit	168 Std.	
Urlaubstage	keine	
Krankheitstage	keine	
Leistung im vergangenen Monat nach abgerechneten Akkordzetteln:	gefertigte Stücke	Vorgabezeit/Stück.
Auftrag 6001-34	680	7,5 min,
Auftrag 6034-10	1050	2,6 min.
Auftrag 6058-14	780	3,8 min.
Mitarbeiter	**Franz Krause**	**Lager**
Zeitlohnempfänger		
Monatslohn	Lohngruppe III	
Sollzeit	168	Stunden
Ist-Zeit	184	Stunden
Überstundenvergütung	25	Prozent
Mitarbeiter	**Peter Müller**	**Reisender**
Gehaltsempfänger		
vereinbartes Grundgehalt		1 520,00 EUR
Sollarbeitszeit		168,00 Std.
vereinbarte Provision vom Umsatz		2,00 %
Umsatz im vergangenen Monat		52 480,50 EUR
Krankheitstage		2

Auszug aus dem Lohntarifvertrag der Elektro- und Metallindustrie		
Lohngruppe	**Monats-lohn in EUR**	**Stunden-lohn in EUR**
I	1 740,00	10,44
II	1 760,00	10,56
III	1 788,00	10,73
IV	1 816,00	10,90
V	1 880,00	11,28
VI	1 965,00	11,79
VII	2 050,00	12,30
VIII	2 270,00	13,62
IX	2 400,00	14,40
X	2 552,50	15,32

Welche Rechtsgrundlagen muss die Lohn- und Gehaltsabteilung der wwh GmbH bei der Berechnung und Auszahlung der Löhne beachten?

Als Rechtsgrundlagen für die Personalentlohnung gelten folgende Quellen:

- Zunächst ist das **BGB** zu beachten. Darin wird im § 611 Abs. 1 der arbeitsrechtliche Zusammenhang zwischen dem zu zahlenden Arbeitsentgelt und der Arbeitsleistung begründet. Der Arbeitgeber wird gegenüber dem Arbeitnehmer zur Zahlung des vereinbarten Arbeitsentgelts verpflichtet.
- Der **Tarifvertrag** ist ein Vertrag zwischen Arbeitgeberverbänden bzw. einzelnen Arbeitgebern und Gewerkschaften, in dem die Entgeltbedingungen für einen bestimmten Zeitrahmen für beide Seiten verbindlich festgelegt werden, z. B. ein längerfristiger Manteltarifvertrag mit Angaben zu Urlaubszeiten und Urlaubsgeld bzw. ein- bis zweijährige Lohn- und Gehaltstarifverträge, die die Stunden und Monatslöhne sowie die Gehälter und Ausbildungsvergütungen regeln. Die Gruppe außertariflich bezahlter Arbeitnehmer bleibt von diesen Bestimmungen unberührt. Für sie gilt nur der individuelle Arbeitsvertrag (s. u.).
- Die **Betriebsvereinbarung** ist eine vertragliche Regelung zwischen einem Arbeitgeber und dem Betriebsrat, die auch Bestimmungen zur Entlohnung enthält. So hat der Betriebsrat nach § 87 BetrVG ein qualifiziertes Mitbestimmungsrecht bei der Einführung und Anwendung technischer Einrichtungen sowie bei Fragen der betrieblichen Lohngestaltung und bei der Festsetzung von Akkord- und Prämiensätzen.
- Der **Arbeitsvertrag** ist ein privatrechtlicher Vertrag, in dem sich der Arbeitgeber zur Lohnzahlung und der Arbeitnehmer zur Arbeit verpflichten. Hier können beide Parteien vom Tarifvertrag und Betriebsvereinbarung abweichende Vereinbarungen treffen, z. B. über die Lohnhöhe. Dies gilt allerdings nur, wenn diese Vereinbarungen für den Arbeitnehmer günstiger sind.

Berechnen Sie den Lohn für Manfred Meier aus der Fertigung für den vergangenen Monat.

Mindestlohn je Stunde		10,90 EUR
+ Akkordzuschlag 15 %		1,64 EUR
= Akkordrichtsatz		12,54 EUR
Minutenfaktor	(12,54 : 60)	0,2089 EUR

Berechnung der im vergangenen Monat geleisteten Zeit		
Stückzahl	Zeit/Stück	Gesamtzeit
680	7,5	5 100 min
1.050	2,6	2 730 min
780	3,8	2 964 min
Summe		10 794 min

Bruttoentgelt = Summe geleistete Zeit · Minutenfaktor	
(10 794 · 0,2089)	2 255,05 EUR

Mit welchem Leistungsgrad hat Manfred Meier im vergangenen Monat gearbeitet?

$$\text{Leistungsgrad} = \frac{\text{Istleistung in Vorgabeminuten} \cdot 100}{\text{Anwesenheitszeit in Minuten}}$$

$$\text{Leistungsgrad Manfred Meier} = \frac{10\,794 \cdot 100}{168 \cdot 60} = 107{,}1\ \%$$

Berechnen Sie den Lohn für den Lagerarbeiter Franz Krause für den vergangenen Monat.

Monatslohn lt. Tarifvertrag	1 788,00 EUR	
+ Überstunden · Stundenlohn	171,68 EUR	(Stundenlohn TGr III)
+ Überstundenzuschlag hierauf 25 %	42,92 EUR	
= Bruttoentgelt	2 002,60 EUR	

Berechnen Sie das Bruttoentgelt für den Reisenden Peter Müller für den vergangenen Monat

Zeitvergütung	1 520,00 EUR
+ Provision (1,5 % von 52480,50)	1 049,61 EUR
Bruttoentgelt	2 569,61 EUR

im Bruttoentgelt enthaltene Lohnfortzahlung für Krankheit (1520 : 168 · 16)	144,76 EUR

Für den Mitarbeiter Karl Gruber sind folgende Daten bekannt:
Lohngruppe VII: 12,30 EUR je Stunde;
tägliche Arbeitszeit 8 Stunden;
Jahresurlaub 30 Werktage;
ges. Feiertage im vergangenen Jahr: 11;
Fehlzeiten wegen Krankheit: 10;
Urlaubsgeld: 1 240,00 EUR;
Weihnachtsgeld 1 735,00 EUR;
AG-Anteil zur SV: 20,2 % vom Brutto;
Unfallversicherung: 1,5 % vom Brutto;
sonstige sozialen Aufwendungen je Arbeitnehmer (Kantine etc.): 2 400,00 EUR.

a. Wie viel kostet den Betrieb eine Arbeitsstunde von Karl Gruber tatsächlich?

b. Wie hoch sind die Lohnnebenkosten für Karl Gruber in % vom Bruttolohn?

a.

betriebliche Arbeitszeit (365 – 104 – 11)	250	Tage	2 000 Std.
- Urlaubstage	30	Tage	
= Sollarbeitszeit von Karl Gruber	220	Tage	1 760 Std.
- Krankheitstage von Karl Gruber	10	Tage	
= Istarbeitszeit von Karl Gruber	210	Tage	1 680 Std.

Bruttolohn (2 000 · 12,30)	24 600,00
Urlaubsgeld + Weihnachtsgeld	2 975,00
Bruttoentgelt	27 575,00
Sozialversicherung 21,70 %	5 983,78
Sonstige Kosten	2 400,00
Gesamtkosten Jahr	35 958,78
Kosten pro geleisteter Arbeitsstunde (1680 Std.)	21,40

b. Die Lohnnebenkosten von Karl Gruber betragen 9,10 EUR = 74,0 % von 12,30.

Ausgangssituation

Für den neu eingestellten Mitarbeiter Roland Godwin (31 Jahre, verheiratet, zwei Kinder) ist für den Monat April eine Gehaltsabrechnung durchzuführen. Herr Godwin ist insbesondere wegen seiner fachlichen Kompetenz (Abschluss einer kaufmännischen Ausbildung, 6-jährige Berufserfahrung als Sachbearbeiter Einkauf, davon vier Jahre nach Gehaltsgruppe IV entlohnt) und seiner sozialen Kompetenz eingestellt worden. Er untersteht dem Abteilungsleiter Einkauf und soll nach grundsätzlichen Anweisungen eigenständig die Arbeiten erledigen, die in der Stellenbeschreibung aufgeführt sind. Zunächst soll er innerhalb der Probezeit nach Tarif bezahlt werden. Bei entsprechender Eignung erhält er anschließend einen Zuschlag von 20 % auf das Tarifgehalt.

Auszug aus dem Gehalts- und Lohnrahmenabkommen bzw. aus dem Gehaltsabkommen:

Gehaltsgruppe I: *Ausführen von überwiegend schematischen oder mechanischen Tätigkeiten, für die keine Berufsausbildung erforderlich ist.*

Gehaltsgruppe II: *Ausführen von Tätigkeiten nach eingehenden Anweisungen, die Kenntnisse und Fertigkeiten erfordern, wie sie unter anderem durch eine zweijährige einschlägige Ausbildung vermittelt werden.*

Gehaltsgruppe III: *Ausführen von Tätigkeiten nach Anweisungen, die Kenntnisse und Fertigkeiten erfordern, wie sie durch eine abgeschlossene Ausbildung als Kaufmann im Einzelhandel oder eine gleichwertige Ausbildung erworben werden.*

Gehaltsgruppe IV: *Selbstständiges Ausführen von Tätigkeiten, nach allgemeinen Anweisungen, die Kenntnisse und Berufserfahrung erfordern, wie sie durch mehrjährige einschlägige Tätigkeiten nach erfolgter kaufmännischer Ausbildung erlangt werden.*

Gehaltsgruppe V: *Selbstständiges und verantwortliches Ausführen von Tätigkeiten nach allgemeinen Richtlinien, die gründliche Fachkenntnisse und umfangreiche einschlägige Erfahrungen erfordern sowie eine Übersicht über die Zusammenhänge mit angrenzenden Tätigkeitsbereichen voraussetzen.*

Gehaltsgruppe VI: *Selbstständige und verantwortliche Tätigkeit mit Dispositions-, Weisungs- oder Aufsichtsbefugnis.*

Tarifliche Monatsmindestgehälter (in EUR)

	Gehaltsgr. I	Gehaltsgr. II	Gehaltsgr. III	Gehaltsgr. IV	Gehaltsgr. V	Gehaltsgr. VI
Stufe 1	1 249,00	1 324,00	1 362,00	1 712,00	2 070,00	2 645,00
Stufe 2	1 303,00	1 380,00	1 433,00	1 850,00	2 195,00	2 844,00
Stufe 3	1 353,00	1 437,00	1 541,00	2 049,00	2 320,00	3 045,00
Stufe 4	1 410,00	1 498,00	1 680,00	2 180,00	2 502,00	3 320,00

In den Gehaltsgruppen I und II gelten folgende Bedingungen: Stufe 1: bis zum Alter von 21 Jahren, Stufe 2: bis zum Alter von 23 Jahren, Stufe 3: bis zum Alter von 25 Jahren, Stufe 4: über 25 Jahre.

In den Gehaltsgruppen III bis VI gelten folgende Bedingungen: Stufe 1: im 1. und 2. Jahr der Tätigkeit in der Gehaltsgruppe, Stufe 2: im 3. und 4. Jahr der Tätigkeit in der Gruppe, Stufe 3: im 5. Jahr der Tätigkeit in der Gruppe, Stufe 4: ab dem 6. Jahr der Tätigkeit in der Gruppe.

Unterscheiden Sie die Begriffe Personalplanung und Personalentwicklung.

Personalplanung
Ziel ist die Bedarfsfeststellung der erforderlichen Mitarbeiter in den einzelnen Abteilungen:
- ▶ quantitativer Personalbedarf (Anzahl der erforderlichen Mitarbeiter)
- ▶ qualitativer Personalbedarf (notwendige Qualifikationen der Mitarbeiter)

Personalentwicklung
Ziel ist die Anpassung der Qualifikationen der Mitarbeiter an sich ständig ändernde Anforderungen der zu besetzenden Stelle durch
- ▶ Berufsausbildung,
- ▶ Weiterbildung,
- ▶ Führungskräfteentwicklung.

Klären Sie unter Berücksichtigung des oben aufgeführten Auszugs aus dem Gehalts- und Lohnrahmenabkommen folgende Fragen:

1. **In welche Gehaltsgruppe wird Herr Godwin eingruppiert?**
   Gehaltsgruppe IV, Stufe 3
   Gehaltsgruppe IV (selbstständiges Ausführen von Tätigkeiten und mehrjährige Tätigkeit nach erfolgter kaufmännischer Ausbildung) Stufe 3 (Er ist im 5. Jahr der Tätigkeit in dieser Gehaltsgruppe.)
2. **Wie hoch ist sein Gehalt während der Probezeit?**
   2 049,00 EUR
3. **Welches Gehalt erhält er bei entsprechender Eignung nach der Probezeit?**
   2 458,80 EUR

Ausgangssituation

Zum 30.04. wird die Gehaltsabrechnung durchgeführt. Der neue Mitarbeiter, Herr Godwin, legt die abgebildete Lohnsteuerkarte vor. Zusätzlich sind die Informationen aus dem Personalstammblatt zu beachten. Weiterhin sind noch zu berücksichtigen:
Beitragssatz Pflegeversicherung 1,95 %;
Beitragssatz Rentenversicherung 19,6 %;
Beitragssatz Arbeitslosenversicherung 3,0 %.

Alle Eintragungen in der Lohnsteuerkarte genau prüfen!
Lesen Sie die Informationsschrift „Lohnsteuer 20..
Ordnungsmerkmale des Arbeitgebers

Lohnsteuerkarte 20..

Gemeinde und AGS
STADT 32006 HERFORD AGS 05 7 58 008

Finanzamt und Nr.
FINANZAMT 32006 HERFORD NR. 5324

Geburtsdatum
08.04.xxxx

I. Allgemeine Besteuerungsmerkmale

Steuerklasse	Kinder unter 18 Jahren: Zahl d. Kinderfreibeträge
VIER	1,0

Kirchensteuerabzug
EV

ROLAND GODWIN
WERRESTR.14
32006 HERFORD

(Datum)
25.09.20..

(Gemeindebehörde)
STADT HERFORD

II. Änderungen der Eintragungen im Abschnitt I

Steuerklasse	Zahl der Kinderfreibeträge	Kirchensteuerabzug	Diese Eintragung gilt, wenn sie nicht widerrufen wird:	Datum, Stempel und Unterschrift der Behörde
			vom 200x an bis zum 31.12.200x	i. A.
			vom 200x an bis zum 31.12.200x	i. A.
			vom 200x an bis zum 31.12.200x	i. A.

III. Für die Berechnung der Lohnsteuer sind vom Arbeitslohn als steuerfrei abzuziehen:

Jahresbetrag €	monatlich €	wöchentlich €	täglich €	Diese Eintragung gilt, wenn sie nicht widerrufen wird:	Datum, Stempel und Unterschrift der Behörde
2.400	200	---	---	vom 01.01. 20.. an	24. NOV. 20..
in Buchstaben	zwei -tausend	vier	Zehner und Einer wie oben -hundert	bis zum 31.12.200x	i. A.
				vom 20.. an	
in Buchstaben	-tausend		Zehner und Einer wie oben -hundert	bis zum 31.12.200x	i. A.
Ggf. zusätzlich z. o.a Freibetrag				vom 20.. an	
in Buchstaben	-hundert (Zehner u. Einer wie oben)				
bei der Tätigkeit als					i. A.

Auszug aus dem Personalstammblatt:

Firma Walter Wide Hatticelli mbH			Personalstammblatt
Persönliche Angaben			
Personal-Nummer:	1703	Tel. privat:	
Name, Vorname:	Godwin, Roland	Geburtsdatum:	08.04.19..
Straße:	Werrestr. 14	Geb.-Name:	
PLZ, Ort:	32006 Herford	Staatsangehörigk.:	dt.
Krankenversicherung			
SV-Schlüssel	1-2-1		
KV-Kasse:	GKK Bielefeld		
allg. Beitragssatz:	14,6 %		
Beitragssatz f. Zahnersatz u. Krankengeld 0,9 %			
Firma		**Bankverbindung**	
Eintritt:	01.04.20..	Kreditinstitut:	Sparkasse Herford
Austritt:		BLZ:	494 501 20
Abteilung:	Einkauf	Kto.-Nr.:	11 400 45732
Kostenstelle:			
Vermögenswirksame Leistungen			
Vertrag 1	Bausparvertrag		
Überweisung:	40,00 €	Bank:	WestLB Münster
Zuschuss AG:	26,00 €	BLZ:	400 500 00
Empfänger:	BLS	Kto.-Nr.:	6242
Vertrags-Nr.:	5 421 500 421		
Vertrag 2			
Überweisung:		Bank:	

Lohn €/ Gehalt € bis	Steuerkl.	Lohnsteuer	ohne Kinderfreibeträge			mit Zahl der Kinderfreibeträge 0,5			1,0			1,5			2,0		
			SolZ	Kirchenst. 8 %	9 %	SolZ	Kirchenst. 8 %	9 %	SolZ	Kirchenst. 8 %	9 %	SolZ	Kirchenst. 8 %	9 %	SolZ	Kirchenst. 8 %	9 %
1875,24	I	300,34	16,51	24,03	27,03	14,04	20,42	22,97	11,62	16,90	19,01	9,25	13,46	15,14	6,94	10,10	11,37
	II	227,65	12,52	18,21	20,49	10,13	14,74	16,58	7,81	11,36	12,77	4,48	8,05	9,05	-	4,83	5,43
	III	73,88	-	5,91	6,65	-	2,88	3,24	-	-	-	-	-	-	-	-	-
	IV	300,34	16,51	24,03	27,03	15,27	22,22	24,99	14,04	20,42	22,97	12,82	18,65	20,98	11,62	16,90	19,01
	V	567,70	31,22	45,41	51,09	-	-	-	-	-	-	-	-	-	-	-	-
	VI	602,30	33,13	38,18	54,21	-	-	-	-	-	-	-	-	-	-	-	-
1877,54	I	301,06	16,56	24,08	27,09	14,08	20,48	23,03	11,66	16,95	19,08	9,29	13,51	15,20	6,98	10,15	11,42
	II	228,37	12,56	18,27	20,55	10,17	14,80	16,64	7,84	11,41	12,83	4,61	8,10	9,11	-	4,88	5,49
	III	73,88	-	5,91	6,65	-	2,88	3,24	-	-	-	-	-	-	-	-	-
	IV	301,06	16,56	24,08	27,09	15,31	22,27	25,05	14,08	20,48	23,03	12,86	18,71	21,04	11,66	16,95	19,08
	V	568,56	31,27	45,48	51,17	-	-	-	-	-	-	-	-	-	-	-	-
	VI	603,24	33,18	48,26	54,29	-	-	-	-	-	-	-	-	-	-	-	-

Ermitteln Sie

1. das steuerpflichtige Gehalt
2. das sozialversicherungspflichtige Gehalt

1. Bruttogehalt	2049,00 EUR
+ Arbeitgeberzuschuss zu den vermögenswirksamen Leistungen	26,00 EUR
	2075,00 EUR
– monatlicher Steuerfreibetrag lt. Lohnsteuerkarte	200,00 EUR
Steuerpflichtiges Gehalt	1875,00 EUR
2. Bruttogehalt	2049,00 EUR
+ Arbeitgeberzuschuss zu den vermögenswirksamen Leistungen	26,00 EUR
sozialversicherungspflichtiges Gehalt	2075,00 EUR

Erstellen Sie die Gehaltsabrechnung für den Mitarbeiter Roland Godwin für den Monat April. Herr Godwin erhielt am 15. April einen Vorschuss auf sein Gehalt in Höhe von 500,00 EUR.

Bruttogehalt (einschließlich AG-Zuschuss vermögenswirksame Leistungen)	2075,00 EUR
– Lohnsteuer (von 1875,00 EUR – LSt-Kl. IV)	300,34 EUR
– Kirchensteuer (9 % für NW – LSt-Kl. IV/1,0 Kinderfreibeträge)	22,97 EUR
– Solidaritätszuschlag (LSt-Kl. IV/1,0 Kinderfreibeträge)	14,04 EUR
– Arbeitnehmeranteil Rentenversicherung (9,8 % von 2075,00 EUR)	203,35 EUR
– Arbeitnehmeranteil Arbeitslosenversicherung (1,5 % von 2075,00 EUR)	31,13 EUR
– Arbeitnehmeranteil Krankenversicherung (8,2 % von 2075,00 EUR)	170,15 EUR
– Arbeitnehmeranteil Pflegeversicherung (0,975 % von 2075,00 EUR)	20,23 EUR
Nettogehalt	1 312,79 EUR
– Vorschuss	500,00 EUR
– Überweisung vermögenswirksame Leistungen	40,00 EUR
Auszahlungsbetrag	772,79 EUR

Ausgangssituation

In der wwh GmbH wird zur Beurteilung der Leistungen der einzelnen Mitarbeiter ein standardisiertes Beurteilungsverfahren eingesetzt. Abgebildet ist der noch unvollständige Beurteilungsbogen für Frau Alena Kepel aus dem Einkauf.

wwh GmbH **Beurteilungsbogen**

Name/Vorname: Kepel, Alena Tarifeinstufung: K 4

Abteilung: Einkauf Effektivgehalt: 2 320,00

Personalnummer: 320-5

Beurteilungsmerkmale	Gewichtungsfaktor = G	Maximale PZ (G · 8)	Punktzahl PZ 1 – 8	gewichtete Punktzahl
1. Arbeitgüte	10	80	7	
2. Arbeitsmenge	8	64	8	
3. Organisation und Planung	6	48	6	
4. Engagement/Selbstständigkeit	8	64	7	
5. Zusammenarbeit/Teamfähigkeit	6	48	7	
6. Ergebnis des Arbeitsbereiches	9	72	6	
7. Personalführung	-	-	-	-
	Summe 1 =	376	Summe 2 =	

erreichte Prozentzahl: ________ = Summe 2 · 100 / Summe 1

Beurteilung erstellt am: ________

Beurteilung besprochen am: ________

Unterschriften: Mitarbeiter Beurteilender Bereichsleiter

Um die im Beurteilungsbogen genannten Beurteilungsmerkmale zu konkretisieren, geben Sie für jedes genannte Kriterium je zwei praktische Beispiele.

1. Arbeitgüte: Genauigkeit der Arbeit, fehlerlose Briefe und E-Mails, geringe Abweichungen von den Planzahlen, präzise Ausführung von Vorgängen
2. Arbeitsmenge: Anzahl von bearbeiteten Vorgängen, Menge der beantworteten E-Mails und Briefe, Anzahl der Telefonate, Summe des Einkaufsvolumens
3. Organisation und Planung: Planung des Tagesablaufs, Organisation der eigenen Arbeitsabläufe, übersichtliche Terminplanung
4. Engagement/Selbstständigkeit: liefert Anregungen für Verbesserung von Arbeitsabläufen, ergreift die Initiative beim Wechsel von Materialien oder Lieferanten, stellt selbstständig Verbindung zu neuen Lieferanten her
5. Zusammenarbeit/Teamfähigkeit: stimmt sich mit anderen Mitarbeitern der Gruppe ab, hält Kontakt zu anderen Abteilungen, hilft Kollegen bei Problemen, nimmt erfolgreich an verschiedenen Ausschüssen teil
6. Ergebnis des Arbeitsbereiches: Zufriedenheit bei anderen Abteilungen über die Leistung dieser Stelle, keine Reibungsverluste, hohe Einsparungen
7. Personalführung: motiviert Mitarbeiter, delegiert Tätigkeiten, führt sachgerecht

Berechnen Sie die erreichte Leistungsprozentzahl der Mitarbeiterin Alena Kepel.

Um die gewichtete Punktzahl zu erhalten, müssen die gegebenen Punkte mit den Gewichtungsfaktoren multipliziert und addiert werden:
70 + 64 + 36 + 56 + 52 + 54 = 332 (Summe 2).
Diese Zahl ins Verhältnis gesetzt zu der maximal erreichbaren Punktzahl (Summe 1) ergibt 88,2 %. Das ist eine gute bis sehr gute Leistung.

Was versteht man ganz allgemein unter dem Begriff Personalentwicklung?

Personalentwicklung umfasst alle Maßnahmen der Bildung und Förderung von Mitarbeitern und der Organisationsentwicklung, die von einer Organisation oder Person zielorientiert geplant, realisiert und evaluiert werden. Sie hat es sich zum Ziel gesetzt, Menschen, Gruppen und Organisationen dazu zu befähigen, ihre Aufgaben in betrieblichen Arbeitssystemen erfolgreich zu bewältigen und sich neuen Herausforderungen zu stellen. Sie umfasst die gezielte Förderung des Humankapitals, um die Unternehmensziele unter Berücksichtigung der Bedürfnisse und der Qualifikation des Mitarbeiters oder einer Gruppe von Mitarbeitern optimal zu erreichen.

Wie wird der Bedarf für Personalentwicklungsmaßnahmen festgestellt?

Treten soziale oder fachliche Mängel auf, müssen die Ursachen hierfür gesucht werden, um passende PE-Maßnahmen anbieten zu können. Ursachen können in folgenden Bereichen liegen:

- Wissen: (Sind die Mitarbeiter informiert? Haben sie es verstanden?)
- Wollen: (Sind sie motiviert? Was demotiviert sie?)
- Können: (Sind sie ausgebildet? Haben sie genug trainiert?)
- Dürfen: (Trauen sie sich, kreativ/kollektiv zu handeln?)

Die Bedarfsermittlung für PE-Maßnahmen muss immer auch die Bedürfnisse der Mitarbeiter berücksichtigen. Um die Frage nach der Motivation von Mitarbeitern zu beantworten, kann die Personalentwicklung an zwei Punkten ansetzen:

- Defizitorientierung (Was hindert unsere Mitarbeiter daran, erfolgreich zu sein?)
- Ressourcenorientierung (Welche Fähigkeiten, Träume und Kenntnisse haben unsere Mitarbeiter noch zur Verfügung?)

Um konkreten PE-Bedarf festzustellen, kommen folgende Instrumente zum Einsatz:

- Erstellen von Anforderungsprofilen
- IQ-Tests
- Auswahlverfahren
- Interview
- Persönlichkeitstests
- Arbeitsbewertung
- Leistungserfassung
- Leistungsbewertung
- Assessment-Center

Nennen Sie Beispiele für fachliche und soziale bzw. persönliche Fähigkeiten, die im Rahmen der Personalentwicklung gefördert werden können.

Fachliche Fähigkeiten

- berufsspezifisches Wissen
- Fachkenntnisse
- Fertigkeiten
- Arbeitstempo
- Kostenbewusstsein
- unternehmerisches Denken
- allgemeine Planungskenntnisse
- Kenntnisse zur Qualitätserreichung
- Organisationsfähigkeit
- Handhabung von Hilfsmitteln
- analytisches Denken
- Fremdsprachen
- wirtschaftliches Denken
- systematisches Arbeiten
- Problemlösungsfähigkeit

Soziale und persönliche Fähigkeiten

- Selbstbewusstsein
- Selbstmanagement
- Engagement in der Gruppe
- Führungskompetenz
- Qualitätsbewusstsein
- Leistungsbereitschaft
- Ausdrucksfähigkeit
- Innovationsfreude
- Kooperationsfähigkeit
- Konflikt- und Kritikfähigkeit
- Präsentationsfähigkeit
- Fairness
- Durchsetzungsfähigkeit
- Einfühlungsvermögen
- Gerechtigkeitsempfinden

Mit welchen A-Maßnahmen kann das Leistungspotenzial der Mitarbeiter gefördert werden?

Nennen Sie Beispiele.

- regelmäßige Beurteilungen und Mitarbeitergespräche
- Einarbeitungsprogramme/Schulungen/Trainings/E-based Learning
- Führungsnachwuchsprogramme als spezielle Schulungen
- Austauschprogramme mit anderen Unternehmen oder Einrichtungen
- Job-Rotation = ein Mitarbeiter arbeitet planmäßig im Laufe eines bestimmten Zeitraumes auf verschiedenen Stellen eines Betriebes oder einer Abteilung
- Job-Enrichment = Arbeitsbereicherung, indem einem Mitarbeiter z. B. verantwortungsvollere oder höherwertigere Tätigkeiten hinzu gegeben werden
- Job-Enlargement = Arbeitserweiterung erfolgt durch Rationalisierung von bestehender Arbeit und Hinzufügung neuer Tätigkeiten
- Supervision = mehrere Mitarbeiter besprechen ihre Arbeit unter Anleitung eines Supervisors
- Coaching = individuelle Betreuung im beruflichen Zusammenhang

Ausgangssituation

Die Geschäftsführung versendet an die Abteilungsleiter die folgende interne Mitteilung per E-Mail:

wwh GmbH

Interne Mitteilung

von: Geschäftsleitung

an: alle Abteilungsleiter

Strategisches Planungsgespräch/Unternehmenskultur

Sehr geehrte Damen und Herren,

wie Sie wissen, werden wir am 11./12. November unsere Klausurtagung im Hotel Wiesengrund in Rödinghausen zur o. g. Thematik durchführen.

Zur Vorbereitung auf diese Sitzung, in der wir die Grundlinien eines Unternehmensleitbildes als Grundlage für unsere strategische Planung diskutieren wollen, bitte ich Sie, sich im Vorfeld schon einmal Gedanken zu folgenden Fragen zu machen und ihre Notizen und ggf. Daten bis zum 09.11. per E-Mail an den Gesamtverteiler zu übermitteln:

1. Vision (Wo soll die wwh GmbH in 5 bis 10 Jahren sein?)
2. Zugehörigkeit (Zu welcher Gruppe gehören wir, wer sind unsere Kunden, wer sind unsere Mitbewerber im Markt?)
3. Identität (Wer sind wir?)
4. Mission (Wem dient das Unternehmen?)
5. Glaubenssätze, Werte, Leitbild (Warum tun wir das, was wir tun?)
6. Fähigkeiten, Potenziale (Wie erledigen wir unseren Auftrag?)
7. Verhalten, Strategien (Was tun wir, um unsere Ziele zu erreichen?)
8. Arbeitsumfeld, betriebliche Strukturen (Wo tun wir es?)

Mit freundlichem Gruß

Petersen

Petersen
Geschäftsführer

Datum: 01.11.20..

Was ist allgemein unter dem Begriff Unternehmenskultur zu verstehen?

Unternehmenskultur bezeichnet die Entstehung, Entwicklung und den Einfluss kultureller Aspekte innerhalb eines Unternehmens oder einer Organisation.

Die Unternehmenskultur wirkt auf alle Bereiche des Unternehmens (Beziehungen zu Kollegen, Kunden und Lieferanten, Kommunikation usw.). Jede Aktivität in einer Organisation ist durch ihre Kultur gefärbt und beeinflusst. Das Verständnis der Unternehmenskultur erlaubt es den Mitgliedern, ihre Ziele besser verwirklichen zu können, und den Außenstehenden, die Organisation besser zu verstehen.

Jede Organisation bildet eine spezifische Kultur heraus, die das organisatorische Verhalten maßgeblich bestimmt. Sie ergibt sich aus dem Zusammenspiel von Werten, Normen und Denkhaltungen, die die Mitarbeiter teilen: was das Zusammenleben in der Organisation sowie das Auftreten nach außen hin prägt.

Die Unternehmenskultur kann den wirtschaftlichen Erfolg des Unternehmens positiv beeinflussen. Allerdings ist eine „verordnete" Kultur zum Scheitern verurteilt. Nur wenn die vereinbarten Werte und Normen von den Vorgesetzten vorgelebt werden, führt dies langfristing zum Erfolg.

Im Anschreiben der Geschäftsführung ist davon die Rede, dass die Grundlinien eines Unternehmensleitbildes aufgezeichnet werden sollen. ***Welche Aufgabe hat ein solches Unternehmensleitbild?***	Ein Leitbild ist eine klar gegliederte, langfristige Zielvorstellung eines Unternehmens oder einer Institution und beinhaltet, mit welchen Strategien diese Unternehmensziele erreicht werden sollen. Insofern ist das Unternehmensleitbild die Ausformulierung der Unternehmenskultur in Hinblick auf folgende Funktionen und Inhalte: ▶ Orientierungsfunktion bedeutet, dass die Mitarbeiter ihr betriebliches Handeln am Leitbild ausrichten können. Dazu gehören Werte, Normen, Regeln und Vorbilder. ▶ Integrationsfunktion bedeutet, dass ein Wir-Gefühl in der Organisation entstehen soll, also die Corporate Identity und der Kommunikationsstil. ▶ Entscheidungsfunktion bedeutet, dass das Leitbild die Regeln für die Lösung von Krisen festlegt und die Spielräume umreißt, die das Unternehmen und die Manager bei Entscheidungen haben. ▶ Koordinierungsfunktion bedeutet, dass das Leitbild geeignet sein muss, das Zusammenwirken von Mitarbeitern, Führungskräften, Kunden, Lieferanten und der Öffentlichkeit zu verbessern.
Erklären Sie den Begriff „Corporate Identity".	Dieser Begriff, abgekürzt CI, (auch Unternehmensidentität) ist der abgestimmte Einsatz von Verhalten, Kommunikation und Erscheinungsbild nach innen und außen. Basis dafür ist das Unternehmensleitbild, welches durch die Corporate Identity mit Leben gefüllt wird. Die CI ist also die „Persönlichkeit" bzw. der „Charakter" einer Organisation, die als einheitlicher Akteur – mit sozusagen menschlichen Eigenschaften – handelt und wahrgenommen wird.
Zwischen welchen Bereichen wird im Rahmen der Corporate Identity unterschieden?	▶ Unter **Corporate Design** (CD) wird die visuelle Identität verstanden, die als tägliches Erscheinungsbild in der Öffentlichkeit Teil der Corporate Identity ist. Eine Ausweitung erfährt Corporate Design zunehmend durch weitere wahrnehmbare Merkmale wie z. B. den akustischen Auftritt (Corporate Sound). ▶ Die **Corporate Communication** (CC) umfasst die gesamte Unternehmenskommunikation nach innen und nach außen. Dadurch wird ein einheitliches Erscheinungsbild vermittelt und der damit verbundene Eindruck bei den Kunden verstärkt. Corporate Communication wird angewendet bei Werbemaßnahmen (Anzeigen, Plakaten, Werbebotschaften, TV-Spots usw.) und der Öffentlichkeitsarbeit (Pressemitteilungen, Sponsoring usw.). Aber auch bei unternehmensinterner Kommunikation (z. B. E-Mails an Mitarbeiter, Mitarbeiterzeitungen) findet CC Anwendung. ▶ Die **Corporate Philosophy** (CP) beinhaltet das Selbstverständnis des Unternehmens und spiegelt häufig die persönlichen Einstellungen des Firmengründers wider. Sie liefert die notwendigen Informationen über Werte, Normen und Rollen. ▶ Die **Corporate Culture** ist die Kultur des Unternehmens, wie das Unternehmen täglich arbeitet und lebt und bildet damit die Verwirklichung des Unternehmensleitbildes. ▶ Zum **Corporate Behaviour** (CB) gehören das Verhalten der Mitarbeiter untereinander, gegenüber Kunden sowie zu Lieferanten, Partnern und der Öffentlichkeit. Corporate Behaviour zeigt sich u. a. in der Mitarbeiterführung, im Umgangston, in der Kritikfähigkeit.
An welchen Signalen lässt sich nach außen erkennen, ob ein Unternehmen ein klares „Corporate Design" hat?	Corporate Design findet Anwendung bei der Gestaltung von ▶ Zeichen (Firmenlogo), ▶ Arbeitskleidung (Corporate Clothing: Uniformen), ▶ Formularen, Briefen, E-Mails, Visitenkarten, ▶ Architektur der Betriebsgebäude, Farbgebung usw.
Welche Probleme können sich ergeben, wenn ein Unternehmen zu starr einem einmal definierten Unternehmensleitbild folgt?	▶ Uniformität und Eintönigkeit im Verhalten der Organisation (Vereinheitlichung) ▶ Blockade neuer Orientierungsmuster ▶ Verführung zum Denken in Stereotypen ▶ Gefahr des Produktivitätsverlustes durch Mangel an Kreativität ▶ mangelnde Identifikation mit den starren Vorgaben des Unternehmens

Ausgangssituation

Die Geschäftsführung versendet die folgende interne Mitteilung per E-Mail:

wwh GmbH

Interne Mitteilung

von: Geschäftsleitung

an: AL Vertrieb, AL Fertigung, AL Controlling

Jahresplanung/Produktions- und Absatzprogramm

Sehr geehrte Herren,

wie Ihnen bekannt, hat sich das Unternehmensergebnis in der Hochrechnung für dieses Jahr verschlechtert. Dies hat, wie in der letzten Führungskreissitzung besprochen, folgende Gründe:

- hoher Wettbewerb, insbesondere durch Billiganbieter aus Osteuropa
- immer kürzer werdende Produktlebenszyklen durch gewachsene Kundenansprüche
- hoher Kostendruck durch steigende Personal- und Energiekosten, die von anderen Anbietern durch Produktionsverlagerung aufgefangen werden

Aus diesem Grund bitte ich Sie, für die bevorstehende Unternehmensplanung folgende Fragen zu klären und mir kurzfristig dazu Ihre Stellungnahmen zukommen zu lassen:

1. Sollten wir unser Produktionsprogramm stärker vom Absatzprogramm abkoppeln?
2. Mit welchen Produkten/Baugruppen sollten wir auf die verlängerte Werkbank gehen?
3. Müssen wir unsere Produktlebenszyklen verkürzen?
4. Sollten wir uns mehr spezialisieren? Welche Produkte sollten wir dann aus dem Programm entfernen?

Mit freundlichem Gruß

Petersen

Petersen
Kaufm. Geschäftsführer

Datum: 10.09.20..

Stellen Sie den Zusammenhang zwischen Produktionsprogramm und Absatzprogramm grafisch dar und nennen Sie Beispiele, die sich am Leistungsprogramm der wwh GmbH orientieren.

Produktionsprogramm	Produktionsprogramm	
selbst erstellte Erzeugnisse	nur für den Absatz erstellte Produkte	Handelswaren
	Absatzprogramm	Absatzprogramm

Das Produktionsprogramm und das Absatzprogramm stimmen im Prinzip nur im Bereich der vom eigenen Unternehmen für den Absatz hergestellten Produkte überein. Selbst erstellte Erzeugnisse werden nicht verkauft und Handelswaren werden nicht selbst erstellt.

- ▶ nur für den Absatz erstellte Erzeugnisse: Kernsortiment wie Klein-Haushaltsgeräte, die im eigenen Unternehmen hergestellt werden
- ▶ Handelswaren: zumeist Randsortiment, d. h. nicht selbst produzierte, aber mit dem eigenen Label verkaufte Produkte, wie Leuchten, Glühlampen, Kleinmaschinen
- ▶ selbst erstellte Produkte, die nicht für den Absatz bestimmt sind, wie Maschinen, Werkzeuge, Lagereinrichtungen

Herr Petersen fragt in seiner E-Mail nach möglichen Produkten für die verlängerte Werkbank.

Was ist darunter zu verstehen und nach welchen Gesichtspunkten werden die entsprechenden Produkte ausgesucht?

Jedes Unternehmen steht immer wieder vor der Frage, ob es ein bestimmtes Produkt oder Bauteil selbst herstellen oder es einkaufen soll.
Der bildliche Ausdruck „verlängerte Werkbank" wird für industrielle Fertigungsbetriebe verwendet, die die Lohnfertigung von Produkten übernehmen, die von anderen Unternehmen entwickelt wurden.
Die Entscheidung folgt zunächst vor allem strategischen Überlegungen:

- Selbstfertigung ist prestigeträchtig und macht unabhängig von äußeren Umständen wie Streiks oder Lieferschwierigkeiten der Zulieferer.
- Fremdfertigung macht flexibel und erlaubt schnelles Umdisponieren.

Dennoch stehen kurzfristig zumeist Kostenabwägungen im Vordergrund. Die Entscheidung wird deshalb häufig aufgrund des Verhältnisses von fixen und variablen Kosten zueinander herbeigeführt.

Herr Petersen fragt in seiner E-Mail auch nach der Verkürzung von Produktlebenszyklen.

Stellen Sie einen Produktlebenszyklus dar und erläutern Sie die einzelnen Phasen.

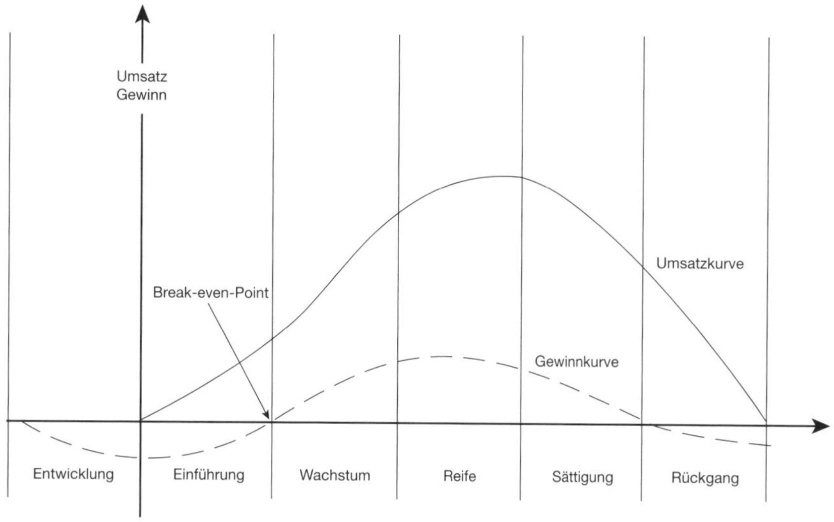

Entwicklungsphase: Vor der Einführung wird das Produkt intern entwickelt und verursacht deshalb und aufgrund der beginnenden Werbung Kosten. Aufgrund fehlender Erträge produziert das Produkt zunächst also einen Verlust.

Einführungsphase: Das Produkt wird mit viel Werbung und Verkaufsförderung in den Markt gebracht. Die Umsätze steigen allmählich an. In dieser Phase werden aufgrund der anhaltenden Kommunikationsausgaben jedoch noch keine Gewinne erzielt. Hier entscheidet sich, ob der Markt das Produkt überhaupt annimmt. Die Einführungsphase ist beendet, wenn der Break-even-Point erreicht ist.

Wachstumsphase: Der Umsatz steigt überproportional, es werden erstmalig Gewinne erzielt, obwohl die Ausgaben anhaltend hoch sind. Diese Phase ist durch schnelles Wachstum gekennzeichnet. Werbung beschleunigt das Wachstum. Diese Phase endet, wenn die Umsatzkurve degressiv wird.

Reifephase: Diese Phase ist meist die längste Phase und auch die mit den höchsten Gewinnen. Diese liegen auch daran, dass das Unternehmen aufgrund der steigenden Absätze die Kosten entscheidend senken kann und die Werbung abnimmt. Aufgrund der zunehmenden Konkurrenz sinken zum Ende der Phase die Gewinne.

Sättigungsphase: Das Produkt hat kein Marktwachstum mehr – Umsätze und Gewinne gehen zurück. Durch Modifikationen kann man versuchen, noch Kunden zu gewinnen und diese Phase auszudehnen. Die Sättigungsphase endet, wenn keine Gewinne mehr erzielt werden können.

Rückgangphase: Der Markt schrumpft und der Umsatzrückgang kann auch durch gezielte Marketingmaßnahmen nicht abgefangen werden. Das Produkt verliert Marktanteile und hat ein negatives Wachstum, die Gewinne sinken. Kann auch eine Produktverbesserung (Relaunch) keine zusätzlichen Umsätze mehr erzielen, ist die Rückgangsphase mit dem Sinken des Umsatzes auf Null beendet.

Welche Argumente sprechen für eine Spezialisierung des Unternehmens, welche sprechen dagegen?

Für eine Spezialisierung sprechen: Konzentration auf bestimmte Produkte, verbunden mit geringeren Entwicklungskosten und niedrigeren Rüstkosten, kleine Materiallager, Massenproduktion, Ausnutzung optimaler Losgrößen und Bestellmengen.
Gegen eine Spezialisierung sprechen: geringere Abhängigkeit vom Markt, die Möglichkeit, differenzierte Kundenwünsche zu befriedigen sowie die Möglichkeit, Verbundprodukte zu verkaufen (Substitutions- und Komplementärgüter).

Ausgangssituation

Der Produktionsleiter Herr Martens hat den folgenden Artikel in einer Fachzeitschrift gelesen und leitet ihn in Kopie an seine Kollegen Abteilungsleiter zur Kenntnisnahme weiter. Hintergrund ist, dass die wwh GmbH eine Veränderung der Fertigungsorganisation anstrebt.

Der Mitarbeiter in der flexiblen Produktion

(sval) Der rasche technologische Wandel erfordert eine hohe Flexibilität der Produktion und damit der gesamten Organisation, um sich auf den rasch verändernden Bedarf der Kunden in einem zunehmenden Wettbewerb einzustellen.

Da Organisation auch menschliche Beziehungen regelt, müssen alle Mitarbeiter einbezogen werden, wenn auf die sich verändernde Unternehmensumwelt flexibel und rasch reagiert werden soll. Das setzt jedoch voraus, dass die Mitarbeiter nicht mehr nur Einblick und Verantwortung in den gesamten Prozess bzw. für einen kleinen Abschnitt des Prozesses haben, in dem das Endprodukt entsteht. Sie müssen im Rahmen der Wertschöpfungskette den Entstehungsprozess des Erzeugnisses und vor allem wichtige Schnittstellen mit anderen Abteilungen und Bereichen kennen.

Dann können unnötige Reibungsverluste an Schnittstellen abgebaut werden. Gleichzeitig ist dieses ganzheitliche Begreifen des Produktionsprozesses ein wichtiger Ansatz, um die Verantwortung der Mitarbeiter für die sie mit anderen Mitarbeitern verbindende (übergreifende) Aufgabenstellungen und damit ihre Motivation zu fördern.

In diesem Zusammenhang ist der Arbeitsinhalt zu einer zentralen Schlüsselgröße von Maßnahmen der Gestaltung und Strukturierung der Arbeit geworden, die einerseits die Zufriedenheit der Mitarbeiter im Arbeitsprozess erhöhen soll und andererseits helfen soll, die Wirtschaftlichkeit der Produktion zu erhöhen.

Aus diesem Grunde müssen alle Arbeitsstrukturierungsmaßnahmen darauf ausgerichtet sein, den Handlungs- und Entscheidungsspielraum der Mitarbeiter zu vergrößern, indem ihre Arbeitsinhalte erweitert oder abwechslungsreich gestaltet werden. Sie sollen ferner dazu ermuntert werden, Verbesserungsvorschläge für die Produktion einzureichen.

Maßnahmen der Arbeitsstrukturierung müssen sich deshalb nicht nur auf einzelne Arbeitspersonen oder Arbeitsplätze beschränken, sie können sich auch auf ganze Gruppen beziehen. So können teilautonome Arbeitsgruppen gebildet werden, denen zur Erweiterung ihres Entscheidungs- und Handlungsspielraumes umfassende Arbeitsaufträge anvertraut werden. Die Gruppe kann dann im Rahmen vorgegebener Ziele, Zeiten und der technischer Rahmenbedingungen festlegen, welches Gruppenmitglied welche Arbeitsaufgaben ausführt.

Die Notwendigkeit einer sinnvollen Arbeitsstrukturierung ist erst durch die Arbeitsteilung notwendig geworden.

Was bedeutet Arbeitsteilung und welche Vor- und Nachteile ergeben sich daraus?

Arbeitsteilung bedeutet die Zerlegung einer Gesamtaufgabe in Teilaufgaben.

Vertikale Arbeitsteilung bezeichnet die Aufteilung nach unterschiedlichen Tätigkeiten, zumeist verbunden mit einer Spezialisierung. Die vertikale Arbeitsteilung ist die Grundlage der funktionalen Organisation eines Betriebes. So gibt es Abteilungen, die zuständig sind für Rohstoffbearbeitung (z. B. Fräsen, Stanzen), andere, die Oberflächenveredlung übernehmen (z. B. Lackieren) und wieder andere, die Teile montieren und verpacken.

Horizontale Arbeitsteilung beinhaltet die Verteilung gleichartiger Tätigkeiten auf verschiedene Aufgabenträger, d. h., dass mit der Funktion des Lackierens in der entsprechenden Abteilung mehrere Mitarbeiter beschäftigt sind, die gleiche Tätigkeiten verrichten.

Vorteile der Arbeitsteilung sind:
- höhere Produktivität in Bezug auf die Teilaufgaben
- leichtere Ersetzbarkeit von Mitarbeitern
- geringere Arbeitskosten und Maschinenkosten

Nachteile der Arbeitsteilung sind:
- bei zu großer Arbeitsteilung die Tendenz zur Monotonie und eine abnehmende Motivation der Mitarbeiter
- höherer Koordinationsaufwand
- geringere Flexibilität

Moderne betriebswirtschaftliche Methoden versuchen, die Nachteile der Arbeitsteilung dadurch abzumindern, dass sie dort wieder zurückgenommen wird, wo das wirtschaftlich sinnvoll ist (z. B. durch Gruppenarbeit), und durch die Schaffung einer entsprechenden Unternehmenskultur neue Ansatzpunkte für Motivation und Flexibilität zu schaffen.

Die Fertigungstiefe wirkt sich wesentlich auf die Fertigungsorganisation aus.

Stellen Sie gegenüber, welche Auswirkungen einerseits eine Erhöhung und andererseits eine Verringerung der Fertigungstiefe auf die Organisation der Fertigung haben.

Wenn ein Unternehmen wie die wwh GmbH eine neue Organisation der Fertigung anstrebt, dann müssen auch Überlegungen zur Fertigungstiefe angestellt werden.
Bei Entscheidungen darüber muss untersucht werden, ob die Eigenfertigung des Unternehmens erhöht oder Teile und/oder Baugruppen in Fremdfertigung realisiert werden sollen (= Make-or-buy-Entscheidung). Diese Entscheidungen können in zwei Richtungen getroffen werden:

Die **Erhöhung der Fertigungstiefe** führt zur Rückführung von Fertigungsaufgaben und Weiterverarbeitungsprozessen in das eigene Unternehmen, die vorher von Zulieferern/Subunternehmern übernommen wurden.
Wichtige Kriterien sind in diesem Zusammenhang die Zuverlässigkeit hinsichtlich der Qualität und der Termintreue sowie die Fertigungskosten und die verbesserte Kapazitätsauslastung.
Aus wirtschaftlicher Sicht sind bei der Entscheidung zu einer Erhöhung der Fertigungstiefe die Beschaffungs-, Lager- und Transportkosten, die Kosten der Arbeitsvorbereitung, der erhöhte Kapitalbedarf und die Wettbewerbsfähigkeit zu beachten.

Die **Verringerung der Fertigungstiefe** gestattet die Konzentration auf jene Wertschöpfungsstufen, die Produkteigenschaften und Kosten erheblich beeinflussen. Aufgaben, die von anderen Unternehmen wirtschaftlicher wahrgenommen werden können, werden als Auftrag nach außen vergeben (= Outsourcing, verlängerte Werkbank).
Das Unternehmen kann sich auf seine Kernkompetenzen konzentrieren, um die Qualität und die Kosten genauer zu steuern oder um Kapazitäten in den entscheidenden Bereichen zu erhöhen. Kernkompetenzen beeinflussen die Wettbewerbsfähigkeit von Unternehmen ganz erheblich.

In der wwh GmbH wird gegenwärtig noch in Form der Werkstattfertigung produziert.

Stellen Sie diese kurz dar und nennen Sie deren Nachteile.

Bei der Werkstattfertigung werden Maschinen und Arbeitsplätze, die vergleichbaren Arbeitsvorgängen dienen, in Werkstätten zusammengefasst. Die Werkstücke durchlaufen der Reihenfolge nach verschiedene Werkstätten.

Nachteile der Werkstattfertigung:
- ▶ relativ lange Transportwege durch das Unternehmen
- ▶ hohe Kosten durch den Transport von einer Werkstatt zur nächsten
- ▶ hohe Kosten der Koordination der Werkstätten und der Arbeitsvorbereitung
- ▶ unter Umständen lange Liege- und Wartezeiten in Werkstätten
- ▶ Notwendigkeit der Zwischenlagerung von Halbfabrikaten (Lagerkosten)

Der Fertigungsleiter Herr Martens ist von dem Prinzip der Gruppenfertigung überzeugt und will in der nächsten Abteilungsleitersitzung darüber mit seinen Kollegen reden.

Sie sollen als Grundlage für diese Diskussion die grundlegenden Inhalte und Prinzipien der Gruppenarbeit sowie deren Vorteile zusammenstellen.

Die Gruppenfertigung ist eine Art des Fertigungsablaufes, bei der alle Arbeitsplätze und Maschinen, die für die Produktion erforderlich sind, zu einer Fertigungsgruppe zusammengefasst werden, in der die Mitarbeiter die Steuerung und Organisation der Produktion in Eigenverantwortung übernehmen. Oftmals ist es nicht möglich, ein Produkt nur in reiner Fließfertigung herzustellen. Deshalb werden in der Praxis immer häufiger Kombinationen verschiedener Fertigungsverfahren angewendet, bei denen einer Gruppe von Mitarbeitern die Verantwortung für die Produktion einer Produkt-, Baugruppen- oder Teilefamilie übergeben wird.

In der Praxis ergibt sich zumeist eine Aneinanderreihung von mehreren „Fließinseln" bzw. teilautonomen Arbeitsgruppen. Die Zusammenführung der einzelnen Teil-Produkte der verschiedenen Arbeitsgruppen ergeben in der Endmontage das fertige vollständige Produkt.

Die einzelnen Mitarbeiter behalten bei diesem Verfahren den Überblick über den gesamten Fertigungsablauf. Damit kommt diese Ablauforganisation den Vorstellungen einer humaneren Arbeitswelt entgegen. Die Motivation der Arbeitskräfte wird durch den Einsatz in wechselnden Funktionen erhöht. Außerdem stärkt diese Art der Fertigung die Selbstverantwortung und führt zu Qualitätssteigerung. Die Mitarbeiter entwickeln bei diesem Verfahren mehr Verbesserungsvorschläge als in herkömmlichen Organisationsformen. Die Gruppenfertigung erfordert von den Arbeitnehmern neben hoher fachlicher Qualifikation vor allem auch Teamfähigkeit.

Vorteile der Gruppenfertigung
- ▶ geringere Transportkosten durch Verkürzung der Transportwege
- ▶ geringere Lagerkosten durch Verringerung von Zwischenbeständen
- ▶ überschaubarer und besser organisier- und rationalisierbarer Fertigungsprozess
- ▶ wirkt motivierend auf die Mitarbeiter und erhöht deren Teamfähigkeit und Kooperationswillen
- ▶ geringerer Krankenstand durch verbessertes Betriebsklima
- ▶ Mitarbeiter lernen, verschiedenartige Aufgaben in ihrer Gruppe zu übernehmen

Ausgangssituation

Die Abteilung Controlling erhält von der Abteilung Fertigungsplanung die folgende Problemstellung vorgelegt: In der Rohstoffbearbeitung existieren zwei Alternativen für das Bohren von Metallteilen. Die Abteilung Controlling soll diese beiden Vorschläge beurteilen.

Vorschlag 1:

Kauf von fünf Bohrmaschinen zum Einzelpreis von je 20 000 EUR.
Nutzungsdauer 10 Jahre.
Zusätzliche Fixkosten pro Jahr: 1 500 EUR je Maschine.
Die variablen Kosten für jeden Arbeitsvorgang werden auf ca. 0,25 EUR geschätzt.
Kapazität einer Bohrmaschine pro Jahr: 12 000 Stück

Vorschlag 2:

Anschaffung eines Bohrautomaten zum Preis von 140 000 EUR.
Nutzungsdauer 10 Jahre
Zusätzliche Fixkosten pro Jahr: 9 000 EUR
Die variablen Kosten für jeden Arbeitsvorgang werden auf 0,14 EUR geschätzt.
Kapazität des Bohrautomaten:
80 000 Stück jährlich

Gegenwärtig werden pro Jahr ca. 45 000 Bohrvorgänge durchgeführt. Die Fertigungsplanung rechnet jedoch damit, dass sich diese Zahl im Folgejahr auf 55 000 und in den weiteren Jahren auf 60 000 einpendeln wird.

Berechnen Sie die Kosten für folgende Zahlen von Bohrvorgängen:

a. 45 000
b. 55 000
c. 60 000

		Vorschlag 1	Vorschlag 2
	Abschreibung	10 000	14 000
	sonst. Fixkosten	7 500	9 000
=	Summe Fixkosten	17 500	23 000
	variable Kosten bei 45 000 Stück	11 250	6 300
	Gesamtkosten bei 45 000 Stück	**28 750**	**29 300**
	variable Kosten bei 55 000 Stück	13 750	7 700
	Gesamtkosten bei 55 000 Stück	**31 250**	**30 700**
	variable Kosten bei 60 000 Stück	15 000	8 400
	Gesamtkosten bei 60 000 Stück	**32 500**	**31 400**

Ermitteln Sie, bei welcher Menge die Kosten gleich hoch sind.

Nach dem Gleichungsverfahren:
Kosten für Verfahren 1 = 17 500 + (0,25×)
Kosten für Verfahren 2 = 23 000 + (0,14×)
Bei Gleichsetzung der beiden Verfahren ergibt sich:
17 500 + (0,25×) = 23 000 + (0,14×)
Zieht man von der Gleichung gleichzeitig 17 500 sowie 0,14× ab, so ergibt sich:
0,11× = 5 500
× = 50 000
Das bedeutet, dass bei 50 000 Stück die Kosten beider Verfahren gleich sind.

Nach dem Differenzverfahren:
Die Differenz der fixen Kosten beider Verfahren beträgt 5 500 EUR.
Die Differenz der variablen Kosten beider Verfahren beträgt 0,11 EUR.
Dividiert man die Differenz der fixen Kosten durch die Differenz der variablen Kosten, so ergibt sich: 5 500 : 0,11 = 50 000 Stück, also das gleiche Ergebnis.

Welche anderen Argumente könnten zur Abwägung der Entscheidung noch herangezogen werden?

Spezialmaschinen bedeuten immer eine höhere Mengenleistung, sind jedoch bei Absatzeinbrüchen unflexibler. So könnte von den Bohrmaschinen bei einem Produktionsrückgang eine Maschine verkauft werden, bei dem Bohrautomaten führt eine Unterauslastung zum Entstehen von Leerkosten.
Spezialmaschinen führen u. U. zu präziseren Produktionsergebnissen und damit verbunden zu einer erhöhten Qualität.

Geben Sie einen Überblick über die verschiedenen Verfahren der Leistungserstellung nach der Menge der gleichartigen Produkte und prüfen Sie diese in Bezug auf das Produktionsprogramm der wwh GmbH.

Innerhalb der Fertigungsorganisation muss festgelegt werden, welcher Fertigungstyp verwendet wird. Für die Wahl eines Fertigungstyps ist es jedoch entscheidend, wie häufig sich der Produktionsvorgang wiederholt. Danach kann angesichts der Eigenschaften des Produkts zwischen Einzelfertigung und Mehrfachfertigung unterschieden werden.

Einzelfertigung
Bei der Einzelfertigung handelt es sich um ein Fertigungsverfahren, bei dem ein Produkt nur einmalig auf Bestellung hergestellt wird. Die Anfertigung kann aber jederzeit wiederholt werden. Insbesondere überdimensionale Produkte, wie z. B. Schiffe oder technische Anlagen (Großmaschinen) werden einzeln erzeugt.
In der wwh GmbH kann eine Einzelanfertigung lediglich in Form eines Großauftrages, z. B. die Ausrüstung einer Stadthalle mit einer komplexen Beleuchtungsanlage, denkbar sein. Voraussetzung dazu wäre es allerdings, dass alle benötigten Produkte dabei neu geplant und hergestellt werden müssten, was faktisch nicht vorkommt.

Mehrfachfertigung
- **Serienfertigung:** Eine Serie besteht aus gleichartigen Produkten. Das jeweilige Produkt setzt sich i. d. R. aus mehreren Bestandteilen zusammen, die zuvor unterschiedliche Fertigungsabläufe durchwandern mussten. Innerhalb einer Produktlinie entstehen dabei unterschiedliche Typen. Bei der wwh GmbH trifft diese Fertigung zumeist zu, z. B. für Kaffeemaschinen, Haushaltsmaschinen, Kühlschränke.
- **Massenfertigung:** In der Massenfertigung werden Produkte ohne zeitliche und mengenmäßige Begrenzung produziert. Die Produkte sind dabei völlig identisch, z. B. Glühlampen, Einwegfeuerzeuge usw. Diese Fertigung trifft für die wwh GmbH nicht zu.
- **Sortenfertigung:** In der Sortenfertigung werden unterschiedliche Produkte hergestellt. Die verwendeten Rohstoffe sind jedoch i. d. R. identisch, nur der Fertigungsablauf unterscheidet sich. Dabei kommt es zu Qualitäts- und Größenunterschieden. Beispiele sind: Aluminiumfolie, Aluminium-Grillteller; verschiedene Sorten Bier. Auch diese Fertigungsform ist bei der wwh GmbH nicht anzutreffen.

Beschreiben Sie das Konzept „Lean Production".

Lean Production bedeutet wörtlich übersetzt: „schlanke Produktion". Dabei handelt es sich um einen neuen Produktionsansatz, in dem insbesondere durch die Grundsätze Dezentralisierung und Gleichzeitigkeit – verbunden mit kooperativen Verhaltensweisen aller Beteiligten (Mitarbeiter und Lieferanten) – die Ziele Kundenorientierung und Kostensenkung möglichst gleichzeitig realisiert werden sollen.
Die genannten Grundsätze beziehen sich dabei sowohl auf unternehmensinterne als auch auf unternehmensübergreifende Strukturen.

Grundsätze der „schlanken Produktion": Grundsätzlich geht es darum,
- Kompetenz und Verantwortung der Mitarbeiter zusammenzuführen,
- in betrieblichen und überbetrieblichen Netzwerken zu arbeiten,
- Verschwendung und Fehler zu vermeiden,
- die Produktionsabläufe zu harmonisieren und
- sich um kontinuierliche Verbesserung zu bemühen.

Als Konsequenzen der schlanken Produktion ergeben sich
- weniger Teile,
- weniger Handgriffe,
- weniger Ausschuss,
- weniger Lagerhaltung,
- flache Hierarchien,
- mehr Verantwortung und Kompetenz in der Ausführungsebene,
- Konzentration auf das Wesentliche,
- deutlich reduzierte Verschwendung,
- verbesserte Kommunikation intern und mit Kunden und Lieferanten,
- Orientierung aller Betriebsbereiche am Kunden und seinen Bedürfnissen.

Ein Grundanliegen der schlanken Produktion ist es, das Material vom Start eines Produktionsprozesses bis zur Fertigstellung des Produktes ständig weiterzubearbeiten. Dies bedeutet, dass keine Puffermengen und Liegezeiten zwischen den einzelnen Prozessschritten mehr auftreten. Die Folge ist eine sehr viel kürzere Durchlaufzeit mit den gewünschten Folgen in Bezug auf die Flexibilität der Fertigung, die verbesserte Liefertreue und die verringerte Kapitalbindung. Damit einher geht die Erhöhung der Produktivität und weniger Verschwendung.

Ausgangssituation

Die Auszubildende Christa ist inzwischen in der Produktion gelandet. Dort soll sie im Betriebsbüro unter anderem bei der Terminplanung helfen. Ihr Ausbilder hat ihr den folgenden Arbeitsplan vorgelegt:

Teil-Nr.	5689-21	**Bezeichnung**	Rückwand	**Auftrags-Nr.**	05-5470
Losgröße	1000	**Zeichnungs-Nr.**	5689-Z21	**Austelltag**	20.05.20..
Material-Nr.	3859-22	**Stücklisten-Nr.**	56-3254	**Termin**	24.05.20..
Werkstoff	Walzstahl	**Mengeneinheit**	m^3	**Menge**	250
Kostenstelle	Arbeitsgang	Betriebsmittel	Lohngruppe	Rüstzeit in min	Ausführungszeit in min
302-1	stanzen	Stanze	5	15	0,1
302-1	bohren	Bohrmaschine	5	10	0,8
302-1	entfetten	Tauchbad	4	12	0,4
302-1	lackieren	Lackierstraße	5	20	0,5
302-1	kontrollieren	Messgerät	6	0	0,1

Stellen Sie die Bedeutung der Terminplanung für die wwh GmbH dar und unterscheiden Sie die autonome und die gebundene Terminplanung.

Wenn die wwh GmbH einen Auftrag vom Kunden bekommt, dann muss sie sich an die Termine halten, zu denen der Auftrag zu Ende geführt sein soll und die bestellten Produkte dem Kunden zur Verfügung stehen sollen.
Eine genaue Terminplanung als Teil der Produktionsplanung hat daher zum Ziel, die terminlichen Vereinbarungen einzuhalten. Denn wenn Termine nicht eingehalten werden können, sind die Kunden verärgert. Das kann dazu führen, dass entweder vom Kunden Verspätungskosten eingeklagt werden oder dass die wwh GmbH wichtige Kunden verliert. Bei der Terminplanung ist es daher wichtig, die anstehenden Aufträge zu berücksichtigen und die Durchlaufzeiten genauestens zu kalkulieren. Es muss ein Freiraum gesucht werden, in dem ein oder mehrere neue Aufträge bearbeitet werden können und nicht in Konkurrenz zu anderen Aufträgen geraten. Die Termine werden abhängig von den vorhandenen Kapazitäten festgelegt. Es lassen sich zwei Formen der Terminplanung unterscheiden:

Autonome Terminplanung: Die Termine werden autonom bestimmt, die vorhandenen Kapazitäten müssen sich dieser Terminplanung anpassen. Dadurch können jedoch Probleme entstehen:
- Schwierigkeiten und Verzögerungen bei der Rohmaterialbeschaffung
- Überlastung der Maschinen und der Mitarbeiter
- u. U. fehlende Lagerkapazitäten für die produzierten Produkte

Gebundene Terminplanung
Termine werden nach Überprüfung der freien Kapazitäten festgelegt. Der Auftrag mit seinen Entscheidungsgrößen Menge, Zeitdauer und Termin wird den sich bietenden Kapazitäten (Maschinen, Personal usw.) gegenübergestellt. Es ist dann zu überprüfen, welche Kapazitäten frei sind und ob eine Auftragsabwicklung zum geplanten Termin möglich ist. Außerdem ist zu prüfen, welche Anpassungen (zeitlich und mengenmäßig) vorgenommen werden können, um die Einhaltung der Termine zu gewährleisten.

Berechnen Sie die Vorgabezeit für den Auftrag 05-5470.

Vorgang	Rüstzeit	Ausführungszeit	Auftragszeit
stanzen	15	100	115
bohren	10	800	810
entfetten	12	400	412
lackieren	20	500	520
kontrollieren	0	100	100
	Summe der Auftragszeiten in min.		1957
	Summe der Auftragszeiten in Std.		32,62

Für das Teil 5689-21 haben sich die Werte für das kommende Jahr wie folgt geändert:

Jahresbedarf: 6000 Stück
Rüstkosten je Los/Auftrag: 50,00 EUR
Variable Herstellkosten/Stück: 2,50 EUR
Lagerhaltungskostensatz: 10 %
Mögliche Losgrößen: 500, 1000, 1500, 2000

Ermitteln Sie in Tabellenform aus den genannten Angaben die optimale Losgröße.

Menge je Auftrag	Loszahl	Losgrößen-fixe Kosten	Lagerhaltungs-kosten	Gesamt-kosten
500	12	600	62,63	662,63
1000	6	300	125,25	425,25
1500	4	200	187,88	387,88
2000	3	150	250,50	400,50

Die Losgröße muss im folgenden Jahr auf 1500 angehoben werden, wenn die vorausgesagten Daten stimmen. Begründung:
Die losgrößenfixen Kosten sinken, je größer die Menge je Los/Auftrag wird.
Die Lagerkosten hingegen steigen mit zunehmender Losgröße. Die Summe aus Lagerkosten und losgrößenfixen Kosten erreicht hier bei 1500 ihr Minimum.

Beantworten Sie die folgenden Fragen zu dem abgebildeten – unvollständigen – Netzplan.

a. Welche Vorgänge liegen auf dem kritischen Pfand? Begründen Sie Ihre Meinung.
b. Wie viel Zeiteinheiten beträgt die Gesamtpufferzeit bei Vorgang H?
c. Wie viel Zeiteinheiten beträgt der freie Puffer bei Vorgang G?
d. Warum sind der freie und der Gesamtpuffer bei den Vorgängen G und H identisch?
e. Was würde passieren, wenn Vorgang B statt 3 Zeiteinheiten statt wie geplant 1 Einheit verbrauchen würde?
f. Was würde passieren, wenn Vorgang H 11 statt wie vorgesehen 7 Zeiteinheiten verbrauchen würde?
g. Welche Auswirkung hätte es, wenn der Vorgang G12 Zeiteinheiten benötigen würde?

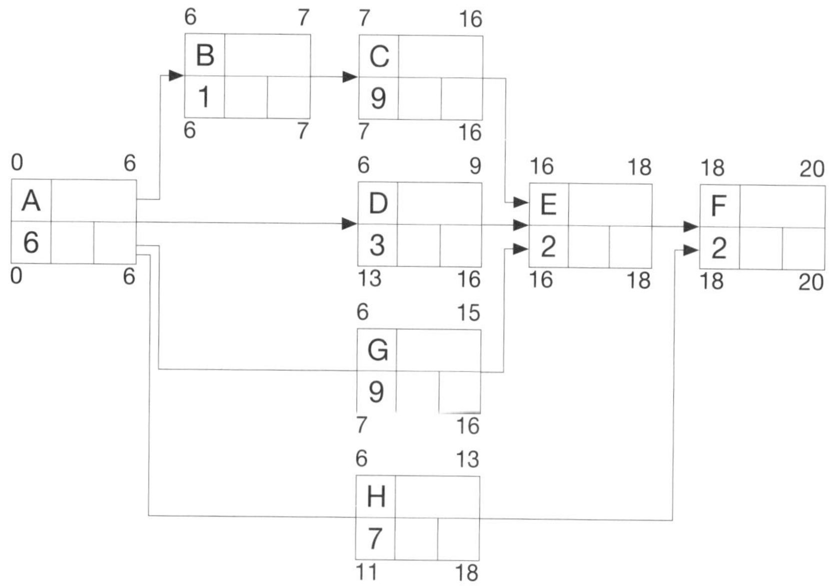

a. Die Vorgänge A, B, C, E und F. Begründung: Hier sind FEZ = SEZ, was bedeutet, dass bei diesen Vorgängen kein Gesamtpuffer und damit auch kein freier Puffer zur Verfügung steht.
b. SEZ (18) – FEZ (13) = 5 Zeiteinheiten
c. FAZ von Vorgang E (16) – FEZ von Vorgang G (15) = 1 Zeiteinheit
d. Sie sind in ihrem jeweiligen Nebenpfad die einzigen Vorgänge, der kritische Pfad läuft – wie gesagt – über B und C. Daraus ist zu schließen, dass diesen Vorgängen der freie Puffer uneingeschränkt zur Verfügung steht.
e. B liegt auf dem kritischen Pfad. Eine Zeitüberschreitung bei einem Vorgang auf diesem Pfad führt unweigerlich zu einer Gesamtverzögerung des gesamten Zeitplans.
f. Das wäre eine Überschreitung des Zeitbudgets um 4 Zeiteinheiten. Da die freie Pufferzeit 5 Zeiteinheiten beträgt, ergibt sich keine Verzögerung für den Gesamtauftrag.
g. Vorgang G ist mit 9 Zeiteinheiten geplant, 12 Zeiteinheiten würden eine Überschreitung um 3 bedeuten. Da G aber einen freien Puffer von 1 Zeiteinheit hat, würde sich der Gesamtvorgang nur um 2 Zeiteinheiten verschieben.

Welche Möglichkeiten hat der Fertigungsplaner der wwh GmbH, um – unbefriedigende – geplante Durchlaufzeiten zu verkürzen?

Die Reduzierung der Durchlaufzeit kann durch folgende Maßnahmen erfolgen:
- die Erhöhung der Priorität für ein Los zulasten eines anderen Auftrages
- das gleichzeitige Bearbeiten von Teilen eines Loses auf mehreren parallel arbeitenden Maschinen (Überlappung der Lose)
- das Teilen eines Loses und gleichzeitiges Bearbeiten der Teillose auf mehreren parallel arbeitenden Maschinen (Lossplitting)
- das Teilen eines Loses in mindestens zwei Teile und bevorzugtes Bearbeiten einer oder mehrerer Teillose (Losteilung)
- das Zusammenfassen gleichartiger oder identischer Teile verschiedener Lose zu einem Los (Losbündelung)

Ausgangssituation

Große Aufregung in der wwh GmbH: Ein Lagerarbeiter ist durch einen Betriebsunfall verletzt worden. Der Lagerleiter schreibt eine Unfallanzeige an die Geschäftsleitung:

Interne Mitteilung

von: Lagerleitung
an: Geschäftsleitung und Personalwesen

Datum: 06.11.20..

Unfall im Auslieferungslager am 06.11.20..

Am 06.11.20.. um 10:45 Uhr ereignete sich im Auslieferungslager ein Unfall, bei dem der Mitarbeiter Peter Kreft erheblich verletzt wurde, sodass ein Krankenwagen gerufen werden musste, um Herrn Kreft ins Krankenhaus zu transportieren, wo er gegenwärtig stationär behandelt wird.

Herr Kreft wurde durch eine heruntergefallene Leerpalette an Kopf und Schulter verletzt. Erstdiagnose des behandelnden Notarztes: vermutlich Bruch des Schlüsselbeines, schwere Gehirnerschütterung sowie Prellungen im Brust- und Schulterbereich. Die Verletzungen sind entstanden durch eine Leerpalette aus Holz, die aus vier Meter Höhe von einem Stapel herunterfiel und Herrn Kreft im Schulter-, Brust und Kopfbereich getroffen hat.

Auslöser des Unfalls war Herr Paul Kropotka, eine Aushilfskraft der persona service GmbH, der gegenwärtig zur Unterstützung des Weihnachtsgeschäftes im Haus als Gabelstaplerfahrer arbeitet. Aufgrund des extremen Termindrucks bei verschiedenen Aufträgen im Lagerbereich ist er zu schnell um eine Ecke gefahren und hat mit der Gabel des Staplers in einer Höhe von ca. 3 m einen Stapel von Paletten ins Wanken gebracht, worauf sich die die Verletzungen verursachende Palette löste und herunterfiel.

Ich weise vorsorglich darauf hin, dass Herr Kropotka von mir über die im Hause bestehenden Sicherheitsvorschriften belehrt wurde und er diesbezüglich auch auf den Aushang der Unfallverhütungsvorschriften hingewiesen wurde.

In diesem Zusammenhang weise ich auch noch einmal darauf hin, dass die Überprüfung des Lagers nach den Brandschutzvorschriften für dieses Jahr noch aussteht.

Franz Kiene

Lagerleiter

Prüfen Sie anhand dieses Falles, wer für die Vermeidung von Unfällen oder anderen Gefährdungen von Mensch und Ware im Unternehmen verantwortlich ist.

- Jeder **Arbeitnehmer** hat nach seinem Arbeitsvertrag bestimmte Pflichten übernommen. Dazu gehört auch die Sorgfaltspflicht. Diese beinhaltet, sich im Unternehmen stets so zu verhalten, dass kein anderer Mitarbeiter gefährdet oder gar verletzt wird. Erst in zweiter Linie hat er darauf zu achten, dass die ihm anvertrauten Waren nicht beschädigt werden. Jeder Mitarbeiter muss also die im Betrieb geltenden Unfallverhütungs- und Sicherheitsvorschriften befolgen. Bei Nichteinhaltung der Arbeitsschutzvorschriften durch den Arbeitgeber hat der Arbeitnehmer u. U. sogar ein Recht auf Arbeitsverweigerung.
- Der Mitarbeiter kann die Sicherheitsvorschriften natürlich nur dann beachten, wenn er vom **Arbeitgeber** darauf hingewiesen worden ist und eine entsprechende Einweisung erhalten hat. Dazu gehört, dass er über besondere Gefahren (hier: hoch gestapelte Ware und Paletten sowie sich bewegende Fahrzeuge) informiert wird und ausdrücklich auf Schutzbestimmungen hingewiesen wird. Ferner hat der Arbeitgeber die Unfallverhütungsvorschriften an geeigneter Stelle (z. B. Kantine) auszulegen.
- Der Arbeitgeber wird vom **Betriebsrat** insofern überwacht, als er darauf zu achten hat, dass die geltenden Unfallverhütungsmaßnahmen durchgeführt und die Sicherheitsvorschriften eingehalten werden. Er hat mitzubestimmen über Regelungen zur Verhütung von Arbeitsunfällen und Berufskrankheiten sowie über den Gesundheitsschutz im Rahmen der gesetzlichen Vorschriften.

Wie können solche geschilderten Unfälle verhindert werden und wie könnte ein mögliches Unfallopfer besser geschützt werden?

Machen Sie Vorschläge.

Verhinderung des Unfalls

- umsichtigeres Arbeiten und Vermeiden von Hektik: Untersuchungen haben ergeben, dass die Einsparung von Zeit bei Autofahrern oder gewerblich tätigen Menschen (im Akkord) durch erhöhte Schnelligkeit relativ gering ist im Verhältnis zu den sich daraus ergebenden Fehlermöglichkeiten und Unfallrisiken.
- Markierung von Wegen: Wege, auf denen sich Gabelstapler und andere Fahrzeuge fortbewegen dürfen und die von Mitarbeitern gemieden werden sollen, können auf dem Boden farblich markiert werden.
- optische Kennzeichnung: Gefährdete Bereiche werden durch rot-weiß schraffierte Flächen oder Bänder markiert und warnen somit die Mitarbeiter.

Schutz von möglichen Unfallopfern

- Sicherheitskleidung: Kopfschutz in Bereichen von möglicherweise fallenden Teilen, Spezialkleidung bei Hitzegefährdung, Fußschutz durch Stahlkappen in Schuhen, Gelenkschutz an Knien und Ellbogen durch Plastikkappen
- schnelle Erstversorgung einer verletzten Person: Personen mit einer umfassenden Ausbildung in erster Hilfe, deren Kenntnisse immer auf dem neuesten Stand gehalten werden; Kontakt zu einer Arztpraxis in der Nähe, mit der für solche Fälle ein Werksarztvertrag abgeschlossen wird; rasche Information von Krankentransport und Unfallarzt
- Erste-Hilfe-Räume

Die Gesundheit von Mitarbeitern wird nicht nur durch Unfälle beeinträchtigt, sondern bereits durch das Fehlen von Regeln.

Stellen Sie die Regeln dar, die durch die Arbeitsstättenverordnung verlangt werden.

In der Arbeitsstättenverordnung findet sich eine große Anzahl von Vorschriften über die Einrichtung von Arbeitsräumen. Die wichtigsten Regeln beziehen sich auf

- die Fußböden: keine Stolperstellen, rutschhemmend und leicht zu reinigen;
- die Raumabmessung: ausreichend Bewegungsmöglichkeiten hinsichtlich Grundfläche und lichter Höhe für jeden Mitarbeiter;
- die Lufttemperatur: gesundheitlich zuträglich und angemessen;
- die Lüftung: ausreichend saubere und gesundheitlich zuträgliche Atemluft;
- den Lärmschutz: Dämmung von lauten Maschinen, Ohrschutz;
- die Beleuchtung: Sichtverbindung nach außen oder angemessenes Licht;
- die Versorgungsräume: Sanitärräume, Pausen- und Bereitschaftsräume, Erste-Hilfe-Räume sowie ggf. Unterkünfte müssen in angemessenem Umfang und in geeigneter Ausstattung vorhanden sein.

Welche Aussagen macht das Arbeitsschutzgesetz zu der Sicherheit der Mitarbeiter am Arbeitsplatz?

Das Arbeitsschutzgesetz ist das Gesetz zur Umsetzung einer EU-Richtlinie zum Arbeitsschutz. Ziel des Gesetzes ist es, die Gesundheit aller Beschäftigten durch Maßnahmen des Arbeitsschutzes zu sichern und zu verbessern. Wichtig und neu an dem Gesetz ist, dass der Arbeitgeber eine Beurteilung der für die Beschäftigten mit ihrer Arbeit verbundenen Gefährdung vorzunehmen und daraus Maßnahmen des Arbeitsschutzes abzuleiten hat. Außerdem ist die Wirksamkeit der sich aus der Beurteilung der Gefährdung ergebenden Vorsorgemaßnahmen zu überprüfen. Der Arbeitgeber hat darüber hinaus für eine regelmäßige Unterweisung der Mitarbeiter zu sorgen.

Der Lagerleiter Herr Kiene weist auf die ausstehende Überprüfung des Lagers nach den Brandschutzvorschriften hin.

Was ist damit gemeint und welche Maßnahmen muss ein Unternehmen außerdem einhalten, um Brände möglichst zu verhindern?

Herr Kiene weist darauf hin, dass verschiedene Stellen (Feuerversicherung, Berufsgenossenschaft, Gewerbeaufsichtsamt) eine regelmäßige Überprüfung des Betriebes durch eine sachverständige Person (z. B. Experte der Feuerwehr) verlangen, die zu beseitigende Mängel findet und auf deren Beseitigung besteht.

Schutz vor Entstehungsbränden

- Die Räume und Einrichtungen müssen je nach Abmessung und Nutzung sowie der Brandgefährdung und der Anzahl anwesender Personen mit einer ausreichenden Anzahl geeigneter Feuerlöscheinrichtungen und erforderlichenfalls Brandmeldern und Alarmanlagen ausgestattet sein.
- Nicht selbsttätige Feuerlöscheinrichtungen müssen als solche dauerhaft gekennzeichnet, leicht zu erreichen und zu handhaben sein.
- Selbsttätig wirkende Feuerlöscheinrichtungen müssen mit Warneinrichtungen ausgerüstet sein, wenn bei ihrem Einsatz Gefahren für die Beschäftigten auftreten können.

Fluchtwege

Fluchtwege und Notausgänge müssen sich in Anzahl, Anordnung und Abmessung nach der Nutzung, der Einrichtung und den Abmessungen der Arbeitsräume sowie nach der Anzahl der dort anwesenden Personen richten. Sie müssen auf möglichst kurzem Weg ins Freie oder, falls dies nicht möglich ist, in einen gesicherten Bereich führen und in angemessener Form und dauerhaft gekennzeichnet sein.

Ausgangssituation

Herr Petersen, einer der Geschäftsführer der wwh GmbH, informiert auf einer Abteilungsleiterversammlung alle Abteilungsleiter über einen Zeitungsartikel, den er in der Wirtschaftszeitung gefunden hat.

Ist ihr Gebäude reif für die Zukunft?

Die Energieeinsparverordnung verlangt einen Energieausweis für Gebäude

Von unserer Korrespondentin Ch. Ott – Berlin

Die Energieeinsparverordnung ist in Kraft getreten. Sie soll dazu beitragen, den Klimawandel zu stoppen. Zu den Neuerungen zählt vor allem die Einführung von Energieausweisen für Gebäude. Ziel des Energieausweises ist es, die Energieeffizienz von Gebäuden vergleichbar zu machen.
Das 10 Jahre gültige Dokument muss vom Gebäudeeigentümer in Zukunft immer dann vorgelegt werden, wenn ein Haus oder der Teil eines Gebäudes verkauft oder neu vermietet bzw. verpachtet oder verleast wird. Mithilfe eines Bandtacho-Labels (siehe Abbildung) wird das jeweilige Gebäude mit verschiedenen Gebäudestandards verglichen. Sofern sinnvoll, erhält der Gebäudeeigentümer vom Aussteller des Ausweises zusätzlich kurz gefasste, fachliche Sanierungsempfehlungen. Bei Nichtwohngebäuden geht neben der Gebäudehülle und der Heizungsanlage auch die Effizienz von Klimatisierung und Beleuchtung in den Vergleich ein.
Für Wohngebäude der Baufertigstellungsjahre bis 1965 müssen Energieausweise seit dem 01.07.08 und für später errichtete Wohngebäude seit dem 01.01.2009 im Zusammenhang mit einer Neuvermietung oder einem Verkauf zugänglich gemacht werden. Für Nichtwohngebäude ist der 01.07.2009 der Stichtag.
Bezüglich der Kosten für die Erstellung eines Energieausweises gibt es keine staatlichen Vorgaben. Der Preis ist zwischen Aussteller und Auftraggeber frei zu verhandeln und richtet sich nach der Art des Ausweises, Gebäudetyp und Größe des Gebäudes.
Energieausweise im Gebäudebestand dürfen ausschließlich von Fachleuten wie z. B. Bauvorlageberechtigten oder Architekten, Ingenieuren oder Handwerksmeistern mit entsprechender Qualifikation, Berufserfahrung oder Nachweis einer entsprechenden Fortbildung ausgestellt werden.

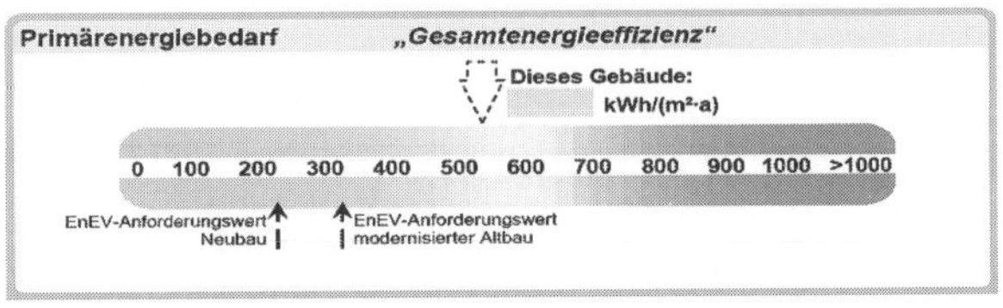

Dazu sagt Herr Petersen noch Folgendes:

„Meine Damen und Herren, ich glaube, wir sind uns alle einig darüber, dass im Bereich Energieeinsparung einiges zu tun ist. Wir können davon ausgehen, dass die Energiepreise aufgrund des raschen Wachstums in Ländern wie China und Indien und der damit verbundenen Nachfrage nach Erdöl und anderen Primärenergieträgern in den nächsten Jahren stark steigen werden. Die Energiekosten, die wir bisher immer eher vernachlässigt haben, werden damit zu einem Kostentreiber, den wir in den Griff bekommen müssen. Ich bitte Sie, in den kommenden Monaten gemeinsam mit Ihren Mitarbeiterinnen und Mitarbeitern nach Maßnahmen zu suchen, wie wir den Energieverbrauch als Ganzes in unserem Unternehmen senken können.
Das bringt mich allerdings gleich zu einem anderen Punkt: Energieeinsparung ist nur ein Aspekt eines auf Umweltverträglichkeit achtenden Unternehmens. Wir sollten in diesem Zusammenhang gleich ein Gesamtkonzept entwickeln, wie unser Unternehmen stärker den Erfordernissen eines die Ressourcen schonenden Verhaltens Rechnung tragen kann. Deshalb bitte ich Sie, entsprechende Überlegungen in den kommenden Monaten anzustellen und mit Ihren Mitarbeitern Ziele und Maßnahmen zu entwickeln. Wir werden uns dann in drei Monaten auf einer Klausurtagung mit diesem Thema befassen und ein Gesamtkonzept verabschieden, das für alle Mitarbeiter dieses Unternehmens verbindlich ist. Soweit möglich, werden wir dieses Konzept unseren Kunden und Lieferanten vorstellen und versuchen, diese darin einzubinden."

Welche allgemeinen Ziele für ein umweltgerechteres Verhalten könnte das von Herrn Petersen angesprochene Gesamtkonzept enthalten?

Begründen Sie diese Ziele.

- **Einsparung von Energie**
  Die Einsparung von Energie hat als Hintergrund die Überlegung, dass weniger fossile Brennstoffe verwendet werden. Das gilt vor allem für kohlenstoffreiche Brennstoffe wie Kohle und schweres Heizöl. Deren Verbrennung verursacht CO_2 (Kohlendioxyd), das als Verursacher für die Aufheizung der Erdatmosphäre gilt. Es ist ein erklärtes Ziel vieler Regierungen, den CO_2-Ausstoß weltweit zu reduzieren. Daran müssen sich auch Unternehmen und Verbraucher beteiligen. Außerdem entsteht bei der Verbrennung fossiler Energieträger durch Schwefel und Stickstoff saurer Regen, der die Pflanzen angreift, besonders den Wald.
- **Einsparung von Rohstoffen**
  Die Welt-Rohstoffvorräte nehmen ständig ab. Aus diesem Grunde muss es das Ziel aller Unternehmen und Verbraucher sein, bei der Herstellung und dem Vertrieb von Waren den Verbrauch von Rohstoffen möglichst gering zu halten.
- **Vermeidung von Emissionen**
  Emission bedeutet, dass gasförmige oder feste Stoffe ausgestoßen werden, die die Luft, den Boden oder das Wasser verunreinigen. Verursacher von Emissionen sind technische Anlagen, wie Betriebe, Kraftwerke oder Autos. Durch gesetzliche Maßnahmen ist für viele Stoffe die Höhe der zulässigen Emissionskonzentration festgelegt.

Erläutern Sie, welche Möglichkeiten die einzelnen Abteilungen Einkauf, Marketing/Vertrieb, Lager und Verwaltung haben, um wirksamen Umweltschutz im Unternehmen zu realisieren.

- **Einkauf**
  Der Einkauf ist gefordert, einerseits umweltfreundliche Produkte und deren Lieferanten zu finden sowie Lieferanten aufzufordern, an umweltschützenden Konzepten mitzuwirken. Ferner ist der Einkauf angehalten, ökologisch vertretbare Produktverpackungen zu finden oder an deren Einsparung mitzuwirken.
- **Marketing/Vertrieb**
  Diese Bereiche können darauf einwirken, umweltfreundliche Produkte besonders zu vermarkten. Die Marktforschung muss z. B. herausfinden, ob und in welchem Umfang der Markt bereit ist, umweltschonende Produkte aufzunehmen.
- **Lager**
  Das Lager ist in dreifacher Weise an der Lösung von Umweltproblemen beteiligt: bei der Entwicklung von umweltfreundlichen Versandverpackungen, bei der Auswahl von energiesparenden Transportmöglichkeiten sowie beim Umgang mit den im Unternehmen entstehenden Abfällen.
- **Verwaltung**
  Die Verwaltung kann daran mitwirken, Heizkosten sowie Energiekosten für Licht und Computersysteme zu senken und den Verbrauch von Papier zu reduzieren.

Nennen Sie konkrete Maßnahmen zur Senkung des Energieverbrauchs der wwh GmbH.

- Durch Infrarot-Aufnahmen werden an Gebäuden Wärmebrücken festgestellt. Diese Schwachstellen, an denen Wärme austritt, sind zu schließen.
- Die Gebäude werden nach einschlägiger Beratung besser gedämmt.
- Fenster werden zur Belüftung durch Sensoren geöffnet und geschlossen.
- Es werden Systeme eingesetzt, die gleichzeitig Heizungswärme und Strom erzeugen (Kraft-Wärme-Kopplung).
- Bei der Heizung der Geschäftsräume erfolgt eine Umstellung auf die Kopplung von Sonnenenergie und Holzheizanlagen.
- Für Computer wird die Stand-by-Funktion automatisch eingeschaltet, wenn ein Mitarbeiter länger als drei Minuten nicht den Rechner betätigt.
- Geräte mit Stand-by-Funktion werden nachts komplett vom Netz genommen.
- Bei Neuanschaffungen von Fahrzeugen werden diese primär unter dem Gesichtspunkt eines niedrigeren Verbrauchs ausgesucht.
- Auslieferungsfahrer und Außendienstler des Unternehmens nehmen an einem von ecodrive.org entwickelten Programm zur Optimierung ihrer Fahrweise teil mit dem Ziel, den Treibstoffverbrauch und den CO_2-Ausstoß zu senken.
- Im Verwaltungs- und auch Lagerbereich werden energiesparende Lampen und Lichtröhren eingesetzt.
- Die Beladung von Lkw wird optimiert, um zu verhindern, dass „Luft" transportiert wird. Dies gilt für den Beschaffungs- wie für den Auslieferungsbereich.
- Die Auslieferungsrouten werden durch geeignete Computerprogramme optimiert, um die Anzahl der gefahrenen Kilometer zu reduzieren.

Welche Maßnahmen lassen sich entwickeln, um die stetig wachsenden Müllberge zu vermeiden?

- **Abfallvermeidung**
  Mehrwegverpackung zum Schutz der Waren und zum Transport (Paletten, Collicos, Kleincontainer), Nutzung von wiederverwendbaren Containern statt Pappe oder Folie als Verpackung, Vermeidung von zusätzlichen Umverpackungen bei unproblematischen Transporten
- **Abfallverminderung**
  Verpackungssysteme können optimiert werden, wenn das Volumen der bereitgestellten Verpackung der zu versendenden Ware angepasst wird. Statt Standardgrößen zu verwenden, in denen viel „Luft" enthalten ist, können variable Umverpackungen oder Versandkartons verschiedener Größen bereitgestellt werden. Damit entfällt auch die umfangreiche Verwendung von Füllmaterial (z. B. Styroporkugeln). Die Versandmitarbeiter können durch Prämien auf Einsparungen zur Abfallverminderung angehalten werden.
- **Abfallumwandlung**
  Alle wiederverwendbaren Materialien im Wareneingangslager, wie Kartonagen, Altpapier, Folien, Glas etc. sind daraufhin zu untersuchen, ob sie durch Abfallumwandlung (Recycling) dem eigenen oder anderen Unternehmen wieder nutzbar gemacht werden können.
- **Abfallbeseitigung**
  Der Abfall, der nicht wiederverwertet werden kann, sollte so beseitigt werden, dass die Umwelt möglichst gering belastet wird. Dies gilt z. B. für Kompostierung statt Verbrennung oder Deponierung. Es gilt also, den Müll zu sortieren, bevor er der Beseitigung zugeführt wird.

Ausgangssituation

Die Abteilung Vertrieb hat für die Geschäftsleitung die folgende Reklamationsstatistik für das vergangene Jahr erstellt.

Reklamationsstatistik

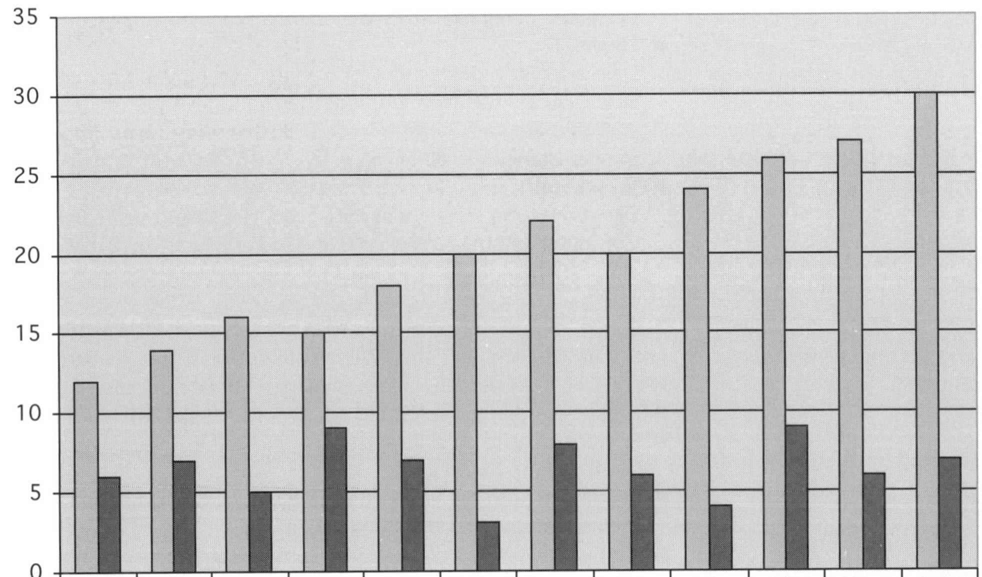

	Jan	Feb	Mrz	Apr	Mai	Jun	Jul	Aug	Sep	Okt	Nov	Dez
Funktionsfehler	12	14	16	15	18	20	22	20	24	26	27	30
Beschädigungen	6	7	5	9	7	3	8	6	4	9	6	7

Interpretieren Sie die wesentlichen Ergebnisse der Statistik.

Die Beschädigungen der verkauften Produkte halten sich im Rahmen bzw. sie verändern sich nicht. Unter Umständen sind diese auf Versandschäden zurückzuführen. Das müsste noch genauer untersucht werden.
Problematisch erscheint die kontinuierlich zunehmende Menge der Funktionsfehler. Das bedeutet, dass irgendwo im Verlauf der Produktion Fehler gemacht werden. Dem ist auf jeden Fall genauer auf den Grund zu gehen, d. h., die Funktionsfehler müssen genauer nach Art und Auftreten erfasst und untersucht werden.

Nennen Sie mögliche Ursachen bzw. Störgrößen, die für diese Reklamationen verantwortlich sein können.

Qualität entsteht durch das erfolgreiche Zusammenwirken verschiedener Faktoren. Funktioniert einer dieser Faktoren nicht mehr richtig oder treten im Zusammenspiel dieser Faktoren Probleme auf, leidet die Qualität darunter. Mögliche Fehlerquellen können sein:

- Mensch: fehlende Kenntnisse, fehlende Verantwortung, Überlastung
- Maschine: technischer Zustand, Maßgenauigkeit, Rundlauf verschlissen
- Material: Festigkeit, Maße, Form
- Methode: Fertigungsverfahren, Arbeitsfolge, Prüfverfahren
- Management: falsche Vorgaben, falsche Ziele, schlechte Motivation
- Mitwelt: Luftfeuchtigkeit, Temperatur, Beleuchtung

Was ist Qualität und anhand welcher Prüfmerkmale wird sie überprüft?

Qualität kann als die Gesamtheit aller Merkmale eines Produktes, einer Dienstleistung oder eines Prozesses in Bezug auf ihre Eignung definiert werden. Die Eignung zeigt sich darin, ob die festgelegten oder vorausgesetzten Erfordernisse erfüllt werden.
Um festzustellen, ob die Istwerte von den Sollwerten abweichen und damit die festgelegte oder geforderte Qualität nicht erfüllt wird, werden folgende Prüfmerkmale festgelegt:

- Beschaffenheit: Werkstoffe, Übereinstimmung mit Zeichnung oder Modell
- Maßhaltigkeit: Genauigkeit und Einhaltung von Toleranzen
- Eigenschaften: biologisch, chemisch, physikalisch
- Tauglichkeit: vorgegebene Funktionen
- Normen: Einhaltung von DIN, ISO und anderen Normen
- Vorschriftsmäßigkeit: Übereinstimmung mit Richtlinien von TÜV, VDE etc.

Beschreiben Sie Zweck und Inhalt eines betrieblichen Qualitätsmanagements.

Unter Qualitätsmanagement versteht man die Umsetzung einer bestimmten Unternehmenspolitik, die die Qualität eines Produktes, Arbeitsprozesses oder einer Dienstleistung in den Vordergrund stellt. Dazu unterteilt sich das Qualitätsmanagement inhaltlich in verschiedene Bereiche.

- Das Qualitätsmanagement legt fest, welche Qualitätsmerkmale vorrangig erfüllt werden sollen: Funktionstüchtigkeit, Zuverlässigkeit, Haltbarkeit, Design, Image und Ausstattung sind Beispiele für mögliche Qualitätsmerkmale eines Produktes.
- Die Qualitätseigenschaften eines Produktes, die durch die Qualitätspolitik eines Unternehmens festgelegt werden, richten sich unter anderem nach der Zielgruppe, auf die das Qualitätsmanagement ausgerichtet ist.
- Damit die Erfüllung dieser Anforderungen gewährleistet ist, wird zunächst im Qualitätsmanagement eine Qualitätsplanung durchgeführt. Aufgabe der Qualitätsplanung ist die Umsetzung der Kundenbedürfnisse an das Produkt und dessen einzelne Komponenten. Darüber hinaus umfasst die Qualitätsplanung auch die Verfahren und Prozesse, die zu den geforderten Produkteigenschaften führen sollen.
- Damit die Anforderungen an die Qualität eines Produktes auch technisch realisiert werden, ist eine Qualitätslenkung notwendig. Sie steuert und überprüft den Herstellungs- oder Erstellungsprozess und beseitigt ggf. Fehler und deren Ursachen.
- Um die Qualität eines Produktes vor den eigenen Mitarbeitern eines Unternehmens und gegenüber den Kunden glaubhaft zu machen, erfolgt eine Qualitätssicherung des Produkts, die die Erfüllung vorgegebener Qualitätsanforderungen überprüft.
- In diesem Rahmen ist eine ständige Anpassung der Produktqualität an neue technische Standards und an steigende oder veränderte Kundenanforderungen nötig. Die Qualitätsverbesserung ist somit ein wichtiger Bereich des Qualitätsmanagements.

Im Rahmen der Qualitätssicherung spricht man auch häufig von Normen zum Qualitätsmanagement oder von Zertifizierung nach ISO. Was ist darunter zu verstehen?

Wenn ein Management intern sicherstellen will und dies auch extern gegenüber Kunden dokumentieren möchte, dass es in der Lage ist, einen bestimmten Standard im Qualitätsmanagement zu erfüllen, so kann es das Unternehmen nach den ISO Normen 9000 ff. zertifizieren lassen. Unabhängige Zertifizierungsstellen (z. B. der TÜV) prüfen dann die Prozesse und Einrichtungen im Unternehmen nach international anerkannten Normen in Bezug auf die Qualität der Produkte und Leistungen. Sie erteilen – zeitlich befristet – das erwünschte Zertifikat, wenn alle Anforderungen erfüllt sind.

Welches sind die Grundsätze für ein erfolgreiches

Ein Unternehmen, das die Qualität seiner Produkte oder Dienstleistungen verbessern will, muss folgende Grundsätze befolgen:

- Die Qualität muss als Grad der Übereinstimmung mit den Anforderungen der Kunden an das Produkt erkannt werden.
- Qualität beginnt mit Vorbeugung, d. h. bereits bei der Produktentwicklung und der Fertigungsplanung.
- Das Null-Fehler-Prinzip muss zum Standard und damit zur Zielsetzung aller Mitarbeiter werden.
- Die Qualitätskosten als Kosten für die Nichterfüllung der Anforderungen (z. B. Nacharbeit) müssen minimiert werden.

Bei der Fragestellung, wie intensiv die Qualitätssicherung sein soll, werden u. a. Kostengesichtspunkte herangezogen:

Einerseits die Sicherungskosten, die um so höher sind, je niedriger die Fehlerquote ist, und andererseits die Fehlerkosten, die umso höher sind, je höher die Fehlerquote ist.

Stellen Sie diesen Zusammenhang grafisch dar.

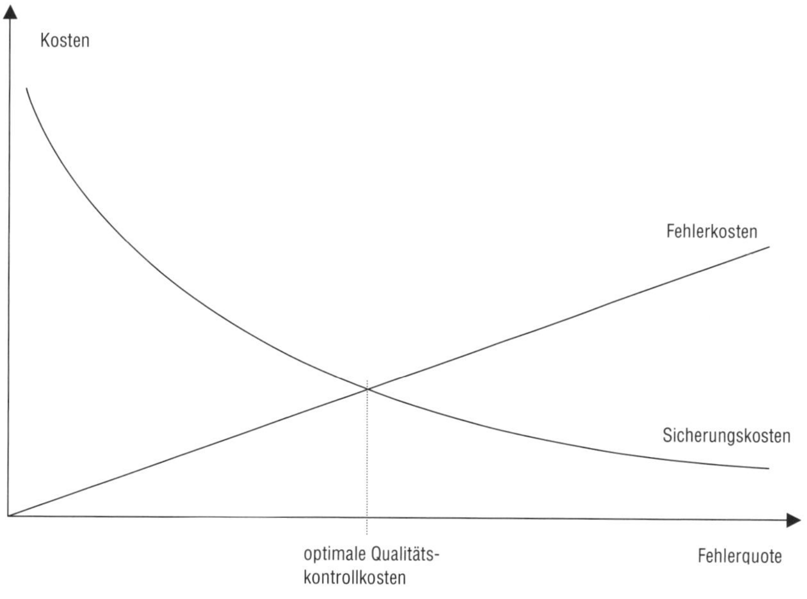

Einführung

Auswahl, Aufbau und Aufbereitung der Lerninhalte berücksichtigen den Stoffkatalog der Aufgabenstelle für die kaufmännischen Abschlussprüfungen (AkA/IHK).

Den neuen Anforderungen entsprechend können nicht alle Bereiche der „Geschäftsprozesse Industriekaufleute" in Form von formulierten komplexen Ausgangssituationen behandelt werden.

Aus diesem Grund folgt nach den Doppelseiten mit Ausgangsfall eine systematische Darstellung des Kernwissens.

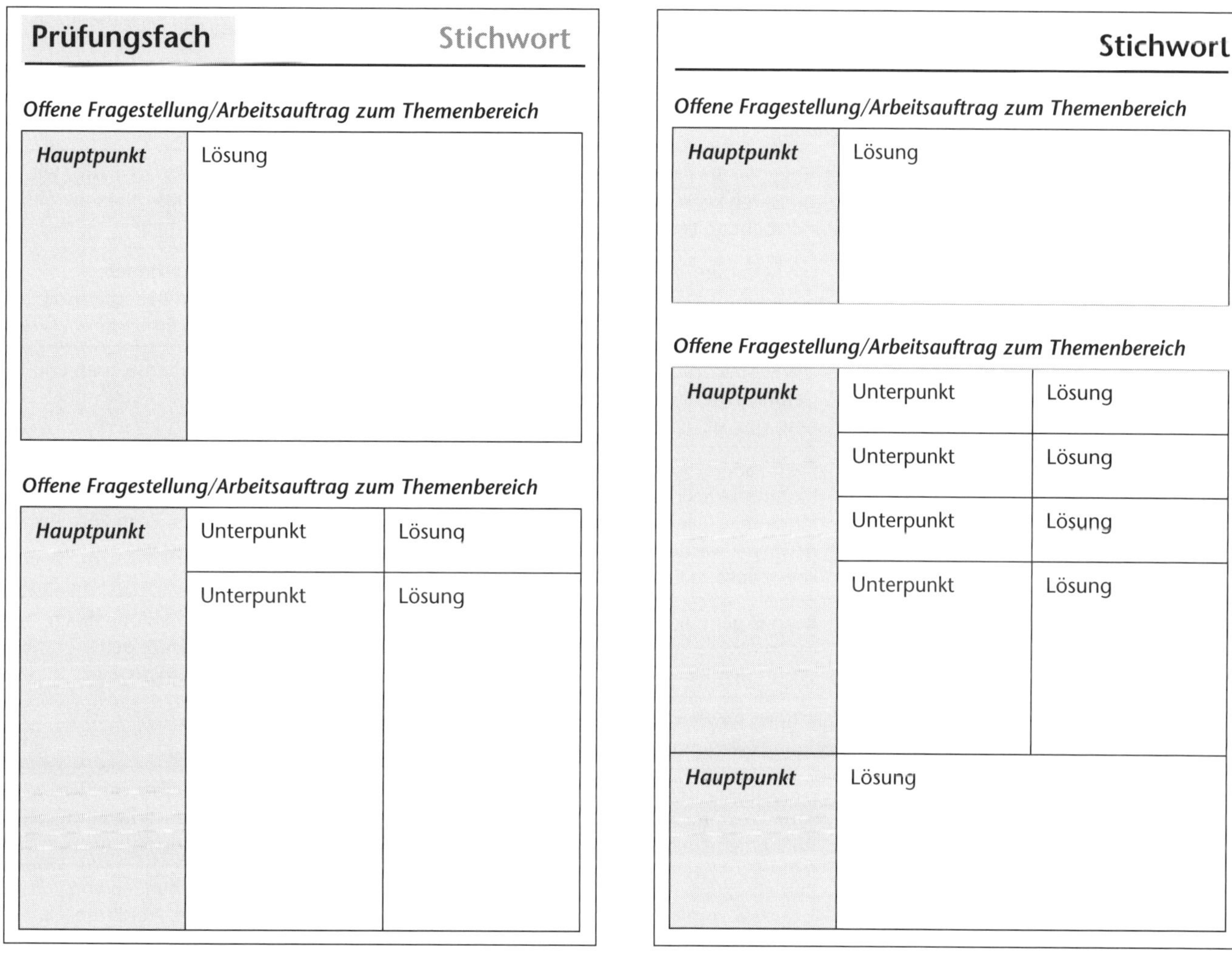

Seitenaufbau Typ II

Einzelseite mit Kernwissen

Was verstehen Sie unter Marktforschung?
Klären Sie die Begriffe Marktanalyse, Marktbeobachtung und Marktprognose.

Marktforschung	Die Marktforschung ist im Gegensatz zur Markterkundung eine systematische Untersuchung des Marktes zur Beschaffung und Auswertung von Informationen für Marketingentscheidungen.
Marktanalyse	Die Marktanalyse ist eine einmalige Untersuchung des Marktes (Zeitpunktbetrachtung). Es handelt sich um eine statische Betrachtung, vergleichbar mit einer Momentaufnahme, mit einem Foto.
Marktbeobachtung	Die Marktbeobachtung ist eine fortlaufende Untersuchung der Entwicklung des Marktes (Zeitraumbetrachtung). Es handelt sich um eine dynamische Betrachtung, vergleichbar mit einem Film, in dem Veränderungen im Zeitablauf erkennbar werden.
Marktprognose	Die Marktprognose ergibt sich aus der Verarbeitung der Ergebnisse der Marktanalyse und Marktbeobachtung und ist eine Vorhersage zukünftiger Entwicklungen.

Erläutern Sie die Methoden der Marktforschung.

Primärforschung	Bei der Primärforschung (Feldforschung) werden neue, bisher noch nicht erhobene Marktdaten ermittelt. Diese Gewinnung von Daten kann durch eine Vollerhebung (alle Mitglieder der Grundgesamtheit werden befragt) oder eine Teilerhebung (eine Auswahl aus der Grundgesamtheit wird befragt) erfolgen.	
Methoden der Primärerhebung	**Befragung**	Die Befragung kann mündlich, telefonisch oder schriftlich erfolgen. Besondere Befragungsstrategien (standardisiertes Interview, freies Gespräch) und Befragungstaktiken (direkte Frage, indirekte Frage) sollen den Erfolg einer Befragung erhöhen.
	Beobachtung	Die Beobachtung wird nonverbal durchgeführt und untersucht Verhaltensweisen und Gefühle. Wichtige Untersuchungsgebiete sind z. B. die Beobachtung des Kaufverhaltens, des Ausdrucks, der Stimmenfrequenz, der Blickregistrierung.
	Panel	Beim Panel werden ausgewählte Personen über einen längeren Zeitraum über bestimmte Sachverhalte wiederholt befragt bzw. beobachtet. Beim Haushaltspanel führen die Teilnehmer wöchentlich ein „Tagebuch" über ihre Einkäufe. Beim Einzelhandelspanel werden in einem zweimonatlichen Rhythmus die Warenbestände kontrolliert.
	Experiment/ Test	Beim Experiment/Test wird versucht, durch Veränderung eines Merkmals oder auch mehrerer Merkmale die Auswirkungen aus diesen Veränderungen aufzuzeigen. Wichtige Aussagen erhält man z. B. über Produkttests, Plakattests, Namenstests.
Sekundärforschung	Bei der Sekundärforschung werden bereits vorhandene Unterlagen ausgewertet. Dieses Verfahren wird auch als Schreibtischforschung bezeichnet.	
Methoden der Sekundärforschung	**betriebsinterne Quellen**	Als betriebsinterne Quellen eignen sich Statistiken und Aufstellungen über Umsätze, Absätze, Anfragen, Reklamationen, Werbekosten, Reparaturen, aber auch Berichte von Außendienstmitarbeitern, Aufstellungen von Lagerbeständen und Rohstoffpreisen.
	betriebsexterne Quellen	Betriebsexterne Quellen sind z. B. statistische Jahrbücher, Veröffentlichungen von Industrie- und Handelskammern und Verbänden, Kataloge, Prospekte, Preislisten anderer Unternehmen, Veröffentlichungen in Zeitungen und Zeitschriften.

Erläutern Sie die Begriffe Marktpotenzial, Marktvolumen, Marktanteil.

Marktpotenzial	Das Marktpotenzial gibt an, wie viel von dem Produkt oder der angebotenen Dienstleistung auf dem Markt abgesetzt werden kann, unter der Voraussetzung, dass alle Käufer das erforderliche Einkommen und ein Kaufbedürfnis entwickelt haben.
Marktvolumen	Das Marktvolumen ist die realisierte oder prognostizierte Absatzmenge des Produktes oder der angebotenen Dienstleistung pro Zeitabschnitt in einem bestimmten Markt.
Marktanteil	Der Marktanteil ist der prozentuale Anteil eines Unternehmens an dem gesamten Marktvolumen eines Marktes. Es können Mengen- oder Werteinheiten verglichen werden.

Erläutern Sie stichwortartig die absatzpolitischen Instrumente.

Absatzpolitische Instrumente	Neben den Instrumenten der Marktforschung (Informationsseite) sind von wesentlicher Bedeutung die Instrumente der Marktanpassung und Marktgestaltung (Aktionsseite). Man bezeichnet diese als absatzpolitische Instrumente.	
	Produktpolitik	Suche nach neuen Produktideen, Entwicklung und Markteinführung neuer Produkte, Produktgestaltung, Strategien wie Produktelimination, Produktvariation, Produktinnovation, Differenzierung und Diversifikation; für den Handel insbesondere die Sortimentspolitik, Kundendienstleistungen und Garantieleistungen sowie Kreditpolitik.
	Distributionspolitik	Entscheidungen über die innere Organisation und äußere Organisation wie direkter oder indirekter Absatz, Güterversand.
	Kommunikationspolitik	Entscheidungen im Rahmen der Absatzwerbung, wie Arten, Ziele, Werbemittel, Werbeträger und Verkaufsförderung.
	Kontrahierungspolitik	Probleme der Preispolitik in Abhängigkeit von den Marktformen, Preiselastizitäten, Preistheorien, Preisdifferenzierung sowie die Gestaltung der Lieferungs- und Zahlungsbedingungen.

Was verstehen Sie unter Marketing-Mix?

Marketing-Mix	Die einzigartige Art und Weise, wie ein Unternehmen seine Marketinginstrumente einsetzt und kombiniert, prägt das eigenständige Image des Unternehmens. Die jeweilige Kombination der absatzpolitischen Instrumente bezeichnet man als Marketing-Mix. Das optimale Marketing-Mix wird bestimmt durch das ökonomische Prinzip, d. h., ein bestimmtes Ziel soll mit den geringsten Mitteln erreicht werden.

Grundlage von Absatzstrategien sind der Produktzyklus und die Portfolio-Matrix. Erläutern Sie diese.

Produktzyklus	Das Modell des Produktzyklus versucht, den Lebensweg eines Produktes von der Einführung bis zum Ausscheiden anhand von Umsatz, Umsatzveränderungen, Gewinn oder Verlust zu beschreiben.	
	Einführungsphase	In der Einführungsphase werden nur geringe Umsätze getätigt. Der Ausbau des Vertriebs, die Kosten für Werbung und Absatzförderung verursachen Verluste.
	Wachstumsphase	Mit dem Überschreiten der Gewinnschwelle wird die Wachstumsphase erreicht. Der Umsatz steigt stark an.
	Reifephase	In der Reifephase steigt der Umsatz weiter und erreicht sein Maximum. Durch den starken Wettbewerb kommt es zu Preissenkungen, da die Nachfrage auf Preisänderungen sehr elastisch reagiert.
	Sättigungsphase	In der Sättigungsphase sinkt der Umsatz und der Gewinn nimmt ab. Durch den Einsatz produktpolitischer Instrumente wird versucht, dem rückläufigen Umsatz entgegenzuwirken.
	Rückgangsphase	In der Rückgangsphase sinkt der Umsatz sehr stark und Gewinne werden nicht mehr erzielt. Es kommt zur Elimination des Produktes.
Portfolio-Matrix	Um sich ein Bild von der aktuellen Situation des Marktanteils im Verhältnis zum Marktwachstum zu machen, werden vier Bereiche gebildet.	
	Wild Cats	Marktanteil niedrig, Marktwachstum hoch. Sorgfältige Beobachtung des „Nachwuchses" ist notwendig, um die richtige Marketingstrategie zu wählen.
	True Stars	Marktanteil hoch, Marktwachstum hoch. Förderung der „Stars" ist notwendig.
	Poor Dogs	Marktanteil niedrig, Marktwachstum niedrig. Produkte, die „Probleme" haben, sollten vom Markt genommen werden.
	Cash Cows	Marktanteil hoch, Marktwachstum niedrig. Die „Cash-Cows" erzielen einen hohen Cashflow.

Welche Aufgabe hat die Produkt- und Sortimentspolitik? Erläutern Sie den Begriff „Sortiment".

Produkt- und Sortimentspolitik	Unter der Produkt- und Sortimentspolitik versteht man alle Maßnahmen, die darauf ausgerichtet sind, das Angebot der Marktleistungen des Betriebes den sich wandelnden Bedürfnissen der Käufer anzupassen.		
Produktgestaltung	Produktgestaltung ist die Festlegung der Erscheinungsform eines Produktes hinsichtlich Form, Qualität, Verpackung und Markierung in Abhängigkeit von der Produktart.		
Sortiment	Das Sortiment stellt das Absatzprogramm eines Betriebes dar und ist durch verschiedene Dimensionen gekennzeichnet.		
Dimensionen des Sortiments	Die **Sortimentsbreite** gibt die Anzahl der verschiedenen Produktgruppen an.	Die **Sortimentstiefe** nennt die Anzahl der Sorten je Produktgruppe.	Der **Sortimentsumfang** gibt die Gesamtanzahl der verschiedenen Artikel an.

Welche Maßnahmen kann ein Betrieb im Rahmen der Produktinnovation ergreifen?

Produktdifferenzierung	Das bisherige Sortiment wird durch die Erweiterung von Produktgruppen differenzierter und damit vervollständigt. Die Differenzierung erfolgt in technischer, materialmäßiger oder ästhetischer Hinsicht. *Beispiel: Eine Molkerei erweitert die Produktgruppe um einen trinkbaren Fruchtjoghurt.*	
Diversifikation	Dem Sortiment werden Produkte hinzugefügt, die keine oder nur eine geringe Verwandtschaft zu den bisherigen Produkten haben. Die Diversifikation ist damit ein Mittel der Wachstums- und Risikopolitik des Unternehmens. *Beispiel: Eine Molkerei erweitert das Sortiment um neue Produktarten.*	
	horizontal	Ausdehnung des Absatzprogramms auf Produkte bzw. Produktgruppen der gleichen Wirtschaftsstufe. Das neue Produkt weist einen engen Zusammenhang zum bisherigen Sortiment auf. *Beispiel: Die Molkerei bietet Crème fraîche an.*
	vertikal	Ausdehnung der Leistungstiefe des Absatzprogramms. Es werden Produkte bzw. Produktgruppen der vor- oder nachgelagerten Produktionsstufe angeboten. *Beispiel: Die Molkerei stellt Magermilchpulver her.*
	diagonal	Das neue Produkt steht in keinem Zusammenhang zum bisherigen Sortiment. Das Unternehmen dringt mit den angebotenen Produkten in völlig neue Marktbereiche ein. *Beispiel: Die Molkerei bietet Rezeptbücher an.*

Was ist unter Produktvariation zu verstehen? Welche Gestaltungselemente können eingesetzt werden?

Begriff	Sie beinhaltet eine Veränderung der bisher am Markt verkauften Produkte in seinen verschiedenen Eigenschaften, ohne die Absatzprogrammtiefe zu verändern.
Veränderte Eigenschaften	▶ physikalische: Austausch und/oder Veränderung bisher verwendeter Materialien *Beispiel: Verpackungsmaterial aus (Recycling-)Altpapier statt PVC* ▶ funktionale Vereinfachung der Handhabung; Erhöhung des Bedienungskomforts *Beispiel: Vereinfachung der Programmierbarkeit von Videorecordern* ▶ ästhetische: Aktualisierung der Form, der Farben, des Stils und des Geschmacks *Beispiel: neuer Becher für Joghurt* ▶ Gesamtnutzen: Verschaffung von Zusatznutzen; Verlängerung der Garantiezeit *Beispiel: Verpackung kann als Tiefkühldose wieder verwendet werden* ▶ Produktnamen: Anpassung der Marke an den Zeitgeist; Neugestaltung des Firmenlogos

Welche Maßnahmen und Überlegungen spielen bei der Produktelimination eine Rolle?

Begriff	Die endgültige Herausnahme einzelner Produkte oder Produktgruppen aus dem Sortiment bezeichnet man als Produktelimination.	
Arten	**Sortenreduktion**	Einzelne Produktsorten werden aus dem Sortiment genommen. Die Absatzprogrammtiefe verringert sich. *Beispiel: Eine Fahrradfabrik verringert die Anzahl der angebotenen Herren-Tourenräder.*
	Spezialisierung	Eine oder mehrere Artikelgruppen werden aus dem Sortiment genommen. Die Absatzprogrammbreite verringert sich. *Beispiel: Die Fahrradfabrik verzichtet auf die Herstellung von Tourenrädern und stellt nur noch Mountainbikes und Rennräder her.*

Wie kann der Absatz eines Betriebes organisiert werden?

Begriff	Die Absatzorganisation des Betriebes umfasst die Gestaltung des Aufbaus der Verkaufsabteilung und der Anordnung der Absatzorgane.
Innere Organisation	Die innere Organisation des Absatzes beschreibt die Aufbauorganisation der Verkaufsabteilung. Sie kann nach folgenden Gesichtspunkten erfolgen: ▶ Raum (z. B. Inland, Ausland), ▶ Produkt (z. B. Rennräder, Tourenräder, Kinderräder), ▶ Kundengruppen (z. B. Kaufhäuser, Supermärkte, Filialisten), ▶ Funktionen (z. B. Angebote, Auftragsabwicklung, Reklamationen).
Äußere Organisation	Die äußere Organisation des Absatzes beschreibt die Anordnung der Absatzorgane: ▶ **zentraler Absatz:** räumliche Zusammenfassung (z. B. im Stammwerk); ▶ **dezentraler Absatz:** räumliche Verteilung (z. B. auf Geschäftsstellen).

Auf welchen Absatzwegen kann ein Betrieb seine Produkte vertreiben?

Begriff	Der Absatzweg gibt an, auf welchem Weg eine Ware oder Dienstleistung über die Glieder der Absatzkette den Letztverbraucher erreichen soll. Letztverbraucher sind bei Produktivgütern Betriebe, bei Konsumgütern die Haushalte.	
Einflussfaktoren	▶ verkauftes Produkt (Spezialmaschine oder Kaugummi) ▶ Kaufgewohnheiten der Letztverbraucher ▶ Absatzrisiko (aktuelle Mode oder Standardprodukt) ▶ Marktstellung des Verkäufers und des Abnehmers ▶ Art der Produktion (Einzel- oder Massenfertigung) ▶ Intensität der Nachfrage (zeitlich und mengenmäßig) ▶ Kosten des Absatzweges	
Arten	**Direkter Absatz**	**Indirekter Absatz**
	Er liegt vor, wenn der Betrieb seine Leistungen bis zum Letztabnehmer in eigener Regie durchführt.	Bei dieser Art des Absatzes werden zwischen dem Betrieb und den Letztverbrauchern fremde Absatzorgane eingeschaltet.
Vorteile	▶ Unabhängigkeit und Gestaltungsfreiheit der Kundenkontakte ▶ Preiskontrolle bis zum Letztverbraucher ▶ direkter Kontakt zum Kunden ▶ direkter Einfluss auf die Absatzorgane	▶ Nutzung des Verkaufs-Know-hows fremder Absatzorgane ▶ Verminderung der eigenen Lagerhaltung ▶ Verlagerung des Absatzrisikos ▶ große Absatzdichte (Distributionsgrad)

Was ist ein Vertriebssystem? Welche Vertriebssysteme werden unterschieden?

Das Vertriebssystem legt unter Berücksichtigung der Entscheidung über den zentralen oder dezentralen Absatz sowie die Klärung des direkten oder indirekten Absatzes fest, in welchem Umfang der Hersteller einer Ware oder Dienstleistung Einfluss auf den Kontakt mit den Abnehmern seiner Produkte nehmen will.

Werkseigenes Vertriebssystem	Bei diesem Vertriebssystem werden die Produkte an den Handel oder den Letztverbraucher über eigene Angestellte abgesetzt (Geschäftsleitung, Verkaufsabteilung, Reisende, Niederlassungen, Geschäftsstellen).
Werksgebundenes Vertriebssystem	Dieses Vertriebssystem setzt sich aus rechtlich selbstständigen, wirtschaftlich und organisatorisch aber abhängigen Kaufleuten zusammen (Vertragshändler, Einfirmenvertreter, Franchisenehmer).
Werksfremdes Vertriebssystem	In diesem Vertriebssystem werden rechtlich und wirtschaftlich selbstständige Kaufleute für den Betrieb tätig. Diese sind zwar vertraglich gebunden, werden jedoch für mehrere Betriebe tätig (Mehrfirmenvertreter, Makler).

Was sind Absatzorgane? Welche Arten werden unterschieden?

Begriff	Absatzorgane sind die Personen, Firmen und Einrichtungen, derer sich der Betrieb bedient, um den Absatz seiner Waren oder Dienstleistungen zu vollziehen. Sie richten sich nach dem Absatzweg, dem Vertriebssystem und der Absatzorganisation.	
Arten	**Betriebseigene Absatzorgane**	**Betriebsfremde Absatzorgane**
	▶ Geschäftsleitung ▶ Verkaufssachbearbeiter ▶ Verkaufsniederlassungen ▶ Reisende	▶ Handelsvertreter ▶ Kommissionäre ▶ Handelsmakler

Vergleichen Sie die Absatzorgane Reisender, Handelsvertreter, Kommissionär und Handelsmakler.

	Reisender	Handelsvertreter	Kommissionär	Handelsmakler
Begriff	Reisender ist, wer als Angestellter mit der Artvollmacht ausgestattet ist, um außerhalb des Betriebes des Dienstherrn Geschäfte zu vermitteln oder abzuschließen.	Er ist ständig damit betraut, für einen anderen Unternehmer Geschäfte zu vermitteln oder in dessen Namen abzuschließen. Er arbeitet in fremdem Namen für fremde Rechnung.	Der Kommissionär übernimmt es gewerbsmäßig, Waren oder Wertpapiere für Rechnung eines anderen (den Kommittenten) im eigenen Namen zu kaufen oder zu verkaufen.	Der Handelsmakler übernimmt es gewerbsmäßig, für andere Personen die Vermittlung von Verträgen über Anschaffung oder Verkauf von Waren oder Dienstleistungen zu organisieren.
Rechtsstellung	kaufmännischer Angestellter im Rahmen des Dienstvertrages	selbstständiger Kaufmann	selbstständiger Kaufmann	selbstständiger Kaufmann
Vertretungsmacht	Vermittlungs- oder Abschlussvollmacht (je nach Vertrag)	Vermittlungs- oder Abschlussvollmacht (je nach Vertrag)	Abschlussvollmacht	Vermittlungsvollmacht
Dauer der Tätigkeit	Zeitdauer, für die ein Arbeitsvertrag besteht	Zeitdauer, für die ein Handelsvertretervertrag besteht	von Fall zu Fall oder ständig (je nach Vertragsinhalt)	von Fall zu Fall
Rechte	▶ Vergütung ▶ Ersatz von Auslagen (Spesen) ▶ sonstige Rechte eines kaufmännischen Angestellten	▶ Überlassung von Verkaufsunterlagen ▶ Benachrichtigung über die vermittelten Geschäfte ▶ Provision ▶ Ausgleichsanspruch	▶ Provision und Ersatz der Aufwendungen ▶ gesetzliches Pfandrecht ▶ Selbsteintrittsrecht	▶ Informationsrecht über die zu verkaufende Sache ▶ Maklergebühr (Courtage)
Pflichten	▶ pflichtgemäßes Bemühen ▶ Mitteilung über Geschäftsabschlüsse ▶ Abfassung der Reisendenberichte ▶ sonstige Pflichten eines kaufmännischen Angestellten	▶ pflichtgemäßes Bemühen und Vertretung der Interessen des Unternehmers ▶ Benachrichtigung über alle Vermittlungen oder Abschlüsse ▶ Wettbewerbsverbot, soweit es sich um einen Einfirmenvertreter handelt	▶ Sorgfaltspflicht ▶ Gehorsamspflicht ▶ Schadenersatzpflicht bei Abweichen von den Weisungen ▶ Anzeigepflicht für die Ausführung des Geschäftes ▶ Rechenschaftspflicht über das getätigte Geschäft ▶ Delkrederehaftung, sofern im Vertrag vereinbart	▶ Ausstellung einer Schlussnote über das zustande gekommene Geschäft ▶ Führung eines Tagebuches ▶ Aufbewahrung von Proben (z. B. bei Baumwolle, Kaffee) ▶ Schadenersatzpflicht bei schuldhaftem Verhalten
Vergütung	Fixum zuzüglich einer Provision für jeden erzielten Umsatz	▶ Vermittlungs- oder Abschlussprovision ▶ Inkassoprovision ▶ Delkredereprovision nur, wenn der Handelsvertreter die Haftung für den Eingang der Zahlungen übernommen hat	▶ Provision als fester Prozentsatz vom vereinbarten Preis ▶ Delkredereprovision, sofern vereinbart ist, dass der Kommissionär für die Zahlung des Käufers haftet	Maklergebühr (Courtage); sofern nichts anderes vereinbart ist, trägt jede Partei die Gebühr zur Hälfte

Welche Bedeutung haben die Absatzorgane für die Unternehmen?

	Reisender	**Handelsvertreter**	**Kommissionär**	**Handelsmakler**
Bedeutung	Reisende werden heute hauptsächlich von Unternehmen eingesetzt, denen der direkte Zugriff auf die Verkaufsorgane und die Kontrolle über diese sehr wichtig sind.	Handelsvertreter werden zumeist von kleineren Firmen eingesetzt, die sich keinen eigenen Außendienst leisten können.	Kommissionäre kennen den Markt und können den Kunden jederzeit beliefern. Der Kommissionär trägt nicht das Warenrisiko.	Handelsmakler kennen den Markt meist sehr gut und spielen eine wichtige Rolle als Effekten-, Waren-, Fracht-, Versicherungs- und Schiffsmakler.

Was verstehen Sie unter Public Relations (PR)? Welche Möglichkeiten kennen Sie?

Public Relations	Public Relations ist eine Art von Vertrauenswerbung, die versucht, ein positives Image eines Unternehmens in der Öffentlichkeit aufzubauen und zu pflegen. Diese Meinungswerbung hat mit der Werbung eines Produktes direkt nichts zu tun, aber es gehen werbliche Nebenwirkungen von ihr aus, wenn eine positive Einstellung gegenüber dem Unternehmen erzeugt oder gefestigt wurde. Unternehmen sind daran interessiert, ▶ den Nachweis zu bringen, dass sie einen Beitrag zum technischen, wirtschaftlichen und gesellschaftlichen Fortschritt leisten, ▶ zu dokumentieren, dass sie sich auch kultureller und karitativer Verpflichtungen bewusst sind, ▶ dass sie in der Öffentlichkeit ein positives Image haben.	
	Public Relations = „Tue Gutes – und rede darüber!"	
	Möglichkeiten	▶ Tage der offenen Tür ▶ Betriebsbesichtigungen durch Schulklassen ▶ Ausstellungen ▶ Jubiläumsfeiern ▶ Berichte in Werkzeitschriften, Kundenzeitschriften und Tageszeitungen ▶ Finanzielle Unterstützung in Forschung, Wissenschaft, Kunst und Sport ▶ PR-Anzeigen, z. B. in Abhängigkeit von der jeweiligen Zielgruppe, wie Mitarbeiter, Lieferer, Kapitalgeber, Kunden

Was verstehen Sie unter Absatzwerbung?

Begriff	Absatzwerbung ist ein Marketinginstrument, das durch den Einsatz von bestimmten Kommunikationsmitteln versucht, bei der Zielgruppe eine Kaufentscheidung für die Produkte oder Leistungen des Unternehmens zu erzeugen.

Sortieren und erklären Sie die Absatzwerbung nach möglichen Unterscheidungsmerkmalen.

Unterscheidungsmerkmale der Absatzwerbung	**Zahl der Werbenden**	▶ **Einzelwerbung** liegt vor, wenn ein Anbieter für seine Produkte oder Leistungen Werbung betreibt. ▶ **Sammelwerbung** liegt vor, wenn mehrere Anbieter mit Firmenangabe gemeinsam für ihre Produkte werben. ▶ **Gemeinschaftswerbung** liegt vor, wenn mehrere Anbieter ohne Angabe des Firmennamens gemeinsam werben, z. B. für ein Produkt, ein Einkaufszentrum, eine Produktpalette.
	Stellung des Werbetreibenden	▶ **Herstellerwerbung** liegt vor, wenn der Hersteller für sein Produkt wirbt. ▶ **Einzelhandelswerbung** liegt vor, wenn der Einzelhandel zum Ziele der kurzfristigen Umsatzsteigerung Werbung für ein von ihm verkauftes Produkt betreibt.
	Primäre Ziele	▶ **Einführungswerbung** liegt vor, wenn für ein neues Produkt Werbung betrieben wird. Sie soll das Produkt bei der Zielgruppe bekannt machen. ▶ **Expansionswerbung** liegt vor, wenn bei schon eingeführten Produkten der Marktanteil erhöht werden soll. Dies geschieht eventuell auch durch Abwerben von Kunden bei der Konkurrenz. Der Bekanntheitsgrad und der Umsatz des Produktes sollen erhöht werden. ▶ **Stabilisierungswerbung** dient zur Abwehr von Konkurrenten, die aggressiv das Ziel verfolgen, eigene Marktanteile zu vergrößern. ▶ **Erhaltungswerbung** (Erinnerungswerbung) liegt vor, wenn der bisherige Bekanntheitsgrad, der Umsatz des Produktes, beibehalten werden soll.
	Werbegegenstand	▶ **Produktwerbung** liegt vor, wenn ein Einzelprodukt herausgestellt wird. ▶ **Sortimentswerbung** liegt vor, wenn die Werbung auf ein ganzes Sortiment oder auch auf eine Warengruppe abgestellt ist.

Nennen Sie wichtige Werbemittel und Werbeträger.

Werbemittel	Werbemittel sind die verkörperten Werbebotschaften. Zu den Werbemitteln zählen: Anzeigen, Fernsehspots, Flugblätter, Prospekte, Plakate, Warenproben, Beilagen, Schaufensterwerbung, Werbefilme, Werbedias, Preisausschreiben.
Werbeträger	Werbeträger sind die personellen und stofflichen Streumittel, die die Botschaft (Inhalt der Werbemittel) an die Zielgruppe herantragen. Zu den Werbeträgern zählen: Zeitungen, Zeitschriften, Fernseher, Adressbücher, Litfaßsäulen, Hörfunk, T-Shirts, Hauswände, Vitrinen, Messen, Verkehrsmittel.

Nennen Sie wichtige Werbegrundsätze.

Wirksamkeit	Das definierte Werbeziel soll erreicht werden. Dafür ist es notwendig, dass die Werbung genau geplant wird und folgende Fragekomplexe berücksichtigt werden: „Wer soll umworben werden, wo, wie, womit soll geworben werden?“
Wirtschaftlichkeit	Auch Entscheidungen im Rahmen der Werbung unterliegen dem ökonomischen Prinzip, d. h., das angestrebte Werbeziel soll mit möglichst geringem Einsatz erreicht werden.
Wahrheit	Die Werbung soll sachlich richtig informieren und nicht falsche oder irreführende Angaben verkünden. Zum einen ist es ein Verstoß gegen das Gesetz gegen den unlauteren Wettbewerb, zum anderen kann von enttäuschten Kunden langfristig ein Schaden ausgehen, der größer ist als der kurzfristige Erfolg durch unwahre Angaben.
Klarheit	Die Werbebotschaft muss für die Empfänger klar und leicht verständlich sein.

Erläutern Sie, über welche Punkte im Rahmen einer Werbeplanung sich ein Werbetreibender Klarheit verschaffen muss. Erklären Sie die Werbeerfolgskontrolle.

Zielgruppe	Aus der Allgemeinheit wird eine Teilgruppe herausgewählt, an die sich die Werbung richtet. Die Entscheidung, wer zu dieser Zielgruppe zählt, orientiert sich an den Werbezielen, die optimal erfüllt werden sollen. Zielgruppen können z. B. sein: Sportler, Hausbesitzer, Weintrinker, Gewerbetreibende.	
Werbegebiet	Das Werbegebiet (Streugebiet) hängt ab von dem Wohnort der Zielgruppe, der Höhe der Werbekosten, den Möglichkeiten der Distribution. Für einen Einzelhändler z. B. genügt die Anzeige in einer Lokalzeitung. Ein Reiseveranstalter für Kreuzfahrten muss überregionale Werbung betreiben.	
Werbezeitraum	Die Festlegung der Werbezeit (Streuzeit) kann unterschiedlich sein; so ist die Entscheidung für eine einmalige Werbeaktion denkbar, aber auch für ständige oder unregelmäßige Werbeaktionen.	
Werbeetat	Die für die Werbung geplanten Ausgaben können sich nach verschiedenen Kriterien richten, z. B. ▶ Ausrichtung am erwirtschafteten Gewinn des Vorjahres: Man spricht von **prozyklischer Werbung**, wenn höhere Gewinne = höhere Werbeausgaben, niedrigere Gewinne = niedrige Werbeausgaben bedingen. Man spricht von **antizyklischer Werbung**, wenn höhere Gewinne = niedrige Werbeausgaben, niedrigere Gewinne = höhere Werbeausgaben bedingen. ▶ Ausrichtung an den Werbemaßnahmen der Konkurrenz ▶ Ausrichtung an den Werbezielen ▶ Ausrichtung an der Finanzlage	
Werbeerfolgskontrolle	**Ökonomischer Werbeerfolg**	Der ökonomische Werbeerfolg ist für die Überprüfung der Werbeaktion wichtig, jedoch in der Praxis sehr schwierig. So können z. B. die Steigerung des Umsatzes, die Erhöhung des Marktanteils auch durch andere Faktoren wie Produktverbesserung, Geschmackswandel, Konjunkturaufschwung etc. bedingt sein.
	Außerökonomischer Werbeerfolg	Der außerökonomische Werbeerfolg hat das Verhalten der Umworbenen als Untersuchungsgegenstand. Ein Stufenmodell, das die Wirksamkeit der Werbemaßnahme überprüft, ist die so genannte AIDA-Formel: ▶ Attention: Die Aufmerksamkeit soll auf das Produkt gelenkt werden. Das Produkt muss bekannt gemacht werden, damit die Käufer von seiner Existenz wissen. ▶ Interest: Das Interesse an dem Produkt soll geweckt werden. Die interessierten Käufer müssen weitere Informationen über das Produkt erhalten. ▶ Desire: Es soll der Wunsch geweckt werden, das Produkt zu besitzen. Die Werbung soll erreichen, dass das Produkt aufgrund der Produktinformationen positiv bewertet wird. ▶ Action: Es soll eine Kaufhandlung ausgelöst werden. Die Schaffung des positiven Produktimages soll dazu führen, dass das Produkt bei Bedarf gekauft wird.

Was verstehen Sie unter Verkaufsförderung?

Verkaufsförderung	Der Begriff Verkaufsförderung wird häufig mit dem amerikanischen Begriff „Salespromotion“ gleichgesetzt und beinhaltet die Motivation, Unterstützung und Beratung aller Personen, die am Absatzprozess beteiligt sind, mit dem Ziel, den Absatz zu steigern.	
	Maßnahmen	Es lassen sich daraus drei Maßnahmen ableiten: ▶ Außendienstpromotion ▶ Händlerpromotion ▶ Verbraucherpromotion

Was verstehen Sie unter Außendienstpromotion?
Geben Sie Beispiele.

Außendienst-promotion Maßnahmen	Durch Maßnahmen der Außendienstpromotion soll die Leistungsfähigkeit erhöht werden.	
	Schulung	▶ Sie hat das Ziel, die Kenntnisse über die angebotenen Produkte, das Unternehmen, den Markt oder neue Gesetzgebungen zu verbessern. ▶ Sie soll erreichen, dass Verkaufsgespräche erfolgreich geführt werden.
	Verkaufs-unterlagen	Zur Unterstützung können Preislisten, Kataloge, Proben, Muster, Prospekte, Fachaufsätze, Tonbildschauen, Dias und Filme den Außendienstmitarbeitern zur Verfügung gestellt werden und ihre Arbeit erleichtern.
	Motivation	▶ Durch finanzielle Anreize können die Außendienstmitarbeiter zu höheren Leistungen motiviert werden, z. B. durch Zahlung von Umsatzprovisionen. ▶ Durch Verkaufstreffen (Salesmeeting) kann ebenfalls eine Motivation zur Steigerung der Leistungen erfolgen.

Was verstehen Sie unter Händlerpromotion?
Nennen Sie Beispiele.

Handlerpromotion	Aufgabe der Handlerpromotion ist es, die Produkte in den Handel „hineinzuverkaufen“.	
	Information	Die Händler können durch Zeitschriften, regelmäßige Treffen, Tagungen, Kundendienstinformationen, Schulung und Ausbildung der Verkäufer des Handels unterstützt werden.
	Beratung	▶ Zur Beratung bei der Ausgestaltung der Verkaufsräume gehört z. B. das Aufstellen von Displays (Regalattrappen, Bodenaufsteller, Schaufensterstreifen. Eine Beratung bei der Warenplatzierung, der Lagerung, der Verpackung der Ware kann in vielfältiger Weise geschehen. ▶ Die Beratung bei der Preisgestaltung kann durch Kalkulationshilfen und Verkaufsaktionen (Einführungspreise, Naturalrabatte) erfolgen. ▶ Die Beratung beim Aufbau eines EDV-Kommunikationsnetzes, bei der Standardisierung von Organisationsabläufen durch Fachleute ist eine sinnvolle Hilfe.
	Motivation	Eine Motivation der Händler zur Erhöhung des Umsatzes kann geschehen durch: Händlerpreisausschreiben, Produktdemonstrationen, Schaufensterwettbewerbe, finanzielle Unterstützung bei Einstellung von Mitarbeitern.

Was verstehen Sie unter Verbraucherpromotion?
Geben Sie Beispiele.

Verbraucherpromotion	Aufgabe der Verbraucherpromotion ist es, die Produkte aus dem Handel „herauszuverkaufen“. Man spricht vom Push-and-pull-System, wenn der Zusammenhang von Händlerpromotion, Werbung und Verbraucherpromotion beschrieben wird. Die Push-Maßnahmen beinhalten die Aufgaben der Händlerpromotion, die Pull-Maßnahmen die der Werbung und Verbraucherpromotion.	
	Beispiele	*Hierzu zählen: Sonderpreisaktionen, wie Sonderangebote, Wertgutscheine, Großverpackungen, aber auch Zugaben, Gewinnspiele und Gebrauchsanweisungen, Verkauf durch Propagandisten und vieles mehr.*

Geben Sie einen Überblick über die Maßnahmen der Preispolitik eines Unternehmens.

Begriff	Die Preispolitik umfasst alle Maßnahmen zur ▶ Bildung und Veränderung eines Preises, ▶ Preisstellung und Differenzierung von Preisen, ▶ Festlegung von Verkaufskonditionen, ▶ Entwicklung von Kundendienstleistungen.
Einflussfaktoren	Auf die betriebliche Preisgestaltung wirken sich folgende Einflussfaktoren aus: ▶ betriebliche Ziele, z. B. Gewinnmaximierung, Kostendeckung, Marktbeherrschung; ▶ Kosten für Einflussgröße, z. B. langfristige Deckung der Selbstkosten oder kurzfristige Deckung der variablen Kosten (kurzfristige Preisuntergrenze); ▶ Verhalten der Nachfrager, z. B. Preis-Nutzen-Relation des Verbrauchers; ▶ Verhalten der Konkurrenz, z. B. im Oligopol oder Monopol.

Welche Möglichkeiten der Preisgestaltung hat ein Betrieb?
Welche Bedeutung spielen dabei die Verkaufskonditionen?

Preisstellung	Der Anbieter kann seine Preise netto oder brutto angeben.	
Arten	**Nettosystem**	Dem Kunden werden die Nettopreise (Barverkaufspreise) mitgeteilt. Diese lassen keine Möglichkeit mehr für Rabatte zu.
	Bruttosystem	Der Betrieb teilt seinen Kunden die Preise in Form einer Preisliste mit, auf die es je nach Kunde und Auftragshöhe unterschiedliche Rabatte gibt.
Preisnachlässe	**Rabatt**	Der Rabatt ist ein Nachlass, der einem Abnehmer aus verschiedenen Gründen gewährt wird. In der Regel wird er auf der Rechnung unmittelbar vom Listenverkaufspreis abgezogen.
	Bonus	Er wird gewährt, wenn bestimmte Jahrsabnahmemengen überschritten werden. Er ist allerdings kein Sofortrabatt wie die anderen Rabatte, sondern wird als Jahresrückvergütung vom Umsatz gewährt.
	Skonto	Skonto ist ein Nachlass auf den Rechnungsbetrag, der für die vorzeitige Bezahlung innerhalb einer bestimmten Frist gewährt wird.
Verkaufskonditionen	Verkaufskonditionen beinhalten alle Bedingungen, zu denen ein Betrieb seine Produkte an den Kunden verkauft. Sie gehören zu den Handlungsmöglichkeiten der Preispolitik, weil sie den Endpreis für den Abnehmer beeinflussen: ▶ Lieferungsbedingungen, z. B. Übernahme der Transport- und Verpackungskosten; ▶ Finanzierungshilfen, z. B. direkte Kreditierung oder Leasingangebote; ▶ Zahlungsbedingungen, z. B. Gewährung von Skonto; ▶ Garantieleistungen, z. B. Werkgarantien über die gesetzliche Gewährleistungsfrist hinaus.	

Welche Möglichkeiten der Preisdifferenzierung hat ein Betrieb?

Begriff	Ein Betrieb verkauft gleiche Produkte (Sachgüter oder Dienstleistungen) an unterschiedliche Kunden/Kundengruppen zu unterschiedlichen Preisen.
Arten	▶ **räumlich:** unterschiedliche Preise nach Regionen *Beispiel: Arzneimittel im In- und Ausland* ▶ **persönlich:** unterschiedliche Preise nach Personengruppen *Beispiel: ermäßigter Eintrittspreis für Schwerbehinderte* ▶ **zeitlich:** unterschiedliche Preise nach Zeiten getrennt *Beispiel: Tages- und Nachtstrom* ▶ **sachlich:** unterschiedliche Preise nach Aufmachung *Beispiel: die gleiche Schokolade als Marken- und No-Name-Produkt*

Was sind Kundendienstleistungen?
Welche Arten werden unterschieden?

Begriff	Kundendienstleistungen stellen freiwillige Leistungen des Herstellers oder Händlers dar, die er seinen Kunden vor, während oder nach dem Kauf gewährt.	
Arten	**Kaufmännische Kundendienstleistungen**	**Technische Kundendienstleistungen**
	▶ kaufmännische Beratung ▶ Information ▶ Besuche ▶ Anwenderseminare	▶ Ersatzteillieferungen ▶ Reparatur- und Wartungsdienst ▶ technische Beratung ▶ Pflegeservice

Erläutern Sie die wesentlichen Bestimmungen über den Frachtführer.

Frachtführer	**Frachtvertrag**	Grundlage der Tätigkeit eines Frachtführers ist stets ein Frachtvertrag. Er wird zwischen dem Frachtführer und dem Versender abgeschlossen. Eine Form ist nicht vorgeschrieben. Durch den Frachtvertrag wird der Frachtführer verpflichtet, das Gut zum Bestimmungsort zu befördern und dort an den Empfänger abzuliefern. Der Absender wird verpflichtet, die vereinbarte Fracht zu zahlen.
	Rechte des Frachtführers	▶ Ausstellung des Frachtbriefes durch den Versender ▶ Zahlung der vereinbarten Vergütung
	Pflichten des Frachtführers	▶ Ausführung des Auftrages mit der Sorgfalt eines ordentlichen Kaufmannes ▶ Beförderung innerhalb der vereinbarten Zeit ▶ Auslieferung an dem benannten Ort ▶ Haftung für von ihm verursachte Schäden
	Erfüllung	Aushändigung des Versandgutes und des Frachtbriefs an den Empfänger
	Pfandrecht	Der Frachtführer hat an den zu befördernden Gegenständen ein gesetzliches Pfandrecht zur Sicherung seiner Forderungen.

Welche Aufgaben hat der Spediteur?
Nennen Sie Rechte, Pflichten und Besonderheiten.

Spediteur	**Speditionsvertrag**	Grundlage der Tätigkeit ist ein Speditionsvertrag, der sich nach den „Allgemeinen Deutschen Spediteurs-Bedingungen" richtet. Durch den Speditionsvertrag wird der Spediteur verpflichtet, die Versendung des Gutes zu besorgen. Der Versender wird verpflichtet, die vereinbarte Vergütung zu zahlen.
	Rechte und Pflichten des Spediteurs	Der Spediteur hat ähnliche Rechte und Pflichten wie der Frachtführer. Hinzu kommen noch besondere Pflichten, die sich aus seiner Vermittlerrolle ergeben, wie z. B. die Treuepflicht, die Pflicht zur Wahrung der Rechte seines Auftraggebers und die Prüfungspflicht für die Verpackung.
	Spezialisierung	Die Arbeitsteilung hat sich auch in diesem Gewerbe ausgewirkt. Neben den internationalen Speditionen gibt es Spediteure, die sich z. B. auf Warengruppen, Regionen oder besonderen Service spezialisiert haben.
	Bedeutung	Spediteure sind besonders wichtig für kleine und mittlere Unternehmen, die nicht über Kenntnisse im internationalen Güterverkehr verfügen.

Erläutern Sie die wichtigsten Bestimmungen über den Lagerhalter.

Lagerhalter	**Lagervertrag**	Durch den Lagervertrag wird der Lagerhalter verpflichtet, das Gut zu lagern und aufzubewahren. Der Einlagerer wird verpflichtet, die vereinbarte Vergütung zu zahlen.
	Lagerschein	Der Lagerhalter hat für die eingelagerte Ware einen Lagerschein auszustellen. Dieser stellt ein Warenwertpapier dar, da jeder rechtmäßige Besitzer des Scheins auch über die Ware verfügen kann.
	Rechte des Lagerhalters	▶ Anspruch auf die vereinbarte Vergütung und Auslagenersatz ▶ Recht zur Kündigung des Einlagerungsvertrages ▶ gesetzliches Pfandrecht zur Sicherung seiner Ansprüche
	Pflichten des Lagerhalters	▶ Sorgfaltspflicht eines ordentlichen Kaufmanns ▶ Haftungspflicht für die eingelagerte Ware ▶ Herausgabepflicht, sofern der Lagerschein vorgelegt wird
	Bedeutung	Lagerhalter stellen ihre Lagerhäuser zur Verfügung, die von Spediteuren und Frachtführern sowie Versendern in Anspruch genommen werden, um Waren vor und nach dem Versand zwischenzulagern. Lagerhalter mit entsprechenden Lagerkapazitäten gibt es an allen größeren Orten, vor allem aber an den Hauptumschlagplätzen von Waren, wie Seehäfen, Flughäfen und großen Güterbahnhöfen.

Was verstehen Sie unter Incoterms® 2010? Welche wesentlichen Inhalte werden darin geregelt?

Incoterms®	Die Incoterms® 2010 (**In**ternational **Co**mmercial **Terms**) sind Handelsbräuche, die von der Internationalen Handelskammer (ICC) gesammelt und fortentwickelt werden. Sie enthalten einheitliche Regelungen der wesentlichen Käufer- und Verkäuferpflichten für die im internationalen Handel gebräuchlichen Lieferverträge. Die Klauseln sind international anerkannt und können somit Missverständnisse vermeiden. Neu bei den Incoterms® 2010 ist, dass sie auch zu nationalen Handelsklauseln erklärt wurden.
Inhalte	Zu den Inhalten der Incoterms® 2010 zählen: ▶ **Lieferort** An diesen genau bestimmten Ort hat der Verkäufer zu liefern. ▶ **Gefahrenübergang** Hier geht das Risiko vom Verkäufer auf den Käufer über. Der Käufer ist ab dem Gefahrenübergang zur Zahlung des vereinbarten Kaufpreises verpflichtet, auch wenn eine Verschlechterung oder der Untergang der Ware eingetreten ist. ▶ **Kostenübergang** ▶ Dies ist der Ort, an dem die Kosten (z. B. Transport, Zölle, Steuern) vom Verkäufer auf den Käufer übergehen. ▶ **Export- und Importfreimachung** Geregelt werden müssen die Kostenübernahme für die Ausfuhrabfertigung im Exportland und die Kostenübernahme für die Einfuhrabfertigung im Importland. ▶ **Transportversicherung** Der Abschluss einer Transportversicherung ist zu Gunsten des Käufers auf Kosten des Verkäufers nur möglich bei den Klauseln CIF und CIP. Die Mindestversicherung muss in dem Fall den Kaufpreis zuzüglich 10 % decken und in der Währung des Kaufvertrages abgeschlossen sein.

Erläutern Sie die Incoterms® 2010.

Incoterms® 2010	Definition/Lieferort	Gefahrenübergang	Kostenübergang
Klauseln, die für alle Transportarten vereinbart werden können:			
EXW *(ex works)*	Ab Werk .../benannter Lieferort (z. B. Lager, Werk)	Lieferort	
FCA *(free carrier)*	Frei Frachtführer .../benannter Lieferort (Übergabe an den ersten Frachtführer)	Lieferort	
CPT *(carrigage paid to)*	Frachtfrei .../benannter Bestimmungsort (Ort der Übergabe an den ersten Frachtführer)	Lieferort (Übergabe an den ersten Frachtführer)	Betimmungsort
CIP *(carriage and insurance paid to)*	Frachtfrei versichert .../benannter Bestimmungsort (Ort der Übergabe an den ersten Frachtführer)	Lieferort (Übergabe an den ersten Frachtführer)	Bestimmungsort
DAT *(delivered at terminal)*	Geliefert ab Terminal .../benannter Terminal im Bestimmungshafen/-ort (z. B. Kai, Containerdepot, Luftfrachtterminal, Lagerhalle)	Terminal Bestimmungshafen/-ort (Ware ist entladen)	
DAP *(delivered at place)*	Geliefert am Ort .../benannter Bestimmungsort	Bestimmungsort (Ware ist entladebereit)	
DDP *(delivered duty paid)*	Geliefert verzollt .../benannter Bestimmungsort	Bestimmungsort (Ware ist entladebereit)	
Klauseln für den See- und Binnenschifftransport:			
FAS *(free alonsgide ship)*	Frei Längsseite Schiff .../benannter Verschiffungshafen	Verschiffungshafen	
FOB *(free on board)*	Frei an Bord .../benannter Verschiffungshafen	An-Bord-Lieferung	
CFR *(cost and freight)*	Kosten und Fracht .../benannter Bestimmungshafen	An-Bord-Lieferung	Bestimmungshafen
CIF (cost, insurance and freight)	Kosten, Versicherung und Fracht .../ benannter Bestimmungshafen	An-Bord-Lieferung	Bestimmungshafen

Erläutern Sie das Dokumenteninkasso.
Stellen Sie die Abwicklung grafisch dar.

<table>
<tr><td>Dokumenteninkasso</td><td>Beim Dokumenteninkasso beauftragt der Exporteur seine Hausbank, den Gegenwert für bestimmte eingereichte Dokumente beim Zahlungspflichtigen oder einer Bank in dessen Land einzuziehen (Zahlungsinkasso) oder gegen Akzeptleistung des Importeurs diese Dokumente auszuhändigen (Akzept- oder Wechselinkasso).
Rechtsgrundlage dieses Zug-um-Zug-Geschäftes sind die „Einheitlichen Richtlinien für Inkassi von Handelspapieren (ERI)“ der IHK in Paris. Die „Ware“ wird nur bei Gegenleistung in Form von Geld (d/p inkasso = document against payment – Dokumente gegen Kasse“) oder Akzept (d/a inkasso = document against acceptance – „Dokumente gegen Akzept“) ausgehändigt.</td></tr>
<tr><td>d/p inkasso „Dokumente gegen Kasse“</td><td>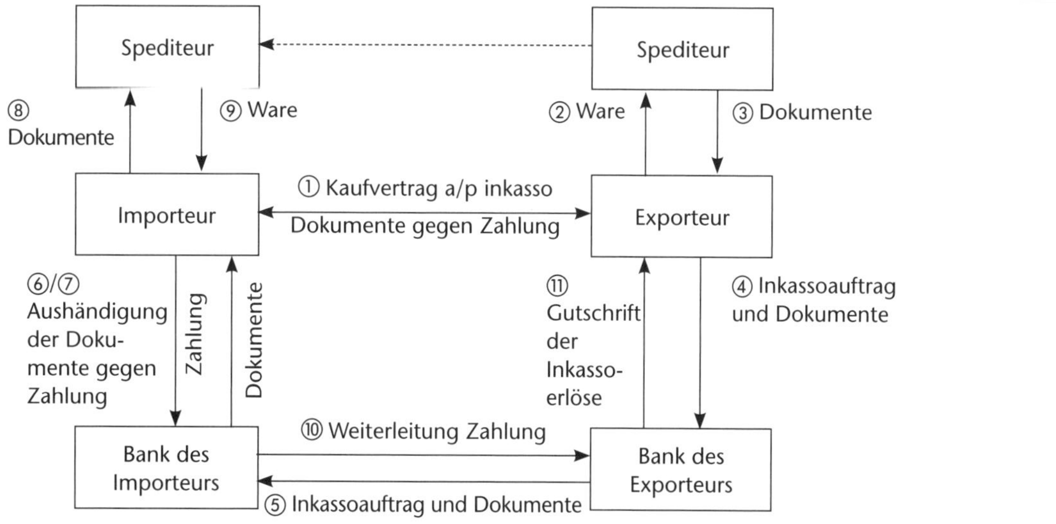
</td></tr>
<tr><td>d/a inkasso „Dokumente gegen Akzept“</td><td>Hier verpflichtet sich der Importeur, im Zug-um-Zug-Geschäft gegen Übergabe der Dokumente einen Wechsel zu akzeptieren. In diesem Fall räumt der Exporteur ein wechselgesichertes Zahlungsziel ein. Der Wechsel kann diskontiert werden, jedoch entfällt die frühere Möglichkeit der guten Rediskontierung durch die Deutsche Bundesbank. Der Importeur hat den Vorteil, die Ware vor Bezahlung weiterverkaufen zu können.</td></tr>
</table>

Was verstehen Sie unter einem Dokumentenakkreditiv?
Stellen Sie die Abwicklung grafisch dar.

<table>
<tr><td>Dokumentenakkreditiv</td><td>Das Akkreditiv ist der einer Bank erteilte Auftrag, aus einem Guthaben des Auftraggebers (Antragsteller) innerhalb einer vereinbarten Frist einem Dritten (Akkreditierten) einen bestimmten Betrag zur Verfügung zu stellen. Ist dies an die Übergabe bestimmter Dokumente geknüpft, so handelt es sich um ein Dokumentenakkreditiv. In vielen Fällen überträgt die Bank den Auftrag an eine zweite Bank.</td></tr>
<tr><td>d/p credit „Dokumente gegen Zahlung auf Akkreditivbasis“</td><td>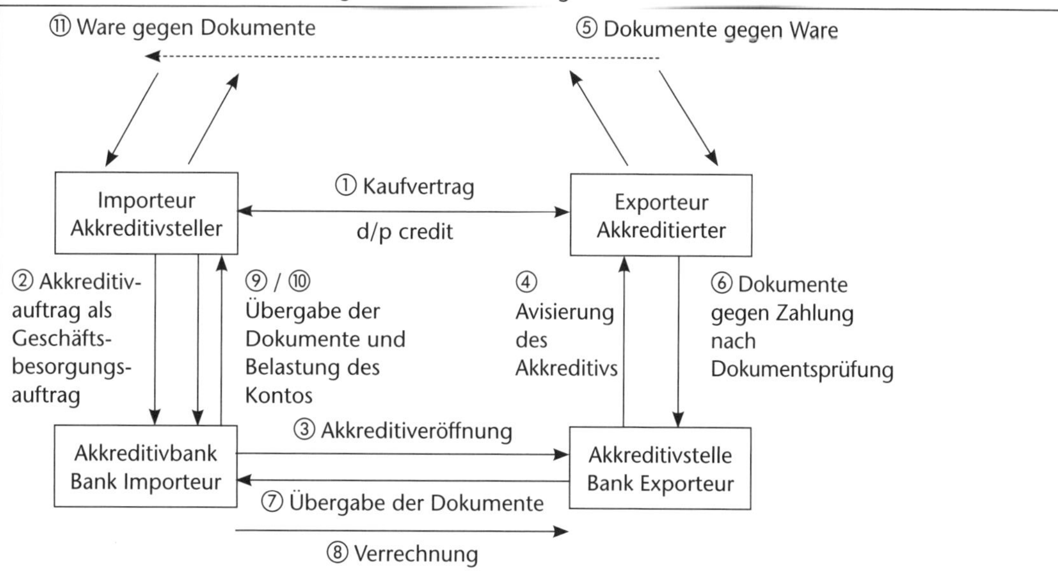
</td></tr>
<tr><td>Vorteile</td><td>▶ Für den Exporteur gilt die Zahlung als gesichert durch das abstrakte Schuldversprechen der Akkreditivbank und eventuell der Akkreditivstelle. Bei Vorlage der Dokumente erhält er sein Geld bei Versand der Ware.
▶ Für den Importeur erfolgt die Zahlung nur gegen Vorlage vorher bestimmter Dokumente.</td></tr>
<tr><td>Nachteile</td><td>▶ Für den Exporteur: Die Akkreditivbank oder Akkreditivstelle können nicht zahlen.
▶ Für den Importeur: Obwohl nur gegen akkreditivgemäße Dokumente ausbezahlt wird, ist dies keine Gewähr für die Qualität der Leistung.</td></tr>
</table>

Erläutern Sie die Bestimmungsgründe für die Wahl eines Transportmittels anhand von Beispielen.

Bestimmungsgrund	*Beispiele*
Art der Güter	▶ *Binnenschiffe für schwere, aber niederwertige Ware* ▶ *Spezialtransportmittel für Tiefkühlkost*
Verfügbarkeit des	▶ *begrenzter Wirkungskreis bei Transportmitteln, die an bestimmte Verkehrswege oder Entladepunkte gebunden sind (Bahnhöfe, Häfen, Flughäfen)*
Transportmittels	▶ *flexible Transportmittel sind Lkw*
Kosten	*Fracht, ein möglicher Straßenvorlauf und -nachlauf, Rollgeld 1 und 2, Umladungen und Einlagerungen, ggf. zusätzlich erforderliche Transportversicherungen*
Transportdauer	▶ *langsamer Transport mit Schiffen* ▶ *relativ schneller Transport mit Lkw und Bahn*
Beförderungsrisiko	▶ *hohes Risiko beim Lkw-Transport* ▶ *Risiken durch häufiges Umladen bei der Bahn*
Umweltverträglich-keit	▶ *Lkw: größter Verursacher von Schadstoffkonzentrationen in der Luft* ▶ *Schiff und Bahn: niedrigste Umweltbelastung*

Erläutern Sie die Möglichkeiten der Warenzustellung mit dem gewerblichen Güterkraftverkehr.

Begriff	Der gewerbliche Güterkraftverkehr übernimmt die entgeltliche Beförderung von Gütern mit Kraftfahrzeugen ab einem Gesamtgewicht von 3,5 t. Die Erlaubnis hierfür wird von der zuständigen Kraftfahrtbehörde des jeweiligen Bundeslandes erteilt.
Versandarten	▶ **Stückgut** besteht aus einzelnen Kisten, Säcken oder Paletten, die entweder vom Frachtführer direkt abgeholt werden oder zur Verladung dorthin gebracht werden müssen. ▶ **Wagenladung** besteht aus einer Warensendung mit einem Mindestfrachtgewicht von 5 t, die auf einen vorher bestellten Lkw geladen wird, oder aus einem Container, der abgeholt wird.
Sammelladung	Hierbei werden Stückgüter mit unterschiedlichem Absender und/oder Empfänger gemeinsam befördert und auf i. d. R. regelmäßigen Touren des Frachtführers ausgeliefert.
Haftung	Der Frachtführer haftet bei Verschulden nur für den Schaden, der durch Verlust oder Beschädigung während des Transports entstanden ist.

Beschreiben Sie die Versendung von Waren mit der Binnenschifffahrt.

Betriebsformen	Die Binnenschifffahrt wird betrieben von ▶ **Partikulieren** als selbstständigen Einzelschiffern, die zumeist nur ein, maximal drei Schiffe betreiben, ▶ **Reedereien**, die über eine eigene Flotte und angestellte Schiffer verfügen, ▶ der **Werksschifffahrt**, die den versendenden Unternehmen angegliedert sind.
Beförderte Güter	Die Binnenschifffahrt eignet sich besonders gut für Güter, die besonders schwer, sperrig und gefährlich sind. Dazu gehören z. B. Baustoffe, wie Sand und Kies, Düngemittel, Kohle, Recyclingstoffe.
Verkehrsmittel	▶ Motorschiffe sind Binnenschiffe mit eigenem Schiffsantrieb. ▶ Schleppkähne sind Fahrzeuge, die von einem gesonderten Schlepper gezogen werden. ▶ Schubverbände sind mehrere antriebslose unbemannte Schubleichter, die von einem Schubboot geschoben werden.
Haftung	Der Binnenschiffer haftet bei Verschulden für Verlust, Beschädigung und verspätete Lieferung.

Erläutern Sie die Möglichkeiten, Ware per Luftfracht zu versenden.

Beförderte Güter	Für die Luftfracht eignen sich besonders hochwertige, empfindliche und verderbliche Güter sowie solche Güter, die sehr schnell ihren Bestimmungsort erreichen müssen. *Beispiele: Schnittblumen, hochwertiger Fisch, dringend benötigte Ersatzteile, Reitpferde, Edelmetalle*
Beförderung	Die Beförderung im Luftfrachtgeschäft übernehmen nahezu alle Fluggesellschaften im In- und Ausland. Die Güter werden entweder in speziellen Frachtmaschinen oder auf regulären Passagierflügen befördert.
IATA-Tarif	Die Frachtentgelte werden auf IATA-Konferenzen zwischen den angeschlossenen Fluggesellschaften ausgehandelt und vereinbart und von den Regierungen der beteiligten Länder genehmigt. Die IATA (International Air Transport Association mit Sitz in Genf) ist ein Zusammenschluss vieler namhafter Fluggesellschaften.
Haftung	Bei Verschulden ist der Luftfrachtführer ersatzpflichtig für Beschädigung, Verlust, Zerstörung und Vermögensschäden, die durch verspätete Auslieferung entstanden sind.

Welche Leistungen erbringen private Paketdienste?

Begriff	Private Paketdienste schließen Verträge mit gewerblichen Versendern (z. B. Versandhäusern) ab, holen die Pakete werktäglich ab und stellen sie innerhalb einer garantierten Frist (ein bis zwei Tage) zu. *Beispiele für Anbieter: United Parcel Service (UPS), Deutscher Paketdienst (DPD), Hermes Logistik*
Leistungen	Es werden Pakete mit einem Gewicht bis zu 30 kg versendet. Die Tarife sind abhängig von Maß, Gewicht und Entfernung und es wird ein günstiger Abholservice geboten.

Beschreiben Sie den Versand von Gütern auf der Schiene.

Bedeutung	Der Eisenbahngüterverkehr wird in der Bundesrepublik Deutschland durch die Deutsche Bahn AG, die ABX Logistics, Railion und andere Anbieter durchgeführt. Es besteht Beförderungspflicht, soweit die Güter und die vorgesehene Transportmöglichkeit den Bestimmungen entsprechen.
Versandformen	▶ **Stückgüter** sind Einzelsendungen, verpackt in Kisten, Kartons, Flaschen u. a., die nicht die volle Ladekapazität eines Güterwagens ausmachen. Der Stückgutverkehr wird u. a. von der ABX Logistics durchgeführt. ▶ **Wagenladungen** bestehen aus Massengütern wie z. B. Erze, Getreide oder Pkw. Sie werden vom Versender auf Großraumgüterwagen (Waggons) geladen. Der Ladungsverkehr ganzer Wagenladungen wird u. a. von der Railion Deutschland durchgeführt.
Fracht	Die Frachthöhe hängt vom Gewicht der Sendung, der Entfernung und der Schnelligkeit der Beförderung ab. Sie setzt sich zusammen aus der Bahnfracht, der Stückguthausfracht für den Straßenvorlauf und -nachlauf oder Rollgeld bei Expressgutsendungen. Die Zahlung der Fracht kann durch den Absender oder Empfänger erfolgen. Der Absender entscheidet durch einen Zahlungsvermerk im Frachtbrief, wer bezahlen soll. „Frei" bedeutet, dass der Absender die Sendung bezahlt, „unfrei", dass der Empfänger zahlt.
Haftung des Frachtführers	Der Frachtführer haftet bei Beschädigung oder Verlust, sofern die Schäden nicht durch höhere Gewalt oder durch den Absender verursacht worden sind.
Versandbehälter	Die Anbieter stellen ihren Kunden zahlreiche Versandbehälter zur Verfügung. Dazu gehören Klein- und Großcontainer, Collicos und Paletten.

Erläutern Sie die Besonderheiten des Stückgutversandes.

Stückfracht	Stückgut wird mit Güterzügen und/oder Lkw über Nacht von Haus zu Haus zwischen dem Absender und dem Empfänger befördert. Die Stückgutfracht geht sowohl beim Gewicht als auch bei den Maßen weit über die bei Paketen üblichen Werte hinaus. So können Paletten, kleine Container, sperrige Güter etc. mit Stückfracht bequem versandt werden.
Beförderungsdauer	▶ Im Normalfall liegt die Beförderungsdauer im Inland zwischen 24 und 48 Stunden. ▶ Im europäischen Raum kann der Transport bis zu vier Tagen dauern.
Express	▶ Im Inland kann die Sendung garantiert innerhalb von 18 bis 24 Stunden beschleunigt ausgeliefert werden. ▶ Im internationalen Stückgutverkehr kann die Sendung im Notfall je nach Land und notwendiger Zollabfertigung innerhalb von 24 bis 48 Stunden zugestellt werden.
IC-Kurierdienst	Bei diesem Dienstleistungsangebot der Bahn werden Sendungen bis zu einem Gewicht von 20 kg befördert und mit IC- bzw. ICE-Zügen transportiert. Diese Züge fahren im Ein-Stunden-Takt.

Welche Gesichtspunkte sind bei der firmeneigenen Zustellung von Waren zu beachten?

Werkverkehr	Der Gütertransport durch firmeneigene Fahrzeuge wird als Werkverkehr bezeichnet. Er ist bei einer Nutzlast von mehr als 3,5 t beim Bundesamt für Güterverkehr anzumelden.
Tourenplanung	Nach der Zusammenstellung der für den Tag und Kunden auszuliefernden Waren (Kommissionen) müssen diese den Stellplätzen der Auslieferungsfahrzeuge (Tourenplätze) zugeführt werden und für jedes Fahrzeug muss dem Fahrer ein Tourenplan übergeben werden. Diese Tourenplanung liefert i. d. R. das Warenwirtschaftssystem, in dem alle Zielorte (Auslieferungsanschriften) gespeichert sind. Das System berechnet die Tour in der Weise, dass Auslieferungsorte und -zeiten optimal miteinander verbunden werden, um möglichst geringe Fahr- und Wartezeiten des Fahrers zu erreichen.
Transportpapiere	Als Transportpapiere werden bei der werkseigenen Auslieferung nur der Ladeschein für das Fahrzeug (enthält die Kommissionen) sowie der Lieferschein für den Kunden erstellt.
Haftung	Der Verkäufer haftet bei der Lieferung mit werkseigenen Fahrzeugen für Verlust und Beschädigung der Ware bis zur Übergabe an den Kunden.
Vorteile	▶ Die Kunden können kundenorientiert, schnell und flexibel beliefert werden. ▶ Die Fahrzeuge können für speziellen Bedarf ausgerüstet werden (z. B. Tiefkühlfahrzeuge). ▶ Firmeneigene Fahrzeuge und Auslieferungspersonen sind u. U. werbewirksam.

Erläutern Sie das Ziel, die Aufgaben und die Bedeutung der Materialwirtschaft im Industriebetrieb.

Ziel	Ziel der Materialwirtschaft ist es, durch die Bereitstellung von Werkstoffen und Betriebsmitteln einen reibungslosen Betriebsablauf zu gewährleisten.
Aufgaben	Aufgabe der Materialwirtschaft ist es, den betrieblichen Leistungsträgern die benötigten Sachmittel in der richtigen Qualität in ausreichender Menge zum richtigen Zeitpunkt und zum günstigsten Preis zur Verfügung zu stellen. Aus dieser Aufgabe lassen sich folgende Teilbereiche ableiten: ▶ Beobachtung der Beschaffungsmärkte durch die Beschaffungsmarktforschung ▶ Ermittlung des Bedarfs hinsichtlich Qualität und Menge ▶ Ermittlung der günstigsten Bezugsquellen ▶ fristgerechte Abwicklung der Bestellungen ▶ Überwachung der Lieferung nach Termin, Menge und Qualität ▶ sachgerechte Ein- und Auslagerung und Überwachung der Lagerbestände
Bedeutung	Die Materialwirtschaft steht am Beginn des betrieblichen Leistungsprozesses. Damit wird ihre besondere Bedeutung für die Kosten des Betriebes ersichtlich. *Beispiel: Gelingt es einem Betrieb, dessen Umsatzrendite 5 % beträgt und dessen Materialkosten einen Anteil von 40 % an den Nettoumsatzerlösen ausmachen, die Materialkosten um 1 % zu senken, so steigt die Umsatzrendite auf 5,4 % (0,4 % = 1 % von 40 %). Das kommt einer Gewinnsteigerung um 8 % gleich!*

Beschreiben Sie mögliche organisatorische Eingliederungen der Materialwirtschaft.

Interne Organisation	Die interne Organisation befasst sich damit, wie die Einkaufsabteilung selbst organisiert ist. ▶ Eine Aufgabengliederung nach **Verrichtungen** liegt vor, wenn gleichartige Verrichtungen für verschiedene Materialien zusammengefasst werden. Beispiel: Angebotsbearbeitung, Bestellwesen, Rechnungsprüfung ▶ Eine Aufgabengliederung nach **Objekten** liegt vor, wenn für gleichartige Materialien alle Verrichtungen bei einer Stelle liegen. *Beispiel: Aufgabenträger/Arbeitsgruppen für die Beschaffung von Holz, Metall, Verpackungsmaterial oder Halbteile* ▶ Neben diesen Gliederungen besteht noch die Möglichkeit, den Einkauf nach **Beschaffungsgebieten,** nach **Projektgruppen** oder nach **Lieferanten** zu gliedern.	
Externe Organisation	Die externe Organisation sagt etwas darüber aus, wie viele Stellen in einem Betrieb einkaufen dürfen. ▶ **Zentraler Einkauf** liegt vor, wenn die Sachmittel für das gesamte Unternehmen zentral beschafft werden. Der Vorteil liegt in der Zusammenfassung zu großen Mengen. ▶ **Dezentraler Einkauf** liegt vor, wenn einzelne Betriebe oder Betriebsteile die Beschaffung der von ihnen benötigten Werkstoffe bewerkstelligen. Diese Form wird zuweilen noch angewendet bei räumlich stark gegliederten Leistungsprozessen. Wegen der großen Nachteile (Verlust von Mengenrabatten, fehlende Marktübersicht) ist diese Organisationsform im Wesentlichen abzulehnen.	
Schnittstellen zu anderen betrieblichen Funktionen	Produktentwicklung/Konstruktion	Die Materialwirtschaft muss bereits im Prozess der Produktentwicklung in den Entscheidungsprozess einbezogen werden, weil sie neue Werkstoffe, neue Verfahren und neue Maschinen/Werkzeuge bereitstellen muss.
	Arbeitsvorbereitung	Die Arbeitsvorbereitung muss sichergehen, dass zum Starttermin eines geplanten Fertigungsprozesses die benötigten Roh-, Hilfs- und Betriebsstoffe und Zukaufteile sowie die erforderlichen Maschinen und Werkzeuge zur Verfügung stehen. Dies gilt insbesondere in einem „Just-in-time"-Beschaffungssystem. Deshalb ist eine enge Verzahnung mit der Disposition des Einkaufs und des Lagers erforderlich.
	Haustechnik	Die Haustechnik (z. B. Hausmeister, Werkzeugmacherei, Fuhrpark) benötigt ständig Materialien, Ersatzteile sowie neue Maschinen oder Werkzeuge, die nicht direkt in den Fertigungsprozess von Fertigerzeugnissen einfließen, aber den Leistungsprozess insgesamt sicherstellen.
	Kostenrechnung/ Buchhaltung	Zwischen diesen Abteilungen und der Materialwirtschaft laufen vorwiegend Informationsprozesse ab. So benötigt die Kostenrechnung die Preise für die verbrauchten Sachgüter, die Buchhaltung benötigt Daten für die Rechnungsprüfung.

Erläutern Sie die Bedeutung umweltbewussten Handelns im Bereich der Materialwirtschaft.

Einsparung von Rohstoffen	Die Welt-Rohstoffvorräte nehmen ständig ab. Aus diesem Grunde muss es das Ziel aller sein, bei der Herstellung und dem Vertrieb von Waren den Verbrauch von Rohstoffen möglichst gering zu halten.
Kreislaufwirtschaftsgesetz	Das Vermeiden von Abfällen (Rückständen) hat Vorrang vor der Verwertung von Abfällen. Das Verwerten von Abfällen (Rückständen) hat Vorrang vor dem Entsorgen von Abfällen. Nach dem „Kreislaufwirtschafts- und Abfallgesetz" vom 01.11.1996 sollen die Erzeugung, die Verteilung, der Verbrauch und die Entsorgung von Gütern als geschlossenes System betrachtet werden. Dies bedeutet, dass Probleme der Abfallbehandlung bereits während des Produktionsvorgangs berücksichtigt werden. Abfälle sind in erster Linie zu vermeiden und erst in zweiter Linie zu verwerten. Nicht wieder verwertbare Abfälle müssen zur Energieerzeugung verwendbar oder umweltverträglich zu entsorgen sein.
Umweltbeauftragter	Viele Betriebe gehen dazu über, Mitarbeiter als Umweltbeauftragte zu ernennen, die dann die Mitarbeiter schulen und den Entsorgungsmarkt hinsichtlich möglicher Kostensenkungen genau beobachten.

Die Einkaufsorganisation kann zentral oder dezentral organisiert sein.
Erläutern Sie diese Formen und nennen Sie Vorteile.

<table>
<tr><td rowspan="2">Zentrale Beschaffung</td><td colspan="2">Die zentrale Beschaffung liegt vor, wenn für das gesamte Unternehmen von einer Einkaufsabteilung alle Materialien beschafft werden. Dies ist sehr häufig bei Klein- und Mittelbetrieben der Fall.</td></tr>
<tr><td colspan="2">Vorteile:
▶ Mehrere Materialanforderungen gleicher Art können zusammengefasst werden. Somit ist bei Bestellung einer größeren Stückzahl ein Mengenrabatt möglich.
▶ Das Zusammenfassen ähnlicher Materialanforderungen kann eine Standardisierung und Normung fördern. Dadurch ist eine günstigere Disposition der Lagerbestände möglich, da die Sicherheitsbestände reduziert werden können. Eine Reduzierung der Sicherheitsbestände wirkt sich positiv auf die Kapitalbindung aus, da diese dann geringer ist.
▶ Durch die größeren Mengen und Arten der angeforderten Materialien kann sich das Einkaufspersonal gezielter mit den Fragen der Beschaffung beschäftigen. Beschaffungszeitpunkte, neue Lieferanten und Beschaffungskontrollen können überdacht werden.</td></tr>
<tr><td rowspan="2">Dezentrale Beschaffung</td><td>Örtliche Dezentralisation</td><td>Sachliche Dezentralisation</td></tr>
<tr><td>Sie ist dann von Vorteil, wenn aufgrund der ungünstigen geografischen Lage der einzelnen Werke die Beschaffungskosten für den zentralen Einkauf höher wären als die Kosten für kleinere Beschaffungseinheiten vor Ort.</td><td>Kann die Beschaffung nur von Spezialisten vorgenommen werden, so ist diese Organisationsform vorzuziehen.</td></tr>
</table>

Nennen Sie die verschiedenen Bedarfsarten.

<table>
<tr><td>Bedarfsarten</td><td>▶ Primärbedarf
Der Primärbedarf sind die verkaufsfähigen Produkte.
▶ Sekundärbedarf
Der Sekundärbedarf ist der Bedarf an Rohstoffen, Einzelteilen und Baugruppen.
▶ Tertiärbedarf
Der Tertiärbedarf ist der Bedarf an Hilfsstoffen und Betriebsstoffen.
▶ Zusatzbedarf
Der Zusatzbedarf ist der nicht geplante Bedarf, der zusätzlich benötigt wird, z. B. durch Ausschuss, Schwund, Sonderzwecke oder Mehraufwendungen für Reparaturen.</td></tr>
</table>

Erläutern Sie die Möglichkeiten der Bedarfsermittlung.

<table>
<tr><td>Verbrauchsgesteuerte Bedarfsermittlung

(Verbrauchsverfahren)</td><td colspan="2">Die verbrauchsorientierte Bedarfsermittlung beruht auf den Erfahrungswerten aus der Vergangenheit. Aufgrund der Vergangenheitswerte aus den Absatz- und Verbrauchsstatistiken wird der Zukunftsverbrauch festgelegt. Dabei ist z. B. bei dem Bedarf ein linearer negativer Trend oder ein saisonaler Verlauf zu berücksichtigen. Relativ konstanter Bedarf bietet bei dem Verbrauchsverfahren dabei die besten Prognosewerte.</td></tr>
<tr><td rowspan="5">Plangesteuerte Bedarfsermittlung

(Stücklisten- und Programmverfahren)</td><td colspan="2">Die auftragsbezogene Materialbedarfsermittlung stützt sich in der Regel auf Konstruktionszeichnungen und Stücklisten.</td></tr>
<tr><td rowspan="4">Stücklisten</td><td>Stücklisten enthalten alle Materialangaben, die für die Herstellung eines Produktes oder für die Durchführung eines Auftrages benötigt werden.</td></tr>
<tr><td>Mengenübersichtsstückliste
Diese Mengenstücklisten sind unstrukturierte Stücklisten, die aufzeigen, welche Bestandteile mengenmäßig in den Erzeugnissen enthalten sind. Sie eignen sich nur bei einstufiger Fertigung.</td></tr>
<tr><td>Baukastenstückliste
Eine Baukastenstückliste wird für jede Baugruppe erstellt, die jeweils den Bedarf an Material für die Produktion einer Einheit der nächsthöheren Fertigungsstufe enthält. Der Vorteil dieser Liste ist, dass sie bei Bedarf einer bestimmten Baugruppe schnell integriert werden kann; Nachteil, dass sie nicht den Gesamtbedarf eines bestimmten Endproduktes enthält. Dafür werden die Strukturstücklisten erstellt.</td></tr>
<tr><td>Strukturstückliste
Hier werden die einzelnen Baukastenstücklisten zusammengefasst. Dadurch ergibt sich der Gesamtbedarf an Materialien, der zur Produktion des Endproduktes benötigt wird.</td></tr>
</table>

Beschreiben Sie im Rahmen der Materialbeschaffung das Bestellpunktverfahren und erläutern Sie den eisernen Mindestbestand, den Meldebestand und den Höchstbestand.

Bestellpunktverfahren	Der Bestellzeitpunkt kann bestimmt werden durch das Bestellpunktverfahren. Der Lagerbestand wird nach jeder Entnahme überprüft. Die Bestellung eines Materials erfolgt bei Erreichen des Meldebestandes (Bestellpunkt).		
	Eiserner Mindestbestand	**Meldebestand**	**Höchstbestand**
	Der eiserne Mindestbestand ist diejenige Vorratsmenge, die ständig auf Lager sein muss, um auch bei unvorhergesehenen Störungen eine reibungslose Abwicklung des betrieblichen Geschehens zu ermöglichen.	Der Meldebestand ist der Lagerbestand, bei dessen Erreichen neu bestellt werden muss. Dadurch soll gesichert sein, dass der eiserne Bestand nicht angegriffen wird. Meldebestand = Eiserner Mindestbestand + (Tagesverbrauch · Lieferzeit)	Der Höchstbestand wird nach Eingang der bestellten Menge erreicht. Höchstbestand = Eiserner Mindestbestand + optimale Bestellmenge

Erläutern Sie das Bestellrhythmusverfahren.

Bestellrhythmusverfahren	Beim Bestellrhythmusverfahren wird der Lagerbestand nach einem bestimmten Zeitrhythmus (z. B. monatlich, wöchentlich) überprüft, um den Verbrauch der vergangenen Periode festzustellen. Danach wird die Bestellmenge zum Beschaffungszeitpunkt ermittelt. Da der Bestand zwischen den Überprüfungszeiten nicht bekannt ist, muss der Bedarf während der Überprüfungszeit berücksichtigt werden.

Was verstehen Sie unter der optimalen Bestellmenge?

Optimale Bestellmenge	Aufgabe der Bestellmengenplanung ist es, die Bestellmenge pro Beschaffungsvorgang zu ermitteln, die für das Unternehmen am günstigsten ist und deshalb als optimale Bestellmenge bezeichnet wird. Beschaffungskosten und Lagerkosten entwickeln sich gegenläufig. Die optimale Bestellmenge liegt dort, wo die Summe aus Beschaffungskosten und Lagerkosten ein Minimum erreicht. Die Planung einer optimalen Bestellmenge lohnt sich nur bei Artikeln mit einem hohen Verbrauchswert, bei denen sich Kosteneinsparungen im Gesamtergebnis bemerkbar machen.
	$\text{optimale Bestellmenge} = \sqrt{\frac{200 \cdot \text{Jahresbedarfsmenge} \cdot \text{Bestellkosten je Bestellung}}{\text{Einstandspreis pro Mengeneinheit} \cdot \text{Lagerhaltungskostensatz}}}$
Vereinfachtes Beispiel	Der Jahresbedarf eines Industrieunternehmens an Leuchtstoffröhren beträgt 1 200 Stück. Der eiserne Bestand wurde mit zehn Stück ermittelt. Die Bestellkosten pro Bestellung belaufen sich auf 40,00 EUR. Berücksichtigen Sie weiterhin Lagerkosten pro Stück im Jahr von 10,00 EUR. Aufgabe: a) Ermitteln Sie die Gesamtkosten bei 1, 5, 10 und 20 Bestellungen pro Jahr. b) Wie hoch ist die optimale Bestellmenge? Lösung:

Bestellhäufigkeit	Bestellmenge (Stück)	Bestellkosten pro Jahr (EUR)	durchschnittlicher Lagerbestand (Stück	Lagerkosten pro Jahr (EUR)	Gesamtkosten (EUR)
1	1 200	40,00	610	6 100,00	6 140,00
5	240	200,00	130	1 300,00	1 500,00
10	120	400,00	70	700,00	1 100,00
20	60	800,00	40	400,00	1 200,00

Die optimale Bestellmenge liegt bei 120 Stück, da bei dieser Menge die geringsten Gesamtkosten in Höhe von 1 100,00 EUR anfallen.

Erklären Sie den Bruttobedarf und den Nettobedarf.

Bruttobedarf	Sekundärbedarf + Zusatzbedarf = Bruttobedarf
Nettobedarf	Bruttobedarf – Lagerbestände – Bestellbestände + Vorbestellbestände (Reservierungen für andere Aufträge) = Nettobedarf

Welche Fragen müssen bei der Entscheidung für eine der beiden Beschaffungsalternativen Eigenfertigung oder Fremdbezug beantwortet werden?

Eigenfertigung oder Fremdbezug	▶ Wirtschaftlichkeit Sind die Kosten für die Eigenfertigung geringer als beim Kauf? ▶ Rentabilität Erwirtschaftet das eingesetzte Kapital einen größeren Gewinn bei Eigenfertigung als beim Fremdbezug? ▶ Finanzierung Steht genügend Kapital für die Investition/Kaufentscheidung zur Verfügung? ▶ Kapazität Stehen bei Eigenfertigung das benötigte Personal und die notwendige Ausrüstung an Maschinen zur Verfügung? ▶ Lieferbereitschaft Sind die Lieferanten beim Fremdbezug zuverlässig? Wer kann das Produkt zum Zeitpunkt des Bedarfes zeitnaher bereitstellen? ▶ Raum Stehen genügend Räumlichkeiten für die Fertigung/Lagerung zur Verfügung?

Erläutern Sie die Bezugskalkulation (Einkaufskalkulation).

Ziel	Ziel der Bezugskalkulation ist es, den Bezugspreis (auch Einstandspreis genannt) der eingekauften Waren zu ermitteln. Preisabzüge und Bezugskosten sind zu berücksichtigen.	
Bezugskalkulation	Kalkulationsschema	Erklärungen
	① **Listeneinkaufspreis** netto ② – Rabatt (v. H.) ③ = **Zieleinkaufspreis** ④ – Skonto (v. H.) = **Bareinkaufspreis** ⑤ + Bezugskosten = **Bezugspreis** (Einstandspreis)	① Der Listeneinkaufspreis wird in der Kalkulation immer netto berücksichtigt. Die Umsatzsteuer hat keinen Kostencharakter, da sie als Vorsteuer abziehbar ist. ② Der Abzug des Rabattes erfolgt immer vor dem Skontoabzug. Er wird in Prozent vom Listenpreis berechnet. ③ Diesen Preis muss der Käufer zahlen, wenn er die Ware „auf Ziel" kauft, d. h. keine Möglichkeit des Abzuges bei Barzahlung nutzt. ④ Skonto wird in Prozent vom Zieleinkaufspreis berechnet. ⑤ Die Bezugskosten können als Betrag oder in Prozent vereinbart werden. Ausgangsbasis ist der Bareinkaufspreis.
	Beispiel	Lösung
	Ein Industriebetrieb bezieht 150 kg einer Ware zum Listenpreis von 12,50 EUR je kg. Der Hersteller gewährt 5 % Rabatt und bei Zahlung innerhalb von 14 Tagen 3 % Skonto. Die Fracht beträgt 2,40 EUR je 10 kg, zzgl. 20,00 EUR Verpackung. *Ermitteln Sie den Bezugspreis für diese Ware.*	**Listeneinkaufspreis** 1 875,00 EUR – Rabatt 93,75 EUR = **Zieleinkaufspreis** 1 781,25 EUR – Skonto 53,44 EUR = **Bareinkaufspreis** 1 727,81 EUR + Bezugskosten 56,00 EUR = **Bezugspreis** 1 783,81 EUR
Bezugskosten	Werden mehrere Warenarten gemeinsam bezogen, dann fallen auch die Bezugskosten gemeinsam an, die dann verursachungsgemäß aufgeteilt werden müssen. ▶ Gewichtsabhängige Kosten werden nach dem Bruttogewicht der einzelnen Waren aufgeteilt. *Beispiele: Fracht, Rollgeld, Gewichtszoll, Auslade- und Wiegekosten, Umschlagkosten.* ▶ Wertspesen werden nach dem Einkaufspreis der einzelnen Waren aufgeteilt. *Beispiele: Versicherungsprämie, Provision, Bankspesen.*	

Erläutern Sie den Kalkulationszuschlag und den Kalkulationsfaktor.

Begründung

Für zugekaufte Fertigteile bleiben die Zuschlagssätze in der Verkaufskalkulation für Handlungsgemeinkosten, den Gewinn, Verkaufsskonto und -rabatt bei den angebotenen Fertigprodukten für längere Zeit oft gleich. Aus Vereinfachungsgründen fasst man deshalb diese Einzelzuschläge zu einem Gesamtzuschlag zusammen.

Kalkulationszuschlag

Der Kalkulationszuschlag ist die Differenz zwischen dem Bezugspreis und dem Listenverkaufspreis. Er wird ausgedrückt in Prozent des Bezugspreises (= 100%).

Beispiel aus der Verkaufskalkulation

	Bezugspreis	420,00 EUR
①	+ 5% Handlungskosten	21,00 EUR
	= Selbstkostenpreis	441,00 EUR
②	+ 10% Gewinn	44,10 EUR
	= Barverkaufspreis	485,10 EUR
③	+ 2% Skonto	9,90 EUR
	= Zielverkaufspreis	495,00 EUR
④	+ 30% Rabatt	212,14 EUR
	= **Listenverkaufspreis**	707,14 EUR

Sinnvoll ist auch die Berechnung mit einem Bezugspreis von 100,00 EUR. In diesem Fall beträgt der Listenverkaufspreis 168,37 EUR. Damit ist der Kalkulationszuschlag von 68,37% sofort ablesbar.

Vereinfachung durch Kalkulationszuschlag

Die Positionen ① bis ④ ergeben 287,14 EUR. Einmalige Berechnung des Kalkulationszuschlagsatzes:

Bezugspreis	420,00 EUR = 100 %
Kalkulationszuschlag	287,14 EUR = x %

$$x = \frac{287{,}14 \cdot 100}{420{,}00} = 68{,}37\ \%$$

Ermittlung der Listenverkaufspreise für die Waren

	Bezugspreis	420,00 EUR
+	**Kalkulationszuschlag** 68,37 %	287,14 EUR
=	**Listenverkaufspreis**	707,14 EUR

$$\text{Kalkulationszuschlag} = \frac{(\text{Listenverkaufspreis} - \text{Bezugspreis}) \cdot 100}{\text{Bezugspreis}}$$

Kalkulationsfaktor

Der Kalkulationsfaktor ist die Zahl, mit der der Bezugspreis multipliziert wird, um den Listenverkaufspreis zu ermitteln. Der Kalkulationsfaktor ist gleichzusetzen mit dem Listenverkaufspreis für 1,00 EUR Bezugspreis.

Beispiel aus der Verkaufskalkulation		Vereinfachung durch Kalkulationsfaktor
Bezugspreis	420,00 EUR	$x = \frac{707{,}14}{420{,}00} = 1{,}68$
Listenverkaufspreis	707,14 EUR	

$$\text{Kalkulationsfaktor} = \frac{\text{Listenverkaufspreis}}{\text{Bezugspreis}}$$

Bezugspreis x Kalkulationsfaktor = Listenverkaufspreis

Erläutern Sie den Kalkulationszuschlag und den Kalkulationsfaktor.

Handelsspanne

Die Handelsspanne ist die Differenz zwischen dem Listenverkaufspreis und dem Bezugspreis, ausgedrückt in Prozenten des Listenverkaufspreises (=100 %).

Beispiel

Ein Industriebetrieb möchte einen Zukaufartikel zum Preis von 120,00 EUR in sein Angebot aufnehmen.

Wie hoch darf der Bezugspreis höchstens sein, wenn mit 20 % Handlungskosten, 15 % Gewinn, 3 % Skonto und 30 % Rabatt kalkuliert wird? (Spalte A)

Wie hoch ist die Handelsspanne bei einem unbekannten Listenverkaufspreis? (Spalte B)

Kalkulationsschema aufstellen und rückwärts rechnen

①

	Spalte B	Spalte A
Bezugspreis	59,04 EUR	49,20 EUR
+ 20 % Handlungskosten	11,81 EUR	9,84 EUR
= Selbstkostenpreis	70,85 EUR	59,04 EUR
+ 15 % Gewinn	10,63 EUR	8,86 EUR
= Barverkaufspreis	81,48 EUR	67,90 EUR
+ 3 % Skonto	2,52 EUR	2,10 EUR
= Zielverkaufspreis	84,00 EUR	70,00 EUR
+ 30 % Rabatt	36,00 EUR	30,00 EUR
= Listenverkaufspreis	120,00 EUR	100,00 EUR

②

Die Differenz zwischen Listenverkaufspreis und Bezugspreis beträgt

- im Fall A 60,96 EUR, bezogen auf den Listenverkaufspreis (=100 %) sind das 50,8 %,
- im FallB 50,80 EUR, bezogen auf den Listenverkaufspreis von 100,00 EUR sind das 50,8 %.

$$\text{Handelsspanne} = \frac{(\text{Listenverkaufspreis} - \text{Bezugspreis}) \cdot 100}{\text{Listenverkaufspreis}}$$

$$\text{Handelsspanne} = \frac{\text{Kalkulationszuschlag}}{\text{Kalkulationsfaktor}}$$

Nennen Sie die Möglichkeiten der Bezugsquellenermittlung.

Neue Stoffe und Vorprodukte: Waren/Dienstleistungen, bei denen die Bezugsquellen bisher nicht bekannt sind	**Bekannte Stoffe und Vorprodukte:** Waren und Dienstleistungen, bei denen aufgrund früherer Lieferungen die Bezugsquellen bekannt sind
Mögliche Informationsquellen:	Mögliche Informationsquellen:
▶ Suchmaschinen im Internet (google, yahoo, fireball etc.) ▶ Datenbanken von Adressverlagen im Internet ▶ Branchenverzeichnis der Fernsprechbücher (Gelbe Seiten) für regionale/örtliche Informationen im Internet ▶ Branchenadressverzeichnisse (z. B. „ABC der deutschen Wirtschaft") für überregionale Informationen im Internet ▶ Anzeigen in Fachzeitschriften ▶ Messen/Ausstellungen ▶ Besuche von Handelsvertretern/Reisenden ▶ Kataloge/Prospekte/Mustersendungen ▶ Industrie- und Handelskammern und Verbände bieten ihre Informationssysteme sowie Datenbanken an ▶ Banken vermitteln Bezugsquellen für Importwaren	▶ Artikeldatei (enthält alle für diesen Artikel in Frage kommenden Lieferanten) ▶ Lieferantendatei (enthält das Spektrum der Liefermöglichkeiten des Lieferanten) ▶ CD-ROMs von Lieferanten, auf denen das gesamte Lieferspektrum detailliert mit Zeichnungen, Abbildungen, Verkaufseinheiten und Preisen enthalten ist ▶ gesammelte Prospekte, Angebote, Preislisten und Muster, die nach Lieferanten und/oder nach Artikeln sortiert sind ▶ Bookmarks (Internetadressen der wichtigsten Lieferanten, über die ein schneller Kontakt mit Informationsabfrage per E-Mail möglich ist)

Erläutern Sie die Kriterien, die im Rahmen der Lieferantenauswahl zu berücksichtigen sind.

Allgemeines zur Lieferantenauswahl	Ziel des Angebotsvergleiches ist es, den Lieferanten herauszufinden, der zu den für den Betrieb günstigsten Bedingungen die Waren in ausreichender Menge zur Verfügung stellen kann. Ein Bestandteil des Angebotsvergleiches ist deshalb auch neben dem reinen Preisvergleich eine Beurteilung der Leistungsfähigkeit der in Frage kommenden Lieferanten.
Preis	Der Bezugspreis ist das wichtigste Kriterium im Rahmen eines Angebotsvergleiches. Er wird ermittelt unter Berücksichtigung von Preisreduzierungen durch Rabatte und Skonti sowie sonstige Nachlässe (z. B. Bonus) und Preiszuschlägen durch Bezugskosten (z. B. Transportkosten, Versicherung).
Zahlungsbedingungen	Die unmittelbare Auswirkung von Zahlungskonditionen zeigt sich bereits bei der Berechnung des Bezugspreises (Skonto). Daneben können großzügige Zahlungsbedingungen im Investitionsgütergeschäft von großer Bedeutung für den beschaffenden Betrieb sein. Ist z. B. das Kreditlimit der Banken ausgeschöpft, kann derjenige Lieferant besonders vorteilhaft sein, der Ratenzahlung einräumt.
Lieferungsbedingungen	Ein Teil der Lieferungsbedingungen, wie Versand- und Verpackungskosten, schlägt sich ebenfalls bereits im Bezugspreis nieder. Daneben können andere Lieferungsbedingungen eine Rolle spielen, wie z. B. die großzügige Gestaltung von Garantiefristen, ein nicht vereinbarter Eigentumsvorbehalt, Vereinbarungen über den Erfüllungsort oder der Gefahrübergang.
Qualität	Die Qualität der Produkte des Lieferanten kann vom Betrieb zwar zumeist erst bei längerer Zusammenarbeit eingeschätzt werden, dennoch lassen sich von den in Erwägung gezogenen Lieferanten Muster anfordern, die einer angemessenen Qualitätskontrolle unterzogen werden können.
Menge	Der Lieferant ist auch danach zu beurteilen, in welchem Umfang er die vom Betrieb verlangte Ware liefern kann. Dazu gehört nicht nur die Lieferfähigkeit für den regelmäßigen Bedarf, sondern auch die Fähigkeit, den Bedarf für Spitzenbelastungen bereitzustellen.
Lieferzeit	Der Betrieb muss sich einerseits an den Lieferanten orientieren, die möglichst rasch eine angeforderte Warenmenge liefern können. Andererseits muss überprüft werden, ob der Lieferant zugesagte Termine auch einhält. Davon ist die Planung von Lieferterminen gegenüber den eigenen Kunden abhängig.
Standort	Ein Lieferbetrieb, der sich am gleichen Ort befindet, bietet selbstverständlich erhebliche Vorteile gegenüber einem Lieferer, der sich im Ausland befindet, möglicherweise noch im außereuropäischen Ausland.
Kooperationsfähigkeit	Der Lieferer kennt seine Angebotspalette und vor allem seine Möglichkeiten besser als der Besteller. Bei der Lösung von Problemstellungen muss ein industrieller Nachfrager deshalb heute erwarten dürfen, dass sein Lieferant ihm bei der Lösung von Produkt- und Verfahrensproblemen behilflich ist.

Nennen Sie die verschiedenen Strategien zur Bindung an Lieferanten.

Single Sourcing	Die Einquellenbeschaffung geht davon aus, dass es günstig sein kann, ein oder mehrere Beschaffungsobjekte bei nur einem Lieferanten zu beziehen. Es findet eine intensive Kooperation statt.
Double Sourcing	Die Verteilung des Einkaufsvolumens auf zwei Lieferanten nutzt die Vorteile des Single Sourcings, senkt aber durch den zweiten Lieferanten mögliche Ausfallrisiken und fördert den Wettbewerb.
Modular Sourcing	Komplette Baugruppen (Module) werden bei einem Lieferanten beschafft, z. B. in der Automobilindustrie. Das lohnt sich, wenn der Lieferant über ein großes Know-how verfügt und auch als Problemlöser auftritt.
Global Sourcing	Die Globalisierung der Märkte macht auch vor dem Einkauf nicht Halt. Über Suchmaschinen lassen sich weltweit günstige Lieferanten finden. Den zumeist niedrigeren Preisen stehen jedoch hohe Transport-, Qualitäts- und Währungsrisiken gegenüber.

Stellen Sie eine Bestellabwicklung als Geschäftsprozess dar.

Abteilung	Lager	Einkauf	Einkauf	Einkauf	Einkauf	Einkauf
Funktion	Bedarfsmeldung erstellen ⇨	Bedarfsmeldung prüfen ⇨	Waren disponieren ⇨	Bestellung aufgeben ⇨	Bestelldatei und Dispositionsdatei ergänzen ⇨	Liefertermin überwachen, ggf. mahnen
Dateien und Datenträger	Output: Bedarfsmeldung	Lieferantendatei	Dispositionsdatei/ Materialdatei	Bestellschreiben	Bestelldatei/ Dispositionsdatei	Bestelldatei
Abteilung	Lager	Qualitätskontrolle	Lager	Einkauf	Buchhaltung	Buchhaltung
Funktion	Wareneingang abwickeln ⇨	Qualitätskontrolle durchführen ⇨	Ware einlagern ⇨	Zugang buchen ⇨	Rechnung prüfen ⇨	Rechnung buchen und bezahlen
Dateien und Datenträger	Frachtbrief/- Lieferschein	Kontrollbeleg	Wareneinlagerungsschein	Bestelldatei/ Dispositionsdatei	Lieferschein/ Lieferantendatei	Kreditorenkonto/Sachkonto

Beschreiben Sie die störungsfreie Abwicklung einer Bestellung unter Einbeziehung der EDV.

Planung	▶ Bedarfsmeldung: tägliche Meldung über Bildschirm/Drucker, bei welchen Positionen aufgrund der Entnahmen der Meldebestand unterschritten ist oder welche Stoffe/Vorprodukte mit welchen Mengen aufgrund der Fertigungsplanung zu welchem Zeitpunkt benötigt werden ▶ Erfassung der Daten der Bedarfsanforderung oder Bearbeitung der online erhaltenen Daten. Das System greift auf die bestehenden Dateien (Lieferantendatei/Artikeldatei) zurück, führt automatisch den Angebotsvergleich durch und gibt über Drucker oder Bildschirm Bestellvorschläge aus.
Durchführung	▶ Eingabe der Bestelldaten oder Bestätigung des vom System ermittelten Bestellvorschlages sowie Ausdruck der Bestellung ▶ Übernahme der Bestelldaten in die Bestelldatei und in die Dispositionsdatei. Aus der Bestelldatei lassen sich die offenen Bestellungen jederzeit abrufen. Bei Bestätigung des Auftrages durch den Lieferanten werden die Dispositionsdatei und die Bestelldatei durch Angabe der notwendigen Daten (z. B. Liefertermin, Menge) fortgeschrieben.
Kontrolle	▶ Wird der Liefertermin überschritten, löst das System automatisch eine Mahnung aus, die ausgedruckt wird, oder gibt eine entsprechende Mitteilung online an den Lieferanten weiter. ▶ Bei Lieferung ruft die Warenannahme auf dem Bildschirm die Bestelldaten auf, bestätigt den richtigen Eingang der Waren oder gibt die tatsächlich gelieferten Warenpositionen nach Art und Menge ein. ▶ Das System schreibt die Bestandsdatei fort, bestätigt die entsprechenden Daten der Bestelldatei bzw. legt diese als erledigt ab und druckt den Wareneingangsschein bzw. den Materialeingangsbeleg aus. Sodann wird die Ware auf dem zuständigen Lagerplatz einsortiert. Die Lagerplatznummer kann bei Bedarf im System gespeichert werden. ▶ Erfassung der Eingangsrechnung in der Rechnungsprüfung. Anhand des Bestelldatensatzes und des Lieferscheines kann die Rechnungsprüfung durchgeführt werden. ▶ In der Buchhaltung wird die Verbindlichkeit gebucht und das Sachkonto (Material, fremde Leistungen usw.) belastet. Der in der Rechnungsprüfung bereits erfasste Datensatz kann übernommen werden. Der Zahlungstermin und die Zahlungsbedingungen werden im System gespeichert. ▶ Bei Fälligkeit erfolgt der Ausdruck des Überweisungsträgers oder die Auslösung einer DFÜ-Zahlung sowie die Buchung des Zahlungsvorganges.

Erläutern Sie, welche Punkte im Rahmen der Rechnungsprüfung zu berücksichtigen sind.

Sachliche Prüfung	▶ Der erste Teil der sachlichen Prüfung bezieht sich auf die Übereinstimmung der gelieferten Waren mit der Rechnung. Anhand der Wareneingangsmeldung und/oder des Lieferscheines wird geprüft, ob die einzelnen Positionen der Rechnung nach Art und Menge auch geliefert wurden und ob die Prüfung der Ware keine Mängel ergeben hat. Sind Mängel hinsichtlich der Menge, Art, Güte oder Beschaffenheit festgestellt worden, hat der Käufer gegenüber dem Lieferanten das Recht, die Zahlung zurückzuhalten. Er muss dann nur den Teil bezahlen, der ordnungsgemäß geliefert wurde. Über den Teil der Waren, die zurückgesandt werden, stellt der Lieferant eine Gutschrift aus. ▶ Der zweite Teil der sachlichen Prüfung bezieht sich darauf, ob alle vereinbarten Konditionen in der Rechnung auch berücksichtigt worden sind. Dies gilt insbesondere für alle Bedingungen des Kaufvertrages in Bezug auf Rabatte, Fracht- und Verpackungskonditionen sowie Zahlungsbedingungen.
Rechnerische Prüfung	Zwar ist im Zeitalter der EDV nur in äußerst seltenen Fällen davon auszugehen, dass die Rechnung rechnerisch falsch ist. Dennoch sind die errechneten Beträge, wie Menge mal Preis, Addition der einzelnen Positionen, errechnete Rabatte sowie Umsatzsteuerbeträge nachzurechnen, um ggf. Überzahlungen zu verhindern.

Erläutern Sie die Aufgaben der Lagerhaltung im Industriebetrieb.

Sicherung der Verkaufsbereitschaft	Der Betrieb muss u. U. einen Vorrat an Waren zur Verfügung haben, damit er die Wünsche des Kunden sofort erfüllen kann. Ist diese Verkaufsbereitschaft nicht gegeben, besteht die Gefahr des Umsatzverlustes, da die Kunden sich zur Konkurrenz hin orientieren.
Zeitüberbrückungsfunktion	Die Lagerhaltung dient dazu, die Zeit zwischen der Produktion von Waren und dem Kauf durch den Kunden auszugleichen und um Lieferverzögerungen beim Produzenten zu überbrücken.
Ausnutzung von Preisvorteilen	Die jahreszeitlichen Preisschwankungen für Waren, die sich z. B. durch Mengenrabatte des Herstellers ergeben, sollten bei der Einkaufsplanung berücksichtigt werden. Das Lager muss demnach so beschaffen sein, dass es einen kurzfristigen Mehrbedarf an Raum decken kann.
Ausgleichsfunktion	Im Produktionsbereich entstehen (z. B. bei der Werkstättenfertigung) zuweilen Zwischenlager aufgrund unterschiedlicher Kapazitäten und deren Auslastung. Solche Lager haben eine Pufferfunktion, d. h., sie verhindern Produktionsstockungen und gewährleisten eine kontinuierliche Produktion.
Umformung und Veredelung	Manche Waren müssen vorbeugend behandelt werden (Warenmanipulation), um die Haltbarkeit zu verlängern und den Wert zu erhöhen (z. B. Reinigen, Austrocknen, Sortieren, Mischen, Reifen).

Nach welchen Gesichtspunkten lassen sich Lager unterscheiden?

Baulichkeiten	▶ Das **Freilager** nimmt Waren auf, die witterungsunempfindlich sind, z. B. Kies, Sand. ▶ **Geschlossene Lager** dienen der Aufnahme von Waren, die Schutz gegen Witterungseinflüsse benötigen. ▶ **Eingeschossige Lager** (Flachlager) sind ebenerdig, max. 7 m hoch und eignen sich für schwere und unhandliche Waren, z. B. Maschinen, Holz, Stahl. ▶ **Mehrgeschossige Lager** (Etagenlager) sind dagegen auf mehreren Ebenen eingerichtet. Für sie müssen technische Einrichtungen des vertikalen Transports geschaffen werden, z. B. Lastenaufzüge. Dafür nutzen sie weniger Grundstücksfläche. ▶ **Stapellager** werden mit Waren bestückt, die in mehreren Schichten übereinander gestapelt werden können und sich zumeist auf Paletten befinden. Diese Lager müssen über entsprechende Stapelfahrzeuge oder Laufkräne verfügen. ▶ **Hochregallager** haben Höhen von mehr als 12 m, benötigen eine entsprechende Automatisierungstechnik sowie Regalförderfahrzeuge.
Lagerstandort	▶ Ein **zentrales Lager** nimmt alle Waren des Unternehmens an einem Ort auf. Die An- und Auslieferung kann dabei zentral abgewickelt werden. Nachteilig wirkt sich u. U. die fehlende Kundennähe aus. ▶ **Dezentrale Lager** werden großräumig über die Distributionsfläche verteilt und haben den Vorteil der Kundennähe. Nachteilig wirken sich höhere Kosten und ein höherer Organisationsbedarf aus.
Eigentumsverhältnisse	▶ **Eigenlager** sind in den eigenen Geschäftsräumen untergebracht. Sie bieten den Vorteil des direkten Zugriffs und bessere Gestaltungsmöglichkeiten. ▶ **Fremdlager** sind Räumlichkeiten eines fremden Lagerhalters. Der Vorteil besteht in geringeren Kosten (je nach Beanspruchung) und einem geringen Investitionsrisiko. Speziallägerhäuser (z. B. für Tiefkühlkost) sind zumeist Fremdlager.

Welche Anforderungen sollten Ihrer Meinung nach an ein gut funktionierendes Lager gestellt werden?

Allgemeine Gesichtspunkte	▶ **Geräumigkeit:** Das Lager soll so beschaffen sein, dass es Spitzenbelastungen standhält und der innerbetriebliche Transport nicht gefährdet wird. ▶ **Übersichtlichkeit:** Das Lager muss so aufgeteilt sein, dass häufig benutzte Güter am Anfang lagern und auch wenig benutzte Güter schnell greifbar sind. ▶ **Sicherheit:** Durch geeignete Sicherungsmaßnahmen muss sichergestellt werden, dass die Gefahr von Bränden, Unfällen oder Diebstahl gemindert wird. ▶ **Zweckmäßigkeit:** Entscheidend für die Art der Lagerung ist das zu lagernde Produkt. Das Lager muss deshalb der Art, der Güte und dem Wert der Waren entsprechen. ▶ **Wirtschaftlichkeit:** Lagerhaltung ist teuer. Um Kosten zu senken oder zu vermeiden, sollten die zu lagernde Menge, der Verwaltungsaufwand und die Lagerdauer möglichst gering sein.
Organisatorische Anforderungen	▶ kurze Wege für umsatzstarke Waren („A-Teile") und direkte Einlagerung der Ware ▶ kreuzungsfreie und ausreichend breite Förderwege sowie kurze Wege bei der Entsorgung ▶ strikte Beachtung der Vorschriften zum Gesundheitsschutz und zur Unfallverhütung ▶ Einrichtung von Sicherheitsanlagen (Fluchtwege, Sprinkleranlagen) sowie Diebstahlsicherungen ▶ Erstellung eines Lagerplans, um insbesondere bei größeren Lagerräumen ein schnelles Auffinden der Ware zu gewährleisten und neuen Mitarbeitern die Einarbeitung zu erleichtern.

	Einrichtungsgegenstände	Fördermittel	Vorrichtungen
Lagereinrichtung	▶ Regale ▶ Schränke, Ständer ▶ Tanks ▶ Kisten, Paletten ▶ Klimaeinrichtungen	▶ horizontal: Rollenbahnen, Bänder ▶ vertikal: Aufzüge, Kräne ▶ horizontal und vertikal: Gabelstapler, Hubwagen	▶ Informationseinrichtungen, z. B. PC, Telefon ▶ Sicherungseinrichtungen ▶ Zähl-, Mess- und Wiegevorrichtungen
Ausgleichsfunktion	Im Produktionsbereich entstehen (z. B. bei der Werkstättenfertigung) zuweilen Zwischenlager aufgrund unterschiedlicher Kapazitäten und deren Auslastung. Solche Lager haben eine Pufferfunktion, d. h., sie verhindern Produktionsstockungen und gewährleisten eine kontinuierliche Produktion.		

Beschreiben Sie die Aufgaben im Zusammenhang mit der Warenannahme und Wareneinlagerung.

Warenannahme	Die Mitarbeiter nehmen die vom Frachtführer angelieferten Packstücke, Container etc. in der Anlieferzone in Empfang und prüfen, ob ▶ die Sendung überhaupt für den Betrieb bestimmt ist (Anschrift), ▶ die Anzahl der Packstücke und ggf. das Gewicht mit dem Frachtbrief übereinstimmen, ▶ die Packstücke unversehrt sind. Ist dies nicht der Fall, lassen sich die Mitarbeiter fehlende Packstücke und Beschädigungen vom Fahrer des Frachtführers auf dem Frachtbrief bestätigen.
Warenprüfung	Beim Auspacken der Packstücke ist zu prüfen, ob der Inhalt nach Art, Beschaffenheit, Güte und Menge mit dem Lieferschein übereinstimmt. Bei Bedarf ist die Abweichung auf dem Lieferschein zu vermerken.
Einlagerung	Schließlich ist die Ware auf Basis des Lagerplans und nach den Grundsätzen ordnungsgemäßer Lagerhaltung (siehe unten) dem entsprechenden Lagerplatz zuzuführen.
Erfassung	Der ggf. korrigierte Lieferschein ist die Grundlage für die Erfassung des Wareneingangs. Im Warenwirtschaftssystem sind unter Angabe des Datums und der Artikel-Nummer die eingegangenen Mengen einzugeben. Das System erstellt eine Wareneingangsmeldung, die zusammen mit dem Lieferschein dem Einkauf als Grundlage für die Rechnungsprüfung oder ggf. eine Mängelrüge dient.

Erläutern Sie die üblichen Lagerplatzsysteme.

Ziele	Ziel der optimalen Lagerplatzzuordnung ist es, den Artikeln den Lagerplatz zuzuordnen, der einen schnellen Zugriff bei Ein- und Auslagerung ermöglicht und der die Kosten der Lagerhaltung und die Kosten des Warenflusses zwischen Wareneinlagerung und -auslagerung minimiert.		
Arten	**Beschreibung**	**Voraussetzungen**	**Vorteile/Nachteile**
Systematische Lagerplatzzuordnung (Festplatzsystem)	Die Waren werden nach einem vorgegebenen System an gleich bleibenden Plätzen eingeordnet. Jeder Artikel verfügt damit über einen festen Platz. Dieser Lagerort ist im Artikelstammsatz gespeichert.	Für jeden Lagerplatz wird eine „sprechende" Lagernummer oder Lageradresse vergeben, aus der der Lagerort ersichtlich ist. *Beispiel: Der Lagerort C-4-63 befindet sich in Gang C, Zone 4, Fach 63.*	▶ große Übersichtlichkeit und Zugriffssicherheit (auch bei Ausfall der EDV) ▶ hoher Lagerplatzbedarf, weil für jeden Artikel der Platz für den Höchstbestand reserviert sein muss
Chaotische Lagerplatzzuordnung	Dieses System, das vorwiegend in Hochregallagern verwendet wird, vergibt für neue ankommende Ware immer die Lagerplätze, die gerade frei sind. Unter Umständen kann damit ein Artikel auf mehreren verschiedenen Lagerplätzen verteilt sein.	Ein fehlertolerantes EDV-System (Parallel-Rechner) überwacht mit 100%iger Genauigkeit die Ein- und Auslagerung, weist freie Plätze zu und speichert belegte Plätze. Dies erfordert im System eine ständige Neuzuordnung von Lagerplatz und Artikel.	▶ geringer Platzbedarf für das gesamte Lager und damit erhebliche Kostenvorteile ▶ hohes Risiko bei falscher Datenerfassung oder Systemabsturz

Welche Gesichtspunkte sind für eine warengerechte Einlagerung zu beachten?

Warenart	▶ Gleichartige Waren sollten möglichst zusammen, d. h. in gleichen Lagerzonen, gelagert werden. ▶ Die Art der Warenlagerung ist der Art der Ware anzupassen. *Beispiel: großvolumige Ware in Stapellagerung, kleinvolumige Ware in Aufbewahrungsbehältern im Regal*
Warenwert	▶ Hochwertige Waren sollten unter Verschluss oder an übersichtlichen Stellen gelagert werden. ▶ Niedrigpreisige Ware kann offen und an den weniger übersichtlichen Stellen eingelagert werden.
Zugriffshäufigkeit	▶ Um die Kommissionierungswege zu optimieren, sollten Artikel, die sehr häufig benötigt werden (A-Teile), in der Nähe der Auslieferungszone und/oder in Griff- und Augenhöhe gelagert werden. ▶ C-Teile z. B. können im hinteren Teil des Lagers gelagert werden.
Transporteigenschaften	▶ Um sowohl den Sicherheitsaspekten als auch den ergonomischen Ansprüchen zu genügen, sollten leichte Waren oben und schwere Waren im unteren Bereich gelagert werden. ▶ Sperrige Güter sollten für die Transportmittel (Hubwagen, Gabelstapler) leicht zugänglich sein.
Reihenfolge der Warenausgabe (Verbrauchsfolge)	▶ **FiFo (first in – first out):** Bei diesem System wird die zuerst eingelagerte Ware auch zuerst ausgegeben. Neue Ware wird also immer hinter der alten Ware eingelagert. Manche Regalsysteme erlauben dies, indem von der einen Seite eingelagert, von der anderen ausgelagert wird. Der Vorteil dieses Systems liegt darin, dass die gelagerte Ware nicht überaltern kann. ▶ **LiFo (last in – first out):** Dieses System der Lagerhaltung ist eher die Ausnahme. Sie entsteht zwangsläufig bei Ware, die in einem Behälter oder in einem bestimmten Bereich gelagert wird, wobei die zuletzt eingetroffene Ware auf die vorhandene Ware gestapelt oder geschüttet wird und folglich zuerst wieder weggenommen wird. *Beispiel: Schüttgut, Kohle.*

Erläutern Sie den Vorgang der Warenentnahme.

Bereitstellungsdisposition	Die Arbeitsvorbereitung berechnet aufgrund der ihr vorliegenden Stücklisten den Bruttobedarf für ein Los bzw. eine Serie. Diesen Bedarf meldet sie online dem Disponenten. Dieser stellt aufgrund der Lagerdatei fest, wie hoch der gegenwärtige verfügbare Bestand ist. Reicht dieser nicht aus, muss eine Bestellung oder ein Fertigungsauftrag ausgelöst werden (Nettobedarf).
Lagerfachkarte	Die Lagerfachkarte befindet sich direkt am Lagerort. Die Entnahmen werden ebenso wie Einlagerungen eingetragen und der Bestand fortgeschrieben. Diese Karte ist ein Organisationsmittel, das nur im Festplatzsystem Sinn macht, da bei chaotischer Lagerplatzzuordnung die Entnahmen im DV-System registriert werden.
Lagerdatei und verfügbarer Bestand	Der verfügbare Bestand ist nicht identisch mit dem aktuellen Lagerbestand, da von diesem tatsächlich vorhandenen Bestand zum ZeitpunktX die für diesen Zeitpunkt (Vormerkungstermin) vorliegenden Reservierungen abgerechnet und die für diesen Zeitpunkt (Eingangstermin) als sicher zu erwartenden Lieferungen aufgrund von Bestellungen bzw. Eigenproduktionen hinzugerechnet werden müssen. **Berechnung des verfügbaren Bestandes:** **aktueller Lagerbestand** – Reservierungen + ausstehende Bestellungen + ausstehende Fertigungsaufträge = **verfügbarer Lagerbestand**
Materialentnahmeunterlagen	Die Arbeitsvorbereitung erstellt für die Materialentnahme entweder Entnahme-Stücklisten (für komplette Aufträge) oder Materialentnahmescheine (für Einzelentnahmen). Diese Unterlagen enthalten die Auftrags-Nr., die Material-Nr., die Bezeichnung, ggf. die Lager-Nr. bzw. den Lagerort, das Handzeichen der ausgebenden Person sowie den Namen bzw. die Unterschrift des berechtigten Empfängers. Der Materialentnahmeschein ist für das Lager ein Beweismittel, für die Lagerbuchhaltung der Beleg für die Lagerentnahme und für die Kostenrechnung der Beleg für die verbrauchten Kostengüter.
Erfassung der Entnahmen	Die Warenentnahme wird in der Lagerdatei erfasst. Damit werden der aktuelle Lagerbestand sowie der verfügbare Bestand fortgeschrieben. Sofern durch die Entnahme der Meldebestand unterschritten wurde, löst das eine Mitteilung an den Einkauf oder die automatische Ausgabe von Bestellvorschlägen im Einkaufsbereich aus.

Erläutern Sie den Begriff „Logistik" und seine Anwendung im Industriebetrieb.

Begriff	Unter dem Sammelbegriff „Logistik" werden alle Transport-, Lager- und Umschlagsvorgänge von Material, Information und Produkten innerhalb und zwischen Betrieben verstanden. Dieses Gebiet der Betriebswirtschaftslehre befasst sich mit der Optimierung von Material- und Warenflusssystemen innerhalb von Betrieben sowie über den einzelwirtschaftlichen Betrieb hinaus. Untersucht wird vor allem die logistische Kette: Zulieferer ⇨ Roh-, Hilfs- und Betriebsstofflager ⇨ Fertigung ⇨ Fertigwarenlager ⇨ Kunde.	
Teilbereiche der Logistik	Entsprechend der oben dargestellten logistischen Kette zerfällt die Unternehmenslogistik in verschiedene Teilbereiche, die naturgemäß unterschiedliche Steuerungsaufgaben übernehmen.	
	Beschaffungslogistik	Dieser Teilbereich steuert und kontrolliert den Warenfluss der Roh-, Hilfs- und Betriebsstoffe sowie der Vorprodukte und Handelswaren aus den Lagern der Lieferanten bis in unser Lager
	Fertigungslogistik	Die Fertigungslogistik steuert und kontrolliert den Warenfluss vom Materiallager in die Fertigung und nach deren Be- oder Verarbeitung in Zwischenlager (z. B. für unfertige Halbteile) oder in das Fertigwarenlager (für Fertigprodukte).
	Absatzlogistik	Dieser Teilbereich ist dafür verantwortlich, den Warenfluss aus dem Warenlager des Fertigungsbetriebes bis zum Lager des Kunden zu steuern und zu kontrollieren. Je nach Lieferungsbedingung ist diesem Bereich ein hoher Stellenwert beizumessen, wenn die Lieferung z. B. frei Haus erfolgt.
	Entsorgungslogistik	Dieser Bereich steuert und kontrolliert zunächst den Rückfluss von Leergut an die Lieferanten und ggf. auch den Rückfluss von Leergut vom Kunden. Sodann sind die im Betrieb bei den verschiedenen Prozessen anfallenden Abfallstoffe und Verpackungen der Wieder- bzw. Weiterverwertung oder der Entsorgung zuzuführen.
Just-in-time	Just-in-time ist ein in Japan entwickeltes Verfahren zur Planung und Steuerung von Materialflüssen, bei dem die zur Produktion notwendigen Vorleistungen genau dann produziert oder angeliefert werden, wenn sie benötigt werden. Ziele dieses Verfahrens sind ▶ die Verminderung der Lagerhaltung und der damit verbundenen Kosten; ▶ die Verringerung der Durchlaufzeiten in der Fertigung. Unternehmensintern bedeutet JIT eine zeitliche Abstimmung der einzelnen Produktionsstufen; für die Lieferanten bedeutet die Einführung dieses Verfahrens eine Abstimmung der Produktion, der Vorleistungen mit der Produktion des Abnehmers sowie eine Übernahme der Logistik und der Lagerhaltung.	
Bewertung	**Vorteile**	**Nachteile**
	▶ Verminderung von Lagerkosten ▶ schnelle Reaktion auf Kundenwünsche ▶ Senkung von Fertigungskosten	▶ zeitliche Abhängigkeit vom Lieferanten ▶ hohe Verletzbarkeit durch Streiks bei Vorlieferanten und im Transportgewerbe

Welche Kosten verursacht das Lager?

Kapitalkosten	In den Lagereinrichtungen sowie in den Lagerbeständen ist in hohes Kapital gebunden. Dieses muss refinanziert werden. Die dafür entstehenden Zinsen bilden einen hohen Kostenfaktor.
Abschreibungen	Sowohl die Lagergebäude als auch die Einrichtungen für das Lager verlieren mit der Zeit an Wert und müssen abgeschrieben werden. Auch auf die Lagerbestände sind u. U. Abschreibungen erforderlich, wenn z. B. Ware verdorben oder veraltet ist.
Personalkosten	Die Bruttolöhne und -gehälter sowie die Lohnnebenkosten der im Lager beschäftigten Mitarbeiter stellen die Personalkosten dar.
Raumkosten	In diese Kategorie fallen Fremdmieten oder kalkulatorische Mieten für die Räumlichkeiten, ferner die Kosten für den Energieverbrauch (Strom, Gas), die Instandhaltung der Lagereinrichtung, Reinigung und Klimatisierung.
Versicherungen	Sowohl die Lagereinrichtung, das Gebäude als auch die Lagerbestände müssen vor verschiedenen Risiken (Feuer, Einbruch, Diebstahl, Leitungswasser- und Stromschäden) versichert sein. Die jährlichen oder vierteljährlichen Beiträge stellen die Versicherungskosten dar.
Kraftfahrzeug-kosten	Eigene Fahrzeuge oder geleaste Fahrzeuge (sowohl Flurförderfahrzeuge als auch Lkw) verursachen verschiedene Kosten (Abschreibung, Versicherung, Energie, Steuern).
Sonstige Kosten	In diese Kategorie fallen besondere Kosten je nach Eigenheiten eines Lagers, z. B. Bewachung, spezielle Sicherungseinrichtungen.

Welche Risiken birgt ein zu großer oder ein zu kleiner Lagerbestand?

Hohe Lagerbestände verursachen hohe Lagerkosten. Niedrige Lagerbestände können wegen mangelnder Verkaufsbereitschaft zu Umsatzeinbußen, entgangenem Gewinn, Kundenverlusten oder zu Kosten für evtl. Vertragsstrafen führen. Zwischen diesen beiden gegenläufigen Auswirkungen eines zu hohen und eines zu niedrigen Lagerbestandes muss ein Ausgleich gefunden werden.

Nachteile eines zu kleinen Lagerbestandes:	**Nachteile eines zu großen Lagerbestandes:**
▶ verringerte Verkaufsbereitschaft ▶ kein vollständiges Sortiment ▶ Kundenverluste ▶ Mengenrabatte des Lieferanten werden nicht ausgenutzt	▶ hohe Lagerkosten (Raum-, Einrichtungs- und Personalkosten) ▶ gebundenes Kapital, das dem Betrieb flüssige Mittel entzieht ▶ Risikozunahme durch Veraltern, Modewechsel, Verderb, Diebstahl

Beschreiben Sie mögliche Maßnahmen zur Kontrolle des Lagers.

Notwendigkeit der Lagerhaltung	Eine umfassende und ständige Lagerkontrolle ist aufgrund der im Lager befindlichen hohen Werte unumgänglich. Sie wird ermöglicht durch verschiedene Maßnahmen.
Lagerkarten	Auf Lagerkarten wird jede Bewegung handschriftlich oder maschinenschriftlich eingetragen, sofern der Betrieb noch nicht auf EDV umgestellt ist. Eingetragen werden: Datum der Warenbewegung, Eingänge, Bestände, Art und Nummer des Belegs, Ausgänge, Bestellungen. Dieses Instrument der Lagerkontrolle wird heute aufgrund der fortgeschrittenen Digitalisierung von Lagerdaten kaum noch verwendet.
Lagerbuchführung	Die Lagerbuchführung als Nebenbuch zu den Warenkonten der Hauptbuchhaltung hält sämtliche Warenein- und -ausgänge fest und schreibt den jeweils aktuellen Lagerbestand fort. Alle Lagerbewegungen sind auf diese Weise jederzeit feststellbar und können nachgeprüft werden. Auch können die tatsächlichen Bestände (= Istbestände) mit den gebuchten Beständen (= Sollbestände) verglichen werden. Die Lagerbuchführung ist gesetzlich vorgeschrieben. In den meisten Unternehmen werden die Bestände und Lagerbewegungen durch ein EDV-basiertes Warenwirtschaftssystem geführt, dabei werden sämtliche Lagerbewegungen in Dateien gespeichert. Bei Bedarf können die fortgeschriebenen Sollbestände ausgedruckt oder mithilfe des Bildschirmterminals abgerufen werden, sodass die Sollbestände jederzeit abrufbar sind.
Inventur	Die Inventur ist ein Kontrollinstrument, das zumindest am Ende des Geschäftsjahres eingesetzt wird. Jeder Kaufmann ist verpflichtet, als Grundlage der Aufstellung des Jahresabschlusses eine Inventur durchzuführen und die darin ermittelten Bestände mit Preisen bewertet in einem Inventar festzuhalten. Das Ergebnis der Inventur sind Istbestände.
Inventurdifferenzen	Auftretende Inventurdifferenzen können verschiedene Ursachen haben. So können negative Differenzen aufgrund von Diebstahl, Schwund oder unterlassenen Buchungen von Warenabgängen, positive Differenzen dagegen aufgrund von unterlassenen Buchungen von Warenzugängen entstehen. Die Inventurdifferenzen werden als außerordentlicher Ertrag oder Aufwand ausgebucht.

Erläutern Sie die unterschiedlichen Lagerbestandsarten.

Grafische Darstellung	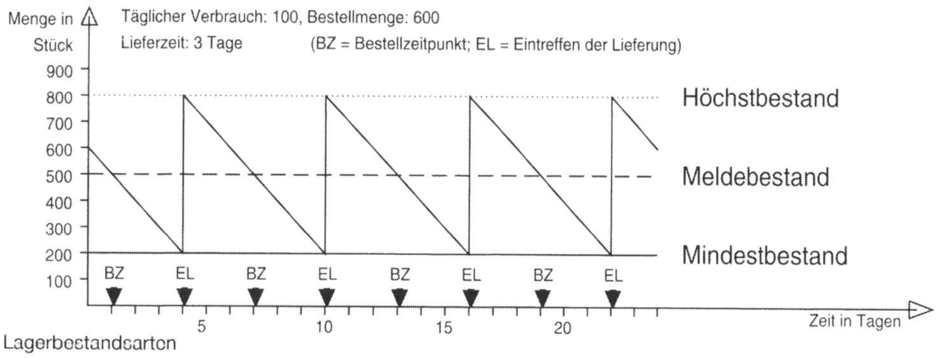 Lagerbestandsarten
Mindestbestand (Eiserner Bestand, Sicherheitsbestand)	▶ Dieser Bestand darf unter normalen Umständen nicht angegriffen werden. ▶ Er dient dazu, auch bei unerwarteten Zwischenfällen (z. B. Streik) verkaufsbereit zu sein. ▶ Der Mindestbestand kann daher nicht exakt berechnet werden. Er wird durch Schätzung aufgrund von Erfahrungswerten festgelegt (z. B. 120 Stück bei einem täglichen Absatz von 20 Stück und einer Beschaffungszeit von 6 Tagen).
Meldebestand (Bestellbestand)	▶ Wird dieser Bestand erreicht, muss eine neue Bestellung erfolgen. ▶ Für die Berechnung dieses Bestandes ist es notwendig, den Bedarf in der Beschaffungszeit zu ermitteln. Grundlage hierfür sind der tägliche Absatz (Verkaufsstatistiken) und die Beschaffungszeit (Erfahrungswerte). **Meldebestand = Mindestbestand + (täglicher Absatz · Beschaffungszeit)**
Höchstbestand	▶ Der Höchstbestand wird festgelegt, um einen zu großen Lagerbestand zu vermeiden. Bei Überschreiten der „kritischen Menge" steigen die Lagerkosten überdurchschnittlich an. ▶ Der Höchstbestand wird dann erreicht, wenn die bestellte Ware eintrifft. **Höchstbestand = Mindestbestand + Bestellmenge**

Mit welchen Lagerkennziffern kann eine Kontrolle des Lagers erfolgen?

Bedeutung	Die folgenden Kennziffern dienen der Überprüfung einer effektiven Lagerhaltung von einzelnen Waren, Warengruppen oder des gesamten Warenlagers. Durch Vergleich mit den eigenen Werten, die in den Vorjahren ermittelt wurden, oder mit Kennziffern des Branchendurchschnitts lassen sich Schwachstellen in der Lagerhaltung aufspüren.
Durchschnittlicher Lagerbestand	▶ Dieser Wert gibt an, wie viel im Durchschnitt in die Warenvorräte investiert wird. Für die Berechnung werden die Daten aus der Inventur verwendet. ▶ Berechnung bei Jahresinventur $= \frac{\textbf{Jahresanfangsbestand + Jahresendbestand}}{\textbf{2}}$ Berechnung bei Monatsinventuren $= \frac{\textbf{Jahresanfangsbestand + Jahresendbestand}}{\textbf{13}}$
Lagerumschlags-häufigkeit	▶ Die Umschlagshäufigkeit zeigt an, wie oft der durchschnittliche Lagerbestand in einem Jahr umgesetzt wird. ▶ Die Berechnung kann mit Wertangaben (in Euro) bzw. mit Mengenangaben (in Stück) erfolgen. Dabei ist jedoch zu beachten, dass sowohl im Zähler als auch im Nenner gleiche Einheiten verwendet werden. $= \frac{\textbf{Wareneinsatz}}{\textbf{durchschnittlicher Lagerbestand}}$
Durchschnittliche Lagerdauer	Sie gibt an, wie viele Tage die Ware im Durchschnitt lagert, bevor sie verkauft wird. $= \frac{\textbf{360 (Tage)}}{\textbf{Lagerumschlagshäufigkeit}}$
Lagerzinssatz	Dieser Wert zeigt an, wie viel Prozent vom Wareneinsatz für Lagerzinsen aufgewendet wurden. $= \frac{\textbf{Jahreszinssatz} \cdot \textbf{durchschnittliche Lagerdauer}}{\textbf{360}}$

Erläutern Sie das Ziel, die Aufgaben und die Bedeutung der Personalwirtschaft im Industriebetrieb.

Ziel	Die Ziele der Personalwirtschaft liegen im wirtschaftlichen Bereich, je nach Menschenbild des Unternehmens aber auch im sozialen Bereich: ▶ Im Rahmen der **wirtschaftlichen Zielsetzung** hat die Personalwirtschaft diesen Produktionsfaktor so auszuwählen und einzusetzen, dass ein Höchstmaß an Effizienz menschlicher Arbeit erzielt wird. ▶ Die soziale **Zielsetzung** hat die Verbesserung der materiellen (z. B. Löhne, Alterssicherung) und immateriellen Verhältnisse der Arbeitnehmer (z. B. Ergonomie, Betriebssport) zum Inhalt.
Bedeutung	Menschliche Arbeit ist einer der drei Produktionsfaktoren. Sie ist jedoch von völlig anderen Einflussfaktoren abhängig als Betriebsmittel und Werkstoffe. Die Beschaffung, Betreuung und Verwaltung dieses „lebenden" Produktionsfaktors erfordern dabei eine besondere Sorgfalt.
Aufgaben	Aus den genannten Zielen lässt sich die Aufgabenstellung der Personalwirtschaft ableiten. Danach hat die betriebliche Personalwirtschaft dem Betrieb die benötigten Arbeitskräfte nach Anzahl und Qualifikation zeitgerecht zur Verfügung zu stellen. Ferner hat sie dafür zu sorgen, dass die Mitarbeiter unter Berücksichtigung ihrer individuellen beruflichen Neigungen und materiellen Ansprüche optimal in den Leistungsprozess eingefügt werden. Im Einzelnen ergeben sich damit folgende Aufgaben: ▶ Personalplanung ▶ Personalbeschaffung ▶ Entlohnung ▶ Personalführung ▶ Personalausbildung und -fortbildung ▶ Personalverwaltung

Erläutern Sie die Einflussfaktoren auf die menschliche Arbeit im Betrieb.

Begriff	Menschliche Arbeit im Betrieb ist der Einsatz der physischen und psychischen Kräfte eines Menschen zur Realisierung eigener und betrieblicher Zielsetzungen.	
Leistungsfähigkeit	Die Fähigkeit des Menschen, eine bestimmte Leistung zu erbringen, setzt sich aus der physischen (körperlichen) und der psychischen (geistig-seelischen) Leistungsfähigkeit zusammen. Die Eignung eines Mitarbeiters wird von verschiedenen Faktoren bestimmt.	
	körperliche Fähigkeiten	Die körperlichen Fähigkeiten werden im Wesentlichen durch den Knochen- und Muskelaufbau, den Gesundheitszustand, den Grad sportlicher Betätigung und die Ernährungsgewohnheiten beeinflusst.
	geistige Fähigkeiten	Die geistigen Fähigkeiten werden bestimmt durch die allgemeine Intelligenz des Menschen, die Qualität seiner Schul- und Berufsausbildung, seine Lernfähigkeit, seine Fähigkeit, in Zusammenhängen zu denken und Probleme zu lösen. Es gibt Menschen, denen der Umgang mit Zahlen leichter fällt als mit dem Wort. Einige Menschen lösen Probleme mechanisch, andere dagegen kreativ.
	charakterliche Eigenschaften	Zu den charakterlichen Eigenschaften eines Menschen gehören Ehrlichkeit, Bereitschaft zur Übernahme von Verantwortung, Vertrauenswürdigkeit, Zuverlässigkeit und die Fähigkeit, Gefühle für Mitmenschen zu entwickeln. Sie sind in besonderem Maße durch Erziehung und Erfahrung geprägt.
	Lebensalter	Das Lebensalter wirkt sich auf die Leistungsfähigkeit unterschiedlich aus: Während jüngere Menschen in der Regel körperlich leistungsfähiger und geistig reaktionsschneller sind, wirken sich mit zunehmendem Lebensalter die Berufserfahrung, die geistige Reife und das Denken in Zusammenhängen positiv auf die Leistung aus.
Leistungswille	Die Bereitschaft bzw. der Wille zur Leistung ist von sehr unterschiedlichen Einflussfaktoren abhängig. Untersuchungen über die Arbeitszufriedenheit von Menschen haben gezeigt, dass es im Wesentlichen zwei Gruppen von Einflussfaktoren gibt:	
	Arbeitsbedingungen	Zunächst müssen als Grundvoraussetzungen die äußeren Arbeitsbedingungen in einem für den Mitarbeiter befriedigenden Maße vorhanden sein. Dazu gehören ▶ eine leistungsgerechte Entlohnung, ▶ angemessene Arbeitsräume, ▶ Höflichkeit und Freundlichkeit durch den Vorgesetzten, ▶ soziale Leistungen des Arbeitgebers. Diese Faktoren wirken sehr kurzfristig. Liegen die Bedingungen vor, werden sie für selbstverständlich gehalten. Sind sie nicht erfüllt, reagieren die Mitarbeiter negativ. Positiv empfundene Arbeitsbedingungen sind damit die Grundlage für die Motivation von Mitarbeitern.
	Motivation	Einen Menschen im Arbeitsleben zu motivieren bedeutet, ihn dazu zu bringen, etwas zu leisten, indem man die Bedürfnisse dieses Menschen erkennt, sie ernst nimmt und ihnen entgegenkommt. Vorgesetzte sollten vorwiegend auf folgende Bedürfnisse von Mitarbeitern Rücksicht nehmen: ▶ Wunsch nach persönlichem Erfolg, ▶ Anerkennung von erbrachten Leistungen, ▶ Gelegenheiten, selbst entscheiden zu können.

Beschreiben Sie Begriff, Ziele und Aufgaben der Personalplanung.

Begriff und Ziele	Die Personalplanung bildet die Grundlage der Personalwirtschaft. Ihr Ziel ist es, dem Betrieb die für die Erfüllung betrieblicher Aufgaben erforderlichen Mitarbeiter in der richtigen Menge mit der richtigen Qualifikation rechtzeitig zur Verfügung zu stellen.
Aufgaben	Aufgabe der Personalplanung ist vor allem die Ermittlung des Personalbedarfs: ▶ **Quantitativer Personalbedarf:** Menge des zu beschaffenden Personals ▶ **Qualitativer Personalbedarf:** Qualifikationen, die die zu beschaffenden Mitarbeiter vorweisen müssen

Unterscheiden Sie Personalpläne nach der Fristigkeit.
Stellen Sie die Vorgehensweise bei der Personalplanung dar.

Fristigkeit der Personalpläne	▶ **Kurzfristige Personalpläne** beziehen sich auf einen Zeitraum bis zu sechs Monaten. Dazu gehört z. B. die monatliche und wöchentliche Personaleinsatzplanung. ▶ **Mittelfristige Personalpläne** werden für einen Zeitraum von sechs Monaten bis zu drei Jahren erstellt. Sie beinhalten z. B. die Ausbildungsplanung oder die Einsatzplanung von Führungskräften in der Einarbeitungsphase. ▶ **Langfristige Personalpläne** gehen über einen Planungshorizont von bis zu fünf oder zehn Jahren. Sie werden allerdings zumeist nur in Großunternehmen eingesetzt. Der Schwerpunkt in kleinen und mittleren Betrieben liegt auf der kurzfristigen Personalplanung, insbesondere der Personaleinsatzplanung (PEP).
Vorgehensweise der Personalplanung	▶ Die Personalabteilung benötigt Mengenangaben der zu erstellenden Leistungen und Einsatzzeiten sowie die Anforderungsprofile der zu bewältigenden Aufgaben. ▶ Unter Berücksichtigung der betriebsindividuellen Krankheitsquote, der Urlaubsplanung und der bekannten Anzahl und Lage von Feiertagen ist man sodann in der Lage, die Anzahl von Mitarbeitern mit den nötigen Qualifikationen für bestimmte Bereiche und Tätigkeitsfelder zu berechnen.

benötigte Daten	**innerbetriebliche Daten**	**externe Daten**
	▶ Absatzplanung ▶ Fehlzeitenstatistik ▶ Urlaubsplanung ▶ Fluktuationsquote (Personalwechsel) ▶ Altersstruktur	▶ Arbeitsmarktentwicklung ▶ Tarifverträge ▶ Arbeitszeitordnung ▶ konjunkturelle Daten ▶ neue Entwicklungen in der Sozialgesetzgebung

In welche Teilbereiche lassen sich die Aktivitäten der Personalplanung untergliedern?

Arbeitsmarktforschung		▶ liefert Grundlagen für die Entscheidungsprozesse in der Personalplanung ▶ ermittelt das regionale bzw. überregionale Arbeitskräfteangebot ▶ liefert Ergebnisse über die quantitative (mengenmäßige) bzw. qualitative Entwicklung (Fachkräftebedarf) des Arbeitskräfteangebots
Personalbedarfsplanung	**Arten des Personalbedarfs**	Nach der Art des Personalbedarfs wird unterschieden in: ▶ **Ersatzbedarf** für ausscheidende Mitarbeiter, ▶ **Zusatzbedarf** für die Verwirklichung von Kapazitätserweiterungen durch neue Aufgaben oder durch die Entstehung neuer Berufe, ▶ **Personaleinschränkungen** als Reaktion auf konjunkturelle Schwankungen, branchenspezifische oder unternehmensspezifische Marktprobleme, ▶ **Nachholbedarf** für Stellen, die bis zum Zeitpunkt der Beschaffung zwar vorgesehen, aber noch nicht besetzt sind.
	Abgangs-Zugangs-Tabelle	Die Personalbedarfsplanung erfolgt in der Regel nach folgendem Schema: zukünftiger Belegschaftsstand (geplanter Bestand) – gegenwärtige Ist-Belegschaft + voraussichtliche Abgänge (z. B. durch Altersruhestand, Elternzeit) – voraussichtliche Zugänge (z. B. durch Rückkehr aus dem Mutterschaftsurlaub) = zukünftiger Personalbedarf
Personaleinsatzplanung		Die Personaleinsatzplanung hat die Optimierung des innerbetrieblichen Einsatzes der Mitarbeiter zum Ziel. Dazu gehören die ▶ Einführung und Einarbeitung neuer Mitarbeiter, ▶ Neuorganisation des Personaleinsatzes bei Änderung des Arbeitsablaufes, ▶ optimale Gestaltung der Arbeitsplätze.
Personalentwicklungsplanung		Ziel der Personalentwicklungsplanung ist die Anpassung der Qualifikation der Mitarbeiter an die ständig steigenden Anforderungen des Betriebes. Zu ihren Aufgaben gehört die Planung der ▶ Berufsausbildung, ▶ Weiterbildung durch Seminare und Fortbildungsmaßnahmen, ▶ Führungskräfteentwicklung.

Welcher Grundsatz sollte bei der Einstellung von Mitarbeitern stets beachtet werden?

Grundsatz	Die Qualifikationen eines neu einzustellenden Mitarbeiters richten sich nach den Anforderungen der zu besetzenden Stelle. Diese Anforderungen lassen sich aus der Stellenbeschreibung oder aus einem Anforderungsprofil der Stelle entnehmen.
Begründung	▶ Die Orientierung an den Anforderungen soll eine optimale Stellenbesetzung gewährleisten. ▶ Fehlbesetzungen von Stellen führen – zu erhöhten Personalkosten aufgrund eines vermehrten Personalwechsels, – unter Umständen zu Unzufriedenheit in der Belegschaft, einem gestörten Betriebsklima und zu geringen Leistungen des Personals.

Welche Qualifikationsgruppen sind bei der Beschaffung von Mitarbeitern zu unterscheiden?

ungelernte Mitarbeiter	Sie haben keinerlei Ausbildung und können lediglich einfache Arbeiten erledigen, z. B. Transport- und Reinigungsarbeiten, Einräumen von Regalen.
angelernte Mitarbeiter	Sie haben ebenfalls keine abgeschlossene Ausbildung, sind jedoch in einem genau abgegrenzten Arbeitsgebiet für kurze Zeit eingeführt worden. Sie erledigen Arbeiten, die keinen gesonderten Einblick in komplexe Arbeitsabläufe erfordern, wie Kassieren, Telefon bedienen.
gelernte Mitarbeiter	Sie haben eine abgeschlossene Ausbildung wie z. B. Bürokaufmann/Bürokauffrau oder Informationselektroniker/in. Sie können somit für qualifizierte Tätigkeiten eingesetzt werden.
hoch qualifizierte Mitarbeiter	Sie haben sich über den Ausbildungsberuf hinaus noch eine Zusatzqualifikation erworben. Diese kann bestehen aus einer berufsbegleitenden Fortbildung (Industriefachwirt IHK) oder einem Studium (z. B. Diplom-Studium) mit einem Schwerpunkt. Diese Mitarbeiter werden vorwiegend für Führungsaufgaben benötigt.

Erläutern Sie die beiden grundsätzlich verschiedenen Möglichkeiten der Personalbeschaffung. Nennen Sie deren Vor- und Nachteile.

Interne Personalbeschaffung	Externe Personalbeschaffung
Eine frei werdende Stelle wird mit einer Arbeitskraft aus dem eigenen Betrieb besetzt. Dies erfolgt in größeren Unternehmen zumeist über eine innerbetriebliche Stellenausschreibung. Vorteile (gleichzeitig Nachteile der externen Personalbeschaffung): ▶ Kenntnis des Mitarbeiters ▶ erhöhte Bindung an den Betrieb ▶ positive Auswirkung auf das Betriebsklima ▶ Betriebskenntnis ▶ Einhaltung des betrieblichen Gehaltsniveaus	Die Stelle wird mit einem Bewerber vom Arbeitsmarkt besetzt. Der Betrieb kann ▶ auf das Arbeitsamt zurückgreifen oder auf private Arbeitsvermittler, ▶ eine eigene Stellenanzeige schalten, ▶ mit Berufsschulen, Fachhochschulen und Universitäten zusammenarbeiten. Vorteile (gleichzeitig Nachteile interner Personalbeschaffung): ▶ umfangreichere Auswahlmöglichkeit ▶ neue Impulse und Anregungen für den Betrieb ▶ Ausschalten innerbetrieblicher Konflikte

Stellen Sie den Geschäftsprozess eines „Bewerbungs- und Einstellungsverfahrens" dar.

Personalanforderung	Auslöser eines Bewerbungsverfahrens ist die Anforderung eines bzw. mehrerer Mitarbeiter durch die Abteilung, in der Personalbedarf besteht.
Stellenbeschreibung	Diese beinhaltet die Anforderungen und Qualifikationen der zu besetzenden Stelle.
Interne bzw. externe Personalwerbung	Einleitung des Bewerbungsverfahrens durch innerbetriebliche Stellenausschreibung bzw. durch Anzeigen in Tageszeitungen/Fachzeitschriften, oder in einschlägigen Internetportalen, Auswertung von Anzeigen von Stellensuchenden oder Vermittlung durch das Arbeitsamt.
Bewerbungseingang und erste Vorauswahl	Eingegangene Bewerbungsunterlagen werden in einer ersten Vorauswahl gesichtet. Ungeeignet erscheinende Bewerber erhalten eine Absage.
Zusätzliche Informationsbeschaffung	Verschicken eines einheitlichen Personalfragebogens. Dieser ist vom Bewerber wahrheitsgemäß auszufüllen und an das Unternehmen zurückzuschicken.
Zweite Vorauswahl/Einladung zu Vorstellungsgespräch	Aus dem übrigen Bewerberkreis werden die aussichtsreichsten Bewerber zu einem Vorstellungsgespräch eingeladen. Nicht berücksichtigte Bewerber erhalten eine Absage.
Vorstellungsgespräch/Tests	Interviews durch Personal- und/oder Abteilungsleiter, Leistungstests, Intelligenztests und Persönlichkeitstests geben ein genaueres Bild der Bewerber.
Entscheidung und vorläufige Einstellung (Probezeit)	Das Unternehmen wählt den aus seiner Sicht geeignetsten Bewerber aus und bietet einen Arbeitsvertrag an. Der Bewerber entscheidet, ob er den Vertrag annimmt. Über die geplante Einstellung muss der Betriebsrat unterrichtet werden.

Unterscheiden Sie Projektgruppen und Ausschüsse.

Ausschüsse	Projektgruppen
Um von Fall zu Fall über ein Problem zu beraten, werden Ausschüsse gebildet, die jeweils dann tagen, wenn aktuelle Probleme gelöst werden müssen; Ausschüsse bestehen meist über einen längeren Zeitraum. *Beispiel: Ausschuss für Qualitätssicherung*	Aus Führungskräften und Spezialisten der verschiedensten Abteilungen wird eine Projektgruppe gebildet, um ein umfassendes betriebliches Problem oder eine Aufgabe innerhalb einer vorgegebenen Zeit zu lösen. *Beispiel: Errichtung eines Zweigwerkes*

Was ist ein Entscheidungssystem?
Unterscheiden Sie die verschiedenen Möglichkeiten der Entscheidungsfindung.

Begriff	Ein Entscheidungssystem umschreibt den Prozess der Willensbildung in einem Unternehmen, in den mehrere Handlungsträger zusammengefasst sind.	
Möglichkeiten	**Direktorial-system**	Die Entscheidungsbefugnis liegt in einer Hand. Sie wird z. B. in der Einzelunternehmung vom Unternehmer allein wahrgenommen.
	Kollegial-systeme	Die Entscheidungsbefugnis ist auf eine Gruppe von Führungskräften verteilt. Es sind verschiedene Abstimmungen möglich. ▶ **Abstimmungskollegialität:** Die Entscheidungen werden nach dem Mehrheitsprinzip getroffen. ▶ **Primatkollegialität:** Bei Stimmengleichheit entscheidet ein gewählter Vorsitzender des Gremiums. ▶ **Kassationskollegialität:** Die Entscheidungen müssen einstimmig gefällt werden. *Beispiel: Gesamtprokura*

Vergleichen Sie den kooperativen und den autoritären Führungsstil anhand geeigneter Merkmale.

Merkmal	Kooperativer Führungsstil	Autoritärer Führungsstil
Leitbild der Führung	Vorgesetzte und Mitarbeiter sind Partner. Der Vorgesetzte koordiniert. Er bezieht seine Autorität aus seiner fachlichen und persönlichen Kompetenz.	Die Mitarbeiter sind dem Vorgesetzten untergeordnet. Der Vorgesetzte ordnet an. Er bezieht seine Autorität vorwiegend aus der Stellung als Vorgesetzter.
Entscheidungsfindung	Die Entscheidungsfindung erfolgt durch aktive Beteiligung der Mitarbeiter. Der Vorgesetzte beschreibt das Problem und lässt die Mitarbeiter selbst entscheiden. Entscheidungssystem: Kollegialsystem	Die Entscheidung erfolgt durch den Vorgesetzten, der dabei festlegt, was und wie dies zu tun ist. Die Mitarbeiter nehmen die Entscheidung zur Kenntnis. Entscheidungssystem: Direktorialsystem
Entscheidungsdurchsetzung	Die Mitarbeiter handeln weitgehend selbstständig.	Anordnung des Vorgesetzten; Einwendungen der Mitarbeiter sind kaum zugelassen.
Anforderungen an den Vorgesetzten	▶ Vertrauen in die Mitarbeiter ▶ Delegationsfähigkeit ▶ Aufgeschlossenheit	▶ Entscheidungsfähigkeit ▶ Durchsetzungsvermögen ▶ Selbstverantwortung

Erklären Sie die bekanntesten Management-Prinzipien

	Beschreibung	Bestimmendes Merkmal
Management by objectives	Führung durch Zielvorgabe: Vorgesetzte und Mitarbeiter erarbeiten eine Zielvereinbarung. Die Mitarbeiter versuchen, das Ziel eigenständig umzusetzen.	▶ eindeutige Formulierung der Unternehmensziele ▶ Mitarbeiter müssen von der Notwendigkeit der Ziele überzeugt sein.
Management by exception	Führung nach dem Ausnahmeprinzip: Der Vorgesetzte greift nur ein, wenn Abweichungen vom Gesamtziel oder Probleme von herausragender Bedeutung auftreten.	Festlegung von Zielen, Kontrollspanne und Maßgrößen der Ausnahmeregelung erforderlich
Management by delegation	Führung durch Aufgabendelegierung: Ein Aufgabenbereich wird mit Kompetenzen und Verantwortung übertragen.	Mitarbeiter müssen die Unternehmensziele akzeptieren und diese zu ihren eigenen machen.
Management by results	Führung durch Ergebnisse: Dem Mitarbeiter werden Ergebnisse vorgegeben, die erforderlichen Ziele daraus abgeleitet.	Entscheidungen werden nach dem Verhältnis von Aufwand und Ertrag zueinander in Beziehung gesetzt.

Erläutern Sie den Zeitlohn, den Akkordlohn und den Prämienlohn.

Zeitlohn	Maßstab für die Berechnung des Zeitlohnes ist die Dauer der Arbeitszeit (Stunde, Woche, Monat), ohne dabei die während dieser Zeit geleistete Arbeit zu berücksichtigen.		
	Anwendbarkeit	▶ für Tätigkeiten, die Sorgfalt, Genauigkeit und Qualität erfordern ▶ für nicht messbare Tätigkeiten	
		Vorteile	Nachteile
		▶ einfache Abrechnung ▶ überschaubar für Arbeitnehmer ▶ Qualitätsarbeit/Dauerleistung bei niedrigem Arbeitstempo	▶ kein Leistungsanreiz ▶ der Unternehmer trägt allein das Risiko der Minderleistung ▶ Arbeitskontrollen notwendig
	Berechnung	Zeiteinheiten · Lohnsatz = Bruttolohn	
Akkordlohn	Der Akkordlohn ist eine leistungsabhängige Lohnform. Er wird für ein Stück/eine Verrichtung bezahlt, ohne dabei die benötigte Arbeitszeit zu berücksichtigen.		
	Voraussetzungen	▶ die Tätigkeit muss bewertbar sein ▶ die Tätigkeit muss sich regelmäßig wiederholen ▶ der Arbeitnehmer muss sein Arbeitstempo selbst bestimmen können	
		Vorteile	Nachteile
		▶ Leistungsanreiz ▶ bei Minderleistungen des Arbeitnehmers trägt der Betrieb kein Risiko ▶ konstante Lohnkosten je Stück/Verrichtung	▶ Gefahr der Überbeanspruchung von Mensch und Maschine ▶ umfangreiche Vorarbeiten zur Ermittlung der Vorgabezeiten ▶ Gefahr von Qualitätsminderung
	Berechnung	tariflicher Mindestlohn + Akkordzuschlag = Akkordrichtsatz	Er entspricht dem Mindestlohn bei Zeitlohn, d. h. es wird eine Mindestleistung unterstellt. Er beträgt 10 bis 25 % des Mindestlohnes. Stundenverdienst bei Normalleistung. Er liegt über dem Zeitlohn für vergleichbare Arbeit.
	Stückzeitakkord	$\underbrace{\frac{\text{Akkordrichtsatz}}{\text{60 oder 100}}}_{\text{Minutenfaktor}} \cdot \underbrace{\frac{\text{60 oder 100}}{\text{Normalleistung}}}_{\text{Vorgabezeit}} \cdot \text{geleistete Stück} = \text{Bruttolohn}$	
	Stückgeldakkord	$\underbrace{\frac{\text{Akkordrichtsatz}}{\text{Normalleistung}}} \cdot \text{geleistete Stück} = \text{Bruttolohn}$	
Prämienlohn	Beim Prämienlohn wird neben dem Grundlohn noch eine Sondervergütung (Prämie) gezahlt. ▶ Prämien für Leistungen qualitativer Art, z. B. – Einsparungen beim Material – sorgfältige Behandlung von Maschinen – Unterschreiten der zulässigen Ausschussquote ▶ Prämien für mengenmäßige Mehrleistung Im Gegensatz zum Akkordlohn kommt die Vergütung für die Mehrleistung dem Arbeitnehmer nicht in voller Höhe zugute. Sie wird nach bestimmten Schlüsseln zwischen dem Arbeitgeber und Arbeitnehmer geteilt.		

Erläutern Sie wesentliche Punkte der Erfolgsbeteiligung der Arbeitnehmer.

Gründe	▶ Anreiz zur Leistungssteigerung ▶ Senkung der Fluktuation ▶ bessere Zusammenarbeit zwischen Arbeitgeber und Arbeitnehmer ▶ der Produktionsfaktor Arbeitskraft wird entsprechend dem geleisteten Beitrag vergütet
Maßstab	▶ Ertragsbeteiligung (z. B. Umsatz) ▶ Gewinnbeteiligung (z. B. Unternehmensgewinn, Betriebsgewinn)
Möglichkeiten	▶ ohne Vermögensbeteiligung – Gewinnausschüttung in bar – Fondsbildung für Pensionen, Sozialeinrichtungen ▶ mit Vermögensbeteiligung – auf Fremdkapitalbasis (z. B. Obligationen) – auf Eigenkapitalbasis (z. B. Belegschaftsaktien, Kommanditbeteiligungen)
Probleme	▶ Wahl der Bemessungsgrundlage (z. B. Umsatz, Gewinn) ▶ Wahl des Verteilungsschlüssels (z. B. nach Durchschnittslohn, Betriebszugehörigkeit) ▶ Wahl der Beteiligungsform (s. o.)

Erläutern Sie Notwendigkeit und Arten öffentlich-rechtlicher Abgaben, insbesondere den Steuerbegriff.

Notwendigkeit	Um die Ausgaben des Staates für soziale Sicherung, Verteidigung, Bildung, Wissenschaft, Forschung, Verkehrswesen sowie Wirtschaftsförderung und allgemeine Finanzwirtschaft finanzieren zu können, benötigt der Staat Einnahmen. Neben den Erwerbseinkünften (z. B. aus dem Betrieb von gewerblichen Unternehmen) und Kreditaufnahmen des Staates zählen zu den wichtigsten Einnahmen des Staates die Steuern, Gebühren und Beiträge.	
Arten öffentlich-rechtlicher Abgaben	**Gebühren**	Gebühren werden von einem öffentlich-rechtlichen Gemeinwesen für unmittelbar erbrachte Leistungen vom Wirtschaftssubjekt erhoben, z. B. Antrag auf Erlass eines Mahnbescheids, Handelsregistereintragungen.
	Beiträge	Beiträge werden zum Ausgleich indirekter Vorteile aus einer öffentlichen Leistung verlangt, z. B. Straßenanliegerbeiträge, Sozialversicherungsbeiträge, Steuerberaterkammerbeiträge.
	Steuern	Steuern sind *Geldleistungen, die keine Gegenleistung* für eine besondere Leistung darstellen und von einem *öffentlich-rechtlichen Gemeinwesen* zur Erzielung von Einnahmen *allen* auferlegt werden, bei denen der Tatbestand zutrifft, an den das Gesetz die Leistungspflicht knüpft.
Merkmale der Steuern im Einzelnen	„Geldleistung"	Steuern werden in Inlandswährung erhoben. Sach- und Dienstleistungen gehören nicht zu den Steuern.
	„keine Gegenleistung"	Dieses Merkmal grenzt die Steuer von den Gebühren und Beiträgen ab, die Gegenleistungen für besondere Leistungen des Staates sind.
	„öffentlich-rechtliches Gemeinwesen"	Dazu gehören Gebietskörperschaften wie Bund, Länder und Gemeinden und Religionsgemeinschaften.
	„allen"	Dieses Merkmal beinhaltet den Grundsatz der Tatbestandsmäßigkeit und der Gleichmäßigkeit.

Nehmen Sie eine Einteilung der Steuern nach verschiedenen Gesichtspunkten vor.

Einteilung nach der Ertragshoheit	**Gemeinschaftssteuern**	Die erhobenen Steuern werden zwischen Bund, Ländern und Gemeinden nach bestimmten Schlüsseln aufgeteilt. Dies gilt z. B. für Umsatzsteuer, Einkommensteuer, Körperschaftsteuer, Kapitalertragsteuer.
	Bundessteuern	Diese Steuern fließen ausschließlich dem Bund zu, z. B. alle Verbrauchsteuern (außer Biersteuer).
	Landessteuern	Diese Steuern fließen dem Land zu, z. B. Kraftfahrzeugsteuer, Biersteuer.
	Gemeindesteuern	Diese Steuern werden von den Gemeinden erhoben, z. B. Gewerbesteuer, Grundsteuer.
Einteilung nach dem Gegenstand der Besteuerung	**Besitzsteuern**	Versteuert werden das Einkommen und das Vermögen, z. B. Einkommensteuer, Körperschaftsteuer, Gewerbesteuer.
	Verkehrssteuern	Versteuert werden alle Vorgänge, die Vermögenswerte übertragen, z. B. Umsatzsteuer, Grunderwerbsteuer, Versicherungssteuer, Kraftfahrzeugsteuer.
	Verbrauchsteuern	Versteuert wird die konsumtive Verwendung bestimmter Güter, z. B. Tabaksteuer, Mineralölsteuer, Biersteuer, Zuckersteuer.
Einteilung nach der Art der Erhebung	**Direkte Steuern**	Der Steuerschuldner ist der Steuerträger, z. B. bei Einkommensteuer, Grundsteuer, Grunderwerbsteuer.
	Indirekte Steuern	Der Steuerschuldner ist nicht der Steuerträger, z. B. bei Umsatzsteuer und allen Verbrauchsteuern.
Einteilung nach der Abzugsfähigkeit	**Abzugsfähige Steuern**	Sachsteuern, die an einen Gegenstand sowie an einen Verkehrsvorgang die Besteuerung anknüpfen, z. B. Gewerbesteuern, Kraftfahrzeugsteuer für einen Firmenwagen
	Nicht abzugsfähige Steuern	Personensteuern, die die private Lebensführung der Steuerpflichtigen betreffen, z. B. Einkommensteuer, Körperschaftsteuer.

Beschreiben Sie die Positionen einer Gehaltsabrechnung und ermitteln Sie die Nettovergütung.

SCHULZ & SOHN KG – METALLWARENFABRIK

Entgeltabrechnung	**Monat: Januar 20..**
Giesselmann, Rüdiger Ringstr. 8 04209 Leipzig Pers. Nr.: 104 Abteilung: Versand	Persönliche Daten: Steuerklasse: eins Kinderzahl: 0 Kinderfreibeträge: 0 Konfession: ev. Freibetrag (mtl./jährl.): 120,00 / 1 440,00 ⑯

Brutto		**Abzüge**	
Entgelt	3 000,00 ①	*Gesetzliche Abzüge:*	
VL-Zulage	20,00 ②	Lohnsteuer	616,00 ④
		Kirchensteuer	55,00
einmalige Sonderzuwendung	300,00 % ③	Solidaritätszuschlag	34,00
		Rentenversicherung Arbeitnehmer	325,36 ⑤
		Krankenversicherung Arbeitnehmer	272,24 ⑥
		Arbeitslosenversicherung Arbeitnehmer	49,80 ⑦
		Pflegeversicherung Arbeitnehmer	40,67 ⑧
		Persönliche Abzüge:	
		Vermögenswirksame Leistungen	40,00 ⑨
		Gehaltsvorschuss	200,00 ⑩
Gesamt	3 320,00	**Gesamt**	**1 633,07**

Auszahlungsbetrag	**sozialvers.-pflichtiges Entgelt**	**steuerpflichtiges Entgelt**	**Sozialvers.-Beiträge/ Arbeitnehmer**	**Sozialvers.-Beiträge/ Arbeitgeber**
1 686,93 ⑪	**3 320,00 ⑫**	**3 200,00 ⑬**	**688,07 ⑭**	**649,89 ⑮**

Erläuterungen:

① Die Höhe des Entgeltes ist im Tarifvertrag der entsprechenden Branche festgelegt bzw. wurde einzelvertraglich ausgehandelt.

② Zuschuss des Arbeitgebers zu den vermögenswirksamen Leistungen ⑨ des Arbeitnehmers, der im Tarifvertrag festgelegt ist bzw. vom Arbeitgeber freiwillig gezahlt wird.

③ sonstige Leistungen des Arbeitgebers (z. B. 13. Monatsgehalt, Kontoführungsgebühren), die sowohl steuer- als auch sozialversicherungspflichtig sind

④ Die Lohn- und Kirchensteuer sowie der Solidaritätszuschlag werden mithilfe der Lohnsteuertabelle ermittelt (notwendige Angaben: ⑬, Steuerklasse, Kinderfreibeträge).

⑤ Beitragshöhe: 19,6 % (2012) von ⑫. Dieser Beitrag wird je zur Hälfte vom Arbeitgeber und vom Arbeitnehmer aufgebracht (Arbeitnehmeranteil demnach 9,8 %).

⑥ Beitragshöhe: Arbeitnehmer = 8,2 % (einschließlich Sonderbeitrag von 0,9 %) Arbeitgeber = 7,3 % (2012)

⑦ Beitragshöhe: 3,0 % (2012) von ⑫ (Arbeitgeber und Arbeitnehmer je zur Hälfte 1,5 %)

⑧ Beitragshöhe: 1,95 % (2012) von ⑫ (Arbeitgeber und Arbeitnehmer je zur Hälfte 0,975 %), kinderlose Versicherte zahlen einen Aufschlag von 0,25 %, wenn sie über 23 Jahre alt sind, also insgesamt einen Arbeitnehmeranteil von 1,225 %.

⑨ Sparbeiträge des Arbeitnehmers, die vermögenswirksam angelegt werden (z. B. Bausparverträge, Erwerb von Kapitalbeteiligungen)

⑩ individuelle Abzüge wie z. B. Tilgung eines Arbeitgeberdarlehens, Lohnpfändung

⑪ Dieser Betrag wird auf das Girokonto des Arbeitnehmers überwiesen (Gesamtbruttoentgelt – Gesamtabzüge = Auszahlungsbetrag).

⑫ ist i. d. R. mit dem Gesamtbruttoentgelt identisch

⑬ Vom Gesamtbruttoentgelt wird der monatliche Steuerfreibetrag ⑯ abgezogen. Der Steuerfreibetrag ist auf der Lohnsteuerkarte des Arbeitnehmers vermerkt.

⑭ Summe der Sozialversicherungsbeiträge ⑤ + ⑥ + ⑦ + ⑧ des Arbeitnehmers

⑮ Der Arbeitgeber trägt zur Hälfte den Beitrag für die Rentenversicherung, 9,8 % (2012), Krankenversicherung 7,3 % (2012), Arbeitslosenversicherung, 1,5 % (2012) und die Pflegeversicherung, 0,975 % (2012). Summe: 19,575 %.

⑯ Der Freibetrag wird auf Antrag vom Finanzamt auf der Lohnsteuerkarte eingetragen.

Wie ermittelt man die Höhe der Lohnsteuer?

Erläuterungen:

① Eintragung der Steuerklasse

② Die Höhe der Kinderfreibeträge ist davon abhängig, ob der Kinderfreibetrag von 1,0 pro Kind auf beide Elternteile aufgeteilt wird (je 0,5) oder nicht.

③ Eine Eintragung in diesem Feld führt zu einem Kirchensteuerabzug. Ist ein Arbeitnehmer konfessionslos, bleibt dieses Feld frei. Der Kirchensteuerabzug entfällt dann.

④ In diesem Abschnitt werden Änderungen (z. B. der Steuerklasse), die im Laufe eines Jahres auftreten, von der jeweiligen Behörde eingetragen.

⑤ Auf Antrag kann ein Arbeitnehmer vor Beginn bzw. im Laufe des Arbeitsjahres Freibeträge für Werbungskosten und Sonderausgaben geltend machen. Diese vermindern das zu versteuernde Bruttoentgelt.

Lohnsteuertabelle

Erläuterungen zu dem Tabellenausschnitt auf der gegenüberliegenden Seite:

⑥ Diese Spalte beinhaltet die Bruttoentgelte. Wird ein angegebener Betrag überschritten, gilt der nächst höhere Betrag.

⑦ Dieser Bereich gilt für alle Steuerklassen ohne Kinderfreibeträge.

⑧ Der Bereich gilt für die entsprechenden Steuerklassen **mit** Kinderfreibeträgen.

⑨ Dieser Bereich weist die **Höhe der Lohnsteuer** aus.

⑩ bzw. ⑫, ⑭, ⑯, ⑱: Hier wird die Höhe des Solidaritätszuschlages ausgewiesen.

⑪ bzw. ⑬, ⑮, ⑰, ⑲: Diese Bereiche geben die Höhe der Kirchensteuer an.

Beispiel zur Ermittlung der Lohn-/Kirchensteuer und des Soli-Zuschlags:
Arbeitnehmer Roland Godwin, Bruttomonatsentgelt 2 076,00 EUR, weitere Angaben lt. Lohnsteuerkarte:

Bruttomonatsentgelt	2 076,00 EUR
– monatlicher Steuerfreibetrag	200,00 EUR
= zu versteuerndes Entgelt	1 876,00 EUR

Steuerklasse vier/Zahl der Kinderfreibeträge 1,0. Hier ist nachzusehen in der Spalte ⑨ bzw. in den Spalten ⑭ und ⑮. Es ergeben sich folgende Werte: Lohnsteuer 301,06 EUR, SolZ 14,08 EUR, Kirchensteuer (für NRW 9 %) 23,03 EUR.

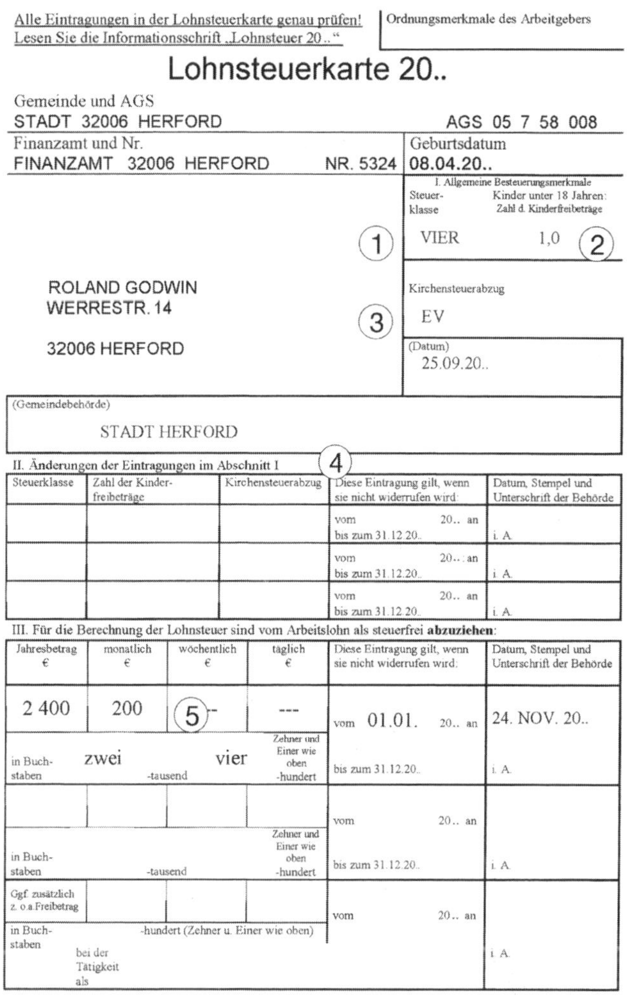
Alle Eintragungen in der Lohnsteuerkarte genau prüfen!
Lesen Sie die Informationsschrift „Lohnsteuer 20..“
Ordnungsmerkmale des Arbeitgebers

Lohnsteuerkarte 20..

Gemeinde und AGS
STADT 32006 HERFORD — AGS 05 7 58 008
Finanzamt und Nr.
FINANZAMT 32006 HERFORD — NR. 5324
Geburtsdatum 08.04.20..
I. Allgemeine Besteuerungsmerkmale
Steuerklasse ① VIER — Kinder unter 18 Jahren: Zahl d. Kinderfreibeträge 1,0 ②
ROLAND GODWIN
WERRESTR. 14
32006 HERFORD
Kirchensteuerabzug ③ EV
(Datum) 25.09.20..
(Gemeindebehörde) STADT HERFORD

II. Änderungen der Eintragungen im Abschnitt I ④

Steuerklasse	Zahl der Kinderfreibeträge	Kirchensteuerabzug	Diese Eintragung gilt, wenn sie nicht widerrufen wird:	Datum, Stempel und Unterschrift der Behörde
			vom 20.. an bis zum 31.12.20..	i. A.
			vom 20.. an bis zum 31.12.20..	i. A.
			vom 20.. an bis zum 31.12.20..	i. A.

III. Für die Berechnung der Lohnsteuer sind vom Arbeitslohn als steuerfrei **abzuziehen**:

Jahresbetrag €	monatlich €	wöchentlich €	täglich €	Diese Eintragung gilt, wenn sie nicht widerrufen wird:	Datum, Stempel und Unterschrift der Behörde
2 400	200	⑤ -	---	vom 01.01. 20.. an	24. NOV. 20..
in Buchstaben zwei -tausend		vier	Zehner und Einer wie oben -hundert	bis zum 31.12.20..	i. A.
				vom 20.. an	
in Buchstaben -tausend			Zehner und Einer wie oben -hundert	bis zum 31.12.20..	i. A.
Ggf. zusätzlich z. o. a. Freibetrag				vom 20.. an	
in Buchstaben -hundert (Zehner u. Einer wie oben) bei der Tätigkeit als					i. A.

Lohnsteuerkarte

Welche Personalpapiere sind neben der Lohnsteuerkarte im Zusammenhang mit dem Beginn und der Beendigung eines Arbeitsverhältnisses notwendig?

Beitragsnachweis	Für jeden sozialversicherungspflichtigen Arbeitnehmer hat der Arbeitgeber Meldungen an den Sozialversicherungsträger (die jeweilige Krankenkasse) abzugeben über: ▶ Beginn und Ende der Beschäftigung ▶ monatliche Beitragsnachweise zur gesetzlichen Sozialversicherung: Die Beiträge für Arbeitnehmer werden spätestens am 25. eines Monats fällig, wenn das Arbeitsentgelt bis zum 15. dieses Monats fällig wurde; bei späterer Auszahlung des Arbeitsentgelts sind die Beiträge bis zum 15. des nächsten Monats zu überweisen. Beiträge für Minijobs müssen an die Bundesknappschaft in Essen gemeldet werden. ▶ Änderungen zur Sozialversicherungspflicht Alle Unternehmen, die eine Software für die Lohn- und Gehaltsabrechnung einsetzen, müssen ihre Meldungen an die Sozialversicherer **elektronisch melden.**
Mitgliedsbescheinigung der Krankenkasse	Jeder Arbeitnehmer hat ein Wahlrecht für die Auswahl der Krankenkasse. Die Krankenkasse darf die Mitgliedschaft nicht ablehnen. Die gewählte Krankenkasse hat nach Ausübung des Wahlrechts unverzüglich eine Mitgliedsbescheinigung auszustellen (§ 175 Sozialgesetzbuch).

Beschreiben Sie die einzelnen Lohnsteuerklassen.

Die **Lohnsteuerklassen** dienen zur Einordnung der lohnsteuerpflichtigen Personen. Jede Lohnsteuerklasse steht dabei für bestimmte persönliche Verhältnisse. Die Einordnung führt je nach Steuerklasse zu einer unterschiedlichen Höhe der individuellen Lohnsteuer, die bei der Berechnung des Nettolohnes einer amtlichen **Lohnsteuertabelle** entnommen wird.

Steuerklasse I	Arbeitnehmer, die a. ledig sind, b. verheiratet, verwitwet oder geschieden sind und bei denen die Voraussetzungen für die Steuerklasse III oder IV nicht erfüllt sind.
Steuerklasse II	Die unter Steuerklasse I bezeichneten Arbeitnehmer, wenn sie mindestens ein Kind haben, das zum Haushalt gehört.
Steuerklasse III	1. Verheiratete Arbeitnehmer, wenn beide Ehegatten unbeschränkt einkommensteuerpflichtig sind und nicht dauernd getrennt leben und a. ein Ehegatte nicht berufstätig ist oder b. ein Ehegatte auf Antrag beider Ehegatten in die Steuerklasse V eingereiht wird 2. Verwitwete Arbeitnehmer für das Kalenderjahr, das dem Todesjahr des Ehegatten folgt 3. Geschiedene Arbeitnehmer im Jahr der Ehescheidung
Steuerklasse IV	Verheiratete Arbeitnehmer, wenn der Ehegatte ebenfalls Arbeitslohn bezieht
Steuerklasse V	Die unter Steuerklasse IV bezeichneten Arbeitnehmer, wenn der Ehegatte auf Antrag beider Ehegatten in die Steuerklasse III eingereiht wird
Steuerklasse VI	Arbeitnehmer, die nebeneinander von mehreren Arbeitgebern Arbeitslohn beziehen, für die Einbehaltung der Lohnsteuer vom Arbeitslohn aus dem zweiten und weiteren Dienstverhältnissen

Nennen Sie die sieben Einkunftsarten des Einkommensteuergesetzes.
Stellen Sie die Berechnung des zu versteuernden Einkommens dar.

Gewinneinkünfte	*Überschusseinkünfte*
1. Einkünfte aus Land- und Forstwirtschaft, z. B. Obstanbau, Weinbau, Teichwirtschaft 2. Einkünfte aus Gewerbebetrieb, z. B. gewerbliche Unternehmen, Gewinnanteile Offene Handelsgesellschaft 3. Einkünfte aus selbstständiger Arbeit, z. B. Ärzte, Rechtsanwälte, Heilpraktiker	4. Einkünfte aus nichtselbstständiger Arbeit, z. B. Löhne, Gehälter 5. Einkünfte aus Kapitalvermögen, z. B. Dividende, Zinsen 6. Einkünfte aus Vermietung und Verpachtung, z. B. Grundstücke, Gebäude, Schiffe 7. sonstige Einkünfte, z. B. Leibrenten, Unterhaltszahlungen, Spekulationsgewinne
Ermittlung der Einkünfte: **Betriebseinnahmen** – **Betriebsausgaben** = **Gewinn oder Verlust**	**Ermittlung der Einkünfte:** **Summe der Einnahmen** – **Werbungskosten** = **Überschuss oder Verlust**

Summe der Einkünfte
– abzuziehende Beträge (z. B. Altersentlastungsbetrag)
= **Gesamtbetrag der Einkünfte**
– Sonderausgaben
– außergewöhnliche Belastung
– Verlustabzug (= Verluste aus Vorperioden)
= **Einkommen**
– bestimmte Freibeträge (z. B. Kinderfreibetrag)
= **zu versteuerndes Einkommen**

Erläutern Sie die unbeschränkte und beschränkte Steuerpflicht bei der Einkommensteuer.

Unbeschränkte Steuerpflicht	Unbeschränkt steuerpflichtig sind alle natürlichen Personen, die im Inland einen Wohnsitz oder ihren gewöhnlichen Aufenthalt haben. ▶ Bei natürlichen Personen beginnt die Steuerpflicht mit der Rechtsfähigkeit. ▶ Juristische Personen (z. B. Gesellschaften mit beschränkter Haftung) unterliegen nicht der Einkommensteuer, sondern der Körperschaftsteuer.
Beschränkte Steuerpflicht	Beschränkt steuerpflichtig sind natürliche Personen, die im Inland weder einen Wohnsitz noch ihren gewöhnlichen Aufenthalt haben, mit ihren inländischen Einkünften. Dazu gehören z. B. sogenannte Grenzgänger, die im Ausland ihren Wohnsitz haben, aber im Inland arbeiten.

Definieren Sie den Begriff „Sonderausgaben". Nennen Sie die wichtigsten Arten von Sonderausgaben.

Begriff	**Sonderausgaben** sind Aufwendungen, die nach dem Einkommensteuergesetz vom Gesamtbetrag der Einkünfte abgezogen werden können, wenn sie weder Betriebsausgaben, noch Werbungskosten noch außergewöhnliche Belastungen sind.
Arten	**Unbeschränkt abzugsfähige Sonderausgaben** sind Renten, dauernde Lasten und gezahlte Kirchensteuer.
	Beschränkt abzugsfähige Sonderausgaben werden unterschieden in: ▶ Sonderausgaben, die nicht Vorsorgeaufwendungen sind: Unterhaltsleistungen an bestimmte Angehörige, Aufwendungen für die eigene Berufsausbildung, Spenden ▶ Sonderausgaben, die Vorsorgeaufwendungen sind: Kranken-, Unfall- und Haftpflichtversicherungen, gesetzliche Rentenversicherungen, Beiträge zu bestimmten Versicherungen auf den Erlebens- oder Todesfall

Was versteht man unter „außergewöhnlichen Belastungen" im Rahmen des Einkommensteuerrechts?

Begriff	**Außergewöhnliche Belastungen** sind Aufwendungen, denen sich der Steuerpflichtige aus tatsächlichen, rechtlichen und sittlichen Gründen nicht entziehen kann. Sie sind nur dann zu berücksichtigen, wenn sie von dritter Seite (z. B. Krankenkasse) nicht ersetzt werden und die Aufwendungen über der zumutbaren Eigenbelastung liegen oder gewisse Höchstbeträge nicht überschritten werden.	
Arten	**Außergewöhnliche Belastungen allgemeiner Art**	Krankheitskosten, Beerdigungskosten, Kurkosten, Kinderbetreuungskosten
	Außergewöhnliche Belastungen in besonderen Fällen	Unterhaltsaufwendungen, Ausbildungsfreibeträge, Beschäftigung einer Haushaltshilfe
	Pauschbeträge für Körperbehinderte und Hinterbliebene	Die Höhe ist abhängig von dem jeweiligen Grad der Behinderung.

Definieren Sie „Werbungskosten" und nennen Sie zu jeder Überschusseinkunftsart die wichtigsten Werbungskosten.

Begriff	**Werbungskosten** sind Aufwendungen, die dem Erwerb, der Sicherung und der Erhaltung der Einnahmen dienen.
Werbungskosten bei Einkünften aus … *„nichtselbstständiger Arbeit"*	▶ **Aufwendungen für Fahrten zwischen Wohnung und Arbeitsstätte** Bei öffentlichen Verkehrsmitteln werden die tatsächlichen Kosten berücksichtigt; bei Nutzung eines Kraftfahrzeugs, Motorrollers etc. werden nur gesetzlich vorgeschriebene Kilometerpauschbeträge je Entfernungskilometer anerkannt. ▶ **Aufwendungen für Arbeitsmittel** Hierzu zählen: typische Berufskleidung, Werkzeuge, Fachbücher und -zeitschriften. Betragen die Anschaffungskosten nicht mehr als 410,00 EUR, so können sie voll geltend gemacht werden, sonst müssen sie auf die Jahre der üblichen Nutzungsdauer verteilt werden. ▶ **Bewerbungskosten** Kosten für Anzeigen, Telefon, Porto, Fotokopien sowie nicht erstattete Reisekosten anlässlich eines Vorstellungsgespräches können geltend gemacht werden. ▶ **Fortbildungskosten** Dazu zahlen Ausgaben für den Besuch von Lehrgängen, Tages- oder Abendschulen, die berufsbezogenen Lehrstoff vermitteln, wie z. B.: Fachbücher, Kopien, Schreibmaterialien, Reisekosten. ▶ **Kontoführungsgebühren** Ohne Einzelnachweis wird ein Pauschbetrag anerkannt. ▶ **Reisekosten bei Dienstreisen und Dienstgängen** Anerkannt werden Fahrtkosten, Verpflegungsmehraufwendungen, Übernachtungskosten bei mehrtägigen Reisen sowie Telefon-, Parkgebühren und sonstige nicht erstattete Ausgaben. ▶ **Umzugskosten** Sie werden erstattet, wenn der Umzug beruflich bedingt war. ▶ **Mehraufwendungen für Verpflegung bei Einsatzwechseltätigkeit und Fahrtätigkeit** Bei ständig wechselnden Einsatzstellen können Mehraufwendungen für Verpflegung geltend gemacht werden. ▶ **Mehraufwendungen für doppelte Haushaltsführung** Ist eine Unterkunft außerhalb des Ortes, an dem ein eigener Hausstand besteht, aus beruflichem Anlass notwendig, können notwendige Mehraufwendungen geltend gemacht werden. ▶ **Häusliches Arbeitszimmer** Ausgaben für ein häusliches Arbeitszimmer werden anerkannt, wenn es der Mittelpunkt der gesamten beruflichen Tätigkeit ist. ▶ **Gewerkschaftsbeiträge** Zahlungen an die Berufsverbände werden als Werbungskosten anerkannt.
„Vermietung und Verpachtung"	Schuldzinsen, Absetzungen für Abnutzung (AfA), sonstige öffentliche Abgaben und Versicherungsbeiträge für den Grundbesitz, Ausgaben für Hausverwaltung und Hausmeister, Steuerberatungskosten
„Kapitalvermögen"	Der Sparer-Pauschbetrag beträgt 801,00 EUR. Bei Ehegatten verdoppelt sich der Pauschbetrag auf 1 602,00 EUR.
„sonstigen Einkünften"	Bankprovision, Telefongebühren

Welches Ziel und welche Aufgaben hat die Personalverwaltung?

Ziel	Ziel der Personalverwaltung ist die reibungslose Abwicklung aller Personalangelegenheiten bei der Auswahl, Einstellung, Betreuung und Kündigung von Mitarbeitern.
Aufgaben	Die Hauptaufgaben der Personalverwaltung betreffen vornehmlich ▶ die Anlage und Führung der **Personalakten** und die Verwaltung der **Personaldaten;** ▶ die **Abwicklung aller personalwirtschaftlichen Vorgänge,** die bei der Einstellung, Verwaltung und Entlassung von Mitarbeitern anfallen, z. B. die An- und Abmeldung bei den Sozialversicherungsträgern, Ausstellung von Bescheinigungen; ▶ die Erstellung von **Personalstatistiken.**

Erläutern Sie den Begriff, die Inhalte und die Aufgaben der Personalakte.

Begriff	Die Personalakte ist das zentrale Instrument der Dokumentation des Personalwesens. Sie enthält alle personalwirtschaftlich bedeutsamen Daten des Arbeitnehmers vom Eintritt in das Unternehmen bis zum Austritt. Bei natürlichen Personen beginnt die Steuerpflicht mit der Rechtsfähigkeit.
Inhalte	▶ Bewerbungsunterlagen/Personalbogen ▶ Arbeitsvertrag/zusätzliche Vereinbarungen ▶ Schriftverkehr, soweit dieser sich auf das Arbeitsverhältnis bezieht ▶ Beurteilungen ▶ Kopien ausgestellter Bescheinigungen und Zeugnisse ▶ Unterlagen über die Bezüge, wie Kopien der Lohnabrechnungen ▶ Urlaubsscheine ▶ Krankheitsnachweise
Aufgaben	▶ Dokumentation und Archivierung (Aufbewahrung) ▶ Aktualisierung und Fortschreibung der laufenden Daten ▶ Auskunftsbereitschaft gegenüber den verschiedenen Stellen des Unternehmens (Lohn- und Gehaltsabteilung, Vorgesetzter, Organisationsabteilung) ▶ Überwachung der mitarbeiterbezogenen Daten (Krankheitsquote, Urlaubstage, Gleitzeitabrechnungen)

Was ist eine Personaldatei/-kartei?
Welche Daten können darin gespeichert werden?

Begriff	Die Personaldatei oder Personalkartei enthält alle Daten des Mitarbeiters, die der Abwicklung der Entlohnung, der Sozialversicherung und sonstiger verwaltungstechnischer Vorgänge dienen.
Inhalte	▶ **Allgemeine Daten:** z. B. Personalnummer, Name, Anschrift, Geburtsdatum, Staatsangehörigkeit, Geschlecht ▶ **Persönlichkeitsprofildaten:** z. B. Schul- und Berufsausbildung, Berufserfahrung, Weiterbildungsmaßnahmen, Beurteilungsdaten ▶ **Abrechnungsdaten:** z. B. Lohnsteuerklasse, Familienstand, Anzahl der Kinder, Religionszugehörigkeit, Sozialversicherungsdaten, Angaben über Fehlzeiten und Urlaub

Was muss der Arbeitgeber bei der Führung von Personalakten und Personaldateien beachten?
Welche Rechte hat der Arbeitnehmer in Bezug auf seine Personalakte?

Wichtige Punkte, die der Arbeitgeber beachten sollte	▶ Für jeden Arbeitnehmer sollten eine Personalakte und ein Personalstammsatz/eine Karteikarte angelegt werden. ▶ Die Personalakten sollten zentral in der Personalabteilung geführt werden. ▶ Bei der Führung der Personalakte, der Personalkartei oder -datei hat der Arbeitgeber die Vorschriften des Datenschutzgesetzes zu beachten. Da es sich um sehr sensible Daten handelt, muss er diese vor allem vor dem Zugriff unberechtigter Personen schützen. ▶ Es darf grundsätzlich nur eine Personalakte geführt werden. So genannte „Schattenakten“, in denen Unterlagen aufbewahrt werden, über die der Mitarbeiter nichts erfahren soll, sind unzulässig.
Rechte des Mitarbeiters	▶ **Betriebsverfassungsgesetz:** Der Mitarbeiter hat ein Recht darauf, jederzeit Einsicht in seine Personalakte zu nehmen. ▶ **Datenschutzgesetz:** Der Arbeitnehmer hat ein Recht auf – Benachrichtigung über die Erfassung und Speicherung personenbezogener Daten; – Berichtigung falscher Daten und Löschung von unzulässig gespeicherten Daten; – Sperrung von Daten, deren Richtigkeit vom Arbeitnehmer angezweifelt wird.

Welche Aufgabe erfüllt die Personalstatistik?
Geben Sie Beispiele für Auswertungen.

Begriff	Die Personalstatistik ist ein wichtiges Instrument für die Personalplanung, Aus- und Fortbildung sowie die Personalbeschaffung. Sie wertet die Daten des vorhandenen Personals nach verschiedenen Gesichtspunkten aus und ermöglicht somit Perioden- und Betriebsvergleiche.
Auswertungen	▶ **Personalstruktur:** Mitarbeiter nach Alter, Geschlecht, Funktionen ▶ **Personalkosten:** Personalkosten nach Struktur, Lohnnebenkostenentwicklung ▶ **Personalbewegungen:** Fluktuationsquote, innerbetrieblicher Stellenwechsel ▶ **Ausfallzeiten:** Krankheitsquote, Ausfallzeiten nach Wochentagen und Jahreszeiten, Urlaubsverteilung

Erläutern Sie das Ziel, die Aufgaben und die Bedeutung der Produktionswirtschaft im Industriebetrieb.

Ziel	Ziel der Produktionswirtschaft eines Industriebetriebes ist es, die von der Absatzwirtschaft auf dem Markt angebotenen Sachgüter in hoher Qualität zu niedrigen Kosten zeitnah bereitzustellen.
Aufgaben	Die Teilaufgaben der Produktionswirtschaft lassen sich aus dem Produktionsablauf herleiten: ▶ **Produktionsplanung:** Planung des Produktionsprogramms und des Produktionsvollzuges ▶ **Produktionssteuerung:** Fertigungssteuerung als Vorbereitung des Fertigungsprozesses ▶ **Produktionskontrolle:** Qualitätskontrolle und Kostenkontrolle
Bedeutung	Die Produktionswirtschaft als Leistungsprozess ist die Besonderheit des Industriebetriebes in der Unterscheidung von anderen Betrieben. Dieser Funktionsbereich befasst sich ausschließlich mit der Herstellung materieller Güter. Die Industriebetriebe nehmen zwar zunehmend die Erstellung von Dienstleistungen in ihr Absatzprogramm auf, jedoch hat dies keine fertigungstechnischen Aspekte.
Abgrenzung zum Handwerk	Das Handwerk ist wohl das älteste Betriebssystem zur Herstellung von Sachgütern und der Vorläufer der Industriebetriebe. Der entscheidende Unterschied besteht darin, dass Industriebetriebe heutiger Prägung mit modernen Fertigungsverfahren arbeiten und hohe Stückzahlen in Serie oder Massen produzieren.

Welche Überlegungen sind bei der Festlegung des Produktionsprogramms anzustellen?

Begriff	Das **Produktionsprogramm** ist die Zusammenstellung sämtlicher Erzeugnisse, die ein Industriebetrieb tatsächlich herstellt, unabhängig davon, ob diese verkauft werden oder nicht. Mithin zählen dazu auch Güter, die für den Eigenbedarf hergestellt werden, wie Maschinen und Werkzeuge.
Abgrenzung zum Absatzprogramm	Das **Absatzprogramm** umfasst das gesamte Angebot an Gütern, unabhängig davon, ob diese selbst hergestellt werden oder nicht. Dazu zählen auch zugekaufte Handelswaren und Dienstleistungen.
Programmbreite	Die Programmbreite bestimmt, wie viele verschiedene Produktarten das Produktionsprogramm umfasst. ▶ Aus **absatzpolitischer Sicht** sprechen *für ein breites Produktionsprogramm* die geringere Abhängigkeit vom Markt, die Möglichkeit, differenzierte Kundenwünsche zu befriedigen, sowie die Möglichkeit, verbundene Produkte (Substitutionsgüter, Komplementärgüter) herzustellen. ▶ Aus **kostenrechnerischer Sicht** sprechen *gegen ein breites Produktionsprogramm* die erhöhten Rüstkosten durch viele kleine Serien, die erhöhten Leerkosten durch geringere Maschinenauslastung sowie die fehlende Möglichkeit, durch Spezialisierung Kostenvorteile auszuschöpfen.
Programmtiefe	Mit der Programmtiefe eines Produktionsprogramms wird festgelegt, ob der Betrieb das gesamte Endprodukt mit allen Halbteilen in Eigenfertigung herstellt (sehr tiefes Produktionsprogramm) oder ob im anderen Extremfall der Betrieb nur noch die Endmontage von fremdgefertigten Teilen und/oder Baugruppen vornimmt (sehr flaches Produktionsprogramm). Die Entscheidung für ein tiefes oder flaches Produktionsprogramm ist abhängig von Überlegungen zur ▶ **Rentabilität** (Ist die Eigenleistung kostengünstiger als die Fertigung durch den Lieferanten?); ▶ **Kapazität** (Stehen in ausreichendem Umfang Personal und Fertigungsmaschinen zur Verfügung?); ▶ **Finanzierung** (Stehen ausreichende finanzielle Mittel zur Verfügung?); ▶ **Sicherheit** (Wird u. U. Know how aus der Hand gegeben? Liefert der Lieferant stets zuverlässig?). Insgesamt geht der Trend aufgrund der Kostenstruktur vieler Unternehmen dahin, mit möglichst flachen Fertigungsstrukturen, d. h. mit wenigen Fertigungsstufen, zu arbeiten.
Fertigungsmenge	Die Fertigungsmenge ist davon abhängig, ob ein Betrieb Auftragsfertigung oder Lagerfertigung betreibt. **Auftragsfertigung:** Die Fertigungsmenge der Planperiode (z. B. Woche, Monat) wird durch die vorliegenden Kundenaufträge bestimmt. Hauptproblem ist die Auslastung der vorhandenen Kapazitäten. **Lagerfertigung:** Diese liegt immer dann vor, wenn der Betrieb Gattungsware für einen anonymen Markt herstellt. Drei Modelle zur Abstimmung von Absatz und Fertigung sind denkbar: ▶ Die Fertigung erfolgt absatzsynchron. Dies hat starke Schwankungen in der Kapazitätsauslastung zur Folge, verbunden mit erhöhten Leerkosten, allerdings auch geringe Lagerkosten, da die gefertigten Produkte sofort abgesetzt werden. ▶ Die Fertigung erfolgt absatzunabhängig mit gleichmäßiger Kapazitätsauslastung. Die Leerkosten sind dabei gering, während die Lagerkosten durch Aufnahme der überschüssigen Produktion höher sind. ▶ Stufenweise Anpassung von Absatz und Fertigung. Dieses System wird insbesondere bei saisonal stark schwankenden Absatzzahlen angewendet (z. B. Marzipanprodukte). Dabei wird versucht, die Nachteile der absatzunabhängigen und der absatzsynchronen Fertigung auszugleichen.
Planungshorizont	Der Planungshorizont ist der gewählte Zeitraum für die Produktionsprogrammplanung: ▶ Die **kurzfristige Produktionsprogrammplanung** hat einen Planungshorizont von bis zu einem Jahr. Sie legt – abgeleitet aus dem Absatzplan – fest, welche Produkte in welcher Menge hergestellt werden sollen, und liefert die Rahmendaten für die monatliche und wöchentliche Produktionsplanung. ▶ Die **mittelfristige Produktionsprogrammplanung** hat einen Horizont von drei bis fünf Jahren und befasst sich mit der Planung konkreter Produkte in Bezug auf Entwicklung und Fertigungsprozess. ▶ Die **langfristige Produktionsprogrammplanung** hat einen Horizont von bis zu zehn Jahren und befasst sich mit der Festlegung des Produktfeldes (Welche Produkte werden langfristig hergestellt?).

Beschreiben Sie den Vorgang der Produktentwicklung und Produktbeschreibung.

Phasen der Produktentwicklung	Gemeinsam mit dem Bereich Marketing hat die Produktionswirtschaft Produkte zu entwickeln und bis zur Marktreife zu gestalten. Dies geschieht in folgenden Phasen. 1. Am Anfang steht die Produktidee. Sie entsteht aus der Auseinandersetzung mit den Kundenwünschen, der Beobachtung von Markttrends und der technologischen Entwicklung. 2. Die Marktforschung beschafft geeignete Marktinformationen zur Beurteilung der Marktchancen. 3. Die technische Entwicklung erfolgt durch die Abteilung Forschung und Entwicklung. In der Regel werden verschiedene Produktalternativen geschaffen und einer internen Auswahl unterzogen. 4. Die Produktionsabteilung liefert gemeinsam mit der Abteilung Controlling/Kostenrechnung Betriebsdaten, wie Kapazitätsdaten, Investitionsbedarf, Kostendaten. 5. Ist das Produkt hinsichtlich seiner technischen Eigenschaften definiert und die Machbarkeit geprüft, wird der Bereich Gestaltung tätig und entwickelt das Produktdesign. 6. Die Konstruktionsabteilung erstellt die Konstruktionszeichnungen für alle Einzelteile des Produkts und die Stücklisten.	
Stückliste	Die Stückliste ist eine tabellarische Auflistung der Einzelteile und/oder Baugruppen eines Erzeugnisses. Sie liefert die Daten, die für die Erstellung von Arbeitsplänen und die Berechnung des Materialbedarfs notwendig sind, und enthält die Identifizierungsdaten, die technische Beschreibung und die benötigten Mengen.	
	Mengenübersichtsstückliste	Sie zeigt die Baugruppen und Einzelteile, die in das fertige Erzeugnis eingehen. Sie wird vor allem zu Beschaffungs- und Kalkulationszwecken verwendet.
	Strukturstückliste	Sie weist die Baugruppen und Einzelteile in ihrem fertigungstechnischen Zusammenhang aus und stellt damit die logische Struktur eines Enderzeugnisses mit allen Produktionsstufen dar. Sie wird vor allem als Konstruktions- und als Fertigungsstückliste verwendet.
	Baukastenstückliste	Diese Stückliste stellt jeweils nur den Aufbau eines Erzeugnisses oder einer Baugruppe bis zur nächsten Stufe dar. Sie wird als Fertigungsstückliste verwendet.
Konstruktionszeichnung	Die Konstruktionszeichnung ist die grafische Dokumentation eines Einzelteiles oder einer Baugruppe. Unter Berücksichtigung von DIN-Normen wird das darzustellende Objekt in allen Einzelheiten dargestellt. Die Konstruktionszeichnung dient den Mitarbeitern der Fertigung als Grundlage bei der Ausführung der Arbeiten. Es werden folgende Arten von Zeichnungen unterschieden: ▶ Je nach Umfang der Darstellung werden unterschieden die **Gesamtzeichnung** (komplettes Produkt), **Gruppenzeichnung** (Baugruppe) oder **Teilezeichnung** (für Einzelteile). ▶ Die **Explosionszeichnung** ist eine besondere Darstellung und bildet mehrere Teile in ihrer relativen Anordnung zueinander dar.	

Erläutern Sie die Aufgaben der Fertigungsplanung.

Begriff	Die Fertigungsplanung legt unabhängig von konkreten Aufträgen fest, welche Tätigkeiten bei der Herstellung eines Produktes anfallen.	
Aufgaben	**Ablaufplanung**	**Bedarfsplanung**
	Sie legt den Ablauf des Fertigungsprozesses fest und liefert folgende Ergebnisse: ▶ Aufgabengliederungspläne ▶ Fertigungsplan ▶ Arbeitsplan	Ermittelt den Bedarf der Fertigung für die Produktionsfaktoren und erstellt folgende Teilpläne: ▶ Zeitbedarfsplan/Personalbedarfsplan ▶ Materialbedarfsplan ▶ Betriebsmittelbedarfsplan (Kapazitäten)

In welchen Schritten und mit welchen Organisationsmitteln wird die Arbeitsablaufplanung durchgeführt?

Ablauf	Die Herstellung eines Erzeugnisses erfolgt in mehreren Stufen. Jede Stufe dient zur Bearbeitung von Werkstoffen oder Einzelteilen, die zumeist in die Herstellung von Baugruppen münden. Die Zusammenführung dieser Baugruppen führt dann schließlich in der nächsthöheren Fertigungsstufe entweder wieder zu Baugruppen oder zum fertigen Erzeugnis. Die Aufgabe der Ablaufplanung ist es, den Fertigungsablauf eines Erzeugnisses zu gliedern und zu strukturieren, damit die einzelnen Tätigkeiten zeitlich bewertet, zusammengeführt und disponiert werden können.
Fertigungsplan	Das Ergebnis der Aufgabengliederung ist ein Fertigungsplan. Das ist die Übersicht über den Fertigungsablauf eines herzustellenden Erzeugnisses. Er wird aus der Konstruktionsstückliste entwickelt und enthält sämtliche Baugruppen des Erzeugnisses mit allen zu fertigenden Teilen und die dazu notwendigen Nummern der Arbeitspläne, der Stücklisten und der Zeichnungsnummern.
Arbeitsplan	Der Arbeitsplan für eine Baugruppe oder ein Einzelteil ist der Grundstein für die Erstellung der Arbeitspapiere. Er gibt Auskunft darüber, welches Teil wie, wo und wann in welcher Zeit bearbeitet werden muss. Der Arbeitsplan enthält unternehmensspezifisch folgende Informationen:

Was? (Teil/Objekt)	Wo? (Fertigungsort)	Wie? (Verrichtung)	Womit? (Betriebsmittel)	Wie lange? (Zeitbedarf)
▶ Sachnummer ▶ Bezeichnung ▶ Auftragsnr. ▶ Losgröße	▶ Werk ▶ Abteilung ▶ Kostenstelle	▶ Arbeitsfolge ▶ Arbeitsgang ▶ Sonderanfertigungen	▶ Maschine ▶ Vorrichtung ▶ Werkzeug	▶ Rüstzeiten ▶ Ausführungszeiten

Erläutern Sie den wesentlichen Inhalt des Gesetzes gegen den unlauteren Wettbewerb (UWG).

Zweck und Grundsatz	Dieses Gesetz dient dem Schutz aller Marktteilnehmer vor unlauterem Wettbewerb und dem Interesse der Allgemeinheit an einem unverfälschten Wettbewerb. Unlautere Wettbewerbshandlungen sind unzulässig.
Irreführende Werbung	▶ Irreführend sind falsche Angaben über – die Merkmale der Waren oder Dienstleistungen wie Verfügbarkeit, Art, Ausführung, Zusammensetzung, Verfahren und Zeitpunkt der Herstellung oder Erbringung, die Zwecktauglichkeit, Verwendungsmöglichkeit, Menge, Beschaffenheit, die geografische oder betriebliche Herkunft oder die von der Verwendung zu erwartenden Ergebnisse oder die Ergebnisse und wesentlichen Bestandteile von Tests der Waren oder Dienstleistungen; – den Anlass des Verkaufs und den Preis oder die Art und Weise, in der er berechnet wird; – die geschäftlichen Verhältnisse des Werbenden. ▶ Irreführend ist die Herabsetzung eines Preises für eine unangemessen kurze Zeit. ▶ Irreführend ist die Werbung für eine Ware, die nicht in angemessener Menge vorhanden ist. Angemessen ist im Regelfall ein Vorrat für zwei Tage.
Vergleichende Werbung	Vergleichende Werbung ist verboten, wenn der Vergleich ▶ sich nicht auf Waren oder Dienstleistungen für den gleichen Bedarf oder dieselbe Zweckbestimmung bezieht; ▶ nicht objektiv auf eine oder mehrere wesentliche, relevante, nachprüfbare und typische Eigenschaften oder den Preis dieser Waren oder Dienstleistungen bezogen ist; ▶ im geschäftlichen Verkehr zu Verwechslungen zwischen dem Werbenden und einem Mitbewerber oder zwischen den von diesen angebotenen Waren oder Dienstleistungen oder den von ihnen verwendeten Kennzeichen führt; ▶ die Wertschätzung des von einem Mitbewerber verwendeten Kennzeichens in unlauterer Weise ausnutzt oder beeinträchtigt; ▶ die Waren, Dienstleistungen, Tätigkeiten oder persönlichen oder geschäftlichen Verhältnisse eines Mitbewerbers herabsetzt oder verunglimpft; ▶ eine Ware oder Dienstleistung als Imitation oder Nachahmung einer unter einem geschützten Kennzeichen vertriebenen Ware oder Dienstleistung darstellt.
Unzumutbare Belästigungen	Eine unzumutbare Belästigung ist insbesondere anzunehmen ▶ bei einer Werbung, obwohl erkennbar ist, dass der Empfänger diese Werbung nicht wünscht; ▶ bei einer Werbung durch Telefonanrufe gegenüber Verbrauchern; ▶ bei einer Werbung unter Verwendung von automatischen Anrufmaschinen, Faxgeräten oder elektronischer Post, ohne dass eine Einwilligung der Adressaten vorliegt; ▶ bei einer Werbung mit Nachrichten, bei der die Identität des Absenders verschleiert oder verheimlicht wird oder bei der keine gültige Adresse vorhanden ist, an die der Empfänger eine Aufforderung zur Einstellung solcher Nachrichten richten kann, ohne dass hierfür andere als die Übermittlungskosten nach den Basistarifen entstehen.

Welchen Rechtsschutz genießen Erzeugnisse und Marken?

Ziel	Der Rechtsschutz der Erzeugnisse beinhaltet den Schutz von Herstellern vor Nachahmungen von Produkten durch Konkurrenten.	
Patentschutz *(Patentgesetz)*	Begriff	Schutzrecht für Produkte und/oder Herstellungsverfahren, die absolut neu sind
	Voraussetzung	Erfindung neuer Erzeugnisse, die eine Neuheit mit gewerblicher Verwertungsmöglichkeit darstellen (z. B. Laser-Disc-Bildplatte)
	Eintragung	Patentrolle beim Deutschen Patentamt in München
Gebrauchsmuster *(Gebrauchsmustergesetz)*	Begriff	Schutzrecht zur alleinigen gewerblichen Ausnutzung bei Arbeitsgeräten und Gebrauchsgegenständen
	Voraussetzung	Erfindung von Gegenständen, deren Funktion durch eine neue Gestaltung, Anordnung oder Vorrichtung verbessert ist (z. B. ergonomischer Stuhl)
	Eintragung	Gebrauchsmusterrolle beim Patentamt in München
Geschmacksmuster *(Geschmacksmustergesetz)*	Begriff	Schutzrecht zur alleinigen gewerblichen Ausnutzung für den Urheber eines Musters oder Modells
	Voraussetzung	Schaffung eines Musters oder Modells, das ästhetisch wirkt, neu und eigentümlich ist (z. B. Tapetenmuster, Geschirrdesign)
	Eintragung	Musterregister beim Patentamt in München
Warenzeichen	Begriff	Kennzeichen, das dazu dient, die Waren eines Gewerbetreibenden von den Waren anderer zu unterscheiden (Wort-, Bild- oder kombinierte Zeichen)
	Voraussetzung	Unverwechselbarkeit gegenüber sämtlichen bereits bestehenden Warenzeichen
	Eintragung	Zeichenrolle beim Patentamt in München
Gütezeichen	Begriff	Kennzeichen, um eine Gruppe von Waren mit gleichen Merkmalen von anderen Waren abzugrenzen und damit eine bestimmte Warengüte zu garantieren
	Voraussetzung	Festlegung von Merkmalen wie Werkstoffen oder Herstellungsverfahren durch eine Gruppe von Herstellern oder den Gesetzgeber (z. B. Umweltengel)
	Eintragung	RAL-Gütezeichenliste beim Ausschuss für Lieferungsbedingungen und Gütesicherung

Erläutern Sie die Fertigungsverfahren nach der Anordnung der Betriebsmittel (Fertigungsorganisation).

Fließfertigung	Bei der Fließfertigung richten sich Betriebsmittel und Arbeitskräfte nach dem vorgegebenen Produktionsablauf und werden danach angeordnet. Auf einem Transportband (Fließband) läuft das Werkstück an den Arbeitsvorgängen vorbei. Der Arbeitsprozess muss zerlegt und zeitlich genau festgelegt werden, damit die Arbeitszeit für alle Arbeitsplätze gleich ist oder ein Vielfaches der Taktzeit ausmacht. Bei der **Fließbandfertigung** transportiert das Fließband die Werkstücke gleichmäßig oder ruckartig an den einzelnen Arbeitsplätzen vorbei. Bei der **Transferstraßenfertigung** erfolgt neben dem Transport auch die Bearbeitung und die Kontrolle des Werkstückes automatisch. Diese vollautomatische Fertigung benötigt unmittelbar für die Produktion keine Arbeitskräfte mehr. Der Einsatz menschlicher Arbeit wird nur noch bei der Aufstellung, der Instandhaltung sowie für die Steuerung und Überwachung des Produktionsablaufes benötigt.	
	Vorteile	Nachteile
	▶ Minimierung der innerbetrieblichen Transportkosten ▶ kaum bzw. keine Zwischenlager ▶ hohe Produktivität ▶ geeignet für Großserien- und Massenproduktion (dadurch Kostenvorteile)	▶ empfindlich gegenüber Störungen ▶ unflexibel bei Anpassung an Marktveränderungen ▶ starres Produktionsprogramm ▶ hohe Investitionskosten ▶ monotone Arbeit
Werkstattfertigung	Bei der Werkstattfertigung werden Arbeitsplätze und Maschinen mit gleichartigen Verrichtungen in einem Raum (Werkstatt) zusammengefasst, z. B. Gießerei, Schlosserei, Schreinerei, Dreherei. Das Produkt muss auf dem Weg zur Fertigstellung in der richtigen Reihenfolge der Bearbeitung verschiedene Werkstätten durchlaufen.	
	Vorteile	Nachteile
	▶ hohes Maß an Flexibilität ▶ höhere Motivation der Arbeitskräfte	▶ lange innerbetriebliche Transportwege ▶ Probleme in der Auslastung der Werkstätten ▶ hohe Lohnkosten für Facharbeiter ▶ Wartezeiten ▶ hoher Planungs- und Kontrollaufwand ▶ Zwischenlager
Gruppenfertigung	Bei der Gruppenfertigung werden verschiedene Produktionsmittel zu Fertigungsinseln, Bearbeitungszentren etc. zusammengefasst, in denen Arbeitsgruppen teilautonom und eigenverantwortlich arbeiten. Innerhalb der Gruppen wird nach dem Fließprinzip bzw. nach dem Werkstattprinzip gearbeitet. Es handelt sich dabei um eine Mischform aus Fertigungsablauf- und Funktionsorientierung.	
	Vorteile gegenüber der Fließfertigung	Vorteile gegenüber der Werkstättenfertigung
	▶ Humanisierung durch Ausweitung der Handlungs- und Entscheidungsbefugnisse ▶ größere Flexibilität	▶ geringere Kosten für Zwischenlager ▶ geringere Transportwege
Baustellenfertigung	Bei der Gruppenfertigung werden verschiedene Produktionsmittel zu Fertigungsinseln, Bearbeitungszentren etc. zusammengefasst, in denen Arbeitsgruppen teilautonom und eigenverantwortlich arbeiten. Innerhalb der Gruppen wird nach dem Fließprinzip bzw. nach dem Werkstattprinzip gearbeitet. Es handelt sich dabei um eine Mischform aus Fertigungsablauf- und Funktionsorientierung.	
	Nachteile	
	▶ hohe Kosten für den Transport der Produktionsfaktoren ▶ hoher Planungs- und Kontrollaufwand ▶ geringe Rationalisierungsmöglichkeiten	

Erläutern Sie die Fertigungsverfahren nach der Wiederholung des Fertigungsvorganges (Fertigungstypen).

Einzelfertigung	Der ganze Produktionsprozess ist i. d. R. auf ein einzelnes Produkt ausgerichtet (Auftragsfertigung). Als Organisationsform der Fertigung ist die Werkstattfertigung, aber auch die Gruppen- oder Baustellenfertigung möglich.
Massenfertigung	Bei der Massenfertigung werden Produkte mit hoher Stückzahl produziert. Die typische Organisationsform ist die Fließfertigung. In der Automobilbranche ist auch die Gruppenfertigung vorzufinden.
Sortenfertigung	Bei der Sortenfertigung werden verschiedene Endprodukte hergestellt, die fertigungstechnisch jedoch fast identisch sind (z. B. verschiedene Größen von Ringbuchmechaniken). Das Umrüsten der Maschinen ist nicht so aufwändig wie bei der Serienfertigung. Rationalisierungseffekte können durch die Planung der optimalen Losgröße realisiert werden.
Serienfertigung	Bei der Serienfertigung (Groß- oder Kleinserien) werden Produkte hergestellt, die sich fertigungstechnisch deutlich voneinander unterscheiden und dadurch bedingt hohe Umrüstungskosten verursachen. Auch hier lassen sich Kosteneinsparungen durch die Bestimmung der optimalen Losgröße erzielen.
Chargenfertigung	Bei der Chargenfertigung entstehen ungewollt Qualitätsunterschiede, obwohl identische Produkte geplant waren. Dieses Problem ist insbesondere bei der Vermarktung des Produktes mit zu berücksichtigen. Vom Fertigungstyp her ähnelt die Chargenfertigung der Sorten- bzw. Serienfertigung und wird oft auch als Sonderform der Sortenfertigung angesehen.

Nennen und beschreiben Sie die Fertigungsverfahren nach dem Anteil der Beteiligung der menschlichen Arbeit am Fertigungsprozess.

Substitution von Arbeit durch Kapital	Manuelle Fertigung	Die Arbeit wird von Hand durchgeführt und wird dort eingesetzt, wo Geschicklichkeit, Präzision, kreative Fertigung nicht rationalisierbar ist.
	Maschinelle Fertigung	Die Maschinen übernehmen selbst die Führung des Werkstückes und des Werkzeuges. Stufen ▶ Eine gleich bleibende Elementarbewegung wird von der Maschine ausgeführt; die Bewegung des Werkzeuges oder die Bewegung des Werkstückes. ▶ Mehrere Arbeitsverrichtungen werden von der Maschine ausgeführt; die Bewegung des Werkstückes und des Werkzeuges. ▶ Wird die Steuerung zusätzlich übernommen, liegt eine teilautomatisierte Fertigung vor.
	Automatische Fertigung	Vollautomatische Anlagen übernehmen ganze Arbeitsprozesse. Der Arbeitsablauf wird von den Maschinen nach vorgegebenen Programmen nicht nur gesteuert, sondern auch kontrolliert und korrigiert.

Erläutern Sie die in der ersten Spalte angegebenen Abkürzungen.

CIM	Computer Integrated Manufacturing Diese computerintegrierte Fertigung beinhaltet, dass jeder berechtigte Benutzer einen Zugang zum Datenverbund hat, beginnend mit der Entwicklung über Konstruktion, Fertigungsvorbereitung, Herstellung, Montage, Qualitätssicherung bis hin zum Absatz. Man spricht von vernetzten oder verketteten Lösungen.
CAM	Computer Aided Manufacturing Darunter versteht man EDV-Lösungen, die für Aufgaben der industriellen und gewerblichen Fertigung verwendet werden. Dieser Prozess beinhaltet die eigentliche Fertigung und auch Montage durch computergesteuerte Maschinen und Einrichtungen.
CNC	Computer Numerical Control CNC-Maschinen können vom Bediener über einen Computer frei programmiert werden. Die Einflussnahme auf die Steuerung erfolgt z. B. über Prozessoren bei maschinenferner Programmierung oder aber direkt über eine Maschinenkonsole. Die numerische Steuerung ermöglicht die Speicherung eines ausgeführten Bearbeitungsvorgangs und den jederzeitigen Abruf.
DNC	Direct/Distributed Numerical Control Mit diesem Verwaltungssystem werden NC-Steuerdaten verwaltet, d. h., mehrere CNC-Maschinen sind über ein Netzwerk mit diesem Verwaltungssystem verbunden, von dem aus die Verteilung der NC-Programme an die einzelnen Maschinen erfolgt.
CAT	Computer Aided Testing Durch dieses rechnerunterstützte Testen besteht die Möglichkeit, am Computer entworfene „Prototypen" einem simulierten „Probelauf" zu unterziehen. Dadurch können notwendige Veränderungen und Verbesserungen vorgenommen werden, ohne vorher ein Fertigprodukt herstellen zu müssen.
CAD	Computer Aided Design Bei diesem computerunterstützten Konstruieren und Zeichnen können Bauteile und Maschinen zweidimensional konstruiert oder aber auch dreidimensional modelliert werden. Eine Simulation der Abläufe ist möglich, ebenso die Durchführung von Funktionsprüfungen. Die erzeugte Geometrie kann für die Fertigung genutzt werden.
CAP	Computer Aided Planning Die mit CAD erzeugten Teilgeometrien können mit der computerunterstützten Planung weiter zu Daten für die Fertigung und Montage bereitgestellt werden. Dadurch können Arbeitsvorgänge geplant, Verfahren und Betriebsmittel ausgewählt sowie Maschinensteuerdaten bereitgestellt werden.

Erläutern Sie die Begriffe TQM und MTO.

TQM	Total Quality Management Dieses ganzheitliche Qualitätsmanagement umfasst zwei Bereiche, die „Befähigerseite" und die „Ergebnisseite". Die Qualitätsarbeit des Einzelnen, die kontinuierliche Optimierung aller Prozesse sowie die Kunden- und Mitarbeiterzufriedenheit und die Erfüllung und Verbesserung des Geschäftsergebnisses sind gesetzte Ziele.
MTO	Mensch-Technik-Organisation Mit der MTO wird CIM (s. o.) in einen unternehmensweiten Zusammenhang gestellt. Mitarbeiterqualifikation, Technik und Organisation gehen mit dem Anspruch ganzheitlicher Aufgabenerfüllung einher.

Was verstehen Sie unter Rationalisierung der Leistungserstellung?

Rationalisierung	Rationalisierung ist die zweckmäßige (rationale) Gestaltung von Arbeitsvorgängen. Ziel ist es, ein möglichst optimales Verhältnis von Leistung und Kosten zu erzielen.

Zu den wichtigen Arten der Rationalisierung zählen Normung und Typung.
Erläutern Sie diese Begriffe. Klären Sie auch das Baukastensystem.

Normung	Durch die Vereinheitlichung von Einzelteilen, ganzen Erzeugnissen und Verfahren wird eine zweckdienliche Ordnung hergestellt. Die Normung erzielt erhebliche Kosten- und Wettbewerbsvorteile, erleichtert die Konstruktion, Kalkulation und ermöglicht die Serien- und Massenherstellung.
Werksnormen	Sie regeln nur die Vereinheitlichung in einem Unternehmen. Für häufig wiederkehrende Aufgaben bieten sie Lösungen, z. B. einheitliche Vordrucke bei Einstellungen.
Nationale Normen	Das Deutsche Institut für Normung e. V. ist Träger der Normung in der Bundesrepublik Deutschland. Die Arbeit hat sich jedoch in den letzten Jahren zu Gunsten der europäischen Normung verschoben, sodass die nationale Normung kontinuierlich zurückgegangen ist. In den so genannten „Alltagsnormen" werden zahlreiche Sicherheitsbestimmungen – z. B. für elektrische Haushaltsgeräte – definiert und festgelegt. Auch die Verbraucherverbände greifen im Rahmen ihrer Tätigkeit auf Normen zurück. DIN ist Mitglied im CEN.
Europäische Normung	Das Europäische Komitee für Normung CEN und das Europäische Komitee für elektrotechnische Normung CEN ELEC bilden die gemeinsame Europäische Normenorganisation CEN/CEN ELEC mit dem Sitz in Brüssel. Diese wurde nahezu gleichzeitig mit der EG (Europäische Wirtschaftsgemeinschaft) gegründet. ETSI vereint die Interessen auf dem Gebiet der Telekommunikation.
Internationale Normung	Zweck der Internationalen Normenorganisation ISO (International Standards Organisation) ist die Förderung der Normung in der Welt. Die Europäischen Normen (EN und ETS) orientieren sich an den Normen der Internationalen Normungsorganisation ISO. Wird bei Produkt-Normen z. B. eine ISO-Norm als EN-Norm übernommen, so entsteht die EN-Nr. aus der ISO-Nr. durch Addieren der Zahl 20 000. Die ISO-Bezeichnung des Produktes bleibt aber unverändert.
Typung	Es handelt sich um die Vereinheitlichung von gleichartigen Endprodukten, die sich durch Einzelheiten aus Gründen der Herstellung oder des Absatzes unterscheiden. *Beispiel: Kraftfahrzeugtyp mit unterschiedlichen Möglichkeiten (Motor, Türanzahl, Lackierung usw.)*
Baukastensystem	Einheitliche Baugruppen und Einzelteile können nach Baumusterplänen zu verschiedenartigen Erzeugnissen zusammengebaut werden. Dies führt u. a. zu Kostensenkungen, geringeren Lagerkosten, schnellerer Ersatzbeschaffung oder auch Wiederverwertbarkeit der Bauteile.

Was verstehen Sie unter Humanisierung des Arbeitsinhaltes?
Nennen Sie Beispiele.

Humanisierung	Durch die fortschreitende Arbeitszerlegung wurden die Arbeitsinhalte monoton und entleert. Durch humanere Arbeitsgestaltung sollen die Arbeitnehmer eine größere Selbstständigkeit erhalten.	
Arbeitserweiterung – Job Enlargement	Nacheinander zu durchlaufende gleichartige Arbeitsgänge, die bisher von mehreren Arbeitnehmern durchgeführt wurden, werden zusammengefasst und einem Beschäftigten zugewiesen.	
Arbeitsplatzwechsel – Job Rotation	Innerhalb eines Fertigungsabschnittes werden die Arbeitsplätze getauscht. Dadurch wird die Eintönigkeit durch unterschiedliche körperliche und geistige Tätigkeit unterbrochen.	
Arbeitsanreicherung – Job Enrichment	Die Tätigkeiten eines Mitarbeiters werden angereichert durch weitere Arbeitsinhalte. Planung, Ausführung und Kontrolle sollen zu einer größeren Selbstständigkeit führen.	
Teilautonome Arbeitsgruppen	Eine Gruppe von 5 bis 30 Personen erledigt selbstständig größere Teilaufgaben. Arbeitserweiterung, Arbeitsplatzwechsel und Arbeitsbereicherung werden berücksichtigt und die Gruppe kann selbstständig die Arbeit aufteilen.	
Autonome Arbeitsgruppen	Eine Gruppe erledigt selbstständig eine Gesamtaufgabe. Bereits beim Einstellungsverfahren hat die Gruppe Einfluss auf zukünftige Mitglieder im Arbeitsteam, um größtmögliche Ausgewogenheit zu gewährleisten.	
Lean Production	Lean Production bedeutet eine schlanke Form der Arbeitsorganisation durch flache Hierarchien der Aufbauorganisation und der obersten Managementebene. Diese Unternehmensphilosophie betrifft daher nicht nur die Produktion, sondern auch sämtliche andere Bereiche des Unternehmens. Der Begriff Lean Management erfasst besser den Gesamtzusammenhang dieses Konzeptes.	
	Kaizen	Der japanische Begriff „Kaizen" steht für das Streben nach ständiger Verbesserung. Dies geschieht beispielsweise durch die gezielte Förderung von Verbesserungsvorschlägen.
	Ziele	▶ Qualitätsmanagement ▶ Erhöhung der Produktivität ▶ Reduzierung der Produktentwicklungszeiten ▶ konsequente Orientierung am Kundenwunsch ▶ Reduzierung der Verschwendung von Ressourcen ▶ Reduzierung der Durchlaufzeiten

Kennzahlen geben das Verhältnis verschiedener Tatbestände der betrieblichen Leistungsfähigkeit wieder: Erläutern Sie die Produktivität.

Produktivität	Unter Produktivität versteht man die mengenmäßige Ergiebigkeit der Güterherstellung (Ausbringungsmenge) bezogen auf den mengenmäßigen Einsatz an Produktionsfaktoren (Einsatz an Boden, Arbeit oder Kapital).	
	Bedeutung	Die Produktivität misst ausschließlich die mengenmäßige Ergiebigkeit der Leistungserstellung. Ein Betrieb kann eine Produktivitätssteigerung ausweisen, ohne wirtschaftlich oder rentabel zu arbeiten; umgekehrt ist es auch möglich. Es findet keine Bewertung von Output und Input statt. Produktivitätskennziffern sind erst in Verbindung mit Wirtschaftlichkeits- und Rentabilitätskennziffern aussagefähig.
	Berechnung	Produktivität $= \frac{\text{Ausbringungsmenge (Output)}}{\text{Einsatz (Input)}}$ *Beispiele:* ***Arbeitsproduktivität*** $= \frac{\text{99 000 Stück (Output)}}{\text{120 Stunden (Input)}}$ = 825 Stück/Stunde ***Bodenproduktivität*** $= \frac{\text{300 kg (Output)}}{\text{100 m}^2\text{ (Input)}}$ = 3 kg/m² ***Kapitalproduktivität*** $= \frac{\text{1 200 Stück (Output)}}{\text{20 000 EUR (Input)}}$ = 0,06 Stück/EUR

Erläutern Sie die Kennziffer Wirtschaftlichkeit und die Kennzahlen der Rentabilität.

Wirtschaftlichkeit	Wirtschaftlichkeit gibt das Verhältnis von wertmäßiger Leistung bezogen auf den Wert der eingesetzten Produktionsfaktoren an. Die Kennzahl drückt das Handeln nach dem Wirtschaftlichkeitsprinzip (ökonomisches Prinzip) aus.	
	Berechnung	Wirtschaftlichkeit $= \frac{\text{Leistung}}{\text{Kosten}}$ oder $\frac{\text{Ertrag}}{\text{Aufwand}}$
Rentabilität	Die Rentabilität gibt das Verhältnis von Gewinn zu eingesetztem Kapital an, ausgedrückt in Prozent.	
	Berechnungen	**Eigenkapitalrentabilität** Nettorentabilität Unternehmerrentabilität $= \frac{\text{Gewinn} \cdot 100}{\text{Eigenkapital}}$ Gewinnermittlung: Jahresüberschuss + außerordentliche Aufwendungen – außerordentliche Erträge = bereinigter Jahresgewinn Soll eine Vergleichbarkeit mit Kapitalgesellschaften erzielt werden, dann müsste bei Einzelunternehmungen und Personengesellschaften der Jahresgewinn noch um den Unternehmerlohn gekürzt werden.
		Gesamtkapitalrentabilität Bruttorentabilität Unternehmungsrentabilität $= \frac{(\text{Gewinn} + \text{Fremdkapitalzinsen}) \cdot 100}{\text{Gesamtkapital}}$
		Umsatzrentabilität $= \frac{\text{Gewinn} \cdot 100}{\text{Umsatz}}$

Erläutern Sie den Begriff Liquidität. Geben Sie die unterschiedlichen Berechnungen der Liquidität an.

Liquidität	▶ Liquidität gibt auf der einen Seite an, wie schnell und einfach es ist, einen Vermögensgegenstand in bare Mittel umzuwandeln. Zur Liquidität 1. Ordnung zählen Bargeld, Bank- und Postgiroguthaben, diskontierbare Wechsel. Zur Liquidität 2. Ordnung zählen Mittel, die innerhalb von drei Monaten „verflüssigt" werden können. Dazu zählen Forderungen und Wertpapiere, wenn sie innerhalb dieser Dreimonatsfrist zu Bargeld gemacht werden können. Zur Liquidität 3. Ordung zählen Mittel, die erst nach einem längeren Zeitraum zur Verfügung stehen, wie unfertige und fertige Erzeugnisse, Roh- und Hilfsstoffe. ▶ Liquidität zeigt weiterhin auf, wie die Zahlungsbereitschaft eines Betriebes ist, wie der Betrieb seinen fälligen Zahlungsverpflichtungen nachkommen kann.	
	Berechnungen	Liquidität I. Grades Barliquidität $= \frac{\text{flüssige Mittel 1. Ordnung}}{\text{kurzfristige Verbindlichkeiten}}$ Liquidität II. Grades Einzugsbedingte Liquidität $= \frac{\text{flüssige Mittel 1. + 2. Ordnung}}{\text{kurzfristige Verbindlichkeiten}}$ Liquidität III. Grades Umsatzbedingte Liquidität $= \frac{\text{flüssige Mittel 1. + 2. + 3. Ordnung}}{\text{kurzfristige Verbindlichkeiten}}$

Beschreiben Sie, wie die Vorgabezeitermittlung für einen Auftrag erfolgt.

<table>
<tr><td>Zeitplanung</td><td colspan="6">Die Zeitplanung hat die Aufgabe, die Einzeltätigkeiten zeitlich zu bewerten und Vorgabezeiten festzulegen. Diese werden benötigt, um die zeitliche Inanspruchnahme der Arbeitskräfte und Maschinen zu disponieren. Das Ergebnis der Vorgabezeitermittlung ist die Auftragszeit. Das ist der Zeitbedarf für eine bestimmte Menge an hergestellten Teilen. Sie lässt sich nach REFA wie folgt gliedern:</td></tr>
<tr><td rowspan="5">Gliederung der Auftragszeit</td><td colspan="6">Auftragszeit (t)</td></tr>
<tr><td colspan="3">Rüstzeit (tr)</td><td colspan="3">Ausführungszeit (ta) = Menge · Zeit/Einheit</td></tr>
<tr><td colspan="3" rowspan="2">Die Rüstzeit ist die Zeit, in der das Betriebsmittel für die Ausführung vorbereitet wird. Dazu gehören z. B. das Anbringen der Werkzeuge sowie die Einstellung der Maschine.</td><td colspan="3">Die Ausführungszeit (ta) beinhaltet die konkrete Erledigung der für die Herstellung notwendigen Tätigkeiten (z. B. Bohren, Fräsen oder Montieren).</td></tr>
<tr><td colspan="3">Zeit je Einheit (te)</td></tr>
<tr><td>Rüstgrundzeit (trg)</td><td>Rüsterholzeit (trer)</td><td>Rüstverteilzeit (trv)</td><td>Grundzeit (tg)</td><td>Erholungszeit (ter)</td><td>Verteilzeit (tv)</td></tr>
<tr><td>Bestimmung der Zeiten</td><td colspan="6">▶ Die Grundzeit (g) ist die Vorgabezeit für die planmäßige Arbeit. Sie besteht aus reiner Tätigkeitszeit, z. B. Rüsten, Bohren, Fräsen, Abrichten. Die Zeitnahme erfolgt zumeist durch einen in REFA-Zeitstudien ausgebildeten Mitarbeiter durch geeignete Geräte (Stoppuhr, Zählwerk, Impulsgeber).
▶ Erholungszeit (er) ist die planmäßige Zeit, die für kurze Pausen während der Arbeit verbraucht wird. Sie ist nicht gleichzusetzen mit den regulären arbeitszeitlich vorgesehenen Pausen. Die Erholungszeit wird statistisch z. B. mithilfe der Multi-Moment-Aufnahme ermittelt und bei der Vorgabezeitberechnung für einen Auftrag der Grundzeit prozentual hinzugerechnet.
▶ Die Verteilzeit (v) ist die Sollzeit für persönliche (z. B. Toilettenbesuch) oder sachlich bedingte (z. B. Warten auf Material) Unterbrechungen der Arbeit. Sie wird ähnlich ermittelt wie die Erholungszeit und auch bei der Auftragszeitermittlung prozentual der Grundzeit hinzugerechnet.
Die gleichen Zeiten, allerdings ohne Erholzeitzuschlag, werden für die Planung der Belegungszeiten von Betriebsmitteln ermittelt.</td></tr>
<tr><td>Beispiel für die Vorgabezeitermittlung eines Auftrages</td><td colspan="6">Rüstgrundzeit (trg): 30,00 min; Ausführungsgrundzeit (tg): 0,50 min;
Erholzeitzuschlag: 8 %; Verteilzeitzuschlag: 10 %; Auftragsmenge: 1000 Stck.
Auftragszeit = trg + trer + trv + m (tg + ter + tv)
= 30 + 24 + 3 + 1000 (0,5 + 0,04 + 0,05) = 625,4 Minuten</td></tr>
</table>

Wie wird im Rahmen der Zeitplanung die Durchlaufzeit ermittelt?

<table>
<tr><td>Begriff Durchlaufzeit</td><td colspan="5">Die Zeitplanung hat die Aufgabe, die Einzeltätigkeiten zeitlich zu bewerten und Vorgabezeiten festzulegen. Diese werden benötigt, um die zeitliche Inanspruchnahme der Arbeitskräfte und Maschinen zu disponieren. Das Ergebnis der Vorgabezeitermittlung ist die Auftragszeit. Das ist der Zeitbedarf für eine bestimmte Menge an hergestellten Teilen. Sie lässt sich nach REFA wie folgt gliedern:</td></tr>
<tr><td rowspan="3">Zusammensetzung der Durchlaufzeit</td><td>Einwirkzeit
= Rüstzeit und Ausführungszeit</td><td>Förderung
= Zeit, in der etwas planmäßig transportiert wird</td><td>Prüfzeit
= Auftrag/ Werkstück wird kontrolliert</td><td>Lagerzeit
= Zeit für planmäßige Lagerung</td><td>Wartezeit
= technologische Liegezeit und Stauzeit</td></tr>
<tr><td colspan="2">Veränderungszeit</td><td>Prüfzeit</td><td colspan="2">Liegezeit</td></tr>
<tr><td colspan="5">D u r c h l a u f z e i t</td></tr>
</table>

Erläutern Sie, welche Aufgaben die Bedarfsplanung im Rahmen der Fertigungsplanung übernimmt.

<table>
<tr><td>Materialbedarfsplanung</td><td colspan="2">Die Materialbedarfsplanung ermittelt die Materialmenge, die für die Herstellung eines Erzeugnisses erforderlich ist. Sie unterscheidet dabei drei Materialbedarfsarten.
▶ Der Primärbedarf ist die Menge der vom Vertrieb benötigten Einheiten an Fertigerzeugnissen und Ersatzteilen, um den durch Kundenaufträge entstehenden Bedarf zu decken.
▶ Der Sekundärbedarf ist die Menge der für die Herstellung des Primärbedarfs erforderlichen Werkstoffe. Er wird durch Auflösung der Stückliste ermittelt. Enthält eine Stückliste z. B. vier Schrauben und beträgt der Primärbedarf 500, so ergibt sich ein Sekundärbedarf von 2000 Schrauben.
▶ Der Tertiärbedarf ist die Menge an Hilfs- und Betriebsstoffen, die aus der Stückliste nicht zu entnehmen sind und nur aufgrund von Erfahrungswerten planbar ist.</td></tr>
<tr><td>Betriebsmittel- und Personalbedarfsplanung</td><td colspan="2">Die Berechnung des Bedarfs an Arbeitskräften und Betriebsmitteln mündet in der Kapazitätsberechnung. Die Kapazität ist die Leistungsfähigkeit eines Betriebes oder einzelner Betriebsteile in einer Zeiteinheit. Sie ist abhängig von der Anzahl und Leistungsfähigkeit der Betriebsmittel, der Anzahl und Leistungsfähigkeit der Mitarbeiter, der Fertigungsorganisation und -steuerung, dem betrachteten Zeitraum (Monat, Woche, Tag). Folgende Kapazitätsarten werden unterschieden:</td></tr>
<tr><td rowspan="3">Kapazitätsarten</td><td>minimale Kapazität</td><td>Die minimale Kapazität muss gefahren werden, wenn eine Anlage aus technischen Gründen nicht abgeschaltet werden darf, z. B. bei einem Stahlwerk.</td></tr>
<tr><td>optimale Kapazität</td><td>Die optimale Kapazität ist der Grad der Kapazitätsausnutzung, bei dem die Kosten je Leistungseinheit am geringsten sind.</td></tr>
<tr><td>maximale Kapazität</td><td>Die maximale Kapazität wird bei maximalem Leistungsgrad, minimalen Rüstzeiten und optimaler Organisation erreicht. Sie ist eine theoretische Kapazitätsgrenze.</td></tr>
</table>

Erläutern Sie die Aufgaben der Fertigungssteuerung.

Begriff	Die Fertigungssteuerung arbeitet auftragsbezogen. Sie bereitet den Fertigungsprozess für definierte Fertigungsaufträge vor, veranlasst die Fertigungsdurchführung durch Auftragsfreigabe und überwacht den Fertigungsprozess in Bezug auf die Einhaltung von Terminen, Kosten und Mengen.
Aufgaben	▶ Auftragsumwandlung und Einleitung des Fertigungsprozesses ▶ Materialdisposition durch Berechnung des Brutto- und Nettobedarfes ▶ Termindisposition durch Grobterminierung, Kapazitätsplanung und Maschinenbelegung ▶ Bereitstellungsdisposition

Welche Tätigkeiten sind im Rahmen der Einleitung des Fertigungsauftrages zu erledigen?

Materialdisposition	Die Materialdisposition ermittelt auf Basis der Materialbedarfsplanung auftragsbezogen die Menge an Material, die zu einem bestimmten Zeitpunkt für die Fertigung bereitstehen muss. 1. Für jede Stücklistenposition wird von der Materialplanung der notwendige Sekundärbedarf ermittelt. 2. Addiert man zum Sekundärbedarf den planmäßigen Schwund und Ausschuss während des Fertigungsprozesses, erhält man den Bruttobedarf. Der Bruttobedarf ist die Menge an Werkstoffen, die unmittelbar für die Erledigung eines Auftrages erforderlich ist. 3. Da der Bruttobedarf z. T. durch vorhandene Lagerbestände oder offene Bestellungen gedeckt ist, müssen diese noch berücksichtigt werden. Das Ergebnis ist der Nettobedarf, das ist die Menge an Material, die vom Einkauf zu beschaffen ist. Sie wird deshalb von der Disposition an den zuständigen Einkäufer gemeldet und von ihm bestellt.
Auftragsumwandlung	Die für eine bestimmte Planperiode vorliegenden Aufträge müssen so angeordnet werden, dass eine optimale Auslastung der Kapazitäten erfolgt. Aus diesem Grund werden verschiedene Kundenaufträge so zusammengeführt und durch Lageraufträge ergänzt, dass für die zu produzierenden Halbteile und Fertigerzeugnisse eine optimale Losgröße gebildet werden kann. Die **optimale Losgröße** ist die Fertigungsmenge, bei der sich unter Einbeziehung der auftragsfixen Kosten (z. B. Rüstkosten) und der auftragsvariablen Kosten (z. B. Lager- und Zinskosten) ein Minimum an Kosten je Stück ergibt. Die Anzahl der Rüstvorgänge innerhalb einer Periode sinkt mit steigender Losgröße. Die Höhe der Rüstkosten für jedes neue Produktionslos ist fix. Das bedeutet, dass die Rüstkosten, bezogen auf die Periodenmenge insgesamt sinken. Umgekehrt bedeutet eine hohe Losgröße jedoch auch eine höhere Belastung an Lagerkosten und Zinsen. Gesucht wird bei der optimalen Losgröße also der Punkt, bei dem die Summe aus Rüstkosten und die Summe aus Lagerkosten gleich hoch sind oder aber – anders ausgedrückt – bei der die Summe aus Rüst- und Lagerhaltungskosten am niedrigsten ist.

Erläutern Sie die Vorgehensweise der Termindisposition.

Begriff	Die Termindisposition greift auf die auftragsunabhängigen Daten der Termin- und Fristenplanung zurück und ermittelt kalender- und zumeist auch stundengenau die Start- und Endtermine eines konkreten Fertigungsauftrages. Dabei sind die Durchlaufzeiten und die Kapazitätsauslastung unter Berücksichtigung der betrieblichen Gegebenheiten (z. B. durchschnittlicher Krankenstand) realistisch einzuschätzen. Als Ergebnis der Termindisposition können dem Vertrieb verbindliche Lieferzeiten mitgeteilt werden.	
Grobterminierung	**Balkendiagramm**	**Netzplantechnik**
	Das Balkendiagramm (auch Gantt-Diagramm genannt) weist für jeden Vorgang einen Balken/Strich in Abhängigkeit von seiner zeitlichen Dauer aus. Es zeigt damit grafisch das Zusammenwirken der einzelnen Arbeitsabschnitte auf und weist Wartezeiten und Engpässe aus.	Die Netzplantechnik wird eingesetzt, wenn die Anzahl der Vorgänge so groß wird, dass das Balkendiagramm unübersichtlich wird. Mithilfe dieser Technik lassen sich für jede Tätigkeit Abhängigkeiten, Möglichkeiten parallel zu erledigender Arbeitsvorgänge und Pufferzeiten ermitteln und darstellen.
Kapazitätsplanung	Aus der Grobterminierung wird deutlich, wie die einzelnen Maschinen/Arbeitsplätze belastet werden: ▶ Der Arbeitsplatz ist normal ausgelastet, die Vorgabezeiten stimmen mit den Arbeitszeiten überein. ▶ Der Arbeitsplatz ist über die normale Arbeitszeit hinaus belastet. In diesem Fall erfolgt eine Anpassung durch Weggabe des Auftrages an einen anderen Betrieb („verlängerte Werkbank"), Ausweichen auf andere Arbeitsplätze, zeitliche Anpassung durch Überstunden. ▶ Der Arbeitsplatz ist unterausgelastet. In diesem Fall kann eine Anpassung durch die Hereinnahme von Aufträgen aus anderen Betrieben erfolgen, durch flexible Arbeitszeiten der Mitarbeiter (Gleitzeit, Jahresarbeitskonto) oder durch Vorarbeit für künftige Aufträge.	
Feinterminierung/ Maschinenbelegungsplanung	In der Feinterminierung werden die einzelnen Maschinen unter Berücksichtigung der Erkenntnisse aus der Kapazitätsplanung genau belegt. Im Rahmen dieser Tätigkeit muss für optimale Durchlaufzeiten, minimale Leerkosten der Maschinen, geringe Rüstkosten sowie die Einhaltung der Prioritäten einzelner Aufträge gesorgt werden. Ergebnis der Feinterminierung ist ein Terminplan, der für alle Mitarbeiter und Maschinen für die unmittelbar folgende Planperiode (Tag, Woche, Monat) verbindlich und Grundlage der Arbeitsverteilung ist.	

Welche Funktion hat die Auftragsfreigabe?
Welche Tätigkeiten sind in diesem Zusammenhang zu erledigen?

Auftragsfreigabe	Wenn alle Produktionsfaktoren disponiert sind und die zeitliche Abfolge planerisch gewährleistet ist, kann die Freigabe des Auftrages erfolgen. Damit werden alle betrieblich mit dem Auftrag befassten Stellen verbindlich angewiesen, den Auftrag in der geplanten Zeit zu den geplanten Kosten durchzuführen.
Arbeitspapiere	▶ Das Betriebsbüro erstellt zu diesem Zweck die aus dem Arbeitsplan abgeleiteten Arbeitspapiere. ▶ Der **Werkstattauftrag** ist die verbindliche Anweisung an die Fertigung, die bezeichneten Teile in der vorgegebenen Zeit zum vorgegebenen Termin fertig zu stellen. ▶ Der **Materialentnahmeschein** ist der Beleg für die Ausgabe von Material im Roh-, Hilfsstoff- und Halbteilelager. Er wird bei Gesamt-Entnahmen durch die Entnahme-Stückliste ersetzt. ▶ Die **Terminkarte (Rückmeldeschein)** geht nach Erledigung des Auftrages oder einzelner Teile des Auftrages an den Leitstand in der Arbeitsvorbereitung zurück. ▶ Der **Lohnschein („Akkordzettel")** enthält den einzelnen Arbeitsgang und dient als Dokumentation für die vom Arbeiter benötigte Istzeit und als Beleg für die Lohnabrechnung. ▶ Der **Lagerzugangsschein** dient als Zugangsbeleg im Fertigwarenlager.
Bereitstellungsdisposition	Der Disponent reserviert unter der Auftragsnummer und den erforderlichen Materialnummern die für die Produktion erforderlichen Roh- und Hilfsstoffe. Damit sind diese für andere Aufträge gesperrt.

Erläutern Sie die Möglichkeiten der Qualitätskontrolle und Qualitätssicherung.

Qualitätsbegriff	▶ **Funktionsqualität:** Ganz allgemein ist Qualität die Beschaffenheit, die ein Produkt oder eine Dienstleistung zur Erfüllung der an sie gestellten Anforderungen hat. ▶ **Fertigungsqualität:** Sie ist die durch die Fertigung realisierte tatsächliche Qualität des Produktes und wird bestimmt durch die Übereinstimmung von Planung und Realisierung.
Qualitätskontrolle	Die Qualitätskontrolle ist die betriebliche Abteilung bzw. die Summe aller Tätigkeiten, durch die die Qualität der erstellten Güter sichergestellt wird. Die Prüfung kann entweder am Ende des Fertigungsprozesses erfolgen oder nach jedem Fertigungsvorgang (permanente Kontrolle).
Qualitätseigenschaften	Je nach Produkt sind unterschiedliche Qualitätseigenschaften zu überprüfen. Das sind z. B.: ▶ mechanische Eigenschaften wie Form oder Festigkeit ▶ chemische Eigenschaften wie Reaktionsvermögen oder Zusammensetzung ▶ sensorische Eigenschaften wie Aussehen, Geruch, Geschmack ▶ Maßhaltigkeit durch Einhaltung bestimmter Toleranzen bei vorgegebenen Maßen ▶ Normeinhaltung durch Entsprechung des Produktes mit DIN- oder ISO-Normen ▶ Vorschriftsmäßigkeit durch Einhaltung von Vorschriften des TÜV oder der Verbände (z. B. VDE)
Vorgehensweise der Qualitätskontrolle	Die Qualitätskontrolle benutzt zur Prüfung „Sollwerte" als Vorgabe. Je nach Qualitätsstrenge gibt es davon zulässige Abweichungen nach oben (oberer Grenzwert) und unten (unterer Grenzwert). Die Differenz zwischen den Grenzwerten wird als Toleranz bezeichnet. Je nach Fehlerumfang wird dann entschieden, ob das geprüfte Produkt als brauchbar, bedingt brauchbar oder unbrauchbar klassifiziert wird.
Prüfungsumfang	Der Prüfungsumfang ist von Produkt zu Produkt unterschiedlich hoch: ▶ Die **100-%-Prüfung** wird entweder angewendet, wenn die Kontrollmechanismen automatisiert werden können oder wenn Wert auf absolute Qualität gelegt wird (z. B. bei einem Hersteller von optischen Geräten). Dieser Prüfungsumfang verursacht hohe Kosten, die nur durch entsprechende Preise, Sicherheitsstandards oder das Image der Unternehmung gerechtfertigt sind. ▶ Die **Stichprobenkontrolle** berücksichtigt Erkenntnisse der Wahrscheinlichkeitsrechnung, nach der anzunehmen ist, dass von einer kleinen Anzahl von geprüften Stücken auf die Qualität der Gesamtheit geschlossen werden kann. Die Stichprobenprüfung erhöht die Wirtschaftlichkeit der Qualitätskontrolle ganz erheblich.
Qualitätssicherung	Qualitätssicherung ist die Summe aller technischen und organisatorischen Maßnahmen zur Schaffung und Sicherung der Qualität der betrieblichen Leistungen. Die Qualitätssicherung umfasst die ▶ **Qualitätsplanung** als Festlegung der gewünschten Qualitätsmerkmale, die ▶ **Qualitätssteuerung** (auch als Qualitätsregelung bezeichnet) als Vorgabe und Kontrolle der gewünschten Produkt- und Ausführungsqualität sowie die ▶ **Qualitätskontrolle** als den Soll-Ist-Vergleich. Die Qualitätssicherung erfolgt durch Qualitätszirkel. Das sind Gruppen von Mitarbeitern, die gemeinsam versuchen, die in ihrem Arbeitsbereich auftretenden Qualitätsprobleme zielgerichtet zu lösen.

Wodurch wird die Wirtschaftlichkeit der Qualitätskontrolle sichergestellt?

Begriff	Die optimale Kontrollintensität der Qualitätskontrolle liegt dort, wo die Kosten der Qualitätssicherung genauso hoch sind wie die Kosten, die dem Betrieb durch Fehler am Produkt entstehen.
Qualitätssicherungskosten	▶ Fehlerverhütungskosten entstehen durch vorbeugende qualitätssichernde Maßnahmen. ▶ Prüfkosten entstehen für Prüfgeräte, Personal und Material (z. B. durch Produkt- und Materialtests).
Fehlerkosten	▶ Gewährleistungs- und Garantiekosten (z. B. durch Preisnachlässe oder Nachbearbeitung) ▶ Ausschusskosten für Material, das weder nachgearbeitet noch wieder verwendet werden kann ▶ Schadenersatz, der durch fehlerhafte Produkte entstanden ist

Nennen und erläutern Sie wichtige ökologische Ziele, die in einem Unternehmen verfolgt werden sollten.

Kreislaufwirtschafts-gesetz	Das Vermeiden von Abfällen (Rückständen) hat Vorrang vor der Verwertung von Abfällen. Das Verwerten von Abfällen (Rückständen) hat Vorrang vor dem Entsorgen von Abfällen. Nach dem „Kreislaufwirtschafts- und Abfallgesetz" vom 01.11.1996 sollen die Erzeugung, die Verteilung, der Verbrauch und die Entsorgung von Gütern als geschlossenes System betrachtet werden. Dies bedeutet, dass Probleme der Abfallbehandlung bereits während des Produktionsvorgangs berücksichtigt werden. Abfälle sind in erster Linie zu vermeiden und erst in zweiter Linie zu verwerten. Nicht wieder verwertbare Abfälle müssen zur Energieerzeugung verwendbar oder umweltverträglich zu entsorgen sein.	
Allgemeine ökologische Ziele	**Einsparung von Rohstoffen**	Die Welt-Rohstoffvorräte nehmen ständig ab. So ist bekannt, dass einige Rohstoffreserven, wie Zink, Kupfer, Erdöl oder Silber, bei gleicher Abbaumenge wie heute nur noch maximal 40 bis 50 Jahre reichen. Aus diesem Grunde muss es das Ziel aller sein, bei der Herstellung und dem Vertrieb von Waren den Verbrauch von Rohstoffen möglichst gering zu halten.
	Einsparung von Energie	Die Einsparung von Energie hat als Hintergrund die Überlegung, dass weniger fossile Brennstoffe verwendet werden. Das gilt vor allem für die kohlenstoffreichen Brennstoffe wie Kohle und schweres Heizöl. Dies sind die Brennstoffe mit dem höchsten Gehalt an Schwefel, der zusammen mit Stickstoff bei der Verbrennung saure Emissionen erzeugt, die wiederum den sauren Regen verursachen. Ferner verursacht jede Verbrennung fossiler Energien Kohlendioxid, das als Verursacher für die Aufheizung der Erdatmosphäre gilt.
	Vermeidung von Emissionen	Emission bedeutet, dass gasförmige oder feste Stoffe ausgestoßen werden, die die Luft, den Boden oder das Wasser verunreinigen. Verursacher von Emissionen sind technische Anlagen, wie Betriebe, Kraftwerke oder Autos. Durch gesetzliche Maßnahmen ist für viele Stoffe ihrer Schädlichkeit entsprechend die Höhe der zulässigen Emissionskonzentration festgelegt.

Nennen Sie konkrete Maßnahmen zum Umweltschutz und geben Sie dafür Beispiele.

Abfallvermeidung	▶ Mehrwegverpackung zum Schutz der Waren und zum Transport (Paletten, Collicos, Kleincontainer) ▶ Nutzung von wieder verwendbaren Containern statt Pappe oder Folie als Verpackung ▶ Vermeidung von zusätzlichen Umverpackungen bei unproblematischen Transporten
Abfallverminderung	Verpackungssysteme können optimiert werden, wenn das Volumen der bereitgestellten Verpackung der zu versendenden Ware angepasst wird. Statt Standardgrößen zu verwenden, in denen viel „Luft" enthalten ist, können variable Umverpackungen oder Versandkartons verschiedener Größen bereitgestellt werden. Damit entfällt auch die umfangreiche Verwendung von Füllmaterial (z. B. Styroporkugeln). Die Versandmitarbeiter können durch Prämien auf Einsparungen zur Abfallverminderung angehalten werden.
Abfallumwandlung	Alle wieder verwendbaren Materialien im Wareneingangslager, wie Kartonagen, Altpapier, Folien, Glas etc., sind daraufhin zu untersuchen, ob sie durch Abfallumwandlung (Recycling) dem Unternehmen wieder nutzbar gemacht werden können.
Abfallbeseitigung	Der Abfall, der nicht wieder verwertet werden kann, sollte einer Beseitigung zugeführt werden, deren Verfahren die Umwelt möglichst nur gering belasten. Dies gilt z. B. für Kompostierung statt Verbrennung oder Deponierung. Es gilt also, den Müll zu sortieren, bevor er der Beseitigung zugeführt wird. Außerdem spart dies Kosten, denn gemischter Abfall, der zumeist auch als Sondermüll gilt, kostet in der Entsorgung je m^3 mehr als sortierter Abfall.
Einsparung von Energie	Wärmedämmung der Lagerräume, verbrauchsarme Fahrzeuge, Systeme, die gleichzeitig Heizungswärme und Strom erzeugen (Kraft-Wärme-Kopplung), Heizungsanlagen mit einem hohen Wirkungsgrad, Gewinnung von Wind- und Solarenergie
Umweltbeauftragter	Viele Betriebe gehen dazu über, Mitarbeiter als Umweltbeauftragte zu ernennen, die dann die Mitarbeiter schulen und den Entsorgungsmarkt hinsichtlich möglicher Kostensenkungen genau beobachten.

Welche Umweltfaktoren müssen bei der Gestaltung von Arbeitsräumen beachtet werden?

Licht	▶ Die Beleuchtungsstärke sollte zwischen 500 und 1 200 Lux liegen. ▶ Der Raum sollte gleichmäßig ausgeleuchtet sein. Es sollten Leuchtstoffröhren verwendet werden. Leuchtbänder sollten parallel zur Fensterfront angebracht werden und reflexfrei abgeschirmt sein. ▶ Die Beleuchtung muss blendfrei sein und das Licht sollte von links oben auf den Arbeitsplatz fallen.
Geräusche	Im Büro sollte der Schallpegel 55 bis 60 dB nicht überschreiten. Im Lager und Versand sollte ein Schallpegel von 90 bis 95 dB nicht überschritten werden. Der Lärmpegel kann durch Teppichboden, Decken- und Wandverkleidungen, Stellwände, Isolierverglasung usw. verringert werden.
Luft	Die Lufttemperatur sollte 20 bis 22 Grad Celsius und die Luftfeuchtigkeit 40 bis 60 % betragen. Durch Klimaanlagen können diese Werte gehalten werden.
Farben	Grüntöne wirken beruhigend. Sie sind daher für Räume mit Publikumsverkehr geeignet. Große Farbkontraste wirken belebend. Sie sind für Räume geeignet, in denen monotone Arbeiten ausgeführt werden. Helle Farben regen an, grelle Farben machen aggressiv, dunkle Farben wirken bedrückend.

Erläutern Sie die Notwendigkeit, die Verantwortung sowie die Rechtsgrundlagen zur Vermeidung der Gefährdung von Sicherheit und Gesundheit am Arbeitsplatz.

Notwendigkeit des Arbeitsschutzes	Der Arbeitnehmer hat ständig mit technischen Einrichtungen zu tun und ist in Produktionsverfahren eingegliedert, die seine Gesundheit bedrohen können. Dem Schutz vor diesen Gefahren dienen zahlreiche Vorschriften zur Arbeitssicherheit und zum Gesundheitsschutz.
Verantwortung für den Arbeitsschutz	▶ Der **Arbeitgeber** ist dafür verantwortlich, dass die Schutzbestimmungen in seinem Betrieb beachtet werden. Bei Nichteinhaltung der Arbeitsschutzvorschriften durch den Arbeitgeber hat der Arbeitnehmer u. U. ein Recht auf Arbeitsverweigerung. ▶ Jeder **Arbeitnehmer** ist verpflichtet, die Unfallverhütungs- und Sicherheitsvorschriften zu befolgen. ▶ Der **Betriebsrat** hat darüber zu wachen, dass die Unfallverhütungsmaßnahmen durchgeführt werden. Er hat mitzubestimmen über Regelungen zur Verhütung von Arbeitsunfällen und Berufskrankheiten sowie über den Gesundheitsschutz im Rahmen der gesetzlichen Vorschriften.
Rechtsgrundlagen des Arbeitsschutzes	▶ Die **Arbeitsstättenverordnung** legt allgemeine Anforderungen an Betriebsräume und Arbeitsstätten fest hinsichtlich Belüftung, Temperatur, Beleuchtung, Lärm usw. ▶ Das **Arbeitsschutzgesetz** enthält Vorschriften, die geeignet sind, die Sicherheit am Arbeitsplatz zu erhöhen und die medizinische Betreuung im Betrieb sicherzustellen. Zu einzelnen Vorschriften gibt es sogenannte „Arbeitsstättenregeln", die genauere Definitionen und Auslegungen enthalten. Diese werden auch als „Technische Regeln für Arbeitsstätten" bezeichnet und regeln Einzelheiten zu Themen wie: Lüftung, Raumtemperaturen oder Beleuchtung. ▶ Die **Unfallverhütungsvorschriften** der Berufsgenossenschaften beinhalten Verhütungsmaßnahmen zur Vermeidung von Arbeitsunfällen sowie Vorschriften für die Gestaltung von Einrichtungen und erforderliche Anordnungen. Diese Vorschriften sind im Betrieb an sichtbarer Stelle auszuhängen und die Mitarbeiter sind darüber genau zu unterrichten. ▶ Zu den **„allgemein anerkannten Regeln der Technik"** gehören die DIN-Normen des Deutschen Institutes für Normung, die VDE-Bestimmungen des Verbandes deutscher Elektrotechniker sowie die VDI-Richtlinien des Verbandes deutscher Ingenieure.

Welche Maßnahmen muss ein Betrieb vorsehen, um die Sicherheit am Arbeitsplatz zu gewährleisten?

<table>
<tr><td rowspan="1">Technische Maßnahmen</td><td colspan="4">Dazu gehören die Verwendung technischer Geräte mit dem GS- oder CE-Zeichen (= geprüfte Sicherheit), Installation von Schnellstopp-Einrichtungen sowie akustischer und optischer Warnanlagen. Ferner muss der Arbeitgeber dem Arbeitnehmer für die manuelle Handhabung von Lasten (Ziehen, Heben, Schieben, Tragen und Bewegen einer Last) geeignete mechanisierte und maschinisierte Ausrüstungen bereitstellen, z. B. Hubwagen, Laufkran, Gabelstapler.</td></tr>
<tr><td>Organisatorische Maßnahmen</td><td colspan="4">Hierunter sind vor allem Arbeitsanweisungen zu fassen, die die Verwendung von Sicherheitsschuhen, angemessener Kleidung sowie ggf. Atemschutzgeräten beinhalten. Ferner beziehen sich die Anweisungen auf den Umgang mit schweren Lasten.</td></tr>
<tr><td rowspan="2">Sicherheits zeichen</td><td>Warnzeichen</td><td>Gebotszeichen</td><td>Verbotszeichen</td><td>Rettungszeichen</td></tr>
<tr><td></td><td>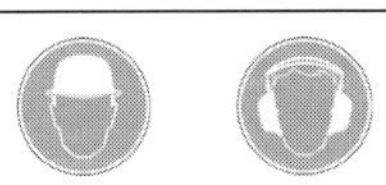</td><td></td><td></td></tr>
<tr><td>Sicherheitsbeauftragter</td><td colspan="4">In Unternehmen mit mehr als 20 Beschäftigten hat der Unternehmer einen oder mehrere Sicherheitsbeauftragte zu bestellen. Dieser hat den Unternehmer bei der Durchführung des Unfallschutzes zu unterstützen, u. a. sich laufend von der ordnungsgemäßen Benutzung der vorgeschriebenen Schutzvorrichtungen zu überzeugen. Der Sicherheitsbeauftragte ist Mitglied des Arbeitsschutzausschusses.</td></tr>
<tr><td>Gewerbeaufsicht</td><td colspan="4">Die Gewerbeaufsicht hat zu überwachen, dass in Betrieben die Schutzvorschriften befolgt werden. Gewerbeaufsichtsbeamte haben das Recht, jederzeit – auch nachts – ohne vorherige Anmeldung die Betriebsanlagen zu kontrollieren; sie können Verbote und Auflagen bezüglich gefährlicher Anlagen erlassen.</td></tr>
<tr><td>Gestaltung von Bildschirmarbeitsplätzen</td><td colspan="4">Für alle Computerarbeitsplätze sind durch eine EU-Richtlinie Mindeststandards zum Gesundheitsschutz für die Gestaltung von Bildschirmarbeitsplätzen einzuhalten. Diese Richtlinie beinhaltet Vorschriften, um die mögliche Gefährdung des Sehvermögens sowie die körperliche und psychische Belastung der Arbeitnehmer am Bildschirm zu vermeiden. Die Arbeitnehmer sind auf diese Belastungen hinzuweisen und ggf. durch eine qualifizierte Person zu unterweisen.</td></tr>
<tr><td>Maßnahmen zum Brandschutz</td><td colspan="4">Die Entstehung von Bränden kann vorbeugend durch Brandschutzmaßnahmen verhindert werden:
▶ Bauliche Einrichtungen sind Brandschutztüren und -wände, Notausgänge und Rettungswege für Mitarbeiter sowie Rauchverbot in gefährdeten Zonen (z. B. Lager).
▶ Brandmeldeanlagen sind an gefährdeten Stellen zu installieren (z. B. automatische Brandmelder).
▶ Feuerlöscheinrichtungen sind dort anzubringen, wo besonders leicht Brände entstehen können oder gefährdete Waren oder Einrichtungen vorhanden sind (z. B. Holzregale, Papier, Benzin etc.). Zu diesen Einrichtungen zählen z. B. Sprinkleranlagen, Handfeuerlöschgeräte und Äxte.
▶ Organisatorische Maßnahmen beinhalten die Unterweisung des Personals im betrieblichen Brandschutz und regelmäßige Brandschutzübungen in gefährdeten Bereichen sowie das Aushängen der Vorschriften und Regeln zur Brandverhütung und Brandbekämpfung.</td></tr>
</table>

Einführung

Auswahl, Aufbau und Aufbereitung der Lerninhalte berücksichtigen den Stoffkatalog der Aufgabenstelle für die kaufmännischen Abschluss- und Zwischenprüfungen (AkA/IHK).

Den neuen Anforderungen entsprechend werden die Bereiche „Kaufmännische Steuerung und Kontrolle, Organisation“ und „Wirtschafts und Sozialkunde“ anhand von geschlossenen Fragestellungen überprüft.

Aus diesem Grund folgt eine systematische Darstellung des Kernwissens auf der linken Seite und auf der rechten Seite finden Sie die geschlossenen Fragen.

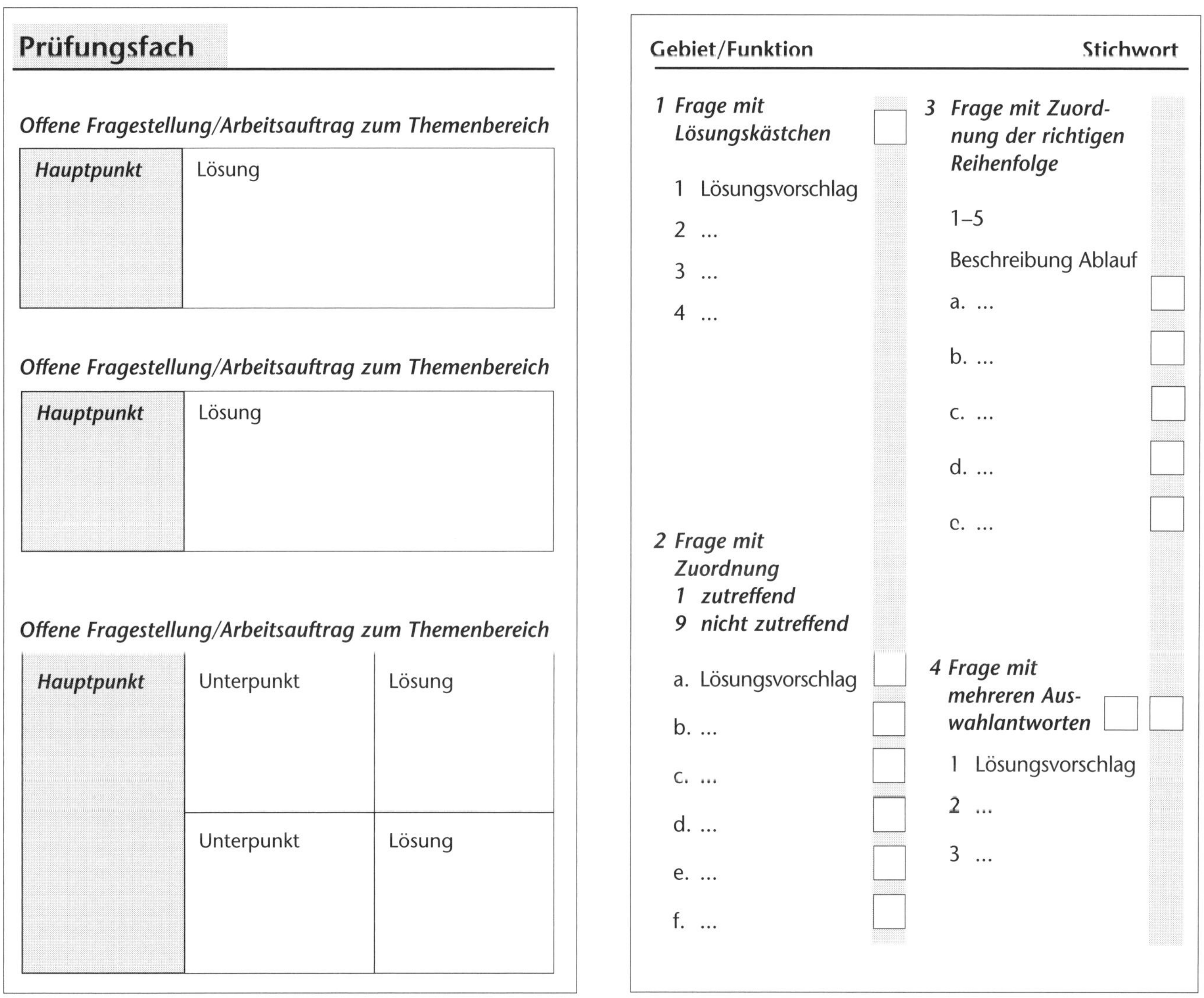

Seitenaufbau Typ III

Doppelseite mit Kernwissen und geschlossenen Fragen

Welches sind die Konten, die in einer Abschlussprüfung häufig vorkommen?

Kontenklasse 0

Anlagevermögen, immaterielle Vermögensgegenstände u. Sachanlagen

05 Grundstücke und Gebäude
050 Unbebaute Grundstücke
051 Bebaute Grundstücke
07 Technische Anlagen und Maschinen
072 Anlagen und Maschinen der mechanischen Materialbearbeitung und -verarbeitung
076 Verpackungsanlagen und - maschinen
077 Sonstige Anlagen u. Maschinen
08 Andere Anlagen, Betriebs- und Geschäftsausstattung
084 Fuhrpark
086 Büromaschinen, Organisationsmittel und Kommunikationsanlagen
089 Sammelposten
0891 Geringwertige Wirtschaftsgüter

Kontenklasse 1

Anlagevermögen, Finanzanlagen

Kontenklasse 2

Umlaufvermögen und aktive Rechnungsabgrenzung

20 Roh-, Hilfs- und Betriebsstoffe
200 Rohstoffe/Fertigungsmaterial
201 Vorprodukte/Fremdbauteile
202 Hilfsstoffe
203 Betriebsstoffe
21 Unfertige Erzeugnisse
210 Unfertige Erzeugnisse
22 Fertige Erzeugnisse und Waren
220 Fertige Erzeugnisse
228 Waren (Handelswaren)
23 Anzahlungen
230 Geleistete Anzahlungen auf Vorräte
24 Forderungen aus Lieferungen und Leistungen
240 Forderungen aus Lieferungen und Leistungen
247 Zweifelhafte Forderungen
26 Sonstige Vermögensgegenstände
260 Vorsteuer
264 Sozialversicherungs-vorauszahlung
265 Forderungen an Mitarbeiter
269 Übrige sonstige Forderungen
28 Flüssige Mittel
280 Guthaben bei Kreditinstituten (Bank)
288 Kasse
29 Aktive Rechnungsabgrenzung
290 Aktive Rechnungsabgrenzung

Kontenklasse 3

Eigenkapital und Rückstellungen

30 Eigenkapital
300 Eigenkapital
3001 Privat(konto)
37 Pensionsrückstellungen
370 Rückstellungen für Pensionen und ähnliche Verpflichtungen
38 Steuerrückstellungen
380 Steuerrückstellungen
39 Sonstige Rückstellungen
391 Sonstige Rückstellungen für Gewährleistung
399 Sonstige Rückstellungen für Aufwendungen

Kontenklasse 4

Verbindlichkeiten und passive Rechnungsabgrenzung

42 Verbindlichkeiten gegenüber Kreditinstituten
420 Kurzfristige Bankverbindlichk.
420 Langfristige Bankverbindlichk.
43 Anzahlungen
430 Erhaltene Anzahlungen auf Bestellungen
44 Verbindlichkeiten aus Lieferungen und Leistungen
440 Verbindlichkeiten aus Lieferungen und Leistungen
48 Sonstige Verbindlichkeiten
480 Umsatzsteuer
483 Sonstige Verbindlichkeiten gegenüber Finanzbehörden
486 Verbindlichk. aus vermögenswirksamen Leistungen
489 Übrige sonstige Verbindlichkeiten
490 Passive Rechnungsabgrenzung

Kontenklasse 5

Umsatzerlöse und sonstige Erträge

50 Umsatzerlöse für eigene Erzeugnisse
500 Umsatzerlöse für eigene Erzeugnisse
5001 Erlösberichtigungen
51 Umsatzerlöse für Handelswaren
510 Umsatzerlöse für Waren
5101 Erlösberichtigungen
52 Erhöhung oder Verminderung des Bestandes an Erzeugnissen
520 Bestandsveränderungen
53 Andere aktivierte Eigenleistungen
530 Aktivierte Eigenleistungen
54 Sonstige betriebliche Erträge
5401 Nebenerlöse aus Vermietung und Verpachtung
541 Sonstige Erlöse (z. B. aus Provisionen/aus dem Abgang von Gegenständen des Anlagevermögens)
542 Entnahme von Gegenständen und sonstigen Leistungen
544 Erträge aus Werterhöhungen von Gegenständen des Anlagevermögens
548 Erträge aus der Herabsetzung von Rückstellungen
549 Periodenfremde Erträge
57 Sonstige Zinsen und ähnliche Erträge
571 Zinserträge
58 Außerordentliche Erträge
580 Außerordentliche Erträge

Kontenklasse 6

Betriebliche Aufwendungen

60 Materialaufwand
600 Aufwendungen für Rohstoffe/Fertigungsmaterial
6001 Bezugskosten (Rohstoffe)
6002 Nachlässe (Rohstoffe)
601 Aufwend. für Vorprodukte
602 Aufwend. für Hilfsstoffe
603 Aufwend. für Betriebsstoffe
605 Aufwend. für Energie
607 Aufwend. für sonstiges Material
608 Aufwendungen für Waren
(Die Konten 601-608 jeweils mit Unterkonten für Bezugskosten und Nachlässe – siehe Rohstoffe)
61 Aufwendungen für bezogene Leistungen
614 Frachten und Fremdlager (incl. Versicherung und anderer Nebenkosten)
615 Vertriebsprovision
616 Fremdinstandhaltung
617 Sonstige Leistungen für bezogene Leistungen
62/64 Personalaufwand
620 Löhne
630 Gehälter einschließlich Zulagen
641 Arbeitgeberanteil zur Sozialversicherung
644 Aufwendungen für Altersversorgung
65/68 Betriebliche Aufwendungen
652 Abschreibungen auf Sachanlagen
654 Abschreibungen auf geringwertige Wirtschaftsgüter
670 Mieten, Pachten
671 Leasing
673 Gebühren
675 Kosten des Geldverkehrs
677 Rechts- u. Beratungskosten
669 Übrige sonstige Personalaufwendungen
680 Büromaterial
682 Post/Telefon
685 Reisekosten
687 Werbung
690 Versicherungsbeiträge
6951 Abschreibungen auf Forderungen wegen Uneinbringlichkeit
696 Verluste aus dem Abgang von Vermögensgegenständen
6979 Anlagenabgänge
698 Zuführungen zu Rückstellung für Gewährleistung
699 Periodenfremde Aufwendungen

Kontenklasse 7

Weitere Aufwendungen

70 Betriebliche Steuern
702 Grundsteuer
703 Kraftfahrzeugsteuer
75 Zinsen und ähnliche Aufwendungen.
751 Zinsaufwendungen
76 Außerordentliche Aufwendg.
760 Außerordentliche Aufwendungen

Kontenklasse 8

Warenverkaufskonten

80 Eröffnung/Abschluss
800 Eröffnungsbilanzkonto (EBK)
801 Schlussbilanzkonto (SBK)
802 Gewinn- und Verlustkonto (GuV)

Kontenklasse 9

Kosten- und Leistungsrechnung

Giro… 1400…	… 480 …	…uszug	550
Sparkasse Bielefeld	UST-ID DE 124011615	…latt	1

Datum	Erläuterungen			Betrag
Kontostand in EUR am 01.09.20.., Auszug Nr. 549		Beleg ①	H	98 730,00 EUR
01.09.	Gutschrift Rg. 3411234 abzügl. 2 % Skonto	Wert: 01.09.20..	H	16 909,90 EUR
Kontostand in EUR am 01.09.20.., 16:00 Uhr			H	115 639,90 EUR
IHR KREDIT	30 000,00 EUR	wwh GmbH, Helene-Weber-Weg 9, 33607 Bielefeld		

H. Muhlmann GmbH
Buch- und Schreibwarenhandlung
Tel. 05224/979797 - Fax 05224/979798
E-Mail: Muhlmann-buch@web.de
Schmandstr. 11 - 32130 Enger
Ust-IdNr. DE 146134578

Beleg ②

Quittung/Rechnung

Datum: **2.5.20..**

Firma: **wwh GmbH, Bielefold**

Büromaterial	**42,84 EUR**

Im Rechnungsbetrag sind *19* % Mehrwertsteuer enthalten.

Betrag bar erhalten am: **2.5.20..**

H. Sperling
H. Muhlmann GmbH

wwh Gmbh
Elektrogroßhandel

wwh GmbH • Helene-Weber-Weg 9 • 33607 Bielefeld

Herbert Möhlmann e.K.
Hamburger Str. 210
38112 Braunschweig

Beleg ③

Helene-Weber-Weg 9
33607 Bielefeld

Tel.: 05207/801022
Fax: 05207/801013
Mobil: 0171/302560
E-Mail: wwh@t-online.de

RECHNUNG
Nr. 1544288–20xx

Rg.Datum:	**21.08.20xx**
Kundennr.:	**56112**
Auftrags-Nr.:	**9065774**
Lieferdatum:	**21.08.20xx**

Posten	Bezeichnung	Einheit	Menge	Preis	Gesamt
1	Ormito Espressomaschine Mod. 650	St.	5	1.100,00 EUR	7 430,00 EUR
2	Sonderrabatt 15%				1 114,50 EUR
3	Versandkosten				280,00 EUR

Nettopreis		6 595,50 EUR
+ MwSt	**19%**	1 253,15 EUR
Gesamtpreis		7 848,65 EUR

Zahlbar innerhalb von 8 Tagen mit 2 % Skonto; 30 Tage netto Kasse

Bankverbindungen
Sparkasse Bielefeld BLZ 48050161 Kto-Nr. 1324565445
Commerzbank Bielefeld BLZ 4805388 Kto-Nr. 5666654511
St-Nr.: 458-4575-6555

Geschätsführerin: Uta Box
Sitz und Registergericht
Bielefeld HR B 1590

Beschreiben Sie die Aufgaben des Rechnungswesens.

Buchführung	Aufgaben	Erfassung ▶ des Vermögens und dessen Veränderungen ▶ der Schulden und deren Veränderungen ▶ der Aufwendungen und Erträge ▶ des Kapitals und dessen Veränderungen
	Grundlagen	▶ interne Belege *Beispiele: Ausgangsrechnungen, Quittungen für Barauszahlungen, Lohn- und Gehaltslisten* ▶ externe Belege *Beispiele: Eingangsrechnungen, Kontoauszüge, Gutschriften von Lieferern*
	Ziel und Zweck	▶ innerbetriebliche Zwecke: Datenspeicher für Kosten- und Leistungsrechnung (Grundlagfür diKalkulation), Statistik und Planung ▶ außerbetriebliche Zwecke: Information, Beweissicherung und Rechenschaftslegung gegenüber Finanzbehörden, Kapitaleignern, Gläubigern
Kosten- und Leistungsrechnung	Aufgaben	▶ Errechnung der Mindestverkaufspreise ▶ Kontrolle der Wirtschaftlichkeit ▶ Bewertung der Lagerbestände
	Grundlage	▶ Zahlen der Buchführung
	Ziel und Zweck	▶ Feststellung der Leistungsfähigkeit des Betriebes ▶ Wirtschaftlichkeitskontrolle
Statistik	Aufgaben	▶ Aufbereitung des Zahlenmaterials aus Buchhaltung und Kostenrechnung – Vergleich verschiedener Geschäftsjahre = innerbetrieblicher Vergleich – Vergleich mit Zahlen anderer Betriebe = außerbetrieblicher Vergleich ▶ Darstellung der Zahlen in übersichtlichen Tabellen und Grafiken
	Grundlagen	▶ Zahlen aus Buchhaltung und Kosten- und Leistungsrechnung ▶ Zahlen von außen (Veröffentlichungen der Verbände, IHK, StatistischeLandes- und Bundesämter usw.)
	Ziel und Zweck	▶ schneller Zugriff auf Zahleninformationen ▶ Basis für zukünftige Entscheidungen und Planungen
Planung	Aufgaben	▶ Schrift prüfen ▶ Grundlage für Entscheidungen, um die Ziel des Betriebes (z. B. Gewinnsteigerung, Umsatzerhöhung) zu erreichen
	Grundlagen	▶ inner- und außerbetriebliche Zahleninformationen aus dem Bereich Statistik ▶ Erwartungen in Bezug auf Kostenentwicklung, allgemeine Wirtschaftslage, Konkurrenz
	Ziel und Zweck	▶ Verminderung von Risiken ▶ Sicherung des Unternehmenserfolges

Wie muss eine ordnungsgemäße Buchführung aussehen?
Welche gesetzlichen Vorschriften bilden dafür die Grundlage?

Abgabenordnung *AO §§ 140, 141, 158, 162 enthält Vorschriften über:*	▶ Buchführungspflicht (steuerrechtlich) besteht für Betriebe mit – einem jährlichen Umsatz von mehr als 500 000,00 EUR oder – einem jährlichen Gewinn von mehr als 50 000,00 EUR ▶ Beweiskraft der Buchführung ▶ Schätzung der Besteuerungsgrundlagen, falls eine ordnungsgemäße Buchführung fehlt
Handelsgesetzbuch *HGB §§ 238 ff. enthält Vorschriften über:*	▶ Buchführungspflicht (handelsrechtlich) für alle im Handelsregister eingetragenen Kaufleute ▶ Bilanzierungsvorschriften für Personengesellschaften und Kapitalgesellschaften (Bilanzrichtliniengesetz)
Grundsätze ordnungsgemäßer Buchführung (GOB) *AO §§ 146, 147 HGB § 239*	▶ Vollständigkeit (alle Geschäftsfälle, lückenlose Inventur) ▶ Richtigkeit ▶ periodengerechte Abgrenzung (Aufwendungen und Erträge müssen den Geschäftsjahren zugerechnet werden, in denen sie verursacht wurden) ▶ zeitgerechte Erfassung (Buchung innerhalb einer angemessenen Zeit) ▶ Klarheit (übersichtliche Organisation, Kontenplan, lebende Sprache, eindeutige Abkürzungen, Eintragungen dürfen nicht unleserlich gemacht werden) ▶ Nachprüfbarkeit (sachkundige Dritte, z. B. Betriebsprüfer, müssen sich zurechtfinden können, Belege müssen vollständig, geordnet, den gesetzlichen Fristen entsprechend aufbewahrt werden) ▶ **Aufbewahrungsfristen** für Inventare, Bilanzen, Gewinn- und Verlustrechnungen, Lageberichte und Buchungsbelege: **zehn Jahre zum Ende des Geschäftsjahres**

1 *Welche der unten aufgeführten Aussagen zu den Aufgaben der Buchführung als Teil des Rechnungswesens in einem Betrieb ist nicht zutreffend?*

1 Die Buchführung hat dafür zu sorgen, dass alle Geschäftsfälle zahlenmäßig erfasst werden.
2 Alle Veränderungen des Vermögens und der Schulden müssen von ihr aufgezeichnet werden.
3 Sie bildet die Grundlage für die Betriebsorganisation.
4 Sie erfasst alle Aufwendungen und Erträge und ermittelt den Erfolg eines Unternehmens.
5 Sie dient als Beweissicherung und Rechenschaftslegung gegenüber Finanzbehörden.

2 *Bei welchem der unten genannten Buchungsbelege handelt es sich um einen internen Beleg (Eigenbeleg)?*

1 Rechnung von Lieferant G. Sticker GmbH, Bielefeld, über einen Schreibtisch
2 Kontoauszug der Sparkasse Herford
3 Gutschriftsanzeige des Lieferanten Wimo AG, Eschersleben
4 Kopie der Ausgangsrechnung an den Kunden Götz GmbH & Co. KG, Oberkirch
5 Quittung über einen Kauf von Büromaterial beim örtlichen Bürohändler

3 *Die zahlenmäßige Erfassung der Geschäftsfälle und die ordnungsgemäße Aufbewahrung durch das Rechnungswesen dient u. a. auch außerbetrieblichen Zwecken. Welche der nachfolgenden Funktionen kennzeichnet einen außerbetrieblichen Zweck?*

1 Beweismittel über eine Forderung an einen Kunden
2 Vergleich der Ausgaben für Versicherungsbeiträge im Vorjahr mit denen des laufenden Geschäftsjahres
3 Grundlage für die Kalkulation des Verkaufspreises
4 Datengrundlage für die Kosten- und Leistungsrechnung
5 Grundlage für die Planung der zukünftigen Budgets

4 *Welche der unten stehenden Aufgaben gehört nicht zu dem Bereich der Kosten- und Leistungsrechnung (KLR)?*

Die KLR ...

1 ... muss genau angeben können, wie hoch die Bargeldentnahmen des Inhabers in einem Abrechnungsmonat waren.
2 ... gibt Auskunft über die Wirtschaftlichkeit eines Unternehmens.
3 ... kalkuliert die Verkaufspreise.
4 ... unterscheidet zwischen fixen und variablen Kostenbestandteilen.
5 ... unterscheidet zwischen betrieblichen und betriebsfremden Aufwendungen und Erträgen.

5 *Welches Gesetz bzw. welche Verordnung enthält Vorschriften über die Buchführungspflicht?*

1 Bürgerliches Gesetzbuch
2 Scheckgesetz
3 Einkommensteuergesetz
4 Strafgesetzbuch
5 Handelsgesetzbuch

6 *Welcher der folgenden Teilbereiche gehört nicht zum Rechnungswesen?*

1 Kostenrechnung
2 Buchführung
3 Planung
4 Lagerbestandsführung
5 Wareneingangskontrolle

7 *Die Elektrohandel W. Stromme GmbH, Berghausen, ist Kaufmann laut Handelsgesetzbuch. Sie hatte im abgeschlossenen Geschäftsjahr einen Umsatz von 390 000,00 EUR und einen Gewinn von 55 000,00 EUR. Welche der folgenden Aussagen trifft für die steuerliche Pflicht zur Buchführung zu?*

1 Stromme ist nicht buchführungspflichtig, weil Unternehmen in Form einer GmbH von der Abgabenordnung (AO) nicht erfasst werden.
2 Stromme ist nach der AO buchführungspflichtig, weil die Gewinngrenze erreicht ist.
3 Stromme ist nicht buchführungspflichtig, weil sein Umsatz die in der AO vorgesehene Höhe überschreitet.
4 Stromme ist buchführungspflichtig, weil Personengesellschaften immer unter die Regelungen der AO fallen.

8 *Welche der folgenden Aussagen trifft nicht zu?*

Eine Buchführung entspricht den Grundsätzen der Ordnungsgemäßheit, wenn ...

1 ... am Geschäftsjahresende eine Inventur gemacht wird.
2 ... alle Belege mindestens 8 Jahre aufbewahrt werden.
3 ... sie nach einem Kontenrahmen geordnet ist.
4 ... sie den gesetzlichen Vorschriften entspricht und jederzeit einen Überblick über die Geschäftsfälle, die Vermögens-, Finanz- und Erfolgslage eines Unternehmens geben kann.
5 ... ein Kontenplan verwendet wird.

9 *Bis zu welchem Datum muss eine Rechnung, die das Rechnungsdatum 15.09.2012 trägt, aufbewahrt werden?* __ __ . __ __ . __ __ __ __

Was ist eine Inventur? Welche Arten von Inventuren gibt es?

Rechtliche Grundlage	Nach HGB § 240 und AO §§ 140, 141 ist der Kaufmann verpflichtet, ▶ bei Gründung bzw. Übernahme, ▶ bei Auflösung oder Veräußerung eines Unternehmens, ▶ am Schluss eines jedes Geschäftsjahres alle Vermögensteile und Schulden einzeln mengenmäßig zu erfassen (zählen, messen, wiegen) und zu bewerten. Diesen Vorgang nennt man „Inventur".	
Stichtagsinventur	Bestandsaufnahme am Bilanzstichtag oder zeitnah innerhalb von 10 Tagen vor- bzw. nachher. Der Bilanzstichtag ist in der Regel der 31.12., es ist jedoch auch ein anderer Termin möglich, wenn das Geschäftsjahr vom Kalenderjahr abweicht.	
verlegte Inventur	Bestandsaufnahme innerhalb von 3 Monaten vor bzw. 2 Monaten nach Bilanzstichtag	
	Wertfortschreibung (Inventur vor dem Bilanzstichtag) Wert am Inventurtag + Zugänge bis Bilanzstichtag – Abgänge bis Bilanzstichtag	**Wertrückrechnung** (Inventur nach dem Bilanzstichtag) Wert am Inventurtag – Zugänge ab Bilanzstichtag + Abgänge ab Bilanzstichtag
permanente Inventur	Fortlaufende Erfassung der Bestände, z. B. aufgrund der Buchungen von Zu- und Abgängen in einem Warenwirtschaftssystem Für jede Lagerposition ist mindestens einmal jährlich eine körperliche Bestandsaufnahme zum Vergleich des tatsächlichen Bestandes (Istbestand) mit dem Buchbestand (Sollbestand) durchzuführen. Bei Differenzen erfolgt eine Korrektur des Buchbestandes.	
Stichprobeninventur	Vereinfachung der Bestandsaufnahme durch mathematisch-statistische Messmethoden *Beispiel: Wiegen eines Kartons mit Kleinstteilen: gewogen wird eine bestimmte Anzahl, anschließend erfolgt eine Hochrechnung auf den Gesamtinhalt.* **Die Stichprobeninventur ist keine Inventurart, sondern eine Technik der Bestandsaufnahme, die bei den oben genannten Inventurarten angewendet werden kann.**	

Wie wird eine Inventur durchgeführt?

Ablauf	▶ Ernennung eines Inventurleiters; dieser legt u. a. fest: Termin, Inventurbereiche, personelle Besetzung, Hilfsmittel (Vordrucke, Scanner etc.) ▶ körperliche Erfassung der Vermögensteile (zählen, messen, wiegen) = **körperliche Inventur** ▶ buchmäßige Erfassung der Vermögensteile und Schulden (Beispiel: Kontostand auf dem Geschäftskonto) = **Buchinventur** ▶ Erstellen von Inventurlisten mit Angaben wie z. B. Abteilung/Lagerort/Fach, Bezeichnung des Gegenstandes, Menge (Zahl, Maß oder Gewicht), Wert pro Einheit, Gesamtwert, Kontrollvermerk

Was ist ein Inventar? Wie ist es gegliedert?

Begriff	Das **Inventar** ist ein aufgrund der Inventur erstelltes Bestandsverzeichnis, in dem ausführlich alle Vermögensteile und Schulden eines Unternehmens zu einem bestimmten Zeitpunkt nach Art, Menge und Wert aufgeführt sind. Es ist in 3 Teile (A, B, C) gegliedert.	
A. Vermögen	**I. Anlagevermögen** (Vermögensteile, die dem Unternehmen langfristig dienen) **II. Umlaufvermögen** (Vermögensteile, deren Bestand ständig verändert wird und die kurzfristig im Unternehmen bleiben)	Ordnung des Vermögens nach steigender Liquidität, d. h. nach dem Grad, wie es in flüssige Mittel umgewandelt werden kann (z. B. an erster Stelle die Grundstücke, an letzter Stelle der Kassenbestand)
B. Schulden	**I. Langfristige Schulden** (Laufzeit von mindestens fünf Jahren) **II. Kurzfristige Schulden** (Laufzeit bis zu fünf Jahre)	Ordnung der Schulden nach ihrer Fälligkeit, d. h. wie lange sie als Fremdkapital zur Verfügung stehen (z. B. an erster Stelle Hypothekenschulden, an letzter Stelle Verbindlichkeiten aus Lieferungen und Leistungen)
C. Ermittlung des Eigenkapitals (Reinvermögen)	**Summe des Vermögens** – **Summe der Schulden** = **Eigenkapital**	

1 Welche der folgenden Aussagen zur Inventur trifft nicht zu?

Die Inventur ...
1 ... ist die Bestandsaufnahme zum Schluss des Geschäftsjahres.
2 ... ist ein Bestandsverzeichnis aller Vermögensteile und Schulden.
3 ... muss bei der Gründung eines Unternehmens durchgeführt werden.
4 ... ist die mengen- und wertmäßige Bestandsaufnahme aller Vermögensteile und Schulden zu einem bestimmten Zeitpunkt.
5 ... kann aus organisatorischen Gründen auf mehrere Tage verteilt werden.

2 Ordnen Sie zu, indem Sie die Kennziffer von drei der insgesamt sieben Erläuterungen in das Kästchen neben den dazugehörigen Inventurverfahren eintragen.

Erläuterungen:
1 Eine Inventur, die nur in dem Zeitraum von 3 Monaten vor oder von zwei Monaten nach dem Bilanzstichtag erfolgen kann.
2 Eine Inventur, die an einem vom Finanzamt festgelegten Tag zu erfolgen hat.
3 Die Zu- und Abgänge werden ständig in einer Datei/Kartei aufgezeichnet; mindestens einmal im Geschäftsjahr, zu einem beliebigen Zeitpunkt, erfolgt die körperliche Bestandsaufnahme.
4 Die Inventur erfolgt zum Abschluss des Geschäftsjahres zeitnah zum Bilanzstichtag (innerhalb von 10 Tagen vorher bis 10 Tage nachher).
5 Die Inventur wird vom Ende des Geschäftsjahres 1 auf die Mitte des Geschäftsjahres 2 verlegt.
6 Bei einer Bestandsaufnahme werden durch mathematischstatistische Methoden die tatsächlichen Bestände errechnet.
7 Die Bestandsaufnahme erfolgt drei Monate nach dem Bilanzstichtag.

Inventurverfahren:
a. Stichtagsinventur
b. verlegte Inventur
c. permanente Inventur

3 Bei welcher der unten aufgeführten Bilanzpositionen handelt es sich um Teile des Anlagevermögens?

1 Forderungen an Kunden
2 Verbindlichkeiten aus Lieferungen und Leistungen
3 Rohstoffe
4 Umsatzsteuer-Zahllast
5 Geschäftsausstattung.

4 Welche der folgenden Schulden sind den langfristigen Verbindlichkeiten zuzurechnen?

1 Verbindlichkeiten aus Lieferungen und Leistungen
2 Umsatzsteuer-Zahllast
3 Sozialversicherungsvorauszahlung
4 Sonstige Verbindlichkeiten gegenüber Finanzbehörden
5 Pensionsrückstellungen

5 Ordnen Sie die folgenden Vermögensteile mit den laufenden Nummern 1 bis 6 nach dem Grad ihrer Liquidität.

1 = niedrigste Liquidität
6 = größte Liquidität

a. Rohstoffe
b. Forderungen an Kunden
c. Geschäftsausstattung
d. Fuhrpark
e. bebaute Grundstücke
f. Guthaben bei Kreditinstituten

6 Welche der folgenden Aussagen zur permanenten Inventur ist richtig?

1 Diese Inventur besteht aus einer fortlaufenden Erfassung der Bestände aufgrund der Eintragungen von Zu- und Abgängen. Einmal im Jahr wird an einem beliebigen Tag der gesamte Bestand auf seine Übereinstimmung zwischen Soll- und Istbestand hin überprüft.
2 Diese Inventur besteht aus einer fortlaufenden Erfassung der Bestände aufgrund der Eintragungen von Zu- und Abgängen. Mindestens einmal im Jahr ist jede einzelne Position auf die Übereinstimmung zwischen Soll- und Istbestand hin zu überprüfen. Das hat den Vorteil, dass die eigentliche Tätigkeit der Inventur gleichmäßig über das Jahr verteilt wird.
3 Diese Inventur besteht aus einer fortlaufenden Erfassung der Bestände aufgrund der Eintragungen von Zu- und Abgängen. Anlässlich der jährlich einmal durchzuführenden Stichtagsinventur werden die Soll- und Istbestände miteinander verglichen. Die Sollbestände werden korrigiert und der Betrieb kann das ganze Jahr hindurch mit den aktuellen Zahlen arbeiten.
4 Diese Inventur besteht aus einer fortlaufenden Erfassung der Bestände aufgrund der Eintragungen von Zu- und Abgängen. Der Abgleich der Soll- und der Istbestände findet immer dann statt, wenn ein Artikel den Meldebestand unterschritten hat.
5 Bei der permanenten Inventur muss der Inventurleiter permanent alle Mitarbeiter kontrollieren.

7 Welches ist der Zeitraum, in dem die verlegte Inventur stattfinden kann?

1 01.09. des laufenden Jahres bis 28.02. (bzw. 29.02.) des folgenden Jahres
2 01.10. des laufenden Jahres bis 28.02. (bzw. 29.02.) des folgenden Jahres
3 01.10. des laufenden Jahres bis 31.03. des folgenden Jahres
4 01.11. des laufenden Jahres bis 28.02. (bzw. 29.02.) des folgenden Jahres
5 01.11. des laufenden Jahres bis 31.03. des folgenden Jahres

Wie lässt sich durch Eigenkapitalvergleich der Erfolg (Gewinn oder Verlust) eines Unternehmens ermitteln?

Erfolgsermittlung durch Vergleich der Inventare	Eigenkapital am Ende des Geschäftsjahres – Eigenkapital am Anfang des Geschäftsjahres ——— = **Kapitalmehrung (+) oder Kapitalminderung (–)** + Privatentnahmen – Privateinlagen ——— = Gewinn (+) oder Verlust (–) ═══	▶ Ist das Eigenkapital am Ende des Jahres größer als am Anfang des Jahres, hat das Unternehmen einen Gewinn erzielt (= Kapitalmehrung). ▶ Dieser Gewinn muss noch um die Privatentnahmen (vorweg entnommener Gewinn) und um die Privateinlagen (Kapitalteile, die von außen dem Unternehmen zugeführt wurden) bereinigt werden. ▶ Entsprechendes gilt für einen Verlust (= Kapitalminderung).

Was versteht man unter einer Bilanz? Wie ist die Bilanz gegliedert?

Begriff	Das Handelsgesetzbuch (HGB) sieht vor, dass zu dem ausführlichen Inventar eine kurz gefasste Darstellung des Vermögens und der Schulden erstellt wird. Die Bilanz (italienisch: bilancia = Waage) wird in Kontenform dargestellt. Beide Seiten (Aktiva bzw. Aktivseite und Passiva bzw. Passivseite) müssen wertmäßig gleich groß sein. Die Aktivseite ist nach steigender Liquidität (= Flüssigkeit), die Passivseite nach abnehmender Fälligkeit geordnet.
Beispiel für eine Bilanz	(siehe Bilanz unten)
Grafische Darstellung	(siehe Grafik unten)

Aktiva — BILANZ zum 31.12. .. — Passiva

Aktiva		Passiva	
I. Anlagevermögen		I. Eigenkapital	250 000,00
1. Bebaute Grundstücke	320 000,00		
2. Fuhrpark	48 000,00	II. Fremdkapital	
3. Geschäftsausstattung	39 400,00	1. Langfristige Bankverbindlichkeiten	284 000,00
II. Umlaufvermögen			
1. Vorräte	192 000,00	2. Kurzfristige Bankverbindlichkeiten	53 000,00
2. Forderungen	26 000,00		
3. Bankguthaben	89 000,00	3. Verbindlichkeiten aus Lieferungen und Leistungen	137 800,00
4. Kasse	1 400,00		
Bilanzsumme	724 800,00	Bilanzsumme	724 800,00

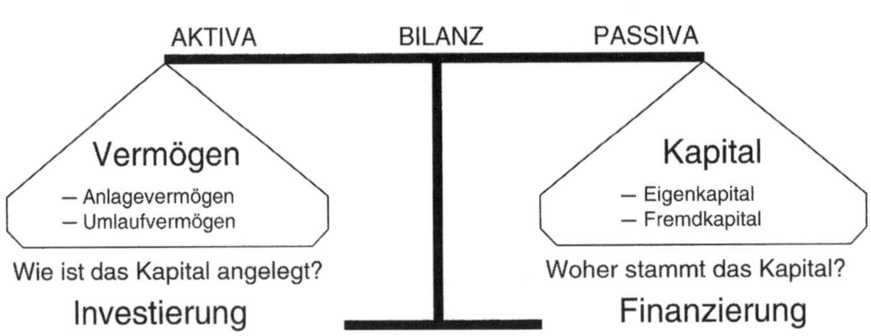

Unterscheiden Sie Inventur, Inventar und Bilanz.

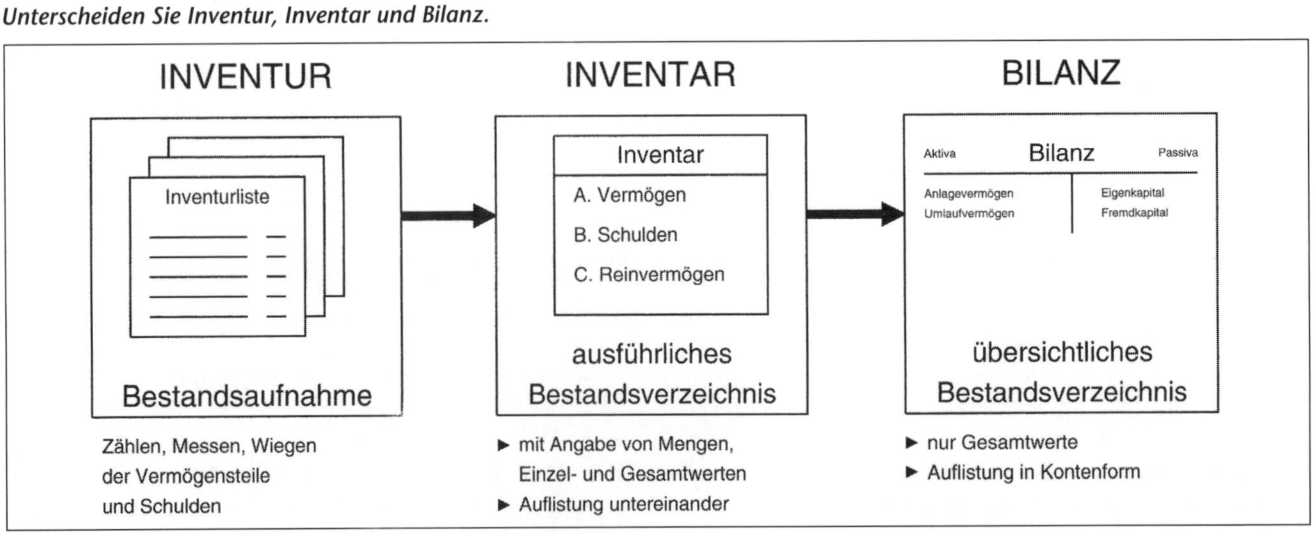

1 Welche der folgenden Aussagen zur Bilanz trifft zu?

1 Die Bilanz ist der Geschäftsbericht eines Unternehmens.

2 Die Bilanz ist eine Gegenüberstellung des Vermögens und der Schulden eines Unternehmens.

3 Die Bilanz ist eine kurz gefasste, kontenmäßige Gegenüberstellung der Vermögensformen und der Vermögensquellen eines Unternehmens.

4 Die Bilanz ermöglicht aufgrund ihrer detaillierten Darstellung einen jederzeitigen Einblick in die Vermögens- und Ertragslage eines Unternehmens. Deshalb ist sie auch gesetzlich vorgeschrieben.

5 Die Bilanz muss laut Handelsgesetzbuch jedes halbe Jahr neu erstellt werden.

2 Welche der unten genannten Gleichungen zur Bilanz sind nicht zutreffend?

1 Anlagevermögen + Umlaufvermögen = Eigenkapital

2 Bilanzsumme – Eigenkapital = Fremdkapital

3 Bilanzsumme Aktiva = Bilanzsumme Passiva

4 Anlagevermögen – Umlaufvermögen = Eigenkapital – Fremdkapital

5 Bilanzsumme Aktiva – Anlagevermögen = Umlaufvermögen

3 Welcher Erfolg (Gewinn oder Verlust) ergibt sich bei folgenden Daten eines Unternehmens?

Vermögensteile und Schulden am Ende des Geschäftsjahres:

Anlagevermögen	400 000,00 EUR
Umlaufvermögen	150 000,00 EUR
Fremdkapital	100 000,00 EUR
Eigenkapital am Anfang des Geschäftsjahres	480 000,00 EUR

4 Welche der unten stehende Aussagen trifft sowohl auf den Begriff „Inventar" als auch auf den Begriff „Bilanz" zu?

1 Es besteht aus drei Teilen (A. Vermögen, B. Schulden, C. Reinvermögen).

2 Es ist eine Bestandsaufnahme aller Vermögensteile und Schulden eines Unternehmens zu einem Zeitpunkt.

3 Das Vermögen wird in Anlage- und Umlaufvermögen gegliedert, wobei die Vermögensposten nach steigender Flüssigkeit geordnet werden.

4 Auf der Aktivseite ist das Anlagevermögen und das Eigenkapital aufgeführt und auf der Passivseite das Umlaufvermögen und das Fremdkapital.

5 Es ist eine kurz gefasste, überschaubare Darstellung des Vermögens und des Kapitals.

5 Ihnen liegen die folgenden Bilanzwerte eines Unternehmens vor:

Bebaute Grundstücke	*200 000,00 EUR*
Betriebs- und Geschäftsausstattung	*100 000,00 EUR*
Fuhrpark	*60 000,00 EUR*
Darlehensschulden	*90 000,00 EUR*
Forderungen an Kunden	*50 000,00 EUR*
Vorräte	*80 000,00 EUR*
Kasse	*10 000,00 EUR*
Verbindlichkeiten	*20 000,00 EUR*

Stellen Sie fest:

a. Höhe des Eigenkapitals

b. Summe der flüssigen Mittel

c. Höhe des Fremdkapitals

d. Höhe des Umlaufvermögens

e. Höhe des Anlagevermögens

f. Höhe des Gesamtkapitals

6 Ermitteln Sie aufgrund der nachstehenden Daten den Erfolg durch Eigenkapitalvergleich.

Eigenkapital am Anfang des Geschäftsjahres	350 000,00 EUR
Eigenkapital am Ende des Geschäftsjahres	380 000,00 EUR
Entnahmen des Inhabers	40 000,00 EUR
Privateinlagen	50 000,00 EUR

7 Über ein Unternehmen liegen Ihnen folgende Zahlen vor:

Zusammengefasste Bilanz am Anfang des Geschäftsjahres:

Anlagevermögen	*240 000,00 EUR*
Umlaufvermögen	*450 000,00 EUR*
Fremdkapital	*360 000,00 EUR*

Für die Bilanz am Ende des Geschäftsjahres sind folgende Sachverhalte festzustellen:

- *Die Darlehensschulden haben sich um 40 000,00 EUR verringert.*
- *Das Anlagevermögen ist aufgrund der Anschaffung einer Computeranlage um 20 000,00 EUR angewachsen.*
- *Das Eigenkapital hat sich auf 420 000,00 EUR erhöht.*
- *Der Inhaber hat im laufenden Jahr Entnahmen für seinen Privathaushalt in Höhe von 60 000,00 EUR getätigt.*

Beantworten Sie unter Berücksichtigung der genannten Zahlen die folgenden Fragen:

a. Wie viel Euro betrug das Eigenkapital zu Beginn des Geschäftsjahres?

b. Wie viel Euro beträgt die Kapitalmehrung/Kapitalminderung im laufenden Jahr?

c. Wie viel Euro betrug der Gewinn des Unternehmens im laufenden Jahr?

Wie wirken sich Geschäftsfälle auf die Bilanz aus?

Geschäftsfall / *Fragen:*	**Bareinzahlung auf das Bankkonto**		**Umwandlung einer Liefererschuld in eine Darlehensschuld**		**Kauf eines Personalcomputers auf Ziel**		**Zahlung einer Liefererrechnung durch Banküberweisung**	
1. Welche Positionen werden berührt?	Bank	Kasse	Verbindlichkeiten	Darlehen	Geschäftsausstat	Verbindlichkeiten	Bank	Verbindlichkeiten
2. Auf welcher Seite der Bilanz befinden sich die Posten?	Aktiva	Aktiva	Passiva	Passiva	Aktiva	Passiva	Aktiva	Passiva
3. Wie verändert sich der Wert des Bilanzpostens?	Mehrung	Minderung	Minderung	Mehrung	Mehrung	Mehrung	Minderung	Minderung
4. Wie beschreibt man die Bilanzveränderung?	Tauschvorgang auf der Aktivseite – Bilanzsumme bleibt gleich		Tauschvorgang auf der Passivseite – Bilanzsumme bleibt gleich		Mehrung auf der Aktivseite und auf der Passivseite – Bilanzsumme erhöht sich		Minderung auf der Aktivseite und auf der Passivseite – Bilanzsumme vermindert sich	
	Aktivtausch		**Passivtausch**		**Aktiv-Passiv-Mehrung**		**Aktiv-Passiv-Minderung**	

In welche Art von Konten wird die Bilanz aufgelöst? Wie wird auf diesen Konten gebucht?

Einrichten der Bestandskonten

- Die Bilanz entspricht einer Waage. Der Wert der Aktivseite stimmt immer mit dem Wert der Passivseite überein.
- Jeder Geschäftsvorgang berührt immer mindestens zwei Posten in der Bilanz. Das Gleichgewicht wird dadurch niemals gestört.
- Da es zu umständlich wäre, nach jedem Geschäftsvorgang die Bilanz neu zu gestalten, wird für jeden Bilanzposten ein Konto eingerichtet.
- Die Bilanz zeigt die Bestände der einzelnen Bilanzposten an, daher bezeichnet man diese Konten als Bestandskonten.

Arten von Bestandskonten

Aktivkonten

Für alle Posten der Aktivseite der Bilanz wird ein eigenes Konto eingerichtet. Auf diesen Konten wird wie folgt gebucht:

Soll (S)	**Aktivkonto** Haben (H)
Anfangsbestand Mehrungen	Minderungen Schlussbestand (Saldo)

Passivkonten

Für alle Posten der Passivseite der Bilanz wird ein eigenes Konto eingerichtet. Auf diesen Konten wird wie folgt gebucht:

Soll (S)	**Passivkonto** Haben (H)
Minderungen Schlussbestand (Saldo)	Anfangsbestand Mehrungen

Wie bildet man aus einem Geschäftsfall einen Buchungssatz?

Buchungssatz

- Für jeden Geschäftsfall (mit entsprechendem Beleg) wird ein Buchungssatz gebildet.
- Grundlage hierfür ist das o. a. Buchungsschema zu den Bestandskonten.
- Zuerst erfolgt die Nennung des Kontos, auf dem die Sollbuchung erfolgt, dann die Nennung des Kontos, auf dem die Habenbuchung erfolgt: **Soll** an **Haben.**
- Die Buchungssätze werden im **Grundbuch** eingetragen.

Geschäftsfälle (siehe auch oben)

1. Bareinzahlung auf unser Bankkonto: 5 000,00 EUR	Kasse: Aktivkonto/Minderung Bank: Aktivkonto/Mehrung	→ **Haben** → **Soll**
2. Umwandlung einer Liefererschuld in eine Darlehensschuld: 37 000,00 EUR	Verbindlichkeiten: Passivkonto/Minderung Darlehen: Passivkonto/Mehrung	→ **Soll** → **Haben**
3. Kauf eines Personalcomputers auf Ziel: 13 000,00 EUR	Geschäftsausstattung: Aktivkonto/Mehrung Verbindlichkeiten: Passivkonto/Mehrung	→ **Soll** → **Haben**
4. Zahlung einer Liefererrechnung durch Banküberweisung: 8 000,00 EUR	Bank: Aktivkonto/Minderung Verbindlichkeiten: Passivkonto/Minderung	→ **Haben** → **Soll**

Grundbuch

Nr.	Soll		an	Haben	
1	Bank	5 000,00		Kasse	5 000,00
2	Verbindlichkeiten	37 000,00		Darlehen	37 000,00
3	Geschäftsausstattung	13 000,00		Verbindlichkeiten	13 000,00
4	Verbindlichkeiten	8 000,00		Bank	8 000,00

1 Aus welchem Grund wird die Bilanz in Konten aufgelöst?

1 Weil das Bürgerliche Gesetzbuch (BGB) die Aufteilung in Konten vorschreibt.
2 Weil die Konten die Bilanz erläutern sollen.
3 Weil es die Steuergesetze vorschreiben.
4 Weil die Konten eine übersichtliche Einzelabrechnung jeder Bilanzposition ermöglichen.
5 Weil Kreditgeber diese Form der Übersicht als Grundlage für Kreditvergaben nutzen.

2 Bei welchen der folgenden Kontenaufzählungen handelt es sich ausschließlich um eine Aufzählung von Aktivkonten?

1 Forderungen aus L. u. L., Verbindlichkeiten aus L. u. L., Kasse, Guthaben bei Kreditinstituten
2 Darlehensschulden, Geschäftsausstattung, Guthaben bei Kreditinstituten
3 Unbebaute Grundstücke, Kasse, Forderungen aus L. u. L.
4 Verbindlichkeiten gegenüber Finanzbehörden, Eigenkapital, Bebaute Grundstücke
5 Eigenkapital, Guthaben bei Kreditinstituten,Kasse

3 Die Banküberweisung eines Kunden wurde irrtümlich mit „Forderungen an Guthaben bei Kreditinstituten" gebucht.

Wie wirkt sich die Falschbuchung aus?

1 Durch den Irrtum ist der Saldo des Kontos Forderungen zu niedrig.
2 Der Saldo des Kontos Verbindlichkeiten ist zu niedrig.
3 Die Bilanzsumme ist zu groß.
4 Die Bilanzsumme ist zu niedrig.
5 Der Irrtum hat auf die Bilanzsumme keinen Einfluss.

4 Stellen Sie fest, bei welchem der unten stehenden Geschäftsfälle es sich um eine Aktiv-Passiv-Mehrung handelt?

1 Bareinzahlung auf das Bankkonto
2 Ausgleich einer Liefererrechnung durch Banküberweisung
3 Tilgung einer Darlehensschuld durch Überweisung vom Bankkonto
4 Kauf eines Firmenfahrzeugs auf Ziel
5 Umwandlung einer Lieferverbindlichkeit in eine Darlehensschuld

5 In welchem der unten aufgeführten Buchungssätze handelt es sich um einen Aktivtausch?

1 Kasse an Verbindlichkeiten aus L. u. L.
2 Forderungen aus L. u. L. an Fuhrpark
3 Verbindlichkeiten aus L. u. L. an Darlehensschulden
4 Darlehensschulden an Guthaben bei Kreditinstituten
5 Fuhrpark an Verbindlichkeiten aus L. u. L.

6 Bei welchem der folgenden Geschäftsfälle wird die Bilanzsumme vermindert?

1 Zahlung einer Verbindlichkeit per Banküberweisung
2 Kauf einer Telefonanlage auf Ziel
3 Unser Kunde begleicht eine Rechnung durch Banküberweisung.
4 Verkauf eines gebrauchten Schreibtisches aus der Abteilung Rechnungswesen bar
5 Der irrtümlich gebuchte Buchungssatz „Forderungen an Bank" wird storniert.

7 Welche der folgenden Aussagen trifft nur auf aktive Bestandskonten zu?

1 Minderungen werden im Soll gebucht.
2 Der Anfangsbestand wird im Soll gebucht.
3 Die Mehrungen werden auf diesen Konten auf der gleichen Seite wie der Anfangsbestand gebucht.
4 Der Saldo wird nach Abschluss des Kontos auf der wertmäßig kleineren Seite gebucht.
5 Es handelt sich um Konten, die im Hauptbuch geführt werden.

8 Welcher der folgenden Buchungssätze trifft auf den Geschäftsfall „Ausgleich einer Liefererrechnung (auf Ziel) durch Banküberweisung" zu?

1	Forderungen aus L. u. L.	an	Guthaben bei Kreditinstituten
2	Verbindlichkeiten aus L. u. L.	an	Guthaben bei Kreditinstituten
3	Guthaben bei Kreditinstituten	an	Forderungen aus L. u. L.
4	Guthaben bei Kreditinstituten	an	Verbindlichkeiten aus L. u. L.
5	Rohstoffe	an	Guthaben bei Kreditinstituten

9 Welcher der folgenden Buchungssätze trifft auf den Geschäftsfall „Kauf eines gebrauchten Firmenfahrzeuges, bar" zu?

1	Kasse	an	Fuhrpark
2	Kasse	an	Verbindlichkeiten aus L. u. L.
3	Fuhrpark	an	Kasse
4	Verbindlichkeiten aus L. u. L.	an	Kasse
5	Geschäftsausstattung	an	Kasse

10 Welches der folgenden Konten ist kein passives Bestandskonto?

1 Verbindlichkeiten aus L. u. L.
2 Eigenkapital
3 Darlehensschulden
4 Hypothekenschulden
5 Forderungen aus L. u. L.

Was sind Erfolgskonten? Welche Arten unterscheidet man? Wie wird auf ihnen gebucht?

Begriff	Das Ziel eines erwerbswirtschaftlichen Betriebes ist die Gewinnmaximierung. Geschäftsfälle, die den betrieblichen Erfolg beeinflussen, werden auf Erfolgskonten festgehalten. Erträge (z. B. Verkaufserlöse) vermehren das Eigenkapital, Aufwendungen (z. B. Lohn- und Gehaltszahlungen für die Arbeitnehmer) vermindern das Eigenkapital. Aufwands- und Ertragskonten (Erfolgskonten) sind Unterkonten des Eigenkapitalkontos.

Erfolgskonten

Aufwandskonten	**Ertragskonten**
Aufwendungen → Minderung des Eigenkapitals → Buchung im **SOLL** auf dem jeweiligen Aufwandskonto	Erträge → Mehrung des Eigenkapitals → Buchung im **HABEN** auf dem jeweiligen Ertragskonto
Beispiele: ▶ Aufwendungen für Rohstoffe ▶ Zinsaufwendungen ▶ Löhne und Gehälter ▶ Abschreibungen ▶ Werbe- und Reisekosten ▶ Verpackungsmaterial ▶ Versicherungsbeiträge	*Beispiele:* ▶ Umsatzerlöse für eigene Erzeugnisse ▶ Umsatzerlöse für Handelswaren ▶ Provisionserträge ▶ Zinserträge ▶ Nebenerlöse aus Vermietung und Verpachtung ▶ Erträge aus dem Verkauf von Vermögensgegenständen

Geschäftsfälle

1. Zahlung der Gehälter per Banküberweisung: 30 000,00 EUR
2. Zahlung von Versicherungsbeiträgen bar: 6 000,00 EUR
3. Verkauf von eigenen Erzeugnissen per Banküberweisung: 80 000,00 EUR
4. Gutschrift der Bank für Zinsen: 2 000,00 EUR

Grundbuch

Nr.	Soll		an	Haben	
1	Gehälter	30 000,00		Guthaben bei Kreditinstituten	30 000,00
2	Versicherungsbeiträge	6 000,00		Kasse	6 000,00
3	Guthaben bei Kreditinstituten	80 000,00		Umsatzerlöse	80 000,00
4	Guthaben bei Kreditinstituten	2 000,00		Zinserträge	2 000,00

Wie schließt man die Erfolgskonten ab?

Abschluss Erfolgskonten

Die Erfolgskonten werden über das Konto **Gewinn- und Verlust (GuV-Konto)** abgeschlossen. Da die Salden der Aufwandskonten immer im Haben und die Salden der Erfolgskonten immer im Soll stehen, gilt:

GuV an Aufwandskonten
Ertragskonten an GuV

Geschäftsfälle (Fortsetzung von oben)

5. Abschluss Konto Gehälter
6. Abschluss Konto Versicherungsbeiträge
7. Abschluss Konto Umsatzerlöse
8. Abschluss Konto Zinserträge

Grundbuch

Nr.	Soll		an	Haben	
5	GuV-Konto	30 000,00		Gehälter	30 000,00
6	GuV-Konto	6 000,00		Versicherungsbeiträge	6 000,00
7	Umsatzerlöse	80 000,00		GuV-Konto	80 000,00
8	Zinserträge	2 000,00		GuV-Konto	2 000,00

Hauptbuch

S	Gehälter (Aufwandskonto)		H
(1)	**30 000,00**	(5) Saldo	30 000,00

S	Umsatzerlöse (Ertragskonto)		H
(7) Saldo	80 000,00	(3)	**80 000,00**

S	Versicherungsbeiträge (Aufwandskonto)		H
(2)	**6 000,00**	(6) Saldo	6 000,00

S	Zinserträge (Ertragskonto)		H
(8) Saldo	2 000,00	(4)	**2 000,00**

S	**Gewinn- und Verlustkonto (GuV)**		H
(5) Gehälter	30 000,00	(7) Umsatzerlöse	80 000,00
(6) Versicherungsbeiträge	6 000,00	(8) Zinserträge	2 000,00

1 Welche der unten stehenden Aussagen trifft nicht zu?

1 Erfolgskonten sind Unterkonten des Kontos Eigenkapital.
2 Erfolgskonten unterteilt man in Aufwands- und Ertragskonten.
3 Das Gewinn- und Verlustkonto ist das Sammelkonto für die Erfolgskonten.
4 Alle Aufwendungen werden grundsätzlich im Soll gebucht.
5 Auf Erfolgskonten werden ausschließlich Geschäftsfälle gebucht, die den Erfolg des Unternehmens mehren.

2 Prüfen Sie die unten stehenden Geschäftsfälle und entscheiden Sie, in welchem Fall eine Habenbuchung auf einem Ertragskonto erfolgt.

1 Zahlung von Löhnen per Banküberweisung
2 Ein Kunde überweist einen offenen Rechnungsbetrag.
3 Buchung des Saldos auf dem Konto Kraftfahrzeugsteuer
4 Buchung des Saldos auf dem Konto Provisionserträge
5 Zinsen für langfristig angelegte Gelder werden dem Bankkonto gutgeschrieben.

3 Entscheiden Sie, welche der folgenden Aufzählungen ausschließlich solche von Aufwandskonten sind?

1 Eigenkapital, Darlehensschulden, Verbindlichkeiten a. L. u. L.
2 Zinsaufwendungen, Büromaterial, Reisekosten
3 Fremdinstandhaltung, Löhne, Umsatzerlöse für eigene Erzeugnisse
4 Eigenkapital, Grundsteuer, Gehälter
5 Zinsaufwendungen, Post/Telefon, Büromaschinen

4 Bei welchem der nachfolgenden Sachverhalte werden weder Erträge noch Aufwendungen gebucht?

1 Barabhebung vom Bankkonto
2 Zahlung für gemietete Geschäftsräume
3 Begleichung der Stromrechnung
4 Wir erhalten Miete für vermietete Lagerräume.
5 Zinsgutschrift der Bank

5 Bei welchem der folgenden Geschäftsfälle werden keine Aufwendungen gebucht?

1 Zahlung der Gewerbesteuer
2 Bezahlung des Reinigungsdienstes bar
3 Kauf eines Kassensystems
4 Warenverkäufe eines Tages in bar
5 Darlehenszinsen werden dem Bankkonto belastet.

6 Kontieren Sie den unten stehenden Beleg.

Kontenplan:

Soll | Haben

1 kurzfristige Bankverbindlichkeiten (420)
2 Verbindlichkeiten a. L. u. L. (440)
3 Forderungen a. L. u. L. (240)
4 Zinsaufwendungen (751)
5 Zinserträge (571)
6 Guthaben bei Kreditinstituten (280)
7 Kasse (288)
8 Eigenkapital (300)

Girokonto	140039876	BLZ	480 501 61	Kontoauszug	57
Sparkasse Bielefeld		UST.-Id.: DE 124011615		Blatt	1
Datum	**Erläuterungen**				**Betrag**
Kontostand in EUR am 15.12.20.., Auszug Nr. 56					20 588,96 +
19.12.	DA-sonst. Auftrag Zinsen	Wert: 16.12.20..			408,86 –
Kontostand in EUR am 19.12.20.., 16:00 Uhr					20 180,10 +
IHR KREDIT	30 000,00 EUR	wwh GmbH, Helene-Weber-Weg 9, 33607 Bielefeld			

Wie wird das GuV-Konto abgeschlossen? Wie verändert sich das Eigenkapital bei Gewinn und Verlust?

Abschluss GuV-Konto

- Das GuV-Konto sammelt auf der **Sollseite** die **Salden der Aufwandskonten** und auf der **Habenseite** die **Salden der Ertragskonten**.
- Das GuV-Konto ist ein direktes Unterkonto des Kontos Eigenkapital. Deshalb wird es über das Konto **Eigenkapital** abgeschlossen.

Summe der Aufwendungen < Summe der Erträge → **Gewinn**
Summe der Aufwendungen > Summe der Erträge → **Verlust**

- Der Saldo auf dem GuV-Konto spiegelt den Erfolg des Unternehmens (Gewinn bzw. Verlust) wider.
- Ein Gewinn **erhöht** das Eigenkapital, ein Verlust **mindert** das Eigenkapital.

Geschäftsfälle

1. Abschluss des GuV-Kontos bei Gewinn (Summe der Aufwendungen: 36 000,00 EUR/Summe der Erträge: 82 000,00 EUR)
2. Abschluss des GuV-Kontos bei Verlust (Summe der Aufwendungen: 95 000,00 EUR/Summe der Erträge: 78 000,00 EUR)

Grundbuch

Nr.	Soll		an	Haben	
1	GuV-Konto	46 000,00		Eigenkapital	46 000,00
2	Eigenkapital	17 000,00		GuV-Konto	17 000,00

Hauptbuch

S GuV-Konto (bei Gewinn) H

S		H	
Aufwendg.	36 000,00	Erträge	82 000,00
(1) Gewinn	46 000,00		

S GuV-Konto (bei Verlust) H

S		H	
Aufwendg.	95 000,00	Erträge	78 000,00
		(2) Verlust	17 000,00

S Eigenkapital (bei Gewinn) H

S		H	
SB	346 000,00	AB	300 000,00
		(1) Gewinn	46 000,00

S Eigenkapital (bei Verlust) H

S		H	
(2) Verlust	17 000,00	AB	300 000,00
SB	283 000,00		

Aus welchem Grund wird ein Eröffnungsbilanzkonto bzw. ein Schlussbilanzkonto geführt?

Prinzip der Doppik

Jede Buchung auf einem Konto hat immer eine Gegenbuchung auf einem anderen Konto zur Folge. Um diesem Prinzip gerecht zu werden, müssen für die Buchungen der Anfangs- und Schlussbestände der Bestandskonten Hilfskonten eingerichtet werden, das **Eröffnungsbilanzkonto** und das **Schlussbilanzkonto**.

Eröffnungsbilanzkonto (EBK)

Die Bestände aus der Schlussbilanz eines Jahres sind identisch mit den Beständen der Eröffnungsbilanz des neuen Jahres (Bilanzidentität). Die Anfangsbestände aus der Eröffnungsbilanz werden mithilfe der Eröffnungsbuchungssätze auf den entsprechenden Konten gebucht.

Aktivkonten an Eröffnungsbilanzkonto (EBK)
Eröffnungsbilanzkonto (EBK) an Passivkonten

Geschäftsfälle

1. Buchung des Anfangsbestandes des Kontos Geschäftsausstattung: 80 000,00 EUR
2. Buchung des Anfangsbestandes des Kontos Verbindlichkeiten: 93 000,00 EUR

Grundbuch

Nr.	Soll		an	Haben	
1	Geschäftsausstattung	80 000,00		EBK	80 000,00
2	EBK	93 000,00		Verbindlichkeiten	93 000,00

Hauptbuch

S EBK H

S	H
(2) 93 000,00	(1) 80 000,00

S Geschäftsausstattung H

S	H
(1) 80 000,00	

S Verbindlichkeiten H

S	H
	(2) 93 000,00

Schlussbilanzkonto (SBK)

Am Ende des Jahres werden die Schlussbestände (Salden) auf den Bestandskonten mit den Schlussbeständen laut Inventur abgestimmt. Die Gegenbuchung für die Salden erfolgt auf dem Schlussbilanzkonto.

Schlussbilanzkonto (SBK) an Aktivkonten
Passivkonten an Schlussbilanzkonto (SBK)

Geschäftsfälle

1. Buchung des Schlussbestandes auf dem Konto Forderungen
2. Buchung des Schlussbestandes auf dem Konto Kurzfristige Bankverbindlichkeiten

Grundbuch

Nr.	Soll		an	Haben	
1	SBK	8 500,00		Forderungen	8 800,00
2	Kurzfristige Bankverbindlichkeiten	7 500,00		SBK	7 500,00

Hauptbuch

S Forderungen H

S	H
Su. 8 500,00	(1) 8 500,00

S Kurzfristige Bankverbindlichkeiten H

S	H
(2) 7 000,00	Su. 7 000,00

S SBK H

S	H
(1) 8 500,00	(2) 7 000,00

1 Welche der folgenden Abschlussbuchungssätze ist anzuwenden, wenn sich auf dem GuV-Konto ein Gewinn ergibt?

1 Eigenkapital (300)	an	GuV-Konto (802)
2 GuV-Konto (802)	an	Schlussbilanzkonto (801)
3 GuV-Konto (802)	an	Eigenkapital (300)
4 Schlussbilanzkonto (801)	an	GuV-Konto (802)
5 GuV-Konto (802)	an	Eröffnungsbilanzkonto (802)

2 Auf welches Bestandskonto wirkt sich der Erfolg eines Unternehmens aus?

1 Auf das Konto Forderungen a. L. u. L. (240)

2 Auf das Konto Eigenkapital (300)

3 Auf das Konto Kasse (288)

4 Auf das Konto Guthaben bei Kreditinstituten (280)

5 Auf das Konto Privat (3001)

3 Welche der unten stehenden Aussagen trifft vollständig zu?

1 Das GuV-Konto wird über das Schlussbilanzkonto abgeschlossen.

2 Das Konto Eigenkapital ist ein Erfolgskonto, weil es den Gewinn als Mehrung des Eigenkapitals aufzeichnet.

3 Bei einem Verlust lautet der Abschlussbuchungssatz „GuV-Konto an Eigenkapital"

4 Das Konto Eigenkapital nimmt die Salden der Aufwandskonten auf.

5 Die Erfolgskonten sind Unterkonten des Eigenkapitals.

4 Welche Aussage zum Eröffnungs- bzw. Schlussbilanzkonto trifft zu?

1 Das EBK ist notwendig, damit die Anfangsbestände der Erfolgskonten gebucht werden können.

2 Das SBK zeigt die Schlussbestände der Aufwands- und Ertragskonten.

3 EBK und SBK sind Unterkonten des Kontos Eigenkapital

4 Das EBK ist ein Hilfskonto, um zu der Buchung des Anfangsbestandes auf dem Konto Eigenkapital eine Gegenbuchung vornehmen zu können.

5 Das SBK ist ein Hilfskonto, um die Buchung des Saldos auf dem Konto Büromaterial vornehmen zu können.

5 Für eine Unternehmung ergeben sich folgende Zahlen aus der Finanzbuchhaltung:

Anfangsbestand Eigenkapital	360 000,00 EUR
Umsatzerlöse	420 000,00 EUR
Löhne und Gehälter	230 000,00 EUR
Aufw. für Roh-, Hilfs- und Betriebsstoffe	200 000,00 EUR
Sonstige Aufwendungen	100 000,00 EUR
Sonstige Erträge	50 000,00 EUR

a. Wie hoch ist der Erfolg des Unternehmens?

b. Handelt es sich dabei um

(1) einen Gewinn oder
(2) einen Verlust?

c. Welcher Schlussbestand ergibt sich auf dem Konto Eigenkapital?

6 Auf welchen der unten stehenden Sachverhalte trifft der folgende Buchungssatz zu: „GuV-Konto an Eigenkapital"

1 Auf dem GuV-Konto überwiegen die Aufwendungen.

2 Auf dem GuV-Konto überwiegen die Erträge.

3 In der vergangenen Abrechnungsperiode ist ein Verlust entstanden, der das Eigenkapital mindert.

4 Das Konto Eigenkapital vermindert sich um die Höhe der Aufwendungen.

5 Der Schlussbestand des Kontos Eigenkapital wird gebucht.

7 Wie lauten die Buchungssätze zu folgenden Sachverhalten?

Tragen Sie die Nummer der zutreffenden Konten in die Kästchen ein.

	Soll	Haben
a. Buchung der Anfangsbestände aller aktiven Bestandskonten		
b. Buchung der Schlussbestände aller passiven Bestandskonten		
c. Buchung der Anfangsbestände aller passiven Bestandskonten		
d. Buchung der Schlussbestände aller aktiven Bestandskonten		

1 EBK (800)
2 SBK (801)
3 Alle aktiven Bestandskonten
4 Alle passiven Bestandskonten
5 GuV-Konto (802)
6 Eigenkapital (300)

Welche Bedeutung hat ein Kontenrahmen bzw. ein Kontenplan für ein Unternehmen?

Kontenrahmen	Ein Kontenrahmen ist eine systematische Gliederung über sämtliche Konten, die für alle Unternehmen einer Branche erforderlich sein könnten. Jedes Konto erhält eine 3- bzw. 4-stellige Kontennummer, die sich durch eine Einteilung in Kontenklassen, Kontengruppen, Kontenarten und Kontenunterarten ergibt. Vorteile des Kontenrahmens: ▶ klare Übersicht über alle Konten und eindeutige Bezeichnung ▶ Möglichkeit der Vergleichbarkeit des eigenen Unternehmens mit Unternehmen der gleichen Art ▶ Vereinfachung der Buchungsarbeit durch Darstellung der Buchungssätze mit Kontennummern ▶ vereinfachte Durchführung von Prüfungsarbeiten (z. B. für Betriebsprüfer des Finanzamtes)
Kontenplan	Aus der Vielzahl der zur Verfügung stehenden Konten eines Kontenrahmens sucht sich ein einzelnes Unternehmen nur diejenigen Konten heraus, die für dieses Unternehmen benötigt werden. Der Kontenplan ist die Auflistung der benötigten Konten.

7 0 2

		Beispiel:
1. Stelle:	Kontenklasse	*7 = Weitere Aufwendungen*
2. Stelle:	Kontengruppe	*70 = Betriebliche Steuern*
3. Stelle:	Kontenart	*702 = Grundsteuer*

Wie ist der Industriekontenrahmen (IKR) aufgebaut?

Grundlegender Aufbau des IKR	Der IKR ist nach dem Zehnersystem (10 Kontenklassen, 10 Kontengruppen innerhalb der einzelnen Kontenklassen, usw.) aufgebaut und besteht aus dem ▶ Rechnungskreis I (Finanzbuchhaltung) und dem ▶ Rechnungskreis II (Betriebsbuchhaltung). Zwischen beiden Rechnungskreisen ist ein Datenaustausch möglich.
Rechnungskreis I (Kontenklassen 0–8)	Der Rechnungskreis I ist nach dem Abschlussgliederungsprinzip gestaltet. Die Reihenfolge der Konten entspricht den Positionen der Bilanz bzw. der Gewinn- und Verlustrechnung.

Soll **801 Schlussbilanzkonto** Haben

AKTIVE BESTANDSKONTEN		**PASSIVE BESTANDSKONTEN**	
Kontenklasse		Kontenklasse	
0	Immaterielle Vermögensgegenstände und Sachanlagen	3	Eigenkapital und Rückstellungen
1	Finanzanlagen	4	Verbindlichkeiten und passive Rechnungsabgrenzung
2	Umlaufvermögen und aktive Rechnungsabgrenzung		

Soll **802 Gewinn- und Verlustkonto** Haben

Kontenklasse		Kontenklasse	
6	Betriebliche Aufwendungen	5	Erträge
7	Weitere Aufwendungen		

Kontenklasse 8: Ergebnisrechnungen (Abschlusskonten)

Rechnungskreis II (Kontenklasse 9)	Der Rechnungskreis II beinhaltet die Kosten- und Leistungsrechnung, die das Betriebsergebnis ermittelt. Hier werden nur die Kosten und Leistungen erfasst, die mit der eigentlichen Betriebstätigkeit zusammenhängen.

Wie ist die Buchführung organisiert?

Die Buchführung ist in verschiedene „Bücher" aufgeteilt.	
Grundbuch (Journal)	Zeitliche Ordnung: Das Grundbuch enthält sämtliche Buchungssätze in der zeitlich richtigen Reihenfolge.
Hauptbuch	Sachliche Ordnung: Das Hauptbuch enthält sämtliche Sachkonten mit den darauf jeweils sachlich richtig gebuchten Buchungen.
Nebenbücher	▶ Sie ergänzen und erläutern die Buchhaltung in verschiedenen Teilbereichen. ▶ Beispiele: **Debitoren** = Kundenkonten, **Kreditoren** = Lieferantenkonten, Anlagenspiegel

1 Nach welchem Gliederungsprinzip ist der Industriekontenrahmen aufgebaut?

1 Nach dem Prozessgliederungsprinzip

2 Nach dem Abschlussgliederungsprinzip

3 Nach den Grundsätzen ordnungsgemäßer Buchführung

4 Nach dem Werterhaltungsprinzip

5 Nach keinem der oben aufgeführten Prizipien

2 Welche Aussage trifft auf die Kontenklasse 8 des Industriekontenrahmens nicht zu?

1 Die Kontenklasse 8 nimmt die Abschlussbuchungen der aktiven Bestandskonten auf.

2 In der Kontenklasse 8 wird der Gewinn bzw. der Verlust des Unternehmens gebucht.

3 Die Kontenklasse 8 nimmt die Abschlussbuchungen der Erfolgskonten auf.

4 In der Kontenklasse 8 werden Eröffnungsbuchungen vorgenommen.

5 Die Kontenklasse 8 ist der Kosten- und Leistungsrechnung eines Unternehmens zuzurechnen.

3 Welche der unten stehenden Aussagen über den Industriekontenrahmen trifft zu?

1 Die Klassen 0, 1, 2, 3 enthalten Bestandskonten, alle übrigen Kontenklassen Erfolgskonten.

2 Die Klassen 0, 1, 2, 3 und 4 enthalten Bestandskonten, die Klassen 5, 6 und 7 Erfolgskonten.

3 Zu den Erfolgskonten gehören die Kontenklassen 2, 5, 6, 7 und 8.

4 Die Klassen 0–3 enthalten Bestandskonten, die Klassen 4–9 Erfolgskonten.

5 Aufwandskonten werden ausschließlich in der Kontoklasse 6 geführt.

4 Ordnen Sie den folgenden Begriffen die richtige Kontenklasse zu. Setzen Sie die Nummer der zutreffenden Kontenklasse in das Kästchen ein.

a. Eigenkapital und Rückstellungen

b. Finanzanlagen

c. Abschlusskonten

d. Ertragskonten

e. Umlaufvermögen

5 Welche der unten stehenden Aussagen zu den Büchern der Buchführung trifft zu?

1 Das Grundbuch enthält alle Buchungssätze in sachlicher Ordnung.

2 Zu den Nebenbüchern gehört unter anderem der Anlagespiegel.

3 Das Hauptbuch dokumentiert die Geschäftsfälle in zeitlicher Ordnung.

4 Das Hauptbuch kann auch ohne das Grundbuch geführt werden.

5 Das Grundbuch erfasst die Grundstücke und Gebäude des Unternehmens.

6 Welche der folgenden Aussagen über den Kontenrahmen trifft zu?

1 Jeder Betrieb ist aufgrund der Abgabenordnung verpflichtet, den Kontenrahmen exakt einzuhalten, damit die Betriebsprüfer des Finanzamtes sich einen schnelleren Überblick verschaffen können.

2 Kontenrahmen ist lediglich ein anderes Wort für „Kontenplan".

3 Der Kontenrahmen ist eine systematische Gliederung der für einen Wirtschaftszweig benötigten Konten.

4 Der Kontenrahmen ist eine Liste aller Konten eines Unternehmens in alphabetischer Reihenfolge.

5 Der Kontenrahmen ist eine Datei, die verhindern soll, dass Falschbuchungen erfolgen.

7 Ordnen Sie zu, indem Sie die Kennziffer von zwei der insgesamt sechs Begriffe in das Kästchen neben den Bezeichnungen aus dem Kontenrahmen eintragen.

Begriffe:
1 Übrige sonstige Verbindlichkeiten
2 Factoring
3 Steuern, Beiträge, Versicherungen
4 Erträge
5 Wareneingangskontrolle
6 Personalkosten

Bezeichnung aus dem Kontenrahmen:

a. Kontenklasse

b. Kontenart

8 Wie lautet die Abschlussbuchung für die Konten der Klasse 5?

1 GuV (802) an Konten der Kontenklasse 5

2 Konten der Kontenklasse 5 an GuV (802)

3 SBK (801) an Konten der Kontenklasse 5

4 Konten der Kontenklasse 5 an SBK (801)

5 Konten der Kontenklasse 5 an Eigenkapital (300)

Welche Umsätze sind steuerpflichtig? Was ist die Bemessungsgrundlage?
Welche Steuersätze sind anzuwenden?

Gesetzliche Grundlage	Umsatzsteuergesetz (UStG)	
Steuerbare Umsätze	▶ **Lieferungen** (z. B. Rohstofflieferung) und **Leistungen** (z. B. Reparatur), die ein **Unternehmen** im **Inland** gegen Entgelt ausführt ▶ **Unentgeltliche Lieferungen und Leistungen** (z. B. Unternehmer entnimmt Erzeugnisse aus der eigenen Produktion, private Nutzung des betrieblichen Pkw, Nutzung von Dienstleistungen des eigenen Unternehmens für Privatzwecke) ▶ **Einfuhr** von Gegenständen aus dem Ausland (Importgeschäfte)	
Bemessungsgrundlage	▶ Bei Lieferungen der reine Warenwert (Nettoverkaufspreis), bei Leistungen der reine Wert der Leistung. ▶ Der Umsatz ist grundsätzlich bei Rechnungserteilung zu versteuern.	
Steuersätze	steuerpflichtige Umsätze	steuerfreie Umsatzarten
	▶ voller Steuersatz: 19 % ▶ ermäßigter Steuersatz: 7 %, gilt nur für – wichtige Nahrungsmittel – landwirtschaftliche Produkte – Bücher, Zeitungen, Zeitschriften	▶ Umsätze der Deutschen Post AG im Bereich der Postdienste (z. B. Briefmarken) ▶ Vermietung und Verpachtung von Immobilien ▶ Umsätze von Geldforderungen und Wertpapieren ▶ Kreditgewährungen ▶ Ausfuhrlieferungen

Welche Bedeutung hat die Umsatzsteuer?
Was ist bei der Berechnung der Umsatzsteuer zu beachten?

Wertschöpfung und Mehrwert	Das Produkt, das von den privaten Haushalten gekauft wird, gelangt über eine Kette von mehreren Produktionsstufen (Urerzeugung, Weiterverarbeitung, Großhandel, Einzelhandel) zum Endverbraucher. Auf dem Weg dorthin werden die Waren von Stufe zu Stufe mehr wert. Dieser Mehrwert wird vom Staat in Form der Umsatzsteuer besteuert.	
Träger der Umsatzsteuer	Jedes Unternehmen muss zwar die Umsatzsteuer auf jeder Rechnung ausweisen, sie ist für das Unternehmen aber lediglich ein „durchlaufender Posten" (erfolgsneutral). Bei Zahlung der Rechnung nimmt das Unternehmen für den Staat die Steuer ein und leitet sie an das Finanzamt weiter. Träger der Steuer sind die *privaten Haushalte,* die beim Kauf von Konsumgütern die Umsatzsteuer mitbezahlen.	
Bemessungsgrundlage	▶ Die Umsatzsteuer muss auf Rechnungen an Unternehmen bzw. Selbstständige gesondert ausgewiesen werden. Ausnahme: Bei Rechnungen bis zu 150,00 EUR muss nur der im Rechnungsbetrag enthaltene Steuersatz angegeben werden. ▶ Der Unternehmer muss dem Finanzamt eine Umsatzsteuervoranmeldung abgeben. Der Voranmeldungszeitraum beträgt in der Regel einen Monat.	
Arten der Umsatzsteuer	**Umsatzsteuer**	**Vorsteuer**
	ist die Umsatzsteuer, die ein Unternehmer auf den eigenen Ausgangsrechnungen aufführt: **Verkauf = Umsatzsteuer** Da der Kunde den vollen Rechnungsbetrag überweist, gehört die darin enthaltene Umsatzsteuer nicht dem Unternehmer. Er muss diese an das Finanzamt abführen.	ist die Umsatzsteuer, die einem Unternehmer auf den Eingangsrechnungen in Rechnung gestellt wird: **Einkauf = Vorsteuer** Begleicht der Unternehmer den Betrag der Rechnung, hat er die anteilige Vorsteuer mitbezahlt, obwohl er nicht Träger dieser Steuer ist. Folglich kann er die Vorsteuer von seiner Umsatzsteuerschuld abziehen.
Zahllast	**Umsatzsteuer** **– Vorsteuer** **= Zahllast**	▶ Die Zahllast ist der Betrag, der nach Abzug der Vorsteuer an das Finanzamt überwiesen werden muss. ▶ Die Zahllast ist innerhalb von **10 Tagen** nach Ablauf des Voranmeldungszeitraumes (in der Regel ein Monat) an das Finanzamt zu überweisen.
Vorsteuerüberhang	Ist die Summe der Vorsteuerbeträge in einem Monat größer als die Summe der Umsatzsteuerbeträge, wird der Vorsteuerüberhang vom Finanzamt erstattet.	

1 *Welche der folgenden Geschäftsfälle stellen keine umsatzsteuerpflichtigen Tatbestände dar?*

1 Ihr Unternehmen belastet einen Kunden mit Verzugszinsen.

2 Der Unternehmensinhaber entnimmt Waren für private Zwecke.

3 Ein gebrauchter Computer wird an einen Betriebsangehörigen verkauft.

4 Das Betriebsfahrzeug wird zu 20 % privat genutzt.

5 Verkauf eines Firmenfahrzeugs an eine Privatperson

2 *Aus der Finanzbuchhaltung eines Unternehmens liegen folgende Zahlen vor:*

Summe der Vorsteuerbeträge	***24 000,00 EUR***
Summe der Umsatzsteuerbeträge	***39 000,00 EUR***

Folgende Geschäftsfälle sind noch zu buchen:

1. Rohstoffeinkauf, Bruttorechnungsbetrag (inkl. 19 % USt.):	***8 092,00 EUR***
2. Verkauf von Erzeugnissen, Bruttorechnungsbetrag (inkl. 7 % USt.):	***16 050,00 EUR***

Wie hoch ist die Zahllast unter Berücksichtigung dieser Geschäftsfälle?

1 22 958,00 EUR

2 15 000,00 EUR

3 14 800,00 EUR

4 14 758,00 EUR

5 14 586,02 EUR

3 *Welche Frist gilt bei einer monatlichen Umsatzsteuervoranmeldung für die Überweisung der Zahllast an das Finanzamt?*

Die Überweisung der Zahllast muss erfolgen …

1 … bis zum Ende des Voranmeldungszeitraums (bis zum Monatsende).

2 … spätestens fünf Tage nach Ablauf des Voranmeldungszeitraums.

3 … spätestens zehn Tage nach Ablauf des Voranmeldungszeitraums.

4 … spätestens 15 Tage nach Ablauf des Voranmeldungszeitraums.

5 … spätestens 20 Tage nach Ablauf des Voranmeldungszeitraums.

4 *Welcher der unten aufgeführten Umsätze ist nicht steuerfrei?*

1 Briefmarken der Deutsche Post AG

2 Kreditgewährungen

3 Ausfuhrlieferungen in Nicht-EU-Länder

4 Entnahme von Waren durch den Unternehmer für private Zwecke

5 Vermietung von Immobilien

5 *Welche der folgenden Aussagen trifft auf den Begriff „Vorsteuerüberhang" zu?*

1 Bei einem Vorsteuerüberhang werden Vorsteuerbeträge, die aus dem vorangegangenen Voranmeldungszeitraum stammen, in den laufenden Voranmeldungszeitraum mit einbezogen.

2 Bei einem Vorsteuerüberhang ist die Summe der Vorsteuerbeträge kleiner als die Summe der Umsatzsteuerbeträge.

3 Bei einem Vorsteuerüberhang erstattet das Finanzamt die überschüssigen Vorsteuern.

4 Bei einem Vorsteuerüberhang mahnt das Finanzamt die fällige Steuerschuld an.

5 Der Vorsteuerüberhang muss am Jahresende durch eine Zahlung an das Finanzamt beglichen werden.

6 *Was versteht man unter dem Begriff „Vorsteuer"?*

Die Vorsteuer ist …

1 … die von uns an den Lieferer gezahlte Umsatzsteuer.

2 … eine Verbindlichkeit gegenüber dem Finanzamt.

3 … der auf den Ausgangsrechnungen genannte Umsatzsteuerbetrag.

4 … die Umsatzsteuer der Verkaufserlöse.

5 … die Umsatzsteuer des Vorjahres.

7 *Der Weg einer Ware (19 % USt.) durchläuft folgende Produktionsstufen:*

1. Ein Industriebetrieb verkauft die Ware an einen Großhändler zu einem Nettopreis von 250,00 EUR.
2. Der Großhändler verkauft die Ware an einen Einzelhändler zu einem Nettopreis von 400,00 EUR.
3. Der Einzelhändler verkauft die Ware an den Endverbraucher zum Bruttopreis (einschließlich 19 % USt.) von 952,00 EUR.

a. Wie hoch ist der gesamte Mehrwert der Ware, der auf den einzelnen Produktionsstufen entsteht und der insgesamt zu versteuern ist?

b. Wie hoch ist die Zahllast, die der Einzelhändler bezogen auf diese Ware an das Finanzamt zu überweisen hat?

c. Welche der folgenden Aussagen trifft zu?

1 Die Überweisung der Zahllast beeinflusst die Erfolgsrechnungen der jeweiligen Betriebe.

2 Industriebetriebe können keine Vorsteuer geltend machen.

3 Die Zahllast des Großhändlers beträgt 150,00 EUR.

4 Der Großhändler darf Vorsteuer in Höhe von 76,00 EUR ansetzen.

5 Der Endverbraucher ist der alleinige Träger der Umsatzsteuer, da sie zu den Verbrauchssteuern gehört.

Wie wird die Umsatzsteuer beim Wareneinkauf gebucht?

Geschäftsfall

1. Wir kaufen Rohstoffe auf Ziel laut Eingangsrechnung:

	Nettopreis	20 000,00 EUR
+	19 % USt.	3 800,00 EUR
=	Bruttopreis	23 800,00 EUR

Konto

260	Vorsteuer (Aktives Bestandskonto)	Auf diesem Konto wird die Umsatzsteuer, die beim Einkauf aller Waren und Dienstleistungen anfällt, gebucht. Die Vorsteuer stellt eine **Forderung gegenüber dem Finanzamt** dar (Steuer, die vom Finanzamt erstattet wird → Buchung im Soll).

Grundbuch

Nr.	Soll			an	Haben		
1	200	Rohstoffe	20 000,00				
	260	Vorsteuer	3 800,00		400	Verbindlichkeiten a. L. u. L.	23 800,00

Wie wird die Umsatzsteuer beim Warenverkauf gebucht?

Geschäftsfall

2. Wir verkaufen Erzeugnisse auf Ziel laut Ausgangsrechnung:

	Nettopreis	50 000,00 EUR
+	19 % USt.	8 000,00 EUR
=	Bruttopreis	58 000,00 EUR

Konto

480	Umsatzsteuer (Passives Bestandskonto)	Auf diesem Konto wird die Umsatzsteuer beim Verkauf aller Waren und Dienstleistungen gebucht. Die Umsatzsteuer stellt eine **Verbindlichkeit gegenüber dem Finanzamt** dar (Steuer, die dem Finanzamt überwiesen wird → Buchung im **Haben**).

Grundbuch

Nr.	Soll			an	Haben		
1	240	Forderungen a. L. u. L.	59 500,00		500	Umsatzerlöse für eigene Erzeugnisse	50 000,00
					480	Umsatzsteuer	9 500,00

Wie wird die Zahllast buchhalterisch ermittelt?

Geschäftsfälle

3. Der Saldo des Kontos Vorsteuer wird auf das Konto Umsatzsteuer übertragen (Ausnahme: umgekehrte Vorgehensweise bei einem Vorsteuerüberhang).

Fall A: *Zahllastermittlung der Monate Januar bis November*
4 a. *Der Saldo des Kontos Umsatzsteuer (= Zahllast) für den Monat November wird ermittelt. Die Zahllast wird am 15.12. per Banküberweisung gezahlt.*

Fall B: *Zahllastermittlung des Monats Dezember*
4 b. *Der Saldo des Kontos Umsatzsteuer (= Zahllast) für den Monat Dezember wird ermittelt und im Rahmen des Abschlusses auf das SBK gebucht **(Passivierung der Zahllast)**.*

Grundbuch

Nr.	Soll			an	Haben		
3	480	Umsatzsteuer	3 800,00		260	Vorsteuer	3 800,00
4a	480	Umsatzsteuer	5 700,00		280	Bank	5 700,00
4b	480	Umsatzsteuer	5 700,00		801	SBK	5 700,00

Hauptbuch

Fall A

S	260 Vorsteuer		H
(1)	3 800,00	(3)	3 800,00

S	480 Umsatzsteuer		H
(3)	3 800,00	(2)	9 500,00
(4a)	5 700,00		

S	280 Guthaben bei Kreditinstituten		H
		(4a)	4 800,00

Fall B

S	260 Vorsteuer		H
(1)	3 800,00	(3)	3 800,00

S	480 Umsatzsteuer		H
(3)	3 800,00	(2)	9 500,00
(4b)	5 700,00		

S	801 SBK		H
		(4b)	4 800,00

1 Wie lautet der Buchungssatz für die Passivierung der Zahllast am Geschäftsjahresende?

1 Vorsteuer (260) an Umsatzsteuer (480)

2 Umsatzsteuer (480) an Guthaben bei Kreditinstituten (280)

3 Umsatzsteuer (480) an SBK (940)

4 SBK (801) an Vorsteuer (260)

5 SBK (801) an Umsatzsteuer (480)

2 Welche der folgenden Aussagen trifft nicht zu?

1 Das Konto Umsatzsteuer ist ein passives Bestandskonto.

2 Das Konto Vorsteuer ist ein Aufwandskonto.

3 Die Zahllast muss am Bilanzstichtag passiviert werden.

4 Bei Rechnungen von über 150,00 EUR muss die Umsatzsteuer gesondert ausgewiesen werden.

5 Bei Einkäufen und dem Bezug von Dienstleistungen muss die dazugehörige Buchung auf dem Konto Vorsteuer immer im Soll erfolgen.

3 Kontieren Sie den Beleg.

Kontenplan: Soll Haben

1 Forderungen a. L. u. L. (240)

2 Guthaben bei Kreditinstituten (280)

3 Vorsteuer (260)

4 Kasse (288)

5 Verbindlichkeiten a. L. u. L. (440)

6 Umsatzsteuer (480)

7 GuV-Konto (802)

8 SBK (801)

4 Auf den Konten Vorsteuer und Umsatzsteuer ergeben sich am Ende des Monats Januar folgende Summen:

Soll	260 Vorsteuer	Haben
28 500,00		

Soll	480 Umsatzsteuer	Haben
		22 800,00

a. Wie hoch ist der Nettowert der Einkäufe bei einem Umsatzsteuersatz von 19 %?

b. Wie hoch ist der Nettowert der Verkäufe bei einem Umsatzsteuersatz von 19 %?

c. Welche Buchungen bzw. Berechnungen sind für die Ermittlung des Vorsteuerüberhangs am 31.01. notwendig?

1 Umsatzsteuer (480) 22 800,00 EUR
an Vorsteuer (260) 22 800,00 EUR

und Ermittlung des Saldos auf dem Konto Vorsteuer

2 Vorsteuer (260) 22 800,00 EUR
an Umsatzsteuer (480) 22 800,00 EUR

und Ermittlung des Saldos auf dem Konto Umsatzsteuer

3 Umsatzsteuer (480) 28 500,00 EUR
an Vorsteuer (260) 28 500,00 EUR
Umsatzsteuer (480) 5 700,00 EUR
an SBK (801) 5 700,00 EUR

4 Umsatzsteuer (480) 22 800,00 EUR
an Vorsteuer (260) 22 800,00 EUR
SBK (801) 5 700,00 EUR
an Vorsteuer (260) 5 700,00 EUR

5 Umsatzsteuer (480) 22 800,00 EUR
SBK (801) 5 700,00 EUR
an Vorsteuer (260) 28 500,00 EUR

Girokonto 140039876 BLZ 480 501 61 Kontoauszug 57
Sparkasse Bielefeld UST.-Id.: DE 124011615 Blatt 1

Datum	Erläuterungen		Betrag
Kontostand in EUR am 11.12.20.., Auszug Nr. 267			120.693,44 +
11.12.	Überweisung Zahllast Monat November 20..	Wert: 10.12.20..	18.720,88 -
Kontostand in EUR am 11.12.20.., 16:00 Uhr			101.972,56 +

IHR KREDIT 30.000,00 EUR wwh GmbH, Helene-Weber-Weg 9, 33607 Bielefeld

Wie wird eine Bestandsveränderung im Erzeugnisbereich festgestellt?

Bestandsveränderungen	Stimmen die Anfangsbestände und die Schlussbestände an unfertigen Erzeugnissen und/oder fertigen Erzeugnissen nicht überein, handelt es sich um **Bestandsveränderungen**. Es gilt: Schlussbestand > Anfangsbestand → **Mehrbestand** Schlussbestand < Anfangsbestand → **Minderbestand**

Wie wirkt sich ein Mehrbestand im Erzeugnisbereich aus?

Geschäftsfälle	*1. Buchen des Anfangsbestandes auf dem Konto Unfertige Erzeugnisse zu Beginn des Jahres: 23 000,00 EUR* *2. Ermittlung und Buchen des Saldos auf dem Konto Unfertige Erzeugnisse am Jahresende* *3. Buchen des Schlussbestandes auf dem Konto Unfertige Erzeugnisse aufgrund der Inventur am Jahresende 31 000,00 EUR*		
Konten	210	Unfertige Erzeugnisse (Aktives Bestandskonto)	Auf diesem Konto wird ausschließlich der Anfangs- und Schlussbestand von zum Teil fertiggestellten Produkten gebucht und der Saldo ermittelt. Im Laufe des Geschäftsjahres wird dieses Konto nicht angesprochen.
	220	Fertige Erzeugnisse (Aktives Bestandskonto)	Entsprechendes gilt für die bereits fertiggestellten Produkte, die verkaufsbereit auf Lager liegen.
	520	Bestandsveränderungen (Erfolgskonto)	▶ Es ist das Sammelkonto für die Bestandsveränderungen an Unfertigen und Fertigen Erzeugnissen, der Abschluss erfolgt über das GuV-Konto (802). ▶ Das Konto wird in der Kontenklasse 5 (Erträge) geführt. Überwiegen die Bestandsmehrungen, ergibt sich ein Ertrag. Überwiegen die Bestandsminderungen, ergibt sich ein Aufwand.

Grundbuch

Nr.	Soll			an	Haben		
1	210	Unfertige Erzeugnisse	23 000,00		800	EBK	23 000,00
2	210	Unfertige Erzeugnisse	8 000,00		520	Bestandsveränderungen	8 000,00
3	801	SBK	31 000,00		210	Unfertige Erzeugnisse	31 000,00

Wie wirkt sich ein Minderbestand im Erzeugnisbereich aus?

Geschäftsfälle

4. Buchen des Anfangsbestandes auf dem Konto Fertige Erzeugnisse zu Beginn des Jahres: 81 000,00 EUR
5. Ermittlung und Buchen des Saldos auf dem Konto Fertige Erzeugnisse am Jahresende
6. Buchen des Schlussbestandes auf dem Konto Fertige Erzeugnisse aufgrund der Inventur am Jahresende: 64 000,00 EUR
7. Abschluss des Kontos Bestandsveränderungen

Grundbuch

Nr.	Soll			an	Haben		
4	220	Fert. Erzeugnisse	81 000,00		800	EBK	81 000,00
5	520	Bestandsveränderungen	17 000,00		220	Fertige Erzeugnisse	17 000,00
6	801	SBK	64 000,00		220	Fertige Erzeugnisse	64 000,00
7	802	GuV-Konto	9 000,00		520	Bestandsveränderungen	9 000,00

S — 210 Unfertige Erzeugnisse (Bestandskonto) — H

S		H	
(1) Anfangsbest.	23 000,00	(3) Schlussbest.	31 000,00
(2) Mehrbestand	8 000,00		

S — 220 Fertige Erzeugnisse (Bestandskonto) — H

S		H	
(1) Anfangsbest.	84 000,00	**(5) Minderbest.**	17 000,00
		(6) Schlussbest.	46 000,00

S — 520 Bestandsveränderungen (Erfolgskonto) — H

S		H	
(5) Minderbestand Fertige Erzeugnisse	17 000,00	**(2) Mehrbestand Unfertige Erzeugnisse**	8 000,00
		(7) Saldo GuV	9 000,00

S — 802 GuV — H

S		H	
(7) Saldo Bestandsveränderungen	9 000,00		

S — 801 SBK — H

S		H	
(3) Unfertige Erzeugnisse	31 000,00		
(6) Fertige Erzeugnisse	64 000,00		

1 Welche der folgenden Aussagen treffen zu? ☐ ☐

1 Bestandsveränderungen werden buchhalterisch erfasst, wenn die hergestellte Menge an Produkten mit der verkauften Menge an Produkten übereinstimmt.
2 Bestandsveränderungen werden buchhalterisch erfasst, weil die Aufwendungen für die hergestellte Menge an Produkten den Erlösen für die verkauften Produkte gegenübergestellt werden sollen.
3 Ein Mehrbestand an unfertigen Erzeugnissen führt zu einem Mehrbestand an fertigen Erzeugnissen.
4 Ein Minderbestand an unfertigen Erzeugnissen führt zu einem Mehrbestand an fertigen Erzeugnissen.
5 Ein Mehrbestand an Erzeugnissen erhöht den Gewinn des Unternehmens.

2 Die Anfangsbestände an unfertigen Erzeugnissen betragen 120 000,00 EUR, an fertigen Erzeugnissen 150 000,00 EUR.
Die Schlussbestände an unfertigen Erzeugnissen betragen 96 000,00 EUR, an fertigen Erzeugnissen 162 000,00 EUR.

Beantworten Sie hierzu die unten stehenden Fragen. Antwortmöglichkeiten:

1 Mehrbestand — 3 gewinnmehrend
2 Minderbestand — 4 gewinnmindernd

a. Um welche Art der Bestandsveränderungen handelt es sich bei den
   aa. unfertigen Erzeugnissen ☐
   ab. fertigen Erzeugnissen? ☐
b. Wie wirkt sich die Bestandsveränderung
   ba. an unfertigen Erzeugnissen ☐
   bb. an fertigen Erzeugnissen ☐
   auf den Gewinn aus?
c. Bilden Sie die Buchungssätze unter Verwendung folgender Konten:
   1 210 Unfertige Erzeugnisse
   2 220 Fertige Erzeugnisse
   3 520 Bestandsveränderungen
   4 801 SBK
   5 802 GuV

	Soll	Haben
ca. Buchen des Schlussbestandes an unfertigen Erzeugnissen	☐	☐
cb. Buchen der Bestandsveränderungen an unfertigen Erzeugnissen	☐	☐
cc. Buchen des Schlussbestandes an fertigen Erzeugnissen	☐	☐
cd. Buchen der Bestandsveränderungen am fertigen Erzeugnissen	☐	☐
ce. Abschluss des Kontos 520 Bestandsveränderungen	☐	☐

d. Um welchen Betrag wird der Erfolg des Unternehmens durch die Bestandsveränderungen insgesamt korrigiert? ☐

3 Welche der folgenden Aussagen zu den Bestandsveränderungen an fertigen und unfertigen Erzeugnissen treffen nicht zu? ☐ ☐

1 Ist der Anfangsbestand höher als der Schlussbestand, liegt ein Minderbestand vor.
2 Ist der Schlussbestand höher als der Anfangsbestand, liegt ein Mehrbestand vor.
3 Die Bestandsveränderungen an Unfertigen und Fertigen Erzeugnissen werden ausschließlich durch Diebstahl und „natürlichem Schwund" hervorgerufen.
4 Ein Minderbestand liegt nur dann vor, wenn der Schlussbestand höher als der Anfangsbestand ist.
5 Die Bestandsveränderungen treten u. a. durch eine Differenz zwischen hergestellter und verkaufter Menge an Erzeugnissen auf.

4 Für eine Unternehmung liegen folgende Daten vor:

AB Eigenkapital	500 000,00 EUR
AB Fertige Erzeugnisse	67 000,00 EUR
AB Unfertige Erzeugnisse	33 000,00 EUR
SB Fertige Erzeugnisse	50 000,00 EUR
SB Unfertige Erzeugnisse	30 000,00 EUR
Aufwendungen lt. GuV-Konto	288 000,00 EUR
Erträge lt. GuV-Konto	370 000,00 EUR

Die Bestandsveränderungen müssen noch gebucht werden.

Welcher Betrag ergibt sich für …

a. … die Bestandveränderungen an fertigen Erzeugnissen? ☐
b. … die Bestandsveränderungen an unfertigen Erzeugnissen? ☐
c. … die Bestandsveränderungen insgesamt? ☐
d. … den Erfolg des Unternehmens unter Berücksichtigung der Bestandsveränderungen? ☐
e. … das Eigenkapital am Ende des Geschäftsjahres unter Berücksichtigung der Bestandsveränderungen? ☐

5 Welcher der folgenden Buchungssätze trifft auf die unten stehenden Geschäftsfälle zu?

1 Fertige Erzeugnisse (220) an Bestandsveränderungen (520)
2 Bestandsveränderungen (520) an Fertige Erzeugnisse (220)
3 Fertige Erzeugnisse (220) an SBK (801)
4 SBK (801) an Fertige Erzeugnisse (220)
5 Fertige Erzeugnisse (220) an GuV-Konto (802)
6 GuV (802) an Fertige Erzeugnisse (220)
9 keiner der vorgenannten Buchungssätze trifft zu.

a. Buchen des Schlussbestandes lt. Inventur an fertigen Erzeugnissen ☐
b. Buchen der Bestandsveränderung (Mehrbestand) an fertigen Erzeugnissen ☐
c. Abschluss des Kontos Bestandveränderungen bei einem Mehrbestand ☐

Wie wird ein Bestandsverzeichnis für die Güter des Anlagevermögens geführt?

Anlagenspiegel	Für die Güter des Anlagevermögens wird zusätzlich zu den Anlagekonten im Hauptbuch ein gesondertes Bestandsverzeichnis geführt. Diese Anlagenübersicht enthält eine Auflistung der Gegenstände mit dem Tag der Anschaffung oder Herstellung des Gegenstandes, die Höhe der Anschaffungs- oder Herstellkosten, die voraussichtliche Nutzungsdauer und die jährlichen Abschreibungen. Kapitalgesellschaften müssen nach dem HGB die Entwicklung der einzelnen Posten des Anlagevermögens in der Form eines Anlagenspiegels darstellen. Der Anlagenspiegel ist in der Bilanz oder im Anhang aufzuführen.

Beispiel für einen Anlagenspiegel:

Bilanzposten	Anschaffungs- bzw. Herstellkosten Vorjahre (EUR)	Zugänge (EUR)	Abgänge (EUR)	Umbuchungen (EUR)	Zuschreibungen (EUR)	Abschreibungen lfd. Jahr (EUR)	Abschreibungen Vorjahre (EUR)	Abschreibungen gesamt (EUR)	Restbuchwert zum Bilanzstichtag (EUR)
Fuhrpark	300 000,00	45 000,00	6 800,00	–	–	60 000,00	120 000,00	180 000,00	158 200,00

Wie werden die Anschaffungskosten für Güter des Anlagevermögens ermittelt?

Aktivierungspflicht für Anschaffungskosten

Zu den Anschaffungskosten gehören neben dem eigentlichen Kaufpreis alle Aufwendungen, die mit dem Erwerb des Gegenstandes verbunden sind. Beispiele:
- Grundstücke und Gebäude: Grunderwerbsteuer, Gerichts- und Notariatsgebühren, Schätzkosten
- technische Anlagen und Maschinen: Transportkosten, Montagekosten, Einfuhrzölle
- Fahrzeuge: Überführungskosten, Zulassungsgebühren

Die Anschaffungsnebenkosten erhöhen den Wert, mit dem das Anlagegut bilanziert wird (Aktivierungspflicht) und damit auch den Wert, von dem die Abschreibung berechnet wird. Gleichzeitig sind Minderungen des Kaufpreises (Rabatte, Skonti) von den Anschaffungskosten abzuziehen. Die anteilige **Umsatzsteuer** und die **Finanzierungskosten** (Zinsen für Kredite) **gehören nicht zu den Anschaffungskosten.**

Geschäftsfälle

1. Rechnung des Autohauses Bernd Schmitt für den Kauf eines Firmenfahrzeugs; Zahlungsbedingungen: 7 Tage 2 % Skonto, 30 Tage netto Kasse.

1 Pkw Modell Murano	36 000,00 EUR	→ Bruttopreis
– 10 % Sonderrabatt	3 600,00 EUR	→ Anschaffungsminderkosten
+ Überführungskosten	850,00 EUR	→ Anschaffungsnebenkosten
+ Zulassung (Gebühren, Schilder)	150,00 EUR	→ Anschaffungsnebenkosten
= Nettobetrag	33 400,00 EUR	
+ 19 % USt.	6 346,00 EUR	
= Brutto-Rechnungsbetrag	39 746,00 EUR	

2. Banküberweisung der Rechnung aus Fall 1 unter Abzug von 2 % Skonto

Brutto-Rechnungsbetrag	39 746,00 EUR	
– 2 % Skonto	794,92 EUR	→ Bruttoskonto (Steueranteil 126,92 EUR)
= Überweisungsbetrag	38 951,08 EUR	

(Nettoskonto = 668,00 EUR → Anschaffungsminderkosten)

Grundbuch

Nr.	Soll			an	Haben		
1	084 260	Fuhrpark Vorsteuer	33 400,00 6 346,00		440	Verbindlichkeiten a. L. u. L.	39 746,00
2	440	Verbindlichkeiten a. L. u. L.	39 746,00		280 **084** 260	Guthaben bei Kreditinstituten **Fuhrpark** Vorsteuer	38 951,08 **668,00** 126,92

Hauptbuch

S 280 Guthaben bei Kreditinstituten H

S		H	
	100 000,00	(2)	38 951,08

S 440 Verbindlichkeiten a. L. u. L. H

S		H	
(2)	39 746,00	(1)	39 746,00

S 084 Fuhrpark H

S		H	
(1)	33 400,00	(2)	668,00[1]
		Saldo	32 732,00[2]

S 260 Vorsteuer H

S		H	
(1)	6 346,00	(2)	126,92[3]

[1] Anschaffungsminderkosten
[2] aktivierungspflichtige Anschaffungskosten
[3] Vorsteuerkorrektur

Hinweis: In Aufgaben mit Kontierungen müssen nicht alle Kästchen einer Zeile ausgefüllt werden.

*1 **Welche der folgenden Kosten, die beim Kauf eines Betriebsgrundstückes zusätzlich anfallen1, sind keine aktivierungspflichtigen Anschaffungsnebenkosten?***

1 Notariatskosten
2 Grundsteuer
3 Maklergebühr
4 Kosten für die Eintragung in das Grundbuch beim Amtsgericht
5 Abbruchkosten für einen noch auf dem Grundstück befindlichen Altbau

*2 **Am 21.08.20.. kauft die H. Wehmeyer e. K. eine Maschine im Wert von netto 80 000,00 EUR + 19 % USt. = 15 200,00 EUR auf Ziel. Die Transportkosten hierfür betragen 3 000,00 EUR netto + 19 % USt. = 570,00 EUR.***

a. Ermitteln Sie die Anschaffungskosten.

b. Welcher Buchungssatz trifft auf den Kauf der Maschine zu?

1 Anlagen und Maschinen (072) 80 000,00 EUR
Bezugskosten (6001) 3 000,00 EUR
an Verbindlichkeiten a. L. u. L. (440) 83 000,00 EUR

2 Anlagen und Maschinen (072) 80 000,00 EUR
Bezugskosten (6001) 3 000,00 EUR
Vorsteuer (260) 15 770,00 EUR
an Verbindlichkeiten a. L. u. L. (440) 98 700,00 EUR

3 Anlagen und Maschinen (072) 83 000,00 EUR
Vorsteuer (260) 15 770,00 EUR
an Verbindlichkeiten a. L. u. L. (440) 98 700,00 EUR

4 Anlagen und Maschinen (072) 95 200,00 EUR
Vorsteuer (260) 3 570,00 EUR
an Verbindlichkeiten a. L. u. L. (440) 98 700,00 EUR

5 Anlagen und Maschinen (072) 80 000,00 EUR
Vorsteuer (260) 15 770,00 EUR
an Verbindlichkeiten a. L. u. L. (440) 95 770,00 EUR

c. Am 28.08. erhält die H. Wehmeyer e. K. einen Preisnachlass von 10 % (ausschließlich der Transportkosten) wegen eines Mangels.Wie hoch ist der Brutto-Preisnachlass?

d. Mit welchem Betrag werden die Anschaffungskosten auf dem Konto Anlagen und Maschinen (072) nach diesem Preisnachlass angesetzt?

e. Buchen Sie den Preisnachlass unter Verwendung der unten stehenden Konten. Soll Haben

Kontenplan:

1 Anlagen und Maschinen (072)
2 Forderungen a. L. u. L. (240)
3 Vorsteuer (260)
4 Verbindlichkeiten a. L. u. L. (440)
5 Umsatzsteuer (480)
6 Bezugskosten (6001)
7 Nachlässe (6002)

*3 **Prüfen Sie den unten abgebildeten Anlagenspiegel eines Unternehmens.***

Ermitteln Sie

a. den Wert A.

b. den Wert B.

c. den Wert C.

d. den Wert D.

e. den Wert E.

f. Welcher Bilanzposten hat prozentual den höchsten Wertverlust?

1 Anlagen und Maschinen
2 Fuhrpark
3 Betriebs- und Geschäftsausstattung

g. Ermitteln Sie den Prozentsatz für den Bilanzposten mit dem höchsten Wertverlust.

*4 **Ein Unternehmen kauft eine Schrankwandanlage für die Abteilung Controlling. Die Rechnung setzt sich zusammen aus: Listenpreis 25 000,00 EUR – 20 % Rabatt + Transportkosten 500,00 EUR + Montage 500,00 EUR + 19 % USt. Für die Bezahlung unter Abzug von 2 % Skonto (nur vom reinen Warenwert, nicht für Transport und Montage) nimmt das Unternehmen einen Kredit auf (für 90 Tage; 12 % Zinsen p. a.).***

Ermitteln Sie die aktivierungspflichtigen Anschaffungskosten.

Bilanzposten	Anschaffungskosten der Vorjahre	Zugänge	Abgänge	Abschreibungen laufendes Jahr	Abschreibungen Vorjahre gesamt	Abschreibungen Vorjahre und laufendes Jahr	Restbuchwert zum Bilanzstichtag
	(EUR)	(EUR)	(EUR)	(EUR)	(EUR)	(EUR)	(EUR)
Anlagen und Maschinen	290 000,00	90 000,00	52 000,00	58 000,00	170 000,00	228 000,00	Wert A
Fuhrpark	140 000,00	0,00	Wert B	28 000,00	Wert C	63 000,00	56 000,00
Betriebs- und Geschäftsausstattung	97 000,00	Wert D	9 000,00	Wert E	60 000,00	90 000,00	13 000,00

Wodurch entstehen Wertminderungen des Anlagevermögens?

Begriff	Gegenstände des Anlagevermögens verlieren im Laufe der Zeit ihren ursprünglichen Wert durch ▶ Abnutzung, ▶ Veralterung, ▶ technischen Fortschritt (Wertminderungen des alten Wirtschaftsgutes durch Neuentwicklungen, die kostengünstiger und wirtschaftlicher sind). Die Wertminderungen werden als **Abschreibungen** bezeichnet und in der Finanzbuchhaltung als Aufwand erfasst. Der steuerliche Fachbegriff hierfür ist **A**bsetzung **f**ür **A**bnutzung = **AfA**.
Höhe des Abschreibungsbetrages	Die Höhe der Abschreibungsbeträge richtet sich nach der betriebsgewöhnlichen Nutzungsdauer. Grundlage hierfür ist ▶ die von den Finanzämtern herausgegebene **„AfA-Tabelle** für die allgemein verwendbaren Anlagegüter", in der die **betriebsgewöhnliche Nutzungsdauer** für die einzelnen Anlagegüter angegeben ist. ▶ die Abschreibungsmethode. Für nach dem 01.01.2008 angeschaffte Anlagegüter ist ausschließlich die **lineare Abschreibungsmethode** anzusetzen.

Wie wird der Abschreibungsbetrag bei der linearen Abschreibungsmethode ermittelt?

Begriff	Bei der linearen Abschreibung fallen die Abschreibungsbeträge in jedem Nutzungsjahr in gleicher Höhe an.
Ermittlung des Abschreibungssatzes (in %)	$\frac{100\ \%}{\text{Nutzungsdauer}}$
Ermittlung des jährlichen Abschreibungsbetrages	Anschaffungswert · Abschreibungssatz (in %) oder $\frac{\text{Anschaffungswert}}{\text{Nutzungsdauer}}$
Beispiel	Die Anschaffungskosten eines Betriebsfahrzeuges betragen 48 000,00 EUR. Die betriebsgewöhnliche Nutzungsdauer wird mit sechs Jahren angegeben. → Abschreibungssatz: 100 % : 6 = 16,67 % → **Abschreibungsbetrag:** 48 000,00 EUR · 16,67 % = **8000,00 EUR** oder 48 000,00 EUR : 6 = **8000,00 EUR.** (see calculation below) Wird das Anlagegut nach Ablauf der Nutzungsdauer weiterhin genutzt, wird es in der Finanzbuchhaltung mit einem **Erinnerungswert von 1,00 EUR** weitergeführt. Diese Regelung entfällt, wenn ein **Anlagenspiegel** vorhanden ist.

Anschaffungswert	48 000,00 EUR
– AfA 1. Jahr	8 000,00 EUR
Restbuchwert	40 000,00 EUR
– AfA 2. Jahr	8 000,00 EUR
Restbuchwert	32 000,00 EUR
– AfA 3. Jahr	8 000,00 EUR
Restbuchwert	24 000,00 EUR
– AfA 4. Jahr	8 000,00 EUR
Restbuchwert	16 000,00 EUR
– AfA 5. Jahr	8 000,00 EUR
Restbuchwert	8 000,00 EUR
– AfA 6. Jahr	8 000,00 EUR
Restbuchwert	0,00 EUR

Wie wirkt sich der Anschaffungszeitpunkt auf die Höhe des Abschreibungsbetrages aus?

Zeitanteilige Abschreibung	Beim Kauf eines Anlagegutes dürfen für das erste Abschreibungsjahr nur die Monate der Nutzung anteilig abgeschrieben werden. Es wird nur der Teil des Jahres-AfA-Betrages angesetzt, der dem Zeitraum zwischen Anschaffung und Ende des Jahres entspricht. Die AfA wird für volle Monate angesetzt, dabei ist es unerheblich, ob das Anlagegut am Anfang oder am Ende eines Monats angeschafft wurde.
Beispiel	Kauf eines Anlagegutes am 29.04. für 3 600,00 EUR netto + 19 % USt., Abschreibungssatz 25 % **Berechnung des Abschreibungsbetrages im Jahr der Anschaffung:** ▶ jährlicher AfA-Betrag: 25 % von 3 600,00 EUR = 900,00 EUR ▶ zeitanteiliger AfA-Betrag für 9 Monate (April–Dezember) 9/12 von 900,00 EUR = **675,00 EUR**

1 Ein Unternehmen erwirbt am 15.01.20.. einen Aktenschrank im Wert von 4 000,00 EUR + 19 % USt. Aufgrund eines Farbfehlers erhält das Unternehmen 5 % Nachlass. Die Rechnung wird unter Abzug von 2 % Skonto beglichen.

Wie hoch ist der lineare Abschreibungsbetrag bei einer betriebsgewöhnlichen Nutzungsdauer von 10 Jahren? (Der Abschreibungsbetrag kann auf volle EUR aufgerundet werden.)

1 444,00 EUR
2 453,00 EUR
3 373,00 EUR
4 380,00 EUR
5 390,00 EUR

2 Welche der folgenden Aussagen zu den Abschreibungen treffen zu?

1 Die Höhe der Abschreibungsbeträge richtet sich u. a. nach der betriebsüblichen Nutzungsdauer.

2 Den Wertverlust, der beim Verkauf von Anlagegütern entsteht, bezeichnet man als Abschreibung.

3 Abschreibungen vermindern die gewinnabhängigen Steuern des Unternehmens.

4 Abschreibungen werden ausschließlich im Umlaufvermögen des Unternehmens vorgenommen.

5 Abschreibungen sind Wertminderungen, die den Gewinn eines Unternehmens erhöhen.

3 Die Gerhard Schloder GmbH kauft eine Lagertransportanlage für netto 126 000,00 EUR + 19 % USt. Die Montage dieser Anlage wird in einer separaten Rechnung mit 6 000,00 EUR + 19 % USt. berechnet. Die betriebsgewöhnliche Nutzungsdauer wird mit 12 Jahren angesetzt.

a. Wie hoch sind die Anschaffungskosten der Lagertransportanlage?

b. Ermitteln Sie den Abschreibungssatz (in %).

c. Welcher lineare Abschreibungsbetrag ergibt sich im 1. Jahr bei linearer Abschreibung?

d. Mit welchem Restbuchwert wird die Lagertransportanlage nach Ablauf des 1. Jahres geführt?

e. Wie hoch ist der Restbuchwert nach Ablauf des 5. Jahres?

4 Die Omati AG kauft am 01.08.20.. einen neuen Schreibtisch zu einem Preis von 3 000,00 EUR netto + 19 % USt. = 570,00 EUR.

Welcher Betrag darf im 1. Jahr bei einer linearen Abschreibung und einer Nutzungsdauer von 10 Jahren abgeschrieben werden?

5 Die Lagertransportanlage (aus Fall 3) wird nach Ablauf der 12 Jahre weiterhin genutzt. Das Unternehmen führt keinen Anlagenspiegel.

a. Wie hoch ist der Abschreibungsbetrag im 12. Jahr der Nutzung?

b. Welcher Restbuchwert ergibt sich nach Ablauf des 12. Jahres?

6 Die Achim Schlüter KG kauft am 31.05.20.. Einrichtungsgegenstände für die Ausstellungsräume für netto 52 000,00 EUR + 19 % USt. Die Transportkosten hierfür betrugen 2 000,00 EUR + 19 % USt. Die betriebsgewöhnliche Nutzungsdauer wird mit fünf Jahren angesetzt.

a. Wie hoch ist der maximale Abschreibungsbetrag im 1. Jahr der Anschaffung?

b. Wie hoch ist der Restbuchwert am 31.12.20..?

c. Welcher Abschreibungsbetrag ergibt sich im 2. Jahr der Nutzung?

d. Welcher Restbuchwert ergibt sich am 31.12. des 5. Nutzungsjahres?

e. Wie hoch ist der Rest-Abschreibungsbetrag im folgenden Jahr?

7 Welche der unten stehenden Aussagen trifft zu?

1 Das Unternehmen kann in steuerlicher Hinsicht die jährlichen Abschreibungen für die Anlagegüter nicht nach eigenem Ermessen ansetzen.

2 Ein Betriebsgrundstück wird jährlich mit einem bestimmten Prozentsatz abgeschrieben.

3 Die AfA-Tabelle der Finanzverwaltung beinhaltet die Abschreibungsbeträge für die einzelnen Wirtschaftsgüter.

4 Die Abschreibungen mehren den Gewinn des Unternehmens.

5 Die Abschreibungen erscheinen auf der Passivseite der Bilanz.

8 Ein Wirtschaftsgut wurde am 15.03.20.. gekauft und im selben Jahr mit 12 500,00 EUR abgeschrieben. Die betriebsgewöhnliche Nutzungsdauer für dieses Wirtschaftsgut beträgt 8 Jahre.

Wie hoch waren die Anschaffungskosten für dieses Wirtschaftsgut?

Wie werden die Abschreibungen buchhalterisch erfasst?

Geschäftsfälle

1. Kauf eines Betriebsfahrzeugs per Banküberweisung am 27.02.: Nettopreis 30 000,00 EUR + 19 % USt. 5 700,00 EUR
2. Erfassung der Wertminderung (Abschreibung) in Höhe von 6 000,00 EUR am Ende des Jahres
3. Abschluss des Kontos Abschreibungen auf Sachanlagen (491)
4. Abschluss des Kontos Fuhrpark (034)

Konto

652 Abschreibungen auf Sachanlagen (Aufwandskonto)	Das Konto erfasst die Abschreibungsbeträge für die Güter des Anlagevermögens, wie z. B. Betriebsgebäude, technische Anlagen und Maschinen, Fuhrpark, Geschäftsausstattung.

Grundbuch

Nr.	Soll			an	Haben	
1	084 260	Fuhrpark Vorsteuer	30 000,00 4 800,00	280	Guthaben bei Kreditinstituten	34 800,00
2	652	Abschreibungen auf Sachanlagen	6 000,00	280	Fuhrpark	6 000,00
3	802	GuV-Konto	6 000,00	652	Abschreibungen auf Sachanlagen	6 000,00
4	801	SBK	24 000,00	084	Fuhrpark	24 000,00

Hauptbuch

S	084 Fuhrpark		H
(1) Kauf	30 000,00	(2) Abschreib.	6 000,00
		(4) SB	24 000,00

S	652 Abschreibungen auf Sachanlagen		H
(2) Abschreib.	6 000,00	(3) Saldo	6 000,00

S	801 SBK		H
(4) Fuhrpark	24 000,00		

S	802 GuV-Konto		H
(3) Abschreib.	6 000,00		

Am Ende des Jahres ist auf den Konten Fuhrpark und SBK nur noch der verminderte Wert des Fahrzeugs als Bestand aufgeführt.

Die Abschreibungen mindern als Aufwand den Gewinn des Unternehmens und damit auch die gewinnabhängigen Betriebssteuern.

Wie werden Wirtschaftsgüter mit Anschaffungskosten bis 1 000,00 EUR buchhalterisch behandelt?

Begriff

▶ **Wirtschaftsgüter mit Anschaffungskosten bis 150,00 EUR:**
Güter, die einen Nettowert (= ohne Umsatzsteuer) von 150,00 EUR nicht übersteigen, können **sofort als Aufwand** über ein geeignetes Aufwandskonto gebucht werden.
Wirtschaftsgüter mit Anschaffungskosten zwischen 150,01 EUR und 410,00 EUR:
Es besteht eine Wahlmöglichkeit:
- Vollabschreibung am Ende des laufenden Jahres als geringwertiges Wirtschaftsgut oder
- Abschreibung als Sammelposten (siehe nachfolgende Erläuterung).

Wirtschaftsgüter mit Anschaffungskosten über 410,01 EUR bis 1 000,00 EUR:
Diese Güter werden auf einem Sammelkonto zusammengefasst und am Jahresende gemeinsam über fünf Jahre mit jeweils 20 % abgeschrieben.

Geschäftsfall

1. Kauf eines Aktenvernichters bar, netto 140,00 EUR + 19 % USt. = 166,60 EUR
2. Kauf eines Beistellschrankes, netto 160,00 EUR + 19 % USt. = 190,40 EUR auf Ziel
3. Kauf eines Schreibtisches, netto 1 000,00 EUR + 19 % USt. = 1 190,00 EUR auf Ziel
4. Abschreibung auf dem Sammelkonto (089) des aktuellen Jahres am 31.12. (20 % von 1 160,00 EUR)

Konto

089 Sammelposten 20.. (Aktives Bestandskonto)	Für jedes Abrechnungsjahr wird ein Sammelkonto eingerichtet, auf dem die in diesem Jahr angeschafften Wirtschaftsgüter gebucht werden.
0891 Geringwertige Wirtschaftsgüter (Aktives Bestandskonto)	Für Wirtschaftsgüter mit Anschaffungskosten zwischen 150,01 EUR und 410,00 EUR (netto).

Grundbuch

Nr.	Soll			an	Haben	
1	680 260	**Büromaterial** Vorsteuer	140,00 26,60	288	Kasse	166,60
2	0891 260	**Geringwertige Wirtschaftsgüter**[1] Vorsteuer	160,00 30,40	440	Verbindlichkeiten a. L. u. L.	190,40
3	089 260	**Sammelposten 20..** Vorsteuer	1 000,00 190,00	440	Verbindlichkeiten a. L. u. L.	1190,00
4	652	Abschreibungen	232,00	089 0891	Sammelposten 20.. Geringwertige Wirtschaftsgüter	200,00 32,00

[1] oder alternative Buchung: über 089 Sammelposten 20..

Hinweis: In Aufgaben mit Kontierungen müssen nicht alle Kästchen einer Zeile ausgefüllt werden.

1 Welche der folgenden Aussagen trifft nicht zu?

1 Geringwertige Wirtschaftsgüter sind Gegenstände, die einen Nettowert von 410,00 EUR nicht übersteigen.
2 Geringwertige Wirtschaftsgüter können am Ende des Jahres, in den sie angeschafft wurden, vollständig abgeschrieben werden.
3 Geringwertige Wirtschaftsgüter sind Verbrauchsgüter.
4 Im Laufe eines Geschäftsjahres können mehrere geringwertige Wirtschaftsgüter angeschafft werden.
5 Die Buchung als geringwertiges Wirtschaftsgut vereinfacht die Abschreibungsarbeiten.

2 Im Hauptbuch eines Unternehmens sind u. a. folgende Buchungen vorgenommen worden:

(1) und (2) Buchung der Abschreibung auf TA und Maschinen (18 000,00 EUR)
(3) und (4) Abschluss des Kontos Abschreibungen
(5) und (6) Abschluss des Kontos TA und Maschinen

S	072 Anlagen und Maschinen		H
AB	90 000,00	2	18 000,00
		6	72 000,00

S	652 Abschreibungen		H
1	18 000,00	4	18 000,00

S	801 SBK		H
5	18 000,00		

S	802 GuV-Konto		H
3	18 000,00		

a. Welche der oben aufgeführten Buchungen auf den Konten trifft nicht zu?

b. Wie wirkt sich diese Falschbuchung auf den Jahresabschluss aus?

1 Die Abschreibungen werden zu hoch angesetzt.
2 Der Bestand an TA und Maschinen im SBK ist zu niedrig angesetzt.
3 Der Gewinn des Unternehmens ist zu niedrig angesetzt.
4 Die Abschreibungen sind zu niedrig angesetzt.
5 Der Bestand an TA und Maschinen im SBK ist zu hoch angesetzt.

Kontenplan für die Aufgabe 3:

(1) Büromaschinen, Organisationsmittel und Kommunikationsanlagen (086)
(2) Fuhrpark (084)
(3) Sammelposten 20.. (089)
(4) Guthaben bei Kreditinstituten (280)
(5) Vorsteuer (260)
(6) Kasse (288)
(7) Verbindlichkeiten (440)
(8) Umsatzsteuer (480)
(9) Büromaterial (680)
(10) Abschreibungen (652)
(11) GuV-Konto (802)
(12) SBK (801)

3 Bilden Sie die Buchungssätze zu den Geschäftsfällen:

	Soll	Haben
a. Barkauf eines Laserdruckers zum Preis von 1 100,00 EUR + 19 % USt.		
b. Kauf von Kopierpapier zum Preis von netto 1 000,00 EUR + 19 % USt. auf Ziel		
c. Kauf eines Handys für den Außendienstmitarbeiter (Preis einschließlich 19 % USt. = 1 071,00 EUR), per Banküberweisung		
d. Barkauf eines Diktiergerätes, Bruttopreis (inkl. 19 % USt.) 166,60 EUR		
e. Buchung der Abschreibung zu Geschäftsfall a.		
f. Buchung der Abschreibung zu Geschäftsfall c.		

4 Ordnen Sie folgende Buchungssätze den unten stehenden Geschäftsfällen zu.

1 Abschreibungen (652) an Büromaschinen, Organisationsmittel und Kommunikationsanlagen
2 Büromaschinen, Organisationsmittel und Kommunikationsanlagen an Abschreibungen (652)
3 Abschreibungen (652) an Sammelposten 20.. (089)
4 Abschreibungen (652) an GuV-Konto (802)
5 GuV-Konto (930) an Abschreibungen (652)
6 SBK (801) an Abschreibungen (652)
7 SBK (801) an Fuhrpark (084)
8 Abschreibungen (652) an Fuhrpark (084)
9 Fuhrpark (084) an Abschreibungen (652)
10 Sammelposten 20.. (089) an Abschreibungen (652)

a. Buchung des Abschreibungsbetrages für ein betriebliches Fahrzeug
b. Das Konto Abschreibungen (652) wird abgeschlossen.
c. Auf dem Konto Büromaschinen, Organisationsmittel und Kommunikationsanlagen (086) wird der Wertverlust des laufenden Jahres gebucht.
d. Der um die Abschreibung verminderte Wert auf dem Konto Fuhrpark (084) wird am Jahresende aktiviert.
e. Die Wirtschaftsgüter mit Anschaffungskosten zwischen 410,01 EUR und 1 000,00 EUR werden abgeschrieben.

Welche Besonderheiten sind beim Verkauf von Anlagegütern zu beachten, die unter Buchwert verkauft werden?

Geschäftsfälle

Ein Fahrzeug (Anschaffungswert 36 000,00 EUR, 6 Jahre Nutzungsdauer, lineare Abschreibung) mit einem Restbuchwert von 6 000,00 EUR am 01.01. wird am 01.04. zu einem Preis von 2 000,00 EUR netto + 19 % USt. = 380,00 EUR per Banküberweisung verkauft.

1. Buchung der zeitanteiligen Abschreibung für das laufende Jahr (3/12 von 6 000,00 EUR = 1 500,00 EUR)
2. Buchung des Verkaufserlöses

Buchwert am 01.04.	*4 500,00 EUR*
– Verkaufserlös	*2 000,00 EUR*
Verlust aus dem Anlagenabgang	*2 500,00 EUR*

Der Verlust wird auf dem Konto GuV durch die Gegenüberstellung von Anlagenabgängen (4 500,00 EUR im Soll) und Sonstigen Erlösen (2 000,00 EUR im Haben) deutlich (siehe Hauptbuch).

Konten

541	Sonstige Erlöse	Wegen der vorgeschriebenen Umsatzsteuerverprobung muss der Verkaufserlös zunächst auf diesem besonderen Erlöskonto im Haben gebucht werden.
6979	Anlagenabgänge	Dieses Konto erfasst die Auflösung des Restbuchwertes. Es handelt sich um ein Aufwandskonto, das am Ende der Abrechnungsperiode über das GuV-Konto (8020) abgeschlossen wird.

Grundbuch

Nr.	Soll			an	Haben		
1	652	Abschreibungen auf Sachanlagen	1 500,00		084	Fuhrpark	1 500,00
2	280	Guthaben bei Kreditinstituten	2 380,00		541 480	Sonstige Erlöse Umsatzsteuer	2 000,00 380,00
3	6979	Anlagenabgänge	4 500,00		084	Fuhrpark	4 500,00

Hauptbuch

Soll	GuV-Konto		Haben
6979 Anlagenabgänge (Aufwand)	4 500,00	541 Sonstige Erlöse (Ertrag)	2 000,00

Verlust = 2 500,00 EUR

Welche Besonderheiten sind beim Verkauf von Anlagegütern zu beachten, die über Buchwert verkauft werden?

Geschäftsfälle

Ein Faxgerät (Anschaffungswert 1 200,00 EUR, 6 Jahre Nutzungsdauer, lineare Abschreibung) mit einem Restbuchwert von 200,00 EUR am 01.01. wird am 01.07. zu einem Preis von 250,00 EUR netto + 19 % USt. = 47,50 EUR bar verkauft.

4. Buchung der zeitanteiligen Abschreibung für das laufende Jahr (6/12 von 200,00 EUR = 100,00 EUR)
5. Buchung des Verkaufserlöses über 541 Sonstige Erlöse (siehe oberen Kasten) bar
6. Buchung des Anlagenabgangs auf dem Konto 0860 Geschäftsausstattung

Verkaufserlös	*250,00 EUR*
– Buchwert am 01.07.	*100,00 EUR*
Ertrag aus dem Anlagenabgang	*150,00 EUR*

Der Ertrag wird auf dem Konto GuV durch die Gegenüberstellung von Anlagenabgängen (100,00 EUR im Soll) und Sonstigen Erlösen (250,00 EUR im Haben) deutlich (siehe Hauptbuch).

Grundbuch

Nr.	Soll			an	Haben		
4	652	Abschreibungen auf Sachanlagen	100,00		086	Büromaschinen, Organisationsmittel und Kommunikation	100,00
5	288	Kasse	290,00		541 480	Sonstige Erlöse Umsatzsteuer	250,00 47,50
6	6979	Anlagenabgänge	100,00		086	Büromaschinen, Organisationsmittel und Kommunikationsanlagen	100,00

Hauptbuch

Soll	GuV-Konto		Haben
6979 Anlagenabgänge (Aufwand)	100,00	541 Sonstige Erlöse (Ertrag)	250,00

Ertrag = 150,00 EUR

Kontenplan für Aufgabe 1:

1 TA und Maschinen (072)
2 Büromaschinen, Organisationsmittel und Kommunikationsanlagen (086)
3 Eigenkapital (300)
4 Forderungen (240)
5 Guthaben bei Kreditinstituten (280)
6 Vorsteuer (260)
7 Übrige sonstige Forderungen (269)
8 Verbindlichkeiten (440)
9 Umsatzsteuer (480)
10 Anlagenabgänge (6979)
11 Sonstige Erlöse (541)
12 Abschreibungen auf Sachanlagen (652)
13 Abschreibungen auf Forderungen (695)
14 Umsatzerlöse für eigene Erzeugnisse (500)
15 GuV-Konto (802)

1 ***Eine Maschine (Anschaffungswert 180 000,00 EUR, 15 Jahre Nutzungsdauer, Kauf am 07.01.20.. = voller Abschreibungsbetrag im 1. Jahr) wird am 01.05. im 9. Jahr nach dem Kauf zu einem Preis von 85 000,00 EUR netto + 19 % USt. = 16 150,00 EUR auf Ziel verkauft.***

Bilden Sie die Buchungssätze ... Soll Haben

a. ... für die zeitanteilige Abschreibung im 9. Jahr.

b. ... für den Verkaufserlös.

c. ... für den Anlagenabgang auf dem Anlagekonto.

d. ... für den Abschluss des Kontos Sonstige Erlöse (541)

e. ... für den Abschluss des Kontos Anlagenabgänge (6979)

2 ***Ermitteln Sie zu dem Fall aus Aufgabe 1 ...***

a. ... den Abschreibungsbetrag pro Jahr.

b. ... den Restbuchwert zum 01.01. des 9. Jahres.

c. ... den Restbuchwert zum 01.05. des 9. Jahres.

d. ... ob es sich
  1 um einen Ertrag,
  2 um einen Verlust aus dem Anlagenabgang handelt.

e. ... die Höhe des Ertrages bzw. des Aufwandes.

3 ***Welche der unten stehenden Aussagen zur Buchung beim Verkauf von Anlagegütern trifft zu?***

1 Der Verkauf von Anlagegütern wirkt sich nicht auf die Gewinn- und Verlustrechnung aus.
2 Beim Verkauf von Anlagegütern wird der Bruttorechnungsbetrag (einschließlich Umsatzsteuer) mit dem Restbuchwert verglichen.
3 Ist der Restbuchwert höher als der Verkaufserlös, ergibt sich ein Ertrag.
4 Durch einen Ertrag werden die gewinnabhängigen Steuern erhöht.
5 Ein Ertrag wirkt sich direkt auf dem Konto Umsatzerlöse für eigene Erzeugnisse (500) aus.

4 ***Bei der Wolfgang Huschenbeth GmbH & Co. KG ergibt sich durch den Verkauf eines Anlagegutes aus der Betriebs- und Geschäftsausstattung in der Finanzbuchhaltung folgendes Kontenbild: (RBW(1) = Restbuchwert zum 01.01.20..)***

086 Büromaschinen, Organisationsmittel und Kommunikation

S			H
RBW(1)	5 000,00	(2)	1 000,00
		(4)	4 000,00

652 Abschreibungen

S			H
(2)	1 000,00		

280 Guthaben bei Kreditinstituten

S			H
(5)	1 740,00		

480 Umsatzsteuer

S			H
		(3)	240,00

6979 Anlagenabgänge

S			H
(4)	4 000,00	(5)	4 000,00

541 Sonstige Erlöse

S			H
(6)	1 500,00	(3)	1 500,00

802 GuV

S			H
(5)	4 000,00	(6)	1 500,00

Welche der nachstehend aufgeführten Aussagen trifft zu?

1 Die zeitanteilige Abschreibung auf dem Konto BGA für das laufende Jahr beträgt 4 000,00 EUR.

2 Der Wert des Anlagegutes muss nach dem Verkauf vollständig ausgebucht sein.

3 Der Gewinn des Unternehmens erhöht sich durch diesen Vorgang um 1 500,00 EUR.

4 Grundlage für die Berechnung der Umsatzsteuer beim Verkauf ist der Restbuchwert zum 01.01.20...

5 Der Abschreibungssatz für die zeitanteilige Abschreibung im Jahr des Verkaufs ist immer identisch mit dem Abschreibungssatz in den Vorjahren.

Welche Sachverhalte berühren das Konto „Privat" eines Unternehmens?

Privatkonto

- Alle Geschäftsfälle mit privatem Charakter, die zwar Konten der Finanzbuchhaltung eines Unternehmens berühren, aber mit der eigentlichen Unternehmenstätigkeit nichts zu tun haben, müssen buchhalterisch eindeutig abgegrenzt werden.
- Das Konto Privat sammelt alle Ausgaben und Einlagen, die zum Privatbereich der Unternehmerin/des Unternehmers gehören, aber über die Geschäftsbuchhaltung des Unternehmens abgewickelt werden.

Privatentnahmen		**Privateinlagen**
Entnahme von Geld	**Entnahme von Gegenständen**	**Kapitaleinlagen**
Die Unternehmerin/der Unternehmer entnimmt über Finanzkonten des Unternehmens (Bank, Kasse) Geld, z. B. für: ▶ den privaten Lebensunterhalt ▶ private Versicherungen (z. B. Lebensversicherungen) ▶ Urlaubsreisen	Die Unternehmerin/der Unternehmer entnimmt Fertigerzeugnisse oder Handelswaren für private Zwecke. **Die Entnahme von Gegenständen ist umsatzsteuerpflichtig!**	Gegenstände aus dem Privatvermögen der Unternehmerin/des Unternehmers gehen in das Betriebs vermögen über: ▶ Einlage von Geldwerten ▶ Einlage von Sachwerten (z. B. Grundstück, Pkw)

Privatentnahme → Minderung des Eigenkapitals = Buchung im Soll auf dem Konto Privat	Privateinlage → Mehrung des Eigenkapitals = Buchung im **Haben** auf dem Konto Privat

Geschäftsfälle

1. *Beitragszahlung der Hausratversicherung für das Privathaus der Unternehmerin per Banküberweisung: 530,00 EUR*
2. *Die Unternehmerin entnimmt Waren für private Zwecke, Nettowert 2 000,00 EUR + 19 % USt. = 380,00 EUR.*
3. *Die Unternehmerin bringt ein Privatgrundstück in das Unternehmen ein, Wert: 260 000,00 EUR.*
4. *Abschluss des Kontos Privat*
5. *Abschluss des Kontos Entnahme von Gegenständen*

Konten

3001	Privatkonto	Unterkonto des Eigenkapital-Kontos → Abschluss erfolgt über das Konto Eigenkapital
542	Entnahme von Gegenständen und sonstigen Leistungen	Dieses Konto erfasst die Erträge, die das Unternehmen durch den „Verkauf von Fertigerzeugnissen und Handelswaren an den Unternehmer" erzielt.

Grundbuch

Nr.	Soll			an	Haben		
1	3001	Privatkonto	530,00		280	Guthaben bei Kreditinstituten	530,00
2	3001	Privatkonto	2 380,00		542 480	Entnahme von Gegenständen Umsatzsteuer	2 000,00 380,00
3	050	Unbeb. Grundstücke	260 000,00		3001	Privatkonto	260 000,00
4	3001	Privatkonto	257 150,00		300	Eigenkapital	257 150,00
5	542	Entnahme von Gegenständen	2 000,00		802	GuV-Konto	2 000,00

S 3001 Privatkonto (Unterkonto von 300 Eigenkapital) H

S		H	
(1) Entnahme	530,00	**(3) Einlage**	260 000,00
(3) Entnahme	2 380,00		
(4) Saldo (EK)	257 090,00		

S 300 Eigenkapital (Bestandskonto) H

S		H	
		AB	560 000,00
		(4) Saldo Privat	257 090,00

S 542 Entnahme von Gegenständen (Ertragskonto) H

S		H	
(5) Saldo GuV	2 000,00	**(2) „Verkaufserlös"**	2 000,00

S 802 GuV H

S		H	
		(5) Entnahme von Gegenständen	2 000,00

1 Welche der folgenden Aussagen über Privatentnahmen trifft nicht zu?

Das Konto Privatentnahmen…

1 … ist ein Unterkonto des Eigenkapitalkontos.
2 … wird ausschließlich in Finanzbuchhaltungen von Einzelunternehmen benötigt.
3 … erfasst alle Geschäftsfälle, die durch Privatausgaben hervorgerufen werden.
4 … erfasst die Privatausgaben im Soll und den Abschlusssaldo im Haben.
5 … ist in der Kontenklasse 3 des Industrie-Kontenrahmens.

2 In dem unten folgenden Text stehen die Buchstaben für bestimmte Begriffe.

„Gewinn ist die (a) zwischen dem (b) und dem (c), (d) um den Wert der Privatentnahmen."

Ergänzen Sie den Text, indem Sie die folgenden Begriffe den entsprechenden Buchstaben zuordnen.

Begriffe:

1 Eigenkapital zu Beginn des Geschäftsjahres
2 Eigenkapital am Schluss des Geschäftsjahres
3 Vermögen zu Begin des Geschäftsjahres
4 Vermögen am Schluss des Geschäftsjahres
5 Differenz
6 Summe
7 vermehrt
8 vermindert

a. Buchstabe (a) =

b. Buchstabe (b) =

c. Buchstabe (c) =

d. Buchstabe (d) =

3 Für ein Unternehmen ergeben sich für ein Geschäftsjahr folgende Werte:

Privatentnahmen	69 000,00 EUR
Eigenkapital am Anfang des Geschäftsjahres	560 000,00 EUR
Vermögen am Ende des Geschäftsjahres	980 000,00 EUR
Schulden am Ende des Geschäftsjahres	400 000,00 EUR

a. Berechnen Sie das Eigenkapital am Ende des Geschäftsjahres

b. Wie hoch ist der Gewinn bzw. der Verlust im laufenden Geschäftsjahr

4 Welcher der unten stehenden Buchungssätze trifft auf den folgenden Beleg zu?

1 Privatkonto (3001) 952,00 EUR
an Umsatzerlöse f. eigene Erzeugnisse (500) 952,00 EUR

2 Privatkonto (3001) 952,00 EUR
an Fertige Erzeugnisse (220) 800,00 EUR
an Umsatzsteuer (480) 128,00 EUR

3 Privatkonto (3001) 952,00 EUR
an Kasse (288) 952,00 EUR

4 Privatkonto (3001) 952,00 EUR
an Entnahme von Gegenständen (542) 800,00 EUR
an Umsatzsteuer (480) 128,00 EUR

5 Entnahme von Gegenständen (542) 800,00 EUR
Vorsteuer (260) 128,00 EUR
an Privatkonto (3001) 952,00 EUR

Quittung EUR 952,00

Nr. 23 einschl. 19 % USt./€

Neunhundertzweiundfünfzig — Cent wie oben

Euro in Worten

von

für Entnahme von Waren durch den Inhaber

dankend erhalten

Düsseldorf den 21.08.20..

Schmidt

Unterschrift des Empfängers

5 Ordnen Sie die folgenden Buchungssätze den unten genannten Geschäftsfällen zu.

Buchungssätze:

1 Privatkonto (3001) an Guthaben bei Kreditinstituten (280)
2 Versicherungsbeiträge (690) an Guthaben bei Kreditinstituten (280)
3 Guthaben bei Kreditinstituten (280) an Privatkonto (3001)
4 Eigenkapital (300) an Privatkonto (3001)
5 Privatkonto (3001) an Eigenkapital (300)
6 Eigenkapital (300) an Privatkonto (3001)
7 Privatkonto (3001) an Fuhrpark (084)
9 keiner der Buchungssätze trifft zu.

Geschäftsfälle:

a. Die Hotelrechnung einer Dienstreise wird überwiesen.
b. Buchung des Saldos auf dem Konto Privatkonto (die Einlagen übersteigen die Entnahmen)
c. Überweisung des Beitrags für die Lebensversicherung vom Geschäftskonto
d. Überweisung des Beitrags für die Feuerversicherung des Betriebsgebäudes vom Geschäftskonto
e. Der Unternehmensinhaber überweist einen Betrag vom Geschäftskonto auf sein Privatkonto.

Unterscheiden Sie die bestands- und verbrauchsorientierte Buchung im Beschaffungsbereich.

Buchung des Aufwands direkt beim Einkauf (Just-in-time-Verfahren/aufwandsorientierte Buchung)	Die Einkäufe von Werkstoffen bzw. Handelswaren werden **sofort** (just in time) als **Aufwand** auf den jeweiligen **Aufwandskonten** (Aufwendungen für Rohstoffe, etc.) gebucht. Am Ende der Abrechnungsperiode müssen die durch die Inventur festgestellten Bestandsmehrungen bzw. Bestandsminderungen der jeweiligen Werkstoffe bzw. Handelswaren durch eine Umbuchung berücksichtigt werden.
Buchung des Aufwands mit Materialentnahmescheinen (bestandsorientierte Buchung)	Die Einkäufe von Werkstoffen bzw. Handelswaren werden **zunächst** auf dem jeweiligen **Bestandskonto** (Rohstoffe, Vorprodukte, Hilfsstoffe, Betriebsstoffe und Handelswaren) gebucht. Erst wenn die Werkstoffe aus dem Lager entnommen werden (Beleg: Materialentnahmeschein) und tatsächlich verarbeitet werden, erfolgt die Aufwandsbuchung auf den jeweiligen **Aufwandskonten** (Aufwendungen für Rohstoffe, etc.). Das Gleiche gilt für die Handelswaren, die dann als Aufwand gebucht werden, wenn sie verkauft werden.

Welche Buchungen ergeben sich bei der Buchung des Aufwands im „Just-in-time"-Verfahren (aufwandsorientierte Buchung)?

Geschäftsfälle

1. Kauf von Rohstoffen auf Ziel:

Gesamtpreis, netto	*22 000,00 EUR*
+ 19 % USt.	*4 180,00 EUR*
= Rechnungsbetrag, brutto	*26 180,00 EUR*

2. Buchen der Bestandsveränderung lt. Inventur am Ende der Abrechnungsperiode (hier: Mehrbestand 11 000,00 EUR)
3. Abschluss des Kontos Aufwendungen für Rohstoffe
4. Buchung des Schlussbestandes auf dem Konto Rohstoffe 93 000,00 EUR

Grundbuch

Nr.	Soll			an	Haben		
1	600 260	Aufw. f. Rohstoffe Vorsteuer	22 000,00 4 180,00		440	Verbindlichkeiten a. L. u. L.	26 180,00
2	200	Rohstoffe	11 000,00		600	Aufw. f. Rohstoffe	11 000,00
3	802	GuV	929 000,00		600	Aufw. f. Rohstoffe	929 000,00
4	801	SBK	93 000,00		200	Rohstoffe	93 000,00

Hauptbuch siehe S. 192

Welche Buchungen ergeben sich bei der Buchung des Aufwands mit Materialentnahmescheinen (bestandsorientierte Buchung)?

Geschäftsfälle

1. Kauf von Rohstoffen auf Ziel:

Gesamtpreis, netto	*22 000,00 EUR*
+ 19 % USt.	*4 180,00 EUR*
= Rechnungsbetrag, brutto	*26 180,00 EUR*

2. Rohstoffverbrauch lt. Materialentnahmeschein MES 8711: Wert 16 000,00 EUR
3. Abschluss des Kontos Aufwendungen für Rohstoffe
4. Buchung des Schlussbestandes auf dem Konto Rohstoffe 93 000,00 EUR

Grundbuch

Nr.	Soll			an	Haben		
1	200 260	Rohstoffe Vorsteuer	22 000,00 4 180,00		440	Verbindlichkeiten a. L. u. L.	26 180,00
2	260	Aufw. f. Rohstoffe	16 000,00		200	Rohstoffe	11 000,00
3	600	GuV	929 000,00		600	Aufw. f. Rohstoffe	929 000,00
4	802	SBK	93 000,00		200	Rohstoffe	93 000,00

Hauptbuch siehe S. 192

1 Überprüfen Sie unten aufgeführte Aussagen zu den unterschiedlichen Verfahren bei der Buchung des Aufwands im Beschaffungsbereich.

Tragen Sie eine

1 ein, wenn diese Aussage auf die Buchung des Aufwands mit Materialentnahmescheinen zutrifft.
2 ein, wenn diese Aussage auf die Buchung des Aufwands direkt beim Einkauf (Just-in-time-Verfahren) zutrifft.
3 ein, wenn diese Aussage auf beide Verfahren zutrifft.
9 ein, wenn diese Aussage auf keines der beiden Verfahren zutrifft.

a. Am Ende der Abrechnungsperiode erscheint der Aufwand für den Verbrauch von Werkstoffen und Handelswaren im GuV-Konto auf der Soll-Seite. ☐
b. Der Aufwand wird sofort beim Einkauf von Werkstoffen und Handelswaren (bei Eintreffen der Eingangsrechnung) gebucht. ☐
c. Wenn die verarbeiteten Werkstoffe als Fertigerzeugnisse an die Kunden verkauft werden, wird der dazugehörige Aufwand für den Einkauf der Werkstoffe gebucht. ☐
d. Sobald die Werkstoffe und Handelswaren das Lager verlassen und weiterverarbeitet bzw. weiterverkauft werden, wird der entsprechende Aufwand gebucht. ☐
e. Das Bestandskonto des jeweiligen Werkstoff- bzw. Handelswarenkontos wird ausschließlich zu Beginn und zum Ende einer Abrechnungsperiode angesprochen. ☐

2 Bilden Sie die Buchungssätze mithilfe der unten stehenden Konten.

	Soll	Haben
a. Rohstoffeinkauf auf Ziel (Buchung im Just-in-time-Verfahren)	☐☐	☐☐
b. Mehrbestand an Rohstoffen am Jahresende	☐	☐
c. Rohstoffeinkauf auf Ziel (Buchung des Verbrauchs mit Materialentnahmescheinen)	☐☐	☐☐
d. Rohstoffverbrauch lt. Materialentnahmescheinen	☐	☐
e. Buchung des Schlussbestandes an Rohstoffen lt. Inventur	☐	☐

Konten für Aufgabe 2:

1 Rohstoffe (200)
2 Forderungen a. L. u. L. (240)
3 Vorsteuer (260)
4 Guthaben bei Kreditinstituten (280)
5 Kasse (288)
6 Verbindlichkeiten a. L. u. L. (440)
7 Umsatzsteuer (480)
8 Bestandsveränderungen (520)
9 Aufwendungen für Rohstoffe (600)
10 SBK (801)
11 GuV (802)

3 Am Ende der Abrechnungsperiode ergibt sich für den Einkauf von Vorprodukten/Fremdbauteilen (Just-in-time-Verfahren) bei der U. Schnieders GmbH & Co. KG folgende Situation:

S 601 Aufw. f. Vorprodukte/Fr. H

Einkäufe	77 000,00	(2)	82 000,00
(1)	5 000,00		

S 201 Vorprodukte/Fremdbauteile H

AB	13 000,00	(1)	5000,00
		(3)	8 000,00

S 802 GuV H

(2)	82 000,00		

S 801 SBK H

(3)	8 000,00		

Tragen Sie in den unten stehenden Kästchen eine

1 ein, wenn die Aussage zutrifft,
2 ein, wenn die Aussage wegen fehlender Informationen nicht bewertet werden kann,
9 ein, wenn die Aussage nicht zutrifft.

a. Die Aufwendungen für Vorprodukte/Fremdbauteile gehen mit 82 000,00 EUR in die Erfolgsrechnung des Unternehmens ein. ☐
b. Am Ende der Abrechnungsperiode ergibt sich ein Minderbestand an Vorprodukten/Fremdbauteilen von 8 000,00 EUR. ☐
c. Der Minderbestand an Vorprodukten/Fremdbauteilen wirkt sich aufwandsmindernd auf das Unternehmensergebnis aus. ☐
d. Der Minderbestand ergab sich aus der Berücksichtigung von Fehlbuchungen, Diebstahl bzw. Schwund. ☐
e. Das Unternehmen hat am Ende der Abrechnungsperiode ein Vermögen an Vorprodukten/Fremdbauteilen in Höhe von 8 000,00 EUR. ☐
f. Der Verbrauch an Vorprodukten/Fremdbauteilen im Laufe der Abrechnungsperiode beträgt 77 000,00 EUR. ☐

4 Welcher Geschäftsfall wird mit folgendem Buchungssatz dokumentiert? ☐

Rohstoffe an Aufwendungen für Rohstoffe

1 Abschluss des Kontos Rohstoffe
2 Buchen eines Mehrbestandes an Rohstoffen (Just-in-time-Verfahren)
3 Rohstoffverbrauch laut Materialentnahmeschein
4 Buchen des Schlussbestandes auf dem Konto Rohstoffe
5 Kauf von Rohstoffen auf Ziel

Zeigen Sie die Kontenstruktur der verbrauchs- bzw. bestandsorientierten Einkaufsbuchungen auf.

Hauptbuch	Die Buchungen beziehen sich auf die Beispiele der Seite 190.
Buchung „just in time" (verbrauchs-orientiert)	S — **200 Rohstoffe (Bestandskonto)** — H Soll: Anfangsbestand 82 000,00; (2) Best.veränd. (Mehrbestand) 11 000,00 Haben: (4) Schlussbestand 93 000,00 S — **600 Aufwendungen für Rohstoffe (Aufwandskonto)** — H Soll: **(1) Einkauf** 22 000,00; **Weitere Einkäufe** 918 000,00 Haben: (2) Best.veränd. (Mehrbestand) 11 000,00; (3) Saldo 929 000,00
Buchung mit Materialentnahme-scheinen (bestands-orientiert)	S — **200 Rohstoffe (Bestandskonto)** — H Soll: Anfangsbestand 82 000,00; **(1) Einkauf** 22 000,00; **Weitere Einkäufe** 918 000,00 Haben: (2) Verbrauch lt. MES 16 000,00; Weitere Verbräuche lt. MES 913 000,00; (4) Schlussbestand 93 000,00 S — **600 Aufwendungen für Rohstoffe (Aufwandskonto)** — H Soll: (2) Verbrauch lt. MES 16 000,00; Weitere Verbräuche lt. MES 913 000,00 Haben: (3) Saldo 929 000,00

Welche Besonderheiten sind bei Buchungen im Einkauf zu beachten?

Berücksichtigung eines einheitlichen Buchungsverfahrens	Ein einmal gewähltes Buchungsverfahren für den Einkauf (verbrauchsorientiert oder bestandsorientiert) muss über den Zeitraum einer Abrechnung beibehalten werden. Aus Gründen der Übersichtlichkeit wird im Folgenden ausschließlich die aufwandsorientierte Buchung dargestellt. Wenn die bestandsorientierte Buchung angewendet werden soll, müssen die entsprechenden Konten der Kontenklasse 2 berücksichtigt werden.
Sofortrabatte	Rabatte (z. B. Mengenrabatt), die beim Bezug von Werkstoffen bzw. Handelswaren auf den Eingangsrechnungen gewährt werden, mindern den Anschaffungspreis. Sie werden als Sofortrabatte bezeichnet und buchhalterisch **nicht gesondert erfasst.**
Bezugskosten	Zum eigentlichen Warenwert müssen häufig Anschaffungsnebenkosten berücksichtigt werden, wie z. B. Frachtkosten, Transportversicherungsbeiträge, Verpackungsmaterialien und Zölle. Diese Bezugskosten erhöhen den Anschaffungspreis. Die Bezugskosten werden auf einem separaten Konto erfasst, um sich schneller einen Überblick über die Höhe der Bezugskosten verschaffen zu können.
Geschäftsfäll	*1. Wir erhalten folgende Eingangsrechnung für Hilfsstoffe:* *Gesamtpreis, netto 15 000,00 EUR* *– 10 % Mengenrabatt 1 500,00 EUR → Sofortrabatt (keine gesonderte Buchung)* *= Zieleinkaufspreis 13 500,00 EUR* *+ Frachtkosten 600,00 EUR → Bezugskosten (gesonderte Buchung)* *= Rechnungsbetrag, netto 14 100,00 EUR* *+ 19 % USt. 2 679,00 EUR* *= Rechnungsbetrag, brutto 16 779,00 EUR*
Konten	6001 Bezugskosten/Rohstoffe 6011 Bezugskosten/Vorprodukte 6021 Bezugskosten/Hilfsstoffe 6031 Bezugskosten/Betriebsstoffe 6081 Bezugskosten/Handelswaren Diese Konten sind jeweils Unterkonten der jeweiligen Hauptkonten (600 Aufwendungen für Rohstoffe, 601 Aufw. f. Vorprodukte, 602 Aufw. f. Hilfsstoffe, 603 Aufw. für Betriebsstoffe, 608 Aufw. f. Handelswaren). Der Abschluss der Unterkonten erfolgt über das jeweilige Hauptkonto.

Grundbuch

Nr.	Soll			an	Haben		
1	602 6021 260	Aufw. f. Hilfsstoffe **Bezugsk./Hilfsstoffe** Vorsteuer	13 500,00 600,00 2 679,00		440	Verbindlichkeiten a. L. u. L.	16 779,00

Hauptbuch siehe S. 194

Kontenplan für die Aufgaben 1 bis 3:

1 Forderungen a. L. u. L. (240)
2 Guthaben bei Kreditinstituten (280)
3 Vorsteuer (260)
4 Verbindlichkeiten a. L. u. L. (440)
5 Umsatzsteuer (480)
6 Aufwendungen für Rohstoffe (600)
7 Bezugskosten (6001)
8 Nachlässe (6002)
9 Fertige Erzeugnisse (220)
10 Umsatzerlöse für eigene Erzeugnisse (500)
11 Erlösberichtigungen (5001)
12 Bestandsveränderungen (520)

Die Belege sind aus der Sicht der wwh GmbH zu buchen.

Bilden Sie den Buchungssatz ... Soll Haben

1 ... zu Beleg 1.

2 ... zu Beleg 2.

3 ... zu Beleg 3.

4 Wie hoch sind die Anschaffungskosten (Nettoeinkäufe) für alle Aluminiumbleche unter Berücksichtigung der Belege 1–3?

5 Ermitteln Sie den Betrag der Vorsteuerberichtigung aus Beleg 3.

6 Wie hoch ist der Vorsteuerbetrag aus den Belegen 1–3 insgesamt?

7 Welche Aussage zum Beleg 2 trifft zu?

1 Bei einer Gutschrift muss die anteilige Vorsteuer um 19 % vom Bruttowert berichtigt werden.
2 Bei einer Gutschrift muss immer angegeben sein, wie hoch der Prozentsatz des Preisnachlasses ist.
3 Die Verbindlichkeiten der wwh GmbH verringern sich um einen Betrag von 1 332,80 EUR.
4 Der Vorsteuerbetrag in Höhe von 212,80 EUR wird bei der wwh GmbH auf dem Konto Vorsteuer (260) im Soll gebucht.
5 Wenn die Rechnung noch nicht bezahlt ist, muss die Gutschrift um den 2 %-igen Skontowert korrigiert werden.

Walz- und Blechwerke AG

Walz- und Blechwerke AG • Wellenkamp 17 • 33605 Bielefeld

wwh GmbH
Helene-Weber-Weg 5
33607 Bielefeld

Beleg ①

RECHNUNG

Kunden-Nr.: **16122**
Auftrags-Nr.: **998-99978**
Rechn.-Nr.: **200801020**
Datum: **05.01.20..** Lieferdatum: **07.01.20..**

Posten	Bezeichnung	Einheit	Menge	Einzelpreis	Gesamtpeis
1	Aluminiumbleche 647	St.	5	980,00 EUR	4 900,00 EUR
2	Aluminiumbleche 747	St.	10	1 120,00 EUR	11 200,00 EUR
3	Aluminiumbleche 847	St.	3	1 340,00 EUR	4 020,00 EUR

Nettopreis	20 120,00 EUR
Versandkosten	380,00 EUR
+ MwSt. 19%	3 895,00 EUR
Bruttopreis	24 395,00 EUR

Zahlbar innerhalb von 7 Tagen mit 2 % Skonto (**vom reinen Warenwert**), innerhalb von 30 Ta...

Walz- und Blechwerke AG

Walz- und Blechwerke AG • Wellenkamp 17 • 33605 Bielefeld

wwh GmbH
Helene-Weber-Weg 5
33607 Bielefeld

Beleg ②

GUTSCHRIFT

Kunden-Nr.: **16122**
Auftrags-Nr.: **998-99978**
Gutschr.-Nr.: **201033456**
Datum: **10.01.20..**

Posten	Bezeichnung	Einheit	Menge	Einzelpreis	Gesamtpeis
1	Rückgabe wegen Mängelrüge: Aluminiumbleche 747	St.	1	1 120,00 EUR	1 120,00 EUR

Nettowert	1 120,00 EUR
+ MwSt. 19%	212,80 EUR
Bruttowert	1 332,80 EUR

Geschäftsführer: Jürgen Rische, Amtsgericht Bielefeld HRB 3345 • Tel.: 0521 556900 • Fax: 0521 556950• E-Mail: info@rische-gmbh.de • Sparkasse Bielefeld • BLZ 494 501 20 • Kto.Nr. 1400046700

Girokonto 140039876 BLZ 480 501 61 Kontoauszug 57
Sparkasse Bielefeld UST.-Id.: DE 124011615 Blatt 1

Beleg ③

Datum	Erläuterungen		Betrag
Kontostand in EUR am 12.01.20.., Auszug Nr. 11			98 755,96 +
12.01.	Überweisung Rg. 200801020 abzügl. Gutschrift 201033456 abzügl. Skonto 478,86 €	Wert: 10.12.20..	22 583,34 -
Kontostand in EUR am 12.01.20.., 16:00 Uhr			76 172,62 +

IHR KREDIT 30 000,00 EUR wwh GmbH, Helene-Weber-Weg 9, 33607 Bielefeld

Welche weiteren Buchungen ergeben sich im Zusammenhang mit dem Einkauf?

Rücksendungen	Werden Vorräte oder Handelswaren falsch oder mangelhaft geliefert und dem Lieferanten **zurückgeschickt**, erfolgt nach der erhaltenen Gutschrift eine Rückbuchung (**Stornobuchung**) der ursprünglichen Buchung, die beim Kauf der Ware vorgenommen wurde.
Nachlässe	Für mangelhaft gelieferte Waren, die **nicht zurückgeschickt werden** und weiterverarbeitet bzw. -verkauft werden können, hat der Käufer das Recht, eine Kaufpreisminderung zu verlangen. Dieser Preisnachlass wird ebenfalls auf einer Gutschrift des Lieferanten dokumentiert.
Liefererboni	Ein Bonus ist ein nachträglich gewährter Preisnachlass, der am Ende einer Abrechnungsperiode bei Erreichen eines vorher vereinbarten Umsatzzieles gewährt wird.
Liefererskonti	Skonto wird als Preisnachlass bei vorzeitiger Zahlung gewährt. Der Käufer berücksichtigt den Skontoabzug bei der Überweisung des Rechnungsbetrages.

Geschäftsfälle

2. *Ein Teil einer Hilfsstofflieferung ist mangelhaft und wird zurückgeschickt. Wir erhalten vom Lieferanten eine Gutschrift über 1 000,00 EUR + 19 % USt. (190,00 EUR) (**Vorsteuerberichtigung**).*
3. *Nach Vereinbarung mit dem Lieferanten wird eine Hilfsstofflieferung, die mit geringen Mängeln behaftet ist behalten und ein Preisnachlass ausgehandelt. Wir erhalten vom Lieferanten eine Gutschrift von 2 500,00 EUR + 19 % USt. (475,00 EUR) (**Vorsteuerberichtigung**).*
4. *Am Jahresende gewährt der Hilfsstofflieferant auf alle Rechnungen einen zusätzlichen Bonus von 21 420,00 EUR (inkl. 19 % USt. = 3 420,00 EUR; **Vorsteuerberichtigung**).*
5. *Die Eingangsrechnung eines Hilfsstofflieferanten (Brutto-Rechnungsbetrag 17 850,00 EUR) wird unter Abzug von 2 % Skonto (Brutto-Skonto 357,00 EUR; **Vorsteuerberichtigung** 57,00 EUR) per Banküberweisung mit 17 493,00 EUR beglichen.*
6. *Abschluss des Kontos Bezugskosten/Hilfsstoffe*
7. *Abschluss des Kontos Nachlässe/Hilfsstoffe*

Konten

6002 Nachlässe/Rohstoffe
6012 Nachlässe/Vorprodukte
6022 Nachlässe/Hilfsstoffe
6032 Nachlässe/Betriebsstoffe
6082 Nachlässe/Handelswaren

Diese Konten sind jeweils Unterkonten der jeweiligen Hauptkonten (600 Aufwendungen für Rohstoffe, 601 Aufwendungen für Vorprodukte, 602 Aufwendungen für Hilfsstoffe, 603 Aufwendungen für Betriebsstoffe, 628 Aufwendungen für Handelswaren).
Der Abschluss der Unterkonten erfolgt über das jeweilige Hauptkonto.

Grundbuch

Nr.	Soll			an	Haben		
2	440	Verbindlichkeiten a. L. u. L.	1 190,00		602 260	Aufwend. für Hilfsstoffe Vorsteuer	1 000,00 190,00
3	440	Verbindlichkeiten a. L. u. L.	2 975,00		6022 260	Nachlässe/Hilfsstoffe Vorsteuer	2 500,00 475,00
4	440	Verbindlichkeiten a. L. u. L.	21 420,00		6022 260	Nachlässe/Hilfsstoffe Vorsteuer	18 000,00 3 420,00
5	440	Verbindlichkeiten a. L. u. L.	17 850,00		280 6022 260	Guthaben bei Kreditinstituten Nachlässe/Hilfsstoffe Vorsteuer	17 493,00 300,00 57,00
6	602	Aufwendungen für Hilfsstoffe	600,00		6021	Bezugskosten/Hilfsstoffe	600,00
7	6022	Nachlässe/Hilfsstoffe	20 800,00		602	Aufwendungen für Hilfsstoffe	20 800,00

S 602 Aufwendungen für Hilfsstoffe (Aufwandskonto) H

S		H	
Gesamte Hilfsstoffeinkäufe	135 000,00	**(2) Rücksendungen**	1 000,00
(6) Saldo Konto Bezugskosten	600,00	(7) Saldo Konto Nachlässe	20 800,00

Unterkonten von Hilfsstoffe

S 6021 Bezugskosten/Hilfsstoffe H

S		H	
(1) Bezugskosten	600,00	(6) Saldo	600,00

S 6022 Nachlässe/Hilfsstoffe H

S		H	
(7) Saldo	20 800,00	(3) Nachlass	2 500,00
		(4) Bonus	18 000,00
		(5) Skonto	300,00

***1** Am Ende des Geschäftsjahres ergibt sich im Hauptbuch der Klaus Rogalski GmbH folgende Situation (verbrauchsorientierte Buchung der Rohstoffe):*

S	200 Rohstoffe		H
AB	12 000,00	(6)	10 000,00
		(7)	2 000,00

S	600 Aufw. für Rohstoffe		H
Einkäufe	96 000,00	(4)	6 300,00
(3)	8 200,00	(5)	7 800,00
(7)	2 000,00	Saldo	92 100,00

S	6001 Bezugskosten/Rohstoffe		H
(1)	8 200,00	(3)	8 200,00

S	6002 Nachlässe/Rohstoffe		H
(4)	6 300,00	(2)	6 300,00

S	801 SBK		H
(6)	10 000,00		

Tragen Sie die Nummer der entsprechenden Buchung in das Kästchen ein.
Falls eine Buchung nicht zutrifft, tragen Sie eine (9) ein.

Bei der Buchung handelt es sich um …

a. … die Buchung der Bezugskosten.
b. … die Buchung der Rücksendungen an Lieferanten.
c. … die Buchung der Nachlässe an Kunden.
d. … die Bestandsmehrung von Rohstoffen.
e. … die Umbuchung der Nachlässe von Lieferanten auf das Hauptkonto.
f. … die Umbuchungen der Bezugskosten auf das Hauptkonto.
g. … den Schlussbestand an Rohstoffen lt. Inventur.

***2** Auf den Konten Rohstoffe und Aufw. f. Rohstoffe eines Industriebetriebes ergaben sich am Jahresende folgende Werte (verbrauchsorientierte Buchung der Rohstoffe):*

S	200 Rohstoffe		H
AB	75 000,00		

S	600 Aufw. f. Rohstoffe		H
Einkäufe	180 000,00	Nachlässe	14 000,00

Der Schlussbestand lt. Inventur beträgt 81 000,00 EUR. Welche der folgenden Aussagen treffen nicht zu?

1 Der Schlussbestand wird auf dem Konto Aufwendungen für Rohstoffe im Haben gebucht.
2 Die Nachlässe sind noch um die anteilige Vorsteuer zu berichtigen.
3 Der tatsächliche Wert, zu dem Rohstoffe im laufenden Jahr gekauft wurden, beträgt 160 000,00 EUR.
4 Am Jahresende ergibt sich ein Mehrbestand an Rohstoffen in Höhe von 6 000,00 EUR.
5 Die gebuchten Preisnachlässe können entweder Skontoabzüge, Boni oder Preisnachlässe wegen mangelhaft gelieferter Ware sein.

***3** Buchen Sie unten stehende Geschäftsfälle unter Verwendung folgender Konten (bestandsorientierte Buchung):*

1 Rohstoffe (200)
2 Hilfsstoffe (202)
3 Nachlässe für Rohstoffe (2002)
4 Nachlässe für Hilfsstoffe (2022)
5 Vorsteuer (260)
6 Umsatzsteuer (480)
7 Verbindlichkeiten a. L. u. L. (440)
8 Forderungen a. L. u. L. (240)
9 Guthaben bei Kreditinstituten (280)

Soll | Haben

a. Kauf von Hilfsstoffen auf Ziel
b. Buchung eines Bonus auf die gesamten Rohstofflieferungen des laufenden Geschäftsjahres
c. Gutschrift eines Hilfsstofflieferanten wegen mangelhafter Lieferung (Ware wurde zurückgeschickt)
d. Banküberweisung für eine Hilfsstoffrechnung unter Abzug von Skonto
e. Gutschrift eines Rohstofflieferanten wegen mangelhafter Lieferung (Ware wurde nicht zurückgeschickt)

***4** Die P. Klein KG in Chemnitz lieferte am 10.09.20.. Rohstoffe an die W. Uhr Maschinenbau GmbH in Herford.*

Überweisungsauftrag an
Deutsche Bank Aktiengesellschaft
Bankleitzahl des Auftraggebers
Bitte möglichst in >GROSSBUCHSTABEN< ausfüllen.
Empfänger: Name, Vorname / Firma: P. KLEIN KG CHEMNITZ
Konto-Nr. des Empfängers: 3721960
Empfänger-Bankleitzahl: 84060100
bei (Kreditinstitut): DEUTSCHE BANK CHEMNITZ
EUR Betrag: 98346,36
Kunden-Referenznummer (Verwendungszweck): KDNR. 6720 RGNR. 3799 v. 10.9.
noch Verwendungszweck, ggf. Name und Anschrift, falls vom Kontoinhaber abweichend (nur für Empfänger): ABZÜGL. 3 PROZ. SKONTO
Kontoinhaber: Name, Vorname / Firma: W. UHR GmbH HERFORD
Bitte ankreuzen, wenn Anschrift weitergegeben werden soll
Konto-Nr. des Kontoinhabers: 7632-110
Ausführungs-Datum TTMMJJ
Bitte nur bei Terminwunsch (max. 30 Tage) angeben. Bei Angabe eines Wochenendes/Feiertages erfolgt die Ausführung am darauffolgenden Arbeitstag.
24
02-180 6 97
Datum: 15.09.20..
Unterschrift: x W. Uhr

Soll | Haben

a. Wie wird der Beleg bei der Uhr GmbH gebucht?
   1 Aufwendungen für Rohstoffe (600)
   2 Bezugskosten für Rohstoffe (6001)
   3 Nachlässe für Rohstoffe (6002)
   4 Erlösberichtigungen (5001)
   5 Forderungen a. L. u. L. (240)
   6 Verbindlichkeiten a. L. u. L. (440)
   7 Vorsteuer (260)
   8 Umsatzsteuer (480)
   9 Guthaben bei Kreditinstituten (280)
b. Wie hoch war der Bruttorechnungsbetrag?
c. Welcher Skontobetrag wurde abgezogen?
d. Über welchen Betrag lautet die Vorsteuerberichtigung?

Welche Buchungen ergeben sich im Zusammenhang mit dem Warenverkauf?

Warenverkäufe/ Sofortrabatte	Die auf den Ausgangsrechnungen aufgeführten Sofortrabatte werden wie im Einkaufsbereich buchhalterisch **nicht gesondert erfasst.**
Besonderheiten	Die Besonderheiten im Verkaufsbereich sind wie im Einkaufsbereich (siehe S. 192 bzw. 194) **Rücksendungen** von Waren, Nachlässe für mangelhaft gelieferte Waren, Gewährung von **Kundenboni** und **Kundenskonti**.
Vertriebsaufwendungen	Die im Rahmen eines Marketingkonzeptes üblichen Vergünstigungen für die Kunden, wie z. B. die Übernahme der Kosten für die Warenzustellung (Ausgangsfrachten) oder andere Vertriebsaufwendungen (Verpackungsmaterial, Vertriebsprovisionen), werden auf gesonderten Konten gebucht.
Geschäftsfälle	*1. Ausgangsrechnung: Verkauf von Fertigerzeugnissen auf Ziel (frei Haus); Rechnungsbetrag, netto 22 400,00 EUR + 19 % USt. (4 256,00 EUR)* *2. Ein Teil einer Warenlieferung war mangelhaft und wird vom Kunden zurückgeschickt. Wir erteilen eine Gutschrift in Höhe von netto 3 000,00 EUR + 19 % USt. (570,00 EUR) (**Umsatzsteuerberichtigung**).* *3. Nach telefonischer Rücksprache behält der Kunde eine Warenlieferung, die mit geringen Mängeln behaftet ist. Wir sagen ihm einen Preisnachlass zu und erteilen ihm eine Gutschrift von netto 2 100,00 EUR + 19 % USt. (399,00 EUR) (**Umsatzsteuerberichtigung**).* *4. Am Jahresende gewähren wir dem Kunden auf alle Rechnungen einen zusätzlichen Bonus von 11 900,00 EUR (inkl. 19 % USt. = 1 900,00 EUR; **Umsatzsteuerberichtigung**).* *5. Der Kunde zahlt unsere Ausgangsrechnung (Brutto-Rechnungsbetrag 47 600,00 EUR) unter Abzug von 2 % Skonto (Brutto-Skonto 952,00 EUR; **Umsatzsteuerberichtigung** 152,00 EUR) per Banküberweisung, Überweisungsbetrag 46 648,00 EUR.* *6. Wir erhalten vom Handelsvertreter die Abrechnung über die Vertriebsprovisionen; netto 17 000,00 EUR + 19 % USt. (3 230,00 EUR).* *7. Eingangsrechnung über Verpackungsmaterial für die Abteilung Versand 5 000,00 EUR + 19 % USt. (950,00 EUR).* *8. Die Warenlieferung aus Fall 1 wird von einem Spediteur übernommen. Eingangsrechnung über Frachtkosten netto 1 900,00 EUR + 19 % USt. (361,00 EUR).*

Konten

5001 Erlösberichtigungen für eigene Erzeugnisse 5101 Erlösberichtigungen für Waren	Diese Konten sind jeweils Unterkonten der Hauptkonten Umsatzerlöse für eigene Erzeugnisse (500) bzw. Umsatzerlöse für Waren (510). Der Abschluss erfolgt über das jeweilige Hauptkonto.
604 Aufw. f. Verpackungsmaterial 614 Frachten und Fremdlager 615 Vertriebsprovisionen	Diese Konten sind jeweils separate Aufwandskonten, die am Ende der Abrechnungsperiode über das GuV-Konto (930) abgeschlossen werden.

Grundbuch

Nr.	Soll			an	Haben		
1	240	Forderungen a. L. u. L.	26 656,00		500 480	Umsatzerlöse für eigene Erzeugnisse Umsatzsteuer	22 400,00 4 256,00
2	500 480	Umsatzerlöse für eigene Erzeugnisse Umsatzsteuer	3 000,00 570,00		240	Forderungen a. L. u. L.	3 570,00
3	5001 480	Erlösberichtigungen Umsatzsteuer	2 100,00 399,00		240	Forderungen a. L. u. L.	2 499,00
4	5001 480	Erlösberichtigungen Umsatzsteuer	10 000,00 1 900,00		240	Forderungen a. L. u. L.	11 900,00
5	280 5001 480	Guthaben bei Kreditinstituten Erlösberichtigungen Umsatzsteuer	46 648,00 800,00 152,00		240	Forderungen a. L. u. L.	47 600,00
6	6150 260	Vertriebsprovisionen Vorsteuer	17 000,00 3 230,00		440	Verbindlichkeiten a. L. u. L.	20 230,00
7	604 260	Aufw. f. Verpackungsm. Vorsteuer	5 000,00 950,00		440	Verbindlichkeiten a. L. u. L.	5 950,00
8	614 260	Frachten u. Fremdlager Vorsteuer	1 900,00 361,00		440	Verbindlichkeiten a. L. u. L.	2 261,00

Hauptbuch siehe S. 198

Kontenplan für die Aufgaben 1 bis 4:

1 Forderungen a. L. u. L. (240)
2 Guthaben bei Kreditinstituten (280)
3 Vorsteuer (260)
4 Verbindlichkeiten a. L. u. L. (440)
5 Umsatzsteuer (480)
6 Aufwendungen für Rohstoffe (600)
7 Bezugskosten für Rohstoffe (6001)
8 Nachlässe für Rohstoffe (6002)
9 Fertige Erzeugnisse (220)
10 Vertriebsprovisionen (651)
11 Aufwendungen für Verpackungsmaterial (604)
12 Frachten und Fremdlager (614)
13 Umsatzerlöse für eigene Erzeugnisse (500)
14 Erlösberichtigungen (5001)

Die Belege sind aus der Sicht der wwh GmbH zu buchen.

Soll | Haben

1 Bildet Sie den Buchungssatz zu Beleg 1.

2 Bilden Sie den Buchungssatz zu Beleg 2.

3 Bilden Sie den Buchungssatz für die Bezahlung per Banküberweisung unter Abzug von Skonto zu Beleg 1.

4 Bilden Sie die Buchungssätze zu folgenden Geschäftsfällen:

Soll | Haben

a. Der Kunde zahlt die Rechnung per Banküberweisung unter Abzug von Skonto

b. Kauf von Versandverpackungen auf Ziel + Umsatzsteuer

c. Ihre Waren werden durch einen Paketzustellungsdienst an den Kunden ausgeliefert. Sie erhalten eine Rechnung des Zustellungsdienstes.

d. Zahlung der Handelsvertreterprovision (einschließlich Umsatzsteuer) per Banküberweisung

e. Der Kunde schickt die Waren wegen Mängeln zurück. Sie erteilen Ihrem Kunden eine Gutschrift.

5 Welche der folgenden Aussagen zum Beleg 1 trifft zu?

1 Sonderrabatte vermindern die Umsatzerlöse und sind deshalb auf einem gesonderten Konto zu buchen.
2 Sonderrabatte können ausschließlich bei langjähriger Geschäftsbeziehung gewährt werden.
3 Wird ein Sonderrabatt gewährt, darf der Kunde keinen Skontoabzug vornehmen.
4 Der Sonderrabatt vermindert den Bruttorechnungsbetrag um 594,40 EUR.
5 Der Sonderrabatt vermindert den Nettowert einer Espressomaschine um 297,20 EUR.

wwh Gmbh

wwh GmbH • Helene-Weber-Weg 9 • 33607 Bielefeld

Helene-Weber-Weg 9
33607 Bielefeld

Meistermann GmbH
Alte Landwehrstr. 22
32423 Minden

Beleg ①

Tel.: 05207 801022
Fax: 05207 801013
Mobil: 0171 302560
E-Mail: wwh@t-online.de

RECHNUNG
Nr. 1543299-20..

Rechn.-Datum:	**15.05.20..**
Kunden-Nr.:	**34599**
Auftrags-Nr.:	**9099844**
Lieferdatum:	**14.05.20..**

Posten	Bezeichnung	Einheit	Menge	Preis	Gesamt
1	Ormito Espressomaschine Mod. 650	St.	2	1 486,00 EUR	2 972,00 EUR
2	Sonderrabatt 20%				594,40 EUR
3	Versandkosten				18,40 EUR

Nettopreis		2 396,00 EUR
+ MwSt.	**19%**	455,24 EUR
Gesamtpreis		2 851,24 EUR

Zahlbar innerhalb von 8 Tagen mit 2 % Skonto; 30 Tage netto Kasse

Bankverbindungen:
Sparkasse Bielefeld, BLZ 48050161, Kto.-Nr. 1324565445
Commerzbank Bielefeld, BLZ 4805388, Kto.-Nr. 5666654511
USt.-Id.: DE 93518455 St.-Nr.: 458/575/6555

Geschätsführerin: Uta Box
Sitz und Registergericht
Bielefeld HR B 1590

Spedition Schürkamp GmbH

Schürkamp GmbH * Braunschweiger Str. 4 * 33610 Bielefeld

wwh GmbH
Helene-Weber-Weg 5
33607 Bielefeld

Beleg ②

RECHNUNG

Kunden-Nr.:	**33456**
Rechn.-Nr.:	**9799808**
Frachtbrief-Nr.	**1300-2399**
Datum:	**23.04.20..**

	Gesamt
Stückguttransport auf Europaletten (Lieferung an einen Ihrer Kunden) Abholadresse: wwh GmbH, Helene-Weber-Weg 5, 33607 Bielefeld Lieferadresse: Josef Menke e.K., Bahnhofstr. 17, 93047 Regensburg	680,00 Euro

Nettopreis		680,00 Euro
+ MwSt.	**19%**	129,20 Euro
Gesamtpreis		809,20 Euro

Es gelten unsere Allgemeinen Geschäftsbedingungen. • Tel.: 05221 920000 • Fax: 05221 920100 • E-Mail: info@brickmann.de • Sparkasse Herford • BLZ 494 501 20 • Kto.-Nr. 90546454 • Deutsche Bank AG • BLZ 250 100 00 • Kto.-Nr. 858585
USt.ID.: DE 26841782 ST.-Nr.: 782/809/9824

Wie erfolgt der Abschluss der Konten, die mit dem Warenverkauf zusammenhängen?

Geschäftsfälle

Die Geschäftsfälle 1. bis 8. der Seite 196 werden im Hauptbuch unten dargestellt.

9. Umbuchung des Saldos auf dem Konto Provisionen
10. Umbuchung des Saldos auf dem Konto Verpackungsmaterial
11. Umbuchung des Saldos auf dem Konto Ausgangsfrachten
12. Umbuchung des Saldos auf dem Unterkonto Erlösberichtigungen
13. Umbuchung des Saldos auf dem Unterkonto Warenverkauf

Grundbuch

Nr.	Soll			an	Haben		
9	802	GuV	17 000,00		615	Vertriebsprovisionen	17 000,00
10	802	GuV	5 000,00		604	Aufw. f. Verp.material	5 000,00
11	802	GuV	1 900,00		614	Frachten u. Fremdlager	1 900,00
12	500	Umsatzerlöse für eigene Erzeugnisse	12 900,00		5001	Erlösberichtigungen	12 900,00
13	500	Umsatzerlöse für eigene Erzeugnisse	99 100,00		802	GuV	99 100,00

S 615 Vertriebsprovisionen (Aufwandskonto) H

S		H	
(6) Provisionen	1 700,00	(9) GuV	17 000,00

S 604 Aufw. f. Verp.material (Aufwandskonto) H

S		H	
(7) Verp.material	5 000,00	(10) GuV	5 000,00

S 614 Frachten und Fremdlager (Aufwandskonto) H

S		H	
(8) Ausg.frachten	1 900,00	(11) GuV	1 900,00

S 500 Umsatzerlöse für eigene Erzeugnisse (Ertragskonto) H

S		H	
(2) Rücksendungen	3 000,00	Gesamte Warenverkäufe einschließlich (1)	115 000,00
(12) Saldo Erlösberichtigungen	12 900,00		
(13) Saldo (GuV)	99 100,00		

S 5001 Erlösberichtigungen (Unterkonto von 500 Umsatzerlöse für eigene Erzeugnisse) H

S		H	
(3) Nachlässe	2 100,00	(12) Saldo	12 900,00
(4) Bonus	10 000,00		
(5) Skonto	800,00		

S 802 Gewinn- und Verlustkonto (GuV) H

S		H	
Aufwendungen f. Rohstoffe	...	(13) Umsatzerlöse	99 100,00
Aufwendungen f. Vorprodukte etc.	...		
(9) Vertriebsprovisionen	17 000,00		
(10) Aufw. für Verpackungsmaterial	5 000,00		
(11) Frachten und Fremdlager	1 900,00		

S 260 Vorsteuer H

S		H	
(6)	3 230,00		
(7)	950,00		
(8)	361,00		

S 480 Umsatzsteuer H

S		H	
(2)	570,00	Gesamte Umsatzsteuer einschließlich (1)	18 400,00
(3)	399,00		
(4)	1 900,00		
(5)	152,00		

Umsatzsteuer-
berichtigungen

1 Welche der unten stehenden Aussagen treffen zu?

1 Preisnachlässe an Kunden sind eine Verringerung der Umsatzerlöse. Sie vermindern den Umsatzerlös um den Betrag des Warenwertes. Die Umsatzsteuer muss entsprechend korrigiert werden.
2 Kundenskonti sind Erträge.
3 Bei Zahlung des Kunden unter Abzug von Skonti muss das Konto 2600 Vorsteuer berichtigt werden.
4 Das Konto 5001 Erlösberichtigungen wird am Ende der Abrechnungsperiode über das Konto GuV abgeschlossen.
5 Wenn Skonto vom Brutto-Rechnungsbetrag abgezogen wird, entspricht der Abzugsbetrag 119 %. Er setzt sich aus 100 % Warenwert und 19 % Umsatzsteueranteil zusammen.

2 Wie wirken sich Nachlässe an Kunden und Kundenskonti auf die Umsatzsteuer aus?

1 Sie mindern die Umsatzsteuer.
2 Die Umsatzsteuer wird nicht beeinflusst, da sie jeweils beim Verkauf anfällt.
3 Lediglich die Vorsteuer wird betroffen.
4 Es werden sowohl Vor- als auch Umsatzsteuer beeinflusst.
5 Die Umsatzsteuer wird um 19 % korrigiert.

3 Zu welchem Zeitpunkt kann der Skontoabzug des Kunden gebucht werden?

1 Sofort bei Rechnungsstellung.
2 Da der Skontoabzug des Kunden eine Vergütung für kurzfristige Zahlung ist, erst bei Zahlung des Rechnungsbetrages.
3 Der Skontobetrag wird jeweils vor Ablauf des Zahlungsziels gebucht.
4 Der Skontoabzug wird bei der Überweisung der Zahllast gebucht.
5 Der Skontoabzug wird am Ende des Abbuchungsjahres gebucht.

4 Welcher Buchungssatz trifft für folgenden Geschäftsfall zu? (USt. 19 %)

„Unser Kunde zahlt AR 118, Rechnungsbetrag 1 523,20 EUR unter Abzug von 2 % Skonto durch Banküberweisung."

1	280	Guthaben bei Kreditinstituten	1 523,80	
	an	240 Forderungen		1 280,00
		4800 Umsatzsteuer		243,20
2	440	Verbindlichkeiten	1 492,74	
	an	280 Guthaben bei Kreditinstituten		1 492,74
3	280	Guthaben bei Kreditinstituten	1 492,74	
	5001	Erlösberichtigungen	25,60	
	480	Umsatzsteuer	4,86	
	an	240 Forderungen		1 523,20
4	280	Guthaben bei Kreditinstituten	1 523,20	
	5001	Erlösberichtigungen	25,60	
	480	Umsatzsteuer	4,86	
	an	240 Forderungen		1 553,66

(9) Keiner der genannten Buchungssätze trifft zu.

5 Das Unternehmen Helmut Gehrmann KG, Zwickau, entnimmt am Ende des Geschäftsjahres folgende Zahlen aus der Finanzbuchhaltung:

S	500 Umsatzerlöse		H
Rücksendung	33 000,00	Summe	280 700,00

S	5001 Erlösberichtigungen		H
Nachlässe	13 000,00		
Boni	8 300,00		
Skonti	17 400,00		

S	604 Aufw. f. Verpackungsmaterial		H
Summe	5 100,00		

S	614 Frachten und Fremdlager		H
Summe	8 400,00		

S	615 Vertriebsprovisionen		H
Summe	9 200,00		

S	802 GuV		H
Restl. Aufw.	116 000,00	Restl. Erträge	24 500,00

Die Konten der H. Gehrmann KG sind abzuschließen.

Bilden Sie die Buchungssätze … (Soll | Haben)

a. … zum Abschluss des Kontos Erlösberichtigungen.
b. … zum Abschluss des Kontos Vertriebsprovisionen.
c. … zum Abschluss des Kontos Umsatzerlöse.

Ermitteln Sie nach Abschluss der Konten

d. den Saldo auf dem Konto Erlösberichtigungen.
e. den Saldo auf dem Konto Umsatzerlöse.
f. den Reingewinn des Unternehmens.

6 Welche Aussagen zu folgendem Buchungssatz (19 % USt.) treffen zu?

280	Bank	17 314,50	
5001	Erlösberichtigungen	450,00	
480	Umsatzsteuer	85,50	
an	240 Forderungen		17 850,00

1 Ein Mitarbeiter der Abteilung Verkauf stellt eine Gutschrift für einen Kunden wegen mangelhaft gelieferter Produkte aus.
2 Wir erhalten eine Gutschrift auf unserem Bankkonto. Der Kunde zahlt unter Abzug von 2 % Skonto.
3 Die dieser Gutschrift zugrunde liegende Ausgangsrechnung hatte einen Netto-Warenwert von 15 000,00 EUR.
4 Der Kunde hat bei der Überweisung insgesamt 535,50 EUR vom ursprünglichen Brutto-Rechnungsbetrag subtrahiert.
5 Die Erlösberichtigungen erhöhen den Gewinn des Unternehmens.

Wie werden Lohn- und Gehaltsabrechnungen durchgeführt?

Grundschema	Bruttolohn bzw. -gehalt	→	tarifvertraglich oder einzelvertraglich festgelegt
	– Lohnsteuer – Solidaritätszuschlag – Kirchensteuer	→	werden vom Arbeitgeber einbehalten und an das Finanzamt abgeführt
	– Sozialversicherungs-beiträge/Arbeitnehmeranteil	→	werden vom Arbeitgeber einbehalten und gemeinsam mit den Arbeitgeberanteilen an die entsprechenden Krankenkassen weitergeleitet
	= Nettoentgelt	→	wird auf das Girokonto des Arbeitnehmers überwiesen

Wie werden Löhne und Gehälter gebucht?

Geschäftsfälle

1. Am **29.03.** wird die voraussichtliche Sozialversicherungs-Beitragsschuld des **Monats März** (Arbeitnehmeranteil + Arbeitgeberanteil) per Banküberweisung bezahlt. Es wird unterstellt, dass die Beiträge im gesamten laufenden Jahr identisch sind: 1 112,00 EUR.
2. Gehaltsabrechnung und -überweisung am **31.03.** für den Monat März:

Bruttogehalt	2 750,00 EUR	
– Lohnsteuer (lt. Lohnsteuertabelle)	550,00 EUR	Verbindlichkeiten gegenüber Finanzbehörden gesamt: 640,00 EUR
– Kirchensteuer (lt. Lohnsteuertabelle)	50,00 EUR	
– Solidaritätszuschlag (lt. Lohnsteuertabelle)	40,00 EUR	
– Krankenversicherung (Arbeitnehmeranteil)	210,00 EUR	Arbeitnehmeranteil gesamt: 567,00 EUR
– Rentenversicherung (Arbeitnehmeranteil)	275,00 EUR	
– Arbeitslosenversicherung (Arbeitnehmeranteil)	58,00 EUR	
– Pflegeversicherung (Arbeitnehmeranteil)	24,00 EUR	
= Nettogehalt (Überweisungsbetrag)	1 543,00 EUR	

3. Buchung des Arbeitgeberanteils für die Sozialversicherung (545,00 EUR) am **31.03.**
4. Am **10.04.** wird die einbehaltene Lohn- und Kirchensteuer sowie der Solidaritätszuschlag an das Finanzamt überwiesen: 640,00 EUR.
5. Am **26.04.** werden die gesamten Sozialversicherungsbeiträge des Monats April an die Krankenkasse überwiesen: 1 112,00 EUR.

Konten

620	Löhne (Aufwandskonto)	erfasst die Bruttolöhne des Unternehmens (Abrechnung nach Stunden)
630	Gehälter (Aufwandskonto)	erfasst die Bruttogehälter des Unternehmens (Abrechnung mit monatlichen Gehältern)
641	Arbeitgeberanteil zur Sozialversicherung (Aufwandskonto)	Arbeitnehmer und Arbeitgeber teilen sich die Beiträge zur Sozialversicherung grundsätzlich zur Hälfte. Für den Arbeitgeber ist dieses ein zusätzlicher Aufwand.
264	Sozialversicherungsvorauszahlung (Bestandskonto)	ist das Verrechnungskonto, auf dem die zeitlichen Unterschiede zwischen Abrechnung und Zahlung der Sozialversicherungsbeiträge aufgefangen werden

Die voraussichtliche Beitragsschuld ist spätestens **am drittletzten Bankarbeitstag eines Monats** zur Zahlung fällig. Eventuelle Differenzen zwischen voraussichtlicher und tatsächlicher Beitragsschuld sind am **drittletzten Bankarbeitstag des Folgemonats** (zusammen mit der neuen Zahlung) auszugleichen.

483	Verbindlichkeiten gegenüber Finanzbehörden (passives Bestandskonto)	Da die einbehaltene Lohn- und Kirchensteuer und der Solidaritätszuschlag erst am 10. des folgenden Monats an das Finanzamt abgeführt werden muss, entstehen zum Zeitpunkt der Entgeltabrechnung Verbindlichkeiten, die erst später beglichen werden.

Grundbuch

Nr	Soll			an	Haben		
1	264	SV-Vorauszahlung	1112,00		280	Guthaben bei Kreditinstituten	1 112,00
2	630	Gehälter	2 750,00		280	Guthaben bei Kreditinstituten	1 543,00
					483	Verb. Finanzbeh.	640,00
					264	SV-Vorauszahlungen	567,00
3	641	AG-Anteil zur SV	545,00		264	SV-Vorauszahlungen	545,00
4	483	Verb. Finanzbeh.	640,00		280	Guthaben bei Kreditinstituten	640,00
5	264	SV-Vorauszahlungen	1 112,00		280	Guthaben bei Kreditinstituten	1 112,00

Hauptbuch

S 630 Gehälter H

S	H
(2) 2 750,00	

S 641 AG-Anteil SV H

S	H
(3) 545,00	

S 280 Guth. b. Kreditinstituten H

S	H
100 000,00	(1) 1 112,00
	(2) 1 543,00
	(4) 640,00
	(5) 1 112,00

S 264 SV-Vorauszahlungen H

S	H
(1) 1 112,00	(2) 567,00
(5) 1 112,00	(3) 545,00

S 483 Verb. Finanzbeh. H

S	H
(4) 640,00	(2) 640,00

1 ***Für den Mitarbeiter Henning Marxen ist eine Gehaltsabrechnung zu erstellen:***

Bruttogehalt	2 100,00 EUR
Lohnsteuer	15 %
Solidaritätszuschlag	5,5 %
Kirchensteuer	9 %
Arbeitnehmeranteil zur Sozialversicherung	20,475 %
Arbeitgeberanteil zur Sozialversicherung	19,575 %

Ermitteln Sie ...

a. ... die Höhe der Lohnsteuer

b. ... die Höhe der Kirchensteuer

c. ... die Höhe des Solidaritätszuschlages

d. ... den Arbeitnehmeranteil zur Sozialversicherung

e. ... das Nettogehalt

Kontenplan für die Aufgaben 2 und 3:

1 Guthaben bei Kreditinstituten (280)
2 Sozialversicherungsvorauszahlung (264)
3 Forderungen an Mitarbeiter (265)
4 Verbindlichkeiten geg. Finanzbehörden (483)
5 Löhne (620)
6 Gehälter (630)
7 Arbeitgeberanteil zur Sozialversicherung (641)
8 GuV (802)
9 SBK (801)

2 ***Bilden Sie die Buchungssätze zu Aufgabe 1 ...***

Soll Haben

a. ... für die Gehaltszahlung per Banküberweisung.

b. ... für den Arbeitgeberanteil zur Sozialversicherung.

3 ***Bilden Sie die Buchungssätze für folgende Geschäftsfälle:***

Soll Haben

a. Banküberweisung der Sozialversicherungsbeiträge am drittletzten Bankarbeitstag im Monat

b. Banküberweisung der einbehaltenen Lohn- und Kirchensteuer sowie der Solidaritätszuschlag an die Finanzbehörde

c. Das Konto AG-Anteil zur SV (641) wird abgeschlossen.

d. Am 31.12. wird das Konto Verbindlichkeiten gegenüber Finanzbehörden (483) passiviert.

4 ***Welche der folgenden Aussagen trifft nicht zu?***

1 Bruttogehälter und Bruttolöhne sind Aufwendungen und werden in der Kontenklasse 6 gebucht.

2 Die einbehaltene Lohn- und Kirchensteuer, der Solidaritätszuschlag sowie die einbehaltenen Arbeitnehmeranteile zur Sozialversicherung sind für den Arbeitgeber zusätzliche Aufwendungen.

3 Die Arbeitgeberanteile zur Sozialversicherung vermindern den Gewinn des Unternehmens.

4 Die gebuchten Arbeitnehmeranteile zur Sozialversicherung sind erfolgsneutral.

5 Die Arbeitgeberanteile zur Sozialversicherung zählen zu den Personalkosten.

5 ***Aus der Summengehaltsliste eines Betriebes für den Monat September ergeben sich folgende Zahlen:***

Bruttogehälter	153 000,00 EUR
Lohnsteuer	20 800,00 EUR
Kirchensteuer	1 950,00 EUR
Solidaritätszuschlag	1 560,00 EUR
Sozialversicherungsbeiträge Arbeitnehmer	19 400,00 EUR
Sozialversicherungsbeiträge Arbeitgeber	18 900,00 EUR
Gesamtabzüge	62 160,00 EUR
Auszahlung	90 390,00 EUR

Welche der folgenden Aussagen zur Buchung der Gehaltsabrechnung trifft zu?

1 Auf dem Konto Gehälter (630) wird im Soll ein Betrag von 90 390,00 EUR gebucht.

2 Der Kirchensteuerbetrag in Höhe von 1 950,00 EUR wird spätestens am 10.10. an die Rechnungsstelle der jeweiligen Kirchenämter überwiesen.

3 Der Arbeitgeber bucht einen Betrag von 62 160,00 EUR auf dem Konto AG-Anteil zur Sozialversicherung (641) im Soll.

4 Vom Bankkonto des Unternehmens werden 153 000,00 EUR abgebucht.

5 Die gesamten Personalkosten belaufen sich auf 171 900,00 EUR.

6 ***Welcher Geschäftsfall liegt dem folgenden Buchungssatz zugrunde?***

Sozialversicherungsvorauszahlung (264)
an Guthaben bei Kreditinstituten (280)

1 Bei der Gehaltsabrechnung wird der Arbeitgeberanteil zur Sozialversicherung gebucht.

2 Überweisung der Nettogehälter auf die Bankkonten der Arbeitnehmer

3 Überweisung der Gehaltsvorschüsse

4 Arbeitgeber- und Arbeitnehmerbeiträge zur Sozialversicherung werden überwiesen.

5 Rückzahlung der zu viel gezahlten Sozialversicherungsbeiträge

Wie werden vermögenswirksame Leistungen (VL) bei den Lohn- und Gehaltsbuchungen berücksichtigt?

Begriff

Jeder Arbeitnehmer hat die Möglichkeit, durch eine *freiwillige Vereinbarung* im Kalenderjahr bis zu 480,00 EUR vermögenswirksam anzulegen. Förderungswürdige Anlageformen sind:
- Sparvertrag zum Erwerb von Aktien oder anderen Wertpapieren
- Aufwendungen nach dem Wohnungsbauprämiengesetz (z. B. Bausparbeiträge)
- Aufwendungen aufgrund eines Wertpapier-Vertrages oder eines Beteiligungsvertrages

Vermögenswirksam bedeutet, dass der Staat unter bestimmten Voraussetzungen eine **Sparzulage** gewährt. Der Arbeitgeber ist entweder freiwillig bereit oder durch Tarifvertrag verpflichtet, einen Teil der VL zu übernehmen. Der Arbeitgeberanteil zu den VL erhöht das zu versteuernde Bruttogehalt.

Geschäftsfälle

1. *Gehaltsabrechnung für Arbeitnehmer Franz Killing: Der Arbeitnehmer legt monatlich 40,00 EUR vermögenswirksam an, der Arbeitgeber übernimmt davon 20,00 EUR:*

Bruttogehalt	*2 500,00 EUR*	
+ VL (Arbeitgeberanteil)	*20,00 EUR*	
= Steuer- und sozialversicherungspflichtiges Entgelt	*2 520,00 EUR*	
– Lohn- u. Kirchensteuer/SolZ	*580,00 EUR*	
– SV-Beiträge (Arbeitnehmeranteil)	*500,00 EUR*	*(Arbeitgeberanteil SV: 480,00 EUR)*
= Nettogehalt	*1 440,00 EUR*	
– VL (Sparrate)	*40,00 EUR*	
= Auszahlungsbetrag	1 400,00 EUR	

2. *Banküberweisung der vermögenswirksamen Leistungen des Arbeitnehmers an die Bausparkasse*

Konten

632 Sonstige tarifliche Aufwendungen bzw. 633 Freiwillige Zuwendungen (Aufwandskonten)	Der Arbeitgeberanteil der VL kann entweder auf diesen Konten (je nachdem, ob es sich um eine freiwillige oder tarifliche Zahlunghandelt) oder direkt über das Konto 630 Gehälter gebucht werden.
486 Verbindlichkeiten aus Vermögenswirksamen Leistungen Abkürzung: VL-Verbindlichkeiten (Passives Bestandskonto)	Der Arbeitgeber behält die vermögenswirksamen Leistungen vom Nettogehalt des Arbeitnehmers ein und überweist sie später an die entsprechende Stelle (z. B. Kreditinstitut). In dieser Zeit stellen sie Verbindlichkeiten dar.

Grundbuch

Nr.	Soll			an	Haben		
1	630	Gehälter	2 500,00		280	Guthaben bei Kreditinstituten	1 400,00
	632	Sonstige tarifliche Aufwendungen	20,00		483	Verb. Finanzbehörden	580,00
					264	SV-Vorauszahlung	500,00
					486	VL-Verbichkeiten.	40,00
	640	Arbeitgeber-Anteil SV	480,00		264	SV-Beitragsvorauszahlung	480,00
2	486	VL-Verbindlichkeiten	40,00		280	Guthaben bei Kreditinstituten	40,00

Wie werden Gehalts- oder Lohnvorschüsse gebucht?

Geschäftsfälle

1. *Am 15.09. erhält der Arbeitnehmer H. Fendt einen Gehaltsvorschuss in bar, 650,00 EUR.*
2. *Gehaltsabrechnung des Monats September für den Arbeitnehmer Fendt und Banküberweisung des Auszahlungsbetrages am 30.09.:*

Bruttogehalt	*3 000,00 EUR*	
– Lohn- u. Kirchensteuer/SolZ	*700,00 EUR*	
– AN-Anteil SV	*600,00 EUR*	*(Arbeitgeberanteil SV: 570,00 EUR)*
= Nettogehalt	*1 700,00 EUR*	
– Gehaltsvorschuss	*650,00 EUR*	
= Auszahlungsbetrag	*1 050,00 EUR*	

Konto

265 Forderungen an Mitarbeiter Abkürzung: Forderungen MA(Aktives Bestandskonto)	Entgeltzahlungen des Unternehmens an den Arbeitnehmer vor der eigentlichen Auszahlung stellen als Vorschuss eine Forderung des Unternehmens an den Mitarbeiter dar. Diese Forderung wird bei Auszahlung des Gehaltes durch Verrechnung wieder ausgeglichen.

Grundbuch

Nr.	Soll			an	Haben		
1	265	Forderungen MA	650,00		288	Kasse	650,00
2	630	Gehälter	3 000,00		280	Guthaben bei Kreditinstitut	1 050,00
					483	Verb. Finanzbehörden	700,00
					264	SV-Vorauszahlung	600,00
					265	Forderungen MA	650,00
	640	AG-Anteil SV	580,00		264	SV-Vorauszahlung	570,00

1 *In welcher Kontenklasse des Kontenrahmens befinden sich die Konten, auf denen die folgenden Geschäftsfälle im Soll gebucht werden?*

Tragen Sie jeweils die Nummer der Kontenklasse in das entsprechende Kästchen ein.

a. Auszahlung eines Gehaltsvorschusses durch Bankscheck
b. Der Arbeitgeberanteil zu den vermögenswirksamen Leistungen wird gebucht.
c. Abschluss des Kontos Verbindlichkeiten aus Vermögensbildung
d. Die einbehaltenen vermögenswirksamen Leistungen werden überwiesen.
e. Verrechnung des Gehaltsvorschusses bei der Gehaltsabrechnung

Kontenplan für die Aufgaben 2 bis 5:

1 Guthaben bei Kreditinstitute (280)
2 Vorauszahlun (264)
3 Forderungen an Mitarbeiter (265)
4 Kasse (288)
5 Verbindlichkeiten geg. FB (483)
6 Verbindlichkeiten aus VL (486)
7 Löhne (620)
8 Gehälter (630)
9 AG-Anteil zur SV (640)
10 Sonstige tariflichen Aufwendungen (632)

2 *Die Gehaltsabrechnung der Mitarbeiterin Jana Waldheim umfasst folgende Positionen:*

Bruttogehalt	2 800,00 EUR
+ VL (Arbeitgeberzuschuss)	30,00 EUR
– Lohn- und Kirchensteuer/ Solidaritätszuschlag	500,00 EUR
– SV-Beiträge (Arbeitnehmeranteil)	560,00 EUR
– VL Sparrate des Arbeitnehmers	40,00 EUR
= Auszahlungsbetrag	1 730,00 EUR

(Zahlung erfolgt per Banküberweisung)
AG-Anteil zur SV: 535,00 EUR

In der folgenden Buchung dieser Gehaltsabrechnung sind zwei falsche Teilbuchungen enthalten.
Welche sind es?

(1) Gehälter (630)	2 800,00 EUR
(2) Sonstige tarifliche Aufwendungen (632)	30,00 EUR
an (3) Guthaben bei Kreditinstituten (280)	1 730,00 EUR
an (4) Verb. Finanzbeh. (483)	500,00 EUR
an (5) SV-Vorauszahlung (264)	560,00 EUR
an (6) Verbindlichkeiten aus Vermögensbildung (486)	30,00 EUR
(7) AG-Anteil zur SV (640)	535,00 EUR
an (8) Verbindlichkeiten aus Vermögensbildung (486)	535,00 EUR

3 *Die folgende Aussage bezieht sich auf den Buchungssatz der Aufgabe 2: „Der Arbeitgeberanteil zu den vermögenswirksamen Leistungen in Höhe von 30,00 EUR erhöht das sozialversicherungspflichtige und das zu versteuernde Entgelt."*

Welche unten stehende Bewertung trifft auf diese Aussage zu?

1 Diese Aussage trifft nicht zu, weil der Arbeitgeberanteil zu den vermögenswirksamen Leistungen nur das sozialversicherungspflichtige Entgelt erhöht.
2 Diese Aussage trifft nicht zu, weil der Arbeitgeberanteil zu den vermögenswirksamen Leistungen nur das zu versteuernde Entgelt erhöht.
3 Diese Aussage trifft nicht zu, weil der Arbeitgeberanteil zu den vermögenswirksamen Leistungen weder das sozialversicherungspflichtige noch das zu versteuernde Entgelt erhöht.
4 Dies Aussage trifft nicht zu, weil das sozialversicherungspflichtige und das zu versteuernde Entgelt um insgesamt 60,00 EUR erhöht wird.
5 Diese Aussage trifft ohne Einschränkung zu.

4 *Bilden Sie die Buchungssätze zu den Geschäftsfällen:*

Soll | Haben

a. Am 15.03. erhält die Mitarbeiterin Elke Hofmann einen Gehaltsvorschuss von 800,00 EUR bar.

b. Am 31.03. wird das Gehalt unter Abzug der Lohn-/Kirchensteuer, des Solidaritätszuschlages und der Sozialversicherungsbeiträge und der Verrechnung des Gehaltsvorschusses per Bank überwiesen.

c. Der Arbeitgeberanteil zur Sozialversicherung wird gebucht.

5 *Auf welchen Konten werden die unten stehenden Sachverhalte im Soll gebucht?*

Tragen Sie eine (11) ein, wenn auf keinem der im oben aufgeführten Kontenplan genannten Konten im Soll gebucht wird.

a. Ein Gehaltsvorschuss wird an einen Mitarbeiter bar ausgezahlt.
b. Die vermögenswirksamen Leistungen der Arbeitnehmer werden an die einzelnen Institute überwiesen.
c. Entgeltabrechnung eines Mitarbeiters (Lohnabrechnung)
d. Beitragszahlung für die gesetzliche Unfallversicherung per Banküberweisung.
e. Der Arbeitgeber ist aufgrund eines Tarifvertrages verpflichtet, einen Zuschuss zu den vermögenswirksamen Leistungen der Angestelltenzu leisten.
f. Der Arbeitgeber zahlt die Aufwendungen für einen Weiterbildungskurs einer Mitarbeiterin.
g. Überweisung der Sozialversicherungsbeiträge an die jeweiligen Krankenkassen

Beschreiben Sie Art und Durchführung der zeitlichen Abgrenzung.

Begriff

Nach dem HGB ist es notwendig, den Erfolg eines Unternehmens exakt für ein Geschäftsjahr zu ermitteln. Das bedeutet unter anderem, dass alle Aufwendungen und Erträge wertmäßig in der Abrechnungsperiode erfasst sein müssen, in der sie entstanden sind und der sie damit wirtschaftlich zuzurechnen sind. Abzugrenzen sind demnach am Jahresende geldliche Vorgänge (Geldausgaben und Geldeinnahmen), deren dazugehörige Aufwendungen bzw. Erträge nicht dem gleichen Jahr zuzurechnen sind.

Arten

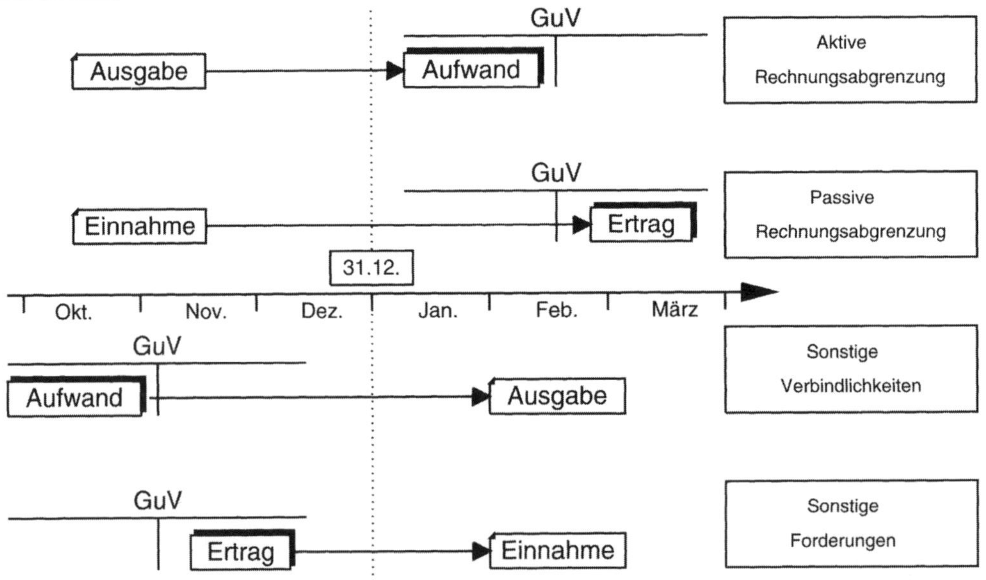

Geschäftsfälle

1. Überweisung (Geldausgabe) der Versicherungsprämie (Aufwand) in Höhe von 1 800,00 EUR am 01.12. für ein Jahr im Voraus. Anteilige Höhe der Aufwendungen im alten Jahr 1/12 = 150,00 EUR.
2. Am 10.12. erhalten wir per Banküberweisung (Geldeinnahme) die Miete für einen Lagerraum (Ertrag) in Höhe von 2 400,00 EUR für die Monate Januar bis März des folgenden Jahres.

Am 31.12. sind folgende zeitliche Abgrenzungen vorzunehmen:

3. Die anteilige Versicherungsprämie aus Fall 1 für das neue Geschäftsjahr 1 650,00 EUR.
4. Die betriebsfremden Erträge aus Fall 2 für das neue Jahr.
5. Die Leasingrate für das Geschäftsfahrzeug für den Monat Dezember (Aufwand) in Höhe von 1 500,00 EUR ist erst im Januar (Geldausgabe) des nächsten Jahres fällig.
6. Unser Darlehensschuldner zahlt die Zinsen (Ertrag) in Höhe von 1 200,00 EUR erst am Ende der Laufzeit (Geldeinnahme), Laufzeit des Darlehens: 01.04.–31.03., anteilige Höhe der Erträge für das alte Jahr 9/12 = 900,00 EUR.

Konten

290	Aktive Rechnungsabgrenzung (ARA) (Aktives Bestandskonto)	Das Konto übernimmt am Jahresende alle bereits erfolgten Geldausgaben im alten Jahr für Aufwendungen, die wirtschaftlich dem neuen Jahr zuzurechnen sind.
490	Passive Rechnungsabgrenzung (PRA) (Passives Bestandskonto)	Das Konto übernimmt am Jahresende alle bereits erfolgten Geldeinnahmen im alten Jahr für Erträge, die wirtschaftlich dem neuen Jahr zuzurechnen sind.
269	Sonstige Forderungen (Aktives Bestandskonto)	Das Konto erfasst alle noch nicht erfolgten Geldeinnahmen für Erträge des alten Jahres.
489	Sonstige Verbindlichkeiten (Passives Bestandskonto)	Das Konto erfasst alle noch nicht erfolgten Geldausgaben für Aufwendungen des alten Jahres.

Grundbuch

Nr.	Soll			an	Haben		
1	690	Versicherungsbeiträge	1 800,00		480	Guthaben bei Kreditinstituten	1 800,00
2	480	Guthaben bei Kreditinstituten	2 400,00		5401	Nebenerlöse aus Vermietung und Verpachtung	2 400,00
3	290	ARA	1 650,00		690	Versicherungsbeiträge	1 650,00
4	5401	Nebenerlöse aus Vermietung und Verpachtung	2 400,00		490	PRA	2 400,00
5	671	Leasing	1 500,00		489	Sonstige Verbindlichkeiten	1 500,00
6	269	Sonstige Forderungen	900,00		571	Zinserträge	900,00

Kontenplan für die Aufgabe 1:

1 Aktive Rechnungsabgrenzung (290)
2 Passive Rechnungsabgrenzung (490)
3 Sonstige Forderungen (269)
4 Guthaben bei Kreditinstituten (280)
5 Sonstige Verbindlichkeiten (489)
6 Zinsaufwendungen (751)
7 Nebenerlöse aus Vermietung und Verpachtung (5401)
8 Zinserträge (5701)
9 Gehälter (630)
10 Vertriebsprovisionen (615)
11 Sonstige Erlöse (z. B. aus Provisionen) (541)

1 Bilden Sie die Buchungssätze zum 31.12.:

Soll | Haben

a. Der Mieter Wägele bezahlt die Miete für die Monate Oktober bis Dezember vereinbarungsgemäß erst am 15.01.des Folgejahres. ☐ ☐
b. Sie erhalten am 31.12. die Garagenmiete für den Monat Dezember per Banküberweisung. ☐ ☐
c. Ihr Unternehmen bezahlt die Zinsen eines betrieblichen Darlehens für das 4. Quartal nachträglich im Januar. ☐ ☐
d. Am 27.11. erhielten Sie eine Provisionszahlung für 3 Monate im Voraus. ☐ ☐
e. Die Gehaltszahlung für den Monat Januar erfolgte bereits am 28.12. ☐ ☐

2 Welcher Betrag ist jeweils am 31.12. abzugrenzen?

a. Die Kfz-Steuer in Höhe von 450,00 EUR wird für den Zeitraum vom 01.11-31.10. für 1 Jahr im Voraus bezahlt. ☐
b. Für ein ausgegebenes Darlehen in Höhe von 10 000,00 EUR erhalten wir die Zinsen (9 % p. a.) für ein halbes Jahr erst zum Ende des Zinszeitraumes. Die letzte Zahlung erfolgte am 31.08. ☐
c. Der Beitrag für den Arbeitgeberverband für das letzte Kalenderquartal in Höhe von 1 500,00 EUR wird nachträglich am 31.01. überwiesen. ☐
d. Eine Provisionszahlung in Höhe von 15 000,00 EUR für den Abrechnungszeitraum vom 01.12.–28.02. erhalten wir bereits am 15.12. ☐

3 Um welche Arten der zeitlichen Abgrenzung handeltes sich in den Fällen der Aufgabe 2?

1 Aktive Rechnungsabgrenzung
2 Passive Rechnungsabgrenzung
3 Sonstige Forderungen
4 Sonstige Verbindlichkeiten
9 Keine der vorgenannten Abgrenzungen trifft zu.

a. Fall A ☐
b. Fall B ☐
c. Fall C ☐
d. Fall D ☐

4 Welche der folgenden Aussagen trifft nicht zu?

1 Aktive Rechnungsabgrenzungsposten werden gebildet, wenn Zahlungen im alten Jahr für Aufwendungen des neuen Jahres getätigt wurden.
2 Sonstige Verbindlichkeiten (489) liegen dann vor, wenn im neuen Geschäftsjahr Zahlungseingänge für Erträge des alten Jahres zu erwarten sind.
3 Auf dem Konto Sonstige Forderungen (269) sind zum Jahresabschluss Buchungen für Erträge durchzuführen, die wirtschaftlich ins alte Jahr gehören, deren Zahlung aber noch nicht erfolgte.
4 Sonstige Forderungen haben u. a. mit Erträgen und Geldeinnahmen zu tun.
5 Grundsätzlich gilt: Zahlungsvorgänge im alten Jahr für Aufwendungen/Erträge, die wirtschaftlich ins neue Jahr gehören, sind aktive bzw. passive Rechnungsabgrenzungsposten.

☐

5 Wie ist am Bilanzstichtag zu buchen?
Auf dem Konto Zinserträge wurden im Dezember Einnahmen für die ersten drei Monate des neuen Geschäftsjahres gebucht.

1 Zinserträge (571)
an Sonstige Verbindlichkeiten (489)
2 Sonstige Forderungen (269)
an Zinserträge (571)
3 Zinserträge (571)
an Passive Rechnungsabgrenzung (490)
4 Aktive Rechnungsabgrenzung (290)
an Zinserträge (571)
5 Passive Rechnungsabgrenzung (490)
an Zinserträge (571)

6 Welcher Geschäftsfall (Buchung am 31.12.) liegt dem folgenden Buchungssatz zugrunde? ☐

„Aktive Rechnungsabgrenzung (290) an Miete" (670)

1 Im alten Geschäftsjahr wurde die Miete für ein Lagerhaus für 1 Jahr im Voraus gezahlt.
2 Ihr Mieter zahlt die Garagenmiete für 6 Monate nachträglich im neuen Geschäftsjahr.
3 Sie haben die Lagermiete im Dezember für ein Jahr im Voraus erhalten.
4 Ihr Unternehmen zahlt die Lagermiete für 12 Monate erst nachträglich im neuen Geschäftsjahr.
5 Die Banklastschrift für eine von Ihnen fälschlich gezahlte Miete wird storniert.

7 Wie wirken sich aktive Rechnungsabgrenzungen auf das Ergebnis des alten Geschäftsjahres aus? ☐

1 Sie erhöhen den Ertrag.
2 Sie mindern den Ertrag.
3 Sie erhöhen den Aufwand.
4 Sie mindern den Aufwand.
5 Sie beeinflussen das Ergebnis (das GuV-Konto) nicht.

Wie werden die zeitlichen Abgrenzungen im neuen Geschäftsjahr behandelt?

Geschäftsfälle

Die folgenden Geschäftsfälle beziehen sich auf die vorige Seite. Hier die Buchungen am 01.01. des neuen Geschäftsjahres:
1. Eröffnung der Abgrenzungskonten
2. Auflösung der Aktiven und Passiven Rechnungsabgrenzung

Buchungen im Laufe des neuen Geschäftsjahres:

3. Am 05.01. wird die Leasingrate für den Monat Dezember per Banküberweisung gezahlt, 1 500,00 EUR.
4. Am 31.03. zahlt unser Darlehensnehmer die Zinsen in Höhe von 1 200,00 EUR per Banküberweisung.

Grundbuch

Nr.	Soll			an	Haben	
1	269 290	Versicherungsbeiträge ARA	960,00 1 650,00	800	EBK	2 550,00
	800	EBK	3 960,00 1 650,00	490 489	PRA Sonstige Verbindlichkeiten	2 400,00 1 500,00
2	690 490	Versicherungsbeiträge PRA	2 400,00 2 400,00	290 541	ARA Nebenerlöse aus Vermietung und Verpachtung	2 400,00 500,00
3	489	Versicherungsbeiträge	1 500,00	280	Guthaben bei Kreditinstituten	1 500,00
4	280	Guthaben bei Kreditinstituten	1 200,00	269 571	Sonstige Forderungen Zinserträge	960,00 300,00

Wofür werden Rückstellungen gebildet? Wie werden sie gebucht?

Begriff

Rückstellungen stellen Verbindlichkeiten dar, die dem Grunde nach zwar feststehen, deren Höhe und Fälligkeit jedoch noch ungewiss ist. Die Höhe der Beträge muss demnach geschätzt werden. Gründe für Rückstellungen sind:
- Pensionsverpflichtungen
- Steuernachzahlungen im folgenden Jahr für das laufende Jahr
- Gewährleistungsverpflichtungen
- Prozesskosten
- unterlassene Instandsetzungsaufwendungen, die im folgenden Geschäftsjahr innerhalb von drei Monaten nachgeholt werden

Ist der Grund für die Rückstellung eingetreten oder entfallen, müssen die Rückstellungen aufgelöst werden.

Geschäftsfälle

1. Wir bilden am Ende des Geschäftsjahres eine Rückstellung für eine unterlassene, jedoch durchzuführende Reparatur an unserem Geschäftsgebäude. Der Kostenvoranschlag beläuft sich auf 5 000,00 EUR. Die Umsatzsteuer wird bei Bildung der Rückstellung nicht berücksichtigt, sondern erst bei der Rechnungsstellung im folgenden Jahr.
2. Abschluss der Konten Rückstellungen und Instandhaltung
3. Eröffnung des Kontos Rückstellungen im neuen Jahr
4. Auflösung der Rückstellung: Am 05.02. erhalten wir die Rechnung, die sofort durch Bankscheck beglichen wird:
   a. Die Rechnung entspricht der Schätzung (5 000,00 EUR netto + 19 % USt. 950,00 EUR).
   b. Die Rechnung beläuft sich auf 6 000,00 EUR netto + 19 % USt. 1 140,00 EUR.
   c. Die Rechnung beläuft sich auf 3 500,00 EUR netto + 19 % USt. 665,00 EUR.

Konten

370	Rückstellungen für Pensionen und ähnliche Verpflichtungen	Alle Konten sind passive Bestandskonten. Die Rückstellungen werden jeweils im Haben dieser Konten gebucht, da sie Verbindlichkeiten darstellen, deren Höhe und Fälligkeit aber noch nicht feststehen.
380	Steuerrückstellungen	
390	Sonstige Rückstellungen	

Grundbuch

Nr.	Soll			an	Haben	
1	616	Fremdinstandhaltung	5 000,00	390	Sonstige Rückstellungen	5 000,00
2	390 802	Sonstige Rückstellungen GuV-Konto	5 000,00 5 000,00	801 616	SBK Fremdinstandhaltung	5 000,00 5 000,00
3	800	EBK	5 000,00	390	Rückstellungen	5 000,00
4 a	390 260	Sonstige Rückstellungen Vorsteuer	5 000,00 950,00	280	Kreditinstitute	5 950,00
4 b	390 699 260	Sonstige Rückstellungen Periodenfremde Aufwendungen Vorsteuer	5 000,00 1 000,00 1 140,00	280	Guthaben bei Kreditinstituten	7 140,00
4 c	390 260	Sonstige Rückstellungen Vorsteuer	5 000,00 665,00	280 548	Guthaben bei Kreditinstituten Erträge aus der Herabsetzung von Rückstellungen	4 165,00 1 500,00

Kontenplan für Aufgabe 1:

1 Sonstige Rückstellungen (390)
2 Aktive Rechnungsabgrenzung (290)
3 Passive Rechnungsabgrenzung (490)
4 Sonstige Forderungen (269)
5 Guthaben bei Kreditinstituten (280)
6 Vorsteuer (260)
7 Sonstige Verbindlichkeiten (489)
8 Periodenfremde Aufwendungen (693)
9 Erträge aus der Herabsetzung von Rückstellungen (548)
10 Fremdinstandhaltung (616)

1 ***Bilden Sie die Buchungssätze zu den unten stehenden Geschäftsfällen.***

Soll | Haben

a. Zum Ende des Geschäftsjahres wird fest gestellt, dass im Januar des folgenden Jahres dringende Reparaturarbeiten am Dach des Geschäftshauses durchgeführt werden müssen. Der Kostenvoranschlag wird mit 20 000,00 EUR angesetzt.

b. Nach Erledigung der Reparaturarbeiten erhalten Sie Ende Januar eine Rechnung in Höhe von 18 000,00 EUR + 19 % USt., die sofort per Banküberweisung bezahlt wird.

2 ***Welche der folgenden Aussagen trifft zu?***

1 Rückstellungen werden für Verbindlichkeiten gebildet, deren Grund am Jahresende noch nicht feststeht.
2 Für Verbindlichkeiten, deren Grund feststeht, das genaue Datum der Zahlung und die Höhe noch nicht, werden Rückstellungen gebildet.
3 Rückstellungen werden am Bilanzstichtag für zweifelhafte Forderungen gebildet.
4 Die Höhe der gesamten Rückstellungen ist auf dem GuV-Konto (802) ersichtlich.
5 Rückstellungen dürfen ausschließlich für erwartete Steuernachzahlungen gebildet werden.

3 ***Sie erhalten am 01.03. die Zinszahlung in Höhe von18 000,00 EUR für ein ausgegebenes Darlehen für ein Jahr im Voraus.***

Welche Buchung ist nach Eröffnung der Abgrenzungskonten im neuen Jahr erforderlich?

1	Zinserträge (571)	15 000,00
	an ARA (290)	15 000,00
2	PRA (490)	15 000,00
	an Zinserträge (571)	15 000,00
3	Zinserträge (571)	3 000,00
	an ARA (290)	3 000,00
4	PRA (490)	3 000,00
	an Zinserträge (571)	3 000,00
5	Sonstige Forderungen (269)	3 000,00
	an Zinserträge (571)	3 000,00

4 ***Am Geschäftsjahresende wurde eine Rückstellung gebildet, da das Unternehmen erwartete, einen Prozess zu verlieren. Im neuen Jahr wird der Prozess gewonnen, ohne dass Aufwendungen entstanden sind.***

Wie ist zu buchen?

1 Rechts- und Beratungskosten
an Erträge aus der Herabsetzung von Rückstellungen (548)
2 Periodenfremde Erträge (699)
an Rechts- und Beratungskosten
3 Guthaben bei Kreditinstituten (280)
an Rechts- und Beratungskosten
4 Guthaben bei Kreditinstituten (280)
an Erträge aus der Herabsetzung von Rückstellungen (548)
5 Guthaben bei Kreditinstituten (280)
an Periodenfremde Erträge (699)

5 ***Zu welchem Zeitpunkt und aus welchem Grund erfolgt die Buchung***

Passive Rechnungsabgrenzung (290) an Nebenerlöse aus Vermietung und Verpachtung (5410)?

1 Am Bilanzstichtag wird ein Jahresabgrenzungsposten gebildet, da Sie Mieterträge gebucht haben, die wirtschaftlich ins neue Geschäftsjahr gehören.
2 Der Mietertrag für den Monat Januar wird im neuen Geschäftsjahr vom Konto Passive Rechnungsabgrenzung (290) auf das Konto Nebenerlöse aus Vermietung und Verpachtung (541) zurückgebucht.
3 Am Bilanzstichtag berücksichtigen Sie Mieterträge, die wirtschaftlich ins neue Geschäftsjahr gehören.
4 Es handelt sich hierbei um eine Korrekturbuchung von zu viel eingenommenen Mieten.
5 Die betriebsfremden Erträge werden passiviert.

6 ***Welcher Geschäftsfall trifft auf den folgenden Buchungssatz zu?***

Sonstige Rückstellungen (390)
Periodenfremde Aufwendungen (699)
Vorsteuer (260)
an Guthaben bei Kreditinstituten (280)

1 Eine Banküberweisung Ihrerseits für eine Instandhaltungsrechnung, für die eine Rückstellung gebucht wurde. Der Rechnungsbetrag ist höher als erwartet.
2 Sie bilden eine Rückstellung am 31.12., da Sie im nächsten Jahr eine Banküberweisung für Reparaturkosten durchführen müssen.
3 Durch eine Banküberweisung wird die Rückstellung im neuen Jahr aufgelöst. Der erwartete Aufwand (Rückstellungsbetrag) ist identisch mit dem tatsächlichen Aufwand im neuen Jahr.
4 Für eine Erweiterungsinvestition in das Anlagevermögen werden Rücklagen gebildet, die per Banküberweisungen bezahlt werden.
5 Es entstehen Zinsaufwendungen für einen Kredit, der für die Rückstellungen aufgenommen wurde.

Geben Sie Beispiele für die Barzahlung, die halbbare Zahlung und die bargeldlose Zahlung.

Symbolbedeutung:

Konto  Eine Kontobenutzung ist notwendig.

Bargeld 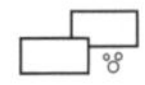 Bargeldfluss

Zahlungsart	Zahlungsmöglichkeit	Zahlungsträger	Zahler	Empfänger
Bar	Postpaket, DHL-Expresspaket von Hand zu Hand Postbank Minuten-Service	Zahler/Empfänger/Bote Postbank und Western Union	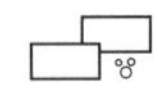	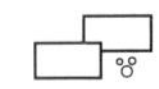
Halbbar	Zahlschein	Kreditinstitut/Postbank	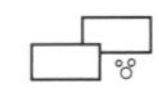	
	Barscheck	Kreditinstitut/Postbank		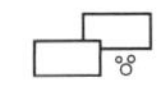
	Postbank Minuten-Service	Postbank und Western Union		
Bargeldlos	Überweisung	Kreditinstitut/Postbank		
	Verrechnungsscheck	Kreditinstitut/Postbank		
	Zahlungsanweisung z. V.	Postbank		

Nennen Sie Besonderheiten bei der Barzahlung und der halbbaren Zahlung.

Postpaket DHL-Expresspaket	Die Deutsche Post AG transportiert Postpakete, die versichert sind bis zu einem Wert von 500,00 EUR. Es ist möglich, Postpakete oder DHL-Expresspakete bis zu 2 500,00 EUR oder bis zu 25 000,00 EUR zu versichern.
Zahlschein	Es handelt sich hierbei um Formulare, die von den Geldinstituten angeboten werden. Der Empfänger muss ein Konto besitzen. Der einfache Zahlschein wird auch in Verbindung mit einer Überweisung angeboten. Dieses dient den Geldinstituten zur Vereinfachung ihres Geldverkehrs.
Zahlungs-anweisung z. V.	Der Höchstbetrag beträgt 1 500,00 EUR. Diese Zahlungsart kann nur von größeren Postbankkunden wahrgenommen werden, auch im Rahmen von Sammelaufträgen. Der Empfänger erhält die Zahlungsanweisung und kann sie innerhalb einer Monatsfrist bei seiner Bank oder bei beliebigen Postfilialen zur Gutschrift einreichen oder nach Ausweis bar auszahlen lassen.

Nennen Sie Besonderheiten im bargeldlosen Zahlungsverkehr.

Überweisung	**Sammel-überweisung**	Für eine Vielzahl von Überweisungen in beliebiger Höhe an unterschiedliche Zahlungsempfänger genügt eine einzige Unterschrift auf einem Überweisungsauftrag mit der Gesamtsumme der Einzelüberweisungen.
	sonstige Möglichkeiten	Überweisungen können vereinfacht getätigt werden durch: ▶ Onlinebanking (PIN/TAN) ▶ Datenträgeraustausch
Dauerauftrag	Für Zahlungen, die regelmäßig wiederkehren und in ihrer Höhe gleich sind, kann der Zahler dem Kreditinstitut oder der Postbank einmalig den Auftrag zur Überweisung an denselben Empfänger erteilen. Die Überweisungen werden dann zulasten seines Kontos bis zum Widerruf regelmäßig vorgenommen.	
Lastschriftverkehr	Für Zahlungen, die in gleicher oder aber auch unterschiedlicher Höhe anfallen, sind zwei Verfahren zur Vereinfachung möglich:	
	Einzugs-ermächtigung	Der Zahlungsempfänger wird ermächtigt, seinen jeweiligen Forderungsbetrag einziehen zu lassen. Eine Stornierung der Belastung ist möglich, wenn der Belastete die Lastschrift innerhalb von sechs Wochen zurückschickt.
	Abbuchungs-auftrag	Neben der Ermächtigung des Zahlungsempfängers wird zusätzlich das Geldinstitut beauftragt, die vorgelegten Lastschriften vom Zahlungsempfänger einzulösen. Eine Rückbelastung ist nicht möglich.
Kreditkarte	Diese Karten werden von Kreditkartenorganisationen an einen ausgewählten Kundenkreis herausgegeben. Der Kunde hat die Möglichkeit, bei Vertragsunternehmen, die diesem Kreditkartensystem angeschlossen sind, mit der Kreditkarte bargeldlos zu zahlen. Das Vertragsunternehmen und der Kunde rechnen jeweils mit dem Kreditkartenunternehmen ab. Der Kunde zahlt eine jährliche Gebühr. Das Vertragsunternehmen wird mit einer umsatzabhängigen Provision und Bearbeitungsgebühr belastet.	

1 Ordnen Sie die folgenden Begriffe den unten stehenden Besonderheiten des bargeldlosen Zahlungsverkehrs zu.

1 Dauerauftrag
2 Einzugsermächtigung
3 Abbuchungsauftrag

a. Der Zahler beauftragt/ermächtigt nur seine Bank, die bargeldlose Zahlung zu veranlassen.
b. Der Zahler beauftragt/ermächtigt sowohl den Zahlungsempfänger als auch seine Bank, die bargeldlose Zahlung zu veranlassen.
c. Der Zahler beauftragt/ermächtigt nur den Zahlungsempfänger, die bargeldlose Zahlung zu veranlassen.
d. Bei dieser Zahlungsart werden wiederkehrende gleichbleibende Beträge an denselben Empfänger gezahlt.
e. Bei dieser Zahlungsart können unterschiedliche Beträge dem Konto belastet werden. Eine Aufhebung der Belastung ist innerhalb von sechs Wochen möglich.

2 Kennzeichnen Sie unten stehende Aussagen zur Zahlung mit Kreditkarten.

Tragen Sie eine
1 ein, wenn die Aussage zutrifft,
9 ein, wenn die Aussage nicht zutrifft.

a. Dem Inhaber einer Kreditkarte wird i. d. R. jährlich eine Gebühr in Rechnung gestellt. Danach fällt für den Kunden bei Zahlung mit der Kreditkarte keine Bearbeitungsgebühr an. Der Zahlungsempfänger (Vertragsunternehmen der Kreditkartenorganisation) wird mit einer umsatzabhängigen Provision und Gebühr belastet.
b. Bei Bezahlung mit einer Kreditkarte muss ein Unternehmen dies als Zahlungsmittel akzeptieren.
c. Kreditkarten werden bei Eröffnung eines Bankkontos kostenlos an den Kontoinhaber ausgegeben.

3 Zur Barzahlung zählt die Zahlung von Hand zu Hand, der Wertbrief und der Minuten-Service.

Entscheiden Sie, ob folgende Aussagen dazu
1 zutreffen,
9 nicht zutreffen.

a. Der Minuten-Servicevordruck besteht aus drei Durchschreibevordrucken.
b. Die Deutsche Post Express transportiert Pakete bis zu 31,5 kg. Diese sind versichert bis zu einem Wert von 500,00 EUR.
c. Beim Transport durch den Kurierdienst „Deutsche Post Euro Express" ist ein Expresspaket bis zu 2 500,00 EUR versichert. Es ist möglich, eine Versicherung bis zu einem Wert von 25 000,00 EUR abzuschließen.
d. Der Höchstbetrag beim Minuten-Service beträgt 1 500,00 EUR.
e. Der Minuten-Service ist nur im Ausland möglich.

4 Ordnen Sie zu, um welche Art von Zahlungsvereinfachung es sich in den genannten Fällen handelt.

1 Kreditkarte
2 Einzugsermächtigung
3 Sammelüberweisung
4 Abbuchungsauftrag
5 Dauerauftrag

a. Der Makler beauftragt sein Kreditinstitut, vierteljährlich Pacht zu überweisen.
b. Der Händler erteilt seinem Kreditinstitut die Erlaubnis, alle Rechnungen eines bestimmten Lieferers, die bei dem Kreditinstitut eingereicht werden, zu begleichen.
c. Der Unternehmer muss nach der Zahlung durch den Kunden für getätigte Einkäufe mit der jeweiligen Organisation abrechnen.

5 Welche Aussage trifft zu?

1 Der Minuten-Service ist als Barzahlung und auch als halbbare Zahlung möglich.
2 Der Minuten-Service ist nur im Inland einsetzbar.
3 Der Minuten-Service ist eine bargeldlose Zahlung.

6 Welche der folgenden Aussagen zum Zahlungsverkehr trifft nicht zu?

1 Bei der Verwendung eines Zahlscheins wird der Betrag bar ausgezahlt. Es handelt sich um eine halbbare Zahlungsart. Zahlungsträger können Kreditinstitute oder Postbanken sein.
2 Bei der bargeldlosen Zahlungsart benutzen sowohl der Zahler als auch der Zahlungsempfänger ein Konto.
3 Bei Verwendung eines Zahlscheins wird der Betrag bar eingezahlt. Es handelt sich um eine halbbare Zahlungsart.

7 Bei den Zahlungsformen unterscheidet man bei Berücksichtigung der für die Zahlung verwendeten Zahlungsmittel die

1 bare Zahlung,
2 halbbare Zahlung,
3 unbare oder bargeldlose Zahlung.

Ordnen Sie zu.

a. Zahlschein
b. Verrechnungsscheck
c. Banküberweisung
d. Minuten-Service mit Bareinzahlung
e. Dauerauftrag

Nennen Sie die Aufgaben der Kosten- und Leistungsrechnung.

Begriff	Die Kosten- und Leistungsrechnung (KLR) ist ein wichtiges Teilgebiet des betrieblichen Rechnungswesens. Hier werden Kosten erfasst und gespeichert sowie den verschiedensten Bezugsgrößen (z. B. erzeugten Gütern oder Kostenstellen) zugeordnet und für spezielle Zwecke ausgewertet, verknüpft und verdichtet. Die Buchführung als vergangenheitsbezogene Zeitraumrechnung reicht in den meisten Fällen nicht aus, um Aussagen über die Wirtschaftlichkeit des Betriebes oder einzelner Betriebsteile zu machen.
Aufgaben	Die Aufgaben der Kostenrechnung bestehen darin, ▶ die **Kosten** und **Leistungen** einer Abrechnungsperiode zu ermitteln, ▶ die **Selbstkosten** der einzelnen Erzeugniseinheit zu ermitteln, ▶ die **Wirtschaftlichkeit** des Betriebsgebarens festzustellen, ▶ **Unterlagen** für Planungen und Entscheidungen zu liefern. Folgende Fragen stehen dabei zumeist im Mittelpunkt des Interesses: 1. Welche Kosten sind in welchem Umfang entstanden? 2. Wo, d. h. in welchen Betriebsteilen, sind diese Kosten entstanden? 3. Welche Produkte und Dienstleistungen haben die Kosten verursacht?

Aus welchen Teilgebieten setzt sich die KLR zusammen?

Kostenartenrechnung	Die Kostenartenrechnung zeigt auf, welche Kosten entstanden sind. Sie gliedert die Kosten nach verschiedenen Gesichtspunkten, z. B. wofür Kosten entstanden sind (Personal, Abschreibungen, Zinsen etc.), wie sich Kosten verhalten, wenn die Menge sich verändert (fixe/variable Kosten) und wie die Kosten den Kostenträgern zugerechnet werden (Einzelkosten/Gemeinkosten). Dabei werden erste Einblicke in die Wirtschaftlichkeit möglich.
Kostenstellenrechnung	Sie ermittelt, in welchen Bereichen (Kostenstellen) des Betriebes die Kosten entstanden sind. Sie stellt dabei die erbrachten Leistungen der Bereiche den verursachten Kosten gegenüber und ermöglicht so eine Wirtschaftlichkeitskontrolle der einzelnen Abteilungen.
Kostenträgerrechnung	Sie ermittelt, welche Kostenträger (Produkte/Dienstleistungen) die Kosten verursacht haben, ermittelt die Selbstkosten der verkauften Produkte und stellt fest, welcher Gewinn nach Abzug dieser Kosten vom Marktpreis übrig bleibt.

Beschreiben Sie die wichtigsten Rechengrößen in einem Unternehmen und grenzen Sie diese voneinander ab.

Ausgabe	Eine Ausgabe ist jeder Zahlungsabfluss aus dem Betrieb. Ausgaben können entweder aufwandswirksam (z. B. Zahlung von Löhnen) oder erfolgsneutral sein (z. B. Kauf einer Maschine).
Einnahme	Mit der Einnahme wird jeder Zugang zum Geldvermögensbestand eines Unternehmens bezeichnet. Die Einnahme darf nicht mit dem Begriff Ertrag verwechselt werden.
Aufwand	Hierbei handelt es sich um jeglichen Verbrauch von Werten (z. B. Waren, Arbeitskraft) im Betrieb, sei es im betrieblichen Bereich oder sonst im Unternehmen. Zu unterscheiden sind: ▶ **ordentlicher Aufwand:** regelmäßig anfallender Werteverbrauch im Betrieb zur Erreichung des betrieblichen Sachziels (z. B. Löhne, Material); ▶ **außerordentlicher Aufwand:** Werteverbrauch im Betrieb aufgrund einmaliger, außergewöhnlicher Vorfälle (z. B. Verlust eines Betriebsgebäudes durch Brand, Forderungsausfall eines Großkunden); ▶ **betriebsfremder Aufwand:** Werteverbrauch, der mit der eigentlichen Betriebsleistung nichts zu tun hat (z. B. Spende an das Rote Kreuz).
Ertrag	Jegliche Schaffung und jeder Zugang von Werten (z. B. Eigenerstellung einer Maschine) in einem Betrieb wird als Ertrag bezeichnet. Dabei ist zu unterscheiden zwischen: ▶ **ordentlichem Ertrag:** regelmäßig anfallender Wertzugang im Betrieb (insbesondere Umsatzerlöse für Waren oder Dienstleistungen) ▶ **außerordentlichem Ertrag:** Wertzugang im Betrieb aufgrund einmaliger, außergewöhnlicher Vorfälle (z. B. Erträge aus dem Abgang von Maschinen) ▶ **betriebsfremdem Ertrag:** Wertzugang, der mit dem eigentlichen betrieblichen Zweck nichts zu tun hat (z. B. der Gewinn aus Kurssteigerungen von Wertpapieren oder die Vermietung von Wohnungen)
Kosten	Jeglicher bewertete Werteverzehr in einer Periode, der zur Erstellung einer betrieblichen Leistung dient, wird als Kosten bezeichnet. Die Übereinstimmung mit dem Aufwand liegt dort, wo die Kosten den ordentlichen Aufwendungen entsprechen (z. B. Löhne).
Leistungen	Sie sind das Ergebnis der Kombination der Produktionsfaktoren. Unterschieden werden ▶ Absatzleistungen (→ Umsatzerlöse) ▶ Lagerleistungen (→ Bestandsmehrungen) ▶ Eigenleistungen (→ aktivierte Eigenleistungen)

1 Kennzeichnen Sie unten stehende Aussagen mit einer

1, wenn diese zutreffen,
9, wenn diese nicht zutreffen.

a. Die KLR hat die Aufgabe, das Unternehmensergebnis zu ermitteln.
b. Die KLR ermittelt die Selbstkosten zum Zwecke der Angebotskalkulation.
c. Die KLR hat die Aufgabe, das Betriebsgebaren unter Gesichtspunkten der Liquidität zu kontrollieren.
d. Die KLR liefert Unterlagen für betriebliche Entscheidungen.
e. Die KLR stellt die Kosten und Leistungen des Betriebes gegenüber und ermittelt den Betriebserfolg.

2 Ordnen Sie den unten stehenden Teilaufgaben zu, ob es sich dabei um Aufgaben

1 der Kostenartenrechnung,
2 der Kostenstellenrechnung,
3 der Kostenträgerrechnung

handelt.

Tragen Sie eine 9 ein, wenn es sich nicht um eine Teilaufgabe der KLR handelt.

a. Emittlung der Gemeinkosten-Zuschlagssätze im Rahmen des BAB
b. Kalkulation eines Auftrages anhand von Maschinenstundensätzen
c. Ermittlung der kalkulatorischen Abschreibungen für den Produktionsbereich
d. Nachverteilung der im Januar gezahlten Jahresprämien für die Kfz-Versicherung
e. Erstellung der Ergebnistabelle
f. Durchführung einer produktbezogenen Ermittlung der Herstellkosten des Umsatzes.
g. Ermittlung der unternehmensbezogenen Kosten der Betriebsbereitschaft

3 Kennzeichnen Sie unten stehende Aussagen mit einer

1, wenn diese zutreffen,
9, wenn diese nicht zutreffen.

a. Unter „Kosten" versteht man den Werteverzehr in einem Unternehmen, der zur Erfüllung des Betriebszweckes notwendig ist.
b. Negative Bestandsveränderungen an fertigen und/oder unfertigen Erzeugnissen werden in der KLR wie Kosten behandelt.
c. Zu den „Leistungen" des Betriebes gehören u. a. auch die Mietverträge eines Industriebetriebes.
d. In die Betriebsergebnisrechnung fließen nicht nur die Erlöse für abgesetzte Erzeugnisse ein, sondern auch der Gegenwert für selbst erstellte Anlagen und positive Bestandsveränderungen an fertigen und unfertigen Erzeugnissen.
e. Als „Erträge" bezeichnet man die Wertzugänge, die aus der eigentlichen betrieblichen Tätigkeit resultieren.

4 Ordnen Sie den unten stehenden Aufwendungen zu, ob es sich dabei um einen

1 betrieblichen ordentlichen Aufwand,
2 betrieblichen außerordentlichen Aufwand,
3 betriebsfremden Aufwand

handelt.

Tragen Sie eine 9 in das Kästchen ein, wenn es sich nicht um einen Aufwand handelt.

a. Gehaltszahlungen in einer Küchenfabrik
b. Verlust aus einem Wertpapiergeschäft in einer Lebensmittelgroßhandlung
c. Aufwendungen für Rohstoffe in einer Bauunternehmung
d. Verkauf einer Bohrmaschine unter Buchwert durch eine Möbeltischlerei
e. lineare Abschreibung einer Stanze in einer Leuchtenfabrik
f. Forderungsausfall durch Zahlungsunfähigkeit eines Kunden in einer Metallwarenfabrik
g. Verlust von nicht versicherten Warenbeständen durch Brandschaden in einem Kaufhaus
h. Arbeitgeberanteil zur Sozialversicherung
i. Mieteinnahmen für vermietende Lagerräume in einer Baustoffgroßhandlung
j. Zahlung der Versicherungsprämie für die Gebäudeversicherung eines vermieteten Wohngebäudes in einer Fahrradfabrik
k. Spende einer GmbH an das Rote Kreuz
l. Kauf eines Computers gegen Verrechnungsscheck durch eine Küchengroßhandlung

5 Kennzeichnen Sie die nachfolgenden Erträge mit einer

1, wenn es sich um betriebliche Erträge handelt,
2, wenn es sich um neutrale Erträge (außerordentliche oder betriebsfremde Erträge) handelt.

Tragen Sie eine 9 ein, wenn es sich nicht um einen Ertrag handelt.

a. Umsatzerlöse aus Warenverkäufen
b. Erträge aus dem Verkauf von Wertpapieren
c. Zinsgutschrift fürs Festgeld
d. Provisionserträge für verkaufte Gebrauchtwagen bei einer Kfz-Handlung
e. Mieteinnahme aus der Vermietung einer Lagerhalle
f. Steuerrückvergütung für das abgelaufene Geschäftsjahr
g. Verkauf eines Anlagegutes über Buchwert

6 Bei welchem der nachfolgenden Sachverhalte trifft folgende Bedingung zu?

Ausgabe = Aufwand = Kosten

1 Abschreibungen
2 Verlust aus Wertpapiergeschäft
3 Bezahlung einer Eingangsrechnung
4 Barkauf von Briefmarken
5 Gewerbesteuernachzahlung für Vorjahr

In Excel befinden sich auf der Standardsymbolleiste einige Schaltflächen, die nur in Excel zu finden sind. Erläutern Sie diese.

Die Funktion „Summe" wird in die Bearbeitungszeile eingefügt. Excel bietet aufgrund vorhandener Eintragungen auf dem Arbeitsblatt einen Vorschlag für die Zellen, deren Inhalte addiert werden sollen. Dabei haben vertikale Zellen vor den horizontalen Zellen Vorrang.

Durch Aktivierung dieser Schaltfläche wird der Funktions-Assistent gestartet, der die Erstellungen von Funktionen unterstützt.

Beispiel:

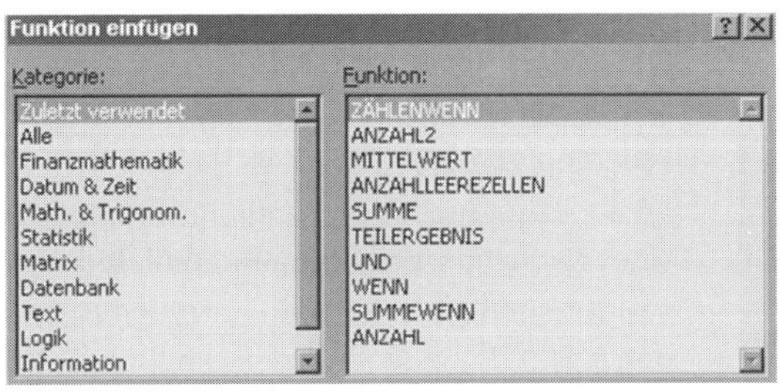

Die Einträge in einem markierten Zellbereich werden aufsteigend sortiert.

Die Einträge in einem markierten Zellbereich werden absteigend sortiert.

Der Diagramm-Assistent wird gestartet, der die Diagramm-Erstellung durch einen mehrstufigen Dialog führt und unterstützt.

Beispiel:

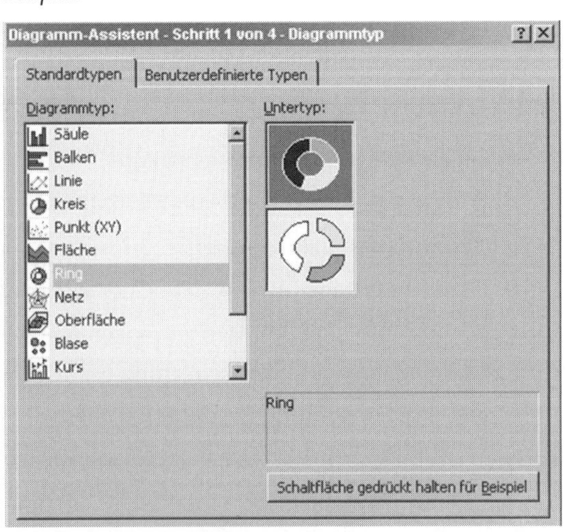

Durch Anklicken dieses Symbols wird eine Symbolleiste mit verschiedenen Zeichenwerkzeugen eingeblendet, mit denen eigene Grafiken auf dem Tabellenblatt erstellt werden können.

Erläutern Sie die Schaltflächen auf der Formatsymbolleiste, mit denen durch Anklicken mit der Maus wichtige Formatierungen zugewiesen werden.

Der Inhalt einer Zelle wird zentriert über die vorher markierten Spalten ausgerichtet. Ein Klick auf die gedrückte Schaltfläche entfernt das Attribut wieder.

Dem markierten Zellbereich wird das Währungsformat zugewiesen.

Dem markierten Zellbereich wird das Prozentformat zugewiesen.

Der markierte Zellbereich wird mit dem Zahlenformat der Kategorie „Buchhaltung" formatiert. Dies bewirkt, dass bei den Zahlenwerten erstens der Punkt als Tausendertrennzeichen gesetzt wird und zweitens hinter dem Komma zwei Stellen hinzugefügt werden.

Die Anzahl der Dezimalstellen wird jeweils um eine Stelle in dem markierten Zellbereich erhöht.

Die Anzahl der Dezimalstellen wird jeweils um eine Stelle in dem markierten Zellbereich verringert.

Auf dem Symbol wird die aktuell eingestellte Linienart angezeigt. Durch einmaliges Anklicken kann den markierten Zellbereichen diese Linienart zugewiesen werden.

Die daneben befindliche Schaltfläche öffnet die Rahmenpalette, auf der die Einstellungen verändert werden können. Diese Palette kann durch Drag und Drop „abgelöst" werden und ist dann frei auf dem Bildschirm positionierbar.

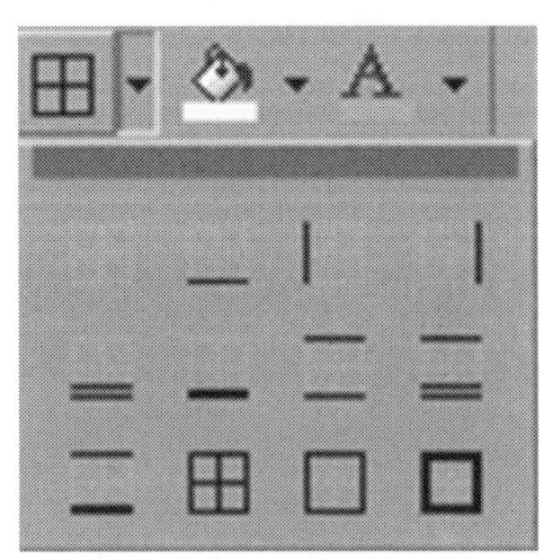

Mit diesem Symbol wird die aktuell eingestellte Füllfarbe angezeigt. Durch einmaliges Anklicken kann den markierten Zellbereichen diese Füllfarbe zugewiesen werden.

Die Schaltfläche daneben öffnet die Farbpalette, auf der dann die veränderten Einstellungen vorgenommen werden können. Diese Palette kann durch Drag und Drop „abgelöst" werden und ist dann frei auf dem Bildschirm positionierbar.

1 Für die Darstellung einer Bilanz in Staffelform sollen die Gliederungspunkte „Anlagevermögen" und „Umlaufvermögen" sowie „Eigenkapital" und „Fremdkapital" besonders hervorgehoben werden. Die Schrift soll fett formatiert werden und der Hintergrund gelb ausgefüllt sein.

Tragen Sie eine
1 ein, wenn die Aussage zutrifft,
9 ein, wenn die Aussage nicht zutrifft.

a. „Es ist möglich, alle vier Begriffe zu markieren, obwohl sie nicht untereinander stehen. Zuerst markiere ich den ersten Begriff, danach drücke ich die Taste „Strg" und halte sie gedrückt. Dann ist es einfach und ich markiere alle weiteren Zellbereiche. Danach lasse ich die „Strg"-Taste los. Die vier markierten Begriffe können leicht formatiert werden." ☐

b. „Wenn alle vier Zellbereiche für die Gliederungspunkte markiert sind, kann über die Schaltfläche der Farbenpalette in der Formatsymbolleiste die Füllfarbe gewählt werden. Ist die Farbe Gelb bereits angezeigt, reicht ein Anklicken, sonst muss die Farbpalette über die Schaltfläche geöffnet werden und die gewünschte Farbe ausgewählt werden. Auch die Textformatierung „fett" kann über die Schaltfläche mit dem „F" leicht mit der Maus durchgeführt werden." ☐

c. „Ich formatiere mit dem Kontextmenü: Rechte Maustaste, dann wähle ich „Zellen formatieren". Über die Registerkarte „Schrift" und „Muster" kann ich dann die gewünschten Formatierungen erzielen." ☐

2 Überprüfen Sie die Aussagen zum Funktions-Assistenten und tragen Sie eine

1 ein, wenn die Aussage zutrifft,
9 ein, wenn die Aussage nicht zutrifft.

a. Der Funktions-Assistent ist ein zweistufiger Dialog, der die Erstellung von Funktionen unterstützt. ☐

b. Das erste Dialogfenster nach Start des Funktions-Assistenten verfügt über die Listenfelder „Kategorie:" und „Funktion:". Ausgewählt werden kann z. B. die Kategorie „Finanzmathematik". ☐

c. Im zweiten Dialogfenster des Funktions-Assistenten werden Hilfestellungen bei der Auswahl von einzelnen Argumenten angeboten. ☐

d. Die Funktion MAX() liefert die Zelle, die den größten Platzbedarf benötigt. ☐

e. Die Funktion ANZAHL() ermittelt, wie viele Zahlen die Argumentenliste enthält. ☐

3 Welches Symbol verbindet mehrere Spalten miteinander und zentriert die Zahlen- und/oder Texteingabe? ☐

1 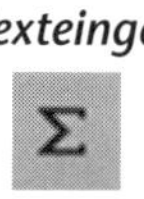

2 

3 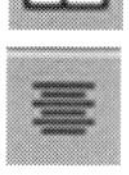

4 Die Abbildung 1 zeigt Ihnen eine Excel-Tabelle vor der Formatierung, die Abbildung 2 nach der Formatierung.

Beantworten Sie die Fragen zur Formatierung. Überprüfen Sie dann die Formeln, die aufgrund der formatierten Tabelle (Abbildung 2) ermittelt wurden.

Abbildung 1

	A	B	C	D	E	F
1						
2				Unternehmen A	Unternehmen B	
3		Aktiva	Anlagevermögen	580000 €	45000 €	
4			Umlaufvermögen	400000 €	300000 €	
5		Passiva	Eigenkapital	260000 €	120000 €	
6			Fremdkapital	720000 €	630000 €	
7						
8		Reingewinn		140000 €	110000 €	
9						
10		Fremdkapitalzinssatz		8	10	
11						
12						

Abbildung 2

	A	B	C	D	E	F
1						
2				Unternehmen A	Unternehmen B	
3		Aktiva	Anlagevermögen	580.000,00 €	45.000,00 €	
4			Umlaufvermögen	400.000,00 €	300.000,00 €	
5		Passiva	Eigenkapital	260.000,00 €	120.000,00 €	
6			Fremdkapital	720.000,00 €	630.000,00 €	
7						
8		Reingewinn		140.000,00 €	110.000,00 €	
9						
10		Fremdkapitalzinssatz		8%	10%	
11						
12						

a. Die Zellen D3:E6 können über die Schaltfläche

1 

2 

3 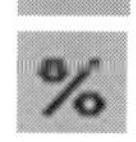

formatiert worden sein. ☐

b. Die Zelle D10 und die Zelle E10 wurden durch Anklicken der Schaltfläche … (siehe Symbole unter a.) formatiert. Sollte dies nicht möglich sein, tragen Sie eine 9 in das Kästchen ein. ☐

c. Die Unternehmerrentabilität für das Unternehmen A kann mit folgender Formel ermittelt werden: ☐

1 D8*100/D5
2 D8*100/(D5+D6)

d. Die Unternehmungsrentabilität für das Unternehmen B kann mit folgender Formel ermittelt werden: ☐

1 E8+(E10*E6)*100/(E3+E4)
2 E8+(E10*E6*100/E3+E4
3 E8+(E10*E6)/(E3+E4)

e. Das Gesamtkapital für das Unternehmen A kann ermittelt werden… ☐

1 … durch Anklicken des Symbols „Summe" auf der Standard-Symbolleiste und Markieren der Zellenbereiche D3:D4.
2 … durch die Formel = D3:D4.

Welche Aufgaben hat die Kostenartenrechnung? Was ist bei der Erfassung von Kosten zu beachten?

Begriff	Die Kostenartenrechnung ist ein Teilbereich der traditionellen Kostenrechnung, in der die Kosten erfasst und nach verschiedenen Gesichtspunkten gegliedert werden.
Aufgaben	Die Kostenartenrechnung dient als Lieferant von Daten für die nachgelagerten Teilrechnungen (Kostenstellenrechnung, Kostenträgerrechnung); sie kann Auskunft über die betragsmäßige Entwicklung einzelner Kostenarten im Zeitablauf und über die Kostenstruktur des Unternehmens geben.
Grundsätze der Kostenerfassung	▶ Eindeutigkeit: Sämtliche Kostenarten müssen klar definiert werden, ▶ Überschneidungsfreiheit: Es muss klar sein, welcher Kostenart ein Kostenbetrag zuzuordnen ist. ▶ Vollständigkeit: Jeder Kostenbetrag muss einer bestimmten Kostenart zuzuordnen sein.

Stellen Sie den Zusammenhang zwischen Aufwendungen und Kosten dar und erklären Sie die Begriffe.

Grafische Darstellung

<table>
<tr><td colspan="3">Aufwendungen (laut FiBu)</td><td></td><td></td></tr>
<tr><td>neutrale Aufwendungen</td><td colspan="2">Zweckaufwendungen</td><td></td><td></td></tr>
<tr><td></td><td colspan="2">Grundkosten</td><td colspan="2">Zusatzkosten</td></tr>
<tr><td></td><td></td><td colspan="2">Anderskosten</td><td>echte Zusatzkosten</td></tr>
<tr><td></td><td colspan="4">Kosten (der KLR)</td></tr>
</table>

<table>
<tr><td>Aufwendungen lt. FiBu</td><td colspan="2">Hierbei handelt es sich um die in der Finanzbuchhaltung erfassten Wertverluste des gesamten Unternehmens, unabhängig davon, ob diese zu Leistungszwecken oder sonst irgendwo im Unternehmen entstanden sind. Sie werden in der Finanzbuchhaltung auf der Sollseite der GuV gesammelt.</td></tr>
<tr><td rowspan="3">Neutrale Aufwendungen</td><td>Betriebsfremde Aufwendungen</td><td>Aufwendungen, die nicht für betriebliche Zwecke entstanden sind, z. B. Spenden oder Wertverluste aus Wertpapiergeschäften</td></tr>
<tr><td>Periodenfremde Aufwendungen</td><td>Aufwendungen, die aus einer anderen Periode stammen; sie haben mit der Leistungserstellung der laufenden Periode nichts zu tun und müssen herausgefiltert werden, z. B. Gewerbesteuernachzahlungen für Vorjahre</td></tr>
<tr><td>Außerordentliche Aufwendungen</td><td>Aufwendungen, die zwar betrieblich sind, aber in einem solch hohen Umfang nichts mit dem normalen Geschäftsablauf zu tun haben oder unregelmäßig anfallen, z. B. Aufwendungen für Betriebsjubiläum</td></tr>
<tr><td>Zweck-aufwendungen</td><td colspan="2">Das ist der Teil der Aufwendungen, die für den normalen Betriebszweck des Unternehmens verwendet werden, also alle Aufwendungen, die bei einem Großhändler für den Einkauf, die Lagerung und die Distribution von Waren an die Kunden entstehen, z. B. Aufwendungen für Lohn- und Gehalt, Miete, Fuhrpark.</td></tr>
<tr><td>Grundkosten</td><td colspan="2">Sie entsprechen den Zweckaufwendungen und können ohne Korrektur aus der FiBu direkt in die KLR übernommen werden, z. B. Aufwendungen für fremde Dienstleistungen, Energiekosten, Lohn- und Gehaltsaufwendungen, Soziale Aufwendungen, Kommunikationsaufwendungen, Miete, Fremdlagerkosten.</td></tr>
<tr><td>Zusatzkosten</td><td colspan="2">Dazu gehören alle Positionen, die zusätzlich zu den Grundkosten in die KLR eingefügt werden, weil es für sie keine entsprechenden Aufwendungen gibt oder weil sie durch Umformung und kostenrechnerische Korrektur größer sind als die Zweckaufwendungen.</td></tr>
<tr><td>Anderskosten</td><td colspan="2">Anderskosten sind Aufwendungen, die noch von dem Kostenrechner einer kostenrechnerischen Korrektur unterzogen werden. Sie können durch die Korrektur kleiner oder größer als die Zweckaufwendungen werden. Beispiele: kalkulatorische Zinsen, kalkulatorische Abschreibungen</td></tr>
<tr><td>Echte Zusatzkosten</td><td colspan="2">Sie sind Kosten, die zusätzlich zu den Grundkosten in die KLR übernommen werden. Es handelt sich um echte aufwandslose Kosten, denen in der FiBu keine entsprechende Größe gegenübersteht, z. B. kalkulatorischer Unternehmerlohn oder kalkulatorische Wagnisse.</td></tr>
</table>

Was sind kalkulatorische Kosten? Nennen Sie Beispiele.

Begriff	Eine Reihe von Aufwendungen, die durch die Finanzbuchführung erfasst werden, können als Kosten in der Kostenrechnung nicht verwendet werden. Aus diesem Grund sind kostenrechnerische Korrekturen vorzunehmen, die den genauen Werteverzehr ohne Einflüsse außerhalb der Kostenrechnung deutlich machen.
Arten	▶ **Kalkulatorische Abschreibungen** werden vom Wiederbeschaffungswert der Anlagen berechnet. ▶ **Kalkulatorische Zinsen** werden vom betriebsnotwendigen Kapital berechnet. ▶ **Kalkulatorische Miete** ist dann anzusetzen, wenn das Unternehmen in eigenen Gebäuden arbeitet. ▶ Wagnisse sind im Allgemeinen über Versicherungen abgedeckt. Sofern keine Versicherungen abgeschlossen werden, sind kalkulatorische Wagnisse anzusetzen. ▶ **Kalkulatorischer Unternehmerlohn** ist anzusetzen, wenn in Personengesellschaften oder Einzelunternehmen aus steuerlichen Gründen keine Gehälter für die Inhaber abgerechnet werden können.

1 ***Ergänzen Sie unten stehende Aussagen um die folgenden Begriffe:***

1 fixe Kosten
2 variable Kosten
3 Einzelkosten
4 Gemeinkosten (Handlungskosten)

a. … fallen an, unabhängig davon, ob der Beschäftigungsgrad (Umsatz) hoch oder niedrig ist.

b. Es ist sachlich unmöglich oder aber unwirtschaftlich, … den Kostenträgern direkt zuzurechnen.

c. … sind abhängig von dem Grad der Beschäftigung des Unternehmens.

d. Für jeden Kostenträger sind die … genau feststellbar.

2 ***Tragen Sie für die unten stehenden Kostenarten in der Spalte A eine***

1 ein, wenn es sich um Einzelkosten handelt,
2 ein, wenn es sich um Gemeinkosten handelt.

Tragen Sie für die unten stehenden Kostenarten in der Spalte B eine

3 ein, wenn es sich um fixe Kosten handelt,
4 ein, wenn es sich um variable Kosten handelt.

	A	B
a. Mieten für Büroräume		
b. Spezialtransportverpackung für Maschinen		
c. Gehälter der Meister		
d. Kosten der Werbespots für eine neue Produktgruppe		
e. Aufwendungen für Rohstoffe		
f. Leistungsabschreibung für eine Stanze		
g. Gewerbekapitalsteuer		
h. Akkordlöhne		
i. Energie für den Antrieb von Maschinen		

3 ***Einem Kostenrechner liegt die Stromverbrauchsrechnung des Elektrizitätswerkes für das vergangene Quartal vor.***

Kennzeichnen Sie die unten stehenden Aussagen zu dieser Rechnung mit einer

1, wenn die Aussage zutrifft,
9, wenn die Aussage nicht zutrifft.

a. Bei dem in Rechnung gestellten Energieverbrauch handelt es sich um Grundkosten.

b. Die Anschlussgebühren zählen zu den fixen Kosten.

c. Die Anschlussgebühren sind Einzelkosten.

d. Unter der Voraussetzung, dass an den Maschinen Zähler angebracht sind und eine genaue Verbrauchserfassung erfolgt, zählt der Energieverbrauch zu den Gemeinkosten.

e. Der berechnete Energieverbrauch zählt im Fertigungsbereich zu den variablen Kosten, im Verwaltungsbereich hingegen zu den fixen Kosten.

f. Der gesamte Posten „Energiekosten" kann auch zu den Mischkosten gezählt werden.

4 ***Untersuchen Sie folgenden Kostenverlauf für Fertigungsmaterial in einem Industriebetrieb:***

Menge in Stück	Gesamtkosten
600	7 500,00 EUR
700	8 785,00 EUR
800	10 120,00 EUR
900	11 520,00 EUR

Welche der folgenden Aussagen zu dem dargestellten Kostenverlauf nicht zutrifft?

1 Die Materialgesamtkosten steigen mit zunehmender Ausbringung.

2 Die Materialstückkosten steigen mit zunehmender Ausbringung überproportional.

3 Bei einem Rückgang der Beschäftigung sinken die Materialstückkosten.

4 Die Stückkosten bei einer Ausbringung von 800 Stück sind höher als bei einer Ausbringung von 700 Stück.

5 Die Materialstückkosten verhalten sich proportional.

5 ***Einem Industriebetrieb liegen für eine neue Maschine zwei Angebote vor. Die angebotenen Maschinen weisen unterschiedliche Kapazitäten und Kostenverläufe auf. Die Kostenrechnung hat die für die Entscheidung wichtigen Zahlen zusammengestellt:***

Maschine I	
Fixe Kosten/Monat:	6 600,00 EUR
Variable Kosten/Stück:	3,00 EUR
Maximalkapazität:	2 500 Stück

Maschine II	
Fixe Kosten/Monat:	4 500,00 EUR
Variable Kosten/Stück:	4,40 EUR
Maximalkapazität:	2 000 Stück

Beantworten Sie dazu folgende Fragen:

a. Wie viel Euro betragen die Kosten bei einer Monatsproduktion von
   aa. 1 000 Stück bei Maschine I?
   ab. 2 000 Stück bei Maschine II?

b. Bei welcher monatlich produzierten Stückzahl sind die Stückkosten bei beiden Maschinen gleich hoch?

c. Wie viel Prozent beträgt der Beschäftigungsgrad bei dieser Menge bei
   ca. Maschine I?
   cb. Maschine II?

Erklären Sie den grundlegenden Zusammenhang zwischen Kosten und Beschäftigung.

Beschäftigung	Die Beschäftigung einer Abteilung oder eines Betriebes wird ausgedrückt durch die Anzahl der produzierten Einheiten. Die Beschäftigung ist damit abhängig von der Kapazität (Leistungsfähigkeit) eines Betriebes. Der Beschäftigungsgrad ist folglich das prozentuale Verhältnis von Ausbringungsmenge (Beschäftigung) und der maximalen Kapazität eines Betriebes. Er gibt den Grad der Auslastung an: $\textbf{Beschäftigungsgrad} = \dfrac{\textbf{Ausbringungsmenge} \cdot \textbf{100}}{\textbf{Maximalkapazität}}$
Zusammenhang von Beschäftigung und Kosten	Veränderungen der Nachfrage muss ein Industrieunternehmen mit veränderten Produktionsmengen begegnen. Wenn aber die Kosten abhängig sind von der Menge der produzierten Einheiten, so werden sich bei Anpassung der Beschäftigung auch andere Kostensituationen ergeben. Tatsächlich verhalten sich die Kosten bei schwankender Beschäftigung unterschiedlich. Ein Teil der Kosten bleibt konstant (fixe Kosten), ein anderer Teil wird sich der schwankenden Beschäftigung anpassen (variable Kosten).

Erläutern Sie den Zusammenhang zwischen Kosten und Beschäftigung grafisch.

Zahlenbeispiel (Werte in EUR)	**produzierte Menge**	**gesamte Fixkosten**	**gesamte variable Kosten**	**Gesamtkosten**	**stückfixe Kosten**	**stückvariable Kosten**	**Stückgesamtkosten**	**Gesamterlöse**	**Gewinn**
	1	30 000,00	200,00	30 200,00	30 000,00	200,00	30 200,00	350,00	–29 850,00
	10	30 000,00	2 000,00	32 000,00	3 000,00	200,00	3 200,00	3 500,00	–28 500,00
	100	30 000,00	20 000,00	50 000,00	300,00	200,00	500,00	35 000,00	–15 000,00
	200	30 000,00	40 000,00	70 000,00	150,00	200,00	350,00	70 000,00	0,00
	300	30 000,00	60 000,00	90 000,00	100,00	200,00	300,00	105 000,00	15 000,00

	fixe Kosten	**variable Kosten**	**Gesamtkosten**
Gesamtbetrachtung	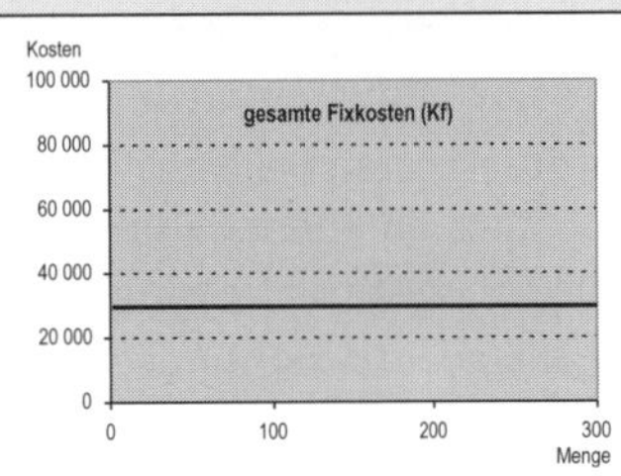	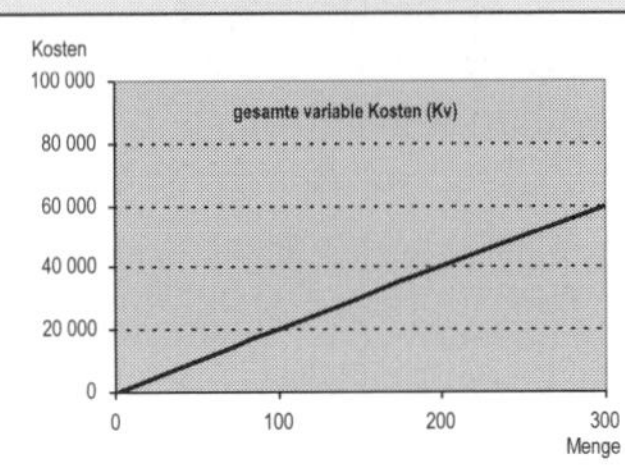	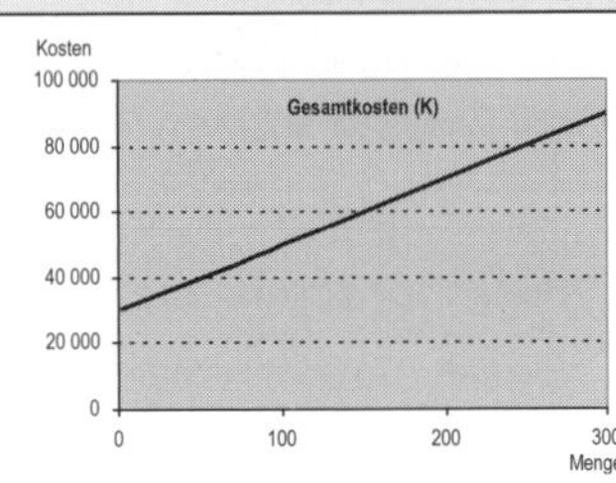
Stückbetrachtung	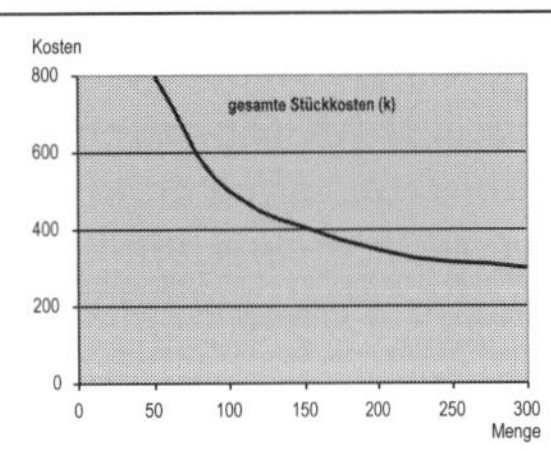	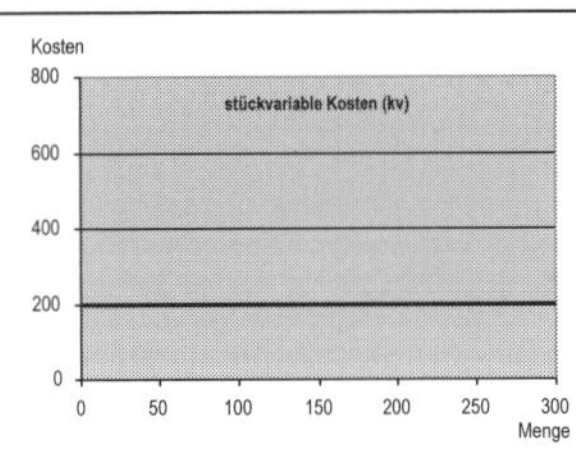	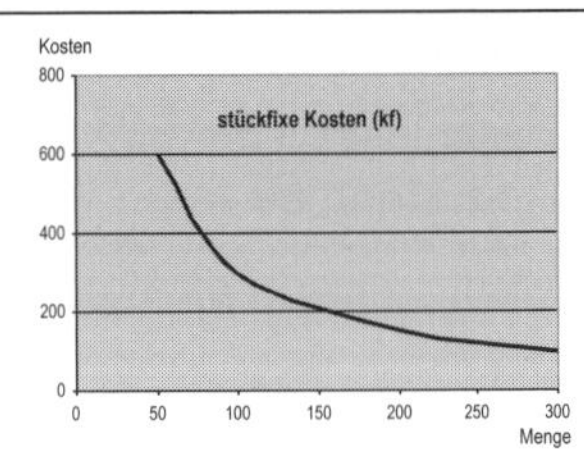

Erläutern Sie die Situationen „Gewinnschwelle" und „Gewinnmaximum".

Gewinnschwelle (Break-even-point)	Die Gewinnschwelle ist der Punkt, wo die Erlöse gleich den Stückkosten sind (im Beispiel bei 200 Stück: 350,00 EUR). Ab diesem Punkt erzielt der Unternehmer mit jeder weiteren verkauften Einheit einen Gewinn. Mit den in diesem Punkt erzielten Erlösen kann der Unternehmer langfristig seine Kosten decken (langfristige Preisuntergrenze).	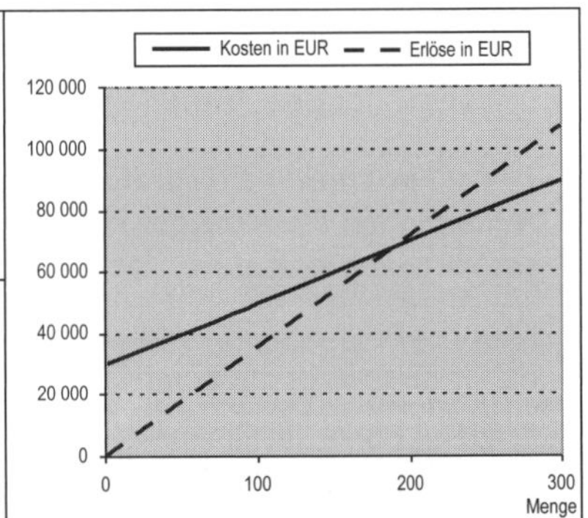
Gewinnmaximum	Das Gewinnmaximum liegt dort, wo die Differenz zwischen Erlösen und Kosten am größten ist. Dies ist dann der Fall, wenn die Stückkosten ihr Minimum erreichen (im Beispiel bei 300 Stück: 300,00 EUR). In den meisten Fällen ist dieser Punkt bei der Kapazitätsgrenze erreicht. Im Beispiel liegt das Gewinnmaximum bei 300 Stück: Gewinn 15 000,00 EUR.	

Kurzfristige Kapazitätsanpassung	Sofern die Kosten einen linearen Verlauf nehmen, werden die Unternehmer stets versuchen, die Kapazitäten voll auszulasten. Erst an diesem Punkt erreichen die Stückkosten ihr Minimum **(Gesetz der Massenproduktion)**. Erfordert der Markt eine Produktion über die Kapazität hinaus, kann der Unternehmer kurzfristig Anpassungen vornehmen, die zumeist mit progressiv steigenden Kosten verbunden sind.	
	intensitätsmäßige Anpassung	Die Arbeitsprozesse werden beschleunigt, um eine höhere Auslastung zu erreichen. *Erhöhte Kosten: Prämien, Verschleiß, Ausschuss*
	zeitliche Anpassung	Die regelmäßige Arbeitszeit des Betriebes wird kurzfristig erhöht. *Erhöhte Kosten: Überstundenzuschläge*
	mengenmäßige Anpassung	Einige Produktionsfaktoren werden in einem stärkeren Umfang eingesetzt, z. B. Hilfskräfte, gemietete Maschinen. *Erhöhte Kosten: Organisationskosten*

1 Prüfen Sie die folgenden Aussagen zu dem Verhältnis von Beschäftigungsgrad und Kosten. Welche der Aussagen ist falsch?

Tragen Sie eine 5 ein, wenn alle Aussagen zutreffen.

1 Die Gesamtkosten steigen, wenn die produzierte Menge zunimmt.
2 Die gesamten Fixkosten steigen, wenn die Beschäftigung steigt.
3 Die proportionalen Stückkosten verändern sich keinesfalls, auch wenn die Kapazität steigt.
4 Die variablen Gesamtkosten nehmen im gleichen Verhältnis zu, in dem die Beschäftigung zunimmt.

2 Der Industriebetrieb, dessen Kostensituation in der unten angegebenen Tabelle nur in Auszügen angegeben ist, hat eine Kapazitätsgrenze von 1000 Stück.

Ermitteln Sie …

a. … die Stückzahl, bei der die Gewinnschwelle liegt.

b. … das Stückkostenminimum.

c. … das Gewinnmaximum.

3 In einer Schiffswerft entsteht durch einen lukrativen Zusatzauftrag eine kurzfristige Engpasssituation. Aus diesem Grund wird den 200 Mitarbeitern, die momentan an einem Tanker arbeiten, eine Prämie in Höhe von 800,00 EUR pro Person zugesichert, wenn der geplante Produktionsendtermin eingehalten wird.

Um welche Form der Kapazitätsanpassung handelt es sich hierbei?

1 zeitliche Anpassung
2 mengenmäßige Anpassung
3 intensitätsmäßige Anpassung
4 selektive Anpassung

4 Prüfen Sie die folgenden allgemeinen Aussagen zu dem Verlauf von Kostenkurven im Koordinatensystem.

Kennzeichnen Sie

zutreffende Aussagen mit einer 1,
nicht zutreffende Aussagen mit einer 9.

a. Sowohl die Kurve der gesamten Fixkosten als auch die Kurve der variablen Stückkosten verläuft parallel zur x-Achse.

b. Die Kurve der Gesamtkosten hat ihren Ursprung dort, wo die gesamten Fixkosten liegen.

c. Die Kurve der Gesamtkosten verläuft im Koordinatenkreuz von oben links nach unten rechts.

d. Die Kurve der fixen Stückkosten hat einen degressiven Verlauf.

e. Die Kurve der variablen Gesamtkosten hat ihren Ursprung im Koordinatenkreuz, also bei Null.

5 Unten finden Sie eine unvollständige Tabelle aus der Kostenrechnung eines Industrieunternehmens.

Vervollständigen Sie die Tabelle und geben Sie für die eingetragenen Buchstaben im Folgenden die ermittelten Werte an.

a. ____________

b. ____________

c. ____________

d. ____________

e. ____________

f. ____________

g. ____________

h. ____________

i. ____________

produzierte und verkaufte Menge	gesamtfixe Kosten EUR	gesamtvariable Kosten EUR	Gesamtkosten EUR	fixe Kosten je Stück EUR	variable Kosten je Stück EUR	Stückkosten gesamt EUR	Erlöse je Stück EUR	Gesamterlöse EUR	Gesamtgewinn EUR
1	60 000,00			d.			g.		
50		b.					150,00		
100			c.						
500	a.				25,00	f.			i.
1000					e.			h.	

Beschreiben Sie die Ergebnistabelle als Instrument für die sachliche Abgrenzung und die Durchführung von kostenrechnerischen Korrekturen. Geben Sie Beispiele.

Rechnungskreis I			**Rechnungskreis II**					
Erfolgsbereich			Abgrenzungsbereich				KLR-Bereich	
Zahlen der Finanzbuchhaltung			unternehmensbezogene Abgrenzungen		kostenrechnerische Korrekturen		Zahlen der Kosten- und Leistungsrechnung	
Kto.-Nr.	Aufwend.	Erträge	neutrale Aufwend.	neutrale Erträge	Aufwend. lt. FiBu	verrechnete Kosten	Kosten	Leistungen
5000		9 000 000,00						9 000 000,00
5200		20 000,00						20 000,00
5410		60 000,00		60 000,00				
5460		15 000,00		15 000,00				
5490		24 000,00		24 000,00				
5710		120 000,00		120 000,00				
60	5 705 000,00				5 705 000,00	5 740 000,00	5 740 000,00	
6160	206 000,00		26 000,00				180 000,00	
62/63	1 180 000,00						1 180 000,00	
64	235 000,00						235 000,00	
65	192 000,00				192 000,00	210 000,00	210 000,00	
68	325 000,00		15 000,00				310 000,00	
690	85 000,00		6 000,00				79 000,00	
695	34 000,00				34 000,00	25 000,00	25 000,00	
70	28 000,00		4 000,00				24 000,00	
75	72 000,00				72 000,00	90 000,00	90 000,00	
76	38 000,00		15 000,00		23 000,00	18 000,00	18 000,00	
1)						150 000,00	150 000,00	
	1 139 000,00		153 000,00		207 000,00		779 000,00	
	9 239 000,00	9 239 000,00	219 000,00	219 000,00	6 233 000,00	6 233 000,00	9 020 000,00	9 020 000,00

Konto	Anmerkungen:
5000	Umsatzerlöse: betriebliche Leistungen
5200	Bestandsveränderungen: Mehrung an fertigen und unfertigen Erzeugnissen
5410	Nebenerlöse: Erträge aus der Vermietung eines Betriebsgebäudes
5460	Erträge aus dem Abgang von Vermögensgegenständen: Verkauf eines Lkw über Buchwert
5490	Periodenfremde Erträge: Rückerstattung von Gewerbesteuer für vergangene Geschäftsjahre
5710	Zinserträge: Zinserträge aus der Anlage festverzinslicher Wertpapiere
60	Aufwendungen für Roh-, Hilfs- und Betriebsstoffe: Bewertung des Materialverbrauchs erfolgte zu Verrechnungspreisen mit 5 740 000,00 EUR
6160	Fremdinstandhaltung: enthalten sind 26 000,00 EUR für Reparaturen an dem vermieteten Betriebsgebäude; Rest: Zweckaufwand
62/63	Löhne/Gehälter: Zweckaufwand
64	Soziale Abgaben: Arbeitgeberanteile zur Sozialversicherung
65	Abschreibungen: Es wurden kalkulatorische Abschreibungen von 210 000,00 EUR angesetzt.
68	Aufwendungen für Kommunikation: enthalten eine Spende in Höhe von 15 000,00 EUR an ein Kinderhilfswerk, Rest: Zweckaufwand
690	Versicherungsbeiträge: enthalten die Gebäudeversicherung für vermietetes Gebäude in Höhe von 6 000,00 EUR, Rest: Zweckaufwand
695	Abschreibungen auf Forderungen: kalkulatorisch wurden 25 000,00 EUR angesetzt.
70	Betriebliche Steuern: enthalten die Grundsteuer für das vermietete Gebäude in Höhe von 4 000,00 EUR, Rest: Zweckaufwand
75	Zinsaufwendungen: Es wurden kalkulatorische Zinsen in Höhe von 90 000,00 EUR angesetzt.
76	Außerordentliche Aufwendungen: ▶ Schadensersatzforderungen eines Kunden in Höhe von 15 000,00 EUR ▶ Diebstahl eines nicht versicherten Materialbestandes in Höhe von 23 000,00 EUR; für solche Risiken wurde ein kalkulatorisches Wagnis in Höhe von 18 000,00 EUR angesetzt.
1)	Kalkulatorischer Unternehmerlohn: ein geschäftsführender Gesellschafter 150 000,00 EUR

Wie werden die Ergebnisse aus der sachlichen Abgrenzung und der kostenrechnerischen Korrektur abgestimmt? Erläutern Sie dies an einem Beispiel.

	Betriebsergebnis (betriebliche Erträge – Kosten)	779 000,00 EUR	Betriebsgewinn verrechnete Kosten > Aufwendungen
+	Saldo aus der Differenz zwischen verrechneten kalkulatorischen Kosten und abgefilterten Aufwendungen laut FiBu (verrechnete Kosten – Aufwendungen)	207 000,00 EUR	
+	Saldo aus unternehmensbezogener Abgrenzung	153 000,00 EUR	neutrale Erträge > neutrale Aufwendungen
=	Unternehmensergebnis (Erträge – Aufwendungen)	1 139 000,00 EUR	Erträge > Aufwendungen

1 ***In einem Unternehmen wird eine Ergebnistabelle erstellt. Der Betriebsgewinn beträgt 520 410,00 EUR, der neutrale Verlust 50 600,00 EUR, das Ergebnis der kostenrechnerischen Korrektur beträgt 20 300,00 EUR.***

Wie hoch ist das Unternehmensergebnis?

1 591 310,00 EUR
2 490 110,00 EUR
3 449 510,00 EUR
4 ein anderer Betrag

2 ***Kennzeichnen Sie durch die Vergabe der Ziffern 1 bis 5 die Reihenfolge der Arbeitsschritte bei der Erstellung einer Ergebnistabelle.***

a. Zuordnen der neutralen Aufwendungen und Erträge in den Abgrenzungsbereich, der betrieblichen Aufwendungen und Erträge in den Kosten- und Leistungsbereich

b. Kontrolle der Ergebnisse durch Aufstellen der Gleichung: Gesamtergebnis = Betriebsergebnis + Ergebnis aus der unternehmensbezogenen Abgrenzung + Ergebnis aus der kostenrechnerischen Korrektur

c. Vornahme der kostenrechnerischen Korrekturen

d. Errechnen der Ergebnisse im Erfolgsbereich der Geschäftsbuchhaltung, im Abgrenzungsbereich, im Bereich kostenrechnerische Korrekturen und im Kosten- und Leistungsbereich

e. Übertragung der Salden der Erfolgskonten aus der FiBu in die Ergebnistabelle

3 ***Welche der folgenden Aussagen trifft als Begründung für die Durchführung einer Abgrenzungsrechnung/Ergebnistabelle nicht zu?***

Tragen Sie eine 6 ein, wenn alle Aussagen zutreffen.

1 Die Abgrenzungsrechnung weist u. a. die neutralen Erträge und Aufwendungen des Unternehmens aus.
2 Die Abgrenzungsrechnung filtert die neutralen Aufwendungen und Erträge aus den gesamten Aufwendungen und Erträgen heraus.
3 Die Ergebnistabelle ermöglicht eine genauere Aussage über die Kosten und Leistungen einer Periode als die Gewinn- und Verlustrechnung.
4 Die Ergebnistabelle weist u. a. das Gesamtergebnis und das Betriebsergebnis aus.
5 Die Zahlen der Finanzbuchhaltung spiegeln nur unzureichend die betriebliche Situation wider. Die Ergebnistabelle liefert dagegen genauere betriebliche Zahlen.

4 ***Der Finanzbuchhaltung einer Fahrradfabrik werden für eine Rechnungsperiode folgende Zahlen entnommen (Werte in TEUR):***

Umsatzerlöse:	1 420
Mehrbestand an fertigen Erzeugnissen:	130
Mieterträge:	25
Erträge aus dem Abgang von Vermögensgegenständen:	95
Erträge aus Wertpapieren:	134
Zinserträge:	9
Aufwendungen für Material:	410
Fremdinstandhaltung:	12
Löhne:	620
Gehälter:	180
Soziale Abgaben:	180
Abschreibungen Sachanlagen:	90
Reisekosten:	16
Gewerbesteuer:	45
Verluste aus Wertpapierverkäufen:	15

Von den Abschreibungen auf Sachanlagen entfallen 10 TEUR auf vermietete Gebäude; in der Position Gewerbesteuer ist eine Nachzahlung für die vergangene Periode in Höhe von 15 TEUR enthalten.

a. Wie viel TEUR beträgt das Gesamtergebnis der Unternehmung?

b. Wie viel TEUR betragen die betrieblichen Erträge?

c. Wie viel TEUR betragen die Kosten?

d. Wie viel TEUR beträgt das Betriebsergebnis?

e. Wie viel TEUR beträgt das neutrale Ergebnis?

f. Welche der folgenden Aussagen trifft auf die Ergebnissituation des Unternehmens zu?

1 Das Unternehmen hat im betrieblichen Bereich mehr Gewinn erzielt als im neutralen Bereich.
2 Das Unternehmen war im neutralen Bereich erfolgreicher als im betrieblichen Bereich.

5 ***In einem Betrieb wurde zwischen den Zahlen der Finanzbuchhaltung und der Kostenrechnung nur eine unternehmensbezogene Abgrenzung vorgenommen.***

Das Unternehmungsergebnis beträgt 325 810,00 EUR, das neutrale Ergebnis 110 450,00 EUR.

Wie groß ist das Betriebsergebnis?
1 436 260,00 EUR
2 215 360,00 EUR
3 104 910,00 EUR
4 ein anderer Betrag

Beschreiben Sie die Aufgaben der Kostenstellenrechnung. Erläutern Sie die Begriffe „Kostenstelle" und „BAB".

Aufgaben	Die Kostenstellenrechnung ermittelt, in welchen Bereichen (Kostenstellen) des Betriebes die Kosten entstanden sind. Sie ermöglicht damit eine Wirtschaftlichkeitskontrolle der einzelnen Abteilungen.
Kostenstelle	Eine Kostenstelle ist ein nach bestimmten Gesichtspunkten abgegrenzter Bereich des Betriebes, in dem Kosten verursacht werden. Kostenstellen werden gebildet nach ▶ Verantwortungsbereichen (z. B. Abteilungen, Hauptabteilungen), ▶ betrieblichen Funktionen (z. B. Einkauf, Verkauf, Lackiererei), ▶ Verrechnungsgesichtspunkten (z. B. Hilfskostenstellen, Hauptkostenstellen).
Betriebsabrechnungsbogen (BAB)	Die Kostenstellenrechnung hat die Aufgabe, die entstandenen Kosten auf die Kostenstellen zu verteilen und die Wirtschaftlichkeit der Kostenstellen zu überwachen.

Stellen Sie die Vorgehensweise der Kostenstellenrechnung im Überblick dar.

1. Aus der Kostenartenrechnung ergibt sich die Aufstellung aller Kosten, die in einem Betrieb in einer Periode entstanden sind.
2. Die Kostenträgereinzelkosten können den Kostenträgern (Produkten oder Dienstleistungen) direkt zugerechnet werden.
3. Die Gemeinkosten, die direkt verursacht worden sind (Kostenstelleneinzelkosten), können den Kostenstellen direkt zugeordnet werden (z. B. Gehälter einer Kostenstelle oder Abschreibungen).
4. Die verbleibenden Gemeinkosten (Kostenstellengemeinkosten) werden den Kostenstellen mithilfe von Schlüsseln zugeordnet (z. B. Miete nach m²).
5. Das Ergebnis dieser ersten Verteilung ist die Summe der primären Gemeinkosten. Sofern Kostenstellen vorhanden sind, die für andere Kostenstellen Dienstleistungen erbracht haben, müssen diese auf die anderen Kostenstellen nach der Verursachung „umgelegt" werden (sekundäre Gemeinkosten).
6. Nach der letzten Umlage erhält man die Summe der Endkostenstellen. In einem letzten Schritt werden nun die Zuschlagssätze ermittelt, die im Rahmen der Kostenträgerrechnung weitere Verwendung finden.

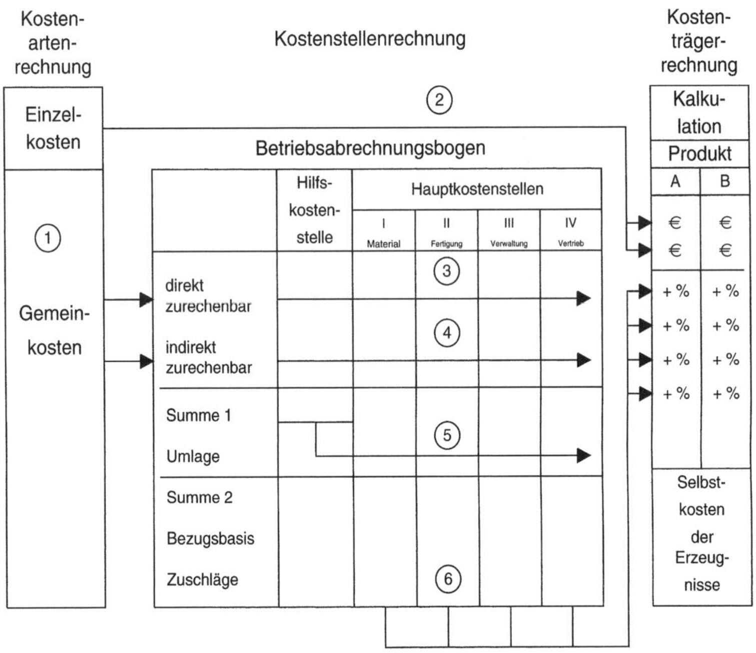

Erläutern Sie die Ermittlung der Zuschlagssätze.

Berechnung der Zuschlagssätze	Die Zuschlagssätze der Kostenstellen werden ermittelt, indem man die Gemeinkosten einer Kostenstelle zu den zugehörigen Zuschlagsgrundlagen in Beziehung setzt. Zwischen den Zuschlagsgrundlagen und den zu verrechnenden Gemeinkosten muss eine Beziehung bestehen. **Materialgemeinkosten-Zuschlagssatz (MGK)** $= \frac{\text{Materialgemeinkosten} \cdot 100}{\text{Fertigungsmaterial}}$ **Fertigungsgemeinkosten-Zuschlagssatz (FGK)** $= \frac{\text{Fertigungsgemeinkosten} \cdot 100}{\text{Fertigungslöhne}}$ **Verwaltungsgemeinkosten-Zuschlagssatz (Verw.GK)** $= \frac{\text{Verwaltungsgemeinkosten} \cdot 100}{\text{Herstellkosten des Umsatzes}}$ **Vertriebsgemeinkosten-Zuschlagssatz (Vertr.GK)** $= \frac{\text{Vertriebsgemeinkosten} \cdot 100}{\text{Herstellkosten des Umsatzes}}$
Herstellkosten der Fertigung	Summe aus Fertigungsmaterial, Materialgemeinkosten, Fertigungslöhnen, Fertigungsgemeinkosten und Sondereinzelkosten der Fertigung
Herstellkosten des Umsatzes	Herstellkosten der Fertigung – Bestandsmehrungen an fertigen und/oder unfertigen Erzeugnissen + Bestandsminderungen an fertigen und/oder unfertigen Erzeugnissen

1 Kennzeichnen Sie unten stehende Aussagen zur Kostenstellenrechnung mit einer

1, wenn die Aussage zutrifft,
9, wenn die Aussage nicht zutrifft.

a. Das zentrale Instrument der Kostenstellenrechnung ist der BAB.
b. Die Kostenstellenrechnung hat die Aufgabe, die im Betrieb anfallenden Einzelkosten verursachungsgerecht auf die Kostenstellen zu verteilen.
c. Die Kostenstellenrechnung ist das Bindeglied zwischen Finanzbuchhaltung und Kostenartenrechnung.
d. Ohne eine Kostenstellenrechnung ist eine verursachungsgerechte Vollkostenkalkulation der Kostenträger nicht möglich.
e. Kostenstellen sind nach abrechnungstechnischen Gesichtspunkten abgegrenzte Teile des Betriebes, in denen Kosten entstehen.
f. Die Kostenstellenrechnung ist erforderlich, um die im Betrieb anfallenden Gemeinkosten möglichst verursachungsgerecht auf die Kostenstellen zu verteilen.

2 Ordnen Sie die Tätigkeiten zur Erstellung eines BAB, indem Sie die Ziffern 1 bis 6 den nachfolgenden Tätigkeiten in aufsteigender Folge so zuordnen, dass sich eine richtige Reihenfolge ergibt.

a. Durchführung der innerbetrieblichen Leistungsverrechnung
b. Ermittlung der Gemeinkostenzuschlagssätze
c. Verteilung der primären Gemeinkosten auf Hilfskostenstellen und Hauptkostenstellen
d. Bildung der Summe der primären und sekundären Gemeinkosten je Endkostenstelle
e. Bildung der Summe der primären Gemeinkosten je Kostenstelle
f. Ermittlung und Zuordnung der jeweiligen Bezugsbasis zu den entsprechenden Hauptkostenstellen

3 Für die Ermittlung der Gemeinkostenzuschlagssätze wird jeweils eine möglichst verursachungsgerechte Bezugsbasis benötigt. Ordnen Sie aus den folgenden Werten den unten stehenden Gemeinkostenzuschlagssätzen jeweils die richtige Bezugsbasis zu:

1 angefallene Fertigungslöhne
2 angefallene Fremdreparaturen
3 Herstellkosten des Umsatzes
4 verbrauchtes Fertigungsmaterial
5 Herstellkosten der Fertigung
6 Selbstkosten des Umsatzes
7 Selbstkosten der Fertigung
8 Umsatzerlöse

Tragen Sie eine 9 ein, wenn die erforderliche Bezugsgröße nicht aufgeführt ist.

a. Materialgemeinkostenzuschlagssatz
b. Fertigungsgemeinkostenzuschlagssatz
c. Verwaltungsgemeinkostenzuschlagssatz
d. Vertriebsgemeinkostenzuschlagssatz

4 Aus der Kostenstellenrechnung eines Betriebes sind folgende Zahlen in TEUR zu entnehmen:

Fertigungsmaterial:	600
Materialgemeinkosten:	60
Fertigungslöhne:	400
Fertigungsgemeinkosten:	1 200
Verwaltungsgemeinkosten:	330
Vertriebsgemeinkosten:	550
Anfangsbestand an Erzeugnissen:	950
Endbestand an Erzeugnissen:	1 010

Ermitteln Sie …

a. … die Materialkosten in TEUR.
b. … die Fertigungskosten in TEUR.
c. … die Herstellkosten der Fertigung in TEUR.
d. … die Herstellkosten des Umsatzes in TEUR.
e. … den Materialgemeinkostenzuschlagssatz in Prozent.
f. … den Fertigungsgemeinkostenzuschlagssatz in Prozent.
g. … den Verwaltungsgemeinkostenzuschlagssatz in Prozent.
h. … den Vertriebsgemeinkostenzuschlagssatz in Prozent.
i. … die Selbstkosten des Umsatzes.

5 Kennzeichnen Sie unten stehende Aussagen zum BAB mit einer

1, wenn die Aussage zutrifft.
9, wenn die Aussage nicht zutrifft.

a. BAB ist eine Abkürzung für Betriebsaufwandsbogen.
b. Kostenstelleneinzelkosten sind Gemeinkosten, die den Kostenstellen direkt aufgrund von Aufschreibungen oder Belegen zugeordnet werden können.
c. Ziel des BAB ist sowohl die Wirtschaftlichkeitskontrolle einzelner Bereiche des Betriebes als auch die Ermittlung von Gemeinkostenzuschlagssätzen.
d. Zu den Kostenstellengemeinkosten gehören z. B. Gehälter, Fremdinstandhaltungen, Hilfslöhne.
e. Ein BAB ist in der Regel senkrecht nach Gemeinkostenarten und waagerecht nach Kostenstellen gegliedert.
f. Im BAB werden ausschließlich sekundäre Gemeinkosten verarbeitet.
g. „Primäre Gemeinkosten" ist eine andere Bezeichnung für Kostenstelleneinzelkosten.

6 Welche der folgenden Umschreibungen trifft auf den Begriff „sekundäre Gemeinkosten" zu?

1 Kostenstelleneinzelkosten
2 Kostenträgereinzelkosten
3 Ergebnis der innerbetrieblichen Leistungsverrechnung
4 Kostenstellengemeinkosten
5 Ergebnis der Zuordnung der primären Kosten auf die Kostenstellen

Erläutern Sie die Aufgabe der Kostenträgerrechnung. Was ist ein Kostenträger? Welche zwei wichtigen Arten der Kostenträgerrechnung werden unterschieden?

Aufgabe	Die Kostenträgerrechnung hat als letztes Glied der Kostenrechnung die Aufgabe, die im Betrieb entstandenen Kosten möglichst genau und verursachungsgerecht auf die Kostenträger umzulegen. Sie ermittelt die Selbstkosten der erzeugten Produkte und stellt diese den erzielten Erlösen gegenüber.	
Kostenträger	Kostenträger sind die Leistungen des Betriebes, deren Erstellung Kosten verursacht. Das sind z. B. in einem Industriebetrieb die hergestellten Produkte, in einem Handelsbetrieb die verkauften Waren und in einem Dienstleistungsbetrieb die erbrachten Dienstleistungen.	
Arten der Kostenträgerrechnung	**Kostenträgerzeitrechnung**	Alle Kosten einer Periode werden den entsprechenden Leistungen gegenübergestellt. Am Ende dieser Rechnung erhält man den Erfolg des Gesamtbetriebes.
	Kostenträgerstückrechnung	Es werden die Kosten für die einzelne Leistung (Produkt/Dienstleistung) ermittelt. Man bezeichnet die Kostenträgerstückrechnung auch als Kalkulation.

Beschreiben Sie die üblichen Kalkulationsverfahren in Industrie und Handel anhand der jeweiligen Kalkulationsschemata.

Zuschlagskalkulation im Industriebetrieb	Die Zuschlagskalkulation im Industriebetrieb erfasst die Einzel- und Gemeinkosten der Kostenträger entsprechend ihrer Verursachung. Sie passt sich in ihrem Aufbau der Gliederung der Hauptkostenstellen im Industriebetrieb an. Angewendet wird dieses Kalkulationsverfahren vorwiegend in Betrieben mit Serienfertigung.	(1) Fertigungsmaterial (Einzelkosten) + (2) Materialgemeinkosten ... % von (1) = **(3) Materialkosten (1+2)** + (4) Fertigungslöhne (Einzelkosten) + (5) Fertigungsgemeinkosten ...% von (4) + (6) Sondereinzelkosten der Fertigung = **(7) Fertigungskosten (4+5+6)** = **(8) Herstellkosten (3+7)** + (9) Verwaltungsgemeinkosten .. % von (8) + (10) Vertriebsgemeinkosten ... % von (8) + (11) Sondereinzelkosten des Vertriebs = **(12) Selbstkosten (8+9+10+11)**
Zuschlagskalkulation im Handelsbetrieb	Der Handlungskostenzuschlag ergibt sich aus den gesamten Handlungskosten (Personalkosten, Raumkosten, Verwaltungskosten), die in Prozent vom Umsatz zu Einstandspreisen (Wareneinsatz) errechnet werden.	(1) Einkaufspreis (Rechnungspreis) + (2) Bezugskosten (Fracht, Zoll) = **(3) Bezugspreis (1+2)** + (4) Handlungskostenzuschlag ... % von (3) = **(5) Selbstkosten**
Divisionskalkulation	Dieses Kalkulationsverfahren wird angewendet in Betrieben mit Einproduktfertigung (z. B. Zementwerk). Eine gesonderte Zuordnung von Gemeinkosten zu Kostenstellen ist nicht erforderlich.	Selbstkosten je Einheit = Gesamtkosten des Betriebes / hergestellte Menge
Äquivalenzziffernkalkulation	Die Kalkulation mit Äquivalenzziffern (ÄZ) wird als erweiterte Divisionskalkulation in Betrieben mit gleichartigen Erzeugnissen angewendet, die einem vergleichbaren Produktionsprozess unterliegen und sich lediglich durch Größe, Gewicht oder Bearbeitungszeit unterscheiden (z. B. Brauerei, Schraubenherstellung).	(1) Menge/Sorte · ÄZ = Recheneinheit (RE) (2) Summe der RE (3) Selbstkosten je RE = Selbstkosten geteilt durch Summe RE (4) Selbstkosten je Sorte = RE je Sorte · Selbstkosten je RE (5) Selbstkosten je Erzeugniseinheit = Selbstkosten je Sorte : Menge
Maschinenstundensatzrechnung	Dieses Kalkulationsverfahren wird in maschinenintensiven Betrieben angewendet. Hier besteht die Gefahr, dass die Zuschlagsgrundlage für den Fertigungsgemeinkostenzuschlag umso ungenauer wird, je weniger die Fertigungslöhne Ursache für die Fertigungsgemeinkosten sind. Die Fertigungsgemeinkosten werden hierbei aufgeteilt in maschinenabhängige Fertigungsgemeinkosten (z. B. Abschreibung, Zinsen, Platzkosten, Energie) und Restgemeinkosten, die überwiegend fertigungslohnabhängig sind.	(1) variable maschinenabhängige Gemeinkosten (2) + fixe maschinenabhängige Gemeinkosten (3) = maschinenabhängige Gemeinkosten (1+2) (4) Fertigungslöhne/Maschinenplatz (5) + Restgemeinkostenzuschlag ... % von (4) (6) = lohnabhängige Fertigungskosten (4+5) (7) = Fertigungskosten des Maschinenplatzes (3+6) (8) **Maschinenstundensatz** = Fertigungsgemeinkosten der Maschine/ Maschinenlaufzeit in Stunden (9) Maschinenstundensatz · Zeit in Stunden + Fertigungslöhne + Restgemeinkostenzuschlag auf Fertigungslöhne = Herstellkosten des Auftrages/Produktes

1 ***Ordnen Sie den unten stehenden Aufgaben zu, ob es sich dabei um Aufgaben der***

1 Kostenträgerzeitrechnung,
2 Kostenträgerstückrechnung

handelt.

Tragen Sie eine 9 ein, wenn es sich nicht um Aufgaben der Kostenträgerrechnung handelt.

a. Vorkalkulation eines Auftrages

b. Erstellung einer kurzfristigen Erfolgsrechnung

c. Ermittlung des Betriebsergebnisses

d. Bestimmung von Preisuntergrenzen

e. Ermittlung und Verteilung der Kostenträgergemeinkosten

f. Ermittlung der Selbstkosten eines Artikels

g. Ermittlung des Gesamtergebnisses einer Artikelgruppe

2 ***Für die Nachkalkulation eines Artikels stehen folgende Zahlen zur Verfügung:***

Fertigungsmaterial:	35,00 EUR
Fertigungslöhne:	10,00 EUR
Materialgemeinkostensatz:	5 %
Fertigungsgemeinkostensatz:	250 %
Verwaltungsgemeinkostensatz:	10 %
Vertriebsgemeinkostensatz:	20 %
Sondereinzelkosten der Fertigung:	6,00 EUR
Sondereinzelkosten des Vertriebs:	3,50 EUR

Ermitteln Sie für das Erzeugnis ...

a. ... die Materialkosten.

b. ... die Fertigungskosten.

c. ... die Herstellkosten.

d. ... die Selbstkosten.

3 ***Ein Großhändler kalkuliert ein Fahrrad mit Selbstkosten von 486,00 EUR. Das Fahrrad wird vom Hersteller zu einem Listenpreis von 500,00 EUR verkauft. Auf diesen Preis erhält der Großhändler 30 % Rabatt sowie 2 % Skonto. Für den Transport sind 1 700,00 EUR je 100 Fahrräder an den Spediteur zu entrichten.***

Mit welchem Handlungskostenzuschlag rechnet der Großhändler in seiner Kalkulation?

1 74 %
2 65 %
3 35 %
4 125 %
5 anderes Ergebnis

4 ***Die Glas + Form GmbH in Stuttgart stellt Weinflaschen für badische Winzer her. Es werden drei Flaschensorten mit unterschiedlichem Fassungsvermögen produziert: A (= 1 l), B (= 0,7 l), C (= 0,5 l). Genaue Kostenanalysen in den vergangenen Jahren haben zu dem Ergebnis geführt, dass die Sorte A als Hauptsorte einzustufen ist und dass zwischen den Sorten A, B und C ein Kostenverhältnis von 1 : 0,9 : 0,75 besteht.***

In der vergangenen Rechnungsperiode wurden folgende Stückzahlen produziert: A: 800 000, B: 600 000, C: 400 000.

Es fielen insgesamt Selbstkosten in Höhe von 656 000,00 EUR an.

Ermitteln Sie die Selbstkosten je Flasche.

a. für die Sorte A

b. für die Sorte B

c. für die Sorte C

5 ***In einem Ein-Produkt-Unternehmen mit Massenfertigung entstanden im Monat September folgende Kosten in TEUR:***

Materialkosten:	1 090
Fertigungslöhne:	714
Fertigungsgemeinkosten:	1 468
Verwaltungskosten:	844
Vertriebskosten:	372

a. Wie viel Euro betragen die Selbstkosten für eine verkaufte Produkteinheit bei einer Produktion von 672 000 Stück, wenn alle produzierten Einheiten auch abgesetzt werden?

b. Wie viel Euro betragen die Selbstkosten für eine verkaufte Produkteinheit unter der Bedingung, dass von den produzierten 672 000 Stück ein Lagerbestand von 72 000 Stück verbleibt und die Verwaltungskosten im Verhältnis 3 : 1 den Herstell- und Vertriebskosten zugewiesen werden?

Lösungshilfe: Die Vertriebskosten dürfen nur den tatsächlich verkauften Erzeugnissen zugerechnet werden.

6 ***Für die Vorkalkulation eines Reparaturauftrages liegen folgende Angaben vor:***

Reparaturmaterial:	40,00 EUR
Fertigungslöhne: 2,5 Std. zu je	24,00 EUR
Maschineneinsatz Bohrmaschine:	1,5 Std.
Maschineneinsatz Drehautomat:	1 Std.
Maschinenstundensatz Bohren:	42,00 EUR
Maschinenstundensatz Drehen:	62,00 EUR
Materialgemeinkostenzuschlag:	5 %
Restgemeinkostenzuschlag:	110 %
Verwaltungsgemeinkostenzuschlag:	20 %

a. Ermitteln Sie die Herstellkosten des Auftrages.

b. Ermitteln Sie die Selbstkosten des Auftrages.

Was sind Normalgemeinkosten?
Wie erfolgt der Vergleich von Normalgemeinkosten und Istgemeinkosten?

Normalkosten	Die Istgemeinkosten eines Betriebes lassen sich erst nach Ablauf der Abrechnungsperiode ermitteln. Aus diesem Grund arbeiten viele Betriebe mit Normalgemeinkosten (Sollgemeinkosten), die aus Durchschnitts- oder Erfahrungswerten der Vergangenheit ermittelt werden. Aus diesen Normalgemeinkosten werden Normalzuschlagssätze ermittelt, mit denen die Angebotskalkulation durchgeführt wird. Die verrechneten Normalgemeinkosten werden am Ende der Abrechnungsperiode den Istgemeinkosten gegenübergestellt.
Kosten-abweichungen	**Kostenüberdeckung** = Normalgemeinkosten > Istgemeinkosten → In der Periode wurden zu viel Gemeinkosten verrechnet. **Kostenunterdeckung** = Normalgemeinkosten < Istgemeinkosten → In der Periode wurden zu wenig Gemeinkosten verrechnet.

Beispiel:

BAB mit Ermittlung der Über- und Unterdeckungen	**I Material**		**II Fertigung**		**III Verwaltung**		**IV Vertrieb**		**Gesamt**
	EUR	%	EUR	%	EUR	%	EUR	%	EUR
Istgemeinkosten	10 080,00	4,8	27 5920,00	204,4	58 900,00	9,5	97 960,00	15,8	442 860,00
Verrechnete Normalgemeinkosten	10 500,00	5,0	27 0000,00	200,0	61 450,00	10,0	92 175,00	15,0	434 125,00
Überdeckung der Gemeinkosten	420,00				550,00				
Unterdeckung der Gemeinkosten			5 920,00				5 785,00		87 335,00
	MGK		**FGK**		**VwGK**		**VtGK**		**Gesamt**

Wie wird der betriebliche Erfolg mithilfe der Kostenträgerzeitrechnung ermittelt?

Kostenträgerblatt	Das Kostenträgerblatt dient dazu, im Rahmen der Kostenträgerzeitrechnung die Selbstkosten des Umsatzes nach Kostenträgern getrennt zu ermitteln. Es stellt praktisch eine Gesamtkalkulation aller verkauften Produkte dar. Das Kostenträgerblatt wird auch als BAB II bezeichnet.
Ergebnisrechnung	Die Selbstkosten des Umsatzes werden in der Ergebnisrechnung den Umsatzerlösen gegenübergestellt und damit das Umsatzergebnis ermittelt. Wird das Umsatzergebnis nun noch um die Kostenüber- oder Kostenunterdeckungen korrigiert, erhält man das Betriebsergebnis. Dabei gilt: Umsatzergebnis + Überdeckung lt. BAB = Betriebsergebnis Umsatzergebnis – Unterdeckung lt. BAB = Betriebsergebnis

Beispiel:

Kostenträgerblatt (1 – 13 = Kostenträger-Zeitrechnung) (14 – 17 = Ergebnisrechnung)			**Verrechnete Normalkosten**		
			Kostenträger insgesamt	**Kostenträger**	
Werte in EUR				Produkt A	Produkt B
Kostenträgerzeitrechnung	1.	Fertigungsmaterial	210 000,00	120 000,00	90 000,00
	2.	+ 5 % Materialgemeinkosten	10 500,00	6 000,00	4 500,00
	3.	**Materialkosten** (1 + 2)	220 500,00	126 000,00	94 500,00
	4.	Fertigungslöhne	135 000,00	60 000,00	75 000,00
	5.	+ 200 % Fertigungsgemeinkosten	270 000,00	120 000,00	150 000,00
	6.	**Fertigungskosten** (4 + 5)	405 000,00	180 000,00	225 000,00
	7.	**Herstellkosten der Fertigung** (3 + 6)	625 500,00	306 000,00	319 500,00
	8.	+ Minderbestand an unfertigen Erzeugnissen	21 000,00	14 000,00	7 000,00
	9.	– Mehrbestand an fertigen Erzeugnissen	32 000,00	20 000,00	12 000,00
	10.	**Herstellkosten des Umsatzes**	614 500,00	300 000,00	314 500,00
	11.	+ 10 % Verwaltungsgemeinkosten	61 450,00	30 000,00	31 450,00
	12.	+ 15 % Vertriebsgemeinkosten	92 175,00	45 000,00	47 175,00
Ergebnis-Rechnung	13.	Selbstkosten des Umsatzes	768 125,00	375 000,00	393 125,00
	14.	Netto-Verkaufserlöse	915 000,00	460 000,00	455 000,00
	15.	**Umsatzergebnis** (14 – 13)	146 875,00	85 000,00	61 875,00
	16.	– Unterdeckung lt. BAB (vgl. oben)	8 735,00		
	17.	**Betriebsergebnis**	138 140,00	**= Saldo im KLR-Bereich der Ergebnistabelle**	

1 Prüfen Sie unten stehende Aussagen. Kennzeichnen Sie diese mit einer

1, wenn die Aussage zutrifft,
9, wenn die Aussage nicht zutrifft.

a. Normalgemeinkosten sind im Prinzip nichts anderes als durchschnittliche Istkosten der vergangenen Perioden.

b. Normalgemeinkostenzuschlagssätze sind die Grundlage der Nachkalkulation.

c. Bei einer Kostenüberdeckung wurden in der zurückliegenden Periode zu viel Gemeinkosten verrechnet.

d. Angebote in der laufenden Periode können grundsätzlich nicht mit Istgemeinkostenzuschlagssätzen vorkalkuliert werden.

e. Aus der Gegenüberstellung von verrechneten Normalgemeinkosten und Istgemeinkosten ergeben sich am Ende der Abrechnungsperiode Kostenüberdeckungen oder Kostenunterdeckungen.

f. Bei einer Kostenunterdeckung sind die verrechneten Normalgemeinkosten der vergangenen Periode größer als die Istgemeinkosten.

2 Aus einem Kostenträgerblatt auf Normalkostenbasis geht hervor, dass das Umsatzergebnis 1 080 140,00 EUR beträgt. Die Kostenüberdeckung lt. BAB betrug in der Periode 28 490,00 EUR. Über welche Summe lautete das Betriebsergebnis der Periode?

1 1 108 630,00 EUR
2 1 051 650,00 EUR
3 anderes Ergebnis

3 Aus einem Kostenträgerblatt auf Normalkostenbasis lassen sich für den vergangenen Abrechnungszeitraum folgende Werte in TEUR entnehmen:

Umsatzerlöse:	11 230
Materialkosten:	3 556
Fertigungskosten:	4 080
Minderbestand fertige Erzeugnisse:	210
Mehrbestand unfertige Erzeugnisse:	140
verrechnete Verwaltungsgemeinkosten:	810
verrechnete Vertriebsgemeinkosten:	1 250

Ermitteln Sie ...

a. ... die Herstellkosten der Erzeugung.

b. ... die Herstellkosten des Umsatzes.

c. ... die Selbstkosten des Umsatzes.

d. ... das Umsatzergebnis.

e. ... das Betriebsergebnis, wenn sich aus der Gegenüberstellung von Istgemeinkosten und verrechneten Normalgemeinkosten eine Überdeckung von 103 TEUR ergibt.

f. Welches Betriebsergebnis würde sich ergeben, wenn die Gegenüberstellung von Istgemeinkosten und verrechneten Normalgemeinkosten eine Unterdeckung von 94 TEUR aufzeigen würde?

4 Das Zahlenwerk eines Industrieunternehmens weist zum Ende einer Abrechnungsperiode folgende Zahlen aus (Werte in TEUR):

Fertigungsmaterial:	2 200
Fertigungslöhne:	1 680
Istgemeinkosten Material:	330
Istgemeinkosten Fertigung:	2 940
Istgemeinkosten Verwaltung:	900
Istgemeinkosten Vertrieb:	480
Anfangsbestand fertige Erzeugnisse:	144
Endbestand fertige Erzeugnisse:	94
Umsatzerlöse:	8 868

Das Unternehmen hat in der Periode mit folgenden Normalzuschlagssätzen gerechnet:

Materialgemeinkosten:	14 %
Fertigungsgemeinkosten:	180 %
Verwaltungsgemeinkosten:	10 %
Vertriebsgemeinkosten:	8 %

Bei den folgenden Berechnungen grundsätzlich auf eine Stelle hinter dem Komma runden, sofern erforderlich.

Wie viel TEUR betragen ...

a. ... die Istherstellkosten des Umsatzes?

b. ... die Istselbstkosten des Umsatzes?

Ermitteln Sie die verrechneten Normalkosten ...

c. ... im Materialbereich in TEUR.

d. ... im Fertigungsbereich in TEUR.

e. ... im Verwaltungsbereich in TEUR.

f. ... im Vertriebsbereich in TEUR.

g. Wie hoch (in TEUR) ist die Differenz zwischen dem Umsatzergebnis und dem Betriebsergebnis?

h. Von welcher Art ist die Differenz zwischen Umsatzergebnis und Betriebsergebnis?
1 Kostenüberdeckung
2 Kostenunterdeckung

5 Übertragen Sie unten stehende Gleichsetzungen. Tragen Sie in das Kästchen eine

1 ein, wenn die Gleichsetzung zutrifft,
9 ein, wenn die Gleichsetzung nicht zutrifft.

a. Betriebsergebnis = Umsatzergebnis + Überdeckung lt. BAB

b. Selbstkosten des Umsatzes = Herstellkosten des Umsatzes + Verwaltungs- und Vertriebsgemeinkosten

c. Herstellkosten des Umsatzes = Herstellkosten der Fertigung – Bestandsminderungen + Bestandsmehrungen

d. Umsatzergebnis = Betriebsergebnis – Unterdeckung lt. BAB

e. Kostenunterdeckung = verrechnete Normalgemeinkosten < Istgemeinkosten

f. Betriebsergebnis = Nettoumsatzerlöse – Selbstkosten der Fertigung

Geben Sie einen Überblick über die verschiedenen Kostenrechnungssysteme der KLR.

Kostenrechnungssysteme sind eine zur Erfüllung bestimmter Rechnungszwecke bzw. -bereiche entwickelte Gesamtheit von Regeln zur Erfassung, Speicherung und Auswertung von Kosten.

Kostenrechnungssysteme
werden unterschieden nach

dem Umfang der verrechneten Kosten | nach dem zeitlichen Bezug der Kostengrößen

Vollkostenrechnung	Teilkostenrechnung	Istkostenrechnung	Normalkostenrechnung	Plankostenrechnung
In der Vollkostenrechnung werden alle Kosten eines Kostenträgers bis zu den Selbstkosten ermittelt.	Sie unterteilt die Kosten in fixe und variable Kosten. Den einzelnen Kostenträgern werden nur die variablen Kosten zugerechnet.	Die Istkostenrechnung ist eine vergangenheitsbezogene Kostenrechnung. Sie dient vor allem der Nachkalkulation von Kostenträgern.	Den Kostenträgern werden normierte Kosten zugerechnet, die zumeist aus Vergangenheitswerten abgeleitet sind.	Die Kosten werden auf der Basis der Planbeschäftigung geplant und erlauben gegenüber anderen Systemen eine gute Kostenkontrolle.

Welche Besonderheiten weist die Plankostenrechnung auf?

Beschäftigung	Die Plankostenrechnung legt eine bestimmte Planbeschäftigung zugrunde und plant auf dieser Basis die Kosten. Aufgrund von Abweichungen der Istbeschäftigung zur Planbeschäftigung lassen sich dann Abweichungen ermitteln.	
Plankosten	(geplante variable Kosten/ME · Planbeschäftigung) + geplante Fixkosten	
Plankostenverrechnungssatz	$\frac{\text{Plankosten}}{\text{Planbeschäftigung}}$	
verrechnete Plankosten	Plankostenverrechnungssatz · Istbeschäftigung	
Sollkosten	(variable Plankosten/ME) · Istbeschäftigung + geplante Fixkosten	
Abweichungen	Im Rahmen des Soll-Ist-Vergleichs werden am Ende der Abrechnungsperiode die verschiedenen Größen miteinander verglichen.	
	Gesamtabweichung	gesamte Istkosten – verrechnete Plankosten (Gesamtabweichung = Beschäftigungsabweichung + Verbrauchsabweichung)
	Verbrauchsabweichung	Istkosten > Sollkosten = negative Verbrauchsabweichung Istkosten < Sollkosten = positive Verbrauchsabweichung
	Beschäftigungsabweichung	Sollkosten < verrechnete Plankosten = positive Beschäftigungsabweichung Sollkosten > verrechnete Plankosten = negative Beschäftigungsabweichung

Stellen Sie die Plankosten, die Sollkosten und die Istkosten einer Kostenstelle sowie die Abweichungsanalyse tabellarisch dar.

Kostenart	Beschäftigung	gesamte Kosten EUR	variable Kosten EUR	fixe Kosten EUR
Fertigungsmaterial		12 000,00	12 000,00	0
Gemeinkostenmaterial		4 600,00	3 000,00	1 600,00
Energie		3 200,00	2 400,00	800,00
Fertigungslöhne		18 400,00	18 400,00	0
Hilfslöhne		3 800,00	800,00	3 000,00
soziale Abgaben		4 200,00	3 000,00	1 200,00
sonstige Gemeinkosten		19 800,00	5 500,00	14 300,00
Plankosten bei Planbeschäftigung	**300**	**66 000,00**	**45 100,00**	**20 900,00**
Plankostenverrechnungssatz		**220,00**		
verrechnete Plankosten	240	**52 800,00**		
Sollkosten	240	**56 980,00**		
Istkosten	240	**54 300,00**		
Beschäftigungsabweichung		**– 4 180,00**		
Verbrauchsabweichung		**2 680,00**		
Gesamtabweichung		**– 1 500,00**		

1 ***Ordnen Sie die folgenden Kostenrechnungssysteme den unten stehenden Aussagen zu, indem Sie die Ziffer vor dem zutreffenden System in das Kästchen hinter der entsprechenden Aussage eintragen.***

1 Istkostenrechnung
2 Normalkostenrechnung
3 Plankostenrechnung

Tragen Sie eine 9 ein, wenn die Aussage auf mehr als nur ein Kostenrechnungssystem zutrifft.

a. Es werden zukünftige Werte auf Basis einer angenommenen Beschäftigung zugrunde gelegt. ☐

b. Kostenüber- bzw. Kostenunterdeckung können als Differenz zwischen verrechneten und tatsächlichen Gemeinkosten entstehen. ☐

c. Es werden ausschließlich Vergangenheitswerte verarbeitet. ☐

d. Es werden Verbrauchsabweichungen ermittelt, die eine verbesserte Kostenkontrolle ermöglichen. ☐

e. Diese System dient vor allem der Nachkalkulation von Aufträgen. ☐

f. Dieses System dient der Vorkalkulation von Aufträgen oder Produkten. ☐

g. Dieses System bedient sich durchschnittlicher Vergangenheitswerte. ☐

2 ***Um die Energiekosten eines Betriebes auf ihre fixen und variablen Bestandteile hin zu untersuchen (Kostenauflösung), stellt ein Kostenrechner die produktionsbedingten Energiekosten der letzten drei Quartale zusammen.***

Quartal	produzierte Menge	Energiekosten in EUR
I	84 000	62 900
II	92 000	67 700
III	74 000	56 900

Beantworten Sie dazu folgende Fragen:

a. Um wie viel Euro sind die Kosten vom ersten auf das zweite Quartal gestiegen? ☐

b. Um wie viel Stück ist die Produktion vom ersten auf das zweite Quartal gestiegen? ☐

c. Wie viel Euro beträgt die Kostenveränderung vom ersten auf das zweite Quartal bezogen auf die Stückveränderung im gleichen Zeitraum? ☐

d. Wie hoch sind die gesamten variablen Energiekosten der Produktion im ersten Quartal? ☐

e. Wie viel Euro betragen demnach die fixen Kosten der Energie? ☐

f. Wie viel Euro beträgt der Anteil der variablen Kosten an der Produktion des dritten Quartals? ☐

g. Wie viel Euro werden die gesamten Energiekosten vermutlich im vierten Quartal ausmachen, wenn die Produktion dort 100 000 Stück beträgt? ☐

3 ***Kostenrechnungssysteme werden u. a. unterschieden nach dem***

1 Umfang der verrechneten Kosten,
2 zeitlichen Bezug der Kostengrößen.

Ordnen Sie die Ziffern in Klammern den folgenden Kostenrechnungssystemen zu.

a. Istkostenrechnung ☐

b. Vollkostenrechnung ☐

c. Plankostenrechnung ☐

d. Normalkostenrechnung ☐

e. Teilkostenrechnung ☐

4 ***Für die Kostenstelle Lackiererei werden in einer Fahrradfabrik folgende Kosten geplant:***

Planbeschäftigung	400 Stunden/Monat
Istbeschäftigung	320 Stunden/Monat
gesamte Plankosten	28 000 EUR
davon fixe Kosten	12 000 EUR
Istkosten	22 600 EUR

Ordnen Sie von den folgenden Beträgen die richtigen Beträge den unten stehenden Fragen zu.

(1)	22 400 EUR	(6)	70 EUR
(2)	–2 400 EUR	(7)	–2 600 EUR
(3)	24 800 EUR	(8)	2 200 EUR
(4)	12 800 EUR	(9)	200 EUR
(5)	40 EUR	(10)	400 EUR

a. Plankostenverrechnungssatz ☐

b. verrechnete Plankosten bei Istbeschäftigung ☐

c. Sollkosten der Istbeschäftigung ☐

d. Gesamtabweichung ☐

e. Beschäftigungsabweichung ☐

f. Verbrauchsabweichung ☐

5 ***Ordnen Sie die folgenden Ergebnisse/Begriffe den unten stehenden Aussagen zu.***

1 verrechnete Plankosten
2 Sollkosten
3 Gesamtabweichung
4 negative Verbrauchsabweichung
5 positive Gesamtabweichung
6 negative Beschäftigungsabweichung
7 positive Beschäftigungsabweichung

a. Diese Größe entsteht, wenn die Istkosten größer sind als die Sollkosten. ☐

b. Diese Größe entsteht bei Unterbeschäftigung. ☐

c. Diese Größe entsteht, wenn mehr fixe Kosten verrechnet werden konnten als ursprünglich geplant. ☐

d. Hierbei wird der Plankostenverrechnungssatz mit der Istbeschäftigung multipliziert. ☐

e. Sie ergeben sich, wenn man die variablen Plankosten je Stück mit der Istbeschäftigung multipliziert und die geplanten Fixkosten hinzufügt. ☐

f. Diese Größe ergibt sich, wenn die Istkosten geringer ausfallen als die Sollkosten. ☐

g. Diese Größe ist das Ergebnis der Differenz zwischen den gesamten Istkosten und den verrechneten Plankosten. ☐

Stellen Sie die Deckungsbeitragsrechnung als System der Teilkostenrechnung dar.

Problematik der Vollkostenrechnung	▶ In der Vollkostenrechnung sind die Kosten die Grundlage für die Preisbildung. Der Verkaufspreis wird jedoch vom Markt bestimmt. Ein starres Festhalten an einem einmal kalkulierten Preis führt deshalb zu unternehmerischen Fehlentscheidungen. ▶ Bei Beschäftigungsschwankungen, insbesondere bei Unterbeschäftigung, werden über die Zuschlagssätze zu wenig Kosten verrechnet.
Deckungsbeitragsrechnung	Die Deckungsbeitragsrechnung gliedert die Kosten konsequent in fixe und variable Bestandteile. Sie ermittelt das Betriebsergebnis, indem sie von den Erlösen zunächst die variablen Kosten abzieht und dann erst die fixen Kosten.
Deckungsbeitrag	Der Deckungsbeitrag ist der Betrag, der nach Abzug der variablen Kosten vom Erlös übrig bleibt. Er dient dazu, die fixen Kosten und den Gewinn zu decken.
Anwendungsbereiche der Deckungsbeitragsrechnung	▶ Annahme von Zusatzaufträgen: Kurzfristig können Zusatzaufträge angenommen werden, wenn die Erlöse größer sind als die variablen Kosten. Dabei gilt: – kurzfristige Preisuntergrenze = variable Kosten, – langfristige Preisuntergrenze = Selbstkosten ▶ Optimale Sortimentsgestaltung: Es werden diejenigen Produkte vordringlich gefertigt, die den höchsten Deckungsbeitrag erbringen.

Erläutern Sie den gedanklichen Ansatz der Prozesskostenrechnung und beschreiben Sie deren Vorgehensweise.

Begriff	Mit der Prozesskostenrechnung werden die Kosten der Bereiche, die die Fertigung unterstützen (Supportprozesse, z. B. in der Verwaltung) den Produkten/Aufträgen genauer zugerechnet. Man geht davon aus, dass die Produkte/Aufträge sehr unterschiedliche Teilprozesse in Anspruch nehmen, welche Kosten verursachen. Somit werden die Kosten den Produkten anhand der von ihnen in Anspruch genommenen Teilprozesse zugerechnet. Die Prozesskostenrechnung unterstützt durch diese Vorgehensweise strategische Entscheidungen in der Produktpolitik und deckt Rationalisierungspotenziale auf.	
Zweck	Die Prozesskostenrechnung ist vor allem wegen der Schwachpunkte der herkömmlichen Kosten- und Leistungsrechnung als Vollkostenrechnung entwickelt worden. Die Budgetansätze gehen häufig von fragwürdigen Vergangenheitswerten aus. Vor allem die üblichen Verrechnungsbasen im Rahmen der Zuschlagskalkulation (Materialverbrauch, Fertigungslöhne und Maschinenstunden) sind nicht in der Lage, die Gemeinkosten der indirekten Leistungsbereiche den Kostenträgern verursachungsgerecht zuzuordnen. Fehlentscheidungen können mit diesen indirekten Bezugsgrößen nicht vermieden werden. *Beispiel: Wenn ein FGK 300 % beträgt, dann wirkt die falsche Zuordnung von Fertigungslöhnen bei einem Kostenträger von z. B. 10,00 EUR sich insgesamt mit 40,00 EUR falsch kalkulierten Fertigungskosten aus, da zu den 10,00 EUR falsch kalkulierten Einzelkosten noch 300 % (= 30,00 EUR) falsch kalkulierte FGK kommen.*	
Vorgehensweise	**Tätigkeitsanalyse**	Ausgangspunkt ist eine Analyse der Tätigkeiten, die hauptsächlich die Gemeinkosten verursachen bzw. die den von den Kunden gewünschten Nutzen stiften. Es geht darum, die von den Kostenstellen der direkten Leistungsbereiche jeweils zu verrichtenden Aufgabenkomplexe in Teilprozesse zu zerlegen. Dabei ist zu klären, welche Teilprozesse zwecks Erreichung der Unternehmensziele zwingend erledigt werden müssen und welche bisher verrichteten Tätigkeiten unnötig sind oder in anderer Form wirtschaftlicher ausgeführt werden können. *Beispiel: Hauptprozess → Beschaffung von Norm- und Kaufteilen → Aufteilung in die Teilprozesse: Angebot bearbeiten, Material disponieren, Bestellungen auslösen etc.*
	Bestimmung von Bezugsgrößen (cost driver)	Für die Kostenplanung wird unterstellt, dass zwischen den Prozessgemeinkosten und den sie verursachenden Bezugsgrößen, genannt Kostentreiber (cost driver), zumindest langfristig eine proportionale Beziehung besteht. *Beispiel: Angebote bearbeiten → Kostentreiber = Anzahl der Angebotspositionen*
	Ermittlung der Prozesskostensätze	Während der Tätigkeitsanalyse müssen den Teilprozessen die entsprechenden Personalkosten zugerechnet werden. Die Sachkosten können geschlüsselt werden. Prozesskostensatz = Prozesskosten : Prozessmenge
	Kalkulation mit Prozesskosten	Für einen Auftrag können nun die Kosten wie folgt kalkuliert werden: Materialeinzelkosten → direkt zurechenbar + Fertigungslöhne → direkt zurechenbar + Auftragskosten (Prozesskosten) + (Rest-)Vertriebs- und Verwaltungsgemeinkosten = Gesamtkosten
	Soll-Ist-Vergleich auf der Basis von Prozesskosten	Die Sollkosten aller Teilprozesse der bearbeiteten Aufträge einer Periode zeigen das „bewertete Arbeitsvolumen" an. Stellt man diese Sollkosten den Istkosten gegenüber, erhält man wertvolle Hinweise zur Auslastung der Bereiche (Leerkosten) und zu Möglichkeiten für Kapazitätsanpassungen.

1 ***In der Vertriebsabteilung eines Haushaltsgeräteherstellers wurden nach eingehenden Kostenanalysen für das vergangene Quartal folgende Prozesskosten ermittelt:***

Teilprozess	Prozessmenge	Prozesskosten in EUR gesamt
1	4 000	240 000
2	1 500	75 000
3	1 800	14 400
4	1 200	19 200
5	3 000	42 000

Für einen Kundenauftrag von 150 Tischgrillgeräten liegen folgende Zahlen vor.

Teilprozess	benötigte Anzahl für diesen Auftrag
1	9
2	8
3	6
4	3
5	1

a. Ermitteln Sie den Prozesskostensatz für Teilprozess 1 in Euro.

b. Ermitteln Sie den Prozesskostensatz für Teilprozess 5 in Euro.

c. Welche Prozesskosten werden bei dem Kundenauftrag für Teilprozess 2 in Euro anfallen?

d. Welche Prozesskosten werden bei diesem Kundenauftrag für Teilprozess 4 in Euro anfallen?

e. Ermitteln Sie die gesamten Prozesskosten des Vertriebs für diesen Kundenauftrag in Euro.

f. Mit wie viel Vertriebskosten wird bei diesem Kundenauftrag jedes Fahrrad zu belasten sein?

2 ***Ein Fahrradhersteller stellt in einem Zweigwerk Standard-Herrenfahrräder her. In der vergangenen Abrechnungsperiode wurden 6 200 Fahrräder hergestellt und zum Stückpreis von 400,00 EUR an den Handel verkauft. Die fixen Kosten beliefen sich auf 450 000,00 EUR, der Betriebsgewinn auf 480 000,00 EUR.***

Ermitteln Sie…

a. die gesamten variablen Kosten.

b. die variablen Kosten je Produkteinheit.

c. Bei welcher Menge erreicht der Betrieb die Gewinnschwelle?

d. Um sich gegen die Konkurrenz durchsetzen zu können, soll der Verkaufspreis um 10 % gesenkt werden. Es wird dann mit einer Zunahme der Absatzmenge auf 7 000 Stück gerechnet. Um wie viel Euro wird sich der Betriebsgewinn durch diese Maßnahme verändern?

e. Auf welche Stückzahl verschiebt sich bei der unter d. beschriebenen Situation die Gewinnschwelle?

f. Auf welchen Preis könnte der Hersteller mit seinen Erzeugnissen im äußersten Fall zurückgehen, um weder einen Verlust noch einen Gewinn zu erzielen?

3 ***Ein Unternehmen, das Campingstühle herstellt, ist auf eine Kapazität von 20 000 Stück monatlich ausgelegt. Die Kostenrechnung lieferte für den vergangenen Abrechnungsmonat folgende Daten:***

Produktion:	14 800 Stück
variable Gesamtkosten:	222 000,00 EUR
fixe Gesamtkosten:	169 000,00 EUR

Das Unternehmen rechnet zukünftig damit, dass bei gleich bleibender Kostensituation 15 000 Stück monatlich zum Preis von 32,00 EUR abgesetzt werden können.

a. Wie viel Euro beträgt das Betriebsergebnis bei der zu erwartenden Absatzlage?

b. Zu welchem kostendeckenden Preis könnten die 15000 Stück monatlich theoretisch abgesetzt werden?

c. Es liegt die Anfrage eines Händlers über die Abnahme von zusätzlich 5 000 Stück für eine Sonderaktion vor. Die Preisvorstellung des Händlers liegt jedoch bei 25,00 EUR netto. Um wie viel Euro würde sich das Betriebsergebnis bei Annahme des Auftrages verändern?

d. Auf welchen Preis könnte der Hersteller im Rahmen eines Zusatzauftrages absolut heruntergehen (kurzfristige Preisuntergrenze), ohne einen Verlust zu erzeugen?

4 ***Kennzeichnen Sie unten stehende Aussagen mit einer***

1, wenn die Aussage zutrifft,
9, wenn die Aussage nicht zutrifft.

a. Der Deckungsbeitrag dient ausschließlich zur Deckung des unternehmerischen Gewinns.

b. Bei der Deckungsbeitragsrechnung werden den Produkten nur die variablen Kosten zugerechnet.

c. Die Summe der Deckungsbeiträge aller Produkte eines Unternehmens dient zur Deckung der fixen Kosten und des unternehmerischen Gewinns.

d. Alle Teilkostenrechnungssysteme basieren auf einer konsequenten Trennung von Einzelkosten und Gemeinkosten.

e. Die Differenz zwischen Erlösen und variablen Kosten wird als Deckungsbeitrag bezeichnet.

f. In der Vollkostenrechnung werden aufgrund von Beschäftigungsschwankungen u. U. zu wenig oder zu viel Gemeinkosten verrechnet.

g. Die kurzfristige Preisuntergrenze liegt dort, wo die Erlöse gerade noch die fixen Kosten decken.

5 ***Welche der folgenden Erklärungen trifft auf den Begriff „cost driver" zu?***

1 Gemeinkosten des Fuhrparks
2 Bezugsgröße für die Prozessgemeinkosten
3 Prozesskostensatz
4 Leerkosten

Welchen Zweck erfüllt die Betriebsstatistik?

Aufgabe	Die Betriebsstatistik trägt Zahlenmaterial aus allen Bereichen des Betriebes zusammen, ordnet die Zahlen, stellt sie möglichst grafisch dar und bietet damit Möglichkeiten für ▶ den innerbetrieblichen Vergleich (Entwicklung der Kosten, des Umsatzes usw.); ▶ den außerbetrieblichen Vergleich (eigene Kosten, Umsatzzahlen, Personalbestandsdaten im Verhältnis zu Daten ähnlicher Unternehmen). Die Daten der Statistik werden ausgewertet und bilden die Grundlage für Planungen und Entscheidungen.
Arten	Einkaufs-, Verkaufs-, Lager-, Personal-, Finanz-, Werbe-, Kunden-, Artikelgruppenstatistik usw.

Wie können Statistiken besonders anschaulich gemacht werden?

Darstellungsformen	▶ Tabellen: Zunächst wird das Zahlenmaterial in tabellarischer Form dargestellt und zusammengefasst. ▶ Grafische Darstellungen: Die Tabellen können in anschauliche grafische Darstellungen in Form von Diagrammen umgeformt werden.
Arten grafischer Darstellungen	▶ Linien- oder Kurvendiagramme dienen häufig zur Veranschaulichung von Trends. ▶ Balken- oder Säulendiagramme eignen sich zur Verdeutlichung absoluter Werte zu Vergleichszwecken. ▶ Kreis- oder Tortendiagramme werden gewählt, wenn die Struktur eines Gesamtwertes dargestellt werden soll. ▶ Flächendiagramme in Rechteck-, Dreieck- oder Quadratform werden verwendet, um einige wenige Zahlenwerte miteinander zu vergleichen.

Beispiel 1:

Die Personalkostenstatistik der letzten 6 Monate enthält folgende Werte:

Monat:	*Kosten in TEUR*
Januar	*160*
Februar	*135*
März	*145*
April	*147*
Mai	*150*
Juni	*165*

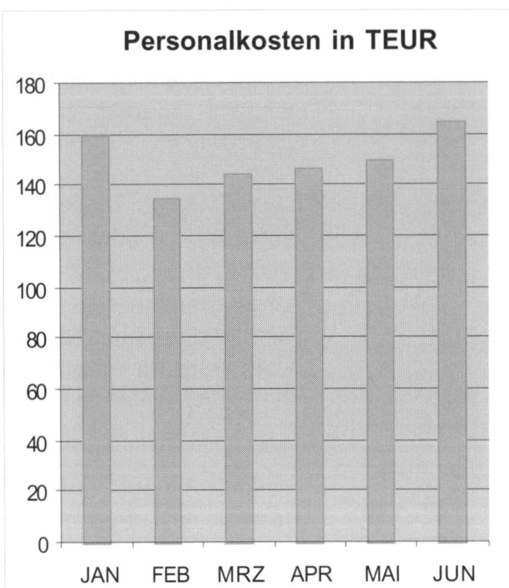

Säulendiagramm

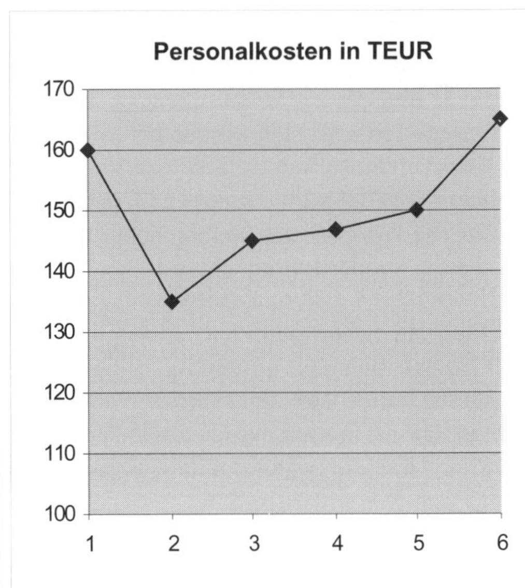

Liniendiagramm

Beispiel 2:

Warengruppe
Umsatz in TEUR

Warengruppe 1 =1 200
Warengruppe 2 = 600
Warengruppe 3 = 200

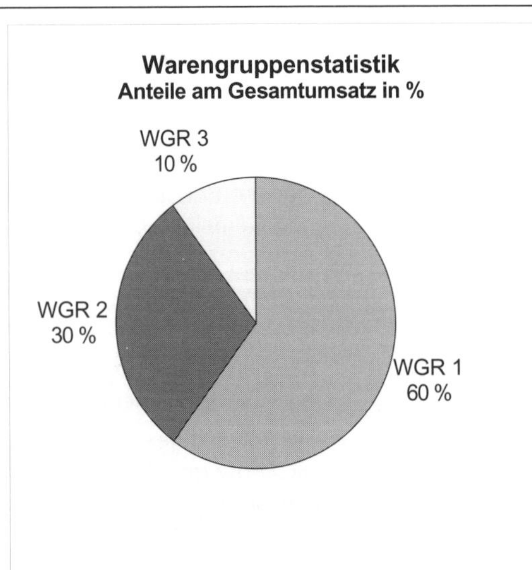

Kreisdiagramm

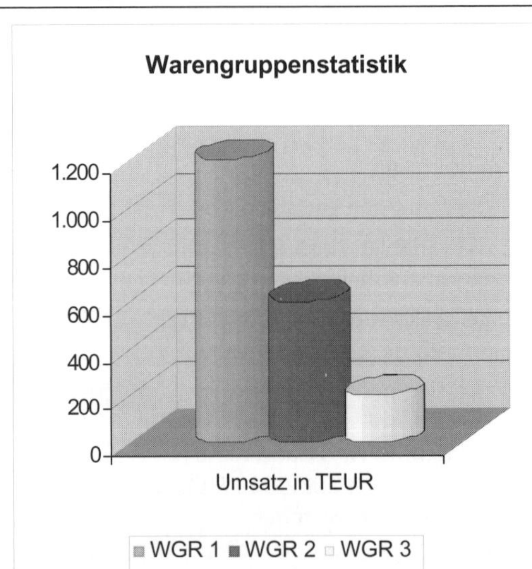

perspektivisches Säulendiagramm

1 Sie haben die Aufgabe, anhand der Umsatzzahlen der letzten 24 Monate die Umsatzentwicklung möglichst anschaulich darzustellen.

Welche Form wählen Sie?

1 Flächendiagramm als Rechteckform
2 Kreisdiagramm
3 Kurvendiagramm
4 Säulendiagramm

2 Es sind die prozentualen Anteile einiger Artikelgruppen am Gesamtumsatz als Kreisdiagramm zu verdeutlichen. Geben Sie mithilfe der Zahlen 1–4 die Reihenfolge der einzelnen Arbeitsschritte an.

a. Diagramm-Quelldaten bestätigen oder ändern
b. Tabelle im Excel-Arbeitsblatt markieren
c. Diagrammoptionen (Titel, Legende etc.) festlegen
d. Diagrammtyp „Kreisdiagramm" auswählen
e. Diagrammplatzierung wählen

3 Ordnen Sie die folgenden Begriffe den Lücken in den unten stehenden Beschreibungen zu.

1 Balkendiagramm
2 Kurvendiagramm
3 Tortendiagramm

a. Das ... dient häufig zur Veranschaulichung von Trends.
b. Das ... wird eingesetzt, um die Struktur eines Gesamtwertes darzustellen.
c. Das ... dient häufig zum Vergleich einiger absoluter Werte.

4 Sie haben im Excel-Arbeitsblatt eine Statistik von 15 Filialen jeweils mit ihren gesamten Erträgen und Kosten angelegt. Welcher der folgenden Standpunkte führt vermutlich zu der besten Information für den Vertriebsleiter?

1 Ich wähle das Balkendiagramm, so habe ich die Filialen untereinander, das bietet eine bessere Vergleichbarkeit und mehr Platz für die Balken sowie die Namen der Filialen.
2 Ich wähle ein Liniendiagramm mit Datenpunkten, so kann ich jede einzelne Filiale mit Ertrag und Kosten kenntlich machen und die Entwicklung zwischen den einzelnen Filialen erkennen.
3 Ich wähle zwei Kreisdiagramme, eines für die Erträge und eines für die Kosten, so kann ich die Verteilung der Erträge und die Verteilung der Kosten besser erkennen.

5 Ein Textilhersteller stellt den Umsatz von drei Produktgruppen für das erste Vierteljahr des Geschäftsjahres zusammen, dabei ergeben sich folgende Zahlenwerte in Euro:

Monate:	Januar	Februar	März
Herrenartikel:	10 500,00	25 300,00	12 700,00
Damenartikel:	14 800,00	30 200,00	17 000,00
Kinderartikel:	5 300,00	10 500,00	8 200,00

a. Wie hoch waren die Prozentanteile der einzelnen Produktgruppen am Gesamtumsatz?
aa. Herrenartikel
ab. Damenartikel
ac. Kinderartikel

b. Wie hoch waren die Prozentanteile der einzelnen Monate am Gesamtumsatz des Quartals?
ba. Januar
bb. Februar
bc. März

6 Entscheiden Sie anhand der in Aufgabe 5 aufgeführten Zahlenwerte, wie die folgenden Aussagen ergänzt werden müssen. Setzen Sie für den fehlenden Begriff im Text die jeweilige Ziffer ein.

1 Balkendiagramm
2 Kreisdiagramm
3 Säulendiagramm
4 Kurvendiagramm

a. Der Textilhersteller wählt das ...diagramm, um die Anteile der einzelnen Produktgruppen am Gesamtumsatz und die jeweiligen Monatsumsätze zu veranschaulichen.
b. Mit einem ...diagramm kann die Umsatzentwicklung der Produktgruppen deutlich gemacht werden.
c. Das ...diagramm ist dazu geeignet, die prozentualen Umsatzanteile der Produktgruppen am Gesamtumsatz, unabhängig von den schwankenden Monatswerten, darzustellen.

7 Nach dem Erstellen einer Grafik in Excel stellen Sie fest, dass Sie die Legende statt neben unter der Grafik platzieren wollen. Sie klicken die Grafik rechts an und finden im Kontextmenü einige Dialogfenster angeboten. Welches Dialogfenster müssen Sie wählen, um die beschriebene Operationen erfolgreich durchzuführen?

1 Diagrammtyp
2 Datenquelle
3 Diagramm-Optionen
4 Platzieren

Was versteht man unter Bewertung?
Was ist eine Handels-, was eine Steuerbilanz?

Bewertung	Am Geschäftsjahresende müssen alle Vermögensteile und Schulden bewertet werden. Der Gesetzgeber legt fest, auf welche Weise dies zu geschehen hat. Neben strengen Vorschriften werden den Unternehmen dabei häufig auch Bewertungswahlrechte eingeräumt.
Handelsbilanz	Die handelsrechtliche Bewertung richtet sich nach dem HGB (§§ 252–256). Diese Vorschriften gelten für alle Unternehmen. In der Handelsbilanz gilt vor allem das Prinzip des Gläubigerschutzes. Es ist also im Zweifel vorsichtig zu bewerten.
Steuerbilanz	Die steuerrechtliche Bewertung richtet sich nach dem EStG. Diese Vorschriften sollen eine einheitliche Gewinnermittlung aller Unternehmen sicherstellen (Prinzip der gerechten Besteuerung). Die in der Handelsbilanz ausgewiesenen Werte sind für die Steuerbilanz verbindlich, sofern das Steuerrecht keinen anderen Wertansatz verpflichtend vorschreibt **(Maßgeblichkeitsprinzip der Handelsbilanz für die Steuerbilanz)**.

Welche Bewertungsmaßstäbe sieht die Gesetzgebung vor?

Anschaffungskosten	Die Anschaffungskosten beinhalten den Preis eines Wirtschaftsgutes abzüglich der Preisnachlässe (z. B. Rabatte, Skonti) zuzüglich der Anschaffungsnebenkosten (z. B. Bezugskosten). Nicht dazu gehören Finanzierungskosten und anteilige Vorsteuern.
Herstellungskosten	Die Herstellungskosten können unterschiedlich hoch angesetzt werden. Das hängt davon ab, welche Kosten das bilanzierende Unternehmen einrechnet. Das HGB sieht Ober- und Untergrenzen vor.

	Fertigungsmaterial	Pflicht
+	Fertigungslöhne	Pflicht
+	Sondereinzelkosten der Fertigung	Pflicht
+	Materialgemeinkosten	Pflicht
+	Fertigungsgemeinkosten	Pflicht
+	Verwaltungsgemeinkosten	Wahlrecht
=	Herstellungskosten	
+	Vertriebsgemeinkosten	Verbot
=	Selbstkosten	

Welche allgemeinen wichtigen Bewertungsgrundsätze sieht das Handelsrecht vor?

Bilanzidentität	Die Wertansätze in der Eröffnungsbilanz des Geschäftsjahres müssen mit denen der Schlussbilanz des vorhergehenden Geschäftsjahres übereinstimmen.
Einzelbewertung	Grundsätzlich sind alle Vermögensteile und Schulden einzeln zu bewerten. Ausnahmen davon bestehen bei der Bewertung der Warenbestände und der Forderungen.
Vorsichtsprinzip	Alle vorhersehbaren Risiken und Verluste, die bis zum Jahresabschluss entstanden sind, sind zu berücksichtigen, Gewinne dürfen nur berücksichtigt werden, wenn sie bereits realisiert sind, drohende Verluste müssen jedoch bereits berücksichtigt werden.
Periodenabgrenzung	Aufwendungen und Erträge des Geschäftsjahres sind unabhängig von den Zeitpunkten der entsprechenden Zahlungen im Jahresabschluss zu berücksichtigen (Aktive/Passive Rechnungsabgrenzung, Sonstige Forderungen/Verbindlichkeiten).

Welche besonderen Bewertungsgrundsätze werden angewendet?

Prinzip	Erläuterung	anzuwenden auf:	Beispiel
Anschaffungskostenprinzip	Die Höchstgrenze für die Bewertung von Vermögensgegenständen sind die Anschaffungskosten bzw. Herstellungskosten.	▶ Anlagevermögen ▶ Umlaufvermögen	Auch wenn der Marktpreis eines Rohstoffes gestiegen ist, dürfen höchstens die Anschaffungskosten bilanziert werden.
Strenges Niederstwertprinzip	Von zwei möglichen Wertansätzen am Bilanzstichtag (z. B. Anschaffungswert und Stichtagswert) *muss* stets der niedrigere Wert angesetzt werden.	▶ Umlaufvermögen (generell) ▶ Anlagevermögen (bei dauernder Wertminderung)	Noch nicht realisierte Verluste, die durch einen fallenden Marktpreis bedingt sind, müssen ausgewiesen werden.
Gemildertes Niederstwertprinzip	Der niedrigere Wert zwischen dem Anschaffungswert und dem Wert zum Bilanzstichtag *darf* auch bei *nur vorübergehender Wertminderung* angesetzt werden.	Anlagevermögen; bei Kapitalgesellschaften nur für das Finanzanlagevermögen	Obwohl abzusehen ist, dass die Wertminderung einer Beteiligung (Aktienpaket) nur von kurzer Dauer ist, darf der niedrigere Wert ausgewiesen werden.
Höchstwertprinzip	Von zwei möglichen Wertansätzen am Bilanzstichtag *muss* stets der höhere Wert angesetzt werden.	Verbindlichkeiten mit einer Restlaufzeit von mehr als einem Jahr	Der Kurs für eine Fremdwährungsverbindlichkeit ist zum Bilanzstichtag gestiegen.

1 ***In einem metallverarbeitenden Betrieb wurde eine Verpackungsmaschine für den eigenen Betrieb hergestellt. Folgende Einzelkosten können nachgewiesen werden:***

Fertigungsmaterial	52 000,00 EUR
Fertigungslöhne	76 000,00 EUR
Sondereinzelkosten der Fertigung	12 000,00 EUR

Außerdem wurden aus der Kostenrechnung folgende Gemeinkostenzuschlagssätze ermittelt:

Materialgemeinkosten	5 %
Fertigungsgemeinkosten	12 %
Verwaltungsgemeinkosten	12.5 %
Vertriebsgemeinkosten	16 %

a. Ermitteln Sie den zulässigen Höchstbetrag der anzusetzenden Herstellungskosten.

b. Welcher Betrag muss mindestens als Herstellungskosten angesetzt werden?

2 ***Bei der Bewertung von Vermögen und Schulden eines Unternehmens sieht das Handelsrecht wichtige Grundsätze vor.***

Welche der unten stehenden Aussagen dazu trifft nicht zu?

1 Die Werte der Schlussbilanz müssen mit den Werten der Eröffnungsbilanz im neuen Jahr übereinstimmen.

2 Die auf den vorhergehenden Jahresabschluss angewandten Bewertungsmethoden sollen im neuen Jahr beibehalten werden.

3 Gewinne aus Aktienbeteiligungen dürfen auch berücksichtigt werden, wenn sie noch nicht realisiert sind.

4 Verluste, die für das neue Jahr absehbar sind, müssen im alten Jahr berücksichtigt werden.

5 Geldausgaben im alten Jahr für Aufwendungen, die das neue Jahr betreffen, müssen abgegrenzt werden.

3 ***Bei der Bewertung der fertigen Erzeugnisse in der Schlussbilanz werden die Herstellungskosten angesetzt.***

Für welche der unten genannten Kosten hat ein Unternehmen das Wahlrecht, ob es diese Kosten mit einbezieht oder nicht?

1 Vertriebsgemeinkosten

2 Fertigungslöhne (Einzelkosten)

3 Fertigungsgemeinkosten

4 Verwaltungsgemeinkosten

5 Fertigungsmaterial (Einzelkosten)

4 ***Eine Maschine wurde am 15.12. zu einem Preis von 80 000,00 EUR (netto + 19 % USt.) gekauft. Die Transportkosten betrugen 2 000,00 EUR, die Montagekosten 4 500,00 EUR (jeweils netto + 19 % USt.).***

Mit welchem Wert ist die Maschine am 31.12. anzusetzen, wenn der Lieferant im neuen Jahr eine Preiserhöhung für diese Maschine von 5 % angesetzt und von unveränderten Transport- und Montagekosten auszugehen ist?

1 80 000,00 EUR

2 95 200,00 EUR

3 86 500,00 EUR

4 102 935,00 EUR

5 80 400,00 EUR

6 90 825,00 EUR

9 Keiner der vorgenannten Beträge ist richtig.

5 ***Wir verkauften am 15.11. Erzeugnisse an einen Kunden in den USA, Warenwert 25 000,00 USD.***

Vereinbarungsgemäß zahlt der Kunde in USD. Die Forderungen wurden am 15.11. mit einem Devisenkassamittelkurs von 1,40 USD je EUR gebucht.

Mit welchem Betrag in EUR ist diese Forderung am 31.12. anzusetzen, …

a. … wenn der Kurs am 31.12. 1,50 USD je EUR beträgt?

b. … wenn der Kurs am 31.12. 1,30 USD je EUR beträgt?

6 ***Die Rechnung eines Lieferanten wurde in CHF (Schweizer Franken) ausgestellt. Der Rechnungsbetrag in Höhe von 13 000,00 CHF wurde zu einem Devissenkassamittelkurs von 1,60 CHF je EUR gebucht. Am 31.12. gilt ein aktueller Kurs von 1,50 CHF je EUR.***

Mit welchem Wert wird die Verbindlichkeit am 31.12. angesetzt?

7 ***Ein Betrieb kauft am 03.12. Waren aus Manchester.***

Der Lieferer berechnet 35 000,00 GBP (englische Pfund). Der Devisenkassamittelkurs am Tag der Rechnungsstellung betrug 0,70 GBP je EUR.

Mit welchem Betrag ist die Verbindlichkeit am 31.12. anzusetzen …

a. … bei einem Kurs von 0,65?

b. … bei einem Kurs von 0,75?

Welche Verfahren werden angewendet, um die Warenbestände zu bewerten?

Grundsätzliche Überlegungen

- Es gilt grundsätzlich die Einzelbewertung, d. h., jedes am Bilanzstichtag vorhandene Material müsste mit dem ursprünglichen Einkaufswert angesetzt werden. Da dieses in der Praxis kaum durchzuführen ist, darf eine **Gesamtbewertung** vorgenommen werden.
- Für alle Vorratspositionen gilt das **strenge Niederstwertprinzip**, d. h., dass von zwei am Bilanzstichtag möglichen Werten (aktueller Wert und mit Bewertungsverfahren ermittelter Wert) stets der niedrigere Wert anzusetzen ist.

Beispiel für die folgenden Bewertungsverfahren

Datum	*Vorgang*	*Menge*	*EK-Preis/Stück*
01.01.	*Anfangsbestand*	*100 Stück*	*30,00*
15.02.	*Zugang*	*70 Stück*	*40,00*
13.03.	*Abgang*	*30 Stück*	*–*
16.07.	*Zugang*	*80 Stück*	*20,00*
19.09.	*Abgang*	*60 Stück*	*–*

Summarische Durchschnittsbewertung

Der Warenwert des Anfangsbestandes und der Warenwert der Zugänge werden summiert und durch die Summe der Stückzahlen dividiert **(gewogener Durchschnitt)**.

01.01.	AB	100 Stück	·	30,00 EUR	=	3 000,00 EUR
15.02.	Zugang	70 Stück	·	40,00 EUR	=	2 800,00 EUR
16.07.	Zugang	80 Stück	·	20,00 EUR	=	1 600,00 EUR
		250 Stück				7 400,00 EUR
		1 Stück				29,60 EUR
31.12.	**SB**	**160 Stück**				**4 736,00 EUR**

Permanente Durchschnittsbewertung

Nach jedem Zugang wird ein neuer Durchschnittswert ermittelt. Die Abgänge werden mit dem jeweils letzten errechneten Wert angesetzt.

01.01.	AB	100 Stück	·	30,00 EUR	=	3 000,00 EUR	
15.02.	Zugang	70 Stück	·	40,00 EUR	=	2 800,00 EUR	
	Bestand	170 Stück	·	34,12 EUR	=	5 800,00 EUR	Rundungsdifferenzen!
13.03.	Abgang	30 Stück	·	34,12 EUR	=	1 023,53 EUR	
	Bestand	140 Stück	·	34,12 EUR	=	4 776,47 EUR	
16.07.	Zugang	80 Stück	·	20,00 EUR	=	1 600,00 EUR	
	Bestand	220 Stück	·	28,98 EUR	=	6 376,47 EUR	Rundungsdifferenzen!
19.09.	Abgang	60 Stück	·	28,98 EUR	=	1 739,04 EUR	
31.12.	**SB**	**160 Stück**	·	**28,98 EUR**	=	**4 637,43 EUR**	

Lifo-Methode (last in – first out)

Es wird unterstellt, dass die zuletzt eingekauften Vorräte zuerst verbraucht werden. Das bedeutet, dass der Schlussbestand mit den Preisen des Anfangsbestandes und der ersten Einkäufe bewertet wird.

31.12.	SB	160 Stück, davon:					
		100 Stück	·	30,00 EUR	=	3 000,00 EUR	(AB)
		60 Stück	·	40,00 EUR	=	2 400,00 EUR	(Zugang vom 15.02.)
31.12.	**SB**	**160 Stück**	·	**33,75 EUR**	=	**5 400,00 EUR**	

Fifo-Methode (first in – first out)

Es wird unterstellt, dass die zuerst eingekauften Vorräte auch zuerst verbraucht werden. Das bedeutet, dass der Schlussbestand mit Preisen der letzten Einkäufe bewertet wird.

31.12.	SB	160 Stück, davon:					
		80 Stück	·	20,00 EUR	·	1 600,00 EUR	(Zugang vom 16.07.)
		70 Stück	·	40,00 EUR	·	2 800,00 EUR	(Zugang vom 15.02.)
		10 Stück	·	30,00 EUR	·	300,00 EUR	(AB)
31.12.	**SB**	**160 Stück**	·	**29,38 EUR**	·	**4 700,00 EUR**	

Welche Gesamtbewertungsverfahren sind zulässig?

nach Handelsrecht

- summarische Durchschnittsbewertung
- permanente Durchschnittsbewertung
- Lifo- und Fifo-Methode

nach Steuerrecht

- summarische Durchschnittsbewertung
- permanente Durchschnittsbewertung
- Lifo-Methode

1 ***Welches der nachstehend genannten Bewertungsverfahren für Vorräte ist nach dem Steuerrecht nicht anwendbar?***

1 summarische Durchschnittsbewertung
2 permanente Durchschnittsbewertung
3 Lifo-Methode
4 Fifo-Methode
5 Es sind alle vorgenannten Bewertungsverfahren anwendbar.

2 ***Für den Artikel mit der Artikelnummer 200402 ergeben sich im Laufe eines Jahres folgende Bewegungen:***

01.01.	AB	600 Stück	120,00 EUR/St.
03.03.	Abgang	120 Stück	
25.05.	Abgang	240 Stück	
12.06.	Zugang	300 Stück	130,00 EUR/St.
17.06.	Abgang	500 Stück	
22.08.	Zugang	950 Stück	100,00 EUR/St.

Am 31.12. beträgt der Marktpreis für diesen Rohstoff 90,00 EUR/St.

Berechnen Sie ...

a. ... den Endbestand.
b. ... den Gesamtwert des Bestandes am 31.12., wenn eine summarische Durchschnittsbewertung vorgenommen wird (Aufrundung auf zwei Dezimalstellen).
c. ... den Gesamtwert des Bestandes, wenn am 31.12. der Marktpreis 140,00 EUR betragen würde.

3 ***Der Wert des Bestandes für einen Artikel wird mithilfe der permanenten Durchschnittsbewertung ermittelt. In der Artikeldatei sind folgende Buchungen vorgenommen worden:***

01.01.	AB	80 m	60,00 EUR/m
04.02.	Abgang	70 m	
25.03.	Zugang	95 m	80,00 EUR/m
12.05.	Abgang	65 m	
03.09.	Abgang	30 m	
20.09.	Zugang	50 m	90,00 EUR/m
17.11.	Abgang	20 m	

Berechnen Sie ...

a. ... den Endbestand in Metern.
b. ... den mit der permanenten Durchschnittsbewertung ermittelten Wert des Bestandes am 31.12. (Aufrundung auf zwei Dezimalstellen).
c. ... Welcher Gesamtwert wird in der Schlussbilanz angesetzt bei einem Preis des Hilfsstoffes am 31.12. von
   ca. 120,00 EUR/m?
   cb. 70,00 EUR/m?

4 ***Der Warenbestand eines Artikels entwickelte sich wie folgt:***

01.01.	AB	8 000 m²	12,00 EUR/m²
05.01.	Abgang	4 500 m²	
16.02.	Abgang	2 800 m²	
15.03.	Zugang	9 500 m²	10,50 EUR/m²
03.04.	Abgang	6 000 m²	
28.04.	Zugang	5 000 m²	14,00 EUR/m²
07.08.	Abgang	3 700 m²	
08.09.	Zugang	4 000 m²	9,00 EUR/m²
27.11.	Abgang	2 900 m²	
08.12.	Abgang	3 700 m²	

Berechnen Sie ...

a. ... den Endbestand in m².
b. ... den Gesamtwert des Bestandes am 31.12. bei einem aktuellen Preis von 15,00 EUR/m² ...
   ba. nach der Lifo-Methode.
   bb. nach der Fifo-Methode.
c. Welcher der unter b. ermittelten Werte ist nur nach Steuerrecht zulässig?

5 ***Welches der unten aufgeführten Berechnungsverfahren muss angewendet werden, damit in allen Fällen (steigende oder fallende Preise im Laufe des Jahres) als Ergebnis immer die Preise zum Ende der Abrechnungsperiode hin zur Ermittlung herangezogen werden***

1 Lifo-Methode
2 Fifo-Methode
3 summarische Durchschnittsbewertung
4 permanente Durchschnittsbewertung

6 ***Welche der unten aufgeführten Aussagen zur Lifo-Methode treffen zu?***

1 Es wird unterstellt, dass die zuletzt eingekauften Vorräte zuerst verbraucht werden.
2 Es wird unterstellt, dass die zuerst eingekauften Vorräte zuerst verbraucht werden.
3 Der Schlussbestand wird mit den Preisen des Anfangsbestandes und der ersten Einkäufe bewertet.
4 Der Schlussbestand wird mit den Preisen des Anfangsbestandes und der letzten Einkäufe bewertet.
5 Der Schlussbestand wird mit den jeweils niedrigsten Preisen der Einkäufe bewertet.

Welche besonderen Vorgänge sind bei der Bewertung von Forderungen zu berücksichtigen?

Sicherheit der Forderungen	Zum Bilanzstichtag müssen nach dem Vorsichtsprinzip auch die Forderungen hinsichtlich ihres zu erwartenden Zahlungseinganges bewertet werden. Es werden unterschieden:		
	einwandfreie Forderungen	**zweifelhafte Forderungen**	**uneinbringliche Forderungen**
	Forderungen, deren Zahlungseingang sicher ist	Forderungen, deren Zahlungseingang infrage gestellt wird; Gründe: ▶ erfolgloses Mahnverfahren ▶ Beantragung oder Eröffnung eines Insolvenzverfahrens	Forderungen, deren Zahlungseingang nachweislich nicht mehr erfolgt; Gründe: ▶ fruchtlose Pfändung ▶ abgeschlossenes Insolvenzverfahren ▶ Verjährung der Forderung
Verfahren	▶ direkte Abschreibung von Einzelforderungen ▶ indirekte Abschreibung von Einzelforderungen (Einzelwertberichtigungen) ▶ Pauschalwertberichtigungen der gesamten Forderungen		

Wie wird die direkte Abschreibung von Einzelforderungen vorgenommen?

Geschäftsfälle	*1. Unser Kunde Fa. W. Boch hat trotz der Zustellung eines Vollstreckungsbescheides seine Forderung in Höhe von 5 000,00 EUR + 950,00 EUR USt. noch nicht bezahlt.* *2. Am 28.12. gibt der Kunde Boch eine eidesstattliche Versicherung ab. Die Forderung wird uneinbringlich (Umsatzsteuerberichtigung!).*	
Konten	247 Zweifelhafte Forderungen (Aktives Bestandskonto)	Auf dieses Konto werden diejenigen Forderungen aus dem Konto Forderungen (2400) umgebucht, deren Zahlungseingang fraglich ist.
	695 Abschreibungen auf Forderungen (Aufwandskonto)	Werden die Forderungen im Laufe des Geschäftsjahres uneinbringlich, werden sie über dieses Konto abgeschrieben. Die Abschreibungen erfolgen **nur vom Nettowert** der Forderungen.

Grundbuch	Nr.	Soll			an	Haben		
	1	247	Zweifelhafte Forderungen	5 950,00		240	Forderungen a. L. u. L.	5 950,00
	2	695 480	Abschr. auf Ford. Umsatzsteuer	5 000,00 950,00		247	Zweifelhafte Forderungen	5 950,00

Erläutern Sie die indirekte Abschreibung auf Einzelforderungen (Einzelwertberichtigung).

Begriff	Ist am Geschäftsjahresende ein Forderungsausfall im neuen Jahr abzusehen, wird diese Forderung indirekt abgeschrieben. Wie bei der indirekten Abschreibung auf Sachanlagen wird die Abschreibung auf einem besonderen Wertberichtigungskonto erfasst und nicht unmittelbar auf dem Konto Zweifelhafte Forderungen (2470). Der Vorteil liegt darin, dass auf der Sollseite des SBK weiterhin der gesamte Wert der zweifelhaften Forderungen ausgewiesen wird und auf der Habenseite des SBK der geschätzte Verlust. In den veröffentlichten Bilanzen dürfen jedoch keine Wertberichtigungen ausgewiesen werden.	
Geschäftsfälle	*1. Am 27.11. ist über das Vermögen des Kunden Jürgen Schulte GmbH & Co. KG das Insolvenzverfahren eröffnet worden. Unsere Forderung beträgt 20 000,00 EUR + 19 % USt. = 3 800,00 EUR.* *2. Am 31.12. erwarten wir einen Forderungsausfall von 70 % von 20 000,00 EUR = 14 000,00 EUR. (Die Umsatzsteuer darf erst bei tatsächlichem Eintritt des Forderungsausfalls korrigiert werden!)*	
Konto	367 Einzelwertberichtigungen zu Forderungen (Abkürzung: EWB zu Ford.) (Passives Bestandskonto)	Das Konto ist immer in Verbindung mit dem Konto Zweifelhafte Forderungen (2470) zu sehen. Es enthält den **geschätzten Forderungsausfall.**

Grundbuch	Nr.	Soll			an	Haben		
	1	247	Zweifelhafte Ford.	23 800,00		240	Forderungen a. L. u. L.	23 800,00
	2	695	Abschr. auf Ford.	14 000,00		367	EWB zu Ford.	14 000,00

Hauptbuch

Soll	8010 Schlussbilanzkonto		Haben
247 Zweifelhafte Forderungen	23 800,00	367 Einzelwertber. zu Ford.	14 000,00

1 *In welchen der unten angegebenen Fälle handelt es sich um*

1 einwandfreie Forderungen,
2 zweifelhafte Forderungen,
3 uneinbringliche Forderungen,
9 keine der vorgenannten Forderungsarten?

a. Dem Kunden Blume Landmaschinenbau wird eine dritte Mahnung geschickt.
b. Über das Vermögen des Kunden Kley Papiergroßhandlung GmbH wird das Insolvenzverfahren eröffnet.
c. Auf einen Vollstreckungsbescheid erhalten wir vom Kunden Manz KG keine Reaktion.
d. Auf eine Mahnung an den Kunden M. Hofmann OHG erhalten wir die Mitteilung, dass die Forderung bereits verjährt sei und auch nicht mehr gezahlt werde. Ein Jurist bestätigt die Verjährung.
e. Der Kunde Holtmann Saatzuchtbetriebe beantragt ein Insolvenzverfahren beim Amtsgericht.

2 *Am 17.10.2008 ist über das Vermögen des Kunden E. Sandmann das Insolvenzverfahren eröffnet worden. Am 31.12.2008 erwarten wir einen Ausfall der Forderungen in Höhe von 65 %, den wir indirekt abschreiben. Am 23.08.2009 ist das Insolvenzverfahren abgeschlossen. Wir erhalten 35 % der Forderungen.*

Welche der folgenden Aussagen trifft zu?

1 Die Umsatzsteuerberichtigung wird am 17.10.2007 vorgenommen.
2 Die Umsatzsteuerberichtigung wird am 31.12.2007 vorgenommen.
3 Die Umsatzsteuerberichtigung wird am 23.03.2008 vorgenommen.
4 Es wird keine Umsatzsteuerberichtigung vorgenommen, da die Schätzung des Ausfalls genau mit dem tatsächlichen Ausfall übereinstimmt.
5 Es wird keine Umsatzsteuerberichtigung vorgenommen, da dieses bei einer Insolvenz gesetzlich nicht erlaubt ist.

3 *Bilden Sie die Buchungssätze unter Verwendung folgender Konten:*

1 Forderungen a. L. u. L. (240)
2 Zweifelhafte Forderungen (247)
3 Einzelwertberichtigung zu Forderungen (367)
4 Abschreibung auf Forderungen (695)
5 Umsatzsteuer (480)
6 GuV (802)
7 SBK (801)

	Soll	Haben
a. Über das Vermögen unseres Kunden Porzellanmanufaktur GmbH wurde das Insolvenzverfahren beantragt.		
b. Am Jahresende wird der Forderungsausfall geschätzt und indirekt abgeschrieben.		
c. Abschluss des Kontos Abschreibungen auf Forderungen		
d. Abschluss des Kontos Einzelwertberichtigungen zu Forderungen		

4 *Unserem Kunden B. Finder KG wurde ein Vollstreckungsbescheid zugeschickt. Darauf erhalten wir keine Antwort. Die Forderung hatte einen Bruttowert von 18 445,00 EUR (19 % USt.) und wurde auf das Konto Zweifelhafte Forderungen umgebucht. Noch im gleichen Jahr stellt sich nach einer Pfändung heraus, dass nur ein Betrag von 2 975,00 EUR überwiesen werden kann, der Rest wird uneinbringlich.*

a. Mit welchem Buchungssatz wird die Zahlung (Banküberweisung) gebucht?
b. Mit welchem Buchungssatz wird die direkte Abschreibung vorgenommen?

1	280 Guthaben bei Kreditinstituten		2 975,00
	an 247 Zweifelhafte Forderungen		2 500,00
	an 480 Umsatzsteuer		475,00
2	280 Guthaben bei Kreditinstituten		2 975,00
	an 240 Forderungen a. L. u. L		2 975,00
3	280 Guthaben bei Kreditinstituten		2 975,00
	an 247 Zweifelhafte Forderungen		2 975,00
4	695 Abschreibungen auf Ford.		15 470,00
	an 240 Forderungen a. L. u. L.		15 470,00
5	695 Abschreibungen auf Ford.		15 470,00
	an 247 Zweifelhafte Forderungen		15 470,00
6	695 Abschreibungen auf Ford.		13 000,00
	480 Umsatzsteuer		2 470,00
	an 247 Zweifelhafte Forderungen		15 470,00
7	695 Abschreibungen auf Ford.		15 470,00
	480 Umsatzsteuer		2 939,30
	an 247 Zweifelhafte Forderungen		18 409,30
8	695 Abschreibungen auf Ford.		13 000,00
	480 Umsatzsteuer		2 470,00
	an 240 Forderungen a. L. u. L.		15 470,00

9 Keiner der vorgenannten Buchungssätze trifft zu.

5 *Auf dem SBK eines Unternehmens sind u. a. folgende Buchungen vorgenommen worden (USt. 19 %):*

S	801 Schlussbilanzkonto H
247 Zweifelhafte Forderungen 52 000,00	367 Einzelwertberichtigungen zu Forderungen 8 200,00

Welche der folgenden Aussagen zu den Buchungen trifft zu?

1 Der geschätzte Forderungsausfall im laufenden Jahr betrug 52 200,00 EUR.
2 Der geschätzte Forderungsausfall im nächsten Jahr beträgt 52 200,00 EUR.
3 Der geschätzte Forderungsausfall im laufenden Jahr betrug 8 200,00 EUR.
4 In der GuV-Rechnung wurde ein Betrag von 8 200,00 EUR an Forderungen abgeschrieben. Die anteilige Umsatzsteuer ist berichtigt worden.
5 In der GuV-Rechnung wurde ein Betrag von 8 200,00 EUR an Forderungen abgeschrieben. Die anteilige Umsatzsteuer ist nicht berichtigt worden.

Wie werden die Einzelwertberichtigungen zu Forderungen aufgelöst?

Auflösung der Wertberichtigung

Die Wertberichtigungen zu Forderungen dürfen erst dann aufgelöst werden, wenn der tatsächliche Forderungsausfall feststeht. Da die Höhe des Forderungsausfalles selten vorhersehbar ist, gibt es folgende Möglichkeiten:

- ▶ Die Schätzung stimmt mit dem Forderungsausfall überein. (Fall A)
- ▶ Die Schätzung wurde zu hoch angesetzt. → periodenfremder Ertrag (Fall B)
- ▶ Die Schätzung wurde zu niedrig angesetzt. → periodenfremder Aufwand (Fall C)

In allen Fällen ist es sinnvoll, in folgender Reihenfolge zu buchen:

1. Buchen des Zahlungseingangs
2. Umsatzsteuerberichtigung
3. Auflösung der Wertberichtigung und Buchen des Aufwands bzw. des Ertrages

Geschäftsfälle

In den folgenden Geschäftsfällen wird der Fall von S. 236 fortgeführt.	*Fall A*	*Fall B*	*Fall C*
Forderungsausfall	*70 %*	*60 %*	*100 %*
Der Insolvenzverwalter überweist:	*7 140,00 EUR*	*9 520,00 EUR*	*0,00 EUR*
Zweifelhafte Forderung (Bruttobetrag)	*23 800,00 EUR*	*23 800,00 EUR*	*23 800,00 EUR*
– Zahlungseingang	*7 140,00 EUR*	*9 520,00 EUR*	*0,00 EUR*
= tatsächlicher Ausfall (Bruttobetrag)	*16 660,00 EUR*	*14 280,00 EUR*	*23 800,00 EUR*
– Umsatzsteuerberichtigung	*2 660,00 EUR*	*2 280,00 EUR*	*3 800,00 EUR*
= tatsächlicher Ausfall (Nettobetrag)	*14 000,00 EUR*	*12 000,00 EUR*	*20 000,00 EUR*
– geschätzter Ausfall (Wertberichtigung)	*14 000,00 EUR*	*14 000,00 EUR*	*14 000,00 EUR*
= Ertrag bzw. Aufwand	*0,00 EUR*	*2 000,00 EUR (Ertrag)*	*6 000,00 EUR (Aufwand)*

Grundbuch	Nr.	Soll			an	Haben		
Fall A	1	280	Guthaben bei Kreditinstituten	7 140,00		247	Zweifelh. Ford.	7 140,00
	2	480	Umsatzsteuer	2 660,00		247	Zweifelh. Ford.	2 266,00
	3	367	EWB zu Ford.	14 000,00		247	Zweifelh. Ford.	14 000,00
Fall B	1	280	Guthaben bei Kreditinstituten	9 520,00		247	Zweifelh. Ford.	9 520,00
	2	480	Umsatzsteuer	2 280,00		247	Zweifelh. Ford.	2 280,00
	3	367	EWB zu Ford.	14 000,00		247 545	Zweifelh. Ford. Erträge aus der Auflösung von WB	12 000,00 2 000,00
Fall C	1	480	Umsatzsteuer	3 800,00		247	Zweifelh. Ford.	3 800,00
	2	367 699	EWB zu Ford. Periodenfr. Aufwand	14 000,00 6 000,00		247	Zweifelh. Ford.	12 000,00

Wie werden Pauschalwertberichtigungen von Gesamtforderungen vorgenommen?

Begriff

- ▶ Wenn eine Einzelbewertung der Forderungen zu umständlich ist (Unternehmen mit großem Kundenkreis), darf eine Pauschalwertberichtigung vorgenommen werden. Hierbei wird am Jahresende ein nachzuweisender Prozentsatz indirekt von den Forderungen abgeschrieben. Dieser Prozentsatz darf aus steuerlichen Gründen 5 % nicht überschreiten. Die Wertberichtigung darf nur mit dem Nettowert angesetzt werden.
- ▶ Tritt im neuen Jahr ein tatsächlicher Forderungsausfall ein, wird in entsprechender Höhe ein Teil der Pauschalwertberichtigung aufgelöst.
- ▶ Am Ende des Geschäftsjahres wird die Pauschalwertberichtigung wieder angepasst.

Geschäftsfälle

1. *Am Geschäftsjahresende wird eine Pauschalwertberichtigung auf die Nettoforderungen in Höhe von 5 % vorgenommen.*

Gesamtforderungsbestand (Bruttobetrag)	*357 000,00 EUR*
– Umsatzsteueranteil	*57 000,00 EUR*
= Gesamtforderungsbestand (Nettobetrag)	*300 000,00 EUR*
davon 5 % Pauschalwertberichtigung	*15 000,00 EUR*

2. *Am 23.03. des neuen Geschäftsjahres wird durch einen Vergleich bei einem Kunden eine Forderung in Höhe von 7 000,00 EUR netto + 19 % USt. 1 330,00 EUR uneinbringlich (Umsatzsteuerberichtigung!).*

Konto

3680 Pauschalwertberichtigungen zu Forderungen
Abkürzung: PWB zu Ford.
(Passives Bestandskonto)

Durch die Gegenüberstellung der normalen Forderungen und der Pauschalwertberichtigungen im Schlussbilanzkonto wird die Aussagekraft erhöht.

Grundbuch	Nr.	Soll			an	Haben		
	1	695	Zweifelhafte Ford.	15 000,00		368	PWB zu Ford.	15 000,00
	2	368 480	Abschr. auf Ford. Umsatzsteuer	7 000,00 1 330,00		240	Forderungen a. L. u. L.	8 330,00

1 ***Am 17.04. wird das Insolvenzverfahren über das Vermögen eines unserer Kunden eröffnet. Unsere Forderung beträgt 13 000,00 EUR netto (+ 19 % USt.). Noch im laufenden Jahr wird das Insolvenzverfahren abgeschlossen. Die Insolvenzquote beträgt 20 %.***

Erstellen Sie die Buchungssätze für die unten stehenden Geschäftsfälle. Verwenden Sie folgende Konten:

1 Forderungen a. L. u. L. (240)
2 Zweifelhafte Forderungen (695)
3 Einzelwertberichtigungen zu Forderungen (367)
4 Abschreibungen auf Forderungen (695)
5 Vorsteuer (260)
6 Umsatzsteuer (480)
7 Guthaben bei Kreditinstituten (280)

a. Wie lautet der Buchungssatz für die Eröffnung des Insolvenzverfahrens? (Soll | Haben)

b. Wie viel Euro werden vom Insolvenzverwalter überwiesen?

c. Wie lautet der Buchungssatz für die Überweisung? (Soll | Haben)

d. Mit welchem Betrag muss die Umsatzsteuer berichtigt werden?

e. Wie lautet der zusammengesetzte Buchungssatz für den Verlust der Forderung und die Umsatzsteuerberichtigung? (Soll | Haben)

2 ***Bilden Sie die Buchungssätze unter Verwendung folgender Konten:***

1 Guthaben bei Kreditinstituten (280)
2 Forderungen a. L. u. L. (240)
3 Zweifelhafte Forderungen (695)
4 Vorsteuer (260)
5 Umsatzsteuer (480)
6 Einzelwertberichtigung zu Forderungen (367)
7 Pauschalwertberichtigung zu Forderungen (368)
8 Abschreibungen zu Forderungen (695)
9 Erträge aus der Auflösung von Wertberichtigungen auf Forderungen (545)
10 Periodenfremde Aufwendungen (699)

(Soll | Haben)

a. Über das Vermögen eines Kunden wird das Insolvenzverfahren eröffnet. Unsere Forderung beträgt 12 000,00 EUR netto (+ 19 % USt.).

b. Am Jahresende erwarten wir einen Forderungsausfall von 50 %. Die Einzelforderung wird indirekt abgeschrieben.

c. Im neuen Jahr überweist der Insolvenzverwalter einen Betrag von 4 760,00 EUR.

Buchen Sie ...

ca. ... die Banküberweisung.

cb. ... die Umsatzsteuerberichtigung.

cc. ... die Auflösung der Wertberichtigung und den Aufwand bzw. Ertrag.

3 ***Gegenüber einem Kunden, der in Zahlungsschwierigkeiten geraten ist, haben wir eine Nettoforderung von 36 200,00 EUR. Beim Insolvenzverfahren ergibt sich eine Insolvenzquote von 40 %. (19 % USt.)***

Berechnen Sie ...

a. ... den Betrag, den wir vom Insolvenzverwalter überwiesen bekommen.

b. ... den Betrag, der auf dem Konto Abschreibungen auf Forderungen gebucht werden muss.

c. ... den Betrag der Umsatzsteuerberichtigung.

4 ***Zu Beginn eines Geschäftsjahres (bzw. zum Ende des vorangegangenen Geschäftsjahres) betrug der Bestand an Forderungen insgesamt 476 000,00 EUR (Bruttobetrag einschließlich 19 % USt.). Im Laufe des Geschäftsjahres wurden auf dem Konto Pauschalwertberichtigungen zu Forderungen gebucht:***

S	368 PWB zu Forderungen		H
(2) Forderungen	12 000,00	(1) EBK	16 000,00

Am Ende des Geschäftsjahres betrugen die Gesamtforderungen (brutto) 428 400,00 EUR.

a. Mit welchem Prozentsatz wurde am Ende des vorangegangenen Geschäftsjahres eine Pauschalwertberichtigung gebildet (auf eine Stelle nach dem Komma runden)?

b. Um welchen Geschäftsfall handelt es sich bei der Buchung Nr. 2?

1 Ein Kunde zahlte eine Forderung in Höhe von 12 000,00 EUR.

2 Ein Kunde zahlte eine Forderung in Höhe von 14 280,00 EUR.

3 Ein Forderungsausfall von brutto 12 000,00 EUR wurde gebucht.

4 Ein Forderungsausfall von brutto 14 280,00 EUR wurde gebucht.

9 Keiner der vorgenannten Geschäftsfälle trifft zu.

c. Wie hoch ist die anteilige Umsatzsteuerberichtigung?

d. Um wie viel Euro muss die Pauschalwertberichtigung am Jahresende herauf- oder herabgesetzt werden, wenn der Prozentsatz der Pauschalwertberichtigung auf 5 % geändert wird und der Forderungsbestand 357 000,00 EUR beträgt?

Wie wird der Hauptbuchabschluss durchgeführt?

Hauptbuch-abschluss	Sämtliche Konten des Hauptbuches sind am Jahresende in einer logischen Folge abzuschließen. Dabei muss folgende Reihenfolge eingehalten werden:			
1. Vorbereitende Abschlussbuchungen	Buchung ▶ der Abschreibungen ▶ der Bestandsveränderungen im Material- und Erzeugnisbereich ▶ des Saldos auf dem Privatkonto auf das Eigenkapitalkonto ▶ der Salden von Unterkonten auf die Hauptkonten (z. B. Erlösberichtigungen, Bezugskosten, Nachlässe) ▶ des Saldos auf dem Konto Vorsteuer auf das Konto Umsatzsteuer (zur Ermittlung und Passivierung der Zahllast) ▶ der zeitlichen Abgrenzungen (Aktive/Passive Rechnungsabgrenzung, übrige Sonstige Forderungen/Verbindlichkeiten) ▶ der Rückstellungen ▶ der Korrekturen bei Differenzen zwischen Inventur- und Buchbestand			
2. Abschluss der Erfolgskonten		Soll	an	Haben
	Abschluss der Ertragskonten	Ertragskonto	an	802 GuV
	Abschluss der Aufwandskonten	802 GuV	an	Aufwandskonto
3. Abschluss des Kontos GuV	bei Gewinn	802 GuV	an	300 Eigenkapital
	bei Verlust	300 Eigenkapital	an	802 GuV
4. Abschluss der Bestandskonten	Abschluss der Aktivkonten	801 SBK	an	Aktivkonto
	Abschluss der Passivkonten	Passivkonto	an	801 SBK

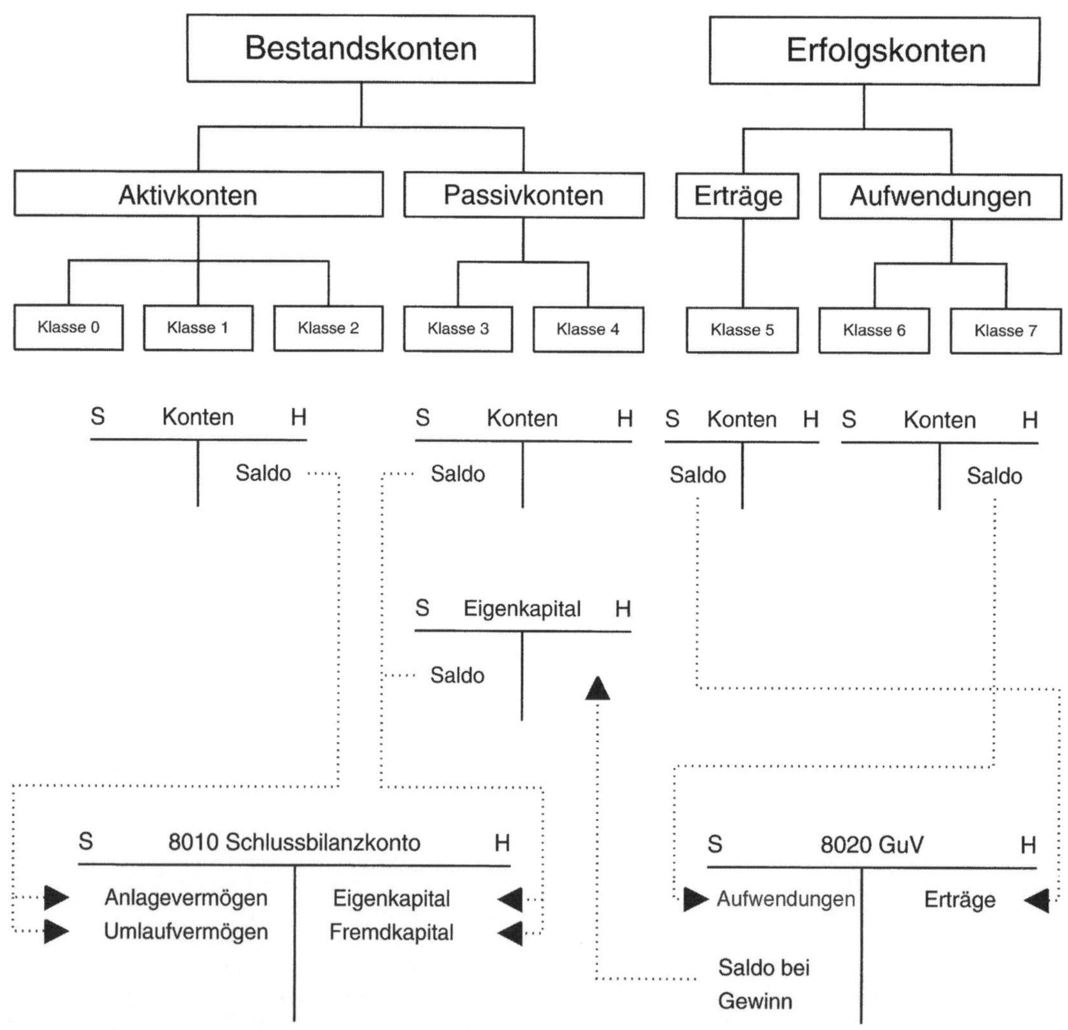

1 Sie haben folgenden Buchungssatz: „Umsatzerlöse an Erlösberichtigungen" Welcher Geschäftsfall liegt zugrunde?

1 Wir erhalten eine Gutschrift von unserem Lieferer.
2 Abschluss des Kontos Umsatzerlöse.
3 Unser Kunde erhält eine Gutschrift wegen Mängelrüge.
4 Abschluss des Kontos Erlösberichtigungen.
9 Keiner der vorgenannten Geschäftsfälle trifft zu.

2 Unten stehende Konten sind abzuschließen. In welcher Kontenklasse des Industriekontenrahmens erfolgen dabei die Buchungen im Haben?

Tragen Sie die Ziffer der Kontenklasse in das Kästchen ein.

a. Erlösberichtigungen
b. Privat (Entnahmen überwiegen)
c. Einzelwertberichtigungen zu Forderungen
d. Büromaterial
e. Zinserträge
f. Frachten und Fremdlager
g. Nachlässe für Hilfsstoffe (Verbrauch wird direkt nach der Materialentnahme von Materialentnahmescheinen gebucht.)
h. Außerordentliche Erträge
i. Bestandsveränderungen (Mehrungen überwiegen)
j. Gewinn und Verlust (Es ergibt sich ein Verlust.)

3 Das Konto „Eigenkapital" zeigt am Jahresende, nachdem die vorbereitenden Abschlussbuchungen und der Abschluss des GuV-Kontos erfolgt sind, die folgenden Konten und Beträge:

Soll	Gegenkonto	Betrag
802	GuV	15 000,00
801	SBK	15 15 000,00

Haben	Gegenkonto	Betrag
800	EBK	1 500 000,00
3001	Privat	30 000,00

Tragen Sie in das jeweilige Kästchen ein, um welchen der folgenden Tatbestände es sich dabei handelt.

1 Gewinnsaldo von dem Konto GuV
2 Saldo vom Konto Privat (Einlagen überwiegen)
3 Eigenkapital am Ende des Geschäftsjahres
4 Verlustsaldo vom GuV-Konto
5 Eigenkapital am Anfang des Geschäftsjahres
6 Saldo vom Konto Privat (Entnahmen überwiegen)

4 In welcher Reihenfolge haben die Arbeiten zum Jahresabschluss zweckmäßigerweise zu erfolgen? Kennzeichnen Sie die Vorgänge mit den Zahlen 1 bis 4.

a. Abschluss der Bestandskonten
b. Abschluss des Kontos GuV
c. Vorbereitende Abschlussbuchungen
d. Abschluss der Erfolgskonten

5 Bilden Sie die erforderlichen Buchungssätze zum Jahresabschluss bei den nachfolgenden Sachverhalten. Die Kontenbezeichnungen wählen Sie wie folgt:

1 Eigenkapital (300)
2 Privat (3001)
3 GuV-Konto (802)
4 Schlussbilanzkonto (801)
5 Abschreibungen auf Sachanlagen (652)
6 Büromaschinen, Organisationsmittel und Kommunikation (086)
7 Vorsteuer (260)
8 Umsatzsteuer (480)

Soll Haben

a. Auf dem Konto „Privat" überwiegen die Entnahmen.
b. Das Unternehmensergebnis ist positiv.
c. Es besteht ein Vorsteuerüberhang.
d. Die Abschreibung auf die Geschäftsausstattung ist noch zu buchen.

6 Wie wirken sich die folgenden Sachverhalte auf den Gewinn aus? Setzen Sie eine

1 ein, wenn sich der Gewinnsaldo erhöht,
2 ein, wenn sich der Gewinnsaldo verringert,
3 ein, wenn sich der Gewinnsaldo nicht verändert.

a. Die Erlösberichtigungen müssen noch gebucht werden.
b. Die Mieterträge für Dezember sind noch beim Jahresabschluss zu berücksichtigen.
c. Es wurden im November Versicherungsprämien für 6 Monate im Voraus bezahlt. Die Beträge müssen abgegrenzt werden.
d. Die private Nutzung des Firmen-Pkw ist noch buchhalterisch zu erfassen.
e. Die Kasse weist einen Fehlbestand von 250,00 EUR auf.

Wie wird die Auswertung des Jahresabschlusses durchgeführt?

Bilanzanalyse	Die Bilanzanalyse ist die Beurteilung eines Unternehmens mithilfe von Werten aus der Bilanz bzw. der Gewinn-und-Verlustrechnung. Es werden Kennzahlen errechnet, die prozentuale Verhältnisse von Bilanz- bzw. GuV-Positionen widerspiegeln. Zunächst werden dabei die Werte aus der Bilanz aufbereitet, d. h., zu größeren sinnvollen Einheiten zusammengefasst.
Auswertung der Bilanz	Die Jahresabschlussanalyse soll in erster Linie dazu dienen, die Vermögens- und Finanzlage und die Ertragslage zu beurteilen. Anhand bestimmter Kennzahlen sind folgende Analysen möglich: ▶ innerbetrieblicher Vergleich (Zeitvergleich) = Betrachtung der eigenen Kennzahlen unterschiedlicher Perioden zur Kontrolle der betrieblichen Entwicklung ▶ außerbetrieblicher Vergleich (Betriebsvergleich) = Betrachtung der Kennzahlen branchengleicher, größenähnlicher Unternehmen zum Zwecke der Beurteilung des eigenen Standards ▶ Soll-Ist-Vergleich = Betrachtung der eigenen Kennzahlen mit den aus dem Controlling erarbeiteten Plangrößen

Beispiel einer Gliederung der Bilanz einer „kleinen" Kapitalgesellschaft nach § 266 HGB:

Bilanz (Werte in Tausend EUR)

	Aktiva		Passiva		
	A. Anlagevermögen		**A. Eigenkapital**		
	I. Sachanlagen		I. Gezeichnetes Kapital	850	← Eigenkapital
	1. Grundst., Gebäude	600	II. Gewinnrücklagen	30	← Eigenkapital
	2. Fuhrpark	230	III. Jahresüberschuss	110	← Gewinn
	3. Geschäftsausstattung	140	**B. Rückstellungen**		
	B. Umlaufvermögen		1. Pensionsrückstellungen	80	← langfristige Schulden
	I. Vorräte	494	2. Sonstige Rückstellungen	30	← kurzfristige Schulden
kurzfristige Forderungen →	II. Forderungen	566	**C. Verbindlichkeiten**		
	III. Liquide Mittel (Schecks, Kassenbestand, Bankguthaben)	160	1. Verbindlichkeiten bei Kreditinstituten		
			langfristig	490	← langfristige Schulden
			kurzfristig	80	← kurzfristige Schulden
kurzfristige Forderungen →	**C. Aktive Rechn.abgrenzung**	10	2. Verbindlichkeiten a. LL	510	← kurzfristige Schulden
			D. Passive Rechn.abgrenzung	20	← kurzfristige Schulden
	Bilanzsumme	2 200	**Bilanzsumme**	2 200	

Das Gesamtkapital am Jahresanfang betrug 2 000 TEUR. Die Pensionsrückstellungen haben sich um 20 TEUR erhöht. Über die Verwendung des Jahresüberschusses ist noch keine Entscheidung getroffen worden.

Auszug aus der GuV (Werte in Tausend EUR)

Soll		Haben	
Fremdkapitalzinsen	170	Umsatzerlöse	5 500
Abschreibungen	60	...	...
...			
Jahresüberschuss	110		
Summe	...	**Summe**	...

Die aufbereitete Bilanz ergibt folgende Struktur:

Bilanz (Werte in Tausend EUR)

Aktiva		Passiva	
A. Anlagevermögen	970	**A. Eigenkapital**	880
B. Umlaufvermögen		Jahresüberschuss	110
1. Vorräte	494	**B. Fremdkapital**	
2. Kurzfristige Forderungen	576	1. langfristig	570
3. Liquide Mittel	160	2. kurzfristig	640
Bilanzsumme	2 200	**Bilanzsumme**	2 200

Die wichtigsten Kennzahlen zur Beurteilung der Vermögens- und Kapitalstruktur, der Anlagenfinanzierung, der Zahlungsbereitschaft und der Ertragskraft sind auf Seite 244 aufgeführt und beziehen sich auf die Werte dieser Seite.

1 Welche der unten aufgeführten Aussagen zur Bilanzanalyse trifft nicht zu?

1 Die Bilanzanalyse bezieht sich auf die Werte, die mit dem Jahresabschluss in der Finanzbuchhaltung zusammenhängen.
2 Die rechtlichen Bestimmungen zur Bilanzanalyse sind im Handelsgesetzbuch (HGB) aufgeführt.
3 Die Bilanzanalyse stützt sich auf die Kennzahlen, die aus Werten der Bilanz ermittelt werden.
4 Die Bilanzanalyse dient u. a. dazu, Sachverhalte der wirtschaftlichen Verhältnisse eines Unternehmens aufzudecken.
5 Um alle Kennzahlen der Bilanzanalyse festzustellen, ist es notwendig, die Bilanz zunächst aufzubereiten, d. h., es müssen größere Bilanzpostengruppen gebildet und einzelne Bilanzpositionen neu zugeordnet werden.

2 Welche der unten aufgeführten Bilanzpositionen werden in einer aufbereiteten Bilanz

1 dem Anlagevermögen,
2 den kurzfristigen Forderungen,
3 den liquiden Mitteln,
4 dem Eigenkapital,
5 den kurzfristigen Schulden,
6 den langfristigen Schulden

zugeordnet?

Tragen Sie eine 9 ein, wenn eine Zuordnung zu den o. a. Bilanzgruppen nicht sinnvoll ist.

a. Immaterielle Vermögensgegenstände
b. Kassenbestand
c. Wechselverbindlichkeiten
d. Aktive Rechnungsabgrenzungsposten
e. Gewinnrücklagen
f. Gezeichnetes Kapital
g. Pensionsrückstellungen
h. Steuerrückstellungen
i. Verbindlichkeiten im Rahmen der sozialen Sicherheit
j. Abschreibungen
k. Passive Rechnungsabgrenzungsposten
l. Umsatzerlöse

3 Welche Liquiditätskennziffer trifft auf die folgende Berechnung zu?

$$\frac{(\text{flüssige Mittel + Forderungen}) \cdot 100}{\text{kurzfristiges Fremdkapital}}$$

1 Liquidität I
2 Einzugsbedingte Liquidität
3 Liquidität III
4 Barliquidität
5 Umsatzbedingte Liquidität

4 Die Auswertung der in der Bilanzanalyse ermittelten Kennzahlen erfolgt durch einen Vergleich von Werten.

Welche der unten stehenden Aussagen trifft nicht zu?

1 Eine wichtige Auswertung ist die Betrachtung der ermittelten Werte im Vergleich zu den Werten vorangegangener Perioden.
2 Durch einen Vergleich mit branchengleichen Untenehmen können Rückschlüsse auf die eigene Wirtschaftlichkeit gezogen werden.
3 Die Auswertung bezieht sich auf die Kennzahlen zur Vermögens- und Kapitalstruktur, der Anlagenfinanzierung, der Zahlungsbereitschaft und der Ertragskraft eines Unternehmens.
4 Ein Soll-Ist-Vergleich lässt sich durch die Auswertung der Bilanz nicht durchführen.
5 Die Bilanzanalyse ist für die Finanzbehörden grundsätzlich nicht von Interesse.

5 Wie berechnet man die Unternehmerrentabilität?

1 $\frac{\text{Unternehmergewinn} \cdot 100}{\text{Gesamtkapital}}$

2 $\frac{\text{Gewinn} \cdot 100}{\text{Gesamtkapital}}$

3 $\frac{\text{Unternehmergewinn} \cdot 100}{\text{durchschn. Eigenkapital}}$

4 $\frac{(\text{Gewinn + Zinsen}) \cdot 100}{\text{Eigenkapital}}$

5 $\frac{\text{Eigenkapital} \cdot 100}{\text{Gewinn}}$

6 Mit welcher Formel wird die Umsatzrentabilität errechnet?

1 $\frac{\text{Reingewinn} \cdot 100}{\text{Nettoumsatz}}$

2 $\frac{\text{Umsatzerlöse} \cdot 100}{\text{Gesamtkapital}}$

3 $\frac{\text{Unternehmergewinn} \cdot 100}{\text{Umsatz zu Nettoverkaufspreisen}}$

4 $\frac{\text{Rohgewinn} \cdot 100}{\text{Bruttoumsatz}}$

5 $\frac{\text{Nettoumsatz} \cdot 100}{\text{Reingewinn}}$

Ermitteln Sie Kennzahlen zur Auswertung des Jahresabschlusses.

Kennzahlen	Berechnung	Beispielberechnung (mit den Werten aus o. a. Bilanz der Seite 242)
	Kennzahlen der Vermögenstruktur	
Anlageintensität in %	$\frac{\text{Anlagevermögen} \cdot 100}{\text{Gesamtvermögen}}$	$\frac{970 \cdot 100}{2\,200} = 44{,}1\ (\%)$
Umlaufintensität in %	$\frac{\text{Umlaufvermögen} \cdot 100}{\text{Gesamtvermögen}}$	$\frac{1\,230 \cdot 100}{2\,200} = 55{,}9\ (\%)$
	Kennzahlen der Kapitalstruktur	
Eigenkapital-intensität (EK-Quote) in %	$\frac{\text{Eigenkapital} \cdot 100}{\text{Gesamtkapital}}$	$\frac{990 \cdot 100}{2\,200} = 45\ (\%)$
Fremdkapital-intensität (FK-Quote) in %	$\frac{\text{Fremdkapital} \cdot 100}{\text{Gesamtkapital}}$	$\frac{1\,210 \cdot 100}{2\,200} = 55\ (\%)$
	Kennzahlen der Anlagenfinanzierung	
Deckungsgrad I (Deckungsgrad A) in %	$\frac{\text{Eigenkapital} \cdot 100}{\text{Anlagevermögen}}$	$\frac{990 \cdot 100}{970} = 102{,}1\ (\%)$
Deckungsgrad II (Deckungsgrad B) in %	$\frac{(\text{Eigenkapital} + \text{langfristiges Fremdkapital}) \cdot 100}{\text{Anlagevermögen}}$	$\frac{(990 + 570) \cdot 100}{970} = 160{,}8\ (\%)$
	Kennzahlen der Zahlungsbereitschaft (Grundlage: Bestandsgrößen)	
Liquidität 1. Grades (Barliquidität) in %	$\frac{\text{Liquide Mittel} \cdot 100}{\text{kurzfristige Schulden}}$	$\frac{160 \cdot 100}{640} = 25\ (\%)$
Liquidität 2. Grades (Einzugs-bedingte L.) in %	$\frac{(\text{Liquide Mittel} + \text{kurzfristige Forderungen}) \cdot 100}{\text{kurzfristige Schulden}}$	$\frac{(160 + 576) \cdot 100}{640} = 115\ (\%)$
Liquidität 3. Grades (Umsatz-bedingte L.) in %	$\frac{\text{Umlaufvermögen} \cdot 100}{\text{kurzfristige Schulden}}$	$\frac{1\,230 \cdot 100}{640} = 192{,}2\ (\%)$
	Kennzahlen der Zahlungsbereitschaft (Grundlage: Stromgrößen)	
Cashflow in EUR	Jahresüberschuss + Abschreibungen + Mehrung (Minderung) langfristige Rückstellungen Cashflow	110 + 60 + 20 = 190
Cashflow-Relation des Umsatzes in %	$\frac{\text{Cashflow} \cdot 100}{\text{Umsatzerlöse}}$	$\frac{190 \cdot 100}{5\,500} = 3{,}45\ (\%)$
Cashflow-Relation des Eigenkapitals in %	$\frac{\text{Cashflow} \cdot 100}{\text{Eigenkapital}}$	$\frac{190 \cdot 100}{990} = 19{,}2\ (\%)$
	Kennzahlen der Ertragskraft	
Eigenkapitalrenta-bilität (Unterneh-mer-R.) in %	$\frac{\text{Jahresüberschuss (Gewinn)} \cdot 100}{\text{durchschnittliches Eigenkapital}}$	$\frac{110 \cdot 100}{(880 + 990) : 2} = 11{,}8\ (\%)$
Gesamtkapitalren-tabilität (Unterneh-mungs-R.) in %	$\frac{(\text{Jahresüberschuss} + \text{Fremdkapitalzinsen}) \cdot 100}{\text{durchschnittliches Gesamtkapital}}$	$\frac{(110 + 117) \cdot 100}{(2\,000 + 2\,200) : 2} = 13{,}3\ (\%)$
Umsatzrentabilität in %	$\frac{\text{Jahresüberschuss} \cdot 100}{\text{Umsatzerlöse}}$	$\frac{110 \cdot 100}{5\,500} = 2\ (\%)$

1 Für ein Industrieunternehmen liegen folgende Zahlen vor:

Eigenkapital (AB)	2 200 000,00 EUR
Eigenkapital (SB)	2 600 000,00 EUR
Fremdkapital (AB)	3 700 000,00 EUR
Fremdkapital (SB)	4 300 000,00 EUR
Jahresüberschuss	500 000,00 EUR
Umsatzerlöse	8 000 000,00 EUR
Fremdkapitalzinsen	200 000,00 EUR

Berechnen Sie (jeweils auf eine Stelle hinter dem Komma runden)

a. die Eigenkapitalintensität am Jahresanfang,

b. die Fremdkapitalintensität am

c. die Eigenkapitalrentabilität,

d. die Gesamtkapitalrentabilität,

e. die Umsatzrentabilität.

2 Aus der Bilanz der Flachmann GmbH wurden u. a. folgende Werte entnommen:

Anlagevermögen	1 200 000,00 EUR
Vorräte	800 000,00 EUR
Kurzfristige Forderungen	450 000,00 EUR
Kassenbestand	12 000,00 EUR
Bankguthaben	230 000,00 EUR
Sonstiges Umlaufvermögen	8 000,00 EUR
Eigenkapital	1 100 000,00 EUR
Langfristige Schulden	700 000,00 EUR
Kurzfristige Schulden	900 000,00 EUR

Ermitteln Sie aus den o. a. Zahlen (auf eine Stelle nach dem Komma runden)

a. die Barliquidität,

b. die einzugsbedingte Liquidität,

c. die umsatzbedingte Liquidität.

3 Welche der unten aufgeführten Bilanzposten gehören

1 zu den kurzfristigen Forderungen,
2 zum Eigenkapital,
3 zu den langfristigen Schulden,
4 zu den kurzfristigen Schulden,
9 zu keiner der vorgenannten Bilanzposten?

a. Passive Rechnungsabgrenzung

b. Pensionsrückstellungen

c. Rücklagen

d. Stammkapital einer GmbH

e. Verbindlichkeiten aus Lieferungen und Leistungen

f. Kassenbestand

g. Verbindlichkeiten aus Steuern

4 Die Bilanz der MATIKO GmbH weist folgende Bilanzpositionen (in TEUR) auf:

Langfristige Verbindlichk. bei Kreditinstituten	820
Fuhrpark	210
Gezeichnetes Kapital	2 400
Forderungen	300
Steuerrückstellungen	82
Verbindlichkeiten a. LL	234
Betriebs- u. Geschäftsausstattung	138
Bankguthaben	75
Rücklagen	150
Kassenbestand	7
Grundstücke/Gebäude	1500
Umsatzsteuer-Zahllast	9
Sonstige Forderungen	12
Vorräte	1453

Ermitteln Sie (a.–d. in TEUR, e.–i. auf jeweils eine Dezimalstelle runden):

a. das Anlagevermögen

b. das Umlaufvermögen

c. das Eigenkapital

d. das Fremdkapital

e. die Eigenkapitalquote

f. die Fremdkapitalquote

g. die Liquidität 1. Grades

h. die Liquidität 2. Grades

i. die Liquidität 3. Grades

5 Anhand der unten aufgeführten Zahlen wird ein Vergleich der Unternehmen A, B und C durchgeführt (Werte in Mio. EUR).

	A	B	C
durchschnittliches Eigenkapital	230	110	300
durchschnittliches Fremdkapital	280	140	270
Aufwendungen	600	400	800
davon Fremdkapitalzinsen	20	5	20
Erträge	610	410	820
davon Umsatzerlöse	300	400	700

Runden Sie die Ergebnisse der Rentabilitäten jeweils auf eine Dezimalstelle.

a. Welches Unternehmen erzielte die beste Eigenkapitalrentabilität?

b. Wie hoch war diese Eigenkapitalrentabilität?

c. Welches Unternehmen erzielte die beste Gesamtrentabilität?

d. Wie lautet das Ergebnis diese Gesamtkapitalrentabilität?

e. Welches Unternehmen erzielte den besten Wert für die Umsatzrentabilität?

f. Wie hoch war diese Umsatzrentabilität?

EINKAUF	VERKAUF
Die hier dargestellten Buchungen im Einkauf und Verkauf beziehen sich auf eine **aufwandsorientierte Buchung**, bei **bestandsorientierter Buchung** wird jeweils das Bestandskonto angesetzt (200 Rohstoffe statt 600 Aufwendungen für Rohstoffe) Vorprodukte, Hilfs- und Betriebsstoffe und Handelswaren bleiben in der Übersicht unberücksichtigt, können aber in der Prüfung vorkommen: 601 Aufwendungen für Vorprodukte/Fremdbauteile, 602 Aufwendungen für Hilfsstoffe, 603 Aufwendungen für Betriebsstoffe, 608 Aufwendungen für Waren bzw. 510 Umsatzerlöse für Waren	
Eingangsrechnung 600 Aufwendungen für Rohstoffe *1 260 Vorsteuer **an** 440 Verbindlichkeiten *1 entsprechend auch für Hilfsstoffe, Betriebsstoffe, Vorprodukte/Fremdbauteile und Handelsware	**Ausgangsrechnung** 240 Forderungen **an** 500 Umsatzerlöse für eigene Erzeugnisse *2 **an** 480 Umsatzsteuer *2 entsprechend auch für Umsatzerlöse für Waren

Rechnungen mit Fracht und/oder Verpackungsmaterial	
Eingangsrechnung 600 Aufwendungen für Rohstoffe *1 6001 Bezugskosten für Rohstoffe *1 260 Vorsteuer **an** 440 Verbindlichkeiten	**Ausgangsrechnung** Für Fracht- und/oder Verpackungskosten, die dem Kunden in Rechnung gestellt werden, gibt es kein separates Konto. → Buchung auf dem Konto Umsatzerlöse 240 Forderungen **an** 500 Umsatzerlöse für eigene Erzeugnisse *2 **an** 480 Umsatzsteuer

Sofortrabatte werden **nicht** auf einem gesonderten Konto gebucht, sondern direkt vom Warenwert subtrahiert.

Preisnachlässe (auch Boni)	
440 Verbindlichkeiten **an** 6002 Nachlässe für Rohstoffe *1 **an** 260 Vorsteuer	5001 Erlösberichtigungen eigene Erzeugnisse *2 480 Umsatzsteuer **an** 240 Forderungen

Rücksendungen → Stornobuchung	
440 Verbindlichkeiten **an** 600 Aufwendungen für Rohstoffe *1 **an** 260 Vorsteuer	500 Umsatzerlöse für eigene Erzeugnisse *2 480 Umsatzsteuer **an** 240 Forderungen

Zahlung unter Abzug von Skonto	
(bei Roh-, Hilfs-, Betriebsstoffen, Handelsware) 440 Verbindlichkeiten **an** 280 Bank **an** 6002 Nachlässe für Rohstoffe (Nettoskonto) *1 **an** 260 Vorsteuer (Korrektur)	**Verkauf** 280 Bank 5001 Erlösberichtigungen (Nettoskonto) *2 480 Umsatzsteuer (Korrektur) **an** 240 Forderungen

Zahlung unter Abzug von Skonto (bei Anlagegütern: z. B. Maschinen, BGA)	
440 Verbindlichkeiten **an** 280 Bank **an** Maschinen, BGA, Fuhrpark (Nettoskonto) **an** 260 Vorsteuer (Korrektur)	Nettoskonto als **Anschaffungsminderkosten** wird im Gegensatz zu Roh-, Hilfs- und Betriebsstoffen auf dem jeweiligen Bestandskonto **im Haben** gebucht.

GEHALTSBUCHUNGEN	
Zahlung der SV-Beiträge (Schätzung) am drittletzten Bankarbeitstag des Monats 264 Sozialversicherungs-Vorauszahlung **an** 280 Bank **Banküberweisung der Lohnsteuer, Kirchensteuer und des Solidaritätszuschlags am 10. des folgenden Monats** 483 Sonstige Verbindlichkeiten gegenüber Finanzbehörden **an** 280 Bank	**Gehaltsabrechnung** 630 Gehälter **an** 280 Bank **an** 483 Sonstige Verbindlichkeiten gegenüber Finanzbehörden (Lohnsteuer, Kirchensteuer, Solidaritätszuschlag) **an** 264 Sozialversicherungs-Vorauszahlung (genaue Abrechnung) 640 Arbeitgeberanteil zur Sozialversicherung **an** 264 Sozialversicherungsvorauszahlung

Verkauf von Anlagegütern	
1. Zeitanteilige Abschreibung (für einzelne Monate) 652 Abschreibung auf Sachanlagen **an** (z. B.) 086 BGA **2. Buchen des Verkaufs** 240 Forderungen **an** 541 Sonstige Erlöse **an** 480 Umsatzsteuer	**3. Ausbuchen des Restbuchwerts** 6979 Anlagenabgänge **an** 086 BGA **4. Abschluss der Erfolgskonten über GuV** (Durch Gegenüberstellung von Sonstigen Erlösen und Anlagenabgängen in der GuV wird der Erfolg bzw. der Verlust aus dem Anlagenabgang deutlich.) 541 Sonstige Erlöse **an** 930 GuV 930 GuV an 6979 Anlagenabgänge

ZEITLICHE ABGRENZUNG (Buchungen am 31.12.)	
Zahlung im alten Jahr	**Zahlung im neuen Jahr**
290 ARA **an** Aufwandskonto	Aufwandskonto **an** 489 Sonstige Verbindlichkeiten
Ertragskonto **an** 490 PRA	269 Sonstige Forderungen **an** Ertragskonto
Höhe des abzugrenzenden Betrages am 31.12.	
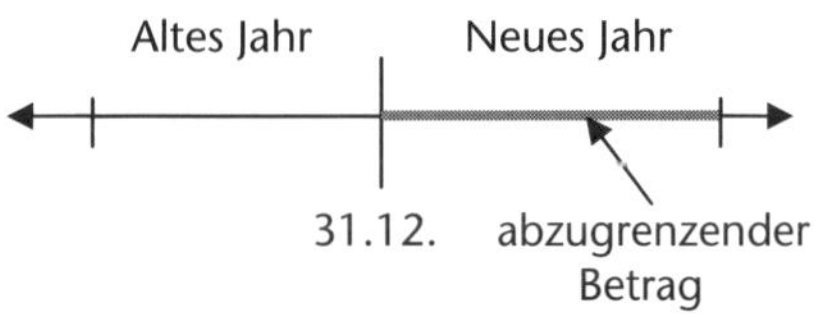	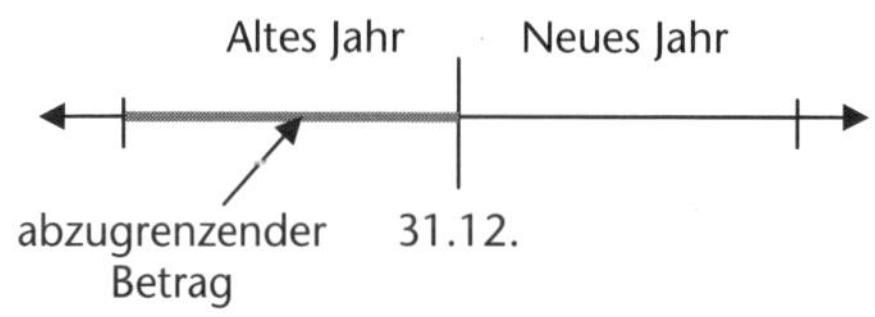

RÜCKSTELLUNGEN – passives Bestandskonto (ungewisse Verbindlichkeiten)	
Buchung im alten Jahr (Schätzung)	**Buchung im neuen Jahr (Erhalt der Rechnung)**
Aufwandskonto (z. B. Instandhaltungen) **an** 399 Sonstige Rückstellungen	**a) Rückstellungen < gebuchter Aufwand** 390 Sonstige Rückstellungen 699 Periodenfremde Aufwendungen (**nicht Instandhaltungen**!) 260 Vorsteuer **an** 440 Verbindlichkeiten
	a) Rückstellungen > gebuchter Aufwand 390 Sonstige Rückstellungen 260 Vorsteuer **an** 440 Verbindlichkeiten **an** 548 Erträge aus der Herabsetzung von Rückstellungen

AKTIVIERTE EIGENLEISTUNGEN
Anlagenkonto **an** 530 Aktivierte Eigenleistungen (Ertragskonto)

ANZAHLUNGEN	
an Lieferanten	**von Kunden**
230 Geleistete Anzahlungen auf Vorräte (Aktives Bestandskonto) **an** 280 Bank	280 Bank **an** 430 Erhaltene Anzahlungen auf Bestellungen (Passives Bestandskonto)

Sparkasse Bielefeld — UST-ID DE 124011615 — Blatt 1

Beleg ①

Datum	Erläuterungen		Betrag
Kontostand in EUR am 15.04.20.., Auszug Nr. 232			H121 882,61 EUR
16.04.	Lastschrift Rg. 5466121 abzügl. 3 % Skonto	Wert: 15.04.20..	S 32 897,55 EUR
Kontostand in EUR am 16.04.20.., 16:00 Uhr			H 88 985,06 EUR

IHR KREDIT 30 000,00 EUR — wwh GmbH, Helene-Weber-Weg 9, 33607 Bielefeld

---

Kugler AG • Hamburger Str. 24 • 38114 Braunschweig

Kugler AG
Maschinen - Maschinenteile

Beleg ②

wwh GmbH
Helene-Weber-Weg 5
33607 Bielefeld

RECHNUNG

Kunden-Nr.: **8769**
Auftrags-Nr.: **Ku12998-477**
Rechn.-Nr.: **200801020**
Datum: **14.09.20xx**

Lieferdatum: **15.09.20xx**

Posten	Bezeichnung	Einheit	Menge	Einzelpreis	Gesamtpeis
1	Kugler-Spezialmaschine	St.	1	120 000,00 EUR	120 000,00 EUR
2	Frachtkosten	St.	1	1 120,00 EUR	1 120,00 EUR
3	Montagekosten	St.	1	1 340,00 EUR	1 340,00 EUR
				15% Rabatt	18 369,00 EUR
	Nettopreis				104 091,00 EUR
	+ Umsatzsteuer	**19 %**			19 777,29 EUR
	Bruttopreis				123 868,29 EUR

Zahlbar innerhalb von 7 Tagen mit 2 % Skonto (**vom reinen Warenwert**), innerhalb von 30 Tagen netto Kasse

Vorstand: Jochen Rische, Max Lieberknecht, Aufsichtsratsvorsitz: Daniel Kruppe, Amtsgericht Braunschweig HRB 3345
• Tel.: 0531/556900 • Fax 0531/556950• E-Mail: info@kugler-ag •
• Sparkasse Braunschweig • BLZ 494 501 20 • Kto.Nr. 1400046700•

---

wwh

BUCHUNGSBELEG

Eigenbeleg EB 8739

Datum: 29.12.2012

Grund:

Beleg ③

Buchung der noch nicht gezahlten Zinsen für das Darlehen der Sparkasse Bielefeld für den Zeitraum 01.08.2012 – 31.01.2013, Termin für die Zahlung: 31.01.2013, monatlicher Zinsbetrag: 72,00 EUR

Betrag:… ? EUR

Buchungsvermerk:

„Beliebige Unterschrift"

Unterschrift

Girokonto 1400398… BLZ 480 501 01 Kontoauszug 3100
Sparkasse Bielefeld UST-ID DE 124011615 Blatt 1

Datum	Erläuterungen			Betrag
Kontostand in EUR am 30.10.2012, Auszug Nr. 3099		Beleg ①	H	98 000.00
30.10.	Überweisung der Kfz-Steuer BI-KW 1509 für den Zeitraum Nov. 2012-Okt. 2013	Wert: 30.10.20	S	432.00
Kontostand in EUR am 01.11.2012, 16:00 Uhr			H	97 568.00

IHR KREDIT 30 000,00 EUR wwh GmbH, Helene-Weber-Weg 9, 33607 Bielefeld

Girokonto 1400… BLZ 480 … Kontoauszug 3232
Sparkasse Bielefeld UST-ID DE 124011615 Blatt 1

Datum	Erläuterungen			Betrag
Kontostand in EUR am 30.11.2012, Auszug Nr. 3231		Beleg ②	H	15 420.00
01.12.	Gutschrift Miete für die Monate 12/2012-02/2013	Wert: 02.12.2012	H	2 700.00
Kontostand in EUR am 02.12.2012, 16:00 Uhr			H	18 120.00

IHR KREDIT 30 000,00 EUR wwh GmbH, Helene-Weber-Weg 9, 33607 Bielefeld

BUCHUNGSBELEG

Eigenbeleg EB 7727

Beleg ③

Datum: 28.03.2012

Grund: Privatentnahme von Fertigerzeugnissen

Betrag: Warenwert 7 600,00 EUR netto + 19% Umsatzsteuer 1 444,00 EUR = 9 044,00 EUR

Buchungsvermerk:

„Beliebige Unterschrift"

Unterschrift

Nennen und beschreiben Sie die wichtigsten Lern- und Arbeitstechniken.

Wiederholung von Lerninhalten	Lernkartei	Die Lernkartei eignet sich insbesondere für das Erlernen von Fakten. Auf der Vorderseite jeder Karteikarte steht die Frage, Aufgabe oder Vokabel. Die Rückseite enthält die Antwort der Frage, die Lösung der Aufgabe bzw. die Übersetzung der Vokabel. Danach werden in eine Schachtel, die in fünf oder sechs Fächer unterteilt wurde, die Lernkärtchen gestellt. Der „Wanderweg" der Lernkärtchen ist dann wie folgt: 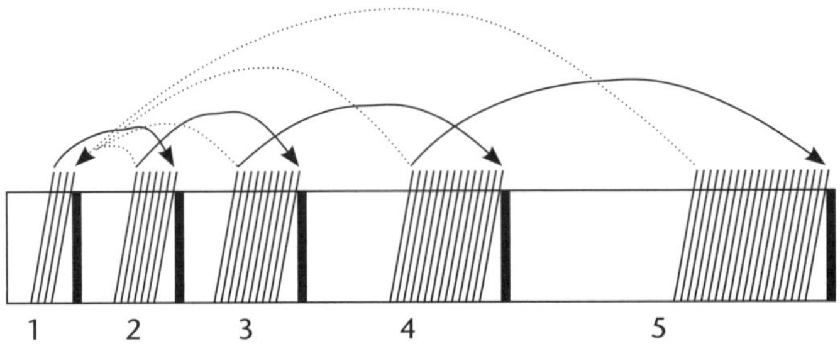 ———— = behaltene Vokabel ········ = vergessene Vokabel
	Lernplakat	Auf großen Blättern werden wesentliche Inhalte des Lernstoffes mit dicken farbigen Stiften übersichtlich dargestellt. Bilder sind besonders gut geeignet. Da die Lernplakate zur vertiefenden Wiederholung dienen, ist es sinnvoll, sie an Orten aufzuhängen, an denen man sich oft aufhält und normalerweise nicht konzentriert arbeiten muss.
Bearbeitung von Texten	Grundtechniken	Zu den Grundtechniken zählen das Markieren, das Unterstreichen und das Herausschreiben von Schlüsselworten (nicht von ganzen Sätzen).
	Exzerpt	Ein Exzerpt ist ein schriftlicher Auszug, eine präzise Wiedergabe der wesentlichen Aussagen, Erklärungen und Meinungen des Sachtextes. Es ist ausführlicher als das Herausschreiben von Schlüsselworten.
Bearbeiten von umfangreichen Texten und Büchern	SQ3R-Methode	Francis Robinson entwickelte diese Fünf-Schritt-Methode: **S**urvey (Überblick gewinnen) **Q**uestion (Fragen stellen) **R**ead (Gezieltes Lesen) **R**ecite (Wiederholen des Gelesenen) **R**eview (Rückblick und Überprüfung)

Beschreiben Sie die Phasen der Präsentation stichwortartig.

Phasen der Präsentation	Vorbereitung	Thema (vorgegeben oder selbst gewählt) Ziel (Was soll erreicht werden?) Zielgruppe (Teilnehmerkreis) Inhalt (Stoff sammeln, reduzieren, visualisieren) Ablauf (Eröffnung, Hauptteil, Schluss) Organisation (Ort, Raum, Zeitpunkt, Methoden)
	Durchführung	**Eröffnung** Tipps: Pünktlich beginnen Angemessene Kleidung, in der man sich wohl fühlt Blickkontakt suchen Begrüßung, Vorstellung des Themas, geplanter Ablauf („Fahrplan") **Hauptteil** Tipps: Frei sprechen und gezieltes Einsetzen der Stimme und Gestik Überblick geben und visualisieren Kurze Sätze Gliederung des Vortrages durch Fragen/Einsatz von Methoden/Medien **Abschluss** Tipps: Zusammenfassung der wesentlichen Inhalte Weitere Vorhaben Danken
	Nachbereitung	Sinnvolle Leitfragen sollten nach Beendigung einer Präsentation schriftlich fixiert werden, so z. B.: Wurde die Zielsetzung erreicht? Stimmte die Auswahl der Teilnehmer? Hat sich der Ablauf bewährt? Gab es kritische Situationen? War die Organisation gut?

1 *Francis Robinson entwickelte die SQ3R-Methode für die Bearbeitung von Büchern und umfangreichen Texten.*

Bringen Sie die Vorgehensweise in die richtige Reihenfolge und vergeben Sie die Ziffern 1 bis 5.

a. Recite (Gelesenes wiederholen)

b. Question (Fragen stellen)

c. Survey (Überblick gewinnen)

d. Read (gezieltes Lesen)

e. Review (Rückblick und Überprüfung)

2 *Zu den Grundtechniken bei der Bearbeitung von Texten gehört die Textreduktion durch Markieren, Unterstreichen und Herausschreiben.*

Tragen Sie eine

1 ein, wenn die Aussage zutrifft,
9 ein, wenn die Aussage nicht zutrifft,

a. Beim Markieren sollten nicht nur Schlüsselworte markiert werden, sondern ganze Sätze oder sogar Absätze.

b. Schlüsselworte sind häufig Substantive.

c. Umfangreiche Markierungen bieten dem Gedächtnis eine Entlastung.

3 *Die 635-Methode ist ein Verfahren zur Ideenfindung. 6 Teilnehmer sollen jeweils 3 Ideen in einem Zeitraum von 5 Minuten notieren. Jeder Teilnehmer erhält ein Formblatt (siehe Abbildung unten) und fängt als Teilnehmer 1 mit dem Eintragen der Ideen 1 bis 3 an. Nach den ersten fünf Minuten reichen die Teilnehmer die Zettel an den jeweils rechten Tischnachbarn weiter. Danach wird von jedem Teilnehmer die Zeile „Teilnehmer 2" bearbeitet, danach „Teilnehmer 3" etc. Dieser Vorgang wird fortgesetzt, bis die Formblätter vollständig ausgefüllt sind.*

Problemstellung:			
Teilnehmer 1	Idee 1	Idee 2	Idee 3
Teilnehmer 2	Idee 1	Idee 2	Idee 3
Teilnehmer 3	Idee 1	Idee 2	Idee 3
Teilnehmer 4	Idee 1	Idee 2	Idee 3
Teilnehmer 5	Idee 1	Idee 2	Idee 3
Teilnehmer 6	Idee 1	Idee 2	Idee 3

Tragen Sie eine

1 ein, wenn die Aussage zutrifft,
9 ein, wenn die Aussage nicht zutrifft.

a. Bei dieser Methode werden 36 Ideen gesammelt.

b. Bei dieser Methode können 108 Ideen hervorgebracht werden, wenn alle Kästchen ausgefüllt wurden.

c. Jeder Teilnehmer kann in Ruhe arbeiten.

d. Das Aufschreiben der Ideen dauert 30 Minuten.

e. Das Aufschreiben der Ideen dauert 15 Minuten.

4 *Überprüfen Sie die Feststellungen der Schüler A und B zur „Lernkartei".*

Tragen Sie eine

1 ein, wenn die Feststellung des Schülers A zutrifft,

2 ein, wenn die Feststellung des Schülers B zutrifft,

3 ein, wenn beide Feststellungen zutreffen,

4 ein, wenn beide Feststellungen nicht zutreffen.

a. Schüler A: „Es ist sinnvoll, den Kasten einer Lernkartei in fünf Fächer zu unterteilen. Das erste Fach sollte das schmalste, das letzte Fach das breiteste sein."

Schüler B: „Zur besseren Handhabung ist es sinnvoller, alle Fächer gleich breit zu bauen."

b. Schüler A: „Ich kann mit dieser Art des Lernens meinen Lernprozess beliebig unterbrechen."

Schüler B: „Diese Methode ist gut geeignet zur Vorbereitung auf Prüfungen, bei denen die Reproduktion von Wissen im Vordergrund steht."

c. Schüler A: „Man muss auf jede Karte drei Vokabeln schreiben – die Antworten stehen dann auf der Rückseite."

Schüler B: „Man sollte nur eine Vokabel auf jede Karte schreiben. Auf der Rückseite steht dann die Antwort."

5 *Eine Präsentation muss vorbereitet werden. Dazu zählen:*

1 Thema
2 Ziel
3 Zielgruppe
4 Inhalt
5 Ablauf
6 Organisation

Ordnen Sie die o. g. Punkte den folgenden Ausführungen zu.

a. Personenkreis, der einbezogen werden soll/muss, um das definierte Ziel zu erreichen
b. Festlegen von Ort/Raum, Medien, Zeitpunkt/ Zeitraum, Unterlagen für die Teilnehmer
c. Eröffnung, Hauptteil, Abschluss
d. Auswählen der für die Präsentation möglichen Inhalte – Reduzieren dieser Inhalte – Darstellen der Inhalte
e. Vorgabe z. B. „Der Produktionsprozess" durch den Ausbildungsleiter
f. Festlegen der Pausen während einer längeren Präsentation

6 *Welche der folgenden Aussagen trifft nicht zu?*

1 Nach jeder Präsentation sollte eine Auswertung folgen.
2 Eine Auswertung nach der Präsentation ist überflüssig, da dadurch die Präsentation selbst nicht geändert werden kann.
3 Die Präsentationsmedien sind wichtig und sollten zielgerichtet ausgewählt werden.

Erläutern Sie die Bedeutung der Moderationsmethode und beschreiben Sie die Moderationsphasen.

Bedeutung	Die Moderationsmethode findet im betrieblichen Alltag viele Möglichkeiten der Anwendung, und zwar immer dort, wo Gruppenmitglieder ein Arbeitsergebnis erzielen sollen, wie z. B. in Qualitätszirkeln, Projektgruppensitzungen, Besprechungen oder in der Durchführung von Workshops.	
Moderationszyklus	Ein kompletter Moderationszyklus ist abhängig von den jeweiligen Gegebenheiten und kann innerhalb einer Stunde oder aber auch mehrerer Wochen abgeschlossen sein.	
Vorbereitung	Die **inhaltliche** Vorbereitung ist notwendig, damit der Moderator qualifizierte Fragen stellen kann. Für die **methodische** Vorbereitung ist es sinnvoll, einen Moderationsplan zu erstellen, der die einzelnen Phasen der Moderation in Abhängigkeit vom jeweiligen Ziel, der Methodik, den Hilfsmitteln, der Zeit und den Funktionen des Moderators oder der Moderatoren übersichtlich festhält. Die **organisatorische** Vorbereitung sollte Zeit, Ort, Sitzordnung und die benötigten Medien beinhalten. Zur **persönlichen** Vorbereitung zählt die körperlich-geistige Fitness.	
Phasen der Moderationsmethode	Einsteigen	Nach der offiziellen Eröffnung der Sitzung sollten die Erwartungen geklärt werden, die Zielsetzung formuliert und die Methodik festgelegt werden.
	Sammeln	Das Formulieren einer zielgerichteten Fragestellung ist notwendig, um einen gemeinsamen Ausgangspunkt für die Arbeit zu schaffen. Dazu eignet sich das Verteilen von Moderationskarten zum schriftlichen Fixieren von Ideen.
	Auswählen	Nach Erstellen eines „Themenspeichers" am Flip-Chart, an der Tafel oder an der Pinnwand erfolgt durch die Gruppenmitglieder die Gewichtung der Themen.
	Bearbeiten	Die ausgewählten Themen können von der Gruppe oder arbeitsteilig bearbeitet werden. Dabei können folgende Ziele verfolgt werden: Informationsaustausch, Problemanalyse/-lösung, Vorbereitung der Entscheidung und die Entscheidung selbst.
	Planen	Verbindliche Festlegung des Maßnahmenplans in einer Matrix, um eine Struktur für das weitere Vorgehen zu schaffen. Die Matrix sollte die notwendigen Aktivitäten, die Verantwortlichkeiten und die Termine festlegen und visualisieren.
	Abschließen	Bei der Rückschau sollte der Gruppenprozess reflektiert werden. Fragen nach den Erwartungen der einzelnen Gruppenmitglieder und der Zufriedenheit in der Gruppe gehören zum Abschluss der Moderationsmethode dazu wie die Beurteilung der Ergebnisse und der Arbeitsprozesse. Der Moderator beendet mit einer positiven Bemerkung die Veranstaltung.

Nennen Sie Beispiele aus dem Methodenkatalog und beschreiben Sie sie kurz.

Kennenlern-Matrix	Entsprechend der Zielgruppe werden verschiedene Überschriften gewählt (z. B. Name, Funktion, besondere Fähigkeiten, typisch für mich:).
Steckbrief	Einzelvorstellung nach einem vorbereiteten Raster oder Paarinterview.
Erwartungsabfrage	In der Einstiegsphase eignet sich die Satzergänzung (z. B. Ich erwarte .../Ich erwarte nicht ...) oder die Ein-Punkt-Abfrage zur Einschätzung der persönlichen Erwartungen.
Kartenabfrage	Die Teilnehmer erhalten Karten und werden aufgefordert, die z. B. an der Pinnwand visualisierte Frage zu beantworten. Dabei sollte mit dickem Filzstift in Druckschrift maximal ein Gedanke auf jede Moderationskarte geschrieben werden.
Abfrage auf Zuruf	Es handelt sich ebenfalls um eine Kartenabfrage. Der Moderator schreibt die Beiträge mit.
Themenspeicher	Die zur Bearbeitung anstehenden Themen (erarbeitet durch Kartenabfrage, Abfrage auf Zuruf) werden von dem/den Moderator/-en mit der Gruppe gelistet.
Ein-Punkt-/Mehr-Punkt-Abfrage	Die Ein-Punkt-Abfrage wird oft als Polaritätsprofil vorgegeben: „gut" – „schlecht", „erfolgreich" – „nicht erfolgreich". Bei der Mehrpunkt-Abfrage können die Teilnehmer mehrere Punkte setzen.
Problem-Analyse-Schema	Zur intensiven Bearbeitung eines Themas ist diese Methode besonders geeignet. Auf einer Pinnwand halten die Moderatoren die Antworten der Gruppenmitglieder auf dem vorbereiteten PAS fest.
Zwei-Felder-Tafel Vier-Felder-Tafel	Entsprechend dem Thema oder der Zielsetzung werden auf zwei bzw. vier Feldern von den Moderatoren die Felder benannt. Die Gruppenmitglieder antworten durch Zuruf.
Ursache-Wirkungs-Diagramm	Bei der Bearbeitung eines Themas eignet sich das Ursachen-Wirkungs-Diagramm zur intensiven und systematischen Bearbeitung der Ursachen von Problemen. Da der Moderator den Gruppenprozess steuert, muss ein weiterer Moderator die Ergebnisse visualisieren.
Netzbild	Die Ausgangsfrage befindet sich im Kreis in der Mitte des Plakates. Nach dem Finden und nach der Visualisierung der Hauptpunkte „um den Kreis" entwickelt sich das Bild von innen nach außen weiter.
Ablaufplan	Nach Erarbeitung bzw. Vorgabe eines (bekannten) Ablaufs bearbeitet die Gruppe die Fragen bzw. Probleme.
Matrix	Mithilfe der Matrix können Beziehungen sinnvoll in Verbindung gesetzt werden.
Brainstorming	Dieses organisierte „Spinnen" dient zum Finden von vielen Ideen in kurzer Zeit.
Maßnahmeplan	Ein wichtiger Schritt zur Planung der Maßnahmen, damit eine Gruppensitzung nicht ergebnislos bleibt.
Stimmungsbarometer	Um die Stimmung in der Gruppe festzustellen, eignet sich diese Moderationsmethode während der Sitzung, aber insbesondere zum Abschluss (Ein-Punkt-Abfrage).
Blitzlicht	Das Blitzlicht dient zur Stimmungsabfrage, wird aber meist nicht visualisiert wie das Stimmungsbarometer.

1 *Auf dem Flip-Chart-Papier befindet sich folgendes Ergebnis:*

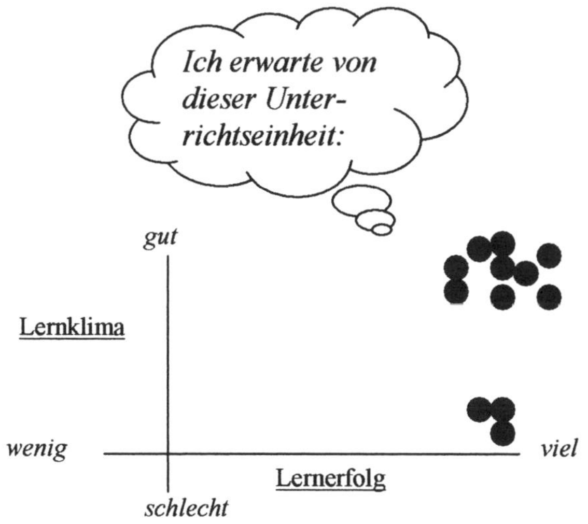

Tragen Sie eine
1 ein, wenn die Aussage zutrifft,
9 ein, wenn die Aussage nicht zutrifft.

a. Es handelt sich bei der Darstellung um eine Zwei-Felder-Analyse.
b. Diese Erwartungs-Abfrage eignet sich insbesondere für den Einstieg in eine Moderation.
c. Das Ergebnis stellt eine Abfrage auf Zuruf dar.
d. Bei dieser Ein-Punkt-Abfrage wurden die Einschätzungen der persönlichen Erwartungen abgebildet (Erwartungs-Abfrage).
e. Drei Schüler/-innen erwarten einen hohen Lernerfolg, aber ein schlechtes Lernklima.
f. Hierbei handelt es sich um die Einschätzung des Moderators nach der Mehr-Punkt-Abfrage.

2 *Ordnen Sie eine*

1 zu, wenn die Aussage zutrifft,
9 zu, wenn die Aussage nicht zutrifft.

a. Ein Moderationszyklus ist immer auf eine bestimmte Zeit festgelegt, die aber nie einen Tag überschreiten soll.
b. Je nach Gegebenheit kann ein Moderationszyklus von kurzer Dauer oder aber auch von langer Dauer (z. B. mehrere Wochen) sein.
c. Ein Moderationszyklus beinhaltet mehrere Phasen.

3 *Bringen Sie die Phasen der Moderationsmethode in die richtige Reihenfolge. Verteilen Sie die Ziffern 1 bis 6.*

a. Bearbeiten
b. Sammeln
c. Auswählen
d. Planen
e. Einsteigen
f. Abschließen

4 *Zur Sammlung von Ideen, Themen, Fragen, Problemlösungsvorschlägen etc. ist die Kartenabfrage sehr geeignet. Beurteilen Sie die Vor- und Nachteile, die sich daraus ergeben.*

Tragen Sie eine
1 ein, wenn es sich um einen Vorteil handelt,
2 ein, wenn es sich um einen Nachteil handelt.

a. Jeder Teilnehmer wird mit einbezogen.
b. Der Zeitaufwand ist hoch und bei großen Gruppen wird das Ergebnis unübersichtlich.
c. Die Nennungen können jederzeit neu geordnet werden.

5 *Überprüfen Sie folgende Feststellungen zum Brainstorming.*

Tragen Sie eine
1 ein, wenn die Aussage zutrifft,
9 ein, wenn die Aussage nicht zutrifft.

a. Beim Brainstorming werden die aufgelisteten Probleme arbeitsteilig von den Gruppen behandelt, vorgetragen und umgesetzt.
b. Während der Phase der Ideensammlung darf nicht kritisiert werden.
c. Das Brainstorming dauert oft Tage.
d. Es erfolgt keine Bewertung der Gedanken.
e. Die Ideen anderer dürfen genutzt und weiter verfolgt werden.

6 *Welche der Aussagen zum Beschreiben des Methodenkatalogs trifft nicht zu?*

1 Der Steckbrief ist eine Methode, die zum Abschluss noch einmal das Thema zusammenfasst.
2 Beim Netzbild befindet sich die Ausgangsfrage im Kreis in der Mitte des Plakates.
3 Bei der Ein-Punkt-Abfrage eignet sich das Polaritätsprofil, z. B. „viel" – „wenig".

7 *Überprüfen Sie folgende Aussagen zur Vorbereitung auf eine Moderation.*

Tragen Sie eine
1 ein, wenn die Aussage zutrifft,
9 ein, wenn die Aussage nicht zutrifft.

a. Eine inhaltliche Vorbereitung ist nicht so wichtig, da der Moderator neutral ist und nur die Fragen stellen soll, sie aber nicht bewertet.
b. Bei der methodischen Vorbereitung auf die Moderation sollte ein Moderationsplan entworfen werden, der die einzelnen Phasen darstellt und u. a. zuordnet: Ziel, Methodik, Hilfsmittel, Funktion des Moderators.
c. Zur organisatorischen Vorbereitung gehört u. a. das Festlegen von Ort, Zeit, Medien.
d. Zur persönlichen Vorbereitung zählt die körperlichgeistige Fitness.

Was ist ein „Netzwerk" im DV-Bereich?
Nennen Sie die Vorteile und unterscheiden Sie Netzwerkarten.

Begriff	Ein „Netzwerk", „Rechnernetz" oder „Netz" besteht aus zwei oder mehreren Rechnern, die zumeist durch Leitungen miteinander verbunden sind und über eine spezielle Software miteinander kommunizieren können. Die Nutzer des Netzwerks können sich die Ressourcen ihrer Computer (z. B. Festplatten, CD-ROM-Laufwerke oder Drucker) teilen.
Vorteile	▶ Austausch von Daten zwischen den Computern ▶ Senden und Empfangen von elektronischer Post (E-Mail) ▶ Kosteneinsparung durch die Einsatzmöglichkeit einfach ausgestatteter Arbeitsplätze und die gemeinschaftliche Nutzung aufwändiger peripherer Geräte, z. B. Laserdrucker ▶ Kosteneinsparung durch leichtere Softwareverteilung und Datenpflege
Arten	▶ **LAN-Netze** („local area network") verbinden über das Netz die Computer eines Gebäudes oder eines Betriebes. ▶ **WAN-Netze** („wide area network") nutzen die weit reichenden Möglichkeiten der Telekommunikation, um Computer an entfernten Standorten oder auf der ganzen Welt miteinander zu verbinden, z. B. über das Internet („world wide web").

Beschreiben Sie den Aufbau eines lokalen Netzwerkes (LAN).

Hardware	Um ein lokales, d. h. betriebsinternes Netzwerk (auch als Intranet bezeichnet) aufzubauen, benötigt man mindestens ▶ einen Computer, der als Server seine Ressourcen oder Betriebsmittel zur Verfügung stellen kann; ▶ einen Computer, der als Client oder Arbeitsstation die angebotenen Ressourcen des Servers nutzen kann; ▶ zwei Netzwerkadapter für die beiden Computer; ▶ ein Netzwerkmedium – z. B. eine Kabelverbindung oder eine Funkverbindung (wireless LAN) zwischen den Computern. Neben Netzwerken mit ausschließlichen Servern (ein Server, mehrere Clients) kennt man auch Netzwerke nach dem Peer-to-peer-Verfahren, bei denen die Computer sowohl als Server wie auch als Client agieren können.
Software (Betriebssystem)	Als Software benötigt man für ein LAN: ▶ ein netzwerkfähiges Betriebssystem wie z. B. Windows, Windows Server oder Mac OS X; ▶ geeignete Treiber für die Netzwerkprotokolle, das sind Regeln, die die Datenübertragung zwischen zwei Komponenten (zwei Komponenten eines Rechners, zwei Programmen oder zwei Rechnern in einem Netzwerk usw.) realisieren und sicherstellen; ▶ netzwerkfähige Applikationen, das sind Anwendungsprogramme unter einer grafischen Benutzeroberfläche; ▶ Topologien und Übertragungsmedien, damit bezeichnet man die Art und Weise, in der Informationen vom Server an die Clients weitergegeben werden (z. B. Bus-, Ring- oder Sterntopologie).
Arten von Servern	▶ **File-Server-System:** Hier übernimmt der Server die Datenhaltung und regelt den Zugriff der Nutzer auf die gemeinsamen Dateien (z. B. Kundendatei, Artikeldatei). Für die Ausführung der Anwendungsprogramme, die auf den einzelnen Arbeitsplatzrechnern laufen, ist das Netzwerkbetriebssystem nicht zuständig. ▶ **Client-Server-System:** Hier übernimmt der Server für die angeschlossenen Clients die Ausführung von Programmen, z. B. die Ausführung eines Buchhaltungs- oder eines Auftragsbearbeitungsprogramms.

Geben Sie eine Übersicht über das Internet.

Begriff	Das Internet ist das weltweit größte Computernetz, an dem international jeder Computernutzer teilnehmen kann. Es ermöglicht jedem Anwender den Zugriff auf Datenbanken und „Webseiten", die andere Nutzer/Anbieter in das Netz gestellt haben. Damit sind ein internationaler Austausch von Informationen sowie eine internationale Kommunikation über E-Mails oder per Chat möglich.
Erforderliche Ausstattung	Anwender und Anbieter benötigen: ▶ einen PC mit einem DSL-Router oder Modem; ▶ einen ISDN-Telefonanschluss mit einem NTBA und einem Splitter; auch mit dem Handy ist der Zugriff möglich; ▶ Anschluss an einen Provider, der die Verbindung zum Internet herstellt (t-online, GMX und lokale Anbieter); ▶ ein Programm, das den Zugriff auf und die Darstellung von Seiten des WorldWideWeb ermöglicht (Browser), z. B. Firefox, Safari oder Internet Explorer; ▶ Suchmaschinen, das sind Dienste, die dem Internet-Nutzer kostenlos zur Verfügung stehen (z. B. yahoo, fireball, google).
Funktionsweise	Der Benutzer wählt per Mausklick seinen Provider an. Auf dessen Bildschirmoberfläche können bereits gespeicherte Seiten aufgerufen werden, z. B. zu den Themen Politik, Wirtschaft, Reisen, Lifestyle etc. Von dieser Oberfläche kann sich der Nutzer den Zugang zum Internet verschaffen. Über eine Direkteingabe der Seite eines Anbieters mit dem Befehl „http://www.beispiel.de" kann eine beliebige Webseite in Deutschland angerufen werden (.de steht für Deutschland, .it steht für Italien). Durch die Eingabe von Suchbegriffen in eine Suchmaschine, die möglichst genau formuliert sein sollten (z. B. Kopiergerät, Ergonomie), erhält der Nutzer alle Webseiten aufgezählt, in denen dieser Suchbegriff als Stichwort enthalten ist. Er muss nun die gewünschte Adresse nur noch anklicken, um auf diese Seite zu gelangen. Die dort hinterlegten Informationen können auch ausgedruckt oder gespeichert werden (download).

1 Ordnen Sie die folgenden Begriffe den unten stehenden Aussagen zu:

1 Provider
2 Browser
3 Suchmaschine
4 E-Mail
5 Webseite

a. Bild- und/oder Textinformationen, die ein Internet-Nutzer zur allgemeinen Verfügbarkeit ins Netz stellt
b. Unternehmen, das professionell und gewerbsmäßig Anschlüsse zum Internet für Endbenutzer herstellt
c. Bild- und/oder Textinformation, die ein Internet-Nutzer einem bestimmten anderen Nutzer an dessen elektronischen Briefkasten sendet
d. Dieser Dienst kann zumeist kostenlos in Anspruch genommen werden und dient der Orientierung des Internet-Nutzers.
e. Ein Programm, das den Zugriff auf im Internet abgestellte Informationen ermöglicht

2 Welche der folgenden Anwendungsmöglichkeiten kann das Internet nicht leisten?

1 Überweisungen veranlassen
2 Übermittlung von originalgetreuen Vorlagen
3 Buchung von Reisen
4 Abruf von Rechtsauskünften
5 Personalabrechnungen durchführen

3 Welcher der folgenden Gegenstände wird nicht für die Teilnahme am Internet benötigt?

1 Personalcomputer
2 Telefon
3 Tastatur
4 CD-ROM
5 DSL-Router

4 Welche der nachstehenden Abkürzungen trifft auf ein Netz zu, das Computer an sehr entfernten Standorten miteinander verbinden kann?

1 MAN
2 LAN
3 TAN
4 CAD
5 WAN

5 Netzwerke bieten den Anwendern zahlreiche Vorteile. Welche der nachstehenden Aussagen ist kein Vorteil eines Netzwerkes?

1 Netzwerke bieten eine höhere Datensicherheit gegenüber Einzelplatzsystemen.
2 Netzwerke ermöglichen es den angeschlossenen Nutzern, untereinander elektronische Botschaften auszutauschen.
3 Netzwerke können helfen, die Kosten der EDV durch die gemeinschaftliche Nutzung von Ressourcen zu senken.
4 Netzwerke ermöglichen den Austausch von Daten zwischen den Netzteilnehmern.
5 Die Kosten der Datenpflege und der Software können bei Nutzung eines Netzes gesenkt werden.

6 Welche der folgenden Hardwarekomponenten wird nicht benötigt, um ein lokales Netzwerk in einem Betrieb aufzubauen?

1 Mindestens ein Computer als Server
2 Mindestens ein Computer als Client
3 Laser-Drucker
4 Netzwerkadapter für die Computer
5 Kabelverbindung zwischen den Computern

7 Ordnen Sie die folgenden Begriffe den unten stehenden Erläuterungen zu:

1 LAN
2 Peer-to-peer-Netz
3 Netzwerkbetriebssystem
4 Client
5 Server

a. Netz, bei dem die Computer sowohl als Server wie auch als Client agieren können
b. Hard- und/oder Softwarekomponente, die die Dienste einer anderen Komponente im System in Anspruch nimmt
c. Rechner, der alle benötigten Dienste und Ressourcen für die einzelnen Knoten eines Netzwerks zur Verfügung stellt
d. Netz, das die Rechner in einem Gebäude oder auf einem Firmengrundstück miteinander verbindet
e. Programm, das eine Mittlerfunktion zwischen den einzelnen PCs und den Anwendungsprogrammen ausübt und für einen sinnvollen Betrieb im Netzwerk sorgt

8 Welche der folgenden Softwarekomponenten wird nicht für den Aufbau eines lokalen Netzwerkes benötigt?

1 Netzwerkfähiges Betriebssystem oder Netzwerkbetriebssystem
2 Leistungsfähiges Datenbankprogramm
3 Treiber für die Netzwerkprotokolle
4 Anwendungsprogramme unter einer grafischen Benutzeroberfläche
5 Topologien und Übertragungsmedien

Erläutern Sie das Zielsystem einer Unternehmung, die Einflussgrößen und den Zielbildungsprozess.

Zielsystem	**Zielbegriff**	Ziele beschreiben einen angestrebten Sollzustand, der von den Entscheidungsträgern für die Zukunft als wünschenswert betrachtet wird. Ziele werden in verschiedenen Zieldimensionen definiert. Dazu zählen der Zielinhalt (Was?), das angestrebte Ausmaß (Wie viel?), der Zeitraum (Wann?) und der Raum (Wo?). *Beispiel: Der Absatz im Verkaufsgebiet Nord soll im ersten Quartal gegenüber dem Vorjahr um 4 % gesteigert werden.* Ziele müssen mithin überprüfbar, verständlich formuliert, von den ausführenden Personen auch erreichbar und schließlich aufeinander abgestimmt sein.
	Zielarten	▶ **Sachziele** beschreiben, welches Leistungsprogramm in welcher Weise der Unternehmer zur Bedarfsdeckung auf den Markt bringen will, z. B. Herstellung und Vertrieb von Fahrrädern, Vermittlung von günstigen Bezugsquellen. ▶ **Formalziele** beschreiben allgemeine Grundsätze und Bedingungen, nach denen die Unternehmen bei der Erreichung des Sachzieles vorgehen, z. B. Gewinnmaximierung, Kostendeckung, Marktmacht, Liquiditätserhaltung.
	Ziel-beziehungen	**Ober- und Unterziele:** Ein formuliertes Oberziel muss zur Aufgabenableitung in Teilziele zerlegt werden. So kann das Ziel Gewinnmaximierung in „Erhöhung der Erträge" und/oder „Senkung der Aufwendungen" zerlegt werden. Da die Erträge sich aus der Größe Menge mal Preis ergeben, könnten weitere Teilziele z. B. Hochpreispolitik/Markenbildung/Massenproduktion sein. Zwischen den verschiedenen Zielen eines Unternehmens kann es zu unterschiedlichen Zielbeziehungen kommen (siehe hierzu auch S. 258)
Einflussgrößen	**beteiligte Personen**	Je nachdem, welche Personen die Ziele zu formulieren haben, werden sie unterschiedliche Schwerpunkte setzen. Inhaber, angestellte Manager, Betriebsräte oder Abteilungsleiter haben unterschiedliche Motivationen und persönliche Ziele.
	Kultur, Leitbild und Identität des Unternehmens	Die Unternehmenskultur ist ein Geflecht von gemeinsamen Wertvorstellungen, Verhaltensregeln und Einstellungen. Die Unternehmensphilosophie wäre die angestrebte Unternehmenskultur. Das Unternehmensleitbild ist nichts anderes als die verschriftlichte Zusammenfassung dieser Wertvorstellungen, um diese sowohl nach innen als auch nach außen zu postulieren, d. h. deutlich zu machen: So sind wir und so wollen wir handeln. Auf diesem Wege gibt sich ein Unternehmen eine Identität.
	Öffentlichkeit	Die Öffentlichkeit, repräsentiert durch die Marktpartner Kunden und Lieferanten, aber auch durch Medien, Verbände sowie Gewerkschaften, stellt Ansprüche an das Verhalten der Unternehmen. Diese Ansprüche an ethische Grundsätze wirken sich somit indirekt auf die Formulierung von Leitbildern und Zielen aus.
Zielbildungsprozess	Ziele präzise definieren → Zielbeziehungen untersuchen → Zielsystem erstellen → Ziele auf Realisierbarkeit prüfen → Zielentscheidung → Ziel realisieren → Zielerreichung kontrollieren	

Erklären Sie anhand von Beispielen wirtschaftliche Zielsetzungen.

Ziel:	Erklärung:	*Beispiel:*
Rentabilität	Rentabilität ist das Verhältnis zwischen dem erzielten Gewinn und dem jeweils eingesetzten Kapital, ausgedrückt in Prozent. $= \frac{\text{Gewinn} \cdot 100}{\text{eingesetztes Kapital}}$	*Ein Unternehmer hat ein Eigenkapital von 500 000,00 EUR in seinem Industrieunternehmen. Er erzielt in einem Jahr einen Gewinn von 75 000,00 EUR. Das entspricht einer Eigenkapitalrentabilität von 15 %.*
Wirtschaftlichkeit	Wirtschaftlichkeit ist das Verhältnis zwischen dem Ertrag einer Leistung und dem dafür verwendeten Aufwand. $= \frac{\text{Wert der Leistung in EUR}}{\text{Kosten des Einsatzes in EUR}}$	*Ein Industriebetrieb erzielt in einem Monat einen Umsatz von 598 500,00 EUR. Die Kosten betragen 570 000,00 EUR. Die Wirtschaftlichkeitskennziffer beträgt 1,05.*
Produktivität	Produktivität ist das Verhältnis von betrieblicher Ausbringungsmenge *(Output)* zur betrieblichen Einsatzmenge *(Input)*. $= \frac{\text{mengenmäßige Ausbringung}}{\text{mengenmäßiger Einsatz}}$	*Fünf Arbeiter eines Industriebetriebes erbringen eine Leistung von 1250 Werkstücken pro Tag. Ihre durchschnittliche Produktivität liegt damit bei 250 Werkstücken je Arbeiter.*

1 *Kennzeichnen Sie die folgenden Aussagen zu Zielen und Zielsystemen mit einer*

1 wenn diese Aussage zutrifft.
9 wenn die Aussage nicht zutrifft.

a. Ein Unternehmen braucht keine Ziele, also auch kein Zielsystem, weil dies die Flexibilität des Unternehmers und des Managements einschränkt.
b. Das Zielsystem eines Unternehmens ist nur dann wirkungsvoll, wenn die Ziele von allen Beteiligten nachprüfbar sind, wenn sie für alle verständlich formuliert und aufeinander abgestimmt sind.
c. Bei der Ausformulierung ihrer langfristigen und kurzfristigen Ziele berücksichtigt das Unternehmen nicht nur die Ansprüche von Kunden und Lieferanten, sie hat auch Rücksicht auf die durch Politik, Medien und Gewerkschaften repräsentierte Öffentlichkeit zu nehmen.
d. Das Unternehmensleitbild ist die Zusammenfassung aller Wertvorstellungen eines Unternehmens, d. h. vor allem seiner darin arbeitenden Mitarbeiter und Vorgesetzten.

2 *Welche der folgenden Aussagen trifft nicht zu?*

1 Erwerbswirtschaftliche Betriebe werden zumeist von privaten Inhabern betrieben.
2 Kostendeckung bedeutet, dass alle Kosten, die in einem Betrieb entstehen, durch die Preise gedeckt sein müssen.
3 Gemeinwirtschaftliche Betriebe orientieren sich vorwiegend an den Bedürfnissen der Gemeinschaft.
4 Bedarfsdeckung als Zielsetzung ist für alle Betriebe vorrangig, unabhängig davon, ob es sich um gemeinnützige oder erwerbswirtschaftliche Betriebe handelt.
5 Verlustminimierung streben die Betriebe an, deren Leistungen im öffentlichen Interesse stehen, die aber zu kostendeckenden Preisen nicht anbieten können.

3 *Um welche Unternehmen handelt es sich in den unten stehenden Beispielen?*

Ordnen Sie eine

1 zu, wenn es sich um erwerbswirtschaftliche Unternehmen handelt,
2 zu, wenn es sich um gemeinwirtschaftliche Unternehmen handelt.

a. Museum für Völkerkunde, Bremen
b. Reimer Helms OHG, Gartenbaubetrieb
c. Hotel Stadt Bremen, Herford
d. Volksbank Bielefeld e. G.
e. Nahverkehrsbetriebe Cottbus
f. Deutsches Rotes Kreuz
g. Deutsche Lufthansa
h. Deutsche Oper, Berlin

4 *Welche der folgenden Begriffsbestimmungen zur Rentabilität trifft zu?*

1 Rentabilität ist das Verhältnis zwischen dem eingesetzten Kapital und den erzielten Umsatzerlösen, ausgedrückt in Prozent.
2 Rentabilität ist das Verhältnis zwischen dem erzielten Gewinn und dem dafür eingesetzten Kapital, ausgedrückt in Prozent.
3 Rentabilität ist das Verhältnis zwischen den Umsatzerlösen und den dafür eingesetzten Kosten, ausgedrückt in Prozent.
4 Rentabilität ist das Verhältnis zwischen dem eingesetzten Kapital und dem Aufwand eines Jahres, ausgedrückt in Prozent.

5 *Für ein Industrieunternehmen liegen aus dem vergangenen Geschäftsjahr folgende Zahlen vor:*

Eigenkapital: 450 000,00 EUR
Erträge: 6 300 000,00 EUR (= Umsatz)
Aufwendungen: 6 210 000,00 EUR
Anzahl Mitarbeiter: 70
Berechnen Sie ...

a. ... die Rentabilität des Eigenkapitals in %.
b. ... die Wirtschaftlichkeit des Unternehmens (auf zwei Stellen nach dem Komma runden).
c. ... die Produktivität der Mitarbeiter, ausgedrückt in Umsatz je Mitarbeiter in Euro.

6 *Kennzeichnen Sie nachstehende Zielsetzungen mit einer*

1, wenn das Ziel ausreichend beschrieben ist,
9, wenn das Ziel nicht ausreichend beschrieben und folglich nicht überprüfbar ist.

a. Die Kosten der Kostenstelle Lagerhaltung sollen im Monat Mai maximal 54 000,00 EUR betragen.
b. Die Anzahl der nachzubessernden Scharniere soll im 2. Halbjahr des kommenden Jahres 0,5 % der herzustellenden Stückzahl nicht übersteigen.
c. Die Deckungsbeiträge der Niederlassung Halle sollen im kommenden Geschäftsjahr mindestens 45 % vom Nettoumsatz betragen.
d. Die Preissteigerung soll im nächsten Geschäftsjahr nicht mehr als 2 % betragen.

7 *Welches der folgenden Ziele verhält sich zu dem Gesamtziel Gewinnsteigerung konfliktär?*

1 Umsatzsteigerung
2 Kostensteigerung
3 Absatzsteigerung
4 Kapazitätsauslastung

In welchen Beziehungen können verschiedene Ziele zueinander stehen?

komplementäre Ziele	Komplementär bedeutet „sich ergänzend", das heißt hier, dass die Verfolgung eines Zieles gleichzeitig die Verfolgung bzw. Erreichung eines oder mehrerer anderer Ziele unterstützt. Dies ist die Idealbeziehung von Zielen, insbesondere in einer sogenannten Zielhierarchie. Die Ziele verhalten sich zueinander harmonisch. Man spricht in diesem Zusammenhang auch gerne von Synergieeffekten von Zielen. *Beispiele: Ziel 1: Betriebsklima verbessern, Ziel 2: Produktivität erhöhen; Ziel 1: Kosten senken, Ziel 2: Gewinn erhöhen*
konkurrierende/ konfliktäre Ziele	Zwei Ziele, die miteinander konkurrieren oder zueinander in Konkurrenz stehen, können nicht gleichzeitig erreicht werden, denn wenn man das Ziel 1 verfolgt, entfernt man sich automatisch von der Zielerreichung für Ziel 2. *Beispiel 1: Verbesserung der sozialen Situation der Mitarbeiter, Ziel 2: Kosten senken*
indifferente/ neutrale Ziele	Zwei Ziele können gleichzeitig verfolgt werden. Dabei hat die Zielerreichung des Zieles 1 nichts mit der Zielerreichung des Zieles 2 zu tun und umgekehrt. Die Maßnahmen und Nebenbedingungen zur Erreichung der beiden Ziele berühren sich in keiner Weise. Es ist in einer komplexen Unternehmenswelt allerdings nur schwer vorstellbar, dass Ziele völlig unabhängig voneinander verfolgt werden können. *Beispiel: Ziel 1: Verbesserung des Betriebsklimas, Ziel 2: Erhöhung der Umschlagshäufigkeit des Lagers*
antinome Ziele	Hierbei handelt es sich um Ziele, die eine Erfüllung eines anderen Zieles oder mehrerer anderer Ziele völlig ausschließen. Im Prinzip ist es die vollständige Form der miteinander konkurrierenden Ziele. *Beispiel: Ziel 1: Erhöhung des Bekanntheitsgrades des Unternehmens durch geeignete PR-Maßnahmen, Ziel 2: Senkung der Kosten im Kommunikationsbereich*

Was ist unter einer Zielhierarchie zu verstehen?

Begriff	Unter einer Zielhierarchie versteht man das Zielsystem eines Unternehmens, wobei sich die unteren Ziele jeweils aus den übergeordneten Zielen ableiten lassen. Die Ziele sind also hierarchisch über- bzw. untereinander angeordnet.				
Beispiel	*Oberziel*	*Verbesserung der Eigenkapitalrendite auf 15 %*			
	Hauptziele	*Erhöhung des Kapitalumschlages auf Faktor 5*		*Erhöhung der Umsatzrendite auf 3 %*	
	Unterziele	*Eigenkapital erhöhen auf 800 Tsd. EUR*	*Umsatz erhöhen auf 4 Mio. EUR*	*Umsatz erhöhen auf 4 Mio. EUR*	*Kosten senken auf 3880 Mio. EUR*

Unterscheiden Sie die betrieblichen Produktionsfaktoren.

Begriff	Die betrieblichen Produktionsfaktoren sind die produktiven Kräfte und Stoffe, die zur Herstellung von Gütern oder Dienstleistungen eingesetzt und wirksam kombiniert werden müssen. Alle Betriebe benötigen zur Erstellung von Leistungen den Einsatz von menschlicher Arbeitskraft, Maschinen und Einrichtungen sowie Werkstoffen bzw. Waren. Dabei ist es gleichgültig, welche Art von Leistung erstellt wird.			
Arten	**Originäre (ursprüngliche) Faktoren**	**Ausführende Arbeit**	**Betriebsmittel**	**Werkstoffe/Waren**
		▶ körperliche oder geistige Arbeit ▶ gelernte, ungelernte oder angelernte Arbeit ▶ kreative oder sich wiederholende Arbeit	▶ Grundstücke/Gebäude ▶ Anlagen ▶ Computersysteme ▶ Transportfahrzeuge ▶ Lagereinrichtungen	▶ Handelswaren ▶ Rohstoffe ▶ Energie ▶ Büromaterial
	Dispositiver Faktor (Management)	Das Zusammenwirken der ursprünglichen Produktionsfaktoren vollzieht sich jedoch nicht von selbst, sondern muss geplant, koordiniert und kontrolliert werden. Diese Tätigkeiten sind zwar auch Teil der menschlichen Arbeit, jedoch unterscheiden sie sich von der überwiegend ausführenden Tätigkeit. Diesen vierten Produktionsfaktor bezeichnet man als das Management (Betriebsführung). Dieses hat folgende Aufgaben: ▶ Zielsetzung, z. B. „6 % mehr Umsatzwachstum im nächsten Jahr"; ▶ Planung, z. B. „durch Niedrigpreise oder durch höhere Werbeausgaben"; ▶ Entscheidung, z. B. „Sortimentserweiterung um 150 weitere Artikel"; ▶ Organisation, z. B. „Zusammenlegung von zwei Einkaufsabteilungen"; ▶ Kontrolle, z. B. „Soll-Ist-Vergleich zwischen erreichter und geplanter Umsatzsteigerung".		
Kombination der Produktionsfaktoren	Das Management hat die Aufgabe, die originären Produktionsfaktoren unter Beachtung des ökonomischen Prinzips zu kombinieren. Das bedeutet, dass immer diejenige Kombination zu wählen ist, die den größtmöglichen Erfolg verspricht, oder diejenige, die die geringsten Kosten verursacht. Da sich die Kosten von Produktionsfaktoren im Verhältnis zueinander stets verändern, führt dies zwangsläufig dazu, dass im Zeitablauf die Anteile der Produktionsfaktoren verändert werden müssen.			

1 In einer Besprechung gibt der Abteilungsleiter der Produktion folgende zwei Ziele für das kommende Jahr vor:

„Wir wollen den Ausschuss um 4 % gegenüber dem Vorjahr senken; außerdem wollen wir das Rohstofflager neu organisieren, um den Warenfluss in der Produktion zu verbessern."

Welche Zielbeziehung besteht zwischen diesen beiden Zielen?

1 komplementäre Ziele
2 konkurrierende Ziele
3 indifferente Ziele
4 antinome Ziele

2 Welche der folgenden Ziele verhalten sich zueinander konkurrierend?

1 Ziel 1: Erhöhung der Kundenzufriedenheit
Ziel 2: Beschleunigung der Reklamationsbearbeitung
2 Ziel 1: Senkung der Stückkosten
Ziel 2: Erhöhung der Kapazitätsauslastung
3 Ziel 1: Senkung der Lagerhaltungskosten
Ziel 2: Erhöhung der Umschlagshäufigkeit
4 Ziel 1: Senkung der Lagerhaltungskosten
Ziel 2: Erhöhung der Lieferfähigkeit
5 Ziel 1: Senkung des Anteils der Fixkosten
Ziel 2: Erhöhung der Flexibilität durch Outsourcing
6 Ziel 1: Senkung der Durchlaufzeiten
Ziel 2: Auslastung der Kapazitäten

3 Welche der genannten Ziele ist das Oberziel einer Zielhierarchie im Vertriebsbereich?

1 Erhöhung des Bekanntheitsgrades
2 Erhöhung des Absatzes
3 Erhöhung des Marktanteils
4 Erhöhung der Verkaufspreise
5 Erhöhung des Umsatzes

4 Welche der folgenden Aussagen ist falsch?

Tragen Sie eine 5 ein, wenn alle Aussagen richtig sind.

1 „In einer Zielhierarchie sollten möglichst nur komplementäre Ziele enthalten sein, sonst funktioniert die Zielhierarchie nicht."
2 „Antinome Ziele schließen sich in ihrer Zielerreichung gegenseitig vollkommen aus."
3 „Indifferente Ziele unterstützen sich gegenseitig, weil sie keine gemeinsamen Nebenbedingungen haben."
4 „Die langfristige Gewinnsicherung dürfte in den meisten erwerbswirtschaftlichen Unternehmen das Oberziel der Zielhierarchie sein."

5 Welcher der folgenden Gegenstände zählt nicht zu dem Produktionsfaktor Betriebsmittel?

1 Gabelstapler für das Lager
2 Computer in der Verkaufsabteilung
3 Auslieferungsfahrzeug
4 Farbpatrone für Tintenstrahldrucker
5 Verwaltungsgebäude

6 Ordnen Sie den unten stehenden Tätigkeiten in einem Industriebetrieb zu, ob es sich dabei um

1 gelernte Arbeit,
2 angelernte Arbeit,
3 ungelernte Arbeit,
4 leitende Tätigkeit

handelt.

a. Frau Steffen in der Buchhaltung erstellt monatlich eine Zwischenbilanz für die Geschäftsleitung.
b. Herr Schmitt führt jeden Montagmorgen mit den Gebietsverkaufsleitern eine Telefonkonferenz und lässt sich Bericht erstatten.
c. Herr Baumann ist Handelsfachpacker und für die ordnungsgemäße Abfertigung der Transporte zuständig.
d. Karla Sonntag wird für unterschiedliche Tätigkeiten eingesetzt, z. B. Hof fegen, Lager aufräumen, Lkw reinigen.
e. Fritz Press hat als Auslieferungsfahrer täglich eine andere Tour zu erledigen.

7 Leistungsprozesse werden durch die Kombination von Produktionsfaktoren erst möglich. Entscheiden Sie in den unten dargestellten Fällen, ob bei der Erledigung dieser Aufgaben

1 vorwiegend ein originärer Produktionsfaktor,
2 vorwiegend der dispositive Produktionsfaktor

zum Zuge kommt.

a. Es müssen Waren aufgrund von Platzproblemen umgelagert werden.
b. Für den bevorstehenden Kauf eines neuen Lkw sind Angebote verschiedener Händler eingeholt worden.
c. Aufgrund der Angebotsvergleiche aus Fall b. muss nun entschieden werden, welcher Typ Lkw gekauft werden soll.
d. Ein wichtiger Kunde besucht unseren Stand auf der Messe. Er soll vom Flughafen abgeholt werden.
e. Mit dem wichtigen Kunden wird ein längeres Verkaufsgespräch geführt, das sehr erfolgreich verläuft.
f. Anhand der Auswertung einer Kundenbefragung wird überprüft, ob die Schulung der Verkäufer zum Thema „Kundenorientierung" erfolgreich war.

Erläutern Sie den Begriff Managementprozess.

Managementprozess	Das Management muss zur Erreichung der Unternehmensziele ständig Prozesse in Gang setzen. Dazu gehören ▶ **Entscheidungsprozesse**, in denen betriebliche Entscheidungen angeregt, vorbereitet und durchgesetzt werden, ▶ **Informationsprozesse**, in denen Informationen zur Durchführung der Entscheidungsprozesse gewonnen und gespeichert, verarbeitet und weitergegeben werden müssen.
Rahmenbedingungen	Die Managementstrukturen von Unternehmen sind in den vergangenen 20 Jahren durch unterschiedliche veränderte Rahmenbedingungen beeinflusst worden: ▶ Globalisierung der Märkte durch Liberalisierung des Welthandels und Erweiterung der EU, ▶ starke Kundenansprüche an individuelle Problemlösungen und rasche Auftragserledigung, ▶ verstärkter Wettbewerb, verbunden mit Preisdruck, ▶ schnelle Innovationszyklen für Produkte und Verfahren, ▶ virtuelle und transparente Märkte durch die Ausweitung des Internet. Auf diese veränderten Bedingungen müssen die Unternehmen durch flexible, kreative, kunden- und qualitätsorientierte Strukturen reagieren.

Erläutern Sie anhand einer Grafik die Marktorientierung und das Zusammenwirken der verschiedenen betrieblichen Bereiche eines Industriebetriebes.

grafische Darstellung

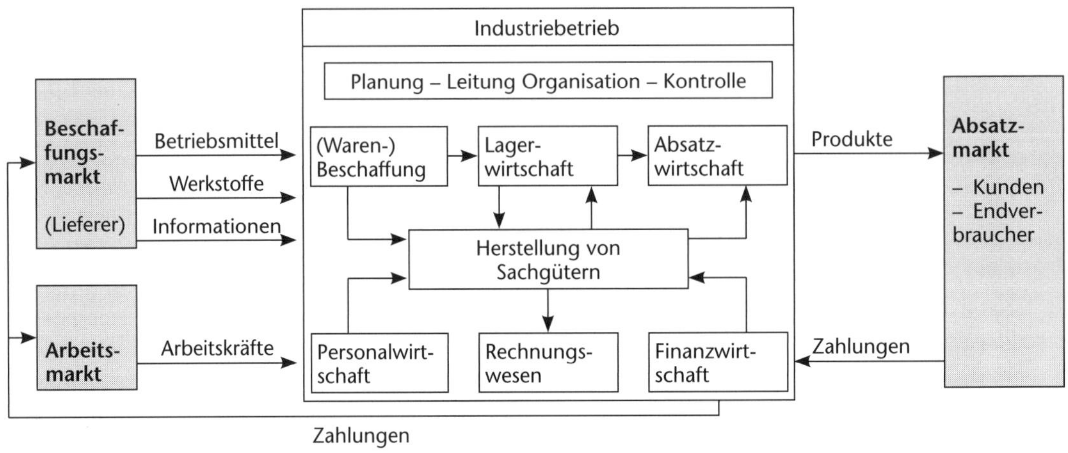

Marktorientierung	▶ **Beschaffungsmärkte:** Industriebetriebe benötigen als Produktionsfaktoren Arbeit, Betriebsmittel (z. B. Maschinen, Fahrzeuge) und Werkstoffe (z. B. Roh-, Hilfs- und Betriebsstoffe und halbfertige Teile) sowie Informationen und Kapital. Diese Produktionsfaktoren werden auf unterschiedlichen Märkten beschafft. ▶ **Absatzmärkte:** Auf der anderen Seite beliefert der Industriebetrieb mit seinen Produkten den Absatzmarkt. Dieser wird gebildet einerseits durch die Summe der Kunden des Betriebes, z. B. Groß- und Einzelhändler oder andere Industriebetriebe, sowie die möglichen Endverbraucher der Produkte des Industriebetriebes.

Zusammenwirken der verschiedenen Funktionsbereiche

Leitung des Betriebes	Finanzwirtschaft
Die Betriebsleitung hat die Aufgabe, die Teilfunktionen des Betriebes so zu koordinieren, dass ein reibungsloser Betriebsablauf und eine wirtschaftliche und rentable Güterproduktion gewährleistet sind. **Teilfunktionen:** Zielsetzung, Planung, Entscheidung, Organisation, Kontrolle	Die Finanzwirtschaft hat die Aufgabe, das für den laufenden Betrieb erforderliche Kapital bereitzustellen und die Zahlungsbereitschaft des Betriebes jederzeit zu gewährleisten. **Teilfunktionen:** Finanzplanung, Kapitalbeschaffung, Zahlungsverkehr, Liquiditätsüberwachung

Materialwirtschaft	Fertigungswirtschaft	Absatzwirtschaft
Die Materialwirtschaft hat die Aufgabe, die für die Produktion erforderlichen Materialien in der richtigen Art und Menge zur richtigen Zeit am richtigen Ort zum günstigsten Beschaffungspreis zur Verfügung zu stellen. **Teilfunktionen:** Beschaffungsmarktforschung, Bedarfsermittlung, Bezugsquellenermittlung, Beschaffungsabwicklung, Recycling/Umweltschutz	Die Fertigungswirtschaft hat die Aufgabe, für eine marktgerechte Entwicklung von Produkten zu sorgen sowie für eine reibungslose und kostengünstige Herstellung dieser Sachgüter. **Teilfunktionen:** Forschung und Entwicklung, Produktionsplanung, Arbeitsvorbereitung, Produktionssteuerung, Produktionsdurchführung, Qualitätskontrolle, Arbeitsstudien	Die Absatzwirtschaft hat die Aufgabe, die hergestellten Produkte zu vermarkten und dafür zu sorgen, dass über den Absatzmarkt die Rückflüsse wieder in den Betrieb zurückgelangen, die für die weitere Produktion erforderlich sind. **Teilfunktionen:** Marktforschung, Produkt- und Sortimentsgestaltung, Preisgestaltung, Werbung, Vertriebsgestaltung, Auftragsabwicklung

1 Ordnen Sie den unten stehenden Beispielen für Industriebetriebe zu, ob es sich dabei überwiegend um Betriebe der

1 Investitionsgüterindustrie,
2 Konsumgüterindustrie
handelt.

a. Pkw-Hersteller
b. Hersteller von Förderbändern
c. Getränkehersteller
d. Uhrenhersteller
e. Büromöbelhersteller
f. Hersteller von Netzwerk-Servern

2 Weisen Sie die folgenden Grundfunktionen von Industriebetrieben den unten stehenden Einzelaufgaben zu, indem Sie die Ziffer vor der zutreffenden Grundfunktion in das Kästchen eintragen.

1 Leitung
2 Finanzwirtschaft
3 Materialwirtschaft
4 Fertigungswirtschaft
5 Absatzwirtschaft

a. Die Reklamation eines Kunden wird bearbeitet.
b. Eine Eingangsrechnung wird auf sachliche Richtigkeit geprüft.
c. Eingehende Ware wird auf Mängel untersucht.
d. Eine Entscheidung über die Gründung der Abteilung Kostenrechnung wird getroffen.
e. Eine Mahnung wird an ein Unternehmen geschickt, um dieses in Lieferungsverzug zu setzen.
f. Die Eingangsrechnungen der vergangenen Woche werden bezahlt.
g. Eine Konstruktionszeichnung wird geändert.
h. Der Bedarf an Schrauben für die kommende Woche wird berechnet.
i. Durchführung eines Briefings mit einer Werbeagentur
j. Ein Fax wird an einen Vertragspartner abgesetzt, um Rechte aus dem Annahmeverzug geltend zu machen.

3 Prüfen Sie die folgenden Behauptungen.

Kennzeichnen Sie
zutreffende Aussagen mit einer 1,
nicht zutreffende Aussagen mit einer 9.

a. Jeder Industriebetrieb produziert seine Produkte für den Absatzmarkt.
b. Die Anteile der einzelnen Produktionsfaktoren sind je nach Endprodukt unterschiedlich hoch.
c. Jeder Industriebetrieb produziert seine Produkte für den Endverbraucher.

4 Ordnen Sie den unten stehenden Beispielen für Industriebetriebe zu, ob es sich dabei um einen Betrieb

1 der Urproduktion,
2 der Grundstofferzeugung,
3 der Weiterverarbeitung
handelt.

a. Prado Maschinen AG
b. Kohlenzeche Wilhelminus
c. Hartmann Margarinewerke GmbH
d. Stemmle KG Spanplatten
e. Dingolfinger Sägewerk GmbH

5 Welcher der folgenden Begriffe trifft auf die jeweiligen Aussagen zu?

Tragen Sie die Ziffer vor dem zutreffenden Begriff in das Kästchen ein.

1 Beschaffungsmarkt
2 Absatzmarkt

a. Die genaue Kenntnis dieses Marktes ist eine Voraussetzung für eine kostengünstige Produktion.
b. Seine Struktur ist aus Sicht des Industriebetriebes sehr heterogen.
c. Die genaue Kenntnis dieses Marktes erleichtert Entscheidungen über die Distributionspolitik.
d. Die ständige Beobachtung und Analyse dieses Marktes geben Aufschluss über notwendige Veränderungen des Produktionsprogramms.

6 Ordnen Sie den unten stehenden Beispielen für Industriebetriebe zu, welcher der nachstehenden Produktionsfaktoren bei dem zu Grunde liegenden Leistungsprozess aus kostenrechnerischer Sicht überwiegt.

1 Arbeit
2 Werkstoffe
3 Betriebsmittel

a. Automobilhersteller
b. Spezialmaschinenbau
c. Getränkehersteller
d. Sägewerk
e. Hersteller von Schoko-Snacks
f. Porzellanmanufaktur

Was versteht man unter dem Begriff „Organisation"?

Begriff	Der Begriff Organisation wird in dreifacher Weise verwendet. 1. Organisation als Tätigkeit: „Der Betrieb wird organisiert." 2. Organisation als Ergebnis der Tätigkeit: „Der Betrieb hat eine Organisation." 3. Organisation als Umschreibung eines sozio-technischen Systems: „Der Betrieb ist eine Organisation."	
Teilbereiche	Die **Aufbauorganisation** beantwortet die Frage: *„Wer übernimmt welche Aufgabe?"* Sie beinhaltet die Ordnung von Zuständigkeiten, die sich aus der Aufgabenverteilung ergibt.	Die **Ablauforganisation** beantwortet die Frage: *„Wie wird die Aufgabe erfüllt?"* Sie beinhaltet die Regelung der Arbeitsabläufe hinsichtlich Ort, Zeit, Sachmitteln und Tätigkeit.

Erläutern Sie die Aufgabenanalyse als Voraussetzung für die Aufbauorganisation.

Begriff	Im Rahmen der Aufgabenanalyse wird die Gesamtaufgabe eines Unternehmens in ihre Teilaufgaben zerlegt. Sie ist erforderlich, um im Rahmen der Aufgabensynthese Aufgaben zu bündeln und zu Stellen zusammenzufassen.
Vorgehensweise	1. Schritt: Zerlegung der Gesamtaufgabe in Hauptaufgaben 2. Schritt: Zerlegung der Hauptaufgaben in Teilaufgaben 3. Schritt: Zerlegung der Teilaufgaben in Elementaraufgaben
Gliederungsmerkmale	▶ **Verrichtung:** Welche Tätigkeiten sind erforderlich? ▶ **Objekt:** An welchen Dingen vollziehen sich die Verrichtungen? ▶ **Phase:** Planende, ausführende oder kontrollierende Aufgabe? ▶ **Rang:** Handelt es sich um Aufgaben mit Leitungsbefugnis oder nicht? ▶ **Zweckbeziehung:** Dient die Teilaufgabe unmittelbar oder nur mittelbar der Leistungserstellung?

Wie erfolgt die Stellen- und Abteilungsbildung?

Aufgabensynthese	Aufgabensynthese ist die Zusammenfassung sachlogisch zusammenhängender Teilaufgaben zu Aufgabenkomplexen im Hinblick auf ihre Erfüllung durch einen Aufgabenträger. Ergebnis der Aufgabensynthese ist die Bildung von Stellen und Abteilungen.
Gründe für die Aufgabensynthese	▶ **Spezialisierung:** Der Bestand eines Unternehmens ist von seiner Stellung am Markt abhängig. Daher sind die Mitarbeiter gezwungen, sich zu spezialisieren. ▶ **Überschaubarkeit:** Die Spezialisierung der Mitarbeiter kann dazu führen, dass immer mehr Teilaufgaben auf verschiedene Mitarbeiter verteilt werden müssen. Dies kann bei schlechter Organisation zu einer mangelnden Überschaubarkeit führen. ▶ **Kompetenzklarheit:** Damit schnell und richtig entschieden werden kann, muss klar sein, wer die Kompetenzen und die Verantwortung hat.
Stellenbildung	Je nach Größe des Unternehmens werden Elementar- oder Teilaufgaben sinnvoll zusammengefasst und einer Stelle zugeordnet. Stellen sind die kleinsten Organisationseinheiten eines Betriebes. Damit die Aufgaben einer Stelle auch bei Einarbeitung eines neuen Stelleninhabers klar erkennbar sind, wird als Hilfsmittel die Stellenbeschreibung verwendet. Sie legt folgende Punkte fest: ▶ Bezeichnung der Stelle ▶ Instanzielle Eingliederung ▶ Stellenvertretung ▶ Ziele der Stelle ▶ Aufgaben, Verantwortlichkeiten und Kompetenzen ▶ Persönliche Anforderungen an den Stelleninhaber
Stellenarten	▶ **Ausführende Stellen** sind Stellen, die keine Leitungsbefugnisse besitzen (z. B. Sachbearbeiter, Schreibkraft). ▶ **Instanzen** sind Stellen, die Anordnungs- und Entscheidungsbefugnisse gegenüber rangniedrigeren Stellen haben (z. B. Abteilungsleiter, Geschäftsführer). ▶ **Stabstellen** sind Hilfsstellen der Instanz und nicht weisungsberechtigt. Sie bereiten durch Informationen und Beratung die Entscheidung der Instanz vor.
Abteilungsbildung	Stellen, die gleiche oder ähnliche Arbeiten verrichten, werden zu größeren organisatorischen Einheiten (Abteilungen) zusammengefasst. Ein Abteilungsleiter übernimmt die Verantwortung für die Abteilung. Abteilungen können nach den gleichen Prinzipien gebildet werden, nach denen auch die Aufgabenanalyse erfolgt. ▶ Abteilungsbildung nach Objekten *(Beispiel: Bereiche Kühlschränke, Waschmaschinen und Geschirrspülmaschinen bei einem Küchenmaschinenhersteller)* ▶ Abteilungsbildung nach Verrichtungen *(Beispiel: Einkauf, Lagerhaltung, Verkauf, Rechnungswesen in einer Holzgroßhandlung)* ▶ Abteilungsbildung nach Phasen *(Beispiel: Arbeitsvorbereitung, Fertigungsdurchführung, Qualitätskontrolle in der Fertigung eines Computerherstellers)*

1 *Prüfen Sie, ob es sich in folgenden Beispielen*

1 um Aufgaben der Aufbauorganisation handelt,
9 nicht um Aufgaben der Aufbauorganisation handelt.

a. Einstellung von Verkaufspersonal durch die Personalabteilung
b. Zuordnung des Bereichs „Haushaltswaren" zur Abteilung „Non-food-Artikel"
c. Bestimmung über die Vertretungsbefugnis eines Abteilungsleiters
d. Erstellen eines neuen Finanzplanes
e. Bildung mehrerer neuer Stellen aufgrund der Erweiterung der Verkaufsgebiete
f. Erstellen eines Organisationsdiagramms des Betriebes

2 *Ein Industriebetrieb umfasst u. a. folgende Abteilungen:*

1 Einkauf
2 Verkauf
3 Rechnungswesen/Datenverarbeitung
4 Personalabteilung
5 Rechtsabteilung
6 Controlling

Ordnen Sie diese Abteilungen den folgenden Tätigkeiten zu.

a. Auswertung von Lagerkennziffern
b. Veröffentlichung der Prokuraerteilung
c. Überweisung der abzuführenden Lohn- und Kirchensteuer
d. Ermittlung des Urlaubsanspruchs für die Mitarbeiter des Einkaufs
e. Angebotsvergleich
f. Kundenwünsche aufnehmen und weitergeben

3 *Kennzeichnen Sie die folgenden Aussagen über die Stellenbeschreibung mit*

1, wenn diese richtig sind,
9, wenn diese falsch sind.

Die Stellenbeschreibung ist ...

a. ... die schriftliche Fixierung der Tätigkeiten, Eingliederung und Anforderungen einer Stelle.
b. ... die Formulierung einer Stellenanzeige in einer Tageszeitung.
c. ... Ausdruck der durch die Betriebsorganisation getroffenen Regelungen für eine Stelle.
d. ... die Beschreibung des Informationsflusses zwischen den verschiedenen Stellen eines Betriebes.

4 *Eine Stellenbeschreibung enthält wichtige Aufgaben und Zuständigkeiten für den Stelleninhaber. Stellen Sie fest, ob unten stehende Inhalte zur Stellenbeschreibung eines Abteilungsleiters Verkauf in einem Industriebetrieb gehören. Kennzeichnen Sie die genannten Inhalte mit*

1, wenn diese zu der Stellenbeschreibung gehören,
9, wenn diese nicht dazugehören.

a. Der Stelleninhaber ist dem Geschäftsführer unterstellt, der gleichzeitig der direkte Disziplinarvorgesetzte ist.
b. Der Stelleninhaber wird vom Gruppenleiter vertreten.
c. Der Stelleninhaber ist für Reklamationsbearbeitung zuständig.
d. Der Stelleninhaber kontrolliert die Kosten der Abteilung.
e. Der Stelleninhaber übernimmt die Verteilung des Gesamtwerbeetats des Unternehmens.

5 *Prüfen Sie, ob es sich in unten stehenden Fällen um eine*

1 funktionsorientierte Abteilungsbildung,
2 objektorientierte Abteilungsbildung,
3 Kombination aus funktions- und objektorientierter Abteilungsbildung

handelt.

a. In einem Großhandel ist die Abteilung Haushaltsgeräte in die Abteilungen Einkauf und Verkauf unterteilt.
b. Ein Verbrauchermarkt unterhält die Abteilungen Lebensmittel, Textilien, Autozubehör.
c. Ein Autozubehörhersteller ist unterteilt in: Einkauf, Fertigung, Verkauf, Buchhaltung, Organisation, Lager.

6 *Welche der folgenden Behauptungen trifft auf den Begriff „Aufgabenanalyse" zu?*

1 Der Abteilungsleiter lässt sich von seinen Mitarbeitern berichten, welche Arbeiten sie in der vergangenen Woche erledigt haben.
2 Es handelt sich dabei um die Zusammensetzung von Haupt- oder Teilaufgaben zu einer Stelle.
3 Damit ist die schrittweise Zerlegung der Gesamtaufgabe eines Unternehmens in Haupt- und Teilaufgaben gemeint.
4 Der Geschäftsführer eines Betriebes bespricht mit den Abteilungsleitern, wie eine neue Aufgabe des Unternehmens sinnvoll erledigt werden kann.

7 *Kennzeichnen Sie unten stehende Aussagen mit*

1, wenn diese zutreffen,
9, wenn diese nicht zutreffen.

a. In kleineren Betrieben ist Organisation nicht notwendig, weil der Geschäftsinhaber die Aufgaben übersehen kann.
b. Aufbauorganisation beinhaltet die Ordnung von Zuständigkeiten, Kompetenzen und Verantwortungsbereichen.

Erklären Sie die wesentlichen Begriffe des aufbauorganisatorischen Gefüges eines Unternehmens.

Betriebshierarchie	Durch Stellen- und Abteilungsbildung werden gleichzeitig auch Über- bzw. Unterordnungsverhältnisse in einem Betrieb vorgegeben. Die Betriebshierarchie zeigt die Einordnung von Stellen in das Weisungssystem eines Unternehmens.
Leitungssystem	Ein Leitungssystem beschreibt die Weisungsbeziehungen der übergeordneten zu den untergeordneten Stellen sowie die Berichtswege der untergeordneten zu den übergeordneten Stellen für die Kontrollinformationen.
Stellenbildung	Je nach Größe des Unternehmens werden Haupt- oder Teilaufgaben sinnvoll zusammengefasst und einer Stelle zugeordnet. Stellen sind die kleinsten Organisationseinheiten eines Betriebes. Damit die Aufgaben einer Stelle auch bei Einarbeitung eines neuen Stelleninhabers klar erkennbar sind, wird als Hilfsmittel die Stellenbeschreibung verwendet. Sie legt folgende Punkte fest: ▶ Bezeichnung der Stelle ▶ instanzielle Eingliederung ▶ Stellenvertretung ▶ Ziele der Stelle ▶ Aufgaben, Verantwortlichkeiten und Kompetenzen ▶ persönliche Anforderungen an den Stelleninhaber

Beschreiben Sie die unterschiedlichen Leitungssysteme.

Einliniensystem	Jeder Mitarbeiter erhält seine Weisungen nur von einem Vorgesetzten, der ihm gegenüber weisungsbefugt ist. Dieser Organisationsform liegt das Prinzip der „Einheitlichkeit der Auftragserteilung" zugrunde: Ein einheitlicher Weisungsweg läuft von oben nach unten, ein einheitlicher Berichtsweg von unten nach oben. ▶ *Vorteile:* klare Abgrenzungen der Zuständigkeiten, übersichtlicher Aufbau, keine Kompetenz-Überschneidungen ▶ *Nachteile:* fachliche und mengenmäßige Überlastung der Instanzen, schwerfälliger Dienstweg	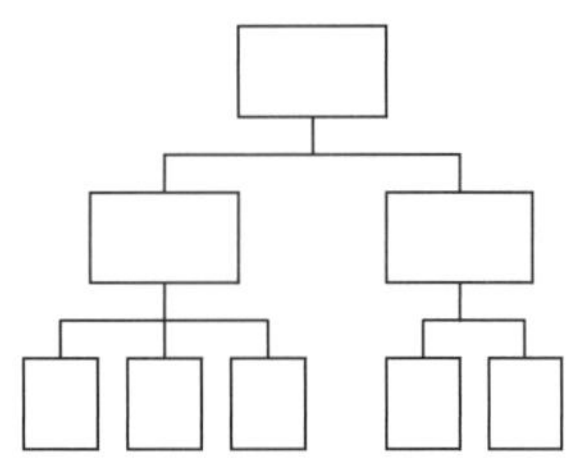
Mehrliniensystem	Die untergeordneten Stellen erhalten von mehreren Instanzen Weisungen. Der Nachteil der starken Überbeanspruchung der Entscheidungsträger im Einliniensystem wird dadurch ausgeglichen, dass die Weisungsbefugnis in fachlicher und personaler Hinsicht geteilt wird. ▶ *Vorteile:* große Sachkenntnis der Vorgesetzten, flexibler Einsatz der Untergebenen, kurze Informationswege ▶ *Nachteile:* Überschneidungen von Anweisungen, Koordinierungsprobleme, Kompetenzstreitigkeiten	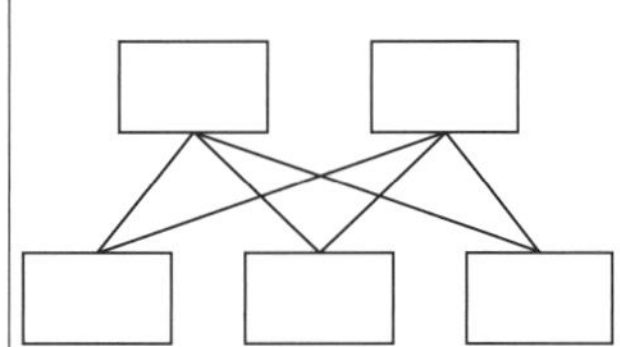
Stab-Linien-System	Der straffe Befehlsweg von oben nach unten wird beibehalten. Den Instanzen sind Stabsstellen zugewiesen, die ihnen wichtige Informationen liefern und sie bei Entscheidungen beraten. Die Stabsstellen haben selbst keine Weisungsbefugnis und arbeiten nur für die zugewiesene Instanz. ▶ *Vorteile:* einheitliche Befehlswege, Entlastung der Instanzen, Entscheidungssicherheit infolge Beratung ▶ *Nachteile:* Abstimmungsschwierigkeiten zwischen Linie/Stab, gute Vorschläge können von Linienmitarbeitern abgeblockt werden, „Macht der Experten"	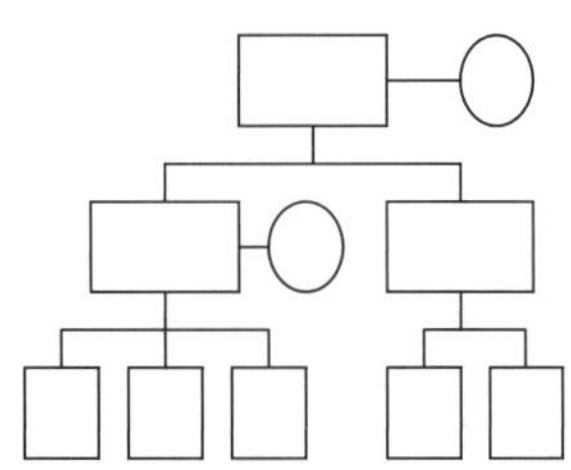
Sparten-organisation (Divisional System)	Das Unternehmen wird nach dem Objektprinzip in Sparten (Divisionen) aufgeteilt (Busse, Lkw und Pkw in einer Autofirma). Für alle Sparten sind Zentralabteilungen zuständig, die nach dem Verrichtungsprinzip gebildet werden (z. B. Beschaffung, Rechnungswesen und Vertrieb). ▶ *Vorteile:* große Marktnähe der einzelnen Divisionen, Vorgesetzte werden durch Spezialisten beraten und dadurch entlastet, fundierte Sachentscheidungen ▶ *Nachteile:* Gefahr der Doppelverrichtungen (z. B. in der Forschung), Unternehmensleitung verliert u. U. den Überblick über die Sparten	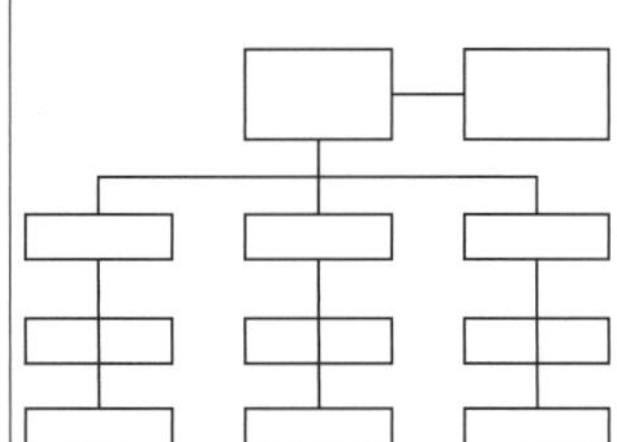
Matrix-organisation	Es existieren zwei Hierarchien, und zwar eine Hierarchie nach Funktionen (konstruieren, beschaffen, fertigen usw.) und eine Hierarchie nach Sparten (Pkw, Lkw, landwirtschaftliche Fahrzeuge usw.). ▶ *Vorteile:* verbesserte Problemlösung durch den kombinierten Einsatz verschiedener Fachspezialisten, Betonung der Teamarbeit, Entlastung der Unternehmensspitze ▶ *Nachteile:* Kompetenzprobleme, zeitaufwendig, großer Kommunikationsbedarf	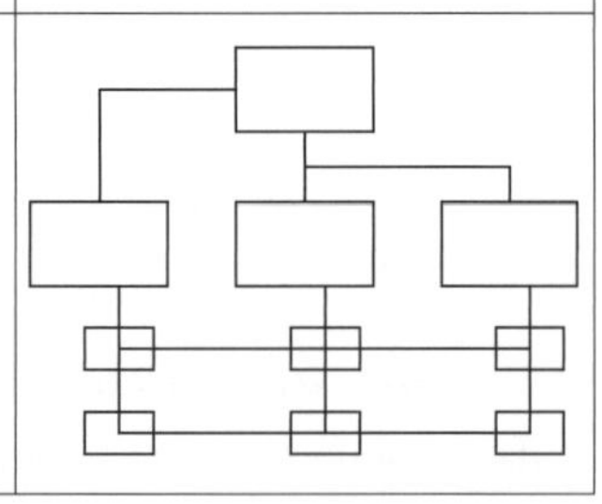

1 ***Das Leitungs- bzw. Weisungssystem eines Betriebes kann als***

1 Einlinienorganisation,
2 Mehrlinienorganisation,
3 Stablinienorganisation

aufgebaut sein. Ordnen Sie die folgenden Aussagen diesen Systemen zu.

a. Ein Mitarbeiter bekommt seine Arbeitsanweisungen nicht nur von einem Vorgesetzten. ☐
b. Anordnungen erfolgen durch die Geschäftsführung und werden bis zur untersten Stelle weitergegeben. Die Anordnungen sind mithilfe von Informationen getroffen worden, die eine beratende Stelle zur Verfügung gestellt hat. ☐
c. Spezialisten wirken beratend bei betrieblichen Entscheidungen mit, haben aber keine Weisungsbefugnis. ☐
d. Es bestehen klare Anweisungsverhältnisse mit wenig Möglichkeiten für Kompetenzstreitigkeiten. ☐
e. Durch nicht einheitliche Auftragserteilung können Abstimmungsprobleme auftreten. ☐

2 ***Welches der dargestellten Systeme ist ein Mehrliniensystem?*** ☐

1

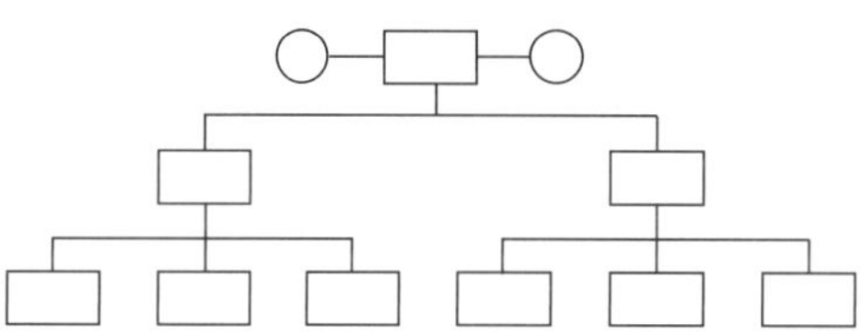

2

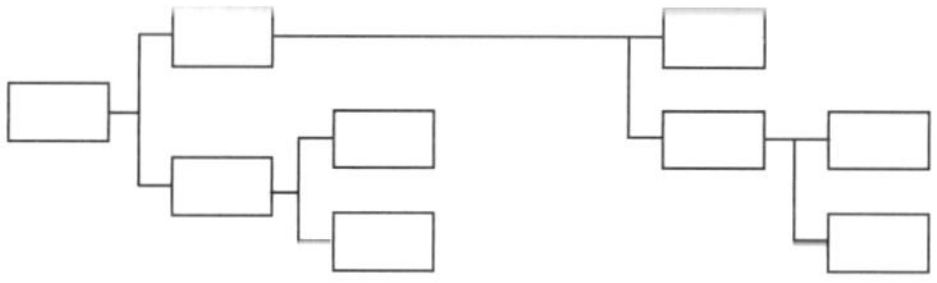

3

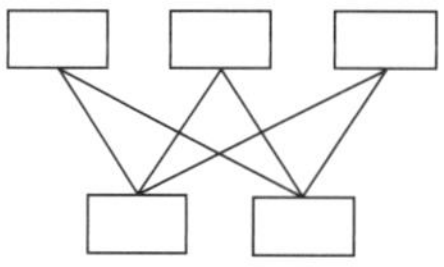

3 ***Die Leitung eines Industriebetriebes ist als Einliniensystem aufgebaut.***

Kennzeichnen Sie mit
1 mögliche Vorteile dieses Systems,
2 mögliche Nachteile dieses Systems,
9 Aussagen, die nicht zu dieser Organisationsform gehören.

a. Der Dienstweg ist lang und schwerfällig. ☐
b. Die Kompetenzen der Stellen sind genau abgegrenzt. ☐
c. Arbeitsentlastung der Instanzen durch beratende Stellen, die aber keine Weisungen erteilen können. ☐
d. Linienstellen können sich durch die Vorschläge von beratenden Stellen bevormundet fühlen.
e. Die Kontrolle der untergeordneten Stellen ist einfach. ☐

4 ***Das Stabliniensystem verfügt über den klaren und einheitlichen Befehlsweg des Liniensystems, vermeidet jedoch Arbeitsüberlastung der Leitungsstellen durch Einsatz von Stabsstellen.***

Stellen Sie fest, ob es sich bei den unten stehenden Stellen um eine
1 Linienfunktion,
2 Stabsfunktion
handelt.

a. Geschäftsführer eines Elektronik-Großhandels ☐
b. Pressesprecher der Bayer AG ☐
c. Verkäufer in einem Fachgeschäft für Zoohandel ☐
d. Sekretariat der Geschäftsleitung eines großen Küchenherstellers ☐

5 ***Kennzeichnen Sie***

zutreffende Aussagen mit einer 1,
nicht zutreffende Aussagen mit einer 9.

a. In einem Leitungssystems eines Betriebes geht es um die Unterordnung bzw. Gleichordnung von Stellen. ☐
b. Der „Dienstweg" bei der Ausführung einer Anweisung ist im Mehrliniensystem länger als beim Einliniensystem. ☐
c. Beim Stabliniensystem erhalten untergeordnete Stellen Anweisungen von mehreren übergeordneten Stellen. ☐

6 ***Um welche Form der Abteilungsbildung handelt es sich bei dem folgenden Beispiel für ein Stabliniensystem?*** ☐

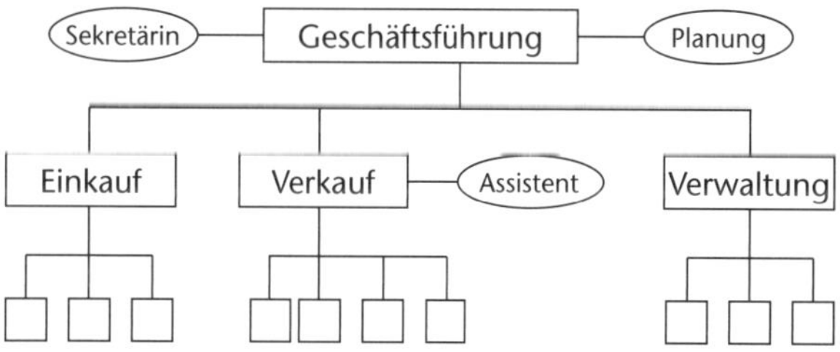

1 Abteilungsbildung nach dem Objektprinzip
2 Abteilungsbildung nach dem Funktionsprinzip
3 Kombination aus Objekt-/Funktionsprinzip

7 ***Kennzeichnen Sie die unten stehenden Aussagen über das Organigramm mit***

1, wenn die Aussage richtig ist,
9, wenn die Aussage falsch ist.

Das Organigramm …

a. … gibt die genauen Arbeitsanweisungen für die einzelnen Stellen an. ☐
b. … ist die bildliche Darstellung des Zusammenhangs zwischen Stellen und deren Beziehungen untereinander innerhalb eines Betriebes. ☐
c. … kann sowohl horizontal als auch vertikal dargestellt werden. ☐

Geben Sie einen Überblick über Begriff, Aufgaben und Ziele der Ablauforganisation.

Begriff	Die Ablauforganisation hat die Aufgabe, die Leistungsprozesse im Betrieb möglichst optimal hinsichtlich Funktion (Tätigkeit), Raum, Zeit und Sachmittel zu gestalten.
Aufgaben	Die Ablauforganisation ▶ befasst sich mit der räumlichen und zeitlichen Festlegung der betrieblichen Vorgänge (Raumplanung und Zeitplanung); ▶ ordnet und gestaltet Arbeitsabläufe (Arbeitsablaufplanung); ▶ legt die ausführenden Stellen und Arbeitsmittel fest (Sachmittelplanung und Personaleinsatzplanung).
Ziele	Die Ablauforganisation verfolgt gleichzeitig zwei Ziele: ▶ die möglichst hohe Auslastung der Kapazitäten; ▶ die Verkürzung der Durchlaufzeiten der Objekte durch den Betrieb. Diese beiden Ziele verhalten sich zueinander gegenläufig (konfliktär). Man spricht deshalb auch von dem „Dilemma der Ablaufplanung“: Die Erreichung des Zieles Auslastung der Kapazitäten steht im Gegensatz zu dem Ziel der Verkürzung der Durchlaufzeiten. Die Lösung liegt in dem Versuch, die Abläufe im Betrieb und die eingesetzten Sachmittel zu optimieren.

Um Abläufe organisieren zu können, müssen diese zunächst einmal erfasst werden. Welche Methoden hierzu kennen Sie?

Notwendigkeit der Ist-Aufnahme	Probleme und Reibungsverluste in organisatorischen Abläufen lösen in der Regel vor einer Um- oder Neuorganisation eine **Ist-Aufnahme** des vorhandenen Zustands aus. Diese ist notwendig, um über geeignete Unterlagen für die Analyse des Ist-Zustandes und die darauf folgende Formulierung eines Soll-Konzeptes zu verfügen.	
Methoden der Ist-Aufnahme	**Beobachtung**	▶ **Dauerbeobachtung** Hierbei hält sich der Organisator über einen längeren Zeitraum am Ort des Geschehens auf und notiert seine Eindrücke. Sie eignet sich zur Erfassung von Arbeitsauslastung und Störquellen. ▶ **Multi-Moment-Aufnahme** Bei dieser Methode wird eine große Zahl von Stichprobenbeobachtungen gemacht. Von der Häufigkeit, mit der bestimmte Merkmale beobachtet wurden, schließt man auf ihren Anteil an der Gesamttätigkeit. Sie eignet sich zur Ermittlung der Häufigkeit bestimmter Verrichtungen.
	Befragung	▶ **Interviewmethode** Der Organisator befragt die betroffenen Personen und erhält durch genaues Nachfragen detaillierte Aufschlüsse, z. B. über einen Sachverhalt, der zuvor bei einer Fragebogenaktion aufgefallen ist. Sie eignet sich für komplexe Arbeitsabläufe. ▶ **Fragebogenmethode** Fragebögen, die auf die Situation abgestimmt sind, werden an die Mitarbeiter verteilt und später ausgewertet. Sie eignet sich für Routinearbeiten und für eine große Anzahl von befragten Personen.
	Selbstaufschreibung	Die Stelleninhaber schreiben über einen bestimmten Zeitraum entweder formfrei oder in einem Formular die Anzahl, Häufigkeit, Art und Dauer der Vorgänge und Tätigkeiten auf, für die sie ihre Zeit verwendet haben. Sie eignet sich zur Erfassung von Arten, Zahl und Bearbeitungszeit von Vorgängen.

Welche Aufgaben werden im Rahmen der raumorientierten und der sachmittelorientierten Ablauforganisation erfüllt?

Raumorientierte Ablauforganisation	Sie beschäftigt sich mit der räumlich optimalen Zuordnung der einzelnen Arbeitsplätze und Abteilungen, um die Transportwege zu minimieren und einen geordneten Fluss der Arbeitsobjekte durch den Betrieb zu gewährleisten. ▶ Im Bereich der Produktion sind zu dem Zweck Organisationstypen der Fertigung entwickelt worden, die sich an der Art der Produkte, der einzusetzenden Sachmittel und der Fertigungsstufen orientieren (z. B. Werkstattfertigung, Fließfertigung, Baustellenfertigung). ▶ Im kaufmännischen bzw. verwaltenden Bereich bearbeitet die raumorientierte Ablauforganisation z. B. Entscheidungen über die Aufteilung von Büros oder regelt Fragen der optimalen Kommunikation persönlicher oder schriftlicher Natur.
Sachmittelorientierte Ablauforganisation	Sie entscheidet über den optimalen Einsatz von Sachmitteln zur Bewältigung der betrieblichen Aufgaben. Fragen wie: „Soll eine zentrale EDV-Anlage angeschafft werden oder wollen wir die EDV-Aufgaben besser dezentral durch den Einsatz von Personal-Computern lösen?“ oder „Welches Lagersystem ist optimal?“ werden von der Organisationsabteilung beantwortet.

1 *Welche Begriffserklärung trifft auf den Umstand des „Dilemmas der Ablaufplanung" zu?*

1 Mit dem Dilemma der Ablaufplanung ist gemeint, dass die Vertriebssteuerung häufig mit der Arbeitsvorbereitung in Konflikte über Fertigungstermine gerät.

2 Darunter ist der Zielkonflikt zwischen der Auslastung der Kapazitäten und der Verkürzung der Durchlaufzeiten zu verstehen.

3 Es handelt sich um Planungsprobleme in der Abstimmung zwischen Personalabteilung und Vertriebsabteilung.

4 Hiermit ist das Problem der zeitlichen Erfassung der Fertigungszeiten gemeint.

5 Das Dilemma der Ablaufplanung schildert die fehlende Übereinstimmung zwischen den Anwesenheitszeiten der Mitarbeiter und den Zeiten, die sich aus den abgerechneten Zeiten laut Fertigungsauftrag ergeben.

2 *In der Ablauforganisation werden u. a. folgende Planungsbereiche unterschieden:*

1 Zeitplanung
2 Sachmittelplanung
3 Raumplanung

Ordnen Sie diese Begriffe den folgenden Aufgabenstellungen zu.

Tragen Sie eine 9 ein, wenn keiner der genannten Begriffe zutrifft.

a. In einem Unternehmen soll eine neue EDV-Anlage angeschafft werden. Der Organisator wird beauftragt, eine Wirtschaftlichkeitsanalyse für den Einsatz einer neuen Anlage vorzulegen.

b. Zur Vorbereitung der neuen Technik sollen die Mitarbeiter frühzeitig in die neuen Programme eingeführt werden. Die Personalabteilung wird beauftragt, gemeinsam mit einem Organisationshaus ein Schulungskonzept zu entwerfen.

c. Sechs Anbieter von EDV-Anlagen haben ihre Angebote vorgelegt. Der Controller des Unternehmens soll gemeinsam mit dem Organisator eine Investitionsrechnung aufstellen und herausbekommen, welches das optimale Angebot ist.

d. Um das Projekt abzusichern, erhält der Organisator die Aufgabe, einen Netzplan für die Einführung der Anlage aufzustellen.

e. Gemeinsam mit einem Büromöbelanbieter soll der Organisator klären, ob und in welchem Umfang die Anordnung der Arbeitsplätze zueinander verändert werden muss.

3 *Mit welcher der folgenden Aufgaben befasst sich die Ablauforganisation nicht?*

1 Raumplanung
2 Zeitplanung
3 Arbeitsablaufplanung
4 Stellenplanung
5 Sachmittelplanung
6 Personaleinsatzplanung

4 *Im Rahmen der „Ist-Aufnahme" wird eine Reihe von Techniken angewendet, um organisatorische Zustände zu erfassen:*

1 Dauerbeobachtung
2 Multi-Moment-Aufnahme
3 Fragebogenmethode
4 Selbstaufschreibung
5 Interviewmethode

Tragen Sie eine 9 ein, wenn sich der Vorgang durch die aufgeführten Methoden nicht erfassen lässt.

a. Ein Systemanalytiker will den genauen Arbeitsablauf sowie sämtliche Verzweigungen der Auftragsabwicklung erfassen, da dieses Arbeitsfeld eine neue EDV-Unterstützung bekommen soll. Ziel der Erfassung des Arbeitsablaufes ist die Erstellung einer neuen Individualsoftware.

b. Ein Unternehmensberater wird beauftragt, eine Analyse der Gemeinkosten vorzunehmen. Hierzu benötigt er genaue Angaben darüber, wie sich die Arbeitszeit der einzelnen Mitarbeiter auf bestimmte Tätigkeiten verteilt.

c. Ein Personalberater möchte über den Stand der Arbeitszufriedenheit der Mitarbeiter Informationen erhalten. Die Erhebung soll anonym sein, damit die Mitarbeiter möglichst ehrliche Aussagen treffen.

d. Ein REFA-Fachmann hat den Auftrag, Arbeitszeitstudien vorzunehmen, um die Akkordsätze in der Abteilung Stahlbearbeitung neu berechnen zu können.

e. Für das gesamte Unternehmen sollen die Erholzeit- und die Verteilzeitzuschläge neu berechnet werden. Zu diesem Zweck müssen die Anteile dieser Zeitarten an der gesamten Arbeitszeit neu erhoben werden.

f. Wiederholt ist es vorgekommen, dass von der Buchhaltung Rechnungen doppelt bezahlt wurden. Dies scheint auf einen Fehler im Zusammenspiel zwischen Kreditorenbuchhaltung und Finanzbuchhaltung zurückzugehen. Die Revision wird auf den Fall angesetzt.

5 *Im Rahmen der Neuorganisation eines betrieblichen Ablaufs sind eine Reihe von Tätigkeiten durch einen Organisator oder die Fachabteilung selbst zu erledigen.*

Bringen Sie die folgenden notwendigen Tätigkeiten zur Reorganisation eines Arbeitsablaufes in eine richtige Reihenfolge, indem Sie die Aktion, die ihrer Meinung nach zuerst kommt, mit einer 1 versehen, die zweite Aktion mit einer 2 usw.

a. Realisierung des Soll-Konzeptes

b. Prüfung des Soll-Konzeptes auf Realisierbarkeit

c. Analyse und Kritik des Ist-Zustandes

d. Analyse und Kontrolle des umgesetzten Soll-Konzeptes

e. Ist-Aufnahme des betrieblichen Arbeitsablaufes

f. Erarbeitung und Vorschlag eines Soll-Konzeptes

Erläutern Sie die Begriffe „Wertschöpfungsprozess" und „Geschäftsprozess".

Wertschöpfungsprozess	Der Wertschöpfungsprozess ist der Prozess der Leistungserstellung. Die Wertschöpfung ist die Differenz zwischen den Umsatzerlösen für einen Auftrag und den dafür aufgewendeten Vorleistungen. An einem Wertschöpfungsprozess sind zumeist mehrere Funktionsabteilungen beteiligt (Einkauf, Produktion, Verkauf). Der Wertschöpfungsprozess bedarf daher besonderer Beachtung unter folgenden Gesichtspunkten: ▶ Welche Kosten verursacht der Prozess auf jeder Wertschöpfungsstufe (Kostenorientierung)? ▶ Welchen Nutzen stiftet der Prozess (Nutzenorientierung)? ▶ Werden die Bedürfnisse des Kunden durch den Prozess zufrieden gestellt (Kundenorientierung)?	
Geschäftsprozess	Der Geschäftsprozess ist eine Folge von logisch zusammengehörenden Tätigkeiten, die sich bei der Realisierung gleichartiger Wertschöpfungsprozesse wiederholen. Er beschreibt den Weg, auf dem der Wertschöpfungsprozess sein Ziel erreicht. Jeder grundlegende Geschäftsprozess besteht aus Teilprozessen (Subprozessen), diese können u. U. noch einmal untergliedert werden. Folgende Merkmale kennzeichnen einen Geschäftsprozess: ▶ Es handelt sich um eine wiederholt ablaufende Folge von Tätigkeiten in einem zeitlichen und sachlogischen Zusammenhang, die inhaltlich abgeschlossen sind. ▶ Die Tätigkeiten im Geschäftsprozess sind kundenorientiert und erfolgswirksam. Sie beziehen sich damit auf die im Kerngeschäft eines Betriebes zu erzielende Wertschöpfung. ▶ Der Geschäftsprozess ist mit anderen Prozessen (äußeren/inneren) vernetzt. Das bedeutet, er erhält messbare Inputs aus anderen Prozessen und gibt messbare Outputs an andere Prozesse weiter. Folgende grundlegende Geschäftsprozessarten werden unterschieden:	
	Kernprozesse	Sie erbringen die Hauptleistung des Wertschöpfungsprozesses: ▶ Innovation: Entwicklung von neuen Produkten und Verfahren ▶ Vertrieb: Vermarktung der Erzeugnisse und Dienstleistungen ▶ Auftragsbearbeitung: Abwicklung des Kundenauftrags durch Fertigung, Auslieferung und Bezahlung ▶ Kundenservice: Dienstleistungen (vor, während und nach dem Kauf)
	Supportprozesse	Die Supportprozesse unterstützen die Kernprozesse: ▶ Unternehmensplanung: Geschäftsfelder, Ziele und Strategien formulieren ▶ Personalmanagement: geeignetes Personal effektiv bereitstellen ▶ Ressourcenmanagement: Betriebsmittel und Material bereitstellen ▶ Information: Informationen zielgerichtet bereitstellen ▶ Kommunikation: Austausch von Informationen gewährleisten ▶ Finanzen: finanzielle Mittel bereitstellen

Nennen Sie Beispiele für moderne Managementinstrumente.

Benchmarking	Ein Unternehmen schätzt durch den Vergleich von Kennzahlen ein, wie gut bzw. wie schlecht es in für den Unternehmenserfolg besonders wichtigen Bereichen auf dem Markt tätig ist. Man vergleicht sich mit den wichtigsten Mitbewerbern. Benchmarking zielt auf den Vergleich mit dem Besten ab, um zu erkennen, wo und in welchem Ausmaß Handlungsbedarf dafür besteht, Geschäftsprozesse zu verbessern.
Kaizen	Diese japanische Managementphilosophie zielt darauf ab, ständige Veränderungen als Reaktion auf Umweltbedingungen nicht nur zuzulassen, sondern auf allen Ebenen des Unternehmens zu fördern. Die Verbesserungsprozesse sollen langfristig, in kleinen Schritten, systematisch und kollektiv (d. h. in der Gruppe) dafür sorgen, dass Gutes erhalten bleibt und weniger Gutes positiv verändert wird.
TQM	Nach dem Motto „Erst wenn mein Kunde zufrieden ist, bin ich selbst zufrieden!" arbeitet das Total Quality Management daran, eine kundenorientierte Qualitätsphilosophie auf allen Ebenen des Unternehmens zu installieren, bei der alle Wertschöpfungsprozesse ständig auf die Erfüllung der Kundenerwartungen in Bezug auf Qualität und Schnelligkeit auszurichten sind.
Zero-Base-Budgeting	Zero-Base bedeutet Basis Null. Ein Budget einer Abteilung, d. h. die Zuwendung von finanziellen Mitteln, setzt immer voraus, dass die Abteilung begründen kann, welchen direkten Kundennutzen sie stiften kann oder welche Unterstützung sie für die Kernprozesse beisteuern kann. Abhängig von der Bedeutung der Abteilung erhält sie dann ein Budget. Dieser Prozess wiederholt sich in jeder Periode. Ziel dieser Budgetierungs-Methode ist die ständige Kontrolle der fixen Kosten und der Gemeinkosten, da diese nicht leistungsabhängig anfallen.
Target Costing	Target bedeutet Ziel. Target Costing bedeutet also zielorientierte Kostenrechnung. Dem ständigen Konflikt zwischen den Zielen des Kunden (hohe Qualität zu niedrigen Preisen bei schneller Auslieferung) und den Zielen des Unternehmens (hohe Rentabilität, hohe Liquidität) wird bei dieser Methode durch die konsequente Ausrichtung der Kostenrechnung auf den Markt begegnet. Die inneren Strukturen des Unternehmens werden in dem Umfang angepasst, wie die Kunden bereit sind, diese Wertschöpfungsprozesse zu bezahlen. Dies beginnt bei der Produktentwicklung und endet bei der Nachbetreuung des Kunden.
Business Process Reengineering (BRP)	Singngemäß übersetzt bedeutet dies Geschäftsprozessumentwicklung und beinhaltet den Umbau des Unternehmens. Die klassischen betrieblichen Funktionen (in vertikaler Anordnung) werden aufgelöst und die Tätigkeiten der Funktionsträger radikal an den horizontal durch den Betrieb verlaufenden Prozessen ausgerichtet. Ziel ist es dabei, durchgehende Prozesse ohne Schnittstellen und damit Reibungsverluste vom Lieferanten bis zum Kunden zu schaffen. Die Orientierung an den Kundenwünschen und damit die Schaffung und Erhaltung von Wettbewerbsvorteilen stehen bei dieser Methode im Vordergrund.

1 An welchem der folgenden Gesichtspunkte orientiert sich ein Wertschöpfungsprozess nicht?

Tragen Sie eine 5 ein, wenn sich ein Wertschöpfungsprozess an allen Gesichtspunkten orientiert.

1 Kostenorientierung
2 Mitarbeiterorientierung
3 Nutzenorientierung
4 Kundenorientierung

2 Ordnen Sie die folgenden Begriffe den unten stehenden Aussagen zu.

1 TQM
2 Benchmarking
3 Kaizen
4 Zero Base Budgeting
5 BRP
6 Target Costing

a. Ziel ist es, durchgehende Geschäftsprozesse ohne Schnittstellen zu schaffen. Die Orientierung an den Kundenwünschen bei der Gestaltung der Wertschöpfungsprozesse steht bei dieser Methode im Vordergrund.
b. Die Verbesserungsanstrengungen sollen langfristig, systematisch und möglichst kollektiv dafür sorgen, dass alle Geschäftsprozesse daraufhin geprüft werden, ob sie noch in Ordnung und wichtig sind. Ist das nicht der Fall, müssen sie verbessert werden.
c. Ziel dieses Instrumentes ist es, durch den Vergleich von Kennzahlen des eigenen Unternehmens mit denen anderer Unternehmen die Lage im Markt genau zu bestimmen.
d. Diese Managementphilosophie will auf allen Ebenen des Unternehmens möglichst im Wege der Selbstverpflichtung erreichen, dass für alle Mitarbeiter die Zufriedenheit der Kunden oberstes Ziel ist.
e. Diese Strategie richtet das Unternehmen auf die Kundenbedürfnisse aus, indem nur noch Prozesse zugelassen werden, die der Kunde will und die er bereit ist, zu bezahlen.
f. Jede Abteilung erhält ihre finanziellen Mittel nur noch in Abhängigkeit von dem Umfang der Leistungen, die sie dafür bereitstellt, Kundenwünsche zu befriedigen.

3 Welches der folgenden Merkmale gehört nicht zu der Begriffsbestimmung eines Geschäftsprozesses?

Tragen Sie eine 5 ein, wenn alle zutreffend sind.

1 Die Prozesse sind in sich abgeschlossen, sie haben keine Beziehung zu anderen Prozessen.
2 Es handelt sich um eine wiederholt ablaufende Folge von Tätigkeiten in einem zeitlichen und sachlogischen Zusammenhang.
3 Die Prozesse beziehen sich auf die zu erzielende Wertschöpfung.
4 Diese Prozesse sind kundenorientiert.

4 Bei den Geschäftsprozessen werden Kernprozesse und Supportprozesse unterschieden. Ordnen Sie den folgenden Tätigkeiten in einem Industrieunternehmen zu, ob es sich dabei um Tätigkeiten im Rahmen von

1 Kernprozessen,
2 Supportprozessen

handelt.

a. Im Fertigungsbereich wird eine Maschine gereinigt.
b. In der Entwicklungsabteilung wird nach den Wünschen des Kunden eine Produktänderung getestet.
c. Die Verkaufsabteilung befasst sich mit der Reklamation eines Kunden.
d. Ein Kunde, der in Zahlungsschwierigkeiten gekommen ist, erhält einen Vorschlag über die Teilzahlung seiner Verbindlichkeiten.
e. Die Personalabteilung wählt aus den eingegangenen Bewerbungen den geeigneten Kandidaten für die Stelle eines Vertriebsassistenten aus.
f. Die zusammengestellten Lieferungen werden in der Versandabteilung verpackt und versandfertig gemacht.
g. In der Buchhaltung werden die eingegangenen Rechnungen des Vortages gebucht.
h. In der Abteilung Marketing wird eine Direkt-Mailing-Aktion vorbereitet.
i. In der Datenverarbeitung wird über ein neues Softwarepaket für die Lagerabteilung entschieden.

5 Im Folgenden haben Sie eine Reihe von Behauptungen über Geschäftsprozesse.

Welche dieser Aussagen trifft zu?

Tragen Sie eine 5 ein, wenn keine Aussage zutrifft.

1 Wertschöpfung ist die Differenz zwischen den Gesamterträgen und den Gesamtaufwendungen eines Unternehmens. Es ist deshalb nur ein anderes Wort für Gewinn.
2 Subprozesse sind Prozesse von untergeordneter Bedeutung. Man kann sie vernachlässigen.
3 Geschäftsprozesse sind Abfolgen von logisch zusammengehörenden Tätigkeiten.
4 Geschäftsprozesse sind so zu gestalten, wie es die eigene Organisation und die Mitarbeiterstruktur zulassen.

6 Im Rahmen von Lean Production als Ausdruck für eine schlanke Produktion spielt der Begriff „Kaizen" eine wichtige Rolle. Er stammt aus dem Japanischen.

Welche der folgenden schlagwortartigen Erläuterungen kommt der Erklärung des Begriffs besonders nahe?

1 partnerschaftliche Führung
2 nachhaltige Kostensenkung
3 kurze Durchlaufzeiten
4 kontinuierliche Verbesserung

Erläutern Sie Begriff und Aufgaben des Controlling in einem Unternehmen.

Begriff	Controlling gehört in einem modernen Unternehmen heute zu den wichtigsten Funktionen. Der Begriff darf keineswegs mit dem deutschen Wort „Kontrolle" übersetzt werden. Vielmehr beinhaltet es vorwiegend die Merkmale der **Steuerung**. Aufgabe des Controllers ist es, das gesamte Entscheiden und Handeln durch eine entsprechende Aufbereitung von Informationen ergebnisorientiert auszurichten.
Planung und Kontrolle	▶ Die Ziele des Unternehmens müssen ausdrücklich und messbar formuliert werden. ▶ Für alle Bereiche des Unternehmens müssen anhand der angestrebten Ziele **Handlungsalternativen** entwickelt und ausgewählt sowie die daraufhin erwarteten Ergebnisse geplant werden. ▶ Die angestrebten Ziele werden nach Abteilungen in **Budgets** umgesetzt. Dies sind sowohl Planwerte für die Leistungen der einzelnen Abteilungen (z. B. Umsatz) als auch Vorgaben für die Kosten. ▶ Im laufenden Betrieb muss ständig überwacht werden, ob die Planwerte erreicht werden. Dies geschieht mithilfe des **Soll-Ist-Vergleichs**. ▶ Bei festgestellten negativen **Abweichungen** müssen Maßnahmen vorgeschlagen und ergriffen werden, um in der Durchführung gegenzusteuern oder um neue realistische Planwerte zu erhalten. Bei positiven Abweichungen müssen die auslösenden Effekte verstärkt werden.
Informationen	Die Unternehmensleitung und alle anderen Entscheidungsträger (z. B. Abteilungsleiter) benötigen für ihre Entscheidungen umfassende Informationen über die Ergebnisse früherer Entscheidungen (Kontrollinformationen) sowie Informationen, die für zukünftige Prozesse und Entscheidungen erforderlich sind (Planungsinformationen). In diesem Zusammenhang stellt der Controller erforderliche Daten, Methoden und Modelle sowie Handlungsalternativen in Berichten möglichst informativ dar (s. u.).
Koordination	Der Controller trägt neben seinen Planungs-, Kontroll- und Informationsaufgaben die Verantwortung dafür, dass die verschiedenen Abteilungen und Funktionsbereiche in Bezug auf Planung und Budgetierung miteinander koordiniert werden. Dies zeigt sich z. B. bei der Jahresplanung. Der Controller hat hier die Aufgabe, die verschiedenen Teilpläne auf ihre Verträglichkeit miteinander zu prüfen. Hierbei spielt insbesondere der Begriff der „Interdependenz der Teilpläne" eine Rolle, die besagt, dass die Pläne logisch zueinander passen müssen und untereinander nicht konkurrieren dürfen.

Geben Sie einen Überblick über die Instrumente, mit denen der Controller in einem Unternehmen in den verschiedenen Bereichen Steuerungsaufgaben erfüllen kann.

Absatzcontrolling	▶ **ABC-Analyse nach Kunden** Die Anteile der Umsätze der einzelnen Kunden am Gesamtumsatz einer Periode werden in Prozent ausgedrückt und nach der Höhe sortiert. Die größten Kunden, die 75 % des Gesamtumsatzes erbringen (es sind zumeist ca. 5 bis 10 % aller Kunden) gelten als A-Kunden, die B-Kunden machen etwa 20 % des Gesamtumsatzes aus, die C-Kunden dagegen nur noch ca. 5 %. Den A-Kunden ist eine besondere Aufmerksamkeit zu widmen, z. B. durch eine intensive Betreuung, durch gemeinsame Aktionen, durch zügige, möglicherweise Just-in-time-Belieferung. ▶ **ABC-Analyse nach Produkten** Hierbei werden die Anteile der Umsätze je Produkt in Prozent vom Gesamtumsatz in eine Rangreihe gebracht und nach A-Produkten (ca. 75 %), B-Produkten (ca. 20 %) und C-Produkten (ca. 5 %) gruppiert. Diese Analyse ist ein wichtiges Instrument zur Sortimentssteuerung. Produkte, die im C-Bereich angesiedelt sind, gelten häufig als Kandidaten für eine Sortimentsbereinigung, während Produkte im A-Bereich besonders zu fördern sind. ▶ **Deckungsbeitragsrechnung** Dieses Instrument aus dem Bereich der KLR kann für die Kalkulation von Zusatzaufträgen, für die Berechnung von Mindestabnahmemengen, für die Bestimmung von Preisuntergrenzen bei stark unter Konkurrenz stehenden Aufträgen eingesetzt werden (s. hierzu auch S. 226).
Beschaffungs-controlling	▶ **ABC-Analyse nach Lieferanten** Eine ABC-Analyse nach Lieferanten liefert Erkenntnisse darüber, wie stark der Einkauf sich an einzelne Lieferanten bindet. Sind es also nur wenige Lieferanten, mit denen das Unternehmen mehr als 70 % Umsatz macht, lohnt sich eine enge Zusammenarbeit mit diesen Unternehmen auf dem Gebiet der Konditionen, der Produktentwicklung und der Sortimentssteuerung. ▶ **Optimale Bestellmenge** Um die Kosten der Lagerhaltung und die Kosten der Beschaffung zu minimieren, wird ermittelt, wie häufig eine Warenposition mit welcher Menge pro Bestellung bestellt wird (s. hierzu auch S. 124). Allerdings ergeben sich in der Praxis vielfach Abweichungen von einer theoretischen optimalen Bestellmenge, weil Packungsgrößen, saisonale Schwankungen, Rabattstaffeln oder Mindestbestellmengen eine andere Menge sinnvoll erscheinen lassen.
Lager-controlling	▶ **Lagerhaltungskostenanalyse** (s. hierzu S. 64) ▶ **Lagerkennziffern** (s. hierzu S. 67, 133)
Personal-controlling	▶ **Personalkostenanalyse** Im Rahmen dieser Analyse werden die wichtigsten Einflussfaktoren auf die Personalkosten dargestellt, insbesondere die Bruttolöhne und -gehälter sowie die Personalnebenkosten (s. hierzu S. 85). ▶ **Personalstrukturanalyse** In dieser Analyse werden Kennzahlen wie Anteil der Angestellten oder Anteil der gewerblichen Arbeitnehmer in Prozent, Leitungsspanne, Durchschnittsalter, Ausbildungsquote, Frauenquote und andere Kennzahlen ermittelt, um Informationen für die Personalentwicklung und für die Personaleinsatzplanung zu erhalten.

1 ***Im Rahmen einer ABC-Analyse sollen Sie die Einkaufsdaten der Artikelgruppe Verbindungselemente aus dem vergangenen Jahr analysieren.***

Vervollständigen Sie zu diesem Zweck die unten dargestellte Tabelle und kennzeichnen Sie dann die hier stehenden Behauptungen mit einer

1, wenn die Aussage zutrifft,
9, wenn die Aussage nicht zutrifft.

a. Es ist unerheblich, ob eine Ware zu den A-, B- oder C-Artikeln gehört. Es müssen für alle Artikel die Möglichkeiten des beschaffungspolitischen Instrumentariums ausgeschöpft werden. ☐

b. M02, M08 und M06 machen zusammen 73,3 % des Gesamtwertes aus, jedoch nur 16,1 % der gesamten Stückzahlen. ☐

c. Zu den C-Artikeln zählen M13, M03, M10, M09 und M07, da sie nur 5,1 % des Gesamtwertes ausmachen, aber 44,2 % der gesamten Stückzahlen. ☐

d. M06, M08 und M02 gehören zu den A-Artikeln. ☐

e. Für die C-Artikel sollte bei jeder Bestellung ein Angebotsvergleich vorgenommen werden. ☐

2 ***Die Verkaufsstatistik der vergangenen Abrechnungsperiode weist für einen Elektronikhersteller folgende Zahlen aus:***

Gesamtumsatz:	7 673 400,00 EUR
Anzahl der ausgelieferten Aufträge:	5 292
Anzahl der Mitarbeiter:	25

Das Unternehmen beliefert 840 Kunden.

a. Wie viele Aufträge wurden pro Periode je Kunde abgefertigt? ☐

b. Wie viel Euro beträgt die Auftragsgröße? ☐

c. Um wie viel Tsd. Euro würde sich der Umsatz insgesamt erhöhen, wenn 20 neue Kunden gewonnen würden? ☐

d. Berechnen Sie die Produktivität der Mitarbeiter nach der Anzahl der bearbeiteten Aufträge. ☐

3 ***Der Controller eines Industrieunternehmens erhält von der Buchhaltung folgende Zahlen über eine Position Handelsware für das vergangene Jahr zur Verfügung gestellt (Werte in TEUR):***

Warenbestand am 01.01.	1 200
Warenbestand am 31.12.	1 280
Wareneingang	6 280
Umsatzerlöse	8 990

Ermitteln Sie aus den genannten Werten für das vergangene Jahr…

a. … den Wareneinsatz in TEUR, ☐

b. … den Jahresrohgewinn in TEUR, ☐

c. … den Kalkulationszuschlagssatz in %, ☐

d. … den durchschnittlichen Lagerbestand in TEUR, ☐

e. … die Umschlagshäufigkeit. ☐

4 ***Die Personalabteilung stellt für das vergangene Jahr folgende Zahlen zur Verfügung:***

Personalbestand am 01.01.	240 MA
Abgänge im gesamten Jahr	12 MA
Zugänge im gesamten Jahr	16 MA
Personalbestand am 31.12.	244 MA
Anzahl Angestellte am 31.12.	224 MA
Anzahl Auszubildende am 31.12.	36 MA
Anzahl der weiblichen MA am 31.12.	156 MA

Ermitteln Sie aus diesen Personalzahlen folgende Kennzahlen:

a. Frauenquote in % ☐

b. Ausbildungsquote in % ☐

c. Angestelltenquote in % ☐

d. Fluktuationsquote in % ☐

Material-Nr.	Stück	Stück in %	Wert/Stück	Wert	Wert in %	ABC
M1	6 000		4,00			
M2	1 000		220,00			
M3	500		20,00			
M4	2 000		10,00			
M5	3 000		5,00			
M6	1 000		100,00			
M7	200		5,00			
M8	3 000		50,00			
M9	1 000		2,00			
M10	8 000		1,00			
M11	400		40,00			
M12	600		30,00			
M13	4 000		3,00			
M14	300		150,00			
Gesamt	31 000	100,00			100,0	

Was versteht man unter einem Projekt?
Beschreiben Sie die Merkmale eines Projektes.

Begriff	Ein Projekt ist eine zeitlich befristete, zumeist innovative Aufgabe von großer Komplexität, die aufgrund der Schwierigkeit und Bedeutung ein gesondertes Management erforderlich macht. Zur Projektrealisierung müssen zumeist mehrere Organisationseinheiten zusammenwirken. Aus diesem Grund ist i. d. R. eine besondere Projektorganisation notwendig. *Beispiele: Erstellung von Fertigungsanlagen, Umstellung der Produktion auf neue Verfahren, Reorganisationen*	
Merkmale	Einmalig	Ein Projekt ist eine einmalige Aufgabe. Sie kann nicht im Rahmen der Ablauforganisation als Geschäftsprozess eingebettet werden.
	Zeitlich befristet	Die zeitliche Befristung bedeutet, dass ein Projekt stets einen Anfangs- und einen Endtermin hat. Die daran beteiligten Mitarbeiter werden zeitweise für das Projekt freigestellt und treten danach wieder in die normale Organisation zurück.
	Innovativ	Mit einem Projekt wird Neuland betreten, d. h., kein Beteiligter weiß mit Sicherheit, welche Lösung genau dabei herauskommen wird. Man bezeichnet solche Problemstellungen auch als stochastisch (offen/unbestimmt).
	Risikobehaftet	Je nach Schwierigkeitsgrad kann es zu unvorhergesehenen Problemen kommen, die den Projektausgang negativ beeinflussen. Auch ein Scheitern ist möglich.
	Komplex	Ein Projekt berührt gleichzeitig wirtschaftliche, technische und soziale Aspekte, die zudem noch auf komplizierte Weise miteinander verzahnt sind. Aus diesem Grund braucht jedes Projekt vielfältige Inputs. Es erfordert auch die Mitarbeit von Spezialisten aus verschiedenen Disziplinen (Techniker/Kaufleute/DV-Experten/Juristen).
	Hohe Bedeutung	Das Projekt hat eine hohe Bedeutung für das gesamte Unternehmen. Von seinem Gelingen gehen vielfältige Impulse auf das Unternehmensgeschehen aus. Zuweilen hängt sogar der Bestand des Unternehmens davon ab.

Erläutern Sie die einzelnen Schritte bei der Aufgabenanalyse am Start eines Projektes.

Was?	Problemanalyse und Aufgabenbeschreibung	*Ausstattung der JEST Bank mit HW und SW*
Wo?	An welchen Stellen, Orten, Objekten tritt das Problem auf bzw. muss die Aufgabe erledigt werden?	*70 Filialen in Russland*
Wer?	Wer ist für die Lösung des Problems bzw. die Erledigung der Aufgabe zuständig?	*Projektteam JEST Bank, Projektteam Hardware Lieferant, Projektteam Software Lieferant*
Wann?	Angabe von Zeitpunkten/Zeiträumen	*vom 01.03. .. bis 15.11. ..*
Wie?	genaue Beschreibung der näheren Umstände des Problems bzw. der Aufgabe und der notwendigen Schritte zur Lösung	*Veränderungen: Ablösung des alten Systems, Entwickeln von Schalter- und Office-Software* *Besonderheiten: Entwickeln kyrillischer Oberflächen*
Was nicht?	Ausschluss der nicht bedeutsamen Punkte	*Entwickeln von Druckern, da vorhanden*

Stellen Sie die einzelnen Projektmanagement-Aufgaben im Projektablauf dar.

Projektgründung	Definition des Projektzieles Projektorganisation	Nach der Aufgabenanalyse und der Entscheidung, dass es gemacht werden soll, wird das Projektziel definiert und mit allen Kernaufgaben genau beschrieben. Es wird eine geeignete Organisationsform für die Projektabwicklung vorgesehen. Das Projektteam wird optimal in die bestehende Organisation eingebettet.
Strukturplanung	Terminplanung Einsatzmittelplanung Kostenplanung	Die Beteiligten am Projekt müssen ihren Zeitbedarf angeben. Daraus wird ein zunächst grober Terminplan erstellt. Hier wird festgelegt, welche Betriebsmittel- und Personalunterstützung das Projektteam benötigt. Terminplanung und Einsatzmittelplanung sind Grundlage der Kostenplanung.
Projektkontrolle	Terminkontrolle Sachfortschrittskontrolle Kostenkontrolle	Hierbei wird ständig überprüft, ob das Projekt noch in der Sollzeit liegt. In regelmäßig stattfindenden Projektsitzungen wird überprüft, ob und zu welchen Problemen es kommt und ob die so genannten Meilensteintermine eingehalten werden. Die anfallenden Kosten werden den geplanten Sollkosten gegenübergestellt.
Projektberichterstattung	Qualitätssicherung Projektdokumentation	Gemeinsam mit dem Auftraggeber und/oder dem Hauptbetroffenen wird regelmäßig überprüft, ob die vorgegebenen Qualitätsstandards eingehalten werden. Jedes Projekt muss in Bezug auf Planung und Durchführung, Mitarbeiter und Sachmittel dokumentiert werden, um spätere Verantwortlichkeiten zuordnen zu können.
Projektabnahme	Projektabschlussanalyse Erfahrungssicherung	In einem Abschlussbericht analysieren Auftraggeber und Projektleiter die Projektergebnisse. Dazu gehören z. B. Inbetriebnahmeprotokolle. Projektleiter und Team reflektieren über die im Projekt gemachten technischen, wirtschaftlichen und sozialen Erfahrungen.
Projektauflösung	Der Projektleiter verkündet einvernehmlich mit dem Auftraggeber den Abschluss des Projektes. Die Projektgruppe wird aufgelöst, entliehene Ressourcen wieder an die abgebenden Einheiten zurückgegeben.	

1 *Prüfen Sie die folgenden allgemeinen Aussagen über Projekte.*

Tragen Sie eine
1 ein, wenn die Aussage zutrifft,
9 ein, wenn die Aussage nicht zutrifft.

a. Projekte sind zeitlich befristet.
b. Ein Projekt kann sich mehrmals in einem Jahr wiederholen.
c. Ein Projekt ist zumeist etwas Neues.
d. Bei Projekten weiß man vorher nie genau, was am Ende dabei herauskommt.
e. In Projektteams arbeiten zumeist mehrere Mitarbeiter aus verschiedenen Abteilungen zusammen.
f. Ein Projekt ist eine dauerhafte Aufgabe.
g. Bei der Lösung von Projektaufgaben kann man meist nicht auf frühere Lösungen zurückgreifen.

2 *Bringen Sie die Ziffern 1 bis 7 der unten stehenden Teiltätigkeiten eines Projektes in die richtige Reihenfolge, sodass sich ein geordneter Projektablauf daraus ergibt.*

a. Dokumentation
b. Sachfortschrittskontrolle
c. Auflösung des Projektteams
d. Terminplanung
e. Abschlussanalyse
f. Zieldefinition
g. Kostenplanung
h. Projektorganisation
i. Einsatzmittelplanung

3 *Welche der folgenden Erläuterungen trifft auf den Begriff Projekt zu?*

Tragen Sie eine 5 ein, wenn alle Aussagen zutreffen.

1 Projekte sind innovative Aufgaben.
2 Projekte sind in Bezug auf die erforderliche Sachkenntnis sehr komplex.
3 Projekte sind mit einem Risiko behaftet.
4 Projekte haben für das gesamte Unternehmen eine hohe Bedeutung.

4 *Das Wort Projekt wird sehr oft auch auf Tätigkeiten oder Abläufe angewendet, obwohl dies gar keine Projekte sind. Welche der folgenden Aufgaben eines Unternehmens eignen sich für ein Projekt?*

Ordnen Sie den beschriebenen Aufgaben eine
1 zu, wenn sich die Aufgabe für eine Projektorganisation eignet,
9 zu, wenn dies nicht der Fall ist und es sich um eine im Rahmen der normalen Organisation zu bewältigende Aufgabe handelt.

a. Eine Jahresbilanz erstellen
b. Ein Zeiterfassungssystem für alle Mitarbeiter einführen
c. Eine Vertriebsorganisation in Nordamerika aufbauen
d. Einen Großauftrag eines Kunden ausliefern.
e. Das Unternehmen auf Just-in-time-Anlieferung umstellen
f. Einen neuen Fuhrpark für die 20 Außendienstmitarbeiter anschaffen
g. Eine neue Auftragsbearbeitungssoftware in Vertrieb und Außendienst einführen
h. Eine Produktionsstätte in Polen aufbauen
i. Das komplette Dach einer Produktionshalle neu eindecken
j. Fusion mit einem anderen Unternehmen planen und durchführen.

5 *Einige Kollegen unterhalten sich über Projekte und deren Organisation. Prüfen Sie die unten stehenden Aussagen darüber.*

Welche dieser Aussagen trifft nicht auf Projekte zu?

Tragen Sie eine 6 ein, wenn alle Aussagen zutreffen.

1 Projekte sind für einen bestimmten Zeitraum angelegt. Nach Beendigung des Projektes löst sich die Projektgruppe wieder auf.
2 Nahezu jedes Projekt hat für die Entwicklung des Unternehmens eine hohe Bedeutung. Durch Projekte werden Innovationen realisiert, die durch den normalen Arbeitsprozess nicht in Gang kommen würden.
3 Da Projekte eine hohe Bedeutung haben, werden sie zumeist von der Geschäftsleitung in Gang gesetzt und mindestens ein Mitglied der Geschäftsleitung muss auch in jeder Projektgruppe vertreten sein.
4 Niemand kann genau vorhersagen, ob das Projekt mit Erfolg zu Ende geführt wird. Es kann auch sein, dass die Projektgruppe scheitert.
5 Es geschieht sehr selten, dass nur Mitarbeiter einer Abteilung an dem Projekt mitarbeiten. Wegen seiner komplexen Struktur sind meist Mitarbeiter aus verschiedenen Abteilungen der Technik und der Verwaltung beteiligt.

Beschreiben Sie das EVA-Prinzip als Grundprinzip jeglicher Datenverarbeitung.

Grundprinzip	Eingabe	Verarbeitung	Ausgabe
	Die Eingabe ist der erste Schritt der Datenverarbeitung im weiteren Sinne. Die Daten müssen zunächst erfasst, d. h. in das Datenverarbeitungssystem eingegeben, werden. Die Eingabe kann manuell an einer Tastatur oder durch automatisches Einlesen maschinenlesbarer Datenträger erfolgen.	Die Verarbeitung ist die Datenverarbeitung im engeren Sinne. Die Verarbeitung erfolgt durch Speichern, Sortieren, Zählen, Rechnen, Vergleichen, Verknüpfen und Auswerten der eingegebenen Daten. Für die Verarbeitung werden Programme benötigt, die eingegebenen Daten zu verarbeiten.	Die Ausgabe der Daten stellt das Ergebnis der Datenverarbeitung im weiteren Sinne dar. Die auszugebenden Daten, die während der Verarbeitung entstehen, werden zwischengespeichert und dann entweder sichtbar gemacht oder wiederum einem Speicher zugeführt.

Was sind Daten? Unterscheiden Sie diese nach unterschiedlichen Gesichtspunkten.

Begriff	Daten sind Informationen über Personen, Sachen oder Sachverhalte. Sie setzen sich aus bestimmten Zeichen zusammen. Im Allgemeinen sind diese Zeichen ▶ Buchstaben (alphabetische Zeichen), z. B.: f, g, F, G; ▶ Ziffern (numerische Zeichen), z. B.: 0, 5, 7, 9; ▶ Sonderzeichen (Rechenzeichen, Satzzeichen, sonstige Zeichen), z. B.: &, !, %.		
Unterscheidungsmerkmal	**Bezeichnung**	**Beschreibung**	**Beispiel**
Dauerhaftigkeit	**Stammdaten** **Bestandsdaten** **Bewegungsdaten**	bleiben über längeren Zeitraum unverändert können sich ständig ändern; geben Bestände, Mengen oder Werte an führen zur Veränderung von Bestands- oder Stammdaten	Packungsinhalt: 500 g Bestand am 12.11.: 430 Zugang am 13.11.: 600 Packungen
Aufgabe der Daten	**Ordnungsdaten** **Mengendaten**	dienen der Klassifizierung oder Identifizierung von Personen, Sachen oder Sachverhalten Daten, mit denen im Wesentlichen gerechnet wird	Art.-Nr.: 4712 Art.-Bez.: Zucker Preis: 2,75 EUR
Stand der Verarbeitung	**Eingabedaten** **Verarbeitungsdaten** **Ausgabedaten**	Daten im Stadium der Eingabe in das DV-System Daten im Stadium der Verarbeitung im DV-System Daten, die vom DV-System ausgegeben werden	Menge: 4 Packungen Menge mal Preis: 4 · 11,00 EUR Lagerwert: 44,00 EUR
Datentyp	**Text** **Zahlen** **Währung** **Datum/Zeit** **Autowert** **Boolsches Feld** **Hyperlink**	Das Datenfeld besteht aus Buchstaben und Sonderzeichen, aber auch aus Zahlen. Das Datenfeld enthält Zeichen, mit denen gerechnet werden kann. Dieser Datentyp enthält Zahlen i. V. mit Währungszeichen. Berechnungen sind möglich. Jedes gültige Datum in Verbindung mit einer Zeit ist erlaubt. Der Inhalt des Datenfeldes wird bei jedem zusätzlichen Datensatz weiter gezählt. Das Datenfeld kann nur zwei Werte annehmen. Hier werden Verknüpfungen zu Dateien im Internet hergestellt.	Name: Meier Position: Abteilungsleiter Menge: 4 500 Länge in m: 3 600 Preis: 14,60 $ Gehalt: 2 200,00 EUR Liefertermin: 20.04... Arbeitsbeginn: 07:30 Rechnungsnummer: 3446 Bezahlt: ja/nein Regler: an/aus www.lieferant.de

In welcher logischen Hierarchie werden Daten gespeichert?
Daten setzen sich aus mehreren verschiedenen Informationen zusammen. Diese Daten können auf maschinenlesbaren Datenträgern gespeichert werden. Um sie geordnet abzuspeichern, wiederzufinden und ggf. verändern zu können, müssen die Daten in einer logischen Weise aufgebaut sein.

Datenfeld	Ein Datenfeld ist der kleinste selbstständige Teil eines Datensatzes. Es ist gekennzeichnet durch die Feldlänge (Anzahl der benötigten Zeichen), durch die Position des Feldes innerhalb des Datensatzes, durch die Art der Zeichen (alphabetisch, numerisch, alphanumerisch) und durch den Feldnamen. *Beispiel: Datenfeld EAN-Artikelnummer = 13-stellig, numerisch und am Anfang des Datensatzes stehend*
Datensatz	Ein Datensatz ist die Zusammenfassung logisch zusammengehöriger Einzelinformationen über eine Person, eine Sache oder einen Sachverhalt. Die Summe der logisch zusammengehörigen Datenfelder bildet damit den Datensatz. Datensätze werden als logische Sätze bezeichnet, weil sie eine in sich abgeschlossene Einheit bilden. *Beispiel: Artikelstammsatz = alle Informationen über einen Artikel, wie Artikelnummer, Bezeichnung, Preis etc.*
Datei	Eine Datei ist ein Datenbestand aus logisch zusammengehörigen Datensätzen. Jeder Datensatz muss in einer Datei gleichartig aufgebaut sein, enthält jedoch unterschiedliche Informationen. *Beispiel: Artikelstammdatei = alle Artikelstammsätze eines Unternehmens*

1 Prüfen Sie die unten stehenden Sachverhalte. Ordnen Sie diesen Daten zu

in Spalte A, ob es sich um
1 Stammdaten,
2 Bestandsdaten,
3 Bewegungsdaten,
in Spalte B, ob es sich um
4 Ordnungsdaten,
5 Mengendaten,
in Spalte C, ob es sich um
6 Eingabedaten,
7 Verarbeitungsdaten,
8 Ausgabedaten
handelt.

Spalte	A	B	C
a. In der Warenannahme wird die Menge einer Lieferung für das Warenwirtschaftssystem erfasst.			
b. Aufgrund des gescannten Artikels liest das System den Preis aus der Artikeldatei.			
c. Das System berechnet den Wert der Position und speichert diesen für den Gesamtwert der Rechnung.			
d. Der berechnete Gesamtwert einer Position wird vom Drucker gedruckt.			
e. In der Lohnabrechnung wird die Personalnummer des Mitarbeiters ausgedruckt.			

2 Welche der folgenden Definitionen des Datenbegriffs trifft zu?

1 Daten sind alle Nachrichten in jedweder Form.
2 Daten werden unterschieden in verbale und nonverbale Kommunikation.
3 Daten sind Informationen über Personen, Sachen oder Sachverhalte.
4 Daten sind alle Zeichen eines Sprachraumes.
5 Daten sind alle Datumsangaben.

3 Aus welchen Zeichen bestehen die unten dargestellten Daten? Setzen Sie eine

1 ein für alphabetische Zeichen,
2 ein für numerische Zeichen,
3 ein für alphanumerische Zeichen (inkl. Sonderzeichen).

a. Mengenangabe auf einem Lieferschein
b. Vorname eines Mitarbeiters
c. Preis eines Artikels
d. Kfz-Kennzeichen
e. Sozialversicherungsnummer
f. Höhe des Mehrwertsteuersatzes

4 Bei welchem der unten stehenden Datenverarbeitungsoperationen handelt es sich um

1 Eingabeoperationen,
2 Verarbeitungsoperationen,
3 Ausgabeoperationen
einer EDV-Anlage?

Tragen Sie eine 9 ein, wenn es sich nicht um Datenverarbeitung im weiteren Sinn handelt.

a. Der Bildschirm zeigt dem Disponenten den verfügbaren Bestand.
b. Der Lagerarbeiter scannt mit der Lesepistole den Barcode der angelieferten Ware.
c. Der Ausbilder erklärt einem Auszubildenden, wo er die Lieferscheine ablegen muss.
d. Im Betriebsbüro werden über die Tastatur die Planmengen der kommenden Woche erfasst.
e. Das System besorgt sich von der Magnetplatte die Vorgabezeit eines Arbeitsschrittes und multipliziert diese mit der eingegebenen Stückzahl.
f. Der Drucker druckt die Arbeitsbegleitpapiere.
g. Bei der Inventur wird das Regaletikett mit dem Magnetstreifen in das Lesegerät eingeführt und gelesen.
h. Über den Plotter lässt sich der Konstrukteur den veränderten Entwurf zeichnen.
i. Daten des Vorjahres und des laufenden Jahres werden verglichen; die Veränderung wird in Prozent errechnet.

5 Welche der folgenden Aussagen über einen Datensatz trifft nicht zu?

Tragen Sie eine 6 ein, wenn alle Aussagen richtig sind.

1 Ein Datensatz ist Teil einer Datei.
2 Ein Datensatz ist die Zusammenfassung logisch zusammengehöriger Einzelinformationen über eine Person, eine Sache oder einen Sachverhalt.
3 Die Menge aller Datensätze in einem Unternehmen wird als Datenbank bezeichnet.
4 Datensätze werden deshalb auch als logische Sätze bezeichnet, weil sie eine in sich abgeschlossene Einheit bilden.
5 Datensätze können eine definierte Länge haben oder variabel sein.

6 Welcher Begriff aus der Datenverarbeitung wird mit folgender Definition umschrieben?

„Es handelt sich hier um einen Teil eines Datensatzes. Es ist gekennzeichnet durch die Länge (Anzahl der benötigten Zeichen), durch seine Position innerhalb des Datensatzes, durch die Art der Zeichen (alphabetisch, numerisch, alphanumerisch) und durch seinen Namen."

1 Datenbank
2 Datenblock
3 Datenfeld
4 Datenstrang

Erläutern Sie den Aufbau eines Datenverarbeitungssystems.

Das **Bussystem** stellt die Verbindung zwischen den einzelnen Komponenten der Zentraleinheit her. Das Leitungssystem ist Bestandteil des Motherboards und besteht aus folgenden Teilen:

- ▶ Der **Adressbus** überträgt Speicheradressen an den Arbeitsspeicher.
- ▶ Der **Steuerbus** dient zur Übertragung von Signalen zwischen dem Steuerwerk und den anderen Bestandteilen.
- ▶ Der **Datenbus** dient zum Transport der Daten zwischen Rechenwerk, Arbeitsspeicher und Ein- bzw. Ausgabeeinheit.

	Mikroprozessor (CPU) Central Processing Unit		**Interner Speicher**		
Der **Taktgeber** auf dem Motherboard erzeugt periodische Schwingungen durch elektrische Impulse. Die Taktfrequenz wird in GHz ausgedrückt, das sind 1 Mrd. Impulse pro Sekunde.	Das **Steuerwerk** interpretiert und koordiniert die Befehle des Programms und überwacht die Arbeit der anderen Systemteile.	Das **Rechenwerk** führt arithmetische Operationen nach Anweisung durch das Steuerwerk aus und vergleicht Daten (logische Operationen).	**Arbeitsspeicher** (RAM = Random Access Memory), ein Speicher mit wahlfreiem Zugriff, in dem sich neben dem Betriebssystem die laufenden Programme mit ihren Daten befinden. Seine Größe bestimmt auch die Geschwindigkeit des Rechners.	**Festwertspeicher** (ROM = Read Only Memory), ein Nur-Lese-Speicher, der die elementaren Befehle zum Betrieb eines Rechners enthält (Start, Laden des Betriebssystems, Abstellen).	**Ein-/Ausgabesteuerung** Datenleitungen zur Tastatur, zu den seriellen und parallelen Anschlüssen sowie zu den vorhandenen Steckkartenplätzen. Die Steckkartenplätze dienen zur Aufnahme von notwendigen und zusätzlichen Karten (z. B. Soundkarten, Grafikkarten).

Die **Peripherie** ist die Summe aller Geräte, die um eine Zentraleinheit angeordnet und an sie angeschlossen ist.

Reine Eingabegeräte	Externe Speicher	Reine Ausgabegeräte
sind einfunktional und dienen ausschließlich der Dateneingabe. Über sie werden die jeweiligen für die Datenverarbeitung notwendigen Daten eingelesen oder eingegeben: ▶ Maus, ▶ Tastatur, ▶ Karten- und Chipleser, ▶ Lesepistole, Lesestift, Scanner.	sind in der Lage, große Mengen von Daten, die vor, während und nach der Verarbeitung anfallen, aufzunehmen, aufzubewahren und sie auf Abruf wieder abzugeben. Sie arbeiten auf optoelektronischer oder magnetischer Basis und sind dreifunktional ▶ Magnetplattenstation, ▶ CD-RW- oder DVD-Laufwerk.	sind ebenfalls nur einfunktional und dienen ausschließlich der Ausgabe der verarbeiteten Daten: ▶ Bildschirm, ▶ Drucker, ▶ Plotter, ▶ Lautsprecher, ▶ Digitalanzeige, ▶ Mikrofilmaufzeichnungsgerät.

Erläutern Sie in Stichworten, von welchen Faktoren die Geschwindigkeit eines Computers abhängig ist.

Taktrate	Je höher die Taktrate, desto mehr Instruktionen kann der Mikroprozessor pro Zeiteinheit verarbeiten. Diese Geschwindigkeit wird in MIPS ausgedrückt (Million Instructions per Second).
Breite des Datenbusses	Je breiter der Datenbus (16, 32, 64 etc.), desto mehr Informationen können zwischen den Einheiten der Zentraleinheit transportiert werden.
Arbeitsspeicher	Je größer der Arbeitsspeicher, desto geringer ist der Umfang der Daten, der vom Steuerwerk auf der Magnetplatte zwischengespeichert werden muss (virtueller Speicher), desto schneller ist der Computer.
Grafikkarte	Die Grafikkarte setzt die aufwändige grafische Gestaltung von Benutzeroberflächen um und benötigt dafür Rechnerkapazität. Gute Grafikkarten sind daher mit einem eigenen Arbeitsspeicher und einem eigenen Prozessor ausgestattet, der die Zentraleinheit entlastet.
Cache-Speicher	Bei dem Cache-Speicher geht es darum, dass entweder Teile des Arbeitsspeichers als Zwischenspeicher organisiert werden oder aber spezielle Speicherbausteine (SRAM) zusätzlich installiert werden und den Arbeitsspeicher entlasten. Je umfangreicher die Cache-Speicher sind, desto schneller ist der Computer.

Geben Sie einen kurzen Überblick über die am Markt erhältlichen Computertypen.

Superrechner und Mainframes	Für Berechnungen mit großen Datenmengen und extrem schnelle Berechnungen benötigt man diese Rechner, z. B. für Wettervorhersage oder technische Simulationen.
Personal-Computer	Computer, die direkt am Arbeitsplatz aufgestellt werden und mit denen nahezu alle Arbeiten ausgeführt werden können. Die meisten PC sind heute in den Unternehmen vernetzt.
Notebook/Tablet Computer	Dies sind tragbare Computer, deren Leistung sich nicht von denen der PC unterscheidet. Die Miniaturisierung der Technik und die Entwicklung von TFT-Bildschirmen haben die Entwicklung möglich gemacht.
Handheld-PC-Organizer/ Smartphone	Rechner bzw. Handys mit dem Format eines Notizbuches, die mit einem Touchscreen ausgestattet sind, über den mit dem Finger die Eingaben gemacht werden. Dockingstationen ermöglichen den Anschluss an und die Übernahme bestimmter Daten von PC oder Notebook.

1 Welche der folgenden Aussagen zur Zentraleinheit einer DV-Anlage trifft nicht zu?

Tragen Sie eine 5 ein, wenn alle Aussagen richtig sind.

1 Die Zentraleinheit erledigt die Datenverarbeitung im engeren Sinne.
2 Die Zentraleinheit ist die Hauptkomponente einer EDV-Anlage.
3 Die Zentraleinheit wird auch als Central Processing Unit (CPU) bezeichnet.
4 Die Zentraleinheit ist der Hauptspeicher einer EDV-Anlage.

2 Welche der folgenden Einrichtungen ist kein Bestandteil einer Zentraleinheit?

1 Plotter
2 Hauptspeicher
3 Rechenwerk
4 Steuerwerk

3 Ergänzen Sie unten stehende Aussagen durch die folgenden Begriffe, indem Sie die Ziffer vor dem zutreffenden Begriff in das entsprechende Kästchen eintragen.

1 Steuerwerk
2 Rechenwerk
3 Hauptspeicher
4 Prozessor

Der/Das ...

a. ... überwacht die Arbeit der anderen Systemteile und ist für deren integriertes Zusammenwirken erforderlich.
b. ... enthält die für die Datenverarbeitung notwendigen Eingabe- und Verarbeitungsdaten und die notwendige Software, mit der jeweils aktuell gearbeitet wird.
c. ... entschlüsselt die Befehle des Programms und steuert die Verarbeitungsschritte in den anderen Funktionseinheiten der Anlage.
d. ... führt logische Operationen durch.
e. ... koordiniert die Ein- und Ausgabe von Daten entsprechend den Programmschritten.
f. ... ist die technisch bedingte Zusammenfassung von Steuer- und Rechenwerk.
g. ... führt arithmetische Operationen nach Anweisungen des Programms durch.

4 Welcher der unten stehenden Begriffe trifft auf die folgende Definition zu?

„Dieser Teil der Hardware ist die Summe aller Geräte, die um eine Zentraleinheit angeordnet und an ihr angeschlossen sind."

1 Datenkanäle
2 Netzwerk
3 Peripherie
4 Datenbus

5 Welches der folgenden Geräte ist kein reines Eingabegerät?

Tragen Sie eine 6 ein, wenn es sich ausschließlich um reine Eingabegeräte handelt.

1 Scanner
2 Lesepistole
3 Maus
4 Tastatur
5 Sensor

6 Welche der folgenden Hardwarekomponenten werden

1 ausschließlich für die Eingabe von Daten verwendet,
2 ausschließlich für die Ausgabe von Daten verwendet,
3 sowohl für die Eingabe als auch die Ausgabe von Daten verwendet,
4 sowohl für die Eingabe, die Ausgabe als auch für die Speicherung von Daten verwendet?

Tragen Sie eine 9 ein, wenn eine Zuordnung des Gerätes nicht sinnvoll erscheint.

a. Telefaxgerät
b. Magnetbandeinheit
c. Bildschirm
d. CD DVD-Laufwerk
e. Kassenterminal
f. Rechenwerk
g. Plotter
h. Lautsprecher
i. Scanner

7 Welche der folgenden Aussagen trifft nicht auf den Begriff „Dialoggerät" zu?

Tragen Sie eine 5 ein, wenn alle Aussagen zutreffend sind.

1 Dialoggeräte stellen eine Kombination von Eingabegerät und Ausgabegerät dar.
2 Dialoggeräte ermöglichen den Austausch von Informationen zwischen Benutzer und EDV-System.
3 Dialoggeräte sind immer zweifunktional.
4 Zu den Dialoggeräten gehören z. B. das Datensichtgerät oder ein Kassenterminal.

8 Welche der folgenden Aussagen trifft nicht auf den Begriff „externer Speicher" zu?

Tragen Sie eine 5 ein, wenn alle Aussagen zutreffend sind.

1 Externe Speicher arbeiten in der Regel auf magnetischer oder optischer Basis.
2 Externe Speicher benötigen einen entsprechenden Datenträger.
3 Externe Speicher sind immer dreifunktional.
4 Ein externer Speicher ist z. B. das Faxgerät.

Erläutern Sie die verschiedenen Möglichkeiten der Speicherung von Daten in einem EDV-System.

Ein Speicher ist ein Medium, das Daten aufnimmt, diese aufbewahrt und bei Bedarf wieder abgibt. Externe Speicher im engeren Sinn sind deshalb vorwiegend maschinelle Speicher mit elektromagnetischen Speichermedien.
Die **Speicherkapazität** eines Speichers wird in Kilobyte KB (= 1 024 Bytes) oder Gigabytes GB (= 1 024 Megabytes) angegeben.

Interner Speicher (Hauptspeicher)	▶ Der **Arbeitsspeicher** dient im Wege des Direktzugriffs (engl.: RAM = random access memory) zur freien Unterbringung von Programmen, Daten, Bildern und Sprache. ▶ Der **Festspeicher** (engl.: ROM = read only memory) dient zur Aufbewahrung ständig benutzter interner Programme und für die Steuerung der Anlage (Teile des Betriebssystems) sowie als Hintergrundspeicher.
Externe Speicher	Externe Speicher werden hauptsächlich genutzt, um große Datenmengen möglichst wirtschaftlich zu speichern, da der Hauptspeicher in seiner Kapazität begrenzt ist. Da ein Speicher dazu dient, sowohl Daten abzulegen als auch wieder aufzufinden, müssen die entsprechenden Geräte sowohl Daten schreiben als auch aufbewahren und lesen. Die bedeutendsten externen Speicher werden wie folgt unterschieden:

Magnetische Speicher	Optische Speicher	Elektronische Speicher
besitzen eine Oberfläche, die eine magnetische Aufzeichnung von Daten ermöglicht. *Beispiel: Magnetplatte, Diskette*	werden durch einen Laserstrahl beschrieben und sind auf gleiche Weise lesbar. *Beispiel: CD, CD-RW, DVD*	werden durch elektronische Impulse geladen und halten die Daten fest (nicht flüchtig). *Beispiel: Flash-Card, USB-Stick*

Die Auswahl eines externen Speichers hängt von verschiedenen Kriterien ab:
- ▶ Zugriffsart: direkt oder indirekt;
- ▶ Zugriffsgeschwindigkeit: wird in Millisekunden (msec.) gemessen;
- ▶ Umfang des zu speichernden Datenbestandes;
- ▶ Kapazität des einzelnen Speichermediums;
- ▶ Kosten der Datenspeicherung: wird ausgerechnet in EUR/MB.

Beschreiben Sie anhand wichtiger Merkmale die wichtigsten externen Speichermedien.

Bezeichnung	Zugriffsart	Zugriffszeit	Kapazität	Kosten/MB	Verwendung
Magnetplatte	direkter Zugriff, da adressierbare Speicherplätze	1 bis 5 msec.	Gigabyte- bis Terrabytebereich	systemabhängig: ca. 0,0001 EUR	Großraumspeicher für häufig benutzte Programme/Daten
CD-ROM/ CD-RW DVD	direkter Zugriff, da adressierbare Speicherplätze	unter 50 msec.	ab 650 MB bis ca. 5 GB	ca. 0,0001 EUR	versandfähiger Zwischenspeicher für Daten und Programme
Magnetband (Data-Cartridge)	Reihenfolgezugriff (sequentiell), da nicht adressierbare Speicherplätze	1 bis 100 sec. nach Lage des Datensatzes	Gigabytebereich	ca. 0,001 EUR	billiger Großraumspeicher für Massendaten, Archivdaten und Sicherungsdaten
Flash-Card Memory-Stick	direkter Zugriff	unter 40 msec.	bis ca. 40 GB	ca. 0,01 EUR	multifunktional und schnell einsetzbar als mitnahmefähiger Datenspeicher

Erläutern Sie am Beispiel von Magnetplatte und Magnetband Unterschiede der externen Speicherung.

Magnetplatte	Magnetband
Die Magnetplatte (engl.: hard disc) besteht aus einer runden, mit Eisenoxyd beschichteten Aluminiumscheibe, auf der in konzentrischen Kreisen Spuren angelegt sind. Auf diesen Spuren werden die Daten in hintereinander liegenden Bytes gespeichert (bitserielle Speicherung). Neben Einzelplatten gibt es auch Magnetplattenstapel, bei denen mehrere Platten übereinander angeordnet sind. Schreib-Lese-Köpfe, die ebenfalls übereinander angeordnet sind, können beim Schreib- oder Lesevorgang den entsprechenden Zylindern/Spuren zugeführt werden. Dies geschieht, während die Platte mit hoher Umdrehungszahl rotiert. Die Speicherplätze sind somit adressierbar und können deshalb auch im Direktzugriff beschrieben und gelesen werden.	Das Magnetband besteht aus einer mit Ferrit beschichteten Kunststofffolie in verschiedenen Längen. Die Speicherung der Daten erfolgt bitparallel in Sprossen quer zum Band (z. B. 8 Bits = 1 Datenbyte + 1 Prüfbit). Dafür werden 9 Spuren benötigt. Mehr Spuren sind je nach verwendeter Technologie möglich. Auf dem Magnetband werden die Datensätze hintereinander gespeichert und können auch nur in dieser Reihenfolge abgerufen werden. Liegt also ein Datensatz am Ende eines Bandes, muss erst das ganze Band vorgespult werden, bis dieser Datensatz gelesen werden kann. Die Aufzeichnung der Daten erfolgt in Datenblöcken mit dazwischen liegenden Bandlücken (Kluft).

1 Kennzeichnen Sie unten stehende Aussagen mit

1, wenn diese zutreffen,
9, wenn diese nicht zutreffen.

a. Die Speicherkapazität eines Speichers wird in Bits angegeben.
b. Auf dem externen Speicher im engeren Sinn werden vorwiegend ständig benutzte Teile des Betriebssystems abgelegt.
c. Der Arbeitsspeicher dient im Wege des Direktzugriffs zur freien Unterbringung von Programmen und Daten.
d. Der Festspeicher dient zur Aufbewahrung ständig benutzter interner Programme und für die Steuerung der Anlage.

2 Von welchen Kriterien hängt die Auswahl eines externen Speichers ab?

Kennzeichnen Sie mit einer

1 solche Kriterien, die für die Auswahl nützlich sind,
9 solche Kriterien, die sich nicht für die Auswahl eines externen Speichers anbieten.

a. Zugriffsart
b. Zugriffsgeschwindigkeit
c. Ergonomie
d. Umfang des zu speichernden Datenbestandes
e. Dauer der Speicherung
f. Kapazität des einzelnen Speichermediums
g. Technischer Kundendienst
h. Kosten der Datenspeicherung
i. Bedienungsfreundlichkeit

3 Kennzeichnen Sie unten stehende Speichermedien mit einer

1, wenn es sich um Speicher mit Reihenfolgezugriff handelt,
2, wenn es sich um Speicher mit Direktzugriff handelt.

Tragen Sie eine 9 ein, wenn es sich nicht um einen externen Speicher handelt.

a. Magnetband
b. Magnetplatte
c. Scanner
d. USB-Stick
e. Plotter
f. Diskettenspeicher
g. CD-ROM

4 Auf welchem der folgenden externen Speicher lässt sich technisch die höchste Anzahl von Zeichen speichern?

1 ZIP-Diskette
2 Magnetplatte
3 Magnetband
4 CD-ROM

5 In einem bundesweit operierenden Lederwarenfilialunternehmen sollen die anfallenden Daten erfasst und täglich an die Zentrale weitergegeben werden. Eine Datenfernübertragung ist noch nicht vorgesehen. Das täglich anfallende Datenvolumen beträgt ca. 500 MB.

Für welchen der folgenden externen Speicher entscheiden Sie sich?

1 USB-Stick
2 Magnetplatte
3 Magnetband
4 CD-ROM

6 Prüfen Sie folgende Gleichsetzungen. Kennzeichnen Sie diese mit

1, wenn sie zutreffen,
9, wenn sie nicht zutreffen.

a. ROM = nur lesbarer Festspeicher
b. 1 KB = 1 024 Bytes
c. RAM = nur lesbarer Direktzugriffsspeicher
d. sequenzielle Speicherung = Speicherung mit Reihenfolgezugriff
e. 1 MB = 1 024 Gigabytes

7 Kennzeichnen Sie unten stehende Aussagen mit

1, wenn diese sich nur auf das Magnetband beziehen,
2, wenn diese sich nur auf die Magnetplatte beziehen,
3, wenn diese sich sowohl auf das Magnetband als auch auf die Magnetplatte beziehen,
9, wenn diese sich weder auf das Magnetband noch auf die Magnetplatte beziehen.

a. Auf den Spuren werden die Daten bitseriell gespeichert.
b. Ein Schreib-Lese-Kopf kann das Speichermedium beschreiben und die geschriebenen Daten wieder lesen.
c. Die Speicherung der Daten erfolgt bitparallel.
d. Die Speicherplätze sind adressierbar und können deshalb auch im Direktzugriff beschrieben und gelesen werden.
e. Die Spuren sind in quadratischer Form angelegt. Das hat den Vorteil, dass sie schneller gelesen werden können.
f. Das Speichermedium ist mehrfach verwendbar.
g. Die Datensätze werden hintereinander gespeichert und können auch nur in dieser Reihenfolge abgerufen werden.

Was versteht man unter dem Begriff „Software"?
Welche Arten von Software werden unterschieden?

Begriff	Die Software ist die Summe aller Programme, mit denen auf einem EDV-System (der Hardware) gearbeitet wird. Die Software macht die Hardware erst funktionsfähig.
Anwendersoftware	Sie ist die Summe aller Programme, die für kaufmännische oder technische Anwendungen erstellt werden. ▶ Die individuelle (selbst oder fremderstellte) Anwendersoftware ermöglicht es dem Betrieb, auf seine besonderen Problemstellungen einzugehen, z. B. spezifische Warendispositionsprobleme. Solche Programme sind jedoch verhältnismäßig teuer. ▶ Die **Standardsoftware** besteht aus Programmen, die für eine Vielzahl von Anwendern geschrieben ist. Die Anwendungen sind so gleichförmig, dass eine einheitliche Lösung auf viele Betriebe zutrifft, z. B. Kassenabrechnung, Lohn- und Gehaltsabrechnung, Textverarbeitung, Buchhaltung. Diese Programme haben den Vorteil, dass sie relativ günstig sind, zumeist schon vielfach getestet wurden und bei notwendigen Änderungen eine günstige Programmpflege angeboten wird.
Betriebssystem	Dies sind Programme, die zur Inbetriebnahme, zur Steuerung und Kontrolle eines EDV-Systems eingesetzt werden (Betriebssystem). Die Systemsoftware erschließt die Hardware und ist eine wichtige Voraussetzung, um mit der Anwendersoftware arbeiten zu können. Aufgabe des Betriebssystems ist es, ▶ den Dialog mit dem Benutzer zu führen, ▶ den Platz auf Speichermedien, z. B. Disketten und Festplatten, zu verwalten, ▶ die vom Benutzer gewünschten Programme zu laden, zu starten und zu unterbrechen, ▶ bei mehreren gleichzeitig ablaufenden Programmen Prozessorzeit zuzuteilen, ▶ bei zu geringem Arbeitsspeicherplatz virtuellen Arbeitsspeicherplatz zuzuteilen, ▶ die Ein- und Ausgabe von Daten zu koordinieren und die Arbeit der Peripherie zu verwalten, ▶ Dienstprogramme zur Verfügung zu stellen, um z. B. Daten zu suchen oder zu vergleichen.

Was ist ein EDV-Programm?

- ▶ Ein Programm ist eine geordnete Folge von Befehlen (Instruktionen) und bewirkt die automatische Ausführung einer Aufgabe (z. B. Kassenabrechnung, Lohn- und Gehaltsabrechnung).
- ▶ Das Programm ist eine Arbeitsanweisung für den Computer. Es legt mit den einzelnen Befehlen fest, welche Daten bei der Erfassung abgefragt werden, was mit diesen Daten geschehen soll, wo und wie die Ergebnisse zu speichern sind und in welcher Form diese Daten ausgegeben werden.

Unterscheiden Sie Datensicherung und Datenschutz.

Datensicherung	Die Datensicherung umfasst alle Maßnahmen eines Unternehmens zum Schutz der Daten vor Verlust, Beschädigung, Verfälschung und unerlaubtem Zugriff unberechtigter Personen. Maßnahmen: ▶ **Organisatorische Maßnahmen** – Zugangs- und Abgangskontrollen, z. B. durch offen getragene Ausweise – bauliche Maßnahmen, z. B. besonders feuergeschützte Räume – regelmäßige Sicherung der angefallenen Daten ▶ **Softwaremaßnahmen** – Zugangsberechtigung zu Datenendstationen nur über im Programm hinterlegte Passwörter – Plausibilitätskontrollen bei der Eingabe von Daten, z. B. bei der Überprüfung der Eingabe anhand vorgegebener Größen (Datum, Preis) – Prüfziffernverfahren, z. B. bei der EAN-Nummer (letzte Ziffer) – Summen- und Vollständigkeitskontrollen ▶ **Hardwaremaßnahmen** – Zugang zu den Tastaturen und Geräten nur mit Schlüsseln, z. B. an Kassen oder Datenendgeräten – Überschreibschutz bei Magnetbändern – technische Prüfbitkontrolle bei der Übertragung von Daten
Datenschutz	Der Datenschutz umfasst alle Maßnahmen eines Unternehmens, einer Behörde oder sonstigen Organisation zum Schutz aller personenbezogenen Daten vor Missbrauch durch unberechtigte Übertragung und Weitergabe oder unberechtigtem Zugriff. Hinzu kommt der Schutz des einzelnen Menschen vor der Sammlung von individuellen Daten über seine Person. Dazu gibt es folgende Maßnahmen: ▶ **Rechte der betroffenen Bürger** – Kenntnisrecht ist das Recht des Bürgers zu wissen, wer Daten über ihn in welchem Umfang besitzt und an wen diese Daten ggf. weitergegeben werden. – Berichtigungsrecht ist das Recht, unrichtig gespeicherte Daten korrigieren zu lassen. – Löschungsrecht ist das Recht, unzulässig gespeicherte Daten löschen zu lassen. ▶ **Datengeheimnis** Personen, die mit personenbezogenen Daten zu tun haben, werden zum Schweigen darüber verpflichtet. ▶ **Technische oder organisatorische Maßnahmen** Diejenigen Betriebe und Einrichtungen, die personenbezogene Daten verarbeiten, haben die geeigneten Maßnahmen zu treffen, die den Datenschutz gewährleisten.

1 Kennzeichnen Sie unten stehende Aussagen mit einer

1, wenn es sich um Aussagen zur Datensicherung handelt,
2, wenn es sich um Aussagen zum Datenschutz handelt.

a. Die unberechtigte Übertragung und Weitergabe oder der unberechtigte Zugriff personenbezogener Daten stehen hierbei im Vordergrund.
b. Hierbei sollen die Daten selbst vor Verlust, Beschädigung, Verfälschung und unerlaubtem Zugriff geschützt werden.
c. Es handelt sich um Maßnahmen zum Schutz aller personenbezogenen Daten.
d. Die Privatsphäre der Personen soll durch den Schutz vor Missbrauch von Daten geschützt werden.
e. Sämtliche Daten eines Unternehmens sollen durch geeignete Maßnahmen geschützt werden.
f. Dazu gehört auch der Schutz des einzelnen Menschen vor der Sammlung von individuellen Daten über seine Person.

2 Maßnahmen zu Datensicherung und Datenschutz überschneiden sich zuweilen. Manche Maßnahmen dienen jedoch nur dem Datenschutz, manche nur der Datensicherung.

Kennzeichnen Sie unten stehende Maßnahmen mit einer

1, wenn diese ausschließlich der Datensicherung dienen,
2, wenn diese ausschließlich dem Datenschutz dienen,
3, wenn diese sowohl der Datensicherung als auch dem Datenschutz dienen,
9, wenn diese weder dem Datenschutz noch der Datensicherung dienen.

a. In einer Programmierabteilung müssen die Mitarbeiter ihre Ausweise mit Zugangsberechtigung offen tragen.
b. Die Mitarbeiter der Personalabteilung haben Zugangsberechtigung zu den Personalstammdaten nur über im Programm hinterlegte Passwörter.
c. Die Datenträger mit den Daten des Tages werden abends in einem feuerfesten Tresor verschlossen.
d. Ein Bürger verlangt von der Schufa, eine irrtümliche Eintragung zu löschen.
e. Bei der Übertragung von Daten erfolgt eine technische Prüfbitkontrolle, um „Datensalat" zu verhindern.
f. Neben dem Schreibtischtest führt der Programmierer noch einen Kontrolllauf des Programms mit „harten" Daten durch.
g. Von allen Programmen, die in einem Unternehmen eingesetzt werden, existieren Sicherheitskopien.
h. Das Eingabeprogramm überprüft durch Plausibilitätskontrollen die eingegebenen Daten auf ihre Richtigkeit.
i. Ein Bürger verlangt vom Einwohnermeldeamt und der Polizei einen Ausdruck über sämtliche über ihn ggf. gespeicherten Daten.
j. Jede EAN-Nummer ist mit einer Prüfziffer ausgestattet, um falsche Erfassungen zu verhindern.

3 Welches der folgenden Rechte ist kein Recht nach dem Datenschutzgesetz?

Tragen Sie eine 5 ein, wenn es sich ausschließlich um Rechte nach dem Datenschutzgesetz handelt.

1 Jeder Bürger hat das Recht zu wissen, wer Daten über ihn in welchem Umfang besitzt und an wen diese Daten ggf. weitergegeben werden.
2 Jeder Bürger hat das Recht, unrichtig gespeicherte Daten korrigieren zu lassen.
3 Jeder Betrieb hat einen Sicherheitsbeauftragten zu benennen.
4 Diejenigen Personen, die mit personenbezogenen Daten zu tun haben, werden zum Schweigen darüber verpflichtet.

4 Im Rahmen der Datensicherung werden

1 organisatorische Maßnahmen,
2 Softwaremaßnahmen,
3 Hardwaremaßnahmen

unterschieden.

Ordnen Sie den folgenden Maßnahmen zu, um welche Art der Maßnahmen es sich handelt.

a. Zugangsberechtigung zu Datenendstationen nur über Passwörter (Zugangscodes)
b. bauliche Maßnahmen, z. B. besonders feuergeschützte Räume
c. Zugang zu den Tastaturen und Geräten nur mit Schlüsseln
d. Plausibilitätskontrollen bei der Eingabe von Daten
e. Zugangs- und Abgangskontrollen, z. B. durch offen getragene Ausweise
f. regelmäßige Sicherung der angefallenen Daten
g. Summen- und Vollständigkeitskontrollen
h. Prüfziffernverfahren
i. Überschreibschutz bei Magnetbändern

5 Kennzeichnen Sie unten stehende Aussagen mit

1, wenn diese zutreffen,
9, wenn diese nicht zutreffen.

a. Die Betriebssystemsoftware beinhaltet alle Programme, die zur Inbetriebnahme, zur Steuerung und Kontrolle eines EDV-Systems eingesetzt werden.
b. Standardsoftware ist einheitlich und für viele Betriebe geeignet.
c. Anwenderprogramme sind alle Programme, die ein Programmierer benötigt, um aus einem Quellprogramm ein Maschinenprogramm zu erstellen.

Nennen Sie die wichtigsten Funktionen der Menüleiste von Microsoft Word.

Datei

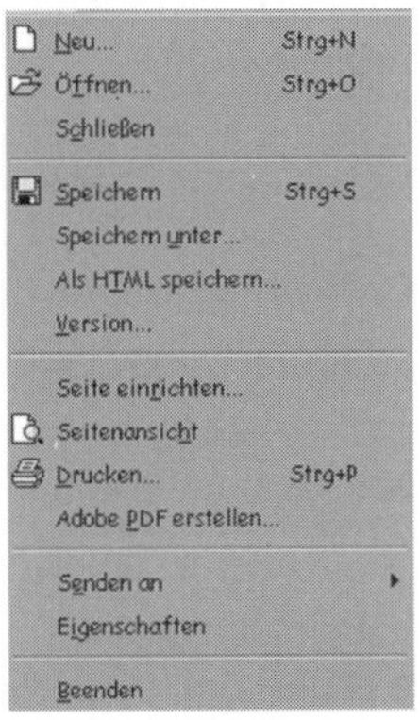

Format

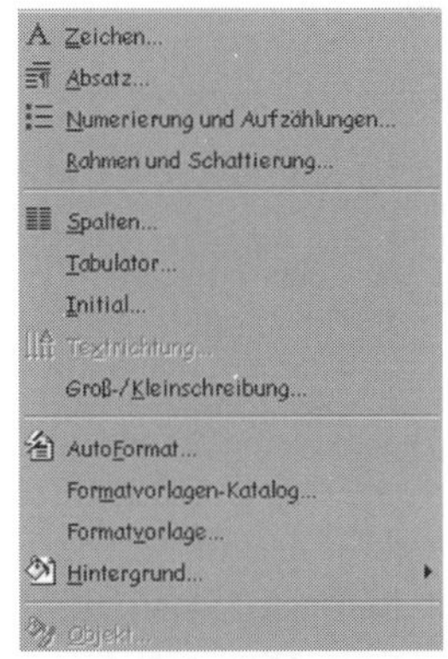

Bearbeiten

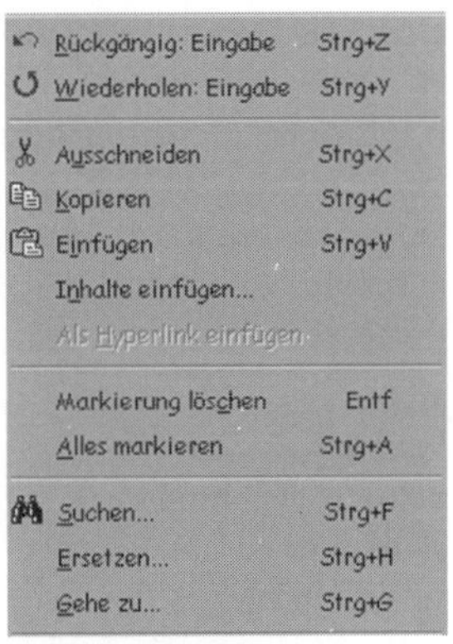

Extras

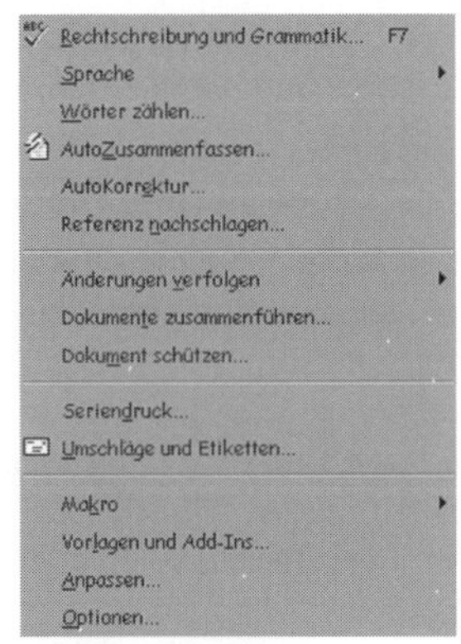

Ansicht

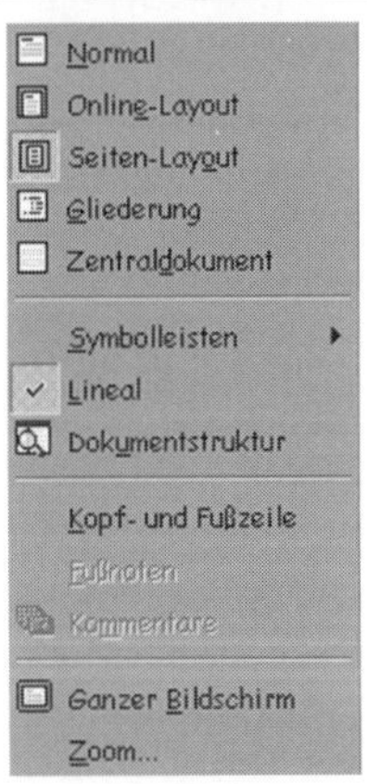

Tabelle

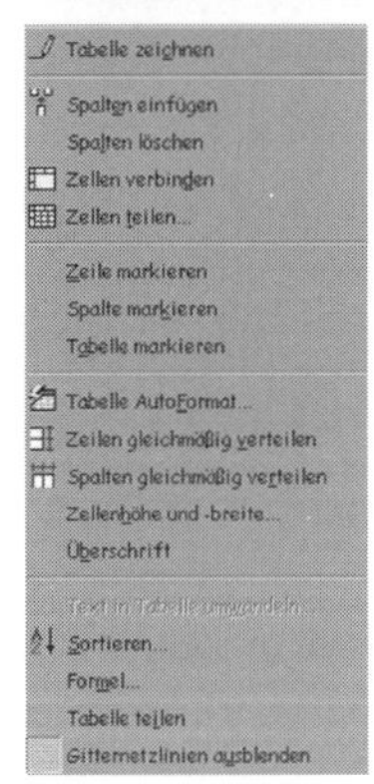

Einfügen

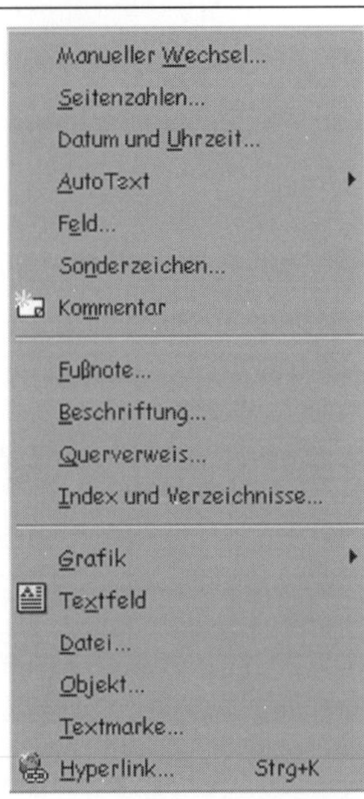

Fenster

1 Überprüfen Sie folgende Fragen zur AutoText-Funktion.

Tragen Sie eine
1 ein, wenn die Aussage zutrifft,
9 ein, wenn die Aussage nicht zutrifft.

a. Der AutoText wird über das Menü Bearbeiten/ AutoText erstellt.
b. Der AutoText wird über das Menü Einfügen/ AutoText erstellt.
c. Der AutoText wird über das Menü Extras/ AutoText erstellt.
d. Als AutoText bei Word können Texte, formatierte Texte und Grafiken gespeichert werden.

2 Überprüfen Sie die Aussagen zum Bereich Drucken und tragen Sie eine
1 ein, wenn die Aussage zutrifft,
9 ein, wenn die Aussage nicht zutrifft.

a. Wenn der Befehl Datei/Drucken aus dem Menü gewählt wird, erscheint ein Dialogfenster, das eine Vielzahl von Druckereinstellungen bietet.
b. Wenn keine Option ausgewählt wird, so erfolgt der Druck des gesamten Dokumentes.
c. Im oberen Listenfeld kann ein bestimmter Drucker ausgewählt werden.
d. Sollen nur die Seiten 4 bis 7 gedruckt werden, so ist dies mit 4;7 einzutragen.
e. Über das Menü unter Extras/Optionen, Register Drucken ist es möglich, den Druck in umgekehrter Druckreihenfolge durchzuführen. Dies spart Zeit bei der Sortierung der gedruckten Seiten, da bei Auswahl dieser Option die letzte Seite zuerst gedruckt wird, dann die vorletzte usw. bis zur ersten Seite.

3 Welche der folgenden Aussagen zu den Kopf- und Fußzeilen trifft nicht zu?

1 Kopf- und Fußzeilen werden bei Word immer in der Layout-Ansicht eingegeben.
2 Kopf- und Fußzeilen sind im Menü unter Einfügen zu finden.

4 Damit Sie mehrere Absätze mit Aufzählungszeichen versehen können, müssen Sie eine bestimmte Vorgehensweise einhalten.

Bringen Sie die folgenden Aktionen in die richtige Reihenfolge, indem Sie die Ziffern 1 bis 5 zuordnen.

a. Auswahl eines vorgegebenen Aufzählungszeichens.
b. Markierung der Absätze in dem Text, die mit einem Aufzählungszeichen versehen werden sollen.
c. Auswahl des Befehls Format/Nummerierung und Aufzählungen.
d. Umschalten auf die Registerkarte Aufzählungen.
e. Beenden des Dialogfeldes mit der OK-Schaltfläche.

5 Was können Sie mit der Ersetzen-Funktion ersetzen?

Tragen Sie eine
1 ein, wenn die Aussage zutrifft,
9 ein, wenn die Aussage nicht zutrifft.

a. Formatierte Texte
b. Formate
c. Texte

6 Überprüfen Sie die Aussagen zur Erstellung eines Serienbriefes.

Tragen Sie eine
1 ein, wenn die Aussage zutrifft,
9 ein, wenn die Aussage nicht zutrifft.

a. Für die Erstellung eines Serienbriefes wird ein Hauptdokument (Brief mit Platzhaltern) und eine Datenquelle (Adressen) benötigt.
b. Das Hauptdokument enthält konstante Texte, Feldnamen und Empfängeradressen.
c. Das Dialogfeld zur Serienbrieferstellung wird über Extras/Seriendruck aufgerufen.
d. Das Dialogfeld zur Serienbrieferstellung wird über Einfügen/Seriendruck aufgerufen.

7 Überprüfen Sie folgende Punkte zu dem Menü Extras.

Tragen Sie die Ziffern vor den falschen Antworten in die Kästchen ein.

1 Wenn der Cursor sich auf einem bestimmten Wort befindet, für das eine Alternative gefunden werden soll, so präsentiert Word in dem Menü Extras/Sprache/Thesaurus ein Dialogfenster, in dem für das gewünschte Wort einzelne Synonyme aufgelistet werden.
2 Unter dem Menü Extras werden Textfelder eingefügt, bearbeitet und formatiert.
3 Über das Menü Extras/Optionen/Registerkarte Rechtschreibung und Grammatik oder aber auch über Extras/Rechtschreibung und Grammatik/ Schaltfläche/Optionen ist es möglich, durch das Aktivieren bzw. Deaktivieren von Feldern die Rechtschreib- und Grammatikprüfung zu steuern, z. B. „Rechtschreibung während der Eingabe überprüfen".
4 Kopf- und Fußzeilen können aus dem Menü Extras mit dem Befehl Datei/Seite einrichten erzeugt werden.

8 Überprüfen Sie die folgenden Aussagen zum Menü Format und tragen Sie eine
1 ein, wenn die Aussage zutrifft,
9 ein, wenn die Aussage nicht zutrifft.

a. Zeichenformatierungen beziehen sich immer auf einen markierten Bereich. Es ist möglich, einzelnen Buchstaben, Wörtern oder Sätzen ein gemeinsames Zeichenattribut zuzuweisen.
b. Das Dialogfenster Format/Zeichen besteht aus mehreren Registern: Mit dem Register Schrift kann z. B. die Schriftart oder der Schriftgrad gewählt werden.
c. AutoFormat-Möglichkeiten sind nur bei Excel-Tabellen möglich.

Erläutern Sie die wesentlichen Funktionen der Funktionsleiste.

Neues leeres Dokument Ein neues Dokument wird angelegt.	Wiederherstellen Die letzte Aktion wird wiederholt.
Öffnen Eine bereits vorhandene Datei wird geöffnet.	Hyperlink einfügen Ein Hyperlink wird eingefügt.
Speichern Das gerade bearbeitete Dokument wird gespeichert.	Tabellen und Rahmen Der Tabellen- und Rahmendialog wird geöffnet.
Drucken Die aktuelle Datei wird gedruckt.	Tabelle einfügen Eine Tabelle mit Spalten und Zeilen wird eingefügt.
Seitenansicht Der Text wird als ganze Seite gezeigt.	Microsoft Excel-Tabelle einfügen Eine Excel-Tabelle wird eingefügt.
Rechtschreibung und Grammatik Die Rechtschreib- und Grammatikprüfung wird durchgeführt.	Spalte Eine gewünschte Spaltenanzahl wird durch Ziehen eingefügt.
Ausschneiden Ein markierter Text wird ausgeschnitten.	Zeichnen Die Symbolleiste Zeichnen wird eingefügt.
Kopieren Ein markierter Text wird in die Zwischenablage kopiert.	Dokumentstruktur Die Dokumentstruktur wird angezeigt.
Einfügen Der Inhalt der Zwischenablage wird in den Text eingefügt.	Einblenden/Ausblenden Zeigt oder verbirgt Formatierungszeichen.
Format übertragen Eine Textformatierung wird auf einen anderen Textabschnitt übertragen.	100% Zoom Vergrößert oder verkleinert die Zoomstufe.
Rückgängig Eingabe Die letzte Aktion wird rückgängig gemacht.	Microsoft Word-Hilfe Gibt Hilfe zu Befehlen im Bildschirmbereich oder überprüft die Formatierung.

Erläutern Sie die Symbole der Formatierungsleiste.

Standard – Formatvorlage Auswahl eines Druckformates	Blocksatz Der Text wird auf Blocksatz formatiert.
Times New Roman – Schriftart Auswahl einer Schriftart	Nummerierung Eine nummerierte Liste wird erstellt.
11 – Schriftgrad Auswahl einer Schriftgröße	Aufzählungszeichen Eine Aufzählung wird erstellt.
F – Fett Fettdruck wird ein- oder ausgeschaltet.	Einzug verkleinern Verkleinert den Einzug.
K – Kursiv Kursivschrift wird ein- oder ausgeschaltet.	Einzug vergrößern Vergrößert den Einzug.
U – Unterstrichen Unterstreichung kann ein- oder ausgeschaltet werden.	Rahmenlinien Ermöglicht die Rahmen- und Linienbearbeitung.
Linksbündig Der Text wird linksbündig formatiert.	Hervorheben Formatiert den Hintergrund der markierten Texte.
Zentriert Der Text wird zentriert formatiert.	A – Schriftfarbe Schriftfarbe wird ausgewählt.
Rechtsbündig Der Text wird rechtsbündig formatiert.	

Welche Angaben enthält die Statuszeile?

S 4 – Angabe der Seitenzahl (Seite 4), auf der sich der Cursor befindet	Zeigt jeweils an, welche Funktion aktiv ist
Ab 1 – Angabe des Abschnittes (nicht Absatz), in dem sich der Cursor befindet	MAK – Makroaufzeichnung
4/4 – Angabe der aktuellen Seitenposition (Seite 4 von 4 Seiten)	ÄND – Überarbeitungsmodus
Bei 2,9 cm / Ze 2 Sp 1 – Angabe der Cursor-Position (2,9 cm vom oberen Blattrand entfernt, Zeile 2, Spalte 1)	ERW – Markierungserweiterung
	ÜB – Überschreibmodus
	Rechtschreibüberprüfung

1 *Für eine Werbeaktion haben Sie dem erstellten Dokument eine andere Schrift zugewiesen, aber die eingestellte Schrift bleibt unverändert.*

Überprüfen Sie, was der Grund dafür ist.

Tragen Sie die Ziffer vor der richtigen Begründung in das Kästchen ein.

1 Nicht alle zur Auswahl stehenden Schriftarten können gedruckt werden. Manche Schriften können nur von speziellen Druckern erkannt werden.

2 Die ausgewählte Schrift ist zu groß für die zur Verfügung stehende Papiergröße.

3 Der Arbeitsspeicher ist zu klein für die ausgewählte Schrift.

4 Sie haben vergessen zu markieren.

2 *Welche der folgenden Schaltflächen der Funktionsleiste kopiert Formate in Word?*

Tragen Sie die Ziffer vor dem zutreffenden Symbol in das Kästchen ein.

1 

2 

3 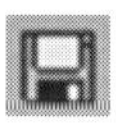

3 *Wenn Texte mit Word erfasst werden, so unterstreicht Word z. T. Wörter mit einer roten Wellenlinie.*

Überprüfen Sie dazu die folgenden Feststellungen und tragen Sie eine

1 in das Kästchen ein, wenn die Aussage zutrifft,
9 in das Kästchen ein, wenn die Aussage nicht zutrifft.

a. Word verfügt über verschiedene Rechtschreibfunktionen. Dazu zählt die automatische Rechtschreibprüfung, die unbekannte und falsch geschriebene Wörter mit einer roten Wellenlinie unterstreicht, solange die automatische Rechtschreibprüfung aktiv ist.

b. Wird der Mauszeiger auf das rot unterschlängelte Wort „Komputer" bewegt und die rechte Maustaste gedrückt, so zeigt das Kontextmenü verschiedene Korrekturvorschläge, die ausgewählt werden können.

c. Die Rechtschreibprüfung ist ein Garant für hundertprozentig korrekte Texte. Ein Rechtschreibfehler im Text ist dann nicht mehr möglich.

4 *Was bewirkt die Aktivierung der Schaltfläche* 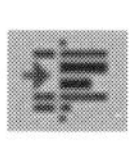 ***?***

Tragen Sie die Ziffer vor der richtigen Antwort in das Kästchen ein.

1 Der Einzug wird verkleinert.

2 Der Einzug wird vergrößert.

3 Die erste Zeile des Absatzes ist nicht eingezogen.

5 *Sie haben einen zentriert formatierten Absatz auf Blocksatz geändert.*

Wie können Sie diesen Befehl am einfachsten wieder rückgängig machen?

1 Der Befehl kann rückgängig gemacht werden durch Anklicken der Schaltfläche Blocksatz.

2 Es muss alles markiert werden. Dann muss die Schaltfläche „Blocksatz" deaktiviert und die Schaltfläche „Zentriert" angeklickt werden.

3 Es reicht aus, die Schaltfläche „Zentriert" zu aktivieren, wenn sich der Cursor noch in dem Absatz befindet.

6 *Ordnen Sie die folgenden Symbole den jeweiligen Beschreibungen der Auszubildenden zu.*

Sollte eine Zuordnung nicht möglich sein, tragen Sie eine 9 ein.

1 

2 

3 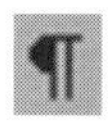

4 

a. „Wenn ich dieses Symbol anklicke, dann wird mein aktueller Text so gezeigt, wie er als ganze Seite gedruckt wird. Es ist sehr vorteilhaft, weil ich dann besser überschaue, wie die Seiten aussehen, und ich erspare mir so einen unnötigen Druck."

b. „Durch Aktivierung dieser Schaltfläche können z. B. die markierten Textstellen gelöscht werden."

c. „Es handelt sich um eine schnelle Art der Formatierung."

d. „Durch Anklicken dieses Symbols kann ich den Zeilenabstand, also den vertikalen Abstand zwischen den Grundlinien zweier Zeilen, einstellen."

e. „Wenn ich diese Schaltfläche aktiviere, kann ich eine Datei öffnen, die bereits besteht. Möglich ist auch, damit eine neue Datei zu erstellen."

f. „Das Dokument wird so gezeigt, wie es als ganze Seite gedruckt wird. Danach können durch die Bewegung der Lupe ganze Textstellen vergrößert werden."

7 *Überprüfen Sie folgende Aussagen und tragen Sie eine*

1 ein, wenn die Aussage zutrifft,
9 ein, wenn die Aussage nicht zutrifft.

a. Word bietet eine Möglichkeit, Texte und Absätze zu nummerieren oder mit Aufzählungszeichen zu versehen. Durch Klick der Schaltfläche „Aufzählungszeichen" werden alle markierten Absätze in Aufzählungen umgewandelt. Sagt das Aufzählungszeichen nicht zu, kann der markierte Text über den Befehl Format/Nummerierung und Aufzählungszeichen mit einem neu ausgewählten Aufzählungszeichen versehen werden.

b. Schriftgrad 120 kann nicht eingestellt werden; die maximale Größe liegt unter 100.

c. Aufzählungszeichen mit römischen Zahlen sind nicht möglich.

Nennen Sie die wichtigsten Funktionen der Menüleiste und Symbolleiste bei Microsoft PowerPoint.

Datei Bearbeiten → siehe Microsoft Word

Ansicht

Einfügen

Format

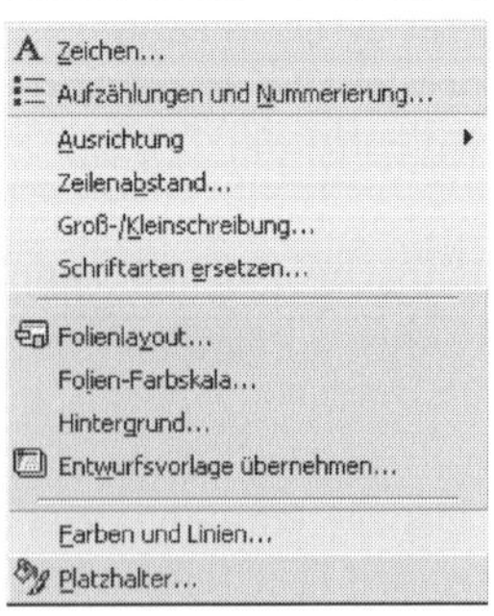

Extras

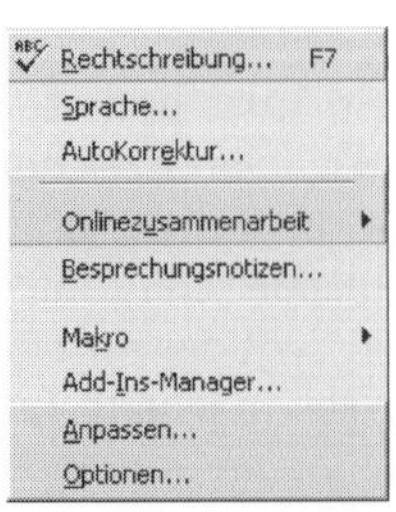

Bildschirmpräsentation

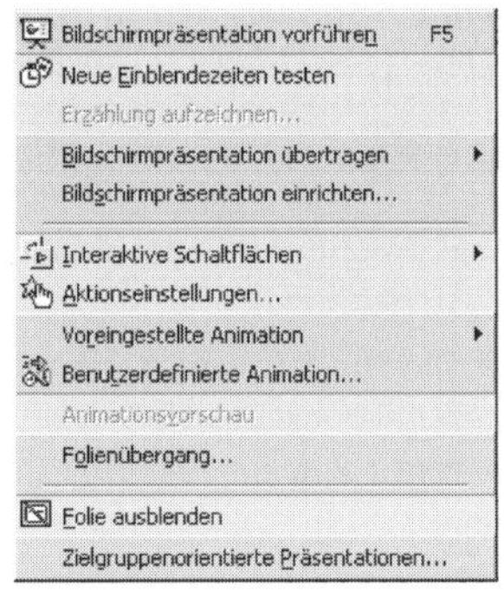

Fenster

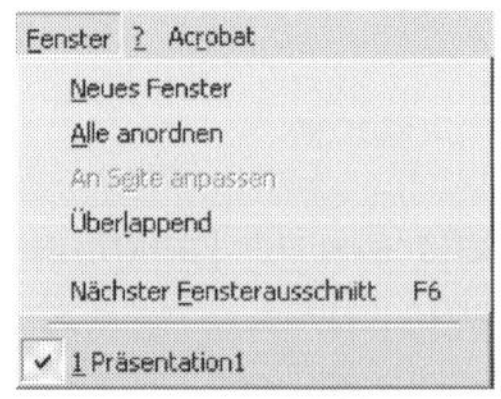

PowerPoint-Hilfe

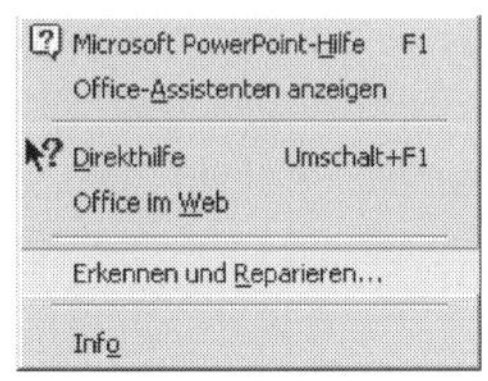

Allgemeines

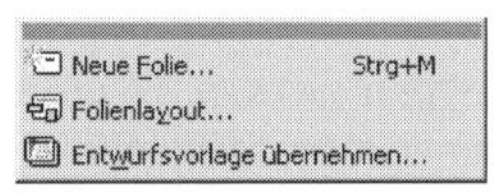

Animation

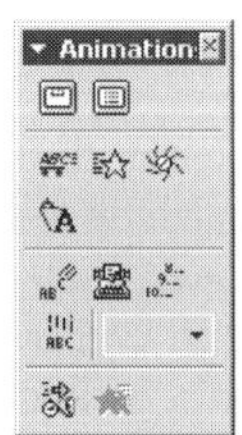

Folienlayouts

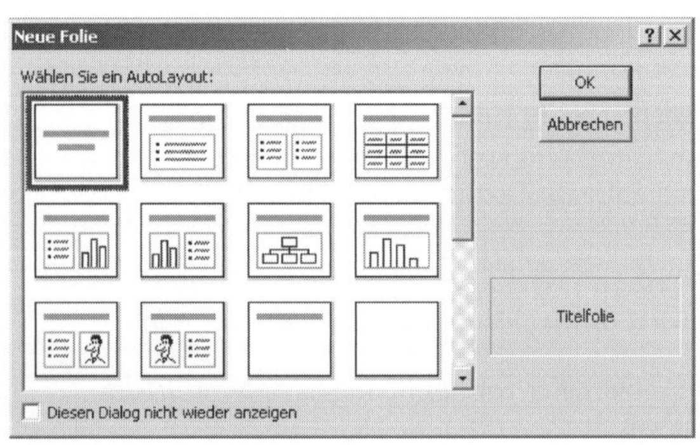

1 PowerPoint unterscheidet vier verschiedene Layouts für Folien:

1 Textlayouts
2 Inhaltslayouts
3 Text- und Inhaltslayouts
4 Andere Layouts

Ordnen Sie den richtigen Begriff der jeweiligen Abbildung zu:

a. 

b. 

c. 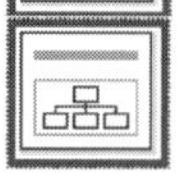

2 Überprüfen Sie folgende Aussagen zur abgebildeten Folie und tragen Sie eine

1 in das Kästchen ein, wenn die Aussage zutrifft,
9 in das Kästchen ein, wenn die Aussage nicht zutrifft.

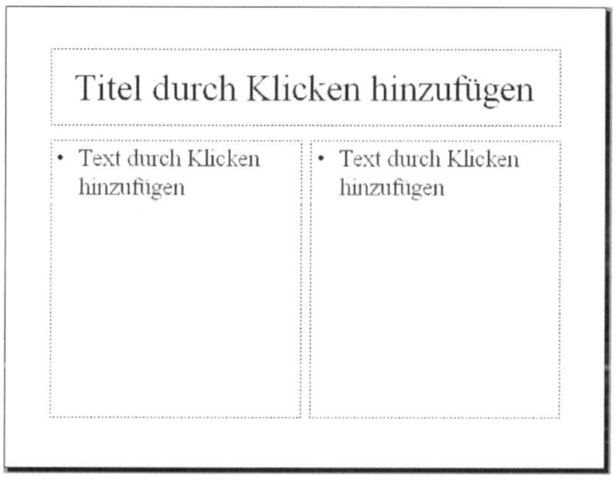

a. Nach dem Erzeugen einer Folie erscheint diese je nach getroffener Auswahl mit verschiedenen Platzhaltern. Bei der Abbildung handelt es sich um eine Textlayoutfolie mit drei Platzhaltern.
b. Die Platzhalter zeigen an, an welcher Position direkt Text eingegeben werden kann.
c. Der Titeltext wird automatisch größer geschrieben als der Aufzähltext.
d. Der Aufforderungstext „Text durch Klicken hinzufügen" erscheint beim Druck, wenn der Text nicht überschrieben wurde.

3 PowerPoint bietet verschiedene Entwurfsvorlagen an.

Welche der folgenden Aussagen trifft zu?

Treffen alle Aussagen zu, tragen Sie eine 4 in das Kästchen ein.

1 Standardmäßig stehen verschiedene Entwurfsvorlagen zur Verfügung.
2 Es ist oft wünschenswert, dass bei Präsentationen mit PowerPoint für z. B. einen bestimmten Bereich, eine bestimmte Abteilung oder ein bestimmtes Produkt immer das gleiche äußere Erscheinungsbild vorhanden ist.
3 Bei Entwurfsvorlagen ist es auch möglich, Kopf- und Fußzeile anzulegen.

4 Welche der folgenden Aussagen zu den Bildschirmelementen von PowerPoint trifft nicht zu?

1 Auf der Menüleiste stehen mehrere Menüs zur Verfügung. Hinter jedem Namen verbirgt sich ein Pulldown-Menü, das sich durch Anklicken öffnet.
2 In der Symbolleiste können häufig genutzte Befehle mit Mausklick ausgeführt werden.
3 In der Statusleiste wird angezeigt, wie lange bereits die PowerPoint-Bearbeitung dauert.

5 Zur Bearbeitung der Präsentationen bietet PowerPoint verschiedene Ansichten. Unterschieden werden:

1 Normalansicht
2 Gliederungsansicht
3 Folienansicht
4 Foliensortieransicht
5 Bildschirmpräsentation

Ordnen Sie zu den abgebildeten Symbolen die Ziffer mit dem richtigen Begriff zu.

a. 

b. 

c. 

6 Überprüfen Sie die Aussagen zu den Nutzungsmöglichkeiten der verschiedenen Ansichten bei PowerPoint.

Tragen Sie eine
1 ein, wenn die Aussage zutrifft,
9 ein, wenn die Aussage nicht zutrifft.

a. Die Nutzungsmöglichkeit der Normalansicht ist wie folgt:
Texteingabe und -bearbeitung
Grafiken einfügen und bearbeiten
Objekte zeichnen
Animationseffekte erzeugen
Notizen erfassen
Folien einfügen, verschieben, löschen, kopieren

b. Mit der Foliensortieransicht können Folien eingefügt, gelöscht, verschoben, kopiert werden. Animationseffekte können auch bei dieser Ansicht eingefügt werden.

c. Durch die Ansicht Bildschirmpräsentation wird die Folie vergrößert auf ganze Bildschirmansicht. Das Vorführen der einzelnen Folien erfolgt in festgelegter Reihenfolge.

Erklären Sie den Unterschied zwischen einer HTML-Seite in Browser-Ansicht und als Quell-Text.

Browser-Ansicht einer Webseite	Eine HTML-Seite (auch Web-Seite genannt) ist eine Informationsseite, die verschiedene Elemente enthalten kann, wie formatierte Texte, Fotos, grafische Elemente, Videos und Audios. Das besondere an einer Web-Seite ist, dass sie einen oder mehrere Links (engl.: Verbindung) enthält, die entweder zu anderen eigenen HTML-Seiten oder zu fremden Web-Seiten führen. Einen **Link** erkennt man daran, dass der Mauszeiger sich in eine Hand verwandelt, wenn er in die Nähe eines Links kommt. Ein **Browser** ist ein Programm, das den Zugriff und die Darstellung von HTML-Seiten ermöglicht. Die bekanntesten Web-Browser sind Netscape Navigator und der Internet Explorer von Microsoft.	
Quelltext dieser Beispielseite	HTML ist die Abkürzung für **Hypertext Markup Language**, also die Seitenbeschreibungssprache des Internets. HTML-Dateien liegen im ASCII-Format vor. Alle Befehle werden in spitze Klammern als so genannte **Tags** (engl.: Fähnchen) in das Dokument eingesetzt. Dabei haben die meisten Befehlsfolgen einen **Start-Tag** und einen **Ende-Tag**. Zwischen beiden Tags befindet sich der **Container-Text**, auf den sich der Befehl bezieht. Der Ende-Tag ist identisch mit dem Start-Tag, nur mit einem Schrägstrich (slash) davor. Beispiel: Die Anweisung, den Text „Dies ist eine Webseite!" in der Schriftgröße h2 darzustellen, lautet: <**h2**>Dies ist eine Webseite!</**h2**>. Soll das Wort „Webseite" nun noch zusätzlich fett dargestellt werden, lautet die Befehlszeile: <**h2**>Dies ist eine <**b**>Webseite</**b**>!</**h2**>.	<**html**> <**head**><**title**>start1</**title**><**head**> <**body** text="#003080" bgcolor="#E0E0E0" link="#FF0000" alink="#009090" vlink="E00060"> <**font** face="Comic Sans MS"> <**table**> <**td**><**img** src="grafiken/vine1.jpg" width="160" height="138" border="2"></**td**> <**td**><**div** align="right"><**h2**>Gartenbaubetrieb Reimer Hellms<**br**>Hamburg-Harburg</**h2**></**div**></**td**></**table**> <**hr** noshade size="3"> <**h2**><**div** align="center">Wir begrüßen Sie herzlich<**br**>auf unserer Homepage!!<**br**><**br**> Zu unserem Leistungsprogramm geht es <**a** href="programm.html">hier!</**a**> </**div**></**h2**></**font**> </**body**> </**html**>

Erklären Sie wichtige HTML-Befehle (Tags).

Befehl	Bedeutung
<html>...</html>	Definiert einen Text oder eine Seite als HTML-Seite. Dieser Befehl bettet eine ganze Seite ein.
<head>...</head>	Wird benötigt, um den Kopf der HTML-Seite zu definieren. Er enthält den Titel (<title>) und Angaben über den Autor der Seite sowie über den verwendeten HTML-Editor.
<body>...</body>	Dieser Befehl fasst den Hauptbereich, also den eigentlichen Inhalt ein. In diesem Tag sind zumeist einige **Attribute** eingefasst, z. B. für die Farben des Textes, des Hintergrundes oder der Links.
<font face="Comic Sans MS"> ...</font>	Mit diesem Tag werden durch angegebene Attribute der Typ (face), die Größe (size) und die Farbe (colour) von Zeichen geändert.
<table><tr> <td>...</td> <td>...</td> </tr></table>	Mit diesem Befehl wird eine Tabelle erstellt. Dabei werden die Tags <tr> und <tg> für das Positionieren der Inhalte in der Tabelle verwendet. Mithilfe der Tabelle lassen sich Räume auf der Seite besser aufteilen. Im Beispiel ist es eine Tabelle mit zwei Zellen: In der ersten Zelle ist das Foto der Blume, in der zweiten Zelle der zentriert gesetzte Text.
<img src=""> (Dieser Befehl hat keinen Ende-Tag.)	Dieser Befehl dient dazu, Bilder auf einer Seite einzufügen. Weil es sich dabei um ein umfangreiches Objekt mit vielen notwendigen Angaben handelt, müssen einige Attribute angegeben werden: src (source) gibt die URL, d. h. die Adresse, an, unter der das Bild vom Browser auf die Seite geladen werden kann, „width" gibt die Breite, „height" die Höhe und „border" die Stärke des Rahmens an.
<a href="x.html">...</a>	Einer der wichtigsten Befehle, mit dem die Links zu anderen Seiten gesetzt werden. Der Container zwischen den Tags kann ein Text, ein Bild oder ein sonstiges Element sein. Als Attribut im Start-Tag ist die URL (Adresse) der aufzurufenden Seite anzugeben (href).
<h2>...</h2>	Schriftgröße: Es sind verschiedene Schriftgrößen verfügbar.
<div>...</div>	Dieser Befehl dient zur Unterscheidung der Seite in logische Abschnitte, als Attribute werden zumeist eingefügt: (Ausrichtung) align zur linken (left), zentrierten (center) oder rechten (right) Seite.
 	Dient der Angabe eines Zeilenumbruchs im Text.

1 Welche der folgenden Erläuterungen ist die richtige Bezeichnung für die Abkürzung HTML?

1 High Transmission Multi Language
2 Hyper Translation More Linguistic
3 Hypertext Markup Language
4 High Transaction Memory Lane

2 Welche der folgenden Beschreibungen trifft nicht auf den Begriff „HTML" zu?

Tragen Sie eine 5 ein, wenn alle Merkmale zutreffend sind.

1 HTML ist eine Beschreibungssprache für Web-Seiten.
2 HTML besteht aus einer Folge von ASCII-Zeichen.
3 HTML-Seiten benötigen einen Browser, um für den Benutzer sichtbar bzw. lesbar gemacht zu werden.
4 HTML ist eine Ansammlung von Formatierungsbefehlen, die von einem Web-Browser übersetzt werden können.

3 Im Zusammenhang mit HTML tauchen u. a. folgende Fachbegriffe auf.

Ordnen Sie diese Begriffe den unten stehenden Erklärungen zu.

1 Tag
2 Browser
3 Container-Inhalt
4 Quelltext
5 Attribut
6 URL
7 Wert

a. Wird von zwei Tags eingeschlossen.
b. Darstellung eines HTML-Dokuments in der HTML-Scriptsprache.
c. Hierbei handelt es sich um einen Befehl oder eine Anweisung, die zwischen spitze Klammern gesetzt wird.
d. Dabei handelt es sich um eine spezielle Anweisung, die zusätzlich zu einem Befehl in einem Tag eingeschlossen ist und Optionen für den folgenden Container-Inhalt enthält.
e. Zusätzliche Informationen für die Ausführung eines Attributes.
f. Damit ist eine Adresse gemeint, die Informationen über die Position einer HTML-Datei und Anleitungen enthält, wie der Browser mit dieser Datei verfahren soll.

4 Prüfen Sie die unten stehenden Aussagen zu einer HTML-Seite.

Tragen Sie eine

1 ein, wenn die Aussage zutrifft,
9 ein, wenn die Aussage nicht zutrifft.

a. Auf einer HTML-Seite können formatierte Texte, grafische Elemente, Videos und Audios untergebracht werden.
b. Von einer HTML-Seite kann man mithilfe eines Attributes zu einer anderen Seite gelangen.
c. Eine Web-Seite kann auch als HTML-Seite bezeichnet werden.
d. Die Verbindung von zwei HTML-Seiten erfolgt mithilfe eines Links.
e. Eine HTML-Seite ist eine multimediale Informationsseite.
f. Einen Link erkennt man daran, dass der Mauszeiger sich in der Nähe des Links in einen schwarzen Pfeil verwandelt.
g. Tags können miteinander verschachtelt werden.

5 Im Internet stoßen Sie auf folgende URL (uniform resource locater):

<http://	www.website.com/	program/	product1.htm>
(1)	(2)	(3)	(4)

Ordnen Sie den folgenden Begriffen als Bestandteilen der URL die zutreffenden Ziffern aus dem genannten Beispiel zu.

a. Dateiname
b. Servername (Domain)
c. Pfad
d. Protokoll

6 Ordnen Sie folgende grundlegende Befehle in HTML den unten stehenden beabsichtigten Gestaltungswünschen zu.

1 font
2 p
3 table
4 img
5 a
6 hr

a. Ein horizontaler Balken soll gesetzt werden.
b. Ein neuer Absatz soll im Text erscheinen.
c. Die Schrift soll ab diesem Befehl in Bezug auf Größe, Typ oder Farbe geändert werden.
d. Eine Tabelle soll eingefügt werden.
e. Ein Link/Anker soll eingefügt werden.
f. Es soll ein Bild eingefügt werden.

Was verstehen Sie unter Investition und Finanzierung?

Investition	Eine Investition ist das „Einkleiden“ eines Unternehmens mit Vermögenswerten, die auf der Aktivseite der Bilanz ausgewiesen werden (Anlage- und Umlaufvermögen). Die Investition gibt die Mittelverwendung an und beantwortet die Frage: *„Wofür wurden die finanziellen Mittel verwendet?“*
Finanzierung	▶ Die **Finanzierung im engeren Sinne** bedeutet die Kapitalbeschaffung zum Zwecke der Investition im Unternehmen durch das auf der Passivseite ausgewiesene Eigen- oder Fremdkapital. Die Finanzierung gibt die Mittelherkunft an und beantwortet die Frage: *„Woher kommen die finanziellen Mittel?“* ▶ Die **Finanzierung im weiteren Sinne** beschäftigt sich mit allen Problemen, die mit der Kapitalbeschaffung zusammenhängen, z. B. Ausgabe von Aktien bei einer AG, Absicherung von Krediten.

Unterscheiden Sie die Finanzierungsarten nach der Herkunft des Kapitals und der Zuführung des Kapitals.

Kapitalherkunft	**Außenfinanzierung**		**Innenfinanzierung**		
	Kredite	Einlagen/ Beteiligungen	Selbstfinanzierung		Abschreibungen
			offene	stille	
Kapital-zuführung	**Fremdfinanzierung**	**Eigenfinanzierung**			
		extern	intern		

Zu der Außenfinanzierung zählen die Fremdfinanzierung und die externe Eigenfinanzierung. Nennen Sie Beispiele.

Fremd-finanzierung	Stellen Gläubiger das Kapital von außen zur Verfügung, so handelt es sich um Fremdfinanzierung (Zuführung in das Fremdkapital).	
	Darlehen	▶ **Abzahlungsdarlehen:** Die Tilgungsrate ist immer gleich hoch. Die Zinsen sinken. Die regelmäßig zu zahlende Gesamtsumme sinkt. ▶ **Annuitätendarlehen:** Die Tilgungsrate steigt um den Betrag, um den die Zinsen sinken. Die regelmäßig zu zahlende Summe ist immer gleich hoch. ▶ **Kündigungsdarlehen/Fälligkeitsdarlehen:** Die Tilgung erfolgt an einem vertraglich festgesetzten Termin. Die Zinsen sind immer gleich hoch.
	Kontokorrentkredit	Der Kreditnehmer kann innerhalb einer vorher vereinbarten Periode bis zu einer festgelegten Kreditlinie Kredit in Anspruch nehmen. Das Kontokorrent (laufende Rechnung) vermindert eine Vielzahl gegenseitiger Ansprüche auf eine einzige Geldbetragsschuld.
	Liefererkredit	Bei der Verlängerung des Liefererziels handelt es sich um die Bereitstellung von kurzfristigem Kapital.
	Schuldwechsel	Der Bezogene erhält ein Zahlungsziel bis zum Verfalltag.
Eigen-finanzierung (extern)	Stellen bisherige oder neue Eigentümer der Unternehmung durch Einlagen oder Beteiligung von außen das Kapital zur Verfügung, so handelt es sich um Eigenfinanzierung (Zuführung in das Eigenkapital). ▶ Einzelunternehmung: Einlagen des Unternehmers oder stillen Gesellschafters ▶ OHG/KG: Einlagen der bisherigen Gesellschafter, Aufnahme neuer Gesellschafter ▶ AG: Emission (Ausgabe) von Aktien ▶ GmbH: Stammeinlagen bisheriger Gesellschafter, Aufnahme neuer Gesellschafter ▶ Genossenschaft: Einzahlung auf die Geschäftsanteile, Aufnahme neuer Genossen	

Die Innenfinanzierung ist eine interne Eigenfinanzierung. Nennen Sie Beispiele.

Selbst-finanzierung	Die Kapitalzuführung erfolgt aus dem erwirtschafteten und nicht ausgeschütteten Gewinn der Unternehmung selbst. ▶ **Offene Selbstfinanzierung:** Bei Personengesellschaften sichtbar durch den Zuwachs der Eigenkapitalkonten durch nicht entnommenen Gewinn. Bei Kapitalgesellschaften sichtbar durch den Zuwachs der „Eigenkapitalersatzkonten“ wie gesetzliche, satzungsmäßige oder andere Rücklagen. ▶ **Stille Selbstfinanzierung:** Diese Finanzierung ist nicht direkt aus der Bilanz ersichtlich. Sie entsteht durch Unterbewertung der Aktiva (z. B. zu hohe Abschreibungen) oder Überbewertung der Passiva (z. B. zu hohe Rückstellungen).
Abschreibungs-finanzierung	Die Abschreibungen werden als Kosten in die Verkaufspreise einkalkuliert. Die Kapitalfreisetzung erfolgt durch den Verkauf der Erzeugnisse.

1 Ordnen Sie bei den folgenden Beispielen

in Spalte A eine

1 zu, wenn es sich um eine Außenfinanzierung handelt,

2 zu, wenn es sich um eine Innenfinanzierung handelt;

in Spalte B eine

3 zu, wenn es sich um eine Eigenfinanzierung handelt,

4 zu, wenn es sich um eine Fremdfinanzierung handelt.

Spalte	A	B
a. Unterbewertung der Aktiva	☐	☐
b. Die Kommanditgesellschaft erhöht ihr Kapital durch die Aufnahme eines Komplementärs.	☐	☐
c. Die Kommanditgesellschaft erhöht ihr Kapital durch die Aufnahme eines Kommanditisten.	☐	☐
d. Die Aktiengesellschaft gibt Obligationen heraus.	☐	☐
e. Der stille Gesellschafter zahlt vereinbarungsgemäß seinen Anteil bar ein.	☐	☐
f. Die Aktiengesellschaft führt den vorgeschriebenen Prozentsatz des Jahresüberschusses der gesetzlichen Rücklage zu.	☐	☐
g. Der OHG-Gesellschafter entnimmt seinen Gewinn nicht.	☐	☐

2 Welche der unten stehenden Darlehensarten wird in der folgenden Aussage beschrieben? ☐

„Die monatlich zu zahlende Gesamtsumme beträgt für Sie 2 100,00 EUR. Aufgrund der monatlichen Tilgung sinken die Zinsen. Um den dadurch gesparten Betrag wächst die Tilgungsrate."

1 Annuitätendarlehen

2 Kündigungsdarlehen

3 Abzahlungsdarlehen

3 Die Eigenfinanzierung ist bei den Untenehmen oft unterschiedlich.

Ordnen Sie eine

1 zu, wenn die Aussage zutrifft,

9 zu, wenn die Aussage nicht zutrifft.

a. Die Aufnahme eines stillen Gesellschafters beim Einzelunternehmen erhöht das Eigenkapital des Unternehmers. ☐

b. Einzahlungen von Vollhaftern und Teilhaftern bei der KG führen zur Eigenfinanzierung. ☐

c. Durch die Ausgabe (Emission) von Aktien erhöht sich das Grundkapital der AG. ☐

4 Beurteilen Sie folgende Feststellungen zur Selbstfinanzierung. Ordnen Sie eine

1 zu, wenn die Feststellung zutrifft,

9 zu, wenn die Feststellung nicht zutrifft.

a. Die Selbstfinanzierung ist eine interne Eigenfinanzierung. ☐

b. Die Selbstfinanzierung ist eine Innenfinanzierung. ☐

c. Bei Personengesellschaften wird die Selbstfinanzierung sichtbar durch den Zuwachs der Eigenkapitalkonten, falls eine Außenfinanzierung durch Einlagen/Beteiligungen nicht erfolgte. ☐

d. Es handelt sich um Selbstfinanzierung, wenn die Aktivseite der Bilanz z. B. aufgrund von erhöhten Abschreibungen unterbewertet wurde. ☐

e. Bei der Selbstfinanzierung erfolgt eine Kapitalzuführung aus den nicht ausgeschütteten Gewinnen. ☐

5 Unterscheiden Sie die unten stehenden Aussagen und Begriffe in

1 Investition,

2 Finanzierung.

a. Sie gibt Antwort auf die Frage: Wofür wurden die finanziellen Mittel eingesetzt? ☐

b. Sie gibt Antwort auf die Frage: Woher kommen die finanziellen Mittel? ☐

c. Mittelherkunft ☐

d. Mittelverwendung ☐

6 In welchem der folgenden Fälle handelt es sich nicht um eine Außenfinanzierung? ☐

1 Die Kommanditgesellschaft erhöht ihr Kapital durch die Aufnahme eines Komplementärs.

2 Der OHG-Gesellschafter entnimmt seinen Gewinn nicht.

3 Der stille Gesellschafter zahlt vereinbarungsgemäß seinen Anteil bar ein.

4 Die Kommanditgesellschaft erhöht ihr Kapital durch die Aufnahme eines Kommanditisten.

7 Bringen Sie die folgenden Punkte zum Thema Abschreibungsfinanzierung in eine zeitlich richtige Reihenfolge, indem Sie die Ziffern 1 bis 5 vergeben.

a. Ersatzinvestition ☐

b. Umsatzerlöse ☐

c. Festlegung der Nutzungsjahre laut AfA-Tabelle ☐

d. Berücksichtigung in der Kalkulation ☐

e. Ansammlung liquider Mittel ☐

Begründen Sie die Notwendigkeit und Risiken von Kapitalbedarfsrechnungen.

Notwendigkeit	Für Finanzierungsvorhaben (z. B. Betriebsgründung, Erweiterungs-, Ersatz- bzw. Rationalisierungsinvestitionen) ist es notwendig, den Kapitalbedarf zu kennen. Eine Kapitalbedarfsrechnung ist auch notwendig, da die Ausgaben für die Beschaffung sowie die Produktion und die Einnahmen aus den Umsatzerlösen verschieden hoch und zu verschiedenen Zeitpunkten fällig sind.	
Risiken	Die Kapitalbedarfsrechnung beruht auf Schätzungen.	
	Unterkapitalisierung	Der Kapitalbedarf wurde zu gering geschätzt. Das kann zu Zahlungsschwierigkeiten und zur Insolvenz führen.
	Überkapitalisierung	Der Kapitalbedarf wurde zu hoch geschätzt. Dadurch kommt es zu Zinsverlusten und damit zu Gewinneinbußen.

Erklären Sie die Kapitalbedarfsrechnungen für die Finanzierung des Anlagevermögens und des Umlaufvermögens.

Finanzierung Anlagevermögen **(Grundfinanzierung)**	Anlagevermögen	Hierzu zählen die Ausgaben für Grundstücke, Gebäude, Maschinen, Betriebs- und Geschäftsausstattung. Eine Reduzierung dieser Ausgaben ist kurzfristig möglich durch Leasing.
	Vorbereitungskosten	Hierzu zählen Ausgaben für Unternehmensberatungen, Architekten, Notare, Marktanalysen und sonstige Planungskosten.
	Eiserner Bestand	Der Mindestbestand kann in der Grundfinanzierung mit berücksichtigt werden.
	Beispiel:	Grundstück 120 000,00 EUR + Gebäude 420 000,00 EUR + Maschinen 250 000,00 EUR + Vorbereitungskosten 30 000,00 EUR + Eiserner Bestand 10 000,00 EUR = Kapitalbedarf für die Finanzierung des „Anlagevermögens" (Grundfinanzierung) 830 000,00 EUR
Finanzierung Umlaufvermögen	Bei der Finanzierung des Umlaufvermögens findet eine **Vorfinanzierung** statt, und zwar vom Tag der Ausgabe bis zum Tag der Einnahme	
	Vereinfachtes Beispiel:	Tagesproduktion: 100 Stück Rohstoffkosten: 10,00 EUR je Stück Fertigungskosten: 20,00 EUR je Stück Verwaltungs- und Betriebskosten: 4,00 EUR je Stück Zeitplan: Lagerdauer der Rohstoffe: 3 Tage Fertigungsdauer: 7 Tage Lagerdauer für Fertigerzeugnisse: 15 Tage Kundenziel: 60 Tage Liefererziel: 30 Tage Kapitalbedarfsrechnung: Rohstoffkosten: 100 Stück · 10,00 EUR = 1 000,00 EUR 1 000,00 EUR · 55 Tage der Vorfinanzierung = 55 000,00 EUR (55 Tage: 3 Tage + 7 Tage + 15 Tage + 60 Tage – 30 Tage) Fertigungskosten: 100 Stück x 20,00 EUR = 2 000,00 EUR 2 000,00 EUR · 82 Tage der Vorfinanzierung = 164 000,00 EUR (82 Tage: 7 Tage + 15 Tage + 60 Tage) Vertriebskosten: 100 Stück x 4,00 EUR = 400,00 EUR 400,00 EUR · 85 Tage der Vorfinanzierung = 34 000,00 EUR (85 Tage: 3 Tage + 7 Tage + 15 Tage + 60 Tage)

Erklären Sie die goldene Finanzierungsregel.

Goldene Finanzierungsregel	Die goldene Finanzierungsregel (horizontale Kapital-Vermögensstruktur-Regel) besagt, dass die Dauer der Vermögensbindung (Investition) mit der Dauer der Kapitalüberlassung (Finanzierung) übereinstimmen soll.

1 Tragen Sie eine

1 ein, wenn die Aussage zutrifft,

9 ein, wenn die Aussage nicht zutrifft.

a. Bei der Ermittlung des Kapitalbedarfs für das Umlaufvermögen muss berücksichtigt werden, ob der Lieferer für Roh-, Hilfs- und Betriebsstoffe ein Zahlungsziel gewährt. ☐

b. Wird der Kapitalbedarf zu gering geschätzt, so entsteht eine Unterkapitalisierung, die zur Insolvenz führen kann. ☐

c. Die Verkürzung des Zahlungsziels durch den Lieferer wirkt sich auf die Höhe der Vorfinanzierung bei sonst gleichen Bedingungen negativ aus. ☐

d. Kapitalbedarfsrechnungen beruhen auf Schätzungen. ☐

e. Bei Verlängerung des Zahlungsziels an unsere Kunden erhöht sich der Kapitalbedarf für die Vorfinanzierung des Umlaufvermögens. ☐

2 Bei der Finanzierung des Umlaufvermögens ist eine Vorfinanzierung notwendig. Ermitteln Sie aufgrund der unten stehenden Schätzungen die Tage der Vorfinanzierung (Kapitalbindungsdauer) und den Kapitalbedarf.

Tagesproduktion: 3 000 Stück

Rohstoffkosten:	2,00 EUR je Stück
Fertigungskosten:	8,00 EUR je Stück
Verwaltungs- und Vertriebskosten:	1,00 EUR je Stück

Zeitplan:

Lagerdauer der Rohstoffe:	10 Tage
Fertigungsdauer:	2 Tage
Lagerdauer für Fertigerzeugnisse:	15 Tage
Kundenziel:	30 Tage
Liefererziel:	20 Tage

a. Wie hoch sind die Rohstoffkosten insgesamt pro Tag? ☐

b. Wie viele Tage müssen die Rohstoffkosten vorfinanziert werden? ☐

c. Wie hoch ist der Kapitalbedarf für die Rohstoffkosten insgesamt vom Tag der Ausgabe bis zum Tag der Einnahme? ☐

d. Wie hoch sind die Fertigungskosten pro Tag? ☐

e. Wie viele Tage müssen die Fertigungskosten vorfinanziert werden? ☐

f. Wie hoch ist der Kapitalbedarf für die Fertigungskosten insgesamt vom Tag der Ausgabe bis zum Tag der Einnahme? ☐

g. Wie hoch sind die Verwaltungskosten insgesamt pro Tag? ☐

h. Wie viele Tage müssen die Verwaltungskosten vorfinanziert werden? ☐

i. Wie hoch ist der Kapitalbedarf für die Verwaltungskosten insgesamt vom Tag der Ausgabe bis zum Tag der Einnahme? ☐

j. Wie hoch ist der Kapitalbedarf für die Finanzierung des Umlaufvermögens insgesamt? ☐

3 Die Hilwers Kunstdruck mbH beabsichtigt, eine neue Fertigungshalle zu bauen. Folgende Zahlen wurden für die Kapitalbedarfsberechnung ermittelt:

Grundstück:	120 000,00 EUR
Gebäude:	150 000,00 EUR
Maschinen:	130 000,00 EUR
Planungskosten (Notar, Public Relations):	20 000,00 EUR

Tragen Sie eine

1 ein, wenn die Aussage zutrifft,

9 ein, wenn die Aussage nicht zutrifft.

a. Der Kapitalbedarf für die Finanzierung des Anlagevermögens (auch Grundfinanzierung genannt) beträgt 420 000,00 EUR. ☐

b. Zur Grundfinanzierung zählen u. a. auch Ausgaben für einmalige Planungskosten. ☐

c. Der „eiserne Bestand" kann bei der Finanzierung der Grundfinanzierung mit berücksichtigt werden, da sich dieser Bestand bei nicht außergewöhnlichem Betriebsablauf immer am Lager befindet und somit das Kapital bindet. ☐

4 Überprüfen Sei folgende Feststellungen zur Vorfinanzierung der Materialkosten:

Folgende Schätzungen liegen vor:

Materialeinsatz pro Stück:	70,00 EUR
Lagerdauer für Rohstoffe:	12 Tage
Fertigungsdauer:	4 Tage
Lagerdauer für Fertigerzeugnisse:	3 Tage

Der Lieferer gewährt ein Zahlungsziel von 3 Wochen. Die Kunden erhalten ein Zahlungsziel von 30 Tagen. Die Tagesproduktion wird auf 80 Stück geschätzt.

Tragen Sie eine

1 ein, wenn die Aussage zutrifft,

9 ein, wenn die Aussage nicht zutrifft.

a. Die Kapitalbindungsdauer für den Materialeinsatz beträgt 28 Tage. ☐

b. Die Kapitalbindungsdauer für den Materialeinsatz beträgt 17 Tage. ☐

c. Der Kapitalbedarf beträgt insgesamt 1 960,00 EUR. ☐

d. Der Kapitalbedarf beträgt insgesamt 156 800,00 EUR ☐

5 Welche der folgenden Aussagen zur goldenen Finanzierungsregel trifft nicht zu? ☐

1 Die goldene Finanzierungsregel ist eine horizontale Kapital-Vermögensstruktur-Regel.

2 Die goldene Finanzierungsregel ermittelt das Verhältnis von Fremdkapital zum Eigenkapital.

3 Die goldene Finanzierungsregel besagt, dass die Dauer der Vermögensbildung mit der Dauer der Kapitalüberlassung übereinstimmen soll.

Welche Möglichkeiten der Kreditsicherung kennen Sie?

<table>
<tr><td>Mögliche Sicherheiten</td><td colspan="2">Neben dem Kreditnehmer als Hauptschuldner können weitere Personen oder Sachen als Sicherheit dienen.</td></tr>
<tr><td>Verstärkte Personalkredite</td><td colspan="2">▶ Bürgschaftskredit
▶ Zessionskredit
▶ Wechseldiskontkredit</td></tr>
<tr><td rowspan="2">Realkredite</td><td>Absicherung durch bewegliche Sachen</td><td>▶ Lombardkredit
▶ Sicherungsübereignungskredit</td></tr>
<tr><td>Absicherung durch unbewegliche Sachen</td><td>▶ Hypothek
▶ Grundschuld</td></tr>
</table>

Erläutern Sie die verstärkten Personalkredite.

<table>
<tr><td rowspan="3">Bürgschaftskredit</td><td colspan="2">Der Bürge verpflichtet sich gegenüber dem Kreditgeber, für die Erfüllung der Verbindlichkeiten des Kreditnehmers zu haften.

</td></tr>
<tr><td>Ausfallbürgschaft</td><td>Der Bürge muss erst dann zahlen, wenn alle Maßnahmen gegenüber dem Hauptschuldner erfolglos waren und der Gläubiger den „Ausfall" des Kreditnehmers nachweisen kann durch Zwangsvollstreckung in das gesamte Vermögen des Schuldners. Der Bürge hat das „Recht zur Einrede der Vorausklage".</td></tr>
<tr><td>Selbstschuldnerische Bürgschaft</td><td>Der Bürge muss sofort zahlen, wenn die Forderung gegenüber dem Kreditnehmer fällig geworden ist und dieser nicht zahlt. Der Bürge haftet hier so, als wenn er selbst Schuldner wäre. Kaufleute bürgen im Rahmen ihres Geschäftsbetriebes immer selbstschuldnerisch. Banken verlangen auch von Privatpersonen eine selbstschuldnerische Bürgschaft.
▶ Mitbürgschaft: Mehrere Personen haften gesamtschuldnerisch für dieselbe Schuld. Der Kreditgeber kann von einem Bürgen die volle Bezahlung verlangen. Dieser hat dann einen Ausgleichsanspruch an die anderen Bürgen.
▶ Höchstbetragsbürgschaft: Die Haftung des Bürgen ist auf einen bestimmten Höchstbetrag beschränkt.</td></tr>
<tr><td rowspan="3">Zessionskredit</td><td colspan="2">Beim Zessionskredit werden Forderungen, die der Kreditnehmer (Zedent) gegenüber Dritten (Drittschuldner) hat, vertraglich an den Kreditgeber (Zessionar) abgetreten.
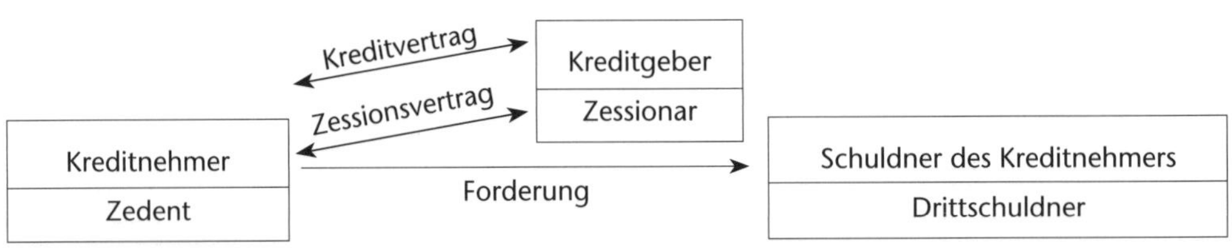
</td></tr>
<tr><td>Unterscheidung nach der Benachrichtigung des Drittschuldners</td><td>▶ stille Zession: Dem Drittschuldner ist die Forderungsabtretung nicht bekannt. Er zahlt mit befreiender Wirkung an den Kreditnehmer.
▶ offene Zession: Dem Drittschuldner ist die Forderungsabtretung bekannt. Der Drittschuldner zahlt mit befreiender Wirkung an den Kreditgeber.</td></tr>
<tr><td>Unterscheidung nach der Entstehung der Forderungsabtretung</td><td>▶ Mantelzession: Bestehende Einzelforderungen in bestimmter Gesamthöhe werden abgetreten. Der Forderungsübergang erfolgt z. B. durch Übergabe von Rechnungskopien oder Debitorenlisten. Bezahlte Forderungen müssen durch neue ersetzt werden.
▶ Globalzession: Bestehende und zukünftige Forderungsgruppen werden abgetreten, z. B. alle Forderungen an die Kunden mit den Anfangsbuchstaben von K bis Z, alle Forderungen an die Kunden in Niedersachsen.</td></tr>
<tr><td>Wechseldiskontkredit</td><td colspan="2">Der Kreditnehmer erhält aufgrund einer Diskontierung des Wechsels vor Fälligkeit den Barwert gutgeschrieben. Das Kreditinstitut legt den Wechsel am Verfalltag dem Bezogenen vor (Rückzahlung des Kredites). Zahlt der Bezogene nicht, haften der Aussteller und alle möglichen Indossanten für die Einlösung der Wechselsumme.</td></tr>
</table>

1 In welchem der folgenden Fälle handelt es sich um einen verstärkten Personalkredit?

Tragen Sie die Ziffer vor der richtigen Antwort in das Kästchen ein.

1 Absicherung durch die Übergabe von Wertpapieren
2 Abtretung von Forderungen
3 Eintragung einer Grundschuld in das Grundbuch

2 Ordnen Sie den unten stehenden Kreditarten zu:

1 Verstärkter Personalkredit
2 Realkredit durch Absicherung von beweglichen Sachen
3 Realkredit durch Absicherung von unbeweglichen Sachen

a. Zessionskredit
b. Sicherungsübereignung
c. Bürgschaftskredit
d. Lombardkredit
e. Wechseldiskontkredit

3 Ergänzen Sie unten stehende Texte um die folgenden Begriffe?

1 Drittschuldner
2 Zedent
3 Zessionar

a. Beim Zessionskredit ist der Kreditnehmer der ..., der seine Forderung abtritt.
b. Der ... übernimmt die Forderungen nur als Sicherheit für den von ihm zur Verfügung gestellten Kredit.
c. Es ist möglich, dass der ... von der Abtretung erfährt. Deshalb unterscheidet man die stille und offene Zession.

4 Welche der folgenden Feststellungen zur Mantel- und Globalzession trifft nicht zu?

1 Die Mantelzession ist wie die Globalzession ein verstärkter Personalkredit.
2 Bei der Globalzession werden bestehende und auch zukünftige Forderungsgruppen zur Sicherung eines Kredites abgetreten.
3 Die Vereinbarung einer Mantelzession ist zeitaufwändiger für den Kreditnehmer, da er z. B. bezahlte Forderungen durch neue ersetzen muss.
4 Bei der Mantel- und Globalzession handelt es sich immer um eine offene Zession, d. h., der Drittschuldner zahlt an den Kreditgeber.

5 Überprüfen Sie folgende Aussagen zum Wechseldiskontkredit:

Tragen Sie eine
1 ein, wenn die Aussage zutrifft,
2 ein, wenn die Aussage nicht zutrifft.

a. Der Wechseldiskontkredit ist ein verstärkter Personalkredit.
b. Die Europäische Zentralbank rediskontiert – wie bisher die Deutsche Bundesbank – die eingereichten Wechsel.
c. Beim Wechseldiskontkredit schreibt die Bank dem Wechseleinreicher die Wechselsumme gut; der Diskont wird dem Bezogenen bei Vorlage des Wechsels berechnet.

6 Nach der Art der zur Verfügung gestellten Sicherheit unterscheidet man bei Krediten u. a. den:

1 Zessionskredit,
2 Wechseldiskontkredit.

Entscheiden Sie, bei welcher Kreditart die nachstehenden Sachen oder Rechte üblicherweise als Sicherheit dienen können.

Trifft keine oben genannte Sicherung zu, tragen Sie eine 9 in das Kästchen ein.

a. Forderungen an Inlandskunden
b. Kundenakzepte
c. Aktien
d. Maschinen

7 Ordnen Sie den unten stehenden Aussagen die folgenden Begriffe zu:

1 Ausfallbürgschaft
2 Selbstschuldnerische Bürgschaft
3 Stille Zession
4 Offene Zession

a. Der Kreditgeber fordert den Bürgen zur Zahlung der Kreditsumme auf, weil der Kreditnehmer nicht pünktlich gezahlt hat. Der Bürge hat kein Recht zur Einrede der Vorausklage.
b. Ein Kaufmann verbürgt sich mündlich für einen Geschäftsfreund.
c. Der Kreditnehmer hat Forderungen in Höhe von 10 800,00 EUR abgetreten, die er gegenüber seiner Kundin Silke Elbert hat. Die Kundin zahlt bei Fälligkeit mit befreiender Wirkung an den Kreditnehmer.
d. Aufgrund eines Zessionsvertrages wurden Forderungen in Höhe von 14 000,00 EUR abgetreten. Dem Drittschuldner ist die Forderungsabtretung nicht bekannt.
e. Diese Art der Bürgschaft verlangen grundsätzlich die Banken.

Erläutern Sie die Realkredite, die durch bewegliche Sachen oder Wertpapiere abgesichert werden.

Lombardkredit	Der Kreditnehmer hinterlegt zur Sicherheit des Kredites bewegliche Sachen oder Wertpapiere, z. B. Edelmetalle, Aktien, Warenwertpapiere, Lebensversicherungen. Der Kreditnehmer bleibt Eigentümer der Sache. Der Kreditgeber wird Besitzer. ▶ Vorteil für den Kreditnehmer: Der Lombardkredit ermöglicht eine Kreditaufnahme durch die Beleihung von beweglichen Sachen oder Rechten, die der Kreditnehmer zzt. nicht benötigt, aber nicht veräußern möchte. ▶ Vorteil für den Kreditgeber: Der Kreditgeber kann im Falle der nicht ordnungsgemäßen Erfüllung der Zahlungsverpflichtungen des Kreditnehmers das Faustpfand verwerten.
Sicherungs-übereignung	Bei der Sicherungsübereignung wird das bedingte Eigentum einer beweglichen Sache auf den Kreditgeber durch Besitzkonstitut übertragen. Der Kreditnehmer bleibt Besitzer der Sache, z. B. Maschinen, Warenlager mit wechselndem Bestand. ▶ Vorteile für den Kreditnehmer: Die Benutzung ist weiterhin möglich, die Übereignung ist für Dritte nicht erkennbar. ▶ Vorteile für den Kreditgeber: bei nicht ordnungsgemäßer Kreditrückzahlung Versteigerung ohne Vollstreckungstitel, Absonderungsrecht im Falle der Insolvenz, keine Aufbewahrung durch ihn selbst notwendig ▶ Nachteile für den Kreditnehmer: keine freie Verfügung über die Sache, zusätzliche Kosten durch Versicherungen ▶ Nachteile für den Kreditgeber: Die Sache wird nochmals verpfändet oder verkauft, erlaubterweise verkauft, aber nicht wieder durch Gleiches ersetzt, beschädigt oder vernichtet, verarbeitet oder vermischt. Zudem ist die Sache möglicherweise nicht Eigentum des Kreditnehmers.

Erläutern Sie die Realkredite, die durch unbewegliche Sachen abgesichert werden.

Hypothek	Die Hypothek ist ein Pfandrecht an einem Grundstück zur Sicherung einer Forderung.	
	Arten	▶ nach der äußeren Gestaltung: – Die **Buchhypothek** erwirbt der Hypothekengläubiger durch Einigung und Eintragung ins Grundbuch. – Bei der Briefhypothek wird zusätzlich ein Hypothekenbrief ausgestellt. ▶ nach dem Nachweis der Forderung: – Bei der **Verkehrshypothek** kann der Gläubiger sich zum Beweis seines Rechts auf die Eintragung im Grundbuch berufen oder auf den Hypothekenbrief. Der Schuldner trägt im Streitfall die Beweislast. – Bei der **Sicherungshypothek** muss der Gläubiger den Nachweis erbringen, dass seine Forderung besteht.
	Besonderheiten	Die Hypothek ist immer an eine Forderung gebunden. Neben der dinglichen Haftung haftet der Kreditnehmer auch mit seinem übrigen Vermögen (persönliche Haftung).
	Erlöschen	Wenn der Kredit fristgemäß zurückgezahlt wurde, so kann der Grundstückseigentümer ▶ die Hypothek löschen lassen (dazu notwendig ist die Löschungsbewilligung des bisherigen Hypothekengläubigers und ein Löschungsantrag des Grundeigentümers), ▶ die Hypothek in eine Eigentümergrundschuld umschreiben lassen, ▶ die Hypothek als unechte Eigentümergrundschuld stehen lassen. Die Hypothek wird kraft Gesetzes zur Eigentümergrundschuld, da ohne Forderung keine Hypothek bestehen kann.
Grundschuld	Die Grundschuld ist ein Pfandrecht an einem Grundstück.	
	Arten	▶ nach der äußeren Gestaltung: Die Buch- und Briefgrundschuld entstehen wie bei der Hypothek. ▶ nach der Person des Grundschuldberechtigten: – Bei der **Fremdgrundschuld** wird der Kreditgeber als Berechtigter eingetragen. Damit dient die Grundschuld zur Sicherung eines Kredites. – Bei der **Eigentümergrundschuld** ist der Grundstückseigentümer selbst der Berechtigte. Damit ist es möglich, einen bevorzugten Rang frei zu halten. Bei notwendiger Kreditaufnahme kann der Grundstückseigentümer seine Eigentümergrundschuld als Sicherheit dem Kreditgeber übertragen.
	Besonderheiten	Die Grundschuld ist nicht an eine Forderung gebunden. Aus diesem Grund ist auch die Eintragung einer Eigentümergrundschuld möglich. Der Kreditnehmer haftet nur dinglich.

1 Ordnen Sie den unten stehenden Aussagen eine

1 zu, wenn es sich um eine Aussage nur zur Hypothek handelt,
2 zu, wenn es sich um eine Aussage nur zur Grundschuld handelt,
3 zu, wenn die Aussage auf Hypothek und Grundschuld zutrifft,
9 zu, wenn die Aussage weder auf Hypothek noch auf Grundschuld zutrifft.

a. Der Kreditnehmer haftet persönlich und dinglich. ☐
b. Bei dieser Absicherung handelt es sich nur um eine persönliche Haftung. ☐
c. Es erfolgt eine Eintragung ins Grundbuch. ☐
d. Dieses Pfandrecht existiert nur, wenn eine Forderung besteht. ☐
e. Es handelt sich um ein Grundpfandrecht an beweglichen Gegenständen. ☐

2 Welche der im Folgenden ausgewählten Mobilien, Immobilien und Wertpapiere eignen sich für die genannte Absicherung eines Kredites?

1 Lombardierung
2 Sicherungsübereignung
3 Hypothek, Grundschuld

Ordnen Sie zu.

a. Aktien ☐
b. Maschine ☐
c. Grundstück ☐
d. Warenlager mit laufendem Bestand ☐
e. Warenwertpapiere ☐
f. Wechsel ☐

3 Überprüfen Sie die unten stehenden Feststellungen zum Grundbuch.

Tragen Sie eine
1 ein für eine zutreffende Aussage,
9 ein für eine nicht zutreffende Aussage.

a. Das Grundbuch genießt öffentlichen Glauben, d. h., die Eintragungen gelten grundsätzlich als richtig. ☐
b. Einsicht in das Grundbuch ist jedem gestattet. ☐
c. Löschungen im Grundbuch werden im Bundesanzeiger und in mindestens einem Tagesblatt bekannt gegeben. ☐
d. Die Grundpfandrechte Hypothek und Grundschuld werden in das Grundbuch eingetragen. ☐
e. Die Grundpfandrechte werden nach Rangfolgen eingetragen. ☐

4 Ordnen Sie die Realkredite

1 Sicherungsübereignung,
2 Lombardierung

den folgenden Sachverhalten zu.

Trifft eine Aussage nicht zu, tragen Sie eine 9 in das Kästchen ein.

a. Es handelt sich um eine Verpfändung von Grundstücken. ☐
b. Der Kreditnehmer kann mit den übereigneten Gegenständen weiterarbeiten. ☐
c. Der Kreditgeber wird bedingter Eigentümer des Gegenstandes. Der Kreditnehmer bleibt Besitzer des Sicherungsgutes. ☐
d. Es besteht die Gefahr der Mehrfachübereignung. ☐

5 Überprüfen Sie die im Folgenden genannten Vorteile und Nachteile der Sicherungsübereignung.

Tragen Sie eine
1 ein, wenn es sich um einen Vorteil des Kreditgebers handelt,
2 ein, wenn es sich um einen Nachteil des Kreditgebers handelt,
9 ein, wenn die Aussage nicht zutrifft.

a. Der Gegenstand kann nochmals verpfändet werden. ☐
b. Der Gegenstand wird erlaubterweise verkauft, aber nicht wieder durch Gleiches ersetzt. ☐
c. Der Gegenstand kann verkauft werden, da er sich im Besitz des Veräußerers befindet. ☐
d. Im Insolvenzfall besteht ein Absonderungsrecht. ☐
e. Wird der Kredit nicht ordnungsgemäß zurückgezahlt, ist eine Versteigerung der Sache auch ohne Vollstreckungstitel möglich. ☐

6 Überprüfen Sie folgende Aussagen zur Hypothek und zur Grundschuld.

Tragen Sie eine
1 ein, wenn es sich um Gemeinsamkeiten handelt,
9 ein, wenn Unterschiede vorhanden sind.

a. Eintragung in das Grundbuch ist erforderlich. ☐
b. Absicherung durch unbewegliche Sachen ☐
c. Eignung für langfristige Fremdfinanzierung ☐
d. Persönliche Haftung durch den Kreditnehmer ☐
e. Dingliche Haftung ist vorhanden. ☐
f. Diese Sicherheit ist unabhängig vom Forderungsbestand. ☐

Erläutern Sie die besondere Finanzierungsform Leasing.
Nennen Sie Vorteile und Nachteile für den Leasingnehmer.

Begriff	Unter Leasing versteht man das Mieten bzw. Pachten von Nutzungsrechten an beweglichen oder unbeweglichen Gütern.	
Arten von Leasing	Unterscheidung nach dem geleasten Gegenstand	▶ Industrieanlagenvermietung, z. B. Fabrikgebäude einschließlich der Ausrüstung ▶ Ausrüstungsvermietung, z. B. Maschinen, Bagger, Datenverarbeitungsanlagen ▶ Konsumgüterleasing, z. B. Autos, Waschmaschinen, Gefriertruhen
	Unterscheidung nach dem Leasinggeber	▶ **direktes Leasing:** Der Hersteller ist auch der Leasinggeber. ▶ **indirektes Leasing:** Der Leasinggeber ist eine dazwischen geschaltete Leasinggesellschaft.
	Unterscheidung nach der Ausgestaltung der Verträge	▶ **Financial-Leasing:** Die Mietzeit ist fest vereinbart und richtet sich nach der voraussichtlichen Nutzungsdauer. Während der Grundmietzeit ist keine Kündigung möglich. Eine Sonderform ist das „Sale-and-lease-back-Verfahren": Der zukünftige Leasingnehmer verkauft seine Investitionsgüter an die Leasinggesellschaft und mietet sie dann wieder von dieser Gesellschaft. ▶ **Operating-Leasing:** Der Leasingnehmer kann unter Einhaltung von vereinbarten kurzen Kündigungsfristen den Leasinggegenstand zurückgeben. Die Mietkosten sind dementsprechend hoch.
Vorteile	▶ Das Eigenkapital wird geschont. ▶ Leasingraten können als Betriebsausgabe steuerlich berücksichtigt werden. ▶ Frei gewordene Liquidität kann für vorzeitige Skontozahlungen genutzt werden. ▶ Vorhandene Kreditlinien bleiben erhalten. ▶ Anlagen können an den neuesten Stand der Technik angepasst werden.	
Nachteile	▶ Hohe monatliche Kostenbelastung durch die Leasingraten. ▶ Keine freie Verfügung über den Leasinggegenstand.	

Stellen Sie die besondere Finanzierungsform Factoring anhand einer Grafik dar.

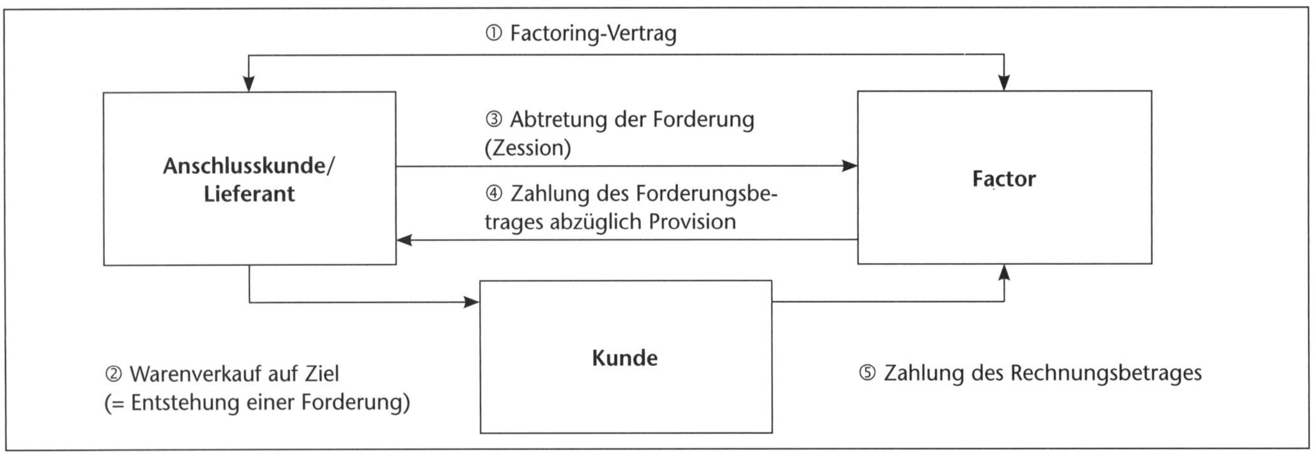

Erläutern Sie die grundsätzlichen Funktionen des Factors.
Nennen Sie Vor- und Nachteile für den Anwender.

Finanzierungsfunktion	Die Factoring-Bank oder Factoringgesellschaft kauft die Kundenforderungen ihres Anschlusskunden und finanziert (bevorschusst) sofort.
Delkrederefunktion	Beim „echten" Factoring übernimmt der Factor das Risiko des Forderungsausfalls, d. h., bei Nichtzahlung durch den Debitor des Anschlusskunden hat der Factor keinen Ersatzanspruch gegenüber dem Anschlusskunden.
Dienstleistungsfunktion	Der Factor übernimmt die Debitorenbuchhaltung, das Mahnwesen, Inkasso der Forderung, die Rechtsverfolgung.
Vorteile	▶ Verbesserung der Liquidität durch sofortige Verflüssigung der Forderung, dadurch Nutzung von Skontozahlungen möglich ▶ voller Schutz vor Forderungsausfällen ▶ Einsparung von Verwaltungskosten
Nachteile	▶ Kosten für die vorzeitige Zahlung der Forderung (Zins, Provisionen) ▶ Verärgerung des Kunden aufgrund standardisierter Eintreibung der Forderung durch den Factor
Überfällige oder ausgeklagte Forderungen werden nicht vom Factor gekauft, dafür sind Inkassobüros zuständig.	

1 *Welche der folgenden Aussagen zum Leasing trifft nicht zu?*

Tragen Sie eine 5 ein, wenn alle Aussagen zutreffen.

1 Leasing ist eine aus den USA stammende Finanzierungsform.
2 Leasinggegenstände können bewegliche und unbewegliche Sachen sein.
3 Man spricht vom direkten Leasing, wenn der Hersteller gleichzeitig der Leasinggeber ist.
4 Beim indirekten Leasing ist nicht der Hersteller Leasinggeber, sondern eine dazwischen geschaltete Leasinggesellschaft.

2 *Bringen Sie die folgenden Angaben zum Factoring in eine richtige zeitliche Reihenfolge, indem Sie die Ziffern 1 bis 5 vergeben.*

a. Bezahlung des Rechnungsbetrages
b. Abtretung der Forderung
c. Abschluss des Factoring-Vertrages
d. Zahlung des Forderungsbetrages abzüglich Provision
e. Warenverkauf auf Ziel

3 *Ordnen Sie den unten stehenden Aussagen eine*

1 zu, wenn es sich um Financial-Leasing handelt,
2 zu, wenn es sich um Operating-Leasing handelt.

a. Bei dieser Vertragsform kann der Vertragspartner den Vertrag kurzfristig unter Einhaltung einer vereinbarten Kündigungsfrist kündigen.
b. Der Leasingnehmer entscheidet sich für eine feste Grundmietzeit, die etwa 40 bis 90 % der gewöhnlichen Nutzungsdauer des Leasinggutes beträgt.

4 *Entscheiden Sie, ob es sich bei den unten stehenden Aussagen im Rahmen der Finanzierungsform Leasing um*

1 einen Vorteil für den Leasingnehmer,
2 einen Nachteil für den Leasingnehmer,
9 eine falsche Aussage zur Finanzierungsform Leasing

handelt.

a. Der Investitionsspielraum wird größer, da ein geringerer Finanzmittelbedarf im Jahr der Anschaffung vorliegt.
b. Durch den Zessionsvertrag werden die Rechte auf den Leasinggeber übertragen.
c. Der Leasingnehmer erwirbt im Falle des Operating-Leasing nur die tatsächliche Herrschaft über den Leasinggegenstand, nicht die rechtliche Herrschaft.
d. Es handelt sich um eine offene Selbstfinanzierung.

5 *Überprüfen Sie die folgenden Aussagen zum Factor im Rahmen eines Factoring-Vertrages.*

Tragen Sie eine

1 ein, wenn die Aussage zutrifft,
9 ein, wenn die Aussage nicht zutrifft.

a. Der Factor übernimmt beim „echten" Factoring das Risiko des Forderungsausfalls, wenn der Kunde des Anwenders nicht zahlt.
b. Der Factor erhält das Eigentum an den Forderungen des Anwenders durch Zession.
c. Der Factor bevorschusst die abgetretenen Forderungen und berechnet dafür u. a. Zinsen.
d. Der Factor wird i. d. R. mit einer stillen Zession einverstanden sein, damit die Kunden des Anwenders nicht von den Finanzierungsschwierigkeiten des Anwenders erfahren.

6 *Ein Industrieunternehmen beabsichtigt, einen Factoring-Vertrag mit einem Factor abzuschließen.*

Überprüfen Sie, ob unten stehende Forderungen

1 Inhalt eines Vertrages werden könnten oder
9 vom Factor abgelehnt werden, da es sich um unrealistische Forderungen handelt.

a. „Wir wünschen die sofortige Finanzierung der gekauften Forderungen aus Lieferungen und Leistungen."
b. „Für den Kauf der ausgeklagten Forderungen denken wir an einen Abschlag von 70 %."
c. „Für die Debitorenbuchhaltung, das Mahnwesen und eine mögliche Rechtsverfolgung der Forderung möchten wir Sie verantwortlich machen."
d. „Die von Ihnen angebotene Delkrederegebühr in Höhe von 2 % des Forderungsbestandes akzeptieren wir, wenn Sie damit die volle Übernahme des Ausfallrisikos garantieren."
e. „Wir sind interessiert daran, dass unseren Kunden die Forderungsabtretung nicht angezeigt wird und sie mit befreiender Wirkung weiterhin an uns zahlen."

7 *Durch die Factoring-Finanzierung erfolgt eine Veränderung der Bilanz- und Finanzstruktur.*

Überprüfen Sie die folgenden Aussagen dazu und tragen Sie eine

1 ein, wenn die Aussage zutrifft,
9 ein, wenn die Aussage nicht zutrifft.

a. Durch die Factoring-Finanzierung verändert sich die Kennzahl der Barliquidität (1. Grades) positiv.
b. Durch die Factoring-Finanzierung verändert sich die Kennzahl der Liquidität 3. Grades.
c. Werden die durch die Factoring-Finanzierung erhaltenen flüssigen Mittel zur Bezahlung kurzfristiger Verbindlichkeiten benutzt, so bewirkt dies eine Bilanzverkürzung.
d. Durch die Übernahme des Delkredererisikos durch den Factor entfällt die Bildung von Wertberichtigungen.

Beschreiben Sie die Merkmale von Bedürfnissen.

Bedürfnisse	▶ Jeder Mensch hat eine Vielzahl von Wünschen. Wirtschaftlich bezeichnet man diese Wünsche als Bedürfnisse. ▶ Bedürfnisse werden als Mangel empfunden. Je nach Intensität des Mangelzustandes ist jeder Mensch bestrebt, diese Bedürfnisse zu befriedigen, um den Mangelzustand zu beseitigen. ▶ Bedürfnisse unterliegen einem ständigen Wandel und sind abhängig vom Bildungsgrad, dem Alter, dem Einkommen, der Umwelt und dem technischen Fortschritt. ▶ Nicht alle Bedürfnisse können befriedigt werden, da nur begrenzte Kaufmittel (Einkommen) zur Verfügung stehen und z. B. die Befriedigung von immateriellen Bedürfnissen (z. B. Anerkennung) auch von anderen Faktoren abhängig ist.

Unterscheiden Sie die Bedürfnisse nach den Merkmalen „Gegenstand" und „Dringlichkeit".

Merkmal: Gegenstand	▶ **Materielle Bedürfnisse** sind auf Güter (z. B. Auto, DVD-Player) ausgerichtet und werden mit Preisen bewertet. Ihre Befriedigung setzt den Kauf der entsprechenden Güter voraus. ▶ **Immaterielle Bedürfnisse** beinhalten Wünsche, die nicht materieller Art sind, sondern geistig-kultureller Natur (z. B. Zuneigung, Geselligkeit, Macht).
Merkmal: Dringlichkeit	▶ **Existenzbedürfnisse** sind lebensnotwendige Bedürfnisse (Hunger, Durst, Kleidung, Unterkunft). ▶ **Kultur-/Luxusbedürfnisse** deuten auf einen gehobenen bzw. exklusiven Lebensstandard hin (Urlaubsreise, Segeljacht). Die Zuordnung der Bedürfnisse zu Kultur- oder Luxusbedürfnissen kann nur individuell vorgenommen werden, da man von unterschiedlichen Voraussetzungen (Lebensstandard) ausgehen muss.

Erklären Sie die Begriffe „Individualbedürfnisse" und „Kollektivbedürfnisse".

Individuelle Bedürfnisse	sind Wünsche, die bei einer einzelnen Person auftreten (z. B. Essen, Trinken, Erholung) und von Person zu Person unterschiedlich ausgeprägt sind.
Kollektive Bedürfnisse	sind Wünsche, die von einer Gemeinschaft ausgehen (z. B. Sicherheit, Bildung) und nur durch die Gemeinschaft erfüllt werden können (Polizei, Schulen).

Ordnen Sie sinnvoll: freie Güter, wirtschaftliche Güter, materielle Güter, immaterielle Güter, Konsumgüter, Produktionsgüter, Verbrauchsgüter und Gebrauchsgüter. Erklären Sie diese Begriffe.

Güter
sind die Mittel, die der Bedürfnisbefriedigung dienen.

freie Güter

Sie stehen in unbegrenzter Anzahl zur Verfügung und können von jedermann kostenlos genutzt werden. Viele ursprünglich freie Güter sind heute wirtschaftliche Güter. So verursacht z. B. die Reinhaltung der Luft heutzutage erhebliche Kosten.

wirtschaftliche Güter

Diese Güter stehen nur in begrenztem Umfang zur Verfügung: Sie sind knapp und müssen durch den Einsatz der Produktionsfaktoren produziert werden. Dabei verursachen sie Kosten. Diese Güter werden zumeist gegen einen Preis am Markt gehandelt.

materielle Güter (Sachgüter)

Produktionsgüter
(Investitionsgüter)
Güter, die von Unternehmen für die Herstellung und Verteilung anderer Güter benötigt werden
- ▶ **Gebrauchsgüter** sind langfristig nutzbar (z. B. ein Bohrautomat).
- ▶ **Verbrauchsgüter** sind nach einmaliger Nutzung verbraucht (z. B. Kopierpapier).

Konsumgüter
(Investitionsgüter)
Güter, die für den Verbraucher bestimmt sind und unmittelbar dessen Bedürfnisbefriedigung dienen
- ▶ **Gebrauchsgüter** sind langfristig nutzbar (z. B. eine Kaffeemaschine).
- ▶ **Verbrauchsgüter** sind nach einmaliger Nutzung verbraucht (z. B. Kaffeemehl).

immaterielle Güter

Dienstleistungen
Güter, deren besonderes Merkmal es ist, im Moment des Absatzes hergestellt zu werden und die deswegen auch nicht lagerfähig sind
Beispiele: Kreditgewährung, Versicherungsleistungen, Verwaltungsleistungen

Rechte
ermöglichen dem Inhaber, ein Tun oder Unterlassen von einer anderen Person verlangen zu können
Beispiele: Eigentumsrecht, Besitzrecht, Patente, Lizenzen, Wohnrechte

1 ***Welche der folgenden Aussagen zu Bedürfnissen treffen nicht zu?***

Tragen Sie eine 9 ein, wenn alle Aussagen zutreffend sind.

1 Werbung kann die Bedürfnisse des Menschen beeinflussen.
2 Nahrung ist für alle Menschen ein Existenzbedürfnis.
3 Es gibt Situationen, in denen Kollektivbedürfnisse einem Individualbedürfnis gegenüberstehen.
4 Bedürfnisse werden nur durch Sachgüter befriedigt.
5 Bedarf ist der Teil der Bedürfnisse, der mit Kaufmitteln gedeckt ist.

2 ***Güter können nach unterschiedlichen Gesichtspunkten klassifiziert werden.***

Tragen Sie die Ziffer vor der jeweils zutreffenden Kombination hinter die unten stehenden Beispiele von Gütern ein.

1 Produktionsgut als Gebrauchsgut
2 Produktionsgut als Verbrauchsgut
3 Konsumgut als Gebrauchsgut
4 Konsumgut als Verbrauchsgut

Tragen Sie eine 9 ein, wenn es sich um eine Dienstleistung handelt.

a. Auto einer Verkäuferin, die damit zur Arbeit fährt
b. Elektronisches Kassensystem in einem Textilgeschäft
c. Erstellen einer Steuererklärung für die Inhaberin eines Einzelhandelsbetriebes
d. Fotokopierpapier in einem großen Schuhfachgeschäft
e. Mittagessen für einen Mitarbeiter in der Kantine des Betriebes

3 ***Welche Voraussetzung muss für das Vorhandensein eines Bedürfnisses gegeben sein?***

Tragen Sie eine 9 ein, wenn keine Antwort zutrifft.

1 Preiswerte Güter
2 Mangelempfinden
3 Kaufkraft
4 Überschaubarkeit des Marktes
5 Einkommen

4 ***Welche der folgenden Reihenfolgen für die Konkretisierung eines Kaufwunsches trifft zu?***

1 Bedürfnisse – Nachfrage – Bedarf
2 Nachfrage – Bedarf – Bedürfnisse
3 Bedürfnisse – Bedarf – Nachfrage
4 Nachfrage – Bedürfnisse – Bedarf
5 Bedarf – Nachfrage – Bedürfnisse
6 Bedarf – Bedürfnisse – Nachfrage

5 ***Welche der folgenden Aussagen treffen zu?***

1 Die Gesamtheit der Bedürfnisse führt zum Bedarf.
2 Bedarf ist die Vorstufe der Bedürfnisse.
3 Der Bedarf gibt die Konkretisierung der Bedürfnisse wieder.
4 Bei nicht lebensnotwendigen Gütern spricht man von Bedürfnissen, bei lebensnotwendigen Gütern von Bedarf.
5 Die Summe der Konsumgüter stellt den Bedarf dar, die Summe der Investitionsgüter die Nachfrage.

6 ***Welches der folgenden Kriterien beeinflusst nicht die Zuordnung der Bedürfnisse in Existenz-, Kultur- und Luxusbedürfnisse?***

Tragen Sie eine 9 ein, wenn alle Kriterien die Zuordnung beeinflussen.

1 allgemeiner Lebensstandard
2 geografische Lage
3 individuelle Einstellung
4 Entwicklungsstand der Volkswirtschaft
5 kulturelles und technisches Niveau

7 ***Welches Beispiel kennzeichnet ein Individualbedürfnis?***

1 Krankenpflege in Krankenhäusern
2 Bildung in den Schulen
3 Sicherheit durch Ordnungskräfte
4 die eigene berufliche Karriere
5 Erholung in Freizeiteinrichtungen

8 ***Güter lassen sich in verschiedenen Stufen hierarchisch unterscheiden. Untersuchen Sie die unten stehenden Folgen von Güterbegriffen., ob sie unlogisch oder sonst nicht zutreffend sind. Welche der Begriffsfolgen trifft vollständig zu?***

1 Güter – freie Güter – Elektrizität aus Sonnenkollektoren
2 Güter – wirtschaftliche Güter – materielle Güter – Konsumgüter – Gebrauchsgüter – PKW
3 Güter – wirtschaftliche Güter – materielle Güter – Produktionsgüter – Gebrauchsgüter – Milch
4 Güter – wirtschaftliche Güter – Dienstleistungen – Rechtsberatung – Tageszeitung
5 Güter – freie Güter – Dienstleistungen – Steuerberatung

Unterscheiden Sie Substitutions- und Komplementärgüter.

Komplementärgüter	Güter, die sich gegenseitig ergänzen (z. B. DVD-Player und DVD, Modelleisenbahn und Transformator)
Substitutionsgüter	Güter, die in der Nutzung austauschbar sind (z. B. Autos von unterschiedlichen Herstellern in einer bestimmten Preisklasse)

Grenzen Sie folgende Begriffe voneinander ab: Bedürfnisse, Bedarf, Nachfrage.

Bedürfnisse	Nahezu jeder Mensch hat eine unbegrenzte Anzahl von Bedürfnissen. Diese Bedürfnisse sind wandelbar, individuell unterschiedlich und von verschiedenen Bedingungen abhängig. *Beispiel: Jemand hat Hunger.*
Bedarf	Für die Wirtschaft ist von Interesse, welche Bedürfnisse erfüllt werden können, d. h. wie sich die Bedürfnisse konkretisieren. Diesen Teil der Bedürfnisse bezeichnet man als Bedarf. Durch Werbung wird versucht, die Konsumwünsche des Verbrauchers zu steuern. *Beispiel: Jemand will seinen Hunger durch den Verzehr eines frischen Erdbeerkuchens stillen.*
Nachfrage	Wenn der Verbraucher tatsächlich die entsprechenden Güter am Markt nachfragt (konsumiert), spricht man von Nachfrage. Derjenige Teil des Bedarfs, der mit eigenen Mitteln gedeckt werden kann, wird als Eigenleistung bezeichnet. *Beispiel: Jemand kauft einen Tortenboden in der Bäckerei (Nachfrage) und belegt ihn mit frischen Erdbeeren aus seinem Garten (Eigenleistung).*

Warum müssen Menschen wirtschaften?

Notwendigkeit des Wirtschaftens	Der einzelne Mensch hat in der Regel nur begrenzte Kaufmittel (Einkommen, Vermögen) zur Verfügung. Er kann damit nur einen bestimmten, zumeist kleinen Teil seiner Bedürfnisse befriedigen. Die Wirtschaft verdankt ihre Entstehung demnach einer mengenmäßigen Beziehung: der Unbegrenztheit menschlicher Bedürfnisse einerseits und der Knappheit der Güter bzw. der Knappheit der Kaufmittel andererseits. Dieses Spannungsverhältnis zwingt die Wirtschaftssubjekte dazu zu wirtschaften.

Erläutern Sie das ökonomische Prinzip als Minimal- und als Maximalprinzip.

Ökonomisches Prinzip	**Maximalprinzip**	**Minimalprinzip**
	Unter Einsatz von gegebenen Mitteln soll ein größtmöglicher (maximaler) Ertrag erzielt werden. *Beispiel: Ein Haushalt versucht, mit gegebenem Einkommen möglichst viele Güter zu kaufen.*	Ein bestimmter Ertrag (Erfolg) soll mit möglichst geringem (minimalem) Mitteleinsatz erzielt werden. *Beispiel: Ein Betrieb versucht, ein vorgegebenes Umsatzziel mit möglichst geringen Kosten zu erreichen.*

Nennen Sie Beispiele dafür, wie Privatpersonen, Unternehmen und der Staat nach dem ökonomischen Prinzip handeln.

	Maximalprinzip	**Minimalprinzip**
Privatperson	Ein Auszubildender hat nach Abzug seiner monatlichen Kosten einen Betrag von 100,00 EUR (gegebene Mittel) zur freien Verfügung. Mit diesem Geld versucht er, sich möglichst viele Wünsche zu erfüllen.	Ein Auszubildender benötigt für den Berufsschulunterricht einen Taschenrechner. Er macht Preisvergleiche unter gleichwertigen Angeboten und entscheidet sich für den preisgünstigsten.
Unternehmen	Ein Unternehmen hat das Ziel, mit den vorhandenen Mitteln (Einrichtungen, Personal, Produktionsstätten) einen größtmöglichen Gewinn zu erzielen (Gewinnmaximierung).	Ein Unternehmen hat das Ziel, den Umsatz des letzten Jahres zu erreichen. Die Kosten (für Material, Personal usw.) sollen dabei möglichst gering gehalten werden (Kostenminimierung).
Staat	Zumeist sind für die einzelnen Ressorts einer Landesregierung die Etats für ein Jahr aufgrund des Haushaltes der Landesregierung fest vorgegeben. Mit einem gegebenen Etat versucht z. B. das Bildungsministerium eines Landes, optimale Rahmenbedingungen für die allgemeine und berufliche Bildung zu schaffen.	Eine Gemeinde will ein neues Hallenbad bauen lassen. Mithilfe einer Ausschreibung, in der der gesamte Leistungsumfang vorgegeben ist, versucht sie, dasjenige Bauunternehmen herauszufinden, welches die Leistung zum niedrigsten Preis anbietet.

1 Welche Aussage gibt die richtige Definition des folgenden Begriffes wieder?

Substitutionsgüter sind ...

1 ... Güter, die mehrmals und über einen längeren Zeitraum genutzt werden.

2 ... Güter von unterschiedlicher Art und unterschiedlichem Nutzen.

3 ... Güter, die sich gegenseitig ergänzen.

4 ... Güter, die der Bedürfnisbefriedigung der privaten Haushalte dienen.

5 ... Güter, die sich gegenseitig ersetzen.

2 Welche der folgenden Aussagen ist vollständigzutreffend?

Komplementärgüter ...

1 ... nennt man auch Investitionsgüter.

2 ... können in Bezug auf den Nutzen durch andere Güter ausgetauscht werden.

3 ... ergänzen sich gegenseitig.

4 ... sind Güter, die nach einmaligem Gebrauch nicht mehr zu verwenden sind.

5 ... nennt man auch Konsumgüter.

3 Bei welchem der unten stehenden Güterpaare handelt es sich um Substitutionsgüter?

1 Warenregal/Waren

2 Lieferwagen eines inländischen Herstellers/ Lieferwagen eines ausländischen Herstellers

3 Video-Überwachungsanlage/ Arbeitszeit-Erfassungssystem

4 Handy/Ladekabel für Handy

5 Druckbleistift/Mine

4 Das ökonomische Prinzip kann in zwei Ausprägungen beschrieben werden:

1 Minimalprinzip

2 Maximalprinzip

Ordnen Sie diese Arten des ökonomischen Prinzips den folgenden Aussagen zu.

Tragen Sie eine 9 ein, wenn eine Zuordnung nicht sinnvoll erscheint.

a. Mit geringstmöglichen Mitteln einen optimalen Erfolg erzielen.

b. Mit gegebenen Mitteln den größtmöglichen Erfolg erzielen.

c. Mit geringsten Mitteln einen gegebenen Erfolg erzielen.

5 Kennzeichnen Sie nachstehende Fälle mit einer

1, wenn es sich um ein Vorgehen nach dem Minimalprinzip handelt,

2, wenn es sich um ein Vorgehen nach dem Maximalprinzip handelt,

9, wenn es sich weder um ein Vorgehen nach dem Minimal- noch nach dem Maximalprinzip handelt.

a. Ein Unternehmen erwirtschaftet einen gegebenen Umsatz mit niedrigen Kosten.

b. Markenware soll mit der größtmöglichen Gewinnspanne verkauft werden.

c. Mit möglichst wenig Mitarbeitern soll ein maximaler Umsatz erzielt werden.

d. Mit einem festgelegten Werbeetat sollen möglichst viele Kunden erreicht werden.

e. Aus mehreren Angeboten einer bestimmten Ware wählt man das teuerste aus.

f. Beim Kauf eines Auslieferungsfahrzeuges wählt man aus mehreren gleichwertigen Fabrikaten das Fahrzeug mit dem geringsten Benzinverbrauch aus.

6 Eine wirtschaftliche Handlungsweise kann dann erklärt werden, wenn bestimmte Grundbegriffe definiert sind. Zu diesen Grundbegriffen der Wirtschaft zählen Bedürfnisse, Bedarf und Nachfrage. Welche der folgenden Aussagen trifft auf den Begriff Bedarf zu?

1 Dieser Begriff wird dann verwendet, wenn der Verbraucher Güter konsumiert.

2 Der Begriff deckt den Teil der Güter ab, der die Wünsche des Verbrauchers so weit konkretisiert, dass er beabsichtigt, diese Güter zu konsumieren.

3 Dieser Begriff kennzeichnet das persönliche Mangelempfinden. Der Mensch ist bestrebt, den Mangel aufzuheben und (das/den/die) ... zu befriedigen.

4 Wenn der Verbraucher am Markt nachfragt, muss er dafür einen entsprechenden Gegenwert leisten.

5 Dieser Begriff gibt den Anteil dessen wieder, was der Verbraucher am Markt nachfragt.

7 In der Volkswirtschaftslehre gibt es grundlegende Überlegungen dazu, warum Menschen wirtschaftlich handeln. Welche der unten stehenden Aussagen zu dieser Thematik treffen nicht zu?

Tragen Sie eine 6 ein, wenn alle Aussagen zutreffend sind.

1 Jeder Mensch hat eine Vielzahl von individuellen Wünschen.

2 Der einzelne Mensch hat aber in der Regel nur begrenzte Kaufmittel zur Verfügung.

3 Er kann sich deshalb auch nur einen Teil dieser Wünsche erfüllen.

4 Dieses Spannungsverhältnis zwingt ihn dazu, die Knappheit seiner Kaufmittel möglichst so einzusetzen, dass er eine größtmögliche Zufriedenheit erlangt.

5 Dieses Verhalten wird als Wirtschaften bezeichnet.

Was ist ein Markt?

Jeden Ort, an dem Güter und Dienstleistungen angeboten und nachgefragt werden, bezeichnet man als Markt.

- ▶ Der Markt setzt das Zusammentreffen von kaufkräftiger Nachfrage und lieferfähigem Angebot voraus.
- ▶ Am Markt findet der Ausgleich zwischen Angebot und Nachfrage statt.
- ▶ Der Markt ist der Ort, an dem sich als Ergebnis des Marktgeschehens ein Preis bildet.

Nach welchen Gesichtspunkten können Märkte aufgeteilt werden?

Unterscheidung nach der Güterart	Unterscheidung nach dem Organisationsgrad	Unterscheidung nach den Zugangsmöglichkeiten
▶ **Faktormärkte** – Arbeitsmarkt – Kapitalmarkt ▶ **Gütermärkte** – Sachgütermarkt – Dienstleistungsmarkt	▶ **organisierte** Märkte, die an Ort und Zeit gebunden sind ▶ **nicht organisierte** Märkte, die nicht an feste Zeiten oder einen Ort gebunden sind	▶ **offener Markt** Jede Person kann an diesem Markt teilnehmen. ▶ **geschlossener Markt** Zugang ist durch bestimmte Beschränkungen behindert oder ausgeschlossen.

Unterscheidung nach der Vollkommenheit des Marktes	
vollkommener Markt ▶ Gleichartigkeit von Gütern ▶ Fehlen jeglicher Präferenzen (Vorzüge) in Bezug auf Personen, Zeit und Raum ▶ vollständige Marktübersicht für Anbieter und Nachfrager	**unvollkommener Markt** Dem unvollkommenen Markt fehlen eine oder mehrere Bedingungen des vollkommenen Marktes. Unvollkommene Märkte sind heute die Regel, da auf nahezu allen Konsumgütermärkten, z. B. durch Werbung, Präferenzen geschaffen werden.

Beschreiben Sie den Zusammenhang von Nachfrage, Angebot und Preis.

Angebot		Nachfrage
Das Angebot ist die Absicht einer Person, eine bestimmte Menge eines bestimmten Gutes dann zu verkaufen, wenn der Preis dafür mindestens eine Höhe erreicht hat, die mit seinen Vorstellungen übereinstimmt. Die Summe der Angebote eines Gutes macht das Gesamtangebot aus.	→ Markt ←	Die Nachfrage ist die Absicht einer Person, eine bestimmte Menge eines Gutes dann zu kaufen, wenn der Preis für dieses Gut so niedrig ist, dass er den Vorstellungen dieser Person entspricht. Die Summe der individuellen Nachfragen nach einem Gut stellt die Nachfrage nach diesem Gut dar.
Bestimmungsfaktoren des Angebotes		**Bestimmungsfaktoren der Nachfrage**
▶ **Preis des angebotenen Gutes** Je höher der Preis für ein Gut ist, desto größer wird die Bereitschaft des Anbieters sein, das Gut zu verkaufen. ▶ **Preise der Produktionsfaktoren** Die untere Grenze, die ein Anbieter akzeptieren kann, sind die Produktionskosten für die Herstellung eines Gutes. Kann der Preis die Kosten nicht mehr decken, wird der Anbieter nicht mehr bereit sein, das Gut anzubieten. ▶ **Preise der übrigen Güter** Die Preisentwicklung bei anderen Gütern beeinflusst das Angebot der Betriebe. Das gilt besonders für Güter, die zu dem angebotenen Gut eine bestimmte Beziehung haben. Steigen z. B. die Preise für Teppichböden sehr stark, wird ein Anbieter von Parkettfußboden sein Angebot ausdehnen, weil er damit rechnet, dass die Konsumenten auf Parkettfußboden ausweichen. ▶ **Stand des technischen Wissens** Je höher der Technologievorsprung eines Anbieters ist, desto größer wird sein Angebot sein, weil er damit seine Produkte insgesamt kostengünstiger herstellen kann. ▶ **Gewinnerwartungen** Bestehen bei einem Gut hohe zukünftige Gewinnchancen, wird ein Anbieter in diesem Markt investieren. Die Folge ist ein erhöhtes Angebot.		▶ **Preis des nachgefragten Gutes** Je niedriger der Preis für ein Gut ist, desto eher wird der Nachfrager bereit sein, dieses Produkt zu kaufen. Dieses Verhalten gilt jedoch nur, soweit man dem Nachfrager rationales Verhalten unterstellt. Bei einer Reihe von Gütern wird der Preis überhaupt keine Rolle spielen, weil die Nachfrager eine bestimmte Menge des Gutes unbedingt benötigen (lebenswichtige Güter). Bei anderen Gütern wiederum wird es für bestimmte Nachfrager erst dann interessant, wenn der Preis des Gutes besonders hoch ist (z. B. Designer-Möbel). ▶ **Konsumsumme** Jeder Nachfrager hat nur einen begrenzten Teil seines Einkommens, das er konsumieren kann. Steigt das Einkommen, kann der Nachfolger sich „mehr leisten", sinkt das Einkommen hingegen, muss er auf Güter verzichten. Dies wirkt sich jedoch zumeist nicht bei den Gütern aus, die der Nachfrager in jedem Falle erwerben muss oder die er nur in begrenzter Menge benötigt. ▶ **Preise der anderen Güter** Preisveränderungen bei einigen Gütern wirken sich unmittelbar auf die zur Verfügung stehende Summe für andere Güter aus. Steigen z. B. die Preise für Mieten und Grundnahrungsmittel, bleiben dem Haushalt weniger Mittel, um Güter des gehobenen Bedarfs zu erwerben.

1 Prüfen Sie die folgenden Aussagen.

Kennzeichnen Sie
zutreffende Aussagen mit einer 1,
nicht zutreffende Aussagen mit einer 9.

a. Der Markt ist der Ort, an dem Anbieter und Nachfrager mit ihren Gütern aufeinander treffen. ☐
b. Das Ergebnis des ökonomischen Geschehens auf einem Markt ist der Preis. ☐
c. Die Nachfrager wollen auf dem Markt ihren Konsumplan mit einem möglichst hohen Gewinn realisieren. ☐
d. Jeder Markt ist in seiner Grundstruktur darauf angelegt, einen Wettbewerb zwischen den Marktteilnehmern zu erzeugen. ☐
e. Ein Wochenmarkt unterliegt im Prinzip den gleichen Marktgesetzen wie die Börse. ☐
f. Angebot und Nachfrage auf einem bestimmten Markt unterliegen den gleichen Einflussfaktoren. ☐

2 Angebot und Nachfrage unterliegen verschiedenen Einflussgrößen.

Ordnen Sie zu.
1 Bestimmungsfaktor des Angebotes
2 Bestimmungsfaktor der Nachfrage
3 Bestimmungsfaktor, der sich sowohl auf die Nachfrage als auch auf das Angebot auswirkt

Tragen Sie eine 9 ein, wenn sich die genannte Größe weder auf das Angebot noch auf die Nachfrage auswirkt.

a. Preis eines Gutes ☐
b. Preise der Produktionsfaktoren ☐
c. Stand des technischen Wissens ☐
d. Konsumsumme ☐
e. Preise anderer Güter ☐
f. Gewinnerwartungen ☐
g. Kapazitätsauslastung ☐

3 Welche der nachstehend aufgeführten Bedingungen ist kein Bestimmungsfaktor des Angebotes? ☐

1 Preise der Produktionsfaktoren
2 Preise der übrigen Güter
3 Stand des technischen Wissens
4 Leitzinssatz der EZB
5 Gewinnerwartungen der Anbieter

4 Die Preisbildung auf einem vollkommenen Markt vollzieht sich unter bestimmten Voraussetzungen.

Entscheiden Sie, ob unten stehende Merkmale
1 zu den Voraussetzungen eines vollkommenen Marktes gehören.
9 nicht zu den Voraussetzungen eines vollkommenen Marktes gehören.

a. Gleichartigkeit der Güter ☐
b. Geringe Anzahl von Anbietern ☐
c. Marktübersicht ☐
d. Marktforschung ☐

5 Prüfen Sie die folgenden Aussagen.

Kennzeichnen Sie
zutreffende Aussagen mit einer 1,
nicht zutreffende Aussagen mit einer 9.

a. Je niedriger der Preis eines Gutes ist, desto eher wird der Nachfrager bereit sein, dieses Gut zu kaufen. ☐
b. Je höher der Preis eines Gutes ist, desto eher wird der Konsument bereit sein, das Komplementärgut zu kaufen. ☐
c. Je niedriger der Preis eines Gutes ist, desto eher werden die Haushalte bereit sein, das Substitutionsgut zu kaufen. ☐
d. Je größer das Einkommen eines Haushaltes ist, desto eher wird dieser bereit sein, bei gleich bleibendem Preis eine höhere Menge eines Gutes zu kaufen. ☐
e. Steigt der Preis eines Gutes G1, so wird der Haushalt eine geringere Menge des hierzu indifferenten Gutes G2 kaufen. ☐

6 Welche der nachstehend aufgeführten Bedingungen ist kein Bestimmungsfaktor der Nachfrage? ☐

1 Preis des nachgefragten Gutes
2 Zinssatz für kurzfristige Kredite
3 Konsumsumme
4 Preise der anderen Güter

7 Kennzeichnen Sie unten stehende Aussagen mit

1, wenn diese zutreffen,
9, wenn diese nicht zutreffen.

a. Zu den Faktormärkten gehören der Kapitalmarkt, der Arbeitsmarkt, der Immobilienmarkt und der Konsumgütermarkt. ☐
b. Bei einem geschlossenen Markt ist einer bestimmten Anzahl von Marktteilnehmern der Zugang durch gewisse Beschränkungen versagt. ☐
c. Als nicht organisierte Märkte bezeichnet man solche Märkte, die nicht an Zeit und Ort gebunden sind. ☐

Stellen Sie die Angebotskurve und die Nachfragekurve dar. Erläutern Sie den Begriff der „Elastizität".

Angebotskurve: grafische Darstellung des Angebots
- Sinkt der Preis, dann sinkt auch das Angebot.
- Steigt der Preis, dann steigt auch das Angebot.

Nachfragekurve: grafische Darstellung der Nachfrage
- Sinkt der Preis, dann steigt die Nachfrage.
- Steigt der Preis, dann sinkt die Nachfrage

Die Elastizität von Nachfrage und Angebot drückt aus, welche Mengenänderung auf eine Änderung des Preises erfolgt.
- Normale Elastizität: Die Mengenänderung verhält sich proportional zur Preisentwicklung.
- Hohe Elastizität: Die Mengenänderung verhält sich zu einer Preisänderung überproportional.
- Niedrige Elastizität: Die Mengenänderung verhält sich zu einer Preisänderung unterproportional.

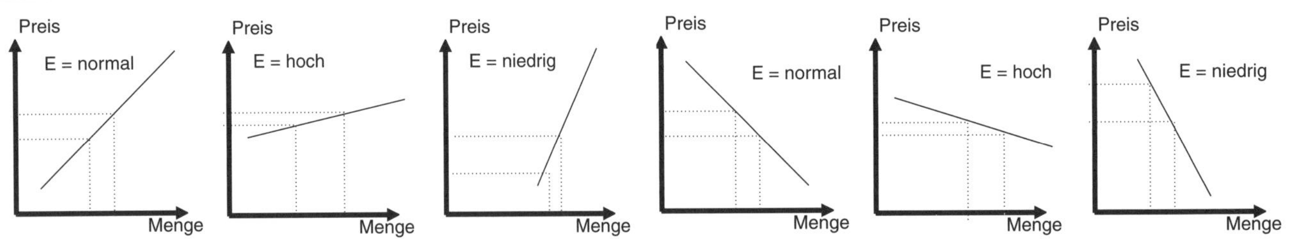

Beschreiben Sie die Merkmale des vollkommenen und des unvollkommenen Marktes.

Vollkommener Markt	Unvollkommener Markt
Der vollkommene Markt ist ein Modell, in dem das Verhalten der Anbieter und Nachfrager eines Marktes genau untersucht werden kann. Annahmen: ▶ Die gehandelten Güter sind homogen, d. h. nicht unterscheidbar und außerdem beliebig teilbar. ▶ Es gibt keine räumliche Ausdehnung des Marktes, d. h. alle möglichen Nachfrager haben jederzeit freien Zugang zu diesem Markt (Punktmarkt). ▶ Die Marktteilnehmer verfügen über eine lückenlose Marktkenntnis (vollkommene Markttransparenz). ▶ Es wird eine hohe Anpassungsgeschwindigkeit der Marktteilnehmer an Veränderungen unterstellt. ▶ Alle Marktteilnehmer handeln rational. ▶ Auf einem vollkommenen Markt herrscht für jedes Gut zu jedem Zeitpunkt nur ein Marktpreis.	Kaum eine der Bedingungen des vollkommenen Marktes entspricht der Realität: ▶ Es gibt nur wenige Güterarten, die völlig homogen sind (z. B. Zement). Jeder Anbieter versucht, sein Produkt von dem der Konkurrenz abzugrenzen. ▶ Nahezu alle Märkte haben eine räumliche Ausdehnung. Punktmärkte wie die Börse sind sehr selten. ▶ Eine vollständige Marktübersicht für alle Marktteilnehmer ist wirtschaftlich unmöglich. ▶ Kein Marktteilnehmer kann sich mit „unendlich hoher Geschwindigkeit" an den Markt anpassen. ▶ Die meisten Verbraucher lassen sich unterschwellig durch Werbung und Produktdesign beeinflussen. ▶ Aktive Preisgestaltung der Anbieter sorgt dafür, dass fast jedes Gut zu unterschiedlichen Preisen angeboten wird.

Erläutern Sie die Marktpreisbildung.

Mithilfe des Modells der Preisbildung lassen sich die grundlegenden Zusammenhänge zwischen Angebot, Nachfrage und Preisbildung verdeutlichen. Die Aussagen zu diesem Modell treffen jedoch nur auf die Bedingungen des vollkommenen Marktes zu.

Je höher der Preis, desto geringer ist die nachgefragte Menge (Nachfragekurve).
Je höher der Preis, desto größer ist die angebotene Menge (Angebotskurve).

- Bei einem hohen Preis von 70,00 EUR wird zwar eine große Menge (350 Stück) angeboten, aber zu diesem Preis gibt es nur eine Nachfrage von 150 Stück **(Angebotsüberschuss/ Käufermarkt).**
- Bei einem niedrigen Preis von 20,00 EUR wird eine große Menge (400 Stück) nachgefragt, aber zu diesem Preis werden nur 100 Stück angeboten **(Nachfrageüberschuss/ Verkäufermarkt).**
- Die größtmögliche Menge wird bei einem Preis von 50,00 EUR am Markt umgesetzt. Einem Angebot von 250 Stück steht eine Nachfrage von 250 Stück gegenüber. Diesen Preis bezeichnet man auch als **Gleichgewichtspreis.**

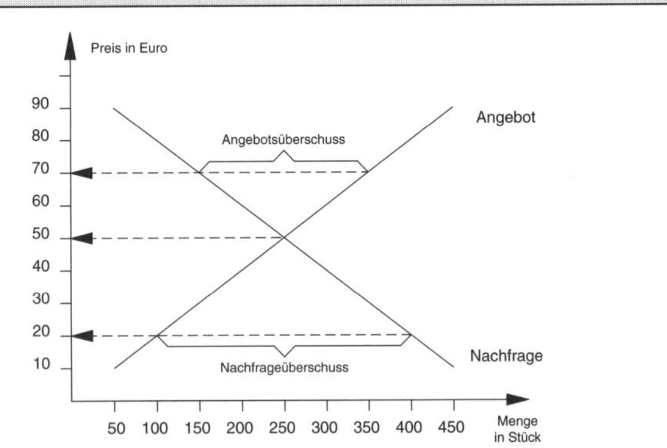

Welche Funktionen erfüllt der Marktpreis?

Lenkungsfunktion	Niedrige Preise zeigen den Unternehmern, dass es sich nicht mehr lohnt, die Produktionsfaktoren in diesem Markt einzusetzen. Umgekehrt zeigen hohe Preise lohnende Märkte auf.
Ausgleichsfunktion	Die Nachfrager wollen mit den Gütern ihr Nutzenmaximum verwirklichen, die Anbieter streben nach dem Gewinnmaximum. Diese gegensätzlichen Interessen werden über den Marktpreis ausgeglichen.
Anreizfunktion	Die Preise für die Produktionsfaktoren stellen ein Anreizsystem für die Anbieter von Produktionsfaktoren dar.

1 ***Überprüfen Sie unten stehende Aussagen zum vollkommenen Markt und der Preisbildung auf diesem Markt auf ihre Richtigkeit.***

Tragen Sie eine
1 ein, wenn die Aussage zutrifft,
9 ein, wenn die Aussage nicht zutrifft.

a. Der Marktpreis wird ausschließlich von den Nachfragern bestimmt. ☐

b. Der Gleichgewichtspreis ist der Preis, bei dem die angebotene Menge gleich der nachgefragten Menge ist. ☐

c. Die angebotene Menge ist umso größer, je niedriger der Preis ist. ☐

d. Liegt der Preis unterhalb des Gleichgewichtspreises, spricht man von einem Nachfrageüberschuss. ☐

e. Liegt der Preis oberhalb des Gleichgewichtspreises, spricht man von einem Verkäufermarkt. ☐

f. Je größer der Angebotsüberschuss, desto größer die Menge, die am Markt umgesetzt wird. ☐

g. Die Bedingungen des vollkommenen Marktes treffen in der Realität für fast alle im Großhandel angebotenen Waren zu. ☐

2 ***Ordnen Sie die Ziffern in der folgenden Skizze den unten stehenden Begriffen zu.***

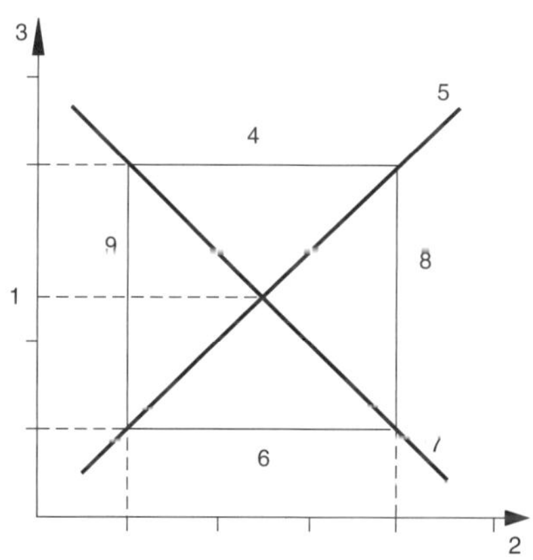

a. Nachfragekurve ☐

b. Angebotskurve ☐

c. Nachfrageüberhang ☐

d. Angebotsüberhang ☐

e. Gleichgewichtspreis ☐

f. Käufermarkt ☐

g. Verkäufermarkt ☐

3 ***Der Preis eines Gutes ändert sich von 2,50 EUR auf 2,25 EUR. Daraufhin steigt die Gesamtnachfrage von 500 000 Stück auf 525 000 Stück.***

Berechnen Sie die Elastizität der Nachfrage. ☐

4 ***Welche der nachstehenden Bedingungen ist keine Voraussetzung eines vollkommenen Marktes?*** ☐

1 Gleichartigkeit der Güter
2 räumliche Ausdehnung des Marktes
3 Markttransparenz
4 Handeln nach dem Rationalprinzip
5 hohe Anpassungsgeschwindigkeit der Marktteilnehmer

5 ***In welchen der unten stehenden Situationen sind***

1 persönliche Präferenzen,
2 zeitliche Präferenzen,
3 räumliche Präferenzen

beschrieben?

Tragen Sie eine 9 ein, wenn keine Präferenzen gegeben sind.

a. Ein Großhändler kauft trotz höherer Preise bei einem Lieferanten, mit dem er schon seit langer Zeit zusammenarbeitet. ☐

b. Ein älterer Kunde besorgt seine Lebensmittel in einem Tante-Emma-Laden, da er keine Möglichkeit hat, zum nächsten Supermarkt zu fahren. ☐

c. Der Kaufinteressent für einen bestimmten Typ einer Automarke vergleicht die Preise vieler Händler und entscheidet sich für das günstigste Angebot. ☐

d. Aufgrund der sehr früh einsetzenden kalten Witterung ordert ein Textilgroßhändler Mäntel bei einem Lieferanten mit der kürzesten Lieferfrist, obwohl die Waren erheblich teurer sind. ☐

6 ***Ordnen Sie die folgenden Marktbedingungen den unten stehenden Beschreibungen von Marktsituationen zu.***

1 Homogenität der Produkte
2 Markttransparenz
3 Rationalprinzip
4 räumliche Präferenzen
5 zeitliche Präferenzen
6 persönliche Präferenzen

a. Eine Tankstelle bietet rund um die Uhr neben Benzin auch Lebensmittel an. Diese sind allerdings erheblich teurer als im Supermarkt. ☐

b. Eine pfiffige Werbung hat dazu geführt, dass ein bestimmter Schokoriegel häufiger gekauft wird als das Produkt der Konkurrenz, das 20 % billiger ist. ☐

c. Auf einem Wochenmarkt sind Anbieter und Nachfrager genauestens über die Angebotspreise informiert. ☐

d. Eine Hausfrau benötigt Weizenmehl (Typ 405). Im Regal des Supermarktes stehen Packungen von drei verschiedenen Firmen. ☐

e. Ein Hotel im Sauerland hat eine herrliche Lage mit Blick auf das Rothaargebirge. Der Wirt verlangt ca. 20 % höhere Preise als vergleichbare Hotels. ☐

f. Einige Nachfrager gehen erst sehr spät auf den Wochenmarkt, da sie wissen, dass gegen Ende der Veranstaltung die Preise sinken. ☐

Erläutern Sie, welche Besonderheiten ein unvollkommener Markt aufweist.

Preisdifferenzierung	Auf unvollkommenen Märkten können Anbieter ihre Leistungen zu unterschiedlichen Preisen anbieten mit dem Ziel, die Konsumentenrente abzuschöpfen und dadurch ihre Gewinne zu maximieren.	
Arten der Preisdifferenzierung	**Räumlich**	An unterschiedlichen Orten wird eine Leistung zu unterschiedlichen Preisen angeboten, z. B. bietet ein Autohersteller seine Pkw im Ausland günstiger an als im Inland.
	Zeitlich	Eine Leistung wird zu unterschiedlichen Zeitpunkten zu unterschiedlichen Preisen angeboten. So sind z. B. Telefongespräche am Tag teurer als in der Nacht.
	Persönlich	Bestimmte Personengruppen, z. B. Schüler, Studenten und Rentner, können eine Leistung günstiger beziehen als andere, z. B. bei der Bahn.
	nach Verwendungszweck	Je nach Verwendungszweck eines Gutes werden unterschiedliche Preise erhoben, z. B. für Heizöl und Diesel.
	nach Absatzmenge	Je mehr ein Nachfrager bereit ist zu kaufen, desto niedriger wird der Stückpreis eines Gutes, z. B. durch Mengenrabatt.
Marktformen	Auf einem unvollkommenen Markt können Anbieter und Nachfrager in unterschiedlicher Anzahl auftreten. Man spricht je nach der zahlenmäßigen Struktur von einer bestimmten Marktform, bei der man aufgrund der Machtstrukturen ein unterschiedliches Preisverhalten der Marktteilnehmer vorfindet. Die volkswirtschaftlich bedeutsamen Marktformen hat der Ökonom Heinrich von Stackelberg in der folgenden Matrix dargestellt:	

Angebot / Nachfrage	**atomistisch** (viele Anbieter)	**oligopolistisch** (wenige Anbieter)	**monopolistisch** (ein Anbieter)
atomistisch (viele Nachfrager)	atomistische Konkurrenz z. B. viele Bäckereien/ viele Konsumenten	Angebotsoligopol z. B. wenige Benzinanbieter/viele Autofahrer	Angebotsmonopol z. B. Deutsche Bahn AG für Bahnfernreisen
oligopolistisch (wenige Nachfrager)	Nachfrageoligopol z. B. wenige Molkereien/ viele Landwirte	Bilaterales Oligopol z. B. wenige Fluglinien/ wenige Flugzeughersteller	Beschränktes Angebotsmonopol z. B. Hersteller eines Spezialstoffes
monopolistisch (ein Nachfrager)	Nachfragemonopol z. B. Bahn/viele Anbieter von Bahnschwellen	Beschränktes Nachfragemonopol z. B. Staat	Bilaterales Monopol z. B. Staat/Hersteller eines bestimmten Waffensystems

Geben Sie Beispiele für die Preisstrategien der Anbieter in einem unvollkommenen Markt.

Preisbildung im unvollkommenen Polypol	Aufgrund der fehlenden Markttransparenz der Marktteilnehmer, der Produktdifferenzierung und der Schaffung von Präferenzen durch die Anbieter entstehen Preisklassen, in denen der Polypolist einen gewinnmaximierenden Preis festsetzen kann.
Preisbildung im Oligopol	**Ruinöse Konkurrenz:** Der Oligopolist kann unter kurzfristigem Verzicht auf das Gewinnmaximierungsziel versuchen, durch Preissenkungen die Marktanteile seiner Konkurrenten zu gewinnen. Die anderen Anbieter werden darauf ihrerseits mit Preissenkungen reagieren müssen. **Preisführerschaft:** Häufig meiden Oligopolisten die Kampfsituation und schließen sich einem Preisführer an. Dieser Preisführer erhöht bzw. senkt seinen Preis und die anderen Oligopolisten folgen ihm. **Preisabsprachen:** Vereinzelt werden die Preise auch vertraglich oder mündlich („Frühstückskartelle") unter den Anbietern abgesprochen. Dies führt zu Kartellen, die bis auf wenige Ausnahmen gesetzwidrig sind.
Preisbildung im Monopol	Der Monopolist kann entweder den Preis autonom bestimmen, muss dann aber die Menge, die die Nachfrager zu diesem Preis kaufen wollen, hinnehmen, oder er bestimmt die Menge, die er absetzen will, dann muss er den Preis hinnehmen, zu dem diese Menge nachgefragt wird. In welchem Umfang und mit welcher Zielsetzung Preis und Menge bestimmt werden, hängt von der Art des Monopols ab.

Welche Möglichkeiten hat der Staat, um in den Marktmechanismus einzugreifen?

Marktkonforme Maßnahmen	Bei marktkonformen Interventionen bildet sich ebenfalls ein Gleichgewichtspreis, und alle Funktionen des Gleichgewichtspreises werden erfüllt. Beispiele hierfür sind die Erhöhung der Nachfrage bei zu niedrigem Preis (Anbieterschutz) durch staatliche Käufe und Vorratshaltung oder die Erhöhung des Angebotes bei zu hohen Preisen (Nachfragerschutz) durch Verkauf aus staatlichen Beständen.
Nicht marktkonforme Maßnahmen	Die Folge dieser Maßnahmen ist in der Regel, dass auf dem Markt kein Gleichgewicht entsteht und dadurch die Selbststeuerung des Marktes nicht mehr gegeben ist. Der Staat diktiert dem Markt einen Preis oder eine Menge, die vom Marktgleichgewicht abweicht, um die Anbieter vor zu niedrigen oder die Nachfrager vor zu hohen Preisen zu schützen. Als Preismaßnahmen sind hierbei Höchst-, Mindest- oder Festpreise (Preisstopp) anzusehen. Zu den Mengenmaßnahmen zählen Investitionsverbote, Devisenbewirtschaftung, Export- oder Importverbote sowie Produktionsauflagen.

1 *In einer Volkswirtschaft kann die Regierung verschiedene Maßnahmen ergreifen, um in den Markt einzugreifen.*

Ordnen Sie den unten stehenden Maßnahmen eine
1 zu, wenn es sich dabei um marktkonforme Maßnahmen handelt,
2 zu, wenn es sich um nicht marktkonforme Maßnahmen handelt.

a. Die Bundesbank verkauft am Devisenmarkt japanische Yen, um den Euro-Kurs zu stützen. ☐
b. Die EU garantiert den Bauern einen Mindestpreis, zu dem sie bereit ist, Getreide anzukaufen. ☐
c. Die EU verkauft nach einer Missernte aus ihren Lagerbeständen Getreide, um den steigenden Preis zu dämpfen. ☐
d. Die EU verbietet die Einfuhr eines Rohstoffes, der auch in der EU abgebaut wird. ☐
e. Die EU garantiert den Bauern einen Mindestpreis für jeden Liter Milch. ☐

2 *Entscheiden Sie, um welche der folgenden Marktformen es sich bei den unten aufgeführten Beispielen handelt, und ordnen Sie die richtige Kennziffer zu.*

1 Angebotsoligopol
2 Nachfrageoligopol
3 bilaterales Oligopol
4 Angebotsmonopol
5 Nachfragemonopol
6 bilaterales Monopol
7 beschränktes Angebotsmonopol
8 atomistische Konkurrenz

a. Auf dem Markt für Autoreifen stehen sich wenige Reifenhersteller und wenige Automobilhersteller gegenüber. ☐
b. Der Markt für Unterhaltungselektronik besteht aus wenigen Anbietern und vielen Nachfragern. ☐
c. In einer bestimmten Region können die Bauern ihre Zuckerrüben nur einer Zuckerfabrik anbieten. ☐
d. Ein Hersteller von Eisenbahnfahrzeugen hat ein Patent auf Triebwagen, die mit Neigetechnik ausgestattet sind, und bietet diese Fahrzeuge der Deutschen Bahn AG an. ☐
e. Auf dem Markt für Frischobst sehen sich viele Obstbauern mit wenigen Aufkaufgroßhändlern für Obst konfrontiert. ☐
f. Der Hersteller einer patentierten Einspritzpumpe bietet sein Produkt fünf verschiedenen Automobilherstellern an. ☐

3 *Welche der folgenden Maßnahmen einer Regierung oder staatlichen Stelle ist eine marktkonforme Maßnahme?* ☐

1 Die Regierung legt einen Mindestpreis für Kartoffeln fest.

2 Um die steigenden Preise auf dem Getreidemarkt in den Griff zu bekommen, legt die Regierung einen Höchstpreis fest.

3 Zur Vermeidung von Preissteigerungen auf dem Getreidemarkt tritt die Regierung selbst als Anbieter auf und verkauft Getreide aus eigenen Lagerbeständen.

4 Um die Produktion von Schweinefleisch einzudämmen, senkt die Regierung den garantierten Preis.

4 *Um in einem Käufermarkt eine eigenständige Preispolitik betreiben zu können, greifen viele Anbieter von Produkten und Dienstleistungen zu dem Instrument der Preisdifferenzierung.*

Ordnen Sie den unten stehenden Beispielen zu, welche der folgenden Arten der Preisdifferenzierung es sich dabei handelt.
1 räumliche Preisdifferenzierung
2 zeitliche Preisdifferenzierung
3 persönliche Preisdifferenzierung
4 Preisdifferenzierung nach dem Verwendungszweck
5 Preisdifferenzierung nach der Menge

a. Wer mit seinem Handy wenig telefoniert, kann sich bei den meisten Anbietern für einen Tarif mit niedrigem Grundpreis und hohem Minutenpreis entscheiden. Personen mit vielen Gesprächen entscheiden sich dagegen für den höheren Grundpreis bei einem niedrigen Minutenpreis. ☐
b. Ein Baustoffhändler bietet seinen Kunden bei Sand und Kies eine Rabattstaffel an, die abhängig ist von der abgenommenen Tonnage. ☐
c. Ein Hersteller für Haushaltswaren veranstaltet im Januar mit den angeschlossenen Händlern eine Sonderaktion, bei der die Haushaltswaren zu besonders günstigen Preisen angeboten werden. ☐
d. Ein Stromlieferant bietet seinen Strom zu unterschiedlichen Preisen an, je nachdem, ob dieser im Haushalt oder zu gewerblichen Zwecken genutzt wird. ☐
e. Für Schüler bietet ein Kino 20 % Ermäßigung auf alle Eintrittspreise an. ☐
f. Es ist bekannt, dass Arzneimittel, die in Deutschland hergestellt werden, im Ausland zum Teil erheblich günstiger zu haben sind. ☐
g. Eine Schulklasse nimmt bei einer Fahrt mit der Deutsche Bahn AG im Rahmen einer Exkursion nach München den günstigen Gruppentarif in Anspruch. ☐
h. Skischuhe werden im Sommer üblicherweise günstiger angeboten als im Winter. ☐

5 *Prüfen Sie die folgenden Aussagen über Preisbildung in unvollkommenen Märkten.*

Kennzeichnen Sie
zutreffende Aussagen mit einer 1,
nicht zutreffende Aussagen mit einer 9.

a. Die Preisabsprache ist die übliche preispolitische Strategie in einem monopolistischen Markt. ☐
b. Im Oligopol ist der Preis für den Anbieter ein Datum, das er hinnehmen muss. ☐
c. Im Polypol kann der Anbieter unter anderem im Wege der Preisdifferenzierung einen gewinnmaximierenden Preis erlangen. ☐
d. Der Gewinn von Marktanteilen durch Preissenkungen im Oligopol kann u. U. zu einer ruinösen Konkurrenz führen. ☐

Welche Aufgaben erfüllen Betriebe?

Leistungserstellung (Produktion)	**Leistungsverwertung (Absatz)**
Durch den Einsatz der Produktionsfaktoren erzeugen Betriebe diejenigen Sachgüter und Dienstleistungen, die der Befriedigung der menschlichen Bedürfnisse dienen.	Über den Absatzmarkt werden diese Güter den anderen Wirtschaftseinheiten (Betriebe und Haushalte) zur Verfügung gestellt.

Eine Systematisierung der vielen verschiedenen Betriebe nach dem Sachziel („*Was wird produziert?*") führt zu einer Unterscheidung in fünf Teilbereiche der Wirtschaft, die man auch als **Sektoren der Wirtschaft** bezeichnet.

Primärer Sektor (Urerzeugung)	**Sekundärer Sektor** (Weiterverarbeitung)	**Tertiärer Sektor** (Handel und Dienstleistungen)	**Quartärer Sektor** (öffentliches Gemeinwesen)	**Quintärer Sektor**
Rohstoff- und Energiegewinnung ▶ Land- und Forstwirtschaft/Fischerei ▶ Bergbau ▶ Ölgewinnung ▶ Gasgewinnung	Industrie ▶ Grundstoffe ▶ Investitionsgüter ▶ Konsumgüter Handwerk	Handel (Groß- und Einzelhandel, Außenhandel) Dienstleistungen ▶ Kreditgewerbe ▶ Versicherungen ▶ Verkehr/Nachrichten	Einrichtungen ▶ des Bundes ▶ der Länder ▶ der Kommunen	Als fünften Sektor bezeichnet man die **Haushalte.** Alle fünf Sektoren zusammen bilden die Gesamtwirtschaft.

Erläutern Sie den Unterschied zwischen erwerbswirtschaftlichen und gemeinwirtschaftlichen Betrieben.

erwerbswirtschaftliche Betriebe	**gemeinwirtschaftliche Betriebe**
Sie werden von privaten Inhabern betrieben. Sie wirtschaften vorwiegend mit dem Ziel, aus den am Markt erzielten Erlösen abzüglich der dafür aufgewendeten Kosten einen möglichst hohen Gewinn zu erzielen (**Gewinnmaximierung**), aus dem sie ihren Lebensunterhalt bestreiten und den Betrieb durch zusätzliche Investitionen erweitern. Gesamtwirtschaftlich gesehen erfüllt der Gewinn drei Hauptaufgaben: ▶ Die Motivationsfunktion des Gewinns liegt darin, dass ein Anreiz zur Leistung gegeben werden soll. ▶ Die Signalfunktion soll den privaten Investoren aufzeigen, in welchen Bereichen sich aktuell der Einsatz von Kapital lohnt. ▶ Die Lenkungsfunktion des Gewinns soll Produktionsfaktoren in die Bereiche lenken, in denen der Einsatz am lohnendsten erscheint.	Sie orientieren sich an den Bedürfnissen der Gemeinschaft. Sie müssen zu angemessenen Preisen einen Bedarf an Gütern oder Dienstleistungen decken. Dementsprechend lassen sich drei mögliche Zielsetzungen von gemeinwirtschaftlichen Betrieben unterscheiden: ▶ **Bedarfsdeckung** als Zielsetzung beinhaltet die Bereitstellung von Leistungen, unabhängig davon, ob deren Kosten nicht oder nur zu einem Teil von den Abnehmern bezahlt werden können (soziale Einrichtungen, Museen, Theater, Schwimmbäder). ▶ **Kostendeckung** streben gemeinwirtschaftliche Betriebe an, die als gemeinnützig anerkannt sind. ▶ **Kosten- bzw. Verlustminimierung** streben Betriebe an, deren Leistungen im öffentlichen Interesse sind, die aber zu kostendeckenden Preisen nicht anbieten können (Nahverkehrsbetriebe).

Erklären Sie anhand von Beispielen wirtschaftliche Zielsetzungen.

Ziel:	Erklärung:	*Beispiel:*
Rentabilität	Rentabilität ist das Verhältnis zwischen dem erzielten Gewinn und dem jeweils eingesetzten Kapital, ausgedrückt in Prozent. $= \frac{\text{Gewinn} \cdot 100}{\text{eingesetztes Kapital}}$	*Ein Unternehmer hat ein Eigenkapital von 500 000,00 EUR in seinem Einzelhandelsunternehmen. Er erzielt in einem Jahr einen Gewinn von 75 000,00 EUR. Das entspricht einer Eigenkapitalrentabilität von 15 %.*
Wirtschaftlichkeit	Wirtschaftlichkeit ist das Verhältnis zwischen dem Ertrag einer Leistung und dem dafür verwendeten Aufwand. $= \frac{\text{Wert der Leistung in Euro}}{\text{Kosten des Einsatzes in Euro}}$	*Ein Einzelhandelsbetrieb erzielt in einem Monat einen Umsatz von 598 500,00 EUR. Die Kosten betragen 570 000,00 EUR. Die Wirtschaftlichkeitskennziffer beträgt 1,05.*
Produktivität	Produktivität ist das Verhältnis von betrieblicher Ausbringungsmenge (*Output*) zur betrieblichen Einsatzmenge (*Input*). $= \frac{\text{mengenmäßige Ausbringung}}{\text{mengenmäßiger Einsatz}}$	*Fünf Kassiererinnen eines Einzelhandelsgeschäftes erbringen eine Leistung von 1 250 Kassenabrechnungen pro Tag. Ihre durchschnittliche Produktivität liegt damit bei 250 Abrechnungen je Kassiererin.*

1 Die volkswirtschaftliche Arbeitsteilung beschreibt die Aufteilung der wirtschaftlichen Tätigkeiten in einzelne Wirtschaftsbereiche.

Kennzeichnen Sie unten stehende Unternehmen mit einer
1, wenn sie dem primären Sektor,
2, wenn sie dem sekundären Sektor,
3, wenn sie dem tertiären Sektor

zuzurechnen sind.

a. Tierhandlung
b. Fahrrad-Hersteller
c. Sägewerk
d. Reisebüro
e. landwirtschaftlicher Betrieb
f. Kreditinstitut
g. Mineralölraffinerie
h. Diskothek
i. Hochseefischerei

2 Welche der folgenden Aussagen trifft nicht zu?

1 Erwerbswirtschaftliche Betriebe werden zumeist von privaten Inhabern betrieben.
2 Kostendeckung bedeutet, dass alle Kosten, die in einem Betrieb entstehen, durch die Preise gedeckt sein müssen.
3 Gemeinwirtschaftliche Betriebe orientieren sich vorwiegend an den Bedürfnissen der Gemeinschaft.
4 Bedarfsdeckung als Zielsetzung ist für alle Betriebe vorrangig, unabhängig davon, ob es sich um gemeinnützige oder erwerbswirtschaftliche Betriebe handelt.
5 Verlustminimierung streben die Betriebe an, deren Leistungen im öffentlichen Interesse stehen, die aber zu kostendeckenden Preisen nicht anbieten können.

3 Um welche Betriebe handelt es sich in den unten stehenden Beispielen?

Ordnen Sie eine
1 zu, wenn es sich um erwerbswirtschaftliche Betriebe handelt,
2 zu, wenn es sich um gemeinwirtschaftliche Betriebe handelt.

a. Museum für Völkerkunde, Bremen
b. Reimer Helms OHG, Gartenbaubetrieb
c. Hotel Stadt Bremen, Berlin
d. Stadtsparkasse, Eberswalde
e. Nahverkehrsbetriebe, Cottbus

4 Gesamtwirtschaftlich gesehen erfüllt der Gewinn drei Hauptaufgaben:

1 Motivationsfunktion
2 Signalfunktion
3 Lenkungsfunktion

Ordnen Sie den folgenden Sachverhalten zu, welche Rolle der Gewinn in diesen Beispielen vorwiegend spielt, indem Sie die Ziffer vor der zutreffenden Funktion in das entsprechende Kästchen eintragen.

a. Richard Osebold ist Geschäftsführer einer großen Bauunternehmung. Er sieht langfristig gute Gewinnchancen in dem Markt für die Sanierung von Altbauten.
b. Christian Stock gründet eine Anwaltskanzlei. In der Gründungsphase muss er 70 Stunden pro Woche arbeiten, um seiner Kanzlei eine befriedigende Ausgangsbasis zu verschaffen.
c. Jochen Althoff ist Produktmanager eines Lebensmittelherstellers. Er betreibt für sein Unternehmen den Rückzug aus dem Markt für Fertigsuppen, weil hier kaum noch etwas zu verdienen ist. Die freien Kapazitäten des Unternehmens sollen dagegen auf die Herstellung von Fertiggerichten für Singles konzentriert werden.
d. Claudia Stelter ist Buchhändlerin. Sie will ihr Angebot um Bild- und Tonträger erweitern, weil immer mehr Kunden danach fragen.

5 Welche der folgenden Begriffsbestimmungen zur Rentabilität trifft zu?

1 Rentabilität ist das Verhältnis zwischen dem eingesetzten Kapital und den erzielten Umsatzerlösen, ausgedrückt in Prozent.
2 Rentabilität ist das Verhältnis zwischen dem erzielten Gewinn und dem jeweils eingesetzten Kapital, ausgedrückt in Prozent.
3 Rentabilität ist das Verhältnis zwischen den Umsatzerlösen und dem davon verbliebenen Gewinn, ausgedrückt in Prozent.
4 Rentabilität ist das Verhältnis zwischen dem Ertrag, den eine Leistung erbringt, und dem dafür verwendeten Aufwand, in Prozent.

6 Für ein Industrieunternehmen liegen aus dem vergangenen Geschäftsjahr folgende Zahlen vor:

Eigenkapital: 450 000,00 EUR
Erträge: 6 300 000,00 EUR (= Umsatz)
Aufwendungen: 6 210 000,00 EUR
Anzahl Mitarbeiter: 70

Berechnen Sie…

a. … die Rentabilität des Eigenkapitals in Prozent.
b. … die Wirtschaftlichkeit des Unternehmens (auf drei Stellen nach dem Komma runden).
c. … die Produktivität der Mitarbeiter, ausgedrückt in Umsatz je Mitarbeiter in Euro.

Stellen Sie ökonomische und ökologische Zielsetzungen gegenüber.
Welche Zielkonflikte können sich daraus ergeben?

Ökonomie	**Ökologie**
ist die Gesamtheit aller Wechselbeziehungen, die sich aus dem Zusammenwirken der Wirtschaftssubjekte ergeben.	ist die Gesamtheit aller Wechselbeziehungen zwischen den Lebewesen der Erde und ihrer Umgebung.
Angestrebte Ziele: ▶ hoher Wohlstand für die gesamte Gesellschaft ▶ Handeln nach dem ökonomischen Prinzip ▶ Anwendung des Gesetzes der Massenproduktion zur Senkung von Kosten ▶ Wettbewerb zwischen den Wirtschaftssubjekten	Angestrebte Ziele: ▶ ausgeglichener Haushalt der Natur und stabile gesellschaftliche Verhältnisse ▶ kleine Produktionseinheiten und dezentrale Entscheidungen statt Großproduktion und Zentralismus ▶ Leben im Einklang mit der Natur

Zielkonflikte
zwischen ökonomischen Notwendigkeiten und ökologischen Anforderungen

▶ Bei der Produktion werden Rohstoffe und Energie benötigt.	▶ Die Vorräte an Rohstoffen und Energieträgern sind begrenzt.
▶ Der Transport von Gütern ist eine Voraussetzung des nationalen und internationalen Handels. Die Herstellung von Produkten sowie der Gütertransport setzten den Verbrauch von Energie voraus. Bei der Herstellung von Energie (z. B. Verbrennung von Öl oder Kohle) und bei dem direkten Verbrauch von Energieträgern (z. B. in Kraftfahrzeugen) werden Schadstoffe erzeugt, die in die Umwelt gelangen.	▶ In der Bundesrepublik Deutschland werden jährlich mehrere Mio. t Emissionen an die Luft abgegeben. Emissionen wie Kohlendioxid und Spurengase führen weltweit zur Aufheizung der Erdatmosphäre (Treibhauseffekt). Das hat langfristig folgende Konsequenzen: Abschmelzung der Polareiskappen, Flutkatastrophen, Vernichtung von Anbauflächen, klimatisch bedingte Katastrophen wie Dürre etc.
▶ Die arbeitsteilige Herstellung von Gütern und deren Transport zum Endverbraucher verlangt eine entsprechende Verpackung. Für die meisten Hersteller von Waren ist es zu aufwendig, Mehrwegverpackungen einzusetzen.	▶ Der Verpackungsmüll sowie diejenigen Güter, die die Haushaltungen nicht mehr benötigen, müssen kommunal auf Müllhalden entsorgt werden. Von solchen Müllhalden gehen zukünftige Gefahren für die Umwelt aus.
▶ Neue landwirtschaftliche Anbauflächen können durch die Rodung von Regenwäldern gewonnen werden, alte Anbauflächen durch Großplantagen extensiver genutzt werden.	▶ Die Regenwälder sind ein Stabilisierungsfaktor des globalen Klimas. Sie sammeln Feuchtigkeit, reinigen die Luft von Schadstoffen und sorgen mit für das klimatische Gleichgewicht.

Welche Lösungen werden zur Bewältigung des Konflikts zwischen Ökonomie und Ökologie diskutiert?

Mögliche Lösungen:	*Politische Entscheidungen und menschliche Verhaltensweisen*
Einsparung von Rohstoffen: Durch den Einsatz von Analysetechniken bereits während der Entwicklungs- und Konstruktionsphase (z. B. Wertanalyse) können Rohstoffe einerseits in der absoluten Menge eingespart werden und andererseits so eingesetzt werden, dass diese später, wenn das Produkt nicht mehr genutzt wird, ausgebaut und wiederverwendbar gemacht werden (Recycling).	Einführung des Verursacherprinzips: Die abgenutzten Produkte müssen vom Hersteller zurückgenommen werden.
Beseitigung der Müllberge: Einwegverpackungen wie Getränkedosen, Getränketüten oder Plastikflaschen können durch Pfandflaschen aus Glas ersetzt werden. Auf überflüssige Verpackungen kann vollständig verzichtet werden, wie z. B. Verpackungen mit doppelten Wandungen, Hohlböden oder übergroßen Verschlüssen, Mehrfachverpackungen von Produkten. Wegwerferzeugnisse wie Zellstofftücher, Einwegfeuerzeuge können durch langlebige Produkte, die die gleiche Funktion erfüllen, ersetzt werden.	▶ Rückgabe der Verpackung an den Handel oder Verursacher ▶ Begünstigung der Mehrwegverpackung ▶ Kauf von Gegenständen, die nur gering verpackt sind
Energieeinsparung: Der Verbrauch der Energie kann durch bessere Isolierung der Gebäude erreicht werden. Aus Abwärme lässt sich Energie durch Wärmetauscher zurückgewinnen. Betriebe können energiesparende Herstellungstechnologien verwenden.	höhere Besteuerung (Je höher der Energiepreis, desto sparsamer wird der Verbraucher.)
Andere Energiequellen: Durch das Umsteigen in sogenannte „sanfte Energiequellen" (z. B. Sonne, Wind, Wasser) kann ein Doppeleffekt erzielt werden. Diese Energien sind nahezu unbegrenzt vorhanden und bei ihrer Nutzung werden keine Schadstoffe frei.	direkte finanzielle Anreize durch Sonderabschreibung/ Subventionen
Umweltschutzinvestitionen: Der Einbau von Anlagen und Einrichtungen in den Betrieben (z. B. Filter, Entstaubungsanlagen, Dämmmaterial) hilft, die Schadstoffe aus Abwasser und Abluft zu absorbieren sowie die Lärmemission zu reduzieren.	▶ Subventionen für besondere Umweltinvestitionen ▶ Emissionssteuer
Qualitatives Wachstum: Die Gesellschaft muss langfristig von einer „Wegwerfgesellschaft" zu einer Gesellschaft umgebaut werden, in der der Mensch und seine Lebensgrundlagen stärker im Vordergrund stehen.	Ausbildung eines kritischen Bewusstseins/Information der Verbraucher

*1 Beurteilen Sie die folgenden Aussagen in einem Gespräch über ökonomische Fragen.
In welchem Gesprächsbeitrag kommen zugleich ökologische Gesichtspunkte zum Tragen?*

1 „Das Bevölkerungswachstum der Erde verlangt den Anbau von Nahrungsmitteln in großräumigen Anbaugebieten."

2 „Wenn vergleichbare Waren zu unterschiedlichen Preisen in verschiedenen Ländern produziert werden können, so verursacht dies zwangsläufig internationale Transporte."

3 „Die Erkenntnis, dass durch den Einsatz von Spezialmaschinen und die Herstellung in hohen Losgrößen die Herstellkosten gesenkt werden können, verlangt den Einsatz der Großserien- oder Massenproduktion."

4 „Die Verringerung der Lagerkosten kann durch Just-in-time-Anlieferung erreicht werden."

5 „Durch den Einsatz von Wärmetauschern können in unserem Betrieb die Kosten für Energie gesenkt werden."

2 Welcher der folgenden Stoffe ist hauptsächlich für die Aufheizung der Erdatmosphäre verantwortlich?

1 Kohlenmonoxid

2 Stickstoff

3 Sauerstoff

4 Kohlendioxid

5 Ozon

3 Was ist unter dem Begriff „Duales System" zu verstehen?

1 Entsorgung des Mülls auf zwei Wegen: Lagerung und Verbrennung
2 Entsorgung des Mülls durch zwei Einrichtungen: der kommunalen Müllabfuhr und einer privatwirtschaftlich betriebenen Entsorgungs- und Recyclinggesellschaft
3 Trennung des Mülls in zwei Arten: organischer Müll und anorganischer Müll
4 zweifache Belastung des Verbrauchers mit Verpackungskosten: Bezahlung der Verpackung beim Kauf und Bezahlung der Entsorgung

4 Welche der folgenden Maßnahmen ist vermutlich am ehesten geeignet, den Verbrauch von fossilen Energieträgern im privaten Bereich mittel- bis langfristig zu reduzieren?

1 regelmäßige Kontrollen der energieverbrauchenden Aggregate (z. B. Abgasuntersuchung bei Pkws)

2 Subventionen für energiesparende Investitionen

3 Steuervergünstigungen

4 Erhöhung der Energiepreise

5 schärfere Zulassungsbedingungen

5 Die Handlungen der Wirtschaftssubjekte können sich an verschiedenen Zielsetzungen orientieren. Prüfen Sie unten stehende Handlungsweisen und bewerten Sie, welche Zielsetzung dabei überwiegt.

Tragen Sie eine
1 ein, wenn ökonomische Ziele überwiegen,
2 ein, wenn ökologische Ziele überwiegen,
3 ein, wenn versucht wird, ökonomische und ökologische Ziele in Übereinstimmung zu bringen.

a. Auf einem Containerfrachter werden Container mit Giftstoffen in den oberen Reihen oberhalb des Schiffsrumpfes anstatt im Schiffsbauch untergebracht.

b. Auf einem Weihnachtsmarkt ist es den Verkäufern von Glühwein untersagt, Einwegtrinkbehälter auszugeben. Stattdessen werden Keramiktassen gegen ein Pfand von 2,00 EUR ausgegeben.

c. Einer Wurstfabrik gelingt es, die aus dem Schornstein entweichende Restwärme aus dem Räuchervorgang mithilfe eines Wärmetauschers umzuwandeln. Die Fabrik spart damit 25 % ihrer extern bezogenen Energiemenge.

d. Eine neuartige Glühlampe hat die vierfache Lebensdauer einer normalen Glühlampe. Ihr Einsatz spart 45 % Energie ein. Allerdings kostet diese technische Neuerung das Zehnfache einer normalen Glühlampe.

e. Ein Geschäftsmann steigt bei Fernreisen vom Auto auf die Bahn um. Seine Fahrtkosten können hierdurch nicht gesenkt werden, da er erster Klasse reist, allerdings kann er im Zugabteil vor- und nachbereitende Arbeiten für die durchzuführenden Besprechungen erledigen.

f. Frau Stratmann hat errechnet, dass ihr Haushaltsbudget durch den Kauf von Milch in Pfandflaschen anstatt in mit Kunststoff beschichteten Pappbehältern jährlich mit 90,00 EUR zusätzlich belastet wird. Dennoch bleibt sie bei der Flaschenmilch.

6 Welches der folgenden Verpackungssysteme verursacht für 10 l Getränke den höchsten Gesamtenergieverbrauch?

1 Pfandflaschen

2 Flaschen aus Altglas

3 Weißblechdosen

7 Welcher der folgenden Stoffe ist vorwiegend für die Zerstörung der lebensnotwendigen Ozonschicht der Erde verantwortlich?

1 Helium

2 Fluorchlorkohlenwasserstoff

3 Kohlenmonoxid

4 Kohlendioxid

5 Stickstoff

Was versteht man unter Produktionsfaktoren?

Die Güter, die von den Verbrauchern nachgefragt werden, müssen zunächst von den Unternehmen produziert werden. Um Sachgüter und Dienstleistungen produzieren zu können, muss man bestimmte Faktoren einsetzen und sinnvoll miteinander kombinieren. Zu unterscheiden sind die volkswirtschaftlichen Produktionsfaktoren (gesamtwirtschaftliche Sichtweise) und die betriebswirtschaftlichen Produktionsfaktoren (einzelwirtschaftliche Sichtweise).

Unterscheiden Sie die volkswirtschaftlichen Produktionsfaktoren.

Boden	Dazu gehören die Erdoberfläche sowie alle Ressourcen, die von der Natur bereitgestellt werden (z. B. Bodenschätze, Sonnenenergie, Wasserkraft). Für die Unternehmen ist der Produktionsfaktor Boden in unterschiedlicher Hinsicht bedeutsam: ▶ als **Anbauboden** (für die Land- und Forstwirtschaft) ▶ als **Abbauboden** (für die Rohstoffgewinnung, z. B. Kohleförderung) ▶ als **Standortboden**; Einzelhandelsunternehmen handeln bei der Wahl des richtigen Standortes in erster Linie absatzorientiert. Andere Faktoren können ebenso die Standortwahl beeinflussen (z. B. Mietpreise für Geschäftsräume, die unterschiedliche Höhe der Gewerbesteuer). Durch die Belastung der Umwelt – nicht zuletzt auch durch die Unternehmen – wird im Zusammenhang mit einem neuen Ansatz in der Produktionsfaktorentheorie die Natur als Produktionsfaktor angeführt. Diesem Produktionsfaktor muss unter Umweltgesichtspunkten in zunehmendem Maße Bedeutung geschenkt werden. Die bisherige Betrachtung wertet Boden nur unter ausschließlich wirtschaftlichen Gesichtspunkten.
Arbeit	Im volkswirtschaftlichen Sinne gilt als Arbeit jede Tätigkeit, die gegen Entgelt ausgeführt wird. Heimwerken gehört z. B. nicht dazu.
	Art der Tätigkeit: ▶ überwiegend körperliche Arbeit ▶ überwiegend geistige Arbeit Ausbildung: ▶ un-/angelernte Arbeit ▶ gelernte Arbeit Abhängigkeitsverhältnis: ▶ selbstständige Arbeit ▶ unselbstständige Arbeit
	Wichtiges Ziel einer jeden Volkswirtschaft muss es sein, den Grad der Arbeitslosigkeit bzw. der Kurzarbeit möglichst niedrig zu halten. Unterschieden werden folgende Arten: ▶ **konjunkturelle** Arbeitslosigkeit (in Zeiten einer wirtschaftlichen Rezession) ▶ **saisonale** Arbeitslosigkeit (jahreszeitlich bedingte Beschäftigungsschwankungen) ▶ **friktionelle** Arbeitslosigkeit (z. B. durch Kündigungen oder Betriebsstilllegungen) ▶ **strukturelle** Arbeitslosigkeit (durch wirtschaftliche Probleme einzelner Branchen)
Kapital	Durch den Einsatz von Boden und Arbeit entstehen Erträge. Sobald diese Erträge nicht konsumiert werden, wird gespart. Mit dem Ersparten kann investiert werden. Eine wesentliche Voraussetzung für Investitionen ist damit der Konsumverzicht. Kapital wird deshalb auch als abgeleiteter (derivativer) Produktionsfaktor bezeichnet, weil er aus dem Boden und der Arbeit (originäre Produktionsfaktoren) entsteht.
	Als Kapital gelten in der Volkswirtschaftslehre nicht nur die Geldmittel (Geldkapital), sondern auch alle Produktionsmittel, die in einem Unternehmen zur Herstellung von Gütern notwendig sind (Realkapital). Man bezeichnet diese Güter als Produktions- bzw. Investitionsgüter (z. B. Maschinen, Rohstoffe, Fahrzeuge).
	▶ **Bruttoinvestitionen** beinhalten die Gesamtheit aller Investitionen, die eine Volkswirtschaft bzw. ein einzelnes Unternehmen in einer Periode vornimmt. ▶ **Ersatzinvestitionen** ersetzen Anlagegüter (z. B. Maschinen), die veraltet sind. ▶ **Erweiterungsinvestitionen** erweitern die Kapazität (Leistungsfähigkeit) eines Unternehmens.

Erläutern Sie die betriebswirtschaftlichen Produktionsfaktoren.

Die betriebswirtschaftlichen Produktionsfaktoren sind alle Güter materieller und immaterieller Art, die wiederum zur Herstellung anderer wirtschaftlicher Güter benötigt werden.

Dispositiver Faktor	**Originäre Faktoren**		
Die Leitung beinhaltet alle Aufgaben der Betriebsführung.	Arbeit, Betriebsmittel und Werkstoffe müssen kombiniert werden, um Leistungen zu erzielen. Sie werden als ursprüngliche (originäre) Produktionsfaktoren bezeichnet. Allerdings bedürfen sie der Kombination. Diese Aufgabe übernimmt die Leitung.		
Leitung	**Ausführende Arbeit**	**Betriebsmittel**	**Werkstoffe**
▶ Zielsetzung ▶ Planung ▶ Entscheidung ▶ Organisation ▶ Kontrolle	▶ körperliche Arbeit ▶ geistige Arbeit ▶ gelernte Arbeit ▶ ungelernte Arbeit ▶ repetitive Arbeit ▶ kreative Arbeit	▶ Gebäude ▶ Anlagen ▶ Kassen ▶ Computersysteme ▶ Transporteinrichtungen ▶ Ladeneinrichtung	▶ Rohstoffe ▶ Hilfsstoffe ▶ Betriebsstoffe ▶ bezogene Fertigteile ▶ Handelswaren

1 ***In der Volkswirtschaftslehre bezeichnet man die Mittel, mit denen Güter und Dienstleistungen produziert werden, als Produktionsfaktoren.***

Ordnen Sie die folgenden Produktionsfaktoren den unten stehenden Sachverhalten zu.

1 Produktionsfaktor Boden
2 Produktionsfaktor Arbeit
3 Produktionsfaktor Kapital

a. Die Sonnenenergie muss in Zukunft noch stärker bei der Energiegewinnung berücksichtigt werden.

b. Die Höhe der Investitionen eines Unternehmens hängt u. a. vom Zinsniveau ab.

c. Durch Umschulungsmaßnahmen können den Unternehmen notwendige Fachkräfte zur Verfügung gestellt werden.

d. Dieser Produktionsfaktor entsteht durch das Zusammenwirken der beiden anderen Faktoren.

e. Die Lohnnebenkosten machen einen erheblichen Anteil der gesamten Lohnkosten aus.

f. Das Problem der Trinkwassergewinnung bedarf einer immer stärkeren Beachtung.

2 ***Wenn aus Realkapital Sachkapital gebildet wird, spricht man von Investition. Die Investitionen werden in verschiedene Formen unterteilt.***

Kennzeichnen Sie unten stehende Aussagen mit einer
1, wenn sie auf den Begriff Bruttoinvestitionen zutreffen,
2, wenn sie auf den Begriff Ersatzinvestitionen zutreffen,
3, wenn sie auf den Begriff Erweiterungsinvestitionen zutreffen.

a. Sie entsprechen in der Höhe dem Wert der Abschreibungen eines Unternehmens bzw. einer Volkswirtschaft.

b. Sie führen zu einer Steigerung des Produktionsergebnisses.

c. Sie entsprechen der Gesamtheit aller Investitionen, die ein Unternehmen bzw. eine Volkswirtschaft in einem festgelegten Zeitraum vornimmt.

d. Sie wird auch als Reinvestition bezeichnet.

e. Die Gesamtheit dieser Investitionen in einer Volkswirtschaft gibt Auskunft über die tatsächliche wirtschaftliche Expansion.

3 ***Welcher der unten stehenden Werte eines Unternehmens ist nicht dem Produktionsfaktor Kapital im volkswirtschaftlichen Sinne zuzurechnen?***

1 Bankguthaben
2 Maschinen
3 Rauchgasentschwefelungsanlage
4 Arbeitskräftepotenzial
5 Produktionshallen

4 ***Kennzeichnen Sie die Aussagen zu Produktionsfaktoren mit einer***

1, wenn die Aussage zutrifft,
9, wenn die Aussage nicht zutrifft.

a. Sachkapital wird durch Bereitstellung von finanziellen Mitteln gebildet.
b. Das Realkapital wird auch als produzierte Produktionsmittel bezeichnet.
c. Das Bereitstellen von Energie durch Windkraft ist dem Produktionsfaktor Boden zuzurechnen.
d. Jede Tätigkeit in einem Betrieb, z. B. die eines Hausmeisters, lässt sich eindeutig entweder den Begriffen „körperliche Arbeit" oder „geistige Arbeit" zuordnen.

5 ***Ordnen Sie den unten stehenden Aussagen folgende Begriffe zu.***

1 Konjunkturelle Arbeitslosigkeit
2 Saisonale Arbeitslosigkeit
3 Friktionelle Arbeitslosigkeit
4 Strukturelle Arbeitslosigkeit

a. Ein Industriebetrieb ist dem harten Konkurrenzkampf nicht mehr gewachsen und muss wegen Insolvenz Arbeitskräfte entlassen.

b. Zu Beginn des Winters werden im Baugewerbe weniger Arbeitskräfte benötigt.

c. Eine Volkswirtschaft befindet sich in einer Rezessionsphase.

6 ***Welcher der volkswirtschaftlichen Produktionsfaktoren wird als „abgeleiteter Produktionsfaktor" bezeichnet?***

1 Arbeit, weil diese sich aus der Leistungsfähigkeit und dem Leistungswillen von Menschen ableitet
2 Kapital, weil dieses erst durch das Zusammenwirken von Arbeit und Boden ermöglicht wird
3 Boden, weil dieser durch das Zusammenwirken sämtlicher Naturkräfte erst seine Leistungsfähigkeit erhalten hat
4 Arbeit, weil sich diese entweder durch körperliche oder durch geistige Arbeit ableiten lässt
5 Die betriebswirtschaftlichen Produktionsfaktoren dienen ausschließlich dazu, Sachgüter zu produzieren.

7 ***Welche der Aussagen über die betriebswirtschaftlichen Produktionsfaktoren sind richtig?***

1 Die betriebswirtschaftlichen und die volkswirtschaftlichen Produktionsfaktoren sind gleich.
2 Die Leitung beinhaltet die Funktionen Zielsetzung, Planung, Organisation, Beschaffung, Absatz und Kontrolle.
3 Ausführende Arbeit, Betriebsmittel und Werkstoffe sind „originäre" betriebswirtschaftliche Produktionsfaktoren.
4 Die betriebswirtschaftlichen Produktionsfaktoren lassen sich in dispositive und originäre Faktoren einteilen.
5 Die betriebswirtschaftlichen Produktionsfaktoren dienen ausschließlich dazu, Sachgüter zu produzieren.

Was ist volkswirtschaftlich unter dem Begriff „Produktion" zu verstehen?

Produktion	Produktion im volkswirtschaftlichen Sinn beinhaltet die Herstellung von Gütern sowie alle Tätigkeiten, um diese produzierten Sachgüter und Dienstleistungen dem Verbraucher zugänglich zu machen. Im Produktionsprozess werden die Produktionsfaktoren Arbeit, Boden, Kapital in der Weise kombiniert, dass ein Ertrag entsteht. ▶ *Landwirtschaftlicher Betrieb: Das Zusammenwirken von Boden als Anbauboden, Arbeit des Landwirts und Kapital (Landmaschinen, Saatgut) ergibt eine bestimmte Menge Roggen.* ▶ *Papierfabrik: Die Kombination von Boden als Standortboden, Arbeit der Arbeitnehmer und Kapital (Maschinen, Werkstoffe) ergibt eine bestimmte Menge Papier.*	
	Ertrag	Ertrag ist das mengenmäßige Ergebnis des Produktionsprozesses. Er wird auch als Produktionsmenge oder Output bezeichnet.
	Kosten	Kosten sind der in Geldeinheiten gemessene Verbrauch von Produktionsfaktoren. Sie werden auch als Faktoreinsatz oder Input bezeichnet.

Welche Besonderheiten ergeben sich beim Einsatz von substitutionalen Produktionsfaktoren?

Begriff	Substitutionale Produktionsfaktoren werden eingesetzt, wenn eine bestimmte Menge eines Faktors durch eine bestimmte Menge eines anderen Faktors ersetzt werden kann, ohne das Produktionsergebnis zu beeinflussen. Der Ertrag bleibt gleich, obwohl das Verhältnis der eingesetzten Produktionsfaktoren zueinander sich ändert.	
Technische Betrachtung	Technisch gesehen, hat ein Unternehmer mehrere Möglichkeiten, substitutionale Produktionsfaktoren zu kombinieren. *Beispiel: 1 000 Regalböden können in einer Fabrik in überwiegender Handarbeit mit 18 Mengeneinheiten (ME) Arbeit und 2 ME Kapital gefertigt werden. Werden die Böden unter hohem Maschineneinsatz gefertigt, werden 12 ME Kapital und 3 ME Arbeit benötigt.* Die Kombinationsmöglichkeiten können in einem Diagramm durch eine Isoquante (Linie gleicher Mengeneinheiten der Erträge) dargestellt werden.	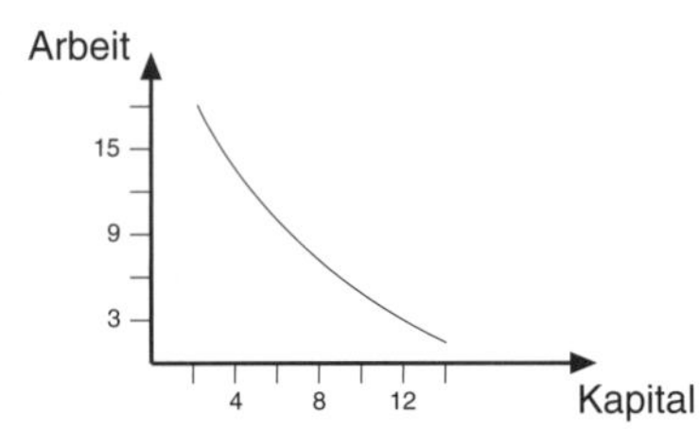
Wirtschaftliche Betrachtung	▶ Bei substituierbaren Produktionsfaktoren bestimmen die Kosten, welche Faktorkombination ausgewählt wird. ▶ Handelt der Unternehmer nach dem ökonomischen Prinzip, so ist die Faktorkombination mit den geringsten Kosten zu wählen. ▶ Ein Unternehmer ersetzt so lange einen Faktor durch einen anderen, wie ihm dies eine Kostenersparnis bringt. Sobald die Kostenersparnis bei dem einen Faktor gleich dem Kostenzuwachs durch den anderen Faktor ist, wird der Substitutionsprozess beendet. ▶ Veränderungen der Preise führen zwangsläufig zu einer neuen Faktorkombination. Dabei treten die billigeren Produktionsfaktoren an die Stelle der teureren. ▶ In einem Diagramm kann durch Eintragung von Isokostenkurven die kostenminimale Lösung gefunden werden. *Beispiel: Kostet eine ME Arbeit 25,00 EUR und eine ME Kapital 30,00 EUR, so ist die optimale, weil kostengünstigste Kombination bei 6 ME Arbeit und 8 ME Kapital.*	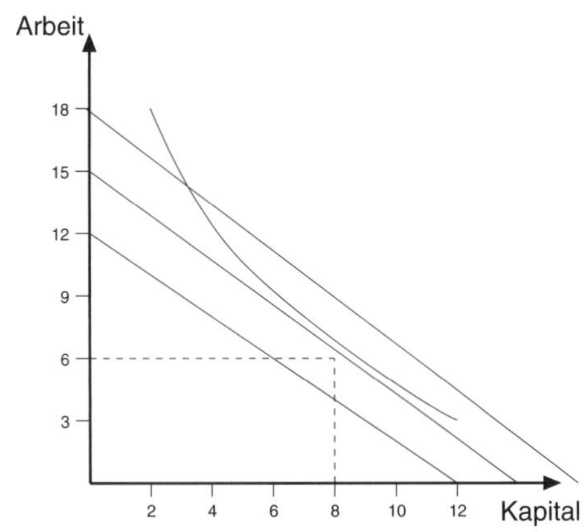

Welche Besonderheiten ergeben sich beim Einsatz von limitationalen Produktionsfaktoren?

Begriff	Von limitationalen Produktionsfaktoren wird gesprochen, wenn zur Erzielung eines bestimmten Ertrages die Produktionsfaktoren nur in einem bestimmten Verhältnis (lat. limitatio = Festsetzung) zueinander eingesetzt werden können.
Technische Betrachtung	Technisch gesehen ist es unsinnig, bei einem gegebenen Verhältnis von Produktionsfaktoren eine andere Faktorkombination zu wählen. *Beispiele: Um einen Personentransport durchzuführen, wird ein Pkw und ein Fahrer benötigt. Für einen Taxiunternehmer ließe sich der Ertrag nicht erhöhen, wenn er zwei Fahrzeuge mit einem Fahrer oder einen Pkw mit zwei Fahrern kombinieren würde.*
Wirtschaftliche Betrachtung	Eine Minimalkostenkombination ist beim limitationalen Faktoreinsatz nicht möglich, da nicht zwischen verschiedenen Faktorkombinationen gewählt werden kann. Im industriellen Bereich sind die Produktionsfaktoren zumeist nur langfristig substituierbar, kurzfristig ist zumeist ein limitationaler Faktoreinsatz gegeben.

1 Welche der folgenden Tätigkeiten gehören nicht zur Produktion im volkswirtschaftlichen Sinn?

1 Herstellung eines fünfgängigen Festessens für eine private Feier durch einen Hausmann
2 Ausstellen eines Personalausweises im Einwohnermeldeamt Cottbus
3 Bundesligafußballspiel zwischen Eintracht Frankfurt und Schalke 04
4 Bastelarbeiten an einem Modellbauflugzeug in der Freizeit
5 Transport eines Generators von einer Maschinenfabrik in Dortmund zu einer Werft in Bremerhaven

2 Welche der folgenden Aussagen zu den Hauptaufgaben der Produktion in einer Volkswirtschaft treffen zu?

1 Die Produktion hat die Aufgabe, den Menschen in einer Gesellschaft Beschäftigung zu geben.
2 Die Produktion hat die Güter und Dienstleistungen herzustellen, die die Bedürfnisse der Menschen in einer Gesellschaft befriedigen können.
3 Die Produktion hat die Aufgabe, die vorhandenen Bodenschätze zu nutzen.
4 Die Produktion hat die Aufgabe, den Wettbewerb unter den Wirtschaftssubjekten aufrechtzuerhalten.
5 Zur Produktion gehören auch alle Tätigkeiten, die notwendig sind, um hergestellte Güter und Dienstleistungen dem Verbraucher zugänglich zu machen.

3 Prüfen Sie die folgenden Aussagen.

Kennzeichnen Sie
zutreffende Aussagen mit einer 1,
nicht zutreffende Aussagen mit einer 9.

a. Beim Einsatz substitutionaler Produktionsfaktoren bleibt der Ertrag gleich, auch wenn ein Produktionsfaktor durch einen anderen Produktionsfaktor ersetzt wird.

b. Ein Unternehmen hat zumeist mehrere Möglichkeiten, limitationale Produktionsfaktoren zu kombinieren.

c. Bei limitationalen Produktionsfaktoren bestimmen die Kosten, welche Faktorkombination gewählt wird.

d. Bei den substitutionalen Produktionsfaktoren führen Veränderungen der Preise zwangsläufig zu einerneuen Faktorkombination.

4 Bei welchen der folgenden Produktionsfaktorkombinationen handelt es sich nicht um limitationale Produktionsfaktoren?

1 Lkw/Fahrer
2 Boden/Düngemittel
3 Computer/Programmierer
4 Handwerker/Werkzeuge und Maschinen
5 Gartenarbeiter/Spaten

5 Die Herstellung eines Produktes ist mit den folgenden Faktorkombinationen möglich (ausgedrückt in Mengeneinheiten). Der Einsatz einer Einheit des Faktors Kapital kostet 100 Geldeinheiten (GE), der Einsatz einer Einheit des Faktors Arbeit 50 GE und der Einsatz einer Einheit des Faktors Boden 200 GE.

	Faktorkombinationen		
	1	2	3
Einsatz Faktor Kapital	30	20	8
Einsatz Faktor Arbeit	5	20	40
Einsatz Faktor Boden	10	10	10

a. Bei welcher Faktorkombination entstehen die geringsten Kosten?

b. Die Kosten des Produktionsfaktors Arbeit steigen auf 70 GE. Die Kosten der anderen Produktionsfaktoren bleiben gleich.

Welches ist jetzt die kostenminimale Faktorkombination?

6 Welche der folgenden Aussagen zu den limitationalen Produktionsfaktoren treffen nicht zu?

1 Eine Minimalkostenkombination ist nicht möglich.
2 Es ist unsinnig, eine andere Faktorkombination zu wählen, weil diese keine Ertragsveränderung bringt.
3 Zur Erzielung eines bestimmten Ertrages ist ein festgelegtes Verhältnis von Produktionsfaktoren erforderlich.
4 Verschiedene Faktorkombinationen bringen den gleichen Ertrag.
5 Mit einer Isoquante können die verschiedenen Kombinationsmöglichkeiten von Produktionsfaktoren grafisch dargestellt werden.

7 Welche der folgenden Sachverhalte treffen auf den volkswirtschaftlichen Begriff „Ertrag" zu?

1 Umsatz eines Industriebetriebes in Euro
2 hergestellte Menge Bandstahl in Tonnen in einem Walzwerk pro Jahr
3 Summe aller Erlöse eines Handelsunternehmens
4 Anzahl der geleisteten Tonnen-Kilometer in einem Transportunternehmen
5 Differenz der Erlöse und der Kosten in einer Buchhandlung

8 Welche der folgenden Aussagen trifft für die Produktion in Industriebetrieben zu?

1 Die Produktionsfaktoren sind langfristig nicht austauschbar.
2 Die Produktionsfaktoren können jederzeit ausgetauscht werden.
3 Die Produktionsfaktoren sind kurzfristig nicht austauschbar.
4 Die Produktionsfaktoren sind überhaupt nicht austauschbar.

Was verstehen Sie unter Arbeitsteilung?

Arbeitsteilung ist die Auflösung von Arbeit in Teilverrichtungen, die von verschiedenen Personen oder Wirtschaftseinheiten ausgeführt werden. Das Gegenteil der Arbeitsteilung ist die vollständige Selbstversorgung einer einzelnen Person.
Beispiel: Ein Bauer baut Weizen an, der Müller mahlt aus dem Weizen Mehl, aus dem der Bäcker wiederum Brot backt. In der Selbstversorgung müsste ein Mensch alle diese Tätigkeiten ausführen, um das Brot zu erhalten.

Beschreiben Sie die verschiedenen Formen der Arbeitsteilung.

Familiäre Arbeitsteilung		Die familiäre Arbeitsteilung ist die ursprünglichste Form der Arbeitsteilung. Sie fand zwischen Mann und Frau statt, als es noch keinen Austausch von Gütern gab und die Familien sich noch selbst versorgten.
Berufliche Arbeitsteilung	**Berufsbildung**	Berufsbildung ist die Spezialisierung von Personen auf bestimmte Tätigkeitsfelder nach Neigung und Fähigkeit. *Beispiel: Entwicklung von Berufen wie Landwirt, Tischler, Müller, Bäcker, Händler, Elektriker*
	Berufsspaltung	Berufsspaltung beinhaltet die durch die Technisierung erforderliche Spezialisierung innerhalb der ursprünglichen Grundberufe. *Beispiel: Der Grundberuf Mechaniker lässt sich aufspalten in Industriemechaniker, Werkzeugmechaniker, Automobilmechaniker usw.*
Betriebliche Arbeitsteilung	**Arbeitszerlegung**	Die Arbeitszerlegung beinhaltet die Zerlegung eines gesamten Arbeitsvorgangs in mehrere Teilleistungsprozesse. *Beispiel: Die Gesamtaufgabe eines Tischlers wird aufgeteilt in Sägen, Hobeln, Verzinken, usw.*
	Abteilungsbildung	Die Abteilungsbildung ist das Ergebnis der Arbeitszerlegung. Einzelne Arbeitsprozesse werden auf Stellen/Personen verteilt und diese zu organisatorischen Einheiten (Abteilungen) zusammengefasst. *Beispiel: Eine Möbelfabrik enthält im Fertigungsbereich die Abteilungen Zuschnitt, Furnieren, Oberflächenbearbeitung, Bankraum usw.*
Gesellschaftliche Arbeitsteilung (überbetriebliche Arbeitsteilung)		Die gesellschaftliche Arbeitsteilung erstreckt sich nicht mehr nur auf Menschen und Betriebe, sondern auf die gesamte Volkswirtschaft. Die Volkswirtschaft zerfällt in verschiedene Wirtschaftsbereiche, von denen jeder ganz bestimmte Aufgaben übernimmt. ▶ **Urerzeugung:** Gewinnung von Rohstoffen und Energie (z. B. Landwirtschaft, Bergbau) ▶ **Weiterverarbeitung:** Verarbeitung der Stoffe durch Industrie und Handwerk ▶ **Handel und Dienstleistungen:** Verteilung der Waren und Erstellung von Dienstleistungen
Internationale Arbeitsteilung		Jedes Land spezialisiert sich auf den Anbau oder die Produktion von Waren oder Dienstleistungen, die sich in diesem Land besonders lohnt (Kaffee aus Südamerika, Kupfer aus Chile, Textilien aus Marokko.

Was ist unter „Rationalisierung" zu verstehen?
Welches Ziel wird dabei verfolgt?

Begriff	Unter Rationalisierung werden alle Maßnahmen zusammengefasst, die dazu geeignet sind, eine bestimmte Leistung mit einem geringeren Kraft-, Zeit- und Kostenaufwand zu erzielen als vor der Rationalisierung.
Ziel	Ziel der Rationalisierung ist deshalb die Erhöhung der Produktivität der Fertigung sowie die Gestaltung humaner Arbeitsbedingungen. Produktivität ist das Verhältnis von betrieblicher Ausbringungsmenge (Output) zur betrieblichen Einsatzmenge (Input).
	$\textbf{Produktivität} = \frac{\textbf{mengenmäßige Ausbringung}}{\textbf{mengenmäßiger Einsatz}}$
	Beispiel: 200 Mitarbeiter erzeugen vor der Rationalisierung 42 000 Stück. Ihre Produktivität beträgt damit 210 Stück. Nach der Rationalisierung kann diese Leistung durch 175 Mitarbeiter erbracht werden. Die Produktivität hat sich damit auf 240 Stück erhöht.
Maßnahmen zur Rationalisierung	Rationalisierungseffekte werden durch folgende Maßnahmen erreicht: ▶ **Automation** beinhaltet den Einsatz von Maschinen und Computern zur Durchführung von Arbeitsvorgängen, wodurch ganz oder teilweise menschliche Arbeit eingespart wird. *Beispiel: Einsatz von Schweißrobotern in der Automobilfertigung* ▶ **Arbeitsteilung** führt zur Zerlegung eines zusammenhängenden Arbeitsvorgangs in Einzeltätigkeiten. Durch die Ausrichtung einer Arbeitskraft oder Maschine auf nur einen Arbeitsvorgang wird ein hoher Spezialisierungsgrad und eine erhöhte Produktivität erreicht. *Beispiel: Bohrautomaten in der Möbelproduktion* ▶ **Normung und Typung** stellen durch die Vereinheitlichung von Werkstoffen, Teilen, Baugruppen oder ganzen Erzeugnissen einen Rationalisierungseffekt im Materialbereich dar. *Beispiel: Abstimmung zwischen Herstellern von Küchenmöbeln und Küchengeräten* ▶ **Spezialisierung** beinhaltet die Beschränkung eines Betriebes auf die Herstellung bestimmter Produkte. Dies führt zu höheren Losgrößen und damit zu Einsparungen bei den Herstellungskosten durch niedrige Rüstkosten und den Einsatz von Spezialmaschinen. *Beispiel: Ein Leuchtenhersteller verringert sein Programm von 260 verschiedenen Artikeln um 150 und spezialisiert sich auf Büroleuchten und moderne Design-Leuchten.*

1 Welche der folgenden Aussagen über Arbeitsteilung treffen nicht zu?

1 Das Gegenteil von Arbeitsteilung ist die Automation.

2 Gäbe es keine Arbeitsteilung, müsste sich jeder Mensch selbst versorgen.

3 Durch Arbeitsteilung wird bei gleicher Leistung ein höherer Ertrag erzielt.

4 Arbeitsteilung ist die Auflösung von Arbeit in Teilverrichtungen.

5 Arbeitsteilung kann nur in der Produktion, nicht aber im Büro erfolgen.

2 Prüfen Sie folgende Gruppen von Tätigkeiten. Welche der genannten Auswahlantworten beinhalten keine Arbeitszerlegung als betriebliche Arbeitsteilung und sind somit unlogisch?

1 Hobeln, Leimen, Furnieren

2 Bohren, Entgraten, Schleifen

3 Anfragen, Bestellen, Kontrollieren

4 Schwimmen, Putzen, Verzinken

5 Drehen, Bohren, Essen

3 Welche der folgenden Auswahlantworten stellt keine Form der Arbeitsteilung dar?

1 Abteilungsbildung

2 Berufsspaltung

3 Arbeitszerlegung

4 Berufsbildung

5 Beförderung

4 Arbeitsteilung findet auf verschiedenen Ebenen statt. Prüfen Sie bei den folgenden Auswahlantworten, welche Reihe von Begriffen kein logisches Ergebnis von Arbeitsteilung ist.

1 Programmieren, Reparieren, Bergbau
2 Beschaffung, Produktion, Absatz
3 Tischler, Elektriker, Landwirt
4 Urerzeugung, Weiterverarbeitung, Handel
5 Fräsen, Bohren, Sägen

5 Welche der folgenden Maßnahmen dienen der Humanisierung der Arbeit in einem Fertigungsbetrieb?

1 Einsatz von Atemschutzmasken

2 Anschaffung eines Gabelstaplers

3 Berechnung neuer Akkordlohnsätze

4 Wahlen zum Betriebsrat

5 Einführung neuer Produkte

6 Prüfen Sie folgende Diskussionsbeiträge zur Rationalisierung. Welche Aussagen treffen zu?

1 „Rationalisierung ist nur in der Produktion möglich, weil sich dort immer wieder gleiche Arbeiten wiederholen."

2 „Jede Arbeit kann rationalisiert werden, wenn auch in unterschiedlichem Umfang."

3 „Die Arbeit von Führungskräften lässt sich nicht rationalisieren, weil es sich dabei um sehr komplizierte Arbeitsvorgänge handelt und jede Situation anders ist."

4 „Rationalisierung hat bereits stattgefunden, wenn danach die betreffende Arbeit mit einem geringeren Aufwand an Zeit und Kosten verbunden ist."

5 „Rationalisierungsmaßnahmen sind für die Arbeitnehmer ungünstig: Sie müssen schneller arbeiten, verlieren ihre Jobs und erhalten für höhere Leistung das gleiche Geld."

7 Welche der folgenden Maßnahmen stellt keine Maßnahme der Rationalisierung dar?

1 Normung von Bauteilen
2 Automation des Fertigungsprozesses
3 Typung von Baugruppen
4 Spezialisierung
5 Reparatur eines Bohrautomaten

8 Was kann durch Rationalisierung in einem Industriebetrieb nicht erreicht werden?

1 Verringerung der Transportkosten
2 kürzere Durchlaufzeiten
3 Verringerung des Fremdkapitalanteils
4 Erhöhung der Produktivität
5 Verringerung der körperlichen Belastung

9 Ein Ziel der Rationalisierung ist unter anderem die Humanisierung der Arbeit.

Was ist darunter nicht zu verstehen?

1 Erhöhung der Löhne und Gehälter

2 Verbesserung der Arbeitsbedingungen

3 Verringerung der körperlichen Belastungen

4 Erhöhung der Verantwortung und Erweiterung der Mitwirkungsmöglichkeiten der Mitarbeiter

5 Verringerung der wöchentlichen Arbeitszeit

10 Welche der folgenden Aussagen kennzeichnet einen Nachteil der Arbeitsteilung?

1 höherer Lebensstandard
2 Entfremdung von der Arbeit
3 geringere Anlernzeit
4 Aneignung von Spezialkenntnissen
5 geringere Lohnkosten

Erläutern Sie Arten, Ziele und Aufgaben wichtiger berufsständischer Organisationen.

Art der Betriebe/ Branche	Berufsständische Organisation	Ziele und Aufgaben	Mitgliedschaft	Dachverband auf Bundesebene
Betriebe der gewerblichen Wirtschaft (Industrie, Handel, Dienstleistung)	**Industrie- und Handelskammer** = Interessenvertretung für die gewerbliche Wirtschaft	▶ betreut alle in ihrem Bereich liegenden Gewerbebetriebe, die Pflichtbeiträge zahlen ▶ berät und fördert die gewerbliche Wirtschaft ▶ überwacht die Berufsausbildung, führt das Verzeichnis der Ausbildungsbetriebe und nimmt Prüfungen ab	Pflicht	Deutscher Industrie- und Handelstag DIHK
	Wirtschaftsfachverband = Interessenvertretung des jeweiligen Wirtschaftszweiges	▶ fördert den jeweiligen Wirtschaftszweig (z. B. Verband der Elektroindustrie) ▶ berät ihre Mitglieder ▶ gibt branchenbezogene Informationen und Statistiken für die Mitglieder heraus ▶ gibt Stellungnahmen zu aktuellen wirtschaftspolitischen Themen ab ▶ versucht Einfluss auf die Gesetzgebung zu nehmen, sofern diese den Wirtschaftszweig betrifft (Lobby)	freiwillig	▶ Bundesverband des entsprechenden Wirtschaftszweiges ▶ Bundesverband der deutschen Industrie BDI
Handwerksbetriebe	**Handwerksinnung** = Zusammenschluss selbstständiger Handwerker einer Berufsgruppe	▶ regelt und überwacht die Berufsausbildung ▶ nimmt Gesellenprüfungen ab ▶ vermittelt zwischen Kunden und Betrieb ▶ richtet Unterstützungs- und Krankenkassen ein	Ausbildungsbetriebe freiwillig	Bundesinnungsverbände
	Kreishandwerkerschaft = Zusammenschluss aller oder mehrerer Handwerksinnungen eines Stadt- oder Landkreises	▶ nimmt die gemeinschaftlichen Interessen des Handwerks auf Bezirksebene wahr ▶ schafft überbetriebliche Ausbildungsstätten und Schlichtungsstellen ▶ erteilt Auskünfte und Rechtsberatungen ▶ betreut die Auszubildenden gemeinsam mit den Lehrlingswarten der Kammern	Pflicht	▶ Bundesvereinigung der Fachverbände ▶ Zentralverband des deutschen Handwerks
	Handwerkskammer = Interessenvertretung des Handwerks und Organ der handwerklichen Selbstverwaltung	▶ berät ihre Mitglieder ▶ führt die Handwerksrolle, in der jeder Betrieb verzeichnet ist ▶ überwacht die Ausbildung ▶ nimmt die Meisterprüfung ab	Pflicht	Deutscher Handwerkskammertag

Nennen Sie weitere wichtige Einrichtungen und Institutionen und erklären Sie deren Zuständigkeiten.

Finanzamt	Das Finanzamt ist die unterste Behörde der Finanzverwaltung, die als örtliche Dienststelle der Bundesländer die Besteuerung durchführt. Es verrichtet die dazu notwendige Verwaltungsarbeit, ermittelt die Steuerpflichtigen, veranlagt und erhebt die Steuern und führt Kontrollen oder Fahndungen durch. Finanzämter werden durch die für ihren Bezirk zuständigen Oberfinanzdirektionen überwacht.
Arbeitsagentur	Die Arbeitsagentur ist vor Ort die unterste Behörde der Bundesagentur für Arbeit (BA). Wichtigste Aufgabe der Arbeitsagentur ist es, Arbeit Suchende und Arbeitgeber mit offenen Stellen für einen bestimmten Arbeitsagenturbezirk zusammenzuführen. Die Arbeitsagenturen erbringen Leistungen, die im Arbeitsförderungsgesetz (Sozialgesetzbuch II./III. Buch) geregelt sind: Arbeitsvermittlung, Arbeits- und Berufsberatung, berufliche Weiterbildung, Umschulungen sowie Arbeitsbeschaffungsmaßnahmen. Diese Leistungen sind unentgeltlich. Auch die Beantragung und Zahlung von Arbeitslosengeld I und II gehört zu den Aufgaben.
Gewerbeaufsicht	Die Gewerbeaufsicht (oder: Amt für Arbeitsschutz) ist die zuständige Behörde für die Einhaltung von Vorschriften des Arbeits-, Umwelt- und Verbraucherschutzes. Ihr obliegt die Überwachung von Betrieben und die Erteilung von Genehmigungen. Nicht zu verwechseln mit Ordnungsamt oder Gewerbeamt.
Kommunalverwaltung (Stadt- bzw. Gemeindeverwaltung)	Das Grundgesetz legt in Artikel 28, Absatz 2 die Eigenverantwortung der Gemeinden „im Rahmen der Gesetze" fest. Die Eigenverantwortung bezieht sich auf Personal-, Gebiets-, Planungs- und Rechtsetzungshoheit. Die Kommunalverfassungen selber sind Sache der Ländergesetzgebung. Die konkrete Ausgestaltung der Kommunalverwaltungen unterscheidet sich daher je nach Landesgesetz. Sie betreffen vornehmlich das Verhältnis von gewählter, ehrenamtlicher Vertretung (Stadtrat, Kreisrat) und der hauptamtlichen Verwaltungsspitze (Bürgermeister, Gemeinde- oder Oberstadtdirektor).
Arbeitsgericht	Arbeitsgerichte sind die in erster Instanz tätigen Anlaufstellen für Streitigkeiten, die von der Arbeitsgerichtsbarkeit geklärt werden müssen. Die Kammern am Arbeitsgericht sind mit einem Berufsrichter und zwei ehrenamtlichen Richtern, die von den Arbeitgeberverbänden und den Gewerkschaften vorgeschlagen werden, besetzt. Die Arbeitsgerichte sind u. a. zuständig für Rechtsstreitigkeiten zwischen Arbeitgebern und Arbeitnehmern und zwischen Tarifvertragsparteien, wie Gewerkschaften und Arbeitgeberverbänden.

1 Welche der folgenden Organisationen ist keine berufsständische Organisation?

1 Zentralverband des Deutschen Handwerks
2 Bundesinnungsverband
3 Deutscher Bauernverband
4 Deutscher Industrie- und Handelstag DIHT
5 Deutsche Lebensrettungsgesellschaft DLRG

2 Welche der folgenden Aussagen über Interessenverbände und berufsständische Organisationen sind falsch?

1 Sie sind durch das Grundgesetz vorgeschrieben.
2 Sie geben in Gesetzgebungsverfahren Stellungnahmen und Gutachten ab.
3 Sie werden durch die Beiträge ihrer Mitglieder und Spenden finanziert.
4 Sie sind vorwiegend zum Wohle ihrer Mitglieder tätig.
5 Sie sind alle im Zentralverband der berufsständischen Organisationen zusammengefasst.

3 Welche der folgenden Geldzahlungen der Peter Baumann GmbH wird nicht vom Finanzamt erhoben?

1 Kfz-Steuer
2 Körperschaftssteuer
3 Gewerbesteuer
4 Umsatzsteuer
5 Lohnsteuer

4 Prüfen Sie die folgenden Aussagen über Institutionen, mit denen ein Unternehmen zu tun hat. Kennzeichnen Sie die Aussagen mit einer

1 wenn die Aussage zutrifft,
2 wenn die Aussage nicht zutrifft.

a. Die Arbeitsagentur ist zuständig für Streitigkeiten zwischen Arbeitnehmern und Arbeitgebern.
b. Das Finanzamt wird bei seiner Tätigkeit von der örtlichen Kommunalverwaltung überwacht.
c. Das Arbeitsgericht ist grundsätzlich zuständig für Streitigkeiten zwischen Gewerkschaften und Arbeitgeberverbänden.
d. Der Verhältnis zwischen dem Stadtrat und dem Bürgermeister wird in der jeweiligen Ländergesetzgebung geregelt.

5 Die Betriebe der gewerblichen Wirtschaft werden von verschiedenen berufsständischen Organisationen bzw. überbetrieblichen Interessenverbänden betreut. Diese übernehmen dabei jeweils unterschiedliche Aufgaben.

Welche der folgenden Organisationen ist für die unten genannten Aufgaben zuständig?
Ordnen Sie zu, indem Sie die Ziffer vor der zutreffenden Organisation in das entsprechende Kästchen eintragen.

1 Industrie- und Handelskammer
2 Wirtschaftsfachverband der entsprechenden Branche
3 Arbeitgeberverband der entsprechenden Branche

Tragen Sie eine 9 ein, wenn eine Zuordnung nicht möglich ist.

a. Ein Hersteller von Tiefkühltruhen benötigt im Rahmen des Exports ein Ursprungszeugnis, welches bescheinigt, dass die Waren in Deutschland hergestellt worden sind.
b. Ein Industriebetrieb, der sich mit der Herstellung von Leuchten beschäftigt, benötigt Angaben über den Markt für Halogenleuchten.
c. Ein Sanitärinstallationsbetrieb will Fragen zur Ausbildungsberechtigung klären.
d. Die Geschäftsleitung eines Industriebetriebes hat Fragen zur Mitbestimmung des Betriebsrates in einer aktuellen Situation und begehrt eine Auskunft hierzu.

6 Welche der folgenden Ziele verfolgt der BDI nicht?

1 Sicherung des Produktionsstandortes Deutschland
2 Senkung der Steuersätze für die Lohnsteuer
3 Abschaffung der Gewerbesteuer
4 Erhöhung der Lohnnebenkosten
5 Verbesserung der Bedingungen für den Außenhandel

7 In den folgenden Auswahlantworten finden sie Zuordnungen von berufsständischen Organisationen zu dem entsprechenden Dachverband auf Bundesebene.

Welche dieser Zuordnungen treffen zu?

1 Industrie- und Handelskammer → DIHK
2 Landwirtschaftskammern → Deutscher Bauernverband
3 Kreishandwerkerschaft → Zentralverband des Deutschen Handwerks
4 Handwerkskammer → BDI
5 Handwerksinnung → Deutscher Handwerkskammertag

8 Welche der folgenden Organisationen sind nicht für die Durchführung von Prüfungen im Rahmen der Berufsbildung zuständig?

1 IHK
2 Handwerksinnung
3 Landwirtschaftskammer
4 BDI
5 Deutscher Bauernverband

Erklären Sie das duale System der Berufsausbildung.

Das gesamte Ausbildungssystem (kaufmännische und gewerbliche Ausbildung) in der Bundesrepublik Deutschland basiert darauf, dass für das Erlernen eines Ausbildungsberufes zwei Lernorte zuständig sind:

Lernort	**Betrieb**	**Schule**
	Ausbildungsbetriebe der Industrie, des Handwerks sowie Betriebe aus dem Bereich Handel und Dienstleistungen *Beispiel: Bauträgergesellschaft Normbau GmbH*	alle berufsbildenden Schulen, die entsprechend ihrer Größe eine unterschiedliche Zahl von Berufen ausbilden *Beispiel: Berufskolleg Bielefeld*
Aufgabe	Vermittlung von fachpraktischen Kenntnissen und Fertigkeiten entsprechend der Ausbildungsordnung und dem Ausbildungsberufsbild in den verschiedenen Abteilungen des Betriebes *Beispiel: Angebotserstellung*	Vermittlung von fachtheoretischen, berufsbezogenen (Fächer: Geschäftsprozesse, Steuerung und Kontrolle, Wirtschafts- und Sozialprozesse) und berufsübergreifenden Lerninhalten (Fächer: Deutsch/Kommunikation, Politik/Gesellschaftslehre, Religion, Sport/Gesundheitsförderung) *Beispiel: Kaufvertragsrecht*
Rechtsquellen und Inhalte	**Ausbildungsordnung**	**Rahmenlehrplan**
	▶ Ausbildungsdauer ▶ Berufsbild ▶ Ausbildungsrahmenplan ▶ Ausbildungsplan ▶ Prüfungsanforderungen	▶ Unterrichtsfächer ▶ Anzahl der Unterrichtsstunden pro Fach ▶ Lerngebiete/Lernziele/Lerninhalte ▶ zeitliche Zuordnung der Lerninhalte (Unterstufe, Mittelstufe, Oberstufe der Berufsschule)

Beschreiben Sie die Inhalte des Berufsbildungsgesetzes.

Aufgabe	Das Berufsbildungsgesetz ist die rechtliche Grundlage für alle anerkannten Ausbildungsberufe. Es enthält allgemeine Vorschriften, die für alle Ausbildungsberufe einheitlich gelten.
Begriffe der beruflichen Bildung	▶ **Berufsausbildung** Darunter ist die breit angelegte berufliche Grundbildung in einem geordneten Ausbildungsgang zu verstehen. *Beispiel: Berufsausbildung zum/zur Industriekaufmann/Industriekauffrau* ▶ **berufliche Fortbildung** Sie soll die erlernten Kenntnisse und Fertigkeiten in diesem Beruf erhalten, erweitern und den gestiegenen Anforderungen aufgrund der fortschreitenden technischen Entwicklung anpassen. *Beispiel: Fortbildungslehrgang zu einer EDV-Anwendersoftware* ▶ **berufliche Umschulung** Sie soll zu einer anderen beruflichen Tätigkeit befähigen, weil der ursprüngliche Beruf aus bestimmten Gründen nicht mehr ausgeübt werden kann. *Beispiel: Umschulung eines Bäckers mit einer Mehlstauballergie zum Industriekaufmann*
wesentliche Inhalte	Allgemeine Regelungen über: ▶ Berufsausbildungsvertrag ▶ Pflichten des Ausbildenden ▶ Pflichten des Auszubildenden ▶ Vergütung ▶ Beginn und Beendigung des Berufsausbildungsverhältnisses ▶ Berechtigung zum Einstellen und Ausbilden ▶ Änderung der Ausbildungszeit

Nennen Sie die Ziele und Inhalte einer Ausbildungsordnung.

Begriff und Ziele	Die Ausbildungsordnung ist die rechtliche Grundlage für einen speziellen Ausbildungsberuf. Sie enthält alle Vorschriften, die für diesen speziellen Ausbildungsberuf von Bedeutung sind. *Beispiel: Verordnung über die Berufsausbildung zum Industriekaufmann/zur Industriekauffrau*
wesentliche Inhalte	Bezogen auf die Berufsausbildung in den meisten kaufmännischen Ausbildungsberufen: ▶ **Ausbildungsdauer** (Regeldauer drei Jahre, Verkürzung möglich) ▶ **Berufsbild** (z. B. zu vermittelnde Fertigkeiten und Kenntnisse in den Bereichen: Beschaffung, Lagerung, Absatz, Personalwesen, Rechnungswesen) ▶ **Ausbildungsrahmenplan** (Anleitung zur Erstellung eines Ausbildungsplans hinsichtlich der sachlichen und zeitlichen Gliederung der Berufsausbildung) ▶ **Ausbildungsplan** (individueller Plan für jedes einzelne Ausbildungsverhältnis) ▶ **Prüfungsanforderungen** (z. B. Industriekaufmann/Industriekauffrau) Zwischenprüfung Abschlussprüfung: a) schriftliche Prüfung (Geschäftsprozesse, Kaufmännische Steuerung und Kontrolle, Wirtschafts - und Sozialkunde) b) Einsatzgebiet (Report als Grundlage einer Präsentation und eines Fachgesprächs)

1 Entscheiden Sie, ob in den folgenden Fällen

1 hauptsächlich der Lernort Betrieb zuständig ist,
2 hauptsächlich der Lernort Schule zuständig ist,
3 beide Lernorte zuständig sind,
9 keiner der beiden Lernorte zuständig ist.

a. Die Ausbildung erfolgt nach dem schriftlich vorliegenden Ausbildungsplan. ☐

b. Die Ausbildung soll u. a. auch so gestaltet sein, dass der Auszubildende optimal auf die Abschlussprüfung der Industrie- und Handelskammer vorbereitet wird. ☐

c. Grundlage für die Ausbildungsinhalte sind die geltenden Lehrpläne des entsprechenden Bundeslandes. ☐

d. Vermittlung theoretischen Wissens und Könnens ☐

e. Die Kriterien der Berufsschulpflicht sollen geändert werden. ☐

f. Eine Eintragung des Ausbildungsvertrages in das Verzeichnis der Berufsausbildungsverhältnisse bei der Industrie- und Handelskammer ist zu beantragen. ☐

2 Ordnen Sie die folgenden Rechtsgrundlagen den unten stehenden Aussagen zu:

1 Berufsbildungsgesetz
2 Ausbildungsordnung
3 Jugendarbeitsschutzgesetz
9 trifft auf keine der vorgenannten Rechtsgrundlagen zu

a. Der Ausbildende hat den Auszubildenden für die Teilnahme am Berufsschulunterricht und an Prüfungen freizustellen. ☐

b. Der Ausbildende darf den noch nicht volljährigen Auszubildenden einmal in der Woche an Berufsschultagen mit mehr als 5 Unterrichtsstunden von mindestens 45 Minuten nicht beschäftigen. ☐

c. Das Ausbildungsberufsbild enthält die zu vermittelnden Fertigkeiten und Kenntnisse in den verschiedenen Bereichen. ☐

d. Ein Auszubildender darf seine Ausbildung nicht im Betrieb seiner Eltern absolvieren. ☐

e. Jugendliche dürfen nur maximal 40 Std. pro Woche Akkordarbeit verrichten. ☐

f. Die Ausbildungsdauer für die meisten kaufmännischen Berufe beträgt 3 Jahre. ☐

3 Was kann eine Ausbildungsordnung in einem bestimmten Beruf nicht beinhalten? ☐

1 Ausbildungsdauer
2 Kündigungsfristen
3 Prüfungsanforderungen
4 Bezeichnung des Ausbildungsberufs
5 Ausbildungsrahmenplan

4 Welche der unten stehenden Aussagen trifft nicht zu? ☐

1 Zur Berufsbildung im Sinne des Berufsbildungsgesetzes gehören die Berufsausbildung, die berufliche Fortbildung und die berufliche Umschulung.

2 Die Berufsausbildung hat eine breit angelegte berufliche Grundbildung in einem geordneten Ausbildungsgang zu vermitteln.

3 Die berufliche Fortbildung soll die beruflichen Kenntnisse und Fertigkeiten erhalten, erweitern und der technischen Entwicklung anpassen.

4 Die berufliche Umschulung soll zu einer anderen beruflichen Tätigkeit befähigen.

5 Die Berufsbildung hat nicht das Ziel, Berufserfahrungen zu sammeln.

5 Welche der folgenden Regelungen sind im Berufsbildungsgesetz enthalten? ☐ ☐

1 Vergütungsgrundsätze in der Ausbildung
2 Verbot der Kinderarbeit
3 Verbot der Akkordarbeit bei Jugendlichen
4 Berechtigung zum Einstellen und Ausbilden
5 maximale wöchentliche Arbeitszeit

6 Eine Ausbildung zum Industriekaufmann/zur Industriekauffrau wird durch eine erfolgreiche Abschlussprüfung bestätigt.
Welche der unten stehenden Aussagen treffen nicht zu? ☐ ☐

1 Die Abschlussprüfung kann ohne Ausnahme erst nach dreijähriger Ausbildung abgelegt werden.

2 Inhalte der schriftlichen Abschlussprüfung erstrecken sich nicht nur auf Kenntnisse, die in der Berufsschule, sondern auch im Ausbildungsbetrieb vermittelt werden.

3 Das Prüfungsfach „Wirtschafts- und Sozialkunde" ist aus dem Prüfteil „Einsatzgebiet".

4 Die Abschlussprüfung ist dann bestanden, wenn das Gesamtergebnis und das Ergebnis in zwei der drei schriftlichen Fächer mindestens „ausreichend" ist.

5 Mit einem Prüfungsergebnis „ungenügend" in einem der Prüfungsfächer ist die Prüfung nicht bestanden.

7 Welcher der folgenden Punkte ist nicht im Berufsbildungsgesetz geregelt? ☐

1 Regelung über Beginn und Ende des Berufsausbildungsverhältnisses
2 Pflichten des Auszubildenden
3 Berechtigung zum Einstellen und Ausbilden von Auszubildenden
4 Ausbildungsplan
5 Rechte des Auszubildenden

Wie kommt ein Berufsausbildungsvertrag zustande?

Ablauf	▶ Formvorschrift: keine; jedoch müssen wesentliche Inhalte schriftlich festgehalten werden (§ 4 BBiG) ▶ Vertragspartner: Ausbildender und Auszubildender (bei Minderjährigen: gesetzlicher Vertreter) ▶ Eintragung: in das Verzeichnis der Ausbildungsverhältnisse bei der zuständigen Kammer (z. B. IHK)

Nennen Sie die Mindestinhalte eines Berufsausbildungsvertrages nach § 4 BBiG.

Mindestinhalte	▶ Art, Gliederung und Ziel der Ausbildung ▶ (Ausbildungsberuf, Ausbildungsplan) ▶ Beginn und Dauer der Ausbildung ▶ (i. d. R. Beginn am 01.08., Dauer 3 Jahre) ▶ Ausbildungsmaßnahmen außerhalb der Ausbildungsstätte ▶ (z. B. Seminar über Verkaufstraining)	▶ Dauer der täglichen Arbeitszeit ▶ Probezeit (zwischen ein und vier Monate) ▶ Zahlung und Höhe der Vergütung (gestaffelt nach jährlicher Steigerung) ▶ Dauer des Urlaubs ▶ Kündigungsmöglichkeiten

Nennen Sie die Mindestinhalte eines Berufsausbildungsvertrages nach § 4 BBiG.

Rechte und Pflichten	**Pflichten des Auszubildenden (= Rechte des Ausbildenden)**	**Pflichten des Ausbildenden (= Rechte des Auszubildenden)**
	▶ Lern-/Dienstleistungspflicht ▶ Weisungen befolgen ▶ sorgfältige Ausführung der Weisungen ▶ Berufsschulpflicht ▶ Berichtsheft führen ▶ Einhaltung der betrieblichen Ordnung ▶ Einrichtungen pfleglich behandeln ▶ „Kleiderordnung" einhalten ▶ Wahrung von Geschäftsgeheimnissen (z. B. Bezugsquellen, Preiskalkulationen)	▶ korrekte Durchführung der Ausbildung ▶ keine „ausbildungsfremden" Tätigkeiten ▶ geeignete Ausbilder ▶ kostenlose Ausbildungsmittel ▶ Besuch der Berufsschule ermöglichen ▶ Sorgepflicht ▶ Arbeitsschutz ▶ Zahlung der Vergütung ▶ Gewähren von Urlaub ▶ Zeugniserteilung nach Beendigung der Ausbildung

Wie wird ein Ausbildungsverhältnis beendet?

mit bestandener Abschlussprüfung	▶ Entscheidend ist der Tag der Abschlussprüfung, nicht das Datum laut Ausbildungsvertrag (bei Nichtbestehen: Verlängerung bis zur nächsten Prüfung, höchstens um ein Jahr)
durch Kündigung (Formvorschrift: schriftlich)	▶ während der Probezeit: von beiden Seiten ohne Angabe von Gründen möglich ▶ nach der Probezeit: – vom Auszubildenden: mit Kündigungsfrist von 4 Wochen, wenn ein anderer Beruf angestrebt wird oder die Ausbildung aufgegeben wird – von beiden Seiten: ohne Einhalten einer Frist bei einem „wichtigen Grund", z. B. einer Tätlichkeit

Nennen Sie wichtige Vorschriften des Jugendarbeitsschutzgesetzes.

Grundlegendes	▶ geschützter Personenkreis: Kinder (Personen, die noch nicht 15 Jahre alt sind); Jugendliche (Personen, die 15 Jahre, aber noch nicht 18 Jahre alt sind) ▶ überwachende Behörde ist das Gewerbeaufsichtsamt bzw. das Staatliche Amt für Arbeitsschutz ▶ Kinderarbeit ist bis auf Ausnahmen verboten ▶ Akkordarbeit ist verboten
Arbeitszeit	▶ täglich maximal 8 Stunden (bzw. 8,5 Stunden, wenn an einem Wochentag die Mehrstunden abgegolten werden); wöchentlich maximal 40 Stunden ▶ an Samstagen, Sonn- und Feiertagen keine Beschäftigung; Ausnahmen sind zulässig ▶ Schichtzeit ist die Arbeitszeit inkl. Ruhepausen: maximal 10 Stunden ▶ tägliche Freizeit: mindestens 12 Stunden zwischen Arbeitsende und Arbeitsbeginn am nächsten Tag
Ruhepausen	▶ bei einer tägl. Arbeitszeit von 4,5 – 6 Std. mind. 30 Minuten ▶ bei einer tägl. Arbeitszeit von über 6 Std. mind. 60 Minuten
Nachtruhe	Beschäftigung nur zwischen 06:00 und 20:00 Uhr; Ausnahmen: z. B. im Gaststättengewerbe bis 22:00 Uhr, in Bäckereien ab 05:00 Uhr, in mehrschichtigen Betrieben bis 23:00 Uhr
Urlaub	▶ 30 Werktage für 15-Jährige ▶ 27 Werktage für 16-Jährige ▶ 25 Werktage für 17-Jährige
Berufsschule	▶ Freistellung für den Berufsschulunterricht ▶ Arbeitsentgelt für die Zeit, die in der Berufsschule verbracht wird ▶ keine Beschäftigung an einem Berufsschultag in der Woche bei mindestens 6 Unterrichtsstunden
Einstellungs-untersuchung	▶ Erstuntersuchung: innerhalb der letzten 14 Monate vor Beginn der Ausbildung ▶ Nachuntersuchung: 1 Jahr nach Beginn der Ausbildung

1 Welche der unten stehenden Bedingungen sind nicht als Inhalte des Ausbildungsvertrages gesetzlich vorgeschrieben?

1 Beruf, in dem der Auszubildende ausgebildet wird
2 Beginn und Dauer der Ausbildung
3 Regelmäßige wöchentliche Arbeitszeit
4 Dauer der Probezeit
5 Anspruch auf Urlaubsgeld

2 Stellen Sie fest, ob die unten stehenden Tatbestände gegen die Bestimmungen des

1 Berufsbildungsgesetzes verstoßen,
2 Jugendarbeitsschutzgesetzes verstoßen.

Tragen Sie eine 9 ein, wenn der Tatbestand keinen Verstoß gegen eines der vorgenannten Gesetze darstellt.

a. Die Schnell GmbH vereinbart mit ihren künftigen Auszubildenden grundsätzlich eine Probezeit von 2 Monaten.

b. Die F. Schrupp KG gibt ihren noch nicht 18 Jahre alten Auszubildenden an keinem Berufsschultag in der Woche nachmittags frei, obwohl an beiden Tagen 5 Unterrichtsstunden stattfinden.

c. Die Auszubildenden der W. Krause OHG, die in ein Angestelltenverhältnis übernommen werden, erhalten trotz vorzeitig bestandener Abschlussprüfung noch bis zum Ende der im Ausbildungsvertrag festgelegten Ausbildungszeit die Ausbildungsvergütung.

d. Der Auszubildende Friedhelm Flink (17 Jahre alt) arbeitet von 07:00 bis 16:00 Uhr (15 Min. Frühstücks- und 45 Min. Mittagspause) im Akkord.

e. Der Auszubildende Strehes erhält von seinem Ausbildenden nach Abschluss der Ausbildung kein Zeugnis.

3 Das Jugendarbeitsschutzgesetz soll den Jugendlichen vor körperlichen Überbelastungen im Arbeitsleben schützen.

Tragen Sie die in den nachfolgenden Aussagen zu ergänzenden Ziffern ein.

a. Die Dauer der täglichen Arbeitszeit darf ... Stunden nicht überschreiten, wenn die Arbeitszeit an allen Tagen in der Woche gleich ist.

b. Die Wochenarbeitszeit darf ... Stunden nicht überschreiten.

c. Jugendliche dürfen (von einzelnen Ausnahmen abgesehen) grundsätzlich nur in der Zeit von ... Uhr bis ... Uhr beschäftigt werden.

d. Der Jahresurlaub beträgt je nach Alter bis zu ... Werktage.

e. Die tägliche Freizeit (Zeit zwischen Arbeitsende und Arbeitsanfang des nächsten Tages) muss mindestens ... Stunden betragen.

4 Kennzeichnen Sie unten stehende Fälle mit einer

1, wenn es sich um eine wirksame Kündigung handelt,
9, wenn es sich um eine unwirksame Kündigung handelt.

a. Jost Abele stellt nach einem halben Jahr fest, dass er aus gesundheitlichen Gründen die Ausbildung zum Bäcker nicht fortsetzen kann. Er kündigt mit einer Kündigungsfrist von 4 Wochen schriftlich mit Angabe des Grundes.

b. Lisa Stickling hat während der ersten zwei Monate in der Ausbildung zur Kauffrau im Einzelhandel nur aus bildungsfremde Tätigkeiten zugewiesen bekommen. Sie kündigt in der Probezeit schriftlich ohne Angabe von Gründen.

c. Bei einer Unterredung zwischen Eugen Zimmerer, Auszubildender im Fleischerhandwerk, und seinem Meister über die bisherigen Leistungen nach einem Jahr Ausbildung beleidigt ihn der Meister mit den Worten: „Du fauler Sack!" Daraufhin gibt Eugen dem Meister eine saftige Ohrfeige und bekommt von ihm zu hören: „Pack deine Sachen, du bist gekündigt!"

5 Bei welcher der unten genannten Pflichten handelt es sich weder um eine Pflicht des Auszubildenden noch um eine Pflicht des Ausbildenden aus einem Berufsausbildungsvertrag?

1 Lernpflicht
2 Wahrung von Betriebs- und Geschäftsgeheimnissen
3 Pflicht zur Ausstellung eines Zeugnisses bei Beendigung der Ausbildung
4 Zahlung der Ausbildungsvergütung
5 Pflicht zum Abschluss einer Ausbildungsversicherung

6 Innerhalb welcher Frist kann ein Auszubildender bzw. ein Ausbildender den Berufsausbildungsvertrag ohne Angaben von Gründen kündigen?

1 überhaupt nicht
2 innerhalb der Probezeit
3 innerhalb von 4 Monaten nach Beginn der Ausbildung
4 innerhalb von 5 Monaten nach Beginn der Ausbildung
5 innerhalb von 6 Monaten nach Beginn der Ausbildung

7 Welche der unten stehenden Satzergänzungen trifft nicht zu?
Der Ausbildende hat im Rahmen der Berufsausbildung dafür zu sorgen, dass ...

1 ... die Sicherheitsvorschriften zur Vermeidung von Unfällen eingehalten werden.
2 ... Geschäftsgeheimnisse gewahrt werden.
3 ... dem Auszubildenden Fertigkeiten und Kenntnisse vermittelt werden, die zum Erreichen des Ausbildungszieles erforderlich sind.
4 ... ein geeigneter Ausbilder gestellt wird.
5 ... dem Auszubildenden kostenlos Ausbildungsmittel zur Verfügung gestellt werden.

Beschreiben Sie die besondere Stellung und die allgemeinen Aufgaben eines Betriebsrates.

Bedeutung	▶ Der Betriebsrat (BR) ist die gewählte Vertretung der Arbeitnehmer eines Betriebes. ▶ Die Zusammenarbeit zwischen Arbeitgeber und der Belegschaft in einem Betrieb ist im **Betriebsverfassungsgesetz (BetrVerfG)** geregelt. ▶ Der Grundgedanke des BetrVG ist es, die Belegschaft an betrieblichen Entscheidungen des Arbeitgebers zu beteiligen. Die Belegschaft wird dabei in erster Linie durch den Betriebsrat vertreten. **Allgemeine Aufgaben:** ▶ Der BR hat mit dem Arbeitgeber (AG) in vertrauensvoller Zusammenarbeit zum Wohle der Belegschaft und zum Wohle des Betriebes zusammenzuarbeiten. ▶ Der BR hat die Einhaltung der im Betrieb geltenden Betriebsvereinbarungen, Tarifverträge und Gesetze zu überwachen sowie bei arbeitsrechtlichen Auseinandersetzungen zwischen AG und Belegschaft zu vermitteln.

Erläutern Sie wichtige Begriffe im Zusammenhang mit der Wahl eines Betriebsrates.

Voraussetzung	Die Wahl des Betriebsrats ist nur möglich in Betrieben mit mindestens fünf ständigen wahlberechtigten Arbeitnehmern.
Aktives Wahlrecht	Wahlberechtigt sind alle Arbeiter und Angestellte bzw. Auszubildenden, die am Wahltag das 18. Lebensjahr vollendet haben, unabhängig von der Dauer der Betriebszugehörigkeit und der Staatsangehörigkeit. Wahlberechtigt sind auch Leiharbeiter, wenn sie länger als drei Monate im Entleiherbetrieb eingesetzt werden.
Passives Wahlrecht	Wählbar sind alle wahlberechtigten Personen (d. h. Vollendung des 18. Lebensjahres), die dem Betrieb mindestens sechs Monate angehören.
Amtszeit	Die Amtszeit beträgt vier Jahre.
Wahlvorstand	Die Wahl wird organisiert und durchgeführt vom Wahlvorstand. Er besteht in der Regel aus drei wahlberechtigten Arbeitnehmern. In größeren Betrieben kann die Anzahl erhöht werden.
Wahlverfahren	▶ unmittelbare Wahl: Jede wahlberechtigte Person gibt persönlich ihre Stimme ab. ▶ geheime Wahl: schriftlich, ohne Zuordnungsmöglichkeit der abgegebenen Stimmen, z. B. nicht durch Handzeichen
Größe	Die Mitgliederzahl richtet sich nach der Anzahl der wahlberechtigten Arbeitnehmer (AN): → 5 – 20 AN: eine Person (= Betriebsobmann), ▶ 21 – 50 AN: drei Mitglieder, ▶ 51 – 100 AN: fünf Mitglieder, Größere Betriebe haben mehr Betriebsratsmitglieder.

Welche Besonderheiten sind für einen Betriebsrat zu beachten?

Kündigungsschutz	Eine ordentliche (fristgemäße) Kündigung gegenüber Mitgliedern des Betriebsrates ist ab Beginn der Amtszeit bis ein Jahr nach Ende der Amtszeit nicht zulässig. Eine außerordentliche (fristlose) Kündigung ist hingegen bei Vorliegen eines wichtigen Grundes erlaubt, bedarf aber der Zustimmung des Betriebsrates.
Freistellung	BR-Mitglieder müssen für ihre Tätigkeit von der Arbeit freigestellt werden. Sie dürfen wegen ihrer Tätigkeit im BR nicht benachteiligt oder begünstigt werden und in ihrer BR-Tätigkeit nicht behindert oder gestört werden.
Gesamtbetriebsrat	In größeren Unternehmen mit mehreren Betrieben (und damit auch mehreren Betriebsräten) wird ein Gesamtbetriebsrat gebildet. Jeder Betriebsrat entsendet einen bzw. zwei Vertreter. Der Gesamtbetriebsrat ist für Fragen zuständig, die das gesamte Unternehmen betreffen (z. B. Sozialplan).
Konzern-betriebsrat	In Konzernen (Zusammenschluss rechtlich selbstständiger Unternehmen unter einheitlicher Leitung) kann ein Konzernbetriebsrat errichtet werden. Jeder Gesamtbetriebsrat entsendet einen bzw. zwei Vertreter. Der Konzernbetriebsrat ist dem Gesamtbetriebsrat nicht übergeordnet.

Was ist eine Jugend- und Auszubildendenvertretung? Wofür ist die JAV zuständig? Wie wird sie gewählt?

Begriff	Die Jugend- und Auszubildendenvertretung (JAV) ist die gewählte Vertretung der Jugendlichen und Auszubildenden in einem Betrieb. Sie vertritt die Interessen dieses Personenkreises.
Zuständigkeit	Fragen der Berufsbildung/Überwachung der Einhaltung der Schutzbestimmungen für Jugendliche
Wahl	▶ Voraussetzung: In Betrieben mit mindestens fünf wahlberechtigten Arbeitnehmern (Arbeitnehmer, die das 18. Lebensjahr noch nicht vollendet haben) werden Betriebsräte gebildet. ▶ **Aktives Wahlrecht:** Wahlberechtigt sind alle Arbeiter und Angestellte, die am Wahltag das 18. Lebensjahr noch nicht vollendet haben, sowie alle Auszubildenden, die am Wahltag das 25. Lebensjahr noch nicht vollendet haben. ▶ **Passives Wahlrecht:** Wählbar sind alle Arbeitnehmer des Betriebes, die das 25. Lebensjahr noch nicht vollendet haben. ▶ Wahltermin: alle zwei Jahre

1 In welchem Gesetz findet man die Regelungen zur Wahl eines Betriebsrates in einem Betrieb?

1 Bürgerliches Gesetzbuch BGB
2 Mitbestimmungsgesetz MitbestG
3 Betriebsverfassungsgesetz BetrVerfG
4 Betriebsverfassungsgesetz BetrVerfG
5 Tarifvertragsgesetz TVG

2 Welche Aussage zum Betriebsrat trifft nicht zu?

Tragen Sie eine 9 ein, wenn alle Aussagen zutreffen.

1 Der Betriebsrat vertritt die Interessen der Arbeitnehmer eines Betriebes.
2 Der Betriebsrat wählt den Sicherheitsbeauftragten für die Einhaltung der Arbeitsschutzvorschriften.
3 Der Betriebsrat vermittelt bei Streitigkeiten zwischen Arbeitgeber und Arbeitnehmer.
4 Der Betriebsrat kann bei einigen unternehmerischen Entscheidungen, wie z. B. der betrieblichen Lohngestaltung, mitbestimmen.
5 Der Betriebsrat hat ein Mitbestimmungsrecht bei der Prokuraerteilung.

3 Aus wie vielen Mitgliedern besteht ein Betriebsrat, der in einem Betrieb mit 100 wahlberechtigten Arbeitnehmern gebildet wird?

1 eine Person
2 drei Mitglieder
3 fünf Mitglieder
4 sieben Mitglieder
5 neun Mitglieder

4 Welche der unten genannten Mitarbeiter eines Betriebes haben bei der Betriebsratswahl

1 nur ein aktives Wahlrecht,
2 nur ein passives Wahlrecht,
3 sowohl ein aktives als auch passives Wahlrecht,
4 kein Wahlrecht.

Tragen Sie die Ziffer vor der zutreffenden Aussage in das jeweilige Kästchen ein.

a. Person A: Arbeiter, 24 Jahre alt, 3 Monate Betriebszugehörigkeit

b. Person B: Angestellte, 30 Jahre alt, 8 Jahre Betriebszugehörigkeit

c. Person C: Leiharbeitnehmerin von einem externen Personalleasingunternehmen, 8 Monate im Betrieb beschäftigt

d. Person D: Auszubildender, 20 Jahre alt, 1 Jahr Betriebszugehörigkeit

e. Person E: Auszubildende, 17 Jahre alt, 1 Jahr Betriebszugehörigkeit

5 Welche der unten stehenden Kennzeichnungen gibt den vollständigen Personenkreis wieder, der ein passives Wahlrecht zur Jugend- und Auszubildendenvertretung besitzt?

1 Alle Mitarbeiter, die das 18. Lebensjahr vollendet haben.
2 Alle Mitarbeiter, die das 18. Lebensjahr noch nicht vollendet haben.
3 Alle Mitarbeiter, die das 21. Lebensjahr noch nicht vollendet haben.
4 Alle Mitarbeiter, die das 25. Lebensjahr noch nicht vollendet haben.
5 Alle Auszubildenden, die das 25. Lebensjahr noch nicht vollendet haben.

6 Welche Aussage zur Wahl des Betriebsrates ist falsch?

Tragen Sie eine 9 ein, wenn alle Aussagen zutreffen.

1 Es dürfen nur Arbeitnehmer gewählt werden, die einer Gewerkschaft angehören.
2 Wählbar ist jeder wahlberechtigte Arbeitnehmer, der mindestens sechs Monate im Betrieb beschäftigt ist.
3 Die Wahl findet nur alle vier Jahre statt.
4 In einem Betrieb mit 28 wahlberechtigten Arbeitnehmern hat der Betriebsrat drei Mitglieder.
5 In einem Betrieb mit vier wahlberechtigten Arbeitnehmern kann kein Betriebsrat gewählt werden.

7 Für ein Mitglied des Betriebsrates endet die Amtszeit am 31.05.2012.

Bis zu welchem der folgenden Termine genießt dieser Mitarbeiter einen besonderen Kündigungsschutz?

1 15.06.2012
2 30.06.2012
3 31.07.2012
4 31.12.2012
5 31.05.2013

8 Welche Aussage über den Konzernbetriebsrat trifft zu?

Tragen Sie eine 9 ein, wenn keine Aussage zutrifft.

1 Der Konzernbetriebsrat ist für Belange, die einen einzelnen Betrieb betreffen, zuständig.
2 Der Konzernbetriebsrat gibt Weisungen an den Gesamtbetriebsrat.
3 Die Mitglieder des Konzernbetriebsrates werden von den Gesamtbetriebsräten entsendet.
4 Der Konzernbetriebsrat wird alle vier Jahre in der Zeit vom 01.03. bis zum 31.05. gewählt.
5 Der Konzernbetriebsrat ist bei wirtschaftlichen Entscheidungen, die den Konzern betreffen, gegenüber der Arbeitgeberseite gleichberechtigt.

Welche Beteiligungsrechte hat ein Betriebsrat?

Mitbestimmung	AGA und BR können Entscheidungen nur gemeinsam treffen; bei Konflikten entscheidet die Einigungsstelle. *Beispiele: Beginn und Ende der täglichen Arbeitszeit einschließlich der Lage der Pausen, Betriebsordnung, Urlaubsgrundsätze und Urlaubsplan, betriebliche Lohngestaltung, betriebliche Berufsbildung, Sozialplan bei Betriebsänderung, Gestaltung des Personalfragebogens, Festlegung von Beurteilungsgrundsätzen*
Mitwirkung	AG muss den BR anhören. Dieser hat ein Widerspruchsrecht. AG kann dann versuchen, die verweigerte Zustimmung durch das Arbeitsgericht zu ersetzen. *Beispiele: Einstellungen, Versetzungen, Umgruppierungen, Kündigungen, Bekämpfung von Unfall- und Gesundheitsgefahren, Betriebsänderungen*
Vorschlag und Beratung	AG ist verpflichtet, von sich aus die Meinung des BR einzuholen und die Angelegenheit sowie die Vorschläge des BR dazu zu erörtern. *Beispiele: Personalplanung, Gestaltung von Arbeitsplätzen, Betriebsänderungen (Stilllegung oder Zusammenschluss von Betrieben), Investitionen*
Information	BR hat das Recht, über betriebliche Vorgänge unterrichtet zu werden. AG muss den BR jedoch erst nach Entscheidung informieren. *Beispiele: Maßnahmen des Arbeitsschutzes, Unterrichtung des Wirtschaftsausschusses über wirtschaftliche Angelegenheiten des Betriebes, Lohn- und Gehaltslisten, Einstellung leitender Angestellter*

Erklären Sie die Begriffe: Betriebsvereinbarung, Einigungsstelle, Betriebsversammlung, Wirtschaftsausschuss.

Betriebs-vereinbarung	▶ Vereinbarung über Regelungen des betrieblichen Geschehens oder einzelner betrieblicher Angelegenheiten, in denen der Betriebsrat ein Mitbestimmungsrecht hat, z. B. über Betriebsurlaub ▶ Schriftform mit Unterschrift beider Seiten ist erforderlich ▶ Ansprüche können grundsätzlich alle Arbeitnehmer geltend machen ▶ endet mit Fristablauf oder Kündigung einer Vertragspartei
Einigungsstelle	▶ Die Einigungsstelle dient zur Beilegung von Streitigkeiten zwischen Arbeitgeber und Betriebsrat im Rahmen der erzwingbaren Mitbestimmung. ▶ Die Zusammensetzung erfolgt paritätisch (je zur Hälfte) aus Mitgliedern, die Betriebsrat und Arbeitgeber benennen. Der Vorsitzende wird von beiden Seiten gewählt und ist eine unparteiische Person (zumeist ein Arbeitsrichter). ▶ Einigungsstellen sind hauptsächlich vorgesehen für Entscheidungen über – Mitbestimmung in sozialen Angelegenheiten, – Aufstellung eines Sozialplans bei Betriebsänderungen, – Durchführung der Berufsbildungsmaßnahmen.
Betriebsver-sammlung	▶ Die Betriebsversammlung ist eine Zusammenkunft aller Arbeitnehmer eines Betriebes. ▶ Termin: mindestens einmal in jedem Kalendervierteljahr (ordentliche Betriebsversammlung), auf Wunsch des Betriebsrates bzw. auf Antrag des Arbeitgebers können weitere außerordentliche Betriebsversammlungen stattfinden. ▶ Betriebsversammlungen finden während der Arbeitszeit statt. Den Arbeitnehmern ist das Arbeitsentgelt zu zahlen. ▶ Leitung der Betriebsversammlung: Betriebsratsvorsitzende(r) ▶ Inhalte: Tätigkeitsbericht des Betriebsrats und Informationen über Ergebnisse der Zusammenarbeit zwischen Arbeitgeber und Betriebsrat; Bericht des Arbeitgebers; Aussprache
Wirtschaftsaus-schuss	▶ Beratungs- und Informationsgremium über wirtschaftliche Angelegenheiten *Beispiele: Produktions-, Absatz- und Finanzlage, Produktions- und Investitionsprogramm, Rationalisierungsvorhaben, Fabrikations- und Arbeitsmethoden, Einschränkung oder Stilllegung des Betriebes oder von Betriebsteilen, Verlegung von Betrieben oder Betriebsteilen, Zusammenschluss von Betrieben, Änderung der Betriebsorganisation oder des Betriebszwecks* ▶ nur in Betrieben mit mehr als 100 Arbeitnehmern ▶ mindestens drei, höchstens sieben Mitglieder, die vom Betriebsrat bzw. Gesamtbetriebsrat bestimmt werden ▶ Der Wirtschaftsausschuss soll monatlich einmal zusammentreten, der Unternehmer bzw. sein Vertreter hat daran teilzunehmen.

Erläutern Sie wichtige Mitbestimmungsrechte des Betriebsrates.

Einsicht in die Personalakte	Der Arbeitnehmer hat das Recht, Einsicht in die von der Personalabteilung des Betriebes geführte Personalakte zu nehmen. Hierzu kann er ein Mitglied des Betriebsrates hinzuziehen. Das Mitglied des Betriebsrates hat über den Inhalt Stillschweigen zu bewahren.
Anhörungsrecht bei Kündigung	Der Betriebsrat ist vor jeder Kündigung zu hören, ansonsten ist die ausgesprochene Kündigung unwirksam. Der Betriebsrat kann unter bestimmten Voraussetzungen innerhalb einer Frist von einer Woche einer ordentlichen Kündigung widersprechen.
Aufstellung eines Sozialplans	Betriebsrat und Arbeitgeber sollen eine Einigung über den Ausgleich oder die Milderung der Nachteile bei einer Betriebsänderung (Stilllegung des Betriebes, Verlegung des Betriebes, Zusammenschluss mit anderen Betrieben, Einführung grundlegend neuer Arbeitsmethoden und Fertigungsverfahren) erzielen. Der Sozialplan beinhaltet z. B. Abfindungen, Umschulungsmaßnahmen, Umzugskosten bei Versetzungen, vorzeitige Ruhestandsregelungen.

1 *Der Betriebsrat kann sich laut Gesetz in bestimmten Angelegenheiten des Betriebes am Entscheidungsprozess beteiligen. Diese Rechte sind in ihrer Bedeutung in*

1 Mitbestimmungsrechte
2 Zustimmungsrechte
3 Beratungs- und Informationsrechte

abgestuft.

Ordnen Sie diese Beteiligungsrechte den folgenden Angelegenheiten zu, indem Sie die Ziffer vor dem zutreffenden Recht des Betriebsrates in das jeweilige Kästchen eintragen.

Tragen Sie eine 9 ein, wenn der Betriebsrat keine Einflussmöglichkeiten hat.

a. Kündigung eines Mitarbeiters
b. Festlegung von Beginn und Ende der täglichen Arbeitszeit
c. Planung von Investitionen
d. Gewinnverteilung an die Gesellschafter des Unternehmens
e. Urlaubsplan
f. Entscheidung zwischen zwei Angeboten beim Kauf eines neuen DV-Systems
g. Gestaltung des Kantinenraums

2 *Welches Organ bzw. welche Einrichtung gehört nicht zur betrieblichen Mitbestimmung nach dem Betriebsverfassungsgesetz?*

1 Jugend- und Auszubildendenvertretung
2 Einigungsstelle
3 Wirtschaftsausschuss
4 Tarifkommission
5 Betriebsversammlung

3 *In welchem Zeitraum muss nach dem Gesetz eine ordentliche Betriebsversammlung einberufen werden?*

1 mindestens einmal im Jahr
2 mindestens einmal im Kalendervierteljahr
3 mindestens einmal im Monat
4 Je nach Bedarf wird eine ordentliche Betriebsversammlung einberufen.
5 Es gibt keine gesetzlichen Vorschriften.

4 *In welcher der folgenden Situationen kann der Arbeitgeber auch ohne Zustimmung des Betriebsrates Entscheidungen treffen?*

1 Kauf eines neuen EDV-Systems
2 Erstellen eines Urlaubsplanes
3 Aufstellung von Grundsätzen zur betrieblichen Lohngestaltung
4 Erstellen eines Sozialplanes
5 Festlegung von Beginn und Ende der täglichen Arbeitszeit

5 *Ordnen Sie den unten stehenden Erläuterungen folgende Begriffe zu:*

1 Betriebsversammlung
2 Einigungsstelle
3 Wirtschaftsausschuss

Tragen Sie eine 9 ein, wenn sich eine sinnvolle Zuordnung nicht ergibt.

a. Dieses Organ ist paritätisch mit Mitgliedern des Betriebsrates und Vertretern des Arbeitgebers besetzt.
b. Dieses Organ ist in seiner Zusammensetzung gesetzlich festgelegt: Es besteht zu 25 % aus Vertretern der Arbeitnehmer und zu 75 % aus Vertretern der Arbeitgeber.
c. In diesem Gremium werden Vertretern der Arbeitnehmer Informationen (z. B. über die finanzielle Lage des Unternehmens) gegeben.
d. Dieses Organ dient der Information der Arbeitnehmer über die Tätigkeit des Betriebsrates und der Zusammenarbeit mit dem Arbeitgeber.

6 *Welche der folgenden Personenkreise dürfen an einer Betriebsversammlung teilnehmen?*

1 Auszubildende des Betriebes
2 Pressevertreter
3 zuständige Bundestagsabgeordnete
4 Vertreter der im Betrieb vertretenen Gewerkschaften
5 Betriebsräte anderer Betriebe der gleichen Branche

7 *Wie setzt sich die Einigungsstelle eines Betriebes zusammen?*

1 50 % Vertreter der Arbeitnehmer, 50 % Vertreter des Arbeitgebers, ein neutraler Vorsitzender
2 1/3 Mitglieder des Betriebsrates, 1/3 Vertreter des Arbeitgebers, 1/3 Vertreter der zuständigen Gewerkschaft, ein neutraler Vorsitzender
3 jeweils 25 % Mitglieder des Betriebsrates, Vertreter des Arbeitgebers, Vertreter der Gewerkschaft und Vertreter der Arbeitgeberverbände, ein neutraler Vorsitzender
4 Der Arbeitgeber bestimmt die Mitglieder der Einigungsstelle.
5 Die Einigungsstelle ist eine Institution der Industrie- und Handelskammer bzw. der Handwerkskammern.

8 *Welche Aussage zur Bildung eines Wirtschaftsausschusses trifft zu?*

Ein Wirtschaftsausschuss wird gebildet…
1 … in jedem Betrieb.
2 … nur in Betrieben mit mindestens 10 Arbeitnehmern.
3 … nur in Betrieben mit mindestens 50 Arbeitnehmern.
4 … nur in Betrieben mit mindestens 100 Arbeitnehmern.
5 … nur in Betrieben mit mindestens 1000 Arbeitnehmern.

Was ist die Rechtsordnung eines Staates?
Welche Rechtsnormen kennen Sie?

Rechtsordnung	Die Gesamtheit aller geltenden Rechtsnormen bildet die Rechtsordnung eines Staates. Sie ist die Grundlage der Gesellschafts- und Wirtschaftsordnung und regelt das Zusammenleben als Gemeinschaft.
Rechtsnormen	Dazu zählen **Gesetze** (z. B. BGB, HGB), **Verordnungen** (z. B. Arbeitszeitordnung), **Satzungen** (z. B. Satzung der Universität Köln) und **Gewohnheitsrechte** (z. B. regelmäßige freiwillige Leistungen des Arbeitgebers).

Unterscheiden Sie das öffentliche vom privaten Recht.

Öffentliches Recht	Kennzeichen des öffentlichen Rechts ist das Prinzip der Über- bzw. Unterordnung, wenn ein Träger hoheitlicher Gewalt beteiligt ist. Es ist meist zwingendes Recht (Bescheide, Anordnungen, Strafen, Gebote, Verbote), für das Verwaltungsgerichte zuständig sind. *Rechtsgebiete: Verfassungsrecht, Verwaltungsrecht, Steuerrecht, Strafrecht, Prozessrecht, z. T. Arbeitsrecht*
Privates Recht	Kennzeichen des privaten Rechts ist das Prinzip der Gleichordnung. Es ist meist nachgiebiges Recht und wird bestimmt durch den Grundsatz der Vertragsfreiheit. Für das private Recht zuständig sind ordentliche Gerichte. *Rechtsgebiete: Bürgerliches Recht, Handelsrecht, Wechselrecht, z. T. Arbeitsrecht*

Unterscheiden Sie Rechtssubjekte und nennen Sie den Beginn der Rechtsfähigkeit.

Natürliche Personen	**Natürliche Personen sind alle Menschen ohne Rücksicht auf Stand, Geschlecht oder Staatsangehörigkeit.** Beginn der Rechtsfähigkeit: Vollendung der Geburt
Juristische Personen	Juristische Personen sind Zweckschöpfungen des Gesetzgebers. Sie werden gebildet durch eine Summe von Personen und/oder Sachen zu einer Organisation. Beginn der Rechtsfähigkeit: Hoheitsakt oder privatrechtlicher Gründungsakt *Beispiele: Land Sachsen, Aktiengesellschaft*

Unterscheiden Sie Rechtsfähigkeit und Geschäftsfähigkeit.

Rechtsfähigkeit	Rechtsfähigkeit ist die Fähigkeit einer Person, Träger von Rechten und Pflichten zu sein. *Beispiele: Grundrechte, Recht auf Eigentum, Schulpflicht, Steuerpflicht*
Geschäftsfähigkeit	Geschäftsfähigkeit ist die Fähigkeit, Rechtsgeschäfte selbstständig und voll wirksam abzuschließen. *Beispiele: Ausspruch einer Kündigung, Abschluss eines Mietvertrages*

Kennzeichnen Sie Möglichkeiten und Grenzen der Geschäftsfähigkeit.

Volle Geschäftsfähigkeit	Liegt vor bei natürlichen Personen, die das 18. Lebensjahr vollendet haben und sich im Vollbesitz ihrer geistigen Kräfte befinden. Soweit ein Volljähriger seine Angelegenheiten ganz oder teilweise nicht mehr besorgen kann, wird ihm auf Antrag oder von Amts wegen vom Vormundschaftsgericht ein Betreuer zur Seite gestellt.	Folge: Rechtsgeschäfte sind voll wirksam.
Beschränkte Geschäftsfähigkeit	Liegt vor bei natürlichen Personen zwischen dem vollendeten 7. und 18. Lebensjahr.	Folge: Rechtsgeschäfte sind schwebend unwirksam. Zur Gültigkeit bedarf es der Genehmigung des gesetzlichen Vertreters.
	Ausnahmen: Rechtsgeschäfte, ▶ die der Person einen rechtlichen Vorteil bringen (z. B. Annahme einer Schenkung); ▶ die die Person mit Mitteln erfüllt, die ihr im Rahmen des Taschengeldes zur Verfügung gestellt wurden („Taschengeldparagraf"); ▶ bei denen es sich um eine Handlung im Rahmen eines Arbeitsvertrages der gestatteten Art handelt (z. B. Eröffnung eines Lohnkontos); ▶ für die der beschränkt Geschäftsfähige für „handelsmündig" erklärt wurde; ▶ in die der gesetzliche Vertreter im Voraus einwilligte.	Folge: Rechtsgeschäfte sind voll rechtswirksam.
Geschäftsunfähigkeit	▶ Kinder bis zum vollendeten 7. Lebensjahr ▶ Personen mit dauerhaft gestörter Geistestätigkeit	Folge: Rechtsgeschäfte sind nichtig.
Geschäftsfähigkeit von juristischen Personen	Die Geschäftsfähigkeit einer juristischen Person wird durch die handelnden Organe ausgeübt. Sie vertreten das Unternehmen nach außen, können Willenserklärungen entgegennehmen und abgeben. Hat die juristische Person die Rechtsfähigkeit erlangt, ist sie zugleich auch handlungs- und damit geschäftsfähig.	Folge: Rechtsgeschäfte sind voll rechtswirksam.

1 Ordnen Sie den unten stehenden Gesetzen die folgenden Gesetzesbereiche zu:

1 Gesetz des öffentlichen Rechts
2 Gesetz des Privatrechts

a. Handelsgesetzbuch
b. GmbH-Gesetz
c. Bürgerliches Gesetzbuch
d. Einkommensteuergesetz
e. Grundgesetz
f. Aktiengesetz
g. Verwaltungsverfahrensgesetz des Bundes und der Länder

2 Stellen Sie fest, welches der nachstehenden Gerichte für unten stehende Streitigkeiten bzw. Anträge zuständig ist.

1 Amtsgericht
2 Landgericht
3 Arbeitsgericht
4 Finanzgericht
5 Sozialgericht
6 Verwaltungsgericht

a. Die Rechtmäßigkeit eines kommunalen Gebührenbescheids wird bestritten.
b. Antrag auf Erlass eines Mahnbescheids; der Antragsteller fordert 12 340,00 EUR.
c. Antrag auf Eröffnung eines Insolvenzverfahrens über ein Unternehmen durch einen Gläubiger.
d. Eine Rechnung in Höhe von 4 750,00 EUR wurde nicht bezahlt. Der Gläubiger erhebt Klage.
e. Klage eines Handlungsreisenden, der für von ihm getätigte Kaufverträge nicht die vereinbarte Provision erhielt.
f. Klage gegen einen Rentenbescheid
g. Streitigkeit über die Änderung eines Bebauungsplanes

3 Überprüfen Sie folgende Aussagen zur Geschäftsfähigkeit und Rechtsfähigkeit. Tragen Sie eine

1 ein, wenn die Aussage zutrifft,
9 ein, wenn die Aussage nicht zutrifft.

a. Ein drei Tage altes Kind kann nicht steuerpflichtig sein.
b. Ein Hund kann erbfähig sein.
c. Ein 14-jähriges Kind kann Eigentümer einer Unternehmung sein.
d. Die Rechtsfähigkeit bei natürlichen Personen beginnt mit Vollendung der Geburt.
e. Juristische Personen sind nicht rechtsfähig, sie sind nur voll geschäftsfähig.

4 Entscheiden Sie bei unten stehenden Sachverhalten, ob ein

1 nichtiges,
2 schwebend unwirksames,
3 gültiges

Rechtsgeschäft vorliegt.

a. Ein 6-jähriges Kind kauft sich von seinem Taschengeld einen Zauberkasten für 9,00 EUR.
b. Der 17-jährige Auszubildende benutzt seine Ausbildungsvergütung zum Kauf eines Mofas.
c. Der 16-jährige Dirk kündigt ohne Absprache mit seinen Eltern sein Arbeitsverhältnis zum nächstmöglichen Termin.
d. Die Eltern genehmigen innerhalb von 14 Tagen den Kauf eines Abendkleides ihrer 17-jährigen Tochter.
e. Ein 13-Jähriger kauft sich von seinem Taschengeld eine Filmkamera.
f. Eine 10-Jährige erhält von ihrer Tante zum Geburtstag 100,00 EUR geschenkt. Die Eltern verlangen vom Kind die Rückgabe des Geldes an die Tante.
g. An ihrem 18. Geburtstag unterschreibt die Auszubildende einen Kaufvertrag über ein Auto im Wert von 8 800,00 EUR.
h. Der 6-jährige Bernd hat für seine Mutter vom Bäcker bestellte Brötchen abgeholt und kauft sich für 1,00 EUR ein Eis.

5 Ordnen Sie den unten stehenden Rechtssubjekten zu:

1 natürliche Person
2 juristische Person

a. Land Sachsen
b. Lohnsteuerhilfe-Verein Lübbecke, eingetragen im Vereinsregister
c. Gesangverein „Akkord", eingetragen im Vereinsregister
d. Gerichtsvollzieher Walter Kraus
e. Moritz Lübke, Sporttaucher
f. Anke Rüter, Bauchtänzerin
g. Wilhelm Katenbrink, Zweigstellenleiter einer Großbank

6 Welches der folgenden Rechtsgeschäfte ist nichtig?

1 Die 6-jährige Frederike kauft sich von ihrem Taschengeld mehrere Sticker mit Bärenmotiven für 8,80 EUR.
2 Der 7-jährige Yannik kauft sich für 1,00 EUR ein Eis.
3 Die 18-jährige Auszubildende benutzt ihr gespartes Geld zum Kauf eines Autos.
4 Die Zwillinge Pia und Hanna (10 Jahre alt) kaufen von ihrem Taschengeld für ihren Schäferhund ein Halsband. Die Eltern sind mit dem Kauf nicht einverstanden.
5 Die 21-jährige Auszubildende benutzt ihre Ausbildungsvergütung zum Kauf einer Videokamera. Die Eltern wurden nicht gefragt.

Was sind Rechtsobjekte?
Geben Sie einen Überblick.

Zu den Gegenständen des Rechtsverkehrs gehören Rechtsobjekte, die unterschieden werden können in Sachen (= körperliche Gegenstände) und Rechte (= unkörperliche Gegenstände).

Sachen	**unbewegliche Sachen** (Immobilien) *Beispiele: Grundstücke, Gebäude*	**bewegliche Sachen** (Mobilien) *Beispiele: Konsumgüter, Investitionsgüter*
	vertretbare Sachen Vertretbare Sachen im Sinne des BGB sind bewegliche Sachen, die im Verkehr nach Maß, Zahl oder Gewicht bestimmt werden können. *Beispiele: Bonbons, Papiertaschentücher*	**nicht vertretbare Sachen** Nicht vertretbar sind einzelne Gegenstände, die sich subjektiv nach dem Willen des Vertragspartners bestimmen. *Beispiele: Originalgemälde, gebrauchtes Auto*
	verbrauchbare Sachen *Beispiel: Konsumgüter wie Kaffee*	**unverbrauchbare Sachen** *Beispiele: Maschine, Haus*
Rechte	**Persönlichkeitsrechte** *Beispiele: Firmenrecht, Namensrecht*	**Vermögensrechte** *Beispiele: Forderung, Patent*

Unterscheiden Sie Besitz und Eigentum.

Besitz	**Eigentum**
Besitz ist die tatsächliche Herrschaft/Verfügbarkeit über eine Sache oder ein Recht. Der Besitzer kann mit der Sache nur im Rahmen von Vereinbarungen mit dem Eigentümer verfahren.	Eigentum ist die rechtliche Herrschaft/Verfügbarkeit über eine Sache oder ein Recht. Der Eigentümer kann mit der Sache beliebig verfahren, sofern dadurch nicht die Rechte Dritter verletzt werden.
Eigentümer und Besitzer sind zumeist eine Person, weil derjenige, dem etwas „gehört", die Sache auch besitzt. In zahlreichen Fällen sind Besitzer und Eigentümer jedoch zwei Personen (z. B. bei Leihe, Pacht, Miete).	

Erläutern Sie die Möglichkeiten der Eigentumsübertragung.

Bei beweglichen Sachen	▶ **Einigung und Übergabe:** Einigung zwischen Käufer und Verkäufer über die Übertragung des Eigentums im Rahmen des Erfüllungsgeschäftes und Übergabe, wenn der Gegenstand beim Verkäufer ist. *Beispiel: Der Verkäufer übergibt den gekauften Fotoapparat an den Käufer. Beide sind sich einig, dass das Eigentum übertragen wird.* ▶ **Einigung:** Käufer ist bereits Besitzer und wird durch die Einigung Eigentümer. *Beispiel: Nach Abschluss des Kaufvertrages wird der Käufer Eigentümer der vorher gemieteten Videoanlage (die sich in seinem Besitz befindet) nur aufgrund der Einigung über die Eigentumsübertragung. Eine Übergabe ist nicht mehr erforderlich.* ▶ **Besitzkonstitut:** Einigung über die Eigentumsübertragung und Vereinbarung, dass der Verkäufer Besitzer bleibt. *Beispiel: Der Käufer erwirbt mehrere Wertpapiere von seiner Hausbank und belässt die Papiere weiterhin im Depot der Bank. Er wird Eigentümer der Wertpapiere durch die Vereinbarung, dass der Verkäufer weiterhin Besitzer bleibt und er das Eigentum erwirbt. (Käufer = mittelbarer Besitzer; Verkäufer = unmittelbarer Besitzer)* ▶ **Abtretung des Herausgabeanspruchs:** Einigung über die Eigentumsübertragung und Abtretung des Anspruchs auf Herausgabe der Sache, wenn sich der Gegenstand bei einem Dritten befindet. *Beispiel: Der Verkäufer überträgt das Eigentum an einem Familienzelt durch die Vereinbarung, dass der Käufer gegenüber seinem Freund, dem er zzt. das Zelt geliehen hat, einen Herausgabeanspruch hat.*
Bei unbeweglichen Sachen	**Auflassung (Einigung) und Eintragung in das Grundbuch:** Die Eintragung erfolgt, wenn die Auflassung nachgewiesen, die Eintragung beantragt und bewilligt wurde und die Bestätigung über die Zahlung der Grunderwerbssteuer vorliegt.
Bei Rechten	**Einigung über die Übertragung des Eigentums und Abtretung (= Zession)** *Beispiel: Der Händler tritt seine Forderung an einen Kunden an seinen Lieferer ab.*
Sonstiges	▶ **Ersitzung:** Ist eine bewegliche Sache zehn Jahre im Eigenbesitz, so erfolgt die Eigentumsübertragung. ▶ **Fund:** Der Finder erwirbt unter bestimmten Umständen mit dem Ablauf von sechs Monaten nach Anzeige des Fundes das Eigentum. ▶ **Verarbeitung, Vermischung, Verbindung:** Es ist möglich, das Alleineigentum an der Sache zu erwerben. ▶ **Gutgläubiger Erwerb:** Gutgläubiger Erwerb liegt vor, wenn der Veräußerer für den Eigentümer gehalten werden durfte. Der gutgläubige Eigentumserwerb ist jedoch nicht möglich bei gestohlenen, verloren gegangenen oder sonst abhanden gekommenen Sachen (Ausnahme: Geld, Inhaberpapiere).

1 Stellen Sie in den unten stehenden Fällen fest, ob es sich dabei um

1 bewegliche Sachen – vertretbar,
2 bewegliche Sachen – nicht vertretbar,
3 unbewegliche Sachen – nicht vertretbar,
4 Rechte

handelt.

a. das aus Fertigblöcken errichtete Zweifamilienhaus
b. die auf Sterilität und Pyrogenfreiheit geprüften Einmalspritzen beim Hausarzt
c. der Eigentumsanteil an einem Rennstall
d. ein gelber wasserlöslicher Textmarker
e. Forderungen an alle Inlandskunden unter 2 000,00 EUR
f. das selbst gezimmerte Weinregal aus verschiedenen Versandholzkisten französischer Weingüter
g. ein Briefumschlag mit Fenster

2 Unterscheiden Sie in den nachstehenden Fällen jeweils getrennt für die Person 1 (P1) und Person 2 (P2), ob diese

1 Eigentümer und gleichzeitig Besitzer,
2 Eigentümer, aber nicht Besitzer,
3 Besitzer, aber nicht Eigentümer,
4 weder Besitzer noch Eigentümer

sind.

	P1	P2
a. Der Unternehmer (P1) verleiht an einen Angestellten (P2) zwei Stanzen.		
b. Der Privatmann (P1) mietet sich für ein Wochenende einen Kleinlasttransporter von seinem „Autoverleihhaus" (P2).		
c. Der Unternehmer (P1) lieferte gestohlene Ware an den Kunden (P2), der sofort bei Übergabe bezahlte.		
d. Ein Unternehmer (P1) lieferte aufgrund eines Vertrages vereinbarungsgemäß die Ware an den Kunden (P2). Die Zahlung muss noch erfolgen.		

3 Das Eigentum an beweglichen Sachen kann übertragen werden durch

1 Einigung und Übergabe,
2 Einigung,
3 Besitzkonstitut,
4 Einigung und Abtretung des Herausgabeanspruchs.

Welche Art der Eigentumsübertragung soll aufgrund der folgenden Äußerungen des Verkäufers erfolgen? Ordnen Sie zu.

a. „Bitte nehmen Sie die Sache."
b. „Lassen Sie sich die Sache von meiner Nichte geben."
c. „Behalten Sie die Sache."
d. „Ich werde die Sache für Sie behalten."

4 Überprüfen Sie folgende Äußerungen zum Eigentum.

Tragen Sie eine

1 ein, wenn die Aussage zutrifft,
9 ein, wenn die Aussage nicht zutrifft.

a. Eigentum ist die rechtliche Herrschaft über eine Sache oder ein Recht.
b. Das Eigentum an einer beweglichen Sache kann z. B. nur durch Einigung erworben werden. Der Veräußerer bleibt in diesem Falle Besitzer.
c. Das Eigentum an einer beweglichen Sache kann durch Einigung und Übergabe erworben werden.
d. Das Eigentum an einer unbeweglichen Sache kann nur durch die Auflassung und Eintragung in das Grundbuch erworben werden. Eine notarielle Beurkundung reicht nicht aus.
e. Gutgläubiger Erwerb ist nicht möglich bei verloren gegangenen oder gestohlenen Sachen.

5 Kennzeichnen Sie

– in Spalte A
unbewegliche Sachen mit einer (1),
bewegliche Sache mit einer (2),
– in Spalte B
vertretbare Sachen mit einer (3),
nicht vertretbare Sachen mit einer (4).

	A	B
a. Lagerhalle des Gemüsehändlers		
b. Fünf Käsebrötchen mit Käse		
c. Gebrauchtes Fahrrad mit Speziallenker		
d. 200 g Tee mit Holunderblüten		
e. Grundstück 3a in der Münch-Siedlung		

6 In welchem der folgenden Fälle ist der Käufer nicht Eigentümer der Sache geworden?

1 Die Klavierspielerin Birgit Voß hat sich für 14 Tage ein Klavier von einem Musikfachgeschäft ausgeliehen. Da ihr das Instrument zusagt, schließt sie einen Kaufvertrag ab. Der Inhaber des Musikgeschäftes ist einverstanden und erfüllt den Kaufvertrag.
2 Der Künstler Rolf Bruelheyde ist von einem Sonderband über den Maler Caspar David Friedrich begeistert und schließt einen Kaufvertrag mit dem Buchhändler ab. Da der Künstler auf der Durchreise ist, bittet er den Buchhändler, den Sonderband in seinem Besitz zu behalten.
3 Der Inhaber der Töpferei ist damit einverstanden, dass die Biologiestudentin Barbara die von ihm erworbene Vase sofort mitnimmt. Wenige Tage später erhält die Käuferin wie vereinbart die Rechnung.
4 Ein Privatmann vereinbart den Kauf eines Grundstücks mit einem Bauern. Der Kaufvertrag wird schriftlich abgeschlossen und die Geldsumme bar bezahlt.

Was versteht man unter einem Rechtsgeschäft?
Was ist eine Willenserklärung?

Rechtsgeschäft	Rechtsgeschäfte gestalten die rechtlichen Beziehungen zwischen den in einer Wirtschaft handelnden Personen sowie dem Staat. Rechtsgeschäfte bestehen aus Willenserklärungen der handelnden Personen.
Willenserklärung	Eine Willenserklärung ist eine rechtlich wirksame Äußerung, durch die die abgebende Person bewusst eine Rechtsfolge herbeiführen will.

Unterscheiden Sie einseitige und zwei- oder mehrseitige Rechtsgeschäfte.
Nennen Sie Beispiele.

Einseitige Rechtsgeschäfte	Sie gestalten eine Rechtsfolge durch die Willenserklärung einer einzelnen Person. ▶ **nicht empfangsbedürftige Rechtsgeschäfte** *Beispiele: Testament, Auslobung* Bei Abgabe der Willenserklärung ist das Rechtsgeschäft gültig. ▶ **empfangsbedürftige Willenserklärung** *Beispiele: Kündigung, Anfechtung* Bei Abgabe und Zugang der Willenserklärung ist das Rechtsgeschäft gültig.
Zwei- oder mehrseitige Rechtsgeschäfte	Sie werden nur durch inhaltlich übereinstimmende Willenserklärungen aller Beteiligten rechtswirksam. Die Willenserklärungen werden Antrag und Annahme genannt. Bei Übereinstimmung kommt ein **Vertrag** zustande. *Beispiele: Kaufvertrag, Gesellschaftsvertrag*

Wann werden Willenserklärungen gegenüber Abwesenden, Anwesenden, Geschäftsunfähigen und beschränkt Geschäftsfähigen wirksam?

Abwesende	Willenserklärungen gegenüber Abwesenden werden mit Zugang in den Herrschaftsbereich des Erklärungsempfängers wirksam.
Anwesende	Willenserklärungen gegenüber Anwesenden werden mit Vernehmung der Erklärung wirksam.
Geschäftsunfähige	Willenserklärungen gegenüber Geschäftsunfähigen werden mit Zugang der Erklärung an den gesetzlichen Vertreter wirksam.
Beschränkt Geschäftsfähige	Willenserklärungen gegenüber beschränkt Geschäftsfähigen werden mit Zugang der Erklärung an den gesetzlichen Vertreter wirksam. Ausnahmen: Die Erklärung bringt nur rechtliche Vorteile oder die Einwilligung des gesetzlichen Vertreters lag vor.

Welche Äußerungsformen von Willenserklärungen werden unterschieden?

Ausdrückliches Handeln	Konkludentes (schlüssiges) Handeln	Nichthandeln/Schweigen
Als Mittel der Willensäußerung ist Sprache und Schrift geeignet. *Beispiele: Gespräch unter Anwesenden, Telefonat, Telegramm, Fax*	Aus dem Handeln muss ein Wille abzuleiten sein. *Beispiele: Handschlag, Kopfnicken, Ware liefern, Geldeinwurf in einen Automaten*	Dies gilt nur dann als Willensäußerung, wenn Schweigen als Erklärungszeichen vereinbart wurde oder der abweichende Wille nach Treu und Glauben hätte geäußert werden müssen. *Beispiele: Kunde meldet sich nicht innerhalb der vereinbarten Frist bei einem Kauf auf Probe, Mehrlieferung an einen langjährigen Kunden*

Welche unterschiedlichen Formvorschriften für die Abgabe von Willenserklärungen gibt es?

Form	Durchführung	*Beispiele:*
Schriftform	Eigenhändige Unterschrift ist unter dem Schriftstück erforderlich.	*Schuldversprechen, Schuldanerkenntnis, Bürgschaftserklärung unter Privatleuten, Testament, nachvertragliches Wettbewerbsverbot, Kreditvertrag, Tarifvertrag, Pacht- oder Mietvertrag länger als ein Jahr*
Öffentliche Beglaubigung	Die Echtheit der Unterschrift wird durch eine dazu ermächtigte Person bestätigt.	*Anträge auf Eintragung in das Handels-, Genossenschafts-, Vereins- oder Güterrechtsregister, Grundbuch*
Notarielle Beurkundung	Das ganze Schriftstück wird vom Notar als Urkunde abgefasst. Es wird die Echtheit der Unterschrift und der Inhalt bestätigt.	*Kaufvertrag über ein Grundstück, Schenkungsversprechen, Beschlüsse der Hauptversammlung der Aktiengesellschaften, Gesellschaftsverträge der Kapitalgesellschaften, Eheverträge*

1 Welche der folgenden Reihen enthält nur einseitige Rechtsgeschäfte?

1 Kündigung – Pacht – Testament
2 Mahnung – Testament – Kündigung
3 Leihe – Mahnung – Erbvertrag
4 Schuldanerkenntnis – Miete – Pacht

2 Überprüfen Sie folgende Aussagen über Rechtsgeschäfte. Ordnen Sie eine

1 zu, wenn die Aussage zutrifft,
9 zu, wenn die Aussage nicht zutrifft.

a. Alle einseitigen Rechtsgeschäfte sind empfangsbedürftige Willenserklärungen.

b. Verträge entstehen durch Antrag und Annahme.

c. Rechtsgeschäfte können grundsätzlich in jeder beliebigen Form abgeschlossen werden.

d. Ein Vertrag kommt durch mindestens zwei übereinstimmende Willenserklärungen zustande.

3 Bei einigen Rechtsgeschäften verlangt der Gesetzgeber die Einhaltung bestimmter Formvorschriften. Ordnen Sie die folgenden Formen von Willenserklärungen den unten stehenden Sachverhalten zu.

1 Schriftform
2 Öffentliche Beglaubigung
3 Notarielle Beurkundung
4 Keine Formvorschrift

a. Der Vater verbürgt sich als Sicherheit für den von seiner Tochter abgeschlossenen Kreditvertrag.

b. Mit dem Arbeitnehmer B wird ein vertragliches Wettbewerbsverbot (Konkurrenzklausel) vereinbart.

c. Eine Grundschuld wird zur Absicherung eines Kredits in das Grundbuch eingetragen.

d. Ein Kaufmann gibt im Rahmen seines Handelsgeschäftes für einen Geschäftspartner eine Bürgschaftserklärung gegenüber einem Kreditinstitut ab.

e. Das Vorstandsmitglied des Gesangvereins „Laute Kehle" beantragt die Eintragung des Vereins in das Vereinsregister.

4 Kennzeichnen Sie unten stehende Aussagen mit

1, wenn diese zutrifft,
9, wenn diese nicht zutrifft.

a. Ein Vertrag kommt immer durch zwei übereinstimmende Rechtsgeschäfte zustande.

b. Ein Vertrag kann auch durch Schweigen zustande kommen.

c. Nur durch Handschlag oder durch Kopfnicken kann kein Vertrag zustande kommen, da dadurch zu viele Irrtümer entstehen.

5 Überprüfen Sie in den folgenden Fällen das Wirksamwerden der Willenserklärungen.

Tragen Sie eine

1 ein, wenn die Willenserklärung wirksam wurde,
9 ein, wenn die Willenserklärung nicht oder noch nicht wirksam wurde.

a. Der Arbeitgeber lässt ein Kündigungsschreiben durch einen Boten zustellen. Dieser wirft den Brief in den Postkasten des Empfängers, der jedoch für zwei Tage verreist ist.

b. Der Landwirt schreibt am 13. November sein Testament handschriftlich und versieht es mit seiner Unterschrift. Das Schriftstück legt er in einen Holzkasten, in dem sich noch weitere wichtige Dokumente befinden.

c. Der Autohändler überreicht dem noch nicht 18-jährigen Kunden das schriftliche Angebot über einen schwarzen Volvo 440 für 16 000,00 EUR. Der Sohn übergibt das Schreiben seinem Vater.

6 Stellen Sie fest, ob in folgenden Fällen

1 ein Vertrag zustande gekommen ist,
9 kein Vertrag zustande gekommen ist.

a. Ein Landwirt erhält von seinem Nachbarn folgenden Vorschlag: „Meinen gebrauchten Anhänger kann ich dir für 1 200,00 EUR überlassen." Der Landwirt nickt mit dem Kopf und holt den Anhänger ab.

b. Eine Schwimmschülerin wirft ein 50-Cent-Stück in den Kaffeeautomaten und erhält das Gewünschte.

c. Ein langjähriger Kunde erhält von seinem Lieferanten eine Warensendung, die er nicht bestellt hatte. Er legt die gelieferten Rohstoffe in das Lager und vergisst, seinen Lieferanten über die Falschlieferung zu informieren.

d. Der 19-jährige Schüler erwirbt eine Schreibmaschine auf Probe für eine Woche. Nach 14 Tagen meldet sich der Schüler beim Verkäufer mit dem Hinweis: „Leider sagt mir die Schreibmaschine nicht zu."

e. Die Mitarbeiter einer Abteilung beschließen mündlich, jede Woche gemeinsam Lotto zu spielen. Die Beiträge müssen spätestens donnerstags gezahlt werden.

f. Ein Gemüsehändler bietet dem Käufer eine Kiste Mangos zum Preis von 40,00 EUR an. Der Käufer ist bereit, eine halbe Kiste Mangos zum Preis von 22,00 EUR zu kaufen.

7 Ordnen Sie den jeweiligen Aussagen zu:

1 Schriftform
2 Notarielle Beurkundung
3 Öffentliche Beglaubigung

a. Eine eigenhändige Unterschrift ist unter dem Schriftstück erforderlich.

b. Nur die Echtheit der Unterschrift wird durch eine dazu ermächtigte Person bestätigt.

c. Das ganze Schriftstück wird vom Notar als Urkunde abgefasst. Es wird die Echtheit der Unterschrift und der Inhalt bestätigt.

Unterscheiden Sie nichtige und anfechtbare Rechtsgeschäfte.

Nichtige Rechtsgeschäfte	Nichtige Rechtsgeschäfte sind von Anfang an ohne Zutun des Erklärenden ungültig. Sie sind deshalb so zu behandeln, als wären sie gar nicht abgeschlossen worden. Nichtig sind	
	▶ Willenserklärungen, die von **Geschäftsunfähigen** abgegeben werden; *Beispiel: Ein 6-jähriges Kind kauft sich eine Anziehpuppe.* ▶ Willenserklärungen, die von Personen im Zustande der **Bewusstlosigkeit** oder vorübergehenden Störung der Geistestätigkeit abgegeben werden; *Beispiel: Unter Hypnose schließt ein Teilnehmer einen Vertrag über eine Weltreise ab.* ▶ Willenserklärungen, die zum **Schein** abgegeben werden; *Beispiel: Im Kaufvertrag über ein Grundstück wird eine niedrigere Kaufsumme eingetragen, um Grunderwerbssteuer zu sparen.* ▶ Willenserklärungen, bei denen der **Mangel der Ernstlichkeit** erkannt werden müsste; *Beispiel: Ein Gast betritt die Kneipe mit dem Spruch: „Ein Königreich für ein Bier."* ▶ Rechtsgeschäfte, die gegen ein **gesetzliches Verbot** verstoßen; *Beispiel: Abschluss eines Heilbehandlungsvertrages, ohne dass der Vertragspartner eine gesetzliche Erlaubnis dafür besitzt.* ▶ Rechtsgeschäfte, die **sittenwidrig** sind (Wucher); *Beispiel: Ein Wohnungseigentümer vermietet eine Wohnung an eine Familie zu einem überhöhten Mietpreis.* ▶ Rechtsgeschäfte, die ohne gesetzlich **vorgeschriebene Form** abgeschlossen worden sind. *Beispiel: Ein Privatmann verbürgt sich mündlich.*	
Anfechtbare Rechtsgeschäfte	Anfechtbare Rechtsgeschäfte sind voll gültig und werden erst nachträglich durch eine fristgerechte Anfechtung nichtig. Anfechtungsgründe:	
	▶ **Irrtum** – über wesentliche Eigenschaften in der Person *Beispiel: Eine Bank stellt einen Mitarbeiter ein, der ein Scheckfälscher ist.* – über wesentliche Eigenschaften in der Sache *Beispiel: Der Verkäufer bietet einen Seidenteppich an. Käufer und Verkäufer stellen nach dem Kaufvertrag die Fälschung fest.* – über die Erklärungsbedeutung *Beispiel: Der Käufer bestellt eine Kiste Mangostane, meint aber eine Kiste Mangos.* – über die Erklärungshandlung *Beispiel: Ein Kunde unterschreibt einen falschen Kaufvertrag.* ▶ **falsche Übermittlung** *Beispiel: Der Sachbearbeiter schreibt statt 12,10 EUR einen Preis von 2,10 EUR auf.*	Die Anfechtung muss unmittelbar nach der Entdeckung des Anfechtungsgrundes erfolgen.
	▶ **arglistige Täuschung** *Beispiel: Ein Gebrauchtwagen wird trotz anderer Informationen als unfallfrei verkauft.* ▶ **widerrechtliche Drohung** *Beispiel: Der Vertreter erzwingt den Abschluss eines Kaufvertrages unter Androhung, ein ihm bekanntes Fehlverhalten des Käufers zu veröffentlichen.*	Die Anfechtung muss innerhalb eines Jahres nach Kenntnis der Täuschung bzw. nach Wegfall der Zwangslage erfolgen.

Welche Vertragsarten werden unterschieden?
Nennen Sie wesentliche Inhalte, Vertragspartner und Besonderheiten.

Vertragsart	Vertragspartner	Inhalt des Vertrages	entgeltlich/ unentgeltlich	Besondere Hinweise
Schenkungsvertrag	Schenker/ Beschenkter	Zuwendung von Sachen oder Rechten – Eigentumswechsel	unentgeltlich	Handschenkung = formfrei; Schenkungsversprechen = notarielle Beurkundung nötig
Mietvertrag	Vermieter/Mieter	Überlassung von Sachen zum Gebrauch	entgeltlich	bei Kündigung von Wohnraum = Schriftform
Pachtvertrag	Verpächter/ Pächter	Überlassung von Sachen oder Rechten zum Gebrauch und zum Fruchtgenuss	entgeltlich	Unterschied zum Mietvertrag = Fruchtziehungsrecht
Leihvertrag	Verleiher/ Entleiher	Überlassung von Sachen zum Gebrauch	unentgeltlich	Rückgabe derselben Sache
Darlehensvertrag	Darlehensgeber/ Darlehensnehmer	Überlassung von vertretbaren Sachen (Sachdarlehen) oder Geld (Gelddarlehen) zum Gebrauch/ Verbrauch – Eigentumswechsel	entgeltlich oder unentgeltlich	Rückgabe gleicher Sachen bzw. Geld in gleicher Höhe mit oder ohne Zins
Werkvertrag	Unternehmer/ Besteller	Herstellung eines versprochenen Werkes	entgeltlich	Der gewünschte Erfolg (das Ergebnis) muss eintreten.
Lieferung herzustellender beweglicher Sachen	Unternehmer/ Besteller	Herstellung eines versprochenen Werkes aus einem vom Unternehmer zu beschaffenden Material – Eigentumswechsel	entgeltlich	Kombination aus a) Werkvertrag und b) Kaufvertrag

1 ***Stellen Sie bei den unten stehenden Sachverhalten fest, um welche Vertragsart es sich handelt, und ordnen Sie zu.***

1 Werkvertrag
2 Kaufvertrag
3 Dienstleistungsvertrag
4 Pachtvertrag
5 Mietvertrag
6 Leihvertrag
7 Gelddarlehensvertrag
8 Sachdarlehensvertrag
9 Sonstiges

a. Die Gymnasiastin Jana lässt sich gegen Entgelt von Studienrat Meißner fünf Monate lang auf das Abitur vorbereiten. ☐

b. Ein Schüler besorgt sich aus der Schulbücherei kostenlos zwei Mathematikbücher. ☐

c. Für Unterrichtszwecke besorgt sich die Deutschlehrerin eine Videokassette gegen 4,00 EUR Gebühr. ☐

d. In einem Parkhaus wird ein Parkplatz für vier Stunden von Herrn Flömer belegt. Die Parkgebühren betragen 3,50 EUR. ☐

e. Frau Brandmeier besorgt sich von ihrer Nachbarin zum Backen ein Pfund Mehl. Am nächsten Tag bringt sie Mehl gleicher Art, Güte und Menge zurück. ☐

f. Eine Maschinenfabrik überlässt einem süddeutschen Unternehmen eine Werkzeugmaschine zur Nutzung gegen monatliches Entgelt. Nach Ablauf von drei Jahren steht dem süddeutschen Unternehmen die Option zu, die Werkzeugmaschine käuflich zu erwerben. ☐

g. Ein Schüler wirft 50 Cent in einen Kaugummiautomaten und entnimmt ein Kaugummi. ☐

h. Ein Student übernimmt für zwei Jahre ein bekanntes Altstadtlokal mit Einrichtung gegen Zahlung eines monatlichen Entgelts. ☐

i. Eine Wandergruppe vereinbart mit einem Autohaus die Überlassung eines Kleinbusses für ein Wochenende gegen Entgelt. ☐

j. Der Inhaber eines Schnellimbissstandes holt sich von dem Koch des gegenüberliegenden Fischstandes 5 l Öl. Am nächsten Tag bringt er 5 l Öl gleicher Güte wieder zurück und als Dank für das „Aushelfen“ einen Gutschein für ein Tagesgericht. ☐

2 ***Welches der folgenden Rechtsgeschäfte ist nichtig?*** ☐

Tragen Sie die zutreffende Ziffer in das Kästchen ein.

1 Der Landwirt schließt mit einem Schweinezüchter bereits im Dezember einen Kaufvertrag über eine Warenladung Stroh. Das Stroh ist noch gar nicht vorhanden.

2 Der Rentner vereinbart mit dem Bauern in einem schriftlichen Vertrag die Eigentumsübertragung einer 800 m² großen Wiese.

3 Ein 10-Jähriger kauft von seinem Taschengeld einen Kriminalroman in spanischer Sprache. In seinem Zimmer stellt er fest, dass er den Text aufgrund der fehlenden Sprachkenntnisse nicht lesen kann.

3 ***Überprüfen Sie, ob unten stehende Rechtsgeschäfte***

1 nichtig,
2 anfechtbar,
3 weder nichtig noch anfechtbar

sind.

a. Ein Kunde bestellt 12 Gros Toilettenpapier. Er ist der Meinung, dass er zwölf große Rollen Toilettenpapier bestellt hat. ☐

b. Die Transwärme GmbH schließt mit einer Buchhalterin einen Arbeitsvertrag. Es stellt sich heraus, dass die Buchhalterin, die mittlerweile eine Bestätigung vom Gynäkologen über eine bestehende Schwangerschaft eingereicht hat, nicht über die im Vorstellungsgespräch zugesicherten Buchhaltungskenntnisse verfügt. ☐

c. Der Lebensmittelhändler veranlasst Frau Pech, bei ihm Ware von mindestens 400,00 EUR einzukaufen, andernfalls werde er den kürzlich von ihrem Sohn in seinem Laden begangenen Zigarettendiebstahl im ganzen Dorf bekannt machen. ☐

d. Ein Kunsthändler verkauft ein Bild von Salvador Dalí. Es stellt sich heraus, dass dieses Gemälde eine Fälschung ist. ☐

4 ***Überprüfen Sie folgende Aussagen zu den Anfechtungsfristen.***

Tragen Sie eine

1 ein, wenn die Aussage zutrifft,
9 ein, wenn die Aussage nicht zutrifft.

a. Im Falle der arglistigen Täuschung muss die Anfechtung innerhalb eines Jahres nach Kenntnis der Täuschung erfolgen. ☐

b. Eine Anfechtung wegen eines Irrtums über wesentliche Eigenschaften in der Person muss ohne schuldhaftes Zögern erfolgen, d. h. unverzüglich, nachdem der Anfechtungsberechtigte von dem Anfechtungsgrund Kenntnis erlangt hat. ☐

c. Ein Vertrag, der aufgrund einer widerrechtlichen Drohung zustande gekommen ist, muss unverzüglich nach der Drohung innerhalb eines Jahres angefochten werden. ☐

5 ***Ergänzen Sie unten stehende Sätze mit den folgenden Worten:***

1 gegen Entgelt
2 unentgeltlich
3 gegen Entgelt oder unentgeltlich
4 eine Eigentumsübertragung
5 keine Eigentumsübertragung
6 der gleichen
7 derselben

a. Beim Sachdarlehensvertrag erfolgt die Überlassung von vertretbaren Sachen … ☐

b. Beim Pachtvertrag findet … statt. ☐

c. Beim Leihvertrag erfolgt die Rückgabe … Sache. ☐

d. Leihverträge sind stets … ☐

Die Vertragsfreiheit ist Kennzeichen des privaten Rechts (Zivilrecht). Nennen Sie die Merkmale der Vertragsfreiheit.

Abschlussfreiheit	Diese Vertragseingehungsfreiheit bedeutet, dass Vertragspartner nicht gezwungen werden können, Verträge abzuschließen, sondern das Recht haben, ihre Vertragspartner frei zu wählen. *Ausnahme:* Kontrahierungszwang = Betriebe mit Monopolcharakter müssen Verträge abschließen.	*Beispiel: Niemand kann gezwungen werden, einen Kaufvertrag über Solaranlagen einzugehen, bzw. kann daran gehindert werden, dieses zu tun.* *Beispiel: Elektrizitätsgesellschaften mit Monopolstellung müssen mit den Einwohnern ihres Bezirkes Verträge über die Stromlieferung abschließen.*
Gestaltungsfreiheit	Diese Inhaltsfreiheit bedeutet, dass die Verträge inhaltlich frei gestaltet werden können. *Ausnahme:* Die Inhalte verstoßen gegen andere gesetzliche Vorschriften, die zwingendes Recht und nicht abänderbar sind.	*Beispiel: Es ist die freie Entscheidung des Verkäufers und Käufers, den Inhalt eines Kaufvertrages zu gestalten.* *Beispiel: Unwirksam ist eine Vereinbarung mit einem Arbeitnehmer, im Arbeitsvertrag auf Urlaub zu verzichten.*
Formfreiheit	Sie besagt, dass alle Rechtsgeschäfte grundsätzlich in jeder beliebigen Form abgeschlossen werden können. *Ausnahme:* Formzwang = Der Gesetzgeber hat für die Gültigkeit des Rechtsgeschäftes eine bestimmte Form vorgeschrieben.	*Beispiel: Ein Kaufvertrag über Feuerschutzschränke kann mündlich abgeschlossen werden.* *Siehe Beispiele für Schriftform, öffentliche Beglaubigung und notarielle Beurkundung auf S. 326, Rechtsgeschäfte (1).*
Auflösungsrecht	Das Bürgerliche Recht räumt bei bestimmten Dauerschuldverhältnissen und aus sozialpolitischen Gründen ein Kündigungsrecht ein.	*Beispiel: Der Mieter kann unter Wahrung bestimmter gesetzlicher oder auch vertraglich vereinbarter Bedingungen den Mietvertrag kündigen.*

Was sind Allgemeine Geschäftsbedingungen, AGB?

Begriff	Allgemeine Geschäftsbedingungen sind alle für eine Vielzahl von Verträgen vorformulierten Vertragsbedingungen, die eine Vertragspartei (Verwender) der anderen Vertragspartei bei Abschluss eines Vertrages stellt.
Bedeutung	▶ **Rationalisierung:** Die Vertragsfreiheit wird häufig durch AGB eingeschränkt, da an die Stelle des ausgehandelten Vertrages in vielen Fällen der durch vorformulierte AGB standardisierte Vertrag getreten ist. Dadurch wird der auf Massenvertrag ausgerichtete Geschäftsverkehr rationalisiert. ▶ **Risikoabwälzung:** Praktisch alle AGB sind von dem Bestreben geprägt, die Rechtsstellung des Verwenders zu stärken und die Rechte des Käufers zu schmälern. Der Unternehmer bestimmt im Wesentlichen einseitig die Vertragsgestaltung, indem die AGB auf der Rückseite der Bestellung oder Auftragsbestätigung abgedruckt sind („Kleingedrucktes").

Erläutern Sie die Regelungen der Allgemeinen Geschäftsbedingungen (AGB für Verbraucherverträge).

Ziel	Ziel der Regelungen ist der Schutz des wirtschaftlich Schwächeren. Sie finden keine Anwendung beim zweiseitigen Handelskauf (*Ausnahmen*: Post, Telekommunikation, Bereich Personenbeförderung).
Unwirksame Klauseln (Klauselverbote ohne Wertungsmöglichkeit)	Hierzu zählen die im Gesetz konkretisierten Klauselverbote. Werden diese Klauseln (obwohl sie verboten sind) in AGB bei Verträgen verwendet, sind sie unwirksam. Der Vertrag selbst wird nicht unwirksam. *Beispiele:* ▶ *Preiserhöhungen innerhalb von vier Monaten nach Vertragsabschluss* ▶ *Bestimmungen, durch die der Verwender von der gesetzlichen Obliegenheit freigestellt wird, zu mahnen oder für die Leistung oder Nacherfüllung eine Frist zu setzen* ▶ *Ausschluss oder Begrenzung der Haftung für einen vorsätzlich oder grob fahrlässig herbeigeführten Schaden* ▶ *Beschränkung der Gewährleistungsansprüche auf Nachbesserung* ▶ *Bestimmungen, die Aufwendungen für die Nachbesserung zu tragen* ▶ *Verkürzung der gesetzlichen Gewährleistungsfristen* ▶ *Ausschluss der Haftung für zugesicherte Eigenschaften*
Bedingt unwirksame Klauseln (Klauselverbote mit Wertungsmöglichkeit)	Hierbei handelt es sich um Klauselverbote, die nicht generell unwirksam sind, sondern eine richterliche Wertung erfordern. *Beispiele:* ▶ *unangemessen lange oder nicht hinreichend bestimmte Fristen für die Annahme oder Ablehnung eines Angebotes oder die Erbringung einer Leistung* ▶ *Vorbehalt einer unangemessen langen oder nicht hinreichend bestimmten Nachfrist* ▶ *Vorbehalt des Rücktrittsrechts für die Leistungspflicht durch den Verwender der AGB ohne sachlichen Grund* ▶ *Vorbehalt des Verwenders, eine versprochene Leistung zu ändern oder davon abzuweichen* ▶ *Vereinbarungen über unangemessen hohe Nutzungsgebühren oder Ersatz von Aufwendungen, sofern der Vertragspartner vom Vertrag zurücktritt oder den Vertrag kündigt*
Generalklausel	Die Bestimmungen der AGB sind unwirksam, wenn sie den Käufer entgegen den Geboten von Treu und Glauben unangemessen benachteiligen.

1 *Die Allgemeinen Geschäftsbedingungen sind Mittel der Rationalisierung und der Risikoabwälzung.*

Ordnen Sie eine

1 zu, wenn die Aussage zutrifft und das Stichwort „Rationalisierung" beschreibt,
2 zu, wenn die Aussage zutrifft und das Stichwort „Risikoabwälzung" beschreibt,
9 zu, wenn die Aussage nicht zutrifft.

a. Unter Allgemeinen Geschäftsbedingungen versteht man die Vertragsbedingungen, die für viele Verträge schon vorformuliert sind. ☐

b. Mithilfe der Allgemeinen Geschäftsbedingungen kann aufgrund der bestehenden Vertragsfreiheit alles vereinbart werden. Sie werden jedoch erst gültig, wenn der Käufer das Vorgedruckte unterschreibt. ☐

c. Der Unternehmer ist bestrebt, die Allgemeinen Geschäftsbedingungen so zu formulieren, dass seine Rechtsstellung gestärkt und die des Käufers geschmälert wird. ☐

2 *Ordnen Sie folgende Begriffe den unten stehenden Aussagen zu:*

1 Formfreiheit
2 Inhaltsfreiheit
3 Auflösungsrecht
4 Abschlussfreiheit

Tragen Sie eine 9 ein, wenn die vertragliche Vereinbarung nicht möglich ist und somit die Grenze der Vertragsfreiheit überschritten ist.

a. Die Vertragspartner einigen sich über eine bestimmte Sonderausstattung der Kühlmaschine. ☐

b. Der 6-jährige Sohn schließt mit dem Fachgeschäft für Musikinstrumente einen Vertrag über eine Trompete ab. Die Einwilligung der Eltern liegt nicht vor. ☐

c. Der Unternehmer bestellt telefonisch eine Stanzmaschine, die vom Hersteller schriftlich angeboten wurde. ☐

d. Der Käufer entschließt sich, den im Schaufenster ausgestellten Staubsauger zu kaufen. Der Einzelhändler stimmt zu. ☐

e. Der Verkäufer bietet dem Käufer eine Kühltruhe im Wert von 890,00 EUR an. Der Käufer lehnt dieses Angebot ab. ☐

f. Der Verlobte verbürgt sich gegenüber dem Darlehensgeber mündlich für seine Verlobte. ☐

g. Die Vertragspartner einigen sich schriftlich über den Kauf eines Grundstücks. ☐

3 *Welche der folgenden Gleichsetzungen trifft nicht zu?* ☐

Tragen Sie eine 1 ein, wenn alle Gleichsetzungen zutreffen.

2 Inhaltsfreiheit = Gestaltungsfreiheit
3 Kündigungsrecht = Auflösungsfreiheit
4 Abschlusszwang = Kontrahierungszwang
5 Abschlussfreiheit = Vertragseingehungsfreiheit

4 *Die Vertragsfreiheit ist ein wesentliches Grundprinzip unserer Wirtschaftsordnung.*

Ordnen Sie den folgenden Aussagen eine

1 zu, wenn die Aussage zutrifft,
9 zu, wenn die Aussage nicht zutrifft.

a. Die Vertragsfreiheit ist gekennzeichnet durch die Abschlussfreiheit, Inhaltsfreiheit, Formfreiheit und das Kündigungsrecht. ☐

b. Die Vertragsfreiheit ist Grundprinzip des öffentlichen Rechts. ☐

c. Gesetzliche Vorschriften über den Inhalt von Rechtsgeschäften werden erst dann angewendet, wenn die Vertragspartner darüber keine Vereinbarung getroffen haben. ☐

5 *Entscheiden Sie bei den aufgeführten vertraglichen Vereinbarungen zwischen Kaufmann und Nichtkaufmann, ob es sich um*

1 gültige Klauseln oder
9 ungültige/unwirksame Klauseln

in den Allgemeinen Geschäftsbedingungen handelt.

a. Sofort erkennbare Mängel können nur innerhalb der nächsten vier Wochen nach der Lieferung gerügt werden. ☐

b. Gerichtsstand für beide Teile ist der Ort des Verkäufers. ☐

c. Bei Betriebsstörungen können wir jederzeit vom Vertrag zurücktreten. ☐

d. Erfolgt die Lieferung nicht zum vereinbarten Termin, so kann uns der Käufer eine dreimonatige Nachfrist setzen mit der Erklärung, dass er nach deren fruchtlosem Ablauf vom Kaufvertrag zurücktreten werde. ☐

e. Vereinbarte Liefertermine sind unverbindlich. Wir sind jedoch bemüht, die Liefertermine pünktlich einzuhalten. ☐

6 *Entscheiden Sie, ob in den unten stehenden Fällen*

1 die Allgemeinen Geschäftsbedingungen bei Verbraucherverträgen Gültigkeit haben,
9 die Allgemeinen Geschäftsbedingungen bei Verbraucherverträgen keine Gültigkeit haben.

a. Vereinbarte Preise gelten nur bei einer Lieferung innerhalb von drei Monaten nach Vertragsabschluss. ☐

b. Die Haltbarkeitsgarantie des Herstellers beträgt acht Monate auf alle gekanteten Teile, sechs Monate auf alle gerundeten Teile. ☐

c. Die Gewährleistungsansprüche entfallen bei Schlussverkaufsware. ☐

d. Aufwendungen bei Nachbesserung sind vom Käufer nur zu 30 % zu zahlen. ☐

e. Unsere Forderungen können Sie nicht mit unseren Verbindlichkeiten aufrechnen. ☐

Erläutern Sie den Zweck und die rechtliche Bedeutung einer Anfrage.
Unterscheiden Sie zwischen allgemeiner und spezieller Anfrage.

Zweck	Eine Anfrage dient der Informationsbeschaffung auf den Beschaffungsmärkten. Es soll festgestellt werden, zu welchen Bedingungen die Lieferer Güter (oder Dienstleistungen) anbieten können.	
Rechtliche Bedeutung	Durch eine Anfrage ist der Käufer rechtlich nicht gebunden. Da Anfragen keine rechtswirksamen Willenserklärungen sind, kann der Käufer bei mehreren Lieferern gleichzeitig Informationen einholen.	
Formen der Anfrage	**Allgemeine Anfrage**	Bei einer unbestimmten Anfrage wird der Lieferer um Zusendung von Katalogen, Preislisten und Mustern gebeten oder um einen Vertreterbesuch.
	Spezielle Anfrage	Eine bestimmte Anfrage enthält die Bitte um ein Angebot. Die Anfrage sollte präzise Angaben über die Art, Qualität und Ausführung der benötigten Güter (oder Dienstleistungen) beinhalten sowie die benötigte Menge und möglicherweise gewünschte Liefertermine, zwingend vorgeschriebene Transportmittel, Lieferungs- und Zahlungsbedingungen etc. enthalten.

Was verstehen Sie unter einem Angebot?
Erläutern Sie die rechtliche Bedeutung und nennen Sie verschiedene Arten.

Rechtliche Bedeutung	Das Angebot ist eine an eine bestimmte Person gerichtete verbindliche empfangsbedürftige Willenserklärung. Anpreisungen, die sich an die Allgemeinheit richten, stellen keine verbindlichen Willenserklärungen dar und gelten nicht als Angebot im rechtlichen Sinn. Sie sind Aufforderungen zur Abgabe einer Willenserklärung. *Beispiele: Anzeigen in Zeitungen, Schaufensterauslagen, Hauswurfsendungen, Kataloge, Plakate*
Arten	▶ Unverlangte Angebote vom Lieferer versuchen, das Interesse des Kunden an der Ware zu wecken. Dies geschieht meist zu besonderen Anlässen. *Beispiele: Jubiläen, Festtage, Umbauten* ▶ Verlangte Angebote erfolgen aufgrund einer Anfrage.

Wie wird ein Angebotsvergleich durchgeführt?
Nennen Sie in einer übersichtlichen Darstellung die Reihenfolge der Berechnung bis zum Einstandspreis.

Beim Angebotsvergleich wird für die von jedem Lieferer angebotene Ware der Bezugspreis nach dem nebenstehenden Schema berechnet. Der Einstandspreis der Ware ist bei der Entscheidung für ein Angebot sehr bestimmend, jedoch sind noch weitere Bedingungen zu berücksichtigen, wie z. B. Qualität der Ware, Lieferbereitschaft, Mindestmengenabnahmen, herstellungssynchrone Anlieferung („just-in-time"), Zuverlässigkeit des Vertragspartners.	Listeneinkaufspreis – Rabatt = Zieleinkaufspreis – Skonto = Bareinkaufspreis + Bezugskosten = Bezugspreis (Einstandspreis)

Nehmen Sie Stellung zur rechtlichen Bedeutung und Form der Bestellung.

Rechtliche Bedeutung	Die Bestellung ist eine empfangsbedürftige Willenserklärung des Käufers an den Verkäufer, Ware zu bestimmten Bedingungen zu kaufen. Die Bestellung kann Antrag oder auch Annahme sein.
Form	Die Bestellung kann formlos erteilt werden. Um jedoch einen möglichen Irrtum auszuschließen, sollten mündliche oder fernmündliche Bestellungen schriftlich bestätigt werden durch Brief, Postkarte, Fax, E-Mail oder durch standardisierte Bestellscheine.

Erläutern Sie die rechtliche Bedeutung und Form der Bestellungsannahme.

Rechtliche Bedeutung	Die Bestellungsannahme, auch Auftragsbestätigung genannt, ist eine Willenserklärung des Verkäufers, Ware zu bestimmen Bedingungen zu liefern. ▶ Erfolgte eine Bestellung ohne ein vorheriges verbindliches Angebot des Verkäufers, so ist die Bestellungsannahme notwendig, damit ein Kaufvertrag zustande kommt (1. Willenserklärung: Bestellung; 2. Willenserklärung: Bestellungsannahme). ▶ Eine Bestellungsannahme ist rechtlich nicht erforderlich, wenn die Bestellung aufgrund eines gültigen Angebotes erfolgte (1. Willenserklärung: Angebot; 2. Willenserklärung: Bestellung).
Form	Die Bestellungsannahme kann formlos erteilt werden. Um jedoch bei einer mündlichen Bestellung einen möglichen Irrtum auszuschließen, sollte die Bestellungsannahme schriftlich durch Brief, Fax, E-Mail, standardisierte Auftragsbestätigungen oder durch konkludentes Handeln (Lieferung der Ware) erfolgen.

1 Welche der folgenden Aussagen trifft nicht zu?

Tragen Sie die entsprechende Ziffer in das Kästchen ein.

1 Die spezielle Anfrage ist eine verbindliche Willenserklärung des Käufers an den Verkäufer, angefragte Produkte zu den benannten Bedingungen zu kaufen.

2 Die allgemeine Anfrage dient der Informationsbeschaffung.

3 Durch eine Anfrage ist der Käufer rechtlich nicht gebunden.

2 Überprüfen Sie folgende Aussagen zur Bestellung und Bestellungsannahme.

Tragen Sie eine

1 ein, wenn die Aussage zutrifft,
9 ein, wenn die Aussage nicht zutrifft.

a. Eine Bestellung kann Antrag oder Annahme sein.

b. Eine Bestellungsannahme ist rechtlich immer notwendig.

c. Erfolgte die Bestellung aufgrund eines verbindlichen Angebotes, ist eine Bestellungsannahme rechtlich nicht mehr notwendig.

d. Eine Bestellung bedarf der Schriftform. Mündliche Bestellungen müssen schriftlich bestätigt werden.

3 Überprüfen Sie unten stehende Aussagen.

Tragen Sie in das Kästchen eine

1 ein, wenn die Aussage zutrifft,
9 ein, wenn die Aussage nicht zutrifft.

a. Das verbindliche Angebot ist an eine bestimmte Person gerichtet.

b. Angebote in Zeitungen sind keine verbindlichen Willenserklärungen.

c. Schaufensterauslagen sind verbindliche Angebote.

d. Unverlangte Angebote sind nicht verbindlich.

e. Angebote sind empfangsbedürftige Willenserklärungen.

4 Bringen Sie die folgenden Begriffe zum Angebotsvergleich in die richtige Reihenfolge, indem Sie die Ziffern (1) bis (7) in die jeweiligen Kästchen einsetzen.

a. Bareinkaufspreis

b. Zieleinkaufspreis

c. Bezugspreis (Einstandspreis)

d. Skonto

e. Rabatt

f. Bezugskosten

g. Listeneinkaufspreis

5 Prüfen Sie unten stehende Sachverhalte.

Tragen Sie in das Kästchen eine

1 ein, wenn der Verkäufer an das Angebot rechtlich gebunden ist,
9 ein, wenn der Verkäufer an das Angebot nicht oder nicht mehr rechtlich gebunden ist.

a. Der Großhändler sendet dem Schuhfachgeschäft einen gültigen Katalog zu.

b. Ein Sportartikelgeschäft bietet in einem Prospekt, der der Tageszeitung beiliegt, seine Sommerartikel an.

c. Im Fahrradfachgeschäft wird für eine besondere Werbeaktion ein Damenfahrrad mit einem breiten Band versehen, das den Aufdruck hat: Angebot der Woche 500,00 EUR.

d. In einem Selbstbedienungsgeschäft stehen die Waren geordnet in den Regalen.

e. Aufgrund einer schriftlichen Anfrage eines Kunden bietet ein Kaufhaus den angefragten Artikel telefonisch an.

f. In einer Fernsehreklame wird eine Bohrmaschine angeboten.

6 Der Käufer benötigt für die Herstellung von Fruchtmarmelade 320 Pfund frisches Obst. Von seinen Lieferanten erhält er folgende Angebote:

- Der Landwirt Otto Obermeier-Brand bietet 100 kg Obst zu 220,00 EUR an, frachtfrei. Hinzu kommt bei Abnahme von mehr als 50 kg ein Rabatt in Höhe von 15 %, bei einer Abnahme von mehr als 100 kg ein Rabatt in Höhe von 20 %. Skonto ist bei vorzeitiger Zahlung mit 3 % in Abzug zu bringen.
- Die Obst-Genossenschaft Frisch bietet folgendermaßen an:

  Je 10 kg 20,00 EUR. Der Rabatt ist wie folgt gestaffelt: Bei einer Abnahme von mehr als 50 kg 10 %, mehr als 100 kg 12 %, mehr als 150 kg 14 %, mehr als 250 kg 18 %, mehr als 300 kg 20 %, mehr als 320 kg 22 %. Skonto kann mit 2 % in Abzug gebracht werden. Die Lieferungsvereinbarung lautet: frei Bahnhof dort.
- Die Landhandel eG unterbreitet folgendes Angebot: 105,00 EUR je 100 Pfund. 2 % Skonto, 25 % Rabatt. Unfrei.

Für alle drei Angebote gilt für die zu bestellende Gesamtmenge, die benötigt wird:

Rollgeld I	45,00 EUR
Rollgeld II	30,00 EUR
Fracht	130,00 EUR

Ermitteln Sie den Bezugspreis für die benötigte Menge aufgrund der Angebote

a. von Landwirt Otto Obermeier-Brand,

b. von der Obst-Genossenschaft Frisch,

c. von der Landhandel eG.

Beschreiben Sie das Verpflichtungsgeschäft und das Erfüllungsgeschäft im Rahmen des Kaufvertrages.

Verpflichtungs-geschäft	Der Kaufvertrag kommt zustande durch die Übereinstimmung der Willenserklärungen von mindestens zwei Personen: 1. Willenserklärung = Antrag ↔ 2. Willenserklärung = Annahme Der Vertragsabschluss lässt ein Schuldverhältnis entstehen, das Käufer und Verkäufer zu Leistungen verpflichtet.	
	Pflichten des Verkäufers:	Pflichten des Käufers:
	▶ Übergabe des Kaufgegenstandes – an den Käufer – beim Versendungskauf an den Beförderer ▶ Eigentumsübertragung ▶ Annahme der Zahlung	▶ Annahme des Kaufgegenstandes ▶ Zahlung des Kaufpreises
Erfüllungs-geschäft	Die tatsächliche Erfüllung der im Verpflichtungsgeschäft eingegangenen Pflichten erfolgt im Erfüllungsgeschäft. *Beispiel: Der Verkäufer liefert die Ware, der Käufer nimmt die Ware an.* Sehr häufig fallen Verpflichtungs- und Erfüllungsgeschäft zeitlich zusammen.	

Unter welchen Bedingungen erlischt die Bindung an den Antrag?

Die Bindung an den Antrag erlischt bei	Abwesenden	nach dem Zeitpunkt, bis zu dem unter regelmäßigen Umständen eine Annahme erwartet werden durfte (Beförderungsdauer – Überlegungsfrist – Beförderungsdauer).
	Anwesenden	nach Beendigung der Unterredung. Zu den Anwesenden werden auch Telefonpartner gezählt.
	Fristsetzung	mit Überschreitung der vereinbarten Frist. Die verspätet zugegangene Bestellung gilt als neuer Antrag.
	Freizeichnungs-klauseln	durch deren Angabe, z. B. freibleibend, ohne Obligo, unverbindlich.
	Widerruf	des Antrags, wenn der Widerruf spätestens mit dem Eintreffen des Antrags eingeht.
	Ablehnung	des Antrags.
	Änderung	des Antrags durch Erweiterung oder Einschränkung (Änderung gilt als neuer Antrag).

Nennen Sie die Besonderheiten bei der Zusendung von unbestellten Waren durch den Verkäufer.

Zusendung unbestellter Waren an einen Kaufmann:	Zusendung unbestellter Waren an einen Privatmann:
▶ mit bestehender Geschäftsverbindung: Schweigen gilt als Annahme, Bei Ablehnung muss der Käufer den Verkäufer davon unverzüglich in Kenntnis setzen, die Ware aufbewahren und zu einem späteren Zeitpunkt zurückschicken. ▶ ohne bestehende Geschäftsverbindung: Schweigen gilt als Ablehnung. Der Käufer muss die Ware aufbewahren, jedoch nicht zurückschicken.	Schweigen gilt im bürgerlichen Recht nicht als Annahme, aber auch nicht als Ablehnung. Es ist keine Willenserklärung. Der Käufer muss die Ware aufbewahren, jedoch nicht zurückschicken. Die Zusendung stellt einen Verstoß gegen das „Gesetz gegen den unlauteren Wettbewerb" dar.

Erklären Sie anhand von unterschiedlichen Möglichkeiten den Abschluss des Kaufvertrages.

Beispiele	Gültiger Antrag	Gültige Annahme
Der Käufer bestellt ohne vorheriges Angebot. Der Verkäufer schickt eine Bestellungsannahme.	▶ durch den Käufer aufgrund seiner Bestellung.	▶ durch den Verkäufer aufgrund seiner Bestellungsannahme.
Der Verkäufer schickt ein freibleibendes Angebot. Der Käufer bestellt und erhält die Ware in den nächsten Tagen.	▶ durch die Bestellung des Käufers. Das Angebot des Verkäufers ist keine verbindliche Willenserklärung.	▶ durch den Verkäufer aufgrund seines konkludenten Handelns (Lieferung).
Der Verkäufer schickt ein Angebot, gültig bis zum 18. September, der Käufer bestellt am 19. September. Der Verkäufer schickt eine Auftragsbestätigung.	▶ durch die Bestellung des Käufers am 19. September. Die Bindung an das Angebot besteht nicht mehr, da die Frist überschritten war.	▶ durch den Verkäufer aufgrund seiner Auftragsbestätigung.
Der Verkäufer sendet unbestellte Ware an eine Privatperson, die die Ware verbraucht.	▶ durch den Verkäufer aufgrund der Zusendung der Waren.	▶ durch die Privatperson aufgrund des Verbrauchs.

1 *Beim Kaufvertrag wird unterschieden zwischen dem*

1 Verpflichtungsgeschäft und dem
2 Erfüllungsgeschäft.

Ordnen Sie den folgenden Sachverhalten diese Begriffe zu. Ist dies nicht möglich, tragen Sie eine 9 ein.

a. Der Verkäufer schickt ein Angebot, der Käufer bestellt. ☐

b. Der Käufer bestellt, der Verkäufer schickt eine Auftragsbestätigung. ☐

c. Der Verkäufer liefert die Ware. ☐

d. Der Käufer bezahlt eine Rechnung von 4 500,00 EUR, die aufgrund einer Warenlieferung ausgestellt wurde. ☐

2 *Ordnen Sie neben den unten stehenden Sachverhalten*

in Spalte A eine
1 zu, wenn es sich nur um einen gültigen Antrag des Käufers handelt,
2 zu, wenn es sich um einen gültigen Antrag des Verkäufers handelt,
3 zu, wenn es sich um keinen Antrag handelt;

in Spalte B eine

1 zu, wenn es sich um die Annahme durch den Käufer handelt,
2 zu, wenn es sich um die Annahme durch den Verkäufer handelt,
3 zu, wenn es sich um keine Annahme handelt.

	A	B
a. Käufer bestellte ohne vorhergehendes Angebot. Der Verkäufer lehnt ab und macht ein Gegenangebot.	☐	☐
b. Käufer bestellte ohne vorhergehendes Angebot. Verkäufer liefert sofort.	☐	☐
c. Verkäufer schickte ein Angebot freibleibend. Käufer bestellt.	☐	☐
d. Verkäufer schickte ein Angebot, gültig bis zum 17.08. d. J., Käufer bestellte am 18.08. d. J., der Verkäufer liefert ohne Bestätigung.	☐	☐
e. Verkäufer erteilte ein telefonisches Angebot. Der Käufer kann sich während des Telefongespräches nicht entscheiden. Am nächsten Tag bestellt er schriftlich die Ware.	☐	☐
f. Der Rohstofflieferant schickte einen gültigen Katalog zu. Der Industriebetrieb bestellt.	☐	☐

3 *Ein Privatmann hat unbestellte Ware erhalten. In welchem der folgenden Fälle handelt es sich um einen Kaufvertrag?* ☐

Handelt es sich in allen Fällen um einen Kaufvertrag, tragen Sie eine 4 ein.

1 Der Privatmann legt die Ware ordnungsgemäß in einen Kellerraum.
2 Der Privatmann reagiert nicht auf die Falschlieferung. Nach zwei Monaten verbraucht er die unbestellte Ware.
3 Der Privatmann stellt erst nach sieben Monaten fest, dass er die Ware nicht bestellt hat. Die Ware ist jedoch ausgepackt, aber noch vollständig vorhanden.

4 *Prüfen Sie unten stehende Sachverhalte.*

Tragen Sie eine

1 ein, wenn der Verkäufer an das Angebot rechtlich gebunden ist,
9 ein, wenn der Verkäufer an das Angebot nicht oder nicht mehr rechtlich gebunden ist.

a. Der Verkäufer unterbreitet dem Käufer telefonisch ein interessantes Angebot über 150 Dosen Speziallack. Der Käufer beendet das Telefongespräch mit dem Hinweis, dass er eine verbindliche Bestellung erst in der kommenden Woche tätigen könne. ☐

b. Der Einzelhändler erhält ein ausführliches Angebot per Telefax über die neue Sommerkollektion. Die für ihn wichtigsten und interessantesten Posten markiert er. Wenige Stunden später erhält er vom Verkäufer einen telefonischen Widerruf. ☐

c. Das an den Käufer direkt gerichtete schriftliche Angebot enthält in den Lieferungs- und Zahlungsbedingungen u. a. folgende Hinweise: frei Haus, 3 % Skonto innerhalb von 14 Tagen, 30 Tage netto Kasse, ohne Obligo. ☐

d. Aufgrund einer schriftlichen Anfrage eines Kunden bietet ein Kaufhaus den angefragten Artikel telefonisch an.

e. Der Kunde bestellt 10 kg der angebotenen Ware zu dem vereinbarten Preis, verändert die Lieferungsbedingung „ab Werk“ jedoch in „frei Haus“, da er bisher noch nie Frachtkosten zahlen musste. ☐

f. Der Weingroßhandel bietet einem Feinschmeckerrestaurant 120 Flaschen Spätlese, Mosel, Riesling, Jahrgang 2003 zum Preis von 17,20 EUR pro Flasche an. Aufgrund unsachgemäßer Lagerung geht dieser Wein zwischenzeitlich zu Bruch. Der Weingroßhandel informiert wenige Tage später den Kunden telefonisch und verweist auf ein konkurrierendes Weingeschäft, das den Wein jedoch für 19,20 EUR pro Flasche anbietet. ☐

g. Der Elektrohändler Mathias Möllmann bietet einer Kundin eine exklusive Lampe an, obwohl er weder Eigentümer noch Besitzer dieser Lampe ist. ☐

h. Der Computerhersteller bietet einem Speditionsunternehmen eine Sondersoftware an. Noch bevor das schriftliche Angebot eintrifft, widerruft der Computerhersteller das Angebot per Fax. ☐

Erläutern Sie die wesentlichen Inhalte eines Kaufvertrages.

<table>
<tr><td>Art, Güte und Beschaffenheit der Ware</td><td colspan="2">Nach BGB und HGB ist eine der Gattung nach bestimmte Ware in mittlerer Art und Güte zu liefern. Sinnvoll ist jedoch die genaue Beschreibung des Kaufgegenstandes durch: Herkunft, Muster, Warenzeichen, Gütezeichen, Handelsklassen, Jahrgänge, Güteklassen.</td></tr>
<tr><td>Menge</td><td colspan="2">Sie kann angegeben werden z. B. in km, t, hl, m² oder in handelsüblichen Benennungen wie z. B. Stück, Dutzend, Sack.</td></tr>
<tr><td rowspan="2">Preis der Ware</td><td>Verpackungskosten</td><td>▶ Versandverpackung: Die Kosten trägt der Käufer.
Vertragliche Vereinbarungen sind möglich: z. B. Verpackung leihweise, brutto für netto.
▶ Verkaufsverpackung: Die Kosten trägt der Verkäufer.
Vertragliche Vereinbarungen sind nicht üblich.</td></tr>
<tr><td>Preisabzüge</td><td>▶ Rabatt kann gewährt werden als Mengenrabatt bei Abnahme einer größeren Menge, als Personalrabatt an die Mitarbeiter des eigenen Unternehmens, als Weiterverarbeitungsrabatt für Personen, die die Ware in ihrem Gewerbe oder als Letztverbraucher verwerten, und als Sonderrabatt bei besonderen Anlässen.
▶ Bonus ist ein Nachlass, der nachträglich eingeräumt wird.
▶ Skonto ist ein Barzahlungsrabatt, der dem Käufer gewährt werden kann, wenn er vor Ablauf des Zahlungsziels zahlt.</td></tr>
<tr><td>Lieferungsbedingungen</td><td colspan="2">▶ Kosten: Der Käufer trägt die Frachtkosten. Vertragliche Vereinbarungen sind möglich:
– Ab Werk, ab Lager, ab Rampe: Der Käufer trägt alle Kosten des Transportes.
– Ab Bahnhof hier, ab hier, unfrei: Der Verkäufer trägt die Kosten der Zufuhr (Rollgeld I) zum Versandbahnhof, der Käufer die Verladekosten, Frachtkosten und die Kosten der Anfuhr vom Bestimmungsbahnhof zum Firmensitz (Rollgeld II).
– Ab Waggon: Der Verkäufer übernimmt das Rollgeld I und die Verladekosten.
– Frachtfrei, Bahnhof dort: Der Käufer trägt das Rollgeld II.
– Frei Haus, frei Lager: Der Verkäufer trägt alle Transportkosten.
▶ Lieferzeit: Der Käufer kann die sofortige Lieferung verlangen.
Vertragliche Vereinbarungen sind möglich: Lieferung innerhalb von 10 Tagen, Lieferung am 11.11.20.., fix, Lieferung bis spätestens 02.05.20.., Lieferung frühestens Ende April, Lieferung auf Abruf</td></tr>
<tr><td>Zahlungsbedingungen</td><td colspan="2">Der Verkäufer kann die sofortige Zahlung verlangen.
Vertragliche Vereinbarungen sind möglich: z. B. Zahlung im Voraus, Zahlung bei Lieferung, Zahlung innerhalb von 10 Tagen nach der Lieferung, 1/3 im Voraus, bar, halbbar, bargeldlos.</td></tr>
</table>

Erläutern Sie den Erfüllungsort und seine Bedeutung für den Gefahrübergang und den Gerichtsstand.

Leistungsort	Am Erfüllungsort muss die Leistung rechtzeitig erbracht werden. ▶ Der gesetzliche Erfüllungsort für Ware ist der Ort des Verkäufers; für Geld ist es der Ort des Käufers. ▶ Der vertragliche Erfüllungsort ist eine Vereinbarung zwischen den Vertragspartnern über einen anderen Erfüllungsort (Warenschulden oder Geldschulden = Bringschulden). ▶ Der natürliche Erfüllungsort ist der Ort, an dem die Leistung ihrer Natur oder den Umständen nach zu erbringen ist.
Gefahrübergang	Der Erfüllungsort bestimmt bei der Ware neben der Übernahme der Transportkosten auch den Gefahrenübergang. Bei zufälligem Untergang oder zufälliger Verschlechterung der Ware geht die Gefahr auf den Käufer über ▶ mit Übergabe der Ware an den Käufer, ▶ mit Übergabe an den Spediteur oder an die sonst mit der Versendung beauftragte Person. Geld muss auf Gefahr und Kosten des Käufers übermittelt werden. **Warenschulden = Holschulden Geldschulden = Schickschulden**
Gerichtsstand	▶ Der allgemeine Gerichtsstand ist der Sitz des Gerichts, in dessen Bezirk der Schuldner seinen Wohnsitz hat. ▶ Der besondere Gerichtsstand ist u. a. der Sitz des Gerichts, in dessen Bezirk der Schuldner seinen Leistungsort hat, d. h. der gesetzliche Erfüllungsort zieht den Gerichtsstand nach sich. Eine abweichende vertragliche Vereinbarung ist nur unter Kaufleuten möglich.

Erläutern Sie den einfachen Eigentumsvorbehalt und die Formen des erweiterten Eigentumsvorbehaltes.

Einfacher Eigentumsvorbehalt	Der Käufer wird erst Eigentümer mit vollständiger Bezahlung des Kaufgegenstandes. Durch Weiterveräußerung an gutgläubige Dritte, Verbindung, Verarbeitung mit einer Sache geht der Eigentumsvorbehalt jedoch unter.
Erweiterter Eigentumsvorbehalt	▶ Verlängerter Eigentumsvorbehalt mit Veräußerungsklausel Er beinhaltet den „einfachen Eigentumsvorbehalt" und die „Zession" (Abtretung einer Forderung). Anstelle des durch Verkauf erloschenen einfachen Eigentumsvorbehaltes tritt die durch den Weiterverkauf entstandene Forderung. ▶ Verlängerter Eigentumsvorbehalt mit Verarbeitungsklausel Er beinhaltet, dass im Falle einer Verarbeitung der Ware der Gläubiger ein Eigentum an der neuen Sache erwirbt. ▶ Kontokorrentvorbehalt Er liegt vor, wenn sich die Vorbehaltsrechte auch auf andere von dem Verkäufer an denselben Käufer gelieferte Gegenstände beziehen.

1 *Prüfen Sie unten stehende Aussagen.*

Tragen Sie eine

1 ein, wenn die Aussage zutrifft,
9 ein, wenn die Aussage nicht zutrifft.

a. Beim Kaufvertrag gibt es grundsätzlich zwei Erfüllungsorte.

b. Der Gerichtsstand kann für Nichtkaufleute aufgrund der Vertragsfreiheit geändert werden.

c. Der Käufer trägt grundsätzlich die Frachtkosten.

d. Geld wird auf Gefahr und Kosten des Käufers transportiert.

e. Ware wird auf Gefahr des Verkäufers transportiert.

f. Der gesetzliche Erfüllungsort für Geld ist der Ort des Verkäufers, weil Geldschulden Schickschulden sind.

2 *Ordnen Sie die folgenden Lieferungsbedingungen den jeweiligen Aussagen zu.*

1 ab Werk
2 frei Haus
3 frachtfrei
4 unfrei

Tragen Sie eine 9 ein, wenn eine Zuordnung nicht sinnvoll ist.

a. Der Verkäufer trägt das Rollgeld bis zum Versandbahnhof, die restlichen Kosten trägt der Käufer.

b. Der Käufer trägt die Frachtkosten und Rollgeld II.

c. Alle Kosten trägt der Käufer.

d. Der Käufer trägt nur Rollgeld II.

3 *Welche der folgenden Aussagen trifft nicht zu?*

Tragen Sie eine 4 ein, wenn alle Aussagen zutreffen.

1 Die Kosten der Versandverpackung trägt grundsätzlich der Käufer.
2 Die Kosten der Verkaufsverpackung trägt grundsätzlich der Verkäufer.
3 Wurde keine Vereinbarung über die Lieferzeit getroffen, so kann der Käufer sofortige Lieferung verlangen.

4 *In welchem der folgenden Fälle ist der Eigentumsvorbehalt nicht untergegangen?*

Ist er in allen Fällen untergegangen, tragen Sie eine 9 ein.

1 Die Ware wurde verarbeitet.
2 Die Ware wurde gestohlen.
3 Die Ware wurde veräußert.
4 Die Ware wurde bezahlt.

5 *Die Baustoff GmbH, Bitterfeld, hat bei ihrem Händler in Braunschweig 110 t Zement bestellt. Als Zahlungstermin wurde der 09.12. vereinbart und als Liefertermin der 08.11. Im Kaufvertrag einigte man sich auf den Preis von 24,00 EUR je Zentner. Die Lieferungsbedingung lautet: frachtfrei. Über Erfüllungsort und Gerichtsstand wurden keine vertraglichen Vereinbarungen getroffen.*

Prüfen Sie unten stehende Aussagen zu diesem Fall und tragen Sie eine

1 ein, wenn die Aussage zutrifft,
9 ein, wenn die Aussage nicht zutrifft.

a. Die Ware muss am 08.11. in Braunschweig bereitgestellt bzw. im Falle eines Versendungskaufs abgeschickt sein.

b. Die Ware muss am angegebenen Liefertermin in Bitterfeld sein.

c. Das Geld muss am 09.12. in Braunschweig sein.

d. Das Geld muss am 09.12. abgeschickt werden.

e. Im Falle einer Nicht-Rechtzeitig-Lieferung muss geklagt werden …

1 beim Amtsgericht in Bitterfeld,
2 beim Amtsgericht in Braunschweig,
3 beim Landgericht in Bitterfeld,
4 beim Landgericht in Braunschweig.

f. Die Gefahr des zufälligen Untergangs der Ware …

1 trägt der Käufer,
2 trägt der Verkäufer.

6 *Ordnen Sie folgende Begriffe den unten stehenden Aussagen zu:*

1 Schickschulden
2 Bringschulden
3 Holschulden

a. Der Erfüllungsort ist der Ort des Schuldners, jedoch muss die zu erbringende Leistung auf Gefahr und Kosten an den Ort des Gläubigers transportiert werden.

b. Der Erfüllungsort und auch der Ablieferungs- bzw. Bereitstellungsort ist der Ort des Schuldners.

c. Der Erfüllungsort und der Ablieferungsort ist in beiden Fällen der Ort des Gläubigers.

7 *Über den Erfüllungsort und den Gerichtsstand wurden keine vertraglichen Vereinbarungen getroffen, hinsichtlich der Frachtkosten gilt „frei Haus". Wann geht die Gefahr des zufälligen Untergangs bzw. der zufälligen Verschlechterung der Ware auf den Käufer über?*

1 mit Übergabe an den Frachtführer, wenn die Ware nicht mit eigenen Transportmitteln befördert wird
2 mit Übergabe an den Käufer
3 mit Abschluss des Kaufvertrages
4 mit Bezahlung der Ware

Nach welchen Gesichtspunkten lassen sich Kaufverträge unterscheiden?

Merkmale	Arten	Beschreibungen und Beispiele
Kaufgegenstand	**Stück- oder Spezieskauf**	Der Kaufgegenstand ist eine nicht vertretbare Sache. *Beispiele: das selbst hergestellte Regal, das Ölgemälde von Paul Klee*
	Gattungskauf	Der Kaufgegenstand ist eine vertretbare Sache. *Beispiele: das Mehl Type 405, der Anrufbeantworter DX 904*
Rechtliche Stellung der Vertragspartner	**Bürgerlicher Kauf**	Beide Vertragspartner handeln als Privatleute. *Beispiel: Ein Unternehmer kauft alte Briefmarken von seinem Nachbarn.*
	Einseitiger Handelskauf	Ein Vertragspartner handelt als Kaufmann. *Beispiel: Der Hobbygärtner kauft sich einen Rasenentlüfter in einem Baumarkt.*
	Zweiseitiger Handelskauf	Beide Vertragspartner handeln als Kaufmann. *Beispiel: Der Unternehmer erwirbt einen Lkw für seinen Fuhrpark.*
Lieferzeit	**Sofortkauf**	Die Lieferung erfolgt als direkte Reaktion auf den Vertrag. *Beispiel: Der Käufer bestellt telefonisch Ringbuchmechaniken, der Hersteller liefert sofort.*
	Terminkauf	Die Lieferung erfolgt zu einem genau bezeichneten Termin. *Beispiel: Lieferung am 03.04.20.. . Der Verkäufer gerät bei Nichteinhaltung des Termins ohne Mahnung in Verzug.*
	Fixkauf (Fixgeschäft nach BGB/Fixhandelskauf nach HGB)	Die Lieferung wird zu einem bestimmten Zeitpunkt oder innerhalb einer bestimmten Frist vereinbart. *Beispiele: Lieferung am 03.04.20.., fix, Lieferung bis 09.09.20.., fest. Es gelten „verschärfte" Rechte bei Nicht-Rechtzeitig-Lieferung.*
	Kauf auf Abruf	Eine größere Menge von Waren wird bestellt. Der Zeitpunkt der Lieferung wird vom Käufer bestimmt. *Beispiel: Ein Spielzeughersteller bestellt 80 000 spezielle Kartongrößen und ruft diese bei Produktionsbedarf ab.*
Zahlungszeit	**Kauf gegen Vorauszahlung**	Die Zahlung erfolgt vor der Lieferung.
	Barkauf	Die Ware wird sofort bezahlt. Es handelt sich um ein Zug-um-Zug-Geschäft.
	Zielkauf	Die Zahlung erfolgt innerhalb einer vereinbarten Zeit nach der Lieferung.
	Verbraucherdarlehen	Die Zahlung erfolgt in Teilbeträgen. Ein Widerruf ist innerhalb von zwei Wochen in Textform oder durch Rücksendung möglich. Bestimmte Inhalte sind im Vertrag zu regeln.
Erfüllungsort	**Versendungskauf**	Verkäufer und Käufer befinden sich an verschiedenen Orten. Der Erfüllungsort für Ware ist am Ort des Verkäufers. Die Ware muss jedoch an den vom Käufer bestimmten Ort verschickt werden.
	Fernkauf	Verkäufer und Käufer befinden sich an verschiedenen Orten. Der Erfüllungsort für Ware ist nicht am Ort des Verkäufers. Die Ware muss an dem benannten Erfüllungsort an den Käufer übergeben werden.
	Platzkauf	Verkäufer und Käufer befinden sich am selben Ort. Der Erfüllungsort ist am Sitz des Verkäufers/Käufers. Die Ware muss noch verschickt werden.
	Handkauf	Verkäufer und Käufer befinden sich am selben Ort. Erfüllungsort ist der Sitz des Verkäufers/Käufers. Die Ware wird im Geschäft des Verkäufers übergeben.
Besonderheiten im Kaufvertrag	**Kauf auf Probe**	Bei diesem Kauf auf Besicht kann der Käufer die Ware innerhalb einer vereinbarten Frist zurückgeben. Nach Ablauf dieser Frist gilt sein Schweigen als Zustimmung, und der Kaufvertrag ist zustande gekommen.
	Kauf nach Probe	Bei diesem Kauf nach Muster muss der gelieferte Kaufgegenstand mit der vorhandenen Probe übereinstimmen; sie gilt als zugesicherte Eigenschaft.
	Kauf zur Probe	Es handelt sich um einen endgültigen Kaufvertrag. Der Käufer gibt bei der Bestellung einer meist kleineren Menge dem Verkäufer zu erkennen, weitere Bestellungen aufzugeben, wenn die Ware den Erwartungen entspricht.
	Spezifikationskauf	Bei diesem Bestimmungskauf wird eine größere Menge einer vertretbaren Sache gekauft. Der Käufer kann jedoch die Gattungsware innerhalb einer vorher vereinbarten Frist spezifizieren, z. B. nach Maß, Form, Farbe.
	Kauf mit Umtauschrecht	Dies ist ein Kauf mit dem Recht, die Ware bei Nichtgefallen umzutauschen.

1 *Ordnen Sie bei den unten stehenden Verträgen zu, um welche der folgenden Vertragsarten es sich dabei handelt.*

1 Kauf zur Probe
2 Kauf auf Probe
3 Kauf nach Probe
4 Spezifikationskauf
5 Kauf auf Abruf

a. In einem Kaufvertrag über 50 m³ Holz vereinbart die Tischlerei Böschemeier OHG, innerhalb von 14 Tagen vor der Lieferung die Maße näher zu bestimmen. ☐
b. Der Käufer vereinbart mit dem Verkäufer eines Lampenfachgeschäftes, dass er eine Tischlampe über das Wochenende ausprobieren darf, um feststellen zu können, ob die Lichtquelle ausreichend ist. Sollte er sich am Montag nicht melden, möchte er die Lampe behalten. ☐
c. Eine Großnäherei benötigt für die kommende Saison eine größere Menge von Lamm- und Schafleder. Sie vereinbart mit dem Lieferer, dass sie den Zeitpunkt für die Zusendung der einzelnen Teilmengen monatlich bestimmt. ☐
d. Das Einrichtungshaus vermerkt in der Bestellung: „Aufgrund des uns vorliegenden Gardinenmusters bestellen wir wie folgt: …" ☐

2 *Ordnen Sie zu, ob es sich bei den unten stehenden Vereinbarungen im Kaufvertrag um einen*

1 Terminkauf,
2 Fixkauf
handelt.

a. „Wir werden Ihnen die Ware bis zur 14. KW liefern." ☐
b. „Zu Ihrer Geschäftseröffnung am 13.12.20.. werden wir die Ware bis spätestens um 10:00 Uhr geliefert haben. Sie können sich auf uns als Zulieferer verlassen." ☐
c. „Der von Ihnen bestellte Präsentkorb für Ihren Mitarbeiter wird geliefert am 13.12.20.., fix." ☐
d. „Lieferung bis zum 13.12.20.., genau." ☐
e. „Lieferung erbitten wir bis zum 13.12.20.. ☐
f. „Aufgrund der am 13.12.20.. stattfindenden Hochzeitsfeier bitten wir um Lieferung der Torte bis um 18:00 Uhr." ☐
g. „Lieferung am 13.12.20.., fest." ☐

3 *Beurteilen Sie in den folgenden Fällen, ob es sich um einen*

1 Stück- oder Spezieskauf,
2 Gattungskauf
handelt.
Kaufgegenstand ist …

a. … ein maßgeschneidertes Abendkleid. ☐
b. … eine Schreibtischunterlage im Kaufhausregal. ☐
c. … eine rote Dachpfanne. ☐
d. … eine Glasblumenvase im Fachgeschäft. ☐
e. … ein gebrauchter VW-Polo. ☐

4 *Beim Terminkauf kommt der Verkäufer bei Nichteinhaltung des Termins auch ohne Mahnung in Verzug.*

Tragen Sie eine
1 ein, wenn bei den folgenden vereinbarten Lieferterminen eine Mahnung erforderlich ist,
9 ein, wenn dies nicht der Fall ist.

a. Lieferung 14 Tage nach Erhalt der Bestellung ☐
b. Lieferung drei Tage nach Ostersonntag ☐
c. Lieferung sofort ☐
d. Lieferung im Laufe des Monats November ☐
e. Lieferung auf Abruf ☐

5 *Ordnen Sie den jeweiligen Fällen zu:*

1 bürgerlicher Kauf
2 einseitiger Handelskauf
3 zweiseitiger Handelskauf

a. Der 20-jährige Auszubildende kauft einen Gebrauchtwagen beim Händler. ☐
b. Der Unternehmer kauft für seine Tochter eine Filmkamera im Einkaufszentrum beim Fotohändler. ☐
c. Der Rechtsanwalt Leo Lux benötigt einen A-3-Drucker. Sein Onkel veräußert ihm seinen erst vor kurzem erworbenen Drucker. ☐
d. Der Industriekaufmann Karl-Heinz Visser schließt mit seinem Freund einen Kaufvertrag über zwei Eishockeyschläger ab. ☐

6 *Der Verbraucherdarlehensvertrag ist zum Schutz des Verbrauchers im BGB geregelt. Prüfen Sie unten stehende Aussagen.*

Tragen Sie eine
1 ein, wenn die Aussage zutrifft,
9 ein, wenn die Aussage nicht zutrifft.

Der Verbraucherdarlehensvertrag muss enthalten …

a. … den effektiven Jahreszins. ☐
b. … die genaue Bezeichnung der Waren. ☐
c. … den Nettodarlehensbetrag. ☐
d. … den Gesamtbetrag. ☐
e. … Art und Weise der Rückzahlung. ☐
f. Die auf den Vertragsabschluss gerichtete Willenserklärung bedarf der schriftlichen Form. ☐
g. Der Käufer kann den Vertrag innerhalb einer Woche mündlich widerrufen. ☐
h. Der Käufer kann den Vertrag innerhalb von zwei Wochen widerrufen. ☐

Begründen Sie die Notwendigkeit des Verbraucherschutzes.

Notwendigkeit	Verbraucher haben es nicht leicht: ▶ Sie sehen sich einer verwirrenden Vielzahl von Produkten gegenüber. ▶ Sie werden mit einer Werbung konfrontiert, die zuweilen einen Hang zur Übertreibung hat. ▶ Mächtige Supermarktketten und Warenhauskonzerne sind ihre Partner beim Abschluss von Verträgen. ▶ Gekaufte Gebrauchsgüter werden immer komplizierter und die Begutachtung, ob ein Produkt den technischen Anforderungen nach Sicherheit und Bedienungskomfort entspricht, fällt immer schwerer.

Erläutern Sie die Möglichkeiten des Verbraucherschutzes.

Verbraucherberatung	Verbraucherberatungsstellen gibt es in jeder größeren Stadt. Sie bieten den Verbrauchern eine Reihe von Beratungsmöglichkeiten und Entscheidungshilfen. Überregional sind die Beratungsstellen in Verbraucherzentralen organisiert. Die Beratungsstellen übernehmen folgende Aufgaben: ▶ **Beratung beim Kauf:** Verbraucherberatungsstellen sammeln Informationen über Produkttests, Preisvergleiche, Energieverbrauchsdaten. Dieses Material kann kostenlos eingesehen werden. ▶ **Beratung in Rechtsfällen:** Verbraucherberater kennen die Gesetze und die Rechte des Verbrauchers. Sie geben Rat bei Streitigkeiten mit Händlern, Vertretern und Vermietern. ▶ **Energieberatung:** Verbraucherberatungsstellen informieren darüber, wie man Strom-, Gas- oder Heizölkosten senken kann, ohne dabei große Komforteinbußen hinnehmen zu müssen.
Verbraucherinformationen	Die Medien bieten eine Vielzahl von Informationen für Zeitungsleser, Radiohörer und Fernsehzuschauer. In den Zeitungen werden Testergebnisse der Stiftung Warentest abgedruckt. Hörfunk- und Fernsehprogramme präsentieren regelmäßig Verbrauchermagazine mit aktuellen Urteilen, Tipps zum Einkauf und zur Ernährung.

Beschreiben Sie wichtige gesetzliche Vorschriften zum Schutz des Verbrauchers.

<table>
<tr><td>Preisangabenverordnung</td><td colspan="2">Wer Waren an Letztverbraucher verkauft und dafür Werbung betreibt, hat nach der Verordnung zur Regelung der Preisangaben die Preise anzugeben, die einschließlich der Umsatzsteuer und sonstiger Preisbestandteile unabhängig von einer Rabattgewährung zu zahlen sind.
▶ Bei losen Waren ist der Preis für eine nach allgemeiner Auffassung übliche Einheit (1 kg, 100 g) anzugeben.
▶ Besondere Vorschriften gelten für den Handel, für Anbieter von Leistungen, für Kreditinstitute, für das Gaststättengewerbe und für Tankstellen und Parkplätze.</td></tr>
<tr><td>Fernabsatzvertrag</td><td>Vertrag über die Lieferung von Waren oder das Erbringen von Dienstleistungen aufgrund von Fernkommunikationsmitteln</td><td rowspan="3">Das Bürgerliche Gesetzbuch enthält wichtige Verbraucherrechte.
Dem Verbraucher steht bei diesen Verträgen ein Widerrufsrecht zu, das durch Textform oder Rücksendung der Sache innerhalb von zwei Wochen gegenüber dem Unternehmer zu erklären ist. Es reicht die rechtzeitige Absendung. Eine Begründung muss nicht angegeben werden.</td></tr>
<tr><td>Haustürgeschäft</td><td>Vertrag zwischen Unternehmer und Verbraucher durch mündliche Verhandlungen im Bereich der Privatwohnung oder am Arbeitsplatz/bei Freizeitveranstaltungen/auf öffentlich zugänglichen Flächen</td></tr>
<tr><td>Verbraucherdarlehen</td><td>Der Verbraucherdarlehensvertrag ist ein entgeltlicher Vertrag zwischen Unternehmer (Darlehensgeber) und Verbraucher (Darlehensnehmer).
Die folgenden Vorschriften haben nur Gültigkeit bei einem Nettodarlehensbetrag von ≥ 200,00 EUR:
Der Verbraucherdarlehensvertrag bedarf der Schriftform.
Die Vertragserklärung muss enthalten
– den Nettodarlehensbetrag,
– den Gesamtbetrag,
– Art und Weise der Rückzahlung,
– den effektiven Jahreszins,
– Kosten einer Restschuld- oder sonstigen Versicherung,
– zu bestellende Sicherheiten.</td></tr>
<tr><td>Produkthaftungsgesetz</td><td colspan="2">▶ Grundsatz
Wird infolge eines fehlerhaften Produktes ein Mensch oder eine andere Sache beschädigt, so ist der Hersteller dem Geschädigten zum Ersatz des entstandenen Schadens verpflichtet. Der Hersteller haftet auch ohne Verschulden, also selbst dann, wenn ihm der Nachweis gelingt, dass der Fehler des Produktes nicht aufgrund seiner oder seiner Mitarbeiter Fahrlässigkeit entstanden ist (Gefährdungshaftung).
▶ Haftungsumfang
Für Personenschäden gilt eine Höchstgrenze; für Sachschäden an einer anderen Sache als dem fehlerhaften Produkt ist die Haftung unbegrenzt.
▶ Voraussetzungen
– Das Produkt hat einen Fehler und bietet nicht die Sicherheit, die man berechtigterweise erwarten kann. Der Hersteller muss das Gerät so sicher machen, dass auch bei falscher Bedienung keine Gefahr besteht.
– Die beschädigte Sache hat beim privaten Ge- oder Verbrauch Schäden verursacht; berufliche Nutzung ist bei der Produkthaftung ausgeschlossen.
– Ausgeschlossen sind die Haftung für Entwicklungsrisiken, privat hergestellte Gegenstände sowie landwirtschaftliche Naturprodukte und Jagderzeugnisse.</td></tr>
</table>

1 In welchem der folgenden Gesetze/Verordnungen befinden sich keine Vorschriften über den Verbraucherschutz?

1 Preisangabenverordnung
2 Gesetz gegen den unlauteren Wettbewerb
3 Produkthaftungsgesetz
4 Bürgerliches Gesetzbuch
5 Handelsgesetzbuch

2 Welche der folgenden Leistungen wird von den Verbraucherberatungsstellen nicht erbracht?

1 Verbraucherberatungsstellen sammeln Informationen über Produkte und Preise. Dieses Material kann kostenlos eingesehen werden.
2 Verbraucherberater kennen die Rechte des Verbrauchers. Sie geben Rat bei Streitigkeiten mit Händlern, Vertretern und Vermietern.
3 Verbraucherberatungsstellen informieren darüber, wie man Strom-, Gas- oder Heizölkosten senken kann.
4 Verbraucherberatungsstellen vertreten Verbraucher in Angelegenheiten des Kaufvertrages vor Gericht.
5 Verbraucherberatungsstellen leisten Beratung in Fragen der Kreditfinanzierung von Anschaffungen.

3 Welche der folgenden Aussagen zum Produkthaftungsgesetz ist nicht richtig angegeben?

1 Der Hersteller haftet nur bei Verschulden, also dann, wenn dem Betroffenen der Nachweis gelingt, dass der Hersteller fahrlässig oder vorsätzlich gehandelt hat.
2 Der Hersteller muss seine Produkte so sicher machen, dass auch bei fehlerhafter Bedienung keine Gefahr davon ausgeht.
3 Der Haftungsumfang bei Personenschäden ist auf eine Höchstgrenze beschränkt.
4 Ausgeschlossen sind die Haftung für privat hergestellte Gegenstände sowie landwirtschaftliche Naturprodukte und Jagderzeugnisse.
5 Der Hersteller haftet für Schäden an Personen und/oder Sachen, wenn diese durch fehlerhafte Produkte aus seiner Produktion entstanden sind.

4 An einem Obststand in einem Frischwarengeschäft finden Sie unten stehende Preisangaben.

Welche Preisangabe ist nicht richtig angegeben?

1 Kartoffeln: 1 kg = 3,40 EUR
2 Champignons: 100 g = 0,50 EUR
3 Äpfel: 1 kg = 1,20 EUR
4 Pfifferlinge: 75 g = 1,00 EUR

5 Welche der unten stehenden Aussagen zur Preisangabenverordnung treffen zu?

1 Die Preise gegenüber Letztverbrauchern sind einschließlich der Umsatzsteuer und sonstiger Preisbestandteile auszuweisen.
2 Für Tankstellen reicht es aus, wenn im Büro eine Preisliste ausgehängt wird.
3 Bei losen Waren ist der Preis für eine übliche Einheit (1 kg, 100 g) anzugeben.
4 Restaurants müssen ihre Preise nur am Eingang aushängen.
5 Sollte eine Ware nicht ausgezeichnet sein, gilt immer der Preis, den der Kunde bei seinem letzten Kauf bezahlt hat.

6 Der Privatmann Marcus P. aus Stuttgart hat mit dem Versandhaus Kiesel GmbH in München einen Verbraucherdarlehensvertrag über 17 800,00 EUR abgeschlossen. Nachdem die mit dem Geld gekauften Möbel nach zwei Monaten Mängel aufweisen, stellt Marcus P. die Zahlungen an die Kiesel GmbH ein.

Welches Gericht ist zuständig, wenn die Kiesel GmbH den Privatmann auf Zahlung der gesamten Restsumme von 7 200,00 EUR verklagen will?

1 Amtsgericht München
2 Landgericht München
3 Amtsgericht Stuttgart
4 Landgericht Stuttgart
5 Bundesgerichtshof

7 Einen Verbraucherdarlehensvertrag kann der Käufer nach Abschluss noch rückgängig machen. Innerhalb welcher Frist nach Aushändigung des Vertrages kann der Käufer den Vertrag schriftlich widerrufen?

1 2 Tage
2 7 Tage
3 14 Tage
4 30 Tage
5 90 Tage

8 Welche der folgenden Angaben ist nicht zwingend Inhalt eines Verbraucherdarlehensvertrages?

1 Nettodarlehensbetrag
2 Gesamtbetrag
3 zu bestellende Sicherheiten
4 effektiver Jahreszins
5 Berechnungsverfahren zur Berechnung des effektiven Zinssatzes

Welche Mängel lassen sich nach dem Merkmal „Erkennbarkeit" unterscheiden?

Mangel nach der Erkennbarkeit	▶ **Offene Mängel** sind sofort erkennbar. ▶ **Versteckte Mängel** sind nicht sofort erkennbar. ▶ **Arglistig verschwiegene Mängel** sind dem Verkäufer bekannt, wurden jedoch verschwiegen.

Welche Mängel lassen sich bei einer gelieferten Ware unterscheiden?

Sachmangel	Qualitätsmangel (Mangel in der Beschaffenheit)	Die Kaufsache ist fehlerhaft, wenn ▶ sie bei Gefahrübergang die vereinbarte Beschaffenheit nicht hat, ▶ sie einen gewöhnlichen Gebrauch nicht zulässt, der bei gleichen Sachen der Art üblich ist, ▶ sie einen von den Vertragspartnern bei Kaufvertragsabschluss vereinbarten Gebrauch nicht zulässt.
	Mangel in der Werbeaussage/ Kennzeichnung	Fehlen dem Produkt bestimmte Eigenschaften, die öffentlich, insbesondere in Werbung oder bei Kennzeichnung des Produkts versprochen wurden, so liegt ein Sachmangel vor. Dabei ist es unerheblich, ob diese Aussagen vom Verkäufer selbst, vom Hersteller oder von einem Gehilfen veranlasst wurden.
	Mangel in der Montage oder -anleitung	Ein Mangel liegt vor bei unsachgemäßer vereinbarter Montage. Ebenso stellt eine fehlerhafte Anleitung einen Sachmangel dar (IKEA-Klausel).
	Falschlieferung (Mangel in der Art)	Ein Gattungsmangel liegt vor, wenn eine andere als die geschuldete Sache geliefert wurde. Auch hierbei handelt es sich um einen Sachmangel.
	Quantitätsmangel (Mangel in der Menge)	Wird nicht die vereinbarte Menge geliefert, so handelt es sich um eine Zuweniglieferung bzw. Minderlieferung, die zu einer Leistungsstörung führt.
Rechtsmangel	Mangel im Recht	Die Kaufsache ist frei von Rechtsmängeln, wenn Dritte in Bezug auf die Sache keine oder nur die im Kaufvertrag übernommenen Rechte gegen den Käufer geltend machen können.

Beschreiben Sie die Käuferrechte bei der Schlechtleistung.

Vorrangig	Nacherfüllung	Der Käufer kann nach seiner Wahl Nachbesserung oder Ersatzlieferung verlangen. **Nachbesserung:** Der Verkäufer kann jedoch die gewählte Form der Nacherfüllung verweigern, wenn sie nur mit unverhältnismäßig hohen Kosten möglich ist. **Ersatzlieferung:** Nach zwei erfolglosen Nachbesserungsversuchen steht dem Käufer das Recht auf Neulieferung zu.	
Nachrangig	Minderung	Reduzierung des Kaufpreises	Eine **angemessene Nachfrist** ist entbehrlich, wenn ▶ der Verkäufer die Leistung verweigert, ▶ zwei Nacherfüllungsversuche fehlschlugen, ▶ die Nacherfüllung unzumutbar ist, ▶ es sich um ein Fixgeschäft, Zweckkauf handelt, ▶ besondere Umstände vorliegen.
	Rücktritt und/oder	Der Rücktritt vom ganzen Vertrag ist nicht möglich bei unerheblichem Mangel (Minimal-Klausel).	
	Schadenersatz (statt Leistung) oder	Der Schadenersatz kann nur in Anspruch genommen werden, wenn der Schuldner die Pflichtverletzung zu vertreten hat (Verschulden).	
	Ersatz vergeblicher Aufwendungen		

Erläutern Sie die Verjährung der Mängelansprüche.

Zeiten	**2 Jahre**	Die kauf- und werkvertraglichen Gewährleistungsansprüche verjähren nach zwei Jahren. Nur bei arglistigem Verschweigen des Mangels und bei nicht körperlichen Werken gilt die Regelverjährungszeit von drei Jahren.
	5 Jahre	Die kauf- und werkvertragliche Gewährleistung für Mängel bei **Bauwerken** unterliegt der fünfjährigen Verjährung.
	30 Jahre	Dazu zählen Herausgabeansprüche aus Eigentum und anderen dinglichen Rechten.

Nennen Sie Besonderheiten beim Verbrauchsgüterkauf.

Beweislast-umkehr	In den ersten 6 Monaten: Beweislast = Verkäufer	Bei Mängeln, die innerhalb von sechs Monaten nach Gefahrübergang gerügt werden, wird vermutet, dass der Mangel bei Gefahrübergang bestand. Der Gegenbeweis muss vom Verkäufer erbracht werden.
	Beweislast = Käufer	Nach Ablauf der sechs Monate muss der Käufer beweisen, dass der Sachmangel bereits bei Gefahrübergang bestand.
Ausnahme für gebrauchte Sachen	1 Jahr	Für gebrauchte Sachen kann eine Verkürzung der Verjährungsfrist für Mängel vereinbart werden. (Bei Verträgen von Privatpersonen untereinander kann eine Gewährleistung ausgeschlossen werden.)

1 Tragen Sie in die Spalte A eine

1 ein, wenn es sich um einen Sachmangel handelt,
2 ein, wenn es sich um einen Rechtsmangel handelt.

Tragen Sie in Spalte B eine
1 ein bei Qualitätsmangel,
2 ein bei Mangel in der Werbeaussage,
3 ein bei Mangel in der Montage oder Montageanleitung,
4 ein bei Gattungsmangel,
5 ein bei Quantitätsmangel,
6 ein bei Mangel im Recht.

Tragen Sie eine 9 ein, wenn es sich um keinen Mangel handelt, der gerügt werden kann.

	A	B
a. Bestellung: 10 Maschinen – Lieferung: 9		
b. Statt bestellter Rotweinkaraffen wurden Rotweingläser geliefert		
c. Lieferung einer Maschine, die sicherungsübereignet ist		
d. Haussauna, die durch unsachgemäße Montage des Käufers nach dem Aufbau Mängel aufweist		
e. Kauf eines Rasierwassers, das nicht alle Frauen dazu veranlasst, den Benutzer wie in der Fernsehwerbung zu umarmen		

2 Die Auszubildende erwirbt am Tag ihres 18. Geburtstags am 07.05. vom Händler ein gebrauchtes Kabriolett. Vertraglich wurde eine Gewährleistungsfrist von einem Jahr vereinbart. Im September des folgenden Jahres stellt die Auszubildende einen erheblichen Mangel fest.

Tragen Sie eine

1 ein, wenn die Aussage zutrifft,
9 ein, wenn die Aussage nicht zutrifft.

a. Die Gewährleistungsansprüche sind verjährt. ☐

b. Bei gebrauchten Gütern kann die Gewährleistungsfrist auf 1 Jahr verkürzt werden. ☐

c. Die Gewährleistungsansprüche sind noch nicht verjährt, da die Regelverjährung von 3 Jahren Gültigkeit hat. ☐

3 Der Privatmann Dietmar Vogel kauft sich einen neuen Computer und Zubehör im Fachgeschäft. Nach drei Monaten stellt er fest, dass die Soundkarte nicht mehr funktioniert.

Überprüfen Sie die Aussagen des Händlers und des Privatmanns Dietmar Vogel und tragen Sie eine
1 ein, wenn die Aussage zutrifft,
9 ein, wenn die Aussage nicht zutrifft.

a. Händler: „Sie müssen mir schon beweisen, dass die Soundkarte nicht durch falschen Einbau kaputtging!“ ☐

b. Dietmar Vogel: „Vom Grundsatz her müssen Sie beweisen, dass die Soundkarte bei Übergabe fehlerfrei war.“ ☐

c. Händler: „Da es sich um einen Mangel in der Herstellung handelt, müssen Sie sich direkt an den Hersteller wenden.“ ☐

d. Dietmar Vogel: „Aufgrund der defekten Soundkarte kann ich den Computer nicht wie vorgestellt nutzen. Aus diesem Grund kann ich vom Vertrag zurücktreten.“ ☐

4 Überprüfen Sie, ob in den folgenden Fällen die Gewährleistungsansprüche verjährt sind, und tragen Sie eine

1 ein, wenn die Gewährleistungsansprüche nicht verjährt sind,
9 ein, wenn die Gewährleistungsansprüche verjährt sind.

a. Am 10.10.2007 lässt sich die Hauseigentümerin H. Lübke eine Dach-Solaranlage von der L. Hoppe GmbH einbauen. Am 10.12.2012 werden erhebliche Mängel festgestellt, die durch den falschen Einbau entstanden sind. ☐

b. Die Mutter A. Janert erwirbt für ihre Tochter Charlotta zur Osterzeit eine Jacke, die in den Werbebroschüren mit „wasserundurchlässig und atmungsaktiv“ angepriesen wird. Während des Sommers stellt die Mutter bei Dauerregen fest, dass die Jacke dem Regen nicht standhält. Diesen Mangel rügt sie erst Anfang Januar des nächsten Jahres. ☐

c. Der Hausmeister Duvendack kauft sich für den Privatgebrauch einen Fitnesstrainer, der nach der ersten Inbetriebnahme jedoch funktionsunfähig wird, da die Montage falsch erfolgte. Bei Überprüfung wird festgestellt, dass exakt nach der Anleitung montiert wurde. ☐

5 Überprüfen Sie folgende Aussagen zum Letztverkäufer.

Tragen Sie eine

1 ein, wenn die Aussage zutrifft,
9 ein, wenn die Aussage nicht zutrifft.

a. Der Letztverkäufer muss sich bei einem Fabrikationsfehler direkt an den Hersteller wenden. ☐

b. Der Letztverkäufer hat als Käufer gegenüber seinen Vorlieferanten (z. B. Großhändler, Hersteller) sämtliche kaufrechtlichen Ansprüche. ☐

c. Bei Mängelrüge eines Endverbrauchers kann ein Einzelhändler ohne angemessene Nachfrist an seinen Vorlieferanten herantreten. ☐

d. Der Letztverkäufer haftet nur für Mängel, die er zu vertreten hat. Für Mängel, die z. B. ein Hersteller zu verantworten hat, muss der Hersteller auch haften; der Kunde muss sich direkt an ihn wenden. ☐

Beschreiben Sie die Voraussetzungen für die Nicht-Rechtzeitig-Lieferung.

Fälligkeit	Der Schuldner kommt **ohne Mahnung** in Verzug,	▶ wenn der Liefertermin kalendermäßig bestimmbar ist. *Beispiele: Lieferung am 18.09.20.., Lieferung Mitte des Monats, Lieferung 4 Wochen nach Ostermontag* ▶ wenn der Verkäufer die Leistung verweigert. *Beispiel: Die Lieferung kann nicht erfolgen, da wir Produktionsausfall haben.* ▶ wenn der Leistung ein Ereignis vorauszugehen hat und eine angemessene Zeit für die Leistung in der Weise bestimmt ist, dass sie sich von dem Ereignis an nach dem Kalender berechnen lässt. *Beispiel: Vertragliche Vereinbarung, dass die Lieferung drei Wochen nach Ausbau des Dachbodens erfolgen soll.* ▶ wenn besondere Gründe vorliegen. *Beispiele: Wasserrohrbruch, Kabelbrand* Der Mahnung stehen die Erhebung der Klage sowie die Zustellung eines Mahnbescheides gleich.
	Der Schuldner kommt **mit Mahnung** in Verzug,	wenn der Liefertermin kalendermäßig nicht bestimmt ist. *Beispiele: Lieferung so bald wie möglich, Lieferung sofort*
Verschulden	Der Schuldner kommt nicht in Verzug, solange die Leistung infolge eines Umstandes unterbleibt, den er nicht zu vertreten hat. Das Rücktrittsrecht ist jedoch verschuldensunabhängig.	

Welche Rechte hat ein Käufer, wenn der Lieferer nicht rechtzeitig liefert?

Ohne Fristsetzung	Erfüllung des Vertrages	*Beispiel: Der Käufer wünscht trotz der zeitlichen Verzögerung die Lieferung der Ware, da diese von keinem anderen Lieferanten in der gewünschten Zeit und/ oder Qualität geliefert werden kann.*	
	Erfüllung des Vertrages und Berechnung eines Verzugsschadens	*Beispiel: Durch die nicht fristgemäße Lieferung konnte die Produktion erst verspätet beginnen. Der dadurch entstandene Schaden muss dann vom Lieferer ersetzt werden (konkreter Schaden).*	
Mit Fristsetzung	Rücktritt und/oder	*Beispiel: Der Käufer kann die Ware inzwischen preiswerter und/oder in einer besseren Qualität/Ausführung bei einem anderen Lieferanten erwerben.*	Eine angemessene Nachfrist ist entbehrlich, wenn ▶ der Verkäufer die Leistung verweigert, ▶ der Liefertermin kalendermäßig bestimmt war (Fixgeschäft, Zweckkauf), ▶ besondere Umstände vorliegen.
	Schadenersatz (statt Leistung) oder	*Beispiele: Der Käufer musste die Ware bei einem anderen Lieferer zu einem höheren Preis einkaufen (Deckungskauf = konkreter Schaden).* *Der Käufer konnte ein lohnendes Geschäft nicht durchführen (abstrakter Schaden).*	
	Ersatz vergeblicher Leistungen	*Beispiel: Der Gläubiger hat für die Anlieferung der Ware eine Halle angemietet.*	

Unterscheiden Sie den konkreten Schaden, den abstrakten Schaden und die Vertragsstrafe.

Konkreter Schaden	Konkreter Schaden ist ein Schaden, der dem Käufer tatsächlich entstanden ist und den er mithin aufgrund von Belegen nachweisen kann. *Beispiel: Der Käufer nimmt für die nicht gelieferte Ware einen Deckungskauf vor. Ein eventueller Mehrpreis und angefallene Kosten müssen ersetzt werden.*
Abstrakter Schaden	Ein abstrakter Schaden lässt sich nicht so leicht nachweisen wie ein konkreter Schaden. Er besteht aus entgangenem Gewinn sowie aus einem möglichen Imageverlust bei den eigenen Kunden. *Beispiel: Der Schadenersatz besteht aus dem Gewinn, der möglicherweise bei rechtzeitiger Lieferung hätte erzielt werden können. Dies ist in der Regel die Differenz zwischen dem vertraglichen Einkaufspreis und dem üblichen Verkaufspreis.*
Vertragsstrafe	Die Vertragsstrafe ist eine Konventionalstrafe, die im Kaufvertrag unabhängig von dem tatsächlich entstandenen Schaden vereinbart werden kann. *Beispiel: Ein Käufer vereinbart mit einem Maschinenhersteller für jeden Tag, der über den vereinbarten Liefertermin hinausgeht, eine Vertragsstrafe von 1 500,00 EUR.*

1 ***Kennzeichnen Sie die unten aufgeführten Sachverhalte mit einer***

1, wenn der Käufer Schadenersatz statt Leistung verlangt,
2, wenn der Käufer die Lieferung ablehnen wird und Rücktritt vom Kaufvertrag verlangt,
3, wenn der Käufer keines der aufgeführten Rechte wahrnehmen kann,
4, wenn der Käufer auf Lieferung besteht und einen Verzögerungsschaden geltend macht,
5, wenn der Käufer auf Lieferung besteht.

a. Der Käufer kann eine Kühlmaschine nur von dem bereits angemahnten Alleinimporteur beziehen. Ein Schaden ist ihm nicht entstanden. ☐

b. Andere Lieferer bieten die bestellte, aber trotz Mahnung und Nachfristsetzung noch nicht gelieferte Ware aufgrund des Dollarverfalls bereits günstiger an. ☐

c. Der Käufer konnte wegen der Nichtlieferung bis zum 08.11. d. J. fest ein Gewinn bringendes Geschäft zwei Tage danach nicht ausführen. ☐

d. Die vom Alleinhersteller gelieferte Ware ist leicht beschädigt, wird jedoch dringend benötigt. Eine Verwendung ist denkbar. ☐

2 ***Entscheiden Sie bei den folgenden Angaben der Leistungszeit, ob eine Mahnung des Käufers notwendig ist, um den Lieferer in Leistungsverzug zu setzen.***

Tragen Sie eine

1 ein, wenn eine Mahnung notwendig ist.
9 ein, wenn keine Mahnung notwendig ist.

a. Lieferung sofort ☐

b. Lieferung am 18.07.20.. ☐

c. Lieferung 3 Tage nach Ostermontag 20.. ☐

d. Lieferung im Laufe des Monats Mai ☐

3 ***Die TINA GmbH & Co. KG konnte aufgrund einer falschen Disposition eine Ware an das Schreibbüro Anne Langenscheid nicht pünktlich liefern. Es erfolgte eine Mahnung nach der Fälligkeit der Lieferung.***

Ordnen Sie zu, welche der folgenden Rechte das Schreibbüro
1 wahrnehmen,
9 nicht wahrnehmen
kann.

a. Erfüllung des Vertrages ☐

b. Rücktritt vom Kaufvertrag mit angemessener Nachfristsetzung ☐

c. Minderung ☐

d. Schadenersatz statt Leistung mit angemessener Nachfristsetzung ☐

e. Umtausch ☐

4 ***Erika Händeler, Inhaberin eines Feinkostgeschäftes in Prien, bestellt am 15. Juni für ihre Vollwertabteilung bei der Großbäckerei Roseneck GmbH 120 Pakete Gewürzkuchen zum 30. Juni. Die Lieferung erfolgt nicht. Da Frau Händeler die Ware dringend benötigt, setzt sie eine Nachfrist von 14 Tagen mit dem Hinweis, dass sie danach auf Rücktritt oder Schadenersatz statt Leistung besteht. Da keine Lieferung erfolgt, bestellt sie am 21. Juli die Gewürzkuchen bei einem Bäcker, der jedoch 3,00 EUR pro Paket mehr verlangt. Den Betrag in Höhe von 360,00 EUR stellt Frau Händeler der Großbäckerei Roseneck GmbH als Schadenersatz für die Nichtlieferung in Rechnung.***

Tragen Sie eine

1 ein, wenn die Aussage zutrifft,
9 ein, wenn die Aussage nicht zutrifft.

a. Schadenersatz statt Leistung kann nicht verlangt werden, da die Nachfristsetzung zu kurz war. ☐

b. Frau Händeler kann nur die Hälfte des ihr entstandenen Schadens von der Roseneck GmbH verlangen. ☐

c. Frau Händeler muss einen Konkurrenzbäcker finden, der zu den gleichen Bedingungen liefert wie die Roseneck GmbH. ☐

d. Die Großbäckerei Roseneck GmbH muss für den konkreten Schaden in Höhe von 360,00 EUR aufkommen. Es handelt sich um einen Deckungskauf, der aufgrund der Nichtlieferung vorgenommen werden kann. ☐

5 ***Ordnen Sie den unten stehenden Sachverhalten die folgenden Begriffe richtig zu.***

1 konkreter Schaden
2 abstrakter Schaden

a. Der Käufer kann beweisen, dass er durch die zu spät eingetroffene Lieferung 6 Skianzüge nicht verkaufen konnte. An jedem Anzug hätte er einen Gewinn in Höhe von 110,00 EUR machen können. ☐

b. Der Käufer musste einen Deckungskauf bei einem anderen Verkäufer zu einem höheren Preis vornehmen. ☐

c. Der Käufer fordert die ihm aufgrund der Nicht-Rechtzeitig-Lieferung entstandenen Büro- und Rechtsberatungskosten. ☐

6 ***Der Einzelhändler Otto Ottens bestellt 120 wasserdichte Fahrradmützen mit Spezialverschluss. Als Liefertermin wird der 12.03. vereinbart. Da die Lieferung am 15.04. noch nicht erfolgt war, gibt Otto Ottens die Anweisung, einen Deckungskauf bei der Konkurrenzfirma des Lieferers vorzunehmen.***

Ordnen Sie den unten stehenden Aussagen eine
1 zu, wenn die Aussage zutrifft,
9 zu, wenn die Aussage nicht zutrifft.

a. Die Lieferfirma kam ohne Mahnung in Verzug. ☐

b. Der Einzelhändler handelt richtig, denn nach über einem Monat hätte der Fahrradmützenlieferanten liefern müssen. ☐

c. Es handelt sich hierbei um einen Fixkauf. ☐

Unter welchen Voraussetzungen gerät ein Käufer in Annahmeverzug?

Voraussetzungen	▶ Fälligkeit der Leistung ▶ Tatsächliches Angebot der geschuldeten Leistung Ein wörtliches Angebot reicht, wenn der Gläubiger erklärt, dass er die Leistung nicht annehmen werde, oder wenn der Gläubiger die Leistung abzuholen hat.

Welche Folgen hat ein Annahmeverzug für den Gläubiger?

Gefahrübergang	Die Gefahr des zufälligen Untergangs der Ware geht mit dem Eintritt des Verzugszeitpunktes auf den Gläubiger über.
Haftungsminderung	Der Schuldner hat nur noch Vorsatz und grobe Fahrlässigkeit zu vertreten, für leichte Fahrlässigkeit haftet er nicht mehr.
Wegfall der Verzinsung	Vom Zeitpunkt des Annahmeverzugs an sind für Geldschulden keine Zinsen mehr zu zahlen.

Beschreiben Sie die Rechte des Lieferers beim Annahmeverzug des Käufers.

Rücktritt vom Kaufvertrag	Der Lieferer kann die Ware ohne Schwierigkeiten an andere Kunden verkaufen und/oder er möchte mit dem in Annahmeverzug geratenen Kunden weiterhin konfliktfrei in Geschäftsverbindung bleiben und vereinbart diese vertragliche Möglichkeit.	
Hinterlegung der Ware	Der Verkäufer kann die Ware im eigenen Lager oder in einem öffentlichen Lagerhaus auf Gefahr und Kosten des Käufers einlagern.	
	Klage auf Abnahme	Dieser Ablauf dauert meist länger als der Selbsthilfeverkauf und bietet sich bei schwer verkäuflicher Ware an.
	Vornahme eines Selbsthilfeverkaufs	Dieses ist nur möglich, wenn der Selbsthilfeverkauf dem Käufer angedroht wurde. Die Androhung entfällt, wenn die Ware dem Verderb ausgesetzt ist. Der Verkäufer kann dann einen **Notverkauf** vornehmen lassen.

Welche Möglichkeiten des Selbsthilfeverkaufs kennen Sie?
Beschreiben Sie die Abwicklung.

Verkauf zum laufenden Preis	**Öffentliche Versteigerung**
Dies ist nur möglich, wenn die Ware an der Börse gehandelt wird. Durchführung: Der Verkauf zum laufenden Preis kann von einem Handelsmakler oder einer sonst zur öffentlichen Versteigerung ermächtigten Person vorgenommen werden.	Sofern die Ware nicht an der Börse gehandelt wird, kann der Verkäufer die Ware öffentlich versteigern lassen. Durchführung: Sie erfolgt durch einen Notar oder öffentlich bestellten Versteigerer oder Gerichtsvollzieher an jedem geeigneten Ort unter Berücksichtigung der Wahrung der Interessen des Käufers.

Besonderheiten	▶ Beim Verkauf zum laufenden Preis und der öffentlichen Versteigerung muss der Verkäufer dem Käufer den Ort und den Zeitpunkt der Versteigerung mitteilen. ▶ An der Versteigerung können sich neben den anderen Mitbewerbern auch der Verkäufer und der Käufer beteiligen. ▶ Das Ergebnis des Selbsthilfeverkaufs muss dem Käufer mitgeteilt werden. Der Verkauf wird auf Rechnung des Käufers durchgeführt.	
	Ergebnis des Selbsthilfeverkaufs	**Mehrerlös:** Ist die Summe aus dem Versteigerungserlös höher als der Kaufpreis zuzüglich Auslagen und sonstiger Forderungen des Lieferers, dann erhält der Kunde den Mehrerlös.
		Mindererlös: Ist die Summe aus dem Versteigerungserlös niedriger als der Kaufpreis zuzüglich Auslagen und sonstiger Forderungen des Lieferers, dann hat der Lieferer in Höhe des Mindererlöses eine Forderung gegenüber dem Kunden.

1 ***In welchem der folgenden Fälle liegt ein Annahmeverzug vor?***

Ordnen Sie eine
1 zu, wenn es sich um einen Annahmeverzug handelt,
9 zu, wenn es sich nicht um einen Annahmeverzug handelt.

a. Ein Kunde hat die telefonisch bestellte Ware drei Tage danach noch nicht abgeholt.

b. Ein Käufer hat eine Bodenvase gekauft und ein Drittel angezahlt. Nach einer Woche holt der Käufer die Ware nicht wie vereinbart ab. Der Verkäufer schickt daraufhin nach weiteren 14 Tagen eine Erinnerung und, nachdem keine Reaktion erfolgt, eine Mahnung.

c. Eine bis zum 15.04. d. J. bestellte Wohnzimmerschrankwand wird vier Tage später angeliefert. Der Käufer verweigert die Annahme.

d. Der Lieferer hat statt 1000 verkupferter Spitzteile 1100 vernickelte Spitzteile angeliefert. Die Käufer verweigert die Annahme der Lieferung.

e. Der Lieferer verzichtet auf die Anlieferung der Ware, weil der Käufer ihm am Telefon auf sein wörtliches Angebot der Lieferung mitteilte, er würde den mit ihm abgeschlossenen Vertrag für nichtig halten, da die Ware bei ihm 20% teurer sei als bei der Konkurrenz.

2 ***Eine Gemüsegroßhandlung liefert laut Vertrag 100 kg Spargel und 70 Körbchen Erdbeeren an den Einzelhandel. Da aufgrund eines Rohrbruchs und der damit verbundenen Reparaturarbeiten das Einzelhandelsgeschäft für 7 Tage geschlossen bleibt, lehnt der Einzelhändler die Abnahme der Ware ab mit dem Hinweis, er habe sofort nach Eintritt des Rohrbruchs die Bestellung per Fax storniert.***

Ordnen Sie den folgenden Aussagen eine
1 zu, wenn es sich um eine zutreffende Aussage zu diesem Fall handelt,
9 zu, wenn es sich um eine nicht zutreffende Aussage zu diesem Fall handelt.

a. Der Einzelhändler befindet sich nicht in Annahmeverzug, da er den Schaden nicht selbst verschuldet hat.

b. Die Gemüsegroßhandlung kann ohne Androhung einen Notverkauf durchführen lassen.

c. Es handelt sich um einen Annahmeverzug, und die Gemüsegroßhandlung haftet nur noch für Vorsatz und grobe Fahrlässigkeit.

d. Die Gemüsegroßhandlung kann die Ware in einem öffentlichen Lagerhaus auf Gefahr und Kosten des Käufers hinterlegen und einen Notverkauf vornehmen.

e. Da der Einzelhändler die Annahme verweigert hat, kann die Gemüsegroßhandlung die Erdbeeren und den Spargel eigenständig verkaufen und die Differenz dem Einzelhändler in Rechnung stellen.

3 ***Ordnen Sie den unten stehenden Fällen zu:***

1 grobe Fahrlässigkeit,
2 leichte Fahrlässigkeit,
3 Vorsatz.

a. Beim Transport der Ware vom Fertiglager I in das Fertiglager II gerät der Erfüllungsgehilfe aufgrund seiner nicht rutschfesten Schuhsohlen ins Schwanken und beschädigt die Ware durch den Aufprall auf den Boden.

b. Der Arbeitnehmer benutzt für den Versand der Ware aus Kostengründen die einfache einwellige Verpackung, obwohl eine stabile dreiwellige Verpackung vereinbart war. Der Arbeitnehmer hofft, dass kein Transportschaden eintritt.

c. Der Lagerarbeiter legt im Einkaufswarenlager einen Brand, um den Diebstahl von Waren zu verheimlichen.

4 ***Aufgrund eines Annahmeverzuges wurde ein Selbsthilfeverkauf durchgeführt. Das Ergebnis der öffentlichen Versteigerung beträgt 5 700,00 EUR, die Auslagen und sonstigen Forderungen des Lieferers 330,00 EUR.***

Beurteilen Sie die folgenden Aussagen und tragen Sie eine
1 ein, wenn es sich um eine zutreffende Aussage handelt,
9 ein, wenn die Aussage nicht zutrifft.

a. Bei einem vereinbarten Kaufpreis von 5 500,00 EUR erhält der Lieferer noch 130,00 EUR vom Käufer.

b. Bei einem vereinbarten Kaufpreis von 5 900,00 EUR erhält der Lieferer keinen weiteren Ersatz vom Käufer, dem Käufer stehen jedoch 130,00 EUR Mehrerlös zu.

c. Liegt der Versteigerungserlös über dem Kaufpreis und den aufgelaufenen Auslagen, so erhält der Käufer den Mehrerlös.

5 ***Bei welcher der nachstehend aufgeführten Waren wird der Lieferant im Falle eines Annahmeverzuges einen Notverkauf durchführen lassen?***

1 Künstlersammeltassen
2 belgische Paprikaschoten
3 Solartaschenrechner

6 ***Im Falle eines Annahmeverzuges stehen dem Lieferer unterschiedliche Rechte zu.***

Bestätigen Sie
zutreffende Aussagen mit einer 1,
nicht zutreffende Aussagen mit einer 9.

a. Der Lieferer kann die Ware auf Kosten des Käufers in einem fremden öffentlichen Lager unterbringen, obwohl er über Platz im eigenen Lager verfügt.

b. Der Verkäufer kann die angelieferte Ware an jedem geeigneten Ort unter Berücksichtigung der Wahrung der Interessen des Käufers versteigern lassen.

c. Handelt es sich um Ware, die an der Börse gehandelt wird, kann der Verkäufer die Ware von einem Makler zum laufenden Preis verkaufen lassen.

Nennen Sie die Voraussetzungen für den Schuldnerverzug/die Nicht-Rechtzeitig-Zahlung. Welche Rechte stehen dem Gläubiger zu?

Fälligkeit Verzug Verschulden	▶ Ist die Fälligkeit der Zahlung kalendermäßig bestimmt, kommt der Schuldner ohne Mahnung in Verzug. *Beispiele: „zahlbar am 06.03.20..“; „fällig Ende März“* ▶ Ist die Fälligkeit nicht kalendermäßig bestimmt, so kommt der Schuldner nur durch eine Mahnung in Verzug. *Beispiel: „Zahlung sofort“* ▶ Abweichend davon kommt der Schuldner 30 Tage nach Fälligkeit und Zugang einer Rechnung oder einer gleichwertigen Zahlungsaufforderung in Verzug. Beim Verbrauchsgüterkauf muss der Verbraucher darauf hingewiesen werden.	
Rechte	ohne Nachfristsetzung	▶ Erfüllung des Vertrages ▶ Erfüllung des Vertrages und Berechnung des Verzugsschadens (Ist ein Verbraucher nicht beteiligt, so betragen die Verzugszinsen 8 % über dem Basiszinssatz, sonst 5 % über dem Basiszinssatz. Ein höherer Schaden ist vom Gläubiger nachzuweisen.)
	nach einer angemessenen Nachfrist	▶ Rücktritt vom Vertrag ▶ Schadenersatz statt Leistung

Was ist unter dem kaufmännischen Mahnverfahren zu verstehen?

Kaufmännisches Mahnverfahren	Der Ablauf des außergerichtlichen (kaufmännischen) Mahnverfahrens ist gesetzlich nicht vorgeschrieben und liegt im Ermessen des Lieferers. Art und Weise der Durchführung werden bestimmt durch die Zielsetzung, einen pünktlichen Zahlungseingang zu erreichen, ohne den Kunden zu verletzen.
	Möglicher Ablauf: ▶ Erinnerung an die Fälligkeit der Forderung durch Zusendung einer Rechnungsabschrift/eines Kontoauszuges ▶ 1. Mahnung mit Fristsetzung und Erinnerung an die Zahlung, Bitte um Überweisung ▶ 2. Mahnung mit erneuter Fristsetzung und Hinweis auf die entstehenden Kreditkosten ▶ 3. Mahnung mit erneuter Fristsetzung und Mitteilung der Enttäuschung über die Nichtzahlung ▶ Letzte Mahnung und Androhung, die Zahlung gerichtlich einziehen zu lassen

Beschreiben Sie den Ablauf des gerichtlichen Mahn- und Zwangsvollstreckungsverfahrens.

Ablauf	Der Mahnbescheid ist eine durch das Gericht ausgesprochene Zahlungsaufforderung an einen säumigen Schuldner. Der Antrag auf Erlass des Mahnbescheids ist bei dem Amtsgericht des Antragstellers zu stellen. Die Höhe des Streitwertes spielt keine Rolle für die sachliche Zuständigkeit. In einigen Bundesländern besteht davon abweichend die Regelung, den Mahnbescheid zentral bei einem dafür bestimmten Gericht zu beantragen (z. B. in NRW: Amtsgericht Hagen). Der Erlass und die Zustellung erfolgen von Amts wegen.

Reaktionsmöglichkeiten des Antraggegners auf den Mahnbescheid:

Widerspruch
Die Frist beträgt 14 Tage. Ist der Mahnbescheid noch nicht für vollstreckbar erklärt worden, kann der Widerspruch auch innerhalb der nächsten 6 Monate nach Ablauf der Widerspruchsfrist erhoben werden. Nach dem Widerspruch kann jede Partei die Durchführung des streitigen Verfahrens beantragen.

Schweigen
Der Antragsteller kann 6 Monate nach Ablauf der Widerspruchsfrist den Antrag stellen, dass ein Vollstreckungsbescheid erlassen wird.

Zahlung
Damit ist das Verfahren beendet.

Streitverfahren
Das Gericht gibt den Rechtsstreit an das zuständige Gericht des Schuldners weiter. Dieses bestimmt einen Termin zur mündlichen Verhandlung. Das Verfahren kann z. B. beendet werden durch Vergleich, Urteil, Zurücknahme der Klage.

Reaktionsmöglichkeiten des Antraggegners auf den Vollstreckungsbescheid:

Einspruch
Die Frist beträgt 14 Tage. Der Rechtsstreit wird an das zuständige Gericht weitergeleitet.

Schweigen
Pfändung durch den Gerichtsvollzieher

Zahlung
Damit ist das Verfahren beendet.

1. **Erfolgreiche Pfändung:**
Verwertung und Abrechnung

2. **Fruchtlose oder unbefriedigende Pfändung:**
Antrag des Gläubigers auf Abgabe einer eidesstattlichen Versicherung durch den Schuldner

nach Abgabe der **eidesstattlichen Versicherung:**
Erneute Pfändung (wenn neue Vermögensteile vorhanden sind), Verwertung und Abrechnung.

bei Weigerung oder Nichterscheinen vor Gericht:
Möglich ist ein **Haftantrag** durch den Gläubiger.
Die Haftstrafe beträgt höchstens 6 Monate.

Widerspruch wird gegen einen Mahnbescheid eingelegt, Einspruch jedoch gegen einen Vollstreckungsbescheid.

1 *Ordnen Sie den unten stehenden Aussagen eine*

1 zu, wenn es sich um eine zutreffende Aussage handelt,
9 zu, wenn es sich um eine nicht zutreffende Aussage handelt.

a. Für die Nicht-Rechtzeitig-Zahlung gelten z. T. die gleichen Bestimmungen des BGB wie für die Nicht-Rechtzeitig Lieferung.

b. Bei der Nicht-Rechtzeitig-Zahlung hat der Gläubiger das Recht, auf Erfüllung des Vertrages zu bestehen.

c. Die Verzugszinsen, die im Falle der Nicht-Rechtzeitig Zahlung berechnet werden können, betragen für Kaufleute 8 % über dem Basiszinssatz.

d. Das außergerichtliche Mahnverfahren ist auf jeden Fall notwendig, damit die Rechte aus der Nicht-Rechtzeitig Zahlung in Anspruch genommen werden können.

e. Auf eine Mahnung kann verzichtet werden, wenn der Zahlungstermin kalendermäßig bestimmt war.

f. Eine dritte Mahnung ist notwendig, um den Schuldner ordnungsgemäß in Verzug zu setzen.

g. Im Falle der Nicht-Rechtzeitig-Zahlung kann der Gläubiger sofort vom Vertrag zurücktreten.

h. Das kaufmännische Mahnverfahren ist gesetzlich geregelt.

i. Unter bestimmten Voraussetzungen ist es möglich, sofort Klage wegen Nichtzahlung zu erheben, ohne ein kaufmännisches oder gerichtliches Mahnverfahren durchgeführt zu haben.

j. Der Mahnbescheid stellt eine Mahnung durch das Gericht dar.

k. Der Vollstreckungsbescheid ist ein vollstreckbarer Titel, der es dem Gläubiger gestattet, beim Schuldner pfänden zu lassen.

2 *Die Ruber GmbH, Osnabrück, schuldet der Renate Richter OHG, Bremen, 18 960,00 EUR. Diese Verbindlichkeit entstand aufgrund eines Kaufvertrages, in dem über Erfüllungsort und Gerichtsstand nichts Besonderes vereinbart wurde.*

Welches Gericht ist für

a. den Antrag auf Erlass des Mahnbescheides zuständig?
1 Amtsgericht Osnabrück
2 Amtsgericht Bremen
3 Landgericht Osnabrück
4 Landgericht Bremen
5 Amtsgericht Hagen

b. die Klagedurchführung zuständig?
1 Amtsgericht Osnabrück
2 Amtsgericht Bremen
3 Landgericht Osnabrück
4 Landgericht Bremen

3 *Überprüfen Sie folgende Aussagen zum Schuldnerverzug und zum Verzugszinssatz, den ein Gläubiger von seinem Geldschuldner verlangen kann. Berücksichtigen Sie bei den Antworten, dass der Basiszinssatz, der für ein halbes Jahr von der Europäischen Zentralbank festgelegt wird, 0,12 % beträgt.*

Tragen Sie eine

1 ein, wenn die Aussage zutrifft,
9 ein, wenn die Aussage nicht zutrifft.

a. Bei Kaufleuten untereinander können in diesem Fall 8,12 % berechnet werden.

b. Nach dem BGB beträgt der Zinssatz für Verzugszinsen grundsätzlich 5 %.

c. Laut BGB sind Verzugszinsen 5 % über dem Basiszinssatz möglich, wenn Verbraucher beteiligt sind; in diesem Fall also 5,12 %.

d. Beim bürgerlichen Kauf und beim einseitigen Handelskauf kann ein Verzugszins berechnet werden, der 5 Prozentpunkte über dem jeweiligen Basiszinssatz liegt.

e. Nach 30 Tagen kommt der Schuldner bei Rechnungsstellung „spätestens" in Verzug. Dann ist auch keine Mahnung mehr notwendig.

f. Der Gläubiger kann durch Mahnung den Zahlungsschuldner schon vor Ablauf der 30 Tage nach Fälligkeit und Rechnungsstellung in Verzug setzen. Der Schuldner muss den Verzugsschaden (Verzögerungsschaden) zahlen.

4 *Bringen Sie folgende Aussagen in eine richtige Reihenfolge.*

Tragen Sie die Ziffern 1 bis 5 in das Kästchen hinter der jeweiligen Aussage ein.

a. Das zuständige Gericht bestimmt einen Termin zur mündlichen Verhandlung.

b. Der Antraggegner unternimmt nichts.

c. Der Antragsteller erhebt innerhalb von 6 Monaten nach Ablauf der Widerspruchsfrist einen Vollstreckungsbescheid.

d. Der Antragsteller stellt den Antrag auf Erlass eines Mahnbescheides.

e. Der Antraggegner erhebt innerhalb von 2 Wochen Einspruch.

5 *Um im Falle einer Nichtzahlung durch den Schuldner die Rechte aus der Nicht-Rechtzeitig-Zahlung wahrnehmen zu können, muss der Gläubiger einige Voraussetzungen berücksichtigen.*

Tragen Sie eine

1 ein, wenn eine Mahnung notwendig ist,
9 ein, wenn keine Mahnung notwendig ist.

a. Zahlbar sofort

b. Zahlbar am 09.09.20..

c. Zahlbar Ende März 20..

d. Zahlung Mitte April 20..

Was versteht man unter dem Begriff „Verjährung"?

Verjährung	▶ Nach Ablauf eines gesetzlich definierten Zeitraumes verliert der Gläubiger die Möglichkeit, einen Anspruch gerichtlich durchzusetzen. ▶ Die Verjährung bewirkt nicht den Untergang des Anspruchs, jedoch ist der Schuldner berechtigt, die „Einrede der Verjährung" geltend zu machen (Leistungsverweigerungsrecht).

Unterscheiden Sie die verschiedenen Verjährungsfristen.

Allgemeines Verjährungsrecht	regelmäßige Verjährungsfrist	besondere Verjährungsfristen	
	3 Jahre	10 Jahre	30 Jahre
	Dazu zählen: ▶ alle Normalfälle Es handelt sich um die Regelverjährung.	Dazu zählen: ▶ Ansprüche auf Übertragung des Eigentums an einem Grundstück ▶ Ansprüche auf Begründung, Übertragung oder Aufhebung eines Rechts an einem Grundstück ▶ Ansprüche auf Änderung des Inhalts eines solchen Rechts ▶ Ansprüche auf die Gegenleistung bei einer 10-jährigen Verjährung	Dazu zählen: ▶ Herausgabeanspruch aus Eigentum und anderen dinglichen Rechten ▶ familien- und erbrechtliche Ansprüche Beginn: mit Entstehung des Anspruchs ▶ rechtskräftig festgestellte Ansprüche Beginn: mit der Rechtskraft der Entscheidung ▶ Ansprüche aus vollstreckbaren Vergleichen oder vollstreckbaren Urkunden Beginn: mit Errichtung des vollstreckbaren Titels ▶ Ansprüche, die durch die im Insolvenzverfahren erfolgte Feststellung vollstreckbar geworden sind Beginn: mit Feststellung im Insolvenzverfahren
Beginn	1. mit Schluss des Jahres, in dem der Anspruch entstanden ist und 2. der Gläubiger von den den Anspruch begründenden Umständen und der Person des Schuldners Kenntnis erlangt oder ohne grobe Fahrlässigkeit erlangen müsste	mit Entstehung des Anspruchs	unterschiedlich (s. o.)

Unterscheiden Sie Neubeginn und Hemmung der Verjährung.

Neubeginn der Verjährung	Die Verjährung beginnt von neuem zu laufen.	
	Gründe	▶ Anerkenntnishandlungen durch den Schuldner Teilzahlung, Zinszahlung, Sicherheitsleistung, Stundungsgesuch, Angebot anderweitiger Verrechnung, Anerkennung von Mangelansprüchen durch Nachbesserung ▶ Anerkenntnishandlungen durch den Gläubiger Antrag auf Vornahme einer gerichtlichen Vollstreckungshandlung
		Eine gewöhnliche Mahnung bewirkt nicht die Unterbrechung der Verjährung.
Hemmung der Verjährung	Die Verjährung wird um den Zeitraum der Hemmung verlängert.	
	Gründe	▶ Schwebende Verhandlungen über den Anspruch (Die Verjährung tritt frühestens drei Monate nach Ende der Hemmung ein.) ▶ Rechtsverfolgung Erhebung der Klage Zustellung des Mahnbescheids Bekanntgabe des Güteantrags Geltendmachung der Aufrechnung des Anspruchs (Die Hemmung endet sechs Monate nach rechtskräftiger Entscheidung.) ▶ Leistungsverweigerungsrecht berechtigte Leistungsverweigerung ▶ Höhere Gewalt ▶ Familiäre Gründe Dauer der Ehe, wenn Ansprüche der Ehegatten untereinander bestehen

1 Ordnen Sie zu.

1 Neubeginn der Verjährung
2 Hemmung der Verjährung

Sollte durch den angegebenen Sachverhalt weder eine Unterbrechung noch eine Hemmung der Verjährung erfolgen, tragen Sie eine 9 ein.

a. Der Gläubiger erhebt eine Klage wegen Nichtzahlung.
b. Der Mahnbescheid wird von Amts wegen zugestellt.
c. Der Schuldner leistet eine Teilzahlung.
d. Die Zinsen für die Restschuld werden vom Schuldner überwiesen.
e. Der Zahlungsschuldner erkennt eine Nachbesserung aufgrund von Mangelansprüchen an.
f. Der Verkäufer schickt eine Mahnung mit dem Hinweis, bei Nichtzahlung gerichtliche Maßnahmen einzuleiten.

2 Welche der folgenden Feststellungen zur Verjährung trifft nicht zu?

1 Die Regelverjährung beträgt 3 Jahre und beginnt mit dem Schluss des Jahres, in dem der Anspruch entstanden ist. Ferner ist zu berücksichtigen, dass der Gläubiger von den den Anspruch begründenden Umständen und der Person des Schuldners Kenntnis erlangt hat.
2 Eine besondere Verjährungsfrist gilt für Forderungen an ein insolventes Unternehmen. Nach Feststellung im Insolvenzverfahren beträgt die Verjährungsfrist gerechnet ab dem Tag der Feststellung 30 Jahre.
3 Die 10-jährige Verjährungsfrist beginnt mit Schluss des Jahres, in dem der Anspruch entstanden ist.

3 Beurteilen Sie folgende Aussagen des Angestellten der Oberkötter-Turbo-Spedition.

Ordnen Sie eine

1 zu, wenn die Aussage zutrifft,
9 zu, wenn die Aussage nicht zutrifft.

a. Eine Forderung, die bereits verjährt ist, jedoch aus Versehen noch vom Zahlungsschuldner überwiesen wurde, muss auf jeden Fall wieder dem Zahlungsschuldner gutgeschrieben werden, da dieser einen einklagbaren Rechtsanspruch auf Erstattung hat.
b. Nach Ablauf des gesetzlich definierten Zeitraums verliert der Gläubiger einer Zahlung die Möglichkeit, einen Anspruch gerichtlich durchzusetzen, d. h. der Schuldner kann die „Einrede der Verjährung" geltend machen.
c. Die regelmäßige Verjährungsfrist beträgt 3 Jahre.
d. Bei vollstreckbaren Titeln beträgt die Verjährungsfrist 30 Jahre und beginnt mit der Errichtung des vollstreckbaren Titels.

4 Tragen Sie eine

1 ein, wenn die Aussage zutrifft,
9 ein, wenn die Aussage nicht zutrifft.

Die B. B-Lau AG liefert vereinbarungsgemäß einen Spezialkran an die H. Denk-e-mal GmbH. Die Zahlung ist fällig am 15.01.2010. Im Oktober desselben Jahres hat die H. Denk-e-mal GmbH noch nicht bezahlt. Der Zahlungsmodus wird am 10.01.2011 verhandelt und der Schuldner überweist am 20.03.2011 die Hälfte der Kaufpreisforderung. Gleichzeitig bittet er um einen Zahlungsaufschub von drei Monaten für die Restzahlung. Nach Ablauf dieser Frist ist noch kein Zahlungseingang zu verzeichnen. Durch unsachgemäße Buchführung gerät der Vorgang bei der B. B-Lau AG in Vergessenheit, und erst vier Jahre nach Fälligkeit der Zahlung fordert die B. B-Lau AG die H. Denk-e-mal AG auf, die restliche Leistung zu erbringen.

a. Der Zahlungsschuldner kann die Einrede der Verjährung geltend machen.
b. Die Verjährungsfrist beträgt 3 Jahre.
c. Beginn der Verjährung ist der 31.12.2010.
d. Beginn der Verjährung ist der 15.01.2010.
e. Die Teilzahlung bewirkt einen Neubeginn der Verjährung.
f. Die Teilzahlung am 20.03.2011 stellt eine Hemmung dar.
g. Der Zeitraum des Zahlungsaufschubes bewirkt eine Verlängerung der Verjährungsfrist.
h. Mit Ablauf des 20.06.2014 ist die Forderung verjährt.

5 Unterscheiden Sie die verschiedenen Verjährungsfristen und ordnen Sie zu.

1 3 Jahre
2 10 Jahre
3 30 Jahre

a. Die Hartmann OHG hat ein nicht genutztes Grundstück an die Metall verarbeitende Verkehrsschilder GmbH zur Erweiterung des Firmengeländes verkauft. Die Grundbucheintragung ist erfolgt. Vereinbarungsgemäß ist die Zahlung fällig mit Eigentumsübertragung.
b. Der Privatmann U.
Markert erwirbt für die nächste Urlaubsreise einen Taucheranzug.
c. Wegen drohender Zahlungsunfähigkeit hat das Einzelunternehmen M.
Schulte e. K. den Insolvenzantrag gestellt. Im Insolvenzverfahren wird die Forderung des Autohauses Beier KG für vollstreckbar erklärt.
d. Die im Handelsregister eingetragene B.
Ostendorf e. K. hat eine Forderung aus der Lieferung von Teigwaren anlässlich des 25-jährigen Jubiläums der Realschule. Eine Zahlung ist bisher noch nicht erfolgt.
e. Die Druckerei Nicole Müller GmbH hat eine Forderung an die Schriftstellerin E. Lanver. Fälligkeit der Forderung wurde mit Fertigstellung des gedruckten Werkes vereinbart.
f. Das Fitnessstudio hat eine Verbindlichkeit an die Trainerin Sonja.

Welche Arten von Kaufleuten werden nach dem HGB unterschieden?

Istkaufmann *Kaufmann kraft Handelsgewerbe*	Handelsgewerbe	Handelsgewerbe ist dabei jeder Gewerbebetrieb (d. h. eine auf Dauer angelegte selbstständige Tätigkeit mit der Absicht der Gewinnerzielung), es sei denn, dass das Unternehmen nach Art oder Umfang einen in kaufmännischer Weise eingerichteten Geschäftsbetrieb nicht erfordert.
	Kaufmännische Organisation	Zu den Kriterien, die einen in kaufmännischer Weise eingerichteten Geschäftsbetriebes kennzeichnen, zählen u. a. die Mitarbeiterzahl, Größe der gewerblichen Räume, Zahl der Zweigniederlassungen, die Höhe des Umsatzes, die Höhe der Forderungen und des Vermögens.
Kannkaufmann Kleingewerbetreibende *Kaufmann kraft freiwilliger Eintragung*	Eintragungswahlrecht	Ein gewerbliches Unternehmen, dessen Gewerbebetrieb keinen in kaufmännischer Weise eingerichteten Geschäftsbetrieb benötigt (Kleingewerbe), hat die Möglichkeit, durch Handelsregistereintragung zu einem vollwertigen Kaufmann zu werden. Wird das Recht auf Eintragung nicht wahrgenommen, wird der Gewerbetreibende einer Privatperson gleichgestellt und es gilt für diesen Nichtkaufmann das BGB („Alles-oder-nichts-Prinzip").
	Löschungsantragsrecht	Ein eingetragener Kleingewerbetreibender hat die Möglichkeit, sich durch Löschung wieder aus der Kaufmannseigenschaft zurückzuziehen („Kaufmann mit Rückfahrkarte"). Dies bedeutet im Falle einer OHG bzw. KG nicht nur Verlust der Kaufmannseigenschaft, sondern auch (Rück-)Umwandlung kraft Gesetzes in die Rechtsform einer BGB-Gesellschaft. Dem Löschungsantrag wird nur zugestimmt, sofern nicht die Voraussetzung eines Istkaufmanns in der Zwischenzeit eingetreten ist.
Kannkaufmann Land- und Forstwirtschaft *Kaufmann kraft freiwilliger Eintragung*	Eintragungswahlrecht	Auf den Betrieb der Land- und Forstwirte finden die Vorschriften des Istkaufmanns keine Anwendung, d. h. ein solches land- oder forstwirtschaftliches Unternehmen kann, sofern das Unternehmen nach Art und Umfang einen in kaufmännischer Weise eingerichteten Geschäftsbetrieb erfordert, erst durch Eintragung in das Handelsregister die Kaufmannseigenschaft erlangen. Land- und forstwirtschaftliche Unternehmen besitzen die Kaufmannseigenschaft für 1. land- und forstwirtschaftliche Hauptbetriebe und/oder 2. land- und forstwirtschaftliche Nebenbetriebe, wenn Erzeugnisse des Hauptbetriebes und evtl. anderer Betriebe verwertet werden (branchenüblicher Zukauf).
Formkaufmann *Kaufmann kraft besonderer Rechtsform*	Aktiengesellschaften, Kommanditgesellschaften auf Aktien sowie die Gesellschaft mit beschränkter Haftung und die eingetragene Genossenschaft besitzen allein wegen ihrer Rechtsform die Kaufmannseigenschaft ohne Rücksicht auf den Gegenstand des Unternehmens.	

Welche Unterschiede bestehen für Gewerbetreibende mit bzw. ohne Handelsregistereintragung, deren Unternehmen einen in kaufmännischer Weise eingerichteten Geschäftsbetrieb nicht erfordern (Kleingewerbetreibende)?

Merkmal	mit Handelsregistereintragung	ohne Handelsregistereintragung
Kaufmannseigenschaft	Kannkaufmann	kein Kaufmann
Gesetz	HGB gilt	BGB gilt
Firma	Eintragung der Firma mit den damit verbundenen Rechten und Pflichten	keine Firma
Buchführung	volle Buchführungspflicht	vereinfachte Aufzeichnungspflichten
Bürgschaft	mündliche Absprache möglich	nur mit Schriftform möglich
Prokura	Erteilung der Vollmacht möglich	Erteilung nicht möglich
Untersuchungs- und Rügepflicht	unverzüglich	Innerhalb von sechs Monaten nach der Lieferung muss der Verkäufer beweisen, dass die Ware mangelfrei war. Danach trägt der Käufer die Beweislast.
Rechtsform	alle Unternehmensformen möglich	nur BGB-Gesellschaft möglich

Nennen Sie Personen, die nicht zu den Kaufleuten laut HGB zählen.

Beispiele	▶ Freiberufler, wie z. B. Anwälte oder Ärzte ▶ Personen, die wissenschaftlich tätig sind ▶ Personen, die künstlerisch tätig sind ▶ Kleingewerbetreibende, die den Kaufmannsstatus (Kannkaufmann) nicht gewählt haben ▶ Land- und Forstwirte, die den Kaufmannsstatus (Kannkaufmann) nicht gewählt haben ▶ Gesellschaften des bürgerlichen Rechts

1 ***Ordnen Sie den folgenden Geschäftsbeschreibungen die jeweiligen Kaufmannseigenschaften zum***

Tragen Sie eine 9 ein, wenn kein Kaufmann nach dem HGB vorliegt:

1 Istkaufmann
2 Kannkaufmann
3 Formkaufmann

a. „Gehrlicher, Hallen- & Industriebau GmbH"

b. „PINGUIN Frische Logistik AG"

c. „EDV-Beratung Dieter e. K."
Das Unternehmen hat keine Mitarbeiter und konnte nur geringe Umsätze erzielen.

d. „Industriekauffrau Mäggy Kleibrink"

e. „Sitec, Sicherheitstechnik mbH"
Das Unternehmen beschäftigt mehrere Mitarbeiter, konnte jedoch aufgrund der Neugründung und der damit verbundenen Vorlaufkosten keinen Gewinn erzielen.

f. „Erik Rüter, Sanitärinstallationen"
Der Klempner annonciert regelmäßig in der lokalen Zeitung und ist in einer privaten Krankenkasse versichert.

2 ***Nehmen Sie zu folgenden Aussagen Stellung.***

Tragen Sie eine
1 ein, wenn es sich um eine zutreffende Aussage handelt,
9 ein, wenn es sich um eine nicht zutreffende Aussage handelt.

a. Kleingewerbetreibende können eine OHG gründen. Sie sind dann Kannkaufleute.

b. Land- und Forstwirte können, sofern ihr Unternehmen nach Art und Umfang einen in kaufmännischer Weise eingerichteten Geschäftsbetrieb erfordert, den Kaufmannsstatus wählen. Sie sind dann Kannkaufleute.

c. Ein im Handelsregister stehende Kleingewerbetreibender hat ein Löschungsantragsrecht.

d. Freiberufler haben die Möglichkeit, nach dem HGB zu optieren und durch die Handelsregistereintragung vollwertiger Kaufmann zu werden.

e. Kaufmann ist jeder, der ein Handelsgewerbe betreibt. Handelsgewerbe ist dabei jeder Gewerbebetrieb, es sei denn, dass das Unternehmen nach Art oder Umfang einen in kaufmännischer Weise eingerichteten Geschäftsbetrieb nicht erfordert.

3 ***Bei welcher der folgenden genannten Personen handelt es sich um einen Formkaufmann?***

Tragen Sie eine 9 ein, wenn kein Formkaufmann genannt wurde.

1 Handelsvertreter Michael Krieft
2 Handelsmakler Gerd Hodina
3 Privatbankier Dietrich Bothe
4 Günter Löhbrink GmbH, Herstellung von feinen Salaten

4 ***Die Geschäftsfrauen Andrea Hageböke und Sabine Schumacher betreiben beide ein Handelsgewerbe, das jedoch keinen nach Art oder Umfang eingerichteten Gewerbebetrieb benötigt.***

Andrea Hageböke hat sich entschieden, ihr Unternehmen in das Handelsregister eintragen zu lassen. Sabine Schumacher verzichtet auf dieses Wahlrecht.

Ordnen Sie zu:

1 Zutreffende Aussage von Andrea Hageböke
2 Zutreffende Aussage von Sabine Schumacher
3 Nicht zutreffende Aussage

a. „Mit der Eintragung in das Handelsregister bin ich ein Istkaufmann."

b. „Ohne Eintragung in das Handelsregister bin ich trotz alledem ein Kaufmann, für den das HGB Gültigkeit hat."

c. „Mein Nachbar ist Landwirt und führt als Nebenbetrieb noch einen Bioladen. Er ist Kannkaufmann und im Handelsregister eingetragen. Obwohl ich nur ein Kleingewerbe betreibe, bin ich auch Kannkaufmann."

d. „Meine Firma lautet: ‚Wein- und Sektkelterei e. Kfr.'"

e. „Meinem Mitarbeiter habe ich Prokura erteilt."

f. „Beim Verbrauchsgüterkauf kann ich noch innerhalb von sechs Monaten nach der Lieferung mangelhafte Lieferung rügen und der Verkäufer ist beweispflichtig, dass die Ware bei Übergabe mangelfrei war."

g. „Meinem Löschungsantragsrecht muss man auf jeden Fall zustimmen, auch wenn in der Zwischenzeit ein nach Art oder Umfang eingerichteter Geschäftsbetrieb entstanden ist."

h. „Ich bin ein Kaufmann kraft freiwilliger Eintragung."

i. „Bürgschaftsverträge müssen zur Gültigkeit schriftlich von mir unterzeichnet werden. Mündliche Absprachen sind ungültig."

j. „Bei Eintritt eines neuen Gesellschafters könnte ich meine Firma auch ‚Sekt- und Weinkelterei OHG' nennen. Dies ist auch als Kleingewerbetreibender mit Eintragung in das Handelsregister möglich."

5 ***Das Handelsrecht des HGB regelt Besonderheiten für Kaufleute.***

Tragen Sie eine
1 ein, wenn die Person unter dieses Sonderrecht fällt,
9 ein, wenn die Person nicht unter dieses Sonderrecht fällt.

a. Rechtsanwalt

b. Juristische Person in Form einer GmbH

c. Arzt

d. Heilpraktiker

e. Wirtschaftsprüfer

f. Vorstandsvorsitzender der Turbus AG

g. Richter am Landgericht

Was versteht man unter einer Firma?

Die Firma eines Kaufmanns ist der Name, unter dem er im Handel seine Geschäfte betreibt und seine Unterschrift abgibt. Ein Kaufmann kann unter seiner Firma klagen und verklagt werden.

Erläutern Sie „Firmenkern" und „Firmenzusatz" als Bestandteile der Firma.

Firmenkern		Firmenzusatz
▶ Personen-, Sach- oder Fantasiename oder gemischte Firma Einzelunternehmen, Personen- und Kapitalgesellschaften können unter Berücksichtigung der Firmengrundsätze jede beliebige Firma wählen.	▶ Rechtsformzusatz Ein Rechtsformzusatz ist für alle Kaufleute zwingend vorgeschrieben (z. B. e. K., OHG, GmbH).	▶ Gesetzlich vorgeschrieben ist der Firmenzusatz, wenn er zur Unterscheidung notwendig ist (siehe Firmenausschließlichkeit). ▶ Freiwillige Zusätze dienen Werbezwecken.
PINGUIN FRISCHE	*GmbH*	*Kühltransporte*

Nennen und beschreiben Sie die verschiedenen Firmengrundsätze.

Firmeneignung	Die Gestaltungsfreiheiten bei der Firmenbildung werden durch Folgendes begrenzt: Die Firma muss zur Kennzeichnung des Kaufmanns geeignet sein und Unterscheidungskraft besitzen.
Firmenklarheit	Es dürfen keine irreführenden Angaben über geschäftliche Verhältnisse gemacht werden.
Firmenbeständigkeit	Die bisherige Firma kann fortgeführt werden, auch wenn ▶ eine Namensänderung erfolgte (z. B. Heirat, Adoption), ▶ eine Übertragung der Firma erfolgte (z. B. Kauf, Erbschaft, Schenkung), wenn der bisherige Inhaber die Einwilligung zur Fortführung der Firma gab, ▶ eine Änderung im Gesellschafterbestand erfolgte.
Firmenöffentlichkeit	Jeder Kaufmann muss seine Firma beim Handelsregister eintragen lassen. Ferner sind alle kaufmännischen Unternehmen verpflichtet, handelsrechtliche Angaben auf Geschäftsbriefen zu machen: Firma (einschließlich Rechtsformzusatz), Ort der Handelsniederlassung, Registergericht, Handelsregisternummer.
Firmenausschließlichkeit (Firmenmonopol)	Soll eine neue Firma eingetragen werden, so muss sie sich von den an demselben Ort oder in derselben Gemeinde bereits bestehenden Firmen und im Handelsregister bzw. Genossenschaftsregister eingetragenen Firmen deutlich unterscheiden.

Erklären Sie den Begriff und die Besonderheiten des Handelsregisters.

- Das Handelsregister ist ein amtliches Verzeichnis der **Kaufleute.** Es wird von den Amtsgerichten geführt.
- Die Einsicht in das Handelsregister ist jeder Person gestattet.
- Es ist möglich, von den Eintragungen Abschriften in beglaubigter Form zu erhalten.
- Die im Handelsregister erfolgten Eintragungen werden im Internet bekanntgegeben.
- Eintragungen, die rot unterstrichen sind, gelten als gelöscht.

Wie ist das Handelsregister gegliedert und welche Inhalte werden eingetragen?

Gliederung	▶ Abteilung A (HRA): Einzelunternehmen und Personengesellschaften ▶ Abteilung B (HRB): Kapitalgesellschaften	
Inhalte	**Abteilung B:**	▶ Spalte 1: Nummer der Eintragung ▶ Spalte 2: a) Firma, b) Ort der Niederlassung, c) Gegenstand des Unternehmens ▶ Spalte 3: Grundkapital oder Stammkapital ▶ Spalte 4: Geschäftsinhaber, Gesellschafter, Geschäftsführer, Abwickler ▶ Spalte 5: Prokura ▶ Spalte 6: Rechtsverhältnisse ▶ Spalte 7: a) Tag der Eintragung und Unterschrift, b) Bemerkungen
	Abteilung A:	wie Abteilung B, es fehlt die Angabe zu 2c und die Spalte 3

Welche rechtlichen Wirkungen haben Handelsregistereintragungen?

Konstitutiv *(rechtserzeugend, rechtsbegründend)*	Die Rechtswirkung tritt erst mit der Registereintragung ein. *Beispiele: Kaufmannseigenschaft des kleinunternehmerischen Gewerbebetriebs, Rechtsform der Formkaufleute, Firmenmonopol*
Deklaratorisch *(rechtsbezeugend, rechtserklärend)*	Die Rechtswirkung ist schon vor der Eintragung eingetreten und wird nur noch bestätigt. Die Eigenschaft als Handelsgewerbe wird für jeden Gewerbebetrieb vermutet. *Beispiele: Kaufmannseigenschaft der Istkaufleute, Prokura*

1 Die Firma besteht aus

1 dem Firmenkern,
2 dem Firmenzusatz.

Ordnen Sie diese Begriffe der folgenden Firmierung zu:
„Kunststoff-Kissel OHG, Präzisions- und Kunststoffteile".

a. Kunststoff-Kissel

b. OHG

c. Präzisions- und Kunststoffteile

2 Überprüfen Sie nachstehende Angaben über eine Unternehmung.

Welche dieser Angaben wird nicht im Handelsregister A eingetragen?

1 Ort der Niederlassung
2 Prokura
3 Gesellschafter
4 Gegenstand des Unternehmens
5 Firma
6 Kapitaleinlage des Kommanditisten
7 Eröffnung des Insolvenzverfahrens

3 Ordnen Sie die folgenden Firmengrundsätze den jeweiligen unten stehenden Aussagen zu:

1 Firmeneignung
2 Firmenklarheit
3 Firmenbeständigkeit
4 Firmenöffentlichkeit

Wenn es sich um eine nicht zutreffende Aussage handelt, tragen Sie eine 9 ein.

a. Es ist möglich, bei Heirat den Mädchennamen weiterhin in der Firmierung zu führen.
b. Das örtliche Einzelhandelsunternehmen „Marlisa Moda e. K., Damenoberbekleidung" ist mit der Firmierung im hiesigen Handelsregister beim Gericht eingetragen.
c. Die Firma muss zur Kennzeichnung des Kaufmanns geeignet sein und unterscheidungskräftig sein.
d. Bei der Gründung einer Personenfirma muss der Firmenkern den Gegenstand des Unternehmens erkennen lassen.

4 Im Handelsregister werden einige Tatbestände rot unterstrichen.

Welche der Aussagen dazu ist zutreffend?

1 Es handelt sich um Löschungen.
2 Es handelt sich um besonders wichtige Eintragungen.
3 Es handelt sich um ein internes Ordnungskriterium, das individuell von jedem Rechtspfleger benutzt werden kann.

5 Tragen Sie in das Kästchen hinter den unten stehende Aussagen eine

1 ein, wenn die Ergänzung richtig ist,
9 ein, wenn die Ergänzung falsch ist.

Das Handelsregister ...

a. ... ist das Verzeichnis aller Kaufleute. Hierzu zählen nur Kaufleute, die einen nach Art und Umfang eingerichteten Geschäftsbetrieb besitzen.
b. ... wird zentral von einem Gericht (zzt. Flensburg) für alle Kaufleute geführt.
c. ... ist das amtliche Verzeichnis der Kaufleute.
d. ... wird von der IHK bzw. der Handwerkskammer geführt.
e. ... hat verschiedene Abteilungen.
f. ... ist ausschließlich ein Verzeichnis der Unternehmen eines Gerichtsbezirks, die ein Handelsgewerbe führen.

6 Überprüfen Sie die unten stehenden Aussagen.

Kennzeichnen Sie
zutreffende Aussagen mit einer 1,
nicht zutreffende Aussagen mit einer 9.

a. Die Firma eines Kaufmanns ist der Name, unter dem er u. a. verklagt werden kann.
b. Der Firmenkern besteht z. B. aus dem Fantasienamen und dem Zusatz, der ein Gesellschaftsverhältnis andeutet.
c. Firmenzusätze können gesetzlich vorgeschrieben sein und dienen zur Unterscheidung der Personen oder des Geschäfts oder sie sind freiwillig zum Zwecke der Werbung mit in der Firmierung angegeben.
d. Bei einer gemischten Firma handelt es sich um ein Einzelhandelsunternehmen, das ein breites Sortiment aufweist

7 Welche der folgenden Eintragungen in das Handelsregister hat

1 deklaratorische Wirkung,
2 konstitutive Wirkung?

Tragen Sie eine 9 ein, wenn die Tatsache nicht in das Handelsregister einzutragen ist.

a. Bauunternehmung Kurt Ribbert e. Kfm., kein in kaufmännischer Weise eingerichteter Geschäftsbetrieb
b. Osnabrücker Lederwaren GmbH
c. Autolackiererei Bernd Hülsmeier, buchführungspflichtig nach der Abgabenordnung
d. Allgemeine Handlungsvollmacht des Angestellten
e. Gesamtprokura
f. Brinkmann OHG, 250 Mitarbeiter
g. Eigenkapital des Komplementärs

Welche Arten von Mitarbeitern hat ein Kaufmann?

Angestellte sind gewöhnlich mit verwaltenden, technischen und kaufmännischen Tätigkeiten befasst.	**Arbeiter**, auch gewerbliche Arbeitnehmer genannt, üben vorwiegend Tätigkeiten in der Produktion oder im Lager aus.	**Auszubildende** sind Personen, die zum Zweck des Erlernens eines Ausbildungsberufs beschäftigt werden.

Erläutern Sie die Prokura und nennen Sie wesentliche Punkte.

Begriff	▶ Die Prokura ermächtigt zu allen Arten von gerichtlichen und außergerichtlichen Geschäften und Rechtshandlungen, die der Betrieb eines Handelsgewerbes mit sich bringt. ▶ Zur Veräußerung und Belastung von Grundstücken ist der Prokurist nur ermächtigt, wenn ihm diese Befugnis besonders erteilt ist.	
Arten der Prokura	▶ **Einzelprokura:** Eine Person allein ist vertretungsberechtigt. Die Zeichnung erfolgt mit „pp" oder „ppa". ▶ **Gesamtprokura:** Mehrere Personen sind nur gemeinschaftlich vertretungsberechtigt. Die Zeichnung erfolgt auch hier mit „pp" oder „ppa" für jeden Vertretungsbevollmächtigten.	
Erteilung	Nur ein Kaufmann oder der gesetzliche Vertreter kann die Prokura erteilen. Dies muss ausdrücklich erfolgen.	
Einschränkung	▶ Im **Außenverhältnis** (Dritten gegenüber) ist eine Beschränkung des Umfangs der Prokura unwirksam. Im **Innenverhältnis** (zwischen Kaufmann und Prokurist) ist diese durch vertragliche Absprachen möglich. ▶ Bei Filialbetrieben ist eine Beschränkung der Prokura auf eine oder mehrere Niederlassungen möglich, wenn sie unterschiedlich firmieren.	
Beginn	▶ Im **Innenverhältnis** wird die Prokura mit der ausdrücklichen Erteilung wirksam. Im **Außenverhältnis** beginnt die Prokura, wenn Dritte davon Kenntnis haben oder wenn die Prokura durch das Handelsregister verlautbart wurde. ▶ Die Eintragung hat deklaratorische (rechtsbezeugende) Wirkung.	
Beendigung	Die Prokura erlischt ▶ durch Widerruf, ▶ mit Beendigung des Rechtsverhältnisses, ▶ durch Betriebsübergang,	▶ durch Einstellung des Handelsgeschäfts, ▶ durch den Tod des Bevollmächtigten, nicht jedoch Tod des Geschäftsinhabers.
Zwischen Innenverhältnis und Außenverhältnis der Prokura bestehen wichtige Unterschiede.		

Erläutern Sie die Handlungsvollmacht und beschreiben Sie wesentliche Punkte.

Arten	**Allgemeine Handlungsvollmacht**	**Artvollmacht**	**Einzelvollmacht**
	Sie berechtigt zur Vornahme aller Geschäfte und Rechtshandlungen, die der Betrieb eines derartigen Handelsgewerbes gewöhnlich mit sich bringt (Einkaufen, Verkaufen, Personal einstellen etc.).	Sie berechtigt zur Vornahme einer bestimmten immer wiederkehrenden Art von Rechtsgeschäften (Verkaufen oder Einkaufen).	Sie ermächtigt zur Vornahme eines einzelnen Rechtsgeschäftes (500 Blatt Kopierpapier im Bürofachgeschäft einkaufen).
	▶ Eine besondere Befugnis muss erteilt werden zur Veräußerung und Belastung von Grundstücken, Eingehung von Wechselverbindlichkeiten, Aufnahme von Darlehen, Prozessführung. ▶ Die Zeichnung der Handlungsbevollmächtigten erfolgt in der Praxis mit dem Zusatz „i. V." oder „i. A.".		
Erteilung	Die Handlungsvollmacht muss nicht ausdrücklich erteilt werden, sie kann auch stillschweigend erfolgen. Im Gegensatz zur Prokura kann sie auch von Nichtkaufleuten erteilt werden. Eine Eintragung ins Handelsregister erfolgt nicht.		
Beendigung	Die Handlungsvollmacht erlischt ▶ durch Widerruf, ▶ mit Beendigung des Rechtsverhältnisse,	▶ durch Einstellung des Handelsgeschäftes, ▶ durch den Tod des Bevollmächtigten, nicht jedoch durch den Tod des Geschäftsinhabers.	

Nennen Sie Geschäfte, für die die Vertretungsvollmachten gesetzlich verboten sind.

Untersagte Rechtsgeschäfte	▶ Prokura erteilen ▶ Steuererklärungen unterschreiben ▶ Bilanzen unterschreiben ▶ Eintragungen ins Handelsregister anmelden	▶ Eid leisten ▶ Insolvenzverfahren anmelden ▶ Gesellschafter aufnehmen ▶ Geschäft verkaufen

1 *Überprüfen Sie folgende Fälle zur Prokura. Tragen Sie eine*

1 ein, wenn die Prokura Gültigkeit hat,
9 ein, wenn die Prokura keine Gültigkeit hat.

a. Ein Kannkaufmann ermächtigt seinen Angestellten zur Zeichnung „ppa".
b. Der Geschäftsführer einer GmbH erteilt einem Angestellten Prokura, ohne die Gesellschafter informiert zu haben.
c. Ein Formkaufmann erteilt einem Angestellten mündlich die Prokura.
d. Der Unternehmer stellt einen Buchhaltungsleiter ein. Aufgrund der Stellenbeschreibung ist der Unternehmer der Meinung, die Prokura sei dadurch stillschweigend erteilt.
e. Ein Kleingewerbetreibender ohne Eintragung im Handelsregister erteilt seinem Angestellten schriftlich Prokura.
f. Der Mitarbeiterin wurde Prokura ordnungsgemäß erteilt. Die Handelsregistereintragung ist jedoch noch nicht erfolgt.

2 *Überprüfen Sie die folgenden Aussagen zur Prokura und Handlungsvollmacht.*

Tragen Sie eine

1 ein, wenn die Aussage zutrifft,
9 ein, wenn die Aussage nicht zutrifft.

a. Die Eintragung der Prokura in das Handelsregister hat konstitutive (rechtserzeugende) Wirkung.
b. Nichtkaufleute und Kaufleute können Handlungsvollmachten erteilen.
c. Die Handlungsvollmacht kann auch stillschweigend erteilt werden.
d. Die Handlungsvollmacht wird wie die Prokura in das Handelsregister eingetragen.
e. Die Prokura ist im Innenverhältnis beschränkbar.
f. Gesamtprokura bedeutet, dass der Prokurist die Rechtshandlungen eines gesamten Betriebes stellvertretend für den Inhaber durchführen darf.

3 *Entscheiden Sie, in welchem der folgenden Fälle eine rechtsgültige Handlung zwischen A und B zustande gekommen ist.*

Tragen Sie eine 3 ein, wenn dies für beide Fälle zutrifft.

1 Der Prokurist von A schließt am 19.03. einen Kaufvertrag mit B ab. Die Prokura wurde ihm erst am 18.03. erteilt, die Eintragung in das Handelsregister ist noch nicht erfolgt.
2 Der Prokurist von A schließt am 29.03. einen Kaufvertrag mit B ab. Die Prokura wurde ihm am 18.03. erteilt, die Eintragung in das Handelsregister ist erfolgt.

4 *Welche der folgenden Rechtshandlungen sind dem Inhaber der Prokura bzw. dem Inhaber der allgemeinen Handlungsvollmacht*

1 nicht erlaubt,
2 nur mit einer besonderen Vollmacht erlaubt,
3 aufgrund der erteilten handelsrechtlichen Vollmacht erlaubt?

Ordnen Sie die Ziffern 1 bis 3 für den Prokuristen in Spalte A und für den Handlungsbevollmächtigten in Spalte B den folgenden Fällen zu.

Spalte	A	B
a. Verkauf eines Grundstücks		
b. Kauf eines Grundstücks		
c. Aufnahme von neuen Gesellschaftern		
d. Entlassung von Mitarbeitern		
e. Erteilung einer Einzelvollmacht		

5 *Entscheiden Sie in den folgenden Fällen, ob eine*

1 allgemeine Handlungsvollmacht,
2 Artvollmacht,
3 Einzelvollmacht

vorliegt.

a. Der Leiter der Rechtsabteilung führt Prozesse für die Gesellschaft.
b. Die Ladenangestellte verkauft Waren.
c. Der Reisende nimmt Mängelrügen entgegen.
d. Der Sachbearbeiter in der Buchhaltung soll einen Wechsel in Höhe von 100 000,00 EUR akzeptieren. Zu seinen allgemeinen Aufgaben gehört diese Tätigkeit nicht.

6 *Ordnen Sie den folgenden Aussagen zur Handlungsvollmacht und Prokura eine*

1 zu, wenn die Aussage sich nur auf die Prokura bezieht,
2 zu, wenn die Aussage sich nur auf die Handlungsvollmacht bezieht,
3 zu, wenn die Aussage sich auf beide handelsrechtlichen Vollmachten bezieht.

Tragen Sie eine 9 ein, wenn die Aussage nicht zutrifft.

a. Die Vollmacht wird in das Handelsregister eingetragen.
b. Die Vollmacht kann von Nichtkaufleuten erteilt werden.
c. Die Vollmacht kann von Kaufleuten erteilt werden.
d. Die Vollmacht erlischt durch Widerruf.
e. Eine besondere Befugnis muss erteilt werden zur Veräußerung von Grundstücken.
f. Eine besondere Befugnis muss erteilt werden zur Eingehung von Wechselverbindlichkeiten.

Unterscheiden Sie individuelles und kollektives Arbeitsrecht. Nennen Sie Rechtsquellen des Arbeitsrechts.

Arbeitsrecht	Das Arbeitsrecht ist diejenige rechtliche Ordnung, die die Leistung abhängiger Arbeit festlegt. Abhängige Beschäftigung bedeutet, dass Arbeitnehmer (Arbeiter und Angestellte) in ihrer Arbeit unselbstständig sind. Sie stehen im Dienste eines anderen (Arbeitgeber oder Unternehmer) und sind diesem zur Arbeit nach bestimmten Weisungen verpflichtet. Das Arbeitsrecht ist in vielen verschiedenen Einzelgesetzen niedergelegt.	
	Individuelles Arbeitsrecht	**Kollektives Arbeitsrecht**
	Hierbei handelt es sich um Gesetze/Verordnungen, die Regelungen für einen einzelnen Arbeitnehmer beinhalten.	In den Gesetzen des kollektiven Arbeitsrechts werden Regelungen getroffen, die sich auf eine Gruppe von Arbeitnehmern (z. B. Belegschaft eines Betriebes – Betriebsvereinbarung) beziehen.
Rechtsquellen	▶ Bürgerliches Gesetzbuch, BGB ▶ Handelsgesetzbuch, HGB ▶ Berufsbildungsgesetz, BBiG ▶ Kündigungsschutzgesetz, KSchG ▶ Bundesurlaubsgesetz, BurlG ▶ Arbeitszeitordnung, AZO ▶ Mutterschutzgesetz, MuSchG ▶ Jugendarbeitsschutzgesetz, JarbSchG ▶ Arbeitsplatzschutzgesetz, ArbPlSchG ▶ Handwerksordnung, HO ▶ Gewerbeordnung, GO	▶ Betriebsverfassungsgesetz, BetrVerfG ▶ Gesetz über die Mitbestimmung der Arbeitnehmer, MitbestG ▶ Montan-Mitbestimmungsgesetz, MoMitbestG ▶ Tarifvertragsgesetz, TVG

Beschreiben Sie das Günstigkeitsprinzip im Arbeitsrecht.

Wenn ein Arbeitsverhältnis geschlossen wird, müssen die Regelungen zu diesem Arbeitsverhältnis unter Berücksichtigung von Gesetzen, von eventuell geltenden Tarifverträgen oder Betriebsvereinbarungen getroffen werden.

Das Günstigkeitsprinzip besagt, dass die einzelvertraglichen Regelungen immer zugunsten des Arbeitnehmers erfolgen.

Beispiel: Laut Bundesurlaubsgesetz (BUrlG) beträgt der Urlaubsanspruch eines Arbeitnehmers mindestens 24 Werktage pro Jahr. Im Tarifvertrag für die Branche einer bestimmten Region darf dieser Mindesturlaub nicht unterschritten werden. Sieht dieser Tarifvertrag vor, dass ein Urlaubsanspruch von z. B. 30 Tagen besteht, darf diese Regelung einzelvertraglich ebenfalls nicht unterschritten werden.

Günstigkeitsprinzip →

Rechtsquelle	**Gesetz**	**Tarifvertrag**	**Betriebsvereinbarung**	**Arbeitsvertrag**
Geltungsbereich: Rechtsquelle gilt für	die Bundesrepublik Deutschland	die Branche einer Region	einen einzelnen Betrieb	ein einzelnes Arbeitsverhältnis
Verhandlungspartner	Fraktionen der Parlamente (Bund oder Länder)	Arbeitgeberverband bzw. Arbeitgeber und Gewerkschaften	Arbeitgeber und Betriebsrat	Arbeitgeber und Arbeitnehmer
Beispiele für Inhalte	▶ *Entgeltfortzahlung im Krankheitsfall* ▶ *Arbeitsplatzschutz*	▶ *Höhe des Entgelts* ▶ *max. wöchentliche Arbeitszeit* ▶ *Urlaubsanspruch*	▶ *Beginn und Ende der täglichen Arbeitszeit* ▶ *Pausenregelung* ▶ *Lage des Urlaubs*	▶ *auszuführende Tätigkeit* ▶ *Höhe des Entgelts*

Erklären Sie die Zuständigkeit und den Instanzenweg der Arbeitsgerichte.

Bedeutung	Um die Durchsetzbarkeit des Arbeitsrechts zu gewährleisten, hat der Staat eine eigene Rechtspflege für das Arbeitsrecht geschaffen:
Arbeitsgericht 1. Instanz	... ist in allen arbeitsrechtlichen Streitigkeiten ohne Rücksicht auf den Streitwert zuständig.
Landesarbeitsgericht 2. Instanz	... ist zuständig für Berufungen oder Beschwerden gegen Urteile und Beschlüsse des Arbeitsgerichts.
Bundesarbeitsgericht 3. Instanz	Hier werden Revisionen oder Rechtsbeschwerden gegen Urteile und Beschlüsse des Landesarbeitsgerichts bzw. Arbeitsgerichts eingereicht (Sitz: Erfurt).

1 Überprüfen Sie, ob die unten aufgeführten arbeitsrechtlichen Regelungen

1 in einem Gesetz
2 in einem Tarifvertrag
3 in einer Betriebsvereinbarung
4 in einem Dienst-/Arbeitsvertrag
5 in keiner der aufgeführten Rechtsquellen enthalten sind.

a. Der Vertragspartner übernimmt alleinverantwortlich den Posten eines Abteilungsleiters.
b. Der Mindesturlaubsanspruch pro Kalenderjahr beträgt 24 Werktage.
c. Arbeitsbeginn 08:00 Uhr, Arbeitsende: 18:30 Uhr (für alle Arbeitnehmer)
d. Gesetzlicher Mindestlohn: Sozialhilfesatz + 30 %
e. Gehaltsgruppe 1: Tätigkeit, für die keine Ausbildung notwendig ist.

2 Stellen Sie fest, welche Verhandlungspartner unten stehende Regelungen aushandeln.

1 Arbeitgeberverband
2 Gewerkschaft
3 einzelner Arbeitgeber
4 Betriebsrat
5 einzelner Arbeitnehmer
9 keine der vorgenannten Personen/Institutionen

a. Firmen-(Haus-)tarifvertrag
b. Regelung über Verbesserung der sanitären Anlagen
c. Vertrag über Mitgliedschaft im Verband der Metall- und Elektroindustrie Nordrhein-Westfalen e. V.
d. Gesetzliche Regelung über Ladenschlusszeiten
e. Übertarifliches Gehalt
f. Manteltarifvertrag für die Beschäftigten in metallverarbeitenden Industrieunternehmen einer Region

3 Welche der unten stehenden Aussagen sind zutreffend?

1 Ein Arbeitgeber, der keinem Arbeitgeberverband angehört, ist auch nicht an Tarifverträge gebunden.
2 Beamte und Richter gelten, bezogen auf das Arbeitsrecht, ebenso als Arbeitnehmer.
3 Arbeiter sind gegenüber Angestellten grundsätzlich gleichgestellt.
4 Bei entsprechender Größe des Unternehmens kann ein einzelner Arbeitgeber mit der zuständigen Gewerkschaft einen Tarifvertrag aushandeln.
5 Ein tarifvertraglich festgelegter Urlaubsanspruch darf nicht überschritten werden.

4 Prüfen Sie, ob folgende Gesetze/Verordnungen

1 dem Individualarbeitsrecht
2 dem Kollektivarbeitsrecht
9 keinem der beiden Rechtsgebiete zuzuordnen sind.

a. Mitbestimmungsgesetz von 1976
b. Zivilprozessordnung
c. Montan-Mitbestimmungsgesetz
d. Tarifvertragsgesetz
e. Abgabenordnung
f. Bundesurlaubsgesetz

5 Für die unten stehenden Rechtsfälle sind bestimmte Gerichte zuständig. Bei welchen Rechtsfällen ist das Arbeitsgericht zuständig?

1 Ein Arbeitgeber meldet einen Arbeitnehmer nicht bei der Sozialversicherung an, obwohl er sozialversicherungspflichtig ist. Der Arbeitnehmer möchte das gerichtlich durchsetzen.
2 Aufgrund einer Kündigung, die vom Arbeitnehmer ausging, erhält der Arbeitnehmer für eine Sperrfrist von sechs Wochen kein Arbeitslosengeld. Er ist der Auffassung, dass die Tatsache nicht den gesetzlichen Vorschriften entspricht.
3 Auf dem Weg von der Arbeit nach Hause wird ein Arbeitnehmer bei einem Unfall verletzt. Die Berufsgenossenschaft will keine Leistungen erbringen, weil der Arbeitnehmer nicht auf dem direkten Weg nach Hause fuhr, sondern private Dinge erledigte.
4 Die Zahlung von Leistungen aus einer privaten Lebensversicherung wird absichtlich verzögert.
5 Ein Arbeitnehmer ist mit der betrieblichen „Kleiderordnung“ nicht einverstanden und beruft sich auf das Recht der freien Entfaltung der Persönlichkeit.

6 Das Arbeitsgericht ist zuständig für alle Streitigkeiten, die sich aus dem Arbeitsrecht ergeben können.

Welche der Aussagen über das Arbeitsgericht trifft nicht zu?

1 Bundesarbeitsgericht hat seinen Sitz in Erfurt.
2 In erster Instanz besteht kein Anwaltszwang.
3 In sämtlichen Instanzen sind neben Berufsrichtern ehrenamtliche Richter.
4 Der Berufsrichter kann in den ersten beiden Instanzen von den ehrenamtlichen Richtern überstimmt werden.
5 Streitigkeiten über Tarifverträge werden nur vor dem Bundesarbeitsgericht verhandelt.

Nennen Sie Ziel, Rechtsgrundlage und Inhalte des Mutterschutzes.

Ziel und Rechtsgrundlage	▶ Das Mutterschutzgesetz trägt der besonderen Schutzwürdigkeit von Schwangeren sowie Müttern nach der Entbindung Rechnung. ▶ **Mutterschutzgesetz (MuSchG)** und **Bundeserziehungsgeldgesetz (BErzGG)**
Wesentliche Inhalte	▶ Keine Kündigung während der Schwangerschaft und bis zu 4 Monate nach der Entbindung sowie während der Elternzeit ▶ Beschäftigungsverbot: für werdende Mütter grundsätzlich, wenn Gefahren für die Schwangere oder das Kind bestehen ▶ Eine Beschäftigung während der letzten 6 Wochen der Schwangerschaft und 8 Wochen nach der Entbindung ist untersagt. ▶ Nach der Entbindung kann Elternzeit von 36 Monaten genommen werden, die wahlweise der Mutter oder dem Vater zusteht. In dieser Zeit wird für maximal 14 Monate ein Elterngeld gezahlt, darüberhinaus bis zum 24. Monat Erziehungsgeld.

Nennen Sie Ziel, Rechtsgrundlage und Inhalte des Schutzes Schwerbehinderter.

Ziel und Rechtsgrundlage	▶ Schwerbehindert ist eine Person, die körperlich, seelisch oder geistig behindert und dadurch in ihrer Erwerbsfähigkeit um mindestens 50 % gemindert ist. Sie soll im Arbeitsleben besonders geschützt werden. ▶ **SGB, 9. Buch** (ehem. Schwerbehindertengesetz)
Wesentliche Inhalte	▶ Betriebe, die über mindestens 20 Arbeitsplätze verfügen, müssen auf wenigstens 5 % der Arbeitsplätze Schwerbehinderte beschäftigen. Dabei sind schwerbehinderte Frauen besonders zu berücksichtigen. ▶ Jeder unbesetzte Pflichtplatz wird mit einer monatlichen Ausgleichsabgabe belegt. ▶ Schwerbehinderte genießen einen erweiterten Kündigungsschutz und haben einen Anspruch auf zusätzlichen Urlaub von fünf Arbeitstagen.

Nennen Sie Ziel, Rechtsgrundlage und Inhalte des Arbeitszeitschutzes.

Ziel und Rechtsgrundlage	▶ Der Arbeitszeitschutz setzt Rahmenbedingungen für alle Fragen, die mit der Arbeitszeit im Betrieb zusammenhängen. Die gesetzten Grenzen dürfen nicht überschritten werden. ▶ **Gesetz zur Vereinheitlichung und Flexibilisierung des Arbeitsrechts (Arbeitszeitgesetz)**
Wesentliche Inhalte	▶ Arbeitszeit ist die Zeit vom Beginn bis zum Ende der Arbeit ohne Ruhepausen. ▶ regelmäßige Arbeitszeit an Werktagen: 8 Stunden ▶ Die Arbeitszeit des einzelnen Arbeitnehmers kann auf 10 Stunden ausgedehnt werden, wenn innerhalb von 6 Monaten ein Ausgleich auf eine Gesamtarbeitszeit von 8 Stunden im Durchschnitt geschaffen wird. ▶ Die tägliche Ruhezeit nach Beendigung der Arbeit beträgt mindestens 11 Stunden. ▶ Arbeitsruhe an Sonn- und Feiertagen (Sonntagsgewerbe ausgenommen); im Einzelhandel Ausnahmen bei Milcherzeugnissen, Bäcker- und Konditorwaren, Blumen und Zeitungen ▶ Nach 6 Stunden ist jedem Arbeitnehmer eine Ruhepause von 30 Minuten, ab 9 Stunden von 45 Minuten zu gewähren.

Nennen Sie Ziel, Rechtsgrundlage und Inhalte des Gesundheits- und Unfallschutzes.

Ziel und Rechtsgrundlage	▶ Der technische Arbeitsschutz soll verhindern, dass die Gesundheit der Arbeitnehmer beeinträchtigt wird. ▶ **Gewerbeordnung (GewO)**; weitere Vorschriften finden sich im Maschinenschutzgesetz, in der Verordnung über gefährliche Arbeitsstoffe, in der Arbeitsstättenverordnung, im Arbeitssicherheitsgesetz.
Wesentliche Inhalte	▶ Der Arbeitgeber hat die Betriebsräume, Vorrichtungen, Maschinen und Gerätschaften einzurichten und zu unterhalten sowie den Betrieb so zu regeln, dass die Arbeitnehmer gegen Gefahren für Leben und Gesundheit so weit geschützt werden, wie die Natur des Betriebes es gestattet. ▶ Unfallverhütungsvorschriften, die von den Berufsgenossenschaften erlassen werden, müssen im Betrieb an geeigneter Stelle aushängen. ▶ Aus dem Kreis der Mitarbeiter des Betriebes wird ein Sicherheitsbeauftragter bestimmt. ▶ Zuständige Stellen für den Arbeitsschutz sind – das Gewerbeaufsichtsamt, – die Berufsgenossenschaften als Träger der betrieblichen Unfallversicherung.

Nennen Sie Ziel, Rechtsgrundlage und Inhalte der Jahresurlaubsregelung.

Ziel und Rechtsgrundlage	▶ Die Erholung des Arbeitnehmers durch einen Urlaub soll gewährleistet werden. ▶ **Bundesurlaubsgesetz (BUrlG)**
Wesentliche Inhalte	▶ Jeder Arbeitnehmer (einschließlich Aushilfen und Teilzeitbeschäftigte) hat Anspruch auf einen bezahlten Erholungsurlaub von mindestens 24 Werktagen pro Jahr unter Weiterzahlung des Arbeitsentgelts. ▶ Der Urlaub ist grundsätzlich zusammenhängend zu gewähren und im laufenden Kalenderjahr zu nehmen.

1 In welchem der folgenden Gesetze finden sich Vorschriften über den Gesundheits- und Unfallschutz?

1 Aktiengesetz
2 Bürgerliches Gesetzbuch
3 Gewerbeordnung
4 Gesetz gegen den unlauteren Wettbewerb
5 Handelsgesetzbuch

2 Ordnen Sie die folgenden Arbeitsschutzgesetze den unten stehenden Schutzvorschriften zu:

1 SGB. 9. Buch (ehem. Schwerbehindertengesetz)
2 Mutterschutzgesetz
3 Bundesurlaubsgesetz
4 Arbeitszeitgesetz

a. Die tägliche Ruhezeit nach Beendigung der Arbeit beträgt mindestens 11 Stunden.

b. Diese Personen genießen einen besonderen Kündigungsschutz und haben einen Anspruch auf einen zusätzlichen Urlaub von 5 Tagen pro Jahr.

c. Der Kündigungsschutz dieser Personengruppe kann u. U. mehr als 36 Monate betragen.

d. Diese Personengruppe hat Anspruch auf einen bezahlten Erholungsurlaub von mindestens 24 Tagen pro Jahr.

e. Dem Arbeitnehmer steht nach 6 Stunden Arbeit eine Pause von 30 Minuten zu.

3 Kennzeichnen Sie unten stehende Aussagen mit

1, wenn diese zutreffen,
9, wenn diese nicht zutreffen.

a. Schwerbehindert ist eine Person, die körperlich, seelisch oder geistig behindert und dadurch in ihrer Erwerbsfähigkeit um mindestens 40 % gemindert ist. Sie soll im Arbeitsleben besonders geschützt werden

b. Betriebe, die über mindestens 20 Arbeitsplätze verfügen, müssen auf wenigstens 5 % der Arbeitsplätze Schwerbehinderte beschäftigen.

c. Der Arbeitszeitschutz setzt Rahmenbedingungen für alle Fragen, die mit der Arbeitszeit im Betrieb zusammenhängen. Die gesetzten Grenzen stellen eine Empfehlung für Arbeitgeber und Arbeitnehmer dar.

d. Unfallverhütungsvorschriften, die von den Berufsgenossenschaften erlassen werden, müssen an jeden Arbeitnehmer ausgehändigt werden. Der Arbeitnehmer hat durch seine Unterschrift den Empfang zu bestätigen.

e. Der Jahresurlaub ist grundsätzlich zusammenhängend zu gewähren und im laufenden Kalenderjahr zu nehmen. In Ausnahmefällen kann der Arbeitnehmer mit Zustimmung des Arbeitgebers geringe Teile des Urlaubs auf das folgende Kalenderjahr übertragen.

f. Jeder Arbeitnehmer (einschließlich Aushilfen und Teilzeitbeschäftigte) hat Anspruch auf einen bezahlten Erholungsurlaub von mindestens 30 Werktagen pro Jahr unter Weiterzahlung des Arbeitsentgelts.

4 Welche der folgenden Regelungen steht nicht im Schwerbehindertengesetz?

1 Betriebe, die über mindestens 20 Arbeitsplätze verfügen, müssen auf wenigstens 5 % der Arbeitsplätze Schwerbehinderte beschäftigen.
2 Jeder unbesetzte Pflichtplatz wird mit einer monatlichen Ausgleichsabgabe belegt.
3 Schwerbehinderte erhalten, gestaffelt nach dem Grad ihrer Behinderung, eine Zulage zwischen 10 und 20 % zum Grundgehalt oder Grundlohn.
4 Schwerbehinderte genießen einen erweiterten Kündigungsschutz und haben einen Anspruch auf zusätzlichen Urlaub von 5 Tagen.

5 Welche der folgenden Institutionen ist keine Einrichtung zur Überwachung der Arbeitssicherheit und des Gesundheits- und Unfallschutzes in Betrieben?

1 Gewerbeaufsichtsamt
2 Technischer Überwachungsverein TÜV
3 Industrie- und Handelskammer
4 Berufsgenossenschaft

6 Welche der folgenden Bestimmungen über Gesundheits- und Unfallschutz trifft nicht zu?

1 Der Arbeitgeber hat die Betriebsräume, Vorrichtungen, Maschinen und Gerätschaften einzurichten und zu unterhalten sowie den Betrieb so zu regeln, dass die Arbeitnehmer gegen Gefahren für Leben und Gesundheit so weit geschützt werden, wie die Natur des Betriebes es gestattet.
2 Unfallverhütungsvorschriften, die von den Berufsgenossenschaften erlassen werden, müssen im Betrieb an geeigneter Stelle aushängen.
3 In Betrieben mit mindestens 500 Mitarbeitern ist ein Werksarzt einzustellen.
4 Aus dem Kreis der Mitarbeiter des Betriebes wird ein Sicherheitsbeauftragter bestimmt.

7 Welche der folgenden Bestimmungen zum Arbeitszeitschutz trifft nicht zu?

1 Arbeitszeit ist die Zeit vom Beginn bis zum Ende der Arbeit ohne Ruhepausen.
2 Die regelmäßige Arbeitszeit an Werktagen beträgt maximal 8 Stunden.
3 Mehrarbeit (Überstunden) von 3 Stunden pro Tag ist an höchstens 40 Tagen pro Jahr zulässig.
4 Die tägliche Ruhezeit nach Beendigung der Arbeit beträgt mindestens 11 Stunden.
5 Arbeitsruhe gilt an Sonn- und Feiertagen (Sonntagsgewerbe ausgenommen); im Einzelhandel sind Ausnahmen bei Milcherzeugnissen, Bäcker- und Konditorwaren, Blumen und Zeitungen zulässig.

Wie kommt ein Arbeitsvertrag zustande? Welche Inhalte sollten geregelt sein?

Ablauf	Der Arbeitsvertrag ist nach § 611 BGB ein **Dienstvertrag**, durch den sich ein **Arbeitnehmer** gegenüber seinem **Arbeitgeber** zur entgeltlichen Arbeitsleistung verpflichtet. Durch das „Gesetz über den Nachweis der für ein Arbeitsverhältnis geltenden wesentlichen Bedingungen" ist die **Schriftform** zwingend **vorgeschrieben**. Der Arbeitgeber hat **wesentliche Vertragsbedingungen** spätestens einen Monat nach Beginn des Arbeitsverhältnisses schriftlich niederzulegen.
Wesentliche Inhalte	▶ Name und Anschrift der Vertragsparteien ▶ Beginn und evtl. Dauer des Arbeitsverhältnisses ▶ Arbeitsort ▶ Bezeichnung der Tätigkeit ▶ Höhe des Arbeitsentgeltes ▶ Arbeitszeit ▶ Dauer des Urlaubs ▶ Kündigungsfristen ▶ Hinweise auf Tarifverträge bzw. Betriebsvereinbarungen

Welche Regeln schränken die Vertragsfreiheit beim Arbeitsvertrag ein?

Günstigkeitsprinzip	Der Arbeitsvertrag ist eine besondere Form des Dienstvertrages. In ihm werden unter Berücksichtigung des **Günstigkeitsprinzips** die für das individuelle Arbeitsverhältnis wichtigsten Einzelheiten festgehalten. Der Arbeitsvertrag darf den Arbeitnehmer jedoch nicht schlechter stellen als ▶ im Betrieb geltende Betriebsvereinbarungen, ▶ in der Branche geltende Tarifverträge (sofern der Arbeitgeber dem zuständigen Arbeitgeberverband angehört), ▶ in der Bundesrepublik Deutschland geltende Gesetze.

Nennen Sie die Pflichten aus dem Arbeitsvertrag.

Pflichten	**Pflichten des Arbeitnehmers**	**Pflichten des Arbeitgebers**
	▶ **Dienstleistungspflicht:** Erfüllung der Leistungen aus dem Arbeitsvertrag ▶ **Treuepflicht:** Wahrung von Geschäftsgeheimnissen, Unterstützung der Unternehmensziele ▶ **Handels- und Wettbewerbsverbot** – gesetzlich: Während des Arbeitsverhältnisses darf kein eigenes Handelsgewerbe im Geschäftszweig (Wettbewerbsverbot) und außerhalb des Geschäftszweiges des Arbeitgebers (Handelsverbot) ausgeübt werden. – vertraglich (Konkurrenzklausel): Nach Beendigung des Arbeitsverhältnisses ist das Verbot aufgehoben. Soll es nach Beendigung weiter gelten, muss es vor Beendigung des Arbeitsverhältnisses vertraglich vereinbart worden sein. Voraussetzungen: Schriftform, für höchstens zwei Jahre, gegen Entgelt	▶ **Fürsorgepflicht** – Sorge für die Erhaltung der Gesundheit der Arbeitnehmer – Anmeldung des Arbeitnehmers zur Sozialversicherung ▶ **Entgeltzahlung** – spätestens am Ende eines jeden Monats – Entgeltfortzahlung im Krankheitsfalle (6 Wochen) ▶ **Gewährung von Urlaub** – Mindesturlaub laut Bundesurlaubsgesetz: 24 Werktage – tarifvertraglich zumeist mehr ▶ **Pflicht zur Ausstellung eines Zeugnisses** – einfaches Zeugnis: nur über Art und Dauer der Beschäftigung – qualifiziertes Zeugnis: zusätzlich über Führung und Leistung
Bei Verstößen gegen diese Pflichten	▶ Abmahnungen durch Arbeitnehmer: sollten schriftlich erfolgen ▶ Abmahnungen durch Arbeitgeber: schriftlich (Personalakte) ▶ bei mehreren Abmahnungen oder groben Verstößen: Kündigungsgrund	

Wie ist ein qualifiziertes Zeugnis aufgebaut?

Aufbau	▶ **Allgemeine Angaben** (Persönliche Daten, Dauer des Arbeitsverhältnisses, Beschreibung der Stelle, Aufgaben) ▶ **Führung** Sozialverhalten gegenüber, Mitarbeitern, Vorgesetzten, Geschäftspartnern)	▶ **Leistung** (Arbeitsmenge, Arbeitsqualität, Arbeitsstil, Fachwissen, Arbeitsbefähigung) ▶ **Schlussbemerkung** (Bedauern über Weggang, Wünsche für die Zukunft)
Gesetzliche Vorgaben	Das Zeugnis muss wahr sein und lt. Bundesarbeitsgericht „von verständigem Wohlwollen" getragen sein. Deshalb gelten bestimmte Formulierungen, die umgangssprachlich positiv erscheinen, als verschlüsselte Hinweise für negative Beurteilungen (siehe Beispiele). ▶ **Positive Beurteilungen:** – „Ihr Verhalten gegenüber den Mitarbeitern war in jeder Hinsicht einwandfrei." – „Herr X erzielte stets herausragende Ergebnisse." ▶ **Negative Beurteilungen:** – „Ihr Verhalten gegenüber den Mitarbeitern war im Wesentlichen einwandfrei." – „Herr X war um eine zuverlässige und genaue Arbeitsweise bemüht."	

1 Welche der unten stehenden Aussagen sind zutreffend?

1 Die Krankenkasse übernimmt bei Krankheit eines Arbeitnehmers die Fortzahlung des Entgelts ab dem ersten Tag der Arbeitsunfähigkeit.

2 Ein qualifiziertes Zeugnis enthält außer den Angaben über Art und Dauer der Beschäftigung Angaben über Führung und Leistung.

3 Ein qualifiziertes Zeugnis muss von verständigem Wohlwollen des Arbeitgebers getragen sein und das weitere Fortkommen des Arbeitnehmers nicht unnötig erschweren.

4 Der Arbeitnehmer kann nicht die Ausstellung eines neuen Zeugnisses verlangen, wenn es falsche Tatsachen oder unrichtige Beurteilungen enthält.

5 Das Entgelt für einen Angestellten muss spätestens am 10. des laufenden Monats überwiesen sein.

2 Das Wettbewerbsverbot besagt, dass ein Arbeitnehmer nicht in Wettbewerb zu seinem Arbeitgeber treten darf. Überprüfen Sie, welche der Aussagen über das Wettbewerbsverbot falsch ist.

Tragen Sie eine 9 ein, wenn alle Aussagen treffen zu.

1 Das Wettbewerbsverbot gilt für die Dauer des Arbeitsverhältnisses, ohne dass der Arbeitgeber ausdrücklich darauf hinweist.

2 Das Wettbewerbsverbot kann auch nach Beendigung des Arbeitsverhältnisses vertraglich vereinbart werden.

3 Das Wettbewerbsverbot kann bis zu maximal zwei Jahren nach Beendigung des Arbeitsverhältnisses ausgedehnt werden.

4 Das Wettbewerbsverbot nach Beendigung des Arbeitsverhältnisses muss schriftlich festgelegt sein.

5 Für die Dauer des Wettbewerbsverbots muss dem Arbeitnehmer ein Entgelt gezahlt werden.

3 Welche der unten stehenden Aussagen über den Arbeitsvertrag treffen zu?

1 Die einseitige Änderung eines Vertragsinhalts durch den Arbeitgeber oder Arbeitnehmer ist nicht möglich.
2 Einzelvertragliche Regelungen dürfen im Vergleich zu bestehenden Betriebsvereinbarungen zum Vorteil des Arbeitnehmers getroffen werden.
3 Tarifvertragliche Regelungen dürfen im Arbeitsvertrag in keinem Fall abgeändert werden.
4 Derzeit geltende gesetzliche Regelungen zur Arbeitszeit haben nur empfehlenden Charakter.
5 Verstöße gegen die Pflichten aus dem Arbeitsvertrag werden ausschließlich von der Berufsgenossenschaft geahndet.

4 Kennzeichnen Sie unten stehende Formulierungen aus Arbeitszeugnissen mit einer

1, wenn es sich eher um eine positive Beurteilung handelt,
2, wenn es sich eher um eine negative Beurteilung handelt.

a. „Sie hat sich bemüht, die ihr übertragenen Arbeiten zu unserer Zufriedenheit zu erledigen."

b. „Herr ... wird als Vorgesetzter von den Mitarbeitern geschätzt. Er versteht es hervorragend, diese entsprechend ihren Fähigkeiten einzusetzen und zu guten Leistungen zu führen."

c. „Die Arbeitsweise von Herrn ... war im Allgemeinen zufrieden stellend."

d. „Herr ... erledigte die wesentlichen Aufgaben in der Regel zuverlässig."

e. „Die Arbeitsergebnisse von Frau ... waren stets überdurchschnittlich."

5 In welchem Fall verstößt der Arbeitgeber nicht gegen die Fürsorgepflicht gegenüber dem Arbeitnehmer?

1 Der Arbeitgeber erklärt dem Arbeitnehmer, dass er nicht die Kosten für die Schutzkleidung übernimmt.
2 Von einem nicht rauchenden Arbeitnehmer wird verlangt, dass er rauchende Kollegen am Arbeitsplatz toleriert.
3 Der Arbeitgeber unternimmt nichts gegen ständiges Mobbing.
4 Der Arbeitgeber verweigert nach sechs Wochen die Entgeltfortzahlung für einen erkrankten Mitarbeiter.
5 Die Unfallschutzvorschriften werden nicht öffentlich ausgehängt.

6 Welche Aussagen über den Abschluss eines Arbeitsvertrages treffen zu?

1 Für eine Aushilfstätigkeit von 3 Wochen muss ein schriftlicher Vertrag vorliegen.
2 Ein Arbeitsvertrag muss nur dann schriftlich abgeschlossen werden, wenn das Arbeitsverhältnis über mehr als ein Jahr dauern soll.
3 Der Arbeitnehmer kann bei einem unbefristeten Arbeitsverhältnis einen schriftlichen Arbeitsvertrag vom Arbeitgeber einklagen.
4 Wesentliche Vertragsbedingungen sind spätestens einen Monat nach Beginn des Arbeitsverhältnisses schriftlich niederzulegen.
5 Nur wenn man einen schriftlichen Arbeitsvertrag abgeschlossen hat, beginnt ein Arbeitsverhältnis.

7 Bei welchen der genannten Pflichten handelt es sich nicht um Pflichten des Arbeitnehmers aus dem Arbeitsvertrag?

1 Wahrung von Geschäftsgeheimnissen
2 Fürsorgepflicht
3 Unterlassung des Betreibens gefährlicher Sportarten, z. B. Drachenfliegen
4 Wettbewerbsverbot
5 Dienstleistungspflicht

Erklären Sie die Möglichkeiten zur Beendigung des Arbeitsverhältnisses.

Fristablauf	Ist der Arbeitsvertrag nur für einen bestimmten Zeitraum abgeschlossen worden, so endet er mit Ablauf der Frist.
Aufhebungsvertrag	Arbeitgeber und Arbeitnehmer erklären in einem Vertrag übereinstimmend, dass das Arbeitsverhältnis beendet sein soll.
Kündigung	▶ Die **ordentliche Kündigung** kann nur schriftlich unter Einhaltung einer Kündigungsfrist erfolgen. Für alle Arbeitnehmer (Arbeiter und Angestellte) gilt eine Mindestkündigungsfrist von vier Wochen zum Ende oder zur Mitte eines Monats. Ausnahmen hierzu sind bei Betrieben unter 20 Beschäftigten und bei Aushilfstätigkeiten von weniger als drei Monaten Dauer möglich. In der Probezeit beträgt die Frist zwei Wochen. Bei längerer Betriebszugehörigkeit gelten erweiterte Fristen (jeweils zum Monatsende): ab zwei Jahren – ein Monat ab fünf Jahren – zwei Monate ab acht Jahren – drei Monate ab zehn Jahren – vier Monate ab 12 Jahren – fünf Monate ab 15 Jahren – sechs Monate ab 20 Jahren – sieben Monate ▶ Die **außerordentliche Kündigung** erfolgt fristlos aus wichtigem Grund (Schriftform ist vorgeschrieben). Ein solcher ist die grobe Verletzung einer vertraglichen Pflicht. Entscheidend ist, dass dem kündigenden Teil die Fortsetzung des Arbeitsverhältnisses nicht mehr zugemutet werden kann. Dies wird z. B. für den Arbeitgeber dann der Fall sein, wenn der Arbeitnehmer gestohlen hat, für den Arbeitnehmer, wenn der Arbeitgeber gröblich die Sicherheitsvorschriften vernachlässigt.

Beschreiben Sie die Ziele und Voraussetzungen des Kündigungsschutzgesetzes.

Ziele	Für einen Arbeitnehmer ist der Arbeitsplatz Grundlage zur Sicherung der materiellen und sozialen Existenz. Aus diesem Grund soll das Kündigungsschutzgesetz (KSchG) Arbeitnehmer vor willkürlichen Kündigungen durch den Arbeitgeber schützen. Kündigungen sind demnach rechtsunwirksam, wenn sie „sozial ungerechtfertigt" sind. Rechtswirksame Kündigungen liegen nur dann vor, wenn bestimmte Gründe gegeben sind. Bei personen- oder verhaltensbedingten Kündigungen müssen vorherige Abmahnungen erfolgt sein.
Voraussetzungen für die Anwendung des KSchG	▶ Das Unternehmen muss mehr als zehn Arbeitnehmer beschäftigen. ▶ Das Arbeitsverhältnis muss mindestens sechs Monate bestehen.

Nennen Sie Gründe, die aus der Sicht des Kündigungsschutzgesetzes sozial gerechtfertigt sind.

Personenbedingt	*Beispiele: fehlende Eignung, mangelhafte Leistung, häufige Erkrankungen, Alkoholabhängigkeit*
Verhaltensbedingt	*Beispiele: unberechtigte Krankmeldung, Störung des Betriebsfriedens, häufige Unpünktlichkeit*
Betriebsbedingt	*Beispiele: Rationalisierung, Einschränkung der Produktion, Auftragsmangel, Umsatzrückgang*

Beschreiben Sie das Kündigungsschutzverfahren.

- ▶ Die Kündigung bedarf der vorherigen Anhörung des Betriebsrates. Eine ohne Anhörung ausgesprochene Kündigung ist nichtig. Der Betriebsrat kann einer ordentlichen Kündigung innerhalb von einer Woche, einer außerordentlichen Kündigung *unverzüglich*, spätestens innerhalb von drei Tagen schriftlich unter Angabe von Gründen widersprechen.
- ▶ Gegen eine seiner Meinung nach sozial ungerechtfertigte Kündigung kann der Arbeitnehmer innerhalb einer Woche *Einspruch* beim Betriebsrat einlegen. Soweit dieser den Einspruch für begründet hält, hat er sich um eine Verständigung mit dem Arbeitgeber zu bemühen.
- ▶ Um ein endgültiges Wirksamwerden der Kündigung zu verhindern, muss der Arbeitnehmer innerhalb von drei Wochen nach Zugang der Kündigung Klage beim Arbeitsgericht erheben mit dem Antrag, festzustellen, dass das Arbeitsverhältnis durch die Kündigung nicht aufgelöst ist. Gleiches gilt für außerordentliche Kündigungen.
- ▶ Stellt das Arbeitsgericht die Unwirksamkeit fest, muss der Arbeitnehmer entweder weiterbeschäftigt werden oder der Arbeitgeber hat ihm eine Abfindung zu zahlen, falls die Fortsetzung des Arbeitsverhältnisses unzumutbar ist.

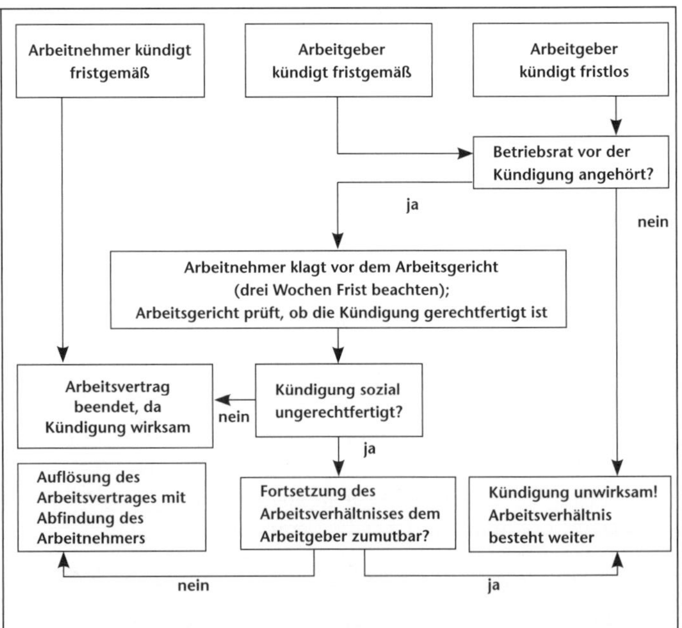

1 *Welche Kündigungsfrist gilt für unten stehende Angestellte in einem Betrieb mit mehr als 50 Beschäftigten am 31.12.2012 wenn sie vom Arbeitgeber ordentlich gekündigt werden und die Kündigungsfristen tarifvertraglich nicht geregelt sind?*

1 ein Monat zum Monatsende
2 zwei Monate zum Monatsende
3 drei Monate zum Monatsende
4 vier Monate zum Monatsende
5 fünf Monate zum Monatsende
6 sechs Monate zum Monatsende
7 sieben Monate zum Monatsende
8 vier Wochen zum Ende/zur Mitte eines Monats

a. Anita Alfinger, 35 Jahre alt, Betriebseintritt: 2003
b. Bernd Blome, 50 Jahre alt, Betriebseintritt: 1993
c. Claus Cordes, 38 Jahre alt, Betriebseintritt: 2001
d. Dagobert Deiter, 28 Jahre alt, Betriebseintritt: 2011
e. Erika Ernstmeier, 35 Jahre alt, Betriebseintritt: 2008

2 *Arbeitnehmer sollen vor willkürlichen Kündigungen durch den Arbeitgeber geschützt werden. Gesetzliche Grundlage hierfür ist das Kündigungsschutzgesetz (KSchG). Welche der unten stehenden Aussagen geben notwendige Voraussetzungen für die Anwendung des Kündigungsschutzgesetzes wieder?*

1 Das Unternehmen des gekündigten Arbeitnehmers muss im ungünstigsten Fall für den Arbeitnehmer mindestens zehn Arbeitnehmer beschäftigen.
2 Das Arbeitsverhältnis muss mindestens sechs Monate bestehen.
3 Der Arbeitgeber muss einem Arbeitgeberverband angeschlossen sein.
4 Der Arbeitnehmer muss gewerkschaftlich organisiert sein.
5 Der Arbeitgeber muss vor der Kündigung den Betriebsrat informiert haben.

3 *Entscheiden Sie, ob es sich in unten stehenden Fällen um einen wichtigen Grund handelt, der eine außerordentliche Kündigung rechtfertigt.*

1 Eine Angestellte erhält seit zwei Jahren in der Zeit vor Weihnachten keinen Urlaub, da der Betrieb in dieser Zeit einen hohen Arbeitsaufwand hat.
2 Ein Angestellter erscheint in einem halben Jahr fünfmal zu spät zur Arbeit, ohne dass er bisher Abmahnungen erhielt.
3 Eine Mitarbeiterin entwendet aus dem Büro fünf Päckchen Disketten. Nach zwei Tagen bringt sie diese reumütig zurück und informiert den Arbeitgeber.
4 Aufgrund eines Fehlers in der Datenverarbeitungsanlage kann das Februar-Entgelt erst Mitte März ausgezahlt werden.

4 *Bis zu welchem Termin muss der Arbeitgeber unten stehende Angestellte mindestens weiterbeschäftigen, wenn er die ordentliche Kündigung am 15.01. ausspricht?*

a. Person A: Alter 35 Jahre, sieben Jahre Betriebszugehörigkeit
b. Person B: Alter 25 Jahre, ein Jahr Betriebszugehörigkeit
c. Person C: Alter 50 Jahre, 21 Jahre Betriebszugehörigkeit
d. Person D: Alter 40 Jahre, zehn Jahre Betriebszugehörigkeit

5 *Das Kündigungsschutzgesetz lässt für eine ordentliche Kündigung eines Arbeitnehmers nur bestimmte Gründe zu, die eine Kündigung durch den Arbeitgeber sozial rechtfertigt.*

Welcher der im Folgenden genannten Gründe gehört nicht dazu?

1 Gründe, die in der Person des Arbeitnehmers liegen
2 Gründe, die in der Person des Arbeitgebers liegen
3 Gründe, die im Verhalten des Arbeitnehmers liegen
4 betriebsbedingte Gründe

6 *Innerhalb welcher Frist muss ein Arbeitnehmer Klage beim Arbeitsgericht erheben, damit eine ausgesprochene Kündigung nicht endgültig wirksam wird?*

1 drei Tage
2 eine Woche
3 zwei Wochen
4 drei Wochen
5 ein Monat

7 *Welcher der unten aufgeführten Gründe ist kein betriebsbedingter Grund für eine sozial gerechtfertigte Kündigung?*

1 Umsatzrückgang
2 Auftragsmangel
3 Rationalisierungsmaßnahmen
4 Negativer Einfluss auf das Betriebsklima
5 Einschränkung der Produktion

8 *Welche der unten aufgeführten Aussagen zum Kündigungsschutzverfahren trifft nicht zu?*

Tragen Sie eine 9 ein, wenn alle Aussagen zutreffen.

1 Eine Kündigung, die ohne vorherige Anhörung des Betriebsrates ausgesprochen wurde, ist nichtig.
2 Der Betriebsrat kann einer ordentlichen Kündigung innerhalb von einer Woche widersprechen.
3 Einer außerordentlichen Kündigung kann der Betriebsrat nicht widersprechen.
4 Durch einen Klageantrag beim Arbeitsgericht innerhalb von drei Wochen nach Zugang der Kündigung kann der Arbeitnehmer verhindern, dass die Kündigung endgültig wirksam wird.

Was versteht man unter den Begriffen Tarifrecht und Tarifautonomie?

Tarifrecht	Art. 9 (3) des Grundgesetzes garantiert Arbeitgebern und Arbeitnehmern, sich in Interessenverbänden zusammenzuschließen (**Koalitionsfreiheit**). Das Tarifrecht als Teil des kollektiven Arbeitsrechts regelt die Auseinandersetzungen zwischen den Arbeitnehmerverbänden (Gewerkschaften) und den Arbeitgeberverbänden. Die zwischen diesen Tarifpartnern ausgehandelten Rahmenbedingungen (**Tarifverträge**) gelten jeweils für eine Vielzahl von einzelnen Arbeitsverhältnissen.
Tarif-autonomie	Die Tarifpartner sind in ihren Entscheidungen hinsichtlich des Abschlusses von Tarifbedingungen völlig unabhängig (autonom).
	Eine Einflussnahme auf die Ergebnisse der Verhandlungen ist dem Staat durch die Tarifautonomie untersagt.

Nennen Sie die Tarifparteien und deren Hauptaufgabe.

Tarifparteien	**Gewerkschaften**	**Arbeitgeberverbände**
	Die Gewerkschaften sind freiwillige Zusammenschlüsse von Arbeitnehmern zum Zwecke der Wahrung und Förderung ihrer Arbeitsbedingungen. **Dachorganisation:** Deutscher Gewerkschaftsbund (DGB) **8 Einzelgewerkschaften:** IG Bauern-Agrar-Umwelt, IG Bergbau, Chemie, Energie, Gewerkschaft Erziehung und Wissenschaft, IG Metall, Gewerkschaft Nahrung-Genuss-Gaststätten, Gewerkschaft der Polizei, Transnet Gewerkschaft GdED, Vereinte Dienstleistungsgewerkschaft e. V. (ver.di)	Die Arbeitgeberverbände sind freiwillige Zusammenschlüsse von Arbeitgebern gleicher Wirtschaftszweige einer bestimmten Region (z. B. Bauindustrie), deren Zweck die Wahrung und Förderung der Interessen ihrer Mitglieder ist. **Dachverband:** Bundesverband deutscher Arbeitgeberverbände BDA **Landesverbände:** z. B. Landesvereinigung der Arbeitgeber- und Wirtschaftsverbände Sachsen-Anhalt und **Fachspitzenverbände:** z. B. Gesamtverband der metallindustriellen Arbeitgeberverbände e. V.

Beschreiben Sie die Aufgaben der Gewerkschaften.

Abschluss von Tarifverträgen	Hauptaufgabe der Gewerkschaften ist die Führung von Tarifverhandlungen und der Abschluss von Tarifverträgen. Dabei geht es nicht nur darum, hohe Lohnabschlüsse zu tätigen, sondern auch die übrigen Arbeitsbedingungen (z. B. Arbeitszeiten und Arbeitsbedingungen) im Sinne der Arbeitnehmer zu verbessern.
Einflussnahme auf der betrieblichen Ebene	Die gewerkschaftlichen Vertrauensleute sind in Abstimmung mit dem Betriebsrat zuständig für die Wahrnehmung der Interessen ihrer Gewerkschaftsmitglieder in den Betrieben. Diese Einflussnahme ist in vielen Bestimmungen des Betriebsverfassungsgesetzes bzw. der Mitbestimmungsgesetze verankert.
Sozialpolitik	Die Gewerkschaften geben Stellungnahmen zu Problemen der Sozialpolitik und im Vorfeld von gesetzgeberischen Maßnahmen ab, die die Arbeitnehmer direkt betreffen (z. B. Einführung der Pflegeversicherung).

Was ist ein Tarifvertrag? Nennen Sie Arten von Tarifverträgen und deren Inhalte.

Begriff	Der Tarifvertrag regelt die Rechte und Pflichten der Tarifvertragsparteien und enthält Rechtsnormen, die den Inhalt, den Abschluss und die Beendigung von Arbeitsverhältnissen sowie betriebliche und betriebsverfassungsrechtliche Fragen ordnen können. Rechtliche Grundlage für Tarifverträge ist das Tarifvertragsgesetz TVG.	
Formvorschrift	Tarifverträge bedürfen der Schriftform und werden im Tarifregister eingetragen, das beim Bundesminister für Arbeit und Sozialordnung geführt wird.	
Arten von Tarifverträgen	Unterscheidung nach Vertragspartnern	▶ **Verbandstarifverträge:** Vertragspartner: Arbeitgeberverbände (Zusammenschluss mehrerer Arbeitgeber einer Branche in einer Region) und Gewerkschaften ▶ **Haus, Firmen- oder Werktarifverträge:** Vertragspartner: ein einzelner Arbeitgeber und die für den Betrieb zuständige Gewerkschaft
	Unterscheidung nach dem Inhalt	▶ **Lohn-/Gehaltstarifverträge** – regeln vorwiegend die geldlichen Arbeitsbedingungen, z. B. Arbeitsentgelt pro Stunde bzw. pro Monat (gestaffelt nach Entgeltgruppen); Ausbildungsvergütungen für Auszubildende, gestaffelt nach Ausbildungsjahren; – haben kurze Laufzeiten ▶ **Rahmentarifverträge** – regeln die Entgeltgruppen unter Berücksichtigung von Ausbildung, Alter, Schwierigkeitsgrad der auszuführenden Arbeit; – haben i. d. R. eine Laufzeit von mehreren Jahren. ▶ **Manteltarifverträge** – regeln allgemeine Arbeitsbedingungen, z. B. Anzahl der wöchentlichen Arbeitsstunden, Anzahl der Urlaubstage pro Kalenderjahr, Regelungen zum 13. Monatsgehalt, Weihnachtsgeld bzw. Urlaubsgeld, Höhe des Arbeitgeberanteils zu den vermögenswirksamen Leistungen, Zuschläge für Mehr-, Nacht-, Sonntags-, Feiertags-, Akkordarbeit, Rationalisierungsschutz; – haben i. d. R. eine Laufzeit von mehreren Jahren.

1 Welche Verhandlungspartner können Tarifverträge abschließen?

1 Einzelner Arbeitgeber und Betriebsrat
2 Einzelner Arbeitgeber und Gewerkschaft
3 Arbeitgeberverband und Betriebsrat
4 Arbeitgeberverband und Gewerkschaft
5 Bundeswirtschaftsminister und Gewerkschaft

2 Vor welchem Gericht müssen Streitigkeiten zwischen den Sozialpartnern auf Grund eines Tarifvertrages ausgetragen werden?

1 Sozialgericht
2 Verwaltungsgericht
3 Arbeitsgericht
4 Landgericht
5 Verfassungsgericht

3 Prüfen Sie folgende Satzergänzungen und tragen Sie die Ziffer vor der zutreffenden Aussage in das Kästchen ein.

Der Begriff „Tarifautonomie" bedeutet, dass ...

1 ... der ausgehandelte Tarifvertrag ausschließlich für ein bestimmtes Tarifgebiet gilt.
2 ... die Tarifpartner ohne Eingriffe von außen die Verhandlungen führen und eine Einigung erzielen.
3 ... der Staat in die Tarifverhandlungen eingreifen darf, wenn die Tarifpartner zu keiner Einigung kommen.
4 ... bei Differenzen zwischen den Tarifpartnern ein Vertreter des Bundeswirtschaftsministeriums als „neutraler Schlichter" versucht, eine Kompromisslösung zu finden.
5 ... der ausgehandelte Tarifvertrag ausschließlich für eine bestimmte Branche gilt.

4 Kennzeichnen Sie die unten stehenden arbeitsrechtlichen Bedingungen mit einer

1, wenn sie Inhalt eines Lohn- bzw. Gehaltstarifvertrages sind.
2, wenn sie Inhalt eines Rahmentarifvertrages sind.
3, wenn sie Inhalt eines Manteltarifvertrages sind.
9, wenn sie weder in einem Lohn- bzw. Gehaltsvertrag noch in einem Rahmen- bzw. Manteltarifvertrag aufgeführt sind.

a. Höhe des Ecklohns

b. Urlaubsanspruch

c. Tantiemen der Aufsichtsratsmitglieder

d. Höhe der Ausbildungsvergütung im 3. Ausbildungsjahr

e. Kündigungsfristen

f. Betriebliche Altersversorgung

g. Gehaltsgruppen

h. Voraussetzungen für einen Streik

5 Welche Aussage zum Tarifvertrag trifft nicht zu?

1 Der Tarifvertrag ist ein schriftlicher Vertrag zwischen einem Arbeitgeberverband bzw. einem einzelnen Arbeitgeber und den Gewerkschaften.
2 Der Tarifvertrag enthält einheitliche Mindestarbeitsbedingungen für die Beschäftigten einer Branche in einer Region.
3 Diese Mindestarbeitsbedingungen gelten zunächst nur für die Tarifpartner und ihre Mitglieder.
4 Erst wenn der Tarifvertrag als „allgemeinverbindlich" anerkannt worden ist, gelten die Bedingungen für alle Arbeitgeber und Arbeitnehmer in der Branche der entsprechenden Region.
5 Da die Laufzeit eines Tarifvertrages immer ein Jahr beträgt, finden jährlich neue Tarifverhandlungen statt.

6 Welche der folgenden Erläuterungen bzw. Begriffspaare ergibt keine sinnvolle Zuordnung?

1 Koalitionsfreiheit – Zusammenschluss von Mitgliedern zu Interessenverbänden
2 Arbeitnehmerverbände – Gewerkschaften
3 Tarifverträge – arbeitsrechtliche Rahmenbedingungen
4 kollektives Arbeitsrecht – Regelungen gelten für eine Vielzahl von Arbeitnehmern
5 Arbeitgeberverbände – Haustarifvertrag

7 Prüfen Sie unten stehende Satzergänzungen.

Welche der unten stehenden Aussagen treffen nicht zu?
Zu den Aufgaben der Gewerkschaften gehört u. a. die (der) ...

1 ... Interessenvertretung in sozialpolitischen Fragen.
2 ... Entscheidung über die Allgemeinverbindlichkeit von Tarifverträgen.
3 ... Beratung zur Durchführung der Wahl eines Betriebsrats in einem Betrieb.
4 ... Abschluss von Tarifverträgen.
5 ... Wahrnehmung der Interessen der Gewerkschaftsmitglieder eines Betriebes.

8 Ergänzen Sie folgenden Satzanfang, indem Sie die Ziffer vor der zutreffenden Satzergänzung in das Kästchen eintragen.

Kein Inhalt eines Manteltarifvertrages ist eine Regelung über ...

1 ... das Weihnachtsgeld.
2 ... die Höhe des Arbeitgeberanteils zu den vermögenswirksamen Leistungen.
3 ... die Zuschläge für Nachtarbeit.
4 ... die Anzahl der Urlaubstage pro Kalenderjahr.
5 ... das Arbeitsentgelt pro Stunde.

Was versteht man unter der „Allgemeinverbindlichkeit" von Tarifverträgen?

- ▶ Tarifverträge gelten zunächst nur für Mitglieder der für den Betrieb zuständigen Gewerkschaft und für einen Arbeitgeber, der einem Arbeitgeberverband angehört (Tarifgebundenheit). Ein Mitarbeiter eines Betriebes, der nicht einer Gewerkschaft angehört, kann demnach die Regelungen eines Tarifvertrages nicht beanspruchen.
- ▶ Durch die Allgemeinverbindlichkeitserklärung (§ 5 TVG) kann ein Tarifvertrag auch auf Arbeitsverhältnisse angewendet werden, bei denen der Arbeitgeber nicht tarifgebunden ist bzw. der Arbeitnehmer keiner Gewerkschaft angehört.
- ▶ Auf Antrag einer Tarifvertragspartei (Arbeitgeberverband bzw. Gewerkschaft) kann der Bundesminister für Arbeit und Sozialordnung im Einvernehmen mit einem Tarifausschuss (je drei Vertreter der Spitzenorganisationen der Arbeitgeber und der Arbeitnehmer) diese Allgemeinverbindlichkeitserklärung abgeben.

Beschreiben Sie den Ablauf von Tarifverhandlungen.

Die Tarifverträge kommen in Verhandlungen zwischen den Tarifparteien zustande. Können sich die Vertragspartner nicht einigen, wird entweder ein Schlichter eingeschaltet oder es kommt zu Arbeitskampfmaßnahmen.

Schlichtung	Die Schlichtung ist ein Verfahren zur Verhinderung bzw. Beilegung von Streitigkeiten zwischen den Tarifvertragsparteien. Ein Schlichter ist eine neutrale Person, die bei beiden Parteien ein hohes Ansehen genießen sollte. Der Schlichter versucht zwischen den Parteien zu vermitteln und bietet einen Schiedsspruch an. Dieser kann, muss aber nicht akzeptiert werden.
	Schlichtung geht vor Streik.
Streik	Ein Streik ist eine planmäßig durchgeführte, vorübergehende Arbeitsniederlegung einer größeren Zahl von Arbeitnehmern zur Erlangung der in den Tarifverhandlungen vertretenen Ziele. Die Arbeitsverhältnisse ruhen und die Arbeitnehmer erhalten keinen Lohn, lediglich eine Unterstützung aus der Gewerkschaftskasse.
Aussperrung	Die Aussperrung ist eine Arbeitskampfmaßnahme der Arbeitgeber, mit der die Arbeitsverhältnisse einer größeren Zahl von Arbeitnehmern aufgehoben werden. Die Arbeits- und Lohnzahlungspflicht entfällt für diese Zeit.

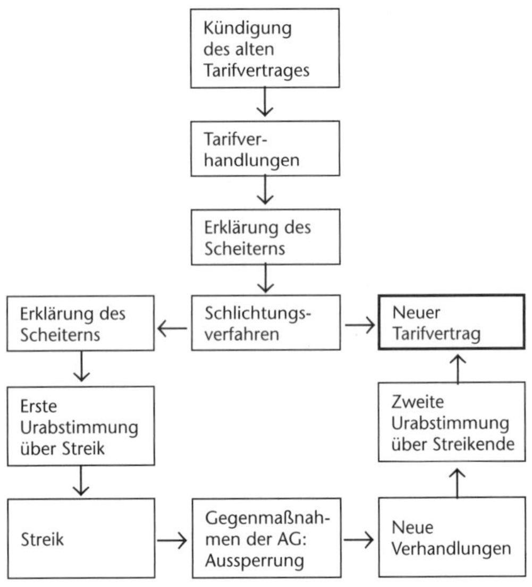

Erläutern Sie die Begriffe tarifliche Friedenspflicht und Urabstimmung.

Tarifliche Friedenspflicht	Während der Laufzeit eines Tarifvertrages dürfen die Tarifvertragsparteien keine Arbeitskampfmaßnahmen (Streik bzw. Aussperrung) zur Durchsetzung neuer Forderungen durchführen. Andernfalls sind sie zu Schadenersatz verpflichtet.
Urabstimmung	Nachdem ein Schlichtungsversuch eines neutralen Schlichters gescheitert ist, kommt es zu einer ersten Urabstimmung der Gewerkschaftsmitglieder über den Einsatz von Arbeitskampfmaßnahmen. Dabei müssen mindestens 75 % der abstimmungsberechtigten Gewerkschaftsmitglieder einem Streik zustimmen. Kommt es danach zu Gegenmaßnahmen der Arbeitgeber und zu neuen Verhandlungen, wird über den erneuten Vorschlag in einer zweiten Urabstimmung abgestimmt, in der nur 25 % Zustimmung erforderlich ist.

Nennen Sie Arten von Streiks.

Gewerkschaftlicher Streik	Streiks sind generell nur erlaubt, wenn sie von der zuständigen Gewerkschaft durchgeführt werden.
Wilder Streik	▶ Wilde Streiks sind spontane Arbeitsniederlegungen, die von der zuständigen Gewerkschaft auch im Nachhinein nicht gebilligt werden. ▶ Wilde Streiks sind rechtswidrig.
Vollstreik	▶ Alle Arbeitnehmer eines Tarifgebietes bzw. eines Betriebes legen die Arbeit nieder. ▶ Vollstreiks sind rechtlich zulässig.
Schwerpunkt- oder Teilstreik	▶ Bestimmte Schlüsselbetriebe einer Branche werden bestreikt. ▶ Ziel: mit geringerem Aufwand der Gewerkschaften soll die Leistungsfähigkeit der gesamten Branche geschwächt werden. ▶ Schwerpunktstreiks sind rechtlich zulässig.
Warnstreik	▶ Warnstreiks sind zeitlich befristete Arbeitsniederlegungen während der Tarifverhandlungen. ▶ Sie sind rechtlich zulässig.
Sympathie- oder Solidaritätsstreik	▶ Andere Gewerkschaften, die nicht als Tarifpartner bei den Tarifverhandlungen anzusehen sind, unterstützen den Streik der tarifführenden Gewerkschaft. ▶ Sie sind grundsätzlich unzulässig, es sei denn, es liegt ein Ausnahmefall vor.

1 ***Welche Form des Streiks ist grundsätzlich nicht zulässig?***

1 Sympathiestreik
2 Warnstreik
3 Schwerpunktstreik
4 Teilstreik
5 Vollstreik

2 ***Welche der folgenden Erläuterungen passt zu dem Begriff „Aussperrung"?***

1 Gewerkschaftlich organisierte Arbeitnehmer schließen die nicht organisierten vom Streik aus.

2 Die Aussperrung ist eine Arbeitskampfmaßnahme der Arbeitgeber. Die Arbeitnehmer werden nicht zur Arbeit zugelassen und erhalten daher auch kein Arbeitsentgelt.

3 Die Streikposten der Gewerkschaft verbieten den arbeitswilligen Arbeitnehmern den Zutritt zum Betriebsgelände.

4 Der Arbeitgeber kündigt während eines Streiks die gewerkschaftlich organisierten Arbeitnehmer.

5 Der Arbeitgeber kündigt während eines Streiks die nicht gewerkschaftlich organisierten Arbeitnehmer.

3 ***Welche der folgenden Reihenfolgen im Ablauf von Tarifauseinandersetzungen ist gesetzlich nicht möglich?***

1 Kündigung des alten Tarifvertrages – Tarifverhandlungen – Neuer Tarifvertrag

2 Tarifverhandlungen – Schlichtungsverfahren – Urabstimmung

3 51 % der Gewerkschaftsmitglieder stimmen bei der ersten Urabstimmung einem Streik zu – Streik – Aussperrung

4 Streik – Aussperrung – erneute Verhandlungen

5 erneute Verhandlungen nach Arbeitskampfmaßnahmen – erneute Urabstimmung über Ergebnisse der Verhandlungen – 25 % der Gewerkschaftsmitglieder stimmen dem neuen Vorschlag zu – Streikende – neuer Tarifvertrag

4 ***Welche der unten genannten Personengruppen gibt den vollständigen Personenkreis wieder, der bei einer Urabstimmung über einen Streik stimmberechtigt ist?***

1 Alle gewerkschaftlich organisierten Arbeiter

2 Alle gewerkschaftlich organisierten Arbeitnehmer (Arbeiter und Angestellte)

3 Alle Arbeiter ohne Rücksicht auf eine Mitgliedschaft in der Gewerkschaft

4 Alle Angestellten ohne Rücksicht auf eine Mitgliedschaft in der Gewerkschaft

5 Alle Arbeitnehmer (Arbeiter und Angestellte) ohne Rücksicht auf eine Mitgliedschaft in der Gewerkschaft

5 ***Wer kann einen Tarifvertrag für allgemeinverbindlich erklären?***

1 Der Bundesminister für Arbeit und Sozialordnung
2 Die zuständige Gewerkschaft
3 Der zuständige Arbeitgeberverband
4 Der Tarifausschuss
5 Der Bundeskanzler

6 ***Welche Aussagen zur Schlichtung von Tarifauseinandersetzungen treffen nicht zu?***

1 Die Schlichtung ist ein Verfahren zur Verhinderung oder Beilegung von Streitigkeiten zwischen Arbeitgeber- und Arbeitnehmerseite.

2 Erst bei einem nicht erfolgreichen Streik wird eine Schlichtung herbeigerufen.

3 Der Schlichter ist eine neutrale Person.

4 Der Schlichter ist immer eine von der Bundesregierung ausgesuchte Person.

5 Der Schiedsspruch eines Schlichters kann, muss aber nicht akzeptiert werden.

7 ***Gewerkschaften können in bestimmten Situationen Arbeitskampfmaßnahmen nur dann ergreifen, wenn sie das Votum der Mitglieder haben.***

Ordnen Sie den unten stehenden Fragen die richtigen Prozentsätze zu.

1 25%
2 50%
3 75%
4 80%
5 90%

a. Wie viel Prozent der abstimmungsberechtigten Gewerkschaftsmitglieder müssen mindestens bei einer ersten Urabstimmung zustimmen, damit es zu einem Streik kommt?

b. Wie viel Prozent der abstimmungsberechtigten Gewerkschaftsmitglieder müssen mindestens bei der zweiten Urabstimmung zustimmen, damit es zu einem neuen Tarifvertrag kommt?

8 ***In welchem Fall handelt es sich um einen „wilden Streik"?***

1 Alle Arbeitnehmer des gesamten Bundesgebietes gehen nach Aufruf der Gewerkschaften in Streik.

2 Zeitlich befristete Streiks, die von der Gewerkschaft ausgerufen werden.

3 Spontane Arbeitsniederlegungen, die nicht von der Gewerkschaft genehmigt sind.

4 Nur besonders wichtige Unternehmen in einer Branche werden – in Abstimmung mit der Gewerkschaft – bestreikt.

5 Ein Streik, bei dem es zu körperlichen Auseinandersetzungen kommt.

Unterscheiden Sie die betriebliche Mitbestimmung und die Unternehmensmitbestimmung.

Betriebliche Mitbestimmung	Die betriebliche Mitbestimmung ist im BetrVG verankert, regelt jedoch auch die Mitbestimmung des Betriebsrates bei wichtigen unternehmerischen Entscheidungen. Aus diesem Grund ist die Einteilung in betriebliche Mitbestimmung und Unternehmensmitbestimmung ungenau, aber gebräuchlich.
Unternehmensmitbestimmung	Die Mitbestimmung in den Unternehmensorganen Aufsichtsrat, Vorstand oder Geschäftsführung ist nur bei juristischen Personen vorgesehen. Bei Personengesellschaften sind keine Organe vorgeschrieben, da die Unternehmer selbst die Geschäfte führen und selbst haften.

Erläutern Sie die Gesetze der Unternehmensmitbestimmung.

Betriebsverfassungsgesetz BetrVG 1952	Gültigkeit	Die Arbeitnehmermitbestimmung hat Gültigkeit für die Rechtsform der GmbH, wenn weniger als 2 000 Arbeitnehmer beschäftigt sind. Mitbestimmungsfrei bleiben diese Unternehmen jedoch, wenn nur bis zu 500 Arbeitnehmer beschäftigt werden. Diese Regelung trifft auch zu für die Genossenschaften und für die Aktiengesellschaften, die nach dem 9. August 1994 in das Handelsregister eingetragen wurden
	Zusammensetzung und Wahl des Aufsichtsrates	Der Aufsichtsrat setzt sich zusammen aus zwei Dritteln Anteilseigner (Wahl durch die Kapitalgeber) und einem Drittel Arbeitnehmervertreter (Wahl durch die Arbeitnehmer). Die Anzahl der Aufsichtsratsmitglieder ist abhängig von der Höhe des gezeichneten Kapitals: Bis 1,5 Millionen EUR = 9 Aufsichtsratsmitglieder > 1,5 Millionen EUR bis 10 Millionen EUR = 15 Aufsichtsratsmitglieder > 10 Millionen EUR = 21 Aufsichtsratsmitglieder
Mitbestimmungsgesetz MitbestG 1976	**Gleichberechtigte Mitbestimmung**	
	Gültigkeit	Eine speziellere Regelung für Unternehmen mit mindestens 2 000 Arbeitnehmern in der Rechtsform der GmbH, AG, KGaA und Genossenschaft enthält das MitbestG von 1976.
	Zusammensetzung und Wahl des Aufsichtsrates	Der Aufsichtsrat setzt sich paritätisch aus den Vertretern der Anteilseigner und der Arbeitnehmer zusammen. Die Vertreter der Anteilseigner werden von der Hauptversammlung (AG), der Gesellschafterversammlung (GmbH) oder der Vertreterversammlung (Genossenschaft) direkt gewählt. Die Arbeitnehmervertreter setzen sich wie folgt zusammen: ▶ Vertreter aus der Gruppe der Arbeiter und Angestellten ▶ Vertreter aus der Gruppe der leitenden Angestellten (Wahl durch alle Angestellten) ▶ Vertreter der Gewerkschaften Die Anzahl der Aufsichtsratsmitglieder ist abhängig von den beschäftigten Arbeitnehmern: Von 2 000 bis 10 000 Arbeitnehmer = 12 Aufsichtsratsmitglieder > 10 000 Arbeitnehmer bis 20 000 = 16 Aufsichtsratsmitglieder > 20 000 Arbeitnehmer = 20 Aufsichtsratsmitglieder
	Besonderheit Pattsituation	Ergibt die Abstimmung im Aufsichtsrat keine Mehrheit, so hat der Aufsichtsratsvorsitzende doppeltes Stimmrecht. Der Aufsichtsrat wählt mit Zweidrittelmehrheit aus seiner Mitte einen Aufsichtsratsvorsitzenden und einen Stellvertreter. Wird diese Mehrheit nicht erreicht, dann wählen – jeweils mit einfacher Stimmenmehrheit – die Aufsichtsratsmitglieder der Kapitalgeber den Aufsichtsratsvorsitzenden und die Aufsichtsratsmitglieder der Arbeitnehmer den Stellvertreter.
	Arbeitsdirektor	Der zu wählende Arbeitsdirektor ist gleichberechtigtes Mitglied in dem zur gesetzlichen Vertretung bestimmten Unternehmensorgan. Die Bestellung kann auch gegen den Willen der Arbeitnehmervertreter erfolgen.
Montanmitbestimmung Montan-MitbestG 1951	**Paritätische Mitbestimmung**	
	Gültigkeit	Für Unternehmen des Kohle- und Eisenerzbergbaus sowie für die Eisen und Stahl erzeugende Industrie in der Rechtsform einer GmbH oder AG mit mehr als 1 000 Arbeitnehmern findet das Montan-MitbestG Anwendung.
	Zusammensetzung und Wahl des Aufsichtsrates	Es handelt sich um eine paritätische Besetzung des Aufsichtsrats mit Vertretern der Anteilseigner (Wahl durch die Anteilseigner) und der Arbeitnehmer (Wahl durch die Anteilseigner, die jedoch an die eingereichten Vorschläge des Betriebsrates und der Gewerkschaften gebunden sind). Die gewählten Anteilseigner und Arbeitnehmervertreter im Aufsichtsrat müssen sich dann auf ein neutrales Mitglied einigen.
	Arbeitsdirektor	Der zu wählende Arbeitsdirektor des zur gesetzlichen Vertretung berufenen Organs kann nicht gegen die Mehrheit der Stimmen der Arbeitnehmervertreter im Aufsichtsrat bestellt oder abberufen werden.

1 ***Überprüfen Sie, ob die genannten Unternehmen unter die überbetriebliche Mitbestimmung fallen.***

Tragen Sie eine
1 ein, wenn das Betriebsverfassungsgesetz von 1952 zutrifft,
2 ein, wenn das Montanmitbestimmungsgesetz von 1951 zutrifft,
3 ein, wenn das Mitbestimmungsgesetz von 1976 zutrifft.

Tragen Sie eine 9 ein, wenn eine überbetriebliche Mitbestimmung nicht zutrifft.

a. Gesellschaft mit beschränkter Haftung, 700 Arbeitnehmer ☐
b. OHG, 3 000 Arbeitnehmer ☐
c. Braunkohle AG, 2 600 Arbeitnehmer ☐
d. Viermann Farben und Lacke AG, 14 000 Arbeitnehmer ☐
e. Stahlux AG, Walzerzeugnisse, 1 400 Arbeitnehmer ☐
f. Anke Rüter, eingetragene Kauffrau, Feinkost, 50 Arbeitnehmer ☐
g. Gerd Wessel, Baustoffgroßhandel AG, 700 Arbeitnehmer ☐
h. Transport Schnell GmbH, 200 Arbeitnehmer ☐
i. Nils Bökenhagen, Blumenmarkt, nicht eingetragen im Handelsregister ☐

2 ***Die Ferdi Lamberts GmbH ist Hersteller, Importeur und Exporteur von Delikatessen und Spirituosen. Das Unternehmen ist vor drei Jahren in Düsseldorf gegründet worden und beschäftigt 660 Mitarbeiter. Eine Tochtergesellschaft befindet sich in Italien. Dort sind 200 Arbeitnehmer angestellt.***

Überprüfen Sie folgende Aussagen zur betrieblichen und überbetrieblichen Mitbestimmung.

Tragen Sie eine
1 ein, wenn die Aussage zutrifft,
9 ein, wenn die Aussage nicht zutrifft.

a. Für das Unternehmen in Düsseldorf muss kein Aufsichtsrat gebildet werden. Insgesamt sind 860 Mitarbeiter in zwei rechtlich selbstständigen Unternehmen tätig. Damit bleibt das Unternehmen mitbestimmungsfrei. ☐
b. Da in Düsseldorf ein Betriebsrat besteht, ist dieses Organ auch zwingend notwendig für das Unternehmen in Italien. ☐
c. Der Aufsichtsrat setzt sich paritätisch zusammen, d. h. die Hälfte der Aufsichtsratsmitglieder wird von der Kapitalseite gewählt, die andere Hälfte von den Arbeitnehmern. ☐
d. Das Unternehmen in Düsseldorf fällt unter die Vorschriften des Betriebsverfassungsgesetzes. Somit ist ein Aufsichtsrat zu wählen. ☐
e. Die Anzahl der Aufsichtsratsmitglieder ist abhängig von der Anzahl der Angestellten und Arbeiter in Düsseldorf. ☐

3 ***Die Zusammensetzung des Aufsichtsrates einer GmbH kann unter das***

1 Mitbestimmungsgesetz von 1976,
2 Betriebsverfassungsgesetz von 1952,
3 Montanmitbestimmungsgesetz von 1951

fallen.

Ordnen Sie diese Gesetze den folgenden Sachverhalten zu. Falls keine überbetriebliche Mitbestimmung zutrifft, tragen Sie eine 9 ein.

a. Pax-de-vex GmbH, Internationaler Vertrieb medizinischer Geräte, drei Geschäftsführer, 130 Mitarbeiter ☐
b. Computer FEST Gesellschaft mbH, 2 300 Mitarbeiter ☐
c. Stahlwerke Osnaberg GmbH, 2 100 Mitarbeiter ☐

4 ***Überprüfen Sie folgende Aussagen zum Mitbestimmungsgesetz von 1976.***

Tragen Sie eine
1 ein, wenn die Aussage zutrifft,
9 ein, wenn die Aussage nicht zutrifft.

a. Für Unternehmen, die mindestens 2 000 Arbeitnehmer beschäftigen und eine bestimmte Rechtsform aufweisen, hat das Mitbestimmungsgesetz Gültigkeit. ☐
b. Der Aufsichtsrat setzt sich paritätisch aus den Anteilseignern und den Arbeitnehmern zusammen. ☐
c. Auf der Seite der Arbeitnehmervertreter befinden sich auch Gewerkschaftsvertreter, die auf Vorschlag durch die Gewerkschaften von der Belegschaft gewählt werden. ☐
d. Die Zahl der Aufsichtsratsmitglieder ist ungerade, damit es nicht bei Abstimmung zu Pattsituationen kommen kann. ☐

5 ***Auf welches der drei Mitbestimmungsgesetze trifft die folgende Feststellung zu?*** ☐

Feststellung: „Der Aufsichtsratsvorsitzende hat bei Pattsituationen das doppelte Stimmrecht. Dabei handelt es sich bei dem Aufsichtsratsvorsitzenden i. d. R. um einen Vertreter der Kapitalseite."

1 Mitbestimmungsgesetz von 1976
2 Betriebsverfassungsgesetz von 1952
3 Montanmitbestimmungsgesetz von 1951

6 ***Welche der folgenden Aussagen zum Aufsichtsrat trifft nicht zu?*** ☐

1 Der Aufsichtsrat wird alle vier Jahre neu gewählt.
2 Die Aufsichtsratsmitglieder erhalten für ihre Tätigkeit eine Tantieme, die laut Satzung oder auch durch Beschluss der Hauptversammlung bestimmt wird.
3 Die Aufsichtsratsmitglieder müssen ein juristisches Studium nachweisen, um ihre Tätigkeit durchführen zu können.

Welche grundlegende Aufgabe hat die Sozialversicherung?

Aufgaben	Die Sozialversicherung sichert die Arbeitnehmer und deren Angehörige gegen Risiken ab, die durch Krankheit, Arbeitslosigkeit, Alter oder betriebliche Unfälle entstehen können. Durch die Mitwirkung des Staates und die Versicherungspflicht ist sie ein Teil der staatlichen Sozialpolitik.
Gesetzliche Festlegungen	Für jeden Sozialversicherungszweig sind im Gesetz festgelegt ▶ die versicherungspflichtigen Personen, ▶ die Personen, die Leistungen in Anspruch nehmen können, ▶ die Leistungen, die in Anspruch genommen werden können, ▶ die Versicherungsträger, die für den jeweiligen Versicherungszweig zuständig sind.

Auf welchen Grundprinzipien basiert das System der Sozialversicherung in der Bundesrepublik Deutschland?

Solidaritätsprinzip	Das Solidaritätsprinzip besagt, dass die Versichertengemeinschaft jedem Mitglied gemeinschaftlich (solidarisch) nach dem Grundsatz hilft: *Einer für alle, alle für einen.*
Subsidiaritätsprinzip	Das Subsidiaritätsprinzip besagt, dass die einzelne Person zunächst einmal sich selbst helfen soll. Erst wenn dies nicht mehr möglich ist, greift die Hilfe der jeweils stärkeren Gemeinschaft ein.

Die Sozialversicherung ist eine Pflichtversicherung.
Was bedeutet das im Einzelnen?

Pflichtversicherung	Die Sozialversicherung ist eine Pflichtversicherung. Das bedeutet, dass jeder Arbeitgeber verpflichtet ist, die Arbeitnehmer bei den entsprechenden Versicherungszweigen anzumelden.
Beiträge	Der Arbeitgeber hat die Beiträge ordnungsgemäß zu ermitteln und an die Versicherung abzuführen. Unterlässt er dies, gilt das als eine grobe Verletzung seiner Fürsorgepflicht, für die er haftet. Die Beiträge richten sich nicht nach der Inanspruchnahme durch den einzelnen Versicherten, sondern im Wesentlichen nach der Lohnhöhe.

Beschreiben Sie das Prinzip der Selbstverwaltung der Sozialversicherung.
Nennen Sie die Organe und deren Aufgaben.

Begriff	Die Selbstverwaltung ist das Organisationsprinzip der Versicherungsträger der Sozialversicherung. Diese sind Körperschaften des öffentlichen Rechts und müssen sich selbst verwalten. Die Wahlen zu diesen Organen finden alle sechs Jahre statt.	
Organe	**Vertreterversammlung**	Die Vertreterversammlung ist das beschlussfassende Organ (Legislative). Ihre Vertreter sind ehrenamtlich tätig. ▶ Wahl und Zusammensetzung: In der Krankenversicherung, Rentenversicherung und Unfallversicherung werden die Mitglieder der Vertreterversammlung je zur Hälfte von Arbeitnehmern (= Versicherte) und Arbeitgebern gewählt. Ausnahmen in der Zusammensetzung sind möglich. ▶ Aufgaben: Aufstellung und Änderung der Satzung; Beschluss über die Höhe des Beitragssatzes; Feststellung des Haushaltsplanes; Kontrolle des Jahresabschlusses
	Vorstand	Der Vorstand ist das vollziehende Organ (Exekutive). Seine Mitglieder sind ehrenamtlich tätig. Ihm zur Seite stehen hauptamtliche Geschäftsführer, die die laufenden Verwaltungsgeschäfte führen. ▶ Wahl: Vorstand und Geschäftsführer werden von der Vertreterversammlung gewählt. ▶ Aufgaben: Aufstellung des Haushaltsplanes; Aufbereitung von Vorlagen (Anträgen) für die Vertreterversammlung; Überwachung und Prüfung der laufenden Geschäftsführung

Erläutern Sie die wesentlichen Eckpunkte der gesetzlichen Unfallversicherung.

Versicherungsträger	Träger sind die jeweils für die entsprechende Branche bzw. Berufsgruppe zuständigen Berufsgenossenschaften. *Beispiel: Bau-Berufsgenossenschaft, Hannover*
Versicherungspflicht	▶ alle Arbeitnehmer (Angestellte, Arbeiter, Auszubildende) unabhängig von der Art und Dauer der Beschäftigung und der Höhe des Einkommens ▶ der Arbeitgeber ▶ Kinder während des Besuches von Kindergärten ▶ Schüler und Studierende
Beitragsaufbringung	Die Beitragshöhe ist unterschiedlich. Sie richtet sich nach dem Arbeitsverdienst der Arbeitnehmer des Unternehmens und dem Grad der Unfallgefahr (besonders unfallgefährdete Betriebe werden mit höheren Beiträgen belegt). Beitragszuschläge bzw. -nachlässe werden erhoben bei über- bzw. unterdurchschnittlicher Unfallhäufigkeit. Die Beiträge trägt der Arbeitgeber allein. Sie werden von ihm direkt an die zuständige Berufsgenossenschaft abgeführt.
Leistungen	▶ Maßnahmen zur Unfallverhütung, wie der Erlass von Unfallverhütungsvorschriften und die Überwachung der Einhaltung dieser Vorschriften durch Aufsichtsbeamte ▶ Leistungen im Zusammenhang mit Arbeitsunfällen und Unfällen auf dem Weg zur Arbeit bzw. nach Hause sowie bei beruflich bedingten Erkrankungen: – Heilbehandlung (ärztliche, zahnärztliche Behandlung, Arzneimittel) – Verletztengeld (entsprechend dem Krankengeld in der Krankenversicherung) – Berufshilfe (Zahlung von Übergangsgeld, Kosten für eine Umschulung) – Verletztenrente, Sterbegeld und Hinterbliebenenrente

1 *Welche der folgenden Aussagen zur Sozialversicherung treffen zu?*

1 Die Sozialversicherung ist ein Teil der staatlichen Sozialpolitik.
2 Die Sozialversicherung sichert Unternehmer gegen unternehmerische Risiken ab.
3 Die Sozialversicherung ist weitgehend eine freiwillige Versicherung.
4 Die Sozialversicherung sichert Arbeitnehmer gegen alle Risiken des Lebens ab.
5 Die Sozialversicherung ist eine Pflichtversicherung.

2 *Welcher der folgenden Punkte ist nicht in den gesetzlichen Vorschriften zur Sozialversicherung geregelt?*

1 der versicherungspflichtige Personenkreis
2 der Kreis der möglichen Leistungsempfänger
3 die Art der Leistungen, die in Anspruch genommen werden können
4 das Gesetzgebungsverfahren zur Änderung von Gesetzen zur Sozialversicherung
5 die Versicherungsträger, die für den jeweiligen Versicherungszweig zuständig sind

3 *Welche der folgenden Leistungen werden von der gesetzlichen Unfallversicherung getragen?*

1 Verletztengeld nach einem berufsbedingten Unfall
2 Heilbehandlung bei einer Berufskrankheit
3 Berufsunfähigkeitsrente nach einem Unfall in der Freizeit
4 Ersatz des materiellen Schadens bei einem Unfall im eigenen Haushalt
5 Krankengeld

4 *Prüfen Sie die folgenden Aussagen.*

Kennzeichnen Sie
zutreffende Aussagen mit einer 1,
nicht zutreffende Aussagen mit einer 9.

a. Das Solidaritätsprinzip besagt, dass der Staat sich im Rahmen seiner Sozialpolitik zu seinen Bürgern solidarisch verhalten muss.

b. Das Subsidiaritätsprinzip besagt, dass die Hilfe der Gemeinschaft immer erst dann einsetzt, wenn der Einzelne sich nicht mehr selbst helfen kann.

c. Das Organisationsprinzip der Sozialversicherung ist im Wesentlichen durch den Begriff „Selbstverwaltung" gekennzeichnet.

d. Das Pflichtversicherungsprinzip in der Sozialversicherung besagt, dass jeder Arbeitnehmer verpflichtet ist, sich bei der zuständigen Sozialversicherung anzumelden, sobald er eine Arbeit aufgenommen hat.

5 *Welche der folgenden Aussagen zur Sozialversicherung treffen nicht zu?*

1 Jeder Arbeitgeber ist verpflichtet, den Arbeitnehmer bei den entsprechenden Versicherungen anzumelden.
2 Personen, die keine Versicherungsleistungen in Anspruch genommen haben, erhalten am Ende des Jahres eine Rückvergütung.
3 Der Arbeitgeber hat die Beiträge zur Sozialversicherung abzuführen.
4 Die Höhe der Beiträge zur Sozialversicherung ist abhängig von der Einkommenshöhe der Versicherten.
5 Der Umfang der Leistungen der Sozialversicherung ist abhängig von der konjunkturellen Situation.

6 *In welchen der folgenden Antworten sind Organe der Sozialversicherungen genannt?*

1 Gesellschafterversammlung
2 Vertreterversammlung
3 Aufsichtsrat
4 Vorstand
5 Beirat

7 *Welches der folgenden Kriterien spielt keine Rolle bei der Berechnung der Höhe der Beiträge für die Unfallversicherung eines Betriebes?*

Tragen Sie eine 6 ein, wenn alle Kriterien zu berücksichtigen sind.

1 Jahreslohnsumme
2 Anzahl der Mitarbeiter
3 durchschnittliche Unfallhäufigkeit im Betrieb
4 Jahresarbeitszeit
5 Gefahrenklasse des Betriebes

8 *Welche der folgenden Aussagen zu den Organen der Sozialversicherungsträger trifft nicht zu?*

1 Die Vertreterversammlung ist das beschlussfassende Organ.
2 Die Mitglieder der Vertreterversammlung und des Vorstandes sind ehrenamtlich tätig.
3 Der Vorstand ist das vollziehende Organ.
4 Die Wahlen zu den Organen der Sozialversicherungsträger finden alle sechs Jahre statt.
5 Die Kontrolle wird durch Aufsichtsräte ausgeübt.

9 *Bei welcher Versicherung hat der Arbeitgeber den Mitarbeiter bei Aufnahme des Arbeitsverhältnisses für die Sozialversicherung (außer Unfallversicherung) anzumelden?*

1 bei allen beteiligten Versicherungszweigen einzeln
2 nur bei der Rentenversicherung
3 nur bei der Arbeitslosenversicherung
4 nur bei der Krankenversicherung
5 nur bei der Pflegeversicherung

Beschreiben Sie Träger, Versicherungspflicht, Beitragsaufkommen und Leistungen der gesetzlichen Krankenversicherung und Pflegeversicherung.

Versicherungszweig	Krankenversicherung	Pflegeversicherung
Versicherungsträger	Träger sind die Krankenkassen, wie z. B. ▶ Allgemeine Ortskrankenkassen (AOK), ▶ Betriebskrankenkassen (BKK), ▶ Innungskrankenkassen (IKK), ▶ Techniker Krankenkasse, Deutsche Angestellten Krankenkasse, Barmer Ersatzkasse.	Träger der Pflegeversicherung sind die Pflegekassen, die den Krankenkassen angegliedert sind.
Versicherungs-pflicht	▶ alle Arbeitnehmer bis zur Versicherungspflichtgrenze von 50 850,00 EUR jährlich (2012) für die alten Bundesländer (West) und für die neuen Bundesländer (Ost) ▶ Auszubildende ▶ Rentner, Studierende, Arbeitslose ▶ selbstständige Landwirte und deren Familienangehörige	Die Versicherungspflicht ist genauso geregelt wie bei der Krankenversicherung. **Begriff der Pflegebedürftigkeit:** Pflegebedürftig sind Personen, die wegen einer körperlichen, geistigen oder seelischen Krankheit oder Behinderung auf Dauer, voraussichtlich für mindestens sechs Monate, in erheblichem oder höherem Maße der Hilfe bedürfen.
Beitragssatz	Der Beitragssatz ist nach Krankenkassen unterschiedlich. ▶ Er beträgt 15,5 % des sozialversicherungspflichtigen Bruttoverdienstes, ▶ maximal jedoch bis zur Beitragsbemessungsgrenze: 3 825,00 EUR/Monat (2012/West und Ost). ▶ Arbeitnehmer, die über die Beitragsbemessungsgrenze hinaus verdienen, zahlen den Beitrag nur bis zu dieser Grenze.	Der Beitragssatz beträgt: ▶ 1,95 % (jeweils vom sozialversicherungspflichtigen Bruttoverdienst) + Kinderlosenzuschlag 0,25 %, bei über 23 Jahre alten Arbeitnehmern, ▶ maximal jedoch bis zu der Beitragsbemessungsgrenze: 3 825,00 EUR (2012/West und Ost). ▶ Arbeitnehmer, die über die Beitragsbemessungsgrenze hinaus verdienen, zahlen den Beitrag nur bis zu dieser Grenze.
Beitragsauf-bringung	▶ Arbeitgeber und Arbeitnehmer zahlen den allgemeinen Beitragssatz je zur Hälfte = 7,3 %/2012). Zusätzlich zahlt der Arbeitnehmer einen Beitragssatz von 0,9 % (für Zahnersatz und Krankengeld). Außerdem kann jede Krankenkasse einen Zusatzbeitrag erheben. ▶ Der Beitrag des Arbeitnehmers wird vom Lohn bzw. Gehalt einbehalten, der Arbeitgeber legt seinen Anteil dazu. ▶ Der Gesamtbetrag wird zusammen mit den Beiträgen für die Rentenversicherung und die Arbeitslosenversicherung an die zuständige Krankenkasse überwiesen. ▶ Für den Arbeitnehmer sind Monatsverdienste bis zu 400,00 EUR (2012/West und Ost) versicherungsfrei → Minijobs.	▶ Arbeitgeber und Arbeitnehmer zahlen je die Hälfte = 0,975 % (2012). Versicherte ohne Kinder zahlen den Kinderlosenzuschlag allein, also insgesamt 1,225 %. ▶ Ausnahme: Im Bundesland Sachsen zahlen die Arbeitnehmer 1,475 % und die Arbeitgeber 0,475 % des Beitrages. ▶ Für den Arbeitnehmer sind Monatsverdienste bis zu 400,00 EUR (2012/West und Ost) versicherungsfrei → Minijobs.
Leistungen	▶ Leistungen im Zusammenhang mit Krankheiten: – ärztliche und zahnärztliche Behandlung (Der Versicherte zahlt für den 1. Arztbesuch im Quartal 10,00 EUR Praxisgebühr) – Medikamente (Der Versicherte hat eine anteilige Rezeptgebühr zu zahlen.) – Zuschuss zum Zahnersatz – Krankenhauspflege – häusliche Krankenpflege – Haushaltshilfe – Krankengeld (nach Beendigung der Lohnfortzahlung durch den Arbeitgeber) – Vorsorgeuntersuchungen zur Früherkennung von Krankheiten ▶ Leistungen im Rahmen der Mutterschaft: – ärztliche Betreuung – Entbindungskosten – Mutterschaftsgeld (6 Wochen vor bis 8 Wochen nach der Geburt)	▶ Familienhilfe (nicht selbst verdienende Familienangehörige sind mitversichert) ▶ Häusliche Pflege – Sachleistungen für Pflegeeinsätze durch ambulante Dienste je nach Schwere der Pflegebedürftigkeit – Anstelle der Sachleistungen kann ein Pflegegeld beansprucht werden, wenn der Pflegebedürftige die Grundpflege selbst sicherstellt. – Eine Kombination aus Sachleistungen und Pflegegeld ist möglich. – Sonstige Leistungen: Dazu gehören Pflegehilfsmittel (z. B. Pflegebetten) oder Zuschüsse für pflegebedingte Umbaumaßnahmen in der Wohnung. ▶ Stationäre Pflege Übernahme der pflegebedingten Aufwendungen

1 Angenommen, Sie sind Sachbearbeiter in der Lohnbuchhaltung eines Unternehmens in Köln. Prüfen Sie unten stehende Aussagen zur Beitragsaufbringung in der gesetzlichen Krankenversicherung für das Unternehmen und die Mitarbeiter. Welche der Aussagen ist zutreffend?

1 Arbeitgeber und Arbeitnehmer tragen in allen Fällen von Lohn- oder Gehaltszahlungen den Beitrag je zur Hälfte.
2 Für Arbeitnehmer sind Monatsverdienste bis zu 400,00 EUR (2012/West und Ost) versicherungsfrei.
3 Hat ein Arbeitnehmer im Laufe eines Kalenderjahres Leistungen der Krankenkasse von mehr als 3 825,00 EUR (2012) in Anspruch genommen, trägt er den Beitrag für die Krankenversicherung allein.
4 Der Arbeitgeber kann vom Arbeitnehmer verlangen, dass er sich privat krankenversichert, wenn er im Laufe eines Kalenderjahres Leistungen von mehr als 3 825,00 EUR (2012) in Anspruch genommen hat.

2 Ein Mitarbeiter eines Einzelhandelsunternehmens in Hannover hat ein sozialversicherungspflichtiges Bruttogehalt von 2 200,00 EUR. Die Krankenkasse, in der er versichert ist, erhebt einen Beitragssatz von 15,5 %. Davon beträgt der Beitragssatz für Zahnersatz und Krankengeld 0,9 %. Er ist kinderlos und 26 Jahre alt.

a. Ermitteln Sie den Arbeitnehmer Beitrag zur Krankenversicherung.
b. Ermitteln Sie den Arbeitgeber-Beitrag zur Krankenversicherung.
c. Ermitteln Sie den Arbeitnehmer-Beitrag zur Pflegeversicherung (2012).
d. Ermitteln Sie den Arbeitgeber-Beitrag zur Pflegeversicherung (2012).

3 Welche der folgenden Aussagen zur Pflegeversicherung treffen zu?

1 Pflegebedürftig im Sinne der Pflegeversicherung sind Personen, die aufgrund einer Krankheit oder Behinderung voraussichtlich für mindestens drei Monate der Hilfe bedürfen.
2 Die Pflegebedürftigkeit wird in drei Stufen eingeteilt. Je nach Zuordnung können unterschiedliche Leistungen in Anspruch genommen werden.
3 Der Beitragssatz beträgt 1,7 % vom zu ermittelnden Nettoverdienst.
4 In der Pflegeversicherung gibt es im Gegensatz zur Krankenversicherung keine Beitragsbemessungsgrenze.
5 Es werden sowohl Leistungen für die häusliche als auch für die stationäre Pflege übernommen.

4 Welche Aussagen zum Beitragssatz in der gesetzlichen Krankenversicherung treffen zu?

1 Der Beitragssatz wird jedes Jahr vom Bundesminister für Arbeit und Sozialordnung neu festgelegt.
2 Der Beitragssatz ist je nach Krankenkasse unterschiedlich hoch.
3 Der Beitragssatz ist einheitlich und wird nach Abstimmung unter den Krankenkassen festgelegt.
4 Der Beitragssatz wird vom Bundesamt für Versicherungswesen festgelegt.
5 Der Beitragssatz wird von jeder Krankenkasse selbst festgelegt.

5 Welche der genannten Leistungen wird nicht von der Krankenversicherung übernommen?

Tragen Sie eine 6 ein, wenn alle aufgeführten Leistungen übernommen werden.

1 Mutterschaftsgeld
2 Krankengeld
3 Früherkennung von Krankheiten
4 zahnärztliche Behandlung
5 Krankentransporte

6 Ordnen Sie den Zweigen der Sozialversicherung

1 Krankenversicherung,
2 Rentenversicherung,
3 Arbeitslosenversicherung,
4 Gesetzliche Unfallversicherung

nachfolgende Aussagen zu.

a. Liegt der Verdienst eines Mitarbeiters oberhalb der Versicherungspflichtgrenze, kann er aus der gesetzlichen Versicherung austreten.
b. Die Beiträge für die Versicherung werden vom Arbeitgeber allein getragen.
c. Für diese Versicherung muss der Arbeitnehmer den höchsten Beitrag bezahlen.
d. Die Beitragshöhe richtet sich u. a. nach dem gesamten Verdienst aller Arbeitnehmer eines Betriebes.
e. Der Arbeitnehmer hat die Pflicht, die jährlichen Entgeltbescheinigungen aufzubewahren, da diese die Grundlage für einen späteren Leistungsantrag sind.

7 Welche der unten genannten Merkmale ist eine Voraussetzung für die Möglichkeit, sich privat krankenversichern zu lassen?

Ein Verdienst (2012) von über:

1 400,00 EUR monatlich
2 3 825,00 EUR monatlich
3 4 800,00 EUR monatlich
4 45 900,00 EUR jährlich
5 50 850,00 EUR jährlich

Beschreiben Sie Träger, Versicherungspflicht, Beitragsaufkommen und Leistungen der gesetzlichen Rentenversicherung und Arbeitslosenversicherung.

Versicherungszweig	Rentenversicherung	Arbeitslosenversicherung
Versicherungsträger	Deutsche Rentenversicherung Bund	Bundesagentur für Arbeit (Nürnberg) mit den regionalen Arbeitsagenturen vor Ort
Versicherungspflicht	▶ alle Arbeitnehmer (Angestellte und Arbeiter) ▶ Auszubildende ▶ Wehr- und Zivildienstleistende ▶ Personen, die ein freiwilliges soziales Jahr ableisten	▶ alle Arbeitnehmer (Angestellte und Arbeiter) ▶ Auszubildende
Beitragssatz	▶ 19,6 % (2012) des sozialversicherungspflichtigen Bruttoverdienstes, maximal jedoch von der Beitragsbemessungsgrenze: 5 600,00 EUR (2012) für die alten Bundesländer (West), 4 800,00 EUR (2012) für die neuen Bundesländer (Ost) ▶ Arbeitnehmer, die über die Beitragsbemessungsgrenze hinaus verdienen, zahlen den Beitrag nur bis zu dieser Grenze.	▶ 3,0 % (2012) des sozialversicherungspflichtigen Bruttoverdienstes, maximal jedoch von der Beitragsbemessungsgrenze: 5 600,00 EUR (2012) für die alten Bundesländer (West), 4 800,00 EUR (2012) für die neuen Bundesländer (Ost) ▶ Arbeitnehmer, die über die Beitragsbemessungsgrenze hinaus verdienen, zahlen den Beitrag nur bis zu dieser Grenze.
Beitragsaufbringung	▶ Arbeitgeber und Arbeitnehmer zahlen je die Hälfte = 9,8 % (2012). ▶ Der Beitrag des Arbeitnehmers wird vom Lohn bzw. Gehalt einbehalten, der Arbeitgeber legt seinen Anteil dazu. ▶ Der Gesamtbeitrag wird zusammen mit den Beiträgen für die Kranken-, Pflege- und Arbeitslosenversicherung an die zuständige Krankenkasse überwiesen. Diese leitet die Beiträge an die entsprechenden Träger weiter. ▶ Für den Arbeitnehmer sind Monatsverdienste bis zu 400,00 EUR (2012/West und Ost) versicherungsfrei → Minijobs. ▶ Der Arbeitnehmer erhält am Jahresende einen Beitragsnachweis vom Arbeitgeber.	▶ Arbeitgeber und Arbeitnehmer zahlen je die Hälfte = 1,5 % (2012). ▶ Der Beitrag des Arbeitnehmers wird vom Lohn bzw. Gehalt einbehalten, der Arbeitgeber legt seinen Anteil dazu. Der Gesamtbeitrag wird zusammen mit den Beiträgen für die Kranken-, Pflege- und Rentenversicherung an die zuständige Krankenkasse überwiesen. Diese leitet die Beiträge an die Bundesanstalt für Arbeit weiter. ▶ Für den Arbeitnehmer sind Monatsverdienste bis zu 400,00 EUR (2012/West und Ost) versicherungsfrei → Minijobs.
Leistungen	▶ Rente nach Erreichen der Altersgrenze – Von 2012 an steigt die Altersgrenze schrittweise von 65 auf 67 Jahre (Ausnahme: für Arbeitnehmer, die mehr als 45 Beitragsjahre vorweisen können). ▶ Rente wegen Erwerbsminderung ▶ Rente an Hinterbliebene – Witwenrente (ohne Rücksicht auf Alter, Erwerbsfähigkeit bzw. Bedürftigkeit; die Rente entfällt, wenn die Witwe wieder heiratet) – Witwerrente (gleiche Voraussetzungen wie die Witwenrente) – Waisenrente (bis zur Vollendung des 18. Lebensjahres, bei Schul- oder Berufsausbildung bis zur Vollendung des 25. Lebensjahres) ▶ Maßnahmen zur Erhaltung, Besserung bzw. Wiederherstellung der Erwerbsfähigkeit (Rehabilitation) – medizinische Leistungen – berufsfördernde Leistungen (z. B. Ausbildung, Umschulung) – Übergangsgeld (Einkommen während der Zeit der Rehabilitation)	▶ Arbeitslosengeld I Voraussetzungen: – Antragsteller ist vorübergehend nicht beschäftigt und sucht eine mindestens 15 Std. wöchentlich umfassende Beschäftigung (Nachweis der Eigenbemühungen und Bereitschaft zur Annahme jeder zumutbaren Beschäftigung) – persönliche Arbeitslosenmeldung – Erfüllung der Anwartschaft (innerhalb der letzten drei Jahre mindestens 12 Monate beitragspflichtig beschäftigt) – Dauer des Anspruchs: 12 bis maximal 24 Monate – Höhe des Arbeitslosengeldes I 67 % des pauschalierten Nettoentgelts (mit Kind) bzw. 60 % (ohne Kind) ▶ Arbeitslosengeld II – sofern die Anwartschaft für Arbeitslosengeldes I nicht erfüllt ist oder Hilfsbedürftigkeit vorliegt – wird nur für maximal 6 Monate bewilligt ▶ Maßnahmen zur Fortbildung und Umschulung ▶ Berufsberatung, Arbeitsberatung, Arbeitsvermittlung ▶ Insolvenzausfallgeld ▶ Kurzarbeitergeld ▶ Winterausfallgeld ▶ Bewerbungstraining

1 Welche der unten stehenden Leistungen wird von der gesetzlichen Rentenversicherung getragen?

1 Vorsorgeuntersuchung zur Früherkennung von Krankheiten
2 Flexibles Altersruhegeld
3 Insolvenzgeld
4 Ärztliche Behandlung nach einem Unfall auf dem Weg zur Arbeitsstelle
5 Krankenhauspflege

2 Prüfen Sie, ob unten stehende Leistungen von

1 den entsprechenden Krankenkassen,
2 der Deutschen Rentenversicherung,
3 der Bundesagentur für Arbeit,
4 den Berufsgenossenschaften

getragen werden.

Tragen Sie eine 9 ein, wenn keiner der vorgenannten Träger zuständig ist.

a. Für Krampfadern eines Verkäufers, die nicht als Berufskrankheit anerkannt werden, wird eine Heilbehandlung übernommen.

b. Ein Auszubildender muss nach einem Unfall auf dem Weg zur Berufsschule in ärztliche Behandlung.

c. Eine Näherin möchte sich beruflich umorientieren und strebt eine Umschulung an.

d. Liegt der Verdienst eines Mitarbeiters oberhalb der Versicherungspflichtgrenze, kann er aus der gesetzlichen Versicherung austreten.

e. Nach Erreichen des 60. Lebensjahres wird der Abteilungsleiterin Rechnungswesen das bisher angesparte Kapital aus einer Lebensversicherung ausgezahlt.

3 Vervollständigen Sie folgenden Satz, indem Sie die mögliche richtige Satzergänzung in das Kästchen eintragen.

Versicherungsträger für Maßnahmen zur Erhaltung, Besserung und Wiederherstellung der Erwerbsfähigkeit (Rehabilitation) ...

1 ... ist die Bundesagentur für Arbeit.
2 ... sind die Allgemeinen Ortskrankenkassen.
3 ... ist die Deutsche Rentenversicherung.
4 ... sind die Gewerbeaufsichtsämter.
5 ... sind die Ersatzkrankenkassen.

4 Für welche der folgenden Sozialversicherungsarten muss der Arbeitnehmer den höchsten Beitragssatz bezahlen?

1 Rentenversicherung
2 Krankenversicherung
3 Arbeitslosenversicherung
4 Gesetzliche Unfallversicherung

5 Welche Aussage zum Arbeitslosengeld I und II trifft zu?

1 Das Arbeitslosengeld II wird bis zu max. einem Jahr gewährt.
2 Ein beschäftigungsloser Berufsfußballer, der hohe Einnahmen aus der Vermietung seiner Wohnhäuser erzielt, erhält kein Arbeitslosengeld.
3 Um Arbeitslosengeld zu erhalten, muss man zuvor über einen bestimmten Zeitraum einer beitragspflichtigen Beschäftigung nachgegangensein.
4 Die Höhe des Arbeitslosengeldes I und des Arbeitslosengeldes II ist identisch.
5 Erst wenn jemand keinen Anspruch auf Arbeitslosengeld II nachweist, kann er Arbeitslosengeld I beantragen.

6 Welche der unten aufgeführten Personengruppen sind nicht arbeitslosenversicherungspflichtig?

1 Auszubildende, deren Ausbildungsvergütung über der Geringfügigkeitsgrenze liegt
2 Arbeiter, deren Verdienst oberhalb der Beitragsbemessungsgrenze liegt
3 Angestellte, deren Verdienst oberhalb der Beitragsbemessungsgrenze liegt
4 Beamte
5 Selbstständige

7 Welche der folgenden Versicherungen ist kein Träger der gesetzlichen Krankenversicherung?

1 Betriebskrankenkasse
2 Innungskrankenkasse
3 Barmer Ersatzkasse
4 Techniker Krankenkasse
5 Deutsche Rentenversicherung

8 Auf welche der unten aufgeführten Auswahlantworten trifft die folgende Aussage zu?

„Der Arbeitgeber zahlt die Beiträge zu der Versicherung bei einem monatlichen Verdienst bis zu 4 000,00 EUR (2012) allein. Die Aussage ..."

1 gilt nur für die Krankenversicherung
2 gilt nur für die Rentenversicherung
3 gilt nur für die Arbeitslosenversicherung
4 gilt für alle vorgenannten Versicherungen
5 gilt für keine der vorgenannten Versicherungen

9 Welche der genannten Leistungen wird nicht von der Arbeitslosenversicherung übernommen?

Tragen Sie eine 6 ein, wenn alle Leistungen von der Arbeitslosenversicherung getragen werden.

1 Berufsberatung
2 Kurzarbeitergeld
3 Arbeitslosengeld II
4 Arbeitsbeschaffungsmaßnahmen
5 Umschulungsmaßnahmen

Nehmen Sie eine mögliche Einteilung der Unternehmen hinsichtlich der Rechtsform vor.

Einzelunternehmung

Gesellschaften

unvollständige Gesellschaften
- Stille Gesellschaft
- BGB-Gesellschaft

vollständige Gesellschaften

Kapitalgesellschaften
- Gesellschaft mit beschränkter Haftung (GmbH)
- Aktiengesellschaft (AG)
- Kommanditgesellschaft auf Aktien (KGaA)

Personengesellschaften
- Offene Handelsgesellschaft (OHG)
- Kommanditgesellschaft (KG)
- GmbH & Co. KG
- GmbH & Co. OHG

Andere Gesellschaftsformen
- Genossenschaft (eG)
- Versicherungsverein auf Gegenseitigkeit (VVaG)
- Partnerschaftsgesellschaft (PartGG)

Nennen Sie die Firmierungsvorschrift der Einzelunternehmung.
Welche Vor- und Nachteile weist diese Rechtsform auf?

Firmierung	Die Firma muss die Bezeichnung „eingetragener Kaufmann", „eingetragene Kauffrau" oder eine allgemein verständliche Abkürzung dieser Bezeichnung, wie „e. K.", „e. Kfm.", „e. Kfr." enthalten. Personen-, Sach-, Fantasie- und gemischte Firma sind unter Beachtung des Irreführungsverbotes erlaubt.
Vorteile	▶ Entscheidungen können allgemein und dadurch bedingt schnell getroffen werden. ▶ Der Unternehmer hat einen alleinigen Gewinnanspruch.
Nachteile	▶ Die Haftung für Verbindlichkeiten bezieht sich nicht nur auf das Geschäftsvermögen, sondern auch auf das Privatvermögen. ▶ Die Kapitalaufbringung ist begrenzt.

Erklären Sie die „Stille Gesellschaft" im Rahmen eines Handelsgewerbes anhand wesentlicher Merkmale.

Vermögenseinlage	Ein stiller Gesellschafter beteiligt sich an einem Handelsgewerbe eines anderen mit einer Vermögenseinlage, die in das Vermögen des Kaufmanns übergeht.
Firmierung	Der Name des stillen Gesellschafters erscheint nicht in der Firma.
Rechte und Pflichten des stillen Gesellschafters	▶ Der stille Gesellschafter hat – obwohl es sich um ein Gläubigerverhältnis handelt – ein Recht auf Gewinnbeteiligung (**typische stille Gesellschaft**). Es kann auch im Gesellschaftsvertrag vereinbart werden, dass der stille Gesellschafter am Geschäftswert und den stillen Reserven der Unternehmung beteiligt ist (**atypische stille Gesellschaft**). ▶ Der stille Gesellschafter ist berechtigt, die Bilanz zu kontrollieren. ▶ Die Kündigung kann für den Schluss eines Geschäftsjahres erfolgen und muss mindestens sechs Monate vor diesem Zeitpunkt stattfinden. ▶ Die Verlustbeteiligung ist bis zur Einlagenhöhe vorgesehen oder kann vertraglich ausgeschlossen werden.

Nennen Sie die wichtigsten Merkmale der „Gesellschaft des bürgerlichen Rechts".
Geben Sie Beispiele.

Gründung	Zwei oder mehr Personen schließen sich vorübergehend oder für längere Dauer formlos zusammen, um ein bestimmtes Geschäft gemeinsam abzuwickeln. Diese vertragliche Vereinigung wird auch BGB-Gesellschaft oder Gelegenheitsgesellschaft genannt.
Beiträge	Die geleisteten Beiträge der Gesellschafter stellen das Gesellschaftsvermögen dar und sind Gesamthandvermögen. Die Beiträge können Bar-, Sach- und Rechtswerte sein oder als Dienstleistungen erbracht werden.
Geschäftsführung und Vertretung	Die gemeinschaftliche Geschäftsführung bedingt die Zustimmung aller Gesellschafter – es sei denn, die Geschäftsführung wurde einem Gesellschafter übertragen. Die Vertretung gegenüber Dritten ist bei Einzelgeschäftsführungsbefugnis im Zweifel auch allein möglich, in anderen Fällen nur mit Vollmacht der Gesellschafter.
Gewinn/Verlust	Die Anteile am Gewinn und Verlust sind für alle Gesellschafter gleich.
Beispiele für BGB-Gesellschaften	▶ BGB-Gesellschaft von Kaufleuten – Bankenkonsortium: Mehrere Banken organisieren z. B. bei Neugründung einer AG die Ausgabe der Aktien. – Mehrere Handwerker gründen vorübergehend eine BGB-Gesellschaft zur gemeinsamen Erfüllung eines Bauvorhabens. ▶ BGB-Gesellschaft von Privatleuten – Mehrere Personen spielen gemeinsam Lotto. – Mehrere Personen bilden eine Fahrgemeinschaft. ▶ BGB-Gesellschaft von Freiberuflern – Rechtsanwälte üben eine Praxis gemeinsam aus (Anwaltssozietät). – Ärzte üben ihre Tätigkeit in einer Gemeinschaftspraxis aus.

1 Ordnen Sie den folgenden Gesellschaftsformen zu:

1 Personengesellschaft
2 Kapitalgesellschaft
3 wenn eine solche Zuordnung nicht sinnvoll ist

a. KG
b. AG
c. GmbH
d. Einzelunternehmung

2 Welche der folgenden Aussagen zur Einzelunternehmung trifft nicht zu?

1 Die Firma bei Einzelkaufleuten muss die Bezeichnung „eingetragener Kaufmann", „eingetragene Kauffrau" oder die allgemein verständliche Abkürzung dieser Begriffe beinhalten.
2 Einzelunternehmer können nur eine Personenfirma wählen.
3 Die Haftung für Verbindlichkeiten bezieht sich auf das Geschäfts- und Privatvermögen.

3 Ordnen Sie den folgenden Aussagen zum „stillen Gesellschafter" eine

1 zu, wenn es sich um eine zutreffende Aussage handelt,
9 zu, wenn es sich um eine nicht zutreffende Aussage handelt.

a. Die Vermögenseinlage des stillen Gesellschafters wird in der Bilanz als Fremdkapital ausgewiesen.
b. Die Vermögenseinlage des stillen Gesellschafters geht in das Vermögen des Kaufmanns über.
c. Die Vermögenseinlage des stillen Gesellschafters wird buchhalterisch überhaupt nicht berücksichtigt.
d. Ein stiller Gesellschafter kann sich z. B. an einem Einzelunternehmen, einer GmbH oder KG beteiligen.
e. Der stille Gesellschafter hat ein Recht auf Gewinnbeteiligung – die Verlustbeteiligung kann jedoch vertraglich ausgeschlossen werden.

4 Sybille Queißer-Giese möchte sich als Kannkaufmann in das Handelsregister eintragen lassen. Sie stellt spanische Tanzkleider her.

Überprüfen Sie die folgenden Firmierungen.
Tragen Sie eine
1 ein, wenn die Firmierung möglich ist,
9 ein, wenn die Firmierung nicht möglich ist.

a. Sybille Queißer-Giese, Herstellung spanischer Tanzkleider
b. Queißer-Flamenco e. K.
c. Andalusische Bekleidung e. Kfr.
d. Queißer-Giese, e. Kauffrau
e. Bekleidungs-Bille – eingetr. Kauffrau

5 Beurteilen Sie folgenden Rechtsfall und ordnen Sie eine

1 zu, wenn die Aussage zutrifft,
9 zu, wenn die Aussage nicht zutrifft.

An einer Lottogesellschaft sind fünf Personen beteiligt, die vereinbaren, ihre Beiträge in bar wöchentlich zu leisten. Weiterhin wurde vereinbart, dass im Falle der Nichtzahlung die Nachzahlung in den nächsten Wochen erfolgen kann.

Da die Zahlung der Beiträge recht schleppend erfolgt, beschließen drei Gesellschafter, dass eine nicht erbrachte Leistung nicht mehr nachträglich geleistet werden kann und damit auch im Falle eines Lottogewinns der Anspruch entfällt. Zwei Wochen nach dieser Beschlussfassung gewinnt die Gemeinschaft eine höhere Summe in der Lotterie. Eingezahlt hatten nur vier Gesellschafter.

a. Es handelt sich um eine BGB-Gesellschaft von
b. Der Gewinn ist ordnungsgemäß verteilt, wenn die Gewinnsumme auf die vier Gesellschafter ausgezahlt wird, die ihren Beitrag erbracht haben.
c. Der fünfte Lottospieler, der seinen Beitrag nicht erbracht hat, kann seinen Anspruch trotzdem geltend machen, da er noch die Möglichkeit der Nachzahlung hat. Der Beschluss der drei Lottospieler, dass eine nicht pünktlich erbrachte Leistung nicht mehr nachträglich erbracht werden kann, war nicht gültig, weil eine Beschlussfassung nur gemeinschaftlich erfolgen kann.
d. Die Geschäftsführung der Gesellschaft des bürgerlichen Rechts wird gemeinschaftlich durchgeführt, d. h., für jedes Geschäft ist die Zustimmung aller Gesellschafter erforderlich.

6 Nehmen Sie zu den wichtigsten Merkmalen der BGB-Gesellschaft Stellung und ordnen Sie eine

1 zu, wenn die Aussage zutrifft,
9 zu, wenn die Aussage nicht zutrifft.

a. Eine Gesellschaft des bürgerlichen Rechts kann vorübergehend oder auch für längere Dauer gegründet werden.
b. Eine Gesellschaft des bürgerlichen Rechts kann immer nur für längere Zeit gegründet werden.
c. Die BGB-Gesellschaft wird in das Handelsregister A eingetragen.
d. Die Gesellschaft des bürgerlichen Rechts kann nur von Kaufleuten gegründet werden, z. B. von mehreren Industrieunternehmen zur Durchführung eines Forschungsprojektes. Nichtkaufleute können keine BGB-Gesellschaft gründen.
e. Über das Vermögen einer BGB-Gesellschaft kann das Insolvenzverfahren eröffnet werden.
f. Alle Gesellschafter der BGB-Gesellschaft haben – wenn vertraglich nichts anderes vereinbart wurde – einen Anspruch auf Anteil am Gewinn der Gesellschaft.
g. Die von den Gesellschaftern geleisteten Beiträge stellen das Gesellschaftsvermögen dar. Dieses Gesellschaftsvermögen ist Gesamthandvermögen.

Erläutern Sie anhand der wichtigsten Merkmale die Offene Handelsgesellschaft OHG.

Firmierung	Die Firma muss die Bezeichnung „offene Handelsgesellschaft" oder eine allgemein verständliche Abkürzung dieser Bezeichnung beinhalten. Personen-, Sach-, Fantasie- und gemischte Firma sind unter Beachtung des Irreführungsverbotes erlaubt.	
Gründung	Anzahl Gründer	Für die Gründung sind mindestens zwei Gesellschafter erforderlich.
	Form des Gesellschaftsvertrages	Für den Gesellschaftsvertrag ist keine Form vorgeschrieben, jedoch ist die Schriftform üblich. Werden Grundstücke in die Gesellschaft eingebracht, so ist eine notarielle Beurkundung des Gesellschaftsvertrages notwendig.
	Beginn der Gesellschaft	▶ Im **Innenverhältnis** entsteht die Gesellschaft mit dem im Vertrag vereinbarten Termin. ▶ Im **Außenverhältnis** entsteht die Gesellschaft mit dem Tätigwerden im Namen für das Geschäft, spätestens jedoch mit Eintragung in das Handelsregister Abteilung A. Gewerbetreibende ohne kaufmännische Organisation werden erst durch die freiwillige Eintragung in das Handelsregister zum Kannkaufmann.
Rechte der Gesellschafter	Geschäftsführung	▶ Jeder Gesellschafter ist grundsätzlich allein zur Geschäftsführung berechtigt. Diese Einzelgeschäftsführungsbefugnis bezieht sich auf alle Handlungen, die der gewöhnliche Betrieb des Handelsgewerbes mit sich bringt, z. B. Einkauf, Verkauf, Entlassungen, Einstellungen, Wechselausstellung, Wechselakzeptierung. ▶ Für außergewöhnliche Rechtsgeschäfte bedarf es der Zustimmung aller Gesellschafter, z. B. Aufnahme eines stillen Gesellschafters, Kauf/Verkauf von Grundstücken. ▶ Prokuristen können nur mit Zustimmung der geschäftsführenden Gesellschafter bestellt werden, der Widerruf der Prokura kann von jedem geschäftsführenden Gesellschafter erfolgen.
	Vertretung	Grundsätzlich hat jeder Gesellschafter Einzelvertretungsmacht für alle Rechtsgeschäfte. Der Umfang der Vertretungsmacht ist nicht beschränkbar, möglich ist jedoch z. B. das Abweichen von der Einzelvertretung durch vertraglich vereinbarte Gesamtvertretung.
	Kontrolle	Jeder Gesellschafter kann sich jederzeit persönlich über die Angelegenheiten der Gesellschaft unterrichten, Einsicht in die Handelsbücher und Papiere der Gesellschaft nehmen und sich daraus eine Bilanz anfertigen.
	Ersatz von Aufwendungen	Werden aus Privatmitteln Aufwendungen für das Geschäft getätigt, so haben die Gesellschafter Anspruch auf Ersatz.
	Kapitalentnahme	Jeder Gesellschafter ist berechtigt, 4 % seines Kapitalanteils zu entnehmen, auch wenn die Gesellschaft Verluste hatte.
	Gewinnanteil	Jeder Gesellschafter erhält, wenn vertraglich keine andere Regelung besteht, 4 % des Kapitalanteils, der Mehrgewinn wird nach Köpfen verteilt. Entnahmen und Einlagen der Gesellschafter sind bei der Verteilung zu berücksichtigen.
	Kündigung	Ein Gesellschafter kann auf den Schluss eines Geschäftsjahres kündigen. Dabei muss eine Frist von sechs Monaten eingehalten werden.
	Liquidationsanteil	Bei Auflösung des Unternehmens wird der Liquidationserlös nach Abzug der Schulden im Verhältnis der Kapitalanteile verteilt.
Pflichten der Gesellschafter	Leistung der Kapitaleinlage	Eine Mindesthöhe ist nicht vorgeschrieben. Die Einlagen können in bar, in Sach- oder auch Rechtswerten eingebracht werden.
	Wettbewerbsverbot	Verboten sind Geschäfte im gleichen Handelszweig und die Teilnahme mit persönlicher Haftung an einer gleichartigen Gesellschaft.
	Verlustanteil	Der Verlust wird nach Köpfen verteilt.
	Haftung	▶ **Unbeschränkt:** Der Gesellschafter haftet mit dem Gesellschaftsvermögen und seinem Privatvermögen. (Keine Einrede der Haftungsbeschränkung!) ▶ **Unmittelbar:** Jeder Gläubiger kann sich direkt an jeden Gesellschafter mit seiner Forderung wenden. (Keine Einrede der Vorausklage!) ▶ **Solidarisch:** Jeder Gesellschafter haftet für die gesamten Schulden der Gesellschaft. (Keine Einrede der Haftungsteilung!)
Auflösungsgründe	Zeitablauf, Beschluss der Gesellschafter, gerichtliche Entscheidung, Eröffnung des Insolvenzverfahrens. Tod oder Kündigung eines Gesellschafters sowie die Eröffnung des Insolvenzverfahrens über das Vermögen des Gesellschafters führen zum Ausscheiden des Gesellschafters unter Fortbestand der Gesellschaft.	

1 ***Die V. Voß OHG ist aufgrund falscher Einschätzungen der zukünftigen Marktlage hoch verschuldet. Ihr Rohstofflieferant hat kein Vertrauen mehr in die Zahlungsfähigkeit der V. Voß OHG und will die OHG auf Zahlung der längst fälligen Beträge verklagen.***

Nehmen Sie aufgrund des geschilderten Sachverhaltes zu folgenden Aussagen Stellung.

Tragen Sie eine

1 ein, wenn die Aussage zutrifft,
9 ein, wenn die Aussage nicht zutrifft.

a. Der Lieferer kann nur die V. Voß OHG als Gesellschaft verklagen, da es sich um Forderungen aus Warenlieferungen für das Unternehmen handelt. ☐

b. Der Lieferer kann neben der V. Voß OHG auch jeden einzelnen Gesellschafter verklagen. ☐

c. Der Lieferer kann entweder die V. Voß OHG als Gesell schaft oder einen einzelnen Gesellschafter auf Zahlung verklagen. Alle auf einmal zu verklagen ist nicht möglich. ☐

2 ***An einer OHG sind als Gesellschafter beteiligt:***

A mit 400 000,00 EUR
B mit 800 000,00 EUR
C mit 200 000,00 EUR

a. Der Gewinn im ersten Geschäftsjahr in Höhe von 146 000,00 EUR wird nach den gesetzlichen Vorschriften verteilt.

Wie viel Euro erhält der Gesellschafter B seinem Kapitalkonto gutgeschrieben? ☐

b. Der erzielte Verlust in Höhe von 123 000,00 EUR im zweiten Geschäftsjahr wird ebenfalls nach den gesetzlichen Vorschriften verteilt. Die Höhe des Eigenkapitals hat sich nur bei B um 20 000,00 EUR aufgrund einer Entnahme verringert.

Wie viel Euro Verlust werden auf den Gesellschafter B verteilt? ☐

3 ***An einer OHG beteiligen sich die Gesellschafter Hans Peter Schubert und Karl-Heinz Bolz. Gegenstand des Unternehmens sind Datenverarbeitungsanlagen.***

Überprüfen Sie folgende Firmierungen.

Tragen Sie eine

1 ein, wenn die Firmierung möglich ist,
9 ein, wenn die Firmierung nicht möglich ist.

a. Compu.doc oHG, Hardware, Software, Individuelle ☐

b. H P Schubert & Co. ☐

c. Multimedia Bolz OH ☐

d. Informationssysteme Bolz & Schubert ☐

e. BOS-Computerecke offene Handelsgesellschaft ☐

f. Info-Schub OHG ☐

g. Karl-Heinz Bolz und Hans Peter Schubert, Computersysteme ☐

4 ***Die OHG-Gesellschafter haften***

1 unbeschränkt,
2 unmittelbar,
3 solidarisch.

Ornen Sie diese Begriffe den folgenden Aussagen zu.

Die Gesellschafter der OHG haben ...

a. ... keine Einrede der Haftungsteilung. ☐

b. ... keine Einrede der Haftungsbeschränkung. ☐

c. ... keine Einrede der Vorausklage. ☐

5 ***Annette Weiffenbach und Horst Klausing gründen eine OHG. Die Gesellschafterin Annette Weiffenbach leistet ihre Einlage, indem sie ihr Einzelunternehmen, ein Schmuckwarengeschäft, einbringt. Das Grundstück wird mit 210 000,00 EUR bewertet und das sonstige Anlage- und Umlaufvermögen mit 300 000,00 EUR. Der Gesellschafter Horst Klausing leistet seine Einlage in Höhe von 200 000,00 EUR in bar.***

Im Gesellschaftsvertrag wird vereinbart, dass Annette Weiffenbach nur mit ihrem Geschäftsvermögen haftet.

Nehmen Sie aufgrund des geschilderten Sachverhaltes zu folgenden Aussagen Stellung.

Tragen Sie eine

1 ein, wenn die Aussage zutrifft,
9 ein, wenn die Aussage nicht zutrifft.

a. Der Gesellschaftsvertrag bedarf in diesem Fall der notariellen Beurkundung. ☐

b. Der Gesellschaftsvertrag kann formfrei abgeschlossen werden, sinnvoll ist jedoch die Schriftform. ☐

c. Nach der Einbringung in die OHG gehören die Sachmittel und die Barmittel den beiden Gesellschaftern gemeinsam (Gesamthandvermögen). ☐

d. Obwohl unterschiedliche Werte in das gemeinsame Unternehmen eingebracht wurden, ist jeder Gesellschafter zur Geschäftsführung berechtigt. ☐

e. Horst Klausing ist aufgrund der gesetzlich geregelten Einzelgeschäftsführungsbefugnis berechtigt, Mitarbeiter einzustellen und zu entlassen, ohne seine Geschäftspartnerin Annette Weiffenbach zu informieren. ☐

f. Die Vertretungsmacht erstreckt sich auf alle Rechtsgeschäfte, d. h., es wäre möglich, dass Annette Weiffenbach ohne Wissen ihres Geschäftspartners ein weiteres Grundstück rechtsgültig erwirbt. ☐

g. Die im Vertrag vereinbarte Klausel bezüglich der Haftungsbeschränkung auf das Gesellschaftsvermögen von Annette Weiffenbach hat nur Gültigkeit im Innenverhältnis, nicht jedoch im Außenverhältnis. ☐

Erläutern Sie anhand der wichtigsten Merkmale die Kommanditgesellschaft KG.

<table>
<tr><td>Firmierung</td><td colspan="2">Die Firma muss die Bezeichnung „Kommanditgesellschaft“ oder eine allgemein verständliche Abkürzung dieser Bezeichnung beinhalten.
Personen-, Sach-, Fantasie- und gemischte Firma sind unter Beachtung des Irreführungsverbotes erlaubt.</td></tr>
<tr><td rowspan="3">Gründung</td><td>Anzahl Gründer</td><td>Zur Gründung sind mindestens zwei Gesellschafter notwendig:
Vollhafter = Komplementär, Teilhafter = Kommanditist.</td></tr>
<tr><td>Beginn der Gesellschaft</td><td>▶ Im Innenverhältnis entsteht die Gesellschaft mit dem im Vertrag vereinbarten Termin.
▶ Im Außenverhältnis entsteht die Gesellschaft mit dem Tätigwerden im Namen für das Geschäft, spätestens jedoch mit Eintragung in das Handelsregister Abteilung A.
Gewerbetreibende ohne kaufmännische Organisation werden erst durch die freiwillige Eintragung in das Handelsregister zum Kannkaufmann.</td></tr>
<tr><td>Form des Gesellschaftsvertrages</td><td>Für den Gesellschaftsvertrag ist keine Form vorgeschrieben, jedoch ist die Schriftform üblich. Bei Einbringung von Grundstücken ist eine notarielle Beurkundung des Gesellschaftsvertrages notwendig.</td></tr>
<tr><td>Rechte und Pflichten der Vollhafter</td><td colspan="2">Für die Komplementäre gelten die gleichen Vorschriften wie für die Gesellschafter der OHG. Die Gewinn- und Verlustbeteiligung erfolgt jedoch für die Komplementäre wie für die Kommanditisten</td></tr>
<tr><td rowspan="4">Reche der Teilhafter</td><td>Widerspruch</td><td>Die Kommanditisten sind von der Geschäftsführung ausgeschlossen. Für Handlungen, die über den gewöhnlichen Betrieb des Handelsgewerbes hinausgehen, haben sie jedoch ein Widerspruchsrecht gegenüber den persönlich haftenden Gesellschaftern.</td></tr>
<tr><td>Kontrolle</td><td>Der Kommanditist hat das Recht, dass ihm die jährlich erstellten Bilanzen mitgeteilt werden. Die Richtigkeit des Jahresabschlusses kann er durch Einsicht in die Bücher und Papiere der Gesellschaft überprüfen.</td></tr>
<tr><td>Gewinnanteil</td><td>▶ Jeder Gesellschafter erhält, wenn vertraglich keine andere Regelung besteht, 4 % des Kapitalanteils, der Mehrgewinn wird im angemessenen Verhältnis verteilt. Die Gesellschafter einer KG sollten deshalb die Gewinnverteilung im Gesellschaftsvertrag festlegen, um Streitigkeiten über den Begriff „angemessen“ zu vermeiden.
▶ Der Gewinnanteil wird so lange dem Kapitalkonto zugeschrieben, bis der Kapitalanteil die fest im Handelsregister einzutragende Einlage erreicht hat. Weitere Gewinne werden außerhalb des Kapitalkontos gutgeschrieben oder ausgezahlt. Sie stellen Verbindlichkeiten der KG gegenüber dem Kommanditisten dar.</td></tr>
<tr><td>Kündigung</td><td>Ein Kommanditist kann auf den Schluss eines Geschäftsjahres kündigen. Dabei muss eine Frist von sechs Monaten eingehalten werden.</td></tr>
<tr><td rowspan="4">Pflichten der Teilhafter</td><td>Leistung der Kapitaleinlage</td><td>Die Pflichteinlage kann von der Haftsumme abweichen. Die Haftsumme ist der im Handelsregister eingetragene Betrag.</td></tr>
<tr><td>Haftung vor Eintragung</td><td>Ist die Eintragung in das Handelsregister noch nicht erfolgt, so haftet der Kommanditist für die Gesellschaftsschulden zwischen Geschäftsbeginn und Eintragung wie ein Komplementär.</td></tr>
<tr><td>Haftung bei Eintritt in eine Gesellschaft</td><td>Der Kommanditist haftet unbeschränkt für die zwischen seinem Eintritt und dessen Eintragung in das Handelsregister entstandenen Gesellschaftsschulden. Für alle anderen bestehenden Verbindlichkeiten haftet der Kommanditist nur mit der im Handelsregister eingetragenen Einlage.</td></tr>
<tr><td>Verlustanteil</td><td>Der Verlust wird im angemessenen Verhältnis verteilt.</td></tr>
<tr><td>Auflösungs gründe</td><td colspan="2">Zeitablauf, Beschluss der Gesellschafter, gerichtliche Entscheidung, Eröffnung des Insolvenzverfahrens. Die KG wird bei Tod eines Kommanditisten – mangels abweichender vertraglicher Bestimmung – mit dem Erben fortgesetzt.</td></tr>
<tr><td>Besonderheit GmbH & Co. KG</td><td colspan="2">Die GmbH & Co. KG ist eine Personengesellschaft, bei der der Vollhafter eine GmbH ist, die in ihrer Haftung beschränkt ist.
Beispiele:
▶ KG als personengleiche GmbH & Co. KG:
Es handelt sich um eine KG, bei der der Vollhafter eine GmbH ist. Die Gesellschafter der GmbH sind identisch mit den Kommanditisten. Somit ist die Haftung insgesamt beschränkt. Auch möglich ist eine Einmann-GmbH & Co. KG.
▶ KG als nicht personengleiche GmbH & Co. KG:
Die Gesellschafter der GmbH und die Kommanditisten sind verschiedene Personen.</td></tr>
</table>

1 An einer KG sind der Vollhafter Wolfgang Clauß und die Teilhafterin Brigitte Schauffert beteiligt. Sie betreiben eine Druckerei.

Welche der folgenden Firmierungen ist nicht möglich?

1 W. Clauß KG
2 Wolfgang Clauß und Brigitte, Formulardruck
3 Clauß KG
4 Wolfgang Clauß KG, Geschäftsdrucksachen
5 COLOR FORM DRUCK KG

2 Überprüfen Sie folgende Aussagen.

Ordnen Sie eine

1 zu, wenn die Aussage zutrifft,
9 zu, wenn die Aussage nicht zutrifft.

a. Die GmbH & Co. KG ist eine Kapitalgesellschaft.

b. Die GmbH & Co. KG kann eine Kommanditgesellschaft sein, bei der der Vollhafter eine GmbH ist.

c. Eine GmbH & OHG ist eine OHG, bei der ein Gesellschafter eine GmbH ist.

3 Beurteilen Sie folgende Aussagen zu den Rechten der Teil- und Vollhafter:

Ordnen Sie eine

1 zu, wenn die Antwort zutrifft,
9 zu, wenn die Antwort nicht zutrifft.

a. Der Kommanditist ist grundsätzlich von der Geschäftsführung ausgeschlossen, hat jedoch bei außergewöhnlichen Rechtsgeschäften ein Widerspruchsrecht gegenüber den persönlich haftenden Gesellschaftern.

b. Hat der Kommanditist seine Kapitaleinlage voll eingezahlt, so hat er Anspruch auf Auszahlung des Gewinns.

c. Der Kommanditist hat bei gewöhnlichen Rechtsgeschäften ein Alleinvertretungsrecht.

d. Die Gewinnverteilung nach dem HGB lautet: „4 % des Gewinns, Rest im angemessenen Verhältnis."

e. Der Vollhafter haftet unbeschränkt, unmittelbar und solidarisch.

f. Ein möglicher Verlust der Gesellschaft wird im angemessenen Verhältnis verteilt.

g. Wenn im Gesellschaftsvertrag keine andere Regelung getroffen wurde, so führt der Tod eines Vollhafters zum Ausscheiden aus der Gesellschaft.

h. Beim Tod eines Kommanditisten wird die Gesellschaft mangels abweichender vertraglicher Bestimmungen mit dem Erben fortgesetzt.

4 Beantworten Sie folgende Fragen zum Gesellschaftsvertrag der KG:

Ordnen Sie eine

1 zu, wenn die Antwort zutrifft,
9 zu, wenn die Antwort nicht zutrifft.

a. Der Gesellschaftsvertrag bedarf nicht der Schriftform, wenn die Einlagen der drei Gesellschafter in bar erbracht wurden.

b. Der Gesellschaftsvertrag bedarf nur dann der notariellen Beurkundung, wenn ein Grundstück mit in die Gesellschaft eingebracht wird.

5 Der Kommanditist einer KG hat Rechte und Pflichten.

Ordnen Sie eine

1 zu, wenn es sich um Pflichten des Kommanditisten handelt,
2 zu, wenn es sich um Rechte des Kommanditisten handelt,
9 zu, wenn diese Aussage auf den Kommanditisten nicht zutrifft.

a. Der Kommanditist zahlt vereinbarungsgemäß die Kapitaleinlage.

b. Der Verlust wird im angemessenen Verhältnis verteilt.

c. Der Gesellschafter verlangt die Auszahlung des Gewinns mit der Begründung, dass die in das Handelsregister eingetragene Einlage erreicht wurde.

d. Der Gesellschafter haftet unbeschränkt, unmittelbar und solidarisch.

e. Der Gesellschafter hat ein Widerspruchsrecht für alle gewöhnlichen und außergewöhnlichen Handlungen des Handelsgewerbes.

6 Nehmen Sie aufgrund der folgenden Bedingungen eine Gewinnverteilung vor:

Vollhafter A:	Einlage 230 000,00 EUR
Vollhafter B:	Einlage 600 000,00 EUR
Teilhafter C:	Einlage 150 000,00 EUR
Teilhafter D:	Einlage 700 000,00 EUR

Die Einlagen sind alle voll erbracht. Entnahmen wurden nicht vorgenommen. Der Gewinn beträgt 300 000,00 EUR und wird laut Gesellschaftsvertrag wie folgt verteilt: Jeder Gesellschafter erhält zunächst eine Verzinsung seines Kapitals in Höhe von 8 %. Bei einem Mehrgewinn erhalten die Komplementäre je fünf Anteile und die Kommanditisten je einen Anteil.

a. Ermitteln Sie den Gewinn für den Gesellschafter B.

b. Ermitteln Sie den Gewinn für den Gesellschafter D.

c. Ermitteln Sie das neue Eigenkapital des Gesellschafters B.

d. Ermitteln Sie das neue Eigenkapital der Gesellschaft.

Erläutern Sie anhand der wichtigsten Merkmale die Gesellschaft mit beschränkter Haftung GmbH.

Firmierung	Die Firma der GmbH muss die Bezeichnung „Gesellschaft mit beschränkter Haftung" oder eine allgemein verständliche Abkürzung dieser Bezeichnung enthalten. Sie kann eine Personen-, Fantasie-, Sachfirma oder gemischte Firma sein.	
Gründung	Mindestanzahl Gründer	Eine Person reicht zur Gründung.
	Form des Gesellschaftsvertrages	Der Gesellschaftsvertrag (Satzung) bedarf der notariellen Beurkundung.
	Beginn der Gesellschaft	Durch die Eintragung in das Handelsregister Abteilung B entsteht die GmbH als juristische Person. Vor der Gründung haften die Gesellschafter persönlich und solidarisch.
Rechte der Gesellschafter	Gewinnanteil	Die Verwendung des im Jahresabschluss ausgewiesenen Geschäftsergebnisses wird von den Gesellschaftern entschieden. Eine Ausschüttung erfolgt im Verhältnis ihrer Geschäftsanteile. Möglich ist jedoch eine Reservebildung, d. h. Gewinn kann auch zur Eigenkapitalbildung verwendet werden.
	Mitverwaltung	Die Gesellschafter haben ein Mitverwaltungsrecht. Die Geschäftsführungsbefugnis und Vertretungsmacht können von einem oder mehreren Gesellschaftern selbst wahrgenommen werden oder von beauftragten Fremdgeschäftsführern.
	Auskunfts- und Einsichtsrecht	Auf Wunsch eines Gesellschafters hat der Geschäftsführer Auskunft über die Angelegenheiten der Gesellschaft zu geben und Einsicht in die Bücher und Schriften zu gestatten.
Pflichten der Gesellschafter	Leistung der Stammeinlage	Der Gesellschafter muss die vereinbarte Stammeinlage erbringen. Auf jede Stammeinlage muss ein Viertel eingezahlt werden. Insgesamt muss bei einer Bargründung die Hälfte des Mindeststammkapitals vorhanden sein.
	Nachschusspflicht	Der Gesellschaftsvertrag kann eine beschränkte oder unbeschränkte Nachschusspflicht vorsehen.
Besonderheiten	**Stammkapital**	Das Stammkapital muss mindestens 25 000,00 EUR betragen. Es ist der in der Satzung festgelegte Betrag aller Stammeinlagen und wird in der Bilanz als „gezeichnetes Kapital" ausgewiesen.
	Stammeinlagen	Der vom Gesellschafter übernommene Anteil am Stammkapital ist die Stammeinlage. Der Betrag muss auf volle Euro lauten. Die einzelnen Stammeinlagen, die das Stammkapital ergeben, können für die einzelnen Gesellschafter verschieden hoch sein.
	Geschäftsanteil	Die Mitgliedschaft in der GmbH wird als Geschäftsanteil bezeichnet. Darüber kann eine Beweisurkunde (nicht Wertpapier) ausgestellt werden. Der Geschäftsanteil ist Maßstab für Rechte und Pflichten. Der Wert des Geschäftsanteils ist nicht mit dem Nennbetrag (abgeleitet aus der Höhe des gezeichneten Kapitals der Stammeinlage) identisch, sondern kann größer oder geringer sein (wahrer Wert).
Organe	Geschäftsführer	Sie haben die Geschäftsführungsbefugnis und die Vertretungsmacht. Nach dem Mitbestimmungsgesetz von 1976, das für Gesellschaften mit mehr als 2 000 Arbeitnehmern Gültigkeit hat, muss ein Arbeitsdirektor bestellt werden. Die Amtszeit der Geschäftsführer ist zeitlich nicht begrenzt.
	Aufsichtsrat	Ein Aufsichtsrat ist aufgrund der gesetzlich bestimmten überbetrieblichen Mitbestimmung notwendig.
	Gesellschafterversammlung	Sie ist das beschlussfassende Organ. Die Einberufung erfolgt durch eingeschriebenen Brief durch die Geschäftsführer. Über wesentliche Punkte beschließen die Gesellschafter (z. B. Bestellung, Entlastung und Abberufung von Geschäftsführern, Gewinnverwendung, Prokuraerteilung). Jeder Euro eines Geschäftsanteils gewährt eine Stimme.
Besonderheit: „Mini-GmbH"	▶ Die Gründung ist ab 1,00 EUR Stammkapital möglich (keine Sacheinlagen). ▶ Die Gewinnausschüttung ist begrenzt, da 25 % des Gewinns angespart werden müssen, bis das Stammkapital von 25 000,00 EUR erreicht ist. ▶ Die Kennzeichnung als „Unternehmergesellschaft (haftungsbeschränkt)" oder „UG (haftungsbeschränkt)" ist vorgeschrieben. ▶ Der Eintrag in das Handelsregister erfolgt erst mit Erreichen der vorgeschriebenen Stammkapitalhöhe.	
Auflösungsgründe	Zeitablauf, Beschluss der Gesellschafter, Insolvenzverfahren. Ein GmbH-Gesellschafter hat die Möglichkeit des Ausstiegs aus der Gesellschaft durch den Verkauf seines GmbH-Anteils mit notarieller Beurkundung.	

1 ***Welche der folgenden Aussagen trifft nicht zu?***

1 Die GmbH ist eine Gesellschaft mit eigener Rechtspersönlichkeit, deren Gesellschafter nicht persönlich für die Verbindlichkeiten der Gesellschaft haften.
2 Eine GmbH kann von einem oder mehreren Gesellschaftern gegründet werden.
3 Die GmbH wird durch einen notariell beurkundeten Gesellschaftsvertrag gegründet; die Eintragung in das Handelsregister hat deklaratorische (rechtserklärende) Wirkung.

2 ***Der Unternehmer Horst Kettler möchte eine GmbH gründen. Gegenstand des Unternehmens ist der Handel mit Damenbekleidung.***

Entscheiden Sie, ob folgende Firmierungen möglich sind.
Tragen Sie eine

1 ein, wenn die Firmierung den gesetzlichen Vorschriften entspricht,
9 ein, wenn die Firmierung nicht den gesetzlichen Vorschriften entspricht.

a. Kettler GmbH
b. Horst Kettler GmbH
c. H. Kettler, Damenbekleidung
d. Damenbekleidung Kettler GmbH
e. Damenbekleidung Kettler mbH

3 ***Ergänzen Sie unten stehende Definitionen um folgende Begriffe***

1 das/des Stammkapital/s
2 die/der Stammeinlage
3 der/des Geschäftsanteil/s

Sollte eine Zuordnung nicht möglich sein, tragen Sie eine 9 ein.

a. Die Mindesthöhe ... beträgt 25 000,00 EUR.
b. Der vom Gesellschafter übernommene Anteil am Stammkapital ist ...
c. Die Mindesthöhe ... beträgt 1,00 EUR.
d. Die Mitgliedschaft an der GmbH wird als ... bezeichnet.

4 ***Welche der folgenden Aussagen trifft nicht zu?***

Tragen Sie die Ziffer in das Kästchen ein.

1 Die GmbH ist eine Kapitalgesellschaft.
2 Die GmbH ist im Handelsregister B eingetragen.
3 Die GmbH kann auch mit der Bezeichnung „mbH" firmieren – es muss nicht „GmbH" in der Firmierung genannt sein.
4 Die GmbH wird von mindestens zwei Gesellschaftern gegründet. Möglich ist das Ausscheiden eines Gesellschafters.

5 ***An einer GmbH sind drei Gesellschafter beteiligt. Sie unterhalten sich über die Rechte und Pflichten der Gesellschafter einer GmbH.***

Ordnen Sie eine

1 zu, wenn die Aussage zutrifft,
9 zu, wenn die Aussage nicht zutrifft.

a. Gesellschafter A: „Die Geschäftsführung und Vertretung ist nur durch alle drei Gesellschafter möglich."
b. Gesellschafter B: „Als Geschäftsführer kann auch eine fremde Person benannt werden."
c. Gesellschafter A: „Die Gesellschafter müssen die vereinbarten Stammeinlagen erbringen. Die Höhe der Stammeinlagen kann unterschiedlich sein."
d. Gesellschafter B: „Die Stammeinlagen einer GmbH sind alle gleich hoch. Jedoch ist es möglich, mehrere Stammeinlagen zu erwerben."
e. Gesellschafter C: „Über wesentliche Punkte der Gesellschaft beschließen die Gesellschafter. Je Kopf wird eine Stimme gewährt."

6 ***Ordnen Sie eine***

1 zu, wenn die Aussage zur GmbH zutrifft,
9 zu, wenn die Aussage zur GmbH nicht zutrifft.

a. Die GmbH ist eine Personengesellschaft.
b. Die GmbH ist aufgrund der verschärften Haftungsbedingungen eine nicht häufig gewählte Unternehmensrechtsform.
c. Die Eintragung einer GmbH erfolgt in das Handelsregister Abteilung B.
d. Über wesentliche Punkte der Gesellschaft beschließen die Gesellschafter, z. B. über die Bestellung der Prokuristen.
e. Der Gesellschaftsvertrag kann eine beschränkte oder unbeschränkte Nachschusspflicht vorsehen.
f. Die Gründung einer GmbH ist durch eine Person möglich.
g. Das Stammkapital der GmbH wird in das Handelsregister eingetragen.

7 ***Volker Hoffmeister – 20 Jahre alt – möchte eine „Mini-GmbH" gründen. Eine Einlage in Höhe von 7 000,00 EUR kann er bar aufbringen.***

Ordnen Sie eine

1 zu, wenn die Aussage zutrifft,
9 zu, wenn die Aussage nicht zutrifft.

a. Die Gründung einer „Mini-GmbH" ist bereits mit 1,00 EUR möglich.
b. Die Firmierung „V. Hoffmeister, Unternehmergesellschaft (haftungsbeschränkt)" entspricht den gesetzlichen Vorschriften.
c. Die Firmierung „Volker Hoffmeister, UG (haftungsbeschränkt)" entspricht nicht den gesetzlichen Vorschriften, weil eine unerlaubte Abkürzung verwendet wurde.
d. Die Gründung ist nicht möglich, weil das Mindestalter für eine haftungsbeschränkte Unternehmensgesellschaft 25 Jahre beträgt
e. Die Gesellschaft muss ins Handelsregister eingetragen werden.

Welche Gründungsvorschriften müssen bei der Aktiengesellschaft AG berücksichtigt werden?

Firmierung	Die Firma muss den Zusatz „Aktiengesellschaft" enthalten oder eine allgemein verständliche Abkürzung dieser Bezeichnung.	
Gründung	Anzahl Gründer	Zur Gründung der AG ist mindestens eine Person notwendig.
	Gesellschafts-vertrag	Der bzw. die Gründer stellen den Gesellschaftsvertrag (die Satzung) auf. Hierzu bedarf es der notariellen Beurkundung.
	Besonderheiten	Die Gesellschaft ist „errichtet", wenn ein oder mehrere Gründer alle Aktien übernommen haben. Weitere Schritte sind: ▶ Der bzw. die Gründer wählen den Aufsichtsrat. ▶ Der erste Aufsichtsrat bestellt den ersten Vorstand. ▶ Über die Gründung ist ein Gründungsbericht zu erstellen. ▶ Die Anmeldung zum Handelsregister ist von allen Gründern, Vorstands- und Aufsichtsratsmitgliedern vorzunehmen.
	Beginn der Gesellschaft	Durch die Eintragung in das Handelsregister Abteilung B entsteht die AG als juristische Person.
Mindestkapital	Der Mindestnennbetrag des Grundkapitals (in der Bilanz: „gezeichnetes Kapital") beträgt 50 000,00 EUR. Das Grundkapital setzt sich zusammen aus den Nennbeträgen der Aktien.	

Was ist eine Aktie? Welche Besonderheiten sind gegeben?

- ▶ Die Aktie ist eine Urkunde, in der die Mitgliedschaft in der AG verbrieft wird.
- ▶ Die Gewinnanteilsscheine (Dividendenscheine, Kupons) verbriefen den Gewinnanspruch, die Erneuerungsscheine (Talons) verbriefen Rechte auf neue Gewinnanteilsscheine.
- ▶ Eine Unterpari-Emission (Ausgabe unter Nennbetrag) ist nicht möglich. Das Aufgeld (Agio) wird in die Kapitalrücklage eingestellt.
- ▶ Jede Aktie repräsentiert einen Bruchteil am Grundkapital.
  Nennbetragsaktien: Sie lauten auf den Nennwert. 1,00 EUR ist der Mindestnennwert, höhere Aktiennennbeträge müssen auf volle Euro lauten.
  Stückaktien: Sie lauten auf keinen Nennbetrag. Sie sind in gleichem Umfang am Grundkapital beteiligt. Der anteilige Betrag darf auch hier nicht 1 EUR unterschreiten. Der Anteil am Grundkapital bestimmt sich nach der Zahl der Aktien.

Unterscheiden Sie die Aktien im Hinblick auf ihre Übertragbarkeit, die mit ihnen verbundenen Rechte und den Ausgabezeitpunkt.

Übertragbarkeit	▶ **Inhaberaktien** werden durch Eini gung und Übergabe übertragen. ▶ **Namensaktien** lauten auf den Namen des Aktionärs (geborenes Orderpapier) und können nur mittels Zessionsvertrag oder mittels Indossament übertragen werden. ▶ **Vinkulierte Namensaktien** können zusätzlich nur mit Zustimmung der Gesellschaft übertragen werden.
Verbundene Rechte	▶ **Stammaktien** sind gewöhnliche Aktien. ▶ **Vorzugsaktien** gewähren Vorrechte, z. B. Recht auf Vorzugsdividende, jedoch meist verbunden mit einem Stimmrechtsausschluss.
Ausgabezeit-punkt	▶ **Alte Aktien** bieten ihren Eigentümern ein Bezugsrecht zum Ankauf von neuen Aktien. ▶ **Neue Aktien** werden bei Kapitalerhöhungen herausgegeben.

Erläutern Sie die Rechte und Pflichten der Gesellschafter (Aktionäre).

Mitverwaltungs-rechte	▶ Teilnahme an der Hauptversammlung ▶ Auskunft über Angelegenheiten der Gesellschaft auf der Hauptversammlung ▶ Stimmrecht in der Hauptversammlung nach Aktiennennbeträgen bzw. bei Stückaktien nach deren Anzahl. Das Stimmrecht kann persönlich oder durch Bevollmächtigte ausgeübt werden. Kreditinstituten kann für längstens 15 Monate ein Depotstimmrecht erteilt werden. ▶ Anfechtung von Beschlüssen der Hauptversammlung, die gegen Gesetz oder Satzung verstoßen
Vermögens-rechte	▶ Bezug junger Aktien bei einer Kapitalerhöhung der AG ▶ Anteil am Liquidationserlös im Verhältnis der Aktiennennbeträge ▶ Anspruch auf einen Anteil am Bilanzgewinn der AG (Dividende); sie wird berechnet vom Nennwert der Aktien.
Einlagepflicht	Der Aktionär hat im Wesentlichen die Pflicht zur Leistung der Einlagen. ▶ Bargründung: Die Einlage ist in bar zu leisten. Geschuldet wird der Nennbetrag der gezeichneten Aktien sowie ein darüber hinausgehender Ausgabebetrag (Agio). ▶ Sachgründung: Die Leistung erfolgt durch andere Einlagen. Sacheinlagen sind vollständig zu leisten.

1 Welche der folgenden Aussagen trifft nicht zu?

1 Der Mindestnennbetrag des Grundkapitals beträgt 50 000,00 EUR und wird auch „gezeichnetes Kapital" genannt.
2 Die Satzung der AG bedarf der notariellen Beurkundung.
3 Das Grundkapital der AG setzt sich zusammen aus der Anzahl der Aktien, multipliziert mit dem Ausgabekurs.

2 Welche der folgenden Aussagen trifft zu?

1 Durch die Eintragung in das HandelsregisterA entsteht die AG als juristische Person.
2 Die Firma einer AG muss die Bezeichnung „Aktiengesellschaft" oder eine allgemein verständliche Abkürzung dieser Bezeichnung enthalten.
3 Das Mindestkapital der AG ist gesetzlich nicht geregelt.
4 Zur Gründung einer AG sind sieben Gründer notwendig.

3 Überprüfen Sie die folgenden Aussagen zur Aktie und tragen Sie eine

1 ein, wenn die Aussage zutrifft,
9 ein, wenn die Aussage nicht zutrifft.

a. Der Mindestnennwert einer Aktie beträgt 1 EUR, höhere Nennwerte müssen auf volle Euro lauten.
b. Bei der Ausgabe von Aktien darf der Kurswert nicht kleiner sein als der Nennwert.
c. Werden Aktien herausgegeben, so wird das Agio in die Kapitalrücklage eingestellt.
d. Die Aktie ist ein Wertpapier, aber keine Urkunde.
e. Inhaberaktien sind geborene Orderpapiere.
f. Das Eigentum an Inhaberaktien kann durch Einigung und Übergabe übertragen werden.
g. Stückaktien haben keinen Nennbetrag.
h. Die Aktie besteht aus einem Mantel und einem Dividendenscheinbogen.

4 Der Kurswert einer Aktie beträgt 750,00 EUR. Die Hauptversammlung beschließt eine Dividende in Höhe von 8 %. Der Nennwert beträgt 50,00 EUR.

a. Ermitteln Sie den Dividendenanspruch in Euro und tragen Sie die Zahl vor dem richtigen Ergebnis ein.

1 4,00 EUR
2 60,00 EUR
3 80,00 EUR

b. Wie viel Prozent beträgt die effektive Verzinsung? Tragen Sie die Zahl vor dem richtigen Ergebnis ein.

1 8 %
2 0,53 % (gerundet)
3 1,07 % (gerundet)

5 Fünf Gesellschafter beschließen die Gründung einer AG. Sie verfügen über 700 000,00 EUR und bestimmen in ihrem Gesellschaftsvertrag den Beginn der Gesellschaft mit dem 05.05.2012. Am 10.05.2012 werden erste Geschäfte im Namen der Gesellschaft getätigt. Die Handelsregistereintragung erfolgte am 12.05.2012.

Mit welchem Datum erfolgte die Gründung der AG?

Tragen Sie eine 9 ein, wenn kein Datum zutrifft.

1 05.05.2012
2 10.05.2012
3 12.05.2012

6 Die Aktionäre haben Rechte und Pflichten.

Kennzeichnen Sie unten stehende Aussagen mit

1, wenn diese zutrifft,
9, wenn diese nicht zutrifft.

a. Die Aktionäre haben ein Recht auf Teilnahme an der Hauptversammlung.
b. Die Aktionärin Alexandra Richter meint, nur den Nennbetrag der Aktie zahlen zu müssen und nicht den darüber hinausgehenden Ausgabebetrag.
c. Ein Aktionär kann einen rechtswidrigen Beschluss anfechten.
d. Die Aktionärin Beate Hodde meint, die Mitgliedschaft bei der AG schriftlich kündigen zu müssen.
e. Der Aktionär Heinrich Sander fordert eine Abstimmung auf der Hauptversammlung nach Köpfen.
f. Die Aktionäre erbringen ihre Einlage gewöhnlich in bar; Sacheinlagen, z. B. eine Maschine oder ein Grundstück, sind jedoch auch möglich.

7 Überprüfen Sie die folgenden Aussagen zum Gründungsvorgang einer AG.

Tragen Sie eine

1 ein, wenn die Aussage zutrifft,
9 ein, wenn die Aussage nicht zutrifft.

a. Bei der Gründung einer AG muss sich mindestens eine natürliche oder juristische Person beteiligen.
b. Der Gesellschaftsvertrag, auch Satzung genannt, bedarf nicht der notariellen Beurkundung.
c. Die Mindesteinlage bei einer Gründung beträgt 50 000,00 EUR. Sie muss in bar erbracht werden.
d. Die Gründer müssen einen Gründungsbericht erstellen.
e. Die Gründer wählen den ersten Aufsichtsrat und bestellen den ersten Vorstand.
f. Die AG entsteht als juristische Person mit Eintragung in das Handelsregister Abteilung A.

Nennen Sie die Organe der AG. Beschreiben Sie diese in Stichworten.

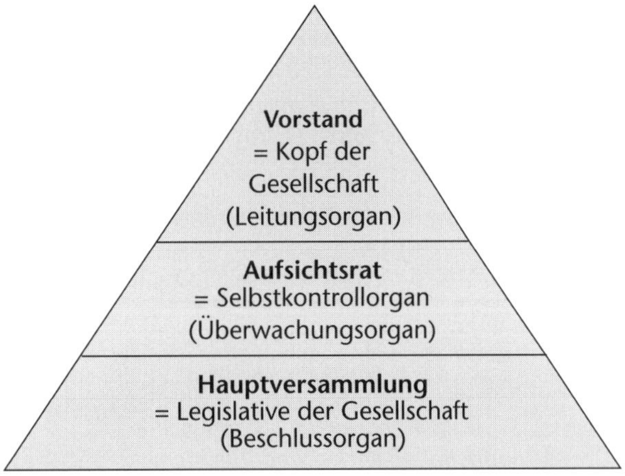

Der Vorstand leitet die Unternehmung. Er ist das geschäftsführende Organ und kann aus einer oder mehreren Personen bestehen. Er wird für fünf Jahre vom Aufsichtsrat bestellt.

Der Aufsichtsrat ist das Kontrollorgan der AG. Er besteht aus mindestens drei Mitgliedern und wird von der Hauptversammlung für vier Jahre bestellt.

Die Hauptversammlung ist das beschlussfassende Organ. Sie setzt sich zusammen aus den Aktionären der Gesellschaft. Die Aktionäre üben in der Hauptversammlung ihr Stimmrecht aus. Die Hauptversammlung wird in der Regel einmal im Jahr einberufen.

Nennen Sie die Aufgaben der einzelnen Organe der AG.

Vorstand	Die Aufgaben des Vorstandes: ▶ Leitung der Gesellschaft unter eigener Verantwortung ▶ Berichterstattung an den Aufsichtsrat ▶ Feststellung der Jahresbilanz, Gewinn-und-Verlust-Rechnung und Erstellung des Lageberichts ▶ Einladung zur ordentlichen Hauptversammlung ▶ Vorschlag über Gewinnverwendung ▶ Antrag auf Eröffnung des Insolvenzverfahrens
Aufsichtsrat	Die Aufgaben des Aufsichtsrates: ▶ Bestellung und Abberufung des Vorstandes ▶ Überwachung des Vorstandes ▶ Schriftliche Berichterstattung über den vom Vorstand aufgestellten und von den Abschlussprüfern geprüften Jahresabschluss; Geschäftsbericht, Vorschlag für die Gewinnverwendung ▶ Einberufung einer außerordentlichen Hauptversammlung
Hauptversammlung	Die Aufgaben der Hauptversammlung: ▶ Wahl der Aufsichtsratsmitglieder der Anteilseigner ▶ Entlastung der Mitglieder des Aufsichtsrates und des Vorstands ▶ Entscheidung über die Verwendung des Bilanzgewinns ▶ Wahl der Abschlussprüfer ▶ Beschluss über lebenswichtige Fragen, die eine Satzungsänderung zur Folge haben, wie Kapitalerhöhung, -herabsetzung, Fusion und Auflösung

Welche Besonderheiten sind bei Vorstand und Aufsichtsrat einer AG zu beachten?

	Vorstand	**Aufsichtsrat**
Bestellung	fünf Jahre	vier Jahre
Öffentlichkeit	▶ Eintragung ins Handelsregister ▶ Angabe der Namen der Vorstandsmitglieder auf den Geschäftsbriefen	▶ Anmeldung beim Registergericht ▶ Angabe des Namens des Aufsichtsratsvorsitzenden auf den Geschäftsbriefen
Vergütung	festes Gehalt und eine Beteiligung am Jahresgewinn (Tantieme)	Vergütung laut Satzung oder Beschluss der Hauptversammlung
Persönliche Voraussetzung	Ein Vorstandsmitglied einer abhängigen Gesellschaft kann nicht dem Aufsichtsrat des herrschenden Unternehmens angehören. Ebenfalls verboten ist die Überkreuzverflechtung. Das bedeutet, dass zwei Aktiengesellschaften nicht gegenseitig ihre Vorstände in die Aufsichtsräte der jeweils anderen Gesellschaft entsenden dürfen.	

Wie wird der Jahresüberschuss verwendet?

Gesetzliche Rücklage	Laut Aktiengesetz sind 5 % des um einen etwaigen Verlustvortrag des Vorjahres bereinigten Jahresüberschusses so lange der gesetzlichen Rücklage zuzuführen, bis die gesetzliche Rücklage und die Kapitalrücklage 10 % des Grundkapitals erreicht haben.
Andere Gewinnrücklagen	▶ Stellen Vorstand und Aufsichtsrat den Jahresabschluss fest, so können sie einen Teil (höchstens die Hälfte) des Jahresüberschusses in andere Rücklagen einstellen. Die Satzung kann zur Einstellung eines größeren Betrages ermächtigen. ▶ Auf der Hauptversammlung kann die Zuführung von weiteren Beträgen in die Rücklage beschlossen werden.

1 Welche der folgenden Gleichsetzungen zu den Organen der AG trifft nicht zu?

Tragen Sie die Ziffer in das Kästchen ein.
Treffen alle Antworten zu, tragen Sie eine 6 ein.

1 Vorstand = Leitungsorgan
2 Aufsichtsrat = Überwachungsorgan
3 Hauptversammlung = Beschlussorgan
4 Vorstand = Kopf der Gesellschaft
5 Aufsichtsrat = Selbstkontrollorgan

2 Wie viele Aktien muss eine AG mit der kleinsten Stückelung mindestens emittieren, um den gesetzlichen Gründungsvoraussetzungen zu entsprechen?

Tragen Sie die zutreffende Antwort in das Kästchen ein.

3 Ergänzen Sie die unten stehenden Aussagen, indem Sie die Ziffer vor dem jeweils fehlenden Organ der AG in das entsprechende Kästchen einsetzen.

1 Vorstand
2 Aufsichtsrat
3 Hauptversammlung

a. Der/Die ... hat unter eigener Verantwortung die Gesellschaft zu leiten.
b. Der/Die ... bestellt den Vorstand und widerruft die Bestellung des Vorstandes aus wichtigem Grund.
c. Der/Dem ... kann für seine Tätigkeit neben dem Gehalt auch eine Tantieme gewährt werden.
d. Der/Die ... stellt den Jahresabschluss fest und macht einen Vorschlag für die Verwendung des Bilanzgewinns.
e. Der/Die ... wählt die Mitglieder des Aufsichtsrates.
f. Der/Die ... beschließt über die Entlastung der Vorstandsmitglieder.
g. Der/Die ... beruft mindestens einmal im Jahr die Hauptversammlung ein.

4 Welche der folgenden Aussagen zum Vorstand trifft zu?

1 Der Vorstand wird für vier Jahre vom Aufsichtsrat bestellt.
2 Der Vorstand wird für vier Jahre von der Hauptversammlung bestellt.
3 Die Vorstandsmitglieder werden in das Handelsregister eingetragen.
4 Der Vorstand erhält ein festes Gehalt und zusätzlich mindestens 4 % Tantieme.

5 Welche der folgenden Aussagen zum Aufsichtsrat trifft nicht zu?

1 Der Aufsichtsrat wird alle vier Jahre neu gewählt.
2 Die Aufsichtsratsmitglieder erhalten für ihre Tätigkeit eine Tantieme, die laut Satzung oder auch durch Beschluss der Hauptversammlung bestimmt wird.
3 Die Aufsichtsratsmitglieder müssen ein juristisches Studium nachweisen, um ihre Tätigkeit durchführen zu können.

6 Ordnen Sie bei den folgenden Aussagen eine

1 zu, wenn es sich um Aufgaben der Hauptversammlung handelt,
9 zu, wenn diese Aufgaben nicht von der Hauptversammlung wahrgenommen werden.

a. Entlastung der Mitglieder des Aufsichtsrates
b. Entlastung der Mitglieder des Vorstandes
c. Bestellung des Vorstandes
d. Abberufung des Vorstandes
e. Entscheidung über die Verwendung des Bilanzgewinns
f. Beschluss über eine Kapitalerhöhung
g. Wahl der Abschlussprüfer

7 Überprüfen Sie, ob die genannten Unternehmen unter die überbetriebliche Mitbestimmung fallen. Tragen Sie eine

1 ein, wenn das Betriebsverfassungsgesetz von 1952 zutrifft,
2 ein, wenn das Montanmitbestimmungsgesetz von 1951 zutrifft,
3 ein, wenn das Mitbestimmungsgesetz von 1976 zutrifft.

Tragen Sie eine 9 ein, wenn eine überbetriebliche Mitbestimmung nicht zutrifft.

a. GmbH, 700 Arbeitnehmer
b. OHG, 3 000 Arbeitnehmer
c. Braunkohle AG, 2 600 Arbeitnehmer
d. Viermann Farben und Lacke AG, 1 200 Arbeitnehmer
e. Hugo Ackermann AG, Walzerzeugnisse, 1 400 Arbeitnehmer
f. Anke Halve, eingetragene Kauffrau, Herstellung feinster Salate, 50 Arbeitnehmer
g. Karl Klein, Baustoffhandel AG, 700 Arbeitnehmer
h. Transport Schnell GmbH, 200 Arbeitnehmer
i. Tim Tonsmann, Gemüsehandel, nicht eingetragen im Handelsregister

Nennen Sie die wichtigsten Ziele der gültigen Insolvenzordnung.

Reformziele	▶ Einheitlichkeit der Verfahren: Wegfall von Westrecht (Vergleichs- und Konkursordnung) und Ostrecht (Gesamtvollstreckungsordnung) ▶ Maßnahmen gegen Massearmut: Beschränkung der Verfahrenskosten, Einführung der „drohenden Zahlungsunfähigkeit", Abschaffung der Insolvenzvorrechte. ▶ Erhöhung der Verteilungsgerechtigkeit: Änderung des Verteilungsschlüssels bei eingetretener Masseunzulänglichkeit. ▶ Eigenverwaltung: Bei „Kleinverfahren" kein Verlust der Verwaltungs- und Verfügungsbefugnis des Schuldners. ▶ Verbraucherinsolvenz und Restschuldbefreiung: Möglichkeit der Entschuldung nach Beendigung des Verfahrens (Wohlverhaltensphase dauert 7 Jahre).

Erklären Sie Eröffnung, Wirkung und Abwicklung des Insolvenzverfahrens.

Eröffnung	Für den Antrag auf Eröffnung des Insolvenzverfahrens ist sachlich zuständig das Amtsgericht, in dessen Bezirk ein Landgericht seinen Sitz hat. Maßgeblich ist hier der Ort der Hauptniederlassung des Schuldners. Antragsberechtigt sind ▶ der Schuldner, der verpflichtet ist, Auskünfte zu erteilen, die notwendig sind, um über den Antrag zu entscheiden. Wird ein Insolvenzantrag wegen „drohender Zahlungsunfähigkeit" gestellt, so ist dies auf den Eigenantrag des Schuldners beschränkt; ▶ ein oder mehrere Gläubiger, die ein rechtliches Interesse an der Eröffnung haben und ihre Forderungen und den Eröffnungsgrund glaubhaft machen müssen. Das Insolvenzgericht prüft den Antrag und beschließt über ▶ die Eröffnung des Insolvenzverfahrens, ▶ die Ablehnung des Insolvenzverfahrens „mangels Masse" oder „mangels Vorliegen eines Eröffnungstatbestandes".	
Wirkung auf die Beteiligten	Insolvenzschuldner	▶ Verlust der Verwaltungs- und Verfügungsbefugnis über das zur Insolvenzmasse gehörige Vermögen (auch Neuerwerb während des Insolvenzverfahrens) ▶ Auskunfts- und Mitteilungspflicht gegenüber Insolvenzgericht, -verwalter, Gläubigerversammlung – Bei Nichtdurchführung der Pflichten des Schuldners: zwangsweise Vorführung und Haft – Postsperre, falls erforderlich – Eventuell Unterhaltszahlungen an den Schuldner und seine Familie aus der Insolvenzmasse – Erteilte Vollmachten vom Schuldner erlöschen
	Gläubiger	▶ Kein Recht mehr auf Zwangsvollstreckungen ▶ Schriftliche Anmeldung der Forderungen beim Insolvenzverwalter
	Schuldner	Verpflichtungen an den Gemeinschuldner sind nicht mehr an ihn zu leisten, sondern an den Insolvenzverwalter
Abwicklung nach der Eröffnung	▶ Veröffentlichung des Eröffnungsbeschlusses ▶ Maßnahmen des Insolvenzverwalters: – „feststellen" (Verzeichnis der Massegegenstände, Vermögensübersicht, Gläubigerverzeichnis nach Gruppen geordnet) – „verwalten" (z. B. Kündigung von Arbeits-, Pacht-, Mietverträgen, Abwicklung schwebender Verträge, Durchführung von Prozessen und Anfechtungen) – „verwerten" (Verkauf bzw. Versteigerung der Vermögensgegenstände) – „verteilen" (Insolvenzmasse wird nach festgelegter Reihenfolge verteilt)	

Erläutern Sie die in der Insolvenzordnung festgelegte Reihenfolge der Befriedigung der Gläubiger.

Recht	Grundlage der Forderung	Beispiele
Aussonderung	Gegenstände, die sich im Besitz des Insolvenzschuldners befinden, jedoch nicht sein Eigentum sind	▶ unter einfachem Eigentumsvorbehalt gelieferte und noch nicht bezahlte Gegenstände ▶ geliehene, gepachtete, gemietete Gegenstände
Absonderung	Verrechnung von Forderungen und Verbindlichkeiten	Lieferer hat eine Forderung an den Insolvenzschuldner und gleichzeitig als Kunde eine Verbindlichkeit
Aufrechnung	Kosten des Verfahrens	▶ Gerichtskosten ▶ Vergütung Insolvenzverwalter und Gläubigerausschuss
Massegläubiger	Sonstige Masseverbindlichkeiten	Neumasseverbindlichkeiten: ▶ Verbindlichkeiten durch Zukäufe von Waren ▶ Löhne und Gehälter für Weiterbeschäftigte ▶ Sozialplanansprüche ▶ Zinsen, die an absonderungsberechtigte Gläubiger zu zahlen sind Altmasseverbindlichkeiten: ▶ Unterhalt an den Insolvenzschuldner und seine Familie

1 Über das Vermögen der Rudi Intrup KG ist das Insolvenzverfahren am 13.03.09 um 12:00 Uhr eröffnet worden.

Kennzeichnen Sie folgende Aussagen, die sich auf die Zeit nach dem 13.03.09 beziehen, mit einer

1, wenn sie zutreffen,
9, wenn sie nicht zutreffen.

a. Die Schuldner zahlen mit befreiender Wirkung an den Insolvenzschuldner, auch wenn dieser die Leistung nicht in die Insolvenzmasse gibt. ☐
b. Die Gläubiger müssen ihre Forderungen dem Insolvenzgericht melden. ☐
c. Eine Einzelzwangsvollstreckung durch den Gerichtsvollzieher mit vollstreckbarem Titel in das Vermögen der Rudi Intrup KG ist möglich. ☐
d. Erteilte Vollmachten vom Insolvenzschuldner erlöschen. ☐

2 Überprüfen Sie folgende Feststellungen zum Insolvenzrecht.

Tragen Sie eine
1 ein, wenn die Feststellung zutrifft,
9 ein, wenn die Feststellung nicht zutrifft.

a. Das Insolvenzrecht verfolgt das Ziel, Maßnahmen gegen Massearmut zu ergreifen, damit möglichst viele Insolvenzfälle in einem geordneten Verfahren abgewickelt werden können und nicht abgelehnt werden. ☐
b. Das Insolvenzgericht kann gegen den Schuldner Haft anordnen, wenn er sich seiner Auskunfts- und Mitwirkungspflichten entziehen will, insbesondere Anstalten zur Flucht trifft. ☐
c. Zur Insolvenzmasse gehört nur das Vermögen, das zum Zeitpunkt der Insolvenzeröffnung vorhanden ist. Erlangt der Schuldner neues Vermögen während des Verfahrens, so zählt dieses nicht dazu. ☐
d. Anträge auf Eröffnung des Insolvenzverfahrens können nur der Schuldner oder seine gesetzlichen Vertreter stellen. ☐

3 Ihnen liegen im Rahmen eines Insolvenzverfahrens folgende Zahlen vor:

Vermögen des Schuldners:	750 000,00 EUR
Abgetretene Forderungen:	10 000,00 EUR
Kosten des Verfahrens:	40 000,00 EUR
Wechselschulden:	30 000,00 EUR
Sonstige Verbindlichkeiten:	470 000,00 EUR
Abgesicherte Darlehensforderung:	460 000,00 EUR
zu zahlender Unterhalt an den Schuldner:	18 000,00 EUR
gemietete Gegenstände:	22 000,00 EUR

Ermitteln Sie anhand dieses vereinfachten Insolvenzbeispiels

a. die Insolvenzquote (in Prozent), ☐
b. die Insolvenzmasse (in Euro), ☐
c. die Kosten des Verfahrens (in Euro), ☐
d. die Absonderungsrechte (in Euro). ☐

4 Dem Insolvenzverwalter der Dietmar Jürgens KG werden verschiedene Forderungen mitgeteilt.

Ordnen Sie zu:

1 „Aussonderung"
2 „Aufrechnung"
3 „Absonderung"
4 „Neumasseverbindlichkeiten"
5 „Altmasseverbindlichkeiten"
6 „Verfahrenskosten"

Sollte keines dieser genannten Rechte zutreffen, tragen Sie eine 9 ein.

a. Die Luka Habö GmbH hat eine Wechselforderung in Höhe von 117 000,00 EUR. ☐
b. Das Autohaus Sigrid Schmale e. K. hat eine Forderung über 8 200,00 EUR aufgrund mehrerer Reparaturrechnungen. ☐
c. Der Rohstofflieferant meldet eine Forderung in Höhe von 30 000,00 EUR an. Die Rohstoffe wurden unter Eigentumsvorbehalt geliefert und sind noch nicht verbraucht. ☐
d. Die Bank meldet eine Darlehensforderung in Höhe von 420 000,00 EUR an. Das Darlehen ist gesichert durch eine eingetragene Grundschuld. ☐
e. Die Arbeitnehmer haben Lohnforderungen, die nach der Insolvenzeröffnung entstanden sind. ☐

5 Bringen Sie die nachstehend genannten Gläubiger in die nach der Insolvenzordnung festgelegte zwingende Reihenfolge, nach der die Ansprüche befriedigt werden, indem Sie die Ziffern 1 bis 5 vergeben.

a. Massegläubiger wegen sonstiger Masseverbindlichkeiten ☐
b. Aussonderungsberechtigte ☐
c. Aufrechnungsberechtigte ☐
d. Massegläubiger wegen Verfahrenskosten ☐
e. Absonderungsberechtigte ☐

6 Überprüfen Sie folgende Äußerungen im Rahmen eines Verbraucherinsolvenzverfahrens.

Tragen Sie eine

1 ein, bei zutreffender Feststellung,
9 ein, bei nicht zutreffender Feststellung.

a. „Bevor das gerichtlich vermittelte Schuldenbereinigungsverfahren beginnt, muss ein außergerichtlicher Einigungsversuch mit den Gläubigern vorausgegangen sein." ☐
b. „Bei der Restschuldbefreiung bin ich als Schuldner leider auf die Zustimmung der Gläubigerschaft angewiesen." ☐
c. „Im Gegensatz zum außergerichtlichen Verfahren kann das Gericht die fehlenden Stimmen der Gläubiger ersetzen. Voraussetzung ist, dass mehr als die Hälfte der benannten Gläubiger zugestimmt hat und die Summe der Ansprüche der zustimmenden Gläubiger mehr als die Hälfte der Summe der Ansprüche der benannten Gläubiger beträgt." ☐

Welche wirtschaftlichen Überlegungen sollten vor der Gründung eines Unternehmens angestellt werden?

Marktchancen	Es erscheint sinnvoll, ein Unternehmen nur in einem Markt zu gründen, in dem die Ertragsaussichten gut sind. So dürfte ein Geschäftszweig wenig profitabel sein, in dem ein hoher Sättigungsgrad an Gütern oder Dienstleistungen besteht. Es gilt also, Märkte aufzuspüren, die durch hohe zukünftige Wachstumsraten gekennzeichnet sind, oder aber in herkömmlichen Märkten so genannte Marktnischen zu entdecken. *Beispiel: Die Investition von Kapital in einem Markt für traditionelle Produkte (z. B. Kochherde, Kühlschränke) erscheint nicht lohnenswert, zumal wenn der Markt bereits weit gehend gesättigt ist und einige große, international operierende Hersteller den Markt unter sich aufgeteilt haben.*
Wettbewerbsfähigkeit/ Know-how	Eng mit der Frage des Marktes ist der Wettbewerb verbunden. Ein Markt, in dem die Konkurrenz bereits sehr groß ist oder den wenige Anbieter bereits unter sich aufgeteilt haben, lohnt sich zumeist nicht. Wettbewerbsfähigkeit hat aber nicht nur mit der realen Marktsituation, sondern auch mit der fachlichen Eignung, der Kreativität des Unternehmensgründers, der Geschäftsidee, dem Know-how und den vorhandenen Geschäftsbeziehungen zu tun.
Kapitalbedarf	Die Bandbreite geht von sehr wenig Kapitalbedarf (z. B. bei einem kleinen Möbelhersteller) bis zu vielen Millionen Euro (z. B. in der Automobil- oder chemischen Industrie). Zu dem Kapitalbedarf gehören die Gründungskosten, der Investitionsbedarf für die Anlagen und Einrichtungen und der Anfangsbestand an Waren sowie der Bedarf an flüssigen Mitteln für den Beginn des laufenden Geschäftsbetriebes.

Geben Sie eine Übersicht über die Standortfaktoren eines Unternehmens.

Inputbezogene Faktoren	Die inputbezogenen, auf den Einsatz von Produktionsmitteln bezogenen Faktoren schaffen die Voraussetzungen für die Produktion und die Beschaffung der Produktionsfaktoren. *Beispiele: Gewerbeflächen, Arbeitsmarktbedingungen, Beschaffungsmöglichkeiten, Versorgung mit Energie und fremden Dienstleistungen, Verkehrsverbindungen und staatliche Leistungen und Ansprüche (Infrastruktur, Gewerbesteuerhebesätze)*
Leistungsbezogene Faktoren	Sie beziehen sich auf die aktuellen Produktionsbedingungen und deren Umfeld. *Beispiele: Klimatische Bedingungen sind wichtig für Land- und Forstwirtschaft. Technologische Bedingungen sind wichtig z. B. für den Maschinenbau und die Elektroindustrie. Lohnkosten sind wichtig für die arbeitsintensive Produktion. Politische Stabilität ist z. B. wichtig bei hohen Investitionen in Entwicklungsländern.*
Outputbezogene Faktoren	Diese Faktoren beziehen sich vorwiegend auf den Absatzbereich und alle damit zusammenhängenden Fragen. *Beispiel: Absatzmarktnähe, vorhandene Absatzmittler und Absatzhelfer, bestehende Konkurrenz, staatliche Absatzhilfen, Verkehrsanbindungen (Bahnhöfe, Autobahnschlüsse).*
Ausschlaggebende Faktoren	Für bestimmte Branchen und Betriebe gibt es Einflussgrößen, die für die Standortwahl ausschlaggebend sind. So ist z. B. die Absatzorientierung in Bezug auf vorhandene Kunden sehr wichtig für den Einzelhandel. Fragen der Grundstücksmieten oder der Arbeitskräftebeschaffung spielen hier eine nachgelagerte Rolle. Für Betriebe im Bereich der Hochtechnologie spielen hingegen für die Entscheidung gerade gut ausgebildete Arbeitskräfte eine wichtige Rolle. Bei der Standortentscheidung sollten die einzelnen Faktoren entsprechend ihrer Bedeutung angemessen berücksichtigt werden.

Erläutern Sie eine mögliche Vorgehensweise bei der Auswahl eines Standorts.

Bedeutung der Standortwahl	Die Standortwahl ist eine unternehmerische Entscheidung von langer Tragweite (Grundsatzentscheidung). Sie bedarf deshalb einer besonders gründlichen Vorbereitung.
Bestimmung der wichtigsten Standortfaktoren	Um die Auswahlentscheidung praktikabel zu machen, werden von den Entscheidungsträgern die für das Unternehmen bedeutsamsten Standortfaktoren benannt. *Beispiel: Textilindustrie – mögliche Standortfaktoren: Lohnkosten und geeignete Arbeitskräfte, Transportkosten, Qualität, staatliche gebietsbezogene Fördermittel, steuerliche Belastung, Miet- oder Grundstückskosten, Infrastruktur*
Gewichtung der Faktoren	Die Entscheidungsträger verleihen den Faktoren eine relative Wichtigkeit durch Gewichtungsfaktoren (hier im Beispiel auf einer Skala von 1 = niedrige Bedeutung bis 10 = hohe Bedeutung). *Beispiel: Lohnkosten (10), Qualität (8), steuerliche Belastung (7), Transportkosten (6), Infrastruktur (6), Fördermittel (5), Mietkosten (4)*
Einholen verschiedener Standortangebote	Über Datenbanken, Gebietskörperschaften oder durch Inserate in Fach- bzw. überregionalen Zeitungen werden Angebote eingeholt, die aufgrund der vom Unternehmen vorgegebenen Checkliste möglichst umfassende Informationen enthalten sollten.
Ermittlung der Wertzahlen	Die Angebote werden mit Punkten in den einzelnen Kategorien bewertet. Je höher die Wertzahl, desto besser ist das Angebot in dieser Kategorie für das Unternehmen. *Beispiel Lohnkosten: Angebot A Wertzahl 2, Angebot B Wertzahl 5, Angebot C Wertzahl 9 etc.*
Gewichtung der Wertzahlen und Auswahl	Die Wertzahlen je Kategorie werden nun mit den Gewichtungsfaktoren multipliziert; heraus kommen gewichtete Wertzahlen. Diese gewichteten Wertzahlen je Angebot werden addiert. Das Angebot mit der höchsten Wertzahl bekommt den Zuschlag. *Beispiel Lohnkosten: gewichtete Wertzahlen Angebot A = 20, Angebot B = 50, Angebot C = 90.*

1 ***Welche der folgenden Überlegungen ist für die Gründung eines Industrieunternehmens, das Computerteile aus Kunststoff herstellt, überflüssig?***

Tragen Sie eine 6 ein, wenn alle Aspekte vor der Unternehmensgründung bedacht werden müssen.

1 Welches Know-how wird benötigt?
2 Wie hoch ist die Niederschlagsmenge in der Region?
3 Wie hoch ist der Kapitalbedarf?
4 Kann der Kapitalbedarf über ausreichend Eigen- und Fremdmittel befriedigt werden?
5 Welche Mitbewerber mit welchen Leistungen sind bereits auf dem Markt aktiv?

2 ***Bei den Standortfaktoren unterscheidet man***

1 inputbezogene Faktoren,
2 leistungsprozessbezogene Faktoren,
3 outputbezogene Faktoren.

Ordnen Sie diese Begriffe den folgenden Faktoren eines Standortes für ein geplantes Investitionsobjekt zu.

a. In der geplanten Gemeinde werden niedrige Gewerbesteuerhebesätze verlangt.

b. Die Verkehrsanbindung ist mit zwei Autobahnanschlüssen, einem Güterbahnhof und einem Flughafen in der Nähe sehr gut.

c. 80 % der Abnehmer der Güter und Dienstleistungen liegen im Umkreis von 200 km.

d. Die Arbeitsverwaltung der Region signalisiert eine große Anzahl gut ausgebildeter Fachkräfte, die derzeit arbeitslos sind.

e. Die Gemeinde bietet im Gewerbegebiet günstige Grundstücke an.

f. Eine Fachhochschule in der Nähe befasst sich in einem Fachbereich mit genau der Technologie, die von dem geplanten Unternehmen in der Produktion eingesetzt werden soll.

3 ***Welcher der folgenden Standortfaktoren ist nicht inputbezogen?***

Tragen Sie eine 5 ein, wenn alle Faktoren inputbezogen sind.

1 Arbeitsmarktlage
2 Anzahl der Lieferanten in der Nähe
3 Grundstückspreise
4 Anzahl der Kunden in der Nähe

4 ***Für bestimmte Unternehmen oder Branchen ist häufig ein Standortfaktor von besonderer Bedeutung oder sogar ausschlaggebend.***

Ordnen Sie die folgenden Standortfaktoren den unten aufgeführten Branchen/Unternehmen zu.

1 Klima
2 Technologietransfer
3 günstige Arbeitskräfte
4 Kundendichte
5 Güterbahnhofanschluss

a. Stahlwerk

b. Großhandel für Bürobedarf

c. Weinbau

d. Feinmechanik

e. Softwareentwicklung

5 ***Eine Standortanalyse hat für ein geplantes Industrieunternehmen für drei verschiedene Standorte folgende Zahlen geliefert.***

Faktor	GF	ungewichtete Werte der Standorte		
		A	B	C
Kundenanzahl	6	2	3	1
Arbeitskosten	8	3	1	2
Transportkosten	2	1	2	3
Infrastruktur	8	2	3	1
Steuern	4	1	2	3

(ungewichtete Werte: 1 = schlechter Wert, 3 = guter Wert)

Werten Sie diese Nutzwertanalyse aus und beantworten Sie folgende Fragen dazu:

a. Ermitteln Sie die gewichtete Wertzahl für den Faktor Kundenanzahl bei Unternehmen A.

b. Ermitteln Sie die gewichtete Wertzahl für den Faktor Kundenanzahl bei Unternehmen B.

c. Ermitteln Sie die gewichtete Wertzahl für den Faktor Kundenzahl bei Unternehmen C.

d. Wie viele Punkte beträgt die Summe aus allen gewichteten Wertzahlen bei Standort A?

e. Wie viele Punkte beträgt die Summe aus allen gewichteten Wertzahlen bei Standort B?

f. Wie viele Punkte beträgt die Summe aus allen gewichteten Wertzahlen bei Standort C?

g. Welches Unternehmen erhält nach dieser Analyse den Vorzug?

h. Welches Unternehmen erhielte den Vorzug, wenn der Gewichtungsfaktor für die Arbeitskosten auf 12 erhöht würde?

Erläutern Sie die Probleme einer reinen Marktwirtschaft.

- Die Unternehmen tendieren aufgrund des herrschenden Wettbewerbs zur Monopolisierung von Märkten.
- Das Privateigentum an Produktionsmitteln führt dazu, dass die Arbeitnehmer in einer schwächeren Position sind.
- Die reine Anwendung des erwerbswirtschaftlichen Prinzips führt zur Vernachlässigung bestimmter Bereiche der Gesellschaft.
- Der ausschließliche Wettbewerb über den Preis führt dazu, dass schwache Mitglieder der Gesellschaft an den Rand gedrängt werden.

Was versteht man in der Bundesrepublik Deutschland unter der sozialen Marktwirtschaft?

Die soziale Marktwirtschaft ist eine Wirtschaftsordnung, in der das Prinzip der Freiheit des Marktes (**marktwirtschaftliche Komponente**) mit dem Prinzip des sozialen Ausgleichs (**soziale Komponente**) verbunden wird. Das Prinzip des sozialen Ausgleichs ist nur über marktkonforme Eingriffe des Staates in den Wirtschaftsprozess zu erreichen. Marktkonform bedeutet, dass keine Maßnahmen ergriffen werden dürfen, die den Marktmechanismus außer Kraft setzen.

Durch welche Merkmale ist die soziale Marktwirtschaft gekennzeichnet?

Vertragsfreiheit	Die Vertragsfreiheit ist ein Grundsatz, der das Recht der Schuldverhältnisse im bürgerlichen Recht beherrscht. Dieser Grundsatz bedeutet, ▶ dass jede Person frei entscheiden kann, ob sie/er ein Vertragsangebot annimmt oder nicht; ▶ dass es den Vertragsparteien überlassen bleibt, welche Inhalte sie zum Gegenstand des Vertrages machen.	
Eigentums-garantie	Das **Grundgesetz** garantiert im Artikel 14 (1) Eigentum und Erbrecht. Das bedeutet, dass das Eigentumsrecht zu einem absoluten Recht erhoben wird, das gegen jedermann gilt, also auch gegenüber dem Staat.	
Sozialbindung des Eigentums	In Artikel 14 (2) wird die Sozialbindung des Eigentums hervorgehoben. Danach soll der Gebrauch des Eigentums zugleich dem Wohle der Allgemeinheit dienen. Gleichfalls ist eine Enteignung von Eigentum möglich, sofern diese im Interesse der Allgemeinheit zulässig ist und die enteignete Person dafür entschädigt wird.	
erwerbswirt-schaftliches Prinzip	Die Eigentumsgarantie in Verbindung mit Vertragsfreiheit und Gewerbefreiheit (§ 1 Gewerbeordnung) führt zur Verwirklichung des erwerbswirtschaftlichen Prinzips. Das bedeutet, dass ein Unternehmer diejenige Kombination von Produktionsfaktoren wählen kann, mit der er ein Gewinnmaximum erreicht.	
Tarifautonomie der Sozialpartner	Die Tarifautonomie ist durch das Grundrecht auf Vereinigungsfreiheit gewährleistet (Art. 9 [3] GG). Danach können alle Deutschen zur Wahrung und Förderung der Arbeits- und Wirtschaftsbedingungen Vereinigungen gründen. Auf Arbeitnehmerseite sind solche Vereinigungen die Gewerkschaften, auf Arbeitgeberseite die Arbeitgebervereinigungen. Die Tarifautonomie eröffnet die Möglichkeit, in dem von der staatlichen Rechtsetzung freigelassenen Raum durch freie Verhandlungen Tarifverträge zu schließen, die das Arbeitsleben ordnen.	
wirtschafts- und sozialpolitische Ziele des Staates	**Wirtschaftspolitische Ziele**	**Sozialpolitische Ziele**
	▶ Vollbeschäftigung ▶ Preisniveaustabilität ▶ angemessenes Wachstum ▶ außenwirtschaftliches Gleichgewicht	▶ soziale Sicherheit ▶ gerechte Einkommens- und Vermögensverteilung ▶ gleiche Startchancen für alle Bürger

Nennen Sie Unterschiede zwischen dem marktwirtschaftlichen Modell und der Realität.

Wirtschafts-konzentration	Einzelne Marktteilnehmer werden immer wieder gewollt oder ungewollt den freien Wettbewerb beschränken. Unternehmen versuchen, wirtschaftliche Macht durch die Konzentration von Unternehmen zu erlangen (Konzernbildung), oder sie sprechen sich zum Nachteil anderer Marktteilnehmer in ihren Aktionen ab oder sie vereinbaren vertraglich ein abgestimmtes Vorgehen im Markt (Kartellbildung).
Konjunkturpolitik	In einer Marktwirtschaft gestalten die Wirtschaftssubjekte ihre Pläne weit gehend individuell. Die Abstimmung dieser Pläne auf dem Markt geschieht jedoch nicht koordiniert und es kommt zu Störungen. Im Rahmen der Konjunkturpolitik sind Bund und Länder deshalb dazu verpflichtet, die Ziele Vollbeschäftigung, Preisniveaustabilität, angemessenes Wirtschaftswachstum und außenwirtschaftliches Gleichgewicht zu verfolgen.
Strukturpolitik	Die Wirtschaftsstruktur der Bundesrepublik ist nicht einheitlich. Im Rahmen der Strukturpolitik kann der Staat durch den gezielten Einsatz von Subventionen ▶ strukturschwache Gebiete oder Branchen fördern, ▶ Umstrukturierungsprozesse in bestimmten Branchen fördern.
Einkommens- und Vermögenspolitik	▶ Im Rahmen der Einkommenspolitik werden bei der Verteilung des Sozialproduktes Komponenten wie Alter, Familienstand, Anzahl der Kinder oder Gesundheit berücksichtigt. ▶ Im Rahmen der Vermögenspolitik wird, z. T. durch fiskalische Maßnahmen, die Vermögensbildung in Arbeitnehmerhand gefördert.

1 *Die reine Anwendung der freien Marktwirtschaft wirft eine Reihe von Problemen auf. Welches der unten stehenden Probleme ist nicht ursächlich auf die freie Marktwirtschaft zurückzuführen?*

Tragen Sie eine 6 ein, wenn es sich ausschließlich um Probleme der freien Marktwirtschaft handelt.

1 Die Unternehmen tendieren aufgrund des herrschenden Wettbewerbs zur Monopolisierung von Märkten.
2 Das Privateigentum an Produktionsmitteln führt dazu, dass die Arbeitnehmer in einer schwächeren Position sind.
3 Die reine Anwendung des erwerbswirtschaftlichen Prinzips führt zur Vernachlässigung bestimmter Bereiche der Gesellschaft.
4 Güter, die staatlich subventioniert und damit preiswert sind, werden von den Wirtschaftssubjekten nicht als knapp empfunden und u. U. verschwendet.
5 Der ausschließliche Wettbewerb über den Preis führt dazu, dass schwache Mitglieder der Gesellschaft an den Rand gedrängt werden.

2 *Die soziale Marktwirtschaft ist gegenüber der freien Marktwirtschaft durch eine Reihe zusätzlicher Merkmale gekennzeichnet. Welches der folgenden Merkmalen trifft nicht auf die soziale Markwirtschaft zu?*

Tragen Sie eine 5 ein, wenn alle Merkmale zutreffen.

1 Tarifautonomie der Sozialpartner
2 Sozialbindung des Eigentums
3 Kontrolle der Preise für Grundnahrungsmittel
4 Aufbau eines Systems der sozialen Sicherheit

3 *Im Folgenden finden Sie fünf Aussagen zur sozialen Markwirtschaft in der Bundesrepublik Deutschland. Tragen Sie eine*

1 ein, wenn die Aussage zutreffend ist,
9 ein, wenn die Aussage nicht zutreffend ist.

a. Im Rahmen der Einkommenspolitik werden bei der Verteilung des Sozialproduktes Komponenten wie Alter, Familienstand, Anzahl der Kinder oder Gesundheit berücksichtigt.
b. Im Rahmen der Vermögenspolitik wird, z. T. durch fiskalische Maßnahmen, die Vermögensbildung in Arbeitnehmerhand gefördert.
c. Im Rahmen der Strukturpolitik kann der Staat durch den gezielten Einsatz von Subventionen strukturschwache Gebiete oder Branchen oder Umstrukturierungsprozesse in bestimmten Branchen fördern.
d. Im Rahmen der Konjunkturpolitik sind Bund und Länder dazu verpflichtet, die Ziele Vollbeschäftigung, Preisniveaustabilität, angemessenes Wirtschaftswachstum und außenwirtschaftliches Gleichgewicht zu verfolgen.
e. Im Rahmen der Wettbewerbspolitik muss jede Fusion von Unternehmern mit mehr als 5 000 Arbeitnehmern genehmigt werden.

4 *Welche der folgenden Aussagen zum Eigentumsbegriff der sozialen Marktwirtschaft ist falsch?*
Tragen Sie eine 6 ein, wenn alle Aussagen zutreffen.

1 Eigentum ist die rechtliche Herrschaftsgewalt über eine Sache oder ein Recht.
2 Eigentum ist ein absolutes Recht. Das bedeutet, dass es gegen jedermann, also auch gegenüber dem Staat, gilt.
3 Die Sozialbindung des Eigentums beinhaltet, dass der Gebrauch des Eigentums zugleich auch dem Wohle der Allgemeinheit dienen soll.
4 Eigentum an einer Sache oder an einem Recht kann immer nur eine Person haben. Ein gemeinschaftliches Eigentum gibt es nicht.
5 Eine Enteignung von Eigentum durch staatliche Instanzen auf dem Rechtswege ist möglich, wenn diese im Interesse der Allgemeinheit liegt und die enteignete Person dafür entschädigt wird.

5 *Ordnen Sie den unten stehenden Zeitungsmeldungen über politische Maßnahmen zu, ob es sich dabei um die Verfolgung*
1 wirtschaftlicher Ziele,
2 sozialpolitischer Ziele
handelt.

a. „Die Bundesregierung bemüht sich weiterhin um einen Konsens aller Parteien über die Gestaltung der Pflegeversicherung."
b. „Durch die Zurückhaltung der staatlichen Stellen bei der Investitionstätigkeit soll ein Betrag zur Preisniveaustabilität geleistet werden."
c. „Die Steuerreform zeichnet sich durch die Entlastung besonders der unteren und mittleren Einkommensstufen aus."
d. „Der Bundeswirtschaftsminister wird alle Maßnahmen ergreifen, um das Defizit in der Handelsbilanz zu verringern."

6 *Welche der folgenden Aussagen zur Tarifautonomie ist falsch?*
Tragen Sie eine 5 ein, wenn alle Aussagen zutreffen.

1 Alle Tarifverträge einer Branche werden für allgemein verbindlich erklärt, damit sämtliche Arbeitnehmer die Rechte aus diesen Tarifverträgen in Anspruch nehmen können.
2 Die Tarifautonomie ist durch das Grundrecht auf Vereinigungsfreiheit gewährleistet (Art. 9 [3] GG). Das bedeutet, dass alle Deutschen zur Wahrung und Förderung der Arbeits- und Wirtschaftsbedingungen Vereinigungen gründen können.
3 Die Arbeitnehmer werden in der Bundesrepublik Deutschland durch die Gewerkschaften vertreten, die Arbeitgeber zumeist durch Arbeitgebervereinigungen.
4 Die Tarifautonomie eröffnet den Vereinigungen die Möglichkeit, in dem von der staatlichen Rechtsetzung freigelassenen Raum durch freie Verhandlungen Tarifverträge zu schließen, die das Arbeitsleben ordnen.

Erklären Sie die Güter- und Geldströme in einer Volkswirtschaft.

Begriff	Der einfache Wirtschaftskreislauf ist eine bildhafte Darstellung (Modell) der zusammengefassten Beziehungen zwischen den Unternehmen (Sektoren 1 bis 3) auf der einen und den Haushalten auf der anderen Seite. Anhand des Modells können die wirtschaftlichen Beziehungen zwischen den Haushalten und den Unternehmen untersucht werden.
Annahmen	▶ Es bestehen nur zwei Sektoren (Haushalte und Unternehmen). Der Staat greift nicht in die Wirtschaft ein. Zum Ausland bestehen keine wirtschaftlichen Beziehungen. ▶ Das gesamte Einkommen der Haushalte wird konsumiert. Damit kann auch nicht gespart und folglich nicht investiert werden. Die aufgezeigte Volkswirtschaft verändert sich damit nicht (Modell einer stationären Wirtschaft). ▶ Das in der Wirtschaft vorhandene Kapital verändert sich nicht. Es werden weder Netto- noch Ersatzinvestitionen getätigt.
Güterstrom	Die Haushalte stellen den Unternehmen Produktionsfaktoren zur Verfügung: Arbeit, Boden, Kapital. Die Unternehmen produzieren damit Güter und stellen diese den Haushalten zur Verfügung.
Geldstrom	Die Haushalte beziehen von den Unternehmen Einkommen aus der Überlassung von Produktionsfaktoren. Das Einkommen umfasst ▶ den Lohn für die Leistungen des Produktionsfaktors Arbeit, ▶ die Grundrente (bzw. Miete/Pacht) für den Einsatz und die Überlassung des Bodens, ▶ den Zins für den Einsatz des Kapitals, ▶ den Gewinn für die unternehmerische Tätigkeit. Für die von den Unternehmen gekauften Güter geben die Haushalte ihr Einkommen aus.

Erklären Sie die Güter- und Geldströme im erweiterten Wirtschaftskreislauf.

Begriff	Der erweiterte Wirtschaftskreislauf ist die bildhafte Darstellung (Modell) der zusammengefassten Beziehungen zwischen den Unternehmen (Sektoren 1 bis 3), den Banken, dem Staat, dem Ausland und den Haushalten einer Volkswirtschaft.
Güterstrom	Zusätzlich zu den Güterströmen des einfachen Kreislaufmodells gehen Güterströme in das Ausland (Export), vom Ausland in das Inland (Import) und an den Staat (öffentlicher Verbrauch).
Geldstrom	▶ Zahlungen für Güter leisten die Unternehmen, der Staat und das Ausland. ▶ Transferzahlungen beinhalten Gelder, für die der Empfänger keine konkrete Gegenleistung erbringen muss (Übertragungen). *Beispiele:* – Staat an Haushalte: Sozialhilfe, Pensionen, Wohngeld – Staat an Unternehmen: Subventionen – Haushalte an Ausland: Überweisungen von ausländischen Arbeitnehmern an ihre Familien im Ausland – Staat an Ausland: Entwicklungshilfe, Wiedergutmachung

Stellen Sie die Zusammenhänge im einfachen und erweiterten Wirtschaftskreislauf formelmäßig dar.

Verwendete Symbole	Y = Einkommen (vom englischen „yield"); I = Investitionssumme S = Sparsumme; C = Konsumsumme
Einfacher Wirtschaftskreislauf	Hier wird angenommen, dass das gesamte Einkommen der Haushalte in der gleichen Periode konsumiert wird. In diesem Modell wird nicht gespart und folglich auch nicht investiert. Man spricht von einer „stationären Wirtschaft". Es gilt die Formel: Y = C.
Erweiterter Wirtschaftskreislauf	Im erweiterten Wirtschaftskreislauf wird angenommen, dass die Haushalte einen Teil ihres Einkommens sparen. Es gilt für die Einkommensverwendung die Formel Y = C + S. Die gesparten Beträge versetzen die Unternehmen in die Lage zu investieren. Hier gilt: S = I. Aufgrund der Investitionen ist die Wirtschaft in der Lage zu wachsen. Man spricht deshalb von einer „dynamischen Wirtschaft".

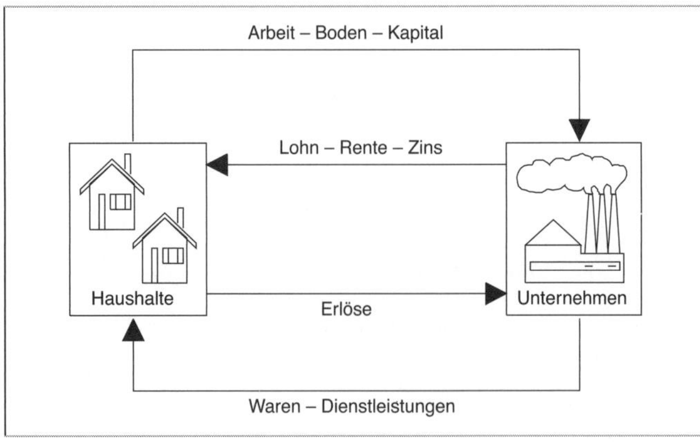

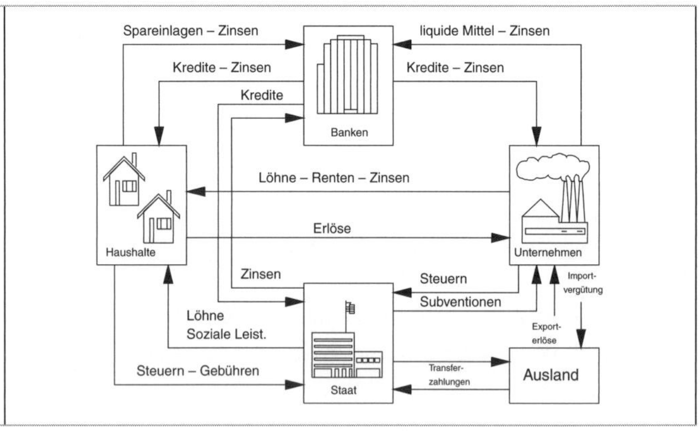

1 In der unten aufgeführten Skizze ist das Modell des einfachen Wirtschaftskreislaufes mit den entsprechenden Geld- und Güterströmen dargestellt.

Kennzeichnen Sie die nachstehenden Situationen mit den dazugehörigen Ziffern aus der Skizze.

Tragen Sie eine 9 ein, wenn es sich um keinen dieser Ströme handelt.

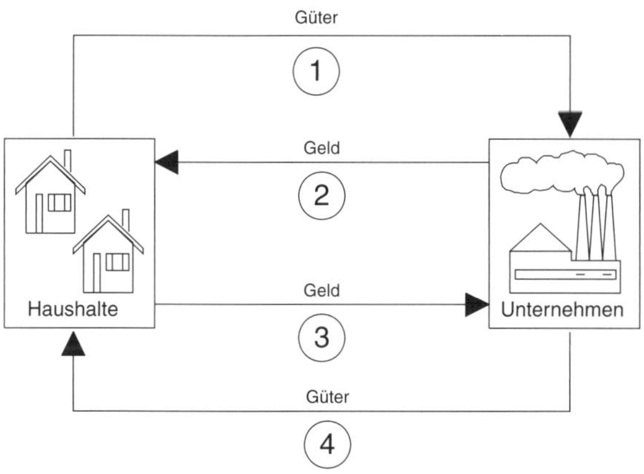

a. Ein Unternehmen überweist einem Privatmann den Kaufpreis für ein Grundstück.

b. Ein Großhändler liefert an einen Einzelhändler Waren.

c. Der Auszubildende in einem Textileinzelhandelsgeschäft führt Lagerarbeiten aus.

d. Für eine private Feier erhält eine Gaststätte die Saalmiete in Höhe von 500,00 EUR.

e. Die Mitarbeiterin eines Reisebüros vermittelt eine private Urlaubsreise.

f. Ein Verkäufer erhält beim Lohnsteuerjahresausgleich 1200,00 EUR vom Finanzamt.

2 Die Volkswirtschaft eines Landes wird in Sektoren eingeteilt. Ordnen Sie den unten stehenden Sachverhalten zu, ob diese dem

1 primären Sektor,
2 sekundären Sektor,
3 tertiären Sektor,
4 quartären Sektor,

zuzuordnen sind.

a. Ein Tischler stellt einen Schrank nach den Angaben des Bestellers her.

b. Ein Landwirt erntet seinen Weizen mit einem Mähdrescher.

c. Ein Unternehmen stellt Schuhe aus Leder her.

d. Die Gemeinde Uslar schafft für die öffentliche Feuerwehr zwei Löschzüge an.

e. Ein Unternehmen in Bremerhaven kauft Rohkaffee aus Kolumbien auf und liefert den an eine Großrösterei in Bremen.

f. Ein Rechtsanwalt berät einen Klienten in einer Strafsache wegen eines Verkehrsdeliktes.

3 Ordnen Sie den unten stehenden Zahlungsvorgängen die zugehörigen Ziffern aus der folgenden Skizze eines erweiterten Wirtschaftskreislaufes zu.

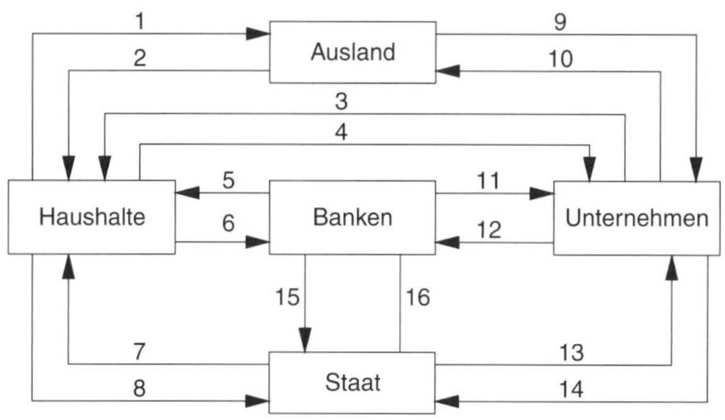

a. Ein deutscher Tourist bezahlt seine Hotelrechnung in Österreich.

b. Die Stadtverwaltung gleicht die Rechnung eines Dachdeckers für Bauarbeiten an einem Hallenschwimmbad aus.

c. Eine Hausfrau bezahlt an der Kasse eines Supermarktes die eingekauften Artikel.

d. Ein Landwirt erhält eine Prämie für die Stilllegung von landwirtschaftlichen Nutzflächen.

e. Ein Unternehmen überweist die fällige Körperschaftsteuer an das Finanzamt.

f. Ein Unternehmen in Bremen erhält die zweite Rate aus einem Geschäft mit einem brasilianischen Importeur.

g. Das Vorstandsmitglied einer Aktiengesellschaft überweist seine Einkommensteuer.

h. Die Landesregierung überzieht ihr Girokonto bei der Westdeutschen Landesbank.

i. Ein Beamter im Ruhestand erhält seine monatliche Pension.

4 Beantworten Sie die unten stehenden Fragen, indem Sie folgende Abkürzungen zugrunde legen:

Y = Summe der Einkommen
C = Summe der Konsumausgaben
S = Summe der Sparbeiträge
I = Summe der Nettoinvestitionen

a. Welche der folgenden Formeln kennzeichnet die Situation in einer stationären Wirtschaft?

1 $Y = I$
2 $I = S$
3 $Y = S$
4 $Y = C$
5 $C = I$

b. Welche der folgenden Gleichungen beschreibt die Einkommensverwendung in einer dynamischen Wirtschaft aus Sicht der Haushalte?

1 $Y = C + I$
2 $Y = C - I$
3 $Y = S - I$
4 $Y = C + S$
5 $Y = C - S$

Erklären Sie wesentliche Begriffe im Zusammenhang mit der volkswirtschaftlichen Gesamtrechnung.

Volkswirtschaftliche Gesamtrechnung (VGR)	Die volkswirtschaftliche Gesamtrechnung erfasst alle wirtschaftlichen Transaktionen, die in einer Wirtschaftsperiode einer Volkswirtschaft innerhalb des Wirtschaftskreislaufes stattfinden. In Deutschland wird sie vom Statistischen Bundesamt in Wiesbaden durchgeführt.
Bruttoproduktionswert	Der Bruttoproduktionswert misst das Ergebnis der erbrachten Leistungen der einzelnen Wirtschaftsbereiche. Es handelt sich also im Wesentlichen um die Umsatzerlöse aller Unternehmen.
Vorleistungen	Die Vorleistungen sind der Wert der gekauften, nicht dauerhaften Produktionsgüter, die in der gleichen Wirtschaftsperiode im Produktionsprozess eingesetzt werden (Einsatz an Material und Dienstleistungen).
Bruttowertschöpfung	Zieht man vom Bruttoproduktionswert der Unternehmen die Vorleistungen ab, erhält man die unbereinigte Bruttowertschöpfung; nach Abzug der Bankgebühr erhält man die bereinigte Bruttowertschöpfung.
Produktions- und Importabgaben	Dazu zählen alle Steuern und Zölle, die in die Absatzpreise einkalkuliert und auf den Endabnehmer abgewälzt werden. Dies sind im Wesentlichen alle indirekten Steuern, wie Umsatzsteuer, Tabaksteuer, Mineralölsteuer etc.
Nettoproduktionsabgaben	Diese Größe (auch Nettogütersteuern genannt) stellt den Saldo zwischen den an den Staat abgegebenen Produktions- und Importabgaben und den empfangenen güterabhängigen Subventionen dar.
Konsum	Konsum ist der Verbrauch und/oder die Nutzung von materiellen oder immateriellen Gütern. Konsumausgaben können durch Haushalte oder Staat erfolgen.
Bruttoinvestitionen	Die Bruttoinvestitionen sind die gesamten Investitionen einer Volkswirtschaft und setzen sich aus den Ersatzinvestitionen und den Erweiterungsinvestitionen (Nettoinvestitionen) zusammen.
Arbeitnehmerentgelte	Dazu zählen alle Einkommen von Nichtunternehmern, also alle Einkommen aus unselbstständiger Tätigkeit, wie das Einkommen der Angestellten, Arbeiter, Beamten und Auszubildenden.
Unternehmens- und Vermögenseinkommen	Die Einkommen aus gewerblicher und freiberuflicher Tätigkeit, aus Land- und Forstwirtschaft sowie aus Kapitalvermögen (Dividenden/Zinsen) werden hier zusammengezählt. Unternehmenseinkommen und Arbeitnehmerentgelte zusammen bilden das Volkseinkommen (auch Nettonationaleinkommen zu Herstellungspreisen genannt). Sie stellen aus Unternehmenssicht Entgelte für die Produktionsfaktoren dar.
Außenbeitrag	Diese Größe stellt die Differenz zwischen Exporterlösen und Importausgaben dar.
Saldo der Primäreinkommen aus der übrigen Welt	Hierbei handelt es sich um den Saldo der Erwerbs- und Vermögenseinkünfte, die aus dem Ausland bezogen wurden und an das Ausland gezahlt wurden, zuzüglich des Saldos aus von der EU empfangenen Subventionen und der an die EU geleisteten Produktions- und Importabgaben.
Bruttoinlandsprodukt	Das Bruttoinlandsprodukt ist seit der Umstellung der VGR auf einheitliche Europäische Normen der neue Maßstab zur Beurteilung der Leistungsfähigkeit einer Volkswirtschaft. Es gibt den Wert der im Inland erbrachten Leistungen einer Wirtschaftsperiode an, unabhängig davon, ob diese Leistung von Inländern oder Ausländern erbracht wurde. Die Größe folgt damit dem so genannten *Inlandskonzept*. Zählt man zu dieser Größe den Saldo der Primäreinkommen aus der übrigen Welt, erhält man das Bruttonationaleinkommen zu Marktpreisen. Diese Größe folgt dem so genannten *Inländerkonzept*.

Skizzieren Sie die Entstehungsrechnung, die Verwendungsrechnung und die Verteilungsrechnung des Bruttoinlandsproduktes in einer vergleichenden Darstellung.

<table>
<tr><th>Entstehungsrechnung</th><th>Verwendungsrechnung</th></tr>
<tr><td>Bei der Ermittlung des Bruttoproduktionswertes werden die Werte der Produktionsergebnisse aus sechs Wirtschaftsbereichen erfasst (Fischerei, Land-/Forstwirtschaft, produzierendes Gewerbe, Baugewerbe, Handel, Gastgewerbe und Verkehr, Finanzierung, Vermietung und Unternehmensdienstleister, Dienstleister).</td><td>Bei der Verwendungsrechnung wird das Bruttoinlandsprodukt von der Verbrauchsseite her ermittelt, d. h., man fragt, wem die produzierten Werte zugeführt wurden. Zu diesem Zweck ermittelt man den Wert der Güter- und Dienstleistungen, die zu den einzelnen Wirtschaftssektoren zur endgültigen Verwendung gelangten.</td></tr>
<tr><td>**Bruttoproduktionswert**
– **Vorleistungen**
= **Bruttowertschöpfung (unbereinigt)**
– Unterstellte Bankgebühr
= **Bruttowertschöpfung (bereinigt)**
+ Nettogütersteuern</td><td>**Private Konsumausgaben**
+ **Konsumausgaben des Staates**
+ **Bruttoinvestitionen**
+ **Außenbeitrag**</td></tr>
<tr><td colspan="2">= **Bruttoinlandsprodukt**
+ Saldo der Primäreinkommen aus der übrigen Welt
= **Bruttonationaleinkommen zu Marktpreisen**
– Abschreibungen
= **Nettonationaleinkommen zu Marktpreisen**
– Produktions- und Importabgaben + Subventionen (Nettoproduktionsabgaben)
= **Volkseinkommen (Nettonationaleinkommen zu Herstellungspreisen)**</td></tr>
<tr><td>**Arbeitnehmerentgelt (Lohn und Gehalt)**</td><td>**Unternehmens- und Vermögenseinkommen (Mieten, Pachten, Dividenden, Zinsen und Gewinne)**</td></tr>
<tr><td colspan="2">Ansatz der Verteilungsrechnung ist die Summe der bei der Produktion der Güter- und Dienstleistungen innerhalb einer Wirtschaftsperiode entstandenen Faktoreinkommen deutscher Bundesbürger.</td></tr>
<tr><td colspan="2">**Verteilungsrechnung**</td></tr>
</table>

1 Prüfen Sie die folgenden Aussagen.

Kennzeichnen Sie
zutreffende Aussagen mit einer 1,
nicht zutreffende Aussagen mit einer 9.

a. Die Summe der Bruttoproduktionswerte aller Wirtschaftsbereiche ergibt das Bruttoinlandsprodukt.

b. Der Bruttoproduktionswert eines Unternehmens abzüglich der Vorleistungen ergibt die unbereinigte Bruttowertschöpfung.

c. Das Bruttonationaleinkommen zu Marktpreisen abzüglich der Abschreibungen ergibt das Nettonationaleinkommen zu Marktpreisen.

d. Pacht, Miete und Zinsen zählen zu den Unternehmer- und Vermögenseinkommen.

e. Der Unternehmergewinn ist die Differenz zwischen den Verkaufserlösen und den Faktorkosten für die eingesetzten Produktionsfaktoren.

f. Im Rahmen der Verteilungsrechnung wird nach dem Faktoreinkommen deutscher Bundesbürger unterschieden.

2 Welche der unten stehenden Wertgrößen ist das Ergebnis der folgenden Berechnung?

private Konsumausgaben
\+ Konsumausgaben des Staates
\+ Bruttoinvestitionen
\+ Außenbetrag

1 Bruttonationaleinkommen
2 Nettonationaleinkommen
3 Bruttoinlandsprodukt
4 Volkseinkommen

3 Welche Größen eines Wirtschaftssektors müssen addiert werden, um die Wertschöpfung in diesem Sektor zu ermitteln?

1 Vorleistungen
2 Einkommen
3 Bruttoproduktionswerte
4 Abschreibungen
5 Bruttoinvestitionen

4 Welche der folgenden Einkommensarten kann Bestandteile aus allen drei Produktionsfaktoren enthalten?

1 Einkommen aus nicht selbstständiger Arbeit
2 Einkommen aus Unternehmertätigkeit
3 Einkommen aus Besitz
4 Resteinkommen

5 Kennzeichnen Sie unten stehende Aussagen mit

1, wenn diese zutreffen,
9, wenn diese nicht zutreffen.

a. Das Volkseinkommen entspricht der Summe aller Bruttoproduktionswerte.

b. Der Saldo der Primäreinkommen aus der übrigen Welt stellt die Erwerbs- und Vermögenseinkünfte aus dem Ausland und diejenigen, die an das Ausland bezahlt wurden, gegenüber.

c. Nettoproduktionsabgaben stellen die Differenz zwischen den Produktions- und Importabgaben und den güterabhängigen Subventionen dar.

d. Der Außenbeitrag ist die Summe aller Entwicklungshilfezahlungen in einer Wirtschaftsperiode.

6 In einer Volkswirtschaft ist das nominale Bruttoinlandsprodukt von 4 000 Mio. Geldeinheiten (GE) im Jahr 04 auf 4 620 Mio. GE im Jahr 05 gestiegen. Die Preissteigerungsrate betrug in diesem Zeitraum 10 %.

Ermitteln Sie,

a. ... um wie viel Mio. GE das Bruttoprodukt real gestiegen ist,

b. ... auf wie viel Prozent sich die Steigerungsrate des realen Bruttoinlandsprodukts beläuft.

7 Kennzeichnen Sie unten stehende Gleichsetzungen mit einer

1, wenn diese zutreffen,
9, wenn diese nicht zutreffen.

a. Volkseinkommen = Nettoinlandsprodukt zu Herstellungspreisen + Saldo der Primäreinkommen aus der übrigen Welt

b. Bruttoinlandsprodukt = Summe der Umsätze aller Unternehmen eines Landes

c. Nettoinlandsprodukt zu Marktpreisen = Bruttoinlandsprodukt – Abschreibungen einer Periode

d. Bruttonationaleinkommen = Nettonationaleinkommen + Abschreibungen

e. Bruttoproduktionswert der Volkswirtschaft = Leistungen aller Betriebe in einer Periode

f. Bruttonationaleinkommen = Bruttoinlandsprodukt + Saldo der Primäreinkommen aus der übrigen Welt

Was ist unter dem Begriff „Wirtschaftspolitik" zu verstehen? Wer sind die Träger der Wirtschaftspolitik?

Begriff	Die Wirtschaftspolitik ist die Gesamtheit aller Aktivitäten und Maßnahmen zur Gestaltung, Beeinflussung und Stabilisierung eines Wirtschaftsprozesses unter Berücksichtigung der allgemeinen politischen Ziele.	
	Ordnungspolitik	Die Ordnungspolitik befasst sich mit den wirtschaftlichen und rechtlichen Rahmenbedingungen für das wirtschaftliche Handeln der einzelnen Wirtschaftssubjekte. Damit ist die Gestaltung der Wirtschaftsordnung gemeint.
	Konjunkturpolitik	Die Konjunkturpolitik befasst sich mit den Maßnahmen, die ergriffen werden müssen, um bei bestimmten Problemsituationen (z. B. Inflation, Arbeitslosigkeit, Rezession) steuernd in den Wirtschaftsprozess einzugreifen.
Träger der Wirtschaftspolitik	Die Träger der Wirtschaftspolitik formulieren die Ziele, fällen die notwendigen Entscheidungen und legen damit die Maßnahmen fest, um die wirtschaftspolitischen Ziele zu erreichen.	
	Regierungen	Wirtschaftspolitik wird getragen von den Regierungen des Bundes und der Länder mit den jeweils für die Wirtschaftspolitik verantwortlichen Ministerien für Wirtschaft, Finanzen, Arbeit und Soziales sowie Verwaltungen der Kommunen.
	EZB Deutsche Bundesbank	Die Europäische Zentralbank EZB ist für die Geld- und Währungspolitik im Europäischen Wirtschafts- und Währungssystem EWWS zuständig. Sie wirkt jedoch darüber hinaus auch durch Stellungnahmen und Analysen auf das aktuelle Wirtschaftsgeschehen ein. Bei ihrer Aufgabe wird sie von den nationalen Notenbanken, in Deutschland von der Deutschen Bundesbank unterstützt.
	Parlamente	Im Rahmen der Legislative sind die Parlamente des Bundes, der Länder und der Kreise sowie die Gemeinderäte Träger der Wirtschaftspolitik. Dies gilt dann, wenn Gesetze oder Verordnungen zu entscheiden sind.

Was sind die Ziele der Wirtschaftspolitik?
Erklären Sie in diesem Zusammenhang den Begriff „Globalsteuerung".

Globalsteuerung der Wirtschaft

Die Globalsteuerung strebt ein **gesamtwirtschaftliches Gleichgewicht** in der deutschen Volkswirtschaft an. Die Träger der Wirtschaftspolitik haben sich dabei nach dem *„Gesetz zur Förderung der Stabilität und des Wachstums der Wirtschaft"* zu richten: *„Bund und Länder haben bei ihren wirtschafts- und finanzpolitischen Maßnahmen die Erfordernisse des gesamtwirtschaftlichen Gleichgewichts zu beachten." (§ 1)*

Stabilität des Preisniveaus

Das Preisniveau in einer Volkswirtschaft bleibt stabil, wenn sich der Durchschnitt aller Preise in einer Periode nicht verändert.
Zielvorgabe: Die Stabilität der Preise gilt bereits als erreicht, wenn das Preisniveau um nicht mehr als 2% ansteigt.

Hoher Beschäftigungsstand

Er gilt als erreicht, wenn fast jeder, der für eine Tätigkeit geeignet ist, eine entsprechende Beschäftigung zu einem angemessenen Lohn findet.
Zielvorgabe: Es wird davon ausgegangen, dass die Vollbeschäftigung bei einer Arbeitslosenquote bis 3% realisiert ist.

Die Ziele unterstützen sich zum Teil gegenseitig (Vereinbarkeit der Ziele, z. B. hoher Beschäftigungsstand und Wirtschaftswachstum) und verhalten sich zum Teil konkurrierend zueinander (Zielkonflikt, z. B. hoher Beschäftigungsstand und Stabilität des Preisniveaus).
Es ist in jedem Fall unmöglich, alle Ziele gleichzeitig zu verwirklichen. Aus diesen Gründen spricht man bei den Zielen des Stabilitätsgesetzes von einem **„magischen Viereck"**. Ein oder zwei Ziele haben deshalb zumeist Vorrang (Priorität) vor den anderen.

Außenwirtschaftliches Gleichgewicht

Das außenwirtschaftliche Gleichgewicht ist erreicht, wenn der Außenbeitrag gerade so hoch ist, dass er die binnenwirtschaftliche Lage nicht stört bzw. ihr positive Impulse gibt.
Zielvorgabe: Als Beitrag zum gesamtwirtschaftlichen Gleichgewicht wird ein Außenbeitrag angesehen, der 1 bis 2 % des BIP zu Marktpreisen nicht überschreitet.

Angemessenes Wirtschaftswachstum

Dieses Ziel ist erreicht, wenn das Bruttoinlandsprodukt stetig ansteigt und damit auch der Wohlstand der Bevölkerung.
Zielvorgabe: In der Vergangenheit wurde von der Bundesregierung eine Wachstumsrate von 3 % als angemessen angesehen.

Neben den gesetzlich fixierten Zielen haben sich in der politischen Diskussion weitere Ziele entwickelt. Dazu zählen
- ein **ökologisches Gleichgewicht** zur Sicherung unserer Lebensräume;
- ein **qualitatives Wachstum**, das Aspekte der Lebensqualität beachten soll;
- eine **gerechtere Einkommens- und Vermögensverteilung**, die die Zuwächse des Wohlstandes möglichst gerecht unter den Wirtschaftssubjekten aufteilt.

1 *Prüfen Sie die folgenden Aussagen.*

Kennzeichnen Sie
zutreffende Aussagen mit einer 1,
nicht zutreffende Aussagen mit einer 9.

a. Ein außenwirtschaftliches Gleichgewicht liegt vor, wenn die Exporte mindestens genauso hoch sind wie die Importe.
b. Ein positiver Außenbeitrag ergibt sich dann, wenn ein Netto-Güterexport vorliegt.
c. Die Stabilität des Preisniveaus gilt als erreicht, wenn der Geldwert einer Volkswirtschaft sich in der betreffenden Periode nicht verändert hat.
d. Bei einem negativen Außenbeitrag hat die Volkswirtschaft mehr Güter exportiert als importiert.
e. Eine Arbeitslosenquote von 0 % ist aufgrund der friktionellen Arbeitslosigkeit praktisch nicht realisierbar.

2 *Welche der folgenden Erklärungen treffen auf den Begriff „Ordnungspolitik" zu?*

1 Damit sind alle Maßnahmen zur Ordnung der Währung eines Landes gemeint.
2 Ordungspolitik umfasst die Ziele und Maßnahmen zur Ordnung der Finanzen eines Staates.
3 Hierbei geht es um die Gestaltung der wirtschaftlichen und rechtlichen Rahmenbedingungen der Wirtschaftssubjekte eines Landes.
4 Damit sind alle politischen Maßnahmen im Rahmen der Raumordnung eines Landes gemeint.
5 Es geht hierbei um die Gestaltung der Wirtschaftsverfassung.

3 *Welche der folgenden Aussagen treffen auf den Begriff „Globalsteuerung" zu?*

1 Sie ist die Summe aller nicht marktkonformen Eingriffe des Staates in die Wirtschaft.
2 Es handelt sich dabei um alle Maßnahmen zur Veränderung der gesamtwirtschaftlichen Entwicklung.
3 Es handelt sich dabei um die Summe der fiskalpolitischen Maßnahmen eines Staates.
4 Damit sind dirigistische Eingriffe des Staates in das gesamtwirtschaftliche Geschehen gemeint.
5 Durch die Globalsteuerung wird ein gesamtwirtschaftliches Gleichgewicht angestrebt.

4 *Welche der folgenden Maßnahmen eines Staates eignen sich zur marktkonformen Förderung der Stabilität und des Wachstums der Wirtschaft eines Landes?*

1 Lohnstopp
2 Preisstopp
3 Steuererleichterungen
4 Mindestpreise
5 Investitionsförderungen

5 *Ordnen Sie den unten stehenden Zielen zu, ob es sich dabei um*

1 Ziele der Wirtschaftspolitik nach dem Stabilitätsgesetz,
2 zusätzliche Ziele der Wirtschaftspolitik aufgrund bestimmter Erkenntnisse und Notwendigkeiten

handelt.

Tragen Sie eine 9 ein, wenn es sich nicht um wirtschaftspolitische Ziele handelt.

a. Stabilität des Preisniveaus
b. Senkung der Wirtschaftskriminalität
c. Angemessenes Wirtschaftswachstum
d. Ökologisches Gelchgewlcht
e. Gerechte Vermögensverteilung
f. Hoher Bildungsstand breiter Bevölkerungsschichten
g. Hoher Beschäftigungsstand
h. Qualitatives Wachstum
i. Außenwirtschaftliches Gleichgewicht

6 *Welche der folgenden Aussagen trifft nicht zu?*

Tragen Sie eine 4 ein, wenn alle Aussagen zutreffen.

1 Das Preisniveau in einer Volkswirtschaft bleibt stabil, wenn der Durchschnitt aller Preise in einer Periode sich nicht verändert.

2 Ein außenwirtschaftliches Gleichgewicht ist dann erreicht, wenn der Außenbeitrag gerade so hoch ist, dass er die binnenwirtschaftliche Lage nicht stört bzw. ihr nach Möglichkeit sogar positive Impulse gibt.

3 Ein Wachstum der Wirtschaft liegt immer dann vor, wenn pro Kopf der Bevölkerung das Angebot an Waren und Dienstleistungen gegenüber der Vorperiode steigt.

7 *Welche der unten stehenden Aussagen zum „magischen Viereck" trifft zu?*

Tragen Sie eine 9 ein, wenn keine Aussage zutrifft.

1 An der Wirtschaftspolitik sind drei Bundesministerien (Wirtschaft, Finanzen, Arbeit und Soziales) und die Bundesbank beteiligt. Diese vier wirtschaftspolitischen Instanzen werden als „magisches Viereck" bezeichnet.

2 Es ist unmöglich, alle wirtschaftspolitischen Ziele gleichzeitig zu verwirklichen. Aus diesen Gründen spricht man bei den Zielen des Stabilitätsgesetzes von einem „magischen Viereck".

3 Inflation, Deflation, Unterbeschäftigung und Überbeschäftigung bilden als Problemfelder das „magische Viereck" der Wirtschaftspolitik.

4 Das „magische Viereck" ist eine ständige Konferenz zur schnellen Abstimmung zwischen Bundeskanzler, Bundesfinanzminister, Bundeswirtschaftsminister sowie der Bundesbank über alle Fragen der Wirtschaftspolitik.

Beschreiben Sie das Phänomen wirtschaftlicher Schwankungen. Erläutern Sie Arten von Schwankungen.

Entstehung und Verbrauch des Bruttosozialproduktes erfolgen nicht stets gleichmäßig, sondern vollziehen sich ungleichmäßig. Es kommt deshalb zu Schwankungen der wirtschaftlichen Aktivitäten in einer Volkswirtschaft. Die Schwankungen werden jeweils ausgedrückt in unterschiedlichen Wachstumsraten pro beobachtetem Zeitraum.

saisonale Schwankungen	Saisonale Schwankungen sind kurzfristige Ausschläge der Wirtschaftsentwicklung. Sie können sich in bestimmten Branchen (z. B. Bauwirtschaft, Landwirtschaft) und Zeiten (z. B. Winterschlussverkauf) ergeben.
konjunkturelle Schwankungen	Die konjunkturelle Schwankung ist eine sich über mehrere Jahre zumeist mittelfristig vollziehende Wellenbewegung des Wachstums einer Volkswirtschaft.
langfristiger Wachstumstrend	Der langfristige Wachstumstrend bezeichnet die langfristige Tendenz des Wachstums einer Volkswirtschaft. Zwar sind die jährlichen Wachstumsraten unterschiedlich hoch, manchmal sogar sinkend. In westlichen Industriegesellschaften lässt sich im Durchschnitt der letzten 40 Jahre ein steigender Wachstumstrend beobachten.

Erläutern Sie den Begriff „Konjunkturzyklus".

Der Konjunkturzyklus ist die Bezeichnung für den Zeitabschnitt einer zyklischen mittelfristigen Wellenbewegung des Wachstums der Volkswirtschaft. In der Regel werden Zyklen mit einer Länge von drei bis zehn Jahren beobachtet.
Diese mittelfristigen Zyklen stehen im Vordergrund des Interesses der Konjunkturforscher und -politiker. Daneben wurden von den Konjunkturforschern auch noch langfristige Konjunkturzyklen der Weltkonjunktur beobachtet (50 bis 60 Jahre), an deren Beginn zumeist die Erfindung von wichtigen Technologien stand, z. B. Dampfmaschine, Auto, Elektrik, Mikroelektronik.

Beschreiben Sie die einzelnen Phasen eines Konjunkturzyklus.

Jede konjunkturelle Wellenbewegung verläuft zumeist in vier Phasen. Damit sind markante Abschnitte des Konjunkturzyklus zu verstehen, die durch gesamtwirtschaftliche Daten beschrieben werden können.

Konjunkturphase / Daten	**Aufschwung (Expansion)**	**Hochkonjunktur (Boom)**	**Abschwung (Rezession)**	**Tiefstand (Depression)**
Produktion	steigende Kapazitätsauslastung	Vollauslastung der Kapazitäten	abnehmende Kapazitätsauslastung	nicht ausgelastete Kapazitäten (Stilllegungen)
Beschäftigung	Zunahme der Arbeitsplätze	hoher Beschäftigungsgrad (Überstunden)	abnehmende Beschäftigung (Kurzarbeit)	hohe Arbeitslosigkeit (Massenentlassungen)
Absatz	steigender Absatz	hoher Absatz, Lieferfristen	abnehmende Absatzzahlen	Absatzstau, hohe Lagerbestände
Investitionsneigung	zunehmende private Investitionen	Höchststand der Investitionen	abnehmende private Investitionen	Stillstand privater Investitionen
Einkommen	steigendes Volkseinkommen	hohes Volkseinkommen	sinkende Gewinne und Lohnsumme	niedrige Gewinne und Löhne
Preisentwicklung	geringe Preissteigerungen	hohes Preisniveau	abnehmende Preise	niedriges Preisniveau
Sparneigung	abnehmende Sparneigung	niedrige Sparneigung	zunehmende Sparneigung	hohe Sparneigung
Zinsniveau	leicht steigende Zinssätze	hohes Zinsniveau	sinkende Zinsen	niedriges Zinsniveau
Steueraufkommen	Zunahme von Besitz- und Verkehrssteuern	hohes Aufkommen an Besitz- und Verkehrssteuern	Abnahme des Steueraufkommens durch sinkende Gewinne	niedriges Aufkommen an Besitz- und Verkehrssteuern

1 Welche der folgenden Aussagen trifft auf den Begriff „konjunkturelle Schwankung" zu?

Tragen Sie eine 9 ein, wenn keine der Aussagen zutrifft.

1 Es handelt sich hier um kurzfristige Ausschläge der Wirtschaftsentwicklung aufgrund zeitlicher und branchenspezifischer Probleme.
2 Die Schwankung ist eine sich über mehrere Jahren zumeist mittelfristig vollziehende Wellenbewegung des Wachstums einer Volkswirtschaft.
3 Damit ist die langfristige Tendenz des Wachtums einer Volkswirtschaft gemeint.
4 Mit einer konjunkturellen Schwankung wird die Schwankung einer gesamten Branche bezeichnet, z. B. in der Möbelbranche.
5 Die konjunkturelle Schwankung ist gleichzusetzen mit dem Produktlebenszyklus eines Produkts.

2 Welche der folgenden Aussagen zu dem Begriff „Konjunkturzyklus" sind

1 zutreffend,
9 nicht zutreffend?

a. Jede konjunkturelle Wellenbewegung läuft zumeist in sechs Phasen ab.
b. Der Konjunkturzyklus ist die Bezeichnung für den Zeitabschnitt einer zyklischen mittelfristigen Wellenbewegung des Wachstums der Volkswirtschaft.
c. Konjunkturzyklen haben in der Regel eine Länge von zehn bis 30 Jahren.
d. Neben den mittelfristigen Zyklen werden von den Konjunkturforschern auch noch extrem kurzfristige Konjunkturzyklen mit einer Dauer von vier bis sechs Monaten beobachtet.
e. Als langfristige Konjunkturzyklen der Weltkonjunktur werden solche Wellenbewegungen bezeichnet, die 50 bis 60 Jahre dauern und an deren Beginn zumeist die Erfindung von wichtigen Technologien stand, z. B. Dampfmaschine, Mikroelektronik.

3 Unterzeichnen Sie die folgenden Gleichsetzungen. Kennzeichnen Sie diese mit einer

1, wenn sie zutreffen,
9, wenn sie nicht zutreffen

a. Abschwung = Rezession
b. Hochkonjunktur = Boom
c. Rezession = Tiefstand
d. Boom = Aufschwung
e. Aufschwung = Expansion
f. Depression = Tiefstand
g. Hochkonjunktur = beginnt nach dem unteren Wendepunkt
h. Abschwung = beginnt nach dem oberen Wendepunkt

4 Konjunkturelle Schwankungen werden anhand von Konjunkturindikationen gemessen. Welche der unten stehenden Indikatoren

1 eignen sich als Indikatoren für die Beschreibung eines Konjunkturzyklus,
9 eignen sich nicht als Indikatoren?

a. Zinsniveau
b. Produktion
c. Beschäftigung
d. Entwicklung neuer Produkte
e. Sparneigung
f. Bevölkerungsentwicklung
g. Einkommen
h. Preisentwicklung
i. Anzahl neu bezogener Wohnungen
j. Investitionsneigung

5 Welcher der folgenden Indikatoren beschreibt nicht die Situation in einer Rezession?

Tragen Sie eine 8 ein, wenn alle Indikatoren für eine Rezession sprechen.

1 abnehmende Beschäftigung
2 abnehmende Absatzzahlen
3 abnehmende private Investitionen
4 abnehmende Sparneigung
5 sinkende Zinsen
6 abnehmende Kapazitätsauslastung
7 sinkende Preise

6 Prüfen Sie, welche konjunkturellen Situationen durch die unten stehenden Konjunkturindikationen beschrieben werden.

Setzen Sie ein eine

1 für einen Aufschwung,
2 für eine Hochkonjunktur,
3 für einen Abschwung,
4 für einen Tiefstand.

a. nicht ausgelastete Kapazitäten (Betriebsstilllegungen)
b. Absatzniveau (hohe Lagerbestände)
c. hohes Zinsniveau
d. abnehmende Sparneigung
e. sinkende Zinsen
f. Zunahme der Arbeitsplätze
g. Vollauslastung der Kapazitäten
h. Stillstand privater Investitionen
i. niedriges Zinsniveau
j. abnehmende Beschäftigung (Kurzarbeit)

Beschreiben Sie die geldpolitischen Instrumente der Europäischen Zentralbank EZB.

Begriff der Geldpolitik	Zur Geldpolitik gehören alle Maßnahmen, die der Steuerung der Geldmenge einer Volkswirtschaft dienen. Damit wird das Ziel der Geldwertstabilität verfolgt.
Ziele der Geldpolitik	Träger der Geldpolitik für die Mitglieder der Europäischen Wirtschafts- und Währungsunion (EWWS) ist seit dem 1.1.1999 die Europäische Zentralbank (EZB) mit Sitz in Frankfurt/Main. Sie ist an keinerlei Weisungen der einzelnen Regierungen der Mitgliedsländer gebunden. Die EZB ▶ legt die Geldpolitik der Gemeinschaft fest und führt sie aus, führt Devisengeschäfte durch und verwaltet die offiziellen Währungsreserven der teilnehmenden Mitgliedstaaten; ▶ wickelt den Zahlungsverkehr im Bereich der EU und mit dem außereuropäischen Ausland ab.
Einwirkungsmöglichkeiten	▶ Die Zinspolitik der EZB verändert den Preis für das Geld, den Zins. Instrument hierzu ist die Veränderung der Leitzinsen. ▶ Die Liquiditätspolitik der EZB verändert das umlaufende Geldvolumen. Instrumente der Liquiditätspolitik sind die Mindestreservepolitik und die Offenmarktpolitik.
geldpolitische Instrumente	▶ **Offenmarktgeschäfte:** Zu den Maßnahmen der Offenmarktpolitik gehören der An- und Verkauf von festverzinslichen Wertpapieren auf eigene Rechnung am offenen Markt. Durch Verkauf von festverzinslichen Wertpapieren oder Devisen entzieht die Zentralbank der Wirtschaft Geld (Geldvernichtung), durch Kauf von festverzinslichen Wertpapieren oder Devisen erweitert sie die Geldmenge (Geldschöpfung). Das Hauptrefinanzierungsinstrument der EZB stellen die **Wertpapierpensionsgeschäfte** dar. Hierbei nimmt die EZB festverzinsliche Wertpapiere von den Kreditinstituten als Pfand an mit der Bedingung, dass diese zu einem späteren Termin zu einem höheren Preis, d. h. mit Zinsaufschlag, ausgelöst werden. ▶ **Ständige Fazilitäten:** Den zugelassenen Kreditinstituten (Geschäftspartnern) wird die Möglichkeit gegeben, überschüssige Liquidität bei der Zentralbank über Nacht zu deponieren (Einlagefazilität) oder solche deponierten Gelder gegen Verpfändung von Sicherheiten in Anspruch zu nehmen (Spitzenrefinanzierungsfazilität). Diese Mittel werden dezentral von den nationalen Zentralbanken verwaltet. Der von der EZB festgelegte Zinssatz für die Einlagen bildet im Allgemeinen die Untergrenze des Tagesgeldsatzes. Der von der EZB festgelegte Zinssatz für die Inanspruchnahme dieser Mittel bildet im Allgemeinen die Obergrenze des Tagesgeldsatzes. ▶ **Mindestreservepolitik:** Die Geschäftsbanken müssen bestimmte Prozentsätze der Einlagen (z. B. Sparguthaben, Geschäftskontenguthaben) als Mindestreserve bei der EZB hinterlegen. – Erhöht die EZB die Mindestreservesätze, müssen die Geschäftsbanken mehr Geld bei der EZB abliefern. Das reduziert die Geldschöpfungsmöglichkeiten und die Geldmenge sinkt. – Senkt die EZB die Mindestreservesätze, verfügen die Geschäftsbanken wieder über mehr Geld und ihr Kreditspielraum wird größer, die Geldmenge steigt. ▶ Leitzins: Der Leitzins für den Euroraum ist der von der Europäischen Zentralbank (EZB) festgesetzte Zinssatz für die Abgabe von Zentralbankgeld. Früher wurden Diskont- und Lombardsatz (die alten Leitzinssätze) von der Deutschen Bundesbank festgelegt. Nachfolger ist der von der EZB festgelegte Hauptrefinanzierungssatz. Die Verantwortung für die Festlegung von Leitzinsen außerhalb des Euroraums obliegt i. d. R. der Notenbank des jeweiligen Landes.

Nennen und erklären Sie Möglichkeiten staatlicher Konjunkturpolitik.

Bei Übernachfrage, verbunden mit hohen Inflationsraten, werden **Maßnahmen zur Dämpfung der Konjunktur** eingeleitet.		Bei fehlender Auslastung der Kapazitäten mit hoher Arbeitslosigkeit werden **Maßnahmen zur Erhöhung der Nachfrage** veranlasst.
Der Staat kürzt seine Ausgaben. *Beispiel: Verschiebung des Baus einer neuen Autobahntrasse*	← Die **Ausgabenpolitik** wirkt durch Erhöhung und Verminderung der Staatsausgaben ausgleichend zur privaten Nachfrage. →	Der Staat erhöht seine Ausgaben durch Kreditaufnahme. *Beispiel: Erneuerung der Kanalisation*
Die Steuersätze für die Einkommen- und Körperschaftsteuer werden für maximal ein Jahr um höchstens 10 % erhöht.	← Die **Einnahmenpolitik** schöpft private Kaufkraft ab und wirkt auf die private Nachfrage. →	Die Steuersätze für die Einkommen- und Körperschaftsteuer werden für längstens ein Jahr um höchstens 10 % gesenkt.
Die Nettokreditaufnahme wird gesenkt; der Staat zahlt Schulden in einem stärkeren Ausmaß zurück und diese Gelder werden nicht für Investitionen verwendet.	← Die **Haushaltspolitik** wirkt durch Einnahmen und Ausgaben stabilisierend auf die Gesamtnachfrage. →	Die Nettokreditaufnahme wird erhöht *(deficit spending)*. Die erhaltenen Gelder verwendet der Staat zur Belebung der gesamtwirtschaftlichen Nachfrage.
Die Abschreibungsmöglichkeiten werden verschlechtert. So kann z. B. die degressive Abschreibung ausgesetzt werden. Investitionen lohnen sich dann nicht mehr in dem gewünschten Ausmaß.	← Die **Investitionspolitik** soll durch Förderung oder Restriktion konjunkturgerechte Investitionsentscheidungen herbeiführen. →	Die Abschreibungsmöglichkeiten werden verbessert, z. B. durch degressive Abschreibung, und zusätzlich werden Investitionszuschüsse gewährt.

1 Welche der folgenden Definitionen zum Begriff „Geldpolitik" trifft zu?

1 Die Geldpolitik beinhaltet alle Maßnahmen der Geschäftsbanken zur Erhöhung ihrer Liquidität.
2 Die Geldpolitik beinhaltet alle Maßnahmen zur Steuerung der Geldmenge mit dem Ziel, die Geldwertstabilität zu gewährleisten.
3 Die Geldpolitik beinhaltet alle Maßnahmen der Bundesregierung zur Erhöhung ihrer Einnahmen.
4 Die Geldpolitik ist die Summe aller Maßnahmen, mit der Großunternehmen die Finanzierung ihrer Vorhaben gewährleisten.

2 Welche der folgenden Institutionen ist verantwortlich für die Geldpolitik?

1 Deutscher Sparkassen- und Giroverband
2 Bundesminister für Finanzen
3 Bundesminister für Wirtschaft
4 Europäische Zentralbank
5 Verband der Raiffeisen- und Volksbanken
6 Deutsche Bank

3 Welches der folgenden Ziele gehört nicht zu dem Zielsystem der Geldpolitik?

Tragen Sie eine 5 ein, wenn alle genannten Ziele dazugehören.

1 Die Geldpolitik hat die Sicherung der Geldwertstabilität im Inneren zum Ziel.
2 Die Geldpolitik muss gewährleisten, dass alle Wirtschaftssubjekte (Haushalte und Unternehmen) mit ausreichender Liquidität ausgestattet sind.
3 Die Geldpolitik hat die Währung der Volkswirtschaft nach außen zu schützen.
4 Die Geldpolitik hat die Wirtschafts- und Stabilitätspolitik der Bundesregierung zu unterstützen.

4 Welche der unten stehenden Aussagen zu den Einwirkungsmöglichkeiten der Geldpolitik trifft nicht zu?

Tragen Sie eine 5 ein, wenn alle Aussagen zutreffen.

1 Die Zinspolitik der EZB verändert den Preis für das Geld, den Zins.
2 Die Liquiditätspolitik der EZB verändert das umlaufende Geldvolumen.
3 Instrument der Zinspolitik ist u. a. die Veränderung des Hauptfinanzierungssatzes.
4 Instrument der Liquiditätspolitik ist u. a. die Mindestreservenpolitik.

5 Ordnen Sie die folgenden Begriffe den unten stehenden geldpolitischen Maßnahmen zu.

Tragen Sie eine 8 ein, wenn alle Indikatoren für eine Rezession sprechen.

1 Leitzinspolitik
2 Ständige Fazilitäten
3 Mindestreservepolitik
4 Offenmarktpolitik

Tragen Sie eine 9 ein, wenn eine Zuordnung nicht sinnvoll erscheint.

a. Die EZB kann am Wertpapiermarkt als Anbieter und Nachfrager bestimmter Wertpapiere auftreten.
b. Die Geschäftsbanken müssen zur Sicherung ihrer eigenen Liquidität bestimte Prozentsätze der Einlagen (z. B. Sparguthaben, Geschäftskontenguthaben) bei der EZB hinterlegen.
c. Zu einem bestimmten Zinssatz können sich die Geschäftsbanken bei der EZB kurzfristig Geld gegen Beleihung von Wertpapieren beschaffen.
d. Die Bundesregierung muss auf Weisung der EZB einen bestimmten Prozentsatz der Steuereinnahmen als Mindestreserve bei der Bundesbank anlegen.
e. Die Geschäftsbanken können sich Geld beschaffen, indem sie überschüssige Liquiditäten anderer Geschäftsbanken, die bei der EZB deponiert sind, kurzfristig in Anspruch nehmen.

6 Die geldpolitischen Instrumente der EZB haben je nach Ausprägung bestimmte Auswirkungen. Kennzeichnen Sie unten stehende Aussagen zu der Wirkungsweise des geldpolitischen Instrumentariums mit

1, wenn diese zutreffen,
9, wenn diese nicht zutreffen.

a. Erhöht die EZB den Basiszins, wird sich das gesamte Zinsniveau erhöhen, weil der Basiszins ein Leitzins ist. Die Kreditnachfrage müsste daraufhin sinken.
b. Der von der EZB festgelegte Zinssatz für die Einlagenfazilität bildet im Allgemeinen die Obergrenze des Tagesgeldsatzes.
c. Verkauft die EZB Wertpapiere, müssen diese von den Geschäftsbanken bezahlt werden. Diesem Sektor wird damit Geld entzogen, die Geldmenge wird verringert.

7 Die EZB reduziert die Mindestreservesätze. Welche der folgenden Aussagen zu den Konsequenzen dieser Maßnahme trifft zu?

1 Die Geldmenge sinkt.
2 Die Geldmenge steigt.
3 Die Geldmenge bleibt gleich.
4 Der Kreditspielraum wird kleiner.
5 Der Nachfrage fehlt das nötige Geld.

Zeigen Sie die konjunkturpolitischen Grenzen der Geldpolitik und der Fiskalpolitik auf.

Grenzen der Geldpolitik	**Zinseffekte**	Die Wirksamkeit der Zinspolitik ist davon abhängig, welche Bedeutung die Wirtschaftssubjekte dem Zins aktuell beimessen. ▶ Unternehmen machen ihre Investitionsentscheidungen eher von der langfristigen Gesamtrentabilität abhängig und weniger vom aktuellen Zinssatz. ▶ Für die Haushalte stellen Zinsen eine Belastung dar, wenn sie langlebige oder hochwertige Konsumgüter gegen Kredite kaufen. Sie werden deshalb bei gestiegenen Zinsen Kaufentscheidungen für nicht so dringend benötigte Güter zurückstellen. ▶ Für den Staat stellt die Zinslast zwar eine zunehmend bedenkliche Größe dar, jedoch reagieren die öffentlichen Körperschaften kaum auf Zinssteigerungen am Kapitalmarkt. ▶ Zinsänderungen können verspätet und damit genau in der Phase wirken, in der sie nicht mehr gewünscht sind (prozyklische Wirkung). ▶ Wird die Zinsdifferenz zwischen dem EWWS-Raum und dem restlichen Ausland zu groß, werden Personen aus Nicht-EU-Ländern aus Zinsgründen im EWWS-Raum ihr Geld in Euro anlegen. Das bewirkt einen Zuwachs in der Geldmenge, der von der EZB nicht gewollt ist.
	Liquiditätseffekte	▶ Die Mindestreservepolitik ist mit ihrer restriktiven Wirkung auf die Geldmenge ein relativ schnell wirkendes Mittel in der Hochkonjunktur. ▶ Die Offenmarktpolitik ist in einer Rezession ein durchaus wirksames Mittel, wenn sie mit der Mindestreservepolitik sinnvoll kombiniert wird.
	Notbremse Kreditrestriktion	Wenn alle Instrumente versagen, kann die EZB als „Notbremse" zum schärfsten Mittel greifen, der Kreditrestriktion. Dabei werden den Geschäftsbanken Kredite und damit Geldschöpfungsmöglichkeiten verweigert und Kredite wieder zurückgerufen.
Grenzen und Kritik der Fiskalpolitik	▶ Alle Maßnahmen, die die Nachfrageseite stärken sollen, wirken erst mit einer Zeitverzögerung (time-lag). Werden die Maßnahmen nicht zeitlich exakt ergriffen, kann sich das prozyklisch auswirken und die bekämpfte Situation noch verstärken. ▶ Bei nicht richtiger Einschätzung der konjunkturellen Situation kann es zu Fehlern in der Dosierung der Maßnahmen kommen. Das Ergebnis ist eine Über- bzw. Untersteuerung der Konjunktur. ▶ Durch die hohe Staatsverschuldung hat der Anteil der jährlichen Ausgaben für den Kapitaldienst einen so hohen Anteil am Staatshaushalt angenommen, dass der Spielraum der Finanzpolitik stark eingeengt ist.	

Beschreiben Sie die Wirkungsweise einer angebotsorientierten Konjunktur- und Wirtschaftspolitik.

Die Maßnahmen der antizyklischen Fiskalpolitik sind vorwiegend nachfrageorientiert. Dies wird kritisiert, weil Wachstum nur möglich sei durch ein entsprechendes Angebot.

Wirkungsweise der angebotsorientierten Wirtschaftspolitik

Aufgaben des Staates
- ▶ Gestaltung eines Steuersystems, das die Belange der Unternehmen berücksichtigt:
  - – großzügige Abschreibungsmöglichkeiten
  - – Stärkung der Eigenkapitalbasis durch niedrige Besteuerung der einbehaltenen Gewinne
- ▶ Abbau der hohen Staatsverschuldung, weil dadurch der Kapitalmarkt zu stark belastet wird
- ▶ Abbau der hohen Staatsquote
- ▶ Fördermittel für Forschung und Entwicklung

Aufgaben der Tarifpartner
- ▶ maßvolle Lohnabschlüsse, nicht über dem Produktivitätszuwachs der Branche
- ▶ zeitweise Tarifabschlüsse unter dem Produktivitätszuwachs der Branche
- ▶ Senkung der tarifbedingten Lohnnebenkosten, wie Urlaub, Zuschläge usw.

↓	↓	↓
Steigerung der Forschungsaktivitäten und des Know-hows der Unternehmen	Schaffung eines positiven Investitionsklimas mit guten Zukunftsaussichten für die Investoren	Entlastung der Kostenseite der Unternehmen; Stärkung der Erträge; Erhöhung der Gewinne
↓	↓	↓
Unternehmen entwickeln neue Produkte und Verfahren	Unternehmen investieren zwecks Herstellung der neuen Produkte	gestiegene Rentabilität lässt die Unternehmer mehr produzieren und anbieten

Das Gesamtziel ist dann erreicht, wenn die Anzahl der Beschäftigten aufgrund der zunehmenden Investitionen steigt.

1 Prüfen Sie die folgenden Aussagen.

Kennzeichnen Sie
zutreffende Aussagen mit einer 1,
nicht zutreffende Aussagen mit einer 9.

a. Fiskalpolitische Maßnahmen zur Stärkung der Nachfrageseite wirken zumeist mit einem gewissen time-lag.
b. Der Spielraum für fiskalpolitische Maßnahmen ist umso größer, je höher der Grad der Staatsverschuldung ist.
c. Deficit-spending bedeutet, dass der Staat sich nur in dem Maße verschuldet, wie dies konjunkturpolitisch notwendig und sinnvoll ist.
d. Ursachen einer Über- oder Untersteuerung der Konjunktur sind zumeist in der falschen Dosierung der konjunkturpolitischen Maßnahmen zu suchen.
e. Haushaltsdefizite sind besonders in einem Aufschwung konjunkturpolitisch sinnvoll.
f. Die Chancen, mithilfe des deficit-spending Konjunkturpolitik zu betreiben, sind umso größer, je geringer die aktuelle Staatsverschuldung ist.

2 Die EZB erhöht im Rahmen ihrer geldpolitischen Maßnahmen den Leitsatz.

Welche der im Folgenden beschriebenen Reaktionen der Wirtschaftssubjekte trifft nicht zu?

1 Die öffentlichen Haushalte reagieren auf die angespannte Zinssituation eher unelastisch.
2 Die Unternehmen machen ihre Investitionsentscheidungen vorrangig von der erwarteten langfristigen Rentabilität abhängig, deshalb werden sie nur schwach auf eine Zinssenkung reagieren.
3 Für die Haushalte stellt der erhöhte Zins eine zu vernachlässigende Größe dar. Sie werden in unverändertem Umfang auf Kredite zur Finanzierung ihres privaten Konsums zurückgreifen.
4 Für die öffentlichen Haushalte stellt der erhöhte Zins eine zusätzliche Belastung dar, da die Zinsen ebenfalls aus dem Haushalt bezahlt werden müssen. Das engt finanzpolitischen Spielraum ein.
5 Auf die Haushalte hat die Zinserhöhung eine doppelte Wirkung: Ihre Spareinlagen werden höher verzinst, die Konsumkredite werden versteuert. Beide Zinseffekte führen zu einer Senkung der Nachfrage.

3 Welche der folgenden Satzergänzungen treffen zu?

„Die Monetaristen …

1 … wollen den Einfluss des Staates bei der Konjunktursteuerung erhöhen."
2 … fordern einen Vorrang der Fiskalpolitik von der Geldpolitik."
3 … wollen den Einfluss des Staates in der Wirtschaftspolitik zurückdrängen."
4 … halten nichts von den Selbstheilungskräften des Marktes."
5 … halten eine Anpassung der Geldmenge an das Wachstum des Sozialprodukts für sinnvoll."

4 Prüfen Sie die folgenden Aussagen zur angebotsorientierten Konjunktur- und Wirtschaftspolitik.

Kennzeichnen Sie
zutreffende Aussagen mit einer 1,
nicht zutreffende Aussagen mit einer 9.

a. Das Gesamtziel ist das gleiche wie bei der nachfrageorientierten Politik: die Schaffung neuer Arbeitsplätze.
b. Es wird eine Steigerung der Forschungs- und Entwicklungstätigkeit der Unternehmen angestrebt. Die neuen Produkte sollen helfen, Arbeitsplätze zu schaffen.
c. Durch eine Erhöhung der Staatsausgaben für Investitionen sollen neue Arbeitsplätze geschaffen werden.
d. Die Unternehmen sollen auf der Kostenseite entlastet werden. Die damit einhergehende Erhöhung der Rentabilität reizt die Unternehmen, mehr zu investieren und somit neue Arbeitsplätze zu schaffen.
e. Durch die Senkung der gewinnabhängigen Steuern soll die Eigenkapitalbasis der Unternehmen gestärkt werden. Das erleichtert ihnen die Finanzierung neuer Investitionen und damit die Schaffung neuer Arbeitsplätze.

5 Welche der folgenden Forderungen zu der Lohnkostenentwicklung passen nicht in den Rahmen einer angebotsorientierten Wirtschaftspolitik?

1 Die Lohnabschlüsse sollen nicht höher sein als der Produktivitätszuwachs der einzelnen Branche.
2 Die Zulagen zum Lohn, wie Urlaubs- und Weihnachtsgeld, müssen erhöht werden, damit die Mitarbeiter motivierter sind und mehr arbeiten.
3 Sofern notwendig, müssen die Lohnabschlüsse zur Stärkung der Wettbewerbsfähigkeit der Branche zeitweise auch unter dem Produktivitätsfortschritt der Branche liegen.
4 Die sozialen Sicherungssysteme für die Arbeitnehmer müssen unter Beteiligung der Arbeitgeber verbessert werden, damit der Standort Deutschland auch für die Arbeitnehmer attraktiv bleibt.
5 Die tarifbedingten und staatlich bedingten Lohnnebenkosten müssen gesenkt werden, um den Standort Deutschland für Unternehmer attraktiv zu gestalten.

6 Ordnen Sie den folgenden Maßnahmen des Staates zu, ob es sich dabei um Maßnahmen der

1 angebotsorientierten Wirtschaftspolitik,
2 nachfrageorientierten Wirtschaftspolitik

handelt.

a. hohe Abschreibungsmöglichkeiten für die Unternehmen
b. niedrige Besteuerung der Unternehmergewinne
c. Erhöhung der Staatsquote
d. Streichung der Fördermittel für Forschung und Entwicklung
e. Senkung der Staatsverschuldung
f. Senkung der indirekten Steuern

Begründen Sie die Notwendigkeit eines stetigen langfristigen und angemessenen Wirtschaftswachstums.

quantitatives Wachstum	Wachstum ist die Zunahme der Ergebnisse des Wirtschaftens einer Volkswirtschaft von einer Periode zur nächsten. Wirtschaftliches Wachstum wird kurzfristig als die Zunahme des realen Bruttoinlandsprodukts gegenüber dem Vorjahresergebnis, mittel- und langfristig am Zuwachs des Produktionspotenzials (z. B. Maschinen, Gebäude, Stand des technischen Wissens) einer Volkswirtschaft gemessen.
Gründe für ein angemessenes Wachstum	Ein stetiges, langfristiges und angemessenes Wirtschaftswachstum ▶ sichert einen hohen Beschäftigungsstand und vermindert Arbeitsplatzvernichtung und Massenarbeitslosigkeit; ▶ sichert die Fähigkeit einer Wirtschaft, soziale Leistungen zu erbringen und diese auch auszuweiten; ▶ verbessert und erweitert den Lebensstandard durch eine breite Angebotspalette an Produkten und Dienstleistungen ▶ und durch mehr staatliche Dienstleistungen und Güter; ▶ ermöglicht dem Individuum die Erweiterung von persönlichen Gestaltungsräumen durch mehr Freizeit; ▶ schafft mehr Freiheit durch wirtschaftliche und soziale Absicherung breiter Bevölkerungskreise.
Wachstumspolitik	In den wirtschaftspolitischen Zielkatalogen aller Volkswirtschaften der Gegenwart nimmt das quantitative Wachstumsziel eine herausragende Rolle ein. In der Bundesrepublik Deutschland ist das Ziel eines stetigen und angemessenen Wirtschaftswachstums im Gesetz zur Förderung der Stabilität und des Wachstums der Wirtschaft (Stabilitätsgesetz) verankert. Wachstumspolitik beinhaltet alle Maßnahmen zur ▶ Erweiterung und zum Ausbau des Produktionspotenzials durch Vergrößerung und Verbesserung des Sachkapitals ▶ sowie die Förderung des technischen Fortschritts; ▶ Förderung eines Ausbildungsniveaus durch Investitionen in den Faktor Arbeit; ▶ Förderung des ständigen Strukturwandels; ▶ Umsetzung von Erfindungen in praktische Neuerungen (Innovationsförderung).

Was verstehen Sie unter dem Begriff „qualitatives Wachstum"?

qualitatives Wachstum	Wachstum ist die Zunahme der Ergebnisse des Wirtschaftens einer Volkswirtschaft von einer Periode zur nächsten. Wirtschaftliches Wachstum wird kurzfristig als die Zunahme des realen Bruttoinlandsprodukts gegenüber dem Vorjahresergebnis, mittel- und langfristig am Zuwachs des Produktionspotenzials (z. B. Maschinen, Gebäude, Stand des technischen Wissens) einer Volkswirtschaft gemessen.
Kritik des quantitativen Wachstums	In der Diskussion um die Wachstumspolitik ist angesichts der Grenzen des Wachstums durch knappe Rohstoffvorräte, eine hohe Umweltverschmutzung, Engpässe in der Energieversorgung, zunehmende Klimaprobleme durch Kohlendioxidbelastung und Ozonloch umstritten, welches Wachstum angemessen ist. Die Hauptkritikpunkte am quantitativen Wachstum sind: ▶ In die Berechnung des realen Bruttoinlandsproduktes und damit des realen Wachstums fließen wohlstandsmindernde Leistungen ein und erhöhen das Wachstum, da sie über den Markt gegen Geld abgegeben werden. Zu diesen Leistungen gehören z. B. die Kosten, die der Allgemeinheit durch die Beseitigung der Umweltschäden entstehen. Das quantitative Wachstum macht keine Aussage darüber, wie die Steigerung der wirtschaftlichen Aktivität zustande gekommen ist. ▶ Eine Vielzahl wohlstandsmehrender Leistungen sind nicht in der Berechnung enthalten, da sie nicht über den Markt gegen Geld abgegeben werden. Hierzu gehören z. B. Arbeiten im Haushalt, Nachbarschaftshilfe und Heimwerkertätigkeiten. Ebenso fehlt auch die Schwarzarbeit, da die Transaktionen nicht offiziell über den Markt laufen und erfasst werden. ▶ Wachstum an sich macht keine Aussage über die Verteilung der erbrachten Leistungen. So fließt evtl. ein großer Teil dieser Leistungen in das Ausland (Exportüberschuss). Ferner können auch erhebliche soziale und regionale Diskrepanzen bestehen, die dafür sorgen, dass nur ein Teil der Wirtschaftssubjekte in den Genuss eines Nutzenzuwachses kommt. ▶ Gebrauchsgüter der privaten Haushalte fließen in der Wirtschaftsperiode, in der sie angeschafft wurden, in vollem Umfang in die Berechnung ein, obwohl sie über mehrere Perioden Nutzen stiften. ▶ Eine Erhöhung der Bevölkerungszahl wird nur dann berücksichtigt, wenn man das Wachstum pro Kopf berechnet, denn ein Zuwachs der Bevölkerung bedeutet auch eine Zunahme der Bedürfnisse.

Stellen Sie einige alternative Konzepte zur Beurteilung des qualitativen Wachstums dar.

New Economic Welfare	Im Vergleich zur herkömmlichen Bruttoinlandsproduktberechnung ist das NEW eine berichtigte Kennziffer zur Messung des Wohlstandes. Zu diesem Zweck werden einige Teilbereiche, die nicht der individuellen Wohlstandsmehrung dienen, aus der bekannten Bruttoinlandsproduktstatistik herausgerechnet. Hierzu zählen insbesondere die im BIP enthaltenen Kosten für Umweltverschmutzung. Außerdem werden einige Teilbereiche, die zwar wohlstandsmehrend, aber nicht in der Bruttoinlandsproduktberechnung enthalten sind, hinzugerechnet. Dies sind immaterielle Werte, wie der Wert zusätzlicher Freizeit, private Dienste ohne Marktwert, wie Do-it-yourself-Leistungen, Hausarbeit und schattenwirtschaftliche Aktivitäten.
Gründe für ein angemessenes Wachstum	Um dem zunehmenden Interesse der Öffentlichkeit nach Erfassung der Wechselwirkung von wirtschaftlichem Handeln und Umwelt gerecht zu werden, veröffentlicht das Statistische Bundesamt seit einigen Jahren die Umweltökonomische Gesamtrechnung. In dieser Statistik wird quantifiziert, wie viel Natur bei der Herstellung und beim Konsum von Gütern verbraucht wird. Neben dieser Bewertung der Inanspruchnahme des Produktionsfaktors Natur gibt die UGR auch Auskunft über die Veränderung des Umweltzustandes und über die Maßnahmen zum Schutz der Umwelt.

1 *Welche der folgenden Aussagen zur Messung des quantitativen Wohlstands in einer Volkswirtschaft trifft zu?*

Tragen Sie die zutreffende Ziffer in das Kästchen ein.

Das quantitative Wachstum in einer Volkswirtschaft wird gemessen...

1 ... an der Höhe der Bruttoinvestitionssumme pro Jahr,
2 ... an der Höhe des Bruttoinlandsprodukts pro Jahr,
3 ... an der Steigerungsrate des nominellen Bruttoinlandsprodukts gegenüber dem Vorjahresergebnis,
4 ... an der Höhe des nominellen Bruttoinlandsprodukts,
5 ... an der Steigerungsrate des realen Bruttoinlandsprodukts gegenüber dem Vorjahresergebnis.

2 *Ordnen Sie den folgenden Sachverhalten und Aussagen zu, ob es sich dabei eher um*

1 Gesichtspunkte des quantitativen Wachstums
2 Gesichtspunkte des qualitativen Wachstums

handelt.

Tragen Sie eine 9 ein, wenn der Sachverhalt keine Auswirkungen auf das Wachstum hat.

a. Eine Fleischwarenfabrik investiert in eine Wärmetauscheranlage, mit der die für die Räucheranlage erzielte Wärme wieder zurückgewonnen und nutzbar gemacht werden kann.
b. Ein Verkehrsunfall wirkt sich mit seinen Folgen positiv auf das Wachstum des BSP aus, weil Patienten behandelt werden müssen und ggf. Reparaturen durchgeführt oder neue Fahrzeuge gebaut werden müssen.
c. In einer Region in Bayern wird ein Flussbett ausgebaggert und begradigt, um der dortigen Binnenschifffahrt eine weitere Expansion zu ermöglichen.
d. Familie Carstens entscheidet sich bei der Auswahl für ein neues Haus für eine Niedrigenergievariante, mit dem künftig nur noch ein Drittel an Heizungsausgaben anfallen.
e. Frau Wellige entscheidet sich dafür, ihr Gemüse nur noch direkt von einem Bioland-Bauern zu beziehen, auch wenn die Preise hierfür durchschnittlich 20 Prozent höher liegen als im normalen Handel.
f. Bei der Geburt ihres ersten Kindes entscheidet sich Frau Schneider dazu, die nächsten sechs Jahre ihren Beruf als Arzthelferin aufzugeben und Hausfrau und Mutter zu sein.
g. Der Bau einer zusätzlichen Autobahntrasse führt durch ein Forstgebiet. Etwa 2 000 ha Wald müssen zu diesem Zweck gerodet werden.
h. An einem See in Mecklenburg-Vorpommern wird für 600 Urlauber eine Ferienanlage mit 2 Golf- und 14 Tennisplätzen sowie einem Segelhafen gebaut.
i. Ein Städteplaner wird für sein Konzept eines neuen Stadtteils ausgezeichnet. Wichtige Merkmale dieses Konzeptes sind die räumliche Nähe von Wohnen und Arbeiten, eine aufgelockerte Bauweise mit viel Grünflächen und Baumbewuchs sowie eine ökologische Bauweise.

3 *Prüfen Sie die folgenden Aussagen zur Begründung eines angemessenen langfristigen und steigenden Wirtschaftswachstums.*

Kennzeichnen Sie

zutreffende Aussagen mit einer 1,
nicht zutreffende Aussagen mit einer 9.

a. Wachstum ist nach Meinung von Experten die Voraussetzung für eine gerechte Einkommensverteilung.
b. Nullwachstum führt letztlich zu Arbeitsplatzvernichtung und Massenarbeitslosigkeit.
c. Wachtum sichert die Fähigkeit einer Wirtschaft, soziale Leistungen zu erbringen.
d. Wachstum verringert für den Einzelnen die persönliche Freizeit, weil er mehr arbeiten muss.
e. Wachstum führt zu einem höheren Lebensstandard durch eine Zunahme der angebotenen Güter.
f. Wirtschaftliches Wachstum auf der einen Seite wird langfristig dazu führen, dass anderseits das Angebot an staatlichen Dienstleistungen abnehmen wird.

4 *Welches der folgenden Beispiele für Maßnahmen des Staates ist nicht geeignet, das wirtschaftliche Wachstum einer Volkswirtschaft zu erhöhen?*

Tragen Sie eine 5 ein, wenn alle Maßnahmen zur Wachstumspolitik einer Regierung zählen.

1 Die Landesregierung bemüht sich darum, den Medienstandort Nordrhein-Westfalen auszubauen.
2 An der Qualifizierungsoffensive der Bundesregierung zur Ausbildung von Jugendlichen nahmen im Jahre 1999 nahezu 200 000 Jugendliche teil.
3 Die Landesregierung veranstaltet einen Wettbewerb für die Umsetzung von Forschungsergebnissen in neue Produkte.
4 Die Europäische Union zahlt Landwirten eine Stilllegungsprämie für die Umwandlung von Ackerland in Brachland.
5 Gemeinsam mit einer großen Wochenzeitschrift, einigen Bundesverbänden der deutschen Wirtschaft und der Bundesregierung wird ein Wettbewerb für die Gründung von Unternehmen gestartet.

5 *Welche der folgenden Erklärungen trifft auf den Begriff „New Economic Welfare" zu?*

1 umweltökonomische Gesamtrechnung
2 Bruttosozialproduktrechnungen nach amerikanischem Muster
3 Berechnung des Bruttoinlandsproduktes pro Kopf der Bevölkerung
4 Berechnung des BSP unter Ausklammerung von Umweltschäden und Einbeziehung von Haus- und Heimarbeit
5 neue, rein ökonomische Berechnung des Volkseinkommens

Seite	Aufgabe	Ergebnisse
161	1	3
	2	4
	3	1
	4	1
	5	5
	6	5
	7	2
	8	2
	9	31.12.2022
163	1	2
	2	a. 4, b. 1, c. 3
	3	5
	4	5
	5	a. 4, b. 5, c. 3, d. 2, e. 1, f. 6
	6	2
	7	2
165	1	3
	2	1
	3	30 000,00 (Verlust)
	4	3
	5	a. 390 000,00, b. 10 000,00, c. 110 000,00, d. 140 000,00, e. 360 000,00, f. 500 000,00
	6	20 000,00 (Gewinn)
	7	a. 330 000,00, b. 90 000,00, c. 150 000,00
167	1	4
	2	3
	3	5
	4	4
	5	2
	6	1
	7	2
	8	2
	9	3
	10	5
169	1	5
	2	5
	3	2
	4	1
	5	3
	6	4/6
171	1	3
	2	2
	3	5
	4	4
	5	a. 60 000,00 (Verlust), b. 2, c. 300 000,00
	6	2
	7	a. 3/1, b. 4/2, c. 1/4, d. 2/3
173	1	1
	2	5
	3	2
	4	a. 3, b. 1, c. 8, d. 5, e. 2
	5	2
	6	3
	7	a. 4, b. 1
	8	2
175	1	1
	2	4
	3	3
	4	4
	5	3
	6	1
	7	a. 800,00, b. 76,00, c. 5

Seite	Aufgabe	Ergebnisse
177	1	3
	2	2
	3	6/2
	4	a. 150 000,00, b. 120 000,00, c. 1
179	1	2/5
	2	aa. 2, ab. 1, ba. 4, bb. 3, ca. 4 an 1, cb. 3 an 1, cc. 4 an 2, cd. 2 an 3, ce. 5 an 3, d. 12 000,00
	3	3/4
	4	a. 17 000, b. 3 000, c. 20 000, d. 62 000, e. 562 000
	5	a. 4, b. 1, c. 9
181	1	2
	2	a. 83 000,00, b. 3, c. 9 520,00, d. 75 000,00, e. 4 an 1/3
	3	a. 100 000,00, b. 21 000,00, c. 35 000,00, d. 15 000,00, e. 30,000,00, f. 3, g. 86,6 %
	4	20 600,00
183	1	3
	2	1/3
	3	a. 132 000,00, b. 8,33 %, c. 11 000,00, d. 121 000,00, e. 77 000,00
	4	125,00
	5	a. 10 999,00, b. 1,00
	6	a. 7 200,00, b. 46 800,00, c. 10 800,00, d. 3 600,00, e. 3 599,00
	7	1
	8	120 000,00
185	1	3
	2	a. 5, b. 2
	3	a. 1/5 an 6, b. 9/5 an 7, c. 3/5 an 4, d. 9/5 an 6, e. 10 an 1, f. 10 an 3
	4	a. 8, b. 5, c. 1, d. 7, e. 3
187	1	a. 12 an 1, b. 4 an 11/9, c. 10 an 1, d. 11 an 15, e. 15 an 10
	2	a. 12 000,00, b. 84 000,00, c. 80 000,00, d. 1, e. 5 000,00
	3	4
	4	2
189	1	2
	2	a. 5, b. 2, c. 1, d. 7,
	3	a. 580 000,00, b. 89 000,00 (Gewinn)
	4	4
	5	a. 9, b. 6, c. 1, d. 3, e. 1
191	1	a. 3, b. 2, c. 9, d. 1, e. 2, f. 1, g. 2
	2	a. 9/3 an 6, b. 1 an 9, c. 1/3 an 6, d. 9 an 1, e. 10 an 1
	3	a. 1, b. 9, c. 9, d. 2, e. 1, f. 9
	4	2
193	1	6/7/3 an 4
	2	4 an 8/3
	3	4 an 2/8/3
	4	18 977,60
	5	76,46
	6	3 605,74
	7	3
195	1	a. 1, b. 5, c. 9, d. 9, e. 4, f. 3, g. 6
	2	1/2
	3	a. 2/5 an 7, b. 7 an 3/5, c. 7 an 2/5, d. 7 an 9/4/5, e. 7 an 3/5
	4	a. 6 an 9/3/7, b. 101 388,00, c. 3 041,64, d. 485,64

Seite	Aufgabe	Ergebnisse
197	1	1 an 13/5
	2	12/3 an 4
	3	2/14/5 an 1
	4	a. 2/16/5 an 1, b. 12/3 an 4, c. 13/3 an 4, d. 11/3 an 2, e. 15/5 an 1
	5	5
199	1	1/5
	2	1
	3	2
	4	3
	5	a. 500 an 5001, b. 930 an 615, c. 500 an 930, d. 38 700, e. 209 000, f. 94 800
	6	3/4
201	1	a. 315,00, b. 28,35, c. 17,33, d. 429,98 e. 1 309,34
	2	a. 6 an 1/2/4, b. 7 an 2
	3	a. 2 an 1, b. 4 an 1, c. 8 an 7, d. 4 an 9
	4	2
	5	5
	6	4
203	1	a. 1, b. 4, c. 9, d. 1, e. 4
	2	a. 6/8
	3	5
	4	a. 3 an 4, b. 8 an 1/2/3/5, c. 9 an 2
	5	a. 3, b. 6, c. 7, d. 9, e. 10, f. 11, g. 2
205	1	a. 3 an 7, b. 4 an 7, c. 6 an 5, d. 11 an 2, e. 1 an 9
	2	a. 375,00, b. 300,00, c. 1 500,00, d. 10 000,00
	3	a. 1, b. 3, c. 4, d. 2
	4	2
	5	3
	6	1
	7	4
207	1	a. 10 an 1, b. 1/6 an 5/9
	2	2
	3	4
	4	1
	5	2
	6	1
209	1	a. 1, b. 3, c. 2, d. 1, e. 2
	2	a. 1, b. 9, c. 9
	3	a. 9, b. 1, c. 1, d. 9, e. 9
	4	a. 5, b. 4, c. 1
	5	1
	6	1
	7	a. 2, b. 3, c. 3, d. 1, e. 3
211	1	a. 9, b. 1, c. 9, d. 1, e. 1
	2	a. 2, b. 3, c. 2, d. 1, e. 1, f. 3, g. 1
	3	a. 1, b. 1, c. 9, d. 1, e. 9
	4	a. 1, b. 3, c. 1, d. 2, e. 1, f. 2, g. 2, h. 1, i. 9, j. 3, k. 3, l. 9
	5	a. 1, b. 2, c. 2, d. 1, e. 2, f. 2, g. 2
	6	4
213	1	a. 1, b. 1, c. 1
	2	a. 1, b. 1, c. 1, d. 9, e. 1
	3	2
	4	a. 2, b. 9, c. 1, d. 1, e. 1

Seite	Aufgabe	Ergebnisse
215	1	a. 1, b. 4, c. 2, d. 3
	2	A: a. 2, b. 1, c. 2, d. 2, e. 1, f. 1, g. 2, h. 1, i. 2 B: a. 3, b. 4, c. 3, d. 3, e. 4, f. 4, g. 3, h. 4, i. 4
	3	a. 1, b. 1, c. 9, d. 9, e. 1, f. 1
	4	5
	5	aa. 9 600, ab. 13 300, b. 1 500, ca. 60 %, cb. 75%
217	1	2
	2	a. 480, b. 85, c. 65 000
	3	3
	4	a. 1, b. 1, c. 9, d. 1, e. 1
	5	a. 60 000, b. 1 250, c. 62 500, d. 60 000, e. 25, f. 145, g. 150, h. 150 000, i. 2 500
219	1	2
	2	a. 2, b. 5, c. 3, d. 4, e. 1
	3	6
	4	a. 245, b. 1 550, c. 1 528, d. 22, e. 223, f. 2
	5	2
221	1	a. 1, b. 9, c. 9, d. 1, e. 1, f. 1
	2	a. 3, b. 6, c. 1, d. 4, e. 2, f. 5
	3	a. 4, b. 1, c. 3, d. 3
	4	a. 660, b. 1 600, c. 2 260, d. 2 200, e. 10, f. 300, g. 15, h. 25, i. 3 080
	5	a. 9, b. 1, c. 1, d. 9, e. 1, f. 9, g. 9
	6	3
223	1	a. 2, b. 1, c. 1, d. 2, e. 9, f. 2, g. 1
	2	a. 36,75, b. 41,00, c. 77,75, d. 104,58
	3	3
	4	a. 0,40, b. 0,36, c. 0,30
	5	a. 6,68, b. 6,78
	6	a. 293,00, b. 351,60
225	1	a. 1, b. 9, c. 1, d. 1, e. 1, f. 9
	2	1
	3	a. 7 636, b. 7 706, c. 9 766, d. 1 464, e. 1 567, f. 1 370 (alle Werte in TEUR)
	4	a. 7 200, b. 8 580, c. 308, d. 3 024, e. 726,2, f. 581,00, g. 10,8, h. 2
	5	a. 1, b. 1, c. 9, d. 9, e. 1, f. 9
227	1	a. 3, b. 2, c. 1, d. 3, e. 1, f. 9, g. 2
	2	a. 4 800, b. 8 000, c. 0,60, d. 50 400, e. 12 500, f. 44 400, g. 72 500
	3	a. 2, b. 1, c. 2, d. 2, e. 1
	4	a. 6, b. 1, c. 3, d. 9, e. 2, f. 8
	5	a. 4, b. 6, c. 7, d. 1, e. 2, f. 5, g. 3
229	1	a. 60, b. 14, c. 400, d. 48, e. 1050, f. 7
	2	a. 1 550 000,00, b. 250,00, c. 3 000, d. –160 000,00, e. 4091, f. 322,58 bei 6 200 Stück
	3	a. 86 000,00, b. 26,27, c. 50 000,00, d. 15,00
	4	a. 9, b. 1, c. 1, d. 9, e. 1, f. 1, g. 9
	5	2
231	1	3
	2	a. 3, b. 1, c. 4, d. 2, e. 5
	3	a. 2, b. 3, c. 1
	4	1
	5	aa. 36,06, ab. 46,10, ac. 17,84, ba. 22,75, bb. 49,07, bc. 28,18
	6	a. 3, b. 4, c. 2
	7	3

Seite	Aufgabe	Ergebnisse
233	1	a. 170 685,00, b. 151 720,00
	2	6
	3	4
	4	3
	5	a. 20 000,00, b. 21 739,13
	6	8 125,00
	7	a. 53 846,15, b. 50 000,00
235	1	4
	2	a. 990, b. 89 100,00, c. 110 236,50
	3	a. 40, b. 3 520,80, ca. 3 520,80, cb. 2 800,00
	4	a. 2 900, ba. 34 800,00, bb. 26 100,00, c. 1
	5	3
	6	1/3
237	1	a. 1, b. 2, c. 2, d. 3, e. 2
	2	3
	3	a. 2 an 1, b. 4 an 3, c. 6 an 4, d. 3 an 7
	4	a. 3, b. 6
	5	5
239	1	a. 2 an 1, b. 3 016,00, c. 7 an 2, d. 1 664,00, e. 4/6 an 2
	2	a. 3 an 2, b. 8 an 6, ca. 1 an 3, cb. 5 an 3, cc. 6/10 an 3
	3	a. 16 796,80, b. 21 720,00, c. 3 475,20
	4	a. 4,0, b. 4, c. 1 920,00, d. 11 000,00
241	1	4
	2	a. 5, b. 3, c. 8, d. 6, e. 8, f. 6, g. 2, h. 8, i. 8, j. 8
	3	1/3/5/2
	4	a. 4, b. 3, c. 1, d. 2
	5	a. 1 an 2, b. 3 an 1, c. 4 an 7, d. 5 an 6
	6	a. 2, b. 1, c. 1, d. 1, e. 2
243	1	2
	2	a. 1, b. 3, c. 5, d. 2, e. 4, f. 4, g. 6, h. 5, i. 5, j. 9, k. 5, l. 9
	3	2
	4	4
	5	3
	6	1
245	1	a. 37,3 %, b. 62,7 %, c. 20,8 %, d. 10,9 %, e. 6,3 %
	2	a. 26,9 %, b. 76,9 %, c. 166,7 %
	3	a. 4, b. 3, c. 2, d. 2, e. 4, f. 9, g. 4
	4	a. 1 848, b. 1 847, c. 2 550, d. 1 145, e. 69,0 %, f. 31,0 %, g. 25,2 %, h. 121,2%, i. 568,3 %
	5	a. B, b. 7,1 %, c. C, d. 7,0 %, e. A, f. 3,3 %
251	1	a. 4, b. 2, c. 1, d. 3, e. 5
	2	a. 9, b. 1, c. 9
	3	a. 9, b. 1, c. 1, d. 1, e. 9
	4	a. 1, b. 3, c. 2
	5	a. 3, b. 6, c. 5, d. 4, e. 1, f. 6
	6	2
253	1	a. 9, b. 1, c. 9, d. 1, e. 1, f. 9
	2	a. 9, b. 1, c. 1
	3	a. 4, b. 2, c. 3, d. 5, e. 1, f. 6
	4	a. 1, b. 2, c. 1
	5	a. 9, b. 1, c. 9, d. 1, e. 1
	6	1
	7	a. 9, b. 1, c. 1, d. 1

Seite	Aufgabe	Ergebnisse
255	1	a. 5, b. 1, c. 4, d. 3, e. 2
	2	5
	3	4
	4	5
	5	1
	6	3
	7	a. 2, b. 4, c. 5, d. 1, e. 3
	8	2
257	1	a. 9, b. 1, c. 1, d. 1
	2	4
	3	a. 2, b. 1, c. 1, d. 1, e. 2, f. 2, g. 1, h. 2
	4	2
	5	a. 20, b. 1,01, c. 90 000
	6	a. 1, b. 1, c. 1, d. 9
	7	2
259	1	3
	2	4, 6
	3	2
	4	3
	5	4
	6	a. 1, b. 4, c. 1, d. 3, e. 2
	7	a. 1, b. 1, c. 2, d. 1, e. 2, f. 1
261	1	a. 2, b. 1, c. 2, d. 2, e. 1, f. 1
	2	a. 5, b. 3, c. 3, d. 1, e. 3, f. 2, g. 4, h. 4, i. 5, j. 5
	3	a. 1, b. 1, c. 9
	4	a. 3, b. 1, c. 3, d. 2, e. 2
	5	a. 1, b. 1, c. 2, d. 2
	6	a. 2, b. 1, c. 3, d. 2, e. 2, f. 1
263	1	a. 9, b. 1, c. 1, d. 9, e. 1, f. 1
	2	a. 6, b. 5, c. 3, d. 4, e. 1, f. 2
	3	a. 1, b. 9, c. 1, d. 9
	4	a. 1, b. 1, c. 9, d. 1, e. 9
	5	a. 3, b. 2, c. 1
	6	3
	7	a. 9, b. 1
265	1	a. 2, b. 3, c. 3, d. 1, e. 2
	2	3
	3	a. 2, b. 1, c. 9, d. 9, e. 1
	4	a. 1, b. 2, c. 1, d. 2
	5	a. 1, b. 1, c. 9
	6	2
	7	a. 9, b. 1, c. 1
267	1	2
	2	a. 2, b. 9, c. 2, d. 1, e. 3
	3	4
	4	a. 5, b. 4, c. 3, d. 1, e. 2, f. 5
	5	a. 5, b. 4, c. 2, d. 6, e. 1, f. 3
269	1	2
	2	a. 5, b. 3, c. 2, d. 1, e. 6, f. 4
	3	1
	4	a. 2, b. 1, c. 1, d. 1, e. 2, f. 1, g. 2, h. 1, i. 2
	5	3
	6	4
271	1	a. 9, b. 1, c. 1, d. 1, e. 1
	2	a. 6,3, b. 1,450, c. 182,7 T, d. 211,68
	3	a. 6 200, b. 2 790, c. 45, d. 1 240, e. 5
	4	a. 63,9, b. 14,8, c. 91,8, d. 5
273	1	a. 1, b. 9, c. 1, d. 1, e. 1, f. 9, g. 1
	2	a. 7, b. 6, c. 9, d. 3, e. 8, f. 1, g. 5, h. 2, i. 4
	3	5
	4	a. 9, b. 1, c. 1, d. 9, e. 1, f. 9, g. 1, h. 1, i. 9, j. 1
	5	3

Seite	Aufgabe	Ergebnisse
275	1	A: a. 3, b. 1, c. 3, d. 3, e. 1 B: a. 5, b. 5, c. 5, d. 5, e. 4 C: a. 6, b. 6, c. 7, d. 8, e. 8
	2	3
	3	a. 2, b. 1, c. 2/3 (z. B. 4,00), d. 3, e. 3, f. 2
	4	a. 3, b. 1, c. 9, d. 1, e. 2, f. 3, g. 1, h. 3, i. 2
	5	3
	6	3
277	1	4
	2	1
	3	a. 1, b. 3, c. 1, d. 2, e. 1, f. 4, g. 2
	4	3
	5	6
	6	a. 3 (auch richtig: 4), b. 4, c. 2, d. 4, e. 3, f. 9, g. 2, h. 2, i. 1
	7	5
	8	4
279	1	a. 9, b. 9, c. 1, d. 1
	2	a. 1, b. 1, c. 9, d. 1, e. 9, f. 1, g. 9, h. 1, i. 1
	3	a. 1, b. 2, c. 9, d. 1, e. 9, f. 2, g. 2
	4	2
	5	4
	6	a. 1, b. 1, c. 9, d. 1, e. 9
	7	a. 2, b. 3, c. 1, d. 2, e. 9, f. 3, g. 1
281	1	a. 2, b. 1, c. 2, d. 2, e. 1, f. 2
	2	a. 1, b. 2, c. 1/3, d. 2, e. 1, f. 9, g. 1, h. 1, i. 2, j. 1
	3	3
	4	a. 2, b. 1, c. 3, d. 2, e. 1, f. 1, g. 2, h. 2, i. 3
	5	a. 1, b. 1, c. 9
283	1	a. 9, b. 1, c. 9, d. 1
	2	a. 1, b. 1, c. 1, d. 9, e. 1
	3	2
	4	a. 4, b. 1, c. 2, d. 3, e. 5
	5	a. 1, b. 1, c. 1
	6	a. 1, b. 9, c. 1, d. 9
	7	2/4
	8	a. 1, b. 1, c. 9
285	1	4
	2	1
	3	a. 1, b. 1, c. 9
	4	2
	5	3
	6	a. 1, b. 9, c. 2, d. 9, e. 9, f. 1
	7	a. 1, b. 9, c. 9
287	1	a. 1, b. 3, c. 4
	2	a. 1, b. 1, c. 1, d. 9
	3	4
	4	3
	5	a. 5, b. 4, c. 1
	6	a. 1, b. 1, c. 1
289	1	3
	2	5
	3	a. 3, b. 4, c. 1, a. 5, e. 7, f. 6
	4	a. 1, b. 9, c. 1, d. 1, e. 1, f. 9, g. 1
	5	a. 4, b. 2, c.3, d. 1,
	6	a. 6, b. 2, c. 1, d. 3, e. 5, f. 4

Seite	Aufgabe	Ergebnisse
291	1	A: a. 2, b. 1, c. 1, d. 1, e. 1, f. 2, g. 2 B: a. 3, b. 3, c. 3, d. 4, e. 3, f. 3, g. 3
	2	1
	3	a. 1, b. 1, c. 1
	4	a. 1, b. 1, c. 1, d. 1, e. 1
	5	a. 1, b. 2, c. 2, d. 1
	6	2
	7	a. 5, b. 3, c. 1, d. 2, e. 4
293	1	a. 1, b. 1, c. 1, d. 1, e. 1
	2	a. 6 000, b. 37, c. 222 000, d. 24 000, e. 47, f. 1 128 000, g. 3 000, h. 57, i. 171 000, j. 1 521 000
	3	a. 1, b. 1, c. 1
	4	a. 1, b. 9, c. 9, d. 1
	5	2
295	1	2
	2	a. 1, b. 2, c. 1, d. 2, e. 1
	3	a. 2, b. 3, c. 1
	4	4
	5	a. 1, b. 9, c. 9
	6	a. 1, b. 2, c. 9, d. 9
	7	a. 2, b. 2, c. 3, d. 3, e. 2
297	1	a. 1, b. 9, c. 3, d. 1, e. 9
	2	a. 1, b. 2, c. 3, d. 2, e. 1, f. 1
	3	a. 1, b. 9, c. 9, d. 1, e. 1
	4	a. 9, b. 1, c. 1, d. 1
	5	a. 2, b. 2, c. 2, d. 1, e. 1
	6	a. 1, b. 2, c. 1, d. 9, e. 1, f. 9
299	1	5
	2	a. 5, b. 3, c. 1, d. 4, e. 2
	3	a. 2, b. 1
	4	a. 1, b. 9, c. 1, d. 9
	5	a. 1, b. 1, c. 1, d. 9
	6	a. 1, b. 9, c. 1, d. 1, e. 9
	7	a. 1, b. 9, c. 1, d. 1
301	1	4
	2	a. 3, b. 1, c. 9, d. 2, e. 4
	3	2
	4	3
	5	3
	6	9
	7	4
	8	2
303	1	5
	2	3
	3	2
	4	a. 9, b. 2, c. 1
	5	a . 1, b. 2, c. 3, d. 2, e. 3, f. 1
	6	2
	7	6
305	1	a. 1, b. 1, c. 9, d. 1, e. 1, f. 9
	2	a. 3, b. 1, c. 1, d. 2, e. 3, f. 1, g. 9
	3	4
	4	a. 1, b. 9, c. 1, d. 9
	5	a. 1, b. 9, c. 9, d. 1, e. 9
	6	2
	7	a. 9, b. 1, c. 1
307	1	a. 9, b. 1, c. 9, d. 1, e. 9, f. 9, g. 9
	2	a. 7, b. 5, c. 6, d. 4, e. 1, f. 4, g. 6
	3	0,5 (mit negativem Vorzeichen)
	4	2
	5	a. 1, b. 3, c. 9, d. 1
	6	a. 5, b. 6, c. 2, d. 1, e. 4, f. 3

Seite	Aufgabe	Ergebnisse
309	1	a. 1, b. 2, c. 1, d. 2, e. 2
	2	a. 3, b. 1, c. 5, d. 6, e. 2, f. 7
	3	3
	4	a. 5, b. 5, c. 2, d. 4, e. 3, f. 1, g. 5, h. 2
	5	a. 9, b. 9, c. 1, d. 1
311	1	a. 3, b. 2, c. 2, d. 3, e. 1, f. 3, g. 2, h. 3, i. 1
	2	4
	3	a. 2, b. 1, c. 1, d. 1, e. 2
	4	a. 2, b. 1, c. 3, d. 2
	5	2
	6	a. 20, b. 1,014, c. 90 000,00
313	1	5
	2	4
	3	2
	4	4
	5	a. 1, b. 3, c. 3, d. 3, e. 3, f. 2
	6	3
	7	2
315	1	a. 1, b. 3, c. 2, d. 3, e. 2, f. 1
	2	a. 2, b. 3, c. 1, d. 2, e. 3
	3	4
	4	a. 1, b. 9, c. 1, d. 9
	5	a. 3, b. 2, c. 1
	6	2
	7	3/4
317	1	1/4
	2	2/5
	3	a. 1, b. 9, c. 9, d. 1
	4	2/4
	5	a. 3, b. 1
	6	4/5
	7	2/4
	8	3
319	1	1/5
	2	4/5
	3	5
	4	1
	5	1/2
	6	2/4
	7	5
	8	3
	9	1/5
	10	2
321	1	5
	2	1/5
	3	3
	4	a. 9, b. 9, c. 1, d. 1
	5	a. 1, b. 2, c. 3 (auch richtig ist 1), d. 3
	6	2/4
	7	1/3
	8	4/5
323	1	a. 1, b. 3, c. 2, d. 2, e. 9, f. 1
	2	a. 1, b. 3, c. 2, d. 9, e. 9, f. 2
	3	2
	4	5
	5	1/4
	6	1/3
	7	4

Seite	Aufgabe	Ergebnisse
325	1	3/5
	2	a. 9, b. 9, c. 1, d. 2, e. 1
	3	a. 8, b. 40, c. 6/20, d. 30, e. 12
	4	a. 1, b. 1, c. 9
	5	5
	6	2
	7	2
327	1	3
	2	5
	3	3
	4	a. 1, b. 3, c. 1, d. 3, e. 4
	5	4
	6	1
	7	5
	8	3
329	1	a. 2, b. 1, c. 3, d. 9, e. 1, f. 9, g. 1
	2	4
	3	2
	4	1
	5	a. 2, b. 9, c. 3, d. 1
	6	1/4
	7	1
	8	4
331	1	a. 2, b. 2, c. 2, d. 1, e. 1, f. 2, g. 1
	2	a. 6, b. 1, c. 1, d. 1, e. 3, f. 5, g. 6
	3	a. 9, b. 9, c. 1, d. 1, e. 9
	4	a. 1, b. 2, c. 3, d. 3, e. 3, f. 3, g. 3, h. 1
	5	a. 2, b. 2, c. 2, d. 1, e. 1, f. 1, g. 1
	6	1
333	1	a. 3, b. 1, c. 4, d. 1, e. 4, f. 2, g. 1
	2	P1: a. 2, b. 3, c. 4, d. 4 P2: a. 3, b. 2, c. 3, d. 1
	3	a. 1, b. 4, c. 2, d. 3
	4	a. 1, b. 9, c. 1, d. 1, e. 1
	5	A = a. 1, b. 2, c. 2, d. 2, e. 1 B = a. 4, b. 3, c. 4, d. 3, e. 4
	6	4
335	1	2
	2	a. 9, b. 1, c. 1, d. 1
	3	a. 1, b. 1, c. 2, d. 4, e. 2
	4	a. 9, b. 1, c. 9
	5	a. 1, b. 1, c. 1
	6	a. 1, b. 1, c. 1, d. 1, e. 1, f. 9
	7	a. 1, b. 3, c. 2
337	1	a. 3, b. 6, c. 5, d. 5, e. 8, f. 9, g. 2, h. 4, i. 5, j. 8
	2	2
	3	a. 2, b. 2, c. 2, d. 2
	4	a. 1, b. 1, c. 9
	5	a. 3, b. 5, c. 7, d. 2
339	1	a. 1, b. 9, c. 2
	2	a. 2, b. 9, c. 1, d. 4, e. 4, f. 9, g. 9
	3	1
	4	a. 1, b. 9, c. 1
	5	a. 9, b. 9, c. 9, d. 9, e. 9
	6	a. 9, b. 1, c. 9, d. 9, e. 9

Seite	Aufgabe	Ergebnisse
341	1	1
	2	a. 1, b. 9, c. 1, d. 9
	3	a. 1, b. 1, c. 9, d. 9, e. 1
	4	a. 5, b. 3, c. 7, d. 4, e. 2, f. 6, g. 1
	5	a. 9, b. 9, c. 9, d. 9, e. 1, f. 9
	6	a. 303,15, b. 299,70, c. 406,96
343	1	a. 1, b. 1, c. 2, d. 2
	2	A: a. 2, b. 1, c. 1, d. 1, e. 1, f. 1 B: a. 3, b. 2, c. 3, d. 2, e. 3, f. 3
	3	2
	4	a. 9, b. 1, c. 9, d. 1, e. 9, f. 1, g. 1, h. 9
345	1	a. 1, b. 9, c. 1, d. 1, e. 9, f. 9
	2	a. 4, b. 4, c. 1, d. 3
	3	4
	4	2
	5	a. 1, b. 9, c. 9, d. 1, e. 4, f. 1
	6	a. 1, b. 3, c. 2
	7	1
347	1	a. 4, b. 2, c. 5, d. 3
	2	a. 1, b. 2, c. 2, d. 2, e. 1, f. 2, g. 2
	3	a. 1, b. 2, c. 2, d. 2, e. 1
	4	a. 1, b. 9, c. 1, d. 9, e. 1
	5	a. 2, b. 2, c. 1, d. 1
	6	a. 1, b. 9, c. 1, d. 1, e. 1, f. 1, g. 9, h. 1
349	1	5
	2	4
	3	1
	4	4
	5	1/3
	6	4
	7	3
	8	5
351	1	A: a. 1, b. 1, c. 2, d. 9, e. 9 B: a. 5, b. 4, c. 6, d. 9, e. 9
	2	a. 1, b. 1, c. 9
	3	a. 9, b. 1, c. 9, d. 9
	4	a. 9, b. 1, c. 1
	5	a. 9, b. 1, c. 1, d. 9
353	1	a. 5, b. 2, c. 1, d. 3
	2	a. 1, b. 9, c. 9, d. 9
	3	a. 1, b. 1, c. 9, d. 1, e. 9
	4	a. 9, b. 9, c. 9, d. 1
	5	a. 2, b. 1, c. 1
	6	a. 1, b. 9, c. 9
355	1	a. 9, b. 1, c. 1, d. 9, e. 1
	2	a. 9, b. 1, c. 1, d. 1, e. 9
	3	a. 2, b. 1, c. 3
	4	a. 1, b. 9, c. 1
	5	2
	6	a. 1, b. 1, c. 1
357	1	a. 1, b. 1, c. 1, d. 9, e. 1, f. 9, g. 9, h. 9, i. 1, j. 1, k. 1
	2	a. 2, b. 3
	3	a. 1, b. 9, c. 1, d. 1, e. 1, f. 1
	4	a. 5, b. 2, c. 3, d. 1, e. 4
	5	a. 1, b. 9, c. 9, d. 9

Seite	Aufgabe	Ergebnisse
359	1	a. 2, b. 2, c. 1, d. 1, e. 1, f. 9
	2	3
	3	a. 9, b. 1, c. 1, d. 1
	4	a. 9, b. 1, c. 1, d. 9, e. 1, f. 9, g. 1, h. 1
	5	a. 2, b. 1, c. 3, d. 1, e. 1, f. 1
361	1	a. 3, b. 3, c. 2, d. 9, e. 3, f. 9
	2	a. 1, b. 1, c. 1, d. 9, e. 1
	3	4
	4	a. 3, b. 3, c. 1, d. 1, e. 1, f. 2, g. 3, h. 1, i. 2, j. 1
	5	a. 9, b. 1, c. 9, d. 9, e. 9, f. 9, g. 9
363	1	a. 1, b. 1, c. 2
	2	4
	3	a. 3, b. 4, c. 1, d. 9
	4	1
	5	a. 9, b. 9, c. 1, d. 9, e. 1, f. 9
	6	a. 1, b. 1, c. 1, d. 9
	7	a. 2, b. 2, c. 9, d. 9, e. 1, f. 1, g. 9
365	1	a. 1, b. 1, c. 1, d. 9, e. 9, f. 1
	2	a. 9, b. 1, c. 1, d. 9, e. 1, f. 9
	3	3
	4	A: a. 2, b. 3, c. 1, d. 3, e. 3 B: a. 2, b. 2, c. 1, d. 3, e. 3
	5	a. 2, b. 2, c. 2, d. 3
	6	a. 1, b. 2, c. 3, d. 3, e. 3, f. 2
367	1	a. 4, b. 1, c. 3, d. 9, e. 2
	2	a. 3/2, b. 3/4, c. 3/1, d. 9/9, e. 3/5, f. 1/2 Jeweils vertauschte Zahlenpaare sind auch richtig!
	3	a. 1/3
	4	a. 2, b. 9, c. 2, d. 2, e. 9, f. 2
	5	1/5
	6	5
369	1	3
	2	a. 4, b. 1, c. 2, d. 3, e. 4
	3	a. 9, b. 1, c. 9, d. 9, e. 1, f. 9
	4	3
	5	3
	6	3
	7	3
371	1	2/3
	2	9
	3	1/2
	4	a. 2, b. 1, c. 2, d. 2, e. 1
	5	4
	6	3/4
	7	2/3
373	1	a. 3, b. 6, c. 4, d. 8, e. 1
	2	1/2
	3	3
	4	a. 31.03., b. 15.02., c. 31.08., d. 31.05.
	5	2
	6	4
	7	4
	8	3
375	1	2/4
	2	3
	3	2
	4	a. 1, b. 3, c. 9, d. 1, e. 3, f. 3, g. 2, h. 9
	5	5
	6	5
	7	3
	8	5

Seite	Aufgabe	Ergebnisse
377	1	1
	2	2
	3	3
	4	2
	5	1
	6	2/4
	7	a. 3, b. 1
	8	3
379	1	a. 1, b. 9, c. 2, d. 3, e. 2, f. 9, g. 1, h. 9, i. 9
	2	a. 9, b. 9, c. 9, d. 1, e. 9
	3	a. 9, b. 1, c. 3
	4	a. 1, b. 1, c. 1, d. 9
	5	1
	6	3
381	1	1/5
	2	4
	3	1/2
	4	a. 9, b. 1,c. 1, d. 9
	5	2/5
	6	2/4
	7	6
	8	5
	9	4
383	1	2
	2	a. 173,80, b. 154,00, c. 26,95, d. 21,45
	3	2/5
	4	2/5
	5	6
	6	a. 1, b. 4, c. 2, d. 4, e. 2
	7	3
385	1	2
	2	a. 1, b. 4, c. 3, d. 2, e. 9
	3	3
	4	1
	5	3
	6	4/5
	7	5
	8	4
	9	6
387	1	a. 1, b. 2, c. 2, d. 3
	2	2
	3	a. 9, b. 1, c. 9, d. 1, e. 1
	4	a. 9, b. 1, c. 1, d. 1, e. 1
	5	a. 1, b. 9, c. 1, d. 1
	6	a. 1, b. 9, c. 9, d. 9, e. 1, f. 1, g. 1
389	1	a. 9, b. 1, c. 9
	2	a. 62 000, b. 41 000
	3	a. 1, b. 9, c. 1, d. 9, e. 1, f. 1, g. 9
	4	a. 3, b. 1, c. 2
	5	a. 1, b. 9, c. 1, d. 1, e. 1, f. 1, g. 1
391	1	2
	2	a. 9, b. 1, c. 1
	3	a. 1, b. 1, c. 9, d. 9, e. 1, f. 1, g. 1, h. 1
	4	a. 1, b. 1
	5	a. 1, b. 1, c. 2, d. 9, e. 9
	6	a. 117 000, b. 69 800, c. 717 000, d. 1 884 400
393	1	3
	2	a. 1, b. 1, c. 9, d. 1, e. 1
	3	a. 1, b. 2, c. 2, d. 3
	4	4
	5	a. 1, b. 1, c. 1, d. 9, e. 9
	6	a. 9, b. 9, c. 1, d. 1, e. 1, f. 1, g. 1
	7	a. 1, b. 1, c. 9, d. 9, e. 9
395	1	3
	2	2
	3	a. 1, b. 1, c. 1, d. 9, e. 9, f. 1, g. 1, h. 1
	4	a. 1, b. 2
	5	3
	6	a. 1, b. 9, c. 1, d. 9, e. 9, f. 1
	7	a. 1, b. 9, c. 9, d. 1, e. 9, f. 9

Seite	Aufgabe	Ergebnisse
397	1	6
	2	50 000
	3	a. 1, b. 2, c. 1, d. 1, e. 3, f. 3, g. 1
	4	3
	5	3
	6	a. 1, b. 1, c. 9, d. 9, e. 1, f. 1, g. 1
	7	a. 1, b. 9, c. 2, d. 1, e. 2, f. 9, g. 1, h. 9, i. 9
399	1	a. 9, b. 1, c. 9, d. 1
	2	a. 1, b. 1, c. 9, d. 9
	3	a. 40, b. 728 000, c. 40 000, d. 470 000
	4	a. 9, b. 9, c. 1, d. 3, e. 4
	5	a. 5, b. 1, c. 3, d. 4, e. 2
	6	a. 1, b. 9, c. 1
401	1	2
	2	a. 1, b. 1/3, c. 3, d. 1, e. 1, f. 2
	3	4
	4	a. 5, b. 4, c. 1, d. 3, e. 2
	5	a. 12, b. 18, c. 6, d. 58, e. 62, f. 48, g. B, h. A
403	1	4
	2	3
	3	a. 1, b. 1, c. 1, d. 1, e. 9
	4	4
	5	a. 2, b. 1, c. 2, d. 1
	6	1
405	1	a. 2, b. 9, c. 1, d. 3, e. 4, f. 9
	2	a. 2, b. 1, c. 2, d. 4, e. 3, f. 3
	3	a. 1, b. 13, c. 4, d. 13, e. 14, f. 9, g. 8, h. 15, i. 7
	4	a. 4, b. 4
407	1	a. 9, b. 1, c. 1, d. 1, e. 1, f. 1
	2	3
	3	2
	4	2
	5	a. 9, b. 1, c. 1, d. 9
	6	a. 200, b. 5
	7	a. 1, b. 9, c. 1, d. 1, e. 1, f. 1
405	1	a. 1, b. 1, c. 1, d. 9, e. 1
	2	3/5
	3	2/5
	4	3/5
	5	a. 1, b. 9, c. 1, d. 2, e. 2, f. 9, g. 1, h. 2, i. 1
	6	4
	7	2
411	1	2
	2	a. 9, b. 1, c. 9, d. 9, e. 1
	3	a. 1, b. 1, c. 9, d. 9, e. 1, f. 1, g. 9, h. 1
	4	a. 1, b. 1, c. 1, d. 9, e. 1, f. 9, g. 1, h. 1, i. 9, j. 1
	5	4
	6	a. 4, b. 4, c. 2, d. 1, e. 3, f. 1, g. 2, h. 4, i. 4, j. 3
413	1	2
	2	4
	3	2
	4	5
	5	a. 4, b. 3, c. 2, d. 9, e. 2
	6	a. 1, b. 9, c. 1
	7	2
415	1	a. 1, b. 9, c. 1, d. 1, e. 9, f. 1
	2	3
	3	3/5
	4	a. 1, b. 1, c. 9, d. 1, e. 1
	5	2/4
	6	a. 1, b. 1, c. 2, d. 2, e. 1, f. 2
417	1	5
	2	a. 2, b. 1, c. 1, d. 2, e. 2, f. 2, g. 1, h. 1, i. 2
	3	a. 9, b. 1, c. 1, d. 1, e. 1, f. 9
	4	4
	5	4

Bezugskalkulation	Listeneinkaufspreis (LEP) – Liefererrabatt Zieleinkaufspreis (ZEP) – Liefererskonto Bareinkaufspreis (BEP) + Bezugskosten Bezugspreis
Zuschlagskalkulation	Fertigungsmaterial (Einzelkosten) + Materialgemeinkosten (MGK) = Materialkosten Fertigungslöhne (Einzelkosten) + Fertigungsgemeinkosten (FGK) + Sondereinzelkosten der Fertig. = Fertigungskosten + = Herstellkosten + Verwaltungsgemeinkosten + Vertriebsgemeinkosten + Sondereinzelkosten des Vertriebs = Selbstkosten
Verkaufskalkulation	Selbstkosten + Gewinn = Barverkaufspreis + Kundenskonto (im Hundert-Rechnung!!!) = Zielverkaufspreis + Kundenrabatt (im Hundert-Rechnung!!!) = Listenverkaufspreis
Materialgemeinkosten-zuschlagssatz	$\frac{\text{Materialgemeinkosten} \cdot 100}{\text{Fertigungsmaterial}}$
Fertigungsgemein-kostenzuschlagssatz	$\frac{\text{Fertigungsgemeinkosten} \cdot 100}{\text{Fertigungslöhne}}$
Verwaltungsgemein-kostenzuschlagssatz	$\frac{\text{Verwaltungsgemeinkosten} \cdot 100}{\text{Herstellkosten des Umsatzes}}$
Vertriebsgemein-kostenzuschlagssatz	$\frac{\text{Vertriebsgemeinkosten} \cdot 100}{\text{Herstellkosten des Umsatzes}}$
Herstellkosten des Umsatzes	Herstellkosten der Fertigung – Bestandsmehrung + Bestandsminderung
Wirtschaftlichkeit	$\frac{\text{Wert der Leistung (in EUR)}}{\text{Kosten des Einsatzes (in EUR)}}$
Produktivität	$\frac{\text{Output (Mengen)}}{\text{Input (Mengen)}}$
Meldebestand	Mindestbestand + (täglicher Absatz · Beschaffungszeit)
Höchstbestand	Mindestbestand + Bestellmenge
Durchschnittlicher Lagerbestand	$\frac{\text{Jahresanfangsbestand} + \text{Jahresendbestand}}{2}$ $\frac{\text{Jahresanfangsbestand} + 4 \text{ Quartalsendbestände}}{5}$ $\frac{\text{Jahresanfangsbestand} + 12 \text{ Monatsendbestände}}{13}$
Lagerumschlags-häufigkeit	$\frac{\text{Jahresverbrauch}}{\text{Durchschnittliche Lagerbestand}}$

Durchschnittliche Lagerdauer	$\frac{360}{\text{Lagerumschlaghäufigkeit}}$
Lagerzinssatz	$\frac{\text{Jahreszinssatz} \cdot \text{durchschnittliche Lagerdauer}}{360}$
Optimale Bestellmenge	$\sqrt{\frac{200 \cdot \text{Jahresbedarf} \cdot \text{Bestellkosten je Bestellung}}{\text{Einstandspreis} \cdot \text{Lagerhaltungskostensatz}}}$
Stückzeitakkord	= Minutenfaktor · Vorgabezeit · geleistete Stückzahl Minutenfaktor = $\frac{\text{Akkordrichtsatz}}{\text{60 oder 100}}$ Vorgabezeit = $\frac{\text{60 oder 100}}{\text{Normalleistung}}$
Stückgeldakkord	= Stückgeldsatz · geleistete Stückzahl Stückgeldsatz = $\frac{\text{Akkordrichtsatz}}{\text{Normalleistung}}$
Auftragszeit	= Rüstzeit + Ausführungszeit Rüstzeit = Rüstgrundzeit + Rüsterholzeit + Rüstverteilzeit Auftragszeit = Menge · Zeit je Einheit (Grundzeit + Erholungszeit + Verteilzeit)
Anlageintensität (Anlagequote)	$\frac{\text{Anlagevermögen} \cdot 100}{\text{Gesamtvermögen}}$
Umlaufintensität (Umlaufquote)	$\frac{\text{Umlaufvermögen} \cdot 100}{\text{Gesamtvermögen}}$
Eigenkapitalintensität (Eigenkapitalquote	$\frac{\text{Eigenkapital} \cdot 100}{\text{Gesamtkapital}}$
Fremdkapitalintensität (Fremdkapitalquote)	$\frac{\text{Fremdkapital} \cdot 100}{\text{Gesamtkapital}}$
Forderungsquote	$\frac{\text{Forderungen} \cdot 100}{\text{Gesamtvermögen}}$
Vorratsquote	$\frac{\text{Vorräte} \cdot 100}{\text{Gesamtvermögen}}$
Deckungsgrad I (Deckungsgrad A)	$\frac{\text{Eigenkapital} \cdot 100}{\text{Anlagevermögen}}$
Deckungsgrad II (Deckungsgrad B)	$\frac{(\text{Eigenkapital} + \text{langfr. Fremdkapital}) \cdot 100}{\text{Anlagevermögen}}$
Liquidität 1. Grades (Barliquidität)	$\frac{\text{Liquide Mittel} \cdot 100}{\text{kurzfristige Schulden}}$
Liquidität 2. Grades (einzugsbedingte Liquidität)	$\frac{(\text{Liquide Mittel} + \text{kurzfristige Forderungen}) \cdot 100}{\text{kurzfristige Schulden}}$
Liquidität 3. Grades (umsatzbedingte Liquidität)	$\frac{\text{Umlaufvermögen} \cdot 100}{\text{kurzfristige Schulden}}$
Eigenkapital-rentabilität (Unternehmer-rentabilität)	$\frac{\text{Gewinn} \cdot 100}{\text{Eigenkapital (oder durchschnittliches Eigenkapital)}}$
Gesamtkapital-rentabilität (Unternehmens-rentabilität)	$\frac{(\text{Gewinn} + \text{Fremdkapitalzinsen}) \cdot 100}{\text{Gesamtkapital (oder durchschnittliches Gesamtkapital)}}$
Umsatzrentabilität	$\frac{\text{Gewinn} \cdot 100}{\text{Umsatzerlöse}}$

Cash-flow	= Jahresgewinn + Abschreibungen + Zuführungen zu Pensionsrückstellungen
Break-even-point	Erlöse = Gesamtkosten Erlöse = fixe Kosten + variable Kosten 30x = 20 000 + 15 x (nach x auflösen)
Effektivverzinsung der Skontogewährung	**Genaue Berechnung:** $\frac{\text{Skontosatz (in \%)} \cdot 100 \cdot 360}{\text{Überweisungsbetrag (in \%)} \cdot \text{Kreditzeitraum}}$ **Überschlagsrechnung:** $\frac{\text{Skontosatz} \cdot 360}{\text{Kreditzeitraum}}$
Kaufmännische Zinsformel	$Z = \frac{\text{Kapital (K)} \cdot \text{Zinssatz (p)} \cdot \text{Kreditzeitraum (t)}}{100 \cdot 360}$
Preiselastizität der Nachfrage	$\frac{\text{\% Veränderung (Nachfrage)}}{\text{\%-Veränderung (Preis)}}$

Bildquellenverzeichnis

Umschlag: MEV Verlag, Augsburg
Fotolia GmbH Deutschland, Berlin: Seite 197 (Sculpies), Seite 288 (Lorelyn Medina)